Informe sobre el Desarrollo Mundial 2000/2001

Lucha contra la pobreza

Ilustración de la portada

Viaje al Nuevo Mundo, 1999. Técnica mixta sobre madera, de Manuel Cunjamá, México. Las imágenes utilizadas al comienzo de los capítulos están tomadas también de esta obra y de otras tres del mismo autor: *Diálogo con el universo, Cometa mágica* y *En busca del equilibrio cósmico.*

Manuel Cunjamá nació en 1971 en Tuxtla Gutiérrez (Chiapas, México). Comenzó a exponer su obra en Chiapas en 1992. Actualmente, la Galería Ana Quijano de la Ciudad de México está presentando a Cunjamá en exposiciones itinerantes en los Estados Unidos. Algunas obras de Cunjamá forman parte de la colección del Programa de Arte del Banco Mundial.

En mi obra, hago lo posible por incorporar los símbolos y elementos autóctonos que me remontan a temas prehispánicos, y todo lo que considero válido para conseguir ese efecto.

Utilizo el sol, la luna, la noche y el universo como símbolos que representan la preocupación y ansiedad del ser humano por el todo que le rodea: el infinito.

—Manuel Cunjamá

El Programa de Arte del Banco Mundial pone especial empeño en encontrar artistas de naciones en desarrollo y presentar su obra a un público más amplio. El Programa organiza exposiciones, asociaciones educativas y culturales, concursos, proyectos de artistas e instalaciones en lugares específicos.

Informe sobre el Desarrollo Mundial 2000/2001

LUCHA CONTRA LA POBREZA

Publicado para el BANCO MUNDIAL POR
EDICIONES MUNDI-PRENSA
Madrid • Barcelona • México

Grupo Mundi-Prensa

• **Mundi-Prensa Libros, s. a.**
Castelló, 37 - 28001 Madrid
Tel. 914 36 37 00 - Fax 915 75 39 98
E-mail: libreria@mundiprensa.es
• Internet: www.mundiprensa.com

• **Mundi-Prensa Barcelona**
• **Editorial Aedos, s. a.**
Consell de Cent, 391 - 08009 Barcelona
Tel. 934 88 34 92 - Fax 934 87 76 59
E-mail: barcelona@mundiprensa.es

• **Mundi-Prensa México, s. a. de C. V.**
Río Pánuco, 141 - Col. Cuauhtémoc
06500 México, D. F.
Tel. (+52)-5-533 56 58 - Fax (+52)-5-514 67 99
E-mail: resavbp@data.net.mx

Diseño de la portada y de los gráficos iniciales de los capítulos: Tomoko Hirata.

Publicado por Ediciones Mundi-Prensa
Castelló, 37 - 28001 Madrid

Ediciones Mundi-Prensa es una marca registrada de Mundi-Prensa Libros, S.A.

El Informe es un estudio realizado por el personal del Banco Mundial, y los juicios que se formulan en él no reflejan, necesariamente, la opinión del Directorio de la institución ni de los países representados en éste. El Banco Mundial no garantiza la exactitud de los datos que figuran en esta publicación ni acepta responsabilidad alguna de las consecuencias que su uso pudiera tener. Las fronteras, colores, denominaciones y demás información que aparezca en cualquier mapa contenido en este volumen no suponen juicio alguno por parte del Grupo del Banco Mundial respecto de la situación jurídica de ningún territorio, ni respaldo o aceptación de tales fronteras.

ISBN 0-8213-4689-X (Banco Mundial)
ISBN 84-7114-952-4 (Mundi-Prensa)
Depósito legal: M-49.398-2000
Imprime: A. G. Cuesta, S.A.

Texto impreso en papel ecológico.

Prefacio

La pobreza en medio de la abundancia es el mayor desafío mundial. En el Banco, nos hemos propuesto como misión combatir la pobreza con pasión y profesionalidad, colocando esta lucha en el centro de todas nuestras actividades. Estamos convencidos de que un desarrollo eficaz debe ser una tarea ambiciosa, diversificada y debidamente integrada.

En el presente Informe se intenta ampliar la comprensión de la pobreza y de sus causas y se proponen acciones para conseguir un mundo libre de la pobreza en todas sus dimensiones. Por un lado, está basado en nuestras reflexiones y estrategias del pasado y, por el otro, analiza con mayor amplitud y profundidad los requisitos para responder al desafío de reducir la pobreza. En él se mantiene que es posible conseguir reducciones sustanciales de la privación humana, y que las fuerzas de la integración mundial y el avance tecnológico pueden y deben ponerse al servicio de los intereses de los pobres. El éxito o el fracaso en este intento dependerá de cómo funcionan los mercados, las instituciones y las sociedades, y de las posibilidades de intervención pública en el plano mundial, nacional y local.

El Informe acepta el concepto ya generalizado de la pobreza en cuanto realidad que significa un bajo nivel no sólo de ingresos y de consumo sino también de instrucción, salud y nutrición, y de otras áreas del desarrollo humano. Además, tomando como base lo que los pobres mismos dicen acerca de su situación, propone una definición más amplia en la que se incluye la impotencia y la falta de representación, la vulnerabilidad y el miedo. Estas dimensiones de la privación humana aparecieron claramente en nuestro estudio *La voz de los pobres*, realizado como labor previa al Informe, y en el que se recabó sistemáticamente la opinión de más de 60.000 hombres y mujeres que viven en la pobreza en 60 países.

Estas diferentes dimensiones de la pobreza están fuertemente interrelacionadas. Lo mismo ocurre con las intervenciones para mejorar la situación de los pobres. Si progresa la educación, progresan también los resultados en el campo de la salud. Si mejora la salud, crece el potencial de generación de ingresos. El establecimiento de sistemas de protección social permite a los pobres emprender actividades más arriesgadas pero más rentables. Y la eliminación de la discriminación contra la mujer, las minorías étnicas y otros grupos desfavorecidos contribuye directamente a su bienestar y aumenta su capacidad de obtener más ingresos.

En el siglo XX se han conseguido grandes progresos en la lucha contra la pobreza y en la mejora del bienestar. En los cuatro últimos decenios, la esperanza media de vida en el mundo en desarrollo ha aumentado 20 años, la tasa de mortalidad infantil se ha reducido a menos de la mitad y las tasas de fecundidad han descendido casi un 50%. En los dos últimos decenios la tasa neta de matrícula primaria en los países en desarrollo ha aumentado un 13%. Entre 1965 y 1998 el ingreso medio se duplicó con creces en los países en desarrollo, y sólo en 1990–98 el número de personas en situación de extrema pobreza se redujo en 78 millones.

No obstante, al comienzo del nuevo siglo, la pobreza continúa siendo un problema mundial de enormes proporciones. De una población total de 6.000 millones de habitantes, 2.800 millones viven con menos de $2 al día, y 1.200 millones con menos de $1 al día. Seis de cada 100 niños no llegan a cumplir el primer año, y ocho no llegan a su quinto cumpleaños. Entre los que alcanzan la edad escolar, nueve niños —y 14 niñas— de cada 100 no van a la escuela primaria.

Estas tendencias generales ocultan una extraordinaria diversidad de situaciones en las diferentes partes del mundo, y grandes divergencias entre las regiones: algunas han progresado y otras han retrocedido con respecto a algunos indicadores de la pobreza distintos del ingreso. La ampliación de las divergencias mundiales ha agravado en muchos casos la sensación de privación e injusticia. La movilidad social y la igualdad de oportunidades continúan siendo conceptos ajenos para demasiadas personas.

Los futuros cambios demográficos harán todavía más difícil el avance en la lucha contra la pobreza. En los próximos 25 años, se sumarán a la población mundial aproximadamente 2.000 millones de personas, casi todas ellas (un 97%, según las estimaciones) en los países en desarrollo, lo que sometería a esas sociedades a una enorme presión. Indudablemente, es mucho lo que debe hacerse todavía para reducir la pobreza en sus múltiples dimensiones y para promover la libertad humana, hoy y en los años próximos.

Si bien los desafíos actuales y futuros continúan siendo sobrecogedores, entramos en el nuevo milenio con una comprensión más adecuada del desarrollo. Hemos aprendido que los elementos tradicionales de las estrategias para fomentar el crecimiento —estabilidad macroeconómica y reformas favorables al mercado— son fundamentales para reducir la pobreza. Pero ahora comprendemos también la necesidad de hacer mayor hincapié en sentar las bases institucionales y sociales para el proceso de desarrollo y en corregir la vulnerabilidad y alentar la participación para llegar a un crecimiento integrador. Si bien la actuación nacional es imprescindible, hemos aprendido también que los acontecimientos mundiales ejercen una poderosa influencia en los procesos de cambio de alcance nacional y local, y que la intervención mundial es fundamental para la reducción de la pobreza. Hemos mirado desde una nueva perspectiva nuestra labor a través del Marco Integral de Desarrollo, que coincide con las opiniones y resultados de este Informe.

Tomando como base su análisis de las ideas y experiencias, en este Informe se recomiendan acciones en tres esferas:

- *Oportunidad:* Ampliar la oportunidad económica para los pobres estimulando el crecimiento general y multiplicando sus activos (por ejemplo, la tierra y la educación) y elevando la rentabilidad de los mismos, mediante una combinación de medidas encaminadas al mercado y de otro tipo.
- *Empoderamiento:* Conseguir unas instituciones estatales más responsables y atentas a las necesidades de los pobres, fortalecer la participación de los pobres en los procesos políticos y en las decisiones locales y eliminar los obstáculos sociales derivados de las diferencias de sexo, etnia, raza, religión y rango social.
- *Seguridad:* Reducir la vulnerabilidad de las personas pobres frente a la mala salud, las crisis económicas, las pérdidas de cosechas, los trastornos provocados por las políticas, los desastres naturales y la violencia, además de ayudarles a hacer frente a las adversidades cuando se presenten. Gran parte de esta tarea consiste en la introducción de sistemas eficaces de protección social para mitigar los efectos de las calamidades personales y nacionales.

Los avances en estas tres esferas son en buena parte complementarios: cada una de ellas es importante por derecho propio, pero además redunda en beneficio de las otras. Partiendo de este concepto, los países deben elaborar sus propias estrategias de reducción de la pobreza, de manera coherente con la conservación de la cultura. Las decisiones sobre las prioridades deben adoptarse en el plano nacional, de acuerdo con las prioridades del país. En estas medidas es también importante la dirección e identificación local, de acuerdo con las realidades de ese nivel. No hay una solución sencilla y universal.

No obstante, la actuación en el plano local y nacional no es suficiente. Los testimonios del pasado decenio revelan claramente la importancia de una intervención de alcance universal, no sólo para que las oportunidades derivadas de la integración mundial y el avance tecnológico beneficien a los pobres sino también para gestionar los riesgos de inseguridad y exclusión que pueden derivarse de este cambio planetario. En este sentido pueden adoptarse cinco medidas:

- Promover la estabilidad financiera mundial y abrir los mercados de los países ricos a los productos agrícolas, manufacturas y servicios de los países pobres.
- Superar la brecha digital y de conocimientos, acercando así la tecnología y la información a las personas de todo el mundo.
- Ofrecer recursos financieros y de otro tipo para los bienes públicos internacionales, en especial la investigación médica y agrícola.
- Incrementar la ayuda y el alivio de la deuda para ayudar a los países a adoptar medidas contra la pobreza, dentro de un marco general que coloque a los países mismos —no a los organismos de ayuda externa— en el centro del diseño de la estrategia de desarrollo y garantice que los recursos externos se utilicen de manera eficaz en apoyo de la reducción de la pobreza.

- Ofrecer a los países y personas pobres la oportunidad de hacerse escuchar en los foros mundiales, en particular mediante contactos internacionales con organizaciones establecidas por los mismos pobres.

La acción pública debe estar impulsada por el compromiso de reducción de la pobreza. Los sectores público y privado deben colaborar entre sí —y con la sociedad civil— tanto dentro de cada país como en el plano internacional. Si bien es mucho todavía lo que debemos aprender, y aunque el mundo continúa cambiando con rapidez, las experiencias examinadas en este Informe revelan que se dispone ya de un entendimiento suficiente como para que las medidas de reducción de la pobreza sean verdaderamente eficaces. Vivimos en un tiempo en que los esfuerzos y los problemas en torno a la reducción de la pobreza son objeto de atento examen. Después de una oleada de protestas y cuando estamos sumidos en plena controversia, este Informe llena de contenido el debate público y sitúa el diálogo en el primer plano, que es precisamente donde se debe colocar la meta de un mundo sin pobreza.

James D. Wolfensohn
Presidente
Banco Mundial
Agosto de 2000

Este Informe es obra de un equipo dirigido por Ravi Kanbur (director del equipo hasta mayo de 2000) y Nora Lustig (directora adjunta hasta mayo de 2000 y directora a partir de esa fecha). Monica Das Gupta, Christiaan Grootaert, Victoria Kwakwa, Christina Malmberg Calvo y Kevin Morrison fueron miembros del equipo de plena dedicación. Otros miembros del equipo básico fueron Alice Sindzingre, Michael Woolcock y Zainal Yusof. Efectuaron importantes contribuciones a los capítulos Homi Kharas, Aart Kraay, Peter Lanjouw y Giovanna Prennushi, así como Benu Bidani, William Easterly, Enrique Flores, Hélène Grandvoinnet, Richard Newfarmer, Gi-Taik Oh y Mattia Romani. Michael Walton, en calidad de director de Reducción de la pobreza, colaboró estrechamente con el equipo durante todo el proceso. Ayudaron también al equipo Shanka Chakraborty y Shahin Yaqub. Se contó con la valiosa ayuda de pasantes del Centro de Washington. La labor se llevó a cabo bajo la dirección general de Jozef Ritzen y Joseph E. Stiglitz y, en las fases finales, de Nicholas Stern. El Grupo de gestión de datos sobre el desarrollo se encargó de los Indicadores seleccionados del desarrollo mundial. Bruce Ross-Larson y Meta de Coquereaumont fueron los redactores principales del Informe.

El grupo contó con el asesoramiento de Anthony Atkinson, Anthony Bebbington, Nancy Birdsall, François Bourguignon, Angus Deaton, Alain de Janvry, Yujiro Hayami, Emmanuel Jimenez, Grzegorz Kolodko, Michael Lipton, Lant Pritchett, Martin Ravallion, Amartya Sen, Lyn Squire, T. N. Srinivasan y Mariano Tommasi. Deepa Narayan dirigió el estudio *La voz de los pobres.* Vinod Thomas organizó el estudio *Quality of Growth*, complementario de este Informe. Ariel Fiszbein se ocupó de organizar el proceso de consulta. Fueron muy instructivos los documentos y debates del seminario de verano celebrado en la ciudad de Washington del 6 al 10 de julio de 1999, así como los documentos de antecedentes preparados para este Informe. Los autores, comentaristas y participantes, así como los documentos de antecedentes, aparecen recogidos en la Nota bibliográfica. Otras muchas personas, tanto pertenecientes al Banco Mundial como ajenas a la institución, han hecho valiosos comentarios y otras aportaciones; sus nombres se enumeran también en la Nota bibliográfica.

Como preparación para este Informe, desde el esbozo inicial hasta la redacción final, se realizaron numerosas consultas con académicos, líderes populares, organizaciones no gubernamentales (ONG), representantes del sector privado y autoridades públicas. Merecen agradecimiento todas las instituciones públicas y de la sociedad civil que ayudaron a hacer posibles estas consultas, así como los organizadores y participantes, cuyas aportaciones han enriquecido enormemente este Informe. Debemos expresar nuestro especial agradecimiento al Proyecto Bretton Woods y al New Policy Institute del Reino Unido, que moderaron el debate electrónico sobre el proyecto de documento aparecido en la Web, y a todos los que contribuyeron con sus observaciones: se recibieron 424 aportaciones de 44 países (países en desarrollo en el 44% de los casos). Se celebraron consultas en Alemania (Berlín), Argentina (Buenos Aires), Bangladesh (Dhaka), Canadá (Ottawa), Chile (Santiago), Dinamarca (Copenhague), Egipto (El Cairo), los Estados Unidos (Boston, Nueva York, Washington, D.C.), Etiopía (Addis Abeba), Francia (París), Guatemala (Antigua), Hungría (Budapest), India (Ahmedabad, Nueva Delhi), Japón (Tokio), Malasia (Kuala Lumpur), Marruecos (Marrakesh), el Reino Unido (Brighton, Londres), Rusia (Moscú), Senegal (Dakar), Sudáfrica (Johannesburgo), Suecia (Estocolmo) y Viet Nam (Hanoi). Se organizaron también consultas conjuntamente con el Fondo Monetario Internacional, los bancos regionales de desarrollo y varias organizaciones de las Naciones Unidas.

La preparación de los documentos de antecedentes y la convocación de varios talleres contaron con el respaldo de los gobiernos de Alemania, Canadá, Dinamarca, Estados Unidos, Francia, Japón, Países Bajos, Reino Unido, Suecia y Suiza; la Fundación MacArthur; la Cornell University, y el Foro de Política para el Desarrollo de la Fundación Alemana para el Desarrollo Internacional. El estudio *La voz de los pobres* contó con la ayuda de la Fundación MacArthur, la Cornell University, el Departamento para el Desarrollo Internacional del Reino Unido y el Agencia Sueca de Cooperación Internacional para el Desarrollo, y varios de los estudios sobre los países fueron financiados parcial o totalmente por las ONG que realizaron la investigación.

Rebecca Sugui desempeñó las funciones de ayudante ejecutiva del equipo, y Maribel Flewitt, Shannon Hendrickson, Khin-U Khine, Rudeewan Laohakittikul, Jimena Luna, Nelly Obias, Gracie Ochieng, Leila Search y Robert Simms las de auxiliares del equipo. María D. Ameal intervino como ayudante administrativa. Nacer Megherbi y Edith Thomas ofrecieron apoyo técnico.

La preparación del manuscrito y la producción estuvieron a cargo de Fiona Blackshaw, Garrett Cruce, Terry Fisher, Wendy Guyette, Daphne Levitas, Molly Lohman, Megan Klose, Jessica Saval y Alison Strong, todos ellos de Communications Development. Las tareas de diseño, edición y producción fueron coordinadas por Jamila Abdelghani, Catherine Hudson, Brett Kravitz, Nancy Lammers, Brenda Mejía, Randi Park y Betty Sun, de la Oficina del Editor del Banco Mundial. Artemis Zenetou, directora y conservadora del Programa de Arte del Banco Mundial, y su personal colaboraron de manera decisiva en la utilización de la parte gráfica de la obra. El diseño de la portada y de los comienzos de los capítulos es obra de Tomoko Hirata.

Ravi Kanbur es titular de la cátedra T.H. Lee de Asuntos Mundiales del Departamento de Economía de la Agricultura, los Recursos y la Gestión, en la Cornell University de Ithaca (Nueva York). Nora Lustig es asesora superior y jefa de la Unidad de Asesoramiento sobre la Pobreza y la Desigualdad del Banco Interamericano de Desarrollo. Kevin Morrison es becario del Consejo para el Desarrollo de Ultramar. Alice Sindzingre es investigadora del Centre National de la Recherche Scientifique (CNRS) de París e investigadora asociada del Centre d'Etude d'Afrique Noire (CEAN) de Burdeos. Zainal Yusof es subdirector general del Instituto de Estudios Estratégicos e Internacionales (ISIS) de Kuala Lumpur (Malasia). El Banco Mundial agradece a esas seis instituciones que hayan permitido su participación en la preparación del Informe.

Los numerosos colaboradores del Informe quizás no respalden todas las opiniones o afirmaciones en él contenidas, y no son en absoluto responsables de los posibles errores.

Índice

Parte III Empoderamiento

Parte IV Seguridad

Parte V Intervenciones internacionales

Recuadros

Recuadros (continuación)

Recuadros (continuación)

Gráficos

Cuadros

Definiciones y notas sobre los datos

Los países incluidos en las agrupaciones nacionales que se utilizan en este Informe figuran en el cuadro sobre clasificación de los países que aparece al final de los Indicadores seleccionados del desarrollo mundial. Las clasificaciones por niveles de ingreso mencionadas en el texto del Informe se basan en estimaciones del PNB per cápita de 1998, mientras que las de los Indicadores seleccionados están basadas en estimaciones del PNB per cápita de 1999 (véase el cuadro de Clasificación de las economías). Los umbrales de las clasificaciones por niveles de ingreso y las diferencias entre las clasificaciones de países de 1998 y 1999 pueden verse en la Introducción a los Indicadores seleccionados del desarrollo mundial. Salvo indicación en contrario, los promedios de los grupos que figuran en los gráficos y cuadros del texto son los promedios sin ponderar de los países incluidos en el grupo.

Además de los cambios registrados en las clasificaciones por niveles de ingreso, las revisiones recientes en los datos de los Indicadores seleccionados del desarrollo mundial pueden dar lugar a diferencias con los datos del texto principal (véase la Introducción a los Indicadores seleccionados del desarrollo mundial).

El uso del término *países* para hacer referencia a las economías no supone juicio alguno por parte del Banco Mundial en cuanto a la situación jurídica o de otra índole de un territorio. El término *países en desarrollo* engloba economías de ingreso bajo y mediano y, por lo tanto, es posible que por razones de conveniencia en esa categoría se incluyan economías en transición de un sistema de planificación centralizada. El término *países avanzados, industrializados* o *ricos* puede utilizarse por motivos de comodidad para designar a las economías de ingreso alto.

Los índices agregados sobre la pobreza que aparecen en el Informe están basados con frecuencia en el umbral de pobreza de "$1 al día". Este umbral equivale a $1,08 al día en cifras de paridad del poder adquisitivo de 1993 (puede verse una explicación más detallada en el recuadro 1.2 del Capítulo 1).

Las cifras en dólares se expresan en dólares estadounidenses corrientes, salvo indicación en contrario.

Se emplean las siguientes siglas:

GATT Acuerdo General sobre Aranceles Aduaneros y Comercio.
OCDE Organización de Cooperación y Desarrollo Económicos.
OMC Organización Mundial del Comercio.
ONG Organización no gubernamental.
PIB Producto interno bruto.
PNB Producto nacional bruto.
PPA Paridad del poder adquisitivo.
PPME País pobre muy endeudado.
SEWA Asociación de trabajadoras por cuenta propia.
SIDA Síndrome de inmunodeficiencia adquirida.
VIH Virus de la inmunodeficiencia humana.

PANORAMA GENERAL

Lucha contra la pobreza: oportunidad, empoderamiento y seguridad

Los pobres no tienen acceso a libertades fundamentales de acción y decisión que los más acomodados dan por descontadas[1]. Con frecuencia carecen de viviendas y alimentos y de servicios de educación y salud adecuados, y estas privaciones les impiden adoptar el tipo de vida que todos deseamos para nosotros mismos. También son sumamente vulnerables a las enfermedades, los reveses económicos y los desastres naturales. Por si todo eso fuera poco, son tratados en forma vejatoria por las instituciones del Estado y la sociedad, y carecen de poder para influir en las decisiones clave que les afectan. Todos estos factores representan algunas de las dimensiones de la pobreza.

La experiencia de sufrir múltiples privaciones es intensa y dolorosa. La forma en que los propios pobres describen lo que significa vivir en la pobreza es un elocuente testimonio de su sufrimiento (Recuadro 1). Quienes viven sumidos en la pobreza pueden llegar a pensar que es imposible salir de esa situación. Pero no lo es. La historia de Basrabai —presidenta del consejo local de un poblado de la India— revela las muchas facetas que tiene la pobreza y las posibilidades de actuar para combatirla (véase la página 2).

La historia de Basrabai sirve de marco para analizar la naturaleza y las causas de la pobreza y las medidas que pueden adoptarse para abordar este problema. La pobreza es consecuencia de procesos económicos, políticos y sociales que están relacionados entre sí y con frecuencia se refuerzan mutuamente, lo que agrava todavía más las privaciones que sufren los pobres. Los exiguos activos con que cuentan, la falta de acceso a los mercados y la escasez de oportunidades de empleo les impiden salir de su situación de pobreza material. Por esta razón, la creación de oportunidades —mediante la adopción de medidas que estimulen el crecimiento económico, consigan unos mercados más atentos a las necesidades de la población pobre e incrementen sus activos— es un factor clave para el alivio de la pobreza.

Pero esto es sólo un aspecto del problema. En un mundo en que la distribución del poder político es desigual y con frecuencia se asemeja a la distribución del poder económico, la forma en que funcionan las instituciones estatales puede ser particularmente desfavorable para la población pobre. Por ejemplo, los pobres a menudo no perciben beneficios de las inversiones públicas en educación y salud y, con frecuencia, son víctimas de la corrupción y la arbitrariedad del sector estatal. También ejercen gran influencia en la pobreza

La historia de Basrabai

Basrabai vive en Mohadi, un poblado del estado de Gujarat en la India, situado en la costa del mar Arábigo a 500 kilómetros de Ahmedabad[2]. Es la primera mujer que ha ocupado el cargo de presidenta *(sarpanch)* del consejo local *(panchayat)* gracias a las enmiendas de la Constitución en virtud de las cuales un tercio del total de escaños y un tercio de las presidencias de los consejos locales se reservan a las mujeres.

Para llegar al poblado de Basrabai tuvimos que recorrer un largo trayecto por carretera y atravesar una pequeña ensenada utilizando un camino que es intransitable cuando la marea está alta. La primera edificación que divisamos fue una estructura de hormigón de reciente construcción, la escuela primaria. El año pasado, cuando el poblado fue azotado por el ciclón más intenso que se recuerde y las chozas de paja fueron destruidas por el vendaval, la gente se refugió en la única construcción sólida que había en el pueblo: la escuela. Cuando se iniciaron las actividades para reparar los estragos causados por el ciclón, los residentes solicitaron que se construyeran más edificaciones de hormigón, y ahora el poblado tiene alrededor de una docena.

Fuimos a la casa de hormigón de Basrabai, con una sola habitación, situada junto a una choza de paja. Tras los saludos de rigor, hablamos de la escuela. Como era un día de semana, preguntamos si podríamos asistir a una clase. Basrabai nos dijo que el maestro no estaba, y que hacía tiempo que no daba señales de vida. En realidad, sólo venía una vez al mes, o menos. Como gozaba de la protección del oficial de educación del distrito, en general hacía lo que quería.

El maestro vino al pueblo al día siguiente, en cuanto se enteró de que había visitantes. Fue a la casa de Basrabai, y nos pusimos a hablar de la escuela y de los niños. Convencido de que los recién llegados, por ser personas instruidas, compartirían sus opiniones, empezó a recitar una letanía de sus problemas y de las dificultades con que tropezaba para enseñar a sus alumnos. Se refirió a ellos despectivamente, llamándolos "criaturas de la jungla".

Meeraiben, miembro de SEWA, la organización de trabajadoras por cuenta propia que había hecho los arreglos para nuestra visita, no pudo contenerse. Señaló que el maestro ganaba 6.000 rupias al mes (cifra seis veces superior a lo que se considera como umbral de pobreza en la India) y gozaba de seguridad en su empleo, y que como mínimo tenía la obligación de presentarse a trabajar. Los padres desean que sus hijos aprendan a leer y a escribir, aun cuando el hecho de que éstos vayan a la escuela supone que no van a ir a pescar con sus padres y que las niñas no pueden ayudar a sus madres en el acarreo de agua y leña ni en las faenas agrícolas.

Esa noche Basrabai dirigió una reunión del consejo en la que se trataron dos temas principales. El primero era el de la indemnización por los estragos causados por el ciclón; a pesar de que los planes de rehabilitación se habían anunciado con bombo y platillo en la capital del estado, su aplicación a nivel local dejaba mucho que desear y los funcionarios de la localidad no tomaban cartas en el asunto. Las organizadoras de SEWA anotaron los nombres de las personas que todavía no habían recibido la indemnización a que tenían derecho, y se acordó que, junto con Basrabai, se reunirían con funcionarios locales la semana siguiente.

El segundo tema tratado se relacionaba con una prohibición de pescar en las aguas costeras dictada por el gobierno para proteger las poblaciones de peces. Aunque las responsables de la sobrepesca eran las grandes embarcaciones de arrastre, quienes pagaban las consecuencias eran los pequeños pescadores. Las embarcaciones grandes podrían proseguir sus actividades pesqueras siempre y cuando hicieran llegar dinero a manos de las autoridades competentes.

Durante la reunión se produjo un imprevisto. El hermano de Basrabai había recibido una cornada en la cara cuando trataba de separar dos vacas que se estaban peleando. Si la herida no se trataba inmediatamente, se infectaría. Pero eran altas horas de la noche, y el médico más cercano estaba en un poblado situado a 10 kilómetros de distancia. En otras circunstancias, habría sido imposible que recibiera atención inmediata. Pero, como teníamos nuestro Jeep, pudimos llevar al hermano de Basrabai al médico.

Durante nuestra estadía también pudimos admirar las artesanías que las mujeres del poblado vienen haciendo desde hace varias generaciones. Gracias a la inmensa popularidad internacional de que gozan los productos de la India y al interés en volver a sus raíces que tiene la creciente clase media del país, hay una gran demanda de los tradicionales objetos bordados y teñidos utilizando el método de atar las prendas antes de teñirlas. Pero, debido al aislamiento de las mujeres, los intermediarios que compran esos objetos los pueden pagar a precios bajísimos.

El gobierno nacional y los gobiernos estatales tienen numerosos planes para respaldar las artesanías tradicionales, pero ninguno funciona muy eficazmente. Por esta razón, SEWA está procediendo a organizar a las artesanas que trabajan en sus hogares y a proporcionarles acceso directo a los mercados internacionales. Vimos una prenda bordada que podría venderse por 150 rupias en el mercado internacional y por 60 rupias en las tiendas gubernamentales, pero que los intermediarios adquirían por 20 rupias.

El último día de nuestra visita fuimos al campo que cultiva Basrabai, situado a una hora de camino de su casa. Allí pudimos observar claramente los riesgos que entraña la agricultura. Debido a la falta de lluvia, el terreno estaba duro y seco. Si no llovía en los próximos días, se malograría la cosecha de mijo y Basrabai perdería la inversión que había hecho contratando un tractorista con el dinero obtenido de la venta de sus artesanías. Cuando vimos a Basrabai unos días después en Ahmedabad, todavía no había llovido.

Nuestros contactos con Basrabai y los muchos miles de personas pobres a quienes consultamos para la preparación de este Informe ponen de relieve una serie de cuestiones recurrentes y bien conocidas. La gente pobre habla de la ausencia de oportunidades de obtener ingresos, de los deficientes enlaces con los mercados y de la indiferencia de las instituciones estatales ante sus necesidades. Mencionan los problemas de inseguridad, por ejemplo, los riesgos en terrenos como la salud, el empleo y las actividades agrícolas, que hacen que cualquier ganancia que puedan obtener siempre sea frágil. Las historias que relatan los pobres en todos los lugares del mundo —desde los poblados de la India hasta las *favelas* de Rio de Janeiro, los barrios de tugurios aledaños a Johannesburgo y las explotaciones agrícolas de Uzbekistán— plantean siempre los mismos temas.

Pero las conversaciones con Basrabai y otras personas pobres también revelan las posibilidades existentes. Aunque los funcionarios locales y las instancias estatales todavía no están obligados a rendir cuentas a Basrabai y la gente de su poblado, la política explícita de acción afirmativa que permitió la elección de Basrabai como presidenta del consejo local de su poblado pone de manifiesto lo que puede lograrse mediante la acción estatal. Y SEWA demuestra que los pobres pueden tener influencia cuando se organizan para defender sus derechos, aprovechar las oportunidades que brinda el mercado y protegerse contra los riesgos.

las normas, valores y costumbres sociales que, en el seno de la familia, la comunidad o los mercados, provocan la exclusión de las mujeres, de determinados grupos étnicos o raciales o de quienes sufren discriminación social. Por todo ello, las medidas para propiciar el empoderamiento de los pobres —haciendo que las instituciones estatales y sociales respondan mejor a sus

Recuadro 1
La voz de los pobres

El estudio *La voz de los pobres*, basado en casos reales de más de 60.000 hombres y mujeres pobres de 60 países, se realizó como base para el *Informe sobre el desarrollo mundial 2000/2001*. Consta de dos partes: un examen de los recientes estudios sobre la pobreza con participación de los interesados, llevados a cabo en 50 países con intervención de unas 40,000 personas pobres, y un nuevo estudio comparativo realizado en 1999 en 23 países con intervención de unas 20.000 personas pobres. En el estudio se observa que los pobres demuestran capacidad de iniciativa en su vida personal, pero muchas veces son impotentes para influir en los factores económicos y sociales que determinan su bienestar.

Las siguientes citas son una ilustración de lo que significa vivir en la pobreza.

No me pregunten qué es la pobreza porque la han encontrado fuera de casa. Miren la casa y cuenten los agujeros. Miren mis utensilios y la ropa que llevo. Miren todo y escriban lo que ven. Eso que ven, eso es la pobreza.

—Hombre pobre, Kenya

Nuestra actividad agrícola es reducida; todo lo que compramos en las tiendas es caro; la vida es dura: trabajamos pero ganamos poco dinero, compramos poco, hay pocos productos, no hay dinero y tenemos la impresión de ser pobres. Si hubiera dinero...

—De un grupo de debate de hombres y mujeres pobres, Ecuador

Cuando mi marido se pone enfermo, la situación es catastrófica. Nuestra vida se paraliza hasta que se recupera y vuelve a trabajar.

—Mujer pobre, Zawyet Sultan , Egipto

La pobreza es humillación, es tener la sensación de depender de ellos, y de verse obligada a aceptar las malas maneras, los insultos y la indiferencia cuando buscamos ayuda.

—Mujer pobre, Letonia

Al principio, tenía miedo de todos y de todo: de mi esposo, del jefe de la aldea, de la policía. Hoy, no temo a nadie. Tengo mi propia cuenta bancaria. Dirijo el grupo de ahorro de mi aldea... Hablo a mis hermanas acerca de nuestro movimiento. Y contamos con una asociación de 40.000 miembros en el distrito.

— De un grupo de debate de hombres y mujeres pobres, India

Fuente: Narayan, Chambers, Shah y Petesch, 2000; Narayan, Patel, Schafft, Rademacher y Koch-Schulte, 2000.

necesidades— también revisten importancia clave para reducir la pobreza.

La vulnerabilidad de los pobres frente a acontecimientos externos que en gran medida están fuera de su control —enfermedades, violencia, conmociones económicas, inclemencias atmosféricas, desastres naturales— intensifica su sensación de malestar, agrava su pobreza material y debilita su capacidad de negociación. Por eso mismo, la seguridad —mediante la reducción del riesgo de guerras, enfermedades, crisis económicas y desastres naturales— es fundamental para el alivio de la pobreza. Otro requisito es reducir la vulnerabilidad de la población pobre a los riesgos y establecer mecanismos que la ayuden a superar los traumas que puedan surgir.

La pobreza en un mundo caracterizado por la desigualdad

Nuestro mundo se caracteriza por una gran pobreza en medio de la abundancia. De un total de 6.000 millones de habitantes, 2.800 millones —casi la mitad— viven con menos de $2 diarios, y 1.200 millones —una quinta parte— con menos de $1 al día; el 44% de este grupo se encuentra en Asia meridional (Gráfico 1). En los países ricos, los niños que no llegan a cumplir cinco años son menos de uno de cada 100, mientras que en los países más pobres una quinta parte de los niños no alcanza esa edad. Asimismo, mientras que en los países ricos menos del 5% de todos los niños menores de cinco años sufre de malnutrición, en las naciones pobres la proporción es de hasta el 50%.

Esta situación de miseria persiste a pesar de que las condiciones humanas han mejorado más en el último siglo que en todo el resto de la historia de la humanidad: la riqueza mundial, los contactos internacionales y la capacidad tecnológica son ahora mayores que nunca. Pero la distribución de esas mejoras ha sido extraordinariamente desigual. El ingreso promedio en los 20 países más ricos es 37 veces mayor que el de las 20 naciones más pobres; esta brecha se ha duplicado en los últimos 40 años. Además, la experiencia de las distintas partes del mundo ha sido muy diversa (Gráfico 2; véase también el Cuadro 1.1 en el Capítulo 1). En Asia oriental el número de personas que vivían con menos de $1 al día bajó de unos 420 millones a alrededor de 280 millones entre 1987 y 1998, a pesar de los reveses sufridos a causa de la crisis financiera[3]. En cambio, en América Latina, Asia meridional y África al sur del Sahara el número de personas pobres no ha dejado de aumentar. Y en las naciones de Europa y Asia central que están en la etapa de transición hacia economías de mercado, el número de personas que viven con menos de $1 diario se ha multiplicado por más de 20[4].

También se han registrado importantes avances y graves retrocesos en indicadores cruciales de la pobreza distintos del nivel de ingreso. En la India ha ascendido sustancialmente el número de niñas que asisten a la escuela; en el estado más adelantado del país, Kerala, la esperanza de vida es mayor que en otros lugares del mundo con niveles de ingreso varias veces superiores (como la ciudad de Washington). Pero en los países de África más castigados por la epidemia de VIH/SIDA, como Botswana y Zimbabwe, uno de cada cuatro adultos está infectado, los que quedan huérfanos a causa del SIDA se están convirtiendo en una abrumadora carga para los mecanismos tanto tradicionales como formales de protección, y pronto se esfumarán todos los progresos de la esperanza de vida conseguidos desde mediados del siglo XX. Las diferencias existentes a nivel mundial en las tasas de mortalidad infantil —en África al sur del Sahara son

Gráfico 1
Dónde viven los pobres del mundo en desarrollo

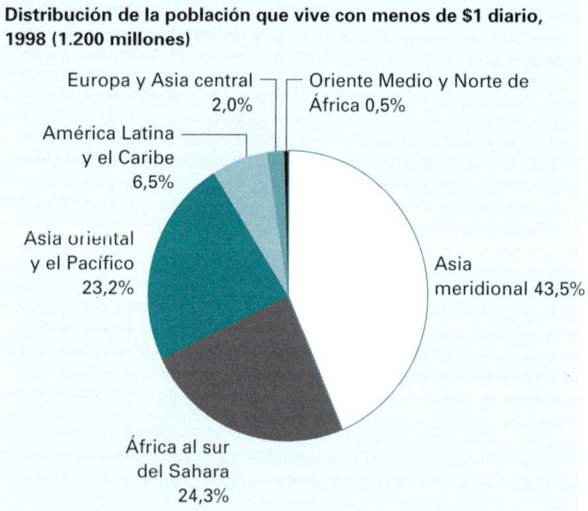

Fuente: Banco Mundial, 2000s.

Gráfico 2
Dónde ha disminuido la pobreza y dónde no

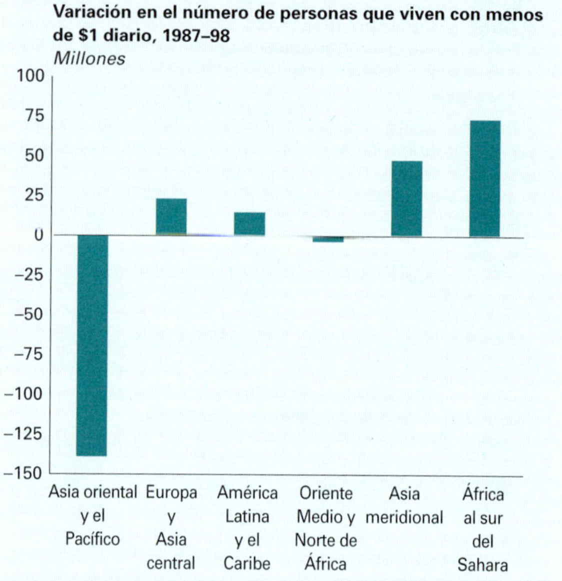

Fuente: Banco Mundial, 2000.

15 veces mayores que en los países de ingreso alto— dan una idea de las enormes divergencias existentes (Gráfico 3).

Hay asimismo grandes discrepancias en los distintos niveles subnacionales y en el caso de las minorías étnicas y de las mujeres. El crecimiento beneficia en grado muy distinto a las diferentes regiones de un país. En México, por ejemplo, el nivel global de pobreza experimentó un descenso, aunque modesto, a principios de los años noventa, pero la pobreza aumentó en la región sudoriental del país, que es más pobre. También hay desigualdad entre diferentes grupos étnicos de muchos países. En algunas naciones africanas las tasas de mortalidad infantil son más bajas en los grupos étnicos que detentan el poder político, y en los países latinoamericanos la tasa media de escolarización de los grupos indígenas no llega en muchos casos a las tres cuartas partes de la que se observa en los grupos no indígenas. Por otra parte, la situación de las mujeres sigue siendo más desfavorable que la de los hombres. En Asia meridional, el número de años que las mujeres asisten a la escuela es aproximadamente la mitad del correspondiente a los hombres, y en el nivel secundario las tasas de matrícula femeninas sólo equivalen a dos tercios de las masculinas.

Ante este panorama global de pobreza y desigualdad, la comunidad internacional se ha fijado varias metas para los primeros años del actual siglo, basadas en las deliberaciones de varias conferencias de las Naciones Unidas celebradas en el decenio de 1990 (Recuadro 2). Estas metas internacionales de desarrollo, en su mayoría fijadas para el año 2015, comprenden la reducción de la pobreza de ingreso y de las privaciones humanas en sus múltiples facetas (las cifras de referencia corresponden a 1990). Son las siguientes:

- Reducir a la mitad la proporción de personas que viven en situación de pobreza extrema (con menos de $1 diario).
- Asegurar la educación primaria universal.
- Eliminar las diferencias de género en la educación primaria y secundaria (para el año 2005).

Gráfico 3
Las tasas de mortalidad infantil varían enormemente en las distintas regiones del mundo

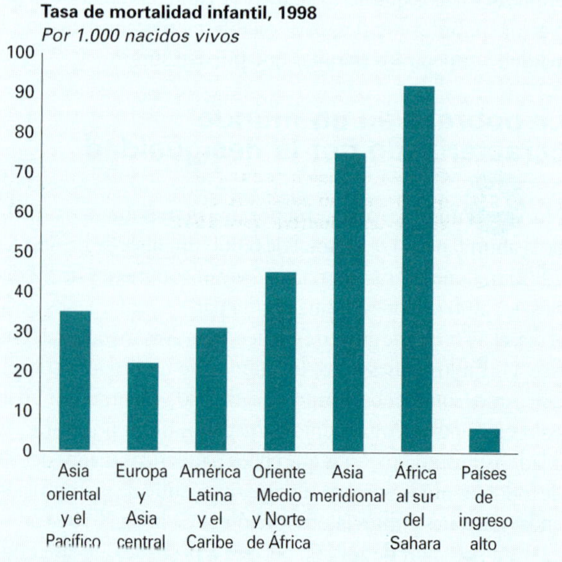

Fuente: Banco Mundial 2000.

Recuadro 2
Un mundo mejor para todos: metas internacionales de desarrollo

1 **Reducir a la mitad la proporción de personas que viven en extrema pobreza entre 1990 y 2015**

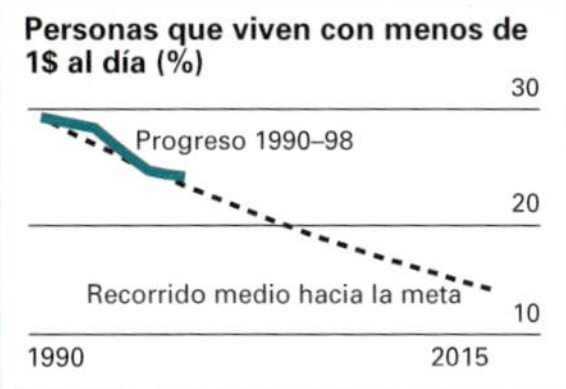

2 **Matricular a todos los niños en centros de enseñanza primaria no más tarde de 2015**

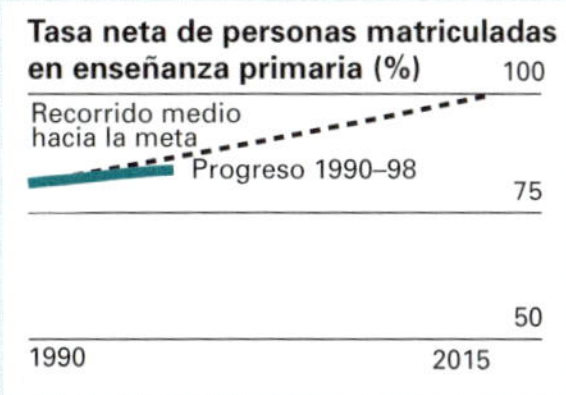

3 **Progresar hacia la igualdad de sexos y el empoderamiento de la mujer eliminando las diferencias por razón de género en la educación primaria y secundaria para 2005**

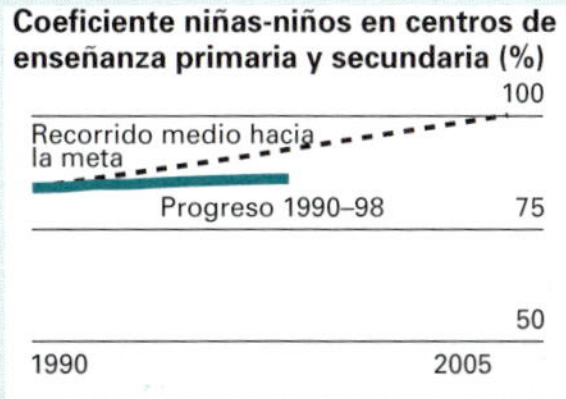

4 **Reducir en dos tercios la mortalidad infantil y en la niñez entre 1990 y 2015**

5 **Reducir en tres cuartas partes los coeficientes de mortalidad materna entre 1990 y 2015**

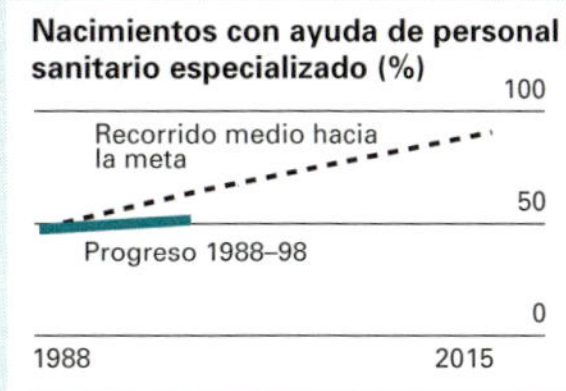

6 **Ofrecer acceso a todos los que necesitan servicios de salud reproductiva para 2015**

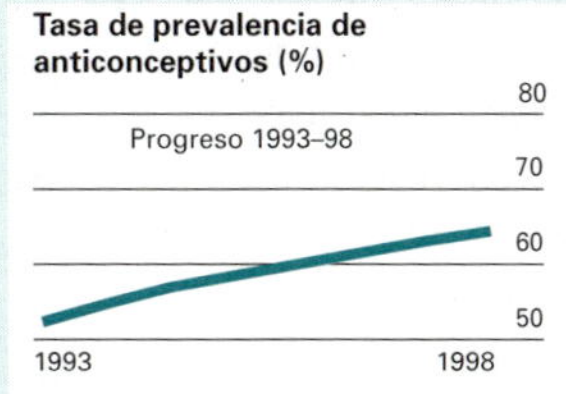

7 **Aplicar estrategias nacionales de desarrollo sostenible para 2005 con el fin de invertir la pérdida de recursos ambientales para 2015**

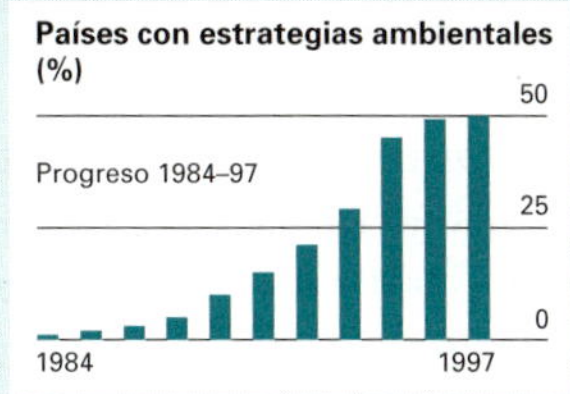

Las metas internacionales de desarrollo tratan de satisfacer el deseo más hondo de la humanidad: un mundo libre de la pobreza y de la miseria que la acompaña.

Cada una de las siete metas está relacionada con un aspecto de la pobreza. Deberían considerarse en su conjunto, ya que se refuerzan mutuamente. Una mayor tasa de matrícula escolar, especialmente en el caso de las niñas, reduce la pobreza y la mortalidad. Los progresos en la atención de la salud básica incrementan la tasa de matrícula y reducen la pobreza. Muchos pobres encuentran su medio de vida en el medio ambiente. Por ello, es necesario avanzar en el camino hacia cada una de esas siete metas.

En el pasado decenio, el mundo, considerado en su conjunto, no ha progresado en ese sentido. No obstante, los avances conseguidos en algunos países y regiones demuestran qué es lo que se puede hacer. China redujo el número de pobres de 360 millones en 1990 a unos 210 millones en 1998. Mauricio recortó su presupuesto militar e invirtió fuertemente en salud y educación. Hoy, todos los habitantes de Mauricio tienen acceso a servicios de saneamiento, el 98% dispone de abastecimiento de agua potable y el 97% de los nacimientos tienen lugar en presencia de personal sanitario especializado. Muchos países de América Latina han avanzado notablemente hacia la igualdad entre el hombre y la mujer en el terreno de la educación.

La conclusión es la siguiente: Si algunos países pueden realizar importantes progresos en la reducción de la pobreza, en sus numerosas formas, los otros pueden hacerlo también. Pero los conflictos están echando por tierra los progresos sociales conseguidos en muchos países de África al sur del Sahara. La propagación del VIH/SIDA está empobreciendo a las personas, a las familias y a las comunidades en todos los continentes. Por otra parte, la mitad de los países del mundo no han podido alcanzar todavía el objetivo del crecimiento económico sostenido, requisito fundamental para reducir la pobreza a largo plazo. En más de 30 de esos países, el ingreso real per cápita ha disminuido en los últimos 35 años. Y, en los casos en que ha habido crecimiento, éste debería distribuirse de forma más equitativa.

Las metas propuestas se pueden alcanzar con una combinación de iniciativas eficaces de alcance tanto nacional como internacional.

Nota: Los datos corresponden a países de ingreso bajo y mediano, excepto en el caso de las estrategias ambientales, en el que se hace referencia a todos los países.
Fuente: Banco Mundial, FMI, Naciones Unidas, OCDE, 2000 (www.paris21.org/betterworld/).

- Rebajar en dos tercios las tasas de mortalidad en la infancia y en la niñez.
- Reducir las tasas de mortalidad materna en tres cuartas partes.
- Asegurar el acceso universal a servicios de salud reproductiva.
- Aplicar estrategias nacionales orientadas a lograr un desarrollo sostenible en todos los países para el año 2005, con el fin de invertir la pérdida de recursos ecológicos para el año 2015.

Estas metas tendrán que alcanzarse en un mundo en el que el total de la población crecerá aproximadamente 2.000 millones de personas en los próximos 25 años, y el 97% de ese aumento se concentrará en lo que hoy es el mundo en desarrollo. Los estudios realizados acerca de lo que será preciso hacer para alcanzarlas revelan la magnitud del desafío que tenemos ante nosotros. Por ejemplo, para reducir a la mitad la pobreza de ingreso entre 1990 y 2015 será preciso alcanzar una tasa compuesta de descenso del 2,7% anual durante esos 25 años. Las estimaciones más recientes del Banco Mundial apuntan a una reducción de aproximadamente el 1,7% anual entre 1990 y 1998. Gran parte de la lentitud observada en algunas regiones se debe a una tasa de crecimiento baja o negativa. En algunos casos, sobre todo en ciertos países de la antigua Unión Soviética, este proceso se ha intensificado debido a la creciente desigualdad. Es poco probable que el actual ritmo de aumento de la matrícula escolar permita alcanzar la educación primaria universal, particularmente en África al sur del Sahara. Para reducir las tasas de mortalidad infantil en dos tercios entre 1990 y 2015 habría sido necesario que estas tasas bajasen entre 1990 y 1998 un 30%, porcentaje muy superior al del 10% alcanzado en los países en desarrollo. En algunas partes de África al sur del Sahara la mortalidad infantil de hecho está aumentando, en parte como consecuencia de la epidemia de SIDA. Además, el descenso de los coeficientes de mortalidad materna es demasiado lento para hacer realidad esas aspiraciones.

Para alcanzar las metas internacionales de desarrollo establecidas se precisará la adopción de medidas encaminadas a estimular el crecimiento económico y a reducir la diferencia de ingresos, pero ni siquiera este crecimiento equitativo será suficiente para lograr la consecución de las metas en las esferas de la salud y la educación. Para reducir en dos tercios las tasas de mortalidad en la infancia y en la niñez habrá que detener la propagación de VIH/SIDA, ampliar la capacidad de los sistemas de salud de las naciones en desarrollo para ofrecer más servicios y asegurar que los progresos tecnológicos alcanzados en el campo de la medicina lleguen al mundo en desarrollo[5]. Por otra parte, a fin de lograr las metas de igualdad entre el hombre y la mujer en la educación será necesario adoptar políticas orientadas específicamente a eliminar las barreras culturales, sociales y económicas que impiden la asistencia de las niñas a la escuela[6]. Además, las medidas para conseguir una mayor sostenibilidad ambiental serán decisivas para aumentar los activos a disposición de los pobres y para reducir la incidencia de la pobreza a largo plazo[7]. Todas estas medidas deberán compaginarse para impulsar la consecución de las metas mencionadas. En otras palabras, se requiere una estrategia más amplia e integral de lucha contra la pobreza.

Una estrategia para el alivio de la pobreza

El enfoque utilizado para la reducción de la pobreza ha venido evolucionando durante los últimos 50 años a medida que se ha llegado a una mayor comprensión de la complejidad del proceso de desarrollo. En los años cincuenta y sesenta muchos consideraban que la realización de inversiones de gran envergadura en capital físico e infraestructura era el medio más eficaz para impulsar el desarrollo.

En el decenio de 1970 comenzó a haber una conciencia más clara de que no era suficiente crear capital físico, y de que las mejoras en la salud y la educación revestían por lo menos igual importancia. Estas nuevas ideas se plasmaron en el *Informe sobre el Desarrollo Mundial 1980*, en el que se alegaba que era importante mejorar los niveles de salud y de educación no sólo por su significado intrínseco, sino también en cuanto instrumento para aumentar los ingresos de la población pobre.

Durante los años ochenta se produjo un nuevo cambio de rumbo a causa de la crisis de la deuda y la recesión mundial y de las diferentes experiencias de los países de Asia oriental, por una parte, y de América Latina, Asia meridional y África al sur del Sahara, por la otra. El resultado fue que se hizo más hincapié en mejorar la gestión económica y dar más rienda suelta a las fuerzas del mercado. En el *Informe sobre el Desarrollo Mundial 1990: La pobreza* se propuso una doble estrategia: por un lado, promoción de un crecimiento basado en el uso intensivo de la mano de obra mediante la apertura de las economías y la inversión en infraestructura; por el otro, suministro de servicios sociales básicos de salud y educación a la población pobre.

En el decenio de 1990 pasaron a ocupar el primer plano el buen gobierno y el sector institucional, y también las cuestiones relativas a la vulnerabilidad a nivel local y nacional. En el presente informe se analizan las estrategias anteriores desde la perspectiva de los datos y experiencias acumulados durante el pasado decenio, y en el contexto de los cambios ocurridos en la situación mundial. En él se propone una estrategia de lucha contra la pobreza basada en la adopción de medidas en tres esferas: oportunidad, empoderamiento y seguridad.

- *Oportunidad.* Los pobres destacan sistemáticamente la importancia fundamental de las oportunidades materiales, es decir, el empleo, el crédito, las carreteras, la electricidad, los mercados para sus productos, y las escuelas y los servicios de abastecimiento de agua, saneamiento y salud que se requieren para tener el nivel de salud y de conocimientos imprescindible para poder trabajar. El crecimiento económico global es un factor crucial para la generación de oportunidades, como también lo son la pauta o la calidad de ese crecimiento. La introducción de reformas en los mercados puede ser un factor clave de expansión de las oportunidades para los pobres, pero es preciso que esas reformas se enmarquen en las condiciones institucionales y estructurales locales. También se necesitan mecanismos para crear nuevas oportunidades e indemnizar a los que experimenten pérdidas durante la transición. En las sociedades con grandes desigualdades, es particularmente importante incrementar la equidad a fin de poder lograr progresos rápidos en la reducción de la pobreza. Y para aumentar la equidad es preciso que el Estado respalde la acumulación de los activos —recursos humanos, tierras e infraestructura— que poseen los pobres o a los que tienen acceso.

- *Empoderamiento.* La selección y la aplicación de medidas públicas que respondan a las necesidades de los pobres dependen de la interacción de procesos políticos, sociales e institucionales. El acceso a las oportunidades del mercado y a los servicios del sector público con frecuencia depende en buena medida de las instituciones estatales y sociales, que deben considerar las necesidades de la población pobre y darle cuentas. El logro del acceso a esas oportunidades, de la responsabilidad y la rendición de cuentas es un proceso de carácter intrínsecamente político y exige una activa colaboración entre los pobres, la clase media y otros grupos de la sociedad. La colaboración activa puede facilitarse considerablemente con un sistema de gobierno que contribuya a una mayor eficiencia y responsabilidad ante la ciudadanía por parte de la administración pública, las instituciones jurídicas y los servicios públicos, y con una mayor participación de los pobres en la vida política y en las decisiones de alcance local. También es importante eliminar las barreras sociales e institucionales derivadas de las diferencias de género, origen étnico y clase social. La existencia de instituciones que sean sólidas y respondan a las necesidades de la población no sólo redundará en beneficio de los grupos pobres sino que es también esencial para todo el proceso de crecimiento.
- *Seguridad.* La reducción de la vulnerabilidad —a las crisis económicas, los desastres naturales, las enfermedades, la discapacidad y la violencia personal— es esencial para mejorar los niveles de bienestar y fomentar las inversiones en capital humano y en actividades de mayor riesgo y más rentables. En este sentido es preciso tomar medidas nacionales eficaces para la gestión de los riesgos de graves crisis económicas generales y establecer mecanismos eficientes para reducir los riesgos a que se ven expuestos los pobres, incluidos los relacionados con la salud y las condiciones climatológicas. También es necesario acrecentar los activos de los pobres, diversificar las actividades de los hogares y ofrecer, para las situaciones adversas, toda una gama de mecanismos de protección, desde las obras públicas hasta los programas contra la evasión escolar y el seguro de salud.

No se puede hablar de un orden jerárquico entre estas esferas. Las tres son mutuamente complementarias. Cada una de ellas influye en las causas básicas de la pobreza, que las otras dos intentan también corregir. Por ejemplo, la promoción de las oportunidades mediante el suministro de activos y acceso a los mercados incrementa la independencia de los pobres y por ende contribuye a su empoderamiento, ya que fortalece su capacidad de negociación frente al Estado y la sociedad. También intensifica la seguridad, ya que una reserva adecuada de activos representa una protección frente a las crisis. Asimismo, el fortalecimiento de las instituciones democráticas y el empoderamiento de las mujeres y los grupos étnicos y raciales desfavorecidos —por ejemplo, eliminando las medidas jurídicas discriminatorias— contribuyen a ampliar las oportunidades económicas para los pobres y las víctimas de la exclusión social. El robustecimiento de las organizaciones de la población pobre puede ayudar a que se ofrezcan servicios y se adopten políticas que respondan a sus necesidades y contribuir a reducir la corrupción y la arbitrariedad en el sector estatal. Además, si los pobres participan más activamente en el seguimiento y control del suministro de los servicios sociales a nivel local, es más probable que se destinen fondos públicos a ayudarlos en momentos de crisis. Por último, cuando se les proporciona ayuda para superar los traumas y abordar los riesgos, los pobres están en mejores condiciones de aprovechar las oportunidades existentes en los mercados emergentes. Por eso, en el presente informe se propone un enfoque integral para luchar contra la pobreza.

De la estrategia a la acción

No hay ninguna guía sencilla y universal para la aplicación de esta estrategia. Los países en desarrollo deben preparar su propio repertorio de políticas para reducir la pobreza, en las que deberán reflejarse las prioridades nacionales y las realidades locales. Las decisiones dependerán del contexto económico, sociopolítico, estructural y cultural de cada país o, mejor, de cada comunidad.

Si bien en el presente informe se propone un planteamiento más global, las prioridades deberán formularse en los casos concretos teniendo en cuenta cuáles son los recursos disponibles y qué es posible desde el punto de vista institucional. Se puede progresar en la reducción de algunos de los componentes de la indigencia sin necesidad de cambio en otras esferas. Por ejemplo, las campañas de rehidratación oral, de bajo costo, pueden reducir significativamente la mortalidad infantil, aun cuando no cambien los ingresos de los pobres[8]. Por otro lado, en general habrá que adoptar intervenciones en los tres frentes —oportunidad, empoderamiento y seguridad— debido a la relación de complementariedad existente entre ellos.

Las medidas adoptadas por los países desarrollados y las organizaciones multilaterales serán de importancia trascendental. Muchas de las fuerzas que condicionan la vida de los pobres escapan a su influencia o control. Los países en desarrollo no pueden conseguir por sí solos objetivos como la estabilidad financiera internacional, o importantes progresos en la investigación agrícola y sanitaria o grandes oportunidades en el comercio internacional. La intervención de la comunidad internacional y la cooperación para el desarrollo continuarán siendo imprescindibles.

A continuación se proponen algunas esferas de acción de alcance nacional e internacional, por ese orden.

Oportunidad

Las políticas e instituciones básicas que pretenden crear nuevas oportunidades suponen acciones complementarias para estimular el crecimiento global, hacer que los mercados funcionen en beneficio de los pobres y multiplicar sus activos, en particular, acabando con las arraigadas desigualdades en la distribución de recursos como la educación.

Aliento eficaz de la inversión privada. La inversión y la innovación tecnológica son los principales motores del crecimiento del empleo y de los ingresos derivados del trabajo. Para fomentar la inversión privada hay que reducir el riesgo para los inversionistas privados, con una política fiscal y monetaria firme, regímenes estables de inversión, sistemas financieros sólidos y un entorno económico claro y transparente. Pero supone también garantizar el imperio de la ley y adoptar medidas para acabar con la corrupción: combatir aquellas situaciones en que la vida de las empresas está basada en comisiones clandestinas, subvenciones para los grandes inversionistas, acuerdos especiales y monopolios favorecidos.

En muchos casos es preciso adoptar medidas especiales para garantizar que las microempresas y las pequeñas empresas, que son con frecuencia particularmente vulnerables a los abusos burocráticos y a la compra de privilegios por los círculos que gozan de los debidos contactos, puedan participar de manera eficaz en los mercados. Entre esas medidas se incluyen la garantía del acceso al crédito, promoviendo el desarrollo de las actividades financieras y reduciendo las causas de inoperancia del mercado; la reducción de los costos de transacción que supone el acceso a los mercados de exportación, ampliando el acceso a la tecnología de Internet, organizando ferias de exportación e impartiendo actividades de capacitación en prácticas comerciales modernas, y la construcción de caminos secundarios para reducir los obstáculos físicos. La creación de un entorno económico sólido para los hogares pobres y las pequeñas empresas puede suponer también la liberalización y una reforma institucional complementaria, por ejemplo, la reducción de las restricciones al sector informal, en particular las que afectan a la mujer, y la corrección de los problemas de tenencia de la tierra o de registro de propiedad de la misma, que desalientan las pequeñas inversiones.

La inversión privada deberá complementarse con la inversión pública para aumentar la competitividad y crear nuevas oportunidades de mercado. Especialmente importante es la inversión pública complementaria para la expansión de la infraestructura y las comunicaciones y para conseguir una mayor especialización de la mano de obra.

Expansión en los mercados internacionales. Los mercados internacionales ofrecen una enorme oportunidad de empleo y de crecimiento de los ingresos (en la agricultura, la industria y los servicios). Todos los países que han conseguido reducir de forma notable la pobreza de ingreso han recurrido al comercio internacional. Pero la apertura al comercio puede crear víctimas además de vencedores, y sólo dará beneficios considerables cuando los países tengan infraestructura e instituciones que respalden una decidida respuesta por parte de la oferta. Eso significa que la apertura debe estar bien concebida, con especial atención a las características específicas del país y a las trabas institucionales y de otra índole. El orden de introducción de las políticas deberá alentar la creación de empleo y controlar la destrucción del mismo. Una liberalización más favorable a los pobres no tiene que ser necesariamente más lenta; un avance acelerado puede crear más oportunidades para los necesitados. Por otro lado, algunas políticas deben orientarse expresamente a compensar los costos transitorios que pueden recaer sobre los pobres, como en el caso de las donaciones para pequeños productores de maíz de México a raíz del Tratado de Libre Comercio de América del Norte (TLCAN).

La apertura de la cuenta de capital debe efectuarse con prudencia —en armonía con el desarrollo del sector financiero nacional— para reducir el riesgo de una fuerte inestabilidad de los flujos de capital. La inversión directa a largo plazo puede conseguir externalidades positivas, como la transferencia de conocimientos, pero los flujos a plazo más corto pueden provocar externalidades negativas, en particular la inestabilidad. Las políticas deben ocuparse de unas y otras por separado.

Multiplicación de los activos de los pobres. Para crear activos humanos, físicos, naturales y financieros que los pobres puedan poseer o utilizar se requiere una actuación en tres frentes. En primer lugar, hay que destinar una parte mayor del gasto público a los pobres, y en particular, ampliar la oferta de servicios sociales y económicos básicos y acabar con los obstáculos existentes por parte de la demanda (por ejemplo, con becas para los niños pobres). En segundo lugar, hay que garantizar la prestación de servicios de buena calidad mediante una intervención institucional basada en el buen gobierno y en el recurso a los mercados y a numerosos agentes. Ello puede significar la reforma de la prestación de servicios públicos —por ejemplo, en el sector de la educación— o una privatización que garantice la expansión de los servicios a los pobres, como suele ser aconsejable en los servicios urbanos de abastecimiento de agua y saneamiento. En tercer lugar, hay que garantizar la participación de las comunidades y hogares pobres en la selección y prestación de los servicios y en la supervisión de los mismos, para pedir cuentas a quienes los suministran, como se ha intentado en algunos proyectos en El Salvador, Túnez y Uganda. Entre las medidas para incrementar los activos de los pobres cabe señalar la expansión general de la matrícula escolar con participación de los padres y de la comunidad, los programas para evitar el abandono escolar —como los adoptados en Bangladesh, Brasil, México y Polonia—, los de nutrición y los de salud maternoinfantil, las vacunaciones y otras intervenciones sanitarias y los planes comunitarios para proteger los recursos hídricos y otros recursos ambientales.

Hay fuertes relaciones de complementariedad entre las intervenciones en las diferentes esferas. Por ejemplo, debido a los estrechos vínculos entre los activos humanos y físicos, si mejora el acceso de los pobres a la energía o el transporte puede aumentar también su acceso a la educación y los beneficios derivados de ella. Por otro lado, las mejoras en el medio ambiente pueden tener efectos significativos en la pobreza. Esta realidad está perfectamente documentada en lo que respecta a los notables progresos de la salud cuando se reduce la contaminación del aire y del agua, estrechamente asociada a algunas de las enfermedades más importantes de la población pobre, en particular los problemas diarreicos de los niños y las infecciones respiratorias.

Corregir las desigualdades en la distribución de los activos por razón de sexo, etnia, raza y extracción social. En muchas sociedades se requiere una intervención especial para hacer frente a esas desigualdades cuando están basadas en motivos sociales. Aunque las dificultades políticas y sociales obstaculizan con frecuencia el cambio, hay muchos ejemplos de mecanismos eficaces, basados en una combinación de gasto público, reforma institucional y participación. Uno de ellos podría ser una reforma agraria negociada, respaldada por intervenciones públicas en favor de los pequeños agricultores, como ha ocurrido en el Brasil nororiental y en Filipinas. Otro consiste en aumentar la tasa de matrícula femenina, por ejemplo, ofreciendo recursos en efectivo y alimentos a las niñas que van a la escuela, como se ha hecho en Bangladesh, Brasil y México, y contratando más personal docente femenino, como en Pakistán. Un tercer mecanismo es el apoyo a los planes de microcrédito para las mujeres pobres.

Llevar la infraestructura y los conocimientos a las zonas pobres, tanto rurales como urbanas. Se requiere también una intervención especial en las zonas pobres, en las que la combinación de falta de activos —en el plano comunitario o regional— puede deteriorar las perspectivas materiales de los pobres. Para abordar este problema se requiere una vez más apoyo público y una serie de planteamientos institucionales y basados en la participación. Hay que llevar a las zonas pobres y remotas la infraestructura social y económica, en particular los servicios de transporte, telecomunicaciones, enseñanza, salud y electricidad, como en los programas de China para las áreas pobres. Se precisa también una amplia iniciativa de servicios urbanos básicos en los barrios de tugurios, en el contexto de una estrategia urbana general. Es también importante ampliar el acceso de las aldeas pobres a la información, para que puedan participar en los mercados y supervisar el gobierno local.

Empoderamiento

El potencial de crecimiento económico y de reducción de la pobreza depende en buena medida del Estado y de las instituciones sociales. Las intervenciones para mejorar su funcionamiento contribuyen tanto al crecimiento como a la equidad, ya que reducen las trabas burocráticas y sociales a la actividad económica y a la ascensión social. No obstante, para formular y aplicar estos cambios se requiere una decidida voluntad política, sobre todo cuando los cambios representan un fuerte desafío para los valores sociales o los intereses sólidamente arraigados. El Estado puede hacer mucho para influir en el debate público con el fin de lograr un mayor reconocimiento de los beneficios sociales de una acción pública en favor de los pobres y recabar apoyo político para esas medidas.

Establecimiento de las bases políticas y jurídicas para un desarrollo basado en la integración. Las instituciones estatales deben dar muestras de apertura y de responsabilidad hacia todos. Ello significa que deben contar con instituciones transparentes, con mecanismos democráticos y participativos para la toma de decisiones y la supervisión de su cumplimiento, respaldados por un ordenamiento jurídico que fomente el crecimiento económico y promueva la igualdad ante la ley. Como los pobres carecen de los recursos y de la información necesarios para tener acceso al sistema jurídico, medidas como la asistencia letrada y la difusión de información sobre los procedimientos judiciales —por ejemplo, la ofrecida por la organización Ain-O-Salish Kendra (ASK) en Bangladesh— son instrumentos especialmente eficaces para crear mecanismos legales más integradores y responsables.

Creación de administraciones públicas que fomenten el crecimiento y la equidad. Las administraciones públicas que son capaces de adoptar políticas con eficiencia y sin necesidad de recurrir a la corrupción o el hostigamiento mejoran la prestación de servicios del sector público y facilitan el crecimiento del sector privado. Para conseguir unas administraciones públicas responsables y atentas a las necesidades de los usuarios hay que incentivar adecuadamente el desempeño. Por ejemplo, el acceso a la información sobre los presupuestos, los mecanismos de presupuestación basados en la participación y la calificación del desempeño de los servicios públicos son otros tantos medios que ayudan a los ciudadanos a modificar y supervisar el comportamiento del sector público, al mismo tiempo que reducen las oportunidades y el alcance de la corrupción. La reforma de las administraciones públicas y otros organismos, como la policía, para hacerlas más responsables y atentas a las necesidades de los pobres pueden tener importantes efectos en su vida diaria.

Promoción de una descentralización integradora y del desarrollo comunitario. La descentralización puede conseguir un mayor acercamiento entre los organismos que ofrecen servicios y las comunidades y personas pobres, lo que podría permitir a éstas un mayor control de los servicios a los que tienen derecho. Para ello, habrá que fortalecer la capacidad local y la descentralización de los recursos financieros. Es también preciso adoptar medidas para evitar que el Estado quede en manos de las minorías privilegiadas. La descentralización debe compaginarse con mecanismos eficaces de participación popular y de supervisión ciudadana de los organismos gubernamentales. Como ejemplo cabría señalar una descentralización que favorezca las decisiones comunitarias acerca de la utilización de los recursos y la ejecución de los proyectos. Son también muchas las iniciativas que se pueden adoptar para implicar a las comunidades y hogares en las actividades sectoriales, como la intervención de los padres en la escuela y de las asociaciones de usuarios en los planes de abastecimiento de agua y riego.

Fomento de la equidad entre el hombre y la mujer. La desigualdad en las relaciones entre sexos forma parte del problema más amplio de la desigualdad social derivada de las normas y valores aceptados por la sociedad. No obstante, la igualdad entre el hombre y la mujer reviste una importancia tan grande que merece tratarse por separado. Si bien la desigualdad entre uno y otro sexo presenta enormes variantes en las distintas sociedades, en casi todos los países la mayoría de las mujeres y niñas se encuentran desfavorecidas en lo que respecta a la distribución del poder y del control sobre los recursos materiales (en la mayor parte de los casos, los títulos de propiedad de la tierra se confieren a los varones), y muchas veces se ven expuestas a situaciones de inseguridad más graves (por ejemplo, después del fallecimiento de su esposo). Por ello, las mujeres pobres sufren una doble desventaja. Además, la falta de autonomía de la mujer tiene importantes consecuencias negativas para la educación y la salud de los hijos.

La mayor equidad entre los sexos es deseable en sí misma y por sus importantes beneficios sociales y económicos para la reducción de la pobreza. Se han conseguido progresos, por ejemplo, en la educación y la salud, pero es mucho lo que queda todavía por hacer. La experiencia revela que se necesita una combinación de medidas políticas y jurídicas y de acción pública directa. Treinta y dos países, desde Argentina hasta la India, han adoptado medidas para promover la representación de la mujer en las asambleas locales y nacionales, y ello está transformando ya la capacidad de la mujer de participar en la vida pública y en la toma de decisiones. Algunos países están corrigiendo las desigualdades entre sexos con medidas legislativas, como ha ocurrido, por ejemplo, en la Ley Agraria de Colombia de 1994. El uso de recursos públicos para subvencionar la educación de las niñas ha demostrado su rentabilidad en Bangladesh y Pakistán. Una serie de medidas relacionadas con las actividades productivas, en particular el microfinanciamiento y los insumos agrícolas, han permitido documentar los beneficios conseguidos en forma de mayores rendimientos (en Kenya, por ejemplo) y de mayor autonomía para la mujer y mejor estado de nutrición de los niños (en Bangladesh y prácticamente en todos los lugares donde se ha examinado este tema).

Superación de las barreras sociales. Las estructuras e instituciones sociales forman el marco de las relaciones económicas y políticas y determinan gran parte de la dinámica que crea y sostiene la pobreza —o la mitiga. Las estructuras sociales que son excluyentes e injustas, como la estratificación por clases o la división entre sexos, son importantes obstáculos a la ascensión social de los pobres. El Estado puede ayudar en este sentido fomentando el debate sobre las prácticas excluyentes o las áreas estigmatizadas y respaldando el compromiso y la participación de los grupos que representan a quienes se ven excluidos de la sociedad. Se puede ayudar a los grupos desfavorecidos con políticas de discriminación positiva. La fragmentación social se puede mitigar integrando a los grupos en foros oficiales y oficiosos y encauzando sus energías hacia procesos políticos en vez de a enfrentamientos declarados. Otras medidas podrían ser la eliminación de la discriminación por razón de etnia, raza y género en la legislación y en el funcionamiento de los sistemas jurídicos, y el aliento de la representación y la intervención de la mujer y de los grupos étnicos y raciales desfavorecidos en las organizaciones comunitarias y nacionales.

Respaldo del patrimonio social de los pobres. Las normas y redes sociales son una forma de patrimonio que puede ayudar considerablemente a los necesitados a salir de la pobreza. Por ello, es importante colaborar con las redes de personas pobres y prestarles apoyo, con el fin de incrementar su potencial vinculándolas con organizaciones que puedan hacer de intermediarios, mercados más amplios e instituciones públicas. Para conseguirlo, hay que mejorar el contexto jurídico, normativo e institucional de los grupos que representan a los pobres. Como sus organizaciones suelen ser de alcance local, se necesitarán también medidas que refuercen su capacidad de influir en la política estatal y nacional, por ejemplo, poniendo a las organizaciones locales en contacto con otras de mayor amplitud.

Seguridad

Para conseguir una mayor seguridad, hay que considerar más atentamente la repercusión que la inseguridad puede tener en la vida y perspectivas de los pobres. Se requiere también una combinación de medidas para hacer frente a los riesgos que afectan a toda la economía o a una región y para ayudar a los pobres a superar las crisis individuales.

Formulación de un planteamiento modular para ayudar a los pobres a gestionar los riesgos. Se necesitan diferentes intervenciones —en la comunidad, en el mercado y en el Estado— para afrontar los distintos riesgos y llegar a los diversos segmentos de la población. Quizá haya que preparar un conjunto de intervenciones distintas para superar los riesgos de las comunidades y los hogares, de acuerdo con el tipo de riesgo y con la capacidad institucional del país. Los programas de microseguro pueden complementar los de microcrédito en favor de las mujeres pobres, construidos en torno a sus organizaciones; es lo que ha ocurrido con los planes aplicados por SEWA en la India para las mujeres del sector informal. Los proyectos de obras públicas pueden ampliarse cuando se producen crisis locales o nacionales. Los programas de transferencia de alimentos y los fondos sociales para ayudar a financiar los proyectos designados por las comunidades pueden ser también eficaces en situaciones de catástrofe.

Formulación de programas nacionales de prevención, preparación y respuesta en caso de crisis generales —financieras y naturales. Las crisis que afectan a toda la economía suelen castigar con especial dureza a las comunidades y hogares pobres, sobre todo cuando son repetidas, profundas o persistentes. Para hacer frente a los riesgos de crisis en el sector financiero y en las relaciones de intercambio, es imprescindible contar con una política macroeconómica acertada y con sistemas financieros robustos. Por otro lado, ello debe complementarse con una gestión prudente de la apertura de la cuenta de capital, para reducir el riesgo de movimientos de capital inestables y fugaces. Se necesitan también medidas especiales para evitar que los gastos en programas importantes para los pobres —programas sociales y transferencias destinadas a objetivos específicos— no decaigan durante la fase de recesión, sobre todo en relación con unas necesidades cada vez mayores. Igualmente importante es contar en todo momento con redes anticíclicas de protección social, que se utilizarían si el país llegara a sufrir una crisis. Estas y otras medidas pueden ayudar también a hacer frente a las crisis naturales. Los «fondos para situaciones catastróficas» pueden financiar las medidas de socorro después de los desastres naturales y apoyar nuevas tecnologías y actividades de capacitación para una mejor evaluación de los riesgos. La inversión y la adopción de mecanismos de seguro en tiempos de normalidad pueden reducir los costos personales cuando se produce una catástrofe.

Diseño de sistemas nacionales de gestión de los riesgos sociales conducentes al crecimiento. En todo el mundo hay demanda de sistemas nacionales de gestión de los riesgos sociales. El problema es concebirlos de tal manera que no mermen la competitividad y que los pobres salgan beneficiados. Algunos ejemplos: sistemas que ofrecen un seguro a las personas que se encuentran en situación más desahogada y pensiones sociales para los pobres, como en Chile; seguros de salud que protejan frente a las enfermedades catastróficas que podrían acabar con el patrimonio de una familia, como en Costa Rica; y seguros de empleo y sistemas de asistencia que no reduzcan el incentivo al trabajo. No obstante, para que estos planes produzcan todos los beneficios que cabe esperar de ellos, las economías necesitan capacidad institucional para administrarlos de manera eficaz.

Acción frente a los conflictos civiles. Los disturbios civiles son devastadores para la población más necesitada: la mayor parte de ellos se concentran en países pobres y en la mayoría de los casos se trata de guerras civiles; entre 1987 y 1997, más del 85% de todos los conflictos se mantuvo dentro de las fronteras nacionales. Además de causar mortandad, provocan el caos socioeconómico y crean un terrible legado de traumas sociales y psicológicos. Los niños se reclutan muchas veces como soldados e intervienen en los combates —como ha ocurrido en Sierra Leona—, y muchos más sufren como consecuencia de la pérdida de su familia, la interrupción de las actividades escolares y las huellas psicológicas que frustran para siempre sus perspectivas.

Si bien es de suma importancia seguir prestando atención a la reconstrucción de las sociedades después de los conflictos, como en el caso de Camboya y Rwanda, es igualmente urgente adelantarse con medidas que eviten su aparición. Se ha comprobado que el fortalecimiento de las instituciones pluralistas —que apoyen los derechos de las minorías y ofrezcan una base institucional para la resolución pacífica de los conflictos— tiene una influencia considerable. También son importantes, cuando se quieren evitar los conflictos, las iniciativas que tratan de promover los contactos entre los diferentes grupos a través de unas instituciones políticas más integradoras y participativas y de las instituciones civiles. Como se indica más adelante, se precisan también intervenciones internacionales para evitar en lo posible el acceso a los recursos que permiten financiar los conflictos y para recortar el comercio internacional de armamentos. Si los países pueden emprender el camino de un desarrollo económico integrador, podrán pasar de un círculo vicioso a un círculo virtuoso. Los conflictos violentos constituyen uno de los problemas más urgentes e insolubles para algunas de las personas más pobres del mundo.

Hacer frente a la epidemia del VIH/SIDA. El VIH/SIDA es ya una de las causas más importantes de inseguridad en los países africanos gravemente afectados por esa epidemia. Si bien los efectos inmediatos, devastadores sin duda, son de alcance individual y familiar, las consecuencias son mucho más amplias: desde una carga intolerable para los mecanismos tradicionales de acogida de los niños sin familia hasta las extremas presiones a que se ven sometidos los sistemas de salud y la pérdida de mano de obra productiva que sufren comunidades y naciones enteras. Más de 34 millones de personas (el 90% de las cuales vive en países en desarrollo) están infectadas con el VIH, y más de cinco millones contraen la infección cada año. Más de 18 millones de personas han fallecido ya por enfermedades relacionadas con el SIDA. La intervención internacional para conseguir una vacuna contra el SIDA es fundamental para el futuro, pero las diferentes experiencias registradas revelan que lo que realmente se necesita ahora para cambiar la situación es un liderazgo eficaz y un cambio social que impida la difusión del VIH y se ocupe de quienes están ya infectados. Eso puede significar luchar contra los tabúes que rodean a la sexualidad, dirigir la información en forma selectiva y apoyar a los grupos de alto riesgo, como las prostitutas, y ofrecer asistencia y respaldo moral a quienes sufren el SIDA. Brasil, Senegal, Tailandia y Uganda son casos ilustrativos de lo que se puede hacer cuando hay voluntad de actuar con decisión.

Intervenciones internacionales

En muchos casos, las intervenciones de alcance nacional y local no serán suficientes si se quiere combatir la pobreza sin demora. Hay muchas esferas que requieren una actuación de alcance mundial —sobre todo por parte de los países industriales— para que los países pobres y la población necesitada del mundo en desarrollo progresen realmente. La solución estará, en parte, en prestar atención mayor al alivio de la deuda, y en la decisión paralela de conseguir que la cooperación para el desarrollo basada en la ayuda sea más eficaz. Igualmente importantes serán las iniciativas que se puedan adoptar en otras esferas —el comercio, las vacunas o las medidas para salvar la brecha informática y en materia de conocimientos que separa a unos países de otros— que pueden convertirse en factores de oportunidad, empoderamiento y seguridad para los pobres.

Oportunidad. Dentro del sistema comercial basado en normas, los países industriales podrían ofrecer nuevas oportunidades si abrieran más ampliamente sus mercados a las importaciones de los países pobres, sobre todo en sectores como la agricultura, las manufacturas con gran concentración de mano de obra y los servicios. Se ha estimado que las subvenciones y aranceles de la OCDE provocan en los países en desarrollo pérdidas anuales de bienestar por valor de casi $20.000 millones, que equivalen aproximadamente al 40% de la ayuda ofrecida en 1998. Muchos países en desarrollo consideran que, mientras que ellos están liberalizando su régimen comercial, algunas dimensiones fundamentales de los regímenes comerciales de las naciones ricas los están colocando en situación de desventaja. Además, los países donantes podrían acrecentar la capacidad de los países en desarrollo de reducir la pobreza incrementando las corrientes de ayuda a los países que han adoptado políticas acertadas con ese fin y financiando, con fondos adicionales en ayuda de los presupuestos, la Iniciativa reforzada para la reducción de la deuda de los países pobres muy endeudados.

Empoderamiento. La intervención mundial puede potenciar a las personas y países pobres en los foros nacionales y mundiales. La ayuda deberá entregarse de tal manera que garantice una mayor identificación por parte de los países destinatarios, y debería destinarse cada vez más a programas de reducción de la pobreza impulsados por los propios países y orientados a la consecución de resultados, elaborados con la participación eficaz de la sociedad civil y de representantes del sector privado. Las personas y los países pobres deberían intervenir más en los foros internacionales para conseguir que las prioridades, acuerdos y normas internacionales —por ejemplo, en relación con el comercio y los derechos de propiedad intelectual— respondan a sus necesidades e intereses.

Las instituciones financieras internacionales y otras organizaciones supranacionales deberían continuar esforzándose por lograr la plena transparencia en sus estrategias y acciones, y mantener un diálogo constante con las organizaciones de la sociedad civil, en particular las que representan a los pobres. Las organizaciones internacionales deberían respaldar también las actuales coaliciones mundiales de personas pobres para que puedan dejar su impronta en los debates mundiales. Las iniciativas de las compañías multinacionales, como la adhesión a las prácticas éticas de inversión y la adopción de códigos laborales, pueden potenciar también a los grupos pobres.

Seguridad. Se necesitan intervenciones para reducir los riesgos derivados de las fuerzas internacionales adversas. Conjuntamente con los gobiernos y el sector privado, las instituciones financieras internacionales deben reforzar la arquitectura financiera internacional y mejorar su gestión para reducir la inestabilidad económica, que puede tener efectos devastadores en los pobres. Los gobiernos de los países industriales, muchas veces en cooperación con el sector privado, deberán ofrecer también mayor apoyo a los bienes públicos internacionales, para la obtención y distribución de vacunas contra el VIH/SIDA, la tuberculosis y el paludismo, y para la producción y divulgación de los avances agrícolas aplicables en las zonas tropicales y semiáridas. La actuación internacional para proteger el medio ambiente puede reducir los efectos nocivos de la degradación ambiental, que puede ser grave en algunos países pobres. Finalmente, la comunidad internacional debería tratar de acabar con los conflictos armados —cuyas principales víctimas son los pobres— adoptando medidas para reducir el comercio internacional de armas, promover la paz y respaldar la reconstrucción material y social una vez finalizados los conflictos.

Colaboración en la lucha contra la pobreza

En la estrategia del presente Informe se reconoce que la pobreza no es sólo un problema de falta de ingresos o de desarrollo humano: pobreza es también vulnerabilidad e incapacidad de hacerse oír, falta de poder y de representación. Esta concepción multidimensional de la pobreza va acompañada de una mayor complejidad en las estrategias de reducción de la misma, ya que son más los factores —por ejemplo, las fuerzas sociales y culturales— que deben tenerse en cuenta.

La manera de hacer frente a esta complejidad es el empoderamiento y la participación —local, nacional e internacional. Los gobiernos nacionales deben dar cuenta completa a la ciudadanía acerca del camino de desarrollo que están siguiendo. Los mecanismos de participación pueden ofrecer a los hombres y mujeres una oportunidad de expresar su opinión, especialmente cuando se trata de los pobres y de los segmentos excluidos de la sociedad. El diseño de los organismos y servicios descentralizados debe estar en consonancia con las condiciones locales, las estructuras sociales y el patrimonio y las normas culturales. Finalmente, las instituciones internacionales deben escuchar y promover los intereses de los pobres. Éstos son los principales protagonistas en la lucha contra la pobreza, y deben ocupar el primer plano en el diseño, aplicación y supervisión de las estrategias adoptadas para combatirla.

En esta empresa, el papel que se reserva a los países ricos y a las organizaciones internacionales es muy importante. Si un país en desarrollo tiene un programa propio coherente y eficaz de reducción de la pobreza, deberá recibir decidido apoyo para que pueda ofrecer servicios de salud y educación a su población, eliminar la indigencia y la vulnerabilidad. Al mismo tiempo, las fuerzas mundiales deben encauzarse en favor de las personas y los países pobres, para que no queden al margen de los avances científicos y médicos. La promoción de la estabilidad financiera y ambiental mundial —y la reducción de los obstáculos del mercado a los productos y servicios de los países pobres— deben formar parte esencial de esa estrategia.

¿Un mundo dividido o un mundo integrado? ¿Un mundo con pobreza o libre de ella? La adopción de medidas simultáneas en apoyo de la oportunidad, el empoderamiento y la seguridad puede ofrecer una nueva dinámica en favor del cambio, capaz de acabar con la privación humana y de crear sociedades justas que sean al mismo tiempo competitivas y productivas. Si el mundo en desarrollo y la comunidad internacional suman sus fuerzas para adjuntar a esta visión unos recursos reales adecuados, tanto financieros como personales e institucionales —experiencia, conocimientos e imaginación—, el siglo XXI conocerá un rápido progreso en la lucha contra la pobreza.

PARTE I

Marco general

CAPÍTULO 1

Naturaleza y evolución de la pobreza

La pobreza es una aguda privación de bienestar. Pero, ¿qué es exactamente la privación? La voz de los pobres explica elocuentemente su significado (Recuadro 1.1). Ser pobre es tener hambre, no tener casa ni vestido, estar enfermo y no recibir atención, ser analfabeto y no ir a la escuela. Pero, para los pobres, vivir en la pobreza no es sólo eso. Los pobres son especialmente vulnerables a acontecimientos adversos que escapan de su control. Muchas veces son tratados duramente por las instituciones del Estado y la sociedad y carecen de representación y de poder en ellas.

Las numerosas dimensiones de la pobreza

En el presente Informe se acepta la concepción tradicional de la pobreza (recogida, por ejemplo, en el *Informe sobre el desarrollo mundial, 1990)*, que engloba no sólo la privación material (cuantificada mediante un indicador adecuado del ingreso o el consumo) sino también un bajo nivel de instrucción y de salud. Estas deficiencias en los terrenos de la educación y la salud son motivo de preocupación por sí mismas, pero merecen también especial atención cuando acompañan a la privación material. En el presente Informe se amplía también el concepto de pobreza de manera que se incluya también la vulnerabilidad y la exposición al riesgo, y la falta de representación y la impotencia. Todas estas formas de privación limitan gravemente lo que Amartya Sen llama las "capacidades con que cuenta una persona, es decir, las libertades sustantivas que le permiten disfrutar de un tipo de vida valioso para él o para ella"[1].

Este concepto más amplio de privación, por el hecho de describir mejor la experiencia de la pobreza, nos permite llegar a una mejor comprensión de sus causas. Y esta comprensión más profunda pone de relieve un mayor número de esferas de acción y de políticas que forman parte del programa de reducción de la pobreza (Capítulo 2).

Otra razón importante para considerar una gama más amplia de dimensiones —y, por lo tanto, una mayor variedad de políticas— es que los diferentes aspectos de la pobreza se interrelacionan y refuerzan mutuamente de forma considerable (Capítulo 2). En otras palabras, las políticas no se acumulan simplemente unas sobre otras. Si mejora la salud, no sólo hay más bienestar sino que aumenta el potencial de generación de ingreso. Si mejora la educación, no sólo se consigue un mayor bienestar, se obtienen también mejores resultados en el terreno de la salud y un aumento de los ingresos. Cuando se ofrece protección a los pobres (reducción de la vulnerabilidad al riesgo), no sólo se consigue que ellos se sientan menos vul-

Recuadro 1.1
La pobreza, según los pobres

Se ha pedido a personas pobres de 60 países que analizaran y compartieran sus ideas sobre el bienestar (una experiencia positiva de la vida) y el "malestar" (una experiencia negativa de la vida).

El bienestar se describió con términos como los de felicidad, armonía, paz, ausencia de ansiedad y paz interior. En Rusia, algunos han comentado: "Bienestar es vivir sin la preocupación diaria por la falta de dinero". En Bangladesh, es "vivir sin angustias". En Brasil, "no tener que vivir con tantas dificultades".

La gente describe el malestar como falta de bienes materiales, experiencias desagradables y una opinión negativa sobre uno mismo. Un grupo de jóvenes de Jamaica sitúa la falta de autoconfianza en el segundo lugar entre los efectos de la pobreza: "Pobreza significa que no creemos en nosotros mismos, que casi nunca salimos de nuestra comunidad; nuestra frustración nos tiene encerrados en casa todo el día".

Aunque la naturaleza del malestar y la pobreza varía según los lugares y las personas —circunstancia que se debe tener en cuenta en la adopción de políticas—, hay una sorprendente coincidencia entre los países. Como era de prever, el bienestar material ocupa un lugar muy importante. La falta de alimentos, vivienda y vestido se menciona en todos los lugares como un problema fundamental. En Kenya un hombre dice: "No me pregunten qué es la pobreza porque la han encontrado fuera de casa. Miren la casa y cuenten los agujeros. Miren mis utensilios y la ropa que llevo. Miren todo y escriban lo que ven. Eso que ven, eso es la pobreza".

Junto al bienestar material, el bienestar físico ocupa un lugar destacado en las descripciones de la pobreza. Ambos se funden cuando la falta de alimentos da lugar a problemas de salud —o cuando la mala salud impide obtener ingresos. La gente habla sobre la importancia de parecer bien alimentado. En Etiopía, los pobres dicen: "Estamos en los huesos", "Estamos en la miseria y pálidos", y hablan de una vida que "te hace más viejo de lo que eres".

La seguridad del ingreso está también estrechamente vinculada a la salud. Pero la inseguridad es algo más que la mala salud. Los pobres mencionan muchas veces la delincuencia y la violencia. En Etiopía, las mujeres dicen: "Vivimos al minuto", con la preocupación de si va a llover o no. Un argentino dice: «Si tienes trabajo, todo va bien; si no, te mueres de hambre. Así es la realidad".

Se destacan también dos aspectos sociales del malestar y la pobreza. Para muchas personas pobres, bienestar significa libertad de elección y de acción y capacidad de controlar la propia vida. Una joven de Jamaica afirma que la pobreza es "como vivir en la cárcel, vivir en la servidumbre, esperando la libertad".

En relación con esos sentimientos aparecen definiciones del bienestar desde el punto de vista social y algunos comentarios sobre el estigma que representa la pobreza. Como dice una anciana de Bulgaria, "estar bien significa ver que tus nietos son felices y están bien vestidos y saber que tus hijos se han establecido; poder darles alimentos y dinero siempre que vienen a verte, y no pedirles ni ayuda ni dinero". Un proverbio de Somalia refleja la otra cara de la moneda: "La enfermedad prolongada y la pobreza persistente hacen que la gente te odie".

Fuente: Narayan, Chambers, Shah y Petesch, 2000; Narayan, Patel, Schafft, Rademacher, y Koch-Schulte, 2000.

nerables, se les permite también aprovechar oportunidades de mayor riesgo pero también de mayor rentabilidad. Si se ofrece a los pobres una mayor representación y participación, no sólo se combate la sensación que pueden tener de estar excluidos, se consigue una mejor orientación de los servicios de salud y educación de acuerdo con sus necesidades. La comprensión de estas relaciones de complementariedad es fundamental para diseñar y aplicar programas y proyectos que ayuden a los pobres a huir de la pobreza.

Cuantificar la pobreza en sus múltiples dimensiones

La cuantificación de la pobreza permite hacerse una idea general de ésta que va más allá de las experiencias individuales. Ayuda a formular y comprobar hipótesis sobre las causas de la pobreza. Ofrece una visión global de la misma a lo largo del tiempo. Además, permite al Estado, o a la comunidad internacional, fijarse metas cuantificables para juzgar las intervenciones. A continuación, se analiza la cuantificación de la pobreza de ingreso y se examinan los indicadores de educación y salud, para luego considerar la vulnerabilidad y la falta de representación.

Pobreza de ingreso

La utilización del ingreso monetario o del consumo para identificar y cuantificar la pobreza tiene ya una larga tradición. Aunque separados por un siglo, el estudio clásico de Seebohm Rowntree sobre la pobreza en la ciudad inglesa de York en 1899 y las estimaciones actuales del Banco Mundial sobre la pobreza de ingreso en el mundo tienen un mismo enfoque y un método común (véase el Recuadro 1.2). El enfoque, basado en encuestas de ingreso y gasto de los hogares, se ha convertido en el caballo de batalla del análisis cuantitativo de la pobreza y de los debates sobre políticas. Presenta varias ventajas. Al tener como base muestras nacionalmente representativas, permite hacer inferencias sobre las condiciones y evolución de la pobreza en el plano nacional. Además, como las encuestas de hogares recogen información que no se limita al ingreso monetario o al consumo, este planteamiento permite hacerse una idea más amplia del bienestar y la pobreza, investigar las relaciones entre sus diferentes dimensiones y comprobar hipótesis sobre el impacto probable de las políticas adoptadas.

Pero las cuantificaciones de la pobreza basadas en el ingreso o el consumo no están libres de problemas. El diseño de las encuestas varía de unos países a otros y a lo largo del tiempo, lo que dificulta con frecuencia las comparaciones. Por ejemplo,

Recuadro 1.2
Cuantificación de la pobreza de ingresos: 1899 y 1998

En un estudio clásico publicado por primera vez en 1991, Seebohm Rowntree calculaba que el 10% de la población de la ciudad inglesa de York en 1899 vivía en situación de pobreza (por debajo del gasto mínimo necesario). En el comienzo de este nuevo siglo, el Banco Mundial estima que una cuarta parte de la población del mundo en desarrollo —aproximadamente 1.200 millones de personas— son pobres (viven con menos de $1 al día). Estos dos cálculos de la pobreza de ingreso están separados por un siglo de distancia y tienen una cobertura diferente. No obstante, los conceptos y métodos básicos que representan tienen grandes semejanzas.

Planteamiento de Rowntree

El método utilizado por Rowntree fue la realización de una encuesta en la que se incluía a casi todas las familias trabajadoras de York, con el fin de obtener información sobre sus ingresos y gastos. El autor definió la pobreza como un nivel de ingresos totales insuficiente para atender las necesidades mínimas para el mantenimiento de "la eficiencia meramente física", incluida la alimentación, el alquiler y otros conceptos. Calculó que en una familia de cinco —padre, madre y tres hijos— el gasto semanal mínimo para mantener la eficiencia física era de 21 chelines y ocho peniques. Propuso otras cantidades para las familias de diferente tamaño y composición. Comparando estos umbrales de pobreza con los ingresos familiares, llegó a su estimación de la pobreza.

Planteamiento del Banco Mundial

El Banco Mundial viene estimando las cifras mundiales de la pobreza de ingreso desde 1990. La última ronda de estimaciones, en octubre de 1999, utilizó nuevos datos de una encuesta por muestreo e información sobre los precios para obtener cifras comparables para 1987, 1990, 1993, 1996 y 1998 (las cifras correspondientes a 1998 son estimaciones preliminares). El método es el mismo que en estimaciones anteriores (Banco Mundial, 1990, 1996 d).

Consumo. Las estimaciones sobre la pobreza están basadas en datos sobre el consumo o los ingresos recopilados a través de encuestas de hogares. Ahora es posible disponer de datos sobre 96 países, gracias a un total de 265 encuestas nacionalmente representativas correspondientes al 88% de la población del mundo en desarrollo, mientras que en 1990 sólo había información de 22 países. Destaca el aumento de la proporción de personas incluidas del continente africano, que ha pasado del 66% al 73%, como consecuencia de los decididos esfuerzos por mejorar los datos sobre los hogares en la región.

Tradicionalmente, el consumo es el indicador preferido del bienestar, por razones prácticas de fiabilidad y porque se estima que el consumo refleja los niveles de bienestar a largo plazo mejor que el ingreso corriente. Cuando las encuestas permitían obtener datos sobre el ingreso pero no sobre el consumo, éste se estimaba multiplicando todos los ingresos por la parte del consumo privado agregado en el ingreso nacional, de acuerdo con los datos de las cuentas nacionales. Este procedimiento, que se ha mantenido sin cambios a lo largo de estos años, calcula el consumo a partir del ingreso pero deja la distribución inalterada.

Precios. Para comparar los niveles de consumo en los distintos países, se necesitan estimaciones sobre el nivel de precios. Se utilizaron las estimaciones de la paridad del poder adquisitivo (PPA) del Banco Mundial para 1993. Estas estimaciones están basadas en nuevos datos sobre precios generados por el Programa de Comparación Internacional, que ahora abarca 110 países, frente a los 64 de 1985, y un conjunto de productos más amplio.

Umbrales de pobreza. Los cálculos de 1990 sobre los umbrales internacionales de pobreza tuvieron que actualizarse utilizando los datos sobre precios de 1993 y las estimaciones sobre el PPA de ese mismo año. En 1990, se convirtieron los umbrales nacionales de pobreza de 33 países en precios PPA de 1985, y se seleccionó el umbral de pobreza más representativo entre los países de ingreso bajo cuyos umbrales de pobreza se conocían. En 1999, esos mismos umbrales se convirtieron en precios PPA de 1993, y se obtuvo un nuevo umbral, equivalente a la mediana de los 10 umbrales de pobreza más bajos. Este umbral es igual a $1,08 al día en PPA de 1993 (que es a lo que se alude en el texto cuando se habla de "$1 al día"). Este umbral tiene un poder adquisitivo semejante al umbral de 1$ al día en precios PPA de 1985, en lo que se refiere a las posibilidades de acceso a productos nacionales. El umbral de pobreza superior (designado en estas páginas como "$2 al día") se calculó duplicando la cifra del umbral inferior, como en 1990, lo que refleja los umbrales de pobreza más comúnmente utilizados en los países de ingreso mediano bajo.

Estimaciones para 1998. Para conocer los niveles de consumo de 1998 en los casos en que no se disponía de datos procedentes de encuestas, se utilizaron las tasas estimadas de crecimiento del consumo privado per cápita de las estadísticas de las cuentas nacionales para actualizar a 1998 los datos de consumo procedentes del año de la última encuesta. Para ello, había que suponer que la distribución del consumo no había cambiado desde el momento de la última encuesta hasta 1998. Las tasas de crecimiento del consumo privado per cápita se tomaron de estimaciones basadas en el modelo utilizado para otras predicciones del Banco Mundial (Banco Mundial, 1999 j). Para 1997 ó 1998 sólo se disponía de encuestas relativas a Belarús, China, India, Jordania, Letonia, Nigeria, Pakistán, Panamá, Rusia, Tailandia y Yemen. Por ello, las cifras de 1998 deben considerarse sólo como provisionales, y las tendencias habrán de interpretarse con cautela, sobre todo teniendo en cuenta la controversia sobre los datos de la India (véase más adelante el Recuadro 1.8).

Umbrales de pobreza de países concretos. Las estimaciones sobre los umbrales de pobreza de $1 y $2 al día aquí descritas son útiles únicamente como indicadores del progreso mundial, no para evaluar los progresos en cada país ni para orientar la formulación de políticas y programas nacionales. En los análisis sobre los distintos países se utilizan los umbrales de pobreza específicos de cada uno de ellos, que reflejan lo que se entiende por pobre en la situación de cada país y no depende de comparaciones de precios internacionales.

Fuente: Chen y Ravallion, 2000.

en algunos países se pregunta a los encuestados acerca de sus gastos alimentarios durante el último mes, mientras que en otros se pide esa misma información pero en relación únicamente con la última semana. En el primer caso, cuando se pide información más alejada en el tiempo, las estimaciones de la pobreza suelen ser más elevadas. Para utilizar la información sobre el ingreso o el consumo recogido en las encuestas de hogares y convertirla en indicadores de bienestar hay que formular numerosos supuestos, por ejemplo, para decidir cómo se deben tratar los errores de medición y cómo se tiene en cuenta el tamaño y la composición del hogar al convertir los datos de hogares en mediciones sobre los individuos. Las estimaciones sobre la pobreza dependen considerablemente de estos supuestos (véase, por ejemplo, el Recuadro 1.8, en este mismo capítulo)[2].

Además, los datos sobre el ingreso o el consumo recogidos en los hogares tienen un inconveniente básico: no pueden revelar las desigualdades existentes dentro del hogar, por lo que infravaloran la desigualdad y la pobreza global. En un estudio en el que se desglosó el consumo de los hogares por individuo se comprobó que, si se tenía en cuenta únicamente la información sobre los hogares, se podría llegar a una infravaloración de la desigualdad y la pobreza de más del 25%[3]. En particular, el enfoque convencional de las encuestas de hogares no permite una cuantificación directa de la pobreza de ingreso o de consumo entre las mujeres. Ésta es una de las razones por las que los datos sobre educación y salud, que pueden recopilarse de forma individual, resultan tan valiosos: permiten llegar a una perspectiva desglosada por sexos acerca de las dimensiones clave de la pobreza.

Un elemento básico en la elaboración de indicadores de la pobreza de ingreso y consumo es el umbral de pobreza —la línea divisoria del ingreso o el consumo por debajo de la cual se considera que una persona u hogar son pobres. Los umbrales internacionalmente comparables son útiles para conseguir cifras agregadas globales de la pobreza (véase el Recuadro 1.2). En principio, permiten comprobar la capacidad de adquirir una cesta de productos básicos que es más o menos semejante en todo el mundo. Pero este umbral universal no es en general adecuado para el análisis de la pobreza dentro de un país. Para ello, es preciso establecer un umbral de pobreza específico, que refleje las circunstancias económicas y sociales del país. De la misma manera, el umbral de pobreza tendrá que ajustarse en las diferentes áreas de cada país (por ejemplo, distinguiendo entre sectores urbanos y rurales), si los precios o el acceso a los bienes y servicios presentan diferencias[4]. La construcción de perfiles basados en estos umbrales de pobreza específicos por países es ahora práctica común.

Una vez que se ha especificado el umbral de pobreza, hay que decidir cómo determinar el alcance de la pobreza en un contexto concreto. El sistema más sencillo de cuantificar la pobreza es calcular el porcentaje de la población con niveles de ingreso o de consumo por debajo del umbral establecido. Este sistema de "recuento" es, con mucho, el más utilizado. Pero presenta claras desventajas. Por ejemplo, no refleja el hecho de que entre los pobres pueda haber enormes diferencias en cuanto al nivel de ingreso: algunos se encuentran apenas por debajo del umbral y otros están muy lejos de él. Los gobernantes que desean conseguir los mayores avances posibles en este índice de recuento pueden tener la tentación de destinar los recursos reservados a la lucha contra la pobreza a quienes se encuentran más próximos al umbral (en otras palabras, a los menos pobres).

Otros indicadores de la pobreza, que tienen en cuenta la distancia de los pobres con respecto al umbral de pobreza ("brecha de pobreza" o índice del grado de pobreza) y el grado de desigualdad del ingreso entre los pobres (índice cuadrado o índice de gravedad de la pobreza), son fáciles de calcular. Al comparar las estimaciones de la pobreza en los distintos países a lo largo del tiempo, es importante comprobar hasta qué punto varían las conclusiones según el índice de pobreza seleccionado[5].

Salud y educación

La cuantificación de la privación en las dimensiones de la salud y la educación tiene una tradición que se remonta a economistas clásicos como Malthus, Ricardo y Marx. Rowntree, a pesar de que adoptó un sistema de cuantificación de la pobreza basado sobre todo en el ingreso, dedicó todo un capítulo de su estudio a la relación entre pobreza y salud y llegó a afirmar que la tasa de mortalidad es el mejor instrumento para medir las diferencias en el bienestar físico de la población[6]. Clasificó su muestra en tres grupos, del más pobre al más rico, y comprobó que la tasa de mortalidad era más de dos veces superior en los más pobres que entre los sectores mejor remunerados de las clases trabajadoras. Al calcular la mortalidad infantil, observó que en las áreas más pobres uno de cada cuatro niños muere antes de cumplir los 12 meses. Según este argumento, la mortalidad podría utilizarse como indicador tanto de la pobreza de consumo como de la ausencia de bienestar en un sentido más amplio.

La tradición de cuantificar la privación en los terrenos de la salud y la educación se refleja adecuadamente en las metas internacionales de desarrollo (véase el Recuadro 2 del Panorama General). Pero los datos recogidos en estos indicadores distintos del ingreso presentan sus propios problemas. Por ejemplo, en la mayoría de los países, las tasas de mortalidad en la infancia y en la niñez obtenidas fundamentalmente de censos y encuestas solamente pueden conocerse a intervalos periódicos[7]. La fuente más indicada de datos sobre la mortalidad sería un sistema completo de registro civil, pero son pocos los países en desarrollo que disponen de estos sistemas. En lo que se refiere al período comprendido entre los distintos censos o encuestas, las estimaciones sobre las tasas demográficas se obtienen mediante interpolación y extrapolación basadas en las tendencias observadas y en modelos, como las tablas de mortalidad que estiman la supervivencia de un año al siguiente. En la mayor parte de los países en desarrollo, se conocen las tasas de mortalidad infantil de sólo uno de los años transcurridos desde 1990, y ese año difiere ya que las encuestas se realizan en diferentes momentos. La situación de los datos es todavía peor en lo que respecta a la esperanza de vida, ya que ésta muchas veces no se mide directamente.

Los datos sobre educación distan también mucho de ser satisfactorios. El indicador más fácilmente accesible, la tasa bruta de matrícula en enseñanza primaria, presenta graves inconvenientes conceptuales. El mayor es que la matrícula escolar es sólo una variable sustitutiva de la asistencia efectiva a un centro escolar. Además, la tasa bruta de matrícula primaria puede aumentar si se multiplican las tasas de repetición de curso. Es muy preferible la tasa neta de matrícula primaria (que indica el coeficiente entre los niños en edad escolar matriculados en la enseñanza primaria y el número total de niños de esa edad), pero sólo se puede acceder a ella en unos 50 países en desarrollo para el período de 1990–97 —base insuficiente para hacer agregaciones viables por región. No obstante, algunas encuestas actualmente en curso están mejorando la cantidad y calidad de los datos sobre salud y educación.

Vulnerabilidad

En las dimensiones del ingreso y la salud, vulnerabilidad significa el riesgo de que un hogar o individuo atraviese en algún momento un período de dificultad por problemas de ingreso o de salud. Pero vulnerabilidad significa también la probabilidad de estar expuesto a muchos otros riesgos (violencia, delincuencia, desastres naturales, interrupción de los estudios).

La cuantificación de la vulnerabilidad es especialmente difícil: por tratarse de un concepto dinámico, no puede medirse observando los hogares una única vez. Sólo con datos de panel sobre los hogares —es decir, encuestas realizadas en los mismos hogares durante varios años— puede recopilarse la información básica para reflejar y cuantificar la inestabilidad y la vulnerabilidad que, en opinión de los hogares pobres, son tan importantes. Además, estos episodios de caída en la pobreza y de liberación de la misma resultan informativos acerca de la vulnerabilidad únicamente después de ocurridos. El problema es encontrar indicadores que puedan identificar por adelantado los hogares y poblaciones en situación de riesgo.

A lo largo de los años son muchos los indicadores de vulnerabilidad que se han propuesto, pero ahora hay un consenso cada vez mayor en que no es ni viable ni conveniente reflejar la vulnerabilidad en un solo indicador. Si el gobierno ofrece un programa eficaz de asistencia social, por ejemplo, es posible que los hogares se esfuercen menos que en ausencia de aquel para diversificar sus ingresos o multiplicar sus activos. De la misma manera, un hogar que forme parte de una red viable de apoyo mutuo quizá no sienta tanto la necesidad de protegerse con una reserva de alimentos o de ganado. Por ello, es posible que un indicador de la vulnerabilidad basado exclusivamente en los activos de los hogares —o en los ingresos y sus fuentes de procedencia— no refleje debidamente la exposición de los hogares al riesgo (Recuadro 1.3).

Falta de representación e impotencia

La falta de representación y la impotencia pueden cuantificarse utilizando una combinación de métodos basados en la participación (Recuadro 1.4), sondeos y encuestas nacionales sobre variables cualitativas, como el alcance de las libertades civiles y políticas (Recuadro 1.5). No obstante, para poder medir estas dimensiones de la pobreza de forma precisa, sólida y coherente, de tal manera que se puedan efectuar comparaciones entre distintos países y a lo largo del tiempo, se requerirán considerables esfuerzos adicionales tanto en la metodología como en la recolección de datos.

Multidimensionalidad y cuantificación del progreso

La definición de la pobreza como una realidad multidimensional plantea la duda de cómo cuantificar la pobreza global y cómo comparar los logros en las distintas dimensiones. Cada una de ellas podría avanzar en un sentido diferente. Por ejemplo, la salud puede mejorar al mismo tiempo que se deterioran los ingresos. O puede ocurrir que una persona sea pobre desde el punto de vista de los ingresos pero no desde el de la salud. Igualmente, un país puede acusar mayores mejoras en el terreno de la salud que en el de la vulnerabilidad, y en otro podría ocurrir exactamente lo contrario.

Ello obliga a plantearse el valor relativo de las diferentes dimensiones: ¿a cuánto ingreso está dispuesto a renunciar una persona a cambio de, por ejemplo, una unidad de mejora en la salud o en la representación? En otras palabras, ¿qué ponderación se puede asignar a las diferentes dimensiones para poder efectuar comparaciones entre países, hogares o individuos y a lo largo del tiempo? La respuesta no es fácil.

Una posible solución al problema de la comparabilidad es definir una función multidimensional del bienestar o un índice compuesto. Otra posibilidad es definir como pobre a todo el que lo sea en *cualquiera* de las dimensiones —sin tratar de buscar soluciones de compromiso entre las diferentes dimensiones— o a quien lo sea en todas las dimensiones, y definir en consecuencia la intensidad de la pobreza (Recuadro 1.6). En el presente Informe no se intenta definir un índice compuesto ni cuantificar las soluciones de compromiso entre las diferentes dimensiones. Se ha preferido considerar la privación en sus diferentes dimensiones y, en particular, analizar las múltiples privaciones que experimentan quienes no tienen ingresos suficientes. Se trata de un primer paso necesario para establecer un marco multidimensional general.

¿Cómo deberían seleccionarse los indicadores para poder supervisar los progresos? Las metas internacionales de desarrollo constituyen un buen punto de partida. No obstante, en la práctica, estas metas deberán adaptarse (alargando o reduciendo el marco cronológico, por ejemplo) y modificarse (incorporando nuevas dimensiones), según el contexto. Las metas específicas deberán surgir de un proceso participativo en que los gobiernos y la sociedad civil se pongan de acuerdo sobre las prioridades. Este proceso ha comenzado ya en muchos países, y las organizaciones multilaterales están ayudando con recursos y asistencia técnica (Recuadro 1.7)[8].

Invertir en cuantificación y seguimiento

Así pues, las mediciones de la pobreza deben abarcar numerosas dimensiones. Hasta ahora, la que más atención ha recibido ha sido la dimensión del ingreso y el consumo. Gracias a los esfuerzos realizados en los 20 últimos años por organismos internacionales como las Naciones Unidas, el Banco Mundial y los bancos regionales de desarrollo, el 85% de la población del mundo en desarrollo vive en países

Recuadro 1.3
Cuantificación de la vulnerabilidad

Como la vulnerabilidad es un concepto dinámico, su cuantificación trata de determinar la variabilidad del ingreso o el consumo o la de otras dimensiones del bienestar, como la salud o la vivienda. En buena parte de las publicaciones sobre el riesgo, esta variabilidad se cuantifica mediante la desviación típica o el coeficiente de variación del ingreso o el consumo. Desde la perspectiva de los pobres, esta medición presenta los siguientes inconvenientes:

- Da la misma importancia a las fluctuaciones ascendentes y descendentes. Sin embargo, lo que preocupa más a los pobres son las fluctuaciones a la baja.
- No hay una dimensión temporal. Si se producen 10 fluctuaciones, el coeficiente de variación es el mismo si los años buenos y malos se van alternando que si cinco años malos van seguidos de cinco buenos. No obstante, las fluctuaciones a la baja resultan más duras para los pobres cuando aparecen agrupadas.
- Un escenario con muchas fluctuaciones pequeñas y una grande puede dar el mismo coeficiente de variación que otro en el que se produzcan fluctuaciones moderadas iguales. Sin embargo, es probable que los pobres sufran más en el primer caso.

Además, el coeficiente de variación es una medida a posteriori. Se necesitan indicadores que permitan evaluar de antemano la exposición de los hogares al riesgo: información tanto sobre el hogar como sobre sus vinculaciones con las redes informales y los sistemas formales de protección social:

- *Activos físicos.* Los activos físicos de un hogar —los que pueden venderse para compensar una pérdida temporal de ingresos— son un indicador de su capacidad de autoasegurarse. Lo que importa no es simplemente el valor total de los activos, sino también su liquidez. Por ello, hay que conocer el funcionamiento de los mercados de activos para determinar la utilidad de éstos como seguro.
- *Capital humano.* Los hogares con educación limitada suelen estar más expuestos a fluctuaciones del ingreso y tienen menos capacidad de gestionar el riesgo —por ejemplo, mediante el acceso al crédito o a fuentes de ingreso múltiples.
- *Diversificación de los ingresos.* Muchas veces se ha utilizado el grado de diversificación de las fuentes de ingresos para evaluar la vulnerabilidad. En las zonas rurales, los analistas pueden tener en cuenta el ingreso no agrícola, que tiende a fluctuar menos que el ingreso agrícola, lo que representaría un indicador de la protección frente a los riesgos debidos a causas atmosféricas. Pero la diversificación del ingreso puede resultar una medida engañosa de la exposición al riesgo. Podría ser preferible una sola actividad de bajo riesgo que múltiples actividades muy arriesgadas y con una fuerte covarianza. En otras palabras, una diversificación mayor no significa necesariamente menos riesgo. La diversificación debe evaluarse en el contexto de la estrategia general de riesgos del hogar.
- *Vinculación con redes.* Las redes familiares, los grupos profesionales de ayuda mutua, las asociaciones de ahorro rotatorio y de crédito y otros grupos o asociaciones a los que pertenecen los hogares —todos los cuales formarían parte del patrimonio social del hogar— pueden ser una fuente de transferencias en efectivo o en especie en caso de calamidad. La evaluación de la vulnerabilidad debería basarse no sólo en las transferencias observadas sino también en las expectativas del hogar acerca de la asistencia que recibirá en una crisis. Son estas expectativas lo que determina las decisiones del hogar de emprender o no otras actividades de gestión de riesgos. Por desgracia, las encuestas sobre hogares no suelen incluir información directa sobre las redes ni sobre las expectativas de asistencia.
- *Participación en el sistema formal de protección social.* La vulnerabilidad de un hogar disminuye si tiene derecho a asistencia social, seguro de desempleo, pensiones y otras transferencias públicas, y si puede beneficiarse de programas de asistencia social vinculados al trabajo, fondos sociales y mecanismos semejantes. Por ello, la información sobre estos programas y sus normas de admisión son también importantes para evaluar la vulnerabilidad y la exposición al riesgo.
- *Acceso a los mercados crediticios.* De la misma manera, la vulnerabilidad de un hogar disminuye si tiene acceso a crédito para evitar las grandes oscilaciones del consumo.

Indudablemente, la evaluación de la vulnerabilidad es más compleja que la cuantificación de la pobreza en un momento concreto. La duración del tiempo durante el cual se va a evaluar la vulnerabilidad es de gran importancia y puede presentar grandes diferencias de acuerdo con las personas y circunstancias. Las medidas anuales convencionales del ingreso o del consumo cubren con frecuencia un período demasiado largo. Además, la cuantificación de la vulnerabilidad requiere datos sobre los activos de los hogares (físicos, humanos y sociales) en combinación con informaciones sobre los sistemas formales de protección social, el funcionamiento de los mercados y las políticas económicas que determinan las oportunidades de un hogar y las distintas actividades que puede emprender para controlar el riesgo. Muchas de las encuestas actuales sobre hogares no ofrecen la información necesaria.

Las encuestas transversales deben ampliar sus módulos de gasto estándar incorporando preguntas sobre los activos, las vinculaciones con las redes, las impresiones sobre las fuentes de asistencia de emergencia y la participación en sistemas formales de protección social. Una iniciativa del Banco Mundial ha avanzado en ese sentido: las recientes encuestas sobre instituciones locales combinan los datos sobre activos con preguntas detalladas sobre la relación de los hogares con las asociaciones locales. Algunas encuestas de medición del nivel de vida han comenzado también a incorporar módulos sobre el patrimonio social. A la larga, estas encuestas transversales ampliadas deberán combinarse con encuestas de panel, que supervisen la evolución de los mismos hogares a lo largo del tiempo, para poder disponer de observaciones directas sobre la forma en que los hogares responden a las crisis.

La vulnerabilidad frente a riesgos no relacionados directamente con el ingreso se puede cuantificar considerando la difusión de esos riesgos (delincuencia, catástrofes naturales, etcétera) en módulos especiales de las encuestas de hogares. Un programa patrocinado conjuntamente por el Banco Interamericano de Desarrollo, el Banco Mundial y la Comisión Económica para América Latina y el Caribe —Mejoramiento de las Encuestas de Condiciones de Vida (MECOVI) — está incorporando estos módulos en países concretos de América Latina (el cuestionario puede encontrarse en BID 2000).

Fuente: Dercon, 1999; Grosh y Glewwe, 2000; Holzmann y Jorgensen, 1999; BID, 2000; Sinha y Lipton, 1999; Banco Mundial, 1998t.

donde se han realizado al menos dos encuestas de gasto o ingreso de los hogares. Estas encuestas deben mejorar enormemente y ser más accesibles al público. Hay que respaldar iniciativas como la de Encuestas de Medición de Nivel de Vida del Banco Mundial y la de Mejoramiento de las Encuestas de Condiciones de Vida (MECOVI)[9] en América

Recuadro 1.4
Cuantificar la representación y el poder con métodos basados en la participación

En el estudio *La voz de los pobres,* se han utilizado debates en grupos pequeños en que los pobres han podido hablar de las instituciones que cuentan en su vida diaria y luego indicar los criterios importantes al clasificar esas instituciones. Una vez determinados y convenidos esos criterios, los grupos clasificaron las instituciones de acuerdo con ellos utilizando guijarros, frijoles y otros materiales locales. Entre las características figuraba la confianza, la participación, la rendición de cuentas, la capacidad de fomentar la unidad, la flexibilidad, el respeto, la imparcialidad, el interés y la capacidad de escuchar y demostrar cariño. Los pobres definieron estos criterios de forma clara y sencilla, antes de puntuar a las instituciones.

Recuadro 1.5
Cuantificación del sistema de gobierno: métodos basados en la participación y encuestas supranacionales

¿Puede obtenerse sistemáticamente información de alcance nacional sobre la representación y la participación y utilizarla para evaluar su contribución al desarrollo y hacer comparaciones entre los países? Un estudio reciente elaboró una base de datos sobre 178 países para evaluar el tema general del sistema de gobierno. En él la representación y rendición de cuentas se cuantificaron mediante indicadores de las libertades sociales, los derechos políticos y la transparencia del sistema jurídico, y según que hubiera o no medios de comunicación independientes.

Los datos procedían de dos tipos de fuentes: sondeos de expertos sobre el país o región (con inclusión de organismos especializados en la clasificación de riesgos, encuestas de opinión y análisis políticos) y encuestas supranacionales de residentes llevadas a cabo por organizaciones internacionales y ONG. Los indicadores de los dos tipos de datos suelen mostrar una fuerte correlación, lo que aumenta la confianza en los resultados. El estudio comprobó una fuerte asociación positiva entre la representación y la rendición de cuentas y otros cinco grupos de indicadores sobre el sistema de gobierno y tres componentes del desarrollo: ingreso per cápita, mortalidad infantil y alfabetización de adultos (Kaufmann, Kraay y Zoido-Lobaton, 1999).

En el estudio se ponían también de manifiesto grandes deficiencias en las actuales bases de datos sobre la representación, el empoderamiento y el buen gobierno. Los márgenes de error en los resultados son considerables. Se necesitan cuantiosas inversiones para preparar y llevar a cabo encuestas, con métodos comparables en los distintos países, y recopilar datos sobre esta dimensión importante de la pobreza y el bienestar. Las encuestas nacionales sobre la representación y el empoderamiento actuarían como complemento de las evaluaciones basadas en la participación de los interesados. Al diseñar estas encuestas, debería hacerse lo posible por garantizar que puedan reflejar las diferencias de acuerdo con la región, el sexo, la pertenencia étnica, etcétera. Estas diferencias son importantes no sólo en lo que respecta a la pobreza material, sino también a la representación y al empoderamiento.

Latina (véase el Recuadro 1.3). Pero hay que ir mucho más lejos, y tratar de mejorar la información sobre los indicadores de educación y salud. Las encuestas demográficas y de salud deben continuar y ampliarse. Lo mismo cabría decir de los intentos de ampliar y mejorar la muy reducida base de datos sobre indicadores de la vulnerabilidad y de la falta de representación y la impotencia.

Evolución de la pobreza

¿Cuáles son las magnitudes y pautas de la pobreza en el mundo en desarrollo? ¿Cómo ha evolucionado la pobreza en el pasado decenio? Las respuestas a estas preguntas son importantes para enmarcar el desafío de la lucha contra la pobreza.

En el resto del presente capítulo se describen las tendencias mundiales del ingreso (consumo), la educación y la salud en cuanto dimensiones de la pobreza, y se señala la enorme diversidad de resultados entre las distintas dimensiones, regiones, países, comunidades, hogares e individuos. La diversidad de los resultados acusa las diferencias en el crecimiento, en la distribución de los activos, en la calidad y capacidad de respuestas de las instituciones estatales, en el grado de integración de las sociedades (reducción de los obstáculos sociales para la mujer, minorías étnicas y personas socialmente desfavorecidas, en términos más generales) y en la forma en que los países y personas gestionan los riesgos.

La insistencia en la diversidad de los resultados es importante al menos por dos razones. Permite identificar los éxitos y fracasos en la reducción de la pobreza y, por lo tanto, ayuda a comprender mejor cuáles son las causas del fenómeno y los sistemas más indicados para reducirlo. Por otro lado, pone de manifiesto que las tendencias agregadas pueden ocultar importantes diferencias de resultados —para los diferentes grupos étnicos, regiones y sectores de un país, por ejemplo. La conciencia de estas diferencias ayudará a los gobernantes a establecer prioridades y a concentrar sus intervenciones en donde resulten más necesarias.

Pautas mundiales y regionales: pobreza de ingreso e indicadores sociales

Entre 1987 y 1998 la parte de la población de las economías en desarrollo y en transición que vivían con menos de $1 al día bajó del 28% al 24% (Cuadro 1.1). Este descenso es inferior al necesario para conseguir la meta internacional de desarrollo de reducir a la mitad la proporción de personas que viven en situación de extrema pobreza para el año 2015 (véase el Recuadro 2 del Panorama General).

Debido al crecimiento de la población, el número de personas pobres apenas ha cambiado. Pero se observan grandes diferencias regionales en este sentido. Asia oriental y el Oriente Medio y Norte de África han reducido el número de personas pobres, y Asia oriental lo ha hecho de forma espectacular. Pero en todas las demás regiones el número de personas que viven con menos de $1 al día ha aumentado. En Asia meridional, por ejemplo, el número de pobres ha aumentado a lo largo del decenio, habiendo pasado de 474 millones a 522 millones, aun cuando la proporción de la población en situación

Recuadro 1.6
Multidimensionalidad: distintas formas de agregación

Hay varios posibles procedimientos para agregar las mediciones de las diferentes dimensiones de la pobreza y el bienestar.

Función bienestar. El planteamiento basado en la función bienestar incluye varias dimensiones del bienestar y entiende por pobres todos los individuos que se encuentran por debajo de un nivel mínimo especificado de bienestar total (Tsui, 1995, 1997; Bourguignon y Chakravarty, 1998). Este planteamiento permite buscar soluciones de compromiso, utilizando las decisiones de los individuos para comparar situaciones y evaluar hasta qué punto se necesita mejorar en una dimensión para mantener el bienestar si se produce un deterioro en otra dimensión. La dificultad está en encontrar una función bienestar adecuada para hacer comparaciones entre los elementos de bienestar individual que no se encuentran en el mercado. Si bien la utilización del gasto total y en términos monetarios es adecuada para evaluar cuántas más manzanas o huevos tendría que consumir una persona para conformarse con menos arroz, es menos fiable para dimensiones del bienestar tan importantes como la exclusión social y la falta de representación política. Además, la elección de las "ponderaciones" adecuadas para constituir un agregado único de estos elementos del bienestar individual no asociados al mercado a partir de los datos existentes ha resultado ser hasta ahora un desafío insuperable.

Índice compuesto. En vez de utilizar ponderaciones estimadas a partir de las decisiones observadas en las personas existe la alternativa de imponer sencillamente unas ponderaciones, como aplicación reduccionista y especial de planteamiento de la función bienestar. Son bien conocidos algunos esfuerzos realizados en este sentido, como el índice de la calidad física de la vida (que combina la tasa de alfabetización, la tasa de mortalidad infantil y la esperanza de vida; Morris, 1979) y el índice de desarrollo humano (PNUD, 1999 a). Estos índices, si bien son fáciles de utilizar, realmente no resuelven el problema insoluble de la ponderación, ya que asignan ponderaciones arbitrarias (en general iguales) a cada uno de los componentes (Ravallion, 1997b).

Normas alternativas de agregación. Si el objetivo es cuantificar el número de personas pobres, otra posibilidad es contar como tales a todos los que lo son en cualquiera de las dimensiones (véanse todas las áreas sombreadas del gráfico). Este método aporta algo nuevo, ya que va más allá del ingreso. Por otro lado, presenta también algún inconveniente: por ejemplo, una persona de ingreso muy alto pero poca formación se clasificaría como pobre. La alternativa es contar como pobres a todos los que lo son en todas las dimensiones (véase el área con sombreado oscuro del gráfico). En ambos casos, continúan las complicaciones derivadas de la comparación cuando se quiere cuantificar no sólo el alcance sino también la intensidad de la pobreza de los individuos con múltiples privaciones o con privaciones en diferentes dimensiones.

Normas alternativas de agregación para cuantificar las dimensiones múltiples de la pobreza

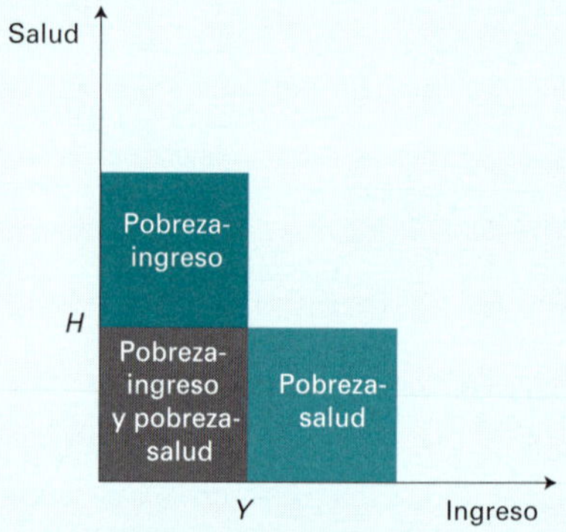

Nota: H es el umbral que define la pobreza en la dimensión de la salud, e *Y* el que define la pobreza de ingreso.

Recuadro 1.7
Metas de reducción de la pobreza de Uganda

El reciente documento de estrategia para la reducción de la pobreza en Uganda presenta una clara exposición de las metas de reducción de la pobreza que el gobierno se ha fijado. Se insiste sobre todo en reducir la pobreza de ingreso absoluta al 10% para el año 2017 y en el logro de la enseñanza primaria universal (junto con tasas más elevadas de terminación de la enseñanza primaria y niveles más altos de instrucción) para el 2004–05. El gobierno se ha establecido también otras metas de desarrollo humano para 2004–05:

- Reducir la tasa de mortalidad de niños menores de cinco años a no más de 103 por 1.000 nacidos vivos.
- Reducir la prevalencia del VIH un 35%.
- Reducir la incidencia de la detención del crecimiento al 28%.
- Reducir la fecundidad total a 5,4 nacimientos por mujer.

En ese documento de estrategia se describe el planteamiento adoptado por el gobierno para conseguir estas metas, con intervenciones detalladas en cuatro áreas generales: creación de un marco para el crecimiento económico y la transformación, instauración de un buen sistema de gobierno y de seguridad, aumento directo de la capacidad de los pobres de elevar sus ingresos y mejora directa de la calidad de vida de los pobres.

Fuente: AIF, 2000.

de pobreza bajó del 45 al 40%. En América Latina y el Caribe el número de pobres creció aproximadamente un 20%.

Dos regiones salieron especialmente mal paradas. En Europa y Asia central el número de pobres se multiplicó, pasando de 1,1 millones a 24 millones. En África al sur del Sahara el aumento fue de 217 millones, cifra ya elevada, a 291 millones en ese mismo período, lo que significa que casi la mitad de los residentes de ese continente viviría en la pobreza.

Estas variaciones del comportamiento regional están provocando un desplazamiento en la distribución geográfica de la pobreza. En 1998, Asia meridional y África al sur del Sahara concentraban aproximadamente el 70% de la población

Cuadro 1.1
Pobreza de ingreso por regiones, en algunos años del período de 1987–98

Región	Población incluida al menos en una encuesta (porcentaje)	Personas que viven con menos de $1 al día (millones) 1987	1990	1993	1996	1998[a]
África al sur del Sahara	72,9	217,2	242,3	273,3	289,0	290,9
América Latina y el Caribe	88,0	63,7	73,8	70,8	76,0	78,2
Asia meridional	97,9	474,4	495,1	505,1	531,7	522,0
Asia oriental y el Pacífico	90,8	417,5	452,4	431,9	265,1	278,3
Con exclusión de China	71,1	114,1	92,0	83,5	55,1	65,1
Europa y Asia central	81,7	1,1	7,1	18,3	23,8	24,0
Oriente Medio y Norte de África	52,5	9,3	5,7	5,0	5,0	5,5
Total	88,1	1,183,2	1,276,4	1,304,3	1,190,6	1,198,9
Con exclusión de China	84,2	879,8	915,9	955,9	980,5	985,7

Región	Parte de la población que vive con menos de $1 al día (porcentaje) 1987	1990	1993	1996	1998[a]
África al sur del Sahara	46,6	47,7	49,7	48,5	46,3
América Latina y el Caribe	15,3	16,8	15,3	15,6	15,6
Asia meridional	44,9	44,0	42,4	42,3	40,0
Asia oriental y el Pacífico	26,6	27,6	25,2	14,9	15,3
Con exclusión de China	23,9	18,5	15,9	10,0	11,3
Europa y Asia central	0,2	1,6	4,0	5,1	5,1
Oriente Medio y Norte de África	4,3	2,4	1,9	1,8	1,9
Total	28,3	29,0	28,1	24,5	24,0
Con exclusión de China	28,5	28,1	27,7	27,0	26,2

Nota: El umbral de pobreza es de $1,08 al día en términos de PPA de 1993. Las estimaciones de la pobreza están basadas en datos sobre el ingreso o el consumo de los países de cada región en los que se dispone de al menos una encuesta durante 1985-98. Cuando los años de la encuesta no coinciden con los del cuadro, las estimaciones se han ajustado utilizando la encuesta disponible más próxima y aplicando la tasa de crecimiento del consumo de las cuentas nacionales. Adoptando el supuesto de que la muestra de los países incluidos en las encuestas es representativa del conjunto de la región, se ha estimado luego el número de personas pobres en las distintas regiones. Este supuesto es obviamente menos sólido en las regiones con menor número de encuestas. Puede verse información más detallada sobre los datos y la metodología en Chen y Ravallion (2000).
a. Datos preliminares
Fuente: Banco Mundial, 2000s.

que vivía con menos de $1 al día, un 10% más que en 1987 (Gráfico 1.1).

Si bien estas cifras dan una indicación de las tendencias generales, deben tratarse con cautela habida cuenta de los problemas ya mencionados acerca de los datos y el hecho de que las cifras de 1998 son provisionales debido al limitado número de encuestas disponibles (véase el Recuadro 1.2).

Pobreza relativa. Las estimaciones de la pobreza del Cuadro 1.1 están basadas en un umbral de pobreza que refleja lo que se entiende por pobre en los países más pobres del mundo (véase el Recuadro 1.2). En esta definición se juzga la pobreza de acuerdo con criterios que son habituales en Asia meridional y gran parte de África al sur del Sahara, independientemente de la región cuya pobreza se está cuantificando. Otra posible definición de la pobreza —promovida por el sociólogo británico Peter Townsend, entre otros— es la falta de los recursos necesarios para participar en actividades y disfrutar de niveles de vida que son habituales o comúnmente aceptados en la sociedad cuya pobreza se está cuantificando[10].

En el Cuadro 1.2 se presentan estimaciones de la pobreza basadas en una combinación de los conceptos de pobreza absoluta y relativa. Las estimaciones sobre la pobreza están basadas en los mismos datos y procedimientos que los del Cuadro 1.1, pero el umbral de pobreza es diferente. Se ha utilizado un umbral específico de cada país, equivalente a un tercio de su nivel de consumo medio en 1993 expresado en paridad del poder adquisitivo (PPA) de 1993, si esa cifra es superior al umbral de pobreza de $1 al día. En los demás casos, se ha utilizado este umbral de $1. El efecto de utilizar un umbral de pobreza relativo, en vez del umbral fijo de $1 al día, es que la pobreza ahora es mucho más elevada en las regiones con mayor consumo medio. Es también superior en las regiones con mayor desigualdad. En América Latina, por ejemplo, donde aproximadamente el 15% de la población se encontraba por debajo del umbral de $1 al día, más del 50% de la población

Gráfico 1.1
La pobreza en el mundo en desarrollo se está desplazando hacia Asia meridional y África al sur del Sahara

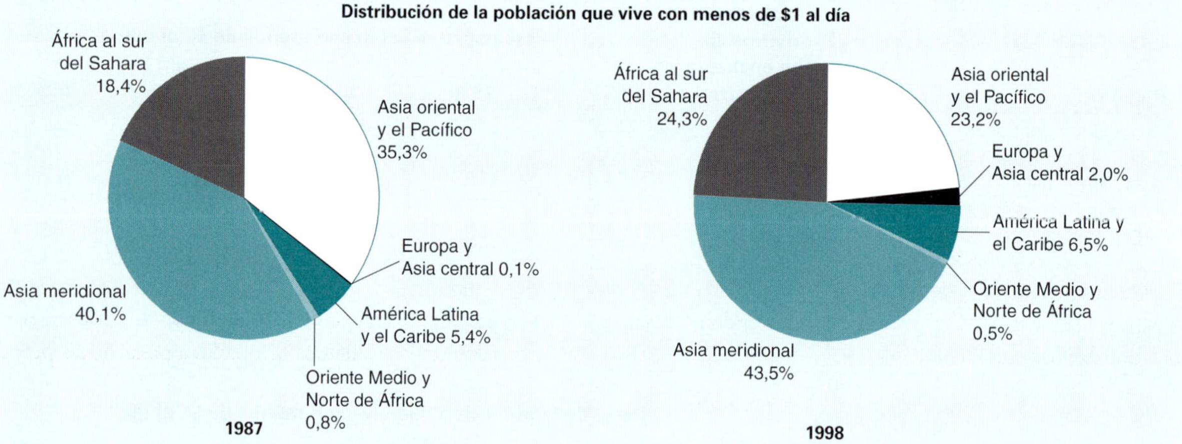

Fuente: Chen y Ravallion, 2000.

estaba por debajo del umbral de pobreza relativo. De la misma manera, en el Oriente Medio y Norte de África y en Europa y Asia central las estimaciones de la pobreza son mucho más elevadas si se aplica el criterio de pobreza relativa. En cambio, las tendencias temporales no sufren cambios[11].

Indicadores sociales. Los indicadores sociales de los países en desarrollo han mejorado por término medio en los tres últimos decenios. Por ejemplo, las tasas de mortalidad infantil bajaron de 107 por 1.000 nacidos vivos en 1970 a 59 en 1998. En cambio, el descenso entre 1990 y 1998 fue de sólo el 10%, mientras que para cumplir la meta internacional de desarrollo se habría necesitado un 30%.

Estas diferencias agregadas enmascaran grandes divergencias regionales. La esperanza de vida en África al sur del Sahara en 1997 seguía siendo de sólo 52 años —13 años menos que en el promedio del mundo en desarrollo— y 25 años —toda una generación— menos que en el promedio de la Organización de Cooperación y Desarrollo Económicos (OCDE). Una de las principales causas es la tasa de mortalidad infantil todavía inaceptablemente elevada de África al sur del Sahara: 90 por 1.000 nacidos vivos. Esa tasa es también muy elevada en Asia meridional (77). Estos niveles distan mucho del promedio de 6 por 1.000 de la OCDE. La crisis del SIDA ha agravado la situación, dando lugar a un aumento de la mortalidad

Cuadro 1.2
Pobreza de ingreso relativa por regiones, en algunos años del período de 1987-98

Región	Umbral de pobreza regional medio (dólares PPA) de 1993 al día)	Parte de la población que vive con menos de un tercio del consumo nacional medio para 1993 (porcentaje) 1987	1990	1993	1996	1998[a]
África al sur del Sahara	1,3	51,1	52,1	54,0	52,8	50,5
América Latina y el Caribe	3,3	50,2	51,5	51,1	52,0	51,4
Asia meridional	1,1	45,2	44,2	42,5	42,5	40,2
Asia oriental y el Pacífico	1,3	33,0	33,7	29,8	19,0	19,6
Con exclusión de China	1,9	45,1	38,7	30,8	23,2	24,6
Europa y Asia central	2,7	7,5	16,2	25,3	26,1	25,6
Oriente Medio y Norte de África	1,8	18,9	14,5	13,6	11,4	10,8
Total	1,6	36,3	37,4	36,7	32,8	32,1
Con exclusión de China	1,8	39,3	39,5	39,3	38,1	37,0

Nota: Véase en el texto una definición del umbral de pobreza.
a. Datos preliminares.
Fuente: Chen y Ravallion, 2000.

infantil en varios países africanos. Entre 1990 y 1997 la tasa de mortalidad infantil subió de 62 a 74 en Kenya y de 52 a 69 en Zimbabwe. La mortalidad materna continúa siendo también excepcionalmente alta en la región: de los 12 países del mundo con tasas superiores a 1.000 defunciones por 100.000 nacidos vivos, 10 se encuentran en África al sur del Sahara.

Las diferencias regionales se hacen igualmente patentes en los indicadores de educación. En Asia meridional la tasa bruta de matrícula primaria subió del 77% a más del 100% en 1982–96. Por el contrario, en África al sur del Sahara la tasa se mantuvo sin cambios en el 74% (entre 1982 y 1993 llegó incluso a disminuir). Otros indicadores sobre la educación confirman la importancia de las diferencias regionales. Casi todo el descenso de la tasa de alfabetización en el mundo en desarrollo se ha registrado en Asia oriental. Por el contrario, el número de personas analfabetas registró un aumento de 17 millones en Asia meridional y de tres millones en África al sur del Sahara[12]. Esta última región es también la que tiene la tasa neta de matrícula primaria más baja.

Divergencias de la pobreza en los diferentes países

Estudios detallados basados en los umbrales nacionales de la pobreza de ingreso y en indicadores sociales de alcance también nacional revelan divergencias igualmente considerables entre los distintos países de cada región.

En Europa y Asia central, la proporción de la población que vive con menos de $2 al día (PPA de 1996) oscila entre menos del 5% en Belarús, Bulgaria, Estonia, Hungría, Lituania, Polonia y Ucrania y el 19% en la Federación de Rusia, el 49% en la República Kirguisa y el 68% en Tayikistán[13]. Entre los siete países africanos cuyos datos cubren todo el decenio de 1990, cuatro (Burkina Faso, Nigeria, Zambia y Zimbabwe) registraron un aumento de la pobreza, en consonancia con la tendencia regional del decenio, mientras que en tres (Ghana, Mauritania y Uganda) se produjo un descenso (Cuadro 1.3)[14]. Las estimaciones nacionales disponibles sobre la pobreza en América Latina revelan que entre 1989 y 1996 la incidencia de la pobreza bajó en Brasil, Chile, Honduras y la República Dominicana —y subió en México y la República Bolivariana de Venezuela[15]. En otro grupo de países sobre los que se dispone únicamente de encuestas relativas a los sectores urbanos, la pobreza aumentó en Ecuador, se mantuvo casi sin cambios en Uruguay y bajó en Argentina, Bolivia, Colombia[16] y Paraguay.

En Asia oriental, las tendencias de la pobreza de los años noventa estuvieron influenciadas por los efectos de la reciente crisis económica. En Indonesia, la República de Corea y Tailandia la pobreza aumentó, aunque en distintos grados (véase el Capítulo 9)[17]. En Indonesia, según un estudio reciente, la pobreza habría subido de aproximadamente un 11% en febrero de 1996 al 18%–20% en febrero de 1999. Desde entonces, parece que ha descendido considerablemente, aunque es todavía bastante superior a los niveles anteriores a la crisis[18]. Las tendencias de China en 1996–98 dependen del indicador de bienestar elegido. Las mediciones de la pobreza de ingreso basadas en el umbral nacional de pobreza de $1 al día revelan un descenso continuado. Por el contrario, la medición de la pobreza basada en el consumo acusa un estancamiento de la reducción de la pobreza entre 1996 y 1998, lo que hace pensar que los hogares pobres, sobre todo en las zonas rurales, han ahorrado un parte cada vez mayor de sus ingresos[19]. Los datos más recientes correspondientes a Viet Nam indican que entre 1993 y 1998 la incidencia de la pobreza, basada en un umbral de pobreza nacional, bajó del 58% al 37%[20].

La reducción de la pobreza presentó también divergencias en los países de Asia meridional durante los años noventa. Bangladesh consiguió resultados favorables a pesar de las peores inundaciones que se recuerdan; el PIB creció un 4,5% en 1998-99, gracias a una excelente cosecha de arroz después de las inundaciones. Los concertados esfuerzos de socorro del gobierno,

Cuadro 1.3
Pobreza de ingreso en siete países africanos, varios años

País y período[a]	Área	Parte de la población que se encuentra por debajo del umbral de pobreza nacional[b] (porcentaje) Año 1	Año 2
Burkina Faso 1994, 1998	Rural	51,1	50,7
	Urbana	10,4	15,8
	Total	44,5	45,3
Ghana 1991/92, 1998/99	Rural	45,8	36,2
	Urbana	15,3	14,5
	Total	35,7	29,4
Mauritania 1987, 1996	Rural	72,1	58,9
	Urbana	43,5	19,0
	Total	59,5	41,3
Nigeria 1992, 1996	Rural	45,1	67,8
	Urbana	29,6	57,5
	Total	42,8	65,6
Uganda 1992, 1997	Rural	59,4	48,2
	Urbana	29,4	16,3
	Total	55,6	44,0
Zambia 1991, 1996	Rural	79,6	74,9
	Urbana	31,0	34,0
	Total	57,0	60,0
Zimbabwe 1991, 1996	Rural	51,5	62,8
	Urbana	6,2	14,9
	Total	37,5	47,2

a. Las fechas de esta columna corresponden al año 1 y al año 2.
b. Umbrales de pobreza basados en la nutrición. Las comparaciones entre países no son válidas.
Fuente: Demery, 1999; Ghana Statistical Service, 1998.

las ONG y los donantes —y los programas de alimentos por trabajo en curso— limitaron la pérdida de vidas humanas y los efectos de las inundaciones en la pobreza. Pakistán y Sri Lanka progresaron poco o nada en la reducción de la pobreza durante el decenio de 1990[21]. En cuanto a la India, hay actualmente un debate sobre la precisión de las estadísticas, lo que constituye un ejemplo elocuente de lo difícil que resulta el seguimiento de la pobreza a lo largo del tiempo, incluso dentro de un mismo país (Recuadro 1.8).

Divergencias de la pobreza dentro de los países

Las cifras nacionales agregadas de las diferentes dimensiones de la pobreza ofrecen un valioso panorama general sobre los resultados obtenidos. Por otro lado, es tanto lo que ocultan como lo que revelan. Dentro de cada país se observan diferentes pautas de la pobreza, y los distintos grupos pueden salir mejor o peor parados.

La pobreza en las diversas áreas de un mismo país puede evolucionar —y de hecho evoluciona— en diferentes direcciones. En Burkina Faso y Zambia la pobreza disminuyó en las zonas rurales y aumentó en las ciudades, pero este último cambio fue más importante y la pobreza en general aumentó (véase el Cuadro 1.3)[22]. En México, si bien la pobreza general disminuyó —aunque en forma modesta— entre 1989 y 1994, hubo grandes divergencias entre las distintas regiones del país[23]. En China, el rápido crecimiento de los ingresos ha ido acompañado de una creciente desigualdad entre las áreas urbanas y rurales y entre las provincias[24].

La pobreza suele estar asociada con la distancia de las ciudades y de la costa, como se observa en China, Viet Nam y América Latina[25]. En China, muchos de los pobres residen en condados y municipios montañosos. En Perú, dos tercios de los hogares rurales del quintil más pobre se encuentran en las montañas, y menos de una décima parte vive en la región costera[26]. En Tailandia, la incidencia de la pobreza en las zonas nororientales era casi dos veces superior a la media nacional en 1992, y su población, que era sólo un tercio del total, representaba el 56% de todos los pobres.

Diferencias de salud y educación entre los hogares de ingreso alto y bajo

Los indicadores sociales de muchos países continúan siendo mucho peores en el caso de quienes sufren pobreza de ingreso que en el resto, y, con mucha frecuencia, el abismo que los se-

Recuadro 1.8
Seguimiento de la pobreza en la India durante los años noventa

Los datos de las recientes encuestas nacionales por muestreo de la India (ENM) parecen indicar que el ritmo de reducción de la pobreza se frenó en los años noventa, en particular en algunas zonas rurales. Ello se produjo en un contexto de fuerte crecimiento económico (el PIB aumentó un 6,1% al año durante 1990-98), de acuerdo con el sistema de cuentas nacionales (SCN). Hay señales de creciente desigualdad nacional en los datos de las ENM, debido en buena parte al aumento del consumo medio en las zonas urbanas con relación a las rurales, aunque se aprecian signos de mayor desigualdad en los sectores urbanos. No obstante, un factor importante de esa desaceleración ha sido el lento crecimiento del consumo medio, según las cuantificaciones de las ENM.

Un examen más atento revela que el consumo registrado en las ENM es una parte cada vez menor del consumo privado según estimaciones del SCN. El consumo de las ENM ha disminuido con relación al del SCN durante los tres últimos decenios; los dos se encontraban mucho más próximos en los años cincuenta y en los sesenta (Mukherjee y Chatterjee, 1974). Si las cifras medias de consumo de las ENM se sustituyen por el consumo medio del SCN, y se ajusta proporcionalmente el consumo de toda la población, la pobreza registraría una tendencia descendente durante los años noventa (como se observa en Bhalla, 2000).

Pero la comparación de los datos de las ENM y del SCN es compleja, ya que supone diferencias de cobertura, sesgos de rememoración en las ENM, imputaciones de precios (por ejemplo, en el caso del consumo de productos del propio hogar y los salarios en especie en las ENM y de la producción no comercializada del SCN), y errores de muestreo y no muestrales en ambos. Por ello, sin examinar por qué se han ampliado las diferencias entre los dos, sería discutible todo intento de ajustar al alza la media de las ENM hasta igualar la media del SCN. En primer lugar, no está claro por qué los datos sobre el consumo medio procedentes de las ENM son erróneos pero no lo son los relativos a la desigualdad, que es el supuesto que hay que hacer cuando se ajusta proporcionalmente el consumo de toda la población. Por ejemplo, no se puede excluir a priori que los errores de ausencia de respuesta y de muestreo al cuantificar el consumo puedan diferir entre los distintos grupos de ingreso. Además, en Visaria (2000) se observa que las diferencias entre las ENM y el SCN son considerablemente menores si, en las ENM, el período de referencia del consumo es una semana en vez de un mes. Srinivasan (2000) presenta un examen detallado de estas cuestiones (en Srinivasan y Bardhan (1974) pueden verse estudios anteriores al respecto).

Hay también pruebas de que parte de la tendencia observada en la pobreza rural durante la primera parte de los años noventa puede ser resultado de la utilización de deflactores inadecuados de los precios para las zonas rurales. En consecuencia, "es probable que el descenso de las tasas de pobreza rural se haya infravalorado en los recuentos oficiales de la pobreza. Es más, nos inclinamos a proponer como hipótesis de trabajo que, entre 1987-88 y 1993-94, no hubo una gran diferencia en la tasa de descenso de la pobreza urbana y rural, al menos de acuerdo con los índices de recuento" (Deaton y Tarozzi, 1999; páginas 34-35).

Es posible que las cifras sobre la pobreza basadas en las ENM infravaloren la tasa de reducción de la pobreza en la India. Las cuestiones implicadas son importantes no sólo por el peso de las cifras de la pobreza india en las tendencias mundiales de la pobreza, sino también porque es probable que se planteen problemas semejantes en otros lugares. La India tiene una tradición estadística más sólida que la mayor parte de los países pobres. Y no se trata sencillamente de obtener estimaciones precisas de la pobreza. Estas encuestas son un recurso fundamental para identificar las características de los pobres y, por lo tanto, constituyen una aportación fundamental para la orientación de las políticas. La investigación en este terreno es de la máxima prioridad.

para es enorme. En Malí, la diferencia de las tasas de mortalidad infantil entre los hogares más ricos y más pobres equivale al progreso medio de esas tasas en los 30 últimos años[27]. En Sudáfrica, la tasa de mortalidad de niños menores de cinco años del 20% más pobre de la población es dos veces superior a la del 20% más rico, y en el Brasil nororiental y sudoriental, tres veces superior.

Lo mismo ocurre con la malnutrición. En un estudio de 19 países se comprobó que el retraso en el crecimiento (poca altura en función de la edad, indicador de una malnutrición prolongada), la emaciación (poco peso en función de la altura, indicador de malnutrición durante un breve período) y el peso inferior al normal (poco peso en relación con la edad) son más elevados en los pobres en casi todos los países[28]. Pero la diferencia entre los pobres y los que no lo son suele ser menor en los países con elevadas tasas medias de malnutrición[29].

La incidencia de muchas enfermedades, sobre todo de las transmisibles, es mayor en el caso de las personas pobres, mientras que su acceso a la atención de salud suele ser menor. En la India, la prevalencia de la tuberculosis es más de cuatro veces superior en el quinto más pobre de la población que en el quinto más rico, y la prevalencia del paludismo es tres veces superior[30]. En 10 países en desarrollo, entre 1992 y 1997 sólo el 41% de los pobres que sufrían infecciones respiratorias agudas recibieron tratamiento en un centro de salud, frente al 59% de quienes no se encontraban en la pobreza. Durante ese mismo período, sólo el 22% de los nacimientos en el 20% más pobre de la población contaron con la presencia de personal médico capacitado, frente al 76% en el 20% más rico[31]. Aunque el VIH/SIDA afectó inicialmente a los ricos y pobres casi por igual, testimonios recientes indican que las nuevas infecciones se producen de forma desproporcionada entre los pobres.

Se observan discrepancias semejantes en el acceso a la enseñanza y en el nivel de instrucción alcanzado. En algunos países pobres la mayor parte de los niños de los hogares más pobres no reciben ninguna escolarización. Un estudio de los datos de encuestas demográficas y de salud revela la existencia de 12 países donde más de la mitad de los jóvenes de 15 a 19 años del 40% más pobre de los hogares tenía cero años de escolarización: Bangladesh, India, Marruecos, Pakistán y ocho países de África al sur del Sahara. Por el contrario, el número mediano de años de escolarización de los jóvenes de 15 a 19 años de edad en el 20% más rico de los hogares era 10 en la India y ocho en Marruecos. En otros países, la diferencia del nivel de instrucción era mucho menor: un año en Kenya, dos en Ghana y Tanzanía y tres en Indonesia y Uganda[32]. En México, la escolarización media era de menos de tres años en el 20% más pobre de las zonas rurales y de 12 años en el 20% más rico de las zonas urbanas.

Las tasas de matrícula primaria reflejan divergencias semejantes. La tasa de matrícula para las personas de 6 a 14 años es un 52% más baja en los hogares más pobres que en los hogares más ricos en Senegal, un 36% menor en Zambia y un 19% más baja en Ghana. Las diferencias son también considerables en el Norte de África (63% en Marruecos) y Asia meridional (49% en Pakistán)[33].

Se observan también diferencias dentro de cada país en los indicadores sociales correspondientes a las zonas urbanas y rurales, en las diferentes regiones y en las distintas clases socioeconómicas. En China se ha agravado la diferencia entre los sectores rural y urbano en lo que respecta a la situación de salud y al uso de la atención sanitaria. Mientras que la utilización de los servicios hospitalarios por parte de la población rural disminuyó un 10% entre 1985 y 1993, la de la población urbana aumentó un 13%[34]. En Rusia, el aumento de la mortalidad durante la transición se ha concentrado en los varones jóvenes, y el retraso del crecimiento infantil, relativamente elevado para un país industrializado, ha sido más frecuente en las zonas rurales y entre las personas pobres[35].

Divergencias entre la situación del hombre y de la mujer

Una de las principales divergencias dentro de un país es la que se observa en la situación de las mujeres y de los hombres. La asignación de los recursos dentro del hogar varía de acuerdo con la edad y el sexo. Por otro lado, es difícil, por no decir imposible, estimar el número de hombres pobres y mujeres pobres, por separado, debido a que los datos sobre el consumo se recogen por hogares[36]. De todas formas, los datos disponibles sobre la salud y la educación indican que las mujeres se encuentran con frecuencia en situación de desventaja.

Un reciente estudio de 41 países revela que la desventaja femenina, entendiendo por tal la diferencia entre las tasas masculinas y femeninas de matrícula primaria, varía enormemente. En Benin, Nepal y Pakistán la diferencia es de más del 20%, y en Marruecos del 18%. Por el contrario, en Brasil, Filipinas, Indonesia, Kenya, Madagascar y Zambia las tasas de matrícula son casi iguales en los niños que en las niñas[37]. Esa diferencia suele ser baja en los hogares más ricos y especialmente elevada en los hogares más pobres. En la India, la diferencia entre la tasa de matrícula de niños y niñas es del 4,7% en el 20% más rico de los hogares, frente al 11% en el 20% más pobre[38].

Divergencias por razón de casta, etnia y pertenencia a grupos indígenas

Puede haber también grupos que tropiecen con barreras sociales particulares. Las minorías étnicas y grupos raciales, desfavorecidos en muchos países en desarrollo y desarrollados y en las economías en transición, son muchas veces más pobres[39]. Las poblaciones indígenas tienen una incidencia mucho más elevada de pobreza de ingreso en una muestra de países de América Latina sobre los que se dispone de datos[40]. Los niveles de instrucción de estos grupos desfavorecidos son también más bajos que los del resto. Los grupos indígenas de Guatemala tienen 1,8 años de escolarización, y los no indígenas 4,9 años[41]. Los indígenas de Perú tenían un 40% más de probabilidades de ser pobres que el resto de la población en 1994, y un 50% más en 1997[42]. En las zonas rurales de Guatemala, los hijos de madres indígenas tienen mayores probabilidades de retraso en el crecimiento[43]. En los distritos urbanos pobres de los Estados Unidos, la incidencia de la pobreza entre las parejas casadas blancas es del 5,3%, mientras que en el caso de las madres solteras negras o hispanas la proporción es superior al 45%[44].

Los datos disponibles sobre la India revelan que las castas y tribus inferiores tienen mayor riesgo de pobreza[45]. Esos grupos forman parte de los pobres estructurales, es decir, las personas que no sólo carecen de recursos económicos sino cuya pobreza está fuertemente vinculada a la identidad social, determinada sobre todo por la casta[46]. Tienen también peores indicadores sociales. En las zonas rurales de la India, la tasa de alfabetización de las mujeres de castas inferiores en 1991 era del 19%, la mitad que en el conjunto nacional, mientras que en los hombres de esas mismas castas la proporción era del 46%, frente al 64% en todo el país[47]. Cuando se combinan varias desventajas —mujeres de un grupo socialmente excluido de una región atrasada— la situación se deteriora. En Uttar Pradesh, uno de los estados más pobres de la India, sólo el 8% de las mujeres rurales de las castas inferiores saben leer y escribir, lo que representa sólo la tercera parte del conjunto de las mujeres rurales de este estado. No obstante, nuevas investigaciones parecen indicar que las tasas de alfabetización de las mujeres rurales de las castas inferiores están subiendo en toda la India. En 1986-87, sólo el 31% de las niñas rurales de tribus o castas inferiores en edad de enseñanza primaria estaba matriculada; en 1995–96 la tasa era del 53%[48].

Inestabilidad en los hogares

Los estudios sobre la pobreza de ingreso en un mismo hogar a lo largo del tiempo revelan que son muchos los hogares con frecuentes alternancias de pobreza y relativo bienestar. Si bien algunos grupos están crónicamente por debajo del umbral de pobreza, otros se encuentran en situación de grave riesgo de caer en la pobreza en cualquier momento. Estudios realizados en China, Etiopía, Rusia y Zimbabwe han comprobado que el grupo de personas "siempre pobres" es menor que el de las que son "pobres ocasionales"[49]. No obstante, estos resultados deben tratarse con cautela ya que los cambios observados se deben a errores de cuantificación, además de a una evolución real[50].

Surge inmediatamente la pregunta de si algunos tipos de hogares tienen mayores probabilidades que otros de sufrir situaciones de pobreza no transitoria sino crónica. La respuesta difiere de unos países a otros, pero la disponibilidad de activos desempeña con frecuencia un papel importante. En China, la falta de capital físico es un factor determinante de la pobreza tanto crónica como transitoria, pero el tamaño del hogar y el nivel de instrucción del jefe del mismo determinan la probabilidad de pobreza crónica pero no transitoria[51].

En las economías en transición de Europa y Asia central la movilidad económica ha aumentado, pero la pobreza crónica se está convirtiendo en un problema central[52]. El que un hogar se sume a las filas de los nuevos pobres o de los nuevos ricos depende en gran medida de sus características, en especial de sus vínculos con el mercado de trabajo. La transición ha agravado la situación de desventaja de los "pobres de siempre" (pensionistas, familias con gran número de hijos y familias con un solo padre) y contribuido a la aparición de los "nuevos pobres" (desempleados de larga duración, trabajadores agrícolas, jóvenes en busca de su primer empleo y refugiados desplazados por conflictos civiles)[53]. En Polonia, las víctimas de la pobreza crónica constituyen un segmento delimitado de la población. Los hogares con mayor número de miembros, los que trabajan en explotaciones agrícolas y los que dependen de la asistencia social son los que mayor riesgo tienen de permanecer pobres[54]. Rusia ha conocido la aparición de nuevos pobres durante la transición. En los primeros años noventa, se formaron nuevos grupos de pobres como consecuencia de la erosión de los salarios y pensiones reales y de los efectos del desempleo[55], y la pobreza se está convirtiendo en un problema de más larga duración y más resistente a la recuperación económica[56].

• • •

En este capítulo se ha podido comprobar que el progreso en la reducción de la pobreza de ingreso y en la promoción del desarrollo humano varía enormemente según las regiones, países y áreas de cada país. Se ha comprobado también la existencia de significativas diferencias en los resultados según el sexo, procedencia étnica, raza y condición social.

Gran parte de estas diferencias entre las regiones y países puede atribuirse a divergencias en el crecimiento económico (Capítulo 3). Los retrocesos del crecimiento en muchos países de África y en la antigua Unión Soviética han tenido efectos devastadores sobre la pobreza. Las crisis generales y los desastres naturales registrados en Asia oriental, América Latina, África al sur del Sahara y Europa y Asia central han significado también fuertes reveses en la reducción de la pobreza (Capítulo 9). Por el contrario, el espectacular crecimiento de China ha permitido una fuerte contracción de la pobreza de ingreso. En el resto de Asia oriental, a pesar de la crisis financiera, las tasas constantes de crecimiento se han traducido también en un nivel de pobreza significativamente más bajo a lo largo de los años noventa.

Pero las desigualdades iniciales y las pautas de crecimiento figuran también entre las causas que explican las diferencias en la lucha contra la pobreza en sus múltiples dimensiones, debido al abandono en que han quedado algunas áreas geográficas y grupos raciales. En ciertos casos, se observan diferencias iniciales en cuanto a la desigualdad de acceso a los activos, los mercados y la infraestructura y la irregular distribución de conocimientos especializados (Capítulos 3, 4 y 5). Las diferencias en los niveles de salud y educación entre los diferentes países y dentro de ellos, por ejemplo, es también consecuencia de la capacidad de respuesta de las instituciones estatales y de su nivel de rendición de cuentas a los pobres (Capítulo 6). En otros casos, obstáculos sociales vinculados con el sexo, la etnia, la raza y la condición social ayudan a perpetuar la pobreza de ingreso y la mala situación de salud y educación entre los socialmente desfavorecidos (Capítulo 7). El sesgo de las políticas contra los sectores que requieren gran concentración de mano de obra, como la agricultura y las manufacturas ligeras, en el ámbito nacional (Capítulo 4) o internacional (Capítulo 10) y un cambio tecnológico que favorece a los más capacitados (Capítulo 4) pueden mermar la eficacia en la lucha contra la pobreza de ingreso aun cuando las tasas de crecimiento sean similares. En el presente capítulo se ha observado también que puede haber una gran inestabilidad en los ingresos de los hogares. Ello subraya la importancia de comprender las causas de riesgo con que se enfrentan y los mecanismos más adecuados para hacerles frente (Capítulos 8 y 9).

Finalmente, en las páginas anteriores se ha argumentado que la experiencia de la pobreza va más allá de la privación material y los bajos niveles de salud y educación. La incapacidad de influir en las decisiones que repercuten en la vida personal, los malos tratos de las instituciones estatales y los impedimentos creados por las barreras y normas sociales son también dimensiones del malestar. Otra es la vulnerabilidad a las crisis, a las catástrofes naturales, a la enfermedad y a la violencia personal. Este concepto más amplio de la pobreza da lugar a una comprensión más profunda de sus causas y a una gama más amplia de actuaciones para combatirla. Estos son los temas que se esbozan en el capítulo siguiente y se elaboran con mayor detalle en los posteriores.

Capítulo 2

Causas de la pobreza y marco general de acción

Del *Informe sobre el desarrollo mundial, 1990...*
- Crecimiento basado en el uso intensivo de la mano de obra
- Amplia provisión de servicios sociales

... al *Informe sobre el desarrollo mundial, 2000/2001*
- Oportunidad
- Empoderamiento
- Seguridad

Hace un decenio, el *Informe sobre el desarrollo mundial, 1990* presentaba una doble estrategia para la reducción de la pobreza:

> *Los países que más éxito han tenido en la lucha contra la pobreza han propugnado un modelo de crecimiento que comprende el uso eficiente de la mano de obra y han invertido en el capital humano de los pobres. Ambos elementos son esenciales. El primero proporciona a los pobres la oportunidad de utilizar el bien que poseen en mayor abundancia: su trabajo. El segundo mejora su bienestar inmediato y su capacidad para aprovechar las nuevas oportunidades. Los dos juntos pueden mejorar la vida de la mayoría de los pobres.*
>
> —*Banco Mundial 1990 (páginas 57-58)*

En el Informe se observaba también que esos esfuerzos deberían complementarse con redes de seguridad para las personas que, si bien están expuestas a las repercusiones adversas, no pueden beneficiarse de la estrategia. En cualquier caso, dichas redes de seguridad se consideraban sin duda como un elemento de apoyo a las dos partes principales de la estrategia.

El marco de acción del Informe de 1990 estaba basado en su concepto de pobreza, en su análisis de las causas de la misma, en la experiencia de los años setenta y ochenta y en la situación de la economía mundial al final del decenio de 1980. Se consideraba que la pobreza era una situación caracterizada por el bajo consumo y un bajo nivel de instrucción y salud. El desarrollo económico —conseguido fundamentalmente mediante la liberalización del comercio y los mercados, la inversión en infraestructura y la prestación de servicios sociales básicos a los pobres, con el fin de incrementar su capital humano— se consideraba crucial para la reducción de la pobreza.

La experiencia que inspiró el Informe de 1990, desde la perspectiva de 1989, era la experiencia contradictoria de los años setenta y ochenta en Asia oriental, donde la pobreza había retrocedido fuertemente, y de África, América Latina y Asia meridional, donde había disminuido menos o incluso aumentado. ¿Por qué Indonesia había conseguido mejores resultados que Brasil en los años setenta y ochenta en su intento de reducir la pobreza en sus distintas dimensiones —el ingreso, pero también la educación y la salud? La respuesta era un crecimiento basado en la mano de obra y una amplia provisión de servicios sociales —la doble estrategia del Informe.

El presente Informe está basado en nuevas pruebas y en un planteamiento multidisciplinario cuyo resultado conjunto es una ampliación de las posibilidades de acción en favor del desarrollo con el fin de reducir la pobreza en sus múltiples facetas. Los datos disponibles confirman que el crecimiento de la economía general eleva los ingresos de los pobres —y, a largo plazo, reduce las dimensiones de la pobreza distintas del ingreso. Por otro lado, la ampliación de las capacidades humanas de los pobres continúa siendo fundamental en toda estrategia de reducción de la pobreza, tanto por el valor intrínseco de componentes como la salud y la educación cuanto por sus contribuciones decisivas a otras dimensiones del bienestar, incluido el ingreso.

Los acontecimientos de los años noventa revelan lo siguiente:

- No podemos activar y desactivar el crecimiento a nuestro antojo. Las reformas del mercado pueden sin duda impulsar el crecimiento y ayudar a los pobres, pero pueden ser también una fuente de perturbación. Sus efectos son complejos, dada su estrecha vinculación con las instituciones y con las estructuras políticas y sociales. La experiencia de la transición, sobre todo en los países de la antigua Unión Soviética, ilustra gráficamente cómo, en ausencia de instituciones nacionales eficaces, esas reformas pueden resultar insuficientes para conseguir el crecimiento y la reducción de la pobreza. Además, hay pruebas de que el cambio tecnológico del pasado decenio se ha basado de forma desproporcionada en los conocimientos especializados. Por ello, en contraste con las expectativas y necesidades, la pauta de crecimiento de los países en desarrollo no ha supuesto necesariamente una utilización abundante de mano de obra no especializada.
- El interés por los servicios sociales con el fin de acumular capital humano fue quizás demasiado optimista acerca de las realidades institucionales, sociales y políticas de la intervención pública. La inversión estatal en educación y salud básica en los países en desarrollo ha aumentado, aunque en algunos países a menor ritmo que el PIB, lo que podría indicar una falta de empeño por ampliar los servicios sociales. En muchos países, el gasto social es regresivo. Además, estas inversiones han sido menos eficaces de lo previsto, en parte por la existencia de graves problemas de calidad y por la falta de atención a las necesidades de los pobres —fracasos institucionales puestos de manifiesto en *La voz de los pobres* y en otras investigaciones. Pero se han conseguido también éxitos en situaciones aparentemente difíciles, por la falta de recursos. La experiencia y las investigaciones revelan que la eficacia en la prestación de servicios depende en buena medida de las capacidades institucionales locales, la estructura del mercado y las características de la influencia política.
- Hay razones convincentes para dar prioridad a la vulnerabilidad y a la gestión de la misma. Los estudios sobre la pobreza basados en la participación de los interesados ponen de manifiesto la importancia de la vulnerabilidad ante las crisis económicas, de salud y personales. Esa

BRASIL

Brasil ha conseguido impresionantes mejoras en los indicadores sociales. La tasa neta de matrícula en la enseñanza primaria subió del 88,2% en 1992 al 97,1% en 1997. La mortalidad infantil bajó de 62 por 1.000 nacidos vivos a mediados de los años ochenta a 38 a mediados del decenio de 1990. Y gran parte de la infraestructura urbana es de utilidad para los pobres. Nuevos programas garantizan un gasto mínimo per cápita en atención de salud básica y un gasto mínimo por alumno en los centros de enseñanza primaria. Entre las medidas innovadoras para conseguir la escolarización de los niños figuran la Bolsa Escola, que concede becas a las familias pobres si envían a sus niños a la escuela.

A pesar de los progresos, las desigualdades en el terreno de la salud y la educación continúan siendo grandes: el quintil más pobre de la población tiene tres años de estudios; el quintil más rico, nueve. Los que tienen un nivel de ingreso por debajo del umbral de pobreza continúan saliendo de la escuela con una preparación insuficiente para un país de ingreso mediano integrado en la economía mundial. Por otro lado, la reducción de la pobreza de ingreso ha resultado difícil. Es más, en el inestable entorno macroeconómico de los años ochenta y primeros noventa, la pobreza aumentó. Dos acontecimientos recientes confirman que es en los grupos más vulnerables a la inseguridad económica donde mayor es la incidencia de pobreza. La sequía del nordeste afectó de manera especialmente grave a los trabajadores rurales pobres, y los efectos derivados de la crisis de Asia oriental, aunque más benignos de lo previsto, redujeron el ingreso de los trabajadores menos preparados.

A modo de ilustración pueden señalarse las siguientes prioridades de acción: el crecimiento del empleo mediante inversiones productivas y la prudente gestión macroeconómica es sin duda fundamental para aumentar las oportunidades de ingreso. Pero, si no se resuelven eficazmente las desigualdades estructurales, los beneficios conseguidos por los pobres serán modestos. Para reducir las desigualdades estructurales, se ha emprendido un ambicioso programa de reforma agraria y se han realizado experimentos prometedores de reforma agraria negociada en el nordeste. En la actual campaña de fomento de la educación, es probable que los próximos pasos requieran reformas todavía más amplias, profundas y basadas en la participación; muchas de ellas son actualmente objeto de debate. El gobierno continúa también la liberalización de los obstáculos constitucionales, que limitan el margen de maniobra del gasto público. Finalmente, los planteamientos de desarrollo impulsados por la comunidad —en las mejoras de barrios urbanos, inversiones en pequeñas explotaciones agrícolas y agentes de salud comunitaria— revelan lo que se puede conseguir con el empoderamiento y movilización de los ciudadanos.

misma conclusión se deduce de las crisis financieras de los años noventa —también en Asia oriental, ejemplo por antonomasia del éxito en el camino hacia el desarrollo y la reducción de la pobreza— y la secuencia de devastadores desastres naturales.

- La desigualdad está de nuevo de actualidad —en el terreno de las ideas y de la experiencia y en el discurso político de muchos países en desarrollo (y desarrollados). Nuevos estudios revelan la importancia de las diferencias por razón de sexo, etnia y raza en cuanto dimensión —y causa— de la pobreza. Las divisiones sociales, económicas y étnicas son con frecuencia causa de la lentitud o paralización del desarrollo. En los casos extremos, los círculos viciosos de división social y falta de desarrollo estallan en forma de conflictos internos, como en Bosnia Herzegovina y en Sierra Leona, con consecuencias devastadoras para la población.
- Las fuerzas mundiales de la integración, la comunicación y el avance tecnológico han progresado paralelamente, consiguiendo importantes mejoras para algunos. Pero otros han quedado marginados. Las corrientes de capital privado han adquirido en nuestro mundo mayor importancia que las corrientes oficiales, pero refuerzan las tendencias económicas positivas, ignorando o castigando a los países donde la situación económica no es favorable.

Las nuevas pruebas y la mayor amplitud de los nuevos planteamientos no echan por tierra las estrategias anteriores, como las del *Informe sobre el desarrollo mundial, 1990*. Pero sí demuestran la necesidad de ampliar el programa. Para combatir la pobreza se requieren intervenciones que vayan más allá del ámbito económico. La acción pública no puede conformarse con invertir en servicios sociales y eliminar los sesgos contra la mano de obra en las intervenciones estatales en la economía.

Dada esta necesidad de ampliar el programa, en el presente Informe se propone un marco general de acción en tres áreas igualmente importantes:

- *Oportunidad:* Hacer llegar las oportunidades económicas a los pobres estimulando el crecimiento general y multiplicando sus activos y haciéndolos más rentables, mediante una combinación de intervenciones en el mercado y en otras esferas (Parte II).
- *Empoderamiento:* Conseguir instituciones estatales más dispuestas a rendir cuentas y a tener en consideración las necesidades de los pobres, fortalecer la participación de éstos en los procesos políticos y en las decisiones locales, y eliminar los obstáculos sociales que se derivan de las diferencias por razón de sexo, etnia, raza y condición social (Parte III).
- *Seguridad:* Reducir la vulnerabilidad de los pobres a la mala salud, las crisis económicas, las perturbaciones provocadas por las intervenciones estatales, los desastres naturales y la violencia, y ayudarles a superar las crisis cuando se producen (Parte IV).

La oportunidad, el empoderamiento y la seguridad tienen un valor intrínseco para los pobres. Y, dadas las importantes relaciones de complementariedad existentes entre esas dimensiones, una estrategia eficaz de reducción de la pobreza requerirá intervenciones en los tres frentes, con participación de todos los agentes de la sociedad: el Estado, la sociedad civil, el sector privado y los mismos pobres.

Las acciones no pueden limitarse a los países en desarrollo, considerados individualmente. Es fundamental encauzar las fuerzas mundiales en favor de los países y de las personas pobres. Se requieren medidas para promover la estabilidad financiera mundial, y para evitar que los países pobres no sean olvidados por los avances de la tecnología y de la investigación científica y médica. Los mercados de los países ricos deben abrirse a los productos de los países pobres,

CHINA

China destaca por sus extraordinarios progresos en la reducción de la pobreza de ingreso y sus altos niveles de educación y salud. Pero también ha registrado un significativo aumento de la desigualdad, entre la ciudad y el campo, y entre las áreas costeras y del interior: las zonas pobres y semiáridas de China continental han participado poco en el crecimiento.

Las estructuras formales de seguridad se encuentran en fase de transición, hay grandes preocupaciones acerca de las partes menos dinámicas de la China urbana, que están experimentando el comienzo de una importante reconversión laboral en la administración pública y las empresas estatales. Los sistemas formales de seguridad eran siempre más débiles en las zonas rurales, pero informaciones de alcance local parecen indicar que los mecanismos de las aldeas continúan ofreciendo un alto nivel de seguridad alimentaria mediante los procesos de asignación de tierras —procedimiento políticamente popular en las aldeas, como demuestran las votaciones democráticas. En el futuro, habrá que tratar de lograr una mayor representación de los nuevos pobres de las zonas urbanas y de los que han quedado marginados en la China continental.

Se proponen a modo de ejemplo tres áreas de acción. En primer lugar, el mantenimiento de un rápido crecimiento gracias a un alto nivel de inversión no estatal para evitar los sobresaltos en el proceso de destrucción de empleo en las actividades estatales ineficientes y en la reforma de los mecanismos de protección social para los empleados públicos. Si hay una desaceleración sostenida, la inseguridad en las áreas que dependen de una producción estatal caracterizada por su ineficiencia podría ser grave. En segundo lugar, la integración armoniosa de China en el sistema comercial mundial será decisiva para consolidar las reformas y garantizar la estabilidad económica y estabilizar el crecimiento del empleo. Pero para que las nuevas oportunidades no den lugar a unas desigualdades todavía mayores, habrá que conseguir todo ello haciendo hincapié en la acumulación de activos de los pobres que viven en las zonas más necesitadas. En tercer lugar, toda estrategia general deberá incluir como elementos importantes las actividades integradas de desarrollo rural de alcance local en las zonas pobres de China continental y, en términos más generales, la distribución equilibrada de las inversiones en las distintas áreas geográficas.

y hay que aumentar la asistencia y el alivio de la deuda para ayudar a los pobres a ayudarse a sí mismos. Finalmente, los países y personas pobres deben tener la oportunidad de hacerse oír e influir en los foros internacionales (Parte V).

Causas de la pobreza

Un medio para investigar las causas de la pobreza es examinar las dimensiones puestas de manifiesto por los mismos pobres:

- Falta de ingresos y activos para satisfacer las necesidades básicas: alimentos, vivienda, vestido y niveles aceptables de salud y educación.
- Sensación de impotencia y falta de representación en las instituciones del Estado y de la sociedad.
- Vulnerabilidad ante las crisis, debido a la incapacidad de hacerles frente.

Para comprender los determinantes de la pobreza en todas sus dimensiones, conviene tener en cuenta los activos a disposición de los pobres y su rentabilidad (o productividad) e inestabilidad. Los activos son de varias clases:

- *Activos humanos*, como la capacidad de desempeñar una actividad laboral básica, los conocimientos especializados y la buena salud.
- *Activos naturales,* como la tierra.
- *Activos físicos,* como el acceso a la infraestructura.
- *Activos financieros,* como el ahorro y el acceso al crédito.
- *Activos sociales,* como las redes de enlace y las obligaciones recíprocas a las que se puede recurrir en momentos de necesidad, y la influencia política sobre los recursos.

La rentabilidad de estos activos depende del acceso a los mercados y de todas las influencias mundiales, nacionales y locales sobre el rendimiento de esos mercados. Pero depende no sólo de la evolución de los mercados sino también del comportamiento de las instituciones estatales y sociales. Mas allá de la propiedad de los activos y de su rentabilidad se encuentran fuerzas que son no sólo económicas sino también políticas y sociales. El acceso a los activos depende de la estructura jurídica que determina y aplica los derechos de propiedad privada o de normas tradicionales que determinan los recursos de propiedad común. El acceso puede verse también condicionado por una discriminación implícita o explícita basada en el sexo, la etnia, la raza o la condición social. Y tanto el acceso a los activos como su rentabilidad dependen de las políticas públicas y de las intervenciones estatales, condicionadas a su vez por la influencia política de los diferentes grupos.

Otro aspecto importante es la inestabilidad de los rendimientos. Esta inestabilidad es consecuencia de las fluctuaciones del mercado, las condiciones atmosféricas y, en algunas sociedades, una situación política turbulenta. La inestabilidad repercute no sólo en los rendimientos sino también en el valor de los activos, ya que las crisis redundan en detrimento de la salud, destruyen los activos naturales y físicos o acaban con los ahorros.

Falta de ingresos y activos

Si tienes la suerte de encontrar trabajo, trabajas demasiado y no te pagan lo suficiente.

— Mujer joven de Dimitrovgrad (Bulgaria)

Algunos tienen tierra, pero no pueden comprar fertilizantes; los que consiguen trabajar como tejedores, están mal pagados; los jornaleros no reciben un jornal justo.

—Indio cackchiquel, Guatemala

Los pobres destacan sistemáticamente la importancia del trabajo para mejorar sus condiciones de vida. La riqueza ge-

INDIA

La India sufre graves carencias en los sectores de la educación y la salud —sobre todo en el norte, donde las desigualdades basadas en la casta, la clase y el sexo son especialmente marcadas. En algunos estudios realizados en Bihar y Uttar Pradesh, las mujeres y hombres pobres insistieron en su extrema vulnerabilidad y en la ineficacia de las instituciones estatales, desde las escuelas hasta la policía.

En el pasado, la reducción de la pobreza en la India se ha retrasado con respecto a la de Asia oriental debido a la mayor lentitud de su crecimiento y a los menores progresos en la promoción de la educación y de la salud básica universal. Sin embargo, más recientemente el crecimiento se ha acelerado y la pobreza ha disminuido, aunque los efectos reales del crecimiento en la reducción de la pobreza siguen suscitando polémica por problemas de cuantificación (véase el Recuadro 1.8).

Hay también diferencias notables dentro de la India: el sur, particularmente el estado de Kerala, tiene niveles de educación y salud claramente superiores. En Kerala, la esperanza de vida es mayor que en la ciudad de Washington, a pesar de un nivel de ingresos muy inferior. La eficacia de la intervención pública en Kerala se ha atribuido a su fuerte tradición de movilización política y social.

¿Cuáles son las prioridades de acción en la India? Para conseguir una reducción acelerada de la pobreza se requerirá un crecimiento más rápido, que a su vez exige una mayor liberalización, sobre todo en la agricultura, y un mejor suministro de infraestructura, muy escasa en la mayor parte de la India. En las zonas con grandes carencias de salud y educación, el desarrollo de la infraestructura social es fundamental. Para ampliar los servicios de educación y salud, los gobiernos estatales deberán invertir la tendencia de deterioro de su situación fiscal, ya que las subvenciones al sector antieconómico de la energía impiden el gasto en los sectores sociales. El aumento de los gastos deberá ir acompañado de una mejor provisión de servicios. Ello supondrá notables mejoras en el sistema de gobierno, especialmente débil en las regiones más pobres de la India, y en la lucha contra el ausentismo del personal docente. También se requerirá una provisión más equitativa de servicios, para lo cual habrá que potenciar a la mujer y a los miembros de las castas inferiores.

neral de un país es un factor importante en este sentido: a medida que los países se enriquecen, se enriquecen también, en promedio, los pobres de esos países, sobre todo porque su trabajo se paga mejor. Con el crecimiento económico, la pobreza de ingreso disminuye; con la contracción económica, aumenta (Gráfico 2.1). Algunos países de Asia oriental han registrado tasas de crecimiento del PIB per cápita del 4%–5% durante cuatro decenios, lo que ha supuesto una mejora masiva en los niveles de vida y en la salud y educación de los pobres y de todos los demás. Otros países, la mayoría de ellos en África, han tenido un crecimiento negativo o nulo durante ese mismo período, y en consecuencia no hubo mejora ninguna en el nivel de vida medio.

Si bien el crecimiento económico está sistemáticamente asociado con la reducción de la pobreza, la intensidad de esa transformación depende del nivel inicial de desigualdad en la distribución del ingreso y de cómo evoluciona ésta a lo largo del tiempo. El crecimiento —y su eficacia para la reducción de la pobreza— depende también de la existencia de un sistema de gobierno sólido y estable. Por ello, la resolución de las desigualdades socioeconómicas y la creación de instituciones sólidas puede ser importante tanto como medio de establecer una base socialmente sostenible para el crecimiento general como para garantizar que los pobres obtengan una parte sustancial de ese crecimiento.

Gráfico 2.1
La pobreza presenta una fuerte relación con las contracciones y expansiones económicas

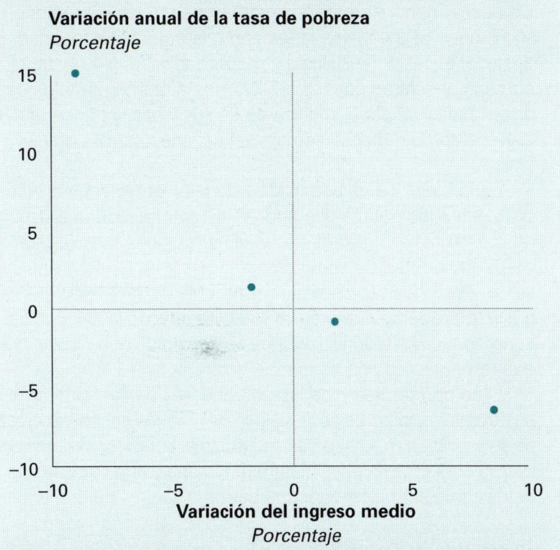

Nota: Los datos se refieren a episodios de cambio en la situación de pobreza y a variaciones en los ingresos medios correspondientes a 150 países, tomados de estudios sobre la pobreza realizados en 1980-98. Cada punto representa una cuarta parte de la muestra; el orden va de la máxima contracción a la máxima expansión.
Fuente: Estimaciones del personal del Banco Mundial basadas en Chen y Ravallion (2000).

Falta de representación e impotencia, la base institucional de la pobreza

Quienes sufren una situación de privación material sienten agudamente su falta de representación, de poder y de independencia (véase el Recuadro 1.1 del Capítulo 1). Esta impotencia les obliga a soportar descortesías, humillaciones, vergüenza, trato inhumano y explotación a manos de las instituciones del Estado y de la sociedad (Recuadro 2.1). La inexistencia del estado de derecho, la falta de protección frente a la violencia, la extorsión y la intimidación, y la ausencia de buenas maneras y de previsibilidad en las interacciones

JORDANIA

La pobreza y la desigualdad de Jordania han aumentado a final de los años ochenta como consecuencia de la crisis macroeconómica. En cambio, entre 1992 y 1997 Jordania redujo la pobreza de ingreso, a pesar de unas tasas de crecimiento del PIB per cápita más bien bajas, y en algunos casos negativas. La explicación está en el descenso de la desigualdad, debido en parte a la supresión gradual de las subvenciones regresivas a los alimentos, junto con la expansión del sistema público de protección social (Banco Mundial, 1999q). Para conservar estos progresos, es importante mejorar el crecimiento —hacer el gasto social más asequible y ampliar directamente las oportunidades de los pobres.

La asistencia pública es impresionante: transferencias de efectivo orientadas específicamente a las mujeres y a los ancianos que son jefes de hogar, así como a los discapacitados; actividades de microcrédito y seguro médico. No obstante, los programas gubernamentales, al concentrarse en quienes son habitualmente pobres en vez de en quienes lo son de forma ocasional, no consiguen resolver el problema de las capas más superficiales de la pobreza en Jordania. Por ello, la vulnerabilidad de los pobres y de quienes están próximos a la pobreza frente a las conmociones externas es elevada, aunque se ve moderada por considerables actividades benéficas de instituciones no gubernamentales y religiosas que complementan las sólidas redes familiares y comunitarias. La vulnerabilidad se puede superar con programas de obras públicas basados en la comunidad en los que se ofrezcan empleos con salarios bajos y mediante medidas de seguro de desempleo y de asistencia. El Fondo Nacional de Ayuda (que se ocupa del sistema público de protección social) podría identificar otros medios de asistencia solicitando ideas a los beneficiarios. Su encuesta sobre la prestación de servicios, de 1998, refleja el descontento entre los destinatarios, que se quejan de las dificultades y obstáculos administrativos, de la cancelación de beneficios sin verificación y de la insuficiencia de la ayuda. El Fondo está intentando aplicar algunas de las conclusiones del estudio, introduciendo un sistema más estricto de rendición de cuentas y potenciando a los pobres.

La población jordana puede conseguir grandes beneficios con el dividendo de la paz árabe-israelí tanto tiempo esperada. Pero para que esos beneficios se hagan realidad, los jordanos deben contar con los instrumentos que ofrece la educación. Por ello, tanto a corto como a largo plazo es fundamental seguir insistiendo en el acceso de los pobres a servicios públicos de educación básica.

Recuadro 2.1
Acerca de la interacción con las instituciones estatales: la voz de los pobres

Aunque hay casos aislados muy positivos, en el estudio *La voz de los pobres* generalmente las instituciones estatales obtienen calificaciones bajas en apartados como la equidad, integridad, pertinencia, eficacia, flexibilidad y responsabilidad. No obstante, los pobres consideran que los organismos gubernamentales deben desempeñar un papel importante en sus vidas, y tienen una idea clara de cómo deberían ser las instituciones con las que se relacionan.

En la India, las características de las instituciones crediticias disuaden a los pobres que podrían estar interesados en solicitar un préstamo. Los pobres de muchas regiones también señalan casos frecuentes de corrupción en los sistemas de atención de salud. Pero cuando se encuentran con un problema de salud grave, consideran que la única salida es ceder a las exigencias de soborno. En Macedonia, algunos se quejan de que "nadie quiere que te presentes con las manos vacías".

El comportamiento de los proveedores de atención de salud es otro de los factores de disuasión de quienes necesitan ese tipo de servicios. En muchas áreas de Tanzanía, tanto los hombres como las mujeres y los jóvenes manifestaron una y otra vez que son tratados como animales, peor que perros. Ya antes de que pudieran explicar sus síntomas, tenían que soportar reprimendas, y eran tachados de sucios, perezosos e inútiles.

Los pobres de muchos países se quejaban de que tenían que esperar indefinidamente, mientras que los ricos pasaban a ocupar los primeros puestos de la fila de espera.

En Europa y Asia central los pensionistas que tratan de cobrar sus escasas pensiones tienen que soportar trámites administrativos interminables y vérselas con funcionarios groseros y desconsiderados, que además se reservaban la información. Los pobres de esta región critican a los alcaldes y a las autoridades locales por su arbitrariedad, ineficiencia y, en muchos casos, corrupción (con honrosas excepciones).

Los pobres están hambrientos de instituciones que sean equitativas, correctas, íntegras, atentas y fiables y que no practiquen la corrupción ni sean víctimas de ella. Una mujer pobre de Vila Junqueira (Brasil) resumía así sus sentimientos:

Una institución no debería discriminar a nadie por no estar bien vestido o por ser negro. Si llevas traje, te tratan como un señor; si llevas sandalias, te echan.

Fuente: Narayan, Chambers, Shah y Petesch, 2000; Narayan, Patel, Schafft, Rademacher y Koch-Schulte, 2000.

con los funcionarios públicos representan también una carga pesada para los pobres. Por otro lado, no pueden aprovecharse de las nuevas oportunidades económicas ni emprender actividades que se encuentran fuera de su zona inmediata de seguridad. Las amenazas de fuerza física o de arbitrariedad burocrática les dificultan la participación en los asuntos públicos y la exposición y defensa de sus propios intereses. La falta de responsabilidad y de flexibilidad de las instituciones estatales figura entre las causas que explican el progreso relativamente lento con que han aumentado los activos humanos de los pobres.

En las sociedades agrarias, la falta de activos y de oportunidades de generación de ingresos de los pobres les obliga a relacionarse con terratenientes ricos en una forma de relación clientelar. En el caso de las mujeres, la falta de ahorros y de activos les impide intervenir de forma independiente en las decisiones del hogar y de la comunidad.

Las normas y barreras sociales pueden contribuir también a la impotencia y a la falta de representación. Si bien las culturas locales tienen un valor intrínseco, algunas veces pueden obstaculizar los intentos de reducir las privaciones humanas. En casi todas las sociedades está muy extendida la desigualdad entre el hombre y la mujer. Las mujeres pobres se ven discriminadas en el hogar y en los mercados de tierras, trabajo y crédito. Ello aumenta la pobreza y al mismo tiempo impide el desarrollo —pues la intervención activa de la mujer es una fuente poderosa de progreso humano, especialmente para los niños. La discriminación basada en la pertenencia étnica, las creencias religiosas, la condición social y la raza tiene efectos semejantes.

Vulnerabilidad

Hace tres años la situación fue terrible. Las inundaciones se llevaron todos nuestros cultivos, y pasamos mucha hambre, a tal punto que muchos murieron de inanición. Fueron por lo menos una docena, en su mayoría niños y ancianos. Nadie pudo ayudarlos. Sus parientes que vivían en el pueblo tampoco tenían nada que comer; nadie tenía bastantes alimentos para sus propios hijos, y todavía menos para los hijos de su hermano o primo. Y muy pocos tenían en algún otro lugar un pariente más rico que pudiera ayudarlos.

—*Campesino pobre, Benin*

La vulnerabilidad es compañera habitual de la privación material y humana, dada las circunstancias que tienen que soportar los pobres o quienes se encuentran en situación próxima a la pobreza. Ocupan y trabajan tierras marginales con precipitaciones inciertas. Viven hacinados en asentamientos urbanos donde las fuertes precipitaciones pueden arrastrar sus casas. Trabajan en condiciones precarias, en el sector formal o informal. Tienen mayor riesgo de contraer enfermedades como el paludismo y la tuberculosis. Están expuestos a detenciones arbitrarias y malos tratos a mano de las autoridades locales. Y sufren, sobre todo las mujeres, el riesgo de verse socialmente excluidos y ser víctimas de la violencia y la criminalidad.

Los riesgos que deben afrontar los pobres como consecuencia de su situación son la causa de su vulnerabilidad. Pero la causa más profunda es la incapacidad de reducir o de mitigar el riesgo o hacer frente a las crisis —causa que es al mismo tiempo factor y resultado de las otras causas que explican las demás dimensiones de la pobreza. Los bajos niveles de activos físicos, naturales y financieros hacen a las personas pobres especialmente vulnerables a las crisis —quienes tienen más medios pueden capear estas dificultades siempre que sean temporales. La falta de activos suficientes puede poner en marcha un círculo vicioso en que las acciones para resolver el problema inmediato agravan la situación a largo plazo. Entre esas medidas podrían señalarse la decisión de sacar a los niños de la escuela para que obtengan ingresos adicionales durante una crisis económica, el agotamiento de los recursos naturales en forma insostenible, la venta precipitada de tierras o ganado a precios de saldo, o la reducción del consumo de alimentos por debajo de los niveles necesarios para conservar la salud (Capítulos 8 y 9).

Otra causa subyacente de la vulnerabilidad es la incapacidad del Estado o de la comunidad de establecer mecanismos para reducir o mitigar los riesgos a que se ven expuestos los pobres. Las intervenciones en sectores como el riego, la infraestructura y la salud pública, un sistema policial íntegro y un ordenamiento jurídico equitativo, los planes de obras públicas en momentos de dificultad, el microcrédito para ayudar a superar las consecuencias de una grave crisis, las redes sociales de apoyo y seguro y el socorro contra el hambre en situaciones extremas son otros tantos mecanismos que reducen la vulnerabilidad de los pobres. Las experiencias registradas en los distintos países en relación con cada uno de esos mecanismos puede ayudar a formular medidas que resuelvan la vulnerabilidad en circunstancias concretas.

Los pobres se ven también expuestos a riesgos que van más allá de su comunidad —los que afectan a la economía, al medio ambiente y a la sociedad en que viven. Los conflictos y guerras civiles, las crisis económicas y los desastres naturales no sólo repercuten en sus actuales niveles de vida sino también en su capacidad de librarse de la pobreza. Y en la medida en que las fuerzas de alcance mundial —como la inestabilidad de los flujos de capital, el cambio climático mundial y las ventas de armas— son causas de crisis y perturbaciones en los países pobres, la incapacidad o la falta de interés de la comunidad mundial para actuar en esos frentes aumenta la vulnerabilidad de los pobres (Capítulo 10).

Marco general de acción

¿Qué marco general de acción se necesita para reducir eficazmente la pobreza en todas sus dimensiones? El desarrollo de la economía nacional es fundamental para el éxito en el combate contra la pobreza. Pero ésta es consecuencia de procesos que no son simplemente económicos. Es resultado de procesos económicos, sociales y políticos que se relacionan y refuerzan mutuamente, pudiendo agravar o aliviar las privaciones cotidianas de los pobres. Para reducir la pobreza hay que promover las oportunidades, contribuir al empoderamiento y aumentar la seguridad, con iniciativas de alcance local, nacional y mundial. El progreso en esos tres frentes puede generar la dinámica necesaria para una reducción sostenible de la pobreza.

Las diferentes esferas de acción ilustran la complejidad del desarrollo. ¿Cómo pueden decidirse en la práctica las prioridades? ¿Todas las acciones tienen que abarcar las tres esferas? Tanto el planteamiento estratégico como las áreas de actuación propuestas son sólo una guía orientativa. Las prioridades y acciones efectivas deberán determinarse en el contexto económico, sociopolítico, estructural y cultural de cada país —mejor dicho, de cada comunidad. Pero aun cuando las decisiones dependan de las condiciones locales, en general es necesario considerar las posibilidades de actuación en las tres esferas —oportunidad, empoderamiento y seguridad—, debido a sus importantes relaciones de complementariedad. Los ejemplos ofrecidos en este capítulo sobre distintos países ilustran de qué manera se pueden identificar las prioridades y las esferas de acción en las estrategias de reducción de la pobreza específicas de cada país.

FEDERACIÓN DE RUSIA

Como otros países de la antigua Unión Soviética, Rusia ha conocido un aumento dramático de la pobreza y de la desigualdad y un agravamiento de la mortalidad de adultos. La población rusa ha sufrido un notable aumento de la inseguridad —como consecuencia de la inestabilidad macroeconómica, la pérdida de las formas de seguridad vinculadas al empleo y el fuerte aumento de la violencia— y en muchos casos acusa la presión psicológica derivada del aumento de la pobreza. Si bien el proceso electoral ha sido importante para potenciar a la ciudadanía, se ha visto contrarrestado por las profundas sensaciones de impotencia derivadas de las nuevas fuentes de inseguridad y los problemas de apropiación del Estado por una minoría dominante. Los nuevos oligarcas se han adueñado de los activos privatizados y de las rentas de los recursos, lo que significa que la mayor desigualdad es resultado no de las mismas reformas orientadas al mercado sino de las interacciones entre las reformas y las estructuras políticas e institucionales durante el proceso de transición.

¿Cuáles son las prioridades en la lucha contra la pobreza? Un elemento fundamental para mejorar el entorno general es liberar al Estado del control de las nuevas minorías, entre otros medios con nuevas reformas de los mercados para desconcentrar el poder económico. La actual desigualdad estructural, estrechamente vinculada a la estructura política, corre el riesgo de consolidarse firmemente, si no lo ha conseguido ya. Es probable que la resolución de los problemas afines del buen gobierno sea un requisito esencial para reducir la inestabilidad macroeconómica y conseguir un entorno económico que favorezca las inversiones necesarias para contrarrestar el extraordinario descenso del empleo en el sector formal. Es también requisito previo para unas asignaciones presupuestarias favorables a los pobres, con el respaldo de la descentralización y de la participación para fomentar un mayor espíritu de rendición de cuentas y de atención a las verdaderas necesidades.

Oportunidad

El crecimiento es esencial para ampliar las oportunidades económicas de los pobres, aunque sólo sea el primer paso de la intervención pública (Capítulo 3). El problema está en cómo conseguir un crecimiento rápido, sostenible y favorable a los pobres. Se necesita un entorno económico propicio favorable a la inversión privada y a la innovación tecnológica, pero también un clima de estabilidad política y social que respalde la inversión pública y privada. Por otro lado, las desigualdades sociales y en la distribución de los activos repercuten directamente en el ritmo de crecimiento y en el reparto de sus beneficios. La distribución de los beneficios del crecimiento es importante, entre otras razones porque los conflictos de ese tipo pueden echar por tierra la estabilidad necesaria para el crecimiento general.

Los mercados son una pieza clave en la vida de los pobres (Capítulo 4). Se ha comprobado que, en promedio, los países abiertos al comercio internacional y con mercados financieros desarrollados y una política monetaria y fiscal acertada tienen mayores tasas de crecimiento. En los lugares donde se han aplicado reformas inspiradas en los principios del mercado, normalmente ha terminado el estancamiento y se ha reanudado el crecimiento. Pero en algunas ocasiones las reformas orientadas a fomentar el mercado fracasan por completo. El impacto de esas reformas en el rendimiento económico y en la desigualdad depende de las condiciones institucionales y estructurales, en particular de la ventaja comparativa de los países y las estructuras de propiedad de los activos. Por otro lado, los efectos de las reformas del mercado no son los mismos para los distintos grupos que integran una economía: hay ganadores y perdedores, y entre éstos pueden figurar los pobres. Por ello, el diseño y el orden de las reformas deben tener en cuenta la situación local y los probables efectos sobre la población necesitada. Ello no significa necesariamente reducir el ritmo: unas reformas rápidas pueden contribuir en forma notable a conseguir beneficios para los pobres y a acabar con los privilegios monopolísticos de los ricos. Los efectos negativos de la reforma en los pobres pueden compensarse con actuaciones en otras esferas, como los sistemas de protección social establecidos para facilitar los costos de la transición.

Han quedado relativamente relegadas al segundo plano las reformas del mercado orientadas de manera específica a los pobres. Estas reformas pueden tener sus propios objetivos: eliminar o simplificar los reglamentos de las microempresas y las pequeñas y medianas empresas, modificar el sistema de registro para que los pequeños productores puedan utilizar la tierra como garantía, o establecer un marco normativo del seguro en pequeña escala.

Una condición fundamental para ampliar las oportunidades económicas de los pobres es ayudarles a multiplicar sus activos (Capítulo 5). Algunas capacidades humanas, como la salud y la educación, tienen valor intrínseco, pero además pueden ser una aportación muy valiosa para mejorar su bienestar material. En este sentido son también importantes la propiedad de la tierra, y el acceso a la misma, la infraestructura y los servicios financieros. También les cabe una función destacada a los activos sociales, incluidas las redes interpersonales.

Son muchas las iniciativas que pueden ayudar a los pobres a incrementar sus activos. Al Estado, por su capacidad de recaudar ingresos y de utilizarlos como instrumento de redistribución, le compete una función central, sobre todo en lo que respecta a la prestación de servicios sociales básicos y de infraestructura. Cuando el acceso a la tierra es muy desigual, hay razones sociales y económicas que aconsejan una reforma agraria negociada. En lo que respecta a la prestación de muchos de los servicios, la intervención estatal se puede complementar con los mecanismos de mercado, la sociedad civil y el sector privado, todo lo cual contribuiría a aumentar los beneficios percibidos por los pobres. En cuanto a la prestación de servicios locales, la par-

SIERRA LEONA

Sierra Leona es, de acuerdo con los últimos indicadores ajustados en función de los precios, el país más pobre del mundo. Pero esta afirmación no llega a recoger la verdadera profundidad de la miseria humana de esta nación. La población de Sierra Leona está inmersa en un conflicto trágico —que ha producido terribles consecuencias en forma de pérdidas humanas, violaciones, mutilaciones y daños psicológicos a los muchachos obligados a sumarse al ejército y a las milicias.

Los estudios sobre las causas de conflicto en los países en desarrollo indican que la pobreza material y la debilidad de las estructuras democráticas se interrelacionan con las divisiones étnicas y sociales para provocar enfrentamientos internos. Los efectos de los conflictos —destrucción de unas instituciones de gobierno frágiles, fuga del personal capacitado, pérdidas humanas y heridas sociales que tardarán generaciones en curar— crean un círculo vicioso de pobreza y conflicto.

Sierra Leona necesita desesperadamente activos —humanos, físicos y sociales— y mayores oportunidades de mercado. La inseguridad personal es inimaginable. Pero no puede haber progreso sin mecanismos para resolver los conflictos sociales, superar la impotencia de los ciudadanos ante quienes poseen armas y recrear las instituciones necesarias para llorar a las víctimas y para superar las pérdidas psicológicas.

La acción internacional deberá ocupar un lugar importante. Una vez que se sienten las bases para el desarrollo, el apoyo externo concertado será decisivo. La Iniciativa reforzada para la reducción de la deuda de los países pobres muy endeudados ofrece un mecanismo de transición para apoyar a las sociedades que han salido de un conflicto y contribuir a su reconstrucción económica. Mucho más ardua será la delicada tarea de la reconstrucción social e institucional.

ticipación de las personas y las comunidades pobres puede contribuir notablemente a su eficacia.

Empoderamiento

Por empoderamiento se entiende el aumento de la capacidad de los pobres de influir en las instituciones estatales que influyen en su vida, reforzando su participación en los procesos políticos y en las decisiones locales. Significa también eliminar los obstáculos —políticos, jurídicos y sociales— que perjudican a determinados grupos y aumentar los activos de los pobres para que puedan intervenir activamente en los mercados.

La ampliación de las oportunidades económicas de los pobres contribuye ciertamente a su empoderamiento. Pero hay que hacer lo posible por que el Estado y las instituciones sociales actúen en beneficio de éstos (Capítulo 6). Los procesos democráticos formales forman parte del empoderamiento. Igualmente importantes son los mecanismos a través de los cuales las intervenciones estatales cotidianas ayudan o perjudican a los pobres. A este respecto, es importante contar con procedimientos más detallados de rendición de cuentas —movilizar a los pobres y a sus organizaciones para que pidan cuentas a las instituciones estatales y garanticen el imperio de la ley en la vida diaria.

El empoderamiento de los pobres forma parte del programa más general de buen gobierno y responsabilización de las instituciones estatales frente a sus ciudadanos. El empoderamiento nacional de los ciudadanos puede tener importantes efectos indirectos en los pobres, ya que influye en la calidad y el ritmo del desarrollo económico y social. Pero los resultados obtenidos por los pobres dependen de las estructuras políticas y sociales de la sociedad. Con frecuencia, los gobiernos se muestran más atentos a los intereses de las minorías privilegiadas que a las necesidades de los grupos pobres. Por ello, muchas veces el que los gobiernos actúen o no en favor de los pobres dependerá de la mayor o menor coincidencia entre los intereses de los grupos necesitados y de los que disfrutan de una situación más desahogada.

Para mejorar el sistema de gobierno es preciso desarrollar la capacidad administrativa y reguladora y reducir la corrupción. La víctima más frecuente de la corrupción cotidiana son sin duda los pobres, que generalmente pueden identificarse mejor con una campaña contra la corrupción.

Las interacciones sociales entre individuos y comunidades pueden influir también de manera decisiva en la lucha contra la pobreza. Hay una compleja relación entre cultura y desarrollo. Las creencias y prácticas que forman parte de la cultura local pueden contribuir al desarrollo sostenible. Pero las prácticas tradicionales y la discriminación por razón de sexo, etnia, raza, religión o condición social pueden ser también motivo de desigualdad en muchos países. Las intervenciones para acabar con la discriminación y las divisiones pueden ayudar a reducir la pobreza. La superación de las diferencias por razón de sexo es parte fundamental de ese proceso, que puede redundar en beneficio directo de la mujer (y del hombre) y contribuir indirectamente al crecimiento y el desarrollo. Según testimonios recientes, cuanto mayor es la igualdad entre el hombre y la mujer más rápido es el crecimiento (Capítulo 7).

Seguridad

Una mayor seguridad para los pobres significa reducir su vulnerabilidad frente a riesgos como la mala salud, las crisis económicas y los desastres naturales y ayudarles a superar las situaciones adversas cuando se producen (Capítulos 8 y 9).

Las estrategias de lucha contra la pobreza pueden reducir la vulnerabilidad de los hogares pobres con una serie de mecanismos que permitan combatir la inestabilidad, ofrezcan a los pobres medios para superar el riesgo y refuercen la capacidad de gestión de riesgo del mercado o de las instituciones públicas. Ello supone la prevención o gestión de las crisis de alcance nacional y regional —como la baja coyuntura económica y los desastres naturales— y la mitigación de sus efectos sobre los pobres, cuando se produzcan.

La ayuda encaminada a incrementar los activos —humanos, naturales, físicos, financieros y sociales— de los pobres puede ayudarles a resolver los riesgos con que se

UGANDA

Tras haber superado un período de conflicto destructivo hace poco más de un decenio, Uganda sufre una profunda pobreza en numerosas dimensiones. Pero ha demostrado también lo que puede conseguir un país inmensamente pobre de África al sur del Sahara.

Uganda, primer país en recibir ayuda en el marco de la Iniciativa reforzada para la reducción de la deuda gracias a su estrategia de reducción de la pobreza, destaca por su constante crecimiento en el decenio de 1990. También destaca por su significativa reducción de la pobreza de ingreso, sus impresionantes esfuerzos por alcanzar la educación primaria universal y una importante iniciativa para conseguir presupuestos transparentes y orientados a combatir la pobreza, tanto en el plano central como local. Uno de sus puntos más vulnerables es la salud. El VIH/SIDA azotó a Uganda desde fecha temprana: una décima parte de los adultos están ahora infectados, y los huérfanos del SIDA representan una fuerte presión sobre los sistemas tradicionales para cuidar a esos niños.

Tres áreas deben ser objeto de actuación prioritaria en el futuro. Por un lado, la consolidación y profundización de la obligación de rendir cuentas y de la participación en la asignación de recursos, así como el fortalecimiento de las instituciones estatales, centrales y locales, como base para programas sólidos de inversión local en capital social y físico. En segundo lugar, la superación de los riesgos percibidos en el entorno económico, para que pueda despegar el crecimiento creador de empleo. Finalmente, el respaldo a los actuales esfuerzos por detener la difusión del VIH/SIDA y enfermedades como la tuberculosis.

enfrentan. Y el respaldo a las instituciones que ayudan a los pobres a superar los riesgos puede permitirles emprender actividades más arriesgadas pero más rentables, y de esa manera salir de la pobreza. Por ello, el desarrollo de las instituciones de gestión de riesgos debe ser una característica permanente de las estrategias de reducción de la pobreza. Para ello se necesita un planteamiento modular, con diferentes planes que correspondan a los diferentes tipos de riesgo y a los distintos grupos de la población. Entre los instrumentos disponibles cabe señalar el seguro médico, la asistencia y las pensiones para los ancianos, el seguro de desempleo, los programas de asistencia social vinculados al trabajo, los fondos sociales, los programas de microfinanciamiento y las transferencias de recursos en efectivo. Las redes de seguridad deberán concebirse de tal manera que permitan atender las necesidades inmediatas de consumo —y proteger la acumulación de activos humanos, físicos y sociales por parte de los pobres.

En este contexto del riesgo y la vulnerabilidad, una vez más el problema es si las intervenciones públicas y las instituciones funcionan adecuadamente y responden al interés de los pobres. El hambre es una amenaza constante en muchas partes del mundo, pero algunos países han conseguido evitar la mortalidad masiva. En el siglo XX, ningún país democrático con libertad de prensa y de oposición política ha experimentado jamás una situación generalizada de hambre (Recuadro 2.2). El acceso a la información y la participación pueden reducir la vulnerabilidad.

Interconexiones en el plano local y nacional

Lo mismo que las dimensiones y causas de la pobreza están mutuamente vinculadas, también lo están las áreas de intervención. Las acciones para ampliar las oportunidades constituyen en sí mismas un medio poderoso de empoderamiento, en sentido profundo e intrínseco con respecto a las capacidades humanas básicas, pero también en forma indirecta: a medida que aumenten la base de activos, los ingresos y las oportunidades de mercado de los pobres, crecerá también su posible influencia política y social. La mejora de las condiciones materiales es también importante para garantizar la seguridad: las crisis tienen menos costos cuando una persona se encuentra por encima del nivel de la mera supervivencia, y los activos ocupan un lugar central en las estrategias populares de gestión de riesgos. El empoderamiento es un factor fundamental para determinar las reformas del mercado y la expansión de los activos que condicionan la estructura de las oportunidades materiales y para configurar el diseño de las políticas e instituciones que ayudan a los pobres y a quienes no lo son a gestionar sus riesgos. Finalmente, la reducción de la vulnerabilidad, y de todas sus consecuencias negativas, es de primera importancia para mejorar (o evitar que retroceda) el bienestar material y para el empoderamiento de los pobres y comunidades.

Recuadro 2.2
Prevención de hambrunas: importancia de la prensa local

Las hambrunas son con frecuencia resultado de crisis que dañan la producción agrícola: inundaciones o sequías. La rapidez con que los gobiernos consiguen responder a estas crisis depende de muchos factores. Uno fundamental es el nivel de democracia y la medida en que los políticos deben dar cuentas de la eficiencia de los programas de socorro. Un estudio reciente de la India revela que la circulación de periódicos puede desempeñar un papel importante.

La India tiene una prensa relativamente libre, ya que sólo el 2% de los periódicos es controlado directamente por las autoridades centrales o estatales. Dicho estudio analizó la interacción entre capacidad de respuesta del gobierno ante las inundaciones y sequías (cuantificada en función de los fondos públicos de socorro) y la circulación de periódicos en los diferentes estados del país. Hipótesis: una población bien informada puede asociar la ineficiencia a un político concreto y, por lo tanto, exigir una mayor respuesta a las crisis.

Los resultados confirmaron la hipótesis: ante una crisis dada (sequía o inundación), una mayor circulación de periódicos se manifiesta en una mayor distribución pública de alimentos o en mayores gastos en actividades de socorro. Una caída del 10% en la producción de alimentos como consecuencia de una crisis está asociada con un aumento del 1% en la distribución pública de alimentos en los estados con una circulación mediana de periódicos per cápita, y con un aumento de más del 2% en los estados que se encuentran en el percentil 75 de la circulación de periódicos.

Si se desglosan los periódicos por idioma, se obtiene un resultado revelador. Entre los tres tipos de periódicos —en hindi, en inglés y en lenguas locales— parece que sólo los publicados en lenguas locales consiguen una mayor respuesta pública ante la crisis. Así pues, la respuesta de los gobiernos estatales frente a las crisis locales depende en buena medida de la distribución de periódicos locales, que son los que generalmente lee el electorado local.

Fuente: Besley y Burgess, 2000.

Actuaciones internacionales

Dada la importancia central —y probablemente en aumento— de las fuerzas mundiales, las intervenciones locales y nacionales no son suficientes. El progreso económico mundial, el acceso a los mercados internacionales, la estabilidad financiera internacional y los avances tecnológicos en la salud, agricultura y comunicaciones son determinantes cruciales de la reducción de la pobreza (Capítulo 10). Efectivamente, la cooperación internacional es condición necesaria para reducir el proteccionismo de los países industrializados y evitar la inestabilidad financiera mundial. Por otro lado, la importancia creciente de los bienes públicos internacionales como la agricultura y la investigación médica requiere una nueva orientación en la cooperación del desarrollo. Además, debido a la importancia de las intervenciones internacionales contra la pobreza, hay que dar mayor resonancia a la voz de los países y personas pobres en los foros internacionales.

Los programas de ayuda a los países continúan siendo imprescindibles —para ayudarles a aplicar estrategias de

Recuadro 2.3
Lucha contra la pobreza en Viet Nam

Viet Nam ha conseguido sorprendentes progresos contra la pobreza: entre 1993 y 1998 la pobreza de ingreso ha bajado del 58% al 37% de la población. Un análisis reciente del Grupo de trabajo sobre la pobreza, integrado por representantes del gobierno, los donantes y las ONG, llegó a las siguientes conclusiones:

- *El principal motor de una rápida reducción de la pobreza era la reforma.* Especial importancia revestían las reformas agrarias que Viet Nam había emprendido a mitad del decenio de 1980 y habían creado enormes oportunidades de mejorar las condiciones y los medios de vida.
- *A pesar de los progresos, los pobres se quejaban de falta de representación y de su impotencia.* Las evaluaciones de la pobreza con participación de los interesados (realizadas conjuntamente con Oxfam, Actionaid y Save the Children) comprobaron el fuerte deseo de un intercambio de información de doble sentido: del gobierno hacia la población, acerca de la naturaleza y cronología de políticas y programas públicos que repercutían en su vida, y de ellos hacia el gobierno, para influir en esas políticas y programas.
- *La pobreza continúa siendo profunda y generalizada —y los progresos frágiles.* Millones de personas son todavía vulnerables a la pobreza. La enfermedad, el fallecimiento de un miembro de la familia y los desastres naturales (inundaciones, sequías) son amenazas que están siempre presentes. Las mujeres, las minorías étnicas y los emigrantes urbanos no registrados continúan estando en situación especialmente desfavorecida.

En dicho análisis —que contó con una gran variedad de participantes— se recomendaron tres iniciativas públicas:

- *Emprender una nueva ronda de reformas* que den rienda suelta al dinamismo del sector privado y creen oportunidades para el crecimiento del empleo y la productividad, a fin de que aumenten los ingresos y los pobres puedan escapar de la pobreza.
- *Aplicar el Decreto de democracia básica,* cuyo objetivo es potenciar a la población autorizando su participación directa en las decisiones locales y en la mejora del gobierno local.
- *Reforzar los sistemas de protección social y los programas orientados a objetivos específicos,* como la erradicación del hambre y lucha contra la pobreza, con el fin de reducir la vulnerabilidad de los pobres frente a los riesgos (enfermedad, malas cosechas).

El informe sobre el estudio se ha divulgado ampliamente en Viet Nam, y se ha hecho llegar en particular a los 450 miembros de la Asamblea Nacional y a las 61 provincias. El Primer Ministro ha pedido al Grupo de trabajo sobre la pobreza que traduzca las conclusiones en una estrategia global de reducción de la pobreza para Viet Nam antes de final del año 2000.

Fuente: Banco Mundial, 1999bb.

reducción de la pobreza que potencien a los pobres, incrementen su seguridad y amplíen sus oportunidades (Capítulo 11). La ayuda debería orientarse a los países con mayores niveles de pobreza. Pero esto debería ser sólo una parte de los criterios para la asignación de la ayuda. Es también fundamental contar con un marco adecuado de políticas e instituciones que permitan combatir la pobreza con eficacia.

El alivio de la deuda de las naciones más pobres del mundo, los países pobres muy endeudados, ha sido la cuestión más destacada de la cooperación para el desarrollo en los últimos años. En el presente Informe se reconoce que la reducción de la deuda debe desempeñar un papel central en la estrategia global para acabar con la pobreza.

En los capítulos que siguen se esbozan las diferentes actuaciones que se deben considerar al concebir una estrategia de reducción de la pobreza. No es posible fijar prioridades en abstracto. Deben estar de acuerdo con el contexto, y gozar de un amplio consenso nacional. La experiencia reciente de Viet Nam revela cómo es posible poner en marcha este proceso (Recuadro 2.3).

• • •

En este capítulo se ha presentado un marco general de acción en tres esferas —oportunidad, empoderamiento y seguridad— con el fin de reducir la pobreza en sus diferentes dimensiones. Las medidas deben ser adoptadas por todas las partes interesadas de la sociedad —los pobres, el Estado, el sector privado y las organizaciones de la sociedad civil—, tanto en el plano local, como nacional y mundial. Los ejemplos sobre países que se ofrecen en este capítulo ilustran tres puntos fundamentales:

- Las acciones que influyen en las oportunidades, el empoderamiento y la seguridad están mutuamente vinculadas; no hay jerarquía, y los progresos en una esfera dependen en general de los conseguidos en las otras.
- En todos los casos, revisten importancia fundamental los fundamentos sociales, políticos e institucionales de la acción.
- El contexto es importante. En general siempre conviene emprender o respaldar las medidas en las tres esferas, pero el diseño de aquellas, y los agentes que cuentan, dependen de las condiciones económicas, sociales y políticas vigentes en el país.

Parte II

Oportunidad

CAPÍTULO 3

Crecimiento, desigualdad y pobreza

A medida que se enriquecen los países, la incidencia media de la pobreza de ingreso disminuye. Otros indicadores del bienestar, como los niveles medios de educación y salud, suelen mejorar también. Por estas razones, el crecimiento económico es un poderoso instrumento de reducción de la pobreza. Pero eso no es toda la verdad, ya que cabe preguntarse qué es lo que provoca el crecimiento económico y por qué países con tasas de crecimiento económicos semejantes pueden tener ritmos muy diferentes de reducción de la pobreza.

Hasta mediados del siglo XVIII, apenas había signos perceptibles de mejora de las condiciones de vida en el mundo. La mayor parte de las sociedades se habían resignado a considerar la pobreza como una realidad ineludible[1]. Todavía en 1820, los ingresos per cápita eran muy semejantes en todo el planeta, y muy bajos, oscilando entre unos $500 en China y Asia meridional y $1.000–1.500 en los países más ricos de Europa[2]. Aproximadamente tres cuartas partes de la población mundial vivía con menos de $1 al día[3].

La llegada del desarrollo económico moderno abrió la posibilidad de que el crecimiento pudiera mejorar significativamente las condiciones de vida de los pobres —y de todos los demás. En los dos siglos siguientes, los ingresos per cápita de los países más ricos de Europa se multiplicaron por más de 10 en cifras reales, en China por más de cuatro y en Asia meridional por tres. Las consecuencias para la pobreza han sido espectaculares. En los países ricos de Europa, la parte de la población que vive con menos de $1 al día ha quedado reducida a cero. En China, donde el crecimiento fue más lento, menos del 20% de la población vive ahora con menos de $1 al día. En Asia meridional, con un crecimiento todavía más lento, aproximadamente el 40% de la población sigue en esas condiciones. En la actualidad, cerca de una quinta parte de la población mundial se encuentra por debajo de este austero umbral de ingresos.

Pero las diferencias en las tasas de crecimiento económico, y en la proporción en que dicho crecimiento se traduce en reducción de la pobreza, no son resultado de una libre elección. Los países no deciden tener un crecimiento lento o sufrir crisis dolorosas. Tampoco deciden hasta qué punto va a ser equitativo el crecimiento. Más bien, las pautas de crecimiento y los cambios en la distribución de los ingresos y oportunidades y el ritmo de reducción de la pobreza son resultado de un complejo conjunto de interacciones entre las políticas, las instituciones, la historia y la geografía de los países. Un requisito fundamental para formular estrategias de reducción de la pobreza es comprender las fuerzas que explican las divergentes experiencias de crecimiento de los países y los mecanismos a través de los cuales este crecimiento ha llegado a los pobres.

En este capítulo se consideran esos temas en forma sucesiva. Primero se documentan los fuertes vínculos entre el crecimiento económico y el ingreso y otras dimensiones de la pobreza. Luego, se estudian las políticas e instituciones en que se basa el crecimiento y que constituyen la base para la reducción de la pobreza. Se reconoce que hay desviaciones considerables de estas relaciones generales, fruto de la enorme diversidad de experiencias nacionales, y que esas desviaciones reflejan un nuevo conjunto de interrelaciones entre los efectos de la distribución, las políticas y las instituciones. Por ello, se analiza de qué manera las diferencias entre países con respecto al binomio pobreza-crecimiento son consecuencia de desigualdades iniciales en la distribución del ingreso y de las oportunidades, y de los cambios en la distribución del ingreso que acompañan al crecimiento. Por su parte, estas desigualdades responden a un conjunto de factores, que influyen a su vez en el crecimiento económico. Finalmente, se exploran las interacciones entre crecimiento y dos dimensiones de la pobreza distintas del ingreso: la salud y la educación.

Crecimiento económico y reducción de la pobreza

En la actualidad, casi una quinta parte de la población del mundo vive con menos de $1 al día. La incidencia de esta privación varía enormemente en los distintos países. Como es previsible, cuanto más rico es el país, mayor es el consumo medio del quinto más pobre de la población, y menor, en promedio, la parte que vive con menos de $1 al día (Gráfico 3.1). Se observan también importantes variaciones en torno a esta relación. Hay países con el mismo consumo medio pero en los que la proporción de personas que viven con menos de $1 al día es muy distinta, debido a diferencias sustanciales de la desigualdad en los diversos países.

Los indicadores de educación y salud suelen ser también mejores, en promedio, en los países más ricos. En éstos, menos de un niño de cada 100 no llega a cumplir cinco años, mientras que en los países pobres la quinta parte de los niños no sobrevive hasta esa fecha (Gráfico 3.2). De la misma manera, en los países pobres nada menos que la mitad de los niños de menos de cinco años están malnutridos; en los países ricos, la proporción es inferior al 5%. No obstante, también en este caso puede haber sorprendentes desviaciones de la media. Por ejemplo, Estados Unidos es inmensamente más rico que China e India, pero la esperanza de vida de los afroamericanos es aproximadamente la misma que en China y en algunos estados de la India[4].

[La pobreza es]... bajos salarios y falta de empleo. Pobreza es no tener medicinas, ni alimentos, ni vestido.

—De un grupo de debate, Brasil

Gráfico 3.1

En general, cuanto más rico es un país menor es la incidencia de la pobreza

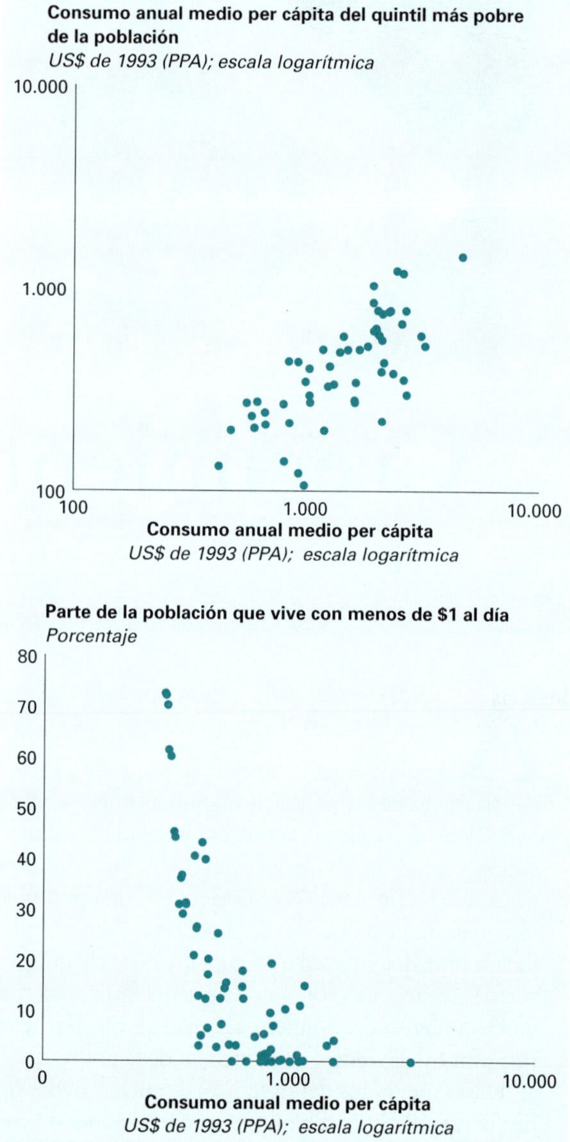

Nota: Los datos se refieren a 65 países en desarrollo y a varios años del decenio de 1990.

Fuente: Estimaciones del personal del Banco Mundial basadas en datos de Chen y Ravallion (2000).

No obstante, estas enormes diferencias entre los países ricos y pobres demuestran el papel fundamental del desarrollo económico en la reducción de la pobreza. Estas divergencias corresponden en general al diferente crecimiento económico a largo plazo en los distintos países. Pero la contribución del crecimiento a reducir la pobreza de ingreso puede observarse también en perío-

Gráfico 3.2

Los indicadores de salud mejoran a medida que aumenta el riesgo

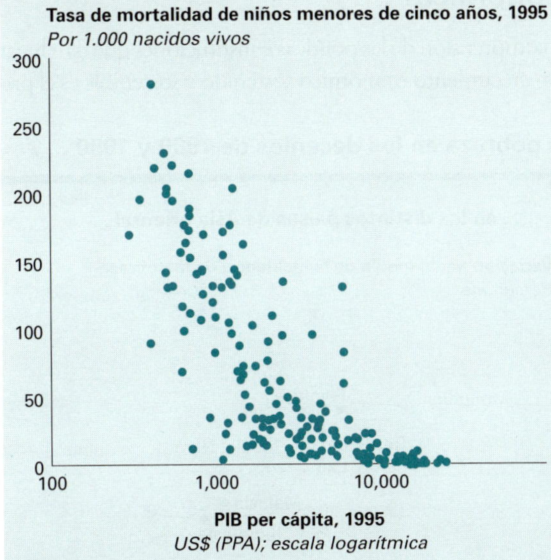

Fuente: Datos del Banco Mundial.

dos más breves. En el Capítulo 1 se examina la variable evolución de la pobreza de ingreso en los países durante los dos últimos decenios. Sus diferencias en cuanto al crecimiento económico explican buena parte de la divergencia: lo mismo que a muy largo plazo, el crecimiento de los años ochenta y noventa fue un poderoso factor para reducir la pobreza de ingreso. Por término medio, el crecimiento del consumo del quinto más pobre de la población siguió fielmente las huellas del crecimiento económico durante ese período (Gráfico 3.3). En la inmensa mayoría de los casos, el crecimiento dio lugar a un aumento del consumo en el quintil más pobre de la población, mientras que el descenso económico provocó una disminución del consumo.

La pauta es semejante cuando se considera la proporción de personas que viven con menos de $1 al día. En promedio, cada punto porcentual adicional de crecimiento del consumo medio de los hogares reduce esa proporción aproximadamente un 2%. Aunque las desviaciones con respecto a este promedio revelan que en algunos países el crecimiento está asociado con una reducción de la pobreza mucho mayor que en otros, esa relación destaca la importancia del crecimiento económico para aumentar los ingresos de los pobres y para ayudar a éstos a salir de la pobreza. Por el contrario, una tasa baja o negativa de crecimiento como consecuencia del desmoronamiento del Estado, catástrofes naturales, guerras o crisis económicas, puede tener efectos devastadores en los pobres.

Gráfico 3.3

Las tendencias de la pobreza siguieron la pauta de las tendencias del crecimiento en los decenios de 1980 y de 1990

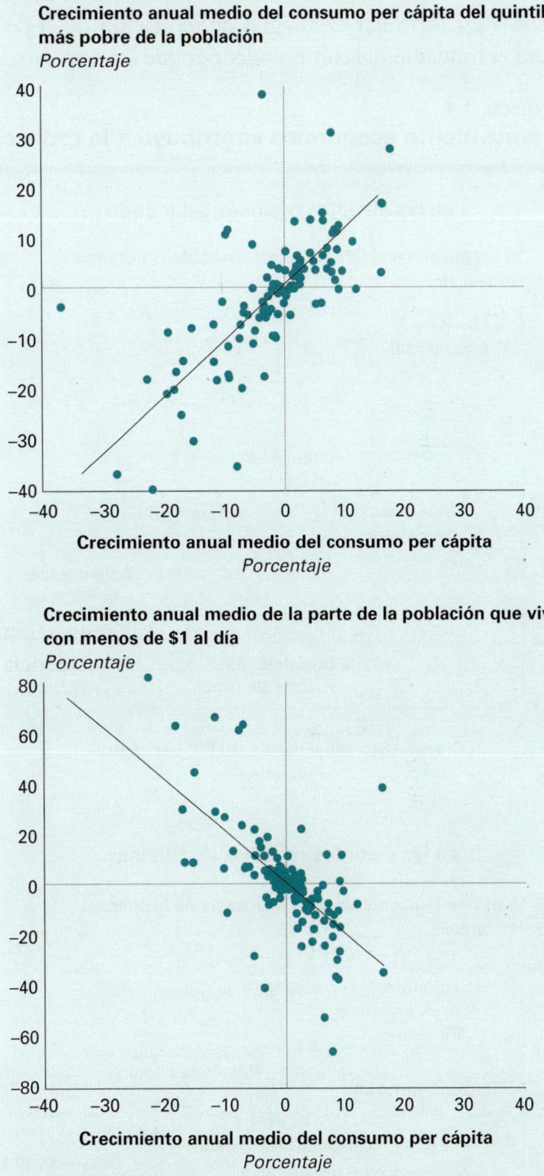

Nota: Los datos se refieren a 65 países en desarrollo.
Fuente: Estimaciones del personal del Banco Mundial basadas en datos de Chen y Ravallion (2000).

Como se observa en el Capítulo 1, las cifras nacionales sobre la pobreza ocultan grandes divergencias dentro de cada país. Pero lo mismo que las diferencias internacionales en cuanto al crecimiento económico explican en buena parte las diferencias entre países en la lucha contra la pobreza, el crecimiento regional y subregional explica también en buena medida los resultados subnacionales en el frente de la pobreza. Las regiones internacionales, los países y las provincias han crecido con ritmos diferentes (Gráfico 3.4). Si ha habido crecimiento, ha contribuido notablemente a reducir la pobreza; si no lo ha habido, la pobreza se ha estancado en muchos casos. Para formular estrategias de reducción de la pobreza es fundamental comprender por qué los países y regiones han tenido unas experiencias tan diversas en su crecimiento, y cómo éste llega a los pobres.

¿Qué es lo que impulsa el crecimiento económico?

La comprensión de las políticas e instituciones que dan lugar a un crecimiento económico sostenido y sostenible es el pri-

Gráfico 3.4

El crecimiento económico contribuyó a la reducción de la pobreza en los decenios de 1980 y 1990 . . .

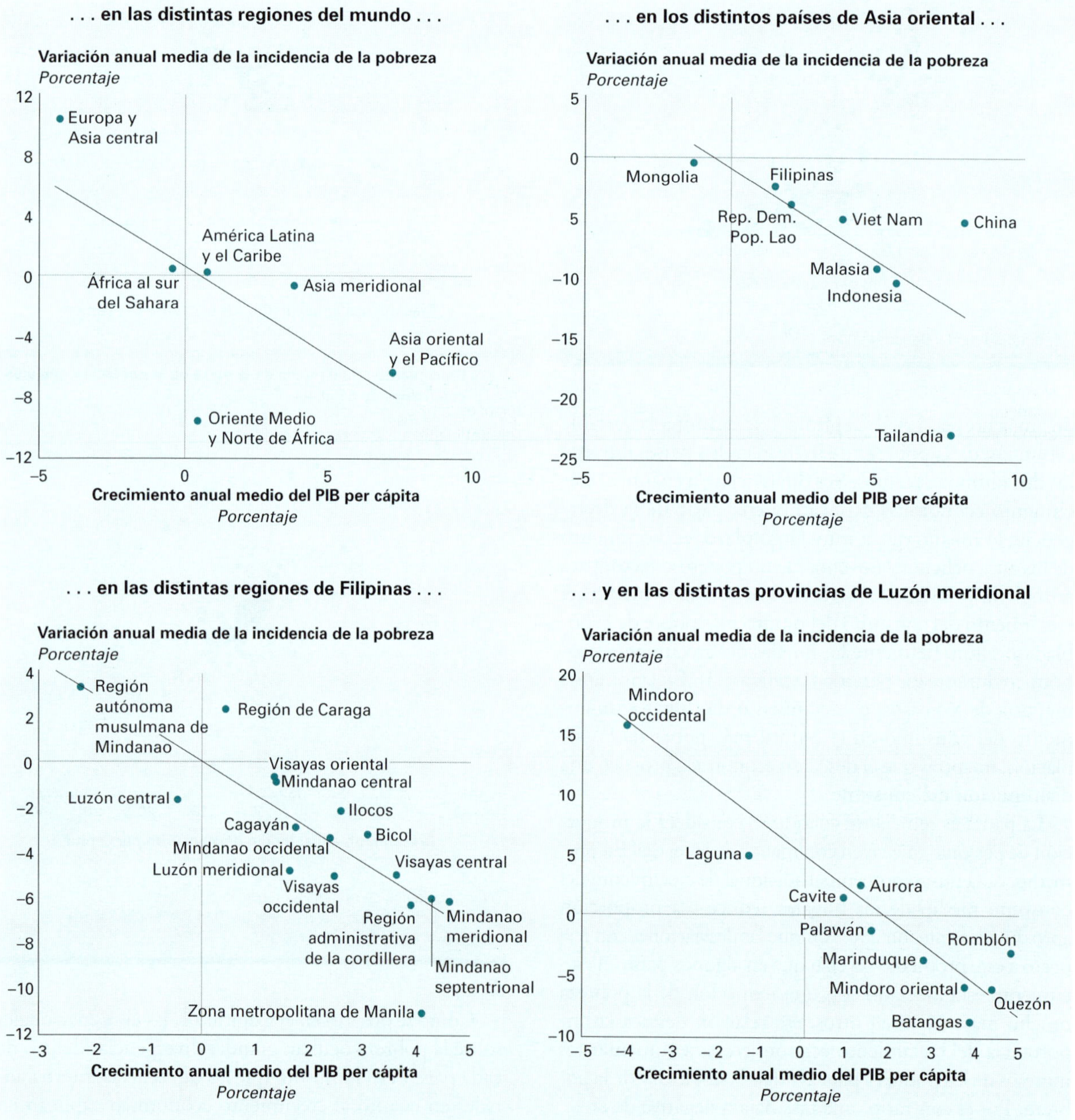

Nota: La incidencia de la pobreza es la parte de la población que vive con menos de $1 al día.

Fuente: Parte superior izquierda, datos del Banco Mundial; parte superior derecha, Banco Mundial, 1988f; dos partes inferiores, Banco Mundial, 2000.

mer paso para la formulación de estrategias que permitan mejorar la suerte de los pobres. Las grandes diferencias en el crecimiento son resultado de la interacción de numerosos factores: condiciones iniciales, instituciones y políticas de los países y crisis externas, sin olvidar la buena suerte.

Hay pruebas de que el crecimiento depende de la educación y de la esperanza de vida, sobre todo cuando los ingresos son más bajos[5]. Por ejemplo, se ha comprobado que la alfabetización femenina y la educación de las niñas favorecen el crecimiento económico general[6]. Hay también testimonios de que el rápido crecimiento demográfico está negativamente asociado con el crecimiento del PIB per cápita y de que el cambio en la estructura de edades de la población puede afectar también al crecimiento (Recuadro 3.1)[7].

Algunas políticas económicas —como la apertura al comercio internacional, unas políticas monetarias y fiscales acertadas (plasmadas en déficit presupuestarios moderados y ausencia de altas tasas de inflación), un sistema financiero debidamente desarrollado y una administración pública de tamaño adecuado— son también muy favorables al crecimiento económico[8]. La ayuda puede impulsar el crecimiento si se ha adoptado ese tipo de políticas, pero no en ausencia de ellas[9]. También importan las crisis tanto internas como externas. Como es previsible, las guerras, los disturbios civiles y los desastres naturales reducen las tasas de crecimiento (Recuadro 3.2). Lo mismo ocurre, aunque en forma menos dramática, con la inestabilidad macroeconómica, las perturbaciones de las relaciones de intercambio y la desaceleración del crecimiento entre los interlocutores comerciales[10]. Las reformas mal programadas y aplicadas pueden provocar inversiones repentinas de las corrientes de capital u otras perturbaciones macroeconómicas, que también frenan el crecimiento (Capítulo 4). Estos reveses del crecimiento pueden ser especialmente devastadores para los pobres, que cuentan con menos mecanismos de apoyo y, en general, tienen un tipo de vida más precario que los menos necesitados (Capítulo 9).

Los factores institucionales son también importantes para el crecimiento. Por ejemplo, hay pruebas de que la

Recuadro 3.1
Población, crecimiento y pobreza

Muchos estudios han documentado que, a medida que se enriquecen los países, disminuye en promedio tanto la fecundidad como la mortalidad, siendo normalmente esta última reducción la primera en el tiempo[1]. Las interacciones entre esta transición demográfica y el desarrollo económico son complejas. Han suscitado acalorados debates al menos desde 1798, cuando Thomas Malthus declaró que, como "el alimento es necesario para la existencia del hombre" y "la pasión entre los sexos es necesaria y se mantendrá prácticamente sin cambios en su situación actual" (1985), el crecimiento demográfico daría lugar inevitablemente a un desequilibrio entre población y recursos disponibles.

La lúgubre predicción de Malthus sobre los efectos del crecimiento demográfico en el desarrollo económico no se hizo realidad: desde el comienzo del siglo XIX la población mundial se ha multiplicado por más de cinco y gracias a las mejoras de la tecnología de todo tipo el ingreso per cápita ha crecido todavía más. Los vínculos entre cambio demográfico y desarrollo son una realidad mucho más matizada. Hay dos cuestiones dignas de mención: los efectos de los cambios en la estructura de edades de la población inducidos por esta transición demográfica, y la relación entre inversiones en salud y educación, crecimiento y resultados demográficos.

En primer lugar, en muchos países el fuerte descenso de la fecundidad ha ido seguido de un gran aumento de la proporción de personas en edad de trabajar. En algunos países, sobre todo en Asia oriental, el crecimiento del número de trabajadores per cápita fue acompañado por un crecimiento más rápido del PIB per cápita[2]. La eficacia con que estos países supieron aprovechar el potencial de una mano de obra creciente se debió a varios factores, entre ellos, el alto nivel de instrucción y un entorno normativo e institucional propicio. En otras regiones del mundo, sobre todo en América Latina, se registró un cambio semejante en la composición de la población, pero en este caso no fue acompañado de un progreso comparable del crecimiento. Este fracaso es todavía más decepcionante si se tiene en cuenta que la "prima" demográfica de una mano de obra más numerosa es de carácter temporal y va seguida por un período de tasas más elevadas de dependencia de las personas de edad avanzada, que representa mayores cargas para las instituciones de seguridad social que prestan asistencia a los ancianos.

En segundo lugar, hay pruebas de que un mejor nivel de instrucción está asociado con una mayor utilización de métodos anticonceptivos y un descenso de la fecundidad[3]. Ello quizás se deba a la influencia conjunta de varios mecanismos. Una educación más elevada amplía las oportunidades económicas para las mujeres y, por lo tanto, puede aumentar el costo de oportunidad de los hijos (Becker, 1960). La mortalidad infantil es con frecuencia más baja en las familias donde la mujer tiene mayor nivel de instrucción, y por ello se requieren menos nacimientos para alcanzar el número deseado de hijos. La instrucción puede mejorar también la eficacia en el uso de métodos anticonceptivos. Las inversiones destinadas a mejorar el acceso de los pobres a la educación y la salud pueden, por tanto, tener un doble efecto. Se ha comprobado que estas inversiones aumentan el crecimiento y reducen la pobreza directamente. En la medida en que están asociadas con un crecimiento más bajo de la fecundidad y de la población pueden contribuir a instaurar un círculo vicioso de mejor salud materna y mayor inversión en la educación y salud de los hijos, que refuerzan esos progresos.

1. Véase en Livi-Bacci (1997) una exposición histórica, y en Birdsall (de próxima aparición) un análisis reciente de las publicaciones sobre demografía y economía.
2. Por ejemplo, Young (1995) evalúa atentamente la contribución de una mano de obra más numerosa y de unas tasas más elevadas de participación al rápido crecimiento del PIB per cápita observado en cuatro economías asiáticas.
3. Schultz (1994) presenta pruebas relativas a varios países sobre la vinculación entre educación femenina y fecundidad. Véanse en Feyisetan y Ainsworth (1996) testimonios microeconómicos sobre la educación y el uso de anticonceptivos, y en Ainsworth, Beegle y Nyamete (1996) los datos relativos a la educación y la fecundidad. En Pritchett y Summers (1994) se ofrece una evaluación más cauta de la magnitud del efecto de la disponibilidad de anticonceptivos sobre la fecundidad.

Recuadro 3.2
La guerra y sus efectos devastadores en los pobres

Las guerras son siempre devastadoras. Como se producen predominantemente en países pobres, sus estragos repercuten también de forma desproporcionada en las personas necesitadas (véase el gráfico). Los enfrentamientos adoptan cada vez más la forma de guerras civiles. Durante 1987-97 más del 85% de los conflictos se produjeron dentro de las fronteras nacionales (14 en África, 14 en Asia, 1 en Europa). Trágicamente, el 90% de las víctimas de la guerra no son militares (Pottebaum, 1999). En Camboya, murieron 1,7 millones de personas en 20 años de combates y de asesinatos políticos en masa –entre ellos, la mayor parte de los médicos, abogados y maestros del país. La población civil es a veces también víctima de esos enfrentamientos como consecuencia de su identidad étnica: en 1994, los hutus extremistas asesinaron nada menos que a 800.000 tutsis y hutus moderados en Rwanda.

No se libran ni los niños, que muchas veces se ven obligados a incorporarse al ejército. Los que tienen la fortuna de sobrevivir a los conflictos, quedan con graves secuelas psicológicas. Además, el abandono de los estudios, los obliga a pagar un fuerte precio en forma de pérdida de oportunidades económicas.

Las guerras paralizan las economías ya que destruyen el capital físico, humano y social: reducen la inversión, desvían el gasto público de las actividades productivas y obligan a los trabajadores altamente especializados a emigrar. En una guerra civil, la producción per cápita del país disminuye en promedio más del 2% al año con relación a lo que habría ocurrido en ausencia del conflicto. En las guerras más cruentas y prolongadas, los costos económicos y humanos son todavía mayores (Collier, 1999b).

Los conflictos aparecen abrumadoramente concentrados en países pobres

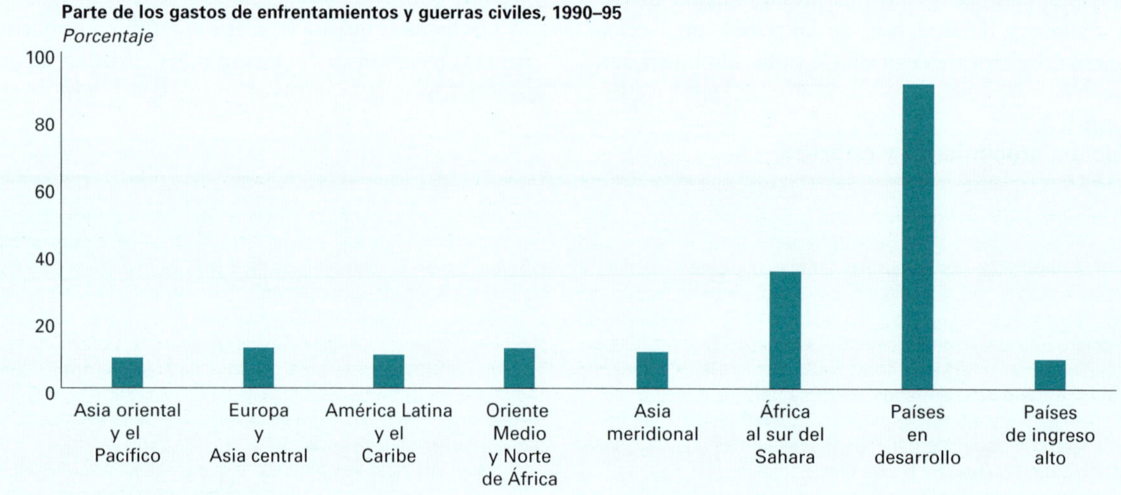

Fuente: USAID; OFDA, 1999.

sólida instauración del estado de derecho y la ausencia de corrupción contribuyen al crecimiento, ya que establecen un entorno equitativo y basado en normas en que las empresas y hogares pueden invertir y crecer[11]. Unas instituciones sólidas pueden tener también importantes beneficios indirectos. Por ejemplo, para ajustarse a las conmociones adversas se requieren cambios dolorosos pero necesarios en las políticas económicas internas. En los países donde hay fuertes intereses encontrados y las instituciones de resolución de conflictos son débiles, la recuperación de las crisis suele ser más lenta que en los que cuentan con instituciones bien asentadas[12].

De la misma manera, hay pruebas cada vez más claras de que la fragmentación étnica es perjudicial para el desarrollo. Los países y regiones nacionales con enfrentamientos étnicos suelen contar con bienes públicos menos numerosos —y de peor calidad—, en particular en lo que se refiere a la educación. Asimismo, están más expuestos a conflictos étnicos violentos. Las instituciones que garantizan los derechos de las minorías y ofrecen oportunidades de resolver las diferencias han demostrado su eficacia para contrarrestar los efectos secundarios de las sociedades polarizadas (Capítulo 7)[13].

Cuentan también otros factores exógenos, como la geografía y el nivel inicial de ingreso. Hay testimonios de que las características geográficas influyen en el crecimiento; por ejemplo, la lejanía o la falta de acceso al mar pueden representar una rémora[14]. En un primer momento, los países pobres han crecido en promedio más lentamente que los países ricos, por lo que la diferencia entre unos y otros se ha recrudecido (Recuadro 3.3). No obstante, hay testimonios convincentes de que, si se controlan algunos de los factores arriba mencionados, el crecimiento es más rápido en los países que son inicialmente pobres. Esta relación quizá no sea lineal, en el sentido de que es posible que los ritmos superiores de crecimiento no comiencen mientras los

Recuadro 3.3
Divergencia y desigualdad mundial de los ingresos

Dada la importancia del crecimiento para la reducción de la pobreza, su incapacidad de echar raíces en algunos de los países más pobres y con mayor incidencia de la pobreza resulta especialmente decepcionante. Un síntoma de este fracaso es la diferencia cada vez mayor de los ingresos medios entre los países más ricos y los más pobres. En 1960 el PIB per cápita de los 20 países más ricos era 18 veces mayor que el de los 20 países más pobres. En 1995 esa diferencia se había ampliado a 37 veces, fenómeno conocido con el nombre de *divergencia* (véase la parte izquierda del gráfico adjunto).

Estas cifras indican que la desigualdad de los ingresos entre los países ha aumentado enormemente en los últimos 40 años. ¿Qué ha ocurrido con la desigualdad individual en el mundo? Las tendencias de esta desigualdad son resultado de las tendencias de la desigualdad entre los distintos países y entre los individuos de cada país. La contribución de la desigualdad entre países depende de las diferencias de crecimiento y del tamaño del país: un crecimiento rápido en un reducido grupo de países grandes e inicialmente pobres puede compensar el efecto diferenciador del crecimiento lento de otros países pobres. En China, por ejemplo, el crecimiento rápido a partir de una base muy baja ha ayudado a una quinta parte de la población mundial a reducir a la mitad la diferencia de ingreso medio per cápita con respecto al mundo en general, lo que ha contribuido de forma significativa a eliminar la desigualdad mundial entre individuos. Por el contrario, los 20 países más pobres del mundo representaban en 1960 sólo un 5% de la población mundial, por lo que su incapacidad de crecimiento, si bien decepcionante, contribuyó menos a la desigualdad mundial entre personas.

La desigualdad del ingreso dentro de los países revela tendencias menos pronunciadas: en algunos países la desigualdad ha aumentado, mientras que en otros ha disminuido. Estudios recientes han comprobado que el ascenso y descenso de la desigualdad entre países es, a grandes rasgos, igualmente probable (Deininger y Squire, 1996b). No obstante, también en este caso importa el tamaño del país: la evolución de la desigualdad en los países muy poblados, como China, la India o Indonesia, contribuirá más a los cambios de la desigualdad mundial entre individuos que los que se produzcan en países pequeños.

Las tendencias de la desigualdad mundial del ingreso entre individuos son resultado de esos dos factores, pero el componente internacional normalmente cuenta más que el componente interno. Habida cuenta de las dificultades mencionadas en el Capítulo 1 acerca de la cuantificación del ingreso, no es de extrañar que las estimaciones de la desigualdad mundial entre individuos estén sujetas a márgenes considerables de error. Pero las estimaciones disponibles indican que ha habido algún aumento de la desigualdad mundial entre personas en los últimos decenios (véase la parte derecha del gráfico adjunto). Si bien la magnitud de estos aumentos depende de la metodología utilizada y del período considerado, los testimonios parecen indicar que el aumento de la desigualdad mundial en los últimos años es pequeño en relación con el que se produjo durante el siglo XIX.

La ampliación de la diferencia entre los países ricos y pobres explica gran parte del aumento de la desigualdad mundial de ingresos entre individuos en los últimos 40 años

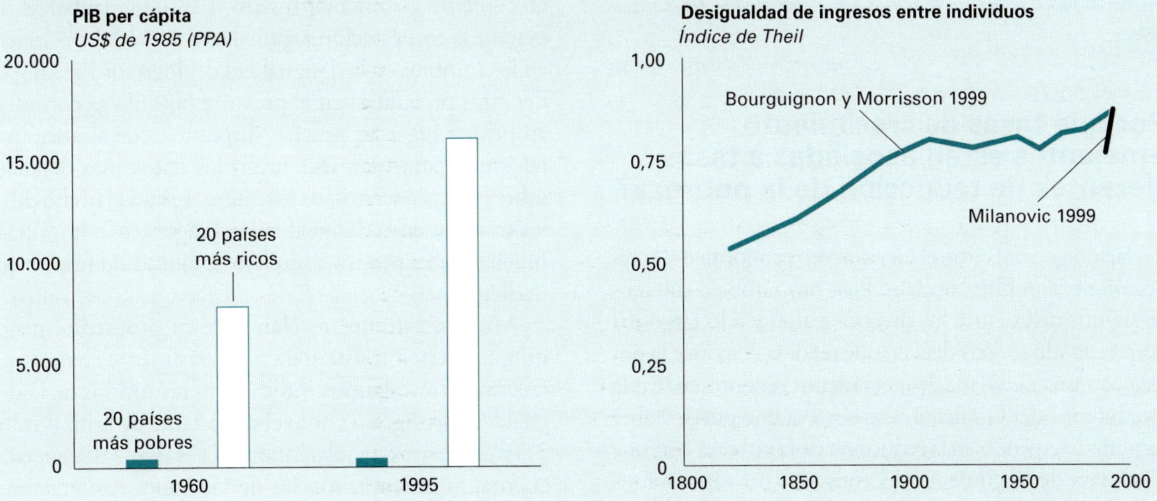

Nota: La parte de la izquierda hace referencia a los promedios del PIB per cápita ponderados en función de la población en los grupos indicados, sobre la base de una muestra de 123 países sobre los que se disponía de datos completos acerca del PIB per cápita durante el período de 1960–95. China no se incluye entre los 20 países más pobres en 1960. El índice de Theil es un indicador de la desigualdad del ingreso; los valores más altos indican mayor desigualdad.

Fuente: Summers y Heston, 1991; datos del Banco Mundial; Bourguignon y Morrisson, 1999; Milanovic, 1999.

países no hayan alcanzado un determinado umbral de ingreso. Ello plantea la posibilidad de que existan trampas de pobreza cuando el nivel de desarrollo es muy bajo[15]. Finalmente, la desigualdad inicial puede condicionar el crecimiento posterior, lo que repercutiría en la traducción del crecimiento en reducción de la pobreza. Este importante tema se analiza en la siguiente sección.

¿Qué es lo que determina la sostenibilidad del crecimiento? Además de las políticas y los factores institucionales y geográficos antes mencionados, otro aspecto importante que hay que tener en cuenta es si el crecimiento va o no acompañado de una degradación del medio ambiente, que a su vez puede poner en peligro el crecimiento[16]. La degradación ambiental puede producir graves daños en la economía, sobre todo provocando problemas de salud y reduciendo la productividad agrícola. Por ejemplo, la utilización abundante de carbón sin controles efectivos de las emisiones de partículas, de azufre y de otro tipo puede provocar altas tasas de enfermedades pulmonares, y las emisiones de azufre pueden dar lugar a lluvia ácida, que reduce la productividad agraria[17]. Sobre todo a largo plazo, es probable que la atención a la calidad del medio ambiente y a la eficiencia en la utilización de los recursos contribuya a multiplicar la inversión, la acumulación y el crecimiento. El crecimiento rápido y la protección del medio ambiente son mutuamente compatibles, pues los nuevos progresos de la capacidad industrial pueden incorporar las tecnologías no contaminantes y acelerar la sustitución de las más nocivas para el medio ambiente[18].

El agua es vida; como no tenemos agua, nuestra vida es miserable.

—De un grupo de debate, Kenya

¿Por qué tasas de crecimiento semejantes están asociadas a tasas diferentes de reducción de la pobreza?

La relación general entre el crecimiento económico y la reducción de la pobreza es clara. Pero hay también diferencias significativas entre los diversos países y a lo largo del tiempo cuando se considera en qué medida se reduce la pobreza con una tasa dada de crecimiento económico. En la parte inferior del Gráfico 3.3 se observa que puede haber una gran divergencia en la reducción de la pobreza con una misma tasa de crecimiento del consumo per cápita (aunque los valores extremos podrían considerarse como atípicos). ¿Qué es lo que explica esas enormes diferencias? Con una tasa dada de crecimiento, el grado de reducción de la pobreza depende de la distribución del ingreso a medida que procede el crecimiento y de las desigualdades iniciales en cuanto a ingresos, activos y acceso a oportunidades que permiten a los pobres participar en el crecimiento.

Variaciones en la distribución del ingreso

La influencia del crecimiento en la reducción de la pobreza depende de cómo se distribuye dentro de un país el ingreso adicional generado por el crecimiento. Si el crecimiento económico va acompañado de un aumento de la proporción del ingreso obtenido por los más pobres, los ingresos de los pobres aumentarán más rápidamente que el promedio. De la misma manera, si el crecimiento económico va acompañado de un descenso de esa participación, el crecimiento de los ingresos de los pobres se retrasará con respecto a la media.

Lo mismo cabe decir de las tasas de pobreza. Con una tasa dada de crecimiento económico, la pobreza disminuirá más rápidamente en los países donde la distribución del ingreso resulte más equitativa que en los países donde ocurra lo contrario. Por ejemplo, en Uganda, el crecimiento acompañado de una mayor igualdad permitió una fuerte reducción de la pobreza, mientras que en Bangladesh el recrudecimiento de la desigualdad frenó la contribución del crecimiento a la reducción de la pobreza (Recuadro 3.4). Otro ejemplo es Marruecos, donde el número de pobres aumentó más del 50% entre 1990 y 1998, sobre todo por el descenso del consumo privado real per cápita (–1,4% al año). En las zonas urbanas, el aumento de la pobreza se vio amortiguado por un descenso de la desigualdad, mientras que en las zonas rurales la mayor desigualdad reforzó el aumento de la pobreza[19].

¿Provoca el crecimiento aumentos o descensos sistemáticos de la desigualdad en la distribución del ingreso? ¿Contribuyen las políticas e instituciones que favorecen el crecimiento a aumentar o reducir las desigualdades? ¿Repercute la composición regional o sectorial del crecimiento en los cambios en la desigualdad del ingreso? Para responder estas preguntas, en el presente capítulo se consideran en primer lugar las pruebas disponibles de alcance internacional, para examinar luego los datos más detallados sobre países concretos, en los que se destaca el hecho de que los cambios en la desigualdad del ingreso son impulsados muchas veces por un complejo conjunto de fuerzas contradictorias.

Muchos estudios revelan que, en promedio, no hay ninguna relación sistemática en los distintos países entre crecimiento y algunos indicadores resumidos de la desigualdad del ingreso como el coeficiente de Gini (Gráfico 3.5)[20]. Si bien esta relación media es digna de tenerse en cuenta, también lo son las desviaciones sustanciales en torno a la misma.

Los diferentes niveles de desigualdad con una tasa dada de crecimiento podrían deberse a que la combinación de políticas e instituciones que dieron lugar a ese crecimiento no ha sido la misma en todos los países, y a que esas diferencias en materia de políticas repercuten en la distribución del ingreso. Pero, si se consideran los datos agregados re-

Recuadro 3.4
Tendencias de la desigualdad y reducción de la pobreza

En Uganda, el crecimiento acompañado de una mayor igualdad permitió una fuerte reducción de la pobreza...
Después de decenios de guerra y de desmoronamiento económico, el crecimiento se recuperó en Uganda en el decenio de 1990, con un promedio de más del 5% al año. En sólo seis años (1992–98) la parte de la población de Uganda en situación de pobreza bajó del 56% al 44%. Los beneficios de este crecimiento fueron compartidos por todos los grupos de ingreso, por los hogares rurales y urbanos y por casi todos los sectores económicos. El consumo real per cápita subió en todos los deciles de la población, lo que significa que se registró una reducción de la pobreza independientemente del umbral en el que se encontrara la población.

La modesta reducción de la desigualdad de los ingresos hizo que el crecimiento fuera especialmente eficaz para reducir la pobreza, y el coeficiente de Gini bajó de 0,36 a 0,34 durante esos cinco años. Las condiciones de vida mejoraron sobre todo en los hogares pobres. El consumo (por equivalente de adulto) creció un 27% en el decil más pobre, y un 15% en los hogares del decil más rico. Entre los productores de cultivos comerciales —sobre todo los cultivadores de café, inicialmente tan pobres como el promedio de la población— la pobreza bajó más del doble que en el conjunto del país.

...mientras que en Bangladesh el aumento de la desigualdad frenó la reducción de la pobreza como consecuencia del crecimiento
En Bangladesh, el PIB per cápita creció aproximadamente un 2% al año durante el decenio de 1990, y la pobreza disminuyó muy lentamente. Entre 1983 y 1996 la parte de la población en situación de extrema pobreza bajó del 40,9% al 35,6%, y la de quienes se encontraban en situación de pobreza moderada pasó del 58,5% al 53,1%. La pobreza rural, en particular, continúa siendo muy elevada.

¿Por qué esa lentitud? Parte de la respuesta está en el aumento de la desigualdad, tanto en el sector urbano como en el rural, sobre todo entre 1992 y 1996, en que el coeficiente de Gini subió de 0,26 a 0,31. De acuerdo con el indicador de pobreza utilizado, es posible que, debido a ese aumento de la desigualdad, se haya perdido entre un quinto y un tercio de la reducción de la pobreza que habría podido conseguirse gracias al crecimiento. Si no hubiera aumentado la desigualdad, la tasa de pobreza en 1995–96 habría sido entre un 7% y un 10% más baja de lo que fue realmente.

Esta mayor desigualdad no significa que no deba aspirarse al crecimiento. Más bien al contrario, se necesita un crecimiento más rápido para reducir la pobreza en forma más acelerada, ya que el efecto neto del crecimiento sobre la reducción de la pobreza es positivo. Son también necesarios esfuerzos para limitar el aumento de la desigualdad y para conseguir que el crecimiento llegue a las zonas rurales, donde vive buena parte de la población pobre del país.

Fuente: Appleton y otros, 1999; Wodon, 1997, 1999, 2000c.

lativos a varios países, no hay pruebas firmes de que sea eso lo que ocurre en realidad. Un estudio reciente sobre el crecimiento y la reducción de la pobreza en una muestra de 80 países industriales y en desarrollo llegó a la conclusión de que las medidas macroeconómicas, como una política monetaria estable, la apertura al comercio internacional y una administración pública de dimensiones adecuadas aumentan los ingresos de los pobres tanto como el promedio de los ingresos[21]. En otras palabras, estas políticas no repercutían significativamente en la distribución del ingreso.

Gráfico 3.5
La desigualdad acusó grandes diferencias en los decenios de 1980 y de 1990 pero no presentó ninguna asociación sistemática con el crecimiento

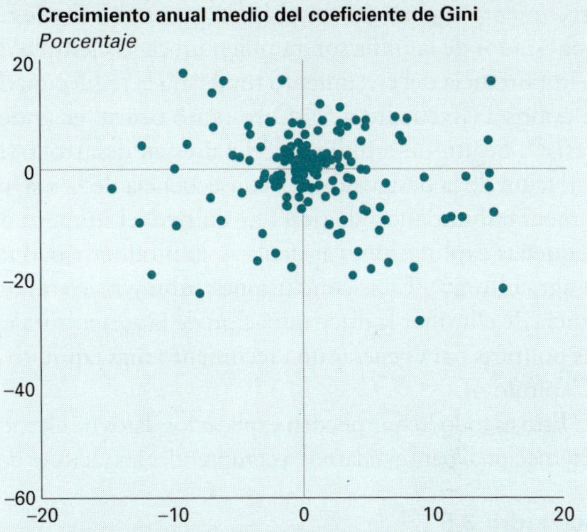

Nota: Los datos se refieren a 65 países en desarrollo.
Fuente: Estimaciones del personal del Banco Mundial basadas en datos de Chen y Ravallion (2000).

Otras políticas, como una estabilización que ponga fin a una tasa de inflación alta, pueden favorecer a los pobres incluso de manera desproporcionada (Capítulo 9). Y un mayor desarrollo financiero impulsa el crecimiento y puede reducir la desigualdad de ingreso mejorando el acceso al crédito[22].

Cuando me jubilé tenía 20.000 rublos en mi cuenta de ahorro... Pero, ¿qué hizo el gobierno a quien habíamos confiado nuestros fondos? ¡Decidió aplicarles la tasa de inflación, que acabó con ellos! Ese dinero ahora no alcanza ni para comprar pan y agua.

—De un grupo de debate, Ucrania

Otra posible explicación de la falta de asociación entre el crecimiento y desigualdad es que los países con tasas semejantes de crecimiento podrían registrar cambios muy diferentes en la distribución del ingreso debido a las divergencias en la composición regional y sectorial del crecimiento. Si éste deja de lado a las regiones pobres, y las personas necesitadas no pueden migrar fácilmente a los lugares que ofrecen nuevas oportunidades, el crecimiento puede dar lugar a una desigualdad todavía mayor. Por el contrario, si el crecimiento se concentra en sectores que constituyen la fuente de ingreso más probable para los pobres, como la agricultura, es posible que traiga consigo un descenso de la desigualdad de ingreso.

En China, gran parte del fuerte aumento de la desigualdad de los ingresos entre mediados del decenio de 1980 y el de 1990 se debe a que en las áreas urbanas el crecimiento fue mucho más rápido que en las rurales[23]. Los estados de la India son también un claro ejemplo de la importancia del crecimiento rural para la reducción de la pobreza (Recuadro 3.5). Otro tanto ocurre en Indonesia[24]. Según un estudio de 38 países en desarrollo, la variación de la desigualdad es consecuencia de la mayor o menor abundancia de tierra de cultivo, el número de pequeñas explotaciones agrícolas y la productividad de la agricultura[25]. Estas conclusiones subrayan la importancia de eliminar la discriminación de la agricultura en las políticas para generar un crecimiento más equitativo (Capítulo 4).

Esto es todo lo que pueden explicar los datos de alcance internacional para ayudarnos a comprender los factores determinantes de los cambios registrados en la distribución del ingreso, que hacen que el crecimiento sea más o menos favorable a los pobres. En cambio, el análisis de los datos sobre países específicos permite obtener una imagen más matizada, en la que se pone de manifiesto un conjunto complejo de factores que se refuerzan y compensan. Entre ellos figuran los cambios en la distribución de la educación y en su rentabilidad, las opciones del mercado de trabajo y los cambios demográficos (Recuadro 3.6). Estos cambios son resultado de las siguientes causas:

- Las fuerzas de mercado, como los cambios registrados en la demanda de mano de obra.
- Políticas, por ejemplo, las de inversión pública en educación.
- Fuerzas sociales, como la mayor participación de la mujer en la fuerza de trabajo o los cambios en las prácticas que discriminan a la mujer y a las minorías étnicas.
- Fuerzas institucionales, como los cambios en las restricciones jurídicas a la propiedad por parte de las mujeres o los grupos étnicos.

No siempre la mayor desigualdad de los ingresos debe considerarse como un resultado negativo. Conforme se desarrollan las economías, la desigualdad de los ingresos puede aumentar debido a que la mano de obra se transfiere de la agricultura hacia actividades más productivas.

Recuadro 3.5
¿Qué hace que en la India el crecimiento redunde en beneficio de los pobres?

De acuerdo con los datos relativos a distintos países en desarrollo, la pobreza de consumo ha bajado en la India como consecuencia del crecimiento del consumo medio de los hogares. Además, la composición regional y sectorial del crecimiento repercute en la tasa nacional de reducción de la pobreza, cuya reacción es mucho más dinámica ante el crecimiento económico rural que ante el urbano. Además, dentro de las áreas rurales, el crecimiento de la agricultura y de los servicios ha resultado especialmente eficaz para combatir la pobreza, cosa que no ha ocurrido con el crecimiento industrial.

En la India rural, el aumento de la productividad agrícola es crítico para un crecimiento económico favorable a los pobres. Según datos que abarcan desde 1958 hasta 1994, la subida de los salarios reales y de los rendimientos agrícolas incrementaron los niveles medios de vida y no repercutieron en la distribución del ingreso. Resultado: menos pobreza absoluta.

La eficacia del crecimiento no agrícola para reducir la pobreza ha presentado enormes diferencias en los distintos estados, lo que corresponde a las diferencias sistemáticas observadas en las condiciones iniciales. En los estados con poca productividad agrícola, bajas condiciones de vida en las zonas rurales con relación a las urbanas y escaso nivel de educación básica, los pobres participaron menos en el crecimiento del sector no agrícola. Es importante la contribución de la tasa inicial de alfabetización: más de la mitad de la diferencia entre la elasticidad de la pobreza ante la producción no agrícola en Bihar (el estado con elasticidad más baja de toda la India) y de Kerala (la más alta) puede atribuirse a que la tasa de alfabetización inicial de Kerala era considerablemente superior. La alfabetización de la mujer es ligeramente más válida como variable predictiva de la contribución del crecimiento a la reducción de la pobreza que la tasa de alfabetización masculina.

Para que los pobres participen plenamente en el crecimiento económico de la India, hay que conceder mayor prioridad a la agricultura, la infraestructura y el gasto social (sobre todo en las zonas rurales atrasadas).

Fuente: Ravallion y Datt, 1996, 1999.

Gráfico 3.6
Las desigualdades iniciales influyen en el ritmo de reducción de la pobreza

Reducción anual media de la incidencia de la pobreza asociada con un aumento del 1% del consumo medio per cápita
Porcentaje

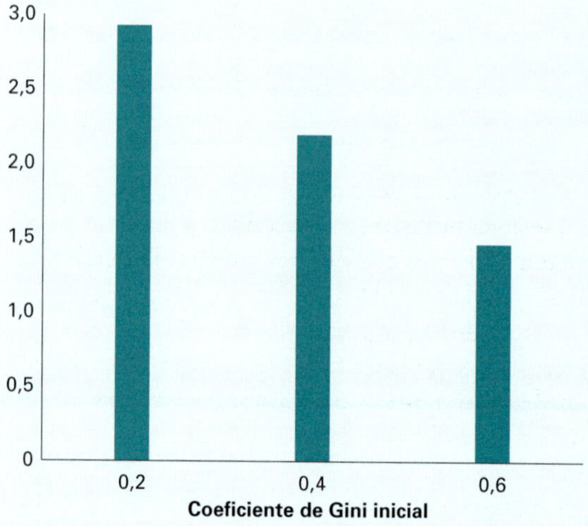

Nota: Los datos se refieren a 65 países en desarrollo en los decenios de 1980 y 1990. Incidencia de la pobreza es la parte de la población que vive con menos de $1 al día.
Fuente: Estimaciones del personal del Banco Mundial basadas en la metodología de Ravallion (1997a) y datos de Chen y Ravallion (2000).

Recuadro 3.6
Pautas complejas del cambio en la distribución del ingreso en tres economías

Los cambios observados en la distribución del ingreso reflejan un conjunto de factores complejos, por ejemplo, las modificaciones en la distribución de los activos, las variaciones en la rentabilidad de los mismos, las decisiones relativas al mercado de trabajo y la demografía. Brasil, México y Taiwán (China), ponen de manifiesto cómo estas fuerzas pueden reforzarse y contrarrestarse entre sí, lo que da lugar a que la desigualdad disminuya, aumente y se mantenga inalterada, respectivamente.

Brasil: disminuye la desigualdad

La desigualdad del ingreso disminuyó en Brasil entre 1976 y 1996, y el coeficiente de Gini bajó de 0,62 a 0,59. Durante ese mismo período, la rentabilidad de la educación se mostró más desigual: tanto los asalariados como los trabajadores por cuenta propia con mayor nivel de instrucción registraron un aumento de los beneficios mayor que el conseguido por sus homólogos con menor instrucción, incluso una vez controladas las variables relativas a la edad y al sexo. No se produjeron cambios de la rentabilidad con respecto a la experiencia, y sólo se registró un pequeño descenso de la diferencia de remuneración entre el hombre y la mujer, lo que significa que la desigualdad general del ingreso aumentó. Este efecto diferenciador se vio compensado con creces por tres factores:

- La distribución de la educación se homogeneizó.
- El nivel medio de instrucción subió de 3,8 a 5,9 años de escolarización, y este aumento (sobre todo en el caso de la mujer) contribuyó a una apreciable reducción del tamaño de la familia, ya que el hogar medio bajó de 4,3 a 3,5 miembros. Como el tamaño de la familia disminuyó más en los hogares pobres, la desigualdad se redujo.
- La desigualdad en la rentabilidad de las características distintas de la educación parece haber disminuido, lo que indica una reducción de la segmentación del mercado de trabajo durante 1976–96 y un posible descenso de las desigualdades regionales.

México: aumenta la desigualdad

El coeficiente de Gini de México subió fuertemente entre 1984 y 1994, pasando de 0,49 a 0,55. Como en los dos ejemplos anteriores, los cambios en la rentabilidad de la educación contribuyeron en gran manera a aumentar la desigualdad. Pero las nuevas pautas en la distribución de la educación no pudieron compensar ese efecto. Si bien el nivel de instrucción aumentó con mayor rapidez en las personas menos instruidas, la rentabilidad de un nivel mayor de estudios fue lo bastante elevada como para que los ingresos adicionales debidos al mayor nivel de instrucción favorecieran desproporcionadamente a las personas con más estudios. A esta realidad se sobrepusieron importantes efectos regionales: la creciente diferencia entre los salarios reales, rurales y urbanos contribuyó de manera notable a la desigualdad, a pesar de cierta convergencia de la rentabilidad de la educación y la experiencia en las zonas rurales y urbanas.

Taiwán (China): la desigualdad no cambia

Taiwán (China), conocida por su nivel bajo y estable de desigualdad, ha tenido un coeficiente de Gini de aproximadamente 0,30 en los últimos 30 años. Lo mismo que en el Brasil, este resultado se debe a varias fuerzas contradictorias. A pesar de un rápido aumento de su número, los trabajadores con mayor nivel de instrucción consiguieron aumentar sus ingresos más que el resto. Ello se vio contrarrestado con creces por la mayor igualdad en la distribución de la educación y una mayor participación de la mujer en el mercado de trabajo. La tendencia de los impuestos y las transferencias contribuyó también a la igualdad, y el resultado fue que la distribución del ingreso individual fue menos desigual. No obstante, es interesante señalar que la desigualdad del ingreso en los hogares aumentó, ya que muchas de las mujeres que se sumaron a la fuerza de trabajo procedían de hogares que se encontraban inicialmente en mejor situación económica.

• • •

Estos ejemplos revelan que las tendencias de los indicadores resumidos de la desigualdad del ingreso pueden enmascarar importantes fuerzas estructurales. Algunas de ellas, como los cambios en la distribución de la educación, pueden ser resultado de políticas, aunque para ello se requiere tiempo. Otras, como la evolución de la rentabilidad de la educación, responden sobre todo a las fuerzas de mercado, y mucho menos a la intervención directa mediante políticas. Como revela el caso de Taiwán (China), las políticas tributarias y de transferencias pueden contrarrestar el aumento de la desigualdad del ingreso primario.

Fuente: Para Brasil, Ferreira y Paes de Barros (1999b); para México, Legovini, Bouillon, y Lustig (1999);y para Taiwán, China, Bourguignon, Fournier,y Gurgand (1998).

Por ejemplo, si los salarios son más bajos en la agricultura que en la industria y los servicios y la mano de obra se orienta hacia esos dos sectores, muchos indicadores generales, especialmente los que tienen en cuenta los cambios producidos en la parte más baja de la distribución de ingresos, revelarán aumentos de la desigualdad a pesar de un descenso general de la pobreza. Estas tendencias no deben considerarse como negativas si se dan las siguientes condiciones:

- Los ingresos de la parte inferior aumentan o al menos no disminuyen.
- El proceso de desarrollo ofrece oportunidades para todos.
- Las tendencias observadas no son resultado de fuerzas disfuncionales, como la discriminación.
- El número de personas pobres disminuye.

Desigualdad inicial y reducción de la pobreza

Aun cuando la distribución del ingreso no cambie como consecuencia del crecimiento, los países con tasas semejantes de crecimiento pueden tener resultados muy diferentes en la lucha contra la pobreza, según cuál sea su desigualdad inicial. En igualdad de condiciones, el crecimiento consigue una menor reducción de la pobreza en las sociedades desiguales que en las igualitarias. Si los pobres perciben una parte pequeña del ingreso actual y si la desigualdad no cambia, conseguirán también una pequeña parte del nuevo ingreso generado por el crecimiento, lo que reducirá los efectos del crecimiento en la pobreza. Hay pruebas que confirman que, cuando la desigualdad inicial es baja, el crecimiento reduce la pobreza casi dos veces más que cuando la desigualdad es elevada (Gráfico 3.6).

La desigualdad inicial en la distribución del ingreso no lo explica todo: hay que tener también en cuenta la desigualdad en otras dimensiones. La sensibilidad de la pobreza al crecimiento depende en gran medida de la desigualdad inicial de acceso de los pobres a las oportunidades de compartir ese crecimiento. Si las divergencias en el nivel de instrucción reflejan la diferencia de ingresos, los pobres quizá no tengan la preparación necesaria para encontrar empleo en los sectores dinámicos y crecientes de la economía. Este efecto se agrava con la desigualdad entre el hombre y la mujer en el acceso a la educación (Capítulo 7). Además, si hay costos fijos o trabas normativas evidentes que dificultan el desplazamiento de las regiones remotas, rurales y económicamente deprimidas a los centros urbanos más dinámicos, es menos probable que los pobres puedan aprovechar las oportunidades de migrar (Recuadro 3.7).

A los mayas nos han excluido siempre, nos han discriminado. Cortaron el árbol pero se olvidaron de arrancar las raíces. El árbol está brotando.

—De un grupo de debate, Guatemala

Si las desigualdades sociales —como los sistemas de castas o la discriminación contra los pueblos indígenas— confinan a los miembros de los grupos desfavorecidos al empleo en sectores estancados, los pobres se beneficiarán menos del crecimiento (Capítulo 7). De la misma manera, si la discriminación étnica en el mercado da lugar a rendimientos diferentes con el mismo nivel de instrucción, el crecimiento será un instrumento menos eficaz para reducir la pobreza de los grupos que son objeto de discriminación. En un estudio de América Latina se comprobó que en varios países, las diferencias de ingresos entre los pueblos indígenas y los demás no pueden explicarse por la diferencia de preparación o experiencia, lo que indica que la causa puede ser la discriminación existente en el mercado de trabajo[26]. Estos resultados ponen de manifiesto la importancia de eliminar los obstáculos sociales para la mujer, las minorías étnicas y los grupos socialmente desfavorecidos, como medio de conseguir un crecimiento de amplia base.

Desigualdad inicial y crecimiento

Una fuerte desigualdad inicial reduce los efectos de una alta tasa de crecimiento económico en la pobreza. Puede también obstaculizar la lucha contra la pobreza frenando el crecimiento económico general. Inicialmente, algunos consideraron que una mayor desigualdad podría ser favorable al crecimiento —por ejemplo, porque redistribuiría entre los ricos, que ahorran, el ingreso de los pobres, que no lo hacen. Esta opinión implicaba una transacción: podía conseguirse más crecimiento a costa de una mayor desigualdad, con beneficios ambiguos sobre la población pobre.

Reflexiones —y datos empíricos— más recientes ponen en tela de juicio esa transacción: una desigualdad menor puede aumentar la eficiencia y el crecimiento económico por distintos medios. La sociedades desiguales suelen tener más dificultades de actuación colectiva, lo que podría reflejarse en unas instituciones disfuncionales, mayor inestabilidad política, propensión a políticas redistributivas populistas o una mayor inestabilidad en las acciones gubernamentales, lo que contribuiría en todos los casos a frenar el crecimiento. Además, en la medida en que la desigualdad de los ingresos o activos coexiste con mercados crediticios imperfectos, es posible que los pobres no puedan invertir en su capital humano y físico, con consecuencias negativas para el crecimiento a largo plazo.

Los efectos de la desigualdad en el crecimiento han sido objeto de considerable examen empírico. Las pruebas más claras son en general las relativas a los efectos de la desigualdad en los activos, y la desigualdad entre el hombre y la mujer. En un estudio reciente sobre las cooperativas de azúcar en la India se comprobó que las más desiguales (en lo que respecta a la propiedad de la tierra de los miembros de la cooperativa) son las menos productivas[27]. Varios estudios han observado también la existencia de un efecto negativo de la desigualdad en la posesión de la tierra sobre el crecimiento[28]. En China se ha comprobado que el hecho de vivir en una zona de gran desigualdad

Recuadro 3.7
Diversificación y migración en la China rural

Para los hogares agrícolas rurales de China, las oportunidades de empleo no agrícola han constituido una fuente importante del crecimiento del ingreso. Estas oportunidades pueden provocar una mayor igualdad o desigualdad. En la medida en que la diversificación en empleos no agrícolas refleja un factor de atracción —mayor rentabilidad en las actividades no agrícolas—, la diversificación puede favorecer la desigualdad si los trabajadores menos necesitados y con mayor instrucción son los que aprovechan esas oportunidades. En la medida en que la diversificación se deba a un mecanismo de supervivencia para los más pobres, puede favorecer la igualdad.

Los datos procedentes de cuatro provincias de China indican que el factor de atracción ha sido más importante que el mecanismo de supervivencia, y el acceso al empleo no agrícola ha explicado una parte cada vez mayor de la desigualdad del ingreso en las zonas rurales entre 1985 y 1990. Hay también pruebas de que incluso la pequeña diferencia (en comparación con otros países) entre el nivel de instrucción del hombre y la mujer agrava esas tendencias, ya que es menos probable que las mujeres con menos instrucción encuentren empleo no agrícola. Por el contrario, la migración ha contribuido a una mayor igualdad del ingreso. Los datos obtenidos en esas cuatro provincias revelan que las transferencias privadas (en buena parte, remesas de migrantes) han contribuido a la igualdad.

Fuente: Banco Mundial, 1997b.

Recuadro 3.8
La redistribución puede favorecer la eficiencia

La redistribución no tiene que ser necesariamente una amenaza para la eficiencia y el crecimiento. En varios casos, las políticas redistributivas pueden incrementar la acumulación de activos de los pobres, al mismo tiempo que aumentan la eficiencia y el crecimiento. Algunos estudios recientes ilustran las posibilidades de resultados beneficiosos en ambos frentes, lo que confirmaría las ventajas de la redistribución.

La reforma agraria es un ejemplo clásico de política redistributiva. La Operación Barga, reforma del sistema de tenencia en el estado Indio de Bengala Occidental durante los últimos años setenta y primeros ochenta, es uno de los pocos ejemplos de transferencias en gran escala de derechos de propiedad no acompañadas de grandes perturbaciones sociales. La operación estuvo asociada con un aumento del 18% de la producción agrícola en ese estado (Banerjee, Gertler y Ghatak, 1998).

La redistribución puede contribuir también a la eficiencia si las transferencias a los pobres mejoran su capital humano. El suministro público de infraestructura orientado selectivamente a los más necesitados es un ejemplo claro. La construcción masiva de escuelas de enseñanza primaria (61.000 nuevas escuelas construidas y dotadas del personal necesario en cinco años) en el marco del programa INPRES, principal mecanismo para la redistribución de los beneficios del petróleo en Indonesia, contribuyó notablemente a mejorar la educación y los ingresos. La tasa de graduación de enseñanza primaria subió un 12%, y los salarios masculinos un 5% (Duflo, 2000b).

Las políticas universales (como la fijación de precios de los servicios públicos) pueden tener también efectos positivos para la redistribución y la eficiencia. La abolición de las tasas de enseñanza secundaria en Taiwán (China), en 1968 y la introducción de la enseñanza obligatoria beneficiaron a los niños pobres más que a los ricos (Spohr, 2000). También elevó notablemente el nivel de instrucción (0,4 años en los varones) y la participación en la mano de obra, lo que se tradujo en mayores beneficios (Clark y Hsieh, 1999).

La redistribución directa del ingreso (mediante transferencias en efectivo) es poco frecuente en los países en desarrollo. Una de las preocupaciones es que los recursos así distribuidos quizá no se utilicen en la manera más indicada para aumentar la eficiencia. En Sudáfrica al final del *apartheid,* el reducido programa de pensiones se amplió espectacularmente a la población negra. En 1993, la pensión representaba un valor dos veces superior al ingreso mediano de los negros en las zonas rurales (Case y Deaton, 1998). Cuando la pensión era percibida por las abuelas maternas de las niñas, tenía efectos importantes en la nutrición, hasta el punto de reducir a la mitad la diferencia de altura entre esas niñas y las de la misma edad de los Estados Unidos (Duflo, 2000a). En cambio, otros estudios han demostrado que la pensión, si es recibida por una anciana, da también lugar a una reducción del suministro de mano de obra masculina en la edad de máxima producción (Bertrand, Miller y Mullainathan, 1999). Los resultados parecen indicar que las transferencias de efectivos pueden dar lugar a una mayor eficiencia, pero que no siempre ocurre así.

reducía las tasas de crecimiento en los hogares agrícolas, una vez controlado el capital físico y humano del hogar[29]. Otros análisis han encontrado pruebas de una relación entre la desigualdad en la educación y las diferencias entre el hombre y la mujer y el crecimiento[30]. Por el contrario, los datos sobre los efectos de la desigualdad inicial del ingreso en el crecimiento posterior son menos claros. En algunos casos se han observado efectos negativos[31]. En otros, efectos positivos[32]. Finalmente, en otros, los efectos son distintos en los diferentes tramos[33].

Estos resultados podrían indicar que las políticas para mejorar la distribución del ingreso y los activos pueden tener un doble beneficio: aumentar el crecimiento e incrementar la parte del crecimiento que va a parar a los pobres. Ello no quiere decir que todas las políticas favorables a la equidad produzcan estos efectos deseados. Si la reducción de la desigualdad se consigue a expensas de otros factores de crecimiento (como se ha examinado ya en este mismo capítulo), los beneficios de la redistribución pueden desaparecer. La expropiación de activos en gran escala puede dar lugar a agitaciones políticas y violentos conflictos, lo que echaría por tierra el crecimiento. Algunos intentos de redistribuir los ingresos pueden reducir los incentivos a ahorrar, invertir y trabajar. Pero hay algunas opciones que pueden dar buenos resultados en ambos frentes (Recuadro 3.8). Las políticas deberían concentrarse en la acumulación de activos humanos, de capital y físicos de los pobres, utilizando sabiamente la capacidad redistributiva del gasto público y, por ejemplo, medidas de reforma agraria basadas en el mercado o de otro tipo (Capítulo 5; Recuadro 5.12).

Crecimiento económico y dimensiones de la pobreza distintas del ingreso

Lo mismo que la pobreza de ingreso disminuye conforme aumentan los ingresos, disminuyen también otras dimensiones de la pobreza, como la salud y la educación. También en estas otras esferas se observan desviaciones significativas en torno a estas relaciones generales: países y regiones con ingresos per cápita semejantes pueden tener resultados muy distintos en las otras dimensiones de la pobreza. De la misma manera, estas desviaciones obedecen a una gran diversidad de fuerzas, en particular, la desigualdad inicial, la eficacia de las intervenciones públicas y el nivel de desarrollo. Por el contrario, hay pruebas convincentes de que los progresos en la salud y la educación contribuyen a un crecimiento económico más rápido.

Al comparar la situación de los distintos países, y de las personas de cada país, existen fuertes correlaciones entre salud y educación e ingresos. Los países más ricos y los individuos de mejor situación económica de cada país tienen tasas más bajas de mortalidad y malnutrición[34]. Dentro de cada país y en el plano internacional, la cantidad y calidad de la educación mejora con los ingresos —aunque es difícil medir la calidad[35]. Las divergencias en el nivel de instrucción disminuyen también con el ingreso.

Estas fuertes correlaciones son resultado de las estrechas relaciones de causalidad entre subida de los ingresos y mejora de la salud y la educación —y entre mejora de la salud y la educación y aumento de los ingresos. En el caso de los individuos, la conclusión parece obvia. La mala salud y la malnutrición reducen la productividad y el tiempo dedicado al trabajo, efectos que varían con el nivel de instrucción. Por ejemplo, un estudio sobre la población masculina del Brasil revelaba que la altura de los adultos estaba fuertemente asociada con los salarios, y que éstos aumentaban más rápidamente de acuerdo con la altura en los individuos que tenían cierto nivel de instrucción (en comparación con los que no tenían ningún tipo de estudios)[36]. Por otro lado, los individuos con ingresos más elevados pueden permitirse invertir más en salud y educación[37]. Muchos estudios documentan los efectos positivos de la educación paterna en la salud y educación de los hijos.

Algo semejante ocurre en los países, donde se observan los positivos efectos de la subida del ingreso per cápita y la mortalidad infantil[38]. Otros estudios han documentado la contribución de la caída de la mortalidad a acelerar el crecimiento, con especiales beneficios para los niveles de ingreso más bajos[39]. Ya hemos visto cómo la educación contribuye también a un crecimiento más rápido.

Además, hay pruebas de que estas relaciones no son lineales: son más consistentes las mejoras de la salud asociadas con el crecimiento en los países y regiones más pobres. Así pues, diferencias más bien pequeñas en el crecimiento económico pueden tener grandes repercusiones en el desarrollo humano de esos países. En un estudio se estimaba que si las tasas de crecimiento del mundo en desarrollo (con exclusión de China y la India) hubieran sido en el decenio de 1980 tan elevadas como lo habían sido en los de 1960 y 1970, en los años ochenta se podrían haber evitado 656.000 defunciones entre los niños de menos de cinco años[40].

Este reforzamiento mutuo entre el desarrollo humano y el desarrollo económico parece indicar la posibilidad de que se produzcan círculos viciosos y virtuosos. Los países y los individuos pobres pueden verse bloqueados en un círculo vicioso, en el que el escaso desarrollo humano disminuye las oportunidades económicas, lo que dificultaría la inversión en salud y educación. Por el contrario, las intervenciones públicas bien orientadas en el terreno de la salud y de la educación pueden contribuir a crear un círculo virtuoso de mayores oportunidades económicas, que generarían recursos para nuevas inversiones (Capítulo 5).

Las considerables divergencias de estas relaciones generales en los distintos países reflejan de nuevo la convergencia de varios factores. Uno es la desigualdad en los ingresos[41]. Hemos observado que el efecto de los ingresos en la salud es más pronunciado cuando aquellos son bajos. Ello significa que una misma tasa de crecimiento económico puede tener resultados muy diferentes en la salud y la educación según la distribución inicial de los ingresos y la evolución de ésta como consecuencia del crecimiento. En particular, es más probable que el crecimiento acompañado de una reducción de la desigualdad se manifieste en mejoras de la salud.

Gráfico 3.7
En los distintos países, el coeficiente de alfabetización femenina-masculina aumenta en paralelo con el ingreso per cápita

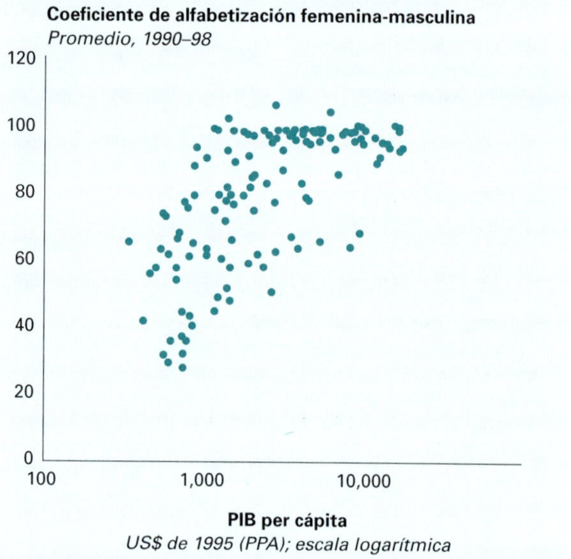

Fuente: Datos del Banco Mundial.

Las investigaciones llevadas a cabo han confirmado que la correlación en los distintos países entre los indicadores medios de salud y el ingreso medio desaparece cuando se introducen las correcciones necesarias para controlar las diferencias existentes en la incidencia de la pobreza de ingreso y en el gasto público[42]. Esas mismas investigaciones han revelado que las diferencias del gasto público en salud en los distintos países influye más en la salud de las personas con escasos ingresos que en el resto: los menos necesitados pueden proteger mejor su salud cuando el gasto público es bajo. Estos resultados parecen indicar que el crecimiento mejora las condiciones medias de salud gracias a su capacidad de reducir la pobreza de ingreso y de permitir un aumento de los gastos sociales en favor de los pobres.

Las desigualdades en dimensiones distintas del ingreso son también importantes. La discriminación por razón del género y el grupo étnico —en la asignación del gasto público para educación y salud o en el funcionamiento de los servicios educativos y sanitarios— puede dar lugar a diferencias en los logros conseguidos en esas áreas. Las diferencias entre el hombre y la mujer en el nivel de instrucción son especialmente pronunciadas en los países pobres (Gráfico 3.7). En el estado indio de Kerala —con una larga tradición de igualdad entre el hombre y la mujer— hay pocas diferencias entre las tasas masculinas y femeninas de educación y mortalidad. En cambio, en estados como el de Uttar Pradesh —donde la discriminación en ese terreno es elevada— la tasa femenina de alfabetización es menos de la mitad de la masculina, y el coeficiente mujeres-hombres en la población alcanza la preocupante cifra de 87,9 de cada 100[43]. En algunos estudios comparativos internacionales se ha comprobado también que los factores geográficos, la fragmentación étnica y, en especial, el nivel de instrucción de la mujer son causas importantes de las diferencias en los resultados de salud conseguidos con un ingreso dado[44]. Finalmente, la calidad y cantidad del gasto público son también importantes, aunque la magnitud del efecto en los pobres depende en buena medida de la existencia de políticas e instituciones de apoyo a ese grupo de la población (Capítulo 5).

• • •

En este capítulo se ha mostrado la importancia del crecimiento para la reducción de la pobreza, en particular para las dimensiones de ésta relacionadas con el ingreso y el desarrollo humano. Se ha observado también de qué manera un nivel bajo y decreciente de desigualdad multiplica el efecto del crecimiento en la pobreza. El crecimiento puede resultar más equitativo si se reduce la desigualdad en el acceso a los activos y oportunidades. Para ello hay que ofrecer oportunidades de mercado a los pobres e incrementar sus activos. Otros requisitos son la reforma de las instituciones estatales para que funcionen más en favor de los más necesitados, la eliminación de los obstáculos sociales y el apoyo a las organizaciones de los pobres. Estas cuestiones se abordan en los capítulos siguientes.

CAPÍTULO 4

Mercados más eficientes para los pobres

Los mercados son importantes para los pobres porque éstos dependen de los mercados formales e informales para vender su trabajo y sus productos, financiar inversiones y asegurarse contra posibles riesgos. El buen funcionamiento de los mercados contribuye a impulsar el crecimiento y ampliar las oportunidades para ese sector de la población. Éste es el motivo por el que los donantes internacionales y los gobiernos de los países en desarrollo, en particular los elegidos democráticamente, han promovido reformas inspiradas en los principios del mercado[1].

Sin embargo, el desarrollo de los mercados y de las instituciones que los respaldan es un proceso difícil y prolongado. A veces, las reformas introducidas con ese fin fracasan rotundamente. Y cuando tienen éxito, muchas veces producen efectos negativos en ciertos grupos de la sociedad. Cuando entre los perjudicados por las reformas se cuentan los pobres, particularmente vulnerables a los trastornos externos, los países tienen la obligación de aliviar los problemas causados por las reformas. Incluso cuando los mercados funcionan como es debido, la sociedad debe ayudar a los pobres a superar los obstáculos que les impiden participar sin trabas y en condiciones equitativas.

En los años cincuenta y sesenta, muchos de los responsables de la formulación de políticas estaban convencidos de que el desarrollo económico y la reducción de la pobreza requerían la participación activa del Estado y la protección de la industria local. Una gran variedad de países de todo el mundo adoptó este modelo de desarrollo orientado hacia adentro e impulsado por el Estado, con resultados muy distintos. Muchos optaron por el proteccionismo e impusieron el control de las inversiones y monopolios estatales en sectores clave de la economía. En países como la India, esta estrategia tuvo por resultado un crecimiento persistentemente lento. En otros, en particular en América Latina, el crecimiento fue vigoroso al principio, en los años sesenta, pero con el tiempo se desaceleró a medida que los países debieron hacer frente a las enormes subidas de los precios del petróleo en los años setenta y a la crisis de la deuda del decenio siguiente. En China, para fines de los años setenta se había llegado a la conclusión de que la economía, en particular el sector agrícola, no había logrado hacer realidad todas sus posibilidades bajo el estricto control del Estado.

Los resultados cada vez más decepcionantes de esta política estatal de desarrollo aislacionista llevaron a los gobiernos a introducir reformas con miras a sustituir la intervención del Estado en los mercados por incentivos para el sector privado, la propiedad pública por la privada y la protección de la industria nacional por la competencia con productores e inversionistas extranjeros[2]. En general, en los casos en que estas reformas orientadas al mercado han dado buen resultado, se ha puesto fin al estancamiento económico y se ha reactivado el crecimiento.

Sin embargo, en algunos casos, las reformas fracasaron y tuvieron consecuencias particularmente graves para los pobres. Los fracasos fueron de muy distinto signo, y no es fácil hacer generalizaciones al respecto[3]. Algunas de las reformas se introdujeron con demasiada rapidez y no lograron sus objetivos por falta de instituciones que las respaldaran. Otras avanzaron muy lentamente y fueron monopolizadas y socavadas por intereses creados. Otras, impuestas por minorías dirigentes y donantes extranjeros, se vinieron abajo por falta de una firme dirección a nivel nacional y de apoyo popular[4].

Por lo tanto, el debate sobre el tema de las reformas no gira en torno a si son o no necesarias: si no se adoptan medidas encaminadas a establecer mercados dinámicos y competitivos e instituciones sólidas, las economías nacionales se estancarán y a la larga decaerán. Tampoco se trata de una dicotomía simplista entre el gradualismo y las soluciones drásticas: las reformas pueden fracasar si se introducen con demasiada rapidez o excesiva lentitud. El tema medular del debate es más bien cómo planificarlas e introducirlas de manera que respondan a las circunstancias económicas, sociales y políticas de cada país[5].

Inevitablemente, las reformas que faciliten el funcionamiento del mercado tienen efectos distintos en diferentes segmentos de la sociedad. En cada programa de reforma hay ganadores y perdedores, y puede haber pobres en uno u otro grupo. Como éstos son particularmente vulnerables, es necesario evaluar con cuidado el probable impacto de las reformas en la pobreza y adoptar políticas apropiadas para amortiguarlo[6]. Con el mismo cuidado hay que determinar el ritmo con que se introducirán esas medidas, habida cuenta de sus posibles efectos en los grupos pobres. La experiencia indica que el diálogo directo con esos grupos puede ser particularmente eficaz para orientar ese proceso.

Incluso en los casos en que los mercados funcionan, no siempre resultan tan beneficiosos para los pobres como podrían. El acceso físico a los mercados puede ser difícil para la gente que vive en lugares distantes. Las medidas de reglamentación en muchos casos constituyen un obstáculo que entorpece la actividad económica en los sectores y las regiones en los que los pobres buscan trabajo. Éstos también pueden tener dificultades para acceder a algunos mercados, en particular los de servicios financieros, ya que suelen realizar transacciones de poca cuantía que no son lucrativas o resultan insignificantes para las instituciones que participan habitualmente en los mercados. Por lo tanto, las inversiones en infraestructura, el alivio de la carga de las reglamentaciones y la adopción de métodos innovadores para facilitar el acceso de los pobres a los mercados financieros pueden contribuir en gran medida a que éstos compartan los beneficios de los mercados.

En este capítulo se examinan estas cuestiones una por una. Primero se pasa revista a las variadas experiencias de los países que introdujeron reformas inspiradas en el mercado en los últimos 20 años y se destacan tanto los éxitos logrados como las graves consecuencias de las reformas fallidas. Se describen luego las complejas repercusiones que tienen en los pobres las reformas del mercado y se citan ejemplos en tres áreas: la agricultura, la política fiscal y el comercio. Por último, se indica cómo el alivio de la carga de las reglamentaciones, la promoción de normas laborales básicas y la ampliación de los servicios de microfinanciamiento pueden contribuir a mejorar las condiciones en que los pobres participan en los mercados.

¿Han contribuido realmente al crecimiento las reformas del mercado?

En los años ochenta y noventa, muchos de los países en desarrollo procedieron a introducir reformas que armonizaran con las leyes del mercado. Las razones que las impulsaron, así como el alcance y la rapidez del proceso, fueron muy variadas. En China, por ejemplo, el "régimen de responsabilidad familiar" reemplazó al sistema de agricultura comunitaria y creó nuevos incentivos para que las familias campesinas se dedicaran a producir, invertir e innovar. Estas reformas no fueron resultado de una crisis macroeconómica ni de un descubrimiento ideológico sino del convencimiento cada vez más firme de que China no estaba explotando al máximo el potencial del sector agrícola. Tras las reformas introducidas inicialmente en este sector, se establecieron mecanismos de mercado en toda la economía. En otros países, el agente catalizador fueron las crisis económicas: en México, por ejemplo, se introdujeron cambios económicos de gran alcance después de la crisis de la deuda de los años ochenta, y en los países de Europa oriental y la antigua Unión Soviética, la transición política desencadenó un progreso espectacular hacia la economía de mercado, tuvo un éxito prodigioso en algunos y fracasó estrepitosamente en otros[7].

A raíz de este proceso de reforma, el panorama económico se ha transformado profundamente en muchos países, pero no en todos. La participación del Estado en la actividad económica se ha reducido. Ha aumentado el acceso del comercio internacional y de las corrientes de capital a los mercados nacionales. Se han revisado los regímenes impositivos y, en general, el mercado, y no el Estado, es el que determina los precios, la producción y la asignación de recursos. Muchas de estas reformas, aunque no todas, reflejan los principios del llamado consenso de Washington, en el que se establecieron 10 objetivos prioritarios en materia de políticas, que muchos países adoptaron en distintas combinaciones (Recuadro 4.1).

Dada la gran diversidad de reformas introducidas por los países en distintos momentos y en circunstancias diferentes, resulta difícil hacer una recapitulación de los progresos logrados hasta ahora. No obstante, se observan claramente señales alentadoras (Gráfico 4.1). Por ejemplo, las tasas de

Recuadro 4.1
El consenso de Washington

En el consenso de Washington sobre las reformas orientadas al mercado se enumeran los 10 objetivos de política siguientes:

- Disciplina fiscal.
- Reorientación del gasto público para aumentar las inversiones en educación, salud e infraestructura.
- Reforma fiscal: ampliación del número de contribuyentes y reducción de las tasas de impuestos marginales.
- Tasas de interés determinadas por el mercado y positivas (pero moderadas) en cifras reales.
- Tipos de cambio competitivos.
- Liberalización del comercio: eliminación de las restricciones cuantitativas y establecimiento de aranceles uniformes y bajos.
- Apertura a la inversión extranjera directa.
- Privatización de las empresas estatales.
- Desreglamentación: eliminación de los reglamentos que obstaculizan el acceso a los mercados o limitan la competencia, salvo los que estén justificados por razones de seguridad y de protección del medio ambiente y de los consumidores, y supervisión de las instituciones financieras.
- Garantías jurídicas de los derechos de propiedad.

Fuente: Williamson, 1993.

Gráfico 4.1
Indicadores del éxito de las reformas normativas en el mundo en desarrollo

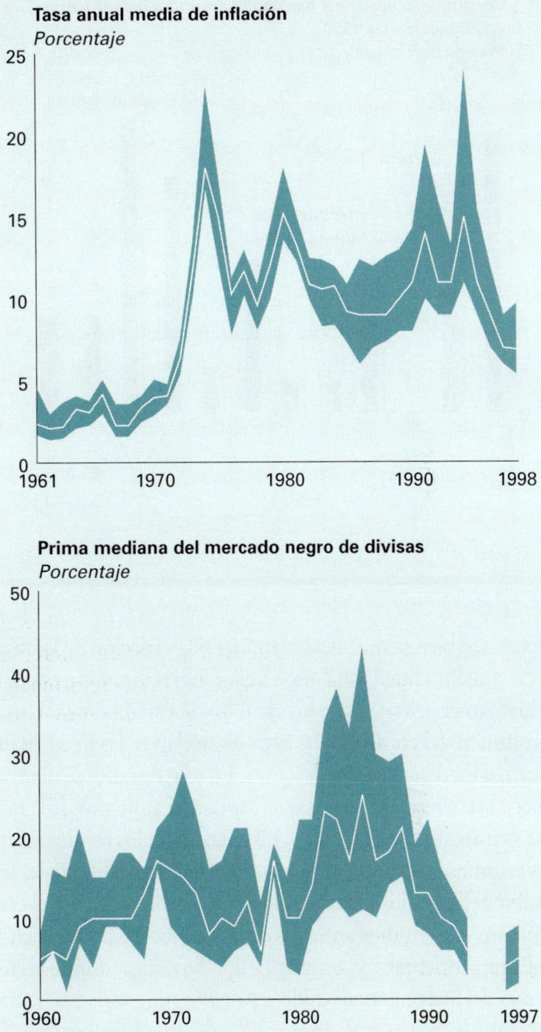

Nota: Los datos se refieren a la totalidad de los países en desarrollo. La banda en torno a la relación central es el intervalo de confianza del 95%. No se dispone de datos sobre la prima del mercado negro en 1994 y 1995.
Fuente: Easterly, 2000b.

inflación típicas de los países en desarrollo bajaron de alrededor del 15% a principios de los años ochenta al 7% en 1997, demostración evidente de una tendencia general hacia una política monetaria más disciplinada. Más importante es el hecho de que muchos países han logrado salir del círculo vicioso de episodios crónicos de alta inflación e hiperinflación. La diferencia entre los tipos de cambio oficiales y los del mercado negro —indicador evidente de que los tipos oficiales no son realistas y no los ha determinado el mercado— disminuyó del 25% a mediados de los años ochenta en los países en desarrollo típicos a tan sólo el 5% a fines de la década de 1990.

La reducción de las barreras que entorpecen el comercio internacional y obstruyen la circulación del capital ha sido un elemento clave de muchos programas de reforma. En América Latina, los aranceles medios bajaron del 50% en 1985 al 10% en 1996 y los aranceles máximos, de un promedio de 84% a apenas el 41%[8]. Para 1996, el porcentaje de importaciones afectadas por obstáculos no arancelarios había descendido del 38% antes de las reformas a tan sólo el 6%[9]. También se han introducido amplias reformas en otros sectores; por ejemplo, se han liberalizado las reglamentaciones relativas a las inversiones, se han reducido o eliminado una gran variedad de subvenciones para aliviar los déficit fiscales y se han privatizado muchas empresas estatales. En general, las reformas han sido lentas sólo en los mercados laborales[10].

¿Han contribuido estas reformas al crecimiento, como se había pensado? La gran cantidad de estudios empíricos sobre el tema indica que, en promedio, los países que han adoptado políticas basadas en los principios del mercado —apertura al comercio internacional, disciplina monetaria y fiscal y desarrollo de los mercados financieros— tienen a la larga un crecimiento más vigoroso que los países que no han aplicado esas políticas (Capítulo 3).

Según otros datos disponibles, las reformas encaminadas a la adopción de políticas que armonicen con el mercado también ayudan a estimular el crecimiento a mediano plazo. En la mayor parte de los estudios sobre las consecuencias de las reformas en distintos países por lo general se compara el desempeño de las economías nacionales antes y después de esas

Gráfico 4.2
Las reformas impulsaron el desarrollo en América Latina, aunque los progresos no siempre fueron iguales

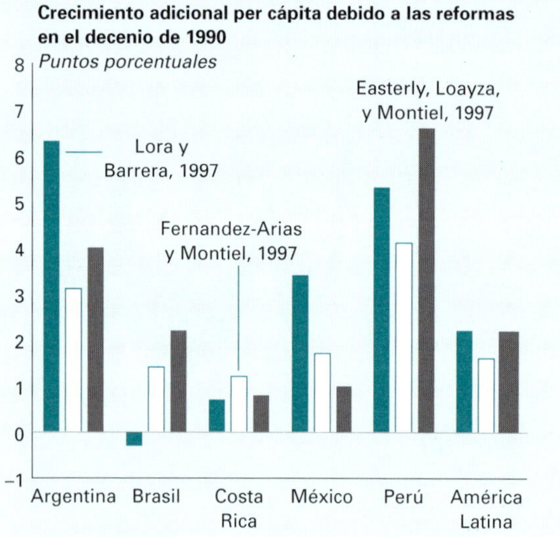

Fuente: Véase el gráfico.

reformas, o bien se trata de determinar si la variación de las tasas de crecimiento puede atribuirse a ellas. Las reformas se evalúan indirectamente a través de los cambios de variables tales como el volumen del comercio, las tasas arancelarias, las tasas de inflación o los déficit presupuestarios. En esos estudios se observa una clara correlación entre las reformas y el aumento de la tasa de crecimiento. En el Gráfico 4.2 se resumen los resultados de tres estudios realizados en América Latina, según los cuales los cambios efectuados han influido considerablemente en el crecimiento. En estudios análogos de las economías en transición de Europa oriental y la antigua Unión Soviética, donde las reformas del mercado han tenido resultados muy variados, se observó que los países que no se habían demorado en introducir cambios resueltamente (y en los que las condiciones iniciales eran favorables) el crecimiento fue más vigoroso que en los que habían vacilado[11]. En un estudio realizado en la India en 1999 se comprobó que en los estados que habían efectuado reformas el crecimiento era más rápido y las mejoras más firmes en los sectores de la educación y la atención primaria de la salud que en los que no lo habían hecho[12].

Esto no significa que los países en desarrollo en conjunto hayan tenido un rápido crecimiento gracias a las reformas introducidas en los años ochenta y noventa. Al contrario, el crecimiento en esos países ha sido decepcionante y, en la mayoría de los casos, casi insignificante.

Según un estudio reciente, esos resultados desalentadores no deberían atribuirse al fracaso de las reformas[13]. A pesar de la lentitud del crecimiento en general, se llegaba a la conclusión de que las diferencias en los indicadores relativos a las políticas inspiradas en el mercado seguían correspondiendo a diferencias en el desempeño económico de los países. Pero muchos países en desarrollo se habían visto afectados por intensas conmociones externas. Al aumentar bruscamente las tasas de interés mundiales, se había incrementado la carga del servicio de la deuda. La desaceleración del crecimiento de los países industriales había causado una disminución del crecimiento en los países en desarrollo que comerciaban con ellos. En algunos casos, estas conmociones habían socavado los beneficios de las reformas que se estaban introduciendo en esa época.

Sin embargo, a veces los programas de reforma no han tenido los resultados previstos y en otros han fracasado totalmente. Esto es lo que ha ocurrido en los países de Asia oriental, de la antigua Unión Soviética y de África (Recuadro 4.2). Las duras lecciones aprendidas en estos casos y la pesada carga que las reformas han impuesto a los pobres ponen de relieve la importancia de adoptar un enfoque prudente y realista que garantice el logro de los objetivos fijados[14].

Cabe hacer una advertencia sobre el futuro de las reformas. Gran parte de los ejemplos analizados son de reformas clásicas de "primera generación", como las medidas para estabilizar la economía en casos de alta inflación, reducir los déficit presupuestarios crónicos y desmantelar las barreras comerciales más excesivas. En cambio, para consolidar los resultados positivos de estas reformas en general se requiere un fortalecimiento institucional en áreas mucho más difíciles; por ejemplo, hay que reforzar la independencia del poder judicial, crear organismos de reglamentación independientes y eficaces y exigir competencia y responsabilidad a los empleados públicos. Estas reformas de "segunda generación" no sólo son mucho más complejas y requieren mucho más tiempo sino que, muy probablemente, tropezarán con la oposición de intereses poderosos y sólidamente arraigados[15]. Esto no significa que deban aplazarse: precisamente porque tardan en rendir fruto, es importante emprenderlas lo antes posible.

En síntesis, las reformas que facilitan el funcionamiento del mercado se han difundido, aunque en forma despareja, por todo el mundo en desarrollo. En general, han contribuido a reducir la inflación y promover el crecimiento, que son dos factores importantes para reducir la pobreza de ingreso. Pero las reformas también pueden descarrilarse, y ello tiene penosas consecuencias para los pobres. Los fracasos se han debido a la falta de instituciones que las respalden, a errores en la secuencia de los cambios y al hecho de que individuos o grupos dominantes hayan monopolizado el proceso de reforma.

¿Han sido las reformas del mercado realmente beneficiosas para los pobres?

Incluso en los casos en que las reformas inspiradas en los principios del mercado han conseguido estimular el crecimiento, sus efectos en el ingreso de los pobres han variado. Esto re-

Recuadro 4.2
¿Porqué fracasan a veces las reformas?

Las reformas pueden descarrilarse cuando faltan instituciones que las respalden o cuando individuos o grupos poderosos manipulan los resultados.

El carácter incompleto de la reforma del sector financiero contribuyó a la crisis de Asia oriental

En los años noventa, varias economías emergentes de Asia oriental liberalizaron sus mercados financieros internos y eliminaron las restricciones impuestas a las cuentas de capital. En la República de Corea y Tailandia, en particular, la rápida afluencia de capitales, en muchos casos a través de instituciones financieras no bancarias recientemente establecidas, causó grandes problemas financieros a los bancos. El proceso de reglamentación de los bancos y de esas instituciones no había ido a la par de la evolución de los acontecimientos, y las obligaciones a corto plazo en monedas extranjeras aumentaron rápidamente, en muchos casos sin cobertura de los riesgos. Las fluctuaciones repentinas de los tipos de cambio a mediados de 1997 causaron estragos en estas posiciones en monedas extranjeras y contribuyeron a agudizar la crisis subsiguiente (Banco Mundial, 1998f).

Esta experiencia coincide con una tendencia más amplia observada en los estudios comparativos entre países: las reformas financieras que no van acompañadas de la creación de instituciones de supervisión adecuadas son un factor importante de las crisis bancarias ocurridas en todo el mundo (Demirgüç-Kunt y Detragiache, 1998). Las causas de la crisis del peso mexicano de 1995 fueron precisamente las deficiencias registradas en el proceso de privatización de los bancos y en la liberalización financiera (Lustig, 1998). Estas experiencias no invalidan la importancia de las reformas de los mercados financieros emergentes. Es más, la eficaz intermediación de los ahorros encauzados hacia inversiones productivas contribuyó al notable éxito del desarrollo de Asia oriental, éxito ante el cual palidecen los retrocesos causados por la última perturbación. Pero las reformas imprudentes y excesivamente rápidas pueden desembocar en una crisis.

La corrupción en gran escala malogró las reformas en los países de la antigua Unión Soviética

El gobierno nos roba constantemente; por eso el fraude no es pecado.

—Grupo de debate, Ucrania

¿Qué clase de gobierno es éste? Lo que nos da con una mano nos lo quita con la otra...

—Grupo de debate, Ucrania

En los países de la antigua Unión Soviética, la reforma del mercado está unida inextricablemente a la idea de que la corrupción es endémica (véase, por ejemplo, Narayan, Patel, Schafft, Rademacher y Koch-Schulte, 2000). Es comprensible: la mayoría de estas economías salen muy mal paradas en las comparaciones entre países sobre el alcance de la corrupción, y, por desgracia, muchas empresas y particulares han tenido alguna experiencia de esta lacra. Además, la corrupción se ha propagado en una etapa de deterioro macroeconómico y descenso de la producción, mientras estos países estaban inmersos en la transición a una economía de mercado.

Una forma particularmente perniciosa de corrupción es la "apropiación del Estado", o sea la capacidad de empresas y personas influyentes de manipular la formulación de nuevas leyes y reglamentaciones en beneficio propio. Pueden influir en los órganos judiciales, ejecutivos y legislativos del gobierno para obtener privilegios especiales y derechos de monopolio, así como en la concesión y en los precios de los contratos públicos. Este fenómeno, contrario a los principios de una economía de mercado competitiva y basada en la equidad, contribuye naturalmente a aumentar la desigualdad. Por desgracia, está muy difundido. En varios países de la antigua Unión Soviética, más del 30% de las empresas encuestadas en un estudio de la actividad comercial declararon que se habían visto perjudicadas por competidores que habían manipulado a los organismos estatales (Hellman y colaboradores, 2000).

Las economías de mercado no pueden funcionar debidamente cuando el medio institucional y los incentivos existentes permiten que se propague la corrupción. Peor aún es el hecho de que los países pueden quedar atrapados en un círculo vicioso en que las reformas inconclusas crean nuevos alicientes para la corrupción. Para contrarrestar los efectos corrosivos de la apropiación de los organismos estatales se necesita un desarrollo institucional mucho mayor, tanto en la organización del sistema político y el dispositivo de pesos y contrapesos entre las grandes instituciones públicas como en las relaciones entre las empresas y el Estado y entre éste y la sociedad civil.

La falta de inversiones públicas y el exceso de burocracia han socavado las reformas orientadas al mercado en África al sur del Sahara

Son varios los países africanos que no han podido estimular su crecimiento desde mediados de los años ochenta, época en que, con el apoyo de las instituciones financieras internacionales, comenzaron a introducir reformas que armonizaran con el mercado, sobre todo en la agricultura. Los resultados han sido lastimosos, en parte debido a la insuficiencia de las inversiones públicas y a los engorrosos trámites burocráticos (Banco Mundial, 2000b).

Los campesinos africanos, como los de otras partes del mundo, responden vigorosamente tanto a los incentivos basados en los precios como a los de otra índole. Sin embargo, si no hay una infraestructura pública (por ejemplo, caminos de acceso a zonas agrícolas distantes) o la que existe no está suficientemente desarrollada, se atenúa el impacto de la reforma de los sistemas de precios y de comercialización. La falta de una infraestructura apropiada también afecta a otros sectores. En las encuestas de empresas realizadas en varios países africanos en el período de 1996–97 se señaló reiteradamente que la mala calidad de los servicios de infraestructura era un gravísimo obstáculo, porque impedía aumentar las exportaciones que requerían una gran concentración de mano de obra y aprovechar así las oportunidades creadas por la reforma del comercio. En Uganda, los gastos de transporte y de otro tipo aumentaban el costo de los bienes de capital prácticamente un 50%. En Zimbabwe no se puede confiar en que los insumos se entreguen puntualmente porque los servicios de transporte son muy deficientes; esto obliga a las empresas a mantener grandes existencias a pesar de las elevadas tasas de interés.

Estas dificultades se agravan por el hecho de que no ha aumentado la transparencia ni se ha fortalecido el sistema de rendición de cuentas. La reestructuración del marco legislativo y normativo es parte integrante de muchos programas de reforma, pero en la práctica este proceso suele verse socavado por la falta de eficiencia o interés. En consecuencia, las barreras reglamentarias que entorpecen la competencia continúan siendo graves obstáculos, y la corrupción, la burocracia y la falta de transparencia aumentan los costos y siguen frenando el comercio y las inversiones. Según las encuestas de empresas realizadas en varios países africanos, la corrupción y la burocracia también son escollos que impiden la expansión y diversificación de las actividades de las empresas. Por ejemplo, los trámites aduaneros para los insumos intermedios en la frontera de Uganda pueden llevar más de una semana, y en los puestos aduaneros de África meridional son corrientes las demoras de más de 24 horas. Estos obstáculos son un síntoma de deficiencias institucionales más profundas que los responsables de la formulación de políticas deben subsanar para que las reformas sean eficaces.

fleja, por un lado, las desigualdades iniciales de ingreso y oportunidades y, por otro, el impacto de las reformas en el crecimiento y la desigualdad. ¿Qué ha ocurrido en la práctica? ¿Y qué conclusiones se pueden sacar de la experiencia con este tipo de reformas?

Los estudios comparativos sobre países indican que, en general, las reformas macroeconómicas no han tenido mucho efecto en la distribución del ingreso. Por ejemplo, en algunos trabajos recientes se han examinado las repercusiones de las medidas favorables al mercado en los ingresos de los pobres en una amplia muestra de países. Esas medidas incluyen una participación en el comercio internacional, la reducción de la tasa de inflación, la intervención moderada del Estado y la consolidación del imperio de la ley. Se llega a la conclusión de que, en general, estas políticas resultan tan beneficiosas para los pobres como para los demás[16]. Es más, algunas de ellas, en particular las encaminadas a reducir la alta inflación, pueden resultar especialmente beneficiosas para aquellos. Esta conclusión coincide con los datos recogidos en encuestas, en las que se observa que los pobres suelen señalar con más frecuencia la alta inflación entre sus principales motivos de preocupación.

Cuando las reformas han tenido efectos distributivos adversos, dichos efectos en general han sido limitados en comparación con su contribución al crecimiento, sobre todo si se consideran períodos de varios años o incluso más prolongados[17]. En otras palabras, los datos macroeconómicos no indican que los beneficios de la reforma hayan dejado de lado a los pobres ni tampoco que se hayan "filtrado" lentamente hasta llegar a esos estratos de la población. Al contrario, parecen indicar que, por término medio, todos los grupos de ingreso se benefician por igual de las reformas. Incluso en los países del antiguo bloque socialista, donde en muchos casos no se han conseguido los resultados esperados, la desigualdad no ha aumentado tanto en los países que lograron introducir reformas como en aquellos donde éstas han sido sólo parciales o donde no ha habido ningún cambio[18].

Esta clase de datos comparativos sobre países no permiten formarse una idea cabal de los efectos de las reformas en los pobres. Las mismas medidas pueden tener efectos muy diferentes en distintos países; por lo tanto, los resultados promediados constituyen sólo una guía aproximada de las posibles repercusiones futuras en un país determinado. Además, aun cuando las reformas en general no influyan para nada en la desigualdad del ingreso en términos globales, seguirá habiendo ganadores y perdedores. Y cuando repercuten principalmente en el suministro de bienes y servicios públicos como los de salud, educación o infraestructura, transcurre un tiempo antes de que se hagan sentir sus efectos en la distribución del ingreso y en el desarrollo humano. Los estudios detallados de las reformas introducidas en ciertos países sirven para aclarar algunas de las complejidades de esas medidas. Tan difícil resulta hacer generalizaciones basadas en la experiencia de un país en particular como a partir de la comparación de cifras medias relativas a varios de ellos, pero ambas clases de datos son útiles para apreciar las verdaderas consecuencias de las reformas.

No es de extrañar que los estudios de casos sobre reformas orientadas al mercado indican que los costos y beneficios se distribuyen en forma despareja, sobre todo a corto plazo; los costos se concentran en determinados grupos y los beneficios se difunden ampliamente en todos los sectores de la economía. La distribución de esos costos y beneficios también puede ser irregular a lo largo del tiempo. Por ejemplo, la liberalización del comercio puede dar lugar a una rápida reducción del empleo en sectores anteriormente protegidos, pero los trabajadores afectados posiblemente necesiten tiempo para adquirir los conocimientos necesarios que les permitan aprovechar las oportunidades ofrecidas en otros sectores. En Hungría, los trabajadores despedidos por las empresas estatales entre 1990 y 1992 estuvieron desempleados, por término medio, más de cuatro años[19].

Nuestros dirigentes anunciaron que habría una transición a un nuevo sistema de mercado, pero luego nos abandonaron a nuestra suerte...

—Grupo de debate, Georgia

En general, estos costos no anulan los beneficios que se describen más arriba. No obstante, ponen de relieve la importancia de adoptar políticas sociales para aliviar la carga de las reformas (véase el Capítulo 8). Esto es particularmente necesario en el caso de los pobres, cuyos activos, sobre todo el capital humano de sus hijos, puede verse afectado irreversiblemente, incluso por los costos a corto plazo. Estos costos también nos recuerdan que el aumento o la disminución del ingreso medio no es la única medida del éxito o fracaso de las reformas. Los datos de encuestas realizadas en América Latina indican que las reformas pueden ser impopulares no sólo cuando generan mayores riesgos y más incertidumbre, como ocurre en muchos casos, sino también cuando causan esa impresión en el público[20].

¿A quiénes benefician las reformas y a quiénes perjudican? Los beneficiados suelen ser los habitantes de las zonas rurales, la población de los países donde se han adoptado medidas para fomentar la actividad del sector privado y donde éste tiene la capacidad de aprovechar las nuevas oportunidades; también benefician a las personas que tienen las aptitudes o los conocimientos necesarios para dedicarse a nuevas actividades y las que tienen movilidad geográfica y están dispuestas a buscar trabajo en nuevos sectores y ocupaciones. Los perjudicados suelen ser los habitantes de las zonas urbanas (donde se reducen los servicios), los empleados públicos y los que ocupan puestos protegidos donde ganan más de lo que se justificaría según las leyes del mercado. Los perjudicados pueden ser también los trabajadores no calificados, los que no pueden trasladarse a otras partes para buscar trabajo y los que no pueden apro-

Cuadro 4.1
Efecto de las reformas en los precios, la producción y la productividad del sector agrícola en siete países
Variación porcentual entre los cinco años anteriores y los cinco años posteriores a las reformas

País	Precios agrícolas reales	Tipo de cambio real[a]	Tasa de aumento real del PIB *(variación porcentual)*	Producción agrícola	Variación de la productividad agrícola *(variación porcentual)*
Chile	120	105	2,8	40	8,2
Ghana	5	230	3,9	50	12,2
Hungría	–10	–23	..	–15	25,4
Indonesia	20	75	–0,6	42	2,3
Madagascar	11	94	2,0	15	2,9
México	–24	22	–3,7	14	1,3
Nueva Zelandia	–31	–2	0,4	5	0,8

.. No se dispone de datos.
a. Los aumentos indican depreciación.
Fuente: Meerman, 1997.

vechar las nuevas oportunidades que ofrecen los mercados porque carecen de capital humano, acceso a la tierra o a servicios de crédito o porque no hay infraestructura que una las zonas distantes. Entre los perjudicados también puede haber empresas viables afectadas por crisis económicas que no han provocado.

A medida que se contrae el sector público, se esfuman las oportunidades de empleo.

— Grupo de debate, Ucrania

Como los pobres se cuentan tanto entre los beneficiados como entre los perjudicados, no se puede sacar la conclusión general de que las reformas son buenas (o malas) para todos ellos en todos los casos. No obstante, de los ejemplos de reformas introducidas en tres sectores —la agricultura, la política fiscal y el comercio— se desprenden observaciones importantes sobre los factores que determinan el éxito o el fracaso de las medidas adoptadas, la manera como esas medidas afectan a los pobres y la posibilidad de mitigar los efectos negativos en los que se ven perjudicados.

La agricultura

En los modelos de desarrollo orientados hacia el interior, la estructura de los obstáculos arancelarios y no arancelarios y, en muchos casos, el tipo de cambio son desfavorables para la agricultura. Las reformas del mercado que han reducido este sesgo en contra de la agricultura y han permitido desmantelar diversos mecanismos de intervención estatal (sostenimiento de los precios, subvenciones de los insumos y del crédito, apoyo a la comercialización de la producción) en general han estimulado el crecimiento de este sector. Ciertas reformas de política, como la privatización, la reducción de las reglamentaciones y la liberalización del comercio y los precios, han tenido un efecto positivo en muchos países[21]. La producción y la productividad del sector agrícola en general han aumentado después de las reformas, a veces en forma considerable (Cuadro 4.1). Los cambios han beneficiado directamente a los pobres, dado que muchos de ellos son pequeños productores. Los estudios realizados en Chile, China, Ghana[22], Uganda y Viet Nam indican que las reformas han servido para aumentar los precios pagados a los pequeños agricultores gracias a la eliminación de las juntas de comercialización, la modificación de los tipos de cambio reales (como resultado de reformas económicas más amplias), la reducción de aranceles y la eliminación de cupos (Recuadro 4.3).

Como se señala en el Capítulo 5, el acceso a la tierra es un poderoso instrumento para reducir la pobreza. La mayor disponibilidad de tierras, conjuntamente con el acceso a activos tales como servicios de crédito e infraestructura, puede aumentar la productividad de los activos y el trabajo de los pobres. Por lo tanto, la liberalización de los mercados inmobiliarios puede rendir grandes beneficios. Los datos obtenidos en México, por ejemplo, indican que la reforma de ese mercado aumentó el acceso de los pequeños agricultores a la tierra a través del mercado de arrendamiento (Recuadro 4.4).

Además de estos beneficios directos, el aumento de los ingresos en el sector agrícola parece haber contribuido en gran medida a reducir la pobreza en las zonas rurales porque también ha aumentado la demanda en los mercados locales en los que participan activamente los habitantes pobres de esas zonas que no trabajan en la agricultura. Las principales vías por las que los pobres han disfrutado de la prosperidad del sector agrícola han sido la construcción, los servicios personales, las manufacturas sencillas y las reparaciones, incluso en los casos en que no han sido los beneficiarios directos del aumento de los precios de las cosechas. En Ghana, el grupo más favorecido por las reformas, es decir, los productores de cacao, constituye menos del 8% de la población pobre; sin embargo, la pobreza se redujo marcadamente en las zonas rurales.

Recuadro 4.3
En Chile y China, la reforma agraria ayuda a los pequeños agricultores

El caso de Chile demuestra de forma palpable los perjuicios que puede provocar en la agricultura un programa de reforma incompleto, y los beneficios que se pueden conseguir cuando esa reforma se aplica en su totalidad. El gobierno militar que asumió el poder en 1973 puso en práctica un plan sostenido de reformas normativas. La producción agrícola aumentó un 25% en 1974, pero se estancó hasta 1983 debido a la incertidumbre en torno a las políticas que se adoptarían en el futuro y a que el proceso de reforma quedó inconcluso. Entre 1978 y 1982, la eliminación de las subvenciones a los créditos y a los insumos y la revaloración del tipo de cambio real afectaron profundamente a la agricultura, y al demorarse la introducción de reformas en los mercados inmobiliario, laboral y de derechos de utilización del agua no fue posible adoptar medidas eficaces (Valdés, 1994).

En 1984, la recuperación fue vigorosa gracias a la marcada devaluación del tipo de cambio y a la conclusión del proceso de reforma. El sector agrícola respondió en forma dinámica. La tasa de actividad en la agricultura aumentó rápidamente, pasando de un mínimo del 14% del total de la población activa a más del 19%, porcentaje mucho mayor que el registrado en ningún otro momento del decenio anterior. La tasa de crecimiento del sector agrícola subió del 0,2% anual en el período de 1960–74 al 4,9% en 1974–90. Un factor importante fue el incremento de la productividad de la tierra.

En China, los resultados del programa de liberalización de la agricultura no tardaron en ponerse de manifiesto. Antes de las reformas de 1979, se contaba con buenos caminos y una buena infraestructura de riego, excelentes programas técnicos para los cereales y otros cultivos y métodos eficientes para la utilización de fertilizantes y otros insumos. Entre la revolución de los años cuarenta y el decenio de 1970, la capacidad de riego se había duplicado con creces y la producción de fertilizantes había aumentado considerablemente. Sin embargo, en el curso de esos 30 años, la tierra cultivable per cápita había bajado de alrededor de 0,2 a 0,1 hectáreas. Por imposición del Estado, predominaban los cultivos de arroz y otros cereales. Las granjas colectivas debían producir un determinado volumen de cereales para abastecer a los centros urbanos, y el mercado nacional de cereales estaba fragmentado en 30 regiones autosuficientes.

A partir de 1979, el "sistema de responsabilidad familiar" en el sector agrícola reemplazó rápidamente al régimen de agricultura comunitaria en todo el país. Si bien al principio los agricultores seguían obligados a vender cereales a precios bajos, se les permitió producir lo que deseaban a precios que en su mayor parte equivalían a los del mercado. Se autorizó el comercio en las zonas rurales y entre las explotaciones agrícolas y las ciudades, hasta entonces prohibido por el Estado. Se promovió la creación de mercados regionales y nacionales, que reemplazaron al sistema de provincias autosuficientes. La demanda efectiva de productos de gran valor (hortalizas, frutas, carne, pescado y huevos), reprimida por las políticas estatales anteriores, aumentó rápidamente. Los campesinos chinos —competentes, trabajadores y muy motivados— aprovecharon con gran entusiasmo las nuevas oportunidades; en los cinco años siguientes, el crecimiento sostenido de la agricultura en China fue más rápido que en ninguna otra época o ningún otro país. Entre 1978 y 1984, la producción agrícola neta aumentó un 7,7% por año y la de cereales un 4,8% (Lin, 1995). Como la inmensa mayoría de la población pobre de China vive en las zonas rurales, la incidencia de la pobreza disminuyó extraordinariamente.

Fuente: Meerman, 1997.

Recuadro 4.4
Los mercados inmobiliarios y los campesinos pobres de México

La liberalización del régimen de arrendamiento de la tierra y la reorganización del sistema de derechos de propiedad en los ejidos en 1992 constituyó la piedra angular de las reformas estructurales destinadas a transformar la economía mexicana. Se esperaba que la liberalización de los mercados inmobiliarios, la definición más precisa de los derechos de propiedad de la tierra y el pleno ejercicio de esos derechos redujeran drásticamente los costos de las transacciones tanto en los mercados inmobiliarios como en los de crédito y facilitaran el acceso de los pequeños productores pobres (quizá más eficientes) a esos mercados.

Las políticas encaminadas a revitalizar los mercados de arrendamiento beneficiarían a los campesinos sin tierra, ya que aumentarían sus posibilidades de acceso a la misma mediante transacciones de arrendamiento y aparcería. No obstante, al liberalizarse el mercado inmobiliario y el de crédito, los campesinos que no tenían tierras suficientes y que por lo tanto no podían usar ese activo como garantía acabarían teniendo menos acceso a los servicios de crédito, lo cual iba a contrarrestar los efectos de la liberalización del mercado de arrendamiento. Esto podría haber encauzado los beneficios de las reformas hacia los latifundistas en lugar de favorecer a los pequeños propietarios.

Al aumentar la oferta de tierras de los grandes terratenientes en el mercado de arrendamiento, el acceso de los campesinos pobres a la tierra registró un aumento ligero, pero en forma estadísticamente significativo. Una vez descontado el efecto del mayor acceso a los servicios de crédito, parece ser que la demanda de arrendamiento de los grandes terratenientes se incrementó, pero la de tierras de los pequeños agricultores aumentó todavía más, lo cual parece indicar que, si no hubiera disminuido su acceso a los servicios de crédito, la liberalización del mercado inmobiliario los habría beneficiado aún más.

Fuente: Olinto, Davis y Deininger, 1999.

Todos nuestros problemas se deben a la falta de tierras. Si tuviéramos más tierras, podríamos producir lo suficiente para alimentar a nuestras familias, construir nuestros hogares y educar a nuestros hijos.

—Observación de un hombre pobre de Nigeria

Otro ejemplo de los beneficios indirectos de las reformas del mercado es el de los pequeños productores de algodón de Zimbabwe[23]. Antes de las reformas, la junta de comercialización del algodón, que era el único comprador, imponía precios bajos a los campesinos que cultivaban algodón a fin de subvencionar a la industria textil. Los grandes agricultores se habían diversificado dedicándose a actividades no reglamentadas, como la horticultura y el cultivo del tabaco. Después de las reformas, los precios del algodón subieron. En términos absolutos, los más beneficiados deberían ser los grandes agricultores, sencillamente porque producen más algodón. Sin embargo, también los pequeños propietarios han salido ganando, dado que los compradores de algodón, que se han privatizado, han optado por competir entre sí, en parte proporcionando a los primeros nuevos servicios de divulgación e insumos.

Recuadro 4.5
Qué opinan los agricultores de Zambia

A partir de 1991, el marco normativo e institucional de la agricultura ha cambiado radicalmente en Zambia. Gracias a la liberalización y la privatización, los proveedores privados han reemplazado al Estado en el suministro de servicios de crédito, insumos y comercialización agrícola.

Por medio del programa de inversión para el sector agrícola, que recibe asistencia del Banco Mundial y en el que las evaluaciones iniciales y las subsiguientes se efectúan con la participación de los beneficiarios, se ha establecido un intercambio sistemático y periódico de información entre los responsables de la formulación de políticas, los proveedores de servicios y los afectados por los programas. Estos contactos han ayudado a los funcionarios a comprender los problemas con que tropiezan los agricultores en lo que respecta a la disponibilidad de recursos, la prestación de servicios y las estrategias para hacer frente a las vicisitudes de la transición.

En las evaluaciones con participación de los interesados también se tienen en cuenta las opiniones de la población local acerca de la eficacia de la infraestructura y los servicios agrícolas. Estas consultas han revelado que los servicios de crédito y comercialización para la agricultura, que ahora están a cargo del sector privado, eran desparejos e imprevisibles debido a deficiencias de la infraestructura y a la falta de capacidad y de mecanismos eficientes para hacer cumplir las disposiciones vigentes. Asimismo, los servicios públicos de extensión y sanidad animal, afectados por la escasez de personal y la falta de fondos para gastos de operación, transporte y equipo, tampoco respondían adecuadamente a las necesidades de los campesinos.

Los agricultores desean una mejor infraestructura (en particular, caminos y puentes) y una reglamentación más eficaz del sector privado. También esperan recibir más información sobre los mercados de productos agrícolas y tener un acceso más fácil a servicios de crédito más flexibles y adaptados a sus necesidades. Asimismo, desean asesoramiento sobre cultivos de subsistencia y métodos de almacenamiento, que prefieren recibir a través de los servicios colectivos de extensión agrícola.

Los contactos con los agricultores también han servido para determinar la forma de ayudar a los que son económicamente vulnerables a participar en los mercados agrícolas. Con ese fin, se ha proporcionado microfinanciamiento, se han promovido los sistemas locales de producción de semillas y se han ofrecido servicios de investigación y divulgación sobre cultivos de subsistencia y actividades agrícolas que requieren pocos insumos. Es necesario apoyar a las asociaciones de productores, a las organizaciones no gubernamentales que prestan servicios a los campesinos y a otras organizaciones que trabajan en las comunidades rurales a fin de establecer una estructura local para actividades conjuntas de extensión económicamente viables en las que participen los interesados —por ejemplo, de comercialización, servicios financieros y de baños para el ganado vacuno.

Fuente: Banco Mundial, 1998a.

Creemos que la tierra es generosa, ¿pero qué incentivo tenemos para producir más de lo que necesitan nuestras familias si no hay caminos de acceso a los mercados para vender allí lo que nos sobra?
—Grupo de debate, Guatemala

A veces, las reformas orientadas al mercado también han perjudicado a la población rural pobre. En algunos países se contrajo el crédito y algunos bancos clausuraron sus sucursales en las zonas rurales, con lo cual se redujo la disponibilidad de fondos para préstamos[24]. En otros, al eliminarse las empresas estatales y las juntas de comercialización, se suspendieron las actividades de investigación, reunión de datos, presentación de informes y control de calidad. En Camerún, la junta de comercialización se había ocupado del mantenimiento de los caminos rurales, pero después de introducidas las reformas no se reasignó esta función a ninguna otra entidad. En Zambia, se había subvencionado implícitamente a los campesinos que vivían en zonas distantes mediante una política de precios uniformes que hacía caso omiso de los costos del transporte; también se subvencionaba a los pequeños agricultores que no tenían dónde almacenar sus cosechas manteniendo los precios al mismo nivel durante todo el año. Después de las reformas, las fuerzas del mercado obligaron a eliminar esas subvenciones implícitas; la infraestructura de transporte se deterioró considerablemente, con lo cual empeoró la situación de muchos agricultores.

El reverso de los beneficios obtenidos por los pequeños productores con las variaciones relativas de los precios es el costo que éstas representan para los habitantes pobres de las zonas urbanas. En Ghana, por ejemplo, el sector rural prosperó gracias, por un lado, al aumento de los precios de exportación, y por el otro, al incremento de la demanda rural a medida que los productores de cacao gastaban sus ganancias imprevistas, pero los residentes de las zonas urbanas se empobrecieron. El nivel de vida en Accra empeoró entre 1988 y 1992, incluso cuando la situación mejoraba en otras partes del país. La subida de los precios de los alimentos perjudicó a la población urbana pobre y de ingreso mediano. Además, al desmantelarse el antiguo sistema de comercialización de las exportaciones, se eliminó una importante fuente de ingresos públicos que no fue reemplazada rápidamente. Esto causó un aumento de la inflación y la contracción del sector público, y quienes más sintieron los efectos fueron los residentes de las zonas urbanas.

De estos ejemplos se pueden sacar por lo menos dos conclusiones. La primera es sencilla: las reformas pueden beneficiar a los pobres pero también pueden perjudicarlos. La adopción de políticas que fomenten la participación de los interesados puede contribuir en gran medida a determinar y evitar posibles consecuencias negativas imprevistas para los pobres (Recuadro 4.5). La segunda es que cuando las reformas crean un vacío institucional, empeora el desempeño de la economía. Al igual que otras reformas, la liberalización del mercado agrícola en ausencia de un marco institucional adecuado no tendrá los resultados que se esperan, pero sí puede entrañar graves consecuencias para los pobres.

La política fiscal

En muchos países, las reformas fiscales encaminadas a fortalecer la capacidad de recaudación de impuestos y controlar unos gastos insostenibles han sido un elemento central de los programas generales de reformas. El aumento de los ingresos públicos requiere tiempo, y por ello una de las primeras señales de las reformas fiscales suele ser la contracción de los gastos. Cuando esta reducción del gasto público afecta a los sectores sociales y a las subvenciones, pueden tener consecuencias desfavorables para los pobres. Como se señala en el Capítulo 5, la aplicación de tarifas a los usuarios de los servicios de salud perjudica más a los pobres que a los ricos. En Madagascar, el ingreso real de las familias pobres que vivían en la capital disminuyó marcadamente cuando se suprimieron los controles de los precios de los alimentos[25]. Sin embargo, la eliminación de subvenciones no siempre redunda en detrimento de los pobres. En un estudio realizado en Guinea y Mozambique se comprobó que la eliminación de las subvenciones de los alimentos no perjudicaba a los pobres porque esas subvenciones nunca les habían beneficiado[26]. La conclusión es clara: la reducción de las subvenciones generales no está necesariamente reñida con la ayuda a los pobres, si se selecciona mejor a los destinatarios de esas subvenciones o si se sustituyen éstas por otros tipos de asistencia.

En los años noventa, los gobiernos de los países de Europa oriental y la antigua Unión Soviética procedieron a eliminar rápidamente todas las subvenciones de los servicios públicos. La urgencia de esa medida se debía a la necesidad de reducir los déficit fiscales, que eran insostenibles. Estas medidas afectaron enormemente al bienestar de todas las familias, sobre todo entre los pobres. En Ucrania, las tarifas eléctricas domésticas aumentaron de cuatro a 12 veces (en cifras reales) entre 1992 y 1995, en tanto que el ingreso familiar medio se redujo a menos de la mitad del nivel de antes de las reformas. Para amortiguar el impacto, se limitó al 20% del ingreso familiar lo que las familias podían pagar entre tarifas eléctricas y alquiler. Se supone que todos los gastos que sobrepasen ese límite corren por cuenta del Estado (aunque el atraso de los pagos continúa siendo un problema). En Moldova, el costo medio de la calefacción en invierno habría sobrepasado el 60% del ingreso (en efectivo y en especie) de una familia típica de cuatro personas del quintil más bajo de la distribución del ingreso que viviera en un pequeño apartamento. Consciente de que esta situación era insostenible, el gobierno finalmente estableció diversos mecanismos para ayudar a las familias pobres, como la tolerancia de los casos de impago o la fijación de tarifas diferentes para ellas[27].

La experiencia de los países de la antigua Unión Soviética también indica que los ajustes fiscales se podrían haber hecho de manera diferente y de forma que favoreciera más a los pobres. Por ejemplo, antes de la transición política, la proporción de personal y servicios de salud y educación en relación con la población total era superior a las normas de la OCDE. En la década de 1990, tanto los ingresos como los gastos públicos disminuyeron en porcentaje del PIB. Como el PIB también descendió en forma vertiginosa, el gasto público en cifras reales se contrajo drásticamente. En lugar de reducir el personal, racionalizar los servicios y adoptar medidas para recuperar los costos, los gobiernos permitieron que los salarios reales del sector público perdieran valor, y los gastos en servicios de mantenimiento e insumos materiales desaparecieron casi por completo. El pago de salarios en el sector público se atrasaba con frecuencia y los empleados hacían frente a sus propios problemas financieros exigiendo pagos clandestinos por los servicios públicos, pagos que estaban totalmente fuera del alcance de los pobres[28].

Las medidas para aumentar las recaudaciones fiscales, como la utilización cada vez mayor de impuestos sobre el valor agregado, también pueden perjudicar a los pobres si no se ponen en práctica con cuidado. Los sólidos argumentos en favor de esos impuestos, por razones de eficiencia, encuentran acogida creciente en todos los países en desarrollo. Sin embargo, este tipo de medidas puede tener efectos progresivos o regresivos. Si reemplaza a los impuestos progresivos sobre la renta o si los pobres evaden el pago del impuesto o no están sujetos a otro tipo de gravámenes, la reforma es regresiva. En Pakistán, la introducción del impuesto sobre el valor agregado representó una mayor carga impositiva para los pobres; los impuestos que debían pagar los grupos de ingresos más altos disminuyeron un 4,3%, en tanto que los del grupo más pobre aumentaron un 10,3%[29]. En cambio, las reformas tributarias pueden ser progresivas si hacen que se dependa menos del financiamiento inflacionario, dado que la alta inflación impone una pesada carga a los pobres. Además, el poder redistributivo de las finanzas públicas está más concentrado en los gastos que en los ingresos. Por lo tanto, incluso una reforma tributaria ligeramente regresiva puede tener resultados progresivos si los ingresos adicionales generados se gastan en beneficio de los pobres.

El comercio

Las reformas del comercio —la reducción de los obstáculos arancelarios y no arancelarios— han tenido profundos efectos en muchos países en desarrollo. Como se señala en el Capítulo 3, se cuenta ya con abundantes datos que confirman que los sistemas de libre comercio promueven el crecimiento y el desarrollo y que el establecimiento gradual de dichos sistemas y los beneficios que traen aparejados justifican la liberalización del comercio. Sin embargo, las consecuencias para la gente pobre dependen fundamentalmente de cómo afecta la liberalización del comercio a la demanda del principal activo que poseen, es decir, su trabajo (en muchos casos, no calificado). Además, las reformas del comercio introducidas en los países en desarrollo no siempre se han complementado con reformas paralelas en los países ricos, donde los vestigios del proteccionismo imponen una pesada carga a los primeros (Capítulo 10).

En las primeras iniciativas en favor de la liberalización del comercio como instrumento para reducir la pobreza influyó una interpretación muy limitada de ciertas hipótesis de la teoría del comercio: la eliminación de los obstáculos al comercio en los países en desarrollo aumentaría la demanda de un recurso que esos países poseían en abundancia (la mano de obra poco calificada) e incrementaría el empleo no calificado y los ingresos derivados de éste. La liberalización del comercio no sólo haría aumentar los ingresos medios; además, favorecería particularmente a los pobres gracias a ese efecto en el trabajo no calificado. Según los datos disponibles, los resultados obtenidos en los últimos 15 años son desiguales. Las reformas del comercio han estimulado el crecimiento y, en consecuencia, han contribuido a la reducción de la pobreza, pero sus efectos distributivos han sido más complejos. Un análisis cuidadoso revela la influencia de tres factores principales.

En primer lugar, en algunos países las restricciones al comercio beneficiaban a los pobres porque aumentaban artificialmente los precios de los bienes que producían. En esos casos, no era de sorprender que la liberalización del comercio los perjudicara. Por ejemplo, en un estudio realizado en México se comprobó que los salarios de la mano de obra no calificada, en comparación con los de los trabajadores calificados, habían disminuido entre 1986 y 1990, y que un 25% de esa disminución se debía a la reducción de los aranceles y a la eliminación de los requisitos para obtener licencias de importación (Gráfico 4.3)[30]. Para explicar esta aparente anomalía, los autores señalan que, antes de la introducción de las reformas, México, a pesar de su situación de ventaja en industrias que utilizaban mano de obra poco calificada, protegía a ciertos sectores que requerían mucha mano de obra, como la industria textil y la confección de prendas de vestir. La utilización de barreras comerciales para sostener los ingresos de los trabajadores no calificados es muy ineficiente. En muchos casos, es posible lograr ese objetivo por otros medios con un costo social más bajo, aunque la formulación y aplicación de programas mejor orientados lleva tiempo. No es sorprendente que, en esas circunstancias, la liberalización del comercio, sin medidas compensatorias adecuadas, perjudicara a los pobres. En cambio, en algunos otros países, la situación era distinta: los trabajadores urbanos de las industrias manufactureras protegidos por las barreras comerciales estaban más calificados y probablemente eran menos pobres.

En segundo lugar, en algunos países que liberalizaron sus relaciones comerciales no abundaba la mano de obra no calificada. En África y América Latina, la tierra es un recurso relativamente abundante, y en Europa oriental hay gran número de trabajadores calificados. Esto no resta validez a los argumentos en favor de la reforma del comercio (a saber, el aumento de la eficiencia y la promoción del crecimiento) pero sí lleva a cuestionar la suposición anterior de que esa reforma también podría tener un efecto de igualación al aumentar la demanda de mano de obra no calificada. Sin embargo, en los países en que abunda este tipo de mano de obra, como Bangladesh, China y Viet Nam, la integración en la economía mundial puede ser sumamente beneficiosa para los trabajadores no calificados.

En tercer lugar, mientras se introducían las reformas se produjeron otros acontecimientos que en muchos casos acentuaron la desigualdad. En un gran número de países en desarrollo que

Gráfico 4.3

La diferencia entre los salarios de los trabajadores calificados y no calificados se amplió en México

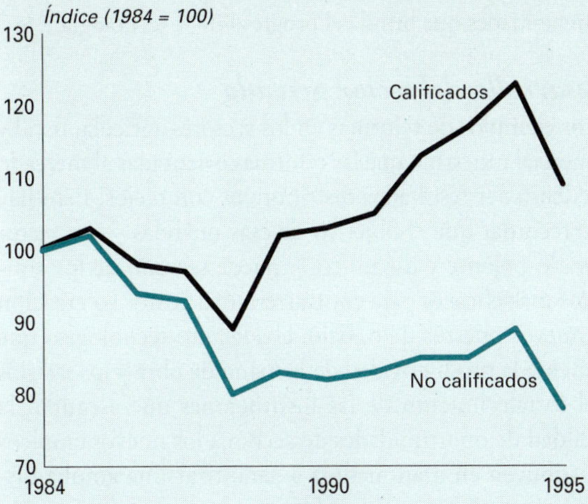

Fuente: Lustig, 1998.

han fomentado el comercio con el exterior, al igual que en muchos países industriales, los salarios de los trabajadores calificados han aumentado más rápidamente que los de los no calificados. En los Estados Unidos, los salarios de estos últimos han disminuido un 20% en cifras reales desde los años setenta, a pesar del rápido crecimiento de la economía en general[31]. Los estudios realizados en países tan diferentes como Chile, Colombia, México, Turquía y Venezuela indican que allí se ha producido un fenómeno análogo: la diferencia entre los salarios de los trabajadores calificados y no calificados ha aumentado en todos esos países[32].

¿Es el comercio la causa de esta creciente desigualdad? En último término, los datos disponibles no parecen confirmarlo. Más importante ha sido el adelanto tecnológico (a veces en forma de tecnologías extranjeras importadas) que ha favorecido a los trabajadores mejor calificados y con un nivel más alto de instrucción. Varios indicadores ponen este hecho de relieve. Si bien los salarios relativos de los trabajadores calificados han subido en muchos países, también ha aumentado el empleo calificado, contrariamente a lo que indicaría la teoría básica del comercio. Esta tendencia se ha observado en todos los sectores, lo cual se opone también a las predicciones de los modelos básicos del comercio, es decir, aumentos en algunos sectores y disminuciones en otros. Asimismo, hay datos que indican que esta serie de aumentos del empleo calificado en los países desarrollados en los años setenta y ochenta tuvo posteriormente su equivalente en los países en desarrollo[33].

Naturalmente, esto no significa que se deba evitar el adelanto tecnológico so pretexto de que perjudica a los pobres. Al contrario, los avances de la tecnología son un determinante fundamental del crecimiento y del aumento de los niveles de vida, que son fuerzas poderosas para reducir la pobreza. Es más, la importancia de la creciente demanda relativa de personal calificado pone de relieve la necesidad de invertir en la capacitación de los pobres para que puedan aprovechar las nuevas oportunidades que brinda el progreso de la tecnología.

Desarrollo del sector privado

Estos ejemplos de reformas en los sectores agrícola, fiscal y comercial muestran que las reformas orientadas al mercado pueden tener resultados distributivos complejos. Pero hay que recordar que el objetivo de esas medidas —un sector privado pujante y dinámico— puede ser uno de los antídotos más eficaces para contrarrestar su costo. La creación de nuevos puestos de trabajo, el adelanto tecnológico que aumenta la productividad de la mano de obra y los salarios y el fortalecimiento de las instituciones que aseguren la igualdad de oportunidades de acceso a los nuevos empleos contribuyen en gran medida a garantizar una amplia distribución de los beneficios de las reformas.

Afortunadamente, el desarrollo vigoroso del sector privado parece haber sido el resultado general de las reformas en los países en desarrollo sobre todo en los casos en que las reglamentaciones del mercado de trabajo no son excesivas y no han obstaculizado el ajuste[34]. En un estudio retrospectivo de la liberalización del comercio se comprobó que, en 12 de los 13 casos sobre los que se disponía de datos, el empleo en el sector manufacturero formal había aumentado antes de transcurrido un año desde la introducción de las medidas de liberalización[35]. La excepción fue Chile, donde el crecimiento del empleo en la agricultura compensó su disminución en el sector manufacturero. En Estonia fue posible crear muchos puestos de trabajo gracias a la flexibilidad del mercado laboral; el resultado fue una tasa de desempleo mínima, a pesar de la eliminación de gran número de puestos y a la renovación de la mano de obra asociados con la reforma[36]. En Panamá, el desempleo disminuyó marcadamente después de la liberalización. En Asia meridional, el crecimiento del sector manufacturero formal se aceleró del 3,8% al 9,4% anual después de la liberalización a medida que muchos trabajadores abandonaron el sector informal[37]. En África, el sector más dinámico en cinco economías examinadas en un estudio reciente ha sido el de las microempresas y las pequeñas empresas, en el que después de las reformas hubo un firme aumento anual del empleo y del número de nuevas empresas[38].

Conseguir que los mercados hagan más por los pobres

Incluso en los casos en que las reformas con orientación de mercado se han afianzado, es mucho lo que pueden hacer los países por mejorar los beneficios que los mercados ofrecen a los pobres. Para ello, muchas reformas deben complementarse con apoyo institucional, inversiones en infraestructura y reformas de pequeño alcance. Los responsables de la formulación de políticas tienen pocos incentivos para adoptar esas medidas porque en la mayoría de los casos los mercados en los que participa la gente pobre son de tamaño reducido. Esa es la razón por la cual se da tan poca importancia a esas medidas, a pesar de que pueden ser fuerzas potentes para reducir la pobreza. No obstante, el mayor acceso a los bienes productivos y la liberalización y mejora de las reglamentaciones pueden contribuir mucho a facilitar la participación más directa de los pobres en los mercados[39]. Pueden ser útiles en este sentido las nuevas tecnologías, en particular la de la información, que elimina algunas de las barreras que el alejamiento físico representa para muchos pobres (Recuadro 4.6).

Las posibilidades de las reformas como medio de facilitar el acceso de los pobres a los mercados aparecen ilustradas en los siguientes ejemplos referentes a tres esferas distintas: reducción de la pesada carga de la reglamentación, sobre todo para las pequeñas empresas que suelen ofrecer trabajo a los pobres; promoción de unas normas laborales básicas, y ampliación del acceso de los pobres a los mercados financieros, en particular mediante el microfinanciamiento.

Aligerar la carga de la reglamentación

El cumplimiento de los reglamentos entraña costos fijos que son particularmente pesados para las pequeñas empresas. Se puede aliviar esta carga si se revisa atentamente la reglamentación vigente y se estudian los medios para hacerla más flexible. En Chile, el gobierno ha simplificado recientemente el sistema de reintegro de derechos de aduana a fin de reducir los costos administrativos de las pequeñas empresas. En Bolivia se han simplificado drásticamente ciertas secciones del sistema tributario aplicables a las pequeñas empresas[40]. En Filipinas, el capital mínimo exigido a los pequeños bancos rurales y de ahorro es mucho menor que el que se exige a los bancos comerciales.

En cambio, en Indonesia, se calcula que los costos de las empresas pequeñas y medianas aumentaron hasta un 30% debido a la combinación de gravámenes oficiales y no oficiales[41]. En algunos sectores, las pequeñas empresas deben obtener hasta ocho licencias, algunas de los cuales cumplen funciones idénticas pero son expedidas por distintos organismos. La obtención de licencias lleva tanto tiempo y los procedimientos son tan complicados que los propietarios de algunas empresas optan por trabajar en la ilegalidad[42]. En el estado indio de Gujarat, los requisitos para obtener licencias para la recolección de caucho son un escollo para los grupos de mujeres que se dedican a esta actividad[43]. Las reformas encaminadas a reducir los gravámenes y simplificar y abreviar los procedimientos de inscripción y obtención de licencias aplicables a las empresas pequeñas y medianas podrían aliviar esta carga.

Si se les da la oportunidad, estas empresas podrían prestar servicios a algunos segmentos de los mercados que normalmente se consideran monopolios naturales. En muchas

Recuadro 4.6
Combatir la pobreza con la información

El "mercado virtual" facilita el acceso de los artesanos en el Oriente Medio y Norte de África

Fadma Aoubaida, tejedora marroquí de Taliouine y madre de siete hijos, pudo reparar el techo de su casa y comenzó a construir una letrina interna, una de las pocas de su aldea, con el dinero que había ganado vendiendo sus productos en el "mercado virtual". Ijja Aittalblhsen, otra artesana marroquí, compró cemento y ventanas para la casa con sus ganancias. Con lo que gane en el futuro piensa comprar un camión para transportar alfombras al mercado, o bicicletas para mujeres.
—Servicio electrónico de noticias de la BBC, 14 de octubre de 1999

Los artesanos del Oriente Medio y el Norte de África siempre han producido artículos de gran calidad utilizando técnicas tradicionales y conocimientos transmitidos de generación en generación. Pero estas artesanías de rico contenido cultural, que constituyen también una importante fuente de ingresos para los pobres, están desapareciendo gradualmente debido a la contracción de los mercados locales y a las dificultades que tienen los artesanos para participar en los mercados nacionales e internacionales, más lucrativos.

El "mercado virtual" está contrarrestando esta tendencia. A partir de 1997, este mercado basado en Internet ha permitido que varios centenares de artesanos de Egipto, Líbano, Marruecos y Túnez, muchos de ellos mujeres, tengan acceso directo a los mercados internacionales. La red se está ampliando para abarcar a otros países de la región, y hay un gran interés en adaptar esta idea en los países de Asia oriental y América Latina.

Las ventas electrónicas se multiplicaron por 10 entre el primer y el último trimestre de 1999; y se extendieron por todo el mundo, tanto en países de Europa y América del Norte como en Australia, Japón y Sudáfrica. Los artesanos que participan reciben entre el 65% y el 80% del producto de sus ventas, o sea un margen mucho mayor que el que consiguen por las vías tradicionales. Los beneficios no son sólo financieros. A través del mercado virtual, los artesanos tienen la oportunidad de valerse por sus propios medios para mejorar su situación, fortalecer su capacidad y obtener un ingreso, así como de utilizar sus conocimientos para vivir dignamente.

La telefonía celular aumenta el poder de negociación de las mujeres en Bangladesh

Siempre vendo huevos a intermediarios. Antes, aceptaba el precio que me ofrecían porque no tenía idea de cuál era el precio del mercado. La semana pasada, el intermediario quería pagarme 12 taka por hali *(cuatro unidades).... Decidí hacerlo esperar y usar el teléfono de la aldea para averiguar los precios. En los mercados cercanos, los huevos estaban a 14 taka por* hali. *Volví a hablar con el intermediario y le dije que no le vendería al precio que me ofrecía... Después de regatear unos minutos, aceptó comprarlos a 13 taka por* hali.
—*Halima Khatuun, vendedora de huevos pobre y analfabeta, Bangladesh*

Grameen Telecom, subsidiaria del Grameen Bank, administra un programa de teléfonos públicos rurales que arrienda teléfonos celulares a ciertos clientes del banco, en su mayoría campesinas, que los utilizan para ofrecer servicios y ganar dinero. En la actualidad existen unos 2.000 teléfonos públicos en los poblados. Se proyecta instalar 40.000 teléfonos para 2002 y ofrecer también servicios de fax y correo electrónico.

Estos servicios han permitido reducir el costo de la información. Gracias a ello, han bajado los precios de los alimentos para aves de corral, se han estabilizado los del gasóleo y es menor la proporción de los productos perecederos que se echa a perder gracias a que las fechas de entrega son más precisas. Las mujeres que suministran información por teléfono, conocidas como "las telefonistas", se sienten más seguras de sí mismas con la nueva condición que han adquirido. Tanto los ricos como los pobres usan estos servicios, pero los pobres, por razones económicas, son los que hacen más llamadas telefónicas.

Fuente: Véanse más detalles sobre el mercado virtual en www.peoplink/vsouk/; para más datos sobre el programa de teléfonos celulares de Grameen Telecom, véase Burr (2000).

zonas urbanas de África y América Latina hay pequeños proveedores independientes que ofrecen a las comunidades marginales pobres agua a bajo precio. Las pequeñas empresas también han sido eficientes en la gestión de deshechos sólidos[44]. Sin embargo, suelen tropezar con obstáculos, como la obligación de acreditar una experiencia mínima, los procedimientos engorrosos o costosos para la inscripción y la presentación de ofertas y la conducta anticompetitiva de otros participantes en los mercados. Si se eliminaran estos obstáculos, las pequeñas y medianas empresas podrían ampliar sus actividades en esta esfera, con lo cual aumentarían las oportunidades de empleo para los grupos de ingreso bajo y se facilitaría el acceso de las comunidades pobres a esos servicios.

Mejorar la reglamentación no siempre significa recortarla. Un ejemplo es el de la privatización de los servicios de gas, agua, electricidad y telecomunicaciones en Argentina a principios de los años noventa. La privatización mejoró el funcionamiento de estos servicios. Los pobres, como consumidores directos, se beneficiaron tanto como el resto de la economía y, proporcionalmente, mucho más en el caso del gas y la electricidad, que eran componentes importantes de su cesta de bienes de consumo. Sin embargo, como los servicios públicos privatizados suelen ser monopolios, era indispensable establecer instituciones reguladoras apropiadas para garantizar que los precios fueran razonables. La nueva reglamentación destinada a asegurar que los precios de los servicios generaran sólo tasas normales de rentabilidad tuvieron importantes beneficios indirectos para los pobres, ya que estimularon la inversión y la creación de empleos en toda la economía. En un estudio se comprobó que esos beneficios indirectos, resultado de un sistema normativo adecuado, fueron cinco veces mayores que los beneficios directos derivados de la reducción de las tarifas y la mejora de los servicios[45].

Un marco regulador apropiado y, en general, más liviano de los mercados laborales también podría favorecer a los pobres. En términos generales, la reglamentación excesiva de los mercados de trabajo puede inhibir la creación de empleos y, en consecuencia, de oportunidades para que los pobres puedan emplear productivamente uno de sus activos más importantes, su trabajo. Estas limitaciones son particularmente importantes cuando las reformas introducidas en otros sectores causan una dispersión temporal del empleo. Sin embargo, no se deben sobrevalorar los beneficios de la liberalización de los mercados laborales. En muchos casos, los reglamentos no se aplican, sobre todo en el sector informal, de modo que su reforma no influiría demasiado en las oportunidades de empleo de los pobres.

Promoción de normas laborales básicas

En la Declaración relativa a los principios y derechos fundamentales en el trabajo, aprobada por los miembros de la Organización Internacional del Trabajo en 1998, se enuncian normas laborales básicas que incluyen los derechos fundamentales de la libertad sindical y del reconocimiento efectivo del derecho a la negociación colectiva, la eliminación de todas las formas de trabajo forzoso, la erradicación efectiva del trabajo infantil y la eliminación de la discriminación en el empleo y la ocupación[46].

Las metas en que se basan estas normas básicas son importantes, y muchos están de acuerdo en que estas normas constituyen en sí mismas valiosos objetivos del desarrollo económico. Este consenso es particularmente firme en lo que respecta a las peores formas de explotación del trabajo infantil y el trabajo forzoso. Sin embargo, no hay un consenso con respecto a la mejor forma de lograr las condiciones laborales previstas en esas normas. Es difícil determinar el medio más indicado de alcanzar los objetivos fijados en las normas; ello depende en gran medida de las circunstancias de cada país. Algunos países industriales consideran que las normas laborales básicas se deben hacer cumplir mediante acuerdos comerciales o mediante la cooperación para el desarrollo. Muchos países en desarrollo sostienen, con toda razón, que la aplicación de sanciones comerciales por esa vía puede favorecer los intereses proteccionistas de los países industriales y que el condicionamiento de las iniciativas de cooperación obstaculizaría injustamente el desarrollo.

Es evidente que la mera aprobación de normas laborales básicas no garantizará su cumplimiento. Los problemas con que tropiezan los países en desarrollo para cumplir con estas normas pueden ser una consecuencia de la pobreza.

Consideremos el caso del trabajo infantil. En muchos casos, el trabajo de los niños causa detrimento a su educación formal, lo cual probablemente tendrá consecuencias negativas a largo plazo. Pero puede suceder que lo que gana ese niño evite que su familia se muera de hambre o permita que alguno de sus hermanos siga asistiendo a la escuela[47]. En estas circunstancias, la simple prohibición del trabajo infantil posiblemente tenga consecuencias perjudiciales para las familias pobres e incluso fuerce a los niños a abandonar su trabajo en el sector formal y a trabajar en empresas que eluden los reglamentos, donde su explotación será todavía mayor. Un eficaz complemento de las normas contra las peores formas de trabajo infantil pueden ser programas que ofrezcan incentivos financieros a las familias para que puedan mantener a sus hijos en la escuela[48].

La aplicación de las normas sobre la libertad sindical y el derecho de negociación colectiva también plantea problemas complejos en la esfera del desarrollo económico. La consagración de esos derechos puede ayudar a eliminar prácticas abusivas en el lugar de trabajo y garantizar una remuneración equitativa, sobre todo para los pobres, cuya necesidad desesperada de empleo los pone todavía más a merced de empleadores sin escrúpulos que los explotan. Los sindicatos también son una importante dimensión de la sociedad civil y las consultas con esas organizaciones pueden aportar una contribución muy útil a la formulación de políticas. Sin embargo, los datos empíricos sobre los beneficios económicos de la sindicalización y la negociación colectiva en general son muy desparejos y parecen indicar que tanto los costos como los beneficios son complejos y dependen del contexto[49]. Tienen particular importancia las normas que rigen la negociación colectiva y la solución de conflictos laborales. Algunos tipos de normas de negociación colectiva pueden producir resultados más eficientes y equitativos que otros[50]. En todo caso, el ejercicio de estos derechos promoverá el logro de los objetivos del desarrollo si los sindicatos y los empleadores están bien informados, son independientes y negocian de buena fe.

Por lo tanto, las normas laborales básicas constituyen un objetivo importante, pero es probable que la simple estrategia de hacerlas cumplir mediante la imposición de sanciones no produzca para los trabajadores los resultados apetecidos[51]. Más provechoso será, sin duda, promover su cumplimiento dentro de una estrategia de desarrollo de base amplia por medio de la información, la asistencia técnica, el fortalecimiento de la capacidad institucional y otras iniciativas complementarias. La creación de incentivos (por ejemplo, programas para mantener a los niños en la escuela) destinados a eliminar las causas de prácticas laborales ineficientes debe ser un componente fundamental de esta estrategia. En este contexto, están surgiendo ideas nuevas e interesantes, merecedoras de atenta consideración, que complementan las normas públicas con normas privadas (impulsadas por el mercado) a fin de alentar a los empleadores a adoptar prácticas laborales apropiadas[52].

Facilitar el acceso de los pobres a los mercados financieros

El acceso a los mercados financieros es importante para los pobres. Los servicios de crédito y los planes de ahorro y seguros pueden beneficiar a las familias de bajos ingresos y a las microempresas tanto como a los demás agentes económicos. Estos planes y servicios facilitan la gestión de los riesgos y ayudan a estabilizar el consumo cuando se producen bruscas fluctuaciones de los rendimientos y los precios en la agricultura, así como trastornos económicos e incluso desastres naturales. Los planes de ahorro y los servicios de crédito pueden facilitar las inversiones de mayor cuantía y permitir que la gente aproveche oportunidades lucrativas para hacer negocios y aumentar sus posibles ingresos. En lo que respecta a la economía en general, la vasta bibliografía sobre el tema confirma la importancia del buen funcionamiento de los mercados financieros para el crecimiento[53].

Sin embargo, los mercados financieros, por sus características especiales, suelen servir de poco a los pobres. La asimetría de la información entre los prestamistas y prestatarios crea problemas de selección adversa y riesgo moral. La solución clásica para estos problemas consiste en que los prestamistas exijan garantías a los prestatarios. Como los pobres tienen pocas garantías que ofrecer (activos físicos, por ejemplo), en muchos casos quedan excluidos de los mercados financieros tradicionales. Además, los costos de las transacciones suelen ser altos en comparación con la pequeña cuantía de los préstamos que tienden a solicitar los pobres. En las zonas de poca densidad de población, el acceso físico a los servicios bancarios puede ser muy difícil: en la región montañosa de Nepal, el viaje a pie de ida y vuelta hasta la sucursal bancaria más próxima lleva seis horas y el costo de oportunidad equivale a un jornal entero[54]. Estos obstáculos por lo general desalientan a los pobres, que sencillamente no solicitan préstamos porque están convencidos de que la respuesta será negativa o no podrán reunir los requisitos exigidos por el banco. Al mismo tiempo, para los bancos convencionales, la concesión de préstamos a los pobres en la forma tradicional no suele ser rentable.

Estas fallas se han utilizado como argumento para justificar un alto nivel de intervención del Estado en forma de servicios de crédito orientados en forma selectiva, en los que las instituciones financieras estatales conceden préstamos considerables con tasas de interés subvencionadas. En muchos casos, se ha partido del supuesto de que los pobres sólo necesitan créditos de bajo costo y se ha hecho caso omiso de su necesidad de instrumentos de ahorro[55]. Los resultados han sido decepcionantes. Las instituciones de crédito no han sido financieramente viables y en muchos países, desde Indonesia hasta Perú, los programas de crédito rural patrocinados por el Estado han fracasado, agobiados por sus propias pérdidas. Las tasas de interés subvencionadas han causado distorsiones en los mercados financieros y no se han prestado servicios a los grupos a los que se pretendía ayudar[56].

Hay ahora muchas instituciones de crédito, pero no son nada transparentes. La gente no sabe cómo ponerse en contacto con ellas. Los que han tratado de hacerlo se han sentido desalentados por las enormes garantías que exigen.

—Grupo de debate, Malawi

En los últimos 20 años han surgido nuevos enfoques, conocidos como métodos de microfinanciamiento, en que se aplican sólidos principios económicos para prestar servicios financieros a clientes de ingreso bajo mediante la concesión de préstamos a grupos y a particulares. Ciertas instituciones pioneras, como el Grameen Bank de Bangladesh y los bancos rurales *(unit desas)* del Banco Rakyat de Indonesia, han atraído la atención de todo el mundo porque han suministrado productos financieros acordes con las necesidades de sus clientes pobres, utilizando métodos innovadores para la concesión de préstamos a grupos de personas a fin de fortalecer el proceso de reembolso de los préstamos y cobrando tasas de interés que cubren la totalidad de los gastos operacionales[57]. Con estas innovaciones, las tasas de reembolso en general han sido mucho más altas que en programas anteriores; además, estos métodos han sido particularmente eficaces para prestar servicios a las mujeres[58].

Si bien estos programas se han hecho populares y representan un gran progreso con respecto a las intervenciones anteriores del Estado, no son ninguna panacea para el problema de la pobreza. No debe sorprender el hecho de que el mayor acceso a los servicios de crédito no genere oportunidades de inversión: en un estudio de familias rurales de Nicaragua y Rumania se llegó a la conclusión de que la supresión de las limitaciones en materia de crédito tendría sólo un efecto moderado en el número de familias que harían inversiones y en las sumas invertidas[59]. Además, las pequeñas organizaciones locales de microfinanciamiento pueden ser particularmente vulnerables a trastornos tales como los desastres naturales o las fluctuaciones de la producción agrícola, que afectan simultáneamente a una gran proporción de su clientela. Esto puede aumentar el riesgo implícito en sus carteras de préstamos y dificultarles la tarea de proporcionar instrumentos financieros más complejos. A este respecto, sería útil que estas organizaciones compartieran esos riesgos y que se promoviera la participación de instituciones financieras de mayor tamaño, que están más diversificadas geográficamente y tienen más experiencia.

La medición del impacto económico de los programas o instituciones de microfinanciamiento está plagada de dificultades metodológicas y los resultados de los estudios suelen ser contradictorios[60]. No obstante, se han ido recogiendo datos gradualmente. Por ejemplo, en un estudio reciente de 13 instituciones de microfinanciamiento se comprobó que las familias prestatarias cuyo ingreso era equivalente o superior a la línea de pobreza se beneficiaban más que las familias que vivían por debajo de la línea de pobreza. Esto parece indicar que, si bien son eficaces, dichas instituciones no han orientado debidamente sus servicios hacia las familias más pobres[61]. En otro estudio se observó que, para ser viables, la mayoría de los programas de microfinanciamiento examinados requerían subsidios financieros[62]. Cada vez más se evalúa el desempeño de estas instituciones de acuerdo con dos criterios principales: la proporción de clientes pobres a los que prestan servicios y la medida en que dependen de subsidios[63]. Si bien estos criterios no permiten evaluar cabalmente las repercusiones económicas de las instituciones de microfinanciamiento, ponen de relieve el costo social gracias al cual esas instituciones han alcanzado sus objetivos.

Estos resultados sobre la orientación selectiva de los servicios y el alcance de la dependencia de subvenciones ponen de relieve los problemas de los programas de financiamiento: deben seguir esforzándose por asegurar su viabilidad financiera y, al mismo tiempo, deben ampliar sus servicios para abarcar a los segmentos más pobres de la población. Las acertadas prácticas de instituciones como los bancos rurales del Banco Rakyat de Indonesia —tasas de interés que cubren la totalidad de los costos; planes de ahorro voluntario; remuneración del personal basada en el desempeño; capacitación intensiva del personal; redes de distribución innovadoras de bajo costo; recaudación frecuente de los pagos para el reembolso de los préstamos; productos financieros adaptados a las necesidades de los grupos de ingreso bajo y gestión eficaz de los sistemas de información— contribuyen sin duda a un buen desempeño financiero. La adopción de medidas para fortalecer aún más la capacidad de las instituciones de microfinanciamiento y una mayor difusión de estas prácticas recomendadas pueden ayudar a esas instituciones a eliminar gradualmente las subvenciones sin comprometer su capacidad de prestar servicios a los pobres.

Los gobiernos pueden mejorar la intermediación financiera para los grupos pobres proporcionando bienes públicos complementarios y mejorando la reglamentación para tener en cuenta las necesidades especiales de los programas de microfinanciamiento. Por ejemplo, se puede ampliar el alcance de los servicios de las organizaciones de microfinanciamiento aumentando las inversiones en infraestructura rural y fomentando los programas de alfabetización; el establecimiento de registros de información sobre los prestatarios puede ayudar a reducir el costo de la obtención de información y permitir que éstos aumenten su capacidad crediticia.

En el plano de la reglamentación y la supervisión, se deberían eliminar las anticuadas leyes sobre la usura que impiden que las instituciones de microfinanciamiento mantengan un margen suficientemente amplio entre las tasas de interés sobre las cuentas de ahorro y las de los préstamos para cubrir los elevados costos de transacción de los préstamos de pequeña cuantía. Si mejora el marco legislativo de las transacciones con garantía real, como se está haciendo en Argentina, México y Rumania, los grupos de ingreso bajo podrán disfrutar de mayores oportunidades de obtener créditos.

• • •

El buen funcionamiento de los mercados brinda a los pobres la oportunidad de escapar de la pobreza. Pero la creación de esos mercados donde antes no existían y la adopción de medidas para que funcionen mejor y para ofrecer a los pobres acceso sin trabas y en condiciones equitativas es una tarea difícil y prolongada. A veces las reformas del mercado fracasan por completo o tienen consecuencias imprevistas para los pobres. Esos fracasos ponen de manifiesto la necesidad de formular y aplicar las medidas de reforma gradualmente y adaptándose a las circunstancias económicas, sociales y políticas de cada país. Las reformas orientadas al mercado benefician a unos y perjudican a otros. Cuando los perjudicados son los pobres, las sociedades tienen la obligación de ayudarles a sobrevivir durante la transición.

Ello no significa, en absoluto, que las reformas favorables a los pobres tengan que ser necesariamente lentas. En algunos casos, éstos se benefician más si el proceso es rápido, sobre todo en esferas que afectan directamente a sus oportunidades económicas o que ayudan a eliminar privilegios monopolistas muy arraigados. Dada la necesidad urgente de que los países adopten modelos de desarrollo dinámicos y generadores de empleo, hay que evitar a todo trance que las dificultades que entrañan las reformas y la imposibilidad de compensar a todos los posibles perjudicados provoquen una parálisis en el plano normativo.

Además, para que los mercados hagan más por los pobres, se deben complementar las reformas macroeconómicas con otras de orden microeconómico, y se debe facilitar el acceso de los pobres a los mercados y a la información —mediante inversiones en infraestructura y tecnologías modernas—, así como a las fuentes de crédito. La reducción de las rigideces del mercado laboral que limitan la creación de empleo y frenan la competencia, al mismo tiempo que se promueve el respeto de unas normas laborales básicas, continúa representando un gran desafío.

Capítulo 5

Aumentar los activos de los pobres y resolver las desigualdades

La falta de activos figura al mismo tiempo entre las causas y los resultados de la pobreza. La mala salud, la falta de conocimientos especializados, el escaso acceso a los servicios básicos y las humillaciones derivadas de la exclusión social se deben a la carencia de activos personales, públicos y sociales. Los activos humanos, físicos y naturales contribuyen también decisivamente a determinar si una persona, hogar o grupo vive en la pobreza, o sale de ella. Estos activos se interrelacionan con el mercado y las oportunidades sociales para generar ingresos, una mejor calidad de vida y una sensación de bienestar psicológico. Los activos son también fundamentales para hacer frente a las crisis y reducir la vulnerabilidad, característica constante de la pobreza.

Los activos y sus sinergias

Si tuviéramos una carretera podríamos conseguir todo lo demás: un centro comunitario, empleo, una oficina de correos, agua y teléfono.

—Mujer joven de un grupo de debate, Little Bay (Jamaica)

Los pobres tienen pocos activos, en parte porque viven en países o en zonas que se caracterizan por su pobreza. Carecen también de activos por las fuertes desigualdades que se observan en la distribución de la riqueza y de los beneficios de la acción pública. En Bolivia, la tasa de mortalidad de niños de menos de cinco años entre el 20% más pobre de la población es más de cuatro veces superior a la del 20% más rico[1]. En África occidental y central la diferencia entre ricos y pobres en lo que se refiere a las tasas de matrícula escolar oscila desde el 19% en Ghana a casi el 52% en Senegal[2]. Por su parte, en Ecuador el 75% de los hogares de la quinta parte más pobre carece de agua corriente, mientras que en el quinto más rico la proporción es del 12%[3]. Las mujeres pobres y los miembros de grupos étnicos o raciales desfavorecidos carecen a veces de activos por la discriminación existente en la ley o en las prácticas tradicionales. La escasez de activos y la de ingresos se refuerzan mutuamente: el bajo nivel de instrucción se traduce en ingresos bajos, que a su vez se traducen en mala salud y en pérdida de oportunidades de educación para la siguiente generación.

Hay fuertes relaciones de complementariedad entre los distintos activos —la condición para beneficiarse de alguno de ellos es tener acceso a los otros. Las sinergias entre los activos de capital humano —como la educación

Recuadro 5.1
Interacciones entre capital humano y capital físico

Un estudio sobre la infraestructura del riego en Viet Nam ha subrayado las importantes relaciones de complementariedad existentes entre la educación y los beneficios conseguidos con el riego. En él se trataba de explicar las diferencias de los ingresos agrícolas en función de las asignaciones de tierra de regadío y de secano, controlando los factores observados que determinaban las asignaciones a raíz del proceso de descolectivización. Suponiendo que la ubicación del riego no esté basada en las tasas de rentabilidad previstas, los resultados parecen indicar que los hogares con altos niveles de enseñanza primaria obtienen mayores beneficios del riego. En el gráfico puede observarse cómo los beneficios marginales del riego variarían de acuerdo con los gastos de consumo per cápita si no hubiera diferencias en los niveles de educación de adultos de los distintos hogares. La línea de referencia indica los beneficios con los niveles efectivos de instrucción y compara éstos con las cantidades simuladas que resultarían si cada jefe de hogar tuviera el máximo de cinco años de enseñanza primaria —o si todos los adultos hubieran estudiado esos cinco años. El mayor nivel de instrucción eleva la rentabilidad del riego, y el efecto es particularmente fuerte en el caso de los pobres, que son los que suelen tener menos instrucción.

La falta de infraestructura de riego es sólo uno de los obstáculos para la reducción de la pobreza rural en Viet Nam. Pero no se podrá alcanzar la máxima rentabilidad de las inversiones en riego si no van acompañadas de inversiones en educación.

El riego produce mayores beneficios a los hogares con mayor nivel de instrucción en Viet Nam

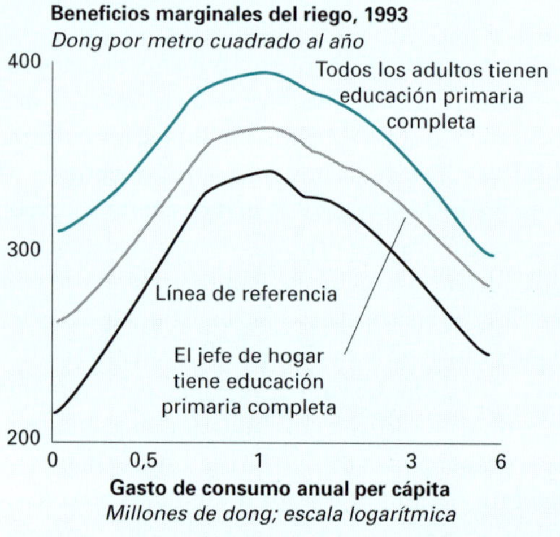

Fuente: Van de Walle, 2000a.

Recuadro 5.2
Conexiones entre medio ambiente y salud

Son muchas las interacciones trascendentales entre el medio ambiente y la pobreza. Una de las mejor documentadas es la relación entre medio ambiente y salud de los pobres. La contaminación —del agua y del aire— es causa importante de diarrea y de infecciones respiratorias, las dos causas más frecuentes de fallecimiento entre los niños pobres.

Las investigaciones han demostrado sistemáticamente que la mejora de la calidad del agua potable produce menos beneficios en la salud que las mejoras introducidas en el saneamiento. Pero las ventajas del agua limpia se multiplican cuando aumenta la calidad del saneamiento y se dispone de un volumen de agua suficiente. Cuando progresa también la higiene, la salud mejora más si aumenta el volumen de agua que si sube su calidad. No obstante, en muchos casos hay que impartir educación acerca de la higiene, antes de que las comunidades hagan realidad estos posibles beneficios para la salud.

En un estudio sobre 144 proyectos de abastecimiento de agua y saneamiento se comprobó que la mejora de estos servicios estaba asociada con una reducción mediana del 22% en la incidencia de la diarrea y del 65% en los fallecimientos como consecuencia de ella. Por otro lado, las mejoras en la eliminación de excretas y el lavado de las manos pueden reducir las tasas de mortalidad de niños de menos de cinco años un 60% y los casos de esquistosomiasis un 77%, los de parásitos intestinales un 29% y los de tracoma entre el 27% y el 50%. Otros estudios han permitido comprobar la significativa relación existente entre la calidad del aire y la salud.

Estas interacciones críticas entre el medio ambiente y la salud destacan la necesidad de adoptar medidas intersectoriales para mejor combatir la pobreza.

Fuente: Banco Mundial, de próxima aparición b; Klees, Godinho y Lawson-Doe, 1999.

de la madre y los niveles de nutrición de sus hijos— están perfectamente documentadas. Investigaciones llevadas a cabo en Viet Nam han comprobado que los hogares con mayores niveles de educación son los que conseguían mayor rendimiento del riego, y los beneficios más considerables eran percibidos por los pobres (Recuadro 5.1)[4]. En las zonas rurales de Filipinas se estimaba que la electrificación aumentaría los rendimientos de la educación un 15%[5]. En Marruecos, las zonas con mejores caminos rurales tienen también tasas de matrícula primaria femenina mucho más elevadas, y la utilización de los servicios de salud es dos veces superior[6].

Otro ejemplo elocuente de la relación entre distintos activos es la influencia del medio ambiente sobre la salud (Recuadro 5.2). Estas interacciones revelan que los indicadores de mala salud en un barrio de tugurios, por ejemplo, quizá no mejoren de forma significativa si se construye un centro de salud local pero no se cuenta con un sistema eficaz de alcantarillado. Es probable que, para aumentar el bienestar humano, se requiera una intervención para ampliar simultáneamente otros activos complementarios.

Intervención pública para facilitar la acumulación de activos

Los pobres son protagonistas fundamentales en la acumulación de sus propios activos. Los padres crían a sus hijos, los cuidan, les enseñan a relacionarse con los demás y a adquirir conocimientos prácticos y financian su educación. Los pequeños agricultores invierten en su tierra y ganado, y los trabajadores por cuenta propia en materiales, equipo y contactos de mercado, importantes para su actividad. Los trabajadores emigran a las ciudades y a otros países, y sus remesas se utilizan con frecuencia para invertir en los activos domésticos. Las mujeres y hombres pobres ahorran en vivienda, en sociedades de ahorro rotatorio y de crédito, así como en asociaciones de crédito y en bancos locales (donde los hay). No obstante, el margen de acumulación de activos de los hogares pobres está gravemente limitado por las insuficiencias de los mercados y por las deficiencias de las instituciones públicas y privadas para la prestación de servicios. Otro obstáculo que encuentran es la falta de ingresos: los pobres se encuentran con grandes impedimentos para financiar la salud, la educación y otras inversiones relacionadas con los activos.

¿Por qué debe contribuir el Estado a ampliar los activos de los pobres? Por dos razones básicas. Por un lado, los mercados no funcionan adecuadamente en favor de los pobres, debido a su aislamiento físico y a las insuficiencias del mercado en los sectores financieros, de la salud y de los seguros, por ejemplo. Por otro lado, la política pública puede reducir las desigualdades iniciales y aumentar las oportunidades para que los pobres se beneficien del crecimiento.

La equidad y la eficiencia pueden ser en buena parte independientes, pero generalmente se superponen. Ante la inoperancia del mercado privado, la única solución que queda para los pobres es que el Estado se encargue de suministrar los servicios. Tanto los pobres como quienes no lo son buscan soluciones alternativas, pero estos últimos disponen de más recursos y por lo tanto disfrutarán de más opciones. Entre las políticas más eficaces contra la pobreza figuran las que logran una mayor equidad mediante la redistribución y, simultáneamente, aumentan la eficiencia de los mercados utilizados por los pobres (Recuadro 5.3; véase también el Recuadro 3.8 del Capítulo 3).

Si bien hay razones que recomiendan la intervención estatal para incrementar los activos de los pobres, no hay ninguna garantía de que el Estado sea eficaz. La ineficacia de la actuación estatal y los resultados humanos decepcionantes se deben en parte al hecho de que el Estado puede influir únicamente en un reducido número de las múltiples fuentes de bienestar, pero se deben también a la dificultad de muchos gobiernos para suministrar bienes y servicios. Los gobiernos tropiezan con la falta de recursos fiscales a su disposición y la insuficiente capacidad administrativa para prestar servicios con eficacia. Además, aun cuando dispongan de los recursos y la capacidad requeridos, las instituciones estatales a veces no se muestran atentas a las necesidades de los pobres.

¿Cómo puede la intervención pública capacitar a los pobres para que amplíen sus activos, y cómo puede resolver las desigualdades en ese sentido? Hay tres formas complementarias: la utilización del poder estatal para redistribuir los recursos, sobre todo en los servicios que crean activos, como la educación, la salud y la infraestructura; la reforma de las políticas y las instituciones para garantizar una prestación eficaz de los servicios, y la implicación de los hogares pobres en las decisiones sobre la variedad, funcionamiento, supervisión y evaluación de los programas y servicios que incrementan sus activos.

Recuadro 5.3
Políticas doblemente beneficiosas en el sector de la salud

Los objetivos combinados de una mayor equidad y eficiencia pueden conseguirse más fácilmente con unos programas que con otros, como demuestran los dos ejemplos siguientes del sector de la salud.

Algunos servicios sanitarios, como la lucha contra los mosquitos y otras plagas y la educación sobre nutrición e higiene básicas, son puros bienes públicos. Otros, como las medidas contra las enfermedades infecciosas tienen claras externalidades positivas. Finalmente, otros, como la atención curativa de estados patológicos no infecciosos, son bienes privados. El Estado es el responsable de la lucha contra las enfermedades infecciosas, por razones de eficiencia. Pero estas políticas tienen también importantes repercusiones en la equidad. Si bien los pobres están más expuestos que el resto a casi todas las enfermedades, la diferencia es especialmente notable en las enfermedades infecciosas. En la India, el 10% más pobre de la población tiene siete veces más probabilidades de sufrir tuberculosis que el 10% más rico.

La insuficiencia general, por no decir la total ausencia, de mercados para el seguro médico en la mayor parte de los países en desarrollo expone tanto a los pobres como a los demás a la inseguridad y a riesgos financieros considerables (Capítulo 8). (Las razones sistémicas de este fracaso fueron examinadas con detalle inicialmente por Arrow, 1963). Si bien el seguro público es una de las medidas que se pueden adoptar al respecto, la gestión de esos programas no es fácil. Una forma habitual de abordar el problema del seguro es subvencionar las actividades costosas de atención, normalmente a través de hospitales públicos. Pero, por razones de equidad, el valor de las subvenciones a los hospitales no es tan claro como el del combate de las enfermedades infecciosas. Los hospitales se encuentran normalmente en zonas urbanas, y al final quienes más se benefician de esas subvenciones son las personas menos necesitadas. Las subvenciones de la atención hospitalaria esencial pueden aumentar la equidad así como la eficiencia. Pero sólo conseguirán ese doble beneficio —mayor equidad y mayor eficiencia de los mercados utilizados por los pobres— si éstos pueden tener efectivamente acceso a la atención hospitalaria, lo que representa un gran desafío.

Fuente: Hammer, 1997; Devarajan y Hammer, 1998; Banco Mundial, 1998t.

En el resto de este capítulo se analizan estos tres principios, y se presentan ejemplos de diferentes categorías de activos. Luego se examinan las importantes relaciones de complementariedad que existen al fijar las prioridades en las distintas áreas de intervención, tomando como ejemplo los casos de la reforma agraria y la prestación de servicios urbanos de abastecimiento de agua y saneamiento. (La ampliación de los activos financieros se analiza en el Capítulo 4. Los mecanismos para mejorar la responsabilidad y la capacidad de respuesta de las instituciones estatales son el tema del Capítulo 6. El Capítulo 7 se ocupa de la creación de activos sociales. La utilización y la protección de los activos de los pobres durante los momentos difíciles se examinan en los Capítulos 8 y 9. Finalmente, en los Capítulos 10 y 11 se considera la aportación de la comunidad internacional a la creación de activos).

Redistribución del gasto público

El poder coercitivo del Estado puede ser una poderosa fuerza de apoyo a la formación de activos por los pobres. Pero esta intervención tiene límites evidentes. En el mundo globalmente integrado de nuestros días, la injerencia estatal puede entorpecer el funcionamiento de los mercados y reducir los incentivos a la inversión privada, lo que, lejos de crear oportunidades de empleo, las destruiría.

En algunos casos, hay que buscar soluciones de compromiso entre la eficiencia y la equidad. Los Estados en general reflejan la desigual estructura política sobre la que están basados, y la acción gubernamental muchas veces pone de manifiesto esa realidad. Una reforma agraria coercitiva cuando las condiciones de propiedad de la tierra son muy desiguales podría dar buenos resultados desde el punto de vista de la lucha contra la pobreza y de la eficiencia, pero casi nunca cuenta con apoyo político suficiente para su aplicación eficaz. La nacionalización de la industria no suele tener consecuencias positivas para los pobres (que no disfrutan de los beneficios) y puede perjudicar la eficiencia. Pero hay muchos otros casos en que la corrección de la desigualdad de los activos puede aumentar la eficiencia y favorecer el crecimiento (véase el Recuadro 3.8 del Capítulo 3). Por ello, hay que evaluar atentamente las políticas redistributivas y sus resultados desde el punto de vista de la equidad, la eficiencia y el crecimiento.

El instrumento más importante de que dispone el Estado para aumentar los activos de los pobres es el presupuesto. Por ejemplo, los datos disponibles revelan que el gasto público en educación y salud no es progresivo; es más, en muchos casos resulta regresivo (Cuadros 5.1 y 5.2). Ésta es también una esfera en que la redistribución es técnicamente viable y en que las concesiones mutuas entre redistribución y crecimiento agregado pueden ser bajas o negativas (de hecho, puede verse alentado el crecimiento). Pero a veces hay que hacer buscar soluciones de compromiso al elegir entre las posibles acciones redistributivas en que se pueden invertir los fondos públicos. La decisión debe basarse en la evaluación de la eficacia relativa de los diferentes instrumentos para conseguir los objetivos de la redistribución y la reducción de la pobreza.

La acción presupuestaria en apoyo de la redistribución de activos requiere dos cosas. La primera es la voluntad y la capacidad de recaudar ingresos suficientes y de destinar una parte significativa de ellos al desarrollo (en vez de a gastos militares, subvenciones a quienes no son pobres ni a empresas públicas ruinosas, o transferencias ilícitas a cuentas bancarias extranjeras). La segunda es la asignación y administración del gasto en favor del desarrollo de manera que

Cuadro 5.1

Gasto público en educación desglosado por quintil de ingreso en algunos países en desarrollo, varios años

Porcentaje

País	Año	Quintil 1 (más pobre)	2	3	4	5 (más rico)
Armenia	1996	7	17	22	25	29
Côte d'Ivoire	1995	14	17	17	17	35
Ecuador	1998	11	16	21	27	26
Ghana	1992	16	21	21	21	21
Guinea[a]	1994	9	13	21	30	27
Jamaica	1992	18	19	20	21	22
Kazajstan	1996	8	16	23	27	26
Kenya	1992/93	17	20	21	22	21
República Kirguisa	1993	14	17	18	24	27
Madagascar	1993/94	8	15	14	21	41
Malawi	1994/95	16	19	20	20	25
Marruecos	1998/99	12	17	23	24	24
Nepal	1996	11	12	14	18	46
Nicaragua	1993	9	12	16	24	40
Pakistán	1991	14	17	19	21	29
Panamá	1997	20	19	20	24	18
Perú	1994	15	19	22	23	22
Rumania	1994	24	22	21	19	15
Sudáfrica	1993	21	19	17	20	23
Tanzanía	1993	13	16	16	16	38
Viet Nam	1993	12	16	17	19	35

a. Se incluye sólo la educación primaria y secundaria.

Fuente: Li, Steel y Glewwe, 1999; Banco Mundial, 1997i (para Rumania), 2000f (para Ecuador).

Cuadro 5.2
Gasto público en salud desglosado por quintil de ingreso en algunos países en desarrollo, varios años
Porcentaje

		Quintil				
País	Año	1 (más pobre)	2	3	4	5 (más rico)
Argentina	1991	33		60 [a]		6
Brasil	1990	8	18	30	25	20
Bulgaria	1995	13	16	21	26	25
Chile	1982	22		66 [a]		11
Ghana	1994	12	15	19	21	33
Indonesia	1987	12	14	19	27	29
Kenya	1992	14	17	22	22	24
Malasia	1989	29		60 [a]		11
Mongolia	1995	18	20	19	19	24
Sudáfrica	1993	16		66 [a]		17
Uruguay[b]	1989	37	21	17	14	11
Viet Nam	1993	12	16	21	22	29

a. La distribución entre estos quintiles no se especifica en la fuente original.
b. Quintiles establecidos por hogares, más que por individuos.
Fuente: Filmer y Pritchett, 1999b.

respalde la formación de activos para los pobres, especialmente de activos humanos y de infraestructura. Una mayor transparencia en los presupuestos tanto a nivel nacional como local permitiría determinar hasta qué punto los recursos públicos se utilizan en favor de los pobres y mejorar la rendición de cuentas en el plano local (Capítulo 6).

El financiamiento público de los servicios es un elemento básico de las políticas y la práctica de reducción de la pobreza. La experiencia nos ha permitido extraer dos enseñanzas. En primer lugar, es posible que el aumento del gasto público en servicios sociales e infraestructura no se traduzca en mayores o mejores servicios para los pobres, debido a que los programas en favor de ellos son demasiadas veces de baja calidad y no tienen en cuenta sus necesidades, y a que la incidencia de los gastos públicos es con frecuencia regresiva. No obstante, no es posible evitar por completo las subvenciones a quienes no son pobres porque, en algunos casos, para conseguir apoyo político a programas de calidad se requiere la prestación de servicios a un segmento más amplio de la población. En segundo lugar, es importante utilizar los recursos públicos para reducir las limitaciones vinculadas a la demanda. Aun cuando los servicios de salud, educación e infraestructura reciban financiamiento público, los pobres tropiezan con dificultades que limitan su capacidad de beneficiarse de ellos (por ejemplo, costos complementarios, como el transporte para recibir atención médica).

Aumentar los recursos y conseguir un gasto público más favorable a los pobres

Como se acaba de indicar, para una redistribución pública eficaz se requiere voluntad y capacidad de aumentar los ingresos, en particular los procedentes de los menos necesitados. En los países en desarrollo de ingreso mediano con un gran nivel de desigualdad, quienes no son pobres muchas veces se resisten a aportar la parte que les corresponde en justicia. Para desbloquear esta resistencia se requieren medidas que permitan una mayor coalición de intereses en favor de los pobres (Capítulo 6). Los países de ingreso bajo tienen el problema adicional de la escasez de ingresos públicos: en 1997, el ingreso público medio de estos países era el 17,5% del PIB (con exclusión de China y la India)[7]. Por el contrario, en los países de ingreso alto la proporción era de aproximadamente el 29,6%.

Una de las razones de la divergencia es que, en los países pobres, las medidas destinadas a aumentar los ingresos suelen tener costos muy elevados, que algunas veces superan a los beneficios del gasto público[8]. Ello se explica a su vez por una combinación de factores: base estrecha de ingresos tributarios, tasas impositivas elevadas (y perturbadoras), débil administración tributaria y gestión inadecuada del sector público. Por ello, los resultados de las reformas tributarias que tratan de aumentar el número de contribuyentes, reducir las tasas y mejorar la recaudación de ingresos (en muchos casos, mediante contratos con el sector privado) pueden ser sustanciales, lo que permitiría utilizar recursos adicionales para una redistribución eficaz. En las sociedades desiguales, la aspiración a un sistema de recaudación de impuestos lo más progresivo posible sin que ello represente un grave peligro para la eficiencia constituye un objetivo deseable. Por ejemplo, los impuestos sobre sucesiones y sobre bienes raíces podrían ser muy progresivos.

No obstante, con frecuencia el verdadero problema es que los limitados recursos públicos no se destinan a actividades —como la educación, salud, reconversión de barrios de tugurios y desarrollo rural— que ayuden a los pobres a acumular activos. Parte de la razón es que muchos países de ingreso bajo sencillamente gastan demasiado en otras áreas, como el servicio de la deuda, subvenciones a personas no necesitadas, empresas públicas ineficientes o con pérdidas y el ejército. En los países pobres muy endeudados más de una quinta parte de los fondos públicos se asignan al reembolso de la deuda[9]. Seis países pobres muy endeudados de África gastan más de un tercio de sus presupuestos nacionales en el servicio de la deuda y menos de la décima parte en servicios sociales básicos[10]. Níger gasta más del doble en servicio de la deuda que en atención primaria de salud. En algunos otros países de ingreso bajo, el problema no es el servicio de la deuda, ya que no cumplen sus obligaciones al respecto. No obstante, el monto de la deuda y el de las obligaciones de servicio de la misma son insostenibles en varios países e incompatibles con los intentos de ayudar a los pobres a acumular activos.

El gasto militar en los países en desarrollo bajó del 4,9% del PIB en 1990 al 2,4% en 1995[11]. En varios países esta caída permitió un aumento de los gastos en salud y educación superior[12]. En cambio, en otros —sobre todo los que sufren conflictos armados o tienen tensas relaciones con sus vecinos— el gasto militar continúa recortando las asignaciones en favor de los pobres. Muchos de estos países tienen algunos de los indicadores de educación y salud más bajos de todo el mundo, mientras que sus gastos militares son más de dos veces superiores al total destinado a educación y salud. Los fuertes gastos militares tienen también importantes costos en forma de pérdida de oportunidades de creación de activos. Además del efecto de exclusión, la destrucción de la infraestructura física y social y la desaceleración del crecimiento muchas veces asociados con los conflictos militares limitan todavía más la acumulación de activos y la reducción de la pobreza (véase el Recuadro 3.2 del Capítulo 3).

No obstante, los gastos militares y los relacionados con la seguridad en general pueden influir en el desarrollo. El problema está en orientar la asignación presupuestaria haciendo una evaluación inteligente de las amenazas a que se enfrenta un país. El buen gobierno y la transparencia en la gestión del gasto público pueden ayudar a mantenerlo bajo control[13]. Lo mismo puede decirse de la resolución pacífica de los conflictos actuales o posibles.

Entre mitad del decenio de 1980 y el de 1990 el gasto público en educación y salud aumentó en muchos países de ingreso bajo, aunque lo hizo con lentitud. En 118 economías en desarrollo y en transición, el gasto real per cápita aumentó, en promedio, un 0,7% al año en el apartado de educación y un 1,3% en el de salud. Este gasto creció también en proporción del gasto total y del ingreso nacional[14]. Pero la asignación de más fondos a estos sectores no es suficiente. Para contribuir a la acumulación de activos por los pobres, la distribución por sectores debe hacer algo que no es habitual en el mundo real: favorecer los servicios básicos utilizados especialmente por los pobres y donde se registran las insuficiencias del mercado más flagrantes. Por ejemplo, los recursos de educación y salud se centran de manera desproporcionada en la educación terciaria y en la atención hospitalaria y curativa, más utilizada por los grupos en situación más desahogada[15].

Varios estudios confirman que los recursos públicos favorecen a los menos necesitados. En Nepal el quintil más rico recibe una parte del gasto público en educación cuatro veces superior a la del quintil más pobre (véase el Cuadro 5.1). En Ghana, el 20% más próspero acapara una proporción del gasto público en salud que es casi tres veces superior a la del 20% más necesitado (véase el Cuadro 5.2)[16]. El gasto en infraestructura suele beneficiar también de forma desproporcionada a los grupos más ricos[17]. Las subvenciones a la electricidad en Croacia y al agua en Rusia ayudan a los ricos mucho más que a los pobres[18]. En Bangladesh, las subvenciones a la infraestructura para los menos necesitados son aproximadamente seis veces superiores a las que reciben los pobres[19].

El Estado debe hacer frente a importantes cuestiones políticas en la redistribución del gasto público para contribuir a la acumulación de activos por los pobres. Con una mayor selectividad, los fondos públicos pueden en principio llegar a un número mayor de indigentes. Pero esta selectividad a veces no cuenta con el apoyo político de los grupos poderosos que podrían salir perdiendo. De ahí la importancia de establecer coaliciones en favor de los pobres (Capítulo 6). Para ello quizá sea necesario asignar parte de los recursos a acciones y programas que beneficien no sólo a los pobres.

Para conseguir que el gasto público redunde en mayor beneficio de los necesitados, habrá que reducir el gasto militar y las subvenciones a quienes no las necesitan. La privatización de las empresas públicas ineficientes y con pérdidas libera recursos que podrían destinarse a atender las necesidades de los pobres. La simplificación de los procedimientos burocráticos reduce no sólo gastos inútiles sino también las oportunidades de corrupción y de desviación de recursos a actividades ilícitas. Una prudente gestión macroeconómica puede reducir los pagos en concepto de deuda y ofrecer mayores oportunidades de gasto en favor de los pobres. Los exámenes periódicos de los resultados globales del gasto público pueden arrojar luz sobre la forma más eficiente de utilizar los recursos públicos y de utilizarlos en beneficio de los pobres (véase el Recuadro 9.2 del Capítulo 9).

En el caso de los países más pobres, las medidas que puedan adoptar ellos mismos no son suficientes. Estas intervenciones deberán complementarse con los esfuerzos de la comunidad internacional por conseguir el alivio de la deuda y ampliar las bases de recursos públicos mediante la cooperación para el desarrollo (Capítulo 11).

Prestación de servicios y orientación selectiva de las subvenciones

El gasto público puede ofrecer servicios directamente a los pobres mediante la construcción de carreteras, escuelas, centros de salud o sistemas de abastecimiento de agua. Pero la redistribución puede conseguirse también reduciendo los obstáculos por parte de la demanda para los pobres, es decir, subvencionando el consumo de servicios privados y cubriendo los costos complementarios y de oportunidad. El estudio *La voz de los pobres* revela cómo el costo de los servicios puede hacerlos prohibitivos para los hogares pobres (Recuadro 5.4).

Algunos estudios monográficos confirman que este problema de los costos impide a los pobres acumular una gran variedad de activos. En las áreas rurales de la República Kirguisa el 45% de los pacientes vendieron activos (productos hortofrutícolas o ganado) para pagar la atención hospitalaria[20]. También pueden ser significativos los costos indirectos que padecen los hogares en forma de pérdida de los ingresos que podrían haber conseguido con el trabajo de los niños o de tareas domésticas que dejan de realizar los hijos que van a la escuela[21]. En las zonas rurales de Madagascar, donde el acceso al agua es insuficiente, los altos costos de oportunidad de la escolarización de las niñas —en forma de tiempo para ir a buscar el agua— reducen significativamente sus tasas de matrícula[22]. En Uganda, la matrícula primaria se multiplicó casi por dos en el año escolar de 1997/98 cuando los padres quedaron exentos de la obligación de pagar la mitad del costo de la matrícula escolar y se prohibieron las comisiones de las asociaciones de padres-profesores[23].

Los pobres pagan con frecuencia enormes cifras por los servicios de infraestructura. En Nouakchott (Mauritania), la mayor parte de los hogares de ingreso bajo gastan entre el 14% y el 20% de sus presupuestos en agua; los costos serían consecuencia de la mínima infraestructura hídrica y del costo superior del pequeño volumen de agua que compran los pobres[24]. Un metro cúbico de agua de vendedores privados en Puerto Príncipe (Haití) cuesta entre seis y 10 veces más que un metro cúbico del servicio público[25]. De la misma manera, los altos costos de conexión impiden que los hogares pobres disfruten de servicios de energía[26]. En las zonas rurales, la conexión con la red eléctrica puede costar entre $20 y $1.000[27]. En demasiados casos, los pobres sencillamente no tienen la opción de consumir el agua y la energía más baratas de la red comercial[28].

La redistribución, que ofrecería servicios en forma gratuita o subvencionaría su demanda, puede ayudar a los pobres a incrementar sus activos. La educación primaria gratuita para los pobres es fundamental para aumentar sus activos humanos, en particular en el caso de las niñas. De la misma manera, la subvención de las medidas de prevención de enfermedades infecciosas y la ayuda a los hogares pobres a financiar los costos de los episodios médicos catastróficos deben figurar entre los elementos básicos para reforzar los activos de salud de los pobres y reducir su vulnerabilidad a las crisis por motivos de salud (véanse el Recuadro 5.3 y el Capítulo 8).

Recuadro 5.4
Las tasas de educación y salud, posible factor de exclusión

La elección entre tratamiento médico o educación para los hijos representa una decisión angustiosa para los pobres. Entre los participantes en el estudio *La voz de los pobres,* la enfermedad era el desencadenante más frecuente de una caída en niveles todavía mayores de pobreza. Nha, padre vietnamita de 26 años, mencionaba que había tenido que vender cuatro búfalos, un caballo y dos cerdos para pagar la operación de su hija. La intervención no consiguió curar a la niña, y la necesidad de nuevo tratamiento transformó a la familia, una de las más prósperas de la comunidad, en una de las más pobres.

En Pakistán, muchos hogares señalaron que habían tenido que solicitar grandes sumas de dinero en préstamo, habían vendido sus activos o sacado a un hijo de la escuela al menos una vez para sufragar los costos médicos. Una anciana de Ghana lo resumía así: "Si hoy no tienes dinero, la enfermedad te lleva a la tumba".

Aunque el mayor temor de los pobres es el riesgo de las facturas de los grandes hospitales, los pagos ilegales en concepto de atención primaria pueden ser también dolorosos. La corrupción de la atención de salud es un hecho mencionado con frecuencia. Algunas mujeres de Madaripur (Bangladesh) comentaban cómo el médico del centro público de atención de salud no les hacía caso, y prefería atender a los pacientes que iban bien vestidos o que podían efectuar pagos adicionales —las "cuotas de visita". Uno de los participantes en el estudio, originario de Vares (Bosnia y Herzegovina), se lamentaba así: "Antes, todos podían obtener atención de salud. Ahora, lo único que podemos hacer es pedir a Dios que no caigamos enfermos, porque en todos los sitios lo único que hacen es pedir dinero".

Las dificultades en el pago de las tasas escolares y otros costos asociados con la escolarización se mencionan también con frecuencia. Una madre de Millbank (Jamaica) explicaba que no podía enviar a su hija de seis años a la escuela porque no podía pagar, entre otras cosas, el uniforme. Otra hija tuvo que abandonar los estudios porque la familia no podía permitirse unas tasas escolares de $500. La mujer se quejaba en estos términos: "Mi hijo podrá ir a la escuela en septiembre, pero no sé como voy a poder enviar a los tres a la vez".

En algunos países, los niños son retirados de la escuela porque las cuotas tienen que pagarse cuando las familias menos pueden permitírselo. En Etiopía, la fecha normal es el comienzo del año escolar, en septiembre, que coincide con dos importantes festividades y con la recolección. Amadi, muchacho de 14 años de Nigeria, declaraba que había tenido que abandonar la escuela en varias ocasiones porque sus padres no podían pagar las cuotas en las fechas previstas. Más de una vez no había podido presentarse a los exámenes de promoción, y estaba todavía en la escuela primaria mientras que otros muchachos de su edad estaban ya en la secundaria.

En las antiguas economías de planificación centralizada el costo de la escolarización es motivo de grave preocupación para las familias pobres porque en el pasado la enseñanza era gratuita. Muchos señalaban también el problema de los maestros que pedían sobornos y pagos en concepto de "clases particulares" como condición para aprobar los exámenes y obtener los diplomas.

Fuente: Narayan, Chambers, Shah y Petesch, 2000; Narayan, Patel, Schafft, Rademacher y Koch-Schulte, 2000.

Tanto en los servicios de educación como en los de salud —incluso cuando se ofrecen en forma gratuita— las subvenciones a la demanda pueden ayudar a las familias pobres a invertir más en el capital humano de sus hijos (para cubrir los costos de transporte, por ejemplo). Para facilitar el acceso a la educación de las niñas o de los niños pobres, de indígenas o de grupos minoritarios, se entregan directamente a los individuos, instituciones y comunidades fondos públicos en forma de bonos, estipendios, becas, donaciones, etcétera. En Bangladesh, el gobierno paga estipendios que cubren del 30% al 54% de los gastos escolares directos de las niñas que se encuentran entre sexto y décimo grado. En Colombia, los niños pobres recibían en el pasado bonos públicos para estudiar en la escuela secundaria que eligieran. En Beluchistán (Pakistán), las comunidades ofrecen donaciones a las niñas para que puedan asistir a las escuelas comunitarias. Estos programas aumentan la demanda de educación entre los hogares pobres. Por ejemplo, Progresa[29] de México ha conseguido entre los beneficiarios tasas de matrícula muy superiores a los de familias semejantes no inscritas en el programa (Recuadro 5.5).

Una alternativa a las transferencias son las subvenciones al precio de los servicios. No obstante, son pocos los países en desarrollo que han conseguido instaurar una discriminación de precios en los servicios de salud mediante cuotas escalonadas decrecientes[30]. En la mayor parte de los países africanos estas exenciones suelen beneficiar a los grupos menos necesitados (por ejemplo, a los funcionarios públicos)[31]. En la región de Volta (Ghana), en 1995 menos del 1% de los pacientes estaban exentos de las cuotas cobradas por utilización de los servicios de salud, y el 71% de las exenciones eran percibidas por los funcionarios de ese sector[32]. En Indonesia y Viet Nam los pobres pueden conseguir la exención previa declaración jurada de indigencia, pero al parecer son pocos los que aprovechan esta posibilidad —quizá en parte por el estigma social que supone una autodeclaración de ese tipo[33]. Algunas veces, los proveedores privados no gubernamentales se encuentran en mejores condiciones de aplicar escalas decrecientes, ya que muchas veces conocen el historial de sus pacientes y tienen un incentivo para cobrar lo que permita el mercado[34].

En lo que se refiere al agua y a la energía, muchos países en desarrollo utilizan tarifas por bloques ascendentes: el primer bloque de consumo se cobraría con una tarifa baja (muchas veces por debajo del costo), que iría subiendo por bloques en forma progresiva. En Asia, 20 de 32 compañías urbanas de abastecimiento de agua utilizan este mecanismo[35]. El sistema parece ser más equitativo (ya que obliga a las empresas y a los consumidores con más medios a subvencionar el consumo de los hogares pobres). Además, desalienta el despilfarro. Pero también presenta problemas. En muchos países en desarrollo, son pocos los hogares pobres que pueden recibir servicios de la red central, y los gobiernos prefieren contar con un gran número inicial de consumidores, lo que hace que la mayor parte del beneficio financiero sea acaparado por las clases media y alta. Paradójicamente, las tarifas por bloques ascendentes discriminan a los hogares pobres que comparten la conexión del agua con otros hogares, ya que, aunque el consumo de cada hogar sea bajo, el consumo total es elevado. Además, las tarifas cobradas a las empresas han sido muchas veces tan elevadas que optan por buscar formas de suministro autónomas, lo que pone en peligro la viabilidad financiera de los proveedores del servicio[36].

No obstante, en los países donde el acceso a la red es amplio, un sistema de tarifas por bloques ascendentes bien concebido puede dar mejores resultados que las transferencias de efectivo administradas por oficinas de protección social sin los debidos recursos, como en algunos países de Europa oriental y de la antigua Unión Soviética[37]. Pero en los países donde los hogares pobres tienen dificultades de acceso, lo que debería subvencionarse es la conexión, no el consumo. Una manera de mitigar los altos costos de conexión es conceder crédito a los usuarios pobres[38]. Otra es subvencionar la totalidad o parte de las cuotas de conexión. Las subvenciones a la infraestructura pueden redundar también en mayor beneficio de los pobres si se financian con cargo al presupuesto general o mediante gravámenes sectoriales no discriminatorios[39]. Este planteamiento, compatible con la libertad de ingreso en una actividad, representa un fuerte incentivo a servir a los más pobres si la subvención se paga al proveedor únicamente después de prestado el servicio.

Para determinar la forma más indicada de redistribución con transferencias y subvenciones a los precios hay que

Recuadro 5.5
Progresa (México): pagar a los padres para que envíen a los niños a la escuela

Progresa, programa integrado de reducción de la pobreza iniciado en 1997 en México, subvenciona la educación, la atención de salud y la nutrición para los hogares rurales pobres. Su objetivo es reducir la pobreza actual y aumentar las inversiones en capital humano, para acabar con la pobreza intergeneracional. Progresa llega a 2,6 millones de familias —aproximadamente el 80% de la población en situación de extrema pobreza de las zonas rurales.

Este programa otorga subsidios a las familias pobres por cada hijo de menos de 18 años matriculado entre el tercer curso de enseñanza primaria y el tercero de secundaria. Las ayudas son mayores en los cursos superiores y ligeramente más cuantiosas en el caso de las niñas. En el tercer curso de secundaria, su monto equivale al 46% de los ingresos medios de un trabajador agrícola. Las familias cuyos hijos pierden más del 15% de los días escolares en un mes no reciben ese mes la ayuda correspondiente.

Progresa ha conseguido aumentar las matrículas en todos los niveles; el efecto más considerable (17%) se ha producido en la transición de sexto grado al primer curso de secundaria (que era, tradicionalmente el momento en que muchos alumnos abandonaban la escuela).

Fuente: BID, 2000.

Recuadro 5.6
Algunos principios generales sobre las subvenciones

Aun cuando no hay medios administrativos que puedan identificar a cada una de las personas necesitadas, las subvenciones deben orientarse de manera que lleguen a los pobres.

- *Autoselección.* Los programas pueden concebirse de manera que sean "autoselectivos", por ejemplo, pagando salarios inferiores a los del mercado. El Plan de Garantía del Empleo de Maharashtra, en la India, ofrece trabajo que sólo resultaría atractivo para los pobres (Ravallion, 1999a; véase el Recuadro 8.9 del Capítulo 8).
- *Selección geográfica.* Las subvenciones pueden destinarse a lugares específicos, de manera que las zonas rurales y remotas reciban la mayor parte de los beneficios. Esta táctica da resultados especialmente satisfactorios si la correlación entre pobreza y ubicación es elevada, y no tan buenos si los pobres y los menos necesitados viven muy próximos. También funciona mejor si se subvencionan bienes difíciles de transportar, por ejemplo, los servicios directos de educación y salud.
- *Selección de productos.* Las subvenciones deberían corresponder a productos que los pobres consumen en mayor proporción que los demás, pues de esa manera ellos serán los más beneficiados. La alimentación y la educación primaria suelen figurar en los primeros puestos de acuerdo con este criterio.

tener en cuenta la capacidad del Estado de identificar a los pobres y administrar las subvenciones. Si es posible localizar a los pobres de forma individual, son muchas las políticas que pueden ayudar a la redistribución. Los pagos directos en efectivo o la subvención de un bien cualquiera son un acierto si es posible limitar los beneficios únicamente a los pobres. Pero normalmente no se puede saber con precisión quién va a acogerse a los beneficios, lo que obliga a adoptar medios más indirectos (Recuadro 5.6).

La cobertura conjunta de riesgos mediante el seguro es otra forma de superar las limitaciones que los costos imponen a la demanda de atención de salud. Varios países de ingreso mediano están implantando un sistema de seguro de salud universal (Capítulo 8). Chile consiguió llegar al 15% de su población no protegida por el seguro social creando un Fondo Nacional de Salud (Fonasa), que recibe tanto las deducciones salariales para el seguro social como una subvención general para ayudar a sufragar los gastos de salud. No obstante, los recursos públicos podrían quizá gastarse mejor y los pobres podrían obtener mejores beneficios si el Estado tratara de ofrecer un seguro frente a los problemas de salud de tipo catastrófico, que la mayor parte de los hogares no pueden financiar[40]. Los planes de seguro social, aun cuando se propongan ser universales, con frecuencia sirven primero a los que disfrutan de mejor posición económica y sólo después recibirían cobertura los pobres. De hecho, antes de que la cobertura llegue a ser universal es posible que los pobres se vean perjudicados, ya que la demanda y los precios de la atención privada pueden subir como consecuencia del programa de seguro, como ocurrió en Filipinas[41].

Reformas institucionales para un desempeño eficaz: sistema de gobierno, mercados y competencia

He oído rumores sobre la asistencia para los pobres, pero nadie parece saber dónde se encuentra.

—De un grupo de debate, Tanjugrejo (Indonesia)

Una vez que los países han resuelto el problema político de cuánto debe redistribuirse y la cuestión, más técnica, de qué es lo que hay que redistribuir, el siguiente paso es comprobar que los servicios llegan realmente a los pobres. ¿Cómo conseguir que éstos reciban los servicios que necesitan para crear activos? El antiguo modelo del suministro estatal universal resulta inválido en demasiadas ocasiones por falta de recursos financieros y administrativos o por su incapacidad de responder a las necesidades de los pobres.

Parte del problema puede ser técnico y logístico. Los pobres viven muchas veces en zonas rurales remotas y poco pobladas, donde la prestación de servicios es costosa y difícil. Los recursos para la reducción de la pobreza sencillamente no pueden estirarse lo suficiente como para llegar hasta esos lugares.

Pero con mucha frecuencia se trata de un problema de gestión y motivación, de falta de incentivos para una prestación sistemática de los servicios (Capítulo 6). Cuando se trata de servicios que requieren la presencia de un profesional competente —servicios de educación, atención de salud y judiciales—, muchas veces resulta demasiado difícil convencer a los funcionarios públicos capacitados de que deben ir a vivir a zonas remotas o rurales[42]. Cuando tienen hijos, suelen resistirse a vivir en lugares donde las oportunidades educativas y culturales son limitadas. Además de la lejanía geográfica, hay otro tipo de "distancia" entre los proveedores de servicios y los pobres. Los médicos, profesores y jueces son personas con un alto nivel de instrucción, y muchas veces proceden de clases sociales diferentes de las comunidades a las que prestan servicio. Por ello, la interacción puede resultar difícil y tensa. Si la remuneración está determinada por las normas de la administración pública y los incentivos previstos para los puestos difíciles no compensan plenamente las condiciones de vida, es muy difícil que el sector público sirva a los pobres[43].

La prestación pública de servicios es en general sólo una parte del conjunto de los servicios ofrecidos a los pobres, y otros agentes pueden en muchas ocasiones cubrir las deficiencias de los servicios públicos. Los grupos religiosos suelen realizar una gran labor en el sector de la educación. Las organizaciones no gubernamentales (ONG) son también una fuerza importante en muchos países: en Bangladesh, organismos como el Comité de Fomento Rural de Bangladesh desempeñan un papel sustancial en la prestación de servicios, con mejores resultados que el Estado. También ha intervenido el sector privado. Más de la mitad de los servicios de salud en los países en desarrollos son privados. En Bolivia, casi las tres cuartas partes de las visitas a los dispensarios de salud para el tratamiento de la diarrea o de las infecciones respiratorias agudas son a servicios privados[44]. Éstos comenzaron también a desempeñar un papel más importante en la infraestructura durante los años noventa.

El buen gobierno, la competencia y los mercados —y la libre participación de numerosos agentes, tanto gubernamentales como no gubernamentales o privados— son condición esencial para la prestación eficaz de servicios, sobre todo a los pobres. (De hecho, es más probable que las comunidades y personas acomodadas puedan hacer un uso más efectivo de los sistemas estatales). No se trata de enfrentar al Estado con el mercado, sino de utilizar los diferentes agentes y mecanismos, según el tipo de actividad. En la educación, el programa nacional y los exámenes son de competencia pública, pero son muchos los agentes que pueden ofrecer actividades escolares, y las comunidades pueden pedir cuentas al personal docente.

La combinación más indicada entre el Estado y el mercado —y entre los distintos agentes— depende de la naturaleza del servicio y del contexto institucional[45]. Cuando los gobiernos son débiles, podría haber más razones de peso para el ingreso libre y el recurso a los agentes privados y no gubernamentales. Pero también esto puede exigir una actividad más intensa de supervisión y una capacidad reguladora más desarrollada que la que pueda ofrecer el Estado. La importancia de las reformas institucionales, el buen gobierno y los mercados en la prestación de servicios de calidad a los pobres queda elocuentemente demostrada en algunos ejemplos de los sectores de la salud y de las telecomunicaciones.

Mejorar la prestación de los servicios de salud

Algunas veces, después de varias horas de espera para poder ver a un médico, llega una enfermera y me dice que el doctor no va a venir o que, aunque venga, no va a poder verme.

—Mujer pobre, El Mataria (Egipto)

A pesar de los impresionantes avances en la salud en los últimos decenios, y a pesar de la posible eficacia de las políticas y programas, los servicios de salud muchas veces no consiguen llegar a los pobres. Hay un problema fundamental: es difícil mantener el personal en las zonas rurales y garantizar una atención rigurosa por parte de quienes siguen prestando servicios. En países tan diversos como Brasil, India, Indonesia y Zambia, las vacantes en los puestos de salud son mucho más numerosas y duran más en las zonas rurales pobres que en las ciudades más prósperas.

La mejora de los servicios de salud en las comunidades pobres podría suponer un cambio en la estructura de incentivos para los proveedores públicos, que significaría la sustitución parcial de la prestación pública directa al financiamiento público de proveedores privados o de ONG, o un cambio en el tipo de servicios que el Estado se compromete a ofrecer, reservándose aquellos cuyo suministro es más fácil de administrar.

El cambio del sistema de incentivos en el sector público suele ser difícil, ya que las normas de la administración pública muchas veces limitan estrechamente la contratación, despido, promoción y remuneración (Capítulo 6). Se han utilizado diferentes métodos, cada uno con sus propios riesgos, como la autorización de la práctica privada para complementar los ingresos, la concesión de subvenciones a la educación siempre que se trate de un servicio público o el pago de prestaciones adicionales por condiciones de vida difíciles. Ninguno de ellos está libre de problemas.

En los últimos años, se han realizado más intentos de delegar los servicios de salud a instancias subnacionales de gobierno. Ello representa también un cambio en los incentivos a los proveedores de esos servicios, ya que deben resultar atractivos para un conjunto diferente de empleadores. Los gobiernos locales pueden mostrarse más atentos a las peticiones de los clientes. Pero todavía no se ha llegado a una sentencia definitiva sobre los beneficios de la descentralización de los servicios de salud. Algunas veces, descentralización significa dejación de las responsabilidades del gobierno central, lo que no constituye precisamente un buen ejemplo. La descentralización eficaz supone una mayor participación de la sociedad en la supervisión de la calidad (véase la próxima sección sobre la participación).

En vez de prestar servicios directamente, lo que el Estado podría hacer es utilizar mejor el sector privado y las ONG. En muchos países, hasta los más pobres prefieren gastar en servicios ofrecidos por el sector privado (o por ONG) si consideran que la calidad es más elevada que la de los servicios públicos[46]. Esta preferencia puede aprovecharse para transformar al Estado de proveedor en financiador.

Las asociaciones eficaces aprovechan los puntos fuertes de cada sector —público, privado, sin fines de lucro— para mejorar la prestación de servicios de salud a los pobres. El programa de inmunización de la Organización Mundial de la Salud ha constituido un éxito notable (Recuadro 5.7). En Brasil, el gobierno ha hecho que las ONG compitan para obtener financiamiento, y de esa manera ha encauzado la energía y experiencia del sector privado en la lucha contra el SIDA y otras enfermedades de transmisión sexual. Las ONG pueden llegar a segmentos de la sociedad que rehúyan el contacto oficial a pesar de correr el más alto riesgo de infección por el VIH. A final de 1994, las ONG financiadas con este sistema habían distribuido aproximadamente 2,6 millones de preservativos y recibido 11.000 llamadas en las líneas telefónicas de consulta directa. La rigurosa supervisión gubernamental ha sido también importante para conseguir que, salvo en cuatro casos, la totalidad de los 191 proyectos financiados y confiados a las ONG han funcionado a la perfección[47].

El Estado puede reconsiderar los tipos de servicios que decide ofrecer, teniendo en cuenta simplemente qué es lo que puede prometer de forma convincente. El mantenimiento de un personal permanente en los dispensarios ru-

Recuadro 5.7
Asociación eficaz entre el sector público y el privado para la inmunización

En 1974 la Organización Mundial de la Salud (OMS) puso en marcha el Programa ampliado de inmunización, que trataba de llegar al 80% de los niños de menos de cinco años para 1990. Aunque el programa comenzó como iniciativa de la OMS, pronto incorporó a muchas organizaciones multilaterales, y el trabajo real dentro de los países fue realizado por voluntarios, empresarios privados y funcionarios públicos. Por ejemplo, el Club Rotario recaudó más de $240 millones para vacunar contra la poliomielitis a unos 500 millones de niños de 103 países. Los fabricantes privados también intervinieron ofreciendo un gran volumen de vacunas a bajo precio a la red de distribución mundial del Fondo de las Naciones Unidas para la Infancia, y aun así conseguir beneficios.

Los resultados han sido espectaculares. Ya en 1990 el programa había alcanzado su meta de inmunizar al 80% de los niños contra las enfermedades infantiles más comunes. La iniciativa prosperó porque combinaba las intervenciones públicas, privadas y multinacionales, y cada organización utilizó su ventaja comparativa para acomodarse a las circunstancias de cada país.

Fuente: Van der Gaag, 1995.

rales de atención primaria de salud puede presentar demasiadas dificultades. Quizá sea necesario cambiar el modo de prestación o el tipo de servicio. La India emprendió recientemente una campaña contra la poliomielitis, en que se redujo la dependencia de los dispensarios permanentes gracias a un sistema de breves desplazamientos del personal médico a las zonas rurales, con buenos resultados[48]. De la misma manera, en vez de financiar personal sanitario permanente, con las consiguientes dificultades de supervisión y motivación, las autoridades gubernamentales podrían comprobar que los proyectos de abastecimiento de agua potable y saneamiento son más fáciles de gestionar y tienen mayores probabilidades de mejorar las condiciones de salud[49]. Por otro lado, en vez de oponerse a la preferencia de los médicos por el trabajo en los hospitales, el Estado podría centrar sus esfuerzos en facilitar el acceso de los pobres a los servicios hospitalarios[50].

Servicios de telecomunicaciones para los pobres

Si se cuenta con políticas y reglamentos adecuados, el sector privado está en buena posición para ofrecer servicios de telecomunicaciones a los pobres. La mejora de las comunicaciones, que supone la llegada de nuevas influencias y una visión más amplia del mundo, puede incrementar los ingresos de los pobres[51]. En Sri Lanka, el servicio telefónico en las zonas rurales hizo posible que la parte de los campesinos en el precio recibido por la venta de sus cultivos en la capital pasara del 50%–60% al 80%–90%[52].

Desde mitad de los años ochenta, los países en desarrollo han abierto las telecomunicaciones a la participación y competencia del sector privado[53]. Los mecanismos van desde la inversión privada en compañías de propiedad pública (China) a la privatización total y la competencia generalizada, que permitiría al Estado concentrarse en la reglamentación (Chile). La participación privada ha provocado generalmente un rápido aumento de las posibilidades de acceso, una reducción de los precios y una mayor calidad del servicio. En Perú, cinco años después de la reforma, el número de líneas fijas había aumentado más de un 165%, las líneas móviles habían pasado de 20.000 a casi 500.000, y los lugares con acceso al teléfono se habían duplicado con creces. Entre 1995 y 1996 la parte de los hogares del quintil más pobre con teléfono pasó del 1% al 7%[54].

Los grandes y pequeños proveedores pueden ofrecer servicios simultáneamente, gracias a la enorme variedad de tecnologías innovadoras. Cuando se autorizó a los empresarios locales a ofrecer servicios de telecomunicaciones en Senegal, los costos bajaron y el acceso se duplicó sobradamente (Recuadro 5.8)[55]. La disponibilidad de teléfonos públicos puede aumentar enormemente el acceso de los pobres a los servicios de telecomunicaciones, sobre todo en países donde las tarifas son bajas y los gastos de conexión elevados[56]. Los avances de la tecnología celular han incrementado también espectacularmente el acceso a las telecomunicaciones en países donde las leyes y reglamentos alientan una amplia cobertura geográfica. Grameen Telecom, institución sin fines de lucro de Bangladesh, utiliza la tecnología celular, combinada con los talentos empresariales de las mujeres rurales, para ofrecer servicios a las aldeas (véase el Recuadro 4.6 del Capítulo 4). India, Perú, Sudáfrica y Tailandia han conocido un enorme crecimiento de los telecentros de propiedad y gestión privada, que ofrecen a los habitantes rurales nuevas fuentes de información y nuevas oportunidades[57].

Recuadro 5.8
Los empresarios locales promueven el acceso a los servicios de telecomunicaciones

La autorización a los empresarios locales para que ofrezcan servicios de telecomunicaciones es un primer paso importante para reducir los costos del acceso público. En particular, quienes se benefician de los teléfonos públicos son los que no pueden permitirse tener su propio teléfono. En 1995, Senegal tenía más de 2.000 telecentros privados, cada uno de ellos con un teléfono y muchos de ellos con un fax, cuatro veces más que sólo dos años antes. En 1998, tenía 6.000. Sonatel (compañía pública de telecomunicaciones del Senegal) concede en franquicia el servicio telefónico al propietario del telecentro, que puede cobrar una tarifa de hasta el 140% por encima del precio de Sonatel por unidad de llamada. En promedio, los telecentros han pagado $3.960 a Sonatel y se han quedado con $1.584 cada año. Resultado: el acceso público a los teléfonos se ha duplicado con creces.

Fuente: Ernberg, 1998; CSIR, 1998.

Como los proveedores privados se centran en los segmentos del mercado más rentables, algunos reductos de la población —sobre todo los grupos más pobres— quizá no cuenten con el debido acceso, pues la ampliación de los servicios hasta ellos supondría un alto costo y un bajo potencial de ingreso. Para no dejar de lado a los pobres, quizá se necesiten asociaciones innovadoras entre el sector público y el privado y subvenciones públicas bien orientadas[58]. Chile utilizó los recursos públicos para mejorar el acceso de los hogares de ingreso bajo, las personas con discapacidades y las escuelas públicas, centros de salud y bibliotecas, y subastó las subvenciones a los proveedores privados para pagar la extensión de las telecomunicaciones rurales. Aproximadamente en la mitad de los lugares elegidos, las ofertas de suministro de servicios no requirieron las subvenciones inicialmente previstas; el análisis de la demanda realizado por el grupo de privatización convenció a los inversionistas privados de la rentabilidad de los servicios en esas áreas. En el plazo de dos años, se había alcanzado el 90% de los objetivos de extensión de la red con, aproximadamente, la mitad del presupuesto inicial[59].

A pesar del éxito en la ampliación de los servicios de telecomunicaciones a los pobres, no es probable que la privatización aumente significativamente el acceso si no hay una mayor competencia y una reglamentación más eficaz que evite los abusos de posición dominante en el mercado. Para conseguir que la participación privada en las telecomunicaciones —y en la infraestructura, en general— redunde en beneficio de los pobres, los gobernantes quizá tengan que reorientar los procesos de reglamentación y transacción. En un estudio sobre las telecomunicaciones en 30 países de África y de América Latina se comprobó que la intensidad de la competencia está correlacionada con el aumento per cápita de las líneas principales, teléfonos de pago y capacidad de conexión, y con un descenso del precio de las llamadas locales. Se observó también la importancia de una reglamentación bien concebida para mejorar la capacidad de conexión[60]. Según un estudio sobre la reforma de la infraestructura en Argentina, las asociaciones de los sectores público y privado, si van acompañadas de políticas y reglamentos acertados, pueden mejorar también el acceso de los pobres a la infraestructura[61].

Participación: posibilidad de elección, supervisión y rendición de cuentas

El tercer principio rector de toda acción pública para promover la acumulación de activos es la participación de las comunidades y personas pobres. La participación tiene tres objetivos principales:

- Conseguir que las preferencias y valores comunitarios se reflejen en la variedad y diseño de las intervenciones.
- Utilizar la supervisión de la comunidad y de los participantes para mejorar la ejecución, la transparencia y la rendición de cuentas.
- Dar a los pobres un mayor control sobre sus propias vidas.

La participación es una fuerza poderosa, pero no una panacea universal. Según cómo sean las organizaciones locales y las estructuras de poder, el desplazamiento de la influencia a las comunidades locales puede dar lugar a una mayor captación de beneficios por las minorías privilegiadas locales (Capítulo 6). En los programas de Bangladesh en que se ofrecen alimentos para mejorar la educación, la parte de las transferencias que llega a los hogares pobres o a los menos necesitados depende de la fuerza relativa de las organizaciones que representan a uno u otro grupo[62]. De la misma manera, algunos valores locales pueden perjudicar a determinados grupos de personas pobres, por ejemplo, la discriminación contra la mujer en muchas partes del mundo, contra las castas inferiores en la India o contra otros grupos sociales o étnicos desfavorecidos. La vergüenza, el rechazo y el estigma asociados con el VIH/SIDA constituyen en algunos países otras tantas razones que explican la inacción local.

Dadas las complejidades de la participación, ésta debe fomentarse con iniciativas que den mayor resonancia a la opinión de los grupos pobres empeñados en combatir la estratificación o el estigma social. Ello significa que la participación debe plantearse en un contexto institucional más amplio. El gobierno local ocupa una posición significativa al respecto, siendo muy importantes las interacciones entre los municipios y las comunidades, como ocurrió en el diseño de las leyes de participación popular y descentralización de Bolivia en el pasado decenio. Pero los gobiernos locales muchas veces necesitan contar con nuevas atribuciones y, al mismo tiempo, estar más dispuestos a rendir cuentas. En el pasado se han visto muchas veces despojados de poder, y ahora sufren problemas por falta de capacidad o por estar en manos de minorías locales. Las organizaciones de la sociedad civil pueden incrementar también la influencia de las personas y las comunidades pobres. Estas cuestiones más generales se examinan en los Capítulos 6 y 7. A continuación se ilustra la importancia de la participación como medio de acumulación de activos para los pobres con algunos ejemplos tomados de los sectores de la educación, la infraestructura local y la ordenación forestal.

Mayor participación local y rendición de cuentas en la educación

Los padres y las comunidades locales exigen mayor intervención en la educación de los hijos. Como los sistemas de educación se han ampliado mucho en los países en desarrollo, han surgido nuevas preocupaciones acerca de la calidad de la instrucción. Las estructuras centrales son demasiado débiles para asumir las tareas administrativas cotidianas y demasiado lejanas para tomar medidas eficaces contra el personal docente con rendimiento poco satisfactorio.

La participación comunitaria en la educación primaria consiste sobre todo en supervisar el desempeño del personal docente y en garantizar la disponibilidad de suministros escolares. En las funciones que mejor se prestan a la gestión local —capacitación en el servicio y supervisión pedagógica— los sindicatos de personal docente pueden complementar las asociaciones locales de padres y profesores. Pero esos sindicatos se oponen enérgicamente a delegar a instancias locales el control de la contratación y de los despidos, ya que ello muchas veces ha dado lugar a retrasos en el pago de los salarios y en ocasiones a abusos por parte de las autoridades locales, que han provocado huelgas de maestros en Nigeria y Zimbabwe[63]. Los actuales intentos de reforma en Nicaragua están tratando de superar esos problemas (Recuadro 5.9).

La tendencia general en el sector de la enseñanza es a la descentralización. En 1993, Sri Lanka estableció juntas de desarrollo escolar para promover la participación comunitaria en la gestión de las escuelas. En Bangladesh, la Campaña de Movilización Social ha reactivado los comités de gestión escolar, para conseguir la intervención de las comunidades en la educación. El Salvador comenzó a implicar a las comunidades rurales en la gestión de las escuelas en 1995[64]. En varias comunidades de países en desarrollo los grupos de padres tienen la responsabilidad de contratar y despedir a los profesores y de suministrar y mantener el

Recuadro 5.9
Participación local en el sistema descentralizado de educación de Nicaragua

Desde 1993, el Ministerio de Educación de Nicaragua está descentralizando la educación pública primaria y secundaria en beneficio de las juntas locales de gestión, basadas en el siguiente modelo:

- La responsabilidad jurídica de la educación pública sigue siendo del Ministerio, pero parte de la gestión del personal docente se delega a otros niveles del sistema.
- El centro controla la preparación de los maestros, establece los niveles de dotación de personal, financia los salarios del profesorado y fija las normas sobre las calificaciones y rendimiento académico de los profesores. Se encarga también de los reglamentos y de los controles financieros.
- Los departamentos se ocupan de las funciones de supervisión, ofrecen apoyo pedagógico a los maestros y supervisan el cumplimiento de las normas.
- Los consejos municipales de educación, integrados por representantes locales, desempeñan las funciones administrativas delegadas a nivel local. Estos consejos pagan los salarios de los maestros —con fondos centrales— y aprueban sus nombramientos, traslados, permisos de licencia y despidos, de acuerdo con las leyes centrales y reglamentos. Supervisan también los incentivos del personal docente y conceden pagos adicionales a los que cumplen determinados requisitos.
- El personal docente debe dar cuentas de lo que ocurre en su aula. Los padres supervisan su asistencia e informan a los consejos municipales de educación, que a su vez informan una vez por semana a los profesores acerca de su situación en relación con los incentivos.

Fuente: Gaynor, 1998.

equipo, en virtud de un contrato con el ministerio de educación. No obstante, hasta ahora hay poca experiencia de un proceso en gran escala que descentralice la gestión del personal docente a las escuelas.

Una de las pocas evaluaciones cuantitativas disponibles sobre los efectos de estas actuaciones, la relativa al proyecto de enseñanza primaria de México, revela que el nivel de instrucción mejoró significativamente durante la descentralización y que cuanto más bajo era el nivel inicial mayor eran las posibilidades de mejora[65]. Hay también pruebas de que los incentivos a la supervisión son la aportación más eficaz en función de los costos para las escuelas indígenas y rurales. La experiencia de Nicaragua en la reforma de la autonomía escolar indica que un nivel superior de toma de decisiones por parte de las escuelas está asociado con mejores puntuaciones en las pruebas escolares, sobre todo en las escuelas que disfrutan de mayor autonomía en la elección, supervisión y evaluación del personal docente[66]. En Nigeria, los maestros se presentan puntualmente desde que se introdujo la supervisión local[67]. Las evaluaciones sociales del programa de Minas Gerais, en Brasil, y del programa Educación con participación de la comunidad (Educo) de El Salvador indican que, como consecuencia de los programas, los maestros se reúnen con más frecuencia con los padres y gozan de mejor opinión entre éstos. También ha mejorado su asistencia, lo que a su vez reduce las ausencias de los alumnos[68].

Otros testimonios disponibles parecen indicar que la gestión comunitaria de la educación puede aumentar la eficiencia. Según algunos resultados preliminares, las escuelas primarias de Filipinas que recurren más a la asistencia local tienen menos costos, y mantienen constantes la calidad y el número de alumnos[69]. En Mauricio, las asociaciones de padres y profesores han conseguido que los fondos públicos se utilicen para estimular más esa asociación[70].

No obstante, el logro de una gestión comunitaria eficaz de la educación puede ser difícil de conseguir. A veces se encuentran problemas para localizar personas calificadas capaces de administrar las escuelas, y los resultados son irregulares. Botswana tuvo dificultades para atraer personas competentes a las juntas escolares[71]. En la provincia de Zambezia (Mozambique) los comités de gestión de padres han dado lugar a relaciones beneficiosas entre las comunidades y las escuelas en algunas aldeas, pero en otras prácticamente no funcionan. Muchos campesinos tienen miedo de criticar abiertamente al personal de la escuela, y los comités son a veces nombrados por funcionarios corruptos[72]. Hay también pruebas de que la participación comunitaria puede tener pocos resultados si los adultos son prácticamente analfabetos[73]. A pesar de la eficacia con que Educo ha conseguido ampliar el acceso a la educación en El Salvador, no siempre ha logrado mejores puntuaciones que las escuelas tradicionales en las comunidades rurales pobres que constituían su objetivo prioritario[74].

En términos generales, la experiencia parece indicar que se necesita un sólido marco reglamentario y que la capacitación de los padres es fundamental para que la supervisión local de las escuelas sea eficaz. Muchos otros problemas acerca de la intervención de los hogares en la educación pueden resolverse mediante el financiamiento público[75]. La supervisión y evaluación constantes de la participación local en la educación pueden ayudar a distinguir qué es lo que funciona y lo que no.

Fomentar la identificación mediante la participación y capacidad de elección en la infraestructura local

Según las declaraciones oficiales del partido, la gente sabe, la gente debate, la gente actúa, pero aquí sólo es verdad la última parte: que la gente actúa.

—De un grupo de debate, Ha Tinh (Viet Nam)

La participación comunitaria en la planificación y gestión de los servicios locales de infraestructura puede incrementar notablemente el sentimiento de identificación y la sostenibilidad —si las comunidades toman decisiones con conocimiento de causa. La infraestructura local, que es escasa en la mayor parte de los países en desarrollo, está además mal concebida y su mantenimiento deja mucho que desear. ¿Por qué?

Los esfuerzos realizados en el pasado para ofrecer una infraestructura local muchas veces no han conseguido implicar a las comunidades en las decisiones fundamentales, y los ministerios centrales han decidido lo que necesitan las comunidades, que muchas veces se han enterado de un proyecto únicamente después de que ha aparecido la excavadora. Otro problema ha sido la falta de opciones. Ante la propuesta "o lo tomas o lo dejas", pocas comunidades rechazan una inversión gratuita o fuertemente subvencionada[76]. Ello puede sofocar la posibilidad de identificación local, y el mantenimiento de la inversión pasa a ser responsabilidad de algún otro. Las estructuras de incentivos para el personal de los organismos pueden poner también en peligro la participación comunitaria cuando el objetivo principal es acelerar la ejecución. Los verdaderos procesos de participación comunitaria requieren tiempo —tuvieron que pasar varios años para que la comunidad de Orangi en Pakistán se pusiera de acuerdo sobre el sistema de alcantarillado que quería instalar[77]—, pero generan un sentimiento de identificación y una mayor sostenibilidad.

La participación de los beneficiarios en la toma de decisiones es el punto de partida para crear una identificación local con los activos de infraestructura, identificación que es importante en tres dimensiones clave. En primer lugar, ayuda a elegir las prioridades, sobre todo en áreas difíciles de aclarar con un análisis económico, como el valor relativo de las inversiones sociales y productivas, la complementariedad entre inversiones y la selección dentro de las respectivas comunidades[78]. En segundo lugar, es esencial para una cooperación y mantenimiento adecuados, ya que casi nunca se puede confiar al Estado que se ocupe del mantenimiento oportuno de la infraestructura local. En tercer lugar, dada la precaria situación de los presupuestos en la mayor parte de los países en desarrollo y las inmensas necesidades de infraestructura (y sus costos totales), la identificación local es condición necesaria para que la comunidad comparta los costos de inversión y explotación.

Para que el proceso de participación se manifieste en una mayor identificación, todos los grupos de la comunidad —hombres y mujeres, los que están bien representados en la comunidad y los que pertenecen a minorías— deben ser capaces de manifestar sus deseos. Las comunidades locales reflejan las divisiones sociales, étnicas, por razón de género y económicas, y si no se plantea desde el primer momento quién constituye realmente la comunidad, es posible que los hombres y las minorías privilegiadas locales dominen la toma de decisiones y acaparen los beneficios del proyecto. En las zonas rurales de África al sur del Sahara, los hombres muchas veces consideran que las carreteras merecen incluirse entre las principales prioridades, mientras que las mujeres, cuando se les consulta, prefieren mejorar las pasarelas y los caminos que integran el sistema de transporte local que ellas utilizan[79]. En un proyecto de abastecimiento de agua para una aldea rural de la India, los puntos de suministro hídrico se colocaron cerca de los hogares más influyentes[80]. En Honduras, las evaluaciones de los beneficiarios revelaron que en los lugares donde el fondo social había financiado los sistemas de alcantarillado por tuberías, solución preferida por los hogares en situación económica más desahogada que disfrutaban de agua corriente, la mayor parte de los miembros de la comunidad habrían preferido la construcción de caminos y puentes[81]. Los organismos proveedores —gobiernos locales, ONG, facilitadores de los proyectos— pueden reducir el riesgo de captación por las minorías privilegiadas, pero en algunas ocasiones estos mismos organismos tratan de acaparar los beneficios.

Una manera de fomentar la identificación es exigir que los beneficiarios compartan el costo de la inversión[82]. Las contribuciones suelen suscitar menos resistencia cuando las comunidades y gobiernos locales encargados del funcionamiento y mantenimiento pueden intervenir en el diseño y aplicación. Las aportaciones locales varían según las circunstancias. En Ghana, las comunidades sufragan el 5% del costo de mejora de los sistemas de abastecimiento de agua y el 50% de los de saneamiento. La participación en los costos en los proyectos basados en menú o semejantes a los fondos sociales suele ser entre el 5% y el 20% de los costos del proyecto[83]. En un estudio sobre proyectos rurales de abastecimiento de agua, se consideran que unas contribuciones financieras significativas —entre el 20% y el 55% de los costos del proyecto— eran un factor importante en favor de la sostenibilidad[84]. Hay también pruebas convincentes de que la identificación depende de la relación institucional entre

Recuadro 5.10
Mecanismos unisectoriales y multisectoriales para mejorar los caminos rurales en Zambia

En Zambia, en 1997 resultaba imprescindible aclarar los mecanismos institucionales para la gestión y financiamiento de los caminos rurales. Muchas comunidades habían construido caminos sin la participación del consejo local, motivadas por la ayuda alimentaria recibida de ONG o por proyectos autónomos. Pero estas comunidades, que habían recibido una indemnización completa de su trabajo, no estaban dispuestas a ocuparse del mantenimiento en forma voluntaria. Los consejos locales, desprovistos de recursos, no podían encargarse de los caminos. En consecuencia, los escasos servicios de infraestructura se estaban desmoronando, y las comunidades se estaban quedando aisladas.

Para mejorar la accesibilidad en las zonas rurales, el gobierno de Zambia incluyó los caminos de los distritos y comunidades en un proyecto de inversión en el sector vial (Roadsip), iniciado en 1998. Este proyecto, en reconocimiento de la importancia de la propiedad local en el sector de la infraestructura, aborda los mecanismos institucionales para todo el sector vial, desde las grandes carreteras a los caminos vecinales, y el gobierno está estudiando la manera de plasmar en ley esta forma de propiedad comunitaria.

La experiencia revela que los esfuerzos por mejorar en forma sostenible la accesibilidad de las comunidades rurales deben ocuparse también de la política sectorial y de la reforma institucional y contar con la participación de los futuros propietarios de cada camino. Para mejorar los caminos pertenecientes a diferentes niveles de gobierno, se adoptó un planteamiento vertical unisectorial, a través de los gobiernos locales y de los Ministerios de Transporte y Comunicaciones, Obras Públicas y Gobierno Local y Vivienda. En el caso de los caminos vecinales se prefirió un enfoque horizontal y multisectorial, en colaboración con el fondo social de Zambia.

Sólo gracias al fondo social, que cuenta con un sistema consolidado para facilitar la participación comunitaria, pudo Roadsip conseguir que las comunidades eligieran sus inversiones prioritarias. Cuando las comunidades solicitan mejoras en los caminos, pasarelas o senderos, pagan el 25% de los costos del proyecto, mientras que el fondo social y Roadsip sufragan el 75%. Una vez completado el proyecto, la comunidad forma una asociación de propietarios de los caminos y solicita a la junta nacional de carreteras ayuda para el mantenimiento (75% la comunidad, y 25% el fondo de carreteras). Las donaciones otorgadas a las comunidades en régimen de participación en los costos para el mantenimiento de los caminos no deben resultar demasiado costosas. A razón de $300 por kilómetro, el costo de la ayuda para el mantenimiento de 5.000 kilómetros de caminos vecinales sería inferior al 2% de los ingresos anuales de los fondos para el sector vial.

Fuente: Banco Mundial, 1998u, 1999ee.

las comunidades y los proveedores de servicios (Capítulo 6)[85].

Se observa una tendencia al suministro de infraestructura local mediante planteamientos multisectoriales basados en la comunidad[86]. Al dar mayores oportunidades de elección, estos planteamientos tienen la posibilidad de responder mejor a las prioridades de cada comunidad, contribuyendo así a una mayor identificación y sostenibilidad[87]. Pero quizá no sea conveniente ofrecer una libertad total de elección en todos los proyectos. Si hay una necesidad crítica de reforma institucional o normativa en los sectores del agua o del transporte, por ejemplo, no es probable que los planteamientos multisectoriales puedan atenderla (Recuadro 5.10). De la misma manera, algunos tipos de infraestructura que afectan a más de una comunidad, como las carreteras que unen a varias de éstas, casi nunca serán solicitados por cada una de ellas, aun cuando sean necesarias. Por ello, los gobiernos locales son los más indicados para atender y gestionar estas formas de infraestructura, siempre en consulta con las comunidades[88], utilizando un proceso unificado de planificación de la inversión. Este proceso puede ir seguido de proyectos multisectoriales o en un solo sector.

Entre los intentos de introducir procesos basados en la participación que permitan elegir entre varias opciones, los más estudiados son los fondos sociales. Éstos tratan de potenciar a las comunidades promoviendo su participación en la selección, ejecución y operación y mantenimiento de sus proyectos de desarrollo, normalmente de infraestructura local[89]. Pero para garantizar que los beneficiarios ejerciten su capacidad de decisión no basta simplemente con ofrecer financiamiento para inversiones en distintos sectores[90]. En muchos proyectos de fondos sociales los miembros de la comunidad no tienen conocimiento de la gama completa de opciones que pueden recibir financiamiento. En Perú, sólo el 16% de los beneficiarios podría citar más de cinco de los 19 tipos de proyectos de esta naturaleza[91]. Además, el simple hecho de que las comunidades tengan capacidad de decisión no significa necesariamente que vayan a actuar con conocimiento de causa.

Para que las inversiones en infraestructura local sean eficaces y sostenibles, el planteamiento basado en la demanda generalmente deberá complementarse con aportaciones centradas en la oferta (desarrollo de la capacidad, información, extensión). Si la identificación de inversiones desde la base se compagina con contribuciones centradas en la oferta cuidadosamente seleccionadas, mejorarán las perspectivas de ofrecer servicios equitativos y sostenibles de infraestructura para los pobres[92].

Promoción de la gestión local de los bosques

Los recursos de propiedad común, por reunir características de bienes públicos y privados, presentan a veces el problema de que algunos usuarios se benefician de ellos sin asumir carga alguna. En un contexto de libre mercado, el resultado puede ser su degradación o agotamiento. Los pobres son los que más sufren de este problema cuando dependen fuertemente de los recursos naturales[93]. La respuesta más habitual ha sido la gestión estatal, con reglamentos para inducir en los usuarios comportamientos coherentes con la conservación de los recursos. Pero los deplorables resultados ambientales de los programas impulsados por el Estado, la reducción de los recursos públicos y la sustitución generalizada de los planteamientos jerárquicos por la planificación "de abajo arriba" han conseguido recientemente poner de relieve la gestión comunitaria de los recursos naturales. Este planteamiento reconoce y refuerza el papel de las comunidades que viven precisamente donde se encuentran los recursos naturales vulnerables o en sus proximidades, y permite aprovechar sus ideas, experiencia, valores y capacidades para la conservación de esos activos[94].

En la gestión de los recursos naturales las comunidades recurren con frecuencia a la cooperación —y apoyo— de otras comunidades y entidades de orden superior (o externas), como los gobiernos locales o de distrito, los organismos gubernamentales o las ONG[95]. Muchas veces, estos mecanismos se aplican a los bosques. Estas iniciativas conjuntas de gestión forestal tienen como base un acuerdo entre los gobiernos y las comunidades acerca de la distribución de los derechos de uso y el reparto de los beneficios[96], en general con comunidades que consiguen una parte mayor de los activos forestales si logran los objetivos de conservación y sostenibilidad previamente convenidos[97]. El Estado, a través de los departamentos forestales, es muchas veces el propietario del bosque y también el encargado de regular el sistema[98]. Este dispositivo se ha aplicado ampliamente en Asia meridional, por ejemplo, en el estado indio de Andhra Pradesh (Recuadro 5.11). En África, la participación comunitaria ha ayudado a restablecer los recursos forestales de Gambia y permitido una mayor participación en el desarrollo rural en Zimbabwe.

No obstante, los resultados ambiguos conseguidos en otros casos son una advertencia sobre los problemas que se encuentran cuando se desea hacer de la gestión conjunta un instrumento eficaz para promover el acceso de los pobres a los recursos naturales básicos. Una de las razones del fracaso han sido las estructuras administrativas demasiado centralizadas. La experiencia de muchos países confirma que la fuerte resistencia general a la transferencia de derechos a los usuarios forestales puede impedir una participación comunitaria eficaz. Por otro lado, los usuarios del bosque o las comunidades, que se caracterizan con frecuencia por su falta de organización y poseen intereses encontrados, quizá no tengan la capacidad, el deseo ni los incentivos necesarios para la gestión de grandes superficies forestales[99]. La aplicabilidad y el éxito de la gestión conjunta dependerán en cada caso del contexto institucional —incluidos los intereses privados, las normas locales y las tradiciones— y de la calidad de las organizaciones e instituciones estatales y locales. Parte del problema de la gestión conjunta estriba en identificar las unidades sociogeográficas que pueden funcionar al unísono para gestionar y conservar los recursos naturales[100].

Son varios los planteamientos adoptados para superar estos obstáculos. Es imprescindible ofrecer incentivos que fomenten la participación, por ejemplo, garantizando la tenencia de tierras y los derechos de los usuarios del bosque[101], transfiriendo una mayor autoridad de gestión (en vez de otorgar únicamente derechos de uso) a las comunidades, compartiendo los beneficios y utilizando tecnologías socialmente aceptables que ofrezcan un ingreso suficiente[102]. También es imprescindible contar con mecanismos eficaces para la resolución de conflictos, sobre todo cuando los medios de vida de los usuarios están reñidos con otros objetivos, como la protección de la biodiversidad o la silvicultura sostenible[103]. En los contratos entre el Estado, las aldeas y los recolectores de leña de Burkina Faso y Madagascar se especifica qué subgrupos de usuarios controlan las decisiones en las cuencas hidrográficas y áreas protegidas. La observancia eficaz de esos contratos debe constituir un objetivo prioritario. En Ecuador, la República Checa, la República Eslovaca y Ucrania, los territorios que se encuentran fuera de las zonas protegidas se reconvierten de manera que la tierra pueda destinarse a usos múltiples[104]. Cuando las capacidades locales de controlar y gestionar el uso de los recursos se han visto mermadas o han desaparecido, la asistencia externa puede ayudar a fortalecer y supervisar la utilización común y la gestión de los recursos[105].

Como en otros ejemplos de participación local, las desigualdades sociales pueden reforzar la influencia de los grupos con mayor poder político y económico, lo que re-

Recuadro 5.11
Rejuvenecimiento de los bosques de la India mediante una acción conjunta

El gobierno del estado de Andhra Pradesh ha introducido prácticas de gestión forestal conjunta en escala masiva. La población que se encuentra en las zonas limítrofes de los bosques está formando organizaciones rurales para la protección de éstos —*vana samrakashna samithi* (VSS). Las organizaciones colaboran con el departamento forestal del estado, y comparten las responsabilidades y beneficios de la restauración, protección y gestión de los bosques.

El departamento forestal se encarga de organizar y ofrecer apoyo técnico y administrativo a las VSS. Las aldeas y las VSS se seleccionan atentamente, pero la población de las tribus y castas inferiores puede incluirse automáticamente. Las VSS protegen el bosque de la intrusión, pastoreo, robos e incendios, y lo mejoran de acuerdo con un plan conjunto de gestión forestal. En compensación, las VSS tienen derecho a todos los productos del bosque (productos no madereros más todos los ingresos derivados de la extracción de madera y bambú) siempre que reserven la mitad del ingreso para el desarrollo futuro del bosque.

El programa comenzó lentamente en 1992, debido a que la población rural vacilaba ante la perspectiva de asumir la responsabilidad de la gestión forestal. Además, el personal del departamento de bosques tenía sus reservas acerca de este sistema de gestión conjunta. Pero en 1999 más de 5.000 VSS estaban gestionando más de 1,2 millones de hectáreas de bosques degradados en el estado.

Los resultados son impresionantes, y el programa se está ampliando con rapidez. Los bosques degradados han recuperado nueva vida, el contrabando de madera prácticamente se ha detenido y el pastoreo del ganado está bajo control. No ha habido nuevas intrusiones de actividades agrícolas en las tierras administradas por las VSS. Muchos campesinos trabajan ahora en los bosques, y la emigración ha disminuido. La conservación de los suelos ha dado lugar a una subida del nivel freático en muchas zonas, lo que ha aumentado la producción agrícola. Las plantas y animales locales se están multiplicando.

Fuente: Venkataraman y Falconer, 1999.

duciría todavía más el acceso de otros grupos[106]. En particular, las mujeres y, en general, los pobres que subsisten gracias a los activos comunales pueden quedar sumidos en una pobreza todavía mayor si se ven excluidos de ese acceso[107]. Si bien los grupos de gestión forestal de Andhra Pradesh han conseguido eficazmente la participación de la mujer, algunos programas de otros estados de la India sólo permiten la participación de un miembro de cada hogar, lo que en la práctica excluye a las mujeres. En varias aldeas indias se prohibía a las mujeres recolectar cualquier tipo de producto forestal en las tierras protegidas[108].

Aun cuando las mujeres no estén excluidas, su número e influencia en los comités de gestión son escasos[109]. Esto podría corregirse con una política y un marco jurídico que promuevan la participación de los usuarios pobres en la gestión de los recursos naturales[110]. Para lograr una mayor participación de la mujer habrá que emprender también actividades de sensibilización para acabar con las normas sociales que impiden la igualdad entre el hombre y la mujer.

Relaciones de complementariedad en la intervención estatal

Recordemos los tres principios para incrementar los activos de los pobres: redistribución por el Estado, buen gobierno y utilización eficaz de los mercados y participación. Una acción eficaz generalmente supone la aplicación de los tres principios en un área o sector concreto. El mayor o menor grado de aplicación de cada uno de ellos depende de las condiciones estructurales, el tipo de acción, la situación del gobierno y el nivel de participación y de desigualdad social. Un ejemplo ilustrativo puede ser el de la educación. Hay razones que aconsejan una redistribución pública que trate de garantizar la educación básica gratuita o subvencionada para todos. Una acción eficaz requiere con frecuencia la intervención de diferentes partes que ofrezcan servicios escolares: el sector público, el sector privado y la sociedad civil. En las zonas pobres, la participación de los padres es importante para conseguir una mayor cobertura, calidad y responsabilidad.

En esta sección se proponen ejemplos de esta combinación de intervenciones en el caso de un activo natural (la tierra) y de dos activos físicos (el agua y el saneamiento en zonas urbanas). La existencia de relaciones de complementariedad significa que hay que intervenir en varios frentes. Pero las prioridades deben determinarse teniendo en cuenta cuál es la mayor carencia de los pobres en relación con sus oportunidades potenciales. En las zonas rurales pobres, podrían recibir prioridad la infraestructura económica básica, las inversiones para mejorar las tierras, los servicios de abastecimiento de agua y saneamiento y la atención de la salud y la educación básicas. En los barrios de tugurios quizá sea prioritaria la infraestructura. Y en ambos casos, es importante contar con unos derechos de propiedad seguros.

Hacer posible el buen gobierno, unos mercados activos y una amplia participación en la reforma agraria

La reforma agraria ha vuelto a ser de nuevo un tema de actualidad durante el pasado decenio, ya que muchos países en desarrollo han ido más allá de la aplicación de las reformas macroeconómicas para tratar de ocuparse de la respuesta de la oferta, con frecuencia débil, en el plano microeconómico de la agricultura[111]. Es fácil comprender por qué la tierra agrícola es un activo fundamental para los pobres de las zonas rurales. Pero la seguridad del acceso a la tierra, y en beneficio de quién y en qué condiciones continúa siendo un problema espinoso[112]. Los pobres, en particular las mujeres, carecen muchas veces de derecho a la tierra. La propiedad de este recurso continúa estando concentrada, y los esfuerzos por incrementar la igualdad en su distribución han generado numerosos conflictos[113]. Los nuevos planteamientos de la reforma agraria insisten en la importancia de agrupar a las distintas partes interesadas: los campesinos sin tierras y sus asociaciones, el sector privado (terratenientes) y las instituciones gubernamentales de alcance local y nacional.

Se puede conseguir acceso seguro a la tierra de muchas maneras: informales y formales, espontáneas o basadas en una amplia intervención estatal[114]. En general, esa seguridad se puede obtener mediante la propiedad, la tenencia o los derechos de uso consuetudinario[115]. Los derechos de propiedad son la forma más segura pero también la menos habitual para los pobres y otros grupos socialmente excluidos. Los pobres obtienen muchas veces acceso a la tierra a través del mercado de arrendamiento y los derechos de uso consuetudinario[116]. En la India, del 19% de hogares rurales que, según las estimaciones, arrienda tierras, más del 90% sólo poseen, en el mejor de los casos, una superficie mínima[117]. Cuando la tierra es relativamente abundante o los pobres están bien organizados y gozan de influencia, pueden conseguir acceso seguro a la tierra incluso en ausencia de derechos y registros oficiales de la propiedad[118]. Así ocurre todavía en muchos lugares de África al sur del Sahara, aunque en los últimos decenios el crecimiento demográfico y la integración de los mercados han acelerado la evolución hacia los derechos de propiedad de la tierra individuales[119].

La acción pública es fundamental para garantizar a los pobres el acceso seguro a la tierra. La solución que parece más obvia es una reforma agraria que aumente la equidad y la productividad mediante programas respaldados por el Estado (véase el Recuadro 3.8 del Capítulo 3). Pero hay muchas otras medidas que pueden mejorar el acceso a la tierra. Las políticas y leyes que definen claramente los derechos a la tierra y protegen a los pobres frente a la apropiación de tierras pueden mejorar enormemente su capacidad de aprovechar este recurso como garantía e invertir en la tierra que ya "poseen". Unos mercados de arrendamiento que funcionen debidamente hacen posible una explotación más eficiente y ayudan a los campesinos sin tierra a subir la "escalera" que lleva a la propiedad[120]. El suministro de asistencia jurídica a los pobres les permite defender sus reivindicaciones legales a la propiedad de una parcela. De la misma manera, el apoyo público a instituciones que protejan los derechos de la mujer puede ser importante cuando normas y costumbres sociales muy arraigadas le impiden ejercer un control eficaz sobre la tierra aun cuando haya disposiciones jurídicas que se lo autoricen (Capítulo 7)[121].

Los intentos de reforma agraria fracasan muchas veces porque cuentan únicamente con la actuación estatal. Los nuevos planteamientos destacan la importancia de mecanismos continuos de ajuste en el acceso a la tierra, una mayor utilización de las formas tradicionales de acceso y un mayor uso de los mercados de tierras[122]. Brasil, Colombia, Filipinas y Sudáfrica están experimentando negociaciones descentralizadas, basadas en la comunidad e impulsadas por la demanda que permiten a las distintas partes encontrar medios más amistosos de mejorar el acceso a la tierra.

Estos sistemas negociados de reforma agraria tienen muy en cuenta las experiencias anteriores y los aspectos positivos de los fondos sociales impulsados por la demanda. Consideran tanto la oferta como la demanda. Los terratenientes reciben indemnizaciones en efectivo, en vez de bonos del Estado muy descontados, como en el pasado. Los beneficiarios reciben donaciones para realizar inversiones que les permitan aumentar la productividad, ya que la experiencia demuestra que, si quienes reciben la tierra no pueden utilizarla en forma productiva, las reformas se vendrán a pique[123].

Este planteamiento negociado tiene varios componentes innovadores, entre ellos una fuerte participación de los gobiernos locales y las comunidades en la organización de las transferencias de tierra y en la ayuda a los beneficiarios, además de un alto grado de transparencia (Recuadro 5.12). En Colombia, los municipios deben elaborar un plan detallado para localizar a los posibles vendedores y beneficiarios, plan que se distribuye ampliamente para evitar la corrupción. Los posibles beneficiarios pueden recibir capacitación en gestión de explotaciones agrícolas y asistencia para elaborar planes de aprovechamiento de la tierra. Éstos luego son aprobados en reuniones públicas de los consejos municipales[124]. Los beneficiarios cuentan con ayuda de los consejos nacionales, regionales o estatales, que ofrecen asesoramiento técnico y resuelven los obstáculos administrativos.

Los resultados concretos de este planteamiento comunitario son alentadores. No obstante, es todavía demasiado temprano para poder evaluar a fondo esta nueva generación de reformas. Si bien la reforma agraria negociada ha suscitado críticas —por ejemplo de quienes piensan que carga a los beneficiarios con préstamos que no pueden reembolsar y que trata de sustituir a la reforma agraria basada en la expropiación—, se han introducido ya algunas revisiones para tratar de resolver éstos y otros problemas. Una consideración adicional son los costos. Este planteamiento ha conseguido en Brasil y en otros países ahorros de hasta el 40% en relación con las expropiaciones, pero requiere notables gastos públicos[125]. Es preciso evaluar su eficacia con relación a otros instrumentos de reducción de la pobreza[126].

Recuadro 5.12
Nuevo concepto de reforma agraria en Brasil

Brasil está expropiando y redistribuyendo la tierra desde mediados de los años sesenta, habiendo llegado a un número impresionante de beneficiarios, pero con altos costos y con un nivel de calidad desigual.

Para aumentar la calidad, reducir los costos y agilizar la reforma, cinco gobiernos de estados del nordeste iniciaron en 1997 un programa piloto de reforma agraria negociada, descentralizada e impulsada por la comunidad. El programa ofrece préstamos para la adquisición de tierra a los habitantes rurales sin tierras (aparceros, arrendatarios, jornaleros) o a pequeños propietarios, que se organizan en asociaciones de beneficiarios. Éstas deben localizar a los terratenientes interesados en venderles tierras, planteamiento que fomenta las negociaciones directas entre los propietarios y las asociaciones y reduce la intervención estatal.

El programa piloto otorga también donaciones para proyectos comunitarios de aumento de la productividad identificados por las asociaciones de beneficiarios, tomando como base proyectos consolidados de reducción de la pobreza en los cinco estados. El principio básico es que las asociaciones de beneficiarios son las más indicadas para identificar, clasificar y realizar las inversiones, recurriendo a la asistencia técnica necesaria. Este mismo concepto participativo ha sido adoptado en los proyectos piloto de reforma agraria.

El programa tiene tres elementos de donación, que constituyen aproximadamente el 50% del costo de la tierra: una subvención implícita en la tasa de interés, una donación para la inversión en infraestructura complementaria y una donación para instalación. Para la tierra se ofrece un crédito con un vencimiento máximo de 20 años. La tierra garantiza el préstamo y debe reunir una serie de requisitos, entre ellos, un precio comparable al vigente en el mercado local. Como hay una donación máxima por familia beneficiaria y la donación para inversión en infraestructura es una cantidad residual, hay un incentivo para que la asociación compre la tierra con el costo más bajo posible.

Aunque el número de familias beneficiarias es todavía modesto (unas 10.000 en 330 proyectos), el programa piloto ha conseguido nuevo impulso, y su éxito ha animado al gobierno central a ampliar el programa en todo el país. La nueva iniciativa, que complementa el programa más amplio basado en la expropiación, trata sobre todo de adquirir propiedades que no pueden ser legalmente expropiadas.

Fuente: Deininger, de próxima aparición.

Ofrecer servicios de abastecimiento de agua y saneamiento a los pobres en las zonas urbanas

Las aguas sucias pasan justo por delante de nuestra puerta; cuando llueve, el agua se mete en la casa y hay que poner las cosas en alto... Con el agua sucia vienen algunos visitantes desagradables. Tenemos ratas, cucarachas, arañas y hasta serpientes y escorpiones.

—De un grupo de debate, Nova California (Brasil)

Para mejorar los servicios de abastecimiento de agua y saneamiento en las zonas urbanas, los gobiernos y municipios de todo el mundo están explorando planteamientos alternativos con participación del sector privado y de los barrios y grupos locales de la sociedad civil. Trabajando en unión, todos ellos tratan de ofrecer servicios de calidad a los consumidores pobres, al mismo tiempo que se garantiza la sostenibilidad financiera.

Los servicios de abastecimiento de agua y saneamiento han sido tradicionalmente competencia de los organismos públicos. Si bien hay excepciones, pocos países en desarrollo han conseguido resultados satisfactorios y sostenidos de las compañías públicas de abastecimiento de agua y saneamiento. La falta de incentivos al desempeño y las dificultades para mantener las decisiones de gestión al margen de las injerencias políticas han condenado a muchos servicios públicos a un ciclo de mala calidad, poca disponibilidad de los usuarios a pagar y mantenimiento insuficiente. La incapacidad de la oferta para crecer al mismo tiempo que la demanda, en un contexto de crecimiento demográfico urbano, ha obligado a los hogares pobres a buscar sus propias soluciones. En muchos países, los pequeños vendedores de agua y proveedores de servicios de saneamiento del sector informal cubren las áreas urbanas pobres abandonadas por las compañías estatales de servicios públicos. En algunas ciudades de África occidental, los empresarios independientes abastecen a la mayor parte de los hogares pobres (Recuadro 5.13). De la misma manera, en la Ciudad de Guatemala y en Lima (Perú), ambas con importantes compañías de servicios públicos, la mayor parte de las familias tienen que recurrir a los proveedores privados del sector informal[127]. Aunque los abastecedores locales pueden resultar más caros que los del sector público, los hogares se verían perjudicados si tuvieran que prescindir de aquellos.

Desde los primeros años noventa, se ha observado un fuerte ascenso de la participación privada en gran escala en los servicios de abastecimiento de agua y saneamiento de los países en desarrollo, lo que demuestra el deseo de ofrecer mejores servicios con menor costo —en particular, servicios a los pobres de los barrios urbanos[128]. La participación privada puede multiplicar la cobertura de los servicios y hacer que el funcionamiento de las compañías sea más eficiente; los primeros resultados son alentadores. La cobertura ha aumentado con rapidez, y en algunos casos, por ejemplo, en Manila (Filipinas), las tarifas han disminuido. El sistema de abastecimiento de agua de Côte d'Ivoire, que introdujo la primera concesión privada en África al sur del Sahara, es más eficiente que otros sistemas del mismo sector en otros países de África occidental[129].

De todas formas, la participación privada en gran escala en el abastecimiento de agua y el saneamiento no significa automáticamente mejores servicios para los pobres. Si no se actúa con la debida cautela, los contratos a veces impiden la extensión de los servicios a las zonas de ingreso bajo y crean monopolios locales. Los contratos imponen con frecuencia las estructuras de tarifas y fijan cuotas de conexión que no dependen del verdadero costo de ésta. Tales características desalientan a los concesionarios que podrían estar interesados en prestar servicios a las zonas de ingreso bajo[130]. En Guayaquil (Ecuador), las tarifas del agua para uso doméstico no cubrían los costos de cobranza. Cada nueva conexión, aun cuando se financiara totalmente en régimen de donación, representaba una pérdida neta de ingresos para la compañía[131]. Para servir mejor a los hogares de ingreso bajo, las concesiones de Buenos Aires (Argentina) y La Paz-El Alto (Bolivia) se han reestructurado teniendo en cuenta las negociaciones entre los gobiernos y los proveedores privados y aportaciones de las partes interesadas locales.

Un sistema adecuado de fijación de precios es un elemento fundamental de las políticas en favor de los pobres[132]. Las compañías de abastecimiento de agua y saneamiento que mejor han sabido ampliar esos servicios, independientemente de que sean de propiedad pública o privada, cobran tarifas que cu-

Recuadro 5.13
Empresas de África occidental experimentan nuevos servicios de abastecimiento de agua y saneamiento para la población urbana pobre

Los proveedores independientes de servicios de abastecimiento de agua y saneamiento en África son buena prueba de que el mercado ha encontrado soluciones beneficiosas para todos: proveedores, compañías de servicios públicos y, por encima de todo, los clientes de ingreso bajo. Estudios recientes realizados en siete ciudades de África occidental revelan que la mitad de los residentes reciben el suministro de agua de proveedores privados independientes y al menos tres cuartas partes recurren también a proveedores independientes de servicios de saneamiento. Según la ciudad, estas empresas independientes llegan al 85% de los barrios marginales y de ingreso bajo pero sirven también a muchas familias de mejor posición económica.

Los proveedores independientes de servicios de saneamiento, que trabajan sin ningún tipo de mandato ni acuerdo oficial con los gobiernos locales, suelen ser empresas del sector informal, aunque algunas de ellas han crecido y se han "legitimado". Los proveedores tratan de establecer una buena relación con los clientes, ya que sus operaciones dependen por completo de la demanda. Los precios están determinados por la capacidad de pago de los consumidores y la competencia entre los abastecedores.

Los proveedores independientes de servicios de saneamiento tienen precios más caros que las compañías públicas subvencionadas, pero éstas casi nunca recuperan sus costos de explotación —y mucho menos los de instalación de las redes de alcantarillado. Por otro lado, los servicios independientes suelen ser en general fiables y atentos a las necesidades de sus clientes. Otorgan crédito (al menos durante algunos días) y distribuyen el cobro en varios días o semanas, lo que para los clientes pobres resulta mucho más manejable que las facturas trimestrales de las empresas públicas.

Fuente: Solo, 1999.

bren los gastos. Estas tarifas pueden incrementar el acceso de los hogares de ingreso bajo atrayendo inversiones privadas para ampliar la oferta y mejorar la calidad. Pueden también poner fin a las subvenciones públicas generales, que en la mayoría de los casos van a parar a quienes no las necesitan, y de esa manera se liberarían recursos públicos para una asistencia más enfocada hacia los pobres. A pesar de la tendencia general de este sector hacia la recuperación de los costos, los gobiernos pueden conseguir un mayor acceso de los pobres subvencionando las conexiones o, cuando el acceso a la red es elevado, utilizando tarifas por bloques bien concebidas[133].

Otras medidas adicionales para favorecer a los hogares pobres y atraer inversionistas privados a los servicios de abastecimiento de agua y saneamiento son la simplificación de los contratos, la tercerización de algunas de las funciones reguladoras y una mayor previsibilidad de las decisiones normativas[134]. El diseño de la reglamentación —en particular para reducir el poder monopolístico— es también crítico para conseguir resultados mejores para los pobres[135]. La reglamentación puede incrementar la competencia permitiendo mayores facilidades de participación, también de proveedores no convencionales, y cambiando las normas de servicio de acuerdo con las necesidades locales —por ejemplo, prestando más atención a la potabilidad del agua que a las normas técnicas de construcción pensadas para los países industrializados[136].

Es también importante que los usuarios y las instituciones locales intervengan en el diseño de las opciones del sector privado teniendo en cuenta las preferencias de los usuarios —y sacando máximo provecho de la presencia de proveedores de servicios alternativos. Éste es el enfoque adoptado por el Programa para el Agua y el Saneamiento (asociación de donantes, gobiernos y ONG centrada en las áreas rurales y periurbanas pobres). Cualquiera que sea el contexto, este planteamiento basado en la demanda debe acomodarse a las condiciones locales. El Programa de Abastecimiento de Agua y Saneamiento para poblaciones urbanas de ingreso bajo de Brasil (Prosanear) sigue seis principios para ofrecer este tipo de servicios en forma sostenible a los hogares pobres (Recuadro 5.14).

Un enfoque semejante trata de incluir 35 ciudades en un proyecto de abastecimiento de agua y saneamiento en Filipinas. Las comunidades deciden participar (solicitando un empréstito al Banco de Desarrollo de Filipinas) después de largas consultas con los consumidores, el alcalde y el consejo municipal. Las cargas por los servicios se utilizan para reembolsar el préstamo y cubrir los gastos de operación y mantenimiento. La intervención de los usuarios, junto con la toma de decisiones por parte del gobierno local acerca de la participación, parece garantizar la identificación necesaria para aumentar las perspectivas de sostenibilidad a largo plazo[137].

Recuadro 5.14
Servicios sostenibles de abastecimiento de agua y saneamiento en los barrios urbanos pobres de Brasil

La primera fase de Prosanear (1992–97) fue un período de aprendizaje que dio lugar a los seis principios rectores para el suministro sostenible de servicios de abastecimiento de agua y saneamiento en los barrios urbanos pobres de Brasil. Son los siguientes:

- Establecer la participación comunitaria desde el principio mismo de la preparación del proyecto.
- Velar por que las normas de recuperación de los costos y de subvenciones sean claras y transparentes.
- Hacer que los mecanismos formales y a largo plazo de explotación y mantenimiento de los sistemas formen parte integrante del diseño.
- Examinar con las comunidades todas las opciones técnicas viables, y sus costos.
- Coordinar los proyectos con el plan de desarrollo urbano del gobierno local desde el comienzo de la preparación.
- Confirmar que el gobierno local está firmemente comprometido con el proyecto y con la reducción de la pobreza.

Fuente: Katakura y Bakalian, 1998.

• • •

Los activos que poseen los pobres —o a los que tienen acceso— contribuyen directamente a su bienestar y pueden tener importantes efectos en sus perspectivas de escapar de la pobreza. Los activos humanos, físicos, naturales, financieros y sociales pueden permitirles aprovechar las oportunidades de desarrollo económico y social (lo mismo que su ausencia podría frenarlo). La expansión de los activos de los pobres puede mejorar su posición económica, política y social, y el control sobre sus propias vidas. Los activos potencian a los pobres. Les ayudan a gestionar los riesgos (Capítulos 8 y 9). Pero, dada la relación de causalidad de doble dirección entre las estructuras políticas y sociales y los activos de los pobres, quizá haya que corregir las estructuras sociales excluyentes o ineficientes para que sea posible acumular activos (Capítulo 7).

Parte III

Empoderamiento

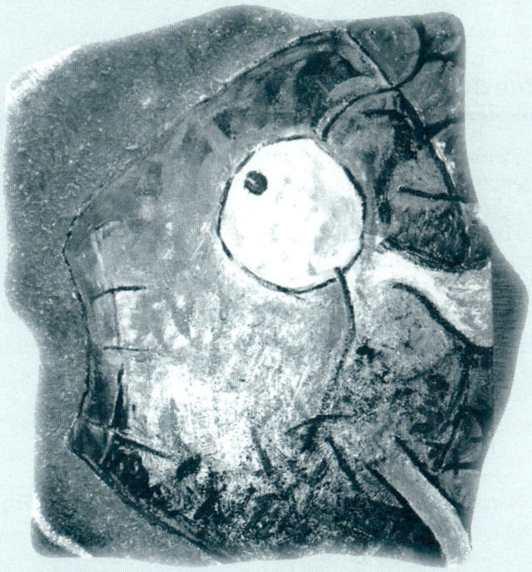

CAPÍTULO 6

Instituciones estatales más atentas a las necesidades de los pobres

La pobreza no obedece sólo a procesos económicos; es también consecuencia de la interacción de fuerzas económicas, sociales y políticas. En particular, es resultado de la forma en que las instituciones del Estado responden a las necesidades de la población y cumplen con su obligación de rendir cuentas[1].

Como se expone en el presente capítulo, el Estado prestará más eficazmente sus servicios a todos los ciudadanos, pero en particular a los pobres, si se cumplen las condiciones siguientes:

- Las administraciones públicas aplican sus políticas de manera eficiente, cumplen su obligación de rendir cuentas a los usuarios y responden a las necesidades de éstos, si se pone coto a la corrupción y al trato abusivo y si el poder del Estado se utiliza para redistribuir recursos dedicándolos a medidas que beneficien a los pobres (Capítulo 5).
- Los mecanismos jurídicos promueven la igualdad ante la ley y si los pobres tienen acceso a ellos.
- Las autoridades centrales y locales crean mecanismos descentralizados que permitan una amplia participación en la prestación de servicios públicos y reduzcan al mínimo las posibilidades de que esos mecanismos caigan en manos de las oligarquías locales.
- Los gobiernos generan apoyo político para las intervenciones públicas de lucha contra la pobreza creando un clima favorable a las medidas y coaliciones que benefician a los pobres, facilitando el desarrollo de asociaciones entre la población pobre e incrementando la capacidad política de los pobres.
- Los regímenes políticos respetan el ordenamiento jurídico, permiten la expresión de opiniones políticas y estimulan la participación de los pobres en los procesos políticos.

La administración pública y la reducción de la pobreza

No es fácil encontrar en el municipio a la persona que necesitas, y cuando la encuentras te dice: «Lo siento, no puedo ayudarle».

—De un grupo de debate, Zenica (Bosnia y Herzegovina)

En la mayoría de países en desarrollo los pobres tienen dificultades para conseguir un servicio rápido y eficiente de la administración pública (Recuadro 6.1). El primer paso para cambiar esta situación es fomentar la capacidad de ésta. Los funcionarios también necesitan unos marcos reglamenta-

Recuadro 6.1
Los pobres sufren con frecuencia los malos tratos de los funcionarios

Los hombres y mujeres pobres que participaron en el estudio *La voz de los pobres* han hecho hincapié en la indiferencia de los funcionarios. Han aportado innumerables ejemplos de actos delictivos, abusos y corrupción en sus contactos con las instituciones públicas y han reconocido que son raras las veces en que recurren a la justicia. Al describir sus contactos con las instituciones, los pobres también llaman la atención sobre las humillaciones y vejaciones de que son víctimas como consecuencia de la arrogancia, la grosería y el desdén.

Cuando te atienden, te tratan como si fueras un mendigo... pero no somos mendigos... pagamos impuestos... Debe haber transparencia en las actuaciones públicas, el dinero de nuestros impuestos debe ser bien empleado... Se inventan esas construcciones inútiles y se quedan con nuestro dinero...

—*Un hombre pobre, Vila Junqueira (Brasil)*

Unos nos reciben; otros, no. Es espantoso... Te insultan... Te tratan casi como a un perro... La municipalidad sólo hace caso a los que cuentan...

—*De un grupo de debate, Esmeraldas (Ecuador)*

Los funcionarios del departamento de asistencia social son descorteses y hasta groseros con la gente de la aldea. Yo voy allí para recoger la prestación social que recibo para mis hijos. Tengo que esperar dos horas; me tratan muy mal. Si lloro y grito que mi hijo está enfermo, me dan algo. Pero esto no sucede muy a menudo.

—*Una mujer, Novy Gorodok (Federación de Rusia)*

En el campo nos levantamos a las seis de la mañana para tomar el autobús. Llegamos. Vamos al hospital a ver al doctor. A veces se llega a las ocho de la mañana, y a veces no se llega hasta la una de la tarde. Te quedas allí hasta la tarde, sin comer, sin poder beber... Pasas horas y horas con hambre. Tienes que volver antes de que te haya visto el doctor. Pierdes el autobús. Tienes que arreglártelas como puedas para regresar...

—*Una madre de 25 años de edad, Los Juries (Argentina)*

Preferimos cuidarnos solos que ir al hospital, donde una enfermera enojada nos podría inyectar una medicina equivocada.

—*Un joven pobre, Kitui (Tanzanía)*

Fuente: Narayan, Chambers, Shah y Petesch, 2000; Narayan, Patel, Schafft, Rademacher y Koch-Schulte, 2000.

rios apropiados, con buenos incentivos al rendimiento profesional y mecanismos que aseguren la rendición de cuentas a los clientes, incluidos los pobres, y la atención de sus necesidades[2]. Una estructura orgánica deficiente engendra ineficiencia y corrupción y suele perjudicar especialmente a los pobres.

Acción pública centrada en las prioridades sociales

En casi todos los países el sector público emprende a menudo actividades que no tienen ninguna justificación social y que, en algunos casos, generan rentas para una minoría privilegiada. En los dos últimos decenios, a medida que las sociedades y sus gobiernos han ido cobrando conciencia de este problema, han puesto en marcha reformas del sector público para concentrar las acciones y los programas del Estado en las prioridades sociales e incrementar su capacidad para reducir la pobreza.

La reforma y la modernización del sector público encierran un gran potencial para reducir la pobreza si se convierten en el núcleo de una estrategia de desarrollo que establezca prioridades claras de acción para las autoridades. Es necesario racionalizar la estructura funcional y orgánica del sector público a fin de mejorar la asignación de recursos a programas que sean socialmente prioritarios y tengan una mayor capacidad para reducir la pobreza. Lo más importante es racionalizar las entidades administrativas oficiales, dándoles el tamaño adecuado, y privatizar las empresas estatales y otros programas de intervenciones públicas.

Además de racionalizar la estructura del sector público es necesario mejorar los sistemas de gestión de forma que los programas estatales sean más eficientes y transparentes. Conseguir que la sociedad civil participe en la planificación, supervisión y evaluación de los programas y políticas de las autoridades públicas es también crucial para avanzar de manera constante hacia un Estado capaz de rendir cuentas de sus acciones y de responder a las necesidades de la población.

Empoderamiento y motivación de las administraciones públicas

Cuando hay incentivos adecuados al rendimiento, mejora la prestación de servicios públicos. Los principales incentivos son la contratación basada en el mérito personal, una clara especificación de las tareas, las recompensas del desempeño profesional y la protección contra una presión política excesiva [3]. Estos factores, junto con la existencia de tecnócratas debidamente capacitados y la estrecha colaboración con la comunidad empresarial, forman parte de lo que se ha denominado «el Estado desarrollista»[4].

La contratación basada en el mérito personal contribuirá enormemente a mejorar la actuación administrativa. Cuando imperan el nepotismo o el amiguismo, es difícil motivar al personal para obtener un buen rendimiento[5]. Los análisis transnacionales indican que existe una correlación entre la contratación basada en el mérito personal y la reducción de la corrupción y las demoras (Gráfico 6.1). Otro requisito para motivar al personal es que los ascensos se basen en el mérito. Si hay pocas oportunidades de ascenso, o si el ascenso no guarda relación con el desempeño profesional, el personal tendrá muchos menos incentivos para actuar correctamente. Lo importante es fomentar una cultura de la evaluación, tanto para el personal como para los organismos. Para conseguir un buen rendimiento también es importante distribuir las tareas de forma clara y realista y pagar sueldos competitivos. Si la remuneración de los funcionarios es muy inferior a la

Gráfico 6.1

Existe una correlación entre la contratación basada en el mérito personal en la administración pública y la reducción de la corrupción y de las demoras burocráticas

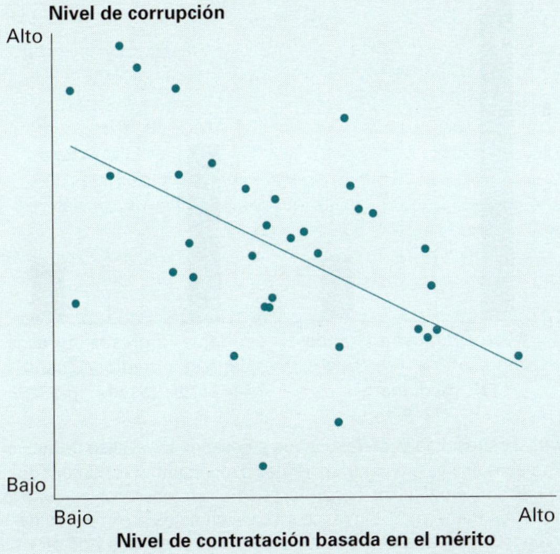

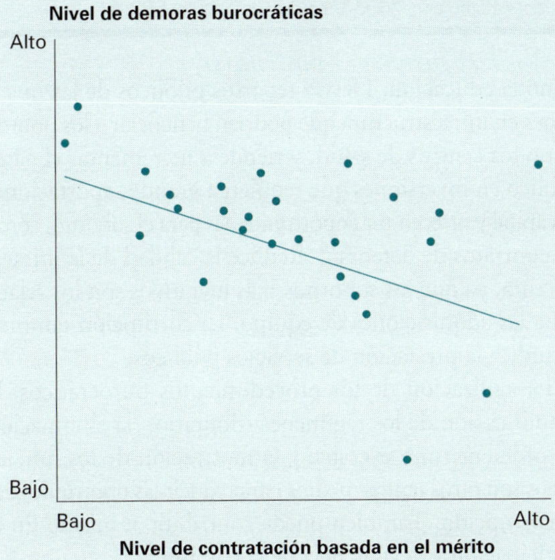

Nota: El gráfico se basa en las respuestas a una encuesta enviada a expertos de países en desarrollo, de la que se obtuvieron 126 respuestas completas procedentes de 35 países. «Contratación basada en el mérito» se refiere a la proporción de funcionarios superiores de los organismos económicos fundamentales que han ingresado en la administración pública mediante un sistema oficial de exámenes o que poseen títulos universitarios o de posgrado. Un nivel alto de «corrupción» indica una gran probabilidad de que los altos funcionarios públicos exijan pagos especiales y unas expectativas considerables de recibir pagos ilícitos en todos los niveles inferiores de la administración pública. Una puntuación baja en el apartado «demoras burocráticas» indica una mayor rapidez y eficiencia de la administración pública.
Fuente: Rauch y Evans, 1999.

del sector privado, saldrán perjudicados los incentivos al rendimiento y se estimulará la corrupción[6].

La supervisión del poder ejecutivo por el poder legislativo, con la aplicación de procedimientos transparentes, es una parte importante de la vigilancia y el mejoramiento de la actuación. Las administraciones públicas también deben recibir apoyo y ser sometidas a una supervisión activa por parte de los dirigentes políticos. Las encuestas realizadas en varios países en desarrollo ponen de manifiesto que la actuación de los funcionarios mejora cuando éstos saben que los representantes elegidos se encargan de supervisar su labor. No obstante, a veces este proceso se somete a los intereses o caprichos personales de algunos representantes elegidos, lo cual crea una injerencia política excesiva. La calidad del servicio público disminuye cuando los funcionarios se ven obligados a responder más ante sus superiores jerárquicos que ante las personas a las que sirven[7].

Un sector público que responda mejor a las necesidades de los clientes

Hay muchas y muy diferentes medidas para mejorar la prestación de servicios del sector público. Una de ellas es simplificar los procedimientos y hacerlos transparentes para los clientes. En Filipinas, varios organismos oficiales han simplificado sus trámites para luchar contra la corrupción. Al iniciarse una transacción, los clientes reciben una lista de los documentos necesarios junto con un calendario que indica cuánto tardará el proceso y las tarifas correspondientes[8]. En términos más generales, la racionalización y perfeccionamiento de sistemas reglamentarios y fiscales y la privatización de las empresas de propiedad estatal contribuirán a reducir las oportunidades y el margen de corrupción.

Otra medida importante consiste en difundir datos que permitan a la población supervisar los servicios públicos. Si se recurre a la prensa y a otros medios de comunicación para difundir información sobre las asignaciones presupuestarias y los gastos correspondientes, la población podrá exigir cuentas a los funcionarios, lo cual reducirá la ineficiencia y la corrupción. En Uganda, cuando se observó que la tasa de matrícula en la escuela primaria no había mejorado a pesar de que se habían incrementado considerablemente las asignaciones presupuestarias, se examinó el gasto público dedicado a la educación primaria mediante una encuesta realizada en las escuelas. En el estudio se puso de manifiesto que era posible que las asignaciones presupuestarias no tuvieran ninguna influencia cuando las instituciones eran débiles o el control popular sobre ellas escaso: en el período de 1991–95, llegaba efectivamente a las escuelas, en promedio, menos del 30% (una vez descontados los salarios) del gasto público previsto para la enseñanza primaria. Posteriormente, el gobierno ha mejorado esos resultados gracias a un mayor intercambio de información dentro del sistema. Se consiguió un progreso notable anunciando periódicamente en la prensa y en la radio locales los fondos públicos transferidos a los distritos y dando a conocer públicamente en cada escuela la información sobre dichas transferencias. Una encuesta complementaria realizada en 1999 puso de manifiesto un mejoramiento espectacular con respecto a 1995, ya que las escuelas recibían prácticamente el 100% de los fondos públicos no relacionados con los sueldos[9].

También es importante fomentar la comunicación entre los funcionarios públicos y sus clientes. Muchas administraciones de países en desarrollo cuentan con mecanismos deficientes para conocer y atender las demandas de los usuarios. En la India, la «cartilla de calificación» de los servicios públicos de Bangalore demuestra cómo gracias a un mecanismo de información al público puede lograrse que los organismos del Estado se vean más obligados a responder ante sus clientes. Puesta en marcha en 1993 por un grupo de ciudadanos con inquietudes, la iniciativa de la cartilla de calificación permitía expresar las opiniones de los ciudadanos sobre la prestación de servicios públicos en la ciudad. Los participantes en el programa calificaban a los organismos con los que habían tenido contactos para resolver un problema u obtener un servicio, puntuando su grado de satisfacción e indicando el tiempo dedicado al asunto. Los resultados se difundían a los organismos públicos, los medios de comunicación y las ONG, lo cual estimulaba a los encargados de prestar ciertos servicios a actuar de manera más eficiente y responsable. La corporación municipal de Bangalore contribuyó a establecer una red oficiosa de funcionarios municipales y grupos no gubernamentales que celebraban reuniones periódicas y buscaban soluciones para los problemas prioritarios[10].

Gráfico 6.2
La corrupción es un impuesto regresivo

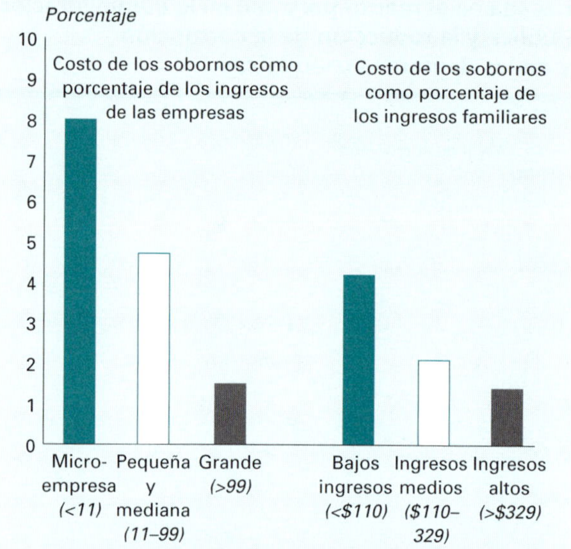

Nota: Los resultados corresponden a Ecuador. En el caso de las empresas, los valores entre paréntesis representan el número de empleados; en el de los hogares, las cifras se refieren a los ingresos familiares mensuales. El gráfico se basa en datos preliminares de una encuesta realizada en 1999 sobre 1.164 empresas y de otra realizada sobre 1.800 hogares.
Fuente: Kaufmann, Zoido-Lobaton, y Lee, 2000.

La lucha contra la corrupción

La corrupción perjudica el rendimiento económico, menoscaba las oportunidades de empleo y hace que sean inciertas las perspectivas de reducción de la pobreza. Aunque sea de poca monta, la corrupción aumenta espectacularmente el costo que representa participar en actividades productivas. En África occidental, los sobornos que hay que pagar en el sector de los transportes son prohibitivos. El costo estimado del envío de mercancías de Côte d'Ivoire a Níger incluye sobornos a funcionarios de aduanas, policía y transportes que representan tres cuartas partes de los pagos efectuados a la administración[11]. Análogamente, en Benin, para transportar mercancías a un punto situado a 753 kilómetros de distancia hubo que pasar 25 controles de carreteras, en los que agentes del Estado exigían sobornos cuyo valor representaba el 87% del costo del viaje[12].

La carga de la corrupción de poca monta recae de forma desproporcionada en los pobres (Gráfico 6.2). Para quienes carecen de dinero y de conexiones, los pequeños actos de corrupción en los servicios de salud pública o de policía pueden tener efectos paralizadores. Pero la corrupción hace sentir sus efectos sobre los pobres por muchos otros conductos[13]. Recorta los gastos en bienes de gran valor social, como la educación. Desvía recursos públicos de las inversiones en infraestructura que podrían beneficiar a los pobres, como los centros de salud, y tiende a incrementar el gasto público en inversiones que requieren grandes aportaciones de capital y ofrecen más oportunidades para el soborno, como los contratos de defensa[14]. Reduce la calidad de la infraestructura, ya que los sobornos más lucrativos son los relativos a las adquisiciones de equipo. La corrupción también perjudica la prestación de servicios públicos.

La agilización de los procedimientos burocráticos, la simplificación de los regímenes tributarios, la eliminación del ordenancismo excesivo y la motivación de los funcionarios son otros tantos medios para reducir las oportunidades de corrupción. También puede contribuir al mismo fin la participación y la vigilancia de la comunidad.

Los pobres y el estado de derecho

Hay cuatro dragones: la corte de justicia, la oficina del fiscal, el khokimiat ***y el jefe de policía. Nadie puede conseguir nada sin saciarlos antes.***

—De un grupo de debate, Oitamgali (Uzbekistán)

Existe un estado de derecho cuando las normas oficiales de un país se dan a conocer al público y se hacen cumplir de manera previsible aplicando mecanismos transparentes. Hay dos condiciones esenciales: que las normas se apliquen por igual a todos los ciudadanos y que el Estado esté sometido a las normas. La forma en que las instituciones públicas acatan las normas del estado de derecho repercute enormemente en la vida cotidiana de los pobres, que son muy vulnerables a los abusos de sus derechos.

Hay numerosos medios para hacer respetar el estado de derecho, de los cuales el más formal es el sistema de las leyes y los tribunales. Este sistema impone limitaciones a la acción del gobierno y la canaliza, además de fijar unas normas y procedimientos claros para que se respeten los derechos constitucionales de la persona. Este sistema es esencial como protección contra el abuso de poder por parte del Estado u otros agentes y exige que el poder judicial sea independiente de las ramas ejecutiva y legislativa. El estado de derecho protege la vida y la seguridad de las personas y constituye una salvaguardia contra la transgresión de los derechos humanos. Tal como se ha definido, el estado de derecho es de importancia decisiva para todos los ciudadanos, pero especialmente para los pobres, que disponen de pocos medios privados para proteger sus derechos (Recuadro 6.2).

El estado de derecho está asociado con mejores resultados económicos globales (Gráfico 6.3). En este sentido también contribuye a la reducción de la pobreza, ya que crea un entorno previsible y sólido para que los agentes económicos se dediquen a la producción, el comercio y la inversión, con lo cual aumentan las oportunidades de empleo de los pobres y sus ingresos[15]. Los mecanismos de mercado dependen de que existan amenazas creíbles de sanción por el quebrantamiento de las obligaciones contractuales, respaldadas por unos métodos expeditivos para resolver las diferencias y exigir el cumplimiento de los contratos. Sin esos mecanismos disuasorios, los costos de transacción de las actividades económicas comerciales pueden ser muy elevados.

Aunque el estado de derecho beneficie a los pobres de muchas maneras, las leyes y los estatutos no están necesariamente concebidos para proteger sus intereses. Los sistemas jurídicos, que son producto de las relaciones de poder entre diferentes grupos de la sociedad, suelen concentrarse en la protección de los intereses de quienes tienen poder político y están representados en ese nivel. Para que las leyes y su interpretación sean más acordes con las necesidades de los desfavorecidos hay que crear coaliciones con ese fin. Este es, por ejemplo, el propósito de las iniciativas emprendidas para conseguir unas leyes más equitativas en su trato de las mujeres y las minorías (Capítulo 7).

Los obstáculos legales hacen que los pobres estén expuestos a la explotación a manos de caciques locales y de la policía, y el hostigamiento arbitrario, la ilegalidad y la violencia son aspectos constantes de sus vidas. Para los pobres, un aspecto crucial del estado de derecho es la posibilidad de vivir

Recuadro 6.2
La ilegalidad contribuye a la pobreza

En un hospital del distrito de Babati, en Tanzanía, una nueva remesa de suministros médicos esenciales adquiridos con divisas desaparece del dispensario público en cuestión de horas, pero los medicamentos pueden comprarse en casa del médico esa misma noche. Los pobres no reciben la asistencia médica gratuita prometida por el gobierno, pero quienes están bien relacionados y tienen medios para pagar pueden obtener medicinas en abundancia.

En Johannesburgo, en Sudáfrica, las estadísticas de robos y delitos violentos están entre las más altas del mundo. Los ciudadanos ricos pueden permitirse alarmas muy perfeccionadas, guardias de seguridad y otras formas de policía privada para proteger sus propiedades y su integridad física. Los pobres viven en casas mal construidas, que a veces no tienen ni siquiera cerradura, y están expuestos al robo, a la agresión, al asesinato y a otros delitos violentos.

En Pakistán, un hombre demasiado viejo para trabajar se queda sin recursos tras el asesinato de su hijo. Para acceder a los bienes de éste necesita un certificado de sucesión expedido por el tribunal civil de Lahore, que se halla a más de 160 kilómetros de distancia. El billete de ferrocarril y el soborno que exige el funcionario del tribunal le obligan a endeudarse todavía más. A pesar de todo, después de haber acudido al tribunal en cinco ocasiones en un plazo de cinco meses, todavía no ha recibido el documento sellado al que tiene derecho según la ley. El funcionario se niega a expedir el certificado, y las autoridades de la aldea se niegan a permitirle el acceso a los bienes de su hijo hasta que presente dicho certificado.

Fuente: Michael Anderson, 1999.

Gráfico 6.3
Existe una correlación entre el grado de solidez del estado de derecho y el aumento del ingreso per cápita

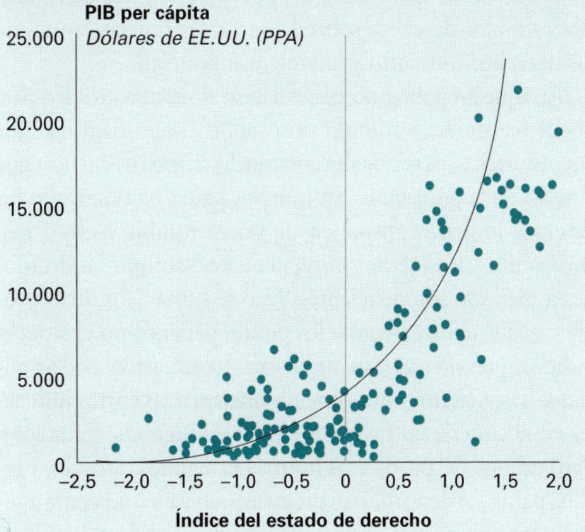

Nota: El gráfico presenta la relación existente entre un indicador del estado de derecho y el PIB per cápita correspondiente a 166 países en 1997–98.
Fuente: Kaufmann, Kraay y Zoido-Lobaton, 1999.

sin temor a la ilegalidad y al hostigamiento. Se necesita un cuerpo de policía moderno y eficaz que mantenga el orden público haciendo cumplir la ley, respondiendo a situaciones que puedan provocar desorden y asistiendo a los ciudadanos que se encuentran en dificultades.

Un sistema jurídico más en sintonía con las necesidades de los pobres

Incluso en los casos en que el sistema jurídico está bien administrado, los pobres se encuentran con impedimentos a la hora de utilizarlo[16]. En general, tienen escaso conocimiento de sus derechos y es posible que la información que se les brinda sea deliberadamente errónea. Los sistemas jurídicos contemporáneos están escritos y se basan en documentos, lo cual dificulta de manera intrínseca el acceso de los pobres, que suelen tener poca educación formal. Estos problemas se agravan por las barreras idiomáticas, étnicas, de casta y de sexo, así como otras prácticas excluyentes.

La complejidad inherente a los sistemas jurídicos se ve agravada en muchos países en desarrollo por la superposición de nuevas leyes y derechos constitucionales a la legislación colonial y el derecho consuetudinario[17]. La confusión resultante dificulta el conocimiento de los propios derechos, introduce un elemento de arbitrariedad a la hora de aplicar la ley y permite que los poderosos elijan el sistema jurídico que más les conviene[18]. Todo ello merma la confianza de los pobres en el sistema jurídico. Además, deja un enorme margen de acción a las autoridades, lo que a menudo hace que los contactos y los sobornos sean un elemento decisivo en las relaciones con el sistema jurídico. El logro de normas más sencillas y claras es especialmente importante en los ámbitos que preocupan más a los pobres, como los conflictos laborales, los derechos sobre la tierra, las transgresiones de los derechos humanos y la violencia policial.

Aunque los pobres necesitan acceso al sistema jurídico para poder registrarse y cumplir otras obligaciones administrativas, recurren a los tribunales con mucha menos frecuencia que el resto de la población. En muchos países en desarrollo los sistemas judiciales disponen de pocos fondos y están mal equipados, y los mecanismos para hacer cumplir las decisiones a menudo son deficientes. Esto se suma a los otros problemas que deben afrontar los pobres para utilizar el sistema judicial, por ejemplo, su alto costo. La situación podría aliviarse hasta cierto punto si se renunciara a las costas judiciales en el caso de las personas con bajos ingresos. Ecuador y Perú eximen del pago de las mismas en algunos casos. En muchos países en desarrollo se presta asistencia letrada para ayudar a los pobres, pero ésta suele ser una medida más teórica que práctica. Para que sea eficaz, la asistencia debe prestarse con rapidez: en Trinidad y Tabago la oficina judicial necesita unos tres meses para tramitar las solicitudes de asistencia letrada, lo que de hecho significa negar el acceso a quienes no pueden esperar tanto tiempo[19].

Además de los servicios prestados por las autoridades públicas, la asistencia jurídica puede ser suministrada por otras fuentes. En muchos países se exige que los licenciados en derecho presten asistencia letrada antes de poder ejercer la abogacía, mientras que en otros se requiere una capacitación práctica de los estudiantes de derecho. En Chile y Perú los abogados deben cumplir un determinado período de prácticas una vez concluidos los estudios de derecho, a menudo en oficinas de asistencia letrada, lo cual constituye un importante recurso para los pobres[20].

La agilización del sistema judicial a fin de reducir los costos y las demoras resolverá algunos de los problemas con que se encuentran los pobres en los tribunales[21]. Es importante reformar los procedimientos de los tribunales, simplificando las normas (sin dejar de respetar las garantías procesales), abreviando los procedimientos o permitiendo a las partes que se representen a sí mismas. Unas reformas más amplias, como la modificación de la estructura de los tribunales, también contribuyen a mejorar el acceso de los pobres a la justicia. Los tribunales especializados en asuntos menores y otros procedimientos no oficiales pueden reducir el volumen de trabajo atrasado y mejorar el acceso[22]. Por otra parte, la enseñanza y la práctica del derecho pueden modificarse para sensibilizar a la profesión jurídica respecto de las necesidades de los pobres y del uso de las leyes para fomentar el interés público.

Hay mecanismos alternativos de solución de controversias que encierran un potencial considerable para reducir las demoras y la corrupción que caracterizan buena parte de esos procedimientos. En El Salvador, la mediación permite a las partes resolver las controversias sin necesidad de un abogado y en un plazo de dos meses[23]. En Sri Lanka, la Asia Foundation ha venido colaborando con el Ministerio de Justicia desde 1990 para establecer una red nacional de juntas de mediación basadas en la comunidad. En 1998 se remitieron a las juntas de mediación 100.000 casos, de los cuales dos terceras partes se resolvieron en forma satisfactoria para ambas partes. Una evaluación independiente puso de manifiesto que las juntas gozaban de gran prestigio y que con ellas se conseguía prestar servicios económicos y accesibles de justicia a los pobres de las zonas rurales[24]. En Bangladesh, algunas ONG han adoptado el *shalish* (una práctica autóctona que consiste en recurrir a partes externas para ayudar a resolver controversias) con objeto de ayudar a las mujeres y a otros grupos desfavorecidos, como los agricultores de bajos ingresos implicados en controversias relacionadas con las tierras. Un estudio realizado en Dhaka en 1999 muestra que una de cada cuatro mujeres que habían recurrido a un procedimiento de mediación promovido por una ONG se declaraba satisfecha de los resultados[25]. El hecho de que las ONG puedan respaldar el proceso de mediación con un procedimiento contencioso es un factor que contribuye a ese éxito.

Esos otros mecanismos pueden ofrecer resultados más previsibles que el sistema oficial, pues los mediadores de la comunidad suelen conocer mejor que los jueces los detalles de los casos[26]. El peligro de esos mecanismos es que puedan otorgar un poder excesivo a las fuerzas conservadoras de una comunidad (que podrían tener prevenciones contra la equidad entre sexos, por ejemplo) y ser mal utilizados en beneficio de los intereses de las oligarquías locales. Para reducir al mínimo esos peligros, esos mecanismos de solución de diferencias deben ser objeto de una reglamentación minuciosa y de supervisión por estructuras jurídicas más formales. También pueden introducirse gradualmente, por ejemplo mediante programas piloto patrocinados y supervisados por tribunales ordinarios.

Fomento de las organizaciones de servicios jurídicos

Las organizaciones de la sociedad civil como las dedicadas a prestar servicios jurídicos procuran ayudar a los pobres a acceder a los beneficios y a la protección del sistema jurídico, tanto dentro como fuera del sistema judicial (Recuadro 6.3). Esas organizaciones protegen a las personas contra la discriminación ilegal en el trabajo y contra la expulsión de sus hogares, y ayudan a cobrar indemnizaciones, a recibir servicios básicos y a obtener órdenes judiciales que protejan a las mujeres de la violencia en el hogar. También pueden proteger a las comunidades que corren el peligro de ser desposeídas de sus bienes.

Las organizaciones de servicios jurídicos pueden ayudar a los pobres emprendiendo actuaciones en nombre de un grupo de demandantes. A menudo muchos pobres sufren perjuicios similares, y una reparación colectiva les brinda una protección judicial a la que de otro modo no tendrían acceso. Las organizaciones de defensa legal de Bangladesh ayudaron a evitar que se desahuciara a personas que vivían en barrios de tugurios. Los residentes desahuciados se convirtieron en demandantes cuyo argumento básico se basaba en garantías constitucionales fundamentales: la demolición de los hogares de los pobres les priva de sus medios de vida, lo cual viola la constitución[27]. Las causas emprendidas en defensa del interés público también pueden beneficiar a los pobres. En la India, han mejorado la prestación de algunos servicios públicos y han reducido la contaminación ambiental[28].

Las organizaciones de servicios jurídicos más eficaces son las que desempeñan sus actividades al margen del sistema judicial y protegen los derechos sin recurrir a demandas, lo cual es importante porque a veces los costos de los procesos judiciales pueden ser superiores a cualquier beneficio que se obtenga. Esto trasciende con mucho la idea convencional de facilitar representación letrada gratuita a los

Recuadro 6.3

Las organizaciones de servicios jurídicos ayudan a los pobres a gozar de la protección que les ofrece el sistema jurídico

Prácticamente todas las formas de asistencia jurídica son beneficiosas, pero los servicios integrados prestados por organizaciones independientes son especialmente valiosos para los pobres, y están muy solicitados. Habría que formular criterios para hacerlos aún más eficaces. Las organizaciones de servicios jurídicos también necesitan apoyo financiero de donantes y de la sociedad civil, pero hay que dejar que funcionen de manera autónoma, dejándose guiar por los mismos pobres.

Bangladesh

La organización Ain-O-Salish Kendra (ASK), creada en 1986, procura reformar las leyes mediante la representación de mujeres y niños pobres, grupos organizados de trabajadores, pobres de las zonas rurales y personas que viven en barrios de tugurios. Centra su asistencia jurídica en cuestiones familiares, incluida la violencia contra la mujer. Se hace cargo de la defensa de las víctimas en casos penales y cuando se infringen derechos básicos. La ASK efectúa una investigación y un seguimiento de casos de infracciones de la ley y de los derechos humanos, en particular la tortura por la policía, el asesinato, la violación y los accidentes mortales en fábricas de prendas de vestir. También se encarga de hacer un seguimiento en los puestos de policía para reunir información sobre la violencia contra mujeres y niños y mantener un control de los casos denunciados a la policía. La labor de la ASK es importante tanto por lo que hace —ocuparse de cuestiones fundamentales para las personas a las que no se reconocen sus derechos— como por la forma en que lo hace: mediación, grupos de debate, cursos de sensibilización jurídica, casos concretos ante los tribunales, peticiones a las instancias administrativas y judiciales, representación de grupos y acciones de interés público en los tribunales.

Camboya

Las organizaciones de asistencia jurídica de Camboya se esfuerzan por crear un sistema judicial prácticamente a partir de la nada. El Proyecto de Defensores de Camboya, establecido en 1994, se concentra en la defensa en casos penales y en la divulgación de la legislación entre las comunidades. Colabora con varias ONG para prestar servicios y representar a las mujeres ante los tribunales, especialmente en casos de violencia doméstica. Los abogados de la organización administran programas de capacitación, formulan observaciones sobre proyectos de ley y colaboran con grupos de la sociedad civil para encontrar instrumentos jurídicos que les permitan influir en los poderes públicos. La Sociedad de Asistencia Jurídica de Camboya procura mejorar el conocimiento y el respeto de la ley en toda la sociedad, al mismo tiempo que presta asistencia letrada gratuita en casos penales y civiles. Es especialmente activa en la defensa de los agricultores desposeídos de sus tierras por poderosos intereses empresariales.

Sudáfrica

El Legal Resources Center, organización nacional fundada en 1979 para prestar servicios a los pobres, comenzó explotando las contradicciones del sistema jurídico del apartheid para defender sus intereses ante los tribunales. Desde el fin del apartheid, la organización ha utilizado este instrumento para abordar cuestiones relativas a las tierras y a la vivienda. Representó con éxito a la comunidad Makuleke en su reclamación sobre la restitución de tierras en el parque nacional de Kruger. Ha incoado también causas encaminadas a restablecer el abastecimiento de agua que se había interrumpido porque los residentes eran demasiado pobres para pagarlo y a proteger los derechos sobre la tierra de una comunidad aborigen en el contexto de la privatización de una mina de diamantes.

Fuente: Manning, 1999.

pobres y de ayudar a las personas o a las comunidades a hacer valer sus derechos ante los tribunales.

En términos más generales, la labor de las organizaciones de servicios jurídicos ayuda a crear una cultura centrada en los derechos, que permite a los beneficiarios hacerse una idea distinta de sí mismos y de sus relaciones con quienes tienen poder sobre sus vidas: cónyuges, propietarios de viviendas, empleadores u organismos públicos. Esto alienta a los pobres a aprovechar la protección que les ofrece el sistema jurídico oficial. Esas organizaciones también generan presión para modificar la forma en que los jueces, los burócratas y la policía aplican las normas. Los conocimientos jurídicos básicos y la asistencia jurídica alcanzarán su máximo beneficio si contribuyen a crear un proceso de empoderamiento a nivel individual y social que impulse a los ciudadanos a hacer valer sus derechos y a revisar y modificar las leyes y prácticas injustas.

Las organizaciones de servicios jurídicos contribuyen a cambiar las normas que afectan a los pobres, ya sea en las constituciones, los estatutos, los reglamentos, las ordenanzas municipales o en innumerables códigos de otro tipo. En Tailandia, la Red para las Mujeres y la Constitución participó activamente en la reforma constitucional que dio lugar a enmiendas que reconocían la igualdad de derechos a la mujer. Después de este éxito, la organización puso en marcha una campaña masiva para educar a los ciudadanos tailandeses, tanto hombres como mujeres, acerca de la nueva constitución y sus consecuencias[29].

Una descentralización que redunde en beneficio de los pobres

A menudo se acusa a las instituciones del Estado de estar demasiado alejadas de las realidades cotidianas de la vida de los pobres y la solución que se propone al respecto es la descentralización. Ésta puede ser un instrumento poderoso para lograr objetivos de desarrollo que respondan a las necesidades de las comunidades locales, asignando derechos de control a las personas que tengan la información y los incentivos necesarios para adoptar las decisiones que se adapten mejor a esas necesidades, y que serán responsables de las consecuencias políticas y económicas de sus decisiones[30]. Por sí solo, esto no constituye un objetivo de desarrollo sino un medio de mejorar la eficiencia del sector público. Además, hay que formular dos reservas importantes. La principal es que la descentralización puede fomentar el poder de las oligarquías cuando las estructuras de poder existentes son muy desiguales[31]. Para que pueda ayudar a los pobres, deberá contar con el necesario respaldo y salvaguardias del poder central y con unos mecanismos de participación eficaces.

La descentralización puede significar cosas distintas. En este caso se refiere al traspaso de competencias a los encargados de la adopción de decisiones a nivel local. Otras formas menos generalizadas de descentralización son la desconcentración (en que el gobierno central envía funcionarios a instituciones locales) y la delegación (en que las competencias se delegan a las autoridades locales)[32]. El tamaño de las unidades de gobierno descentralizadas puede variar enormemente: la descentralización por estados o provincias en Brasil, China e India entraña simplemente dividir el gobierno en unidades de tamaño no inferior al de muchos países. La descentralización a unidades más pequeñas aumenta la oportunidad de interacción con los ciudadanos a los que se prestan los servicios.

La descentralización puede conseguir que las instituciones públicas respondan mejor a las necesidades de los pobres, pero sólo si se permite que éstos exijan responsabilidades a los funcionarios públicos y si se garantiza su participación en el proceso de desarrollo. El ritmo y el diseño de la descentralización condicionarán las consecuencias que ésta pueda tener en la eficacia, la obligación de rendir cuentas, la participación y, en definitiva, la reducción de la pobreza. Sin embargo, lo único que se podrá transferir de un entorno a otro son los principios generales de modelos que hayan obtenido buenos resultados[33].

Aproximación de los programas a los usuarios

La información local presenta muchas ventajas. Puede contribuir a determinar formas más económicas de construir infraestructuras, prestar servicios públicos y organizar su funcionamiento y mantenimiento. Un estudio realizado en Sudáfrica puso de manifiesto que la participación de la comunidad reducía el costo de creación de puestos de trabajo y

Gráfico 6.4
La descentralización reduce el costo necesario para aumentar los ingresos de la población pobre en Sudáfrica

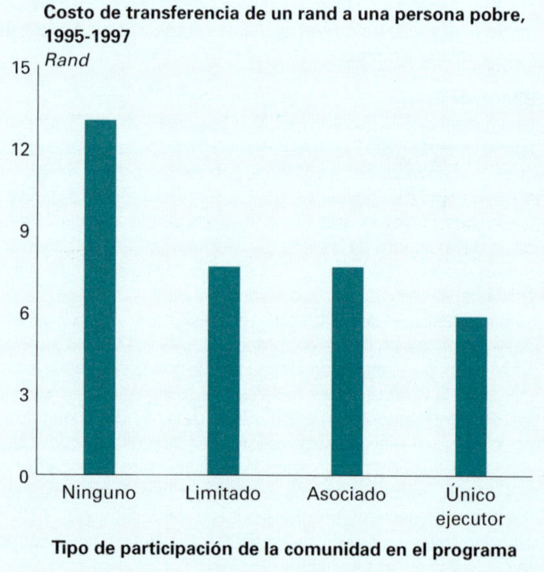

Fuente: Adato y colaboradores, 1999.

Recuadro 6.4
La supervisión de la comunidad puede reducir la contaminación ambiental

Las comunidades pobres se benefician directamente de las normas para reducir la contaminación, pero cuando las medidas adoptadas para garantizar su observancia son insuficientes —como sucede en muchos países en desarrollo— es poco probable que se descubra y se sancione a las empresas culpables. Por ello, las empresas que contaminan tienen pocos incentivos en cambiar la situación y las que respetan las normas no tienen demasiado aliciente para contaminar todavía menos.

Una nueva estrategia combina la divulgación pública de información con incentivos basados en el mercado para estimular a los directores de fábricas a mejorar su actuación en materia de medio ambiente. En algunos países, los representantes de la comunidad local negocian con los órganos reguladores públicos y las fábricas un acuerdo sobre niveles de contaminación aceptables y fijan unos cánones por dicha contaminación. En otros lugares, la información pública permite a los consumidores, los banqueros y los accionistas evaluar el desempeño ambiental de una empresa antes de decidir si se adquiere un producto, si se concede un préstamo o si se compran acciones de la empresa.

Dado que los pobres tienen menos posibilidades de protegerse contra la contaminación industrial, sus comunidades asignan un valor especial a la información pública sobre cuáles son las empresas que contaminan y sobre la forma en que sus emisiones afectan a la salud. Cuando los gobiernos han suministrado datos fidedignos sobre la contaminación a las comunidades locales, los pobres que viven en lugares próximos a los focos de contaminación industrial han negociado mejores acuerdos de compensación y limpieza.

Los resultados obtenidos hasta la fecha son alentadores. En Indonesia, el gobierno ha reducido notablemente la contaminación industrial de las aguas vigilando las emisiones de las fábricas y ejerciendo presión pública sobre éstas mediante la divulgación pública de los datos de sus emisiones.

Fuente: Banco Mundial, 1999k.

mejoraba la eficacia en función de los costos de la transferencia de recursos a los pobres (Gráfico 6.4). Además, el conocimiento de las necesidades locales más acuciantes puede ayudar a los más desfavorecidos. En Indonesia, un mayor control local sobre los fondos permitió dedicar más financiamiento a la salud y la educación, que eran los sectores prioritarios para los pobres, así como a las pequeñas infraestructuras, con el consiguiente estímulo del empleo no agrícola y el aumento de los ingresos[34].

La vigilancia y supervisión local de muchos tipos de proyectos y programas es más eficaz y menos costosa por la proximidad del lugar de prestación de servicios y por las mejores posibilidades de interacción a nivel local (Recuadro 6.4). En Nicaragua, los estudiantes que asistían a escuelas «autónomas» —concepto basado en la proporción de decisiones sobre la dotación de personal que se adoptaban en la propia escuela— conseguían mejores calificaciones en las pruebas que los estudiantes de escuelas con una autonomía local limitada o nula[35].

¿Qué se necesita para llegar a la población pobre?

La descentralización puede mejorar considerablemente la capacidad del Estado para acelerar el desarrollo local y reducir la pobreza, pero sólo si está bien concebida. Las autoridades y administraciones locales necesitan una autonomía considerable, incluso en cuestiones fiscales, así como un firme apoyo y salvaguardias de la administración central. Además, una forma de gobierno descentralizado requiere mecanismos que garanticen un elevado nivel de participación en el diseño y la supervisión de los programas y políticas por parte de todos los sectores de la población a la que se prestan los servicios.

Autonomía y descentralización fiscal. Las autoridades locales necesitan un control fiscal suficiente para planear sus actividades. No obstante, es frecuente que los ingresos recaudados a nivel local no representen más que una pequeña proporción del presupuesto de las unidades descentralizadas, lo cual reduce el grado de control de las políticas diseñadas a nivel local y pone en peligro su sostenibilidad. Al mismo tiempo que las unidades descentralizadas necesitan una base presupuestaria apropiada, también es esencial aplicar unas normas financieras estrictas, de forma que las unidades tengan la obligación de rendir cuentas. Si en situaciones especiales se dispone de fondos procedentes del exterior para hacer frente a déficit presupuestarios, los órganos locales perderán todo incentivo para funcionar con eficiencia. Además, este tipo de financiamiento erosiona el poder real del órgano local y su capacidad de cambiar la situación, ya que toda la atención se dedica a conseguir esos beneficios[36].

Si bien una descentralización eficaz requiere un cierto grado de cesión de competencias fiscales, ello lleva consigo el riesgo de intensificar las desigualdades entre regiones[37]. En China se exige que las provincias y los órganos locales se autofinancien, y en las provincias más pobres los servicios sociales sufren un considerable déficit financiero[38]. Los mecanismos de redistribución de fondos del presupuesto central pueden atenuar esas desigualdades, pero esto crea controversias políticas. Hay que abordar el problema mediante la creación de consenso y la distribución de ingresos fiscales, de forma que el gobierno central disponga de recursos para efectuar transferencias en los casos necesarios.

Apoyo y salvaguardias del gobierno central. Se requiere apoyo central para lograr que se cumplan las políticas nacionales y para coordinar los intereses interregionales de distintas unidades administrativas, como los costos de las carreteras y el acceso a recursos hídricos comunes. También es necesario respaldar los objetivos macroeconómicos y redistributivos comunes. Un ejemplo del peligro de una descentralización sin salvaguardias es el de Brasil en enero de 1999, cuando la actuación de un estado puso en peligro la estabilidad macroeconómica de todo el país[39].

También se necesita apoyo a la capacitación. Los estudios de ejemplos positivos de descentralización demuestran la importancia de contar con una capacidad administrativa suficiente[40]. Muchas administraciones locales no disponen de ella en la forma necesaria para una descentralización en gran escala, por lo que deben recibir capacitación en contabilidad, administración pública, gestión financiera, comunicaciones públicas y relaciones con la comunidad. Si las autoridades subnacionales disponen de una buena capacidad administrativa y de unos mecanismos adecuados de rendición de cuentas, la descentralización puede reducir las oportunidades de corrupción. De no ser así, puede agravar ese mal y reducir el acceso a servicios sociales básicos[41], como ha sucedido en Asia central, el Cáucaso meridional y los países bálticos[42].

También se necesitan salvaguardias para supervisar la integridad financiera y desalentar la posibilidad de que oligarquías poderosas se adueñen de los órganos locales. Uno de los peligros más graves de la descentralización se produce cuando hay importantes desequilibrios de poder a escala local. En esa situación, los niveles superiores de gobierno, que no están tan sometidos a presiones políticas locales, pueden estar más motivados para prestar ayuda a los desfavorecidos que los caciques del lugar. Por ejemplo, tradicionalmente el gobierno federal de los Estados Unidos ha contribuido más a la protección de los derechos civiles de las minorías que los gobiernos de los estados, en los que es más destacada la representación de los sectores interesados en conculcar esos derechos[43]. Los estudios realizados en Argentina indican que a veces los gobiernos subnacionales pueden ser menos eficaces que los gobiernos centrales cuando se trata de actuar concretamente en zonas pobres[44]. Se observan problemas análogos en otros lugares de América Latina y Asia meridional[45].

Participación. Una participación popular generalizada es fundamental para el éxito de la descentralización; sin ella, no se harán realidad los beneficios potenciales de la información local. Además, la participación crea lo que se denomina un círculo virtuoso. La intervención en la administración local contribuye a generar una sociedad civil y asegura que se atiendan las necesidades de la mayoría y se cumplan los objetivos. También ayuda a hacer que se escuche la voz de los pobres en los asuntos locales.

Una forma directa de lograr esa participación es la celebración periódica de elecciones para los órganos de gobierno local. Las normas electorales también pueden fomentar una participación más amplia reservando puestos a grupos marginales. En la India, un tercio de los presidentes, vicepresidentes y miembros elegidos de los *panchayat* (consejos locales) deben ser mujeres. Además, para algunos otros grupos desfavorecidos se reservan puestos de miembros o de directivos en proporción a su número en la zona. Esas medidas pueden transformar, con el tiempo, las relaciones de poder[46].

También hay que fomentar una participación que no se circunscriba a los períodos electorales. En Bolivia, Brasil y Filipinas, las leyes de descentralización requieren que los órganos de gobierno local hagan intervenir o participar oficialmente a las organizaciones comunitarias de base en sus deliberaciones y concedan a esas organizaciones una función en la administración de los servicios y proyectos[47]. El éxito logrado en Porto Alegre (Brasil) con un mecanismo presupuestario basado en la participación demuestra que la posibilidad de las comunidades de decidir acerca del uso de los recursos municipales puede ser muy eficaz para el desarrollo local[48]. Para obtener buenos resultados también se necesitan canales de información apropiados entre los gobiernos y las comunidades. En Chile, donde los llamamientos relativos a propuestas de fondos comunitarios se anuncian públicamente y los formatos de presentación de proyectos se distribuyen por conducto de las municipalidades, una encuesta hecha entre los beneficiarios puso de manifiesto que los desembolsos de fondos se efectuaban mayoritariamente hacia barrios y organizaciones sociales que tenían buenas conexiones con los órganos de gobierno municipal y regional. Quienes no estaban tan bien conectados recibían menos fondos[49].

La descentralización de las competencias y los recursos a instancias submunicipales —como los barrios y las aldeas— requiere un esfuerzo especial, pero las ventajas pueden ser considerables[50]. En Sudáfrica, las relaciones de colaboración entre las comunidades y los órganos de gobierno local incrementan notablemente la probabilidad de que la comunidad obtenga beneficios a largo plazo[51]. En Guinea, un proyecto piloto demostró que las comunidades pueden obtener buenos resultados en el diseño y la gestión de proyectos de construcción y mantenimiento de nueva infraestructura. Las comunidades movilizaron los recursos locales, utilizaron de forma equitativa y eficiente los fondos procedentes de donaciones y dedicaron éstos a ayudar a mujeres y niños en situación vulnerable[52].

Política y reducción de la pobreza: las coaliciones en favor de los pobres

Si no nos organizamos y no nos unimos, no podemos pedir nada.
—Mujer pobre, Florencio Varela (Argentina)

Las coaliciones en favor de los pobres, que establecen un vínculo entre los intereses de los pobres y los del resto de la población, son importantes para la reducción de la pobreza. La mayor capacidad de los pobres para participar de forma productiva en la actividad económica también contribuye a sentar las bases de un crecimiento más rápido. El Estado puede favorecer esas coaliciones en favor de los pobres con las medidas siguientes:

- Fomento de un clima político propicio para las actividades y las coaliciones en favor de los pobres.
- Eliminación de las barreras jurídicas a las asociaciones en favor de los pobres y prestación de apoyo técnico y de otro tipo para que intensifiquen sus actividades.
- Fomento de las sinergias entre el Estado y las comunidades y aumento de la capacidad de los pobres para participar en el desarrollo y la administración local.

Esas transformaciones tienen un carácter esencialmente político y deberán realizarse mediante procesos políticos que entrañan cambios en las configuraciones políticas y los equilibrios de poder[53].

Generación de apoyo político para las intervenciones y coaliciones en favor de los pobres

Los intereses de los pobres y del resto de la población están interrelacionados de muchas formas, así que puede resultar beneficioso para los que no son pobres interesarse en las medidas redistributivas y en la acción en favor de los necesitados. Ese interés puede estar motivado por un reconocimiento de que las iniciativas de reducción de la pobreza pueden promover el desarrollo social y económico para el conjunto de la nación, con lo cual también se elevarán los niveles de vida de los que no son pobres. Las economías de Asia oriental en proceso de industrialización, uno de cuyos factores cruciales para el éxito fue la creación de una fuerza de trabajo saludable y bien capacitada, demuestran que la inversión en la educación de la sociedad y en la formación de capital humano da un impulso significativo al crecimiento económico nacional.

La lucha contra las enfermedades transmisibles es otro caso en el que todos los ciudadanos se benefician de los programas orientados a los pobres, ya que es casi imposible que un grupo evite esas enfermedades a menos que se erradiquen las fuentes de contagio. Los pobres, que están mal nutridos y viven en medios más expuestos a la enfermedad, son especialmente vulnerables a la infección. Tienen también menos probabilidades de recibir los servicios de salud preventivos y curativos adecuados. Por tanto, suelen formar focos de contagio a partir de las cuales las enfermedades pueden difundirse a otros grupos. Éste fue uno de los motivos principales que impulsaron los movimientos de salud pública en Occidente a principios del siglo XX (Recuadro 6.5). Hoy en día la transmisión de las enfermedades se ve intensificada por el enorme incremento del volumen de viajeros: si en un país los servicios de salud son de baja calidad o si los pobres no tienen acceso a ellos, pueden extenderse por todo el mundo formas de paludismo y de tuberculosis resistentes a los medicamentos. Por tanto, se necesitan iniciativas tanto nacionales como mundiales para abordar algunos de los problemas de salud de los pobres (Capítulo 10).

Otra motivación para que los menos necesitados apoyen las actuaciones en favor de los pobres es el espectro de la migración masiva a las zonas urbanas, con los problemas consiguientes de crecimiento de los barrios de tugurios y el aumento de la demanda de unos servicios urbanos ya sobrecargados. China e India han reducido los incentivos a la migración hacia las ciudades suministrando infraestructura y otros servicios a las zonas rurales, lo cual significa no sólo proporcionar escuelas, servicios de salud, electricidad y otras prestaciones básicas, sino también velar por que la creación de empleo tenga una distribución geográfica uniforme y por que las redes de transporte permitan a las personas trasladarse al lugar de trabajo desde sus aldeas.

A fin de obtener apoyo político para las intervenciones públicas contra la pobreza, el Estado deberá convencer a la comunidad de la coincidencia de intereses entre los pobres y el resto de la población[54]. Para ello es fundamental introducir

Recuadro 6.5
Coaliciones nacionales contra las enfermedades transmisibles en Occidente

El abandono sanitario es un ahorro equivocado: la fortaleza física de una nación es uno de los principales factores de la prosperidad nacional

—John Simon (1858), citado en Rosen (1993)

El movimiento en favor de la salud pública en Europa y los Estados Unidos trajo consigo rápidas mejoras en las condiciones de salud tanto de los pobres como de los ricos a fines del siglo XIX y comienzos del XX, mucho antes del descubrimiento de los antibióticos. Las políticas de intervención pública en la reducción de las enfermedades transmisibles estaban motivadas por una combinación de intereses económicos, políticos y humanitarios. A los industriales les interesaba disminuir la sangría en la productividad de la fuerza de trabajo. A los Estados les preocupaba contar con suficientes jóvenes aptos para prestar el servicio militar y ampliar las esferas de influencia. Los grupos influyentes consideraban que su entorno se deterioraba como consecuencia de la mala salud de los pobres y, por lo tanto, había que reducir los peligros para la población general. Los intelectuales pusieron de relieve las conexiones entre la mala salud y la pobreza y exigieron un cambio radical como solución para los problemas de las enfermedades endémicas y epidemias.

Para reducir la exposición del conjunto de la población a las enfermedades transmisibles, hubo que hacer esfuerzos ingentes por mejorar la salud de los pobres. Entre las medidas figuraban el control de los alimentos y medicamentos, la vacunación contra la viruela y la cuarentena. Un aspecto decisivo de ese esfuerzo fue el abastecimiento de agua limpia, la eliminación eficaz de los residuos, la limpieza de las calles y la reducción de la contaminación. Se aplicaron reglamentos de vivienda para que los hogares pudieran contar con una ventilación suficiente y servicios de saneamiento, drenaje y alcantarillado. Las restricciones a la conducta privada incluían la prohibición de escupir y orinar en espacios públicos y la de tener animales en las viviendas. Unas campañas masivas de educación sanitaria utilizaron técnicas de divulgación para modificar los hábitos higiénicos personales y difundir conocimientos sobre la forma de evitar la mala salud y cuidar a los enfermos. Esas intervenciones públicas, sumadas a un aumento del nivel de vida, mejoraron espectacularmente la salud y la esperanza de vida entre 1880 y 1920.

Paradójicamente, las mejoras en las tecnologías curativas de los últimos decenios han producido una menor vigilancia contra las enfermedades transmisibles en algunos países en desarrollo. Esas potentes tecnologías curativas deben combinarse con sólidas políticas de salud pública encaminadas a mejorar el saneamiento ambiental y a estimular un estilo de vida higiénico. Ello contribuirá a aumentar el crecimiento económico y a reducir la pobreza, evitando las consecuencias negativas para la salud nacional y mundial a medida que se multiplican los agentes patógenos resistentes a la acción de los medicamentos.

Fuente: Rosen, 1993; Preston y Haines, 1991; Schofield, Reher y Bideau, 1991; Caldwell y otros, 1990.

sistemáticamente en el debate público la idea de que la reducción de la pobreza es un bien general y puede promover el bienestar de los que no son pobres. La forma de plantear el debate público sobre esas cuestiones podrá influir considerablemente en los resultados. Las características, las causas y las soluciones de la pobreza son conceptos maleables, que pueden reinterpretarse y representarse de distintas formas, muchas de las cuales desembocan en una acción pública contra la pobreza. A principios del siglo XX, algunos grupos de presión, en particular organizaciones nacionales de mujeres de clase media, convencieron a los gobiernos estatales de los Estados Unidos de que debían dedicar fondos a ayudar a las familias pobres, argumentando que ésa era la única forma de proteger la integridad moral y física de la nación[55].

El reconocimiento de las ventajas de la ayuda a los menos afortunados puede ser, por tanto, un poderoso estímulo para la acción pública. Cuando no existe esa comprensión, las condiciones de vida de los más desfavorecidos se utilizan a veces para justificar que continúe su exclusión. En algunos casos, las minorías poderosas de América Latina han considerado a los pobres como un peligro para el bienestar público. Esta mentalidad ha entorpecido la erradicación de la pobreza y la mitigación de sus efectos negativos en la economía y la sociedad.

Facilitar el crecimiento de las asociaciones de personas pobres

La tarea más importante que debe realizar el Estado para fomentar las organizaciones de personas pobres es eliminar las barreras jurídicas y de otro tipo a la constitución de asociaciones y proporcionar un marco administrativo y judicial que apoye su formación[56]. Sin ello será difícil que las asociaciones de personas pobres prosperen e influyan en las políticas públicas. Los pobres afrontan enormes dificultades a la hora de formar asociaciones con objeto de hacer oír su voz y mejorar su condición. No suelen intervenir en la política porque tienen la impresión de que esa participación no tiene nada que ver con sus inquietudes fundamentales o es en general inútil, o ambas cosas a la vez. Suelen esperar poco de su gobierno e incluso pueden temer represalias de las autoridades estatales o locales si se organizan. Incluso en los asuntos en que se reconoce la importancia del Estado, los pobres consideran que sus iniciativas individuales y colectivas no van a ejercer gran influencia. Cuando los pobres participan de hecho, su identidad como grupo no es el único factor que determina esa decisión. Al igual que sucede con otros ciudadanos, lo que les impulsa a actuar tiene con frecuencia un carácter tangible, inmediato y local.

La reducción de los desequilibrios en materia de información puede contribuir en gran medida a despejar las dudas acerca de la participación y a potenciar su capacidad de acción. La educación formal permite que las personas puedan aspirar a mejores oportunidades económicas (Capítulo 5) y les brinda los medios para expresar sus necesidades y exigencias en los foros públicos y en los procesos políticos. La amplia difusión de la información es beneficiosa para todos esos fines. Los grandes avances y bajo costo de la actual tecnología de la información, junto con un aumento de la demanda de acceso a los documentos públicos, pueden tener importantes ventajas para los pobres.

Impedimentos importantes para la organización de los pobres son la falta de tiempo, de recursos, de información y de acceso a fuentes externas de ayuda. A ello se agregan las trabas físicas a la colaboración, como la dispersión geográfica y la deficiente infraestructura de transporte y comunicaciones. Las divisiones étnicas y sociales constituyen un obstáculo adicional (Capítulo 7)[57]. A pesar de esas dificultades, en muchos países se ha observado en los últimos decenios una eclosión de organizaciones populares basadas en la participación a nivel de las comunidades. En toda América Latina, organizaciones populares e indígenas, que a veces se basan en formas tradicionales de asociación, permiten expresarse a los menos pri-

Recuadro 6.6
Las ONG pueden ayudar a movilizar y a potenciar la capacidad de acción de las comunidades

Desde 1985, la ONG denominada Mopawi (Moskitia Pawisa, o Desarrollo de La Mosquitia) colabora con las comunidades indígenas de La Mosquitia, una zona remota de la región occidental de Honduras y una de las últimas zonas de selva tropical que quedan en Centroamérica. A lo largo de los años, Mopawi ha elaborado un amplio y complejo programa de desarrollo. Ha procurado modificar la política gubernamental en la región mediante constantes actividades de promoción y defensa de los propios intereses, contribuyendo a establecer vínculos entre el gobierno, las ONG internacionales, las organizaciones dedicadas a la investigación y las organizaciones indígenas a fin de sensibilizar a la opinión pública y generar iniciativas. Ha colaborado con las comunidades locales para encontrar formas de mejorar los medios de vida sin dañar el medio ambiente. Mopawi también ha abordado el problema de la deforestación en La Mosquitia, combinando las actividades de promoción y defensa con la prevención práctica. La mayor parte de sus miembros proceden de La Mosquitia, lo cual ha resultado ser un importante elemento positivo.

La organización ha contribuido a mejorar los medios de vida de la población formulando otros modelos de aprovechamiento de los recursos y haciendo participar a las comunidades locales en la adopción de decisiones y en la gestión. Por ejemplo, se han establecido pequeños negocios y se han hecho experimentos en los campos de la agricultura y la agrosilvicultura. Un proyecto de agrosilvicultura y pastos que se está llevando a cabo con colonos y comunidades indígenas incluye experimentos sobre el aprovechamiento sostenible del bosque y el restablecimiento de las zonas degradadas. Las iniciativas orientadas a la mujer tratan de fomentar el cultivo de hortalizas en huertos para mejorar la salud y la nutrición.

Para fortalecer las organizaciones locales, Mopawi ha colaborado con Masta (Mosquitia Alsa Tanka), la federación de organizaciones indígenas representativas de La Mosquitia. Con ayuda de Mopawi, las organizaciones locales se han esforzado por legalizar la propiedad de la tierra y los derechos de uso y han desarrollado su capacidad de defensa de los propios intereses.

Fuente: Brehm, 2000.

vilegiados y afrontan las necesidades inmediatas en materia de salud, escolarización e infraestructura pública.

Esas organizaciones de carácter popular necesitan muchas formas de apoyo del Estado y de la sociedad civil. A menudo requieren asistencia técnica y conocimientos especializados para poder ser sostenibles y eficaces. También necesitan ayuda para incrementar el número de miembros, ampliar la variedad de sus funciones e intensificar su compromiso político[58]. Muchas iniciativas populares tienen un alcance y arraigo limitados y nunca llegan a ser objeto del debate político nacional. Los estudios realizados en América Latina han descubierto que ciertas organizaciones consiguen dar respuesta a algunas de las preocupaciones inmediatas de los pobres, pero que su sostenibilidad se ve condicionada por las dificultades que supone crear enlaces con organismos externos[59]. Para hacer frente a esos problemas, algunas organizaciones campesinas de Bolivia y Ecuador han colaborado con ONG a fin de establecer vínculos con organismos agrícolas nacionales, lo cual ha ampliado enormemente su alcance y su eficacia[60].

En la mayoría de los países en desarrollo, las ONG son protagonistas destacadas de las políticas y programas de lucha contra la pobreza[61]. Los antecedentes sociales y educativos de muchos miembros del personal de las ONG les permiten relacionarse fácilmente con el personal de las instituciones nacionales, y ello puede contribuir a tender puentes entre esas instituciones, los organismos externos y las organizaciones de base popular. Las ONG también pueden ser muy eficaces para prestar asistencia técnica a los pobres[62], como ha ocurrido con Mopawi en Honduras (Recuadro 6.6).

En Bolivia, una ONG de los Países Bajos prestó asistencia a una federación de campesinos para establecer un enlace con instituciones de investigación que trabajaban en el programa nacional sobre la papa. Para ello, contrató a un experto internacional que colaborase con la federación al inicio del proyecto. El consultor no tuvo dificultad alguna para establecer contactos de alto nivel con instituciones de investigación y, sobre la base de esas reuniones, la federación creó una firme vinculación con el programa nacional sobre la papa. El resultado fue un aumento de los ingresos agrícolas para los miembros de la federación[63].

A veces las ONG son un reflejo del sistema político en el que actúan, o de los grupos de intereses locales, y por tanto tal vez no sirvan a los intereses de los pobres tanto como debieran[64]. Las ONG no son una panacea: es importante que tengan la obligación de rendir cuentas de sus acciones, especialmente a los grupos de población pobre en cuyo nombre afirman actuar.

Fomento de las sinergias entre el Estado y las comunidades con vistas al crecimiento y la reducción de la pobreza

El Estado puede facilitar las interacciones entre las administraciones locales y las comunidades a fin de generar desarrollo y combatir la pobreza[65]. Esta función presenta dos aspectos principales: reducir los obstáculos a la acción colectiva en las comunidades y estimular una mayor colaboración entre las comunidades y los órganos de gobierno local. Con objeto de forjar vínculos en las comunidades y de facilitar la acción colectiva local, el Estado puede poner en marcha programas que mejoren los activos de los pobres y faciliten el acceso a los servicios públicos. Esos programas pueden corregir el malentendido, frecuente entre los pobres, de que lo que han de hacer para sobrevivir es evitar los riesgos y tener satisfechos a sus patrocinadores, y, de esa manera, liberan sus energías para emprender actividades que favorecen la movilidad social y para colaborar con otros en un plano de igualdad.

La combinación de una organización social más igualitaria dentro de la comunidad y de una mejor administración local permite crear poderosas coaliciones para acelerar el desarrollo. Una firme vinculación entre las administraciones locales y las comunidades mejora la prestación de servicios y reduce la posibilidad de que algún sector local se adueñe de los programas de desarrollo. Esta forma de proceder se ha aplicado con éxito en entornos políticos y administrativos diversos: Brasil en el decenio de 1980, la República de Corea en los de 1960 y 1970, y Taiwán (China) en el de 1950[66].

El ejemplo de Brasil pone de manifiesto que el cambio institucional es notablemente más difícil en entornos caracterizados por una desigualdad considerable. Debido a la ausencia de una amplia reforma agraria semejante a la de los países de Asia oriental, cuando el Estado trató de reformar la administración local, tuvo que afrontar los problemas que creaban los intereses de los propietarios rurales y las conexiones políticas de éstos con los órganos locales. Ello produjo dificultades, porque los grandes propietarios, los contratistas privados y los suministradores de la ayuda estaban habituados a acaparar los recursos. Durante la sequía de 1987, el Estado recurrió a los trabajadores de extensión agraria para romper el círculo vicioso del clientelismo en la distribución del socorro para situaciones de sequía. De todas formas, para mantener esos logros se requiere un esfuerzo constante.

La experiencia de Brasil también muestra que muchos de esos obstáculos pueden superarse con la presión electoral de la comunidad sobre los órganos de gobierno local. Los gobiernos estatales han puesto coto a la injerencia política exigiendo que los consejos municipales encargados de desembolsar los fondos de desarrollo cuenten, como mínimo, con una representación del 80% de las comunidades de usuarios. Además, si las comunidades consideran que son tratadas injustamente por los consejos municipales, pueden solicitar fondos directamente al gobierno estatal[67].

Para fomentar las sinergias entre las comunidades y las administraciones locales con vistas al desarrollo (Gráfico 6.5) el Estado puede adoptar las siguientes medidas decisivas:

Gráfico 6.5
Las coaliciones entre el Estado y las comunidades pueden fomentar un rápido desarrollo y mejorar la prestación de servicios

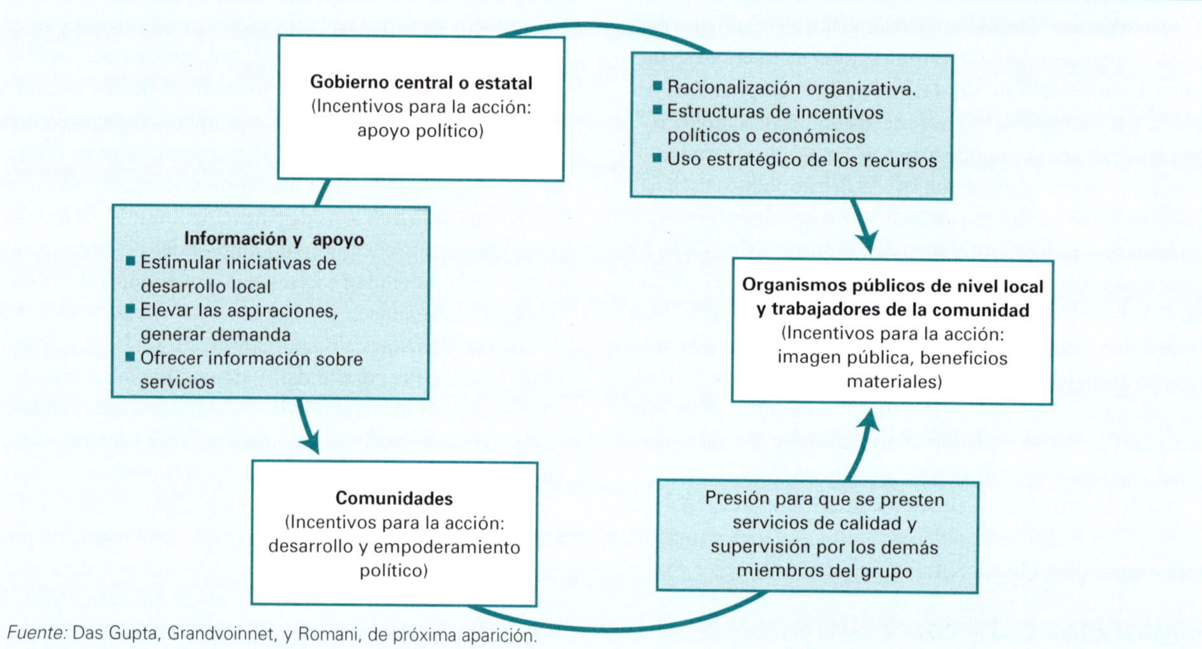

Fuente: Das Gupta, Grandvoinnet, y Romani, de próxima aparición.

- Generar en la comunidad, mediante una intensa difusión de información, una demanda de mejor administración pública y mejor prestación de servicios.
- Establecer unas interconexiones sólidas entre el Estado y las comunidades y poner a disposición de éstas la información y el apoyo técnico, comercial, crediticio y de otro tipo que puedan necesitar para ejecutar los programas.
- Cambiar las modalidades de operación de los organismos locales ejerciendo presión sobre ellos desde arriba y desde abajo. En Brasil, el Estado utilizó el reconocimiento oficial del empleo como medio de motivar al personal.
- Motivar a los trabajadores y dirigentes comunitarios con sanciones positivas y negativas, incluido el respeto de los demás miembros. Cuando los trabajadores forman parte de la comunidad, como sucede en la República de Corea, las posibles sanciones son especialmente poderosas.
- Adaptar las funciones de los niveles superiores de gobierno, capacitar y motivar a su personal para que se ocupe de la aplicación de la estrategia general y ofrecer apoyo técnico, reglamentos y actividades de promoción.

Los gobiernos pueden obtener de esas iniciativas una considerable rentabilidad política en forma de legitimidad y apoyo popular. En una elección municipal celebrada en Brasil, los candidatos reconocieron que, si querían salir elegidos, tenían que prestar apoyo a los nuevos mecanismos de rendición de cuentas públicas de los órganos de gobierno local y mejorar la prestación de servicios públicos[68]. Ello

Gráfico 6.6
Existe una correspondencia entre la calidad de las instituciones políticas y administrativas y el crecimiento económico

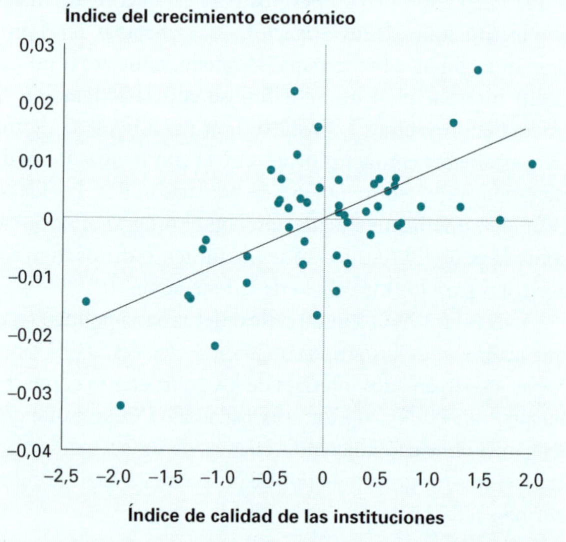

Nota: El índice de calidad de las instituciones se establece a partir de criterios que miden las libertades civiles y los derechos políticos, la calidad de las instituciones de gobierno, la implantación del estado de derecho y el gasto público en seguridad social.
Fuente: Rodrik, 1999a.

ayudó a fortalecer unas administraciones públicas potencialmente débiles y las motivó para emprender esas difíciles tareas. Al mismo tiempo, se crearon condiciones más favorables al pluralismo político.

La colaboración entre las comunidades y los órganos de gobierno local también puede promover muchas formas distintas de desarrollo. Además de las mejoras de la infraestructura y las condiciones de vida locales, esas iniciativas basadas en la colaboración han servido para prestar servicios de ayuda y de socorro en casos de sequía en Brasil y han representado un apoyo a la producción industrial para los mercados de exportación en Taiwán (China).

Los cambios son graduales y a menudo pueden tardar en producirse, pero a medida que se van acumulando los éxitos en un entorno determinado, generan un efecto de demostración para otros. Los ejemplos disponibles parecen indicar que, en cuestión de decenios, es posible reconfigurar las instituciones del Estado para acelerar el ritmo del desarrollo, el crecimiento y la reducción de la pobreza. También demuestran que, con una mentalidad política creativa, esos cambios son posibles incluso en marcos institucionales relativamente débiles.

Regímenes políticos y pobreza

La indefensión y la falta de representación son dimensiones fundamentales de la pobreza, y un elemento importante de la representación son los derechos políticos y las libertades civiles[69]. La democracia tiene un valor intrínseco para el bienestar humano como expresión de la libertad humana. Las libertades políticas tienen repercusiones enormes en la vida y en las capacidades de los ciudadanos[70].

Los procesos políticos participativos también pueden contribuir a crear una buena base institucional para la vida política, la sociedad y la economía, permitiendo que todas las voces sean escuchadas y contribuyan a determinar los resultados (Gráfico 6.6)[71]. Las libertades civiles y políticas, junto con las elecciones abiertas, son poderosos instrumentos para lograr que los gobiernos tengan que dar cuenta de sus acciones. Para conseguirlo en la práctica, se necesitan muchas instituciones para que los procesos democráticos funcionen como deben, entre ellas, unos medios de comunicación independientes que vigilen los procesos electorales y administrativos, un poder judicial autónomo que haga cumplir la constitución y haga respetar las normas del estado de derecho, y unas sólidas instituciones parlamentarias capaces de supervisar al poder ejecutivo con mecanismos como los comités de finanzas públicas. El establecimiento de esas instituciones es un proceso largo y se requiere una vigilancia constante para garantizar que los mecanismos democráticos funcionen debidamente. Pero el esfuerzo vale la pena, ya que a menudo esos procesos son el medio más eficaz de garantizar la representación y la participación.

Fomento de sistemas democráticos para promover un entorno estable para el crecimiento

Los resultados de las investigaciones de la relación entre el tipo de régimen político y la tasa de crecimiento económico se prestan a interpretaciones diversas[72]. Ello se debe en parte a problemas de medición[73] y en parte a algunos casos de crecimiento acompañados de una destacada reducción de la pobreza en varios países muy comprometidos con el desarrollo, como la República de Corea, antes de convertirse en democracias pluralistas. En esos países se establecieron las condiciones previas para un Estado desarrollista, en particular unas cúpulas políticas empeñadas en ese objetivo y apoyadas por una administración pública eficiente que estaba protegida de las presiones políticas y mantenía estrechos vínculos con los círculos empresariales[74].

Otro factor importante del éxito de esas economías es el hecho de que en una etapa temprana hicieron hincapié en la equidad, especialmente en una amplia reforma agraria y en la educación universal, lo cual sentó las bases para un crecimiento rápido y equitativo[75]. En algunos casos esas iniciativas se vieron facilitadas por la devastación provocada por la guerra y la consiguiente pérdida de poder de las oligarquías establecidas. Esas circunstancias redujeron la resistencia de grupos de interés políticamente poderosos a una reforma agraria drástica.

Sin embargo, en la mayoría de los entornos no democráticos, la no institucionalización de la obligación de rendir cuentas ha provocado malos resultados en materia de crecimiento y reducción de la pobreza. Incluso en los Estados desarrollistas en que se han registrado éxitos se pone de manifiesto una enseñanza importante: en los regímenes no democráticos hay riesgo de graves abusos del poder estatal, y hay una tendencia a rápidos cambios de rumbo de las políticas que pueden poner en peligro los logros alcanzados. Ahora esos Estados procuran resolver algunos de sus problemas transformando sus instituciones políticas para que haya una mayor obligación de rendir cuentas a nivel oficial.

Los instrumentos de equilibrio entre los poderes que poseen los regímenes democráticos participativos, y los procedimientos para la creación de consenso, limitan las oportunidades de captación de rentas y los cambios drásticos de las políticas y ofrecen una vía mucho más estable y sostenible hacia el desarrollo[76]. Hay una correlación entre regímenes políticos participativos y estabilidad del crecimiento[77], lo cual es muy importante para la reducción de la pobreza, habida cuenta de los efectos tan perniciosos que las crisis tienen para los pobres (Capítulos 8 y 9). Hay varios factores que explican esa conexión.

En primer lugar, los procesos políticos participativos se prestan mejor a negociar las diferencias a través del diálogo, sin necesidad de recurrir a la violencia. Junto con unos derechos políticos garantizados, esos procesos reducen el potencial de conflictos étnicos y otros enfrentamientos entre grupos diversos, lo cual desactiva importantes factores de vul-

Recuadro 6.7
Política y pobreza en los países de la OCDE

La pobreza no es exclusiva de los países en desarrollo. Existen considerables bolsas de pobreza en algunos países de la OCDE. Pese a que todos sus miembros son economías de mercado ricas con sistemas democráticos, las diferencias ideológicas y en el consiguiente apoyo popular a los programas de reducción de la pobreza producen niveles muy distintos de pobreza para sus ciudadanos.

Un estudio comparativo de las tendencias de la pobreza en Alemania, los Estados Unidos y los Países Bajos examinó la incidencia de la pobreza y los cambios producidos por los programas políticos durante un período de 10 años. El estudio puso de manifiesto amplias diferencias en cuanto a la incidencia de la pobreza entre los tres países, diferencias que se ampliaron por efecto de los programas públicos. Los niveles de pobreza previos a la intervención pública (basados en los ingresos personales tanto derivados del trabajo como de otra procedencia, sin incluir los impuestos ni las transferencias del Estado) varían, en gran medida como consecuencia de notables diferencias en la legislación laboral y otros factores del mercado. Los pagos de pensiones reducen la pobreza en los tres países, pero el diseño y los efectos de otros gastos públicos y de los impuestos encaminados a reducir la pobreza difieren.

Especialmente sorprendentes son los bajos niveles de pobreza en los Países Bajos, como consecuencia de la cobertura universal de las prestaciones. Aunque las transferencias presentan grandes errores en cuanto a la selección de los beneficiarios —en el sentido de que ayudan tanto a los pobres como a los que no lo son— no parecen haber generado un crecimiento económico más lento que en otros países

Los programas públicos amplían las diferencias del nivel de pobreza entre los países de la OCDE

Proporción de la población de menos de 60 años de edad que vive en la pobreza, 1985–94
Porcentaje

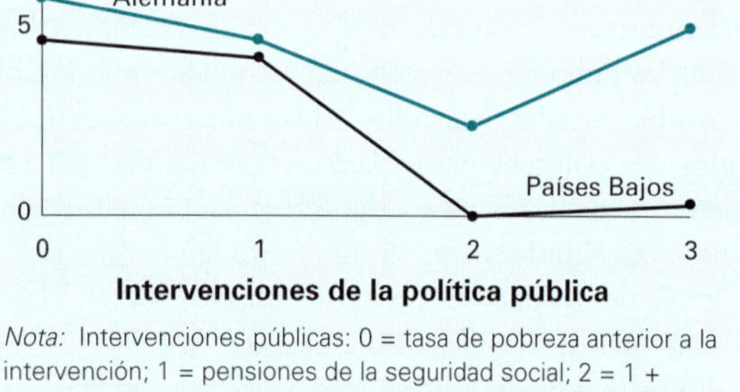

Nota: Intervenciones públicas: 0 = tasa de pobreza anterior a la intervención; 1 = pensiones de la seguridad social; 2 = 1 + otras transferencias estatales; 3 = 2 + impuestos. Se considera como pobres a quienes tienen menos de la mitad del valor mediano del ingreso familiar disponible del país. Se presentan los ingresos (una vez descontada la inflación) acumulados durante el período de 10 años.
Fuente: Goodin y colaboradores, 1999.

nerabilidad social y económica para la población pobre[78]. Por ejemplo, las firmes instituciones políticas democráticas de la India ayudan a armonizar las exigencias potencialmente contradictorias de una población tan heterogénea.

En segundo lugar, los derechos políticos y civiles y la libertad de prensa permiten que las personas llamen la atención sobre sus necesidades y reclamen una acción pública apropiada[79]. Esto es especialmente importante para evitar desastres graves o responder sin demora si se producen. Y, en tercer lugar, las elecciones democráticas confieren legitimidad a los gobiernos, con el consiguiente fomento de la estabilidad sociopolítica y económica.

¿Cómo puede la democracia intervenir con mayor eficacia en favor de los pobres?

La democracia, tanto representativa como participativa, es un bien en sí misma. Pero los procesos políticos democráticos, por sí solos, no bastan para que la sociedad coloque la reducción de la pobreza entre sus prioridades fundamentales. Las ideologías políticas y sociales determinan hasta qué punto los sistemas democráticos lograrán realmente reducir la pobreza. Las distintas ideologías en que se basan las políticas de bienestar social de los países de la OCDE producen resultados muy variados en la lucha contra la pobreza, a pesar de que todos esos países tienen un largo historial de instituciones políticas democráticas y una renta per cápita elevada (Recuadro 6.7).

La política representativa permite que se expresen los intereses de todos los ciudadanos, pero los resultados dependerán de la interacción de distintos intereses colectivos[80]. Los grupos con buenas conexiones políticas o con mayor nivel de instrucción tendrán una ventaja natural sobre otros a la hora de influir en las políticas públicas. Así ocurre en los Estados Unidos, donde se observan grandes discrepancias entre las comunidades ricas y pobres respecto de las consignaciones presupuestarias destinadas al mantenimiento del orden o a la enseñanza pública. En los países en desarrollo, donde la educación y la competencia política están distribuidas de forma mucho más desigual que en los Estados Unidos, hay grandes sectores de la población cuyos intereses están insuficientemente representados[81]. En Côte d'Ivoire, el 35% del gasto en educación pública se destina al 20% más rico de la población (véase el Cuadro 5.1 del Capítulo 5), y el 55% de los alumnos de enseñanza terciaria proceden de ese grupo[82]. La política democrática también está sujeta a la manipulación por parte de dirigentes políticos. Éstos pueden preferir gastar los recursos en el consumo inmediato y no en la inversión, o en medidas populistas más que en medidas productivas[83]. Además, los políticos pueden repartir favores para comprar o atraer a su causa a los grupos de interés[84].

Hay tres formas principales de fortalecer los marcos institucionales de los regímenes democráticos y aumentar su

Recuadro 6.8
La evolución de la sociedad civil y la reforma del Estado en México

Tradicionalmente, México ha contado con sistemas bien institucionalizados que han permitido canalizar y controlar las actividades políticas, así como utilizar los recursos del Estado para afianzar el apoyo político al régimen. Esos sistemas tendían más a controlar las demandas de la sociedad que a atenderlas. El Estado había elaborado una maquinaria muy compleja y eficaz para asimilar y manejar las reivindicaciones y la disidencia. Aunque la capacidad de la sociedad civil para hacerse escuchar era limitada, el Estado era sensible a la necesidad constante de ganarse lealtades, obtener apoyos y resolver conflictos.

En el decenio de 1980, se puso en tela de juicio todo ese mecanismo político relativamente sólido: la capacidad de respuesta, la representación y la participación fueron objeto de enconados debates. La gestión cotidiana de las controversias políticas y económicas se convirtió en una tarea cada vez más difícil para los funcionarios públicos. Los recursos financieros alcanzaron niveles históricamente bajos y el gobierno perdió toda legitimidad. Mientras que la sociedad civil exigía que se renegociara el contrato social básico entre el Estado y la sociedad, los líderes y los partidos políticos procuraban responder en formas que les permitieran ejercer presión para determinar el alcance y las características de ese contrato. El conflicto permanecía sin resolver a principios del decenio de 1990, y el potencial para evolucionar hacia un sistema político más abierto dependería de la capacidad de la sociedad civil para forzar un cambio.

En los últimos años han surgido en México unas perspectivas de cambio real. Se ha creado un proceso político mucho más abierto y democrático y una comisión electoral independiente y las organizaciones de la sociedad civil han estimulado de manera generalizada a los ciudadanos a votar según su conciencia, sin coacciones ni influencias indebidas, en las elecciones de julio de 2000. Si bien todavía queda mucho por hacer para seguir abriendo la puerta a la participación de la sociedad civil y a la expresión de las demandas de los ciudadanos, éste es un primer paso, cauto y vacilante pero, en definitiva, irreversible.

Fuente: Grindle, 1996.

eficacia en la reducción de la pobreza. En primer lugar, los procesos democráticos deben ser parte integrante de todos los niveles importantes de adopción de decisiones. Algunos regímenes son más democráticos en teoría que en la práctica. Otros, como la India, son auténticamente democráticos en casi todos los ámbitos, pero han tenido siempre dificultades para conseguir que los poderes públicos de todos los niveles rindan cuentas de sus decisiones, sobre todo a los pobres. El *panchayati raj* de la India, la actual iniciativa de descentralización y empoderamiento de la comunidad, es un esfuerzo por corregir esta situación incrementando las competencias de los consejos locales elegidos.

En segundo lugar, los ciudadanos deben gozar de acceso sistemático a la información, de forma que puedan exigir responsabilidades a los funcionarios públicos y a los políticos. Si la información sobre los presupuestos y la utilización de los fondos —desde el nivel federal hasta el local— puede obtenerse en la prensa y otras fuentes de información, los ciudadanos exigirán a los dirigentes que se responsabilicen de los resultados. Esta obligación pública de rendir cuentas puede contribuir a reducir la ineficiencia y la corrupción. El derecho a la información debe estar reconocido en la ley, de manera que no se interrumpa con un cambio de gobierno. El progreso en la tecnología de la información y la exposición cada vez mayor a las corrientes mundiales ayudará a crear una mayor conciencia pública que fortalecerá los sistemas democráticos.

En tercer lugar, unas sólidas organizaciones de la sociedad civil pueden promover el empoderamiento de los pobres en la esfera política, ejerciendo presión sobre el Estado para que sirva mejor a sus intereses y aumente la eficacia de los programas de lucha contra la pobreza[85]. Los estudios de casos concretos en el estado indio de Kerala y en otros lugares ponen de manifiesto que el firme compromiso de la sociedad civil contribuye a que se obtengan mejores resultados en materia de salud y educación[86]. Lo que se necesita es un marco institucional propicio para que la sociedad civil se desarrolle y se afiance (Recuadro 6.8)[87].

• • •

El respeto de las normas del estado de derecho, una administración pública eficiente y unos sistemas políticos de alta calidad facilitan la aparición de instituciones públicas que tengan en cuenta a los pobres. Pero los efectos de esos factores en la pobreza dependerán de la eficacia con que se traduzcan en el empoderamiento a nivel de las comunidades. Incluso en Estados con amplias libertades políticas y civiles y con gobiernos de los que no se han adueñado los grupos oligárquicos ni la corrupción, es frecuente que los pobres no puedan hacer oír su voz y que sus intereses tengan poco protagonismo en las políticas públicas. Los pobres necesitan poder opinar directamente sobre las intervenciones que afectan sus vidas cotidianas, así como tener la capacidad de organizarse y votar. Es necesario actuar para derribar las barreras —legales, políticas, administrativas o sociales— que perjudican a grupos particulares e incrementar los activos de los pobres para impedir su exclusión del mercado. En el capítulo siguiente se tratan algunas de las importantes barreras sociales a la reducción de la pobreza.

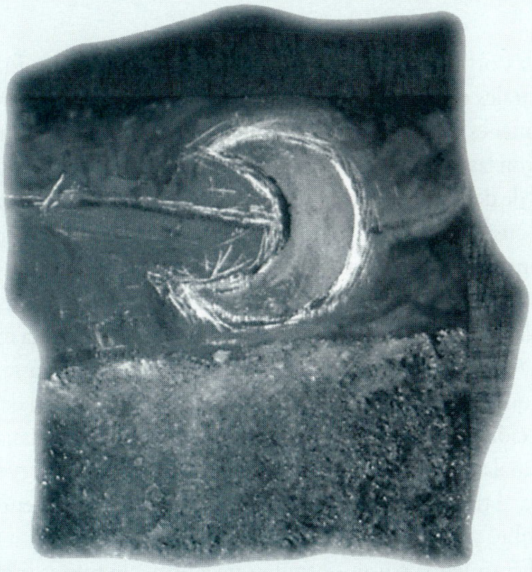

Capítulo 7

Eliminar obstáculos y establecer instituciones en la esfera social

Las instituciones sociales —sistemas de parentesco, organizaciones comunitarias y redes no estructuradas— influyen enormemente en los resultados de la pobreza. Ello se debe a que afectan a la productividad de los activos económicos, las estrategias para afrontar el riesgo, la capacidad para aprovechar las nuevas oportunidades y la medida en que se escuchan determinadas opiniones cuando se toman decisiones importantes. Las instituciones sociales pueden ayudar a las personas pobres a salir del paso y a progresar[1]. Pero también pueden levantar barreras entre las personas pobres o socialmente desfavorecidas y las oportunidades y recursos que necesitan para promover sus intereses. La discriminación por razones de sexo, origen étnico, raza, religión o condición social puede dar lugar a la exclusión social y hundir todavía más en la pobreza a sus víctimas.

Los valores, las normas y las instituciones sociales pueden reforzar desigualdades persistentes entre grupos de la sociedad, como sucede con los prejuicios por razón de sexo en gran parte del mundo, el sistema de castas en la India y las relaciones raciales en Sudáfrica y los Estados Unidos[2]. En casos extremos, esas divisiones sociales pueden llegar a ser la base de graves penurias y conflictos. Las medidas jurídicas y de otro tipo para subsanar esas desigualdades han de ir acompañadas de iniciativas para aumentar la conciencia acerca de actitudes de carácter cultural, como las que se manifiestan hacia las mujeres y las personas de diferente raza, religión u origen étnico. De lo contrario, esas medidas no podrán producir cambios reales. Los obstáculos sociales pueden revestir numerosas formas. Aquí nos centraremos en los más importantes derivados de la desigualdad por razones de sexo, la estratificación social y la fragmentación social[3].

Discriminación por razón de sexo y pobreza

Antes de que nos organizáramos como cooperativa de la SEWA, los intermediarios podían engañarnos. Pero ahora puedo negociar con ellos como representante de nuestra cooperativa y como miembro elegido de nuestro consejo local. Un día, cerca de la parada del autobús, oí a un par de hombres que decían: "Esa es la mujer que nos está causando tantos problemas. ¿Le damos una paliza?" Yo les dije: "Dádmela si os atrevéis. Tengo 40.000 mujeres detrás de mí".

—Mujer trabajadora en una intervención en la Cumbre Mundial sobre Desarrollo Social y el Futuro, Ginebra, junio de 2000

La amplitud y las manifestaciones de la desigualdad por razón de sexo varían entre las sociedades y están configuradas en gran medida por las reglas de parentesco[4]. Las reglas relacionadas con la sucesión determinan la titularidad de los recursos productivos. Las normas matrimoniales regulan la autonomía doméstica de la mujer: si esas reglas imponen que la mujer se incorpore a la familia de su marido, tendrá mucha menos autonomía que si puede formar un nuevo hogar o vivir con su propia familia (lo cual es poco frecuente). Las formas más generalizadas de desigualdad por razón de sexo surgen donde las normas relacionadas con la sucesión y el matrimonio son claramente favorables al hombre. Por el contrario, cuando esas reglas mantienen un mayor equilibrio entre el hombre y la mujer, ésta goza de mayor influencia en el hogar y en las esferas públicas y tiene menos limitaciones para convertirse en agente económico y social independiente[5].

Las normas relativas a las funciones y los derechos del hombre y la mujer forman parte del orden moral de una comunidad e influyen en otras instituciones, incluidas las del Estado. Esto refuerza ulteriormente las desigualdades por razón de sexo, si no se hacen esfuerzos conscientes para evitarlo. Los sistemas jurídicos desempeñan una función decisiva, ya sea reforzando los derechos y cometidos tradicionales del hombre y la mujer o tratando deliberadamente de modificarlos. También es importante el suministro de bienes y servicios públicos, que a menudo margina a la mujer si no se hacen esfuerzos concretos para llegar a ella.

Desigualdades en la representación y el acceso a los recursos

Las normas y valores tradicionales del hombre y la mujer pueden traducirse en desigualdades políticas, jurídicas, económicas y educativas que perpetúan la falta de acceso de la mujer a los recursos, el control sobre la toma de decisiones y la participación en la vida pública. Una mayor representación política podría contribuir a cambiar esta situación: no hay ningún país en el que la mujer ocupe una parte apreciable de los escaños parlamentarios[6].

Los sistemas jurídicos pueden impedir a la mujer llegar a ser un agente económico independiente. En muchos países, las leyes sobre la familia son muy desfavorables a la mujer y restringen sus derechos en caso de divorcio y de herencia de tierras y otros recursos productivos. En casi todos los países en desarrollo, los títulos de propiedad sobre la tierra se confieren normalmente al hombre[7]. Dado que la gran mayoría de la población pobre del mundo vive en entornos agrarios, ésta es una fuente esencial de vulnerabilidad para las mujeres pobres.

Algunos países utilizan el sistema jurídico para dar carácter oficial a reglas tradicionales que limitan explícitamente los derechos de la mujer. En la República de Corea, por ejemplo, algunas leyes tradicionales que restringían los derechos de la mujer se incorporaron oficialmente en el Código Civil de 1962, y el reconocimiento jurídico de esos derechos ha avanzado con gran lentitud. Después de decenios de lucha por parte de las organizaciones de mujeres, varias enmiendas fundamentales otorgaron en 1990 a la mujer el derecho a heredar los bienes de sus padres y de su marido[8]. También se modificaron las leyes sobre el divorcio para conceder a la mujer igualdad de derechos a los bienes adquiridos durante el matrimonio, y la custodia de los hijos ya no se otorga automáticamente al padre. Pero la ley continúa insistiendo en que el hombre es el jefe del hogar, lo que las organizaciones de mujeres consideran la principal fuente de desigualdad entre el hombre y la mujer en la familia y en otras instituciones sociales. Por esa razón, aunque la mujer en Corea ha adquirido un mayor nivel de instrucción y participa activamente en el mercado de trabajo, su anómala condición jurídica potencia su contribución económica al tiempo que frena los progresos en la equidad entre el hombre y la mujer[9].

En muchos países se siguen negando a la mujer incluso los derechos jurídicos básicos. En Botswana, Lesotho, Namibia y Swazilandia, conforme al derecho tanto tradicional como consuetudinario, la mujer casada permanece bajo la tutela permanente de su marido y no tiene derecho a administrar bienes por sí misma (salvo que así se estipule en un contrato prematrimonial)[10]. En Guatemala el hombre tiene derecho a limitar el tipo de empleo que puede aceptar su mujer fuera del hogar. En algunos países, la mujer necesita el permiso de su marido para solicitar un pasaporte y desplazarse libremente[11].

Las mujeres pobres se enfrentan con una doble desventaja en lo que concierne al acceso a los recursos y la influencia: son mujeres y son pobres. Los pobres tienen un acceso a la enseñanza y la atención sanitaria mucho menor que los que no lo son, y las diferencias por razón de sexo en esos servicios son mayores entre los pobres[12]. Lo mismo sucede con el crédito y los servicios de extensión agraria: si no se adoptan medidas rigurosas para contrarrestar esa tendencia, los pobres reciben menos que el resto, y quienes menos se benefician son las mujeres. Estudios realizados en muchos países revelan que el personal de extensión agraria presta más atención a los hombres, aunque sean las mujeres las que se ocupan principalmente de los cultivos, porque sus maridos se dedican a actividades no agrícolas[13]. Por eso, aquellas se encuentran en situación de desventaja con respecto a la propiedad de la tierra, pero también en lo que se refiere al acceso a recursos e información que le permitirían mejorar el rendimiento.

La desigualdad por razón de sexo, una carga para la sociedad

Si existe una desigualdad evidente entre los derechos del hombre y la mujer, es muy difícil establecer un orden sociopolítico democrático y participativo y un entorno de igualdad de oportunidades. Además, las manifestaciones más extremas de la desigualdad de poder entre el hombre y la mujer constituyen graves violaciones de los derechos humanos. Se ha demostrado que la violencia doméstica está asombrosamente extendida por todo el mundo y entre personas de todos los niveles de ingresos (véase el Recuadro 8.1 del Capítulo 8).

En algunas sociedades, la infravaloración de las mujeres y niñas se traduce en un exceso de mortalidad. Estimaciones basadas en censos nacionales oficiales indican que, como resultado de ese exceso de mortalidad femenina, "desaparece", aproximadamente, el 7% de las niñas menores de cinco años en China y Corea y más del 4% en la India y otras partes de Asia meridional[14]. Si no existiera esa discriminación, se estima que habría entre 60 y 100 millones de mujeres más en el mundo[15].

La desigualdad por razón de sexo tiene también repercusiones considerables para el capital humano en la generación siguiente, ya que la carga de criar a los hijos recae en gran medida sobre las mujeres. Cuando éstas carecen de instrucción y no pueden tomar decisiones en el hogar, tropiezan con graves limitaciones para criar hijos sanos y productivos. Tienden también a tener más hijos de los que desean, lo cual aumenta las presiones que sufren ellas y sus familias. Las mujeres más instruidas pueden comunicarse mejor con sus maridos para tomar decisiones sobre el tamaño de la familia, utilizar métodos anticonceptivos más eficaces y tener mayores aspiraciones para sus hijos[16].

La escasa autonomía de la mujer tiene sus propios inconvenientes. Estudios realizados en China e India revelan que, incluso controlando la instrucción, los ingresos del hogar y otras características económicas, una escasa autonomía doméstica lleva consigo unas tasas más altas de mortalidad de lactantes y niños pequeños[17]. Los estudios indican sistemáticamente que la instrucción de la mujer contribuye a mejorar la supervivencia infantil[18]. Y estudios longitudinales llevados a cabo en el Reino Unido y los Estados Unidos confirman que, si se controlan otros factores relacionados con el hogar, la instrucción de la madre está asociada con una mejora del desarrollo cognitivo de sus hijos[19].

El nivel de nutrición e instrucción es más alto entre los hijos de mujeres que tienen mayor autonomía financiera, ya sea porque obtienen ingresos en efectivo por sí mismas o porque desempeñan una función más importante en la toma de decisiones domésticas. Estudios realizados en Brasil demuestran que el aumento de los ingresos que manejan las madres está relacionado con una mejora del estado nutricional y del desarrollo físico[20]. Los programas de microcrédito en Bangladesh han demostrado que la concesión de préstamos que generan ingresos a mujeres mejora el estado nutricional de sus hijos, resultado que no se observa en el caso de los hombres[21].

La instrucción y la autonomía se refuerzan mutuamente. Las mujeres más instruidas y con mayor autonomía doméstica están en mejores condiciones para criar y proteger a sus hijos[22]. A las mujeres con escasa instrucción y autonomía les resulta más difícil conseguir atención sanitaria, seguir las instrucciones y continuar acudiendo al dispensador de atención de salud si las instrucciones no parecen surtir efecto. También es más difícil para esas mujeres obtener información sobre atención sanitaria, prevenir enfermedades y cuidar de los enfermos.

Gráfico 7.1

La reducción acelerada de la diferencia entre sexos en las tasas de matrícula impulsaría el crecimiento económico

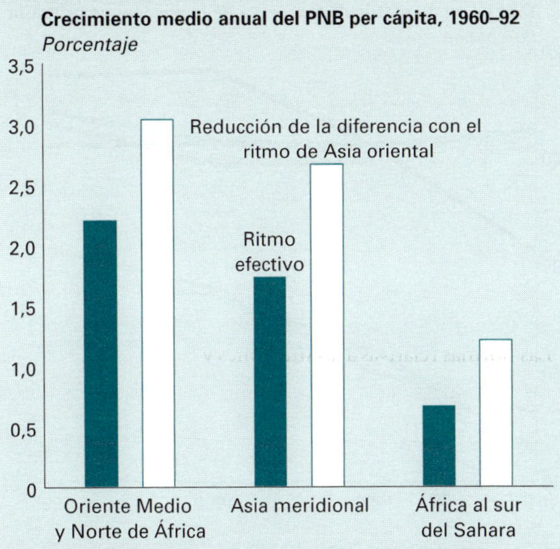

Fuente: Banco Mundial, de próxima aparición a; estimaciones de Klasen, 1999.

Una distribución más equitativa de las oportunidades y recursos entre el hombre y la mujer redunda también en un aumento del crecimiento económico y la productividad[23]. Análisis internacionales indican que los países que invierten en la instrucción de las niñas tienen tasas de crecimiento económico más altas (Gráfico 7.1)[24]. Estudios realizados en diversos países muestran las ventajas de facilitar el acceso de las mujeres agricultoras a la extensión agraria, los servicios de crédito y otros insumos productivos[25]. Cuando se eleva su nivel de instrucción, aumenta su eficiencia como productoras, al incrementarse su adopción de nuevas tecnologías y su eficiencia en el uso de los recursos. Un análisis realizado en Kenya parece indicar que cuando las mujeres campesinas reciben la misma instrucción y los mismos insumos que los hombres, su rendimiento aumenta hasta un 22%[26]. En el caso de Burkina Faso, según un estudio de datos de panel sobre hogares, la producción agrícola podría aumentar entre un 6% y un 20% con una asignación más equitativa de los recursos productivos entre el hombre y la mujer[27]. Son necesarios más estudios para determinar los efectos de esa reasignación sobre los ingresos y el bienestar nutricional de los hogares.

Posibilidades de cambio

Aunque la igualdad política y jurídica entre el hombre y la mujer ha aumentado en casi todas las regiones, se requieren muchos

Gráfico 7.2
Las tendencias de la educación femenina y la esperanza de vida evidencian una igualdad creciente entre el hombre y la mujer

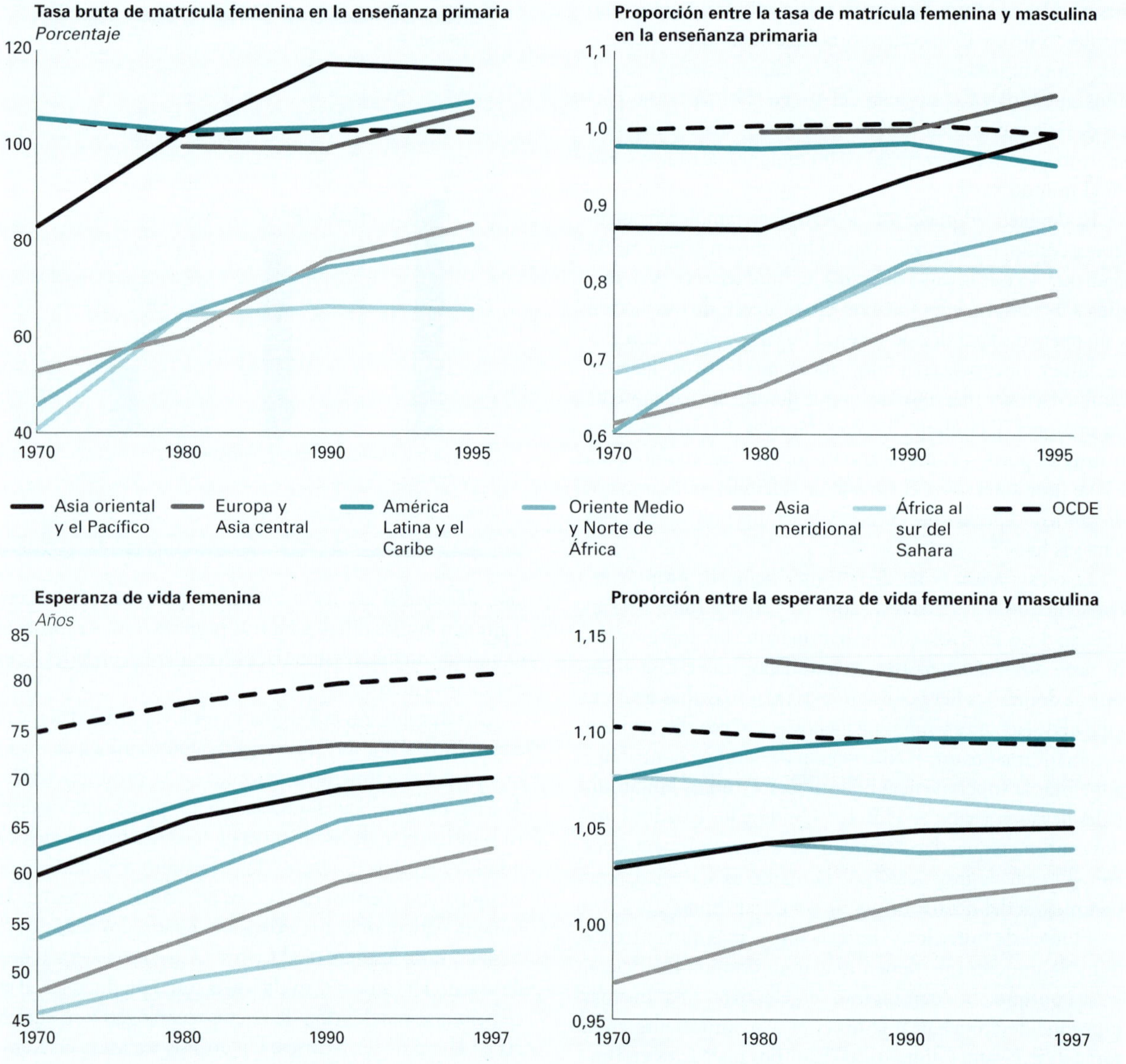

Fuente: Banco Mundial, de próxima aparición a.

esfuerzos y perseverancia para cambiar los valores y creencias relativos a las diferencias por razón de sexo[28]. Pero es mucho lo que se puede hacer —y mucho lo que se ha hecho— para aumentar la influencia de la mujer y mejorar su acceso a los recursos incrementando su representación política, los derechos que le reconoce la ley y su control del capital físico, financiero y humano (Gráfico 7.2). Se están haciendo intentos en al menos 32 países para aumentar la representación política de las mujeres reservando escaños para ellas en las asambleas locales y nacionales[29]. En la India se han aprobado dos enmiendas a la constitución por las que se reserva a las mujeres un tercio de los escaños en los consejos locales, lo que ha dado origen a una nueva categoría de mujeres (unas 600.000) con influencia política; se está examinando la posibilidad de reservar también escaños en niveles políticos superiores[30]. En Argentina, al menos un tercio de los candidatos que figuran en las listas electorales nacionales deben ser mujeres[31].

Los derechos que la ley reconoce a la mujer se han ampliado considerablemente en muchos países. En un número creciente de ellos, las hijas y los hijos gozan actualmente de los mismos

Recuadro 7.1

Reducción de los prejuicios por razón de sexo en la concesión de títulos de propiedad sobre la tierra en América Latina

El proceso de concesión de títulos de propiedad, una de cuyas características es la desigualdad, ha reducido a menudo el acceso de la mujer a la tierra. En varios países de América Latina, la legislación exigía que el beneficiario de los programas iniciales de reforma agraria fuera el jefe del hogar. Puesto que la costumbre establecía que el hombre era el jefe del hogar, a la mujer le resultaba difícil beneficiarse de esos programas. Sin embargo, en los decenios de 1980 y 1990 las medidas de reforma se modificaron y en los códigos agrarios más progresistas de los años noventa se prestó especial atención a este problema.

Según un estudio de seis países (Chile, Colombia, Ecuador, Honduras, México y Perú) basado en datos desglosados por sexos, las mujeres constituyen una proporción mayor de los beneficiarios en los programas actuales de concesión de títulos de propiedad sobre la tierra que en las reformas agrarias anteriores. Aun así, el reconocimiento oficial de los derechos de la mujer a la tierra sigue tropezando con los siguientes obstáculos:

- La mujer ignora a menudo sus derechos o no conoce el programa de concesión de títulos de propiedad sobre la tierra.
- Los proyectos de concesión de títulos de propiedad sobre la tierra son a menudo arbitrarios. El primer problema suele ser la falta de claridad acerca de la distribución del conjunto de derechos de propiedad sobre la tierra que existen dentro de un hogar: los derechos de la mujer, los derechos del marido y los derechos a la propiedad adquirida conjuntamente. En el momento de la aplicación, esta confusión redunda a menudo en perjuicio de la mujer.
- Algunas disposiciones jurídicas no dan un trato equitativo al hombre y la mujer. Los procedimientos para la cesión de derechos sobre la tierra suelen tener por objeto individualizar al titular de esos derechos: una persona por hogar. Para que actúen en favor de la mujer, es necesario que los programas de concesión de títulos de propiedad sobre la tierra den prioridad a las mujeres que son jefes de hogar, como sucede en Chile.

Dos conjuntos de medidas tienen especial importancia para evitar la parcialidad en el trato del hombre y la mujer en la concesión de títulos de propiedad sobre la tierra y promover los derechos de la mujer:

- Hacer obligatoria la concesión de títulos de propiedad conjunta a los matrimonios. Con ello se garantiza a las mujeres casadas el derecho de propiedad sobre la tierra adquirida conjuntamente. En Colombia, las tierras cuya titularidad se había concedido conjuntamente a matrimonios eran en 1996 el 60% de todas las tierras sobre las que se había emitido una sentencia judicial, mientras que en 1995 sólo representaban el 18%. La concesión de títulos de propiedad exclusiva sobre la tierra a hombres disminuyó del 63% al 24% en ese mismo período.
- Fomentar la colaboración entre las entidades públicas y las ONG que defienden los derechos de la mujer, para aumentar la conciencia de ésta acerca de sus derechos y apoyarla en la reclamación de títulos de propiedad sobre la tierra frente a una burocracia o una familia posiblemente hostiles. En Bolivia y Ecuador, donde los derechos de la mujer a la tierra apenas se mencionaron en las negociaciones que culminaron en los nuevos códigos agrarios y donde no hubo ningún movimiento en favor de la concesión de títulos de propiedad conjunta o de derechos especiales para la mujer, las reformas no mejoraron los derechos de la mujer a la tierra.

Fuente: Banco Mundial, de próxima aparición a (basado en Deere y Leon, 1997, 1999); Deere y Leon, de próxima aparición.

derechos a heredar a sus padres. Sin embargo, la existencia de esos derechos no significa que normas culturales profundamente enraizadas vayan a cambiar de inmediato. Por otra parte, el sistema jurídico ofrece a menudo a las personas la posibilidad de aplicar sus propias normas. Por ejemplo, la opción de redactar un testamento permite a las personas mantener normas culturales de sucesión que favorecen a los hijos varones[32]. Cuando la legislación discrepa excesivamente del derecho tradicional, pueden surgir problemas[33]. Aun así, las leyes son un primer paso necesario hacia la equidad entre el hombre y la mujer, aunque no siempre se apliquen automáticamente.

Entre los intentos más decididos para garantizar el acceso de la mujer a los recursos productivos cabe citar los recientes programas de concesión de títulos de propiedad sobre la tierra a la mujer. En Colombia, la Ley Agraria de 1994 dio la máxima prioridad a la redistribución de la tierra a hogares encabezados por mujeres y a mujeres que carecían de protección o habían tenido que desplazarse a causa de la guerra (incluidas mujeres solteras y sin hijos)[34]. El plan —"una parcela propia"— era la única garantía de un sustento seguro para las mujeres y sus hijos tras la separación o el divorcio. Varios otros países de América Latina se han ocupado de este problema, con resultados irregulares (Recuadro 7.1).

Las mujeres necesitan también un acceso más equitativo al crédito y a los servicios conexos que aumentan la productividad. Estudios sobre los efectos de planes de establecimiento de redes, como por ejemplo el microcrédito para grupos, indican que ofrecen enormes posibilidades para reducir la pobreza. Algunos de esos programas de crédito, como el del Banco Grameen en Bangladesh, están más orientados a la mujer que al hombre[35]. Los planes para grupos, que se basan más en la presión de los compañeros y las obligaciones colectivas que en contratos jurídicos, utilizan como aval la garantía social y no los activos financieros[36]. Estos planes han ayudado a las mujeres a adquirir bienes distintos de la tierra y han ido tenido efectos positivos sobre la escolaridad de las niñas[37].

Para estos programas son imprescindibles servicios que complementen los mecanismos de crédito y ahorro, como la capacitación en aptitudes empresariales, especialmente para la mujer, que no suele tener acceso a las vías normales de adquisición de esas aptitudes. Si se le da la oportunidad, la mujer puede llegar a triunfar como empresaria. En África meridional, las mujeres son propietarias de una proporción impresionante de pequeñas empresas del sector no estructurado: el 67% en Zimbabwe, el 73% en Lesotho y el 84% en Swazilandia[38]. El paso siguiente es asegurar a la mujer un mayor acceso a oportunidades empresariales en el sector formal.

Las intervenciones contra la pobreza son más eficaces cuando se reconocen las limitaciones de la mujer para tener acceso a los servicios públicos y a otras oportunidades. En la enseñanza, la existencia de personal docente femenino y de instalaciones sanitarias separadas —o incluso de escuelas separadas para niños y niñas— puede estimular la escolaridad de las niñas en algunas regiones[39]. También pueden ser eficaces las intervenciones sobre la demanda (Recuadro 7.2). En lo que concierne a la extensión agraria, los esfuerzos por con-

Recuadro 7.2
Utilización de subvenciones para salvar las diferencias por razón de sexo en la institución

Evaluaciones de iniciativas recientes para subvencionar los costos de la escolarización indican que las intervenciones sobre la demanda pueden aumentar el número de niñas que se matriculan y salvar las diferencias por razón de sexo en la instrucción. Un programa iniciado en Bangladesh en 1982 subvenciona diversos gastos escolares para las niñas que se matriculan en escuelas secundarias. En la primera evaluación del programa se comprobó que en cinco años la tasa de matrícula de las niñas en las zonas piloto había aumentado desde el 27%, cifra similar al promedio nacional, hasta el 44%, duplicando con creces la media del país (Bellew y King, 1993). A raíz de la supresión en 1992 de los derechos de matrícula para las jóvenes en todo el país y la ampliación del programa a todas las zonas rurales, la tasa nacional de matrícula de las niñas subió al 48%. También ha aumentado el número de niñas que se presentan a exámenes y el de mujeres que se matriculan en centros universitarios intermedios (Liang, 1996). Las tasas de matrícula de los niños aumentaron también durante ese período, pero no tanto como las de las niñas.

Dos programas ejecutados recientemente en Beluchistán (Pakistán) son ilustrativos de las posibles ventajas de reducir los costos y mejorar el acceso físico. Antes de los proyectos, había dudas acerca de si la baja tasa de escolaridad de las niñas se debía a las barreras culturales que hacen que los padres mantengan a sus hijas alejadas de la escuela o a la insuficiencia de escuelas apropiadas. Las evaluaciones de los programas indican que la mejora del acceso físico, la subvención de los costos y una formulación apropiada desde el punto de vista cultural aumentan enormemente el número de niñas matriculadas.

El primer programa, ejecutado en Quetta, capital de Beluchistán, utiliza una subvención condicionada a la escolarización de las niñas para fomentar la creación de escuelas en barrios pobres de la ciudad por iniciativa de las ONG locales. Las escuelas admiten niños siempre que constituyan menos de la mitad del número total de alumnos. El segundo programa ha ampliado el número de escuelas primarias locales exclusivamente para niñas en las zonas rurales de Beluchistán alentando la participación de los padres y madres en la creación de las escuelas y subvencionando la contratación de profesoras en las comunidades locales. En consecuencia, la tasa de escolaridad de las niñas subió un 33% en Quetta y un 22% en las zonas rurales. Curiosamente, ambos programas parecen haber incrementado también la tasa de matrícula de los niños, lo que indica que las crecientes oportunidades educativas para las niñas tal vez hayan tenido beneficios indirectos para los niños.

Fuente: Banco Mundial, de próxima aparición a; Kim, Alderman y Orazem, 1998.

Recuadro 7.3
Mayor representación de la mujer en la formulación de políticas: iniciativas presupuestarias de la mujer en África meridional

La Iniciativa sobre Presupuesto en favor de la Mujer en Sudáfrica empezó siendo una "empresa mixta" de carácter innovador entre varias ONG y nuevos parlamentarios del primer gobierno posterior al apartheid. Los parlamentarios eran miembros del Grupo sobre Igualdad entre el Hombre y la Mujer y Política Económica del Comité Mixto Permanente de Finanzas, mientras que muchos de los representantes de las ONG participaban en investigaciones sobre políticas relacionadas con el presupuesto y de carácter más general. La finalidad de la iniciativa era poner de relieve los aspectos del presupuesto público relacionados con la igualdad entre el hombre y la mujer —con inclusión del régimen fiscal, los gastos y el propio proceso de presupuestación— y velar por que en este proceso y en las consignaciones presupuestarias se diera un trato más equitativo a la mujer.

La iniciativa ha llevado a cabo cuatro series de análisis presupuestarios en varios sectores. Mientras que las primeras series de análisis se centraron sobre todo en el proceso de elaboración del presupuesto nacional, la cuarta ha empezado a centrarse en las administraciones locales y en la difusión de las conclusiones y otros mensajes a un público más amplio de Sudáfrica, a fin de que todos los ciudadanos estén mejor preparados para entablar debates sobre las políticas.

La iniciativa sudafricana ha inspirado varias otras. En 1997 se puso en marcha en Uganda una iniciativa de tres años de duración sobre presupuesto e igualdad entre el hombre y la mujer, dirigida por el Grupo Parlamentario de la Mujer en cooperación con una ONG denominada Foro para la Integración de la Mujer en la Democracia. Al igual que el programa sudafricano, la iniciativa de Uganda se basa en los esfuerzos coordinados de parlamentarios e investigadores de ONG. El Grupo de la Mujer, que era ya una fuerza influyente en Uganda, ha logrado que se aprobaran varias enmiendas legislativas, incluida la cláusula de la ley sobre administraciones locales que exige que las mujeres constituyan al menos un tercio de los miembros de los comités ejecutivos de distrito y de aldea. La iniciativa se ha centrado en la política macroeconómica y la paridad entre el hombre y la mujer, incluidos los efectos del reajuste estructural sobre las mujeres pobres.

En Tanzanía se puso también en marcha en 1997 otra iniciativa de tres años de duración, encabezada por una coalición de ONG entre las que destaca el Programa de Establecimiento de Redes sobre Igualdad entre el Hombre y la Mujer de Tanzanía. Esta iniciativa trata de comprender los procesos de presupuestación de la Comisión Nacional de Planificación y del Ministerio de Finanzas, el modo en que influyen esos procesos en el gasto público en servicios básicos y la influencia que las decisiones sobre gasto público ejercen en el acceso del hombre y la mujer a los servicios de salud y educación. La iniciativa ha comenzado a difundir las conclusiones fundamentales en un lenguaje sencillo para que sean accesibles a un público muy amplio.

Fuente: Banco Mundial, de próxima aparición a; Budlender, 1999; TGNP, 1999.

tratar y capacitar a mujeres extensionistas —y orientar las actividades de extensión hacia las mujeres agricultoras— contribuyen a que los nuevos métodos y tecnologías agrícolas sean más accesibles para ellas y eleven la productividad.

El aumento de la equidad entre el hombre y la mujer reporta enormes beneficios, ya que crea una cultura de los derechos humanos, así como ventajas inmediatas a través de sus efectos sobre la productividad y el capital humano de la generación siguiente. Entre los medios para favorecer la equidad entre el hombre y la mujer figura el reconocimiento de la igualdad entre ambos en lo que respecta a los derechos en el marco de la ley y a los servicios relacionados con la educación y la atención sanitaria y con la generación de ingresos. La presupuestación en función del sexo y la publicación de indicadores del desarrollo así desglosados pueden promover el apoyo público a esas iniciativas (Recuadro 7.3). Todas esas intervenciones han de estar respaldadas por esfuerzos para aumentar la participación política de la mujer, de manera que pueda contribuir en mayor medida a la sociedad.

Las reformas jurídicas, institucionales y normativas antidiscriminatorias a fin de aumentar la igualdad entre el hombre y la mujer tienen tanto un valor instrumental para promover el desarrollo y reducir la pobreza como un valor intrínseco para impulsar los derechos humanos y el bienestar. Un acceso más equitativo a los recursos materiales y a los servicios necesarios aumenta la productividad económica y el crecimiento. En términos más generales, el incremento de la equidad es un componente importante de los intentos de alentar una mayor participación de los ciudadanos en la vida pública y en la vigilancia de las instituciones estatales.

Estratificación social y pobreza

Como no hemos ido nunca a la escuela, somos casi analfabetos. A veces no sabemos siquiera hablar español; no sabemos sumar. Los dueños de las tiendas nos engañan, porque no sabemos contar y todo eso. Compran a los precios que quieren y pagan menos. Nos engañan porque no tenemos instrucción.

—*Mujer indígena de la Asociación 10 de Agosto, Ecuador*

Las desigualdades económicas reforzadas por las barreras sociales hacen que a las personas pobres les sea especialmente difícil salir de la pobreza. Cuando las distinciones sociales entre los grupos se utilizan para perpetuar las desigualdades en el acceso a los recursos materiales, crean rígidas jerarquías sociopolíticas que constituyen poderosas barreras sociales expresamente destinadas a mantener la condición de las personas más acomodadas. Esas distinciones imponen a las personas limitaciones de consecuencias catastróficas. Para los pobres, que son naturalmente reacios al riesgo porque viven al borde de la supervivencia, la perspectiva de incurrir en la ira de las minorías influyentes desafiando esas barreras es aterradora. Una estratificación rígida crea también obstáculos a la acción colectiva: si la distribución del poder en una comunidad está demasiado sesgada, las posibilidades de que haya confianza y cooperación son escasas.

La desigualdad social en las aldeas pone en peligro los intentos de administrar bienes colectivos como el agua[40]. Cuando el control de esos recursos está en manos de las minorías dominantes de la aldea, puede ser utilizado para discriminar a los pobres. Una de las esferas en que se manifiesta de forma más palmaria la desigualdad es el acceso a la tierra. En casi todos los países en desarrollo, las profundas desigualdades en la propiedad de la tierra hacen que a los pobres les resulte prácticamente imposible ascender desde los escalones más bajos de la jerarquía agraria. Sin embargo, una reforma de la tenencia de la tierra y unos esfuerzos más intensos para diversificar las oportunidades económicas pueden derribar algunas de esas barreras y reducir la pobreza rural (Capítulo 5; Recuadro 7.4).

En muchos medios, la discriminación y la desigualdad social son resultado de la escasa influencia política de grupos sociales enteros. Estos grupos son discriminados o dejados de lado en la distribución de los bienes públicos, lo que se traduce en un menor acceso a la instrucción y la salud,

Recuadro 7.4
Utilización de programas de desarrollo para poner fin al poder de las elites agrarias: estudio monográfico de la zona oriental de Uttar Pradesh (India)

En la aldea, la jerarquía socioeconómica es evidente: hay una sola casa de ladrillo pintada de blanco que sobresale entre un mar de chozas de adobe. Es la vivienda del *talukdar,* el gran terrateniente cuyo cometido era recaudar las rentas agrarias para la potencia colonial. En el decenio de 1950, la familia del *talukdar* perdió algunas de sus propiedades cuando se fijaron límites al total de tierras poseídas, pero conservó gran parte de ellas mediante divisiones ficticias.

En el curso de los dos decenios siguientes, la familia del *talukdar* consolidó sus relaciones con las nuevas estructuras de poder del Estado. Siguiendo una modalidad habitual de diversificación de las redes familiares, el padre dispuso lo necesario para que uno de sus hijos entrara en la policía mientras que otro administraba la tierra. Siguieron siendo la fuente principal de crédito y empleo para los aldeanos, que reconocían su superioridad social saludándoles de este modo cada vez que se dirigían a ellos: "A vuestros pies, Señor".

Para esta familia, con buena instrucción y buenas relaciones, era fácil desviar en beneficio propio los fondos para el desarrollo. El resto de la población ignoraba por lo general los derechos de los que estaban siendo privados. Pero aun en el caso de que los conocieran, difícilmente habrían podido protestar, ya que la familia del *talukdar* disponía de fusiles y podían cometer violaciones y mutilaciones sin que nadie se lo impidiera.

Hacia 1970 organismos de extensión agraria llevaron a la aldea información sobre los pozos tubulares. Algunos campesinos de rango medio mancomunaron sus recursos para cavar un pozo que les permitiera regar sus parcelas contiguas. Ansiosos por obtener el máximo beneficio posible, empezaron a sembrar cultivos comerciales y elevaron los salarios que ofrecían a los trabajadores agrícolas. El hijo del *talukdar* respondió recorriendo a zancadas el mercado semanal con un fusil colgado del hombro y amenazando con disparar a todo el que ofreciera a los trabajadores un salario superior al que se pagaba habitualmente. Esto frustró temporalmente los planes de los campesinos.

Pero las nuevas oportunidades que ofrecían los pozos tubulares y la apertura de un centro público de recogida de leche hicieron que a la familia del *talukdar le* resultara más difícil mantener su posición. Con el tiempo esos campesinos incrementaron sus ingresos y ofrecieron nuevas fuentes de empleo y crédito a las personas pobres. En vez de un sistema de gobierno bipolar, la aldea optó por una distribución más amplia del poder.

En un estudio sobre otra aldea de Uttar Pradesh se observaron tensiones análogas. En esa aldea la familia del *talukdar* había recurrido a métodos como el incendio doloso y el fraude electoral para mantener su poder, pero el uso decidido de las nuevas oportunidades agrarias por parte de algunos campesinos de rango intermedio acabó por debilitar ese poder. Para el decenio de 1990, habían conseguido prosperidad e instrucción y representaban un grave obstáculo político para la familia del *talukdar,* a la que derrotaron en las elecciones locales. La hegemonía de la antigua elite colonial de terratenientes ha sido puesta en entredicho mediante programas de desarrollo continuados e instituciones políticas participativas.

Fuente: Das Gupta, Grandvoinnet y Romani, de próxima aparición; Drèze, Lanjouw y Sharma, 1998.

Gráfico 7.3
Los grupos minoritarios de Viet Nam tienen menos acceso a los servicios que los otros grupos

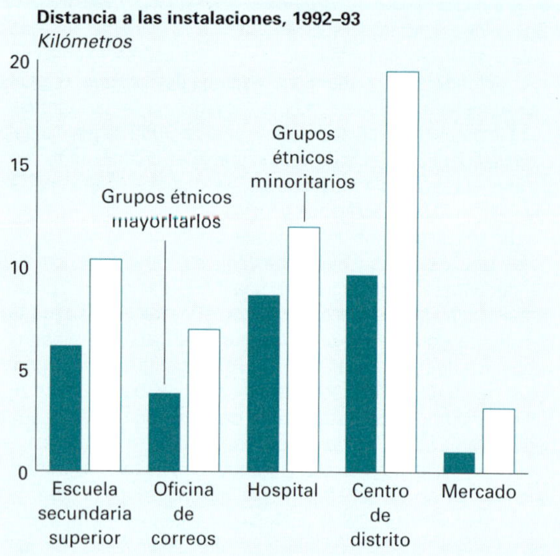

Fuente: Adaptación basada en van de Walle y Gunewardena, 2000.

y en unos ingresos más bajos. Más perjudiciales son las situaciones de pobreza difíciles de superar que tienen su origen en la discriminación y que pueden causar daños psicológicos a las personas discriminadas.

Algunas de esas situaciones son creadas en parte por el aislamiento geográfico. Las diferencias en los resultados debidas al aislamiento geográfico son una forma de estratificación, aun cuando no sean fruto de un proyecto deliberado. Por ejemplo, la tasa desproporcionadamente alta de pobreza entre los grupos indígenas en América Latina se debe en parte al hecho de que están más alejados que otros grupos de los mercados, las escuelas, los hospitales y las oficinas de correos. Se han documentado limitaciones análogas en algunos grupos étnicos minoritarios en Viet Nam (Gráfico 7.3). Los grupos indígenas de América Latina reciben también en general menos instrucción que otros grupos. La discriminación étnica agrava los efectos: el rendimiento escolar es inferior entre los indígenas. Éstos tienen mayor probabilidad de contraer enfermedades, pero menos probabilidades de solicitar tratamiento médico, lo que podría explicar también las diferencias en los ingresos[41]. Se trata de un círculo vicioso, ya que unos ingresos bajos reducen la probabilidad de mejorar el estado de salud.

El aislamiento y la falta de instrucción pueden crear situaciones de pobreza que persisten durante generaciones, ya que niños que viven en diferentes lugares experimentan diferentes tipos de acumulación del capital humano. Incluso el barrio en que uno vive puede tener una fuerte influencia sobre los ingresos y el capital humano[42]. Las personas que viven en un barrio acomodado están en contacto con factores sociales y culturales que aumentan su productividad[43]. Los efectos del barrio pueden reducir también la movilidad económica y ampliar las disparidades de ingresos entre comunidades, como sucede en Etiopía[44]. Se han registrado resultados similares en países industriales, donde a menudo los ricos viven apartados del resto de la población.

Otras situaciones de pobreza son el resultado directo de una discriminación prolongada contra grupos minoritarios, como en los Estados Unidos, o incluso contra grupos mayoritarios, como en Sudáfrica durante el régimen de *apartheid*[45]. En esos países, al igual que en América Latina, los negros reciben una instrucción y unos ingresos inferiores a los de los blancos. Pero sus desventajas tienen raíces aún más profundas: su esperanza de vida al nacer es también menor, diferencia que no se explica sólo por las disparidades socioeconómicas[46].

Los efectos acumulativos de la discriminación en la instrucción, las oportunidades de empleo y la información reducen las oportunidades que tienen los miembros de esos grupos de encontrar buenos puestos de trabajo[47]. El daño psicológico derivado de la discriminación da un fuerte impulso a esta dinámica, y los obstáculos psicológicos a la ascensión social refuerzan las trabas materiales y financieras a la consecución de títulos o diplomas. Las personas dejan de creer en su capacidad y de aspirar a la integración económica y social. Esta dinámica social se manifiesta patentemente en las relaciones raciales en los Estados Unidos (Recuadro 7.5).

Para atenuar los efectos de la estratificación social es necesario buscar soluciones en varios frentes. La situación cambia mucho si se consigue que los organismos públicos y otras instituciones estatales estén al servicio de todos los sectores de la población. Es posible promover esta práctica movilizando a los grupos excluidos para que planteen con mayor firmeza sus necesidades y derechos. En situaciones de discriminación activa, una política de medidas de acción afirmativa cuidadosamente concebida puede contribuir a facilitar el acceso a las oportunidades en igualdad de condiciones.

Reforma de las instituciones

En las sociedades que no están profundamente estratificadas, la reforma de las instituciones estatales puede aumentar la equidad social. Una reforma bastante sencilla consiste en asegurarse de que cuando se prestan servicios públicos no se descuide a los grupos desfavorecidos. Unas reformas más amplias entrañan medidas para lograr que los sistemas jurídicos sean equitativos y que las instituciones administrativas y políticas sean accesibles y respondan a las necesidades de todos. En vez de crear barreras, esos sistemas deberían facilitar la plena participación de toda la población. Puede que también sea necesario reformar las leyes sobre educación cívica a

Recuadro 7.5
La discriminación tiene efectos psicológicos devastadores

En un análisis sobre la exclusión social y la necesidad de medidas de acción afirmativa en los Estados Unidos, Glenn Loury señala los estragos psicológicos que la discriminación persistente puede causar entre los habitantes de los guetos negros:

> Le dices a un joven: "¿Por qué no te casas con la chica a la que has dejado embarazada? En vez de estar trapicheando en la esquina de la calle, ¿por qué no vas a la escuela de la comunidad y aprendes a manejar una de esas máquinas en el hospital? Podrías aprender a hacerlo en un par de años en esa escuela, en lugar de ser un inadaptado," y no te contesta: "He hecho cuentas y, francamente, lo que propones no merece la pena." Por el contrario, su respuesta es: "¿Quién, yo?" Eso indica que no es capaz de imaginarse a sí mismo en esa situación.
>
> Los habitantes de los guetos negros de los Estados Unidos son personas especiales, expuestas a los estereotipos, ridiculizadas por sus modelos culturales, aisladas socialmente, que experimentan un sentimiento interiorizado de impotencia y desesperación y tienen un acceso limitado a las redes comunitarias de asistencia mutua. Ante su desesperación, violencia y comportamiento autodestructivo, es moralmente obtuso y científicamente ingenuo sostener que si "esas personas" se decidieran a hacer bien las cosas, no nos enfrentaríamos con un problema tan espantoso. Los procesos sociales alientan el desarrollo de un comportamiento autodestructivo. Esto no significa que los individuos no sean responsables de las decisiones erróneas que puedan tomar. Por el contrario, hay que admitir que se trata de un dilema difícil de resolver, que no deja alternativas satisfactorias.
>
> Dado que la creación de una mano de obra calificada es un proceso social, el hecho de comprender que nadie recorre solo ese camino debería ser un freno al ideal meritocrático de que en una sociedad libre los individuos han de tener la posibilidad de ascender en la medida de su competencia. El "mérito" se produce a través de procesos sociales. Por esta razón, debe hacerse un esfuerzo público colectivo para atenuar la marginalidad económica de los negros que languidecen en los guetos de Estados Unidos. Los objetivos públicos no deberían expresarse en términos neutrales con respecto a la raza, aunque, de por sí, los instrumentos adoptados para alcanzar esos objetivos no distinguen los colores.

Fuente: Fragmentos escogidos de diversas secciones de Loury (2000).

fin de reducir las tensiones sociales y posibilitar la participación de los grupos desfavorecidos en la vida política, lo que es importante para su capacidad de organizarse por su propia cuenta[48]. En algunos países, la existencia de instituciones judiciales responsables permitiría también proteger a los grupos desfavorecidos contra la discriminación.

Se puede movilizar a las comunidades pobres y marginadas para reducir su pobreza recurriendo a sus instituciones sociales y fortaleciéndolas. Los grupos con una fuerte identidad colectiva —y una buena disposición para colaborar con agentes externos en la búsqueda de nuevas soluciones— pueden esforzarse en aumentar su acceso a los servicios de salud e instrucción y a los servicios públicos en general, lo que mejoraría sus condiciones de vida y aumentaría sus ingresos. Los resultados iniciales de programas innovadores de "desarrollo étnico" en Ecuador muestran la importancia de cultivar una demanda auténtica, potenciar la autogestión y fortalecer la capacidad local: son enseñanzas instructivas para los especialistas en desarrollo y los encargados de formular políticas[49].

Acción afirmativa

En las sociedades profundamente estratificadas, es necesario complementar estos esfuerzos con programas de medidas de acción afirmativa destinados a contrarrestar los impedimentos derivados de una discriminación inveterada. Para poder competir en las esferas económica y política, las personas discriminadas necesitan ayuda especial para adquirir instrucción, información y confianza en sí mismas. Las medidas de acción afirmativa empiezan por una legislación contra la discriminación en el acceso a los bienes y servicios estatales y privados, como vivienda, crédito, transporte, lugares comunes y cargos públicos.

Las iniciativas para reducir las desventajas acumulativas de un acceso insuficiente a la instrucción y al empleo ocupan un lugar destacado entre las medidas de acción afirmativa. Suelen incluir ayuda a los miembros de los grupos discriminados para que adquieran conocimientos especializados y tengan acceso a las oportunidades mediante el sostenimiento financiero en los estudios, la preferencia para la admisión en los centros de enseñanza superior y cupos en los puestos de trabajo[50]. Estas políticas, cuyos resultados pueden ser considerables, son de dos tipos[51]:

- Las *políticas de desarrollo* tratan de aumentar el rendimiento de los grupos desfavorecidos. Cabe citar como ejemplos los insumos financieros y de otra índole para mejorar el nivel de instrucción y la asistencia en materia de gestión para los que montan su propia empresa.
- Las *políticas preferenciales* tratan de reducir con más rapidez las desventajas acumulativas ofreciendo oportunidades a los miembros de los grupos desfavorecidos aun en el caso de que estén menos preparados que otros. Si bien son la vía más rápida de ascensión social y económica, estas políticas pueden ser contraproducentes, ya que refuerzan estereotipos negativos acerca de la menor capacidad de las personas desfavorecidas[52]. Ni siquiera los miembros bien preparados de los grupos desfavorecidos pueden librarse de esta sospecha.

Una función esencial de las medidas de acción afirmativa es crear modelos que acaben con creencias profundamente arraigadas acerca de las diferencias de valía y capacidad que están presentes en todas las sociedades segregadas (Re-

Recuadro 7.6
Acción afirmativa contra la discriminación de las castas en la India

El sistema de castas de la India dividía a las personas en estratos económicos y sociales en función de su nacimiento, y reforzaba además esas divisiones mediante diferencias en el rango ritual. Esta jerarquía rígida se mantuvo en pie durante muchos siglos, a pesar de los ataques periódicos de los movimientos reformistas sociales y religiosos. Pero en 1950 el gobierno de la India, que había conseguido recientemente la independencia, se propuso transformar el sistema. La constitución abolió la intocabilidad en el comportamiento público y privado y otorgó poderes al gobierno para tomar medidas correctivas a fin de reducir las desventajas sociales y educativas con que se enfrentaban las personas pertenecientes a las castas inferiores e introducir medidas de acción afirmativa en materia de empleo. Se reservaron escaños en el parlamento nacional y en las asambleas de los estados a miembros de las castas y tribus inferiores y se aprobó una ley en virtud de la cual la práctica de la intocabilidad pasaba a ser un delito.

El proceso de cambio ha tropezado con muchas dificultades. Se presentaron impugnaciones contra las políticas por las mismas razones que se adujeron en el debate público: que las personas de las castas inferiores no tienen el monopolio de la pobreza y que un subgrupo de esas castas ha acaparado los beneficios de las medidas de acción afirmativa. Y la resistencia política aumentó cuando el ámbito de aplicación de las políticas preferenciales se amplió en los últimos decenios para reservar una proporción mayor de puestos de trabajo en el sector público a personas de las castas inferiores. En cambio, las políticas de desarrollo que tenían por objeto facilitar el acceso de esas personas a la educación con miras a su ascensión social han sido eficaces y han suscitado menos polémicas.

A pesar de esas dificultades, la acción afirmativa ha contribuido notablemente a eliminar las barreras con que se enfrentaban las castas inferiores. Algunas personas pertenecientes a esas castas ocupan actualmente puestos de la máxima responsabilidad en todos los sectores, sirviendo como modelos para otros. Aun así, queda mucho por hacer, ya que persisten las desigualdades económicas y educativas. Una encuesta realizada en 1992—93 comprobó que el 57% de los jefes de hogar de las castas inferiores eran analfabetos, en comparación con el 35% de otras castas. Y es necesario hacer esfuerzos especiales en las pocas regiones donde la policía sigue obedeciendo a los intereses de las castas superiores. No obstante, la experiencia de la acción afirmativa en la India pone de relieve cómo pueden superarse los efectos de algunas formas inveteradas de discriminación, siempre que haya voluntad política.

Fuente: Deshpande, 2000; Dushkin, 1972; Galanter, 1972; Srinivas, 1987; Tummala, 1999.

cuadro 7.6). Esas creencias, que tienen efectos psicológicos devastadores para las personas desfavorecidas, son compartidas también por quienes ofrecen puestos de trabajo y ascensos, lo que reduce la probabilidad de que presten la misma atención a los candidatos de los grupos minoritarios, aunque reúnan las condiciones necesarias. Las medidas de acción afirmativa tratan de modificar esas ideas sobre la diferencia de valía incorporando a algunos miembros de grupos discriminados en la corriente principal de la economía y la sociedad. Esto tiene un importante efecto demostrativo: el hecho de que haya médicos negros o de castas inferiores, por ejemplo, demuestra a todos, incluido el propio grupo, que los miembros de ese grupo pueden ser buenos médicos.

Cabe preguntarse si esas medidas de acción afirmativa reducen la eficiencia o engendran conflictos políticos. Los datos disponibles indican que esos efectos desfavorables están relacionados sobre todo con las políticas preferenciales y pueden evitarse utilizando en mayor medida las políticas de desarrollo. En los Estados Unidos las medidas de acción afirmativa han permitido redistribuir ingresos a mujeres y minorías, con una pérdida mínima de eficiencia[53]. Las políticas preferenciales pueden ser costosas a largo plazo. Los cupos en los puestos de trabajo para las minorías pueden alterar la asignación de mano de obra, ser un obstáculo a la eficiencia y crear tensiones entre las personas "favorecidas" y los demás[54]. Esas medidas preferenciales pueden tener también repercusiones políticas negativas. Las minorías influyentes, al amparo de prácticas clientelistas, pueden manipular las medidas contra la segregación o reservar puestos de trabajo para determinados grupos. Las iniciativas de desarrollo, que probablemente suscitarán menos resentimiento en otros grupos, plantean menos problemas políticos que las preferenciales y ofrecen grandes posibilidades de reducir las desventajas acumulativas de una discriminación inveterada.

Fragmentación y conflicto social

La diferenciación de los grupos en función de características tales como la identidad étnica, la raza, la religión y el idioma puede provocar a veces una fragmentación social en virtud de la cual los grupos consideran que tienen intereses distintos aun cuando sus condiciones socioeconómicas sean tal vez similares. La identidad étnica —fenómeno multidimensional y concepto polémico— se basa en las diferencias culturales percibidas entre los grupos de una sociedad, diferencias que constituyen una importante fuente de identidad y una base para la movilización política[55]. Algunos estudiosos han considerado la identidad étnica como una forma de capital, es decir, un recurso o activo del que los miembros de una determinada comunidad étnica hacen uso en sus actividades comerciales y sus relaciones políticas[56]. Una afiliación étnica común puede ser el fundamento de patrimonio social basado en las afinidades (véase la sección siguiente) que proporciona a los miembros de la comunidad una serie de beneficios (crédito, empleo, pareja) al tiempo que les impone importantes obligaciones y compromisos (apoyo financiero, conformidad). La pertenencia a una comunidad étnica puede tener también efectos externos negativos, por ejemplo, conflictos entre grupos étnicos (Recuadro 7.7)[57]. Esas divisiones pueden obstaculizar una acción colectiva: en los Estados Unidos el aumento de la fragmentación étnica está relacionado con la disminución de la participación en actividades cívicas[58].

La identidad étnica puede llegar a ser una base para la competencia por el poder político y por el acceso a los recursos materiales[59]. A no ser que las instituciones del Estado y de la sociedad civil ofrezcan foros para mediar en las rivalidades entre grupos y crear lazos entre los diversos grupos étnicos, esas divisiones étnicas pueden provocar conflictos que desgarren la sociedad y la economía y den lugar a que todos queden expuestos a la pobreza.

La posibilidad de que la fragmentación social provoque conflictos depende en gran medida de las instituciones administrativas y políticas. Para crear una sociedad que funcione es necesaria la colaboración de toda una serie de instituciones sociales y políticas. Por el contrario, los fallos en los sistemas de gobierno y en el suministro de bienes públicos y servicios sociales conexos crean condiciones para que se produzcan disturbios y conflictos sociales, al igual que sucede cuando fallan las instituciones encargadas de mediar en los conflictos, como la política representativa y el estado de derecho.

Las divisiones étnicas pueden afectar de muchos modos a los resultados del desarrollo. Pueden influir en la organización interna del gobierno y la asignación del gasto público, lo que daría lugar a una distribución desigual de los bienes y servicios públicos. Pueden alentar la captación de rentas, lo que reduciría la eficiencia del gasto público[60]. Otras perturbaciones económicas se producen cuando grupos étnicos poderosos utilizan su poder político para aumentar sus ingresos en relación con los de los demás. Estudios recientes en Ghana indican que los grupos dominantes a nivel local perciben sueldos un 25% superiores a los de otros grupos del sector público, discrepancia que provoca malestar e ineficiencia[61]. Esas perturbaciones en la distribución de los recursos y en la eficiencia de su utilización quedan de manifiesto en los resultados del desarrollo. En varios países de África, por ejemplo, la supervivencia infantil es mayor en los grupos étnicos dominantes[62].

Recuadro 7.7
Divisiones étnicas y conflicto civil

La fragmentación étnica, en su forma más extrema y en condiciones de penuria económica y gobierno no democrático, puede degenerar en conflicto civil. El enfrentamiento étnico se intensificó en la segunda mitad del siglo XX, cuando las guerras entre países dejaron paso a los conflictos internos. El conflicto civil es a la vez causa y consecuencia de unos resultados económicos deficientes. La investigación ha demostrado que durante las guerras civiles la producción per cápita se reduce más de un 2% al año como promedio.

El costo más importante de los conflictos civiles es la pérdida de vidas humanas, que representa tanto una tragedia humanitaria como un obstáculo a la reconstrucción. Otros costos son, por ejemplo, la destrucción de capital físico, humano y social; la reducción de las inversiones en capital físico y humano; la perturbación de los mercados y otras formas de orden económico y social; la detracción de recursos humanos y gasto público de actividades productivas o que aumentan la productividad; la migración de trabajadores altamente calificados; y la transferencia de activos financieros al extranjero. Estos costos pueden sumir a los países en la pobreza —y provocar enfrentamientos.

El conflicto civil puede acelerar también el desmoronamiento del Estado, que perjudica de manera desproporcionada a las personas pobres. Además, estos problemas rebasan las fronteras, aumentado la carga que recae sobre los países vecinos. Se estima que en 1998 había 12,4 millones de refugiados internacionales y 18 millones de personas desplazadas en otros países, casi la mitad de ellos en África.

Fuente: Collier y Hoeffler, 1998; Austin, 1999; Stewart, Humphreys y Lea, 1997; Collier, 1999c; Luckham, 1999.

Creación de alianzas políticas

Los países con una diversidad étnica considerable deben crear las condiciones políticas necesarias para integrar a los diversos grupos de manera que puedan funcionar colectivamente[63]. Cuando las instituciones administrativas y políticas funcionan bien, las sociedades multiétnicas pueden configurarse de hecho como una "comunidad imaginada" de nación y Estado[64]. La unión mutua de las diversas comunidades a través de una gran variedad de canales civiles y estatales —para evitar los conflictos— fue uno de los principales objetivos de los primeros creadores de la unidad europea[65]. Los regímenes comunistas de la Unión Soviética y Yugoslavia, a pesar de sus fracasos económicos y políticos, no sólo redujeron las desigualdades económicas sino que también resolvieron los conflictos étnicos. Cuando se derrumbaron, estallaron violentos conflictos étnicos porque no se había desarrollado ninguna estructura ideológica e institucional alternativa que actuara de mediadora entre ellos.

En África al sur del Sahara, el Estado-nación se creó a partir de las divisiones arbitrarias del territorio llevadas a cabo por las potencias coloniales, divisiones que con frecuencia se basaron en indicadores geográficos de índole práctica, como la latitud y longitud, sin tener en cuenta las unidades sociales de la población local. Dada la disparidad de los grupos y las escasas instituciones supraétnicas que pudieran mediar entre ellos, la creación de naciones y Estados ha tropezado con numerosos problemas. Los gobernantes coloniales y los políticos locales han manipulado a menudo en su propio provecho las tensiones étnicas, que en ocasiones han desembocado en espantosas guerras civiles[66]. En esas circunstancias, alimentar las tensiones étnicas y el malestar social es una estrategia habitual para adquirir y mantener el poder, ya que así se justifica la ampliación de un feroz poderío militar al tiempo que se debilita la capacidad de los grupos de oposición que exigen reformas. Con el tiempo, las minorías étnicas, y especialmente las que son objeto de discriminación, desigualdad o conflicto, pueden convertirse en clases étnicas[67], es decir, grupos cuya sensibilidad y reivindicaciones étnicas se convierten en causas independientes de conflicto[68].

Creación de instituciones apropiadas

La creación de instituciones públicas sólidas es fundamental para lograr que las diversas identidades sean un elemento valioso para el desarrollo, y no una fuente de división política y de violencia (Gráfico 7.4)[69]. Esto tiene especial importancia en los países con abundantes recursos naturales, por ejemplo,

Gráfico 7.4
La diversidad étnica está asociada con la violencia cuando la calidad institucional es baja

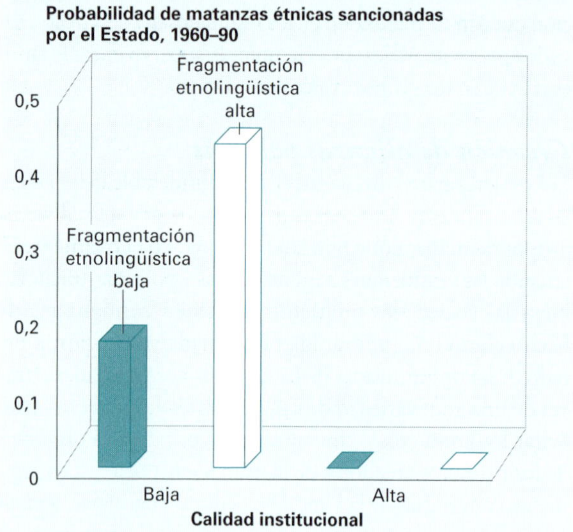

Fuente: Easterly, 2000a.

petróleo, diamantes y minerales[70]. En medios donde la responsabilidad y la transparencia institucionales son escasas, los exorbitantes rendimientos obtenidos de esos recursos son una fuente básica de competición entre las facciones dominantes.

Las organizaciones de la sociedad civil y el Estado pueden contribuir notablemente a sentar las bases institucionales para que los grupos cooperen en favor del bien común. Es necesario que las instituciones sean participativas, creíbles y responsables, de manera que la población pueda apreciar las ventajas de la cooperación. Estas instituciones deben estar respaldadas por sistemas constitucionales y jurídicos y sistemas políticos representativos que permitan a los grupos velar por sus intereses mediante mecanismos distintos de la violencia. Es posible lograr cierta integración social alentando a cada grupo a que aprenda el idioma de los demás. Otro requisito importante para prestar una ayuda eficaz a los grupos excluidos es recoger datos exactos sobre ellos[71].

Desarrollo de las instituciones sociales y del patrimonio social

Siempre que hay un entierro, trabajamos juntos... las mujeres sacan agua, buscan leña y recogen harina de maíz entre los amigos... mientras que los hombres cavan la tumba y entierran al muerto... Trabajamos juntos en proyectos comunitarios, por ejemplo, haciendo ladrillos para una escuela... Las mujeres trabajan también juntas para limpiar los alrededores de los pozos.

—Intervención en un grupo de debate, Mbwadzulu (Malawi)

Aparte de eliminar las barreras sociales, unos intentos eficaces de reducir la pobreza requieren iniciativas complementarias para fortalecer y ampliar las instituciones sociales de los pobres. Por instituciones sociales se entiende los sistemas de parentesco, las organizaciones locales y las redes de los grupos pobres, que pueden ser consideradas como diferentes formas o aspectos del patrimonio social.

Patrimonio social basado en las afinidades, las conexiones y los enlaces

Para comprender los problemas con que se enfrentan las personas pobres es conveniente distinguir entre los diferentes aspectos del patrimonio social dentro de las comunidades y entre ellas (Recuadro 7.8):

- Los fuertes lazos que unen a los miembros de la familia, los vecinos, los amigos íntimos y los socios en actividades empresariales pueden denominarse *patrimonio social basado en las afinidades.* Estos lazos se establecen entre personas que comparten características demográficas análogas.
- Los débiles lazos que unen a personas con diferentes orígenes étnicos y experiencias ocupacionales pueden denominarse *patrimonio social basado en las conexiones*[72]. Este entraña relaciones horizontales con personas que tienen una situación económica y un poder político comparables en términos generales. Sin embargo, una teoría del patrimonio social que sólo se centre en las relaciones entre comunidades y dentro de éstas se expone a la crítica de que hace caso omiso del poder[73].
- Una tercera forma, el *patrimonio social basado en los enlaces,* está constituida por los lazos verticales entre las personas pobres y las que ocupan posiciones de influencia en organizaciones estructuradas (bancos, oficinas de extensión agrícola, la policía)[74]. Esta forma pone de manifiesto otro rasgo de importancia decisiva en la vida de las comunidades pobres: el hecho de que sus miembros suelen estar excluidos —por discriminación declarada o por falta de recursos— de los lugares donde se adoptan decisiones importantes de las que depende su bienestar.

La investigación sobre las funciones de los diferentes tipos de redes sociales en las comunidades pobres confirma su importancia. Un análisis de aldeas pobres en las zonas rurales del norte de la India, por ejemplo, revela que los grupos sociales contribuyen considerablemente a satisfacer las necesidades básicas de las personas pobres y a protegerlas contra los riesgos (Capítulo 8). En cambio, las redes más amplias e influyentes de las personas que no son pobres se utilizan para obtener ventajas estratégicas, por ejemplo, lograr mejores puestos de trabajo y sueldos más altos y aprovechar nuevas oportunidades económicas (en ciertos casos mediante una movilización directa para conseguir una parte desmesurada de recursos y servicios públicos)[75].

Un estudio sobre la relación entre los resultados de las empresas y la estructura de las redes empresariales en África llega a conclusiones notablemente similares. Los empresarios pobres que explotan pequeñas compañías locales en sectores tradicionales establecen "redes de solidaridad" que intercambian información personal sobre el comportamiento y las intenciones de los miembros con el fin de reducir los riesgos y la incertidumbre. En cambio, las grandes compañías regionales establecen "redes de innovación" que intercambian conocimientos sobre tecnología y mercados mundiales con el fin de aumentar la productividad, las ganancias y la cuota de mercado[76]. Estudios sobre comerciantes agrícolas de Madagascar indican que para ellos las relaciones sociales son más importantes que los precios de los insumos. Las relaciones estrechas con otros comerciantes sirven para reducir los costos de transacción de los intercambios, mientras que los lazos con los acreedores y otras personas que pueden ayudarles en épocas de dificultades financieras son fuentes esenciales de garantía y seguridad[77]. En Bolivia, Burkina Faso e Indonesia, encuestas sobre el terreno para tratar de medir el patrimonio social de los hogares han descubierto una relación positiva con el consumo de los hogares, la acumulación de bienes y el acceso al crédito[78].

Investigadores y especialistas reconocen desde hace tiempo que en las organizaciones locales el patrimonio social basado en las afinidades y las conexiones es una condición necesaria pero no suficiente para el desarrollo a largo plazo. En Kenya, una evaluación de la pobreza, con participación de los interesados descubrió más de 200.000 grupos comunitarios en las zonas rurales, pero la mayoría de ellos no tenían acceso a los recursos externos y no podían ayudar a las personas pobres a salir de la pobreza[79]. Es imprescindible crear un patrimonio social basado en los enlaces, para lo cual el apoyo externo ha desempeñado a menudo una función importante[80]. El apoyo externo —de ONG y organizaciones religiosas, por ejemplo— puede contribuir a crear un patrimonio social que aumente la influencia y las oportunidades económicas de

Recuadro 7.8
¿Cómo influye el patrimonio social en el desarrollo?

Existen al menos cuatro teorías sobre la relación entre patrimonio social y desarrollo (Serageldin y Grootaert, 2000; Woolcock y Narayan, 2000). La más estricta sostiene que el patrimonio social consiste en las capacidades sociales de los individuos, es decir, la propensión de cada a uno a la cooperación, la solución de conflictos, la tolerancia, etcétera (Glaeser, Laibson y Sacerdote, 2000).

Una teoría algo más amplia establece una relación entre el patrimonio social y las familias y asociaciones comunitarias locales, así como las normas subyacentes (confianza, reciprocidad) que facilitan la coordinación y cooperación en beneficio mutuo. Esta teoría pone de relieve los aspectos positivos del patrimonio social para los miembros de esas asociaciones, pero apenas se refiere a la posibilidad de que el patrimonio social no reporte beneficios a la sociedad en general y que la pertenencia al grupo en sí pueda entrañar costos apreciables.

Otra teoría intermedia, más matizada, reconoce que la pertenencia al grupo puede tener efectos tanto positivos como negativos (Coleman, 1990; Burt, 1992; Portes, 1995; Massey y Espinoza, 1997). Este planteamiento amplía el concepto de patrimonio social para incluir las asociaciones en que tal vez las relaciones entre los miembros sean jerárquicas y la distribución del poder sea desigual. Esas formas de asociaciones y redes tienen una gama más amplia de objetivos: algunas de ellas están exclusivamente al servicio de los intereses privados de los miembros, mientras que otras están animadas por el empeño de alcanzar objetivos públicos más generales. Esta teoría insiste en que los grupos, además de reportar beneficios a sus miembros, pueden exigir de ellos importantes esfuerzos no económicos.

Una teoría de escala todavía más amplia se centra en el entorno social y político que configura las estructuras sociales y permite que se establezcan normas. Este entorno incluye las relaciones y estructuras institucionales de carácter oficial, como el gobierno, el régimen político, el ordenamiento jurídico, el sistema judicial y las libertades civiles y políticas. Las instituciones tienen efectos importantes en el ritmo y el modelo del desarrollo económico (North, 1990; Fukuyama, 1995; Olson, 1982).

Una teoría integradora reconoce la coexistencia de instituciones en pequeña, mediana y gran escala que pueden complementarse mutuamente. Las instituciones en gran escala pueden crear un entorno propicio en el que se desarrollen y florezcan las instituciones en pequeña escala. A su vez, las asociaciones locales contribuyen al mantenimiento de las instituciones regionales y nacionales, otorgándoles cierto grado de estabilidad y legitimidad y haciendo que respondan de sus actos (Evans, 1996; Woolcock, 1998; Narayan, 1999; Serageldin y Grootaert, 2000; Putnam, 1993).

Mientras que, en general, se comprenden bien los mecanismos que rigen el funcionamiento del patrimonio social, existe menos consenso sobre si esos mecanismos califican al patrimonio social como "patrimonio". En muchos casos, las normas e instituciones tienen la persistencia y los efectos duraderos asociados con el patrimonio (Collier, 1998; Narayan y Pritchett, 1999). Sin embargo, algunos sostienen que el sacrificio de un beneficio presente en favor de uno futuro, típico de las formas tradicionales de patrimonio, no es un rasgo presente en las redes sociales, en la medida en que estas redes se construyen por motivos distintos de su valor económico para los participantes (Arrow, 2000). Aun así, las redes y organizaciones sociales son claramente elementos decisivos en la cartera de recursos de que se sirven las personas pobres para hacer frente al riesgo y aprovechar las oportunidades. También son elementos decisivos para los ricos, que promueven sus intereses a través de organizaciones como clubes de campo y asociaciones profesionales, pero su importancia relativa es mayor para las personas pobres.

Sin embargo, el patrimonio social presenta también aspectos negativos. Cuando los grupos o redes están aislados, tienen un espíritu provinciano o actúan con fines opuestos a los intereses colectivos de la sociedad (bandas, carteles de traficantes de drogas), el patrimonio social que encierran en su seno sirve para fines perversos y no productivos, que ponen en peligro el desarrollo (Rubio, 1997; Levy, 1996; Portes y Landolt, 1996). Las organizaciones delictivas, como las que existen en América Latina y Rusia, crean importantes efectos externos que son perjudiciales para el resto de la sociedad: pérdida de vidas humanas, despilfarro de recursos, incertidumbre generalizada (Rose, 1999). Y en la India, por ejemplo, las obligaciones hacia los miembros de la familia y las presiones para que hagan lo que la comunidad espera de ellas inducen a muchas jóvenes a abandonar la escuela (Drèze y Sen, 1995; PROBE Team, 1999).

Recuadro 7.9

La federación de comedores en el Perú: creación de patrimonio social basado en los enlaces

El movimiento de los comedores (cocinas comunitarias), uno de los grupos de mujeres más dinámicos de Perú, surgió a mediados del decenio de 1980. Los participantes trataron de ir más allá de la estrategia tradicional de supervivencia planteando reclamaciones al sistema político. Se crearon federaciones en los barrios, seguidamente en los distritos y por último a nivel metropolitano y nacional. La centralización del movimiento redujo el costo de los insumos, por ejemplo alimentos y equipo para cocinas, y aumentó la disponibilidad de talleres de formación.

La organización al más alto nivel, la Comisión Nacional de Comedores (CNC), pasó a ser el representante oficialmente reconocido del movimiento de los comedores. Una de sus principales reclamaciones fue que se incluyera en los programas de asistencia a todas las mujeres pobres, y no sólo a las que tenían conexiones con el partido de gobierno. Además de influir en la formulación de políticas, el movimiento de los comedores ha tenido una notable repercusión sobre las relaciones locales de poder en los barrios de viviendas precarias y, por extensión, sobre la estructura del sistema político.

Aunque la estructura del Estado peruano (con pocos canales oficiales para la acción política) ha limitado las actividades del movimiento, la red de comedores representa una forma de patrimonio social que ha aumentado el valor de las mujeres pobres como posible fuerza electoral. Los comedores han aumentado también el poder de negociación de las mujeres en sus familias.

Fuente: Houtzager y Pattenden, 1999.

las personas pobres (Recuadro 7.9). Este apoyo adquiere la máxima eficacia cuando se mantiene a lo largo del tiempo, hace hincapié en la creación de capacidad y se basa en un profundo conocimiento de las condiciones locales y en una relación de confianza y colaboración.

Este es el enfoque característico de la labor de Myrada, ONG de la India que presta servicios de microfinanciamiento. Myrada actúa como intermediario a plazo mediano entre las personas pobres y los bancos comerciales[81]. Su tarea inicial consiste en movilizar el patrimonio social basado en las afinidades dentro de las comunidades rurales para crear grupos de gestión del crédito y formar más adelante federaciones regionales integradas por representantes de todos los grupos de crédito (promoviendo de ese modo el patrimonio social basado en las conexiones). Desde el principio, los grupos de gestión del crédito tienen cuentas en bancos comerciales, con lo que adquieren progresivamente la confianza y los conocimientos necesarios para participar por sí mismos en instituciones oficiales (patrimonio social basado en los enlaces). Después de cinco años de capacitación y de experiencia adquirida con esfuerzo, los miembros del grupo están en condiciones de administrar esas cuentas —e incluso de organizar auditorías externas anuales— sin ayuda del personal de Myrada, que se desplaza a otro lugar para comenzar de nuevo el proceso.

El patrimonio social, medio para aumentar la eficacia de los programas

El Estado desempeña una función esencial en la configuración del contexto y las condiciones en que actúan las organizaciones de la sociedad civil (Capítulo 6)[82]. En algunos casos, puede crear también patrimonio social. En 1987, el Departamento de Salud del estado de Ceará, en Brasil, puso en marcha un programa de salud rural —ampliado más adelante a casi todo el país—, que aumentó considerablemente las tasas de vacunación y redujo la mortalidad infantil. El éxito del programa se ha atribuido en gran medida a la confianza creada entre los trabajadores del sector público y las personas pobres. En el programa se estipulaba expresamente que una de las funciones de los trabajadores sanitarios debía ser fomentar la confianza mediante la adopción de un enfoque de la prestación de servicios centrado en los usuarios y orientado a resolver problemas. Los trabajadores contaron con el apoyo de campañas públicas en medios de información que difundieron sistemáticamente el programa y les hicieron sentirse llamados a cumplir una misión. El resultado fue un cambio total de actitud: madres que antes ocultaban sus hijos a los trabajadores del sector público pasaron a considerar a los agentes como verdaderos amigos de la comunidad[83].

Muchos estudios monográficos indican que el patrimonio social puede mejorar la formulación y sostenibilidad de un proyecto (Recuadro 7.10). Evaluaciones recientes de proyectos de desarrollo rural del Banco Mundial revelan que los resultados dependen en gran medida de la naturaleza de las relaciones de poder entre los principales grupos interesados y de la adecuación entre las intervenciones externas y la capacidad local. La evolución cronológica de las relaciones entre las partes interesadas tiene también una incidencia considerable en la generación de confianza. Los dirigentes de los proyectos y de las comunidades que favorecen una actitud de confianza y buena voluntad desempeñan un papel decisivo, lo que parece indicar que una elevada rotación del personal puede poner en peligro la eficacia de un proyecto. El proyecto de riego de Gal Oya, en Sri Lanka, ha dado buenos resultados en una región muy pobre con altos niveles de violencia étnica, gracias a la paciencia y al compromiso sostenido del personal de operaciones (denominados acertadamente organizadores institucionales). La principal contribución del proyecto ha sido la integración de los conocimientos locales con la competencia externa y el fomento de la cooperación entre las ONG y los funcionarios públicos[84]. En África, innovaciones recientes en programas de desarrollo impulsados por las comunidades han transferido directamente a los interesados la responsabilidad de mantener las bombas manuales y las letrinas[85]. Estos dispositivos, que anteriormente se estropeaban con rapidez y tardaban meses en ser reparados, se mantienen ahora en buen estado.

Una enseñanza fundamental para los especialistas y los encargados de formular políticas es la importancia de utilizar en las comunidades pobres formas ya existentes de patrimo-

Recuadro 7.10
Movilización y creación de patrimonio social en los proyectos de desarrollo

Durante más de dos decenios, los programas de desarrollo han recurrido a los grupos locales de beneficiarios de los proyectos o a las asociaciones locales para obtener mejores resultados[1]. La novedad reside en la etiqueta genérica de patrimonio social aplicada a la fuerza o energía social en que se basan.

En Bangladesh, el Banco Grameen recurre a grupos de mujeres pobres para ejecutar programas y el Comité de Fomento Rural de Bangladesh a grupos de trabajadores rurales sin tierras o con pocas tierras. En Pakistán, el Programa Aga Khan de Apoyo Rural presta asistencia a organizaciones rurales para complementar sus esfuerzos de autoayuda. El Organismo para el Fomento del Té de Kenya colaboró con comités de cultivadores para promover la producción, consiguiendo un tercio de las exportaciones de té del país en un plazo de 15 años. En nueve países de África occidental, el movimiento 6-S organizó federaciones de campesinos en más de 2.000 comunidades para ayudar a los agricultores a superar las dificultades de la estación seca. El Centro para el Desarrollo Social y Económico de Bolivia ha prestado apoyo a más de 250 organizaciones campesinas que promueven programas de agricultura, ganadería, silvicultura, producción artesanal e infraestructura comunitaria (Uphoff, 1993; Krishna, Uphoff y Esman, 1997).

También se ha recurrido con frecuencia a los grupos locales en los programas de riego, abastecimiento de agua y saneamiento. El Proyecto Piloto Orangi en Pakistán proporcionó a asentamientos pobres sistemas de alcantarillado de bajo costo y otros servicios en régimen de autoayuda y ayudó a instituciones autónomas locales a ejecutar proyectos. En Côte d'Ivoire el abastecimiento de agua en las zonas rurales mejoró considerablemente cuando la responsabilidad de su mantenimiento se traspasó de la empresa nacional de distribución del agua a grupos comunitarios. Las averías se redujeron del 50% al 11%, mientras que los costos bajaron casi un 70%. Sin embargo, estos resultados sólo fueron duraderos en las aldeas donde existían organizaciones comunitarias con un buen funcionamiento y donde la demanda de agua era alta (Hino, 1993).

En muchos casos, el desafío a las normas y prácticas vigentes aumenta el patrimonio social de los grupos excluidos anteriormente, al tiempo que merma el poder de las elites locales, lo que contribuye a reducir los obstáculos a la mitigación de la pobreza. Los programas de desarrollo, como los servicios microfinancieros para mujeres en Bangladesh, modifican las relaciones sociales en las aldeas: es más, de ello depende su éxito. Acabar con el control de los prestamistas, superar la resistencia de ciertos dirigentes religiosos y dar a la mujer más poder en la toma de decisiones dentro de su hogar son objetivos que requieren, en cada caso, un reajuste fundamental de las relaciones sociales tradicionales. Muchos programas de desarrollo son intrínsecamente políticos (Fox y Gershman, 1999), y cabe prever que poderosos intereses creados se movilizarán contra las reformas que tratan de socavar su posición en nombre de los pobres. Los investigadores del desarrollo, los encargados de formular políticas y los especialistas deben reconocer estas tensiones y responder a ellas de manera adecuada.

1. Una de las primeras evaluaciones sistemáticas de la participación comunitaria fue la de Esman y Uphoff (1984).

nio social integrador como base para ampliar la escala de las actividades de las organizaciones comunitarias locales[86]. La creación de instituciones formales más accesibles ayuda a las personas pobres a indicar con más claridad, confianza y persuasión sus intereses a las personas que ocupan posiciones de poder.

• • •

Muchos aspectos de las normas y prácticas sociales contribuyen a generar pobreza y a perpetuarla. Las prácticas discriminatorias relacionadas con el sexo, el origen étnico, la raza, la religión o la condición social tienen como resultado la exclusión social, política y económica de ciertos sectores de la población. Esto crea barreras a la ascensión social, que limitan la capacidad de las personas para aprovechar las oportunidades económicas y para beneficiarse del crecimiento económico y contribuir a él. También limita su participación efectiva en procesos políticos y acciones civiles destinados a conseguir que las instituciones estatales rindan cuentas a los ciudadanos y respondan a sus necesidades.

Las políticas y programas para atenuar la exclusión social dependen del carácter de la exclusión. En algunos casos, la exclusión puede subsanarse simplemente ampliando el ámbito de acción de los servicios públicos a zonas desatendidas. Cuando se trata de una discriminación más activa, es importante garantizar la equidad en el ordenamiento jurídico y en el funcionamiento de las instituciones estatales. Además, puede que sean necesarias medidas de acción afirmativa para reducir las desventajas acumulativas derivadas de las prácticas discriminatorias y crear modelos de conducta visibles para que otros los sigan. Cuando la heterogeneidad étnica y la fragmentación social son considerables, puede evitarse el conflicto mediante esfuerzos por aumentar la interacción cívica de los diferentes grupos y lograr que participen en la solución de posibles conflictos a través de procesos políticos. La discriminación por razón de sexo es cualitativamente diferente de estas otras formas de discriminación, ya que entraña distinciones dentro del hogar en el valor atribuido a las personas y, por consiguiente, en los recursos que se les asignan. Para reducir las barreras sociales basadas en las diferencias entre el hombre y la mujer es necesario modificar creencias profundamente arraigadas acerca de las funciones apropiadas del hombre y la mujer, y tomar también medidas para asegurar una mayor equidad entre ambos en el funcionamiento de las instituciones públicas convencionales.

La mayor participación de los pobres en el desarrollo y la reducción de los obstáculos sociales son medidas complementarias importantes para crear un entorno de mayor oportunidad y seguridad. Este empoderamiento se impulsa aumentando la escala de las instituciones sociales, lo que incrementa la capacidad de las personas pobres y socialmente desfavorecidas para implicar a la estructura de poder de la sociedad y expresar sus intereses y aspiraciones.

PARTE IV

Seguridad

Capítulo 8

Ayudar a los pobres a afrontar los riesgos

Estar bien es saber qué me va a pasar mañana.
—Hombre de edad mediana, Razgrad, Bulgaria

La pobreza es algo más que falta de consumo, educación y salud. Tal como claman las voces de los pobres, es además miedo al futuro: saber que en cualquier momento puede sobrevenir una crisis y no saber si se le podrá hacer frente. Vivir con ese riesgo es parte de la vida de los pobres, y es muy posible que los cambios que se han operado actualmente en el comercio, la tecnología y el clima agudicen los riesgos de la vida diaria. Los pobres suelen contarse entre los grupos más vulnerables de la sociedad porque son los que están más expuestos a una gran variedad de riesgos. Debido a su bajo nivel de ingresos, tienen menos capacidad para ahorrar y acumular activos, lo que, a su vez, les limita la capacidad para hacer frente a una crisis cuando ésta se presenta.

El crecimiento económico es uno de los medios de reducir la vulnerabilidad de los pobres. En la medida en que dispongan de más ingresos, estarán mejor capacitados para controlar los riesgos. En realidad, en cualquier momento los que son pobres verán aminorada su vulnerabilidad si disponen de mecanismos para reducir, mitigar y afrontar los riesgos.

Los pobres han creado complejos mecanismos para hacer frente a los riesgos. No obstante, éstos distan mucho de ser capaces de eliminar la vulnerabilidad. Muchos de ellos ofrecen protección a corto plazo con costos a largo plazo, lo que impide toda posibilidad de escapar de la pobreza.

Las políticas que se ocupan de la vulnerabilidad deben tener por objeto ayudar a los pobres a controlar mejor los riesgos reduciéndolos y mitigándolos, y aminorando los efectos de las crisis. Las políticas de ese tipo tratan los problemas inmediatos que se derivan de las crisis y de la incapacidad de hacerles frente. Pero, además, sientan las bases para que los pobres puedan realizar inversiones que los saquen de la pobreza. En el presente informe se propugna un sistema modular de control de los riesgos que adapta las medidas de protección social a la situación específica de cada país en materia de riesgos y complementa los mecanismos vigentes de control de riesgos. En este capítulo se hace un breve examen de los resultados obtenidos con siete instrumentos de especial importancia para los pobres, a saber, el seguro médico, la asistencia y las pensiones para las personas de edad, el seguro de desempleo y la asistencia a los desempleados, los programas de asistencia social vinculada al trabajo, los fondos sociales, los programas de microfinanciamiento y las transferencias en efectivo.

Cuadro 8.1
Principales fuentes de riesgos

Tipos de riesgos	Idiosincrásicos Riesgos que afectan a una persona o un grupo familiar	Covariantes Riesgos que afectan a grupos de hogares o comunidades	Riesgos que afectan a regiones o naciones
Naturales		Lluvias Deslizamientos de tierras Erupciones volcánicas	Terremotos Inundaciones Sequía Vendavales
De salud	Enfermedades Traumatismos Discapacidad Edad avanzada Muerte	Epidemias	
Sociales	Delincuencia Violencia doméstica	Terrorismo Actividades de bandas de delincuentes	Disturbios sociales Guerra Agitación social
Económicos		Desempleo Reasentamiento Pérdida de las cosechas	Variaciones de los precios de alimentos Detención del crecimiento Hiperinflación Crisis de la balanza de pagos, financiera o monetaria Crisis tecnológica Crisis de la relación de intercambio Costos de transición de las reformas económicas
Políticos		Disturbios	Incumplimiento político de los programas sociales Golpe de estado
Ambientales		Contaminación Deforestación Desastre nuclear	

Fuente: Adaptado de Sinha y Lipton (1999) y Banco Mundial (2000q).

Tipología de los riesgos

Una de las formas de entender mejor los riesgos y de formular políticas que permitan hacerles frente en forma adecuada es establecer una tipología de los riesgos y las crisis a que están expuestas las personas (Cuadro 8.1). Los riesgos pueden clasificarse en función de su escala (pequeña, mediana o gran escala) y de la naturaleza del fenómeno (natural, económico, político, etcétera). Las microcrisis, calificadas generalmente como idiosincrásicas, afectan a determinadas personas u hogares. Las crisis medianas afectan a grupos de hogares o a toda una comunidad o aldea. Estas crisis son comunes (o covariantes) a todos los hogares del grupo. También pueden producirse crisis en los planos nacional o internacional.

La distinción según el nivel de riesgo es fundamental. Un riesgo que afecte a toda una aldea, por ejemplo, no puede ser objeto de seguro únicamente dentro de los límites de la aldea, sino que debe serlo además en las zonas no expuestas al riesgo. En la práctica, muchas crisis tienen componentes tanto idiosincrásicos como covariantes, si bien en la mayoría de los estudios empíricos se llega a la conclusión de que el riesgo relativo al ingreso es en gran parte idiosincrásico[1]. El presente capítulo está centrado en los riesgos que generalmente tienen grandes componentes idiosincrásicos, a saber, las enfermedades y lesiones, la vejez, la violencia, la pérdida de las cosechas, el desempleo y los precios de los alimentos (Recuadro 8.1). Los riesgos covariantes se examinan en los Capítulos 3 (Recuadro 3.2), 7 (la guerra y las luchas civiles) y 9 (las crisis macroeconómicas y los desastres naturales).

El hecho de que un riesgo sea covariante o idiosincrásico depende en gran parte de sus causas básicas. Por ejemplo,

Recuadro 8.1
Exposición de los pobres al riesgo

Los pobres están expuestos a una gran variedad de riesgos.

Enfermedades y traumatismos
Por lo general, los pobres viven y trabajan en medios que los exponen a un mayor riesgo de contraer enfermedades o sufrir lesiones, y tienen menos acceso a los servicios de atención de la salud (Prasad, Belli y Das Gupta, 1999). Sus riesgos en materia de salud están fuertemente vinculados a la disponibilidad de alimentos, en la que influyen prácticamente todos los riesgos a que están expuestos los pobres (desastres naturales, guerras, malas cosechas y fluctuaciones de los precios de los alimentos; de Waal, 1991). Las enfermedades transmisibles son mucho más frecuentes en los pobres, siendo las enfermedades respiratorias la principal causa de muerte (Gwatkin, Guillot y Heuveline, 2000). En un estudio sobre la pobreza llevado a cabo recientemente en India se comprobó que los pobres tienen 4,5 veces más probabilidades de contraer tuberculosis que los ricos y el doble de probabilidades de perder a un hijo antes de que éste cumpla dos años de edad (Banco Mundial, 1998t).

Tanto las enfermedades como las lesiones en el hogar tienen costos directos (de prevención, atención y curación) y costos de oportunidad (pérdida de ingresos o de escolaridad mientras dura la enfermedad; Sinha y Lipton, 1999). La duración, la frecuencia y el momento en que se produce la enfermedad también influyen en sus consecuencias. Según un estudio sobre India meridional, los hogares pueden compensar los efectos de una enfermedad si ésta se produce durante la temporada agrícola baja; en cambio, durante la temporada alta, la enfermedad provoca fuertes pérdidas de ingresos, especialmente en las explotaciones agrícolas de pequeño tamaño, lo que normalmente obliga a recurrir a costosos préstamos en el sector informal (Kochar, 1995).

Vejez
Hay múltiples riesgos vinculados a la vejez: enfermedades, aislamiento social, incapacidad para continuar trabajando, e incertidumbre acerca de si las transferencias permitirán una subsistencia adecuada. La incidencia de la pobreza entre las personas de edad varía considerablemente. En la mayoría de los países de América Latina la proporción de personas que vive en la pobreza es menor entre los ancianos que en la población en general (BID, 2000). Por el contrario, en muchos países de la ex Unión Soviética la incidencia de pobreza es superior a la media entre los ancianos, especialmente los de 75 o más años de edad (Grootaert y Braithwaite, 1998; Banco Mundial, 2000). Las mujeres, debido a su mayor esperanza de vida, son mayoría entre los ancianos, y son más propensas a la pobreza en la vejez que los hombres (Banco Mundial, de próxima aparición a). El número de ancianos aumentará apreciablemente en los países en desarrollo en los próximos decenios debido a la rápida transición demográfica.

Las consultas realizadas entre los pobres indican que la seguridad de los medios de vida es una preocupación primordial entre las personas de edad, seguida de cerca por el acceso a los servicios de salud, la vivienda adecuada y la calidad de la vida familiar y comunitaria. Con demasiada frecuencia lo que caracteriza a sus vidas es el aislamiento, la soledad y el miedo (Narayan y otros, 1999). Como dijo una anciana ucraniana: "Si me tumbara y muriera, no importaría, porque nadie me necesita. La sensación de ser innecesaria, de estar desprotegida, es para mí lo peor de todo."

Delincuencia y violencia en el hogar
La delincuencia y la violencia en el hogar reducen los ingresos y hacen más difícil escapar a la pobreza. Mientras que los ricos pueden contratar guardias de seguridad privados y fortificar sus casas, los pobres tienen pocos medios para protegerse contra la delincuencia. En São Paulo, Brasil, en 1992 la tasa de homicidios de adolescentes de sexo masculino en los barrios pobres era 11 veces superior a la de los barrios más ricos (Sinha y Lipton, 1999). Los pobres expresan con frecuencia su miedo a la violencia y a la impotencia que engendra: "No sé en quién confiar, si en la policía o en los delincuentes."

La delincuencia perjudica también indirectamente a los pobres. El rendimiento escolar de los niños expuestos a la violencia puede disminuir (Morrison y Orlando, 1999). Un estudio de comunidades de las zonas urbanas de Ecuador, Hungría, Filipinas y Zambia demostró que las condiciones económicas difíciles dan lugar a la destrucción del patrimonio social ya que decrece la participación en las organizaciones comunitarias, se debilitan los lazos informales entre los residentes y aumentan la violencia de las bandas de delincuentes, el vandalismo y la criminalidad (Moser, 1998). En consecuencia, la violencia y la delincuencia pueden despojar a los pobres de dos de sus medios más eficaces de reducir la vulnerabilidad: el capital humano y el patrimonio social.

Tanto las mujeres ricas como las mujeres pobres son víctimas de la violencia en el hogar, pero la incidencia de ésta es generalmente mayor en los hogares pobres. En Santiago (Chile), el 46% de las mujeres pobres y el 29% de las mujeres ricas son víctimas de la violencia en el hogar; en Managua (Nicaragua), las cifras son el 54% y el 45%, respectivamente (Morrison y Orlando, 1999).

Desempleo y otros riesgos del mercado de trabajo
Los riesgos del mercado de trabajo son, entre otros, el desempleo, la reducción de los salarios y la necesidad de aceptar empleos precarios y de baja calidad en el sector informal como resultado de una crisis macroeconómica o una reforma de las políticas. Los primeros en ser despedidos durante los recortes de empleos en el sector público son normalmente los trabajadores poco capacitados, que luego se suman a las filas de los pobres de las zonas urbanas, como ha ocurrido en África y América Latina durante las reformas con fines de ajuste estructural introducidas en los años ochenta y comienzos de los noventa (CEPAL, 1991; Sinha y Lipton, 1999). La crisis de Asia oriental también produjo marcados efectos en los mercados laborales, pues los salarios reales y el empleo en los sectores no agrícolas se redujeron en todos los países afectados (Banco Mundial, 1999j). A medida que avanzaba la privatización de las empresas estatales en Europa oriental y en los países de la ex Unión Soviética, aumentaba la pobreza entre los trabajadores desplazados con poca instrucción y especializaciones obsoletas, que no estaban calificados para trabajar en las industrias incipientes. Los atrasos en el pago de los salarios intensificaron el problema en Rusia (Grootaert y Braithwaite, 1998).

Las fluctuaciones de la demanda de mano de obra generalmente afectan en forma desproporcionada a las mujeres y a los trabajadores jóvenes. La mayoría de los programas de reducción de personal del sector público han repercutido en el empleo de las mujeres más que en el de los hombres (Banco Mundial, de próxima aparición a) y es más probable que las mujeres, a diferencia de los hombres, trabajen en pequeñas explotaciones agrícolas, que suelen ser más sensibles a las fluctuaciones de la demanda (Horton y Mazumdar, 1999). Cuando los ingresos disminuyen, los hogares pobres tratan de aumentar su participación en el mercado de trabajo, especialmente la de las mujeres y los niños. Esta reacción se ha observado en muchos países (Horton y Mazumdar, 1999; Grootaert y Patrinos, 1999).

Pérdida de las cosechas y fluctuaciones de los precios de los alimentos
Las incertidumbres relacionadas con el clima (principalmente las lluvias), las enfermedades de las plantas y las plagas crean riesgos para las cosechas de todos los agricultores, pero las tecnologías que reducen esos riesgos (riego, plaguicidas, variedades de cultivos resistentes a las enfermedades) no abundan en las zonas pobres. En el período 1994-96 menos del 20% del total de tierras de cultivo se regaban en los países de ingreso bajo y mediano (sólo el 4% en África al sur del Sahara).

(el recuadro continúa en la página siguiente)

Recuadro 8.1
Exposición de los pobres al riesgo (continuación)

Las fluctuaciones de los precios de los alimentos son un riesgo relacionado con los anteriores. Dado que las familias pobres destinan gran parte de sus ingresos a la compra de alimentos, incluso un alza pequeña de los precios puede afectar gravemente el consumo. Los hogares que satisfacen sus necesidades de alimentos mediante la agricultura de subsistencia son menos vulnerables que los que tienen que comprar todos sus alimentos.

La liberalización de los mercados generalmente hace subir los precios de los alimentos de consumo corriente, lo que beneficia a los pequeños agricultores cuando son vendedores netos de alimentos. Resultan perjudicados los pobres de las zonas urbanas y los de las zonas rurales que carecen de tierras, en calidad de compradores netos de alimentos, y los agricultores que cambian de actividad según la temporada y venden alimentos después de la cosecha cuando éstos abundan y son baratos, para luego comprarlos cuando son escasos y caros (Sinha y Lipton, 1999). Cuando hay buenos medios de transporte, los comerciantes pueden intervenir y estabilizar los precios durante todo el año mediante operaciones de arbitraje, pero en muchas zonas ese tipo de infraestructura no existe. En Madagascar el precio medio del arroz, que es el principal alimento básico, subió un 42% y la divergencia ascendió al 52% después de que se liberalizaron los precios en los años ochenta. Ello perjudicó a las dos terceras partes de los cultivadores de arroz, que consumían más arroz del que producían, y la pobreza aumentó (Barrett, 1996, 1998a).

Para los pobres de las zonas rurales, la diversificación de los cultivos y la de los ingresos a través de actividades complementarias no agrícolas prometen ser la mejor forma de reducir los precios de los alimentos y los riesgos de las cosechas. La reducción del consumo cuando suben los precios de los alimentos puede tener graves y perdurables consecuencias para la salud, especialmente la de los niños. Las sucesivas pérdidas de cosechas ocurridas en Sri Lanka en 1995 y 1996 como resultado de la debilidad del monzón provocaron un aumento del endeudamiento del 80% de los hogares en ocho aldeas, y el 30% de las familias dijeron haber experimentado un aumento de la incidencia de enfermedades (Sinha y Lipton, 1999).

la pérdida del empleo puede ser un riesgo individual, o un riesgo compartido por la mayoría de los trabajadores de un país si es consecuencia de una crisis macroeconómica. El riesgo de caer enfermo puede ser idiosincrásico o puede tener un fuerte componente común si existe una epidemia. La pandemia del VIH/SIDA es un riesgo para la salud en todo el mundo, cuyos efectos en las poblaciones y los países pobres son abrumadores (Recuadro 8.2).

Para prevenir las crisis es importante conocer sus causas, lo que no siempre resulta sencillo. Muchos acontecimientos externos pueden causar efectos similares en el ingreso familiar. Una crisis macroeconómica, un huracán o una guerra civil pueden provocar una fuerte disminución de los ingresos y agotar los activos de un hogar. Pero la forma en que una crisis se transmite a los hogares depende en gran parte de las instituciones del país. No toda sequía es causa de hambrunas, enfermedades y muertes. Los efectos de un desastre dependen, por ejemplo, del mejor o peor funcionamiento de las instituciones públicas, de si reina la paz o hay enfrentamientos civiles o de la inclusión de los pobres en los sistemas de protección social y otras instituciones.

La tipología se puede perfeccionar haciendo una distinción entre la gravedad y la frecuencia de las crisis. La estabilización del consumo es más difícil cuando éstas se repiten, pues los hogares quizá hayan agotado sus activos al tratar de hacer frente a la crisis inicial, lo que los deja incapacitados para absorber los golpes posteriores[2]. Además, una crisis puede dar lugar a otra. Un desastre natural puede acabar con la disponibilidad de alimentos de los pobres, debilitándolos y aumentando su susceptibilidad a las enfermedades. La gravedad de una crisis puede oscilar entre catastrófica (un desastre natural, la muerte del sostén de la familia) y menor (una enfermedad leve, unos cuantos días sin trabajo en el caso de la mano de obra ocasional).

Naturaleza y magnitud de la vulnerabilidad

La vulnerabilidad afecta a todos (Recuadro 8.3). Incluso los funcionarios públicos bien remunerados están expuestos a perder el empleo y caer en la pobreza. Para los pobres, y para los que están apenas por encima del umbral de pobreza, la vulnerabilidad es un problema más grave porque cualquier reducción del ingreso los puede precipitar en la indigencia. En consecuencia, los pobres son muy reacios a correr riesgos y se resisten a emprender actividades de alto riesgo y gran rentabilidad que podrían sacarlos de la pobreza. Un solo desliz los podría hundir todavía más.

Las fuertes fluctuaciones de los ingresos son un fenómeno común entre los pobres[3]. En las aldeas del sur de la India, las estimaciones del coeficiente de variación del ingreso anual procedente de los principales cultivos oscilan entre 0,37 y 1,01[4] y llegan hasta 1,27 respecto del total de las ganancias agrícolas[5]. En las zonas rurales de Etiopía, tres de cada cuatro hogares sufrieron una pérdida de las cosechas en un período de 20 años, lo que dio por resultado fuertes fluctuaciones de los ingresos agrícolas[6].

Por otra parte, debido a que los pobres poseen menor cantidad de activos y a que sus fuentes de ingresos están menos diversificadas, las fluctuaciones los afectan más que a otros grupos. En las aldeas del sur de la India un aumento de los riesgos (debido al adelanto o retraso del monzón) redujo en un 35% las utilidades agrícolas de la cuarta parte más pobre de los hogares, y en cambio los agricultores más ricos prácticamente no resultaron afectados[7]. En Viet Nam, los participantes en el estudio *La voz de los pobres* dijeron lo siguiente a propósito de las pérdidas de cosechas a causa de las inundaciones:

Los ricos pueden recuperarse de las pérdidas en un año, pero los pobres, que no tienen dinero, jamás se recuperan.

Recuadro 8.2
SIDA y pobreza

Hay más de 34 millones de personas con SIDA en todo el mundo, y más de 18 millones de personas han muerto de esa enfermedad. Más del 90% de los infectados por el VIH/SIDA pertenecen a países en desarrollo. Según datos obtenidos en distintos países, el bajo nivel y la distribución desigual de los ingresos son dos factores fuertemente vinculados a las tasas de infección. En los países donde la diferencia entre el hombre y la mujer es más pronunciada, las tasas de infección son más elevadas. En África al sur del Sahara hay más casos de infección ya declarada y recién contraída que en el total de los demás países del mundo, aunque la tasa de aumento es más alta actualmente en Asia y los países de la ex Unión Soviética.

Los 20 países con incidencia más alta de VIH se encuentran en África al sur del Sahara. En Botswana y Zimbabwe, uno de cada cuatro adultos está infectado. En otros diez países africanos, lo está más de uno de cada diez adultos. Los efectos en la esperanza de vida serán abrumadores. Si el SIDA no hubiera afectado a esos países, la esperanza de vida habría llegado a 64 años para 2010 ó 2015. Tal como están las cosas, para esas fechas habrá retrocedido a 47 años, y los avances de los últimos 30 años habrán desaparecido. Los efectos en la mortalidad infantil también son enormes. En Zambia y Zimbabwe se está produciendo un 25% más de muertes de niños menores de un año de las que se habrían producido sin el VIH.

A pesar de la fuerte correlación nacional entre la pobreza y el SIDA, en el plano individual los datos pertinentes no indican que sean los pobres los que tienen más probabilidades de contraer la enfermedad. En realidad, en sus comienzos, ésta afectaba principalmente a los grupos con mejor situación económica. Los datos relativos a los años ochenta y la primera mitad de los noventa revelan que existía una correlación positiva entre la infección con el VIH y el nivel de instrucción, los ingresos y la situación socioeconómica, probablemente porque los más ricos y mejor educados tenían más tendencia a la promiscuidad sexual. Las formas de transmisión no sexual –el uso de drogas por vía intravenosa y la transmisión de madre a hijo– están más vinculadas a la pobreza. En los últimos años la composición demográfica de los grupos infectados por el VIH ha ido cambiando rápidamente y el SIDA se está convirtiendo en una enfermedad de los pobres. Debido a que las personas con mayor instrucción han respondido a la información disponible sobre el SIDA y han adoptado prácticas sexuales de menor riesgo (uso de preservativos), la proporción de infecciones recientes está aumentando entre los grupos con menor nivel de ingresos y menos instrucción.

Anualmente contraen la enfermedad otros cinco millones de personas, por lo que es preciso adoptar medidas urgentes para detener la propagación del VIH/SIDA. Para que los programas de intervención den resultado se necesita el firme compromiso del gobierno y el establecimiento de asociaciones con el sector privado, las organizaciones no gubernamentales y los dirigentes locales. Entre las intervenciones de probada eficacia se cuentan las campañas de información pública con objeto de modificar el comportamiento individual y las normas sociales sobre el contacto sexual; la mayor disponibilidad de preservativos a precios más convenientes; el suministro de asesoramiento voluntario, la realización de pruebas de laboratorio y el tratamiento de las enfermedades de transmisión sexual; la adopción de medidas para evitar que la sangre para transfusiones esté contaminada, y la adopción de medidas para reducir la transmisión de madre a hijo. Además, es preciso ampliar las actividades de atención a fin de prestar apoyo al inmenso número de personas infectadas y afectadas.

El SIDA produce efectos devastadores en los pobres. Durante la enfermedad provoca la pérdida de mano de obra y obliga a las familias pobres a deshacerse de activos productivos para pagar el tratamiento. Las consecuencias de la muerte de un adulto a causa del SIDA son más graves para los hogares pobres. La estrategia recomendada consiste en concentrar la atención en los hogares más necesitados de asistencia para los sobrevivientes, y especialmente en el período inmediatamente posterior a una muerte, cuando el consumo de alimentos se ha reducido pero aún no se han producido efectos nocivos permanentes.

La idea de que el VIH/SIDA es un problema de desarrollo de importancia capital se ha plasmado en la Asociación Internacional contra el VIH/SIDA en África, iniciada en 1999 por los copatrocinadores del Programa Conjunto de las Naciones Unidas sobre el VIH/SIDA (ONUSIDA), entre ellos, el Banco Mundial. En colaboración con los gobiernos africanos, el programa tiene por objeto aumentar los recursos y el apoyo técnico, establecer medidas de prevención y tratamiento dirigidas a grupos específicos, y ampliar la base de conocimientos para prestar asistencia a los países.

Fuente: Ainsworth y Semali, 1998; Basu, 1995; Over, 1998; Rugalema, 1999; ONUSIDA, 2000; Banco Mundial, 1997d, 1999m.

Recuadro 8.3
Algunos términos fundamentales: riesgo, exposición al riesgo y vulnerabilidad

Tal como se ha definido y cuantificado tradicionalmente, la pobreza es un concepto estático, una instantánea en el tiempo. Pero la inseguridad y la vulnerabilidad son conceptos dinámicos, puesto que describen la reacción ante los cambios ocurridos a través del tiempo. Inseguridad es la exposición a los riesgos; vulnerabilidad, la posibilidad consiguiente de una reducción del bienestar. El acontecimiento que pone en marcha esa reducción comúnmente se denomina crisis, y puede afectar a una sola persona (enfermedad, muerte), a una comunidad, a una región e incluso a una nación (desastre natural, crisis macroeconómica).

El riesgo, la exposición al riesgo y la vulnerabilidad están relacionados entre sí pero no son sinónimos. Riesgo es un conjunto de acontecimientos inciertos que pueden redundar en detrimento del bienestar, como una posible enfermedad o sequía. La incertidumbre puede referirse al momento o a la magnitud del acontecimiento. Por ejemplo, la fluctuación estacional del ingreso agrícola es un hecho que se conoce de antemano, pero su gravedad no siempre se puede predecir. La exposición al riesgo mide la probabilidad de que se materialice una de esas amenazas. La vulnerabilidad mide la capacidad de resistencia ante una crisis, la probabilidad de que una crisis dé por resultado una disminución del bienestar. Como se observa en este capítulo, la vulnerabilidad depende ante todo de los activos y de los mecanismos de seguro de que dispone un hogar, y de las características (gravedad, frecuencia) de la crisis.

En China, el 40% de una reducción de los ingresos se traduce en menor consumo para el décimo más pobre de los hogares, mientras que en el tercio más rico la proporción es sólo el 10%, porque tienen más fácil acceso al seguro[8].

Un indicador de la vulnerabilidad es la frecuencia con que el hogar cae por debajo del umbral de pobreza. En un estudio de siete países, respecto del cual se dispone de encuestas de panel, se determinó que en seis de ellos el grupo de los "pobres ocasionales" era considerablemente mayor que el grupo de los "siempre pobres"[9]. En una encuesta de hogares de aldeas del sur de la India llevada a cabo a lo largo de nueve años se determinó que el 20% de los hogares había sido pobre en cada uno de los nueve años y que sólo el 12% no lo había sido nunca; para la gran mayoría de los hogares, la fluctuación entre la pobreza y un relativo bienestar era la norma[10]. Esas conclusiones demuestran a la vez la gran vulnerabilidad y la gran capacidad de recuperación de las familias pobres, su capacidad de escapar nuevamente de la pobreza después de sufrir una fuerte reducción de los ingresos. La movilidad relativa de los ingresos puede ser bastante grande. En Sudáfrica, el 29% de los hogares comprendidos en el quintil más pobre ascendió dos o más quintiles entre 1993 y 1998; en Perú el 37% de los hogares hizo otro tanto entre 1985 y 1990[11].

Otro método consiste en definir la pobreza a largo plazo como consumo medio a largo plazo por debajo del umbral de pobreza y luego averiguar qué parte de la pobreza medida es transitoria. Este método tiene en cuenta implícitamente la duración y la intensidad de las fluctuaciones entre pobreza y bienestar. Medida en esa forma, alrededor de la mitad de la pobreza estimada de las aldeas del sur de la India[12] y alrededor de la mitad de la gran pobreza de China son fenómenos transitorios[13].

Ambos métodos indican que la pobreza transitoria constituye una parte sustancial de la pobreza total en muchos entornos. Generalmente, los hogares con menos activos son los que más probabilidades tienen de ser crónicamente pobres. La educación reduce casi siempre la pobreza crónica, pero sus efectos en la pobreza transitoria varían. Se ha podido comprobar que los hogares con mayor nivel de instrucción de Côte d'Ivoire y Hungría se recuperaban mejor de las fluctuaciones descendentes de los ingresos, pero en China la educación no está correlacionada con la pobreza transitoria[14]. La duración de la pobreza transitoria depende además de la frecuencia de las crisis; es más probable que los hogares se puedan recuperar si la reducción de los ingresos se produce una sola vez que si se produce repetidas veces[15].

La vulnerabilidad es multidimensional, y los hogares pobres corren múltiples riesgos, de modo que las variaciones de los ingresos y el consumo se pueden producir por diversas razones. En Etiopía, por ejemplo, los hogares rurales están expuestos a desastres naturales como la pérdida de las cosechas, a crisis relacionadas con la salud, como enfermedades y discapacidades, y a crisis en gran escala, como los efectos de la tributación, las expropiaciones de tierras y la guerra (Cuadro 8.2). Las reducciones de ingresos provocadas por las lluvias tienen un 23% de componentes idiosincrásicos, pero los daños a los cultivos debidos a otras causas (plagas, animales, malas hierbas) tienen componentes idiosincrásicos que van del 65% al 87%. Las reducciones de ingresos provocadas por enfermedades tienen un componente idiosincrásico todavía mayor[16]. La acumulación de distintas situaciones de crisis es fuente de considerables tensiones para los hogares:

Cuadro 8.2
Crisis a que están expuestos los hogares rurales de Etiopía

Acontecimiento	Porcentaje de hogares que han atravesado algún período difícil en los últimos 20 años
Pérdida de las cosechas (sequía, inundaciones)	78
Efectos de las políticas (fijación de impuestos, trabajo forzoso)	42
Problemas laborales (enfermedad, muerte)	40
Problemas del ganado bovino (enfermedad, muerte)	39
Problemas del ganado restante (enfermedad, muerte)	35
Problemas relacionados con las tierras (expropiaciones, reforma agraria)	17
Pérdidas de activos	16
Guerra	7
Delincuencia (robos, violencia)	3

Fuente: Dercon, 1999.

Como si la escasez de tierras fuera poco, vivimos en constante tensión pensando en la lluvia: ¿lloverá o no lloverá? Vivimos en constante tensión.

—Mujer, Kajima (Etiopía)

Medidas adoptadas por los hogares y las comunidades para hacer frente a los riesgos

Para los pobres, hacer frente con éxito a la variedad de riesgos a que están expuestos suele ser cuestión de vida o muerte. Para controlar los riesgos, los hogares y las comunidades recurren a estrategias tanto formales como informales (Cuadro 8.3). Entre las estrategias informales se cuentan las disposiciones que afectan a individuos u hogares, o a grupos como comunidades o aldeas. Las medidas formales consisten en actividades basadas en el mercado y mecanismos proporcionados por el sector público. Las estrategias informales y formales no son independientes: las políticas oficiales y la disponibilidad de mecanismos formales influyen fuertemente en el alcance de las estrategias informales y en el tipo de estrategia que se utiliza.

Cuadro 8.3
Mecanismos de gestión de riesgos

	Mecanismos informales		Mecanismos formales	
Objetivo	**Individuales y familiares**	**Colectivos**	**Basados en el mercado**	**Públicos**
Reducción del riesgo	■ Prácticas sanitarias preventivas ■ Migraciones ■ Fuentes de ingresos más seguras	■ Acción colectiva para infraestructura, diques, terrazas ■ Gestión de los recursos de propiedad común		■ Política macroeconomica acertada ■ Política ambiental ■ Política de educación y capacitación ■ Política de salud pública ■ Infraestructura (diques, caminos) ■ Políticas activas relativas al mercado de trabajo
Mitigación del riesgo				
Diversificación	■ Diversificación de cultivos y terrenos ■ Diversificación de fuentes de ingresos ■ Inversiones en capital físico y humano	■ Asociaciones ocupacionales ■ Asociaciones de ahorro y crédito rotatorio	■ Cuentas de ahorro en instituciones financieras ■ Microfinanciamiento	■ Extensión agrícola ■ Liberalización del comercio ■ Protección de los derechos de propiedad
Seguro	■ Matrimonio y familia ampliada ■ Aparcería ■ Reservas de estabilización	■ Inversiones en patrimonio social (redes, asociaciones, rituales, donaciones recíprocas)	■ Seguro de renta para la vejez ■ Seguro contra accidentes, discapacidad y otros riesgos	■ Sistemas de pensiones ■ Seguro obligatorio contra riesgos de desempleo, enfermedad y otros
Supervivencia tras la crisis[a]	■ Venta de activos ■ Préstamos obtenidos de prestamistas ■ Trabajo infantil ■ Reducción del consumo de alimentos ■ Migraciones estacionales temporales	■ Transferencias desde redes de apoyo mutuo	■ Venta de activos financieros ■ Préstamos de instituciones financieras	■ Asistencia social ■ Ayuda laboral ■ Subsidio ■ Fondos sociales ■ Transferencias en efectivo

Nota: La superficie sobre fondo blanco muestra las medidas adoptadas por los hogares y las comunidades, a través de mecanismos informales, para mejorar la mitigación de los riesgos y la supervivencia a raíz de las crisis. La superficie sombreada de oscuro muestra los mecanismos públicos para asegurarse contra los riesgos y hacer frente a las crisis –la red de protección social.
a. Cuando son permanentes, los mecanismos públicos de supervivencia después de las crisis pueden servir también para mitigar sus efectos.
Fuente: Adaptado de Holzmann y Jorgensen, 2000.

Las estrategias de control de los riesgos se pueden clasificar además en medidas de reducción y de mitigación de los riesgos (medidas en previsión de una crisis) y medidas de supervivencia (las adoptadas cuando ya se ha producido la crisis)[17]. La reducción de los riesgos tiene por objeto aminorar la probabilidad de una perturbación o fluctuación negativa. Las personas o los hogares pueden a veces tomar ese tipo de medidas por sí mismas (excavar pozos, vacunarse). Pero para poder reducir la mayor parte de los riesgos con eficacia, es necesario además tomar medidas de mediana y gran escala. El riesgo de inundación se puede reducir si la comunidad construye un dique o si el gobierno construye una represa. La formulación de políticas económicas y ambientales acertadas, la educación y capacitación, y otras medidas también pueden reducir una amplia variedad de riesgos (como se examina en otra sección del presente informe).

La mitigación de los riesgos tiene por objeto reducir el impacto de las perturbaciones. Los hogares mitigan los riesgos mediante la diversificación (adquiriendo activos cuya rentabilidad no está perfectamente correlacionada) y el seguro. Son estrategias comunes de diversificación la plantación de distintos cultivos y en distintas parcelas, la combinación de ingresos agrícolas con ingresos no agrícolas en las zonas rurales, y la complementación de los ingresos salariales con ingresos procedentes de empresas familiares en las zonas urbanas. Los hogares pueden tomar todas esas medidas por su propia cuenta, si bien la acción colectiva o gubernamental (extensión agrícola, infraestructura) puede en algunos casos facilitar la diversificación. Los hogares mitigan los riesgos además mediante distintos tipos de seguro, como el autoseguro, el seguro informal y el seguro formal, si bien este último, basado en el mercado, tiene poca importancia para los pobres.

Las estrategias de supervivencia tienen por objeto aliviar los efectos de una crisis después de que ésta se produce. Las medidas adoptadas a nivel personal consisten en hacer uso de los ahorros o vender activos, tomar dinero en préstamo y recurrir a las redes de apoyo. Las medidas gubernamentales consisten en activar las transferencias o los mecanismos de ayuda laboral que constituyen la red de protección social. Si esas medidas resultan ser insuficientes, los hogares pueden verse obligados a reducir el consumo o aumentar la oferta de trabajo. Muchas de esas medidas de supervivencia imponen a los hogares un alto costo a largo plazo a cambio de un beneficio inmediato.

En el presente capítulo se analiza principalmente la forma de mejorar las estrategias de mitigación de riesgos y supervivencia de los pobres. En él se tratan las medidas adoptadas por las propias comunidades y hogares por medio de mecanismos informales. Luego se examinan las condiciones necesarias para una acción pública que complemente las estrategias de control de riesgos aplicadas por los propios pobres, y las formas que puede adoptar esa intervención. En particular, se examinan las distintas medidas de protección social que se pueden utilizar a los efectos de mitigar los riesgos y hacerles frente (véase el Cuadro 8.3).

La mitigación de los riesgos a través de la diversificación

En muchos estudios se ha documentado la forma en que los hogares de todos los países en desarrollo diversifican sus fuentes de ingresos con el fin de regularizar el flujo de recursos a través del tiempo[18]. Un examen de 25 estudios realizados en África revela que, en promedio, el 45% de los ingresos de los hogares procede de actividades no agrícolas, y que la proporción oscila entre el 15% y el 93%[19]. Además, los agricultores logran la diversificación cultivando distintos productos y distintas parcelas y trabajando para otros agricultores.

Los datos disponibles indican, sin embargo, que el efecto neto de tales medidas es limitado y que la variabilidad de los ingresos de los agricultores sigue siendo elevada. Las opciones de que normalmente disponen los agricultores en materia de ingresos tienden a fluctuar al mismo tiempo durante una crisis. La sequía, por ejemplo, reduce los ingresos no agrícolas además de los agrícolas, porque las malas cosechas dan origen a una baja generalizada de los ingresos, lo que reduce a su vez la demanda de servicios no agrícolas[20].

La variedad de opciones de que disponen los hogares agrícolas en materia de ingresos suele ser bastante restringida. Los datos sobre Burkina Faso, Etiopía, India, Kenya y Tanzanía indican que hay factores —como la falta de capital de explotación, conocimientos técnicos e insumos— que impiden a los agricultores emprender muchas actividades que podrían ayudarles a diversificar sus ingresos. Los costos iniciales para poder abrir una tienda u ofrecer un servicio son por lo general entre 10 y 20 veces más altos que los costos de otras actividades que los pobres normalmente realizan, como la fabricación de carbón de leña, la recolección de tortas de estiércol o la elaboración sencilla de alimentos, actividades que sólo producen una limitada diversificación de los ingresos[21]. En consecuencia, los agricultores pobres de África suelen estar menos diversificados que los agricultores ricos (Cuadro 8.4)[22]. Los agricultores pobres de otras partes del mundo han logrado diversificar con mejores resultados sus fuentes de ingresos. En Pakistán, los agricultores obtuvieron el 55% de sus ingresos no agrícolas en el período de 1986-89, y esa proporción fue tres veces mayor para los agricultores pobres que para los ricos[23]. También en Egipto se comprobó que había más diversificación entre los agricultores pobres que entre los ricos[24].

Cuadro 8.4
Diversificación del ingreso entre los agricultores africanos

País	Periodo	Parte media del ingreso no agrícola en el ingreso total (*porcentaje*)	Coeficiente entre la parte no agrícola de los agricultores y la de los agricultores pobres
Botswana	1985–86	77	2,5
Burkina Faso	1981–84	37	2,5
Etiopía	1989–90	36	1,2
Gambia	1985–86	23	1,3
Malawi	1990–91	34	1,0
Mozambique	1991	15	2,5
Níger	1989–90	52	2,0
Rwanda	1990	30	5,0
Senegal			
Norte	1988–89	60	2,0
Centro	1988–90	24	1,0
Sur	1988–90	41	2,6
Sudán	1988	38	1,0
Zimbabwe	1988–89	42	1,0

Fuente: Reardon, 1997.

Cuando las posibilidades de una diversificación eficaz son pocas, los agricultores pobres se especializan en actividades de bajo riesgo y baja rentabilidad, razón por la cual les resulta difícil salir de la pobreza. Los agricultores pobres de la India destinan una proporción mayor de tierras al cultivo de variedades tradicionales de arroz y ricino que al de variedades de alta rentabilidad[25]. Los agricultores de Tanzanía que no poseen ganado cultivan más batatas, producto de bajo riesgo y baja rentabilidad, que los agricultores que son dueños de ganado. En consecuencia, la rentabilidad de la agricultura por miembro adulto del hogar es un 25% superior para el grupo más rico que para el más pobre[26]. Los agricultores pobres están en mayor desventaja aún porque las malas cosechas son normalmente covariantes en una zona bastante extensa, lo que limita la utilidad de las estrategias colectivas y de las redes de apoyo mutuo, ya que es probable que todos o la mayoría de los miembros del grupo resulten afectados simultáneamente[27].

La mitigación de los riesgos mediante el seguro

En teoría, toda crisis cuya probabilidad se puede calcular a partir de datos históricos es asegurable. En la práctica, casi no hay mercados de seguros en los países en desarrollo debido a problemas de cumplimiento de los contratos y de asimetría de la información. En su defecto, la población, especialmente los pobres, se ven obligados a recurrir en gran medida al autoseguro y al seguro informal. Estos problemas han sido superados en los países desarrollados mediante la creación de sólidas instituciones jurídicas y de otra índole.

Autoseguro. Los hogares se autoaseguran acumulando activos en las épocas buenas y haciendo uso de ellos en las malas. La estrategia resulta eficaz si los activos no presentan riesgos y tienen una tasa de rentabilidad positiva, especialmente si ésta es superior a la tasa de preferencia cronológica (consumo actual en lugar de consumo futuro). En la práctica, la rentabilidad de los activos puede ser negativa, y muchos hogares pobres tienen tasas muy altas de preferencia cronológica (son "impacientes", con frecuencia por necesidad), lo que impide la acumulación de activos[28].

Otro problema es que el valor de los activos y los ingresos que éstos generan suelen ser covariantes después de una crisis macroeconómica, de modo que el valor de los activos llega al mínimo precisamente cuando más se necesitan. Una sequía que destruye una cosecha puede además debilitar y matar al ganado, que los agricultores de muchos países pobres utilizan como reservas de estabilización. La relación de intercambio de los activos con respecto a los bienes de consumo también se puede deteriorar como resultado de la crisis, pues todos tratan de vender activos y comprar productos de primera necesidad al mismo tiempo. Hay factores relacionados con la oferta y con la demanda que provocan una baja de los precios; la fuerte reducción de los ingresos induce a todos a vender sus activos, y la disminución del poder adquisitivo reduce la demanda (a menos que se presenten compradores de fuera de la zona afectada por la crisis). En las épocas buenas el proceso funciona en sentido inverso: todos quieren comprar los activos que han de servir de reservas de estabilización, lo que provoca un alza de los precios, por lo que la estrategia se hace muy costosa[29].

Los modelos de simulación de los riesgos de los hogares indican que el autoseguro pierde eficacia rápidamente cuando el coeficiente entre los ingresos y la relación de intercambio de los activos es superior a 0,5. En ese caso los hogares se ven obligados a reducir la venta de activos durante una crisis debido a que el consumo adicional que ello les reporta es muy escaso. Durante la hambruna ocurrida en Etiopía en 1984-85 la relación de intercambio de los activos se vino abajo y los hogares decidieron reducir drásticamente el consumo en lugar de vender los activos[30]. Durante la sequía que afectó a Burkina Faso entre 1981 y 1985 las ventas de ganado compensaron sólo entre el 15% y el 30% el déficit de los ingresos procedentes de las cosechas[31].

La compra y venta de ganado, si bien es una estrategia utilizada comúnmente para hacer frente a las fluctuaciones de los ingresos, no es una solución viable para muchos hogares pobres. Para comprar una vaca es necesario realizar un fuerte desembolso de una sola vez (y sustanciales ahorros previos). En Tanzanía occidental una vaca cuesta alrededor de la quinta parte del ingreso anual medio procedente de las cosechas, lo que explica por qué sólo la mitad de los hogares tiene ganado[32]. En la medida de lo posible, los hogares pobres utilizan como reservas de estabilización animales más pequeños (cabras, ovejas) o activos más divisibles. En tres aldeas del sur de la India la principal estrategia de control de los riesgos para los agricultores eran las existencias de cereales y de dinero[33]. En las zonas rurales de China, por el contrario, los hogares aumentaron sólo ligeramente sus existencias de activos líquidos improductivos para hacer frente a los riesgos relacionados con los ingresos[34].

Dado que la indivisibilidad de muchos activos y el riesgo que encierran (oscilaciones de los precios; supervivencia, en el caso de ganado) limitan las estrategias de control de los riesgos basadas en activos, los pobres necesitan activos más diversificados y de valor más estable. Ello les permitiría aprovechar mejor las oportunidades de crecimiento de los ingresos (descritas en la Parte II del presente Informe). Las cuentas de ahorro prometen mucho como activos divisibles de valor fijo y rentabilidad positiva. Si la institución financiera que mantiene las cuentas ofrece ciertas garantías, el riesgo principal sería la inflación. Varias experiencias recientes han puesto de relieve la gran demanda de cuentas de ahorro seguras entre los hogares pobres. El Bank Rakyat de Indonesia tiene más de 16 millones de depositantes de bajos ingresos. SafeSave, organización no gubernamental de Dhaka (Bangladesh), ha adaptado los principios de una asociación de ahorro y crédito rotatorio tradicional; sus agentes cobran diariamente pequeñas sumas de dinero para depositarlas en las cuentas de los miembros[35].

Seguro informal. Los hogares utilizan también mecanismos informales colectivos de participación en los riesgos que se basan en el patrimonio social de grupos de hogares. Normalmente, el seguro informal supone la existencia de una red de apoyo mutuo de los miembros de una comunidad o un grupo familiar extenso, con frecuencia dentro de grupos étnicos, entre miembros de una misma ocupación o entre migrantes y sus familias de origen.

Al igual que la regularización del consumo, cuyo objeto es igualar las utilidades marginales a través del tiempo, el seguro colectivo tiene por objeto igualar las utilidades marginales entre los miembros del grupo[36]. Cuando el consumo de uno de los miembros disminuye, los demás transfieren recursos para reequilibrar las utilidades marginales. Esas redes son eficaces sólo contra las crisis que afectan a algunos de los miembros pero no a todos. Cuanto más amplio es el grupo, menores son las probabilidades de que una crisis afecte a todos sus miembros, y mayor es la eficacia con que todos cubren conjuntamente los riesgos[37].

Las redes operan mediante la realización de transferencias, donaciones o préstamos entre sus miembros, normalmente con expectativas de reciprocidad. Las transferencias responden a las situaciones de emergencia que afectan a un miembro de la red, por lo que satisfacen objetivos de control de riesgos, pero además cumplen una función social al crear cohesión en la comunidad[38]. La importancia de las donaciones y transferencias varía enormemente. En Bulgaria, menos de la quinta parte de los hogares recibe transferencias; en Jamaica, más de la mitad (Cuadro 8.5). En la mayoría de los países el grueso de las transferencias se asigna a los hogares más pobres, y generalmente representan una gran proporción de sus ingresos. En Jamaica y Nepal, las transferencias privadas aumentan aproximadamente un 50% la proporción del total de ingresos que corresponde al quintil más pobre; en Rusia, la proporción es casi el 70% (Gráfico 8.1).

El hecho de que se realicen transferencias no siempre es señal de protección suficiente contra las crisis. La característica esencial del seguro informal es la reciprocidad, autoimpuesta por el grupo. En situaciones de gran tensión económica, las normas y la presión social pueden no ser garantía suficiente de que los miembros del grupo realmente transferirán recursos a otros miembros. El seguro informal da mejores resultados cuando los interesados asignan alto valor a la protección futura (las tasas de preferencia cronológica son bajas) y el temor a quedar excluidos en el futuro del plan de seguro se traduce en altas tasas de cumplimiento. Pero esto redunda en perjuicio de los pobres, que suelen conceder gran valor al consumo actual en relación con el consumo futuro (generalmente por necesidad). Por esta razón, los pobres, aunque son quienes más necesitan seguro, son los que más tienden a abandonar los mecanismos informales. Además, este tipo de seguro da mejor resultado cuando la tasa de transferencias es alta (porque la frecuente

Cuadro 8.5
Transferencias privadas en efectivo y en especie para los hogares pobres
Porcentaje

País (año)	Parte de los hogares que realizan las transferencias	Parte de los hogares que reciben transferencias: Todos los hogares	Parte de los hogares que reciben transferencias: Hogares pobres[a]
Jamaica (1997)	13,1	53,0	65,0
Nepal (1996)	17,4	44,7	55,3
Perú (1994)	14,3	37,3	46,7
Panamá (1997)	15,5	37,8	40,9
Kazajstán (1996)	20,2	27,5	33,8
República Kirguisa (1996)	15,7	35,5	31,7
Federación de Rusia (1997)	23,7	25,2	31,5
Bulgaria (1995)	15,0	17,0	21,4

a. Hogares del quintil más bajo de distribución del ingreso per cápita.
Fuente: Cox, Galasso y Jimenez, 2000.

Gráfico 8.1
Las transferencias privadas representan una gran proporción de los ingresos de los pobres

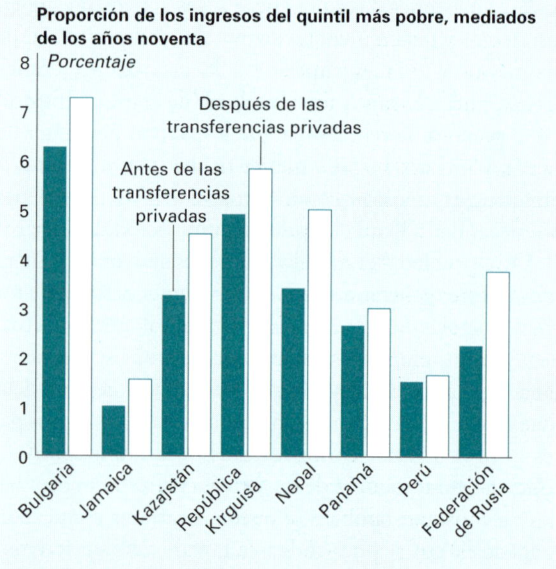

Nota: Los quintiles se basan en la distribución del ingreso per cápita. Las transferencias son las recibidas por los pobres. Los datos son los más recientes de que se dispone.
Fuente: Cox, Galasso y Jiménez, 2000.

interacción crea confianza en el cumplimiento futuro) y las crisis son idiosincrásicas (pues las crisis covariantes pueden hacer desaparecer el total de recursos de la red)[39].

Para determinar si existe necesidad de establecer una red formal de protección social, los investigadores han tratado de cuantificar el funcionamiento del seguro informal, pero ha habido dificultades. Cuesta distinguir entre los efectos del seguro informal y los del autoseguro. Además, para realizar la medición hay que contar con información acerca del consumo y las tendencias de todos los miembros (o una muestra estadísticamente válida de éstos), lo que resulta especialmente difícil cuando una red se extiende más allá de los límites de una aldea u otra entidad geográfica. Los datos correspondientes a Côte d'Ivoire, India, Tailandia y Uganda indican que el seguro informal existe, pero que dista de ser perfecto[40]. La información relativa a China e India revela que los pobres y los que carecen de tierras están mucho menos protegidos contra las fluctuaciones de los ingresos que los ricos y los grandes terratenientes[41].

Respuesta ante las crisis

Cuando sobreviene una crisis, la gente se defiende con el seguro: vende ganado u otros activos, o acude a las redes de apoyo para obtener transferencias o préstamos. Si esos mecanismos fallan o no resultan suficientes, los hogares pueden aumentar su oferta laboral trabajando más horas o haciendo participar a más miembros de la familia (mujeres o niños) o migrar hacia zonas que no estén afectadas. Si nada de eso da resultado, los hogares reducen el consumo y pasan hambre[42].

Los pobres tienen menos opciones que los ricos para hacer frente a una crisis. Debido a que poseen menos activos físicos, es más probable que aumenten la oferta de trabajo. Si la crisis es covariante y el mercado de trabajo local se ha desintegrado, la migración es la única solución. Y si los hombres de la familia migran, es posible que las mujeres y los niños tengan que cubrir el vacío que han dejado[43].

Para hacer frente a las crisis generalmente se necesita algo más que esas medidas económicas. Durante una crisis prolongada, es posible que se pospongan los matrimonios y la procreación, que unas familias se vayan a vivir con otras (especialmente en las zonas urbanas), y que se recurra a actividades ilegales (hurtos, atracos, prostitución). En resumidas cuentas, los mecanismos sociales cuyo objeto es ayudar a los hogares a hacer frente a las crisis pueden desintegrarse bajo las constantes presiones de una crisis prolongada.

Efectos dentro de los hogares

Hasta el momento, al hablar de control de los riesgos se ha considerado a la familia como la unidad que sufre las consecuencias y adopta las decisiones. Sin embargo, dentro del hogar la distribución de los riesgos puede ser desigual y la carga de hacer frente a la situación puede recaer en forma desproporcionada sobre los hombros de los miembros más débiles del grupo, especialmente las mujeres y los niños. Se pueden presentar dos situaciones. Una crisis que afecte al hogar en su conjunto puede tener efectos diferentes para distintos miembros de la familia. O bien, una crisis personal (enfermedad, pérdida del empleo) puede tener efectos distintos sobre el consumo según que el afectado sea hombre o mujer. Hay más datos sobre la primera de estas situaciones que sobre la segunda[44].

Debido a que las familias pobres suelen tener muchos hijos, los niños están más expuestos a la pobreza y la vulnerabilidad que otros grupos. Los niños de hogares pobres son especialmente vulnerables a las fluctuaciones de los ingresos y el consumo familiar. Tienen más probabilidades de estar faltos de peso que otros niños, de modo que toda nueva reducción del consumo de alimentos puede causarles un daño irreversible. En Bangladesh el crecimiento de los niños resultó perjudicado durante las grandes inundaciones[45]. En las zonas rurales de la India las tasas de mortalidad infantil aumentaron en épocas de sequía, especialmente en las familias que carecían de tierras[46].

Las pruebas sobre la discriminación entre niños y niñas en la aplicación de medidas para hacer frente a esas crisis presentan signos diversos. No se detectó discriminación después de las inundaciones en Bangladesh[47]. Sin embargo, los estudios realizados en la India determinaron que la nutrición de las niñas se deterioró más que las de los niños en los períodos de bajo consumo de la temporada baja[48]. Los cambios de precios afectaron también más el consumo de las niñas que el de los niños[49]. En el caso de los niños menores de dos años, la escasez de lluvias estuvo vinculada a un mayor número de muertes de niñas que de niños[50].

Algunos estudios han determinado que las mujeres sufren más los efectos de las crisis que los hombres. El alza de los precios de los alimentos ocasionó una reducción mayor de la ingestión de nutrientes entre las mujeres que entre los hombres en Etiopía y la India[51]. Las mujeres pueden estar más expuestas a los riesgos debido a factores culturales y tradicionales. En Asia meridional las mujeres divorciadas y viudas generalmente están más expuestas a riesgos para la salud y tienen más probabilidades de ser pobres que las mujeres casadas, ya que pierden el acceso a los bienes del marido[52]. En algunos países de África la mujer puede perder acceso a las tierras familiares cuando muere el marido[53]. Hay además pruebas de discriminación en favor de los hombres en los gastos de salud y nutrición de los hogares, pero no está claro si la discriminación afecta a las familias pobres más que a otras. Un estudio realizado recientemente en Pakistán encontró ciertos indicios de que la discriminación entre los sexos en materia de gastos de salud disminuye a medida que aumentan los ingresos[54].

En resumidas cuentas, los datos disponibles señalan que hay importantes diferencias entre los efectos de las crisis para los distintos miembros de los grupos familiares. Pero la información al respecto procede principalmente de Asia meridional. Aún no se sabe si ocurre lo mismo en otras partes.

La trampa de la pobreza y las consecuencias a largo plazo de una gestión inadecuada de los riesgos

A medida que los hogares se van acercando a la pobreza extrema y a la indigencia, adquieren gran aversión al riesgo, pues toda reducción de los ingresos los podría empujar por debajo del punto de supervivencia. Las familias más pobres tratan de evitar ese peligro aunque ello les obligue a renunciar a un fuerte aumento de los ingresos en el futuro. A pesar de ser quienes corren más riesgos, son los que menos recursos tienen para hacerles frente. Además, al tener que vivir en las tierras más marginales (llanuras aluviales, laderas de los cerros) y en las zonas con escasa infraestructura, son los más expuestos a los desastres naturales y generalmente viven en lugares alejados de los servicios de salud.

La extrema pobreza priva a las personas de casi todos los medios de controlar los riesgos por sí mismas. Si los activos son escasos o nulos, el autoseguro es imposible. Si la salud y la nutrición son deficientes, resulta difícil trabajar más o enviar a más miembros de la familia a trabajar. Además, debido a que el riesgo de incumplimiento es elevado, los mecanismos de seguro colectivo suelen ser inaccesibles.

Así pues, las familias más pobres se encuentran ante alternativas extremadamente desfavorables. Cuando se produce una crisis, deben obtener de inmediato un aumento de los ingresos o reducir los gastos, pero los costos a largo plazo de cualquiera de esas opciones son elevados por el hecho de que ponen en peligro sus perspectivas de desarrollo económico y humano. Situaciones de ese tipo son las que dan origen al trabajo infantil y a la malnutrición, que causan un daño permanente a los niños y la desintegración de las familias.

En Côte d'Ivoire, una grave recesión económica forzó a los hogares, sobre todo los más necesitados, a aumentar fuertemente la oferta de mano de obra infantil[55]. Se ha podido comprobar que en las zonas rurales de la India el trabajo infantil es una de las principales medidas adoptadas por los hogares para hacer frente a las variaciones estacionales del ingreso familiar[56]. En todos los rincones del mundo los participantes en el estudio *La voz de los pobres* dijeron que el trabajo infantil no era aconsejable como medio de resolver el problema. En Egipto, se enviaba a los niños a trabajar a un almacén para empaquetar verduras. Durante los períodos de sequía en Etiopía, se sacaba a los niños de la escuela para enviarlos a trabajar como sirvientes en las ciudades, desde donde debían remitir sus ganancias a sus respectivas familias. En las temporadas de escasez en Bangladesh, los niños trabajan en los campos, cuidan el ganado o realizan tareas domésticas a cambio de comida. Los padres lamentan con frecuencia lo mucho que tienen que trabajar sus hijos y, en especial, la vulnerabilidad de sus hijas a las palizas y las agresiones sexuales[57].

El control inadecuado de los riesgos puede además poner en peligro la nutrición de los hogares pobres. Tras las devastadoras inundaciones ocurridas en 1988 en Bangladesh, muchas familias pidieron préstamos para subvenir a sus necesidades de consumo, pero las familias que carecían de tierras no pudieron hacerlo tan fácilmente, por lo que sus hijos sufrieron una malnutrición más grave[58]. Un estudio de las zonas rurales de Zimbabwe determinó que a causa de la sequía de 1994–95 el crecimiento anual de los niños de uno a dos años de edad se redujo entre 1,5 y 2 centímetros. Aunque el estudio llegó a la conclusión de que la reducción tenía carácter permanente, otros estudios hallaron señales de que el crecimiento había vuelto a la normalidad en las buenas épocas posteriores[59].

¿Qué tienen en común las familias que sufren esos efectos desfavorables a largo plazo sobre la educación y la nutrición de sus hijos? Poseen pocos activos (físicos, humanos, sociales) y tienen poco o ningún acceso al crédito y a los mercados de seguros, lo que constituye una trampa crónica para los pobres, que son incapaces de acumular activos en cantidad suficiente para escapar a la pobreza. Si los hogares carecen de un mínimo de activos, se ven obligados a tomar medidas defensivas para proteger los activos que sí tienen. Según un estudio, las familias pobres que adoptaban esa estrategia podrían haber reforzado sus ingresos un 18% con una estrategia de gestión más emprendedora (pero que exige acceso al crédito)[60].

Los mercados de factores disfuncionales también pueden crear trampas de la pobreza o agravarlas. Un ejemplo es el trabajo infantil. Cuando sobreviene una crisis y los hogares no pueden pedir préstamos, o cuando el desempleo de adultos es elevado o los salarios son bajos, se saca a los niños de la escuela para que vayan a trabajar. La pérdida de escolaridad significa que esos niños verán reducida de por vida su capacidad para obtener ingresos. Es así como las deficiencias de los mercados de crédito o de trabajo transmiten la pobreza y la vulnerabilidad de unas generaciones a otras[61].

Políticas para mejorar la gestión del riesgo

Dado que los pobres no pueden controlar del todo los riesgos por su propia cuenta, toda estrategia de reducción de la pobreza debe incluir un mejor control de los riesgos de los pobres, tanto en lo que respecta a reducir y mitigar los riesgos como a hacer frente a las crisis. La estrategia debería incluir mecanismos formales e informales, proporcionados por el sector público y el sector privado.

En principio y dejando de lado las consideraciones sobre los costos, el mejor sistema sería la reducción del riesgo de crisis[62]. En segundo lugar estaría la mitigación del riesgo para reducir los posibles efectos de una crisis. Las estrategias de supervivencia serían un método residual para compensar las deficiencias de los dos primeros métodos[63]. En la práctica, es posible que las diferencias de costos directos y de oportunidad cambien el orden de las opciones. Algunas de las estrategias de reducción y mitigación de riesgos tienen costos prohibitivos, especialmente las dirigidas a las crisis poco frecuentes pero catastróficas.

Generalmente no se dispone de datos comparativos sobre costos ni de análisis de la relación costo-beneficio que ayuden a las autoridades a elegir entre distintos tipos de intervenciones de control de riesgos. Además, es preciso tener en cuenta las consecuencias distributivas de las distintas estrategias. Un estudio comparativo realizado en la India determinó que, marginalmente, el principal beneficiado con los programas de obras públicas era el quintil más pobre, en tanto que los programas de crédito beneficiaban sobre todo al segundo y al tercer quintil más pobre[64].

La mayoría de los países en desarrollo no prestan la debida atención a la reducción y mitigación de los riesgos y confían demasiado en las intervenciones después de producido un desastre. Las medidas adoptadas para hacer frente a la crisis del peso mexicano en 1995 y a la crisis financiera de Asia oriental en 1997 han demostrado lo difícil que es establecer medidas de protección social a posteriori (Capítulo 9).

Las medidas de reducción y mitigación de los riesgos deben recibir preferencia sobre las de supervivencia después de la crisis. Eso significa asegurarse de que las redes de protección social, tales como programas de ayuda laboral, programas de desarrollo humano dirigidos a grupos específicos y fondos sociales, estén establecidos en forma permanente y que se puedan ampliar cuando se produzca una crisis (véase el Cuadro 8.3). Las intervenciones realizadas después de las inundaciones de 1998 en Bangladesh fueron eficaces debido a que existía una red de organizaciones no gubernamentales y otros mecanismos preparados para entrar en acción y ayudar a los pobres[65]. Significa además mejorar el acceso al crédito y a los activos financieros, facilitar la diversificación de los ingresos, controlar mejor los riesgos del mercado de trabajo (especialmente el de los niños), y proporcionar seguro médico. Esas medidas permitirían que los pobres se dedicaran a actividades de más alto riesgo y mayor rentabilidad, que podrían sacarlos de la pobreza[66]. Las redes de seguridad social pueden servir también como mecanismo automático de compensación de los efectos distributivos contraproducentes de las reformas normativas (Capítulo 4), y contribuir así a la viabilidad social y política de éstas. Es cierto que hay que buscar un nuevo equilibrio, pero los mecanismos de supervivencia seguirán siendo esenciales frente a las crisis imprevistas y poco frecuentes, en cuyo caso resulta prohibitivamente caro establecer mecanismos con antelación.

No todos los países necesitan crear una amplia red de seguridad social. Pero todos necesitan construir un sistema modular de programas basado en sus propias características en materia de riesgos y mantener un conjunto adecuado de proveedores (públicos y privados) y de mecanismos administrativos (Recuadro 8.4). El primer paso en el proceso de selección y formulación de programas es entender los principios generales que regulan la forma en que las redes de protección social complementan las disposiciones vigentes sobre control de riesgos. El próximo paso es identificar tipos de riesgo específicos (enfermedad, vejez, desempleo) y los mecanismos para hacerles frente.

Recuadro 8.4
Control de riesgos: concepción modular de las redes de protección social

La construcción de una red de protección social dista mucho de ser una ciencia exacta, y el proceso varía de un país a otro según el contexto, la disponibilidad de datos y las prioridades políticas. Pero el proceso debería tener ciertos elementos analíticos comunes: determinación del contexto, limitaciones y dificultades del país; identificación de las fuentes de riesgo, los grupos vulnerables y las posibles intervenciones; y especificación de la combinación óptima de programas. El caso de Malawi es un ejemplo de la selección ideal de programas que puede resultar, según cuáles sean las condiciones imperantes.

Malawi es un país de ingreso bajo, más de la mitad de cuya población es extremadamente pobre. La gran mayoría de la población depende de la agricultura de subsistencia. Hay muy poco excedente de ingresos fiscales para redistribuir y una capacidad administrativa limitada para manejar programas complejos. No existe una red oficial de protección social.

Determinación de las fuentes de riesgo y de los grupos vulnerables

Se identificaron los grupos vulnerables de Malawi con ayuda de un análisis de la pobreza realizado a comienzos de los años noventa. Se determinó que eran cuatro los grupos de mayor riesgo: los hogares rurales con explotaciones agrícolas pequeñas, los hogares encabezados por mujeres, los huérfanos de padres víctimas del SIDA y sus parientes, y los incapacitados para cuidar de sí mismos. Además, se identificaron cuatro riesgos principales: las alzas estacionales de los precios y la escasez de alimentos, las sequías periódicas, las grandes crisis macroeconómicas periódicas, y la amenaza del VIH/SIDA. Se formularon posibles intervenciones para hacer frente a esos riesgos.

Combinación óptima de intervenciones para el control de los riesgos

Se llevó a cabo un análisis de la relación costo-eficacia de los programas vigentes antes de clasificar a las nuevas intervenciones por orden de prioridad. Los resultados, junto con el estudio de los grupos vulnerables, los riesgos y la necesidad de centrar la atención en intervenciones capaces de aumentar la productividad, dieron origen al siguiente sistema modular de programas:

- Obras públicas (mitigación de los riesgos y supervivencia).
- Transferencias para huérfanos de comunidades pobres (mitigación de los riesgos y supervivencia).
- Programa de nutrición de alcance nacional (mitigación de los riesgos y supervivencia).
- Transferencias de efectivo dirigidas específicamente a los necesitados (supervivencia).

Fuente: Banco Mundial, de próxima aparición b.

Principios generales de las redes de protección social y gestión de riesgos

Es posible reducir algunas categorías de riesgo, pero no todas. Por ejemplo, la construcción de una represa puede reducir el riesgo de inundación. Las campañas de inmunización y otras campañas de salud pública pueden reducir el riesgo de enfermedad. Algunas políticas adoptadas principalmente con otros fines también pueden contribuir a la reducción de riesgos. Una buena política de educación, que prevea la concesión de becas a las familias pobres, puede reducir el trabajo infantil. Las políticas ambientales pueden limitar la deforestación, lo que reduciría el daño causado por los huracanes y las muertes resultantes de los aludes de lodo. La aplicación de políticas económicas acertadas puede reducir el riesgo de que se produzcan altas tasas de inflación y desempleo.

Pero el presente capítulo se centra principalmente en los mecanismos de mitigación de los riesgos (diversificación y seguro) y de supervivencia. Si se pone una variedad más amplia de cultivos y de servicios de extensión a disposición de los agricultores, se puede contribuir a que los residentes de las zonas rurales diversifiquen sus actividades. La apertura de oportunidades comerciales mediante inversiones en infraestructura y otros medios también puede estimular la diversificación. Pero la liberalización de los mercados (por ejemplo, mediante la privatización de las juntas estatales de productos básicos) puede tener efectos de distinto signo y no siempre beneficiará a los pobres. Algunas veces los intermediarios se interponen entre los agricultores y los exportadores, y se llevan la mayor parte de las ganancias del libre comercio.

Las políticas deberían además facilitar a los pobres la acumulación de activos y al mismo tiempo reducir la covarianza entre el valor de los activos y los ingresos. La covarianza es un gran problema en las zonas rurales, donde el valor de los activos (ganado) generalmente fluctúa en paralelo con los ingresos agrícolas. Esto se podría solucionar integrando mejor los mercados de activos en la economía en general, mediante la inversión en infraestructura de transporte, la difusión de información sobre precios y la eliminación de las barreras estructurales e institucionales a los mercados.

La estabilidad macroeconómica hace más estables los precios de los activos, pues reduce el deterioro impulsado por la inflación de la relación de intercambio entre los activos y los bienes de consumo. Además, el mayor acceso al crédito facilitaría la adquisición de costosos activos indivisibles, como el ganado[67].

Otra intervención de suma importancia es ofrecer una posibilidad de seguro, especialmente contra los riesgos covariantes. El autoseguro tiene límites, sobre todo porque los pobres no pueden acumular una cantidad suficiente de activos, en particular después de crisis sucesivas. Por otra parte, el seguro informal, que se basa en la distribución de los riesgos entre toda una comunidad o red, es ineficaz en caso de crisis covariantes.

La primera interrogante que se plantea respecto del seguro es si el ofrecido por el mercado o el Estado es más eficaz en función de los costos que el suministrado por los mecanismos informales. ¿Puede el Estado proporcionar un seguro menos costoso cuando se trata de riesgos frente a los cuales los pobres se han autoasegurado o existe un mecanismo de participación colectiva en los riesgos? Debido a que el sector público puede cubrir conjuntamente los riesgos dentro de una zona más amplia, podría ofrecer seguro a un costo

Gráfico 8.2
Los gastos en seguridad social de los gobiernos centrales acusaron grandes diferencias en 1995

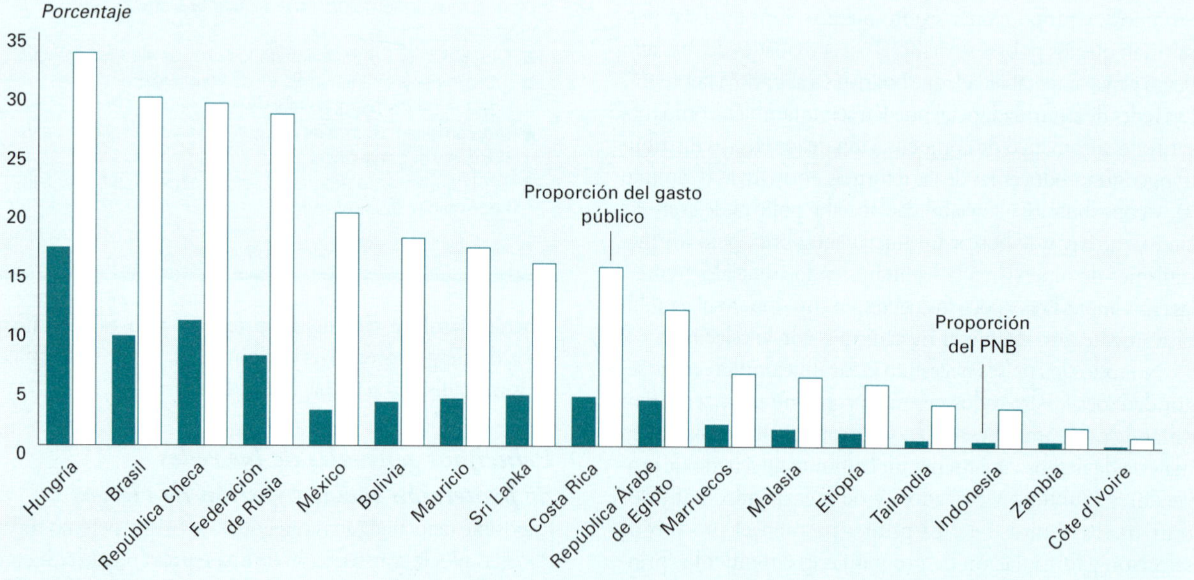

Fuente: FMI, 1995.

más bajo que el de los agentes de seguro del sector informal (suponiendo que se puedan solucionar los problemas de información; véase más adelante). En consecuencia, el seguro proporcionado por el sector público podría rendir una ganancia neta para la sociedad, si se considera al Estado digno de confianza y si el plan de seguros es sostenible desde el punto de vista presupuestario.

Pero si hay poca confianza en el Estado, serán pocos los que se fiarán de él hasta el punto de renunciar a su seguro personal o colectivo. Incluso cuando no hay problema de credibilidad, la existencia de limitaciones presupuestarias puede impedir que el Estado efectúe pagos durante una crisis. Quienes hubieran renunciado a sus mecanismos de seguro informal se encontrarían en ese caso en peor situación que antes de que el Estado ofreciera seguro. Por lo tanto, la eficacia relativa en función de los costos, la confianza y la sostenibilidad son factores que es preciso tener en cuenta al decidir sobre una intervención gubernamental.

El gasto público en medidas de protección social varía considerablemente. En el Gráfico 8.2 se da como ejemplo de ello un componente: el gasto del gobierno central en seguridad social. Pero los costos son sólo parte del problema. Dichos gastos son además inversiones en formación de capital humano. Al proporcionar a los pobres acceso a los servicios básicos y permitirles emprender actividades de más alto riesgo y mayor rentabilidad, las inversiones pueden contribuir a combatir la pobreza y al desarrollo económico. Es probable que los costos sigan siendo un problema, pero en general se pueden reducir teniendo en cuenta más explícitamente la función de los proveedores privados[68].

Es necesario además tomar en consideración los temores de que las medidas oficiales de protección social desplacen a los mecanismos de autoseguro o seguro colectivo. Las estimaciones empíricas de ese efecto varían, de modo que el contexto del país es importante. En un estudio de las zonas urbanas de Filipinas se estimaba que el seguro de desempleo proporcionado por el Estado desplazaría el 91% de las transferencias privadas a los desempleados[69]. Según estimaciones de otro estudio, el pago de una pensión básica a la población negra de Sudáfrica desplazaba sólo entre un 20% y un 40% de las transferencias privadas a las personas de edad[70]. En estudios sobre otros países también se determinaron tasas de desplazamiento del orden del 20% al 40%[71].

El desplazamiento de las transferencias privadas no significa necesariamente una pérdida social. Si se tienen en cuenta los objetivos de reducción de la pobreza junto con los objetivos de seguro, es muy posible que se produzca un beneficio social neto, a pesar del desplazamiento[72]. En Sudáfrica, muchas de las transferencias desplazadas fueron de las familias pobres a otras familias también pobres pero constituidas por personas de edad. El nuevo programa de pensiones puso más dinero en el bolsillo de las familias jóvenes pobres, y además abarcó a muchos residentes de edad avanzada que no recibían transferencias privadas. De modo que, en términos generales, el plan de pensiones produjo un fortalecimiento sustancial de la red de protección social de Sudáfrica[73].

¿Cuándo y cómo debería intervenir el Estado y establecer medidas de protección social para los pobres? En general, eso depende de los tipos de crisis más probables y de los planes de seguro privado vigentes.

- Si los planes informales ofrecen seguro suficiente contra los riesgos idiosincrásicos, el Estado debería intervenir para ofrecer seguro contra los riesgos covariantes. En la mayoría de las circunstancias, ese tipo de cobertura mejorará el control de riesgos en general y aumentará el bienestar, sin desplazar al seguro informal[74]. Sin embargo, como habrá disminuido la exposición total de los hogares a los riesgos, es posible que el autoseguro (ahorros como precaución y otro tipo de acumulación de activos) disminuya[75].
- Si el seguro informal resulta ineficaz, porque hay problemas de observancia o porque las crisis son demasiado frecuentes o demasiado grandes, el bienestar familiar podría aumentar si las medidas de protección social aseguraran contra los riesgos tanto idiosincrásicos como covariantes. El hecho de que sean los aseguradores estatales o los privados los que proporcionen cobertura dependerá principalmente del tipo de riesgo de que se trate. En general, el Estado está mejor capacitado para cubrir los riesgos covariantes, pero tal vez sea preferible que los proveedores privados (comunidades, empresas aseguradoras) se encarguen de la cobertura de la mayoría de los riesgos idiosincrásicos. La función del Estado, en ese caso, consistiría en facilitar y, en caso necesario, reglamentar el seguro privado[76].
- Si el seguro informal colectivo funciona satisfactoriamente, el Estado debería evitar los programas de protección social dirigidos específicamente a determinadas personas u hogares. La mayoría de las medidas de protección social están orientadas a tipos específicos de personas u hogares: los enfermos, las personas de edad, las mujeres cabeza de familia con muchos hijos, y otros similares. El peligro está en que si se mejora la situación de riesgo de una persona que pertenece a un plan de seguro colectivo, se le está ofreciendo un incentivo para que abandone el grupo. Si, como consecuencia de ello, se produce la desintegración del plan colectivo, los participantes que no estén cubiertos por las medidas de protección podrían quedar en peor situación que antes. La solución es elegir como objetivo a grupos amplios (por ejemplo, un programa de crédito para toda la comunidad o para algunos grupos de ella). El problema es que los grupos asegurados no siempre coinciden con las comunidades u otros grupos de beneficiarios fácilmente identificables. Por cierto que, si la red de seguridad protege prácticamente a todo el mundo, la desaparición de los mecanismos informales de seguro tal vez carezca de importancia, por lo menos si la red de protección social del sector estructurado es más eficaz en función de los costos y más sostenible[77].

En último término, al adoptar decisiones sobre programas de protección social es preciso comparar los efectos negativos del desplazamiento con los efectos positivos del mejoramiento a largo plazo del bienestar de los hogares pobres. Las redes de protección social no son la única forma de mejorar la capacidad de las familias pobres para controlar los riesgos y emprender actividades de más alto riesgo y mayor rentabilidad. El establecimiento de políticas macroeconómicas estables puede hacer más para reducir el riesgo de desempleo que los programas de obras públicas. Pero incluso las políticas económicas bien encaminadas pueden aumentar los riesgos para algunas categorías de hogares. La liberalización del comercio puede hacer bajar el costo de la ropa y los utensilios importados, lo que a su vez reducirá la demanda de hilados y artesanías —dos actividades con bajos costos iniciales a las que los pobres recurren con frecuencia para diversificar sus ingresos[78]. Por lo tanto, la decisión sobre el establecimiento de medidas de protección social debe considerarse teniendo plenamente en cuenta las políticas económicas y sociales y los efectos sobre los riesgos de los hogares.

Cuando hay gran interés en el bienestar de los pobres, especialmente de los más necesitados, la balanza entre seguro formal e informal y entre sector público y sector privado generalmente se inclina en favor del seguro público[79]. La preocupación acerca de la sostenibilidad y otros incentivos de los planes de seguro y crédito colectivos generalmente obran en contra de la inclusión de los más pobres, cuyo riesgo de incumplimiento se considera más alto[80]. Por razones similares se tiende a excluir a éstos del seguro basado en el mercado. En consecuencia, es improbable que el seguro público debilite los mecanismos informales en que participan los hogares más pobres.

Otro argumento en favor de la intervención pública es la ineficacia de los mecanismos de seguro utilizados por los pobres para protegerse contra las crisis repetidas, mecanismos que además suelen ser costosos[81]. En un estudio de seis aldeas del sur de India se ha observado que los agricultores sacrificaban hasta el 25% del ingreso medio con el fin de reducir el riesgo de una mala cosecha[82].

Es preciso tener en cuenta varias cuestiones de orden práctico al establecer programas estatales de seguro. Entre ellas se cuenta la obtención de información acerca de las personas que habrá que asegurar y la solución de los problemas de economía política propios del suministro de seguro.

Recuadro 8.5

¿Es conveniente que la comunidad determine los beneficiarios?

En la mayoría de los programas de protección social, el gobierno central proporciona los fondos y establece los criterios de admisibilidad, lo que aparentemente garantiza la igualdad de trato en todo el país. Pero las necesidades locales no son las mismas en todo el territorio, y puede ocurrir que los beneficios se desvíen en mayor o menor medida hacia los hogares que no tienen derecho a percibirlos. Como medida encaminada a mejorar la selección de los beneficiarios, un número cada vez mayor de programas deja en manos de las comunidades la responsabilidad de establecer las normas sobre admisibilidad y de determinar quiénes han de ser los beneficiarios. El éxito de este sistema depende en parte del grado de cohesión social que exista en la comunidad y de si es posible movilizarla eficazmente para que lleve a cabo un proceso de consulta para distribuir los beneficios.

Una selección eficiente de los beneficiarios depende además de la entidad encargada de distribuir los beneficios. En Uzbekistán, los *mahallas*, grupos comunitarios con un componente religioso, escogen como objetivo de las prestaciones por hijos y otras medidas de asistencia social a las familias de bajos ingresos. Gozan de considerables facultades discrecionales en cuanto al monto de la asistencia y a los criterios para concederla. Un examen externo llegó a la conclusión de que la selección de beneficiarios era bastante satisfactoria. En Armenia, las asociaciones de padres y maestros o los directores de las escuelas se encargan de distribuir a nivel local los subsidios para la compra de libros de texto. El programa no ha sido objeto de una evaluación oficial, pero sí de evaluaciones informales, de las que se deduce que el sistema ha sido aceptado de buen grado por los padres, y es posible que se aplique a otros tipos de asistencia.

El Proyecto de Desarrollo de los Kecamatan de Indonesia otorga subvenciones globales a 10.000 aldeas. Cada comunidad decide el uso de los fondos a través de un extenso proceso de divulgación de información, facilitación comunitaria y preparación y selección de propuestas. Las evaluaciones realizadas sobre el terreno indican que el proceso da mejor resultado cuando participan en él desde el comienzo dirigentes locales tradicionales y oficiales (KDP Secretariat, 1999).

En Albania, el Programa de Apoyo Económico ayuda a los hogares rurales pobres y a las personas que pierden el empleo durante la transición. Los gobiernos locales reciben subvenciones globales para que las distribuyan dentro de sus comunas. El sistema local de selección de beneficiarios puede competir favorablemente con el de los programas de protección social de otros países.

Ventajas y desventajas de la asignación comunitaria de los beneficios

Ventajas	Desventajas
Se dispone de mejor información sobre los hogares necesitados	El programa se puede utilizar para servir a los intereses de la minoría dominante
Los criterios de distribución se adaptan a las necesidades locales	La participación de los dirigentes comunitarios puede tener costos de oportunidad
La administración descentralizada es más eficiente	Las normas sobre asignación pueden ser un nuevo factor de división en la comunidad
La movilización de la comunidad puede aumentar el patrimonio social	Quizá no se tengan en cuenta las externalidades de las distintas comunidades

Fuente: Conning y Kevane, 1999.

Recuadro 8.6
Opciones de seguro para el sector informal

El solo hecho de hacer extensiva la cobertura legal de los programas de seguro social del sector estructurado (pensiones, seguro de desempleo, seguro de invalidez) a las pequeñas empresas no permitirá satisfacer las necesidades de control de riesgos del sector informal. Los planes pertinentes deben tener en cuenta la menor capacidad de realizar aportaciones y la mayor inestabilidad de los ingresos de los que trabajan por cuenta propia y los trabajadores del sector informal.

Quizá haya que hacer más borrosa la línea divisoria entre los planes de seguro basados en aportaciones y estrictamente autofinanciados, y la asistencia financiada con cargo a los impuestos generales. También se necesitan asociaciones flexibles entre distintos proveedores: el Estado, las compañías de seguros privadas, las comunidades, las ONG y las organizaciones que representan a los trabajadores del sector informal.

En los últimos años han surgido muchos planes contributivos, generalmente autoadministrados, para los trabajadores del sector informal. Los planes o bien han sido adaptados a partir de sistemas formales, o bien están basados en cooperativas y en sociedades de beneficio mutuo. En algunos casos, complementan a los mecanismos autóctonos de gestión de riesgos, como las sociedades funerarias y las asociaciones de ahorro y crédito rotatorio.

En el estado de Andra Pradesh, en India, se han establecido pensiones para unos 425.000 trabajadores de la industria de *bidi* (cigarrillos de hojas liadas a mano) que trabajan en su propio domicilio, en virtud de la ley que creó el Fondo de Previsión de los Empleados. Un sencillo procedimiento, la emisión de tarjetas de identidad, resultó fundamental para el éxito del sistema. Además, el gobierno central estableció un fondo de bienestar para los trabajadores de ese sector, financiado mediante un impuesto para ese fin cobrado a los empleadores y fabricantes. Esto desvincula el cobro de aportaciones y el suministro de servicios de bienestar de las relaciones personales entre empleado y empleador, lo que elimina un importante obstáculo a la participación de los trabajadores del sector informal en planes basados en aportaciones.

Varios estados de India han puesto a prueba recientemente un plan experimental de seguro colectivo. En Gujarat, alrededor de 20.000 trabajadores agrícolas que carecían de tierras recibieron seguro de vida y seguro contra accidentes. La mayor parte de los planes de seguro no están completamente autofinanciados y requieren aportaciones de los estados.

En las encuestas, los trabajadores del sector informal indican con frecuencia que el seguro médico es el más valorado por ellos. En China, el seguro médico rural cubre los gastos de hospital y de atención primaria de la salud mediante aportaciones públicas y privadas. Las primas que pagan los beneficiarios se complementan con un fondo público de asistencia establecido por la aldea y con subsidios públicos.

En Tanzanía un proyecto piloto ejecutado en Dar es Salaam proporciona seguro médico a través de cinco asociaciones mutuas de trabajadores del sector informal. En Igunga, un pueblo del noroeste, un fondo de salud comunitario que cubre los servicios de atención primaria de salud ha logrado una participación del 50%. Debido a que el plan se basa en fondos de contrapartida, la sostenibilidad sigue siendo un problema.

Los factores clave del éxito de los planes de seguro en régimen contributivo del sector informal son su organización en torno a una asociación basada en la confianza y el apoyo mutuo (una agrupación de profesionales, la aldea) y la capacidad administrativa para cobrar las aportaciones y suministrar las prestaciones. La capacidad administrativa se puede reforzar a través de una organización principal que se incorpore a los grupos locales y les proporcione asistencia técnica.

Fuente: van Ginneken, 1999.

La obtención de información acerca de los posibles asegurados es un proceso costoso, razón por la cual muchas instituciones tradicionales de crédito y seguro son locales. Las instituciones de crédito o los miembros de una asociación de ahorro y crédito rotatorio tienen más posibilidades que un programa de seguros externo de saber quiénes constituyen un riesgo dudoso[83]. La información asimétrica crea problemas de riesgo moral y de antiselección de riesgo, y da lugar a una oferta insuficiente (en comparación con el nivel ideal desde el punto de vista social) por parte de los aseguradores privados[84]. Debido a que los problemas de información son especialmente agudos cuando se trata de los pobres, los beneficios sociales derivados del seguro público pueden ser grandes.

Como la información acerca de quiénes necesitan seguro no reporta ventaja comparativa alguna al Estado, generalmente se recomienda la coproducción; de acuerdo a este sistema, el Estado aporta los medios financieros y técnicos, y las instituciones locales o grupos comunitarios se encargan de la ejecución y supervisión. O bien, el Estado proporciona fondos a las comunidades, y éstas se encargan de identificar a los beneficiarios pobres (Recuadro 8.5).

La política económica puede constituir un argumento a favor o en contra de la mitigación de los riesgos mediante el seguro público. Es muy posible que el mejor agente de seguros sea el Estado, pero éste carece de las instituciones, los recursos financieros y la capacidad de gestión necesarios. En consecuencia, puede ser necesario fortalecer las capacidades dentro del sector público. También puede faltar el apoyo político que se necesita para la asignación de los recursos, ya que ello supone obtener el apoyo de los ricos para un programa que no los beneficia. Si el programa de seguros no es autosuficiente, posiblemente haya que financiarlo con cargo a los ingresos impositivos generales (en el Capítulo 6 se examina con más detalle la economía política de la pobreza).

Por otra parte, el hecho de que el sector público se encargue de la mitigación de los riesgos puede reducir las oportunidades de que los ricos obtengan ganancias (con sus préstamos) o debilitar la relación patrón–cliente entre los ricos y los pobres debido a que permite a estos últimos gozar de más independencia[85]. Si se permite que los ricos (o por lo menos la clase media) participen en algunos programas de seguros y se demuestra que este mecanismo es menos costoso que otras medidas de reducción de la pobreza, se podrá obtener más apoyo político para estas propuestas. Ante todo, como se sostiene en los Capítulos 5 y 6, la mitigación de los riesgos por el sector público sólo dará resultado si los pobres disponen de alguna vía de diálogo con el Estado acerca de los riegos y la vulnerabilidad.

Existen factores especiales que se derivan del considerable (y creciente) tamaño del sector informal en muchos países en desarrollo (Recuadro 8.6). En 12 países latinoamericanos, el empleo en el sector informal subió del 50% de la población económicamente activa al 54% entre 1990 y 1997[86]. Durante la transición económica, ha surgido en Europa oriental y la ex Unión Soviética una extensa economía "gris". El seguro de desempleo no beneficia a los trabajadores del sector informal, pero los programas de asistencia social pueden hacerlo. El seguro basado en la comunidad y el seguro integrado son dos novedosos sistemas aparentemente prometedores. Estos programas reconocen los fuertes vínculos que existen entre los riesgos del mercado de trabajo y otros riesgos de la economía informal[87]. Los planes que ofrecen una combinación de distintos tipos de seguro o asistencia para los empleados por cuenta propia pueden resultar especialmente atrayentes. En Chile muchas personas que trabajan por cuenta propia participan en el sistema de pensiones para obtener seguro médico[88].

Instrumentos concretos y enseñanzas de la experiencia

Aunque los principios generales que aquí se examinan sirvan de orientación para los encargados de formular las políticas, lo que realmente importa son las aplicaciones a casos específicos y las enseñanzas de la experiencia. Son muchos los instrumentos disponibles para que las intervenciones públicas mejoren la capacidad de control de riesgos de los hogares. En lo que resta del presente capítulo se examinan siete instrumentos especialmente importantes para los pobres, a saber, el seguro médico, la asistencia y las pensiones para las personas de edad, el seguro de desempleo y la asistencia a los desempleados, los programas de asistencia social vinculada al trabajo, los fondos sociales, los programas de microfinanciamiento y las transferencias en efectivo. Algunos de esos instrumentos están dirigidos principalmente a un solo tipo de riesgo, en tanto que otros son de aplicación más general.

Seguro médico. Varios estudios han demostrado que muchos de los hogares de países en desarrollo no pueden asegurarse contra el riesgo de enfermedad grave o discapacidad. Ambas situaciones traen consigo fuertes costos económicos, en forma tanto de pérdida de ingresos como de gastos médicos. Para hacerles frente sería preciso suministrar seguro médico y canalizar los gastos públicos de salud hacia los establecimientos que prestan servicios principalmente a las personas (o a las zonas) pobres[89].

Algunos países de ingreso mediano han puesto en práctica un sistema de seguro médico universal, como hicieron Costa Rica y la República de Corea a mediados de los años ochenta. Pero la mayoría de los países de ingreso bajo sólo pueden ofrecer un seguro médico limitado, que consiste generalmente en prestaciones mínimas para todas las enfermedades (prestaciones a las que no aplica una franquicia) en lugar de cobertura completa para enfermedades poco frecuentes pero muy costosas[90]. Puede parecer que este sistema favorece a los pobres (las prestaciones se suministran con independencia del nivel de ingresos y no hay suma deducible ni copago), pero la información de que se dispone indica que las enfermedades catastróficas y las lesiones que causan invalidez crean problemas mucho mayores para los pobres que las enfermedades frecuentes de menor importancia. En Indonesia los hogares lograron hacer desaparecer más del 70% de las fluctuaciones del consumo causadas por problemas de salud de gravedad moderada, pero sólo el 24% cuando éstos revestían mayor gravedad[91]. En Indonesia una estadía media en el hospital cuesta el 131% del ingreso medio anual del quintil más pobre de los hogares, pero sólo el 24% del ingreso de los hogares más ricas[92]. En China, las familias pudieron eliminar sólo el 6% de las fluctuaciones del consumo provocadas por el total de gastos de atención médica, pero el 100% de las fluctuaciones relacionadas con gastos médicos inferiores a 50 yuan[93].

En consecuencia, el seguro público contra el riesgo de enfermedades catastróficas podría mejorar apreciablemente el bienestar de los pobres en los casos en que los hogares no pueden autoasegurarse contra esos riesgos. La información disponible indica además que las primas pueden ser bastante bajas (ya que las enfermedades graves son poco corrientes) y están muy por debajo de lo que las familias están dispuestas a pagar[94]. Países tan distintos como Costa Rica y Singapur han puesto en práctica planes de seguro médico que ofrecen cobertura prácticamente universal (Recuadro 8.7). En los casos en que la falta de capacidad administrativa suficiente u otras limitaciones no permiten asegurar a los pobres contra enfermedades catastróficas, se podría recurrir a los subsidios para atención hospitalaria. De todas formas, para que esto favorezca a los pobres, debe haber equidad en lo que respecta a la remisión de casos y el acceso a los hospitales[95]. En ambos casos el objetivo es evitar que los pobres tengan que pagar por las emergencias médicas endeudándose, vendiendo sus activos a cualquier precio o reduciendo el consumo.

Se calcula que los traumatismos y las enfermedades crónicas que dan como resultado una discapacidad a largo plazo afectan al 5%-10% de la población en los países en desarrollo[96]. La discapacidad está ligada a un bajo nivel de educación, una nutrición deficiente, unos altos niveles de desempleo y subempleo y una baja movilidad ocupacional —factores todos ellos que aumentan las probabilidades de ser pobre. Y la pobreza aumenta el riesgo de discapacidad. En los países en desarrollo gran parte de los casos de discapacidad se deben a traumatismos o a enfermedades contagiosas, maternas y prenatales, algunas de las cuales se pueden prevenir. Desde luego, la prevención médica de las enfermedades se hace más fácil a medida que aumentan los ingresos.

A largo plazo las políticas deben centrarse en la prevención, especialmente en la atención de la salud maternoinfantil. Los programas de erradicación del sarampión, de

Recuadro 8.7
Dos sistemas de seguro médico universal: Costa Rica y Singapur

Costa Rica y Singapur tienen enormes diferencias en cuanto a nivel de ingresos y capacidad administrativa, pero uno y otro han logrado establecer un sistema de seguro médico universal. Tienen además ciertas características comunes que resultan útiles para seleccionar a los pobres como beneficiarios de las exenciones del pago de derechos, a saber, la alfabetización prácticamente universal y un sistema oficial de documentación de los acontecimientos vitales (nacimientos, matrimonios) y las transacciones (contratos de trabajo, cuentas de los servicios de abastecimiento de agua, electricidad, etc.).

Costa Rica

En Costa Rica el sector público formula y pone en práctica las normas sobre atención de la salud. La función del sector privado en la atención de la salud es muy limitada, pues apenas el 2% de las camas de hospital del país se encuentran en establecimientos privados. El Fondo de Seguridad Social de Costa Rica fue creado en 1943 y los servicios de salud se extendieron a toda la población en 1971. Actualmente participa en él alrededor del 85% de todos los habitantes. El financiamiento se obtiene mediante deducciones salariales y aportaciones voluntarias basadas en los ingresos de los que trabajan por cuenta propia. El nivel de gastos públicos en atención de la salud se ha mantenido alto; osciló entre el 4,7% y el 6,8% del PIB durante el período 1975-93. El seguro médico universal fue acompañado de estrategias de atención sanitaria que tenían por objeto prevenir las enfermedades, ocuparse de determinados factores de riesgo y extender la prestación de servicios a las zonas rurales y urbanas. Los indicadores de salud respondieron favorablemente. Entre 1975 y 1990 la mortalidad de los menores de un año bajó de 37,9 a 15,3 por cada mil nacidos vivos, y los nacimientos con asistencia médica subieron del 82,5% al 95,2 %.

El 15% de la población que no está incluida en el programa nacional de seguro se concentra en el nivel más bajo de la escala de distribución de ingresos. Un programa de seguro médico gratuito abarca a más de las tres cuartas partes de ese grupo. El cumplimiento de los requisitos se determina con evaluaciones sistemáticas realizadas por trabajadores sociales, sobre la base de la documentación proporcionada por los solicitantes acerca de la composición del grupo familiar, ingresos, y condiciones de vivienda. El examen administrativo de los solicitantes es metódico y eficaz; el 55% de las prestaciones del programa benefician al quintil más pobre.

Los problemas de equidad se han abordado también en la reforma del sistema de atención primaria de la salud iniciada en 1995. El país tiene 800 zonas de salud, cada una de ellas atendida por un amplio equipo de atención de la salud que vela por que el acceso a la atención primaria sea universal y por que se lleve a cabo la remisión de casos correspondiente a establecimientos de más alto nivel. Cada equipo de atención de la salud cuenta con el apoyo de un comité de salud establecido por la comunidad.

No obstante, no todo funciona como es debido en el sector de la atención de la salud de Costa Rica. Las esperas son prolongadas, y ha habido quejas por tratamiento incorrecto de los usuarios, como resultado de lo cual muchos de los que tienen derecho a los servicios públicos acuden a proveedores privados para someterse a los tratamientos de bajo costo. Además, como la admisión no está condicionada al pago de un número determinado de primas, algunos pagan primas sólo cuando necesitan tratamientos costosos. Esto constituye una violación del principio de solidaridad de un sistema de seguro. Costa Rica ha introducido reformas para solucionar esos problemas.

Singapur

Entre 1984 y 1993 Singapur estableció un sistema de seguro médico en tres niveles: Medisave, Medishield y Medifund. El programa ofrece seguro contra riesgos de salud de nivel intermedio a través de cuentas individuales o familiares en Medisave. Esas cuentas de ahorro obligatorias, que forman parte del sistema de seguridad social obligatoria del país, se financian con un impuesto sobre la nómina del 40% (repartido por partes iguales entre empleadores y empleados). De esta contribución, entre el 6% y el 8% se asigna a las cuentas de Medisave, que se pueden utilizar para pagar los gastos de hospitalización por un monto de hasta $170 diarios. Los asegurados deben pagar los gastos médicos de menos cuantía de su propio bolsillo o mediante seguro privado.

Los riesgos de salud catastróficos se cubren a través de Medishield, un seguro opcional de refuerzo para cubrir los gastos que superen el límite máximo establecido por Medisave. El 88% de los tenedores de cuentas en Medisave han optado por la cobertura de Medishield. La tasa de coseguro es del 20%, y el monto deducible varía de acuerdo a la categoría de comodidades que ofrece el establecimiento médico.

El capital se refuerza mediante subsidios de Medifund para remediar el carácter no progresivo de las cuentas de Medisave y de Medishield. Un problema médico catastrófico costaría el equivalente del 55% de los gastos anuales per capita para el quintil más pobre de los hogares, y sólo el equivalente del 21% para el quintil más rico. Los subsidios de Medifund se diferencian según la clase de establecimiento y, por lo tanto, están dirigidos por su propia índole a los usuarios más pobres. Como recurso de última instancia, los pacientes que no pueden pagar todas sus cuentas médicas pueden solicitar al comité de Medifund del hospital un subsidio conforme a sus necesidades, financiado con cargo al excedente presupuestario del gobierno.

Fuente: Grosh, 1994; Prescott y Pradhan, 1999; Sauma, 1997.

lucha contra la oncocercosis (ceguera de los ríos) y de reducción de las carencias de micronutrientes ya han reducido en medida importante las discapacidades[97]. Los programas preventivos que evitan que enfermedades sin importancia se conviertan en discapacidades crónicas son especialmente valiosos para los niños[98]. La guerra y los conflictos civiles también han provocado muchas discapacidades. Los accidentes causados por minas terrestres han aumentado bruscamente en los últimos 15 años; un estudio de cuatro países afectados por la guerra determinó que en el 6% de las familias uno de sus miembros había muerto o tenía una incapacidad permanente a causa de las minas terrestres[99].

Las personas con discapacidades incurren en gastos médicos adicionales y con frecuencia quedan excluidas de los servicios y de las actividades comunitarias[100]. La mayoría de ellas dependen de sus familias para subsistir y no pueden aumentar su oferta de trabajo para hacer frente a una reducción de los ingresos. En uno de los estudios realizados se determinó que entre el 61% y el 87% de las víctimas de minas terrestres se endeudaba para pagar sus gastos médicos y entre el 12% y el 60% se veía obligado a vender activos[101]. La prevención y una mejor atención de la salud pueden ser la clave para reducir las discapacidades en el futuro. Los que ya están discapacitados necesitan programas comunitarios de rehabilitación y transferencias públicas para las familias que les proporcionan atención[102].

Asistencia y pensiones para las personas de edad. Los riesgos que encierra la vejez tienen dimensiones tanto sociales como económicas, y las políticas deben ocuparse de ambas.

A fin de aminorar el aislamiento social que aflige a muchas personas de edad avanzada, las políticas sociales deberían facilitar el acceso a agrupaciones o asociaciones comunitarias que se ocupan de los ancianos. La proximidad a los servicios de salud es también un grave motivo de preocupación, porque las personas de edad tienen dificultades para desplazarse hasta clínicas distantes.

Desde el punto de vista económico, muchos ancianos son pobres porque lo han sido durante toda su vida[103]. Las políticas de reducción de la pobreza que incrementan los ingresos de las personas mientras trabajan también les permitirán gozar de mejor situación después de jubilados. Los mercados financieros funcionales que facilitan el ahorro y las inversiones ayudan a los trabajadores a acumular activos financieros de forma continuada. Esto es especialmente importante para los trabajadores del sector no estructurado y para los que trabajan por cuenta propia, que rara vez participan en planes de jubilación. Un nivel de ingresos más alto y una mejor gestión de los riesgos para los trabajadores que hoy se encuentran en plena vida activa les ayudarán también a prestar apoyo financiero a sus padres.

En la mayoría de los países en desarrollo los sistemas formales de pensiones son limitados y cubren sólo al 16% de la fuerza de trabajo[104]. En los países más pobres de Asia meridional y África al sur del Sahara los sistemas de pensiones llegan a menos del 10% de la fuerza de trabajo[105]. Esa cobertura se puede aumentar mediante una reforma adecuada, pero eso lleva tiempo; una tasa de cobertura de más del 50% de la fuerza de trabajo se ve sólo en los países con un ingreso anual per cápita superior a $5.000[106].

Para la reforma del sistema de pensiones se recomienda en general establecer un sistema mixto, que comprenda un plan de beneficios definidos administrado por el gobierno, y un plan de aportaciones definidas administrado por el sector privado, complementados por el ahorro voluntario para fines de jubilación. El plan administrado por el gobierno, financiado con cargo a los ingresos impositivos generales, se puede ocupar de los problemas de la pobreza y la equidad. El plan de administración privada, plenamente financiado con cargo a las aportaciones de los participantes, sirve para reemplazar a los salarios después de la jubilación[107]. Varios países, especialmente de América Latina y Europa oriental, tienen sistemas de pensiones mixtos. Pero para administrarlos satisfactoriamente se necesita una capacidad administrativa considerable.

Ni siquiera un sistema de pensiones bien estructurado beneficiará inicialmente a los pobres. La cobertura de los sistemas formales de pensiones tiende a ser mucho mayor para los trabajadores de alto nivel de ingresos; en Chile, más del 40% de los trabajadores que integran el decil de más bajos ingresos no participa en el sistema de pensiones, en comparación con menos del 20% de los trabajadores que integran el decil de ingresos más altos[108]. En general, la cobertura es más baja entre los pobres, los que carecen de instrucción, los que trabajan por cuenta propia y las mujeres que han trabajado en el hogar y no en el mercado laboral durante la mayor parte de su vida.

Contribuyen a ese nivel más bajo de cobertura las deficiencias institucionales y del mercado y los incentivos que disuaden a los interesados de tratar de obtener cobertura. El perfil de los riesgos a que se enfrentan los hogares pobres puede significar que las enfermedades o las malas cosechas sean motivos de preocupación mucho mayores para ellas que la seguridad de los medios de vida en la vejez. En un medio en que el crédito es limitado, la obligación de aportar contribuciones a un sistema de pensiones puede resultar difícil de cumplir para los hogares pobres o que trabajan por cuenta propia. Si además el sistema público de pensiones carece de credibilidad, muchas familias seguirán confiando en los sistemas informales tradicionales basados generalmente en el hogar, la familia ampliada o la tribu, para contar con un ingreso seguro en la vejez[109].

Por consiguiente, para subvenir a las necesidades de los pobres de edad avanzada se necesita algo más que pensiones.

Recuadro 8.8
Pensiones sociales en Chile y Namibia

Países tan diferentes como Chile y Namibia han establecido planes de pensión social para proteger a las personas de edad más vulnerables. Chile tiene un sistema de pensiones mixto, en que las pensiones dependen del número de años de trabajo y de las aportaciones. Las diferencias entre los sexos en cuanto a ingresos y a años de participación en el mercado laboral dan lugar a grandes diferencias en el monto de las pensiones. Por ejemplo, una mujer con educación primaria incompleta y una participación media en el mercado laboral que se jubilara a la edad legal de jubilación de 60 años, recibiría sólo el 29% de la pensión de un hombre con igual preparación que se jubilara a la edad de jubilación obligatoria para él, los 65 años.

Además de este sistema formal de pensiones, el Estado financia un sistema de pensiones sociales de asistencia para mujeres y hombres pobres de más de 65 años de edad que no están incluidos en el sistema oficial. Debido a que el programa está sujeto a la verificación de los medios de vida y no está basado en el empleo, el monto de las prestaciones no se diferencia por sexos. Como las ancianas son generalmente más pobres que los ancianos, el programa beneficia proporcionalmente más a las mujeres que a los hombres, especialmente en las zonas rurales.

Namibia cuenta con un programa de pensiones sociales para personas de más de 60 años de edad. A diferencia del programa de Chile, el de Namibia es universal y no está sujeto a verificación de los medios de vida. En la práctica, reciben la pensión el 88% de los jubilados que reúnen los requisitos. La pensión social contribuye de manera apreciable a reducir la pobreza. Es la fuente principal de ingresos del 14% de los hogares rurales y del 7% de los hogares urbanos.

El programa de pensiones sociales ayuda también indirectamente a los niños, porque en Namibia muchos ancianos cuidan a los nietos y les pagan los derechos de enseñanza cuando los padres se encuentran lejos trabajando o buscando trabajo, o porque los niños son hijos de padres fallecidos a causa del SIDA, o son discapacitados.

Fuente: Cox Edwards, 2000; Subbarao, 1998; Banco Mundial, de próxima aparición a.

Las medidas de prevención consisten en facilitar el ahorro y las inversiones y ofrecer programas de reducción de la pobreza durante la vida activa de la población. Se necesitan diversas formas de apoyo directo e indirecto para los ancianos de hoy. Se pueden establecer programas que proporcionen asistencia a las familias que se ocupan de los ancianos que viven con ellas[110]. Los programas de readiestramiento y de asistencia social vinculada al trabajo para personas de cierta edad puede ayudarles a prolongar su vida activa[111]. Por otra parte, la asistencia social o las pensiones sociales deberían abarcar a los más pobres y a los muy ancianos (categorías que con frecuencia se superponen) y a los que carecen de apoyo familiar (Recuadro 8.8). Generalmente, este grupo está constituido en gran parte por viudas[112].

Seguro de desempleo y asistencia a los desempleados. Los riesgos del mercado laboral se pueden reducir considerablemente mejorando el funcionamiento de esos mercados y adoptando políticas macroeconómicas acertadas. Muchos mercados de trabajo de países en desarrollo están segmentados (lo que impide efectivamente el ingreso de algunos grupos) y excesivamente reglamentados. La reforma de las leyes y reglamentos del trabajo deben establecer un equilibrio entre el aumento de la eficiencia del mercado de trabajo y la promoción y aplicación de normas laborales básicas con el fin de proteger a los trabajadores vulnerables (Capítulo 4). Uno de los objetivos principales debería ser la eliminación de las formas de trabajo infantil más abusivas[113]. En el sector informal, donde las leyes y reglamentos rara vez se aplican, las medidas gubernamentales pueden complementar los sistemas informales habituales a fin de mejorar el entorno en que se desenvuelven los trabajadores.

Las medidas de reforma y su aplicación deben complementarse con programas de capacitación, asistencia en la búsqueda de empleo y creación de microempresas. Dado que la experiencia con los programas de capacitación administrados por el Estado no siempre ha sido satisfactoria, es preciso estudiar posibilidades de asociación con el sector privado[114]. También se puede aumentar la eficacia de los mercados de trabajo mejorando las relaciones entre los asociados con dichos mercados (las organizaciones de empleadores, los sindicatos y el gobierno) y fortaleciendo los procesos de negociación colectiva y contratación[115].

Sin embargo, ni siquiera un mercado de trabajo que funcione satisfactoriamente podrá eliminar del todo el riesgo de desempleo o subempleo. Los trabajadores desplazados necesitarán prestaciones de desempleo que los protejan contra las fuertes reducciones de sus ingresos y contra la pobreza. En algunos países, el vínculo entre desempleo y pobreza es muy estrecho. En un estudio de la pobreza en países de Europa oriental y la ex Unión Soviética se observó que la incidencia de pobreza era entre un 40% y un 80% más alta cuando uno de los miembros de la familia estaba sin empleo. En algunos países, la tasa de pobreza de las familias con varios miembros desempleados era el doble o más de la media nacional[116]. Los programas de desempleo en la región consisten normalmente en actividades de readiestramiento, subsidios salariales, servicios de orientación en materia de empleo y servicios de consulta, obras públicas y empleo comunitario, y programas de creación de pequeñas empresas[117].

El seguro de desempleo, que es el medio tradicional de mitigación del riesgo de pérdida del empleo, no resulta apropiado para la mayoría de los países en desarrollo porque éstos tienen una capacidad administrativa limitada y un sector informal extenso. Debido a la irregularidad e imprevisibilidad de los ingresos que caracteriza al sector informal, es difícil que los trabajadores participen en un programa de seguro basado en aportaciones[118]. Muchas de las deficiencias institucionales y de los mercados que se señalaron en relación con los sistemas de pensiones, se aplican también al seguro de desempleo. Otras opciones más satisfactorias de ayuda a los desempleados son la asistencia social condicionada a la comprobación previa de los medios de vida y los programas de obras públicas (programas de asistencia social vinculados al trabajo)[119]. La comprobación de los medios de vida ha resultado difícil en la mayoría de los casos, pero se están ensayando a título experimental prometedores sistemas que utilizan indicadores fáciles de observar a los efectos de la elección de beneficiarios[120].

Programas de asistencia social vinculados al trabajo. Los programas de obras públicas constituyen un útil instrumento anticíclico para beneficiar a los trabajadores desempleados pobres. Como los salarios que ofrecen son inferiores a los del mercado, es fácil circunscribirlos a ese grupo de la población. Estos programas, cuando están bien concebidos y suficientemente financiados, son un mecanismo de mitigación de los riesgos y, al mismo tiempo, de supervivencia ante una crisis. Para mitigar los riesgos, el programa debe inspirar confianza en que seguirá estando disponible una vez superada la crisis. Sólo si se considera que el gobierno es fiable podrá ese tipo de programa inducir a los hogares a renunciar a los costosos planes de autoseguro o seguro colectivo y liberar en esa forma recursos para otros fines productivos[121]. El programa funciona como mecanismo de supervivencia ofreciendo empleo cuando sobreviene una crisis. Al proporcionar ingresos a las familias en esas circunstancias, las ayuda a evitar estrategias costosas y perjudiciales (venta de activos, reducción de la ingestión de alimentos). Algunos programas de ayuda laboral, como Trabajar (Argentina), el Programa de Empleo Temporal (México)[122] y el Plan Maharashtra de Empleo Garantizado (India), han logrado crear empleo para los pobres (Recuadro 8.9). Otros programas que inicialmente no estaban concebidos con este fin pueden realmente cumplir funciones muy similares. Uno de ellos es Probecat, en México, que imparte capacitación a los trabajadores desempleados de las zonas urbanas[123].

Los programas de asistencia social vinculados en el trabajo no son necesariamente una forma barata de proporcionar

Recuadro 8.9
Principios de un programa acertado de asistencia social vinculada al trabajo

En muchos programas dirigidos a los pobres, buena parte de los beneficios recaen sobre personas que se encuentran en situación más desahogada. De ahí el interés por los planes que, por su propia índole, están destinados a determinados grupos de la población, como los programas de asistencia social vinculada al trabajo, que han resultado especialmente eficaces. Dos de ellos son el plan Maharashtra de empleo garantizado, en India, y el programa Trabajar, en Argentina.

El plan Maharashtra, puesto en marcha durante la grave sequía de 1970-73, se amplió rápidamente hasta abarcar a unos 500.000 trabajadores al mes. En un año normal el plan proporciona 100 millones de días-persona de trabajo. Argentina estableció a mediados de los años noventa el programa Trabajar II (versión ampliada y reformada de otra anterior) para hacer frente al rápido aumento del desempleo, que había alcanzado el 18% en 1996-97 y estaba concentrado entre los pobres.

Selección de proyectos

Ambos programas están concentrados en proyectos de infraestructura (caminos, sistemas de riego, terraplenes). Las autoridades locales, en colaboración con las comunidades y las organizaciones no gubernamentales, proponen proyectos, que deben utilizar tecnologías con numerosa mano de obra, beneficiar a la comunidad y estar destinados a zonas pobres.

Salario y autoselección

Para tener la seguridad de que la mayoría de los participantes son pobres y mantener los incentivos para que los trabajadores pasen a desempeñar un trabajo normal cuando surja la posibilidad, los programas no deberían pagar más del salario medio de la mano de obra no calificada. El programa Trabajar fijó unos salarios que representaban alrededor del 75% de los ingresos medios mensuales procedentes del empleo principal del 10% de los hogares más pobres del Gran Buenos Aires. El plan Maharashtra utiliza el salario medio de la mano de obra rural no calificada. Ambos programas han contribuido con gran eficacia a ayudar a los más pobres de entre los pobres. Aproximadamente nueve de cada diez participantes en el plan Maharashtra vivían por debajo del umbral de pobreza local; cuatro de cada cinco participantes en el programa Trabajar se encontraba por debajo del umbral de pobreza de Argentina. Para el 5% más pobre de entre los participantes, los beneficios del programa representaban el 74% de los ingresos que tenían antes de ingresar al programa.

Beneficios para los pobres

Los pobres no pueden permitirse estar totalmente inactivos, por lo que generalmente tienen que renunciar a algún tipo de ingreso para participar en un plan de asistencia vinculada al trabajo. Los cálculos al respecto indican que el ingreso al que se renuncia podría representar hasta el 50% del salario que pagan esos programas. Pero, debido a que el empleo está garantizado, es un importante seguro para los pobres. En las aldeas en que opera el plan Maharashtra, la variabilidad de los ingresos es apenas la mitad que en otros lugares. Los pobres obtienen además ganancias indirectas si la infraestructura creada por el programa les es de utilidad. Los resultados concretos presentan signos diversos. En algunos casos, los hogares con mejor situación económica se han apropiado de los activos creados (lo que no es una desventaja total, ya que puede hacer que aumente la aceptación política del plan por parte de los ricos, como al parecer ha sucedido en el caso del plan Maharashtra).

Principios en que se basa el éxito

Los programas de ayuda laboral pueden mejorar su eficacia si se atienen a los principios siguientes:

- Los salarios se deberían fijar tomando como base los salarios del mercado laboral local para la mano de obra no calificada, no el presupuesto del programa. Si los recursos son insuficientes para satisfacer la demanda, el programa debería escoger como objetivo las zonas en que hay una gran concentración de pobres. Debería evitarse la utilización de criterios adicionales de admisibilidad.
- Las escalas de salarios no deberían establecer diferencias entre los sexos. Se puede alentar a las mujeres a participar mediante una selección adecuada de los proyectos, la descentralización de los lugares de trabajo y el suministro de servicios de guardería infantil.
- La concentración de mano de obra debería ser superior a la norma local para proyectos similares.
- Las comunidades deberían participar en la selección de los proyectos con el fin de aumentar al máximo las posibilidades de que sean los pobres los que obtengan los beneficios indirectos de la infraestructura creada.
- Para mitigar los riesgos lo más posible, el programa debería funcionar en todo momento, y ampliarse automáticamente durante una crisis a medida que aumente la demanda.

Fuente: Jalan y Ravallion, 1999c; Lipton, 1998; Ravallion, 1991, 1999a.

prestaciones a los pobres. Es preciso comparar su eficacia en función de los costos con la de otros programas de transferencias. El costo por persona–día de los empleos creados varía enormemente en los distintos países, y puede ir desde apenas $1 a $2 en varios países de Asia meridional hasta $8 en Bolivia. El costo depende de los salarios, del tipo de proyectos realizados, de los costos de los contratistas privados locales y de la eficacia administrativa. Normalmente los salarios representan entre el 30% y el 60% de los costos totales[124].

Fondos sociales. Los fondos sociales contribuyen al financiamiento de pequeños proyectos identificados y ejecutados por las comunidades pobres, que habitualmente cofinancian las actividades. Casi 50 países, en su mayoría de América Latina y África al sur del Sahara, tienen fondos sociales u otras entidades similares en funcionamiento. El fondo social más grande del mundo se encuentra en Egipto. Recientemente, los países de Europa oriental y Asia central han comenzado a utilizar estos fondos, y ya hay diez en funcionamiento o en preparación.

El primer fondo social fue establecido por el Gobierno de Bolivia en 1987 como medida de emergencia para hacer frente a un empeoramiento general de la situación económica. En general, sin embargo, los fondos sociales no son instrumentos destinados a hacer frente a las crisis. Abarcan una gran variedad de objetivos, como la infraestructura, el desarrollo comunitario, los servicios sociales, y el apoyo a la descentralización[125]. Sin embargo, algunos se han utilizado para hacer frente a situaciones de emergencia, como el huracán Mitch en América Central (Capítulo 9), la guerra civil en Camboya, un terremoto en Armenia, la sequía en Zambia. Además, los fondos sociales han ido asumiendo una función más importante en la mitigación de riesgos, mediante el apoyo a proyectos generadores de ingresos, el estímulo de la matrícula escolar y del uso de los centros de salud y el fortalecimiento del patrimonio social de las comunidades. Han demostrado ser flexibles, de respuesta rápida y eficaces en función de los costos. Pero en materia de sostenibilidad y reducción de la pobreza, sus resultados son desiguales[126].

Los fondos sociales utilizan tres mecanismos para dirigir sus beneficios específicamente a los pobres: selección de las inversiones (principalmente servicios básicos), selección de los proyectos (para asegurarse de que la mayoría de los beneficiarios son pobres) y selección geográfica (zonas pobres). Su estrategia, orientada a los pobres, y su enfoque, basado en la demanda, entran a veces en conflicto. Con el fin de aumentar su eficacia, muchos fondos financiaron inicialmente proyectos en comunidades con mejor situación económica y buenas aptitudes de organización. Las comunidades más pobres, que muchas veces tienen dificultades para formular propuestas de inversión, recibieron menos beneficios.

Para solucionar ese problema, algunos fondos sociales (Argentina, Chile, Malí, Rumania) han prestado apoyo a la creación de capacidades en las comunidades pobres. Otros han asumido temporalmente algunas funciones de ejecución mientras las comunidades aumentan su capacidad (Recuadro 8.10). Varios fondos están mejorando su estrategia de selección de los pobres como objetivo. En Malawi y Zambia los fondos sociales están poniendo en práctica el trazado de mapas de la pobreza a fin de localizar los focos de pobreza[127]. Mediante evaluaciones de los beneficiarios se ha determinado que la orientación comunitaria (atención a las prioridades de las comunidades, ayuda a la promoción de la cohesión social) es uno de los puntos fuertes de los fondos sociales[128].

Microfinanciamiento (crédito, ahorros y seguro). Los programas de microfinanciamiento pueden ayudar a los hogares pobres a estabilizar el consumo cuando la situación es desfavorable. El acceso al crédito puede ayudarles a evitar la venta de activos a cualquier precio y a reemplazar los activos productivos destruidos durante un desastre natural. Pero los programas de microfinanciamiento hacen algo más que ayudar a los hogares a superar las crisis: pueden además dotarles de capital para la creación o ampliación de microempresas. De esa forma, el microfinanciamiento ayuda a los hogares a diversificar sus fuentes de ingresos y reduce su vulnerabilidad a las fluctuaciones de los mismos. Los programas de microfinanciamiento han sido especialmente importantes para las mujeres y para las familias encabezadas por mujeres, que suelen tener dificultades para obtener crédito. Sin embargo, las instituciones de microfinanciamiento, por su escaso tamaño y diversificación, tienen pocas probabilidades de ser eficaces para hacer frente a grandes crisis covariantes (Capítulo 4).

Los programas de microfinanciamiento han conseguido llegar con más éxito hasta las familias moderadamente pobres y las familias vulnerables (no necesariamente pobres) que hasta las familias extremadamente pobres. La mayoría de los programas benefician a los clientes que se encuentran justo por encima o justo por debajo del umbral de pobreza. Las medidas orientadas a dirigir los programas de microcrédito explícitamente a los hogares pobres generalmente no logran su propósito, aunque hay pruebas de que algunos programas utilizan con buen resultado la selección geográfica para llegar hasta ellos[129]. Los resultados son mejores si se encarga a las agrupaciones locales apropiadas que indiquen quiénes han de ser los beneficiarios, o si se determinan los beneficiarios según el tamaño de las tierras que poseen (como hace el Grameen Bank, que aplica un límite de 0,5 acres)[130].

Recuadro 8.10
El Fondo de Desarrollo Comunitario de Eritrea

Después de la guerra de independencia, el gobierno de Eritrea prometió proporcionar a cada provincia una infraestructura económica y social básica. Pero muchas de las comunidades pobres carecían de capacidad para ejecutar los proyectos por cuenta propia. La novedosa solución adoptada por Eritrea consistió en combinar un fondo social con programas de obras públicas para crear el Fondo de Desarrollo Comunitario de Eritrea. Este compagina la selección de proyectos en consulta con los beneficiarios con la selección "desde arriba" de las zonas en que se realizarán intervenciones. Se mantiene la flexibilidad de los procedimientos de contratación a fin de llegar incluso a las comunidades que carecen de capacidad de ejecución. Si una comunidad no puede formar un comité que se encargue de supervisar un proyecto, el Fondo se hace cargo de las adquisiciones, las contrataciones y la supervisión técnica. Si es necesario, administra incluso la contribución de la comunidad. A este sistema flexible se suma un ambicioso programa de creación de capacidad, que imparte capacitación a funcionarios de la comunidad y del gobierno local en materia de diseño, mantenimiento y operación de proyectos.

Fuente: Frigenti, Harth y Huque, 1998.

Recuadro 8.11
La Asociación de Trabajadoras por Cuenta Propia de la India

Establecida en 1972, la Asociación de Trabajadoras por Cuenta Propia (SEWA) es un sindicato registrado de mujeres del sector informal de la India. Sus 220.000 afiliadas son vendedoras ambulantes, trabajadoras en su propio domicilio y jornaleras. Además de sus labores convencionales de sindicato obrero (garantizar el salario mínimo y la seguridad en el trabajo), la Asociación ofrece asistencia jurídica y cuenta con un banco y un plan de seguridad social. El banco ofrece a sus clientes cuentas de ahorro y préstamos. Este, que asegura aproximadamente al 14% de las afiliadas de la Asociación, comprende seguro médico, seguro de vida y seguro de la propiedad. Un poco más de la mitad del costo del programa de seguro queda cubierto por las primas. El resto lo financia la Asociación y una subvención pública. La Asociación considera que este mecanismo es un primer paso hacia el aumento de las aportaciones de las afiliadas y hacia la autosuficiencia. La combinación de servicios bancarios, de seguro y sindicales ha contribuido al aumento del número de miembros de la Asociación y del nivel de ingresos de sus afiliadas. Actualmente la Asociación se propone ampliar las prestaciones de salud y agregar un componente de pensiones.

Fuente: Lund y Srinivas, 1999b; Mirai Chatterjee, secretaria general de la SEWA, comunicación por correo electrónico, 3 de mayo de 2000.

Los estudios empíricos realizados demuestran que los clientes utilizan en general los préstamos para reducir los riesgos más bien que para hacer frente a las crisis, lo que significa que los préstamos normalmente no se "desvían" hacia el consumo. Tanto los pobres como los que no lo son utilizan los préstamos para estabilizar el consumo regularizando el flujo de ingresos, principalmente con una mayor diversificación. Los préstamos ayudan a los hogares a acumular distintos activos: físicos y productivos (vehículos, equipo, vivienda, ganado), financieros (cuentas de ahorro), humanos (educación, atención de la salud) y sociales (contribuciones a funerales y bodas o a redes de apoyo mutuo)[131].

Como instrumento de gestión de riesgos, la principal ventaja de los programas de microfinanciamiento es el saber que habrá préstamos disponibles cuando más se necesiten, lo que permite a las familias prescindir de otras estrategias menos eficaces y menos convenientes (trabajo infantil, dinero bajo el colchón). Existe aquí un paralelo con los sistemas de empleo garantizado, en el sentido de que la confianza en la disponibilidad futura es la clave del éxito de los programas de microfinanciamiento como instrumento de control de riesgos.

La disponibilidad de servicios de microfinanciamiento permite a los hogares pobres reemplazar las estrategias de reacción por estrategias de acción, es decir, pueden planificar la mitigación de los riesgos. La mayoría de los clientes, que es plenamente consciente de este beneficio, hace todo lo posible por pagar sus préstamos a fin de no perder el derecho a obtener préstamos en el futuro. Los clientes continuaron pagando los préstamos incluso durante y después de las inundaciones en Bangladesh[132]. Los datos de que se dispone indican que el microcrédito ha mejorado especialmente la vida de las mujeres pobres, pues ha fortalecido su posición negociadora frente a sus maridos, les ha dado más confianza en sí mismas, y les ha permitido mayor participación en la vida pública[133].

La reducción de la vulnerabilidad obtenida por los programas de microfinanciamiento a través de la diversificación de los ingresos y la acumulación de activos indica que esos programas deberían ser una de las prioridades del apoyo del gobierno y de los donantes[134]. Pero sigue siendo muy difícil ampliar la base de clientes para incluir en ella a los hogares más pobres. Hasta cierto punto, los productos de microfinanciamiento se podrían diseñar nuevamente de forma que pudieran beneficiar a los más necesitados. Podría haber más flexibilidad en el monto de los préstamos y los reembolsos a fin de que correspondan mejor a los ingresos y la capacidad de reembolso de los prestatarios[135]. Es probable que esa flexibilidad tenga un límite práctico, ya que en un momento dado el aumento de los costos de otorgamiento de esos préstamos debilitará la sostenibilidad de las instituciones de microfinanciamiento. Es muy posible que se pueda ayudar más eficazmente a los más pobres de entre los pobres con transferencias en efectivo dirigidas expresamente a ellos.

La eficacia de los programas sería mayor si se combinara el microcrédito con ahorros y seguros de modo que los clientes no tuvieran que obtener préstamos en caso de enfermedad o muerte (Recuadro 8.11). El Bank Rakyat de Indonesia y SafeSave de Bangladesh demuestran las posibilidades que ofrece la combinación del microcrédito con el ahorro. Otros programas de microfinanciamiento han introducido con éxito el seguro de vida, con bajas tasas y cobertura limitada (gastos de entierro y pago de deudas)[136].

Transferencias en efectivo. Las transferencias en efectivo (salvo las que se realizan a través de sistemas contributivos como las pensiones fijas y el seguro de desempleo) consisten en pagos en concepto de asistencia social a los ancianos, prestaciones por hijos a cargo, programas de desarrollo humano dirigidos a grupos específicos, y exenciones del pago por los servicios básicos. En los países con un sector informal de gran tamaño y en los que el seguro de desempleo formal no es factible, la asistencia social previa comprobación de los medios de vida es un medio importante de ayudar a los desempleados y subempleados.

La función de las transferencias en efectivo dentro de una estrategia de gestión de los riesgos depende del nivel de ingresos del país. En los países de ingreso alto, las transferencias en efectivo forman parte del seguro social y ofrecen amplias garantías de ingreso mínimo. En las economías en transición, los pagos en concepto de asistencia familiar representaron entre el 0,4 y el 5,1% del PIB en 1992-1993. Sólo en unos cuantos países asiáticos hay programas de asistencia social en efectivo, que representan menos del 1% del PIB; en África y América Latina, la cifra es insignificante.

La experiencia de distintos países indica que la asistencia familiar y la asistencia social en favor de grupos específicos son eficaces para reducir la pobreza a corto plazo, sobre todo cuando la pobreza no está muy extendida. La dificultad estriba en encontrar un mecanismo apropiado de selección de beneficiarios que sea compatible con la capacidad administrativa del país. Tal vez sea preferible adoptar mecanismos descentralizados si las comunidades están mejor informadas acerca de quiénes son los necesitados (véase el Recuadro 8.5)[137].

Los programas de desarrollo humano dirigidos específicamente a las familias pobres con hijos realizan transferencias en efectivo o en especie sobre la base de criterios comprobables, como la edad de los hijos, la asistencia a la escuela o la participación en un programa de atención de la salud. Por lo tanto, cumplen el doble objetivo de reducción de la pobreza y desarrollo humano. Cuando son eficaces, impiden que los niños sufran el daño a largo plazo que se produce cuando los hogares, incapaces de controlar adecuadamente los riesgos, responden a las crisis subalimentando a sus hijos o sacándolos de la escuela para enviarlos a trabajar.

En el programa Alimentos por Educación de Bangladesh, la transferencia de 100 kilogramos de arroz a una familia aumentaba las probabilidades de escolaridad de los niños un 17% y la de las niñas un 160%[138]. El programa Bolsa Escola del Brasil dirige las becas a las regiones y comunidades donde el trabajo infantil es más frecuente, y trata de mantener a los niños en la escuela compensando a los padres por los ingresos que habrían obtenido los niños. El plan Progresa de México está prestando servicios de salud y educación a 2,6 millones de hogares en 2000. Los resultados de la evaluación del programa indican que éste es capaz de dirigir los beneficios específicamente a los hogares más pobres y que ha conseguido que la matrícula escolar de los hijos de las familias beneficiarias aumente (véase el Recuadro 5.5 del capítulo 5)[139].

La exención del pago de derechos de matrícula y enseñanza puede ser eficaz para contrarrestar el descenso de las tasas de matrícula escolar después de una crisis o conmoción. Tras la crisis de Indonesia, la matrícula de los niños en la enseñanza primaria disminuyó un 8,3% en las zonas más pobres de Yakarta y la matrícula en el primer ciclo de enseñanza secundaria disminuyó en todo el país, siendo el descenso más marcado en las zonas más pobres. En 1998 el Gobierno de Indonesia abolió el pago de derechos de matrícula en las escuelas públicas y rebajó las cuotas mensuales y los derechos de examen en la enseñanza primaria, lo que significó un alivio para muchos padres que se hallaban atrasados en los pagos de derechos como resultado de la crisis. Un programa de becas individuales y el otorgamiento de subvenciones globales a las escuelas, en ambos casos con destino a las zonas más pobres, complementaron las exenciones del pago de derechos con el fin de restablecer las tasas de matrícula escolar[140].

• • •

Los pobres están expuestos a una gran variedad de riesgos que los hacen vulnerables a las fuertes fluctuaciones de los ingresos y a las pérdidas de bienestar. En el presente capítulo se sostiene que la ayuda a los pobres para que controlen los riesgos es parte esencial de los programas de reducción de la pobreza, y debería complementar las medidas destinadas a aumentar los ingresos medios y mejorar la distribución de los ingresos, tema que se examina en otra parte de este informe. La atención se ha centrado en los riesgos que afectan principalmente al individuo, a los hogares y a la comunidad, tales como las enfermedades y traumatismos, la delincuencia y la violencia en el hogar, la vejez, la pérdida de las cosechas, y las fluctuaciones de los precios de los alimentos y de la demanda de trabajo. (En el capítulo 9 se examinan los riesgos de mayor escala, como las crisis macroeconómicas y los desastres naturales).

Los pobres hacen frente a su exposición a los riesgos mediante la diversificación de sus activos y fuentes de ingresos y con diversos tipos de autoseguro (reservas de estabilización, ahorros) y de seguro informal (redes de apoyo mutuo). Se trata, en todos los casos, de diferentes medios de reducir los riesgos o aminorar sus efectos. Si esos mecanismos preventivos resultan insuficientes, los hogares hacen frente a las perturbaciones aumentando o diversificando la oferta de trabajo (trabajo infantil, migración), vendiendo activos, o reduciendo el consumo.

Estos mecanismos surten efecto, pero no en medida suficiente. La inestabilidad del ingreso familiar sigue siendo elevada en muchas zonas, y numerosos hogares sufren un deterioro intermitente de su bienestar. Algunos se recuperan, pero otros no. Las perturbaciones comunes a una extensa zona, que pueden acabar con los recursos de toda una red, son las que con toda probabilidad pueden aniquilar los instrumentos de control de riesgos de las familias pobres. Además, debido a que las perturbaciones no afectan por igual a todos los miembros de las familias pobres, y a que los que están expuestos con más frecuencia a los riesgos son las mujeres y los niños, un control insuficiente de los riesgos puede provocar daños a largo plazo a los niños a causa de la malnutrición, el trabajo infantil y la pérdida de escolaridad.

En la actualidad, en la mayoría de los países en desarrollo las estrategias de control de los riesgos hacen hincapié en las intervenciones después de que se produce un desastre. Es preciso que la balanza se incline hacia la adopción de políticas de reducción y mitigación de los riesgos. Las políticas sanitarias, ambientales, laborales y macroeconómicas pueden reducir los riesgos. Por su parte, las redes de protección social establecidas antes de que se produzcan los acontecimientos adversos pueden servir para mitigar riesgos y mejorar las perspectivas de supervivencia.

Para contrarrestar los problemas de incentivos y de información que excluyen a los pobres de muchos de los mecanismos de seguro basados en el mercado, al Estado le compete la función especial de proporcionar seguro o reglamentarlo y de establecer redes de protección social. En el presente informe se propugna un método modular que adapta las medidas de protección a las características propias de cada país o zona en materia de riesgos y complementa los mecanismos vigentes de control de riesgos. Muchas de las soluciones entrañarán la formación de asociaciones entre las comunidades pobres, el sector privado y el Estado.

Capítulo 9

Gestión de las crisis económicas y de los desastres naturales

No tenemos dónde trabajar. Nos ponemos enfermos y no tenemos dinero para pagar un médico ni para comprar medicinas, que son muy caras. El gobierno hace que todo resulte caro... No tenemos dinero para comprar fertilizantes ni semillas; todo es en dólares. No tenemos nada para comer. Todo es muy caro.

—De un grupo de debate de mujeres adultas durante una crisis bancaria, Juncal (Ecuador)

[La seguridad es]... la capacidad de las personas de hacer frente a los desastres.

—De un grupo de debate, Little Bay (Jamaica)

Las crisis económicas y los desastres naturales pueden producir un fuerte y repentino hundimiento de la producción nacional, y un considerable aumento de la pobreza de ingreso. Junto con los conflictos violentos (véase el Recuadro 3.2 del Capítulo 3), son factores importantes de vulnerabilidad e inseguridad. Y lo que es peor, debido al daño colateral que provocan —como pérdidas irreversibles del capital humano—, repercuten no sólo en los actuales niveles de vida de los pobres sino también en su capacidad de librarse de la pobreza.

Las tasas de malnutrición y de abandono escolar en los niños pobres pueden aumentar durante las crisis económicas y los desastres naturales. Los hogares pobres se ven obligados con frecuencia a vender sus escasos activos a precios de saldo. Estas actuaciones perpetúan la pobreza crónica, y quizás reduzcan el crecimiento económico futuro por las pérdidas irreversibles de capital humano y físico. Ésta es la razón por la que la prevención de las crisis económicas y los desastres naturales reviste tan gran importancia. Y ésa es también la razón por la que, cuando se producen, una de las principales prioridades debería ser proteger a los pobres. Para ello, se requieren no sólo recursos sino también instrumentos (sistemas de protección social) para hacer llegar esos recursos a los hogares pobres. Si bien los países en desarrollo y las economías en transición son por norma general vulnerables a las crisis y los desastres naturales, los pequeños Estados son especialmente vulnerables a los acontecimientos externos negativos, por su lejanía y aislamiento, su gran apertura, susceptibilidad a los desastres naturales y escasa diversificación[1].

Evitar y hacer frente a las crisis económicas

Incluso nuestro limitado acceso a la escuela y a la salud está comenzando ahora a desaparecer. Tememos por el futuro de nuestros hijos; ¿cómo se explica que tengamos que enviar cada día a nuestros hijos a los vertederos para mantener a la familia?

–Comentarios de un padre y una madre sobre la necesidad de sacar a los hijos de la escuela después de una crisis económica, Tailandia

Las crisis que afectan al conjunto de la economía suponen una fuerte caída de la producción, un descenso de los ingresos y un aumento del desempleo. Estas perturbaciones, muy frecuentes en el decenio de 1990, adoptaron formas muy diversas: dificultades fiscales, trastornos de la balanza de pagos, de las relaciones de intercambio o del tipo de cambio, crisis bancarias o episodios de hiperinflación. Las crisis económicas de México en 1995, de Asia oriental en 1997 y de Brasil y Rusia en 1998 ocuparon un lugar importante en los medios de comunicación. Pero no fueron éstos los únicos episodios dignos de consideración[2]. La mayor parte de las crisis han sido provocadas por la combinación de políticas desacertadas y factores externos, como las crisis de las relaciones de intercambio, la inestabilidad de los flujos de capital y el contagio de los mercados internacionales de capital.

Las crisis son nocivas para los pobres y para el resto de la población, pero sus efectos son mucho más devastadores en quienes viven ya en la pobreza o se encuentran al borde de ella, aun cuando no se vean castigados de manera desproporcionada. Las pérdidas de bienestar son mayores para los hogares pobres y para los que caen en la pobreza que para el resto de la población. No es probable que los pobres disfruten de ahorros suficientes ni de autoseguro para poder superar los malos momentos, y tienen poco o ningún acceso a planes de seguro, sean de tipo social o basados en el mercado (Capítulo 8).

Una crisis económica afecta a los niveles de vida de los pobres y de quienes se encuentran próximos a la pobreza, y lo hace a través de diferentes cauces:

- Normalmente, los salarios reales disminuyen y aumenta el desempleo, lo que merma los ingresos laborales.
- Los ingresos no laborales disminuyen como consecuencia de la desaceleración de la actividad económica, y los precios de los bienes y servicios producidos por los pobres pueden caer en relación con los demás precios.
- Las transferencias privadas, en particular de los miembros de la familia, tienden a disminuir a medida que desciende el nivel de vida en toda la nación.
- Los escasos activos de los pobres están expuestos a la inflación o al hundimiento de los precios.
- Las crisis económicas frenan la acumulación de capital humano, financiero y físico, lo que merma la capacidad de los pobres de huir de la pobreza.

¿Esta caída de los ingresos durante las crisis se ve agravada por las políticas adoptadas para hacerles frente? El debate sobre este tema es ya antiguo. El hecho de que esas políticas coincidan con un aumento de la pobreza no significa que sean la causa del mismo. Las crisis pueden producirse como consecuencia de anteriores políticas macroeconómicas insostenibles o de la incapacidad de adaptarse a las conmociones externas (crisis de las relaciones de intercambio, subida de las tasas de interés internacionales o fluctuaciones repentinas de los flujos de capital como consecuencia del contagio). En tales circunstancias, unas políticas monetarias y fiscales restrictivas son inevitables y menos costosas que la inacción, que podría dar lugar a una crisis todavía mayor.

Una vez que se aceptan las políticas de ajuste como inevitables, la forma en que los gobiernos introducen la austeridad fiscal puede agravar los efectos negativos sobre los niveles de vida de quienes se encuentran en la pobreza o próximos a ella. Por ejemplo, si se eliminan los subsidios para alimentos o combustible los pobres saldrían todavía más perjudicados, a menos que se adopten medidas compensatorias (Capítulo 4). Lo mismo ocurriría si aumentan los tipos y, en algunos casos, la cobertura de los impuestos indirectos aplicables a los alimentos y a otros productos que ocupan un lugar importante en la cesta de consumo de los pobres. Las transferencias públicas netas pueden disminuir si el Estado recorta la asistencia social en el contexto de un programa de austeridad fiscal. La reducción de la cantidad y calidad de los servicios públicos utilizados por los segmentos de la población de ingreso bajo agravaría también su situación.

Pero las acciones gubernamentales pueden mitigar también los efectos de la crisis en los pobres. Las autoridades deben aplicar una variedad de medidas macroeconómicas que provoquen el mínimo costo posible en forma de pérdida de producción y, al mismo tiempo, protejan los niveles de vida de los pobres. En ese contexto, es fundamental una combinación adecuada de medidas de aumento del ingreso y de recortes fiscales. Estas respuestas deben prever también la expansión de los sistemas de protección orientados a los pobres (el componente "seguro social" de los gastos sociales) durante los períodos de ajuste macroeconómico.

Efecto social de las crisis

Hay una estrecha vinculación entre contracción económica y aumento de la pobreza de ingreso (Cuadro 9.1; véase también el Gráfico 2.1)[3]. Durante las crisis, muchos caen temporalmente en la pobreza, y los indicadores sociales tienden a deteriorarse o a mejorar con mayor lentitud. Los datos disponibles parecen indicar que el capital humano de los pobres, sobre todo de los niños pobres, se puede deteriorar. Los daños son a veces irreversibles, y merman la capacidad de esos niños de salir de la pobreza cuando llegan a la edad adulta.

En la mayor parte de los países de Asia oriental la pobreza aumentó como consecuencia de las crisis financieras de los últimos años noventa: se estima que creció casi un 50% en Indonesia y que la pobreza urbana se duplicó en la República de Corea[4]. No obstante, en ambos países la pobreza disminuyó cuando se recuperaron las economías. En Rusia, la incidencia de la pobreza pasó del 21,9% al 32,7% entre 1996 y 1998. En todas las crisis de América Latina y el Caribe, la incidencia de la pobreza aumentó y varios años más tarde continuaba siendo más elevada que antes de la crisis.

Cuadro 9.1
Efecto de las crisis económicas en la incidencia de la pobreza de algunos países
Porcentaje

País y tipo de crisis	Antes de la crisis	Año de la crisis	Después de la crisis
Argentina, hiperinflación y moneda	25,2	47,3	33,7
	(1987)	(1989)	(1990)
Argentina, contagio	16,8	24,8	26,0
	(1993)	(1995)	(1997)
Indonesia, contagio y finanzas	11,3	18,9	11,7
	(1996)	(1998)	(1999)
Jordania, moneda y relaciones de intercambio	3,0	..	14,9
	(1986–87)	(1989)	(1992)
México, moneda y finanzas	36,0	..	43,0
	(1994)	(1995)	(1996)
Federación de Rusia, finanzas	21,9	32,7	..
	(1996)	(1998)	
Tailandia, moneda y finanzas	11,4	12,9 [a]	..
	(1996)	(1998)	

.. Información no disponible.
Nota: Información basada en los umbrales nacionales de pobreza y el ingreso de los hogares per cápita, con excepción de Indonesia (gasto per cápita), México (ingreso de los hogares) y Rusia (gasto de los hogares por adulto o su equivalente). Los datos sobre Argentina se refieren al Gran Buenos Aires. En Indonesia, las estimaciones de la pobreza antes y durante la crisis están basadas en la encuesta socioeconómica nacional completa (SUSENAS) realizada en febrero de 1996 y 1999; las estimaciones posteriores a la crisis se basan en una muestra más reducida. Las cifras no son comparables en los distintos países porque los umbrales de pobreza son diferentes.
a. Sobre la base de la encuesta socioeconómica realizada en febrero de 1998 y enero de 1999, en la que no se recoge plenamente el efecto de la crisis. Estimaciones de una encuesta más reducida llevada a cabo durante junio-septiembre de 1999 sitúan la incidencia de la pobreza en el 15,9%.
Fuente: Ministerio de Economía de Argentina, 1998; Banco Mundial, 1994c, 1999dd; CEPAL, 1999b; Lokshin y Ravallion, 2000b.

Durante una crisis, la desigualdad puede aumentar, disminuir o no sufrir cambios. En América Latina, la desigualdad (medida de acuerdo con el coeficiente de Gini) aumentó en 15 de las 20 crisis sobre las que se dispone de información. En cambio, durante la crisis reciente de Asia oriental la desigualdad permaneció prácticamente sin cambios, y en México, después de la crisis del peso de 1995, disminuyó. Cuando las crisis van acompañadas de un aumento de la desigualdad, las contracciones económicas pueden contrarrestar con creces los progresos anteriores en la reducción de la pobreza. En América Latina, la reducción de la pobreza conseguida durante el decenio de 1970 gracias a un aumento del 3,7% del ingreso per cápita en las zonas urbanas y del 2% en las zonas rurales, se invirtió debido a un descenso del 1% del ingreso per cápita en los años ochenta[5]. Aun cuando aumente la desigualdad, el quintil más pobre de la población no siempre sufre los efectos de forma desproporcionada. En América Latina, la parte del ingreso correspondiente a los quintiles intermedios de la población fue en muchos casos la que más disminuyó durante la crisis de la deuda de los años ochenta, pero la parte del décimo superior aumentó siempre, en algunos casos de forma sustancial[6].

Los efectos de las crisis económicas en los niveles de vida no se reflejan plenamente en los indicadores de desigualdad y de pobreza de ingreso. Las crisis económicas se caracterizan por una amplia movilidad: unos caen en la pobreza, y otros se liberan de ella. Por ejemplo, se han encontrado pruebas de una intensa movilidad ascendente y descendente después de la crisis de 1998 en Rusia[7]. Los gastos medios de las personas clasificadas como pobres en 1996 subieron de hecho, y el 42% salieron de la pobreza después de la crisis. Por el contrario, el 61% de quienes eran pobres después de la crisis no lo habían sido en 1996. En otras palabras, el 20% de la población cayó en la pobreza como consecuencia de la contracción económica. Aun cuando la desigualdad general disminuyó y una proporción considerable de los pobres dejaron de serlo después de la crisis, hubo una notable movilidad descendente que afectó a muchos que antes no eran pobres y a algunos que ya lo eran. Los que se empobrecen durante las crisis económicas tienen con frecuencia características diferentes que las víctimas de la pobreza crónica. Por ejemplo, pueden tener mayores niveles de instrucción. Según un estudio realizado en Filipinas, los hogares con mayor instrucción son más vulnerables a las crisis salariales y laborales[8].

La mayor parte de los indicadores sociales se deterioran —o mejoran más lentamente— durante las crisis macroeconómicas (Cuadro 9.2). Algunos indicadores sociales, como las tasas de mortalidad infantil, continuaron mejorando en América Latina en el decenio de 1980, aunque a menor ritmo que en el decenio anterior. En cambio, los indicadores de salud más sensibles a la contracción del consumo o del ingreso se deterioraron. En Chile, la parte de los niños con bajo peso al nacer y desnutridos aumentó a medida que se deterioró la economía. En México, la mortalidad de lactantes y niños en edad preescolar como consecuencia de una deficiencia nutricional creció en el decenio de 1980, lo que invirtió la tendencia

Cuadro 9.2
Efectos sociales de las crisis económicas en algunos países

	Indicadores principales de la crisis	Indicadores de salud	Indicadores de educación
Argentina 1995	▪ El PIB per cápita bajó un 4,1%. ▪ El consumo privado per cápita disminuyó un 5,6%.	▪ La ingestión diaria de proteína per cápita disminuyó un 3,8% en 1995, pero aumentó un 1,9% en 1996	▪ El crecimiento de la matrícula primaria bruta bajó del 2,2% en 1993 al 0,8% en 1996.
México 1995	▪ El PIB per cápita bajó un 7,8%. ▪ El consumo privado per cápita disminuyó un 11,1%.	▪ Entre los niños de metros de 1 año de edad la mortalidad debida a la anemia pasó de 6,3 fallecimientos por 100.000 nacidos vivos en 1993 a 7,9 en 1995. ▪ Entre los niños de 1 a 4 años de edad, la tasa de mortalidad como consecuencia de la anemia subió de 1,7 a 2,2 por 100.000.	▪ La matrícula primaria bruta aumentó un 0,44% en 1994, pero disminuyó un 0,09% en en 1995.
Indonesia 1998	▪ El PIB per cápita bajó un 14,6%. ▪ El consumo privado per cápita disminuyó un 5,1%.	▪ La proporción de mujeres cuyo índice de masa corporal es inferior al nivel que representa un mayor riesgo de enfermedad y defunción aumentó un 25%. ▪ La mayor parte de los indicadores del estado de nutrición infantil se mantuvieron estables. La excepción quizá sea el peso (condicionado a la altura) de los niños de menos de 3 años, lo que indica que es posible que las familias invirtieran en algunos miembros a expensas de otros.	▪ La tasa de abandono escolar en los niños del cuartil más pobre de la población subió del 1,3% en 1997 al 7,5% en 1998 en los niños de 7 a 12 años, y del 14,2% al 25,5% en los de 13 a 19. En ambas cohortes fue el quintil más pobre el que sufrió el mayor aumento. ▪ La proporción de niños del cuartil más pobre de la población que no estaban matriculados subió del 4,9% en 1997 al 10,7% en 1998 entre los niños de 7 a 12 años, y del 42,5% al 58,4% en los de 13 a 19. En ambas cohortes fue el cuartil más pobre el que registró un aumento más considerable.

Nota: Se utilizan los coeficientes brutos de matrícula porque no se dispone de los coeficientes netos. Estos datos deberán utilizarse con cautela.
Fuente: Banco Mundial, 1999cc; Base de datos sociales y estadísticos del BID; OPS, 1998; Thomas, 1999; Frankenberg, Thomas y Beegle, 1999.

del decenio anterior, y volvió a aumentar tras la crisis económica de 1995. En Argentina y Venezuela, la ingestión diaria per cápita de proteínas disminuyó al descender el PIB per cápita. En Indonesia, la parte de las mujeres cuyo índice de masa corporal es inferior al nivel en que aumenta el riesgo de enfermedad y fallecimiento creció una cuarta parte en 1998, y el peso medio de los hijos de menos de tres años disminuyó.

La asistencia escolar y la alfabetización sufren también durante las crisis. En Filipinas, la tasa de matrícula en la escuela secundaria subió sólo el 0,9% entre los años escolares de 1997/98 y 1998/99, después de haber crecido a un ritmo medio anual del 2,6% en los cinco años anteriores. En México, la parte de cada promoción que pasaba al siguiente nivel de educación descendió durante la crisis de la deuda de los años ochenta, sobre todo en la escuela superior y la universidad. Disminuyó también el porcentaje de niños que ingresaban en la escuela primaria a la edad prevista. En las zonas rurales, la tasa de abandono escolar aumentó un 40%. En Argentina y México, el crecimiento de la tasa de matrícula primaria bruta se desaceleró en 1995. Según un estudio realizado en la India meridional, los niños se ven obligados con frecuencia a abandonar la escuela después de las crisis[9].

No cabe duda de que las crisis económicas aumentan la pobreza transitoria[10]. Pueden incrementar también la pobreza persistente o crónica, ya que producen efectos difícilmente reversibles en el capital humano de los pobres. Si bien las tendencias citadas en relación con las tasas de malnutrición, mortalidad infantil y matrícula representan promedios nacionales, es muy probable que reflejen un deterioro de esos indicadores entre los pobres. En el caso de Indonesia, la información desglosada por grupos de ingreso revela que la tasa de abandono escolar en la cuarta parte inferior de la distribución del ingreso subió del 1,3% en 1997 al 7,5% en 1998 en los niños de 7 a 12 años y del 14,2% al 25,5% en los de 13 a 19. La proporción de niños pobres no matriculados pasó del 4,9% al 10,7%.

Investigaciones recientes revelan la existencia de un vínculo entre contracciones macroeconómicas e indicadores de educación. El aumento anual medio de los años de escolarización en 18 países de América Latina bajó de 1,9 años en el decenio de 1950 y 1960 a 1,2 en los de 1970 y 1980. El deterioro de las condiciones macroeconómicas (breves perturbaciones del PIB, inestabilidad y crisis comerciales) explican el 80% del descenso, según un estudio[11]. Como revelan los testimonios relativos a México, el efecto negativo en la renta como consecuencia de la caída del ingreso contrarresta con creces el efecto positivo en los precios debido al menor costo de oportunidad de la escolarización[12]. Según resultados obtenidos mediante simulación, la tasa bruta de matrícula secundaria en México habría sido un 11% más elevada en 1991 si el ritmo de crecimiento de la economía durante el decenio de 1980 hubiera sido la mitad que en el de 1970.

Evitar las crisis

Evidentemente, en toda estrategia contra la pobreza una de las principales prioridades debe ser evitar las crisis. Hay amplio acuerdo sobre el tipo de políticas macroeconómicas y financieras que los gobiernos deben adoptar para reducir la vulnerabilidad a las conmociones externas adversas o a las crisis inducidas por las políticas adoptadas[13]. Deben evitar todo despilfarro en sus políticas fiscales y monetarias, la sobrevaloración de los tipos de cambio y unos déficit insostenibles en cuenta corriente, problemas todos ellos habituales en los decenios de 1970 y 1980.

En muchas partes del mundo se han realizado grandes progresos en la eliminación de políticas fiscales irresponsables. Como ejemplos más notables habría que citar los grandes países de América Latina y algunas de las economías en transición, donde la ulterior caída de la inflación ha ayudado a restablecer la confianza de los inversionistas y ha reducido, y quizá eliminado, los efectos a largo plazo de la inflación en la eficiencia y el crecimiento[14]. La caída de la inflación ha ayudado también a reducir la pobreza, ya que una tasa alta de inflación perjudica con frecuencia a los pobres más que al resto de la población. En Argentina, por ejemplo, el final de la hiperinflación produjo una caída aislada pero significativa de la incidencia de la pobreza: en el Gran Buenos Aires la incidencia de la pobreza bajó del 34,6% en 1989 al 22,6% en 1991[15].

En el decenio de 1990 se produjeron varios tipos de crisis, desencadenados por la debilidad de los sistemas bancarios y de la reglamentación financiera en un mundo caracterizado por la gran magnitud e inestabilidad de los flujos internacionales de capital. Se preveía que la liberalización del sector financiero ofrecería mayor estabilidad a las economías. Pero la transición hacia sistemas financieros más abiertos en el mundo en desarrollo ha sido difícil de gestionar. Las crisis bancarias han sido más numerosas en los dos últimos decenios, en que se puso de moda la liberalización financiera por decreto[16].

Algunas de las reformas introducidas en el sector financiero fracasaron porque las normas institucionales autorizaban un riesgo excesivo y, al mismo tiempo, los costos de ese comportamiento irresponsable tenían que ser sufragados por toda la sociedad. Un ejemplo patente es la crisis financiera de México en 1995[17]. Como causa básica de la crisis cabe mencionar la debilidad del sistema financiero, cuya fragilidad se debía a los procesos de privatización utilizados para los bancos, a algunos aspectos del programa de liberalización financiera y a la endeblez de las instituciones reguladoras. El rescate del sector bancario costará a los contribuyentes mexicanos un monto equivalente al 20% del PIB (en valor neto actualizado).

Para evitar crisis financieras, los gobiernos deben mejorar la reglamentación prudencial y la supervisión de los intermediarios financieros, introducir nuevas normas sobre la difusión de datos y reformar el régimen de bancarrota de las empresas[18]. Estas medidas están ya en marcha en muchos países en desarrollo, pero todavía queda un largo camino que recorrer. Al mismo tiempo, deberá adoptarse un planteamiento prudente para la liberalización de la cuenta de capital. Los controles de las entradas de capital —como los utilizados por Chile hasta hace poco— pueden ser un instrumento adecuado para moderar la inestabilidad de los flujos de capital. Hay pruebas de que los controles de capital pueden desviar la composición de esos flujos en favor de inversiones con vencimientos a más largo plazo[19].

Otras iniciativas y medidas son también importantes para evitar crisis, como los mecanismos para diversificar y ofrecer un seguro frente al riesgo. Algunos gobiernos, como el de Chile, ofrecen un servicio de autoseguro utilizando fondos fiscales de estabilización. Otros, como Argentina, negocian líneas de crédito contingente entre el banco central y las instituciones financieras internacionales privadas para garantizar el acceso a las divisas en caso de una repentina caída de las entradas de capital[20].

No obstante, es posible que las medidas adoptadas en el plano nacional no sean suficientes para evitar las crisis que afectan a toda la economía. Las medidas internas deberán complementarse con iniciativas internacionales para fomentar la estabilidad financiera mundial (Capítulo 10) y ayudar a los países, sobre todo a los más pobres y más pequeños, a superar los altibajos de los precios de los productos básicos.

Responder a la crisis de manera que se proteja a los pobres

Por muy hábil que sea la gestión económica, es probable que las crisis se sigan produciendo durante algún tiempo en el mundo en desarrollo y en las economías en transición. Por ello, al articular las respuestas a las crisis habrá que tener en cuenta su repercusión en los pobres. En otras palabras, deberán perseguirse los siguientes objetivos:

- Ayudar a los hogares pobres a mantener su consumo.
- Garantizar que los pobres no pierdan el acceso que puedan tener a los servicios sociales básicos.

- Evitar retrocesos permanentes en la acumulación de capital humano y físico.
- Disuadir comportamientos autodestructivos, como las actividades delictivas, la prostitución y la explotación del trabajo infantil.

Esas respuestas deben ofrecer también mecanismos válidos para quienes tienen el riesgo de caer en la pobreza como consecuencia de la crisis.

¿Qué hace falta para proteger a quienes están ya en la pobreza o corren el riesgo de caer en ella frente al riesgo de un fuerte descenso del ingreso a corto plazo? Las medidas macroeconómicas adecuadas y unos sistemas de protección social eficaces pueden aumentar la equidad y contribuir al crecimiento. Algunas de las recomendaciones aquí presentadas se están incorporando ya habitualmente en las medidas adoptadas contra las crisis. La República de Corea, por ejemplo, introdujo o amplió con relativa rapidez los sistemas de protección social a raíz de la crisis financiera de 1997 (Recuadro 9.1). No obstante, en general, las respuestas se toman muchas veces sobre la marcha, lo que significa que hay que improvisar las medidas en el momento álgido de la crisis.

Adoptar una combinación adecuada de políticas macroeconómicas. Uno de los principales desafíos con el que se enfrentan las autoridades es el de poder responder con una combinación adecuada de políticas macroeconómicas después de una crisis. Las instancias competentes, movidas por consideraciones políticas, a veces aplazan las medidas necesarias de ajuste y estabilización porque son dolorosas, lo que agrava todavía más la situación. Un caso extremo fue el de Perú en el decenio de 1980. El gobierno se negó a aplicar un programa de ajuste y en julio de 1985 impuso un tope máximo a los pagos de la deuda externa (en la práctica, una moratoria unilateral) equivalente al 10% de las exportaciones. Durante algún tiempo, la situación evolucionó favorablemente en Perú, pero los desequilibrios continuaron agravándose y en 1988 la economía se derrumbó: el PNB per cápita bajó un 13,4% y los salarios reales un 40,6%. En conjunto, los salarios reales descendieron un 67% entre 1988 y 1990[21].

La crisis de 1997 en Tailandia pone de manifiesto qué es lo que ocurre cuando no se adoptan medidas correctivas frente a una vulnerabilidad creciente[22]. El pánico financiero de los inversionistas nacionales e internacionales preocupados por el destino de sus carteras fue, sin duda, el detonante de la explosión. Pero la dinamita fue la acumulación de vulnerabilidades estructurales: fuerte aumento de la deuda a corto plazo que superaba con creces las reservas internacionales, un sector financiero que no había sido capaz de actuar como intermediario de las entradas de capital y tenía que cargar con un enorme desequilibrio entre activos y pasivos, y empresas masivamente sobreapalancadas y expuestas a fluctuaciones de las tasas de interés y de los tipos de cambio.

No todos los problemas se deben a la incapacidad de ajustarse frente a la crisis ni a políticas macroeconómicas desacertadas. En algunos casos, el problema de la respuesta es su excesiva insistencia en el ajuste, con políticas fiscales y monetarias más restrictivas de lo necesario para restablecer el equilibrio en el mercado monetario, la cuenta corriente o la cuenta de capital. Una reacción excesiva puede provocar más daños de los necesarios y, en algunas circunstancias, puede resultar contraproducente. Una respuesta inicial desmesurada en el frente fiscal puede provocar a la larga un déficit mayor, ya que una recesión mayor de la prevista reduce los ingresos públicos, lo que invalida el objetivo de las medidas de austeridad iniciales. La razón de estas respuestas desproporcionadas es que muchas veces las autoridades prefieren pecar por exceso de ajuste, pues cuando éste es demasiado tímido las consecuencias pueden ser mucho más devastadoras.

Si bien puede resultar difícil saber si un conjunto de políticas es excesivamente restrictivo, hay algunos indicios de que las adoptadas en Asia oriental durante la crisis reciente pecaron de ese defecto. En Tailandia, la subida de los impuestos en septiembre de 1997 agravó la posterior recesión. En Corea, la restrictiva política fiscal consiguió inicialmente cierto margen para los costos previstos de la reestructuración bancaria. Pero el objetivo fiscal se relajó posteriormente cuando las autoridades y las instituciones financieras internacionales reconocieron que era poco realista, dado que el crecimiento se había desacelerado más de lo previsto. La persecución del objetivo original en un contexto económico deteriorado habría sido contraproducente. En lo que respecta a Filipinas y Malasia, la tendencia hacia unos déficit cíclicamente ajustados (tanto en relación con los ingresos como con los gastos) parece indicar que no aligeraron su política fiscal, aun cuando el déficit efectivo diera la impresión de que así había ocurrido.

Aun suponiendo que las políticas excesivamente restrictivas se corrijan posteriormente, los costos a corto plazo pueden ser significativos, sobre todo para los pobres. Si se producen círculos viciosos de pobreza, bajo nivel de instrucción y mala salud, una recesión puede provocar daños permanentes en esa parte de la población.

¿Las respuestas macroeconómicas más beneficiosas para el nivel global de producción de la economía son distintas de las más aconsejables para aumentar los ingresos de los pobres? Quizá. Las distintas combinaciones de políticas implican diferentes costos para los pobres y para los demás, debido a la forma en que se distribuye la reducción de la producción per cápita[23]. Pero, aun cuando los resultados distributivos fueran los mismos, es posible que los pobres no prefieren las mismas políticas que el resto de la población[24].

Los pobres preferirán, probablemente, un ajuste que represente en todo momento la menor caída posible del PIB, aunque ello implique una recuperación más lenta. En cambio, es probable que la población menos necesitada prefiera un programa que reduzca más el ingreso a corto plazo pero

Recuadro 9.1
Protección social en respuesta a la crisis en la República de Corea

Durante los años noventa, la República de Corea consiguió progresos constantes en la lucha contra la pobreza: la tasa de pobreza urbana disminuyó un promedio del 20% anual durante 1990-97, y no se registró ningún aumento de la desigualdad. De repente, llegó la crisis, que aumentó fuertemente el desempleo y la pobreza. La incidencia de ésta en las zonas urbanas se duplicó, pasando del 9% en 1997 al 19,2% en 1998[1]. El desempleo subió del 2,6% en el segundo trimestre de 1997 a un máximo del 8,7% a comienzos de 1999. Los salarios reales bajaron un 20,7%. La mayor parte de los nuevos desempleados eran trabajadores mal remunerados: en diciembre de 1998 tres cuartas partes eran trabajadores temporales, jornaleros, autónomos o familiares no remunerados, y aproximadamente el 20% eran jefes de hogares donde no había ninguna otra fuente de ingresos.

Las medidas fiscales expansionistas de 1998 y 1999 fueron decisivas para frenar el deterioro económico. El gasto en protección social se multiplicó por tres, pasando del 0,6% en 1997 al 2,0% en 1999. El gobierno utilizó tres instrumentos principales de protección social para ayudar a los desempleados, los pobres y los ancianos:

- *Seguro de desempleo.* Corea amplió su incipiente programa de seguro de desempleo –el único de este tipo existente en los países afectados por la crisis de Asia oriental–, que a partir de entonces se aplicaría no sólo a las compañías con más de 30 empleados sino a todas las empresas. Incluía también a los trabajadores temporales y jornaleros, reducía el período de contribución necesario para adquirir los derechos correspondientes y prorrogó la duración de las prestaciones de desempleo. En consecuencia, el número de trabajadores protegidos pasó de 5,7 millones al comienzo de 1998 a 8,7 millones al final del mismo año. Los beneficiarios se multiplicaron por 10, pasando de unos 18.000 en enero de 1998 a 174.000 en marzo de 1999, que representaban todavía sólo el 10% de los trabajadores sin empleo.
- *Obras públicas.* Como la mayor parte de los desempleados de Corea no se beneficiaron de la expansión del seguro de desempleo, el gobierno introdujo en mayo de 1998 un programa temporal de obras públicas, en el que participaron 76.000 trabajadores. Ya en enero de 1999 el programa ofrecía 437.000 empleos, aunque el número de solicitantes era todavía mayor (650.000). En el primer trimestre de 1999 el número de beneficiarios era aproximadamente 2,5 veces mayor que el del programa de seguro de desempleo.
- *Protección de los medios de vida.* En mayo de 1998 el gobierno aprobó un programa temporal de protección de los medios de vida, con financiamiento para 750.000 beneficiarios. Introdujo también una pensión social no contributiva condicionada a la comprobación de los medios de vida, para 600.000 personas de edad avanzada.

Aunque esta respuesta gubernamental fue verdaderamente ejemplar, el gasto público en salud y educación no aumentó en correspondencia con el presupuesto general, y el gasto real disminuyó o se mantuvo constante. Pero incluso dentro de esta menor asignación para la salud, el gasto en atención primaria estuvo protegido.

El gobierno está tratando ahora de consolidar los sistemas de protección social, reducir las diferencias de ingresos y crear los cimientos para una economía competitiva y basada en los conocimientos. Entre las políticas adoptadas para conseguir estas metas figura una ley que garantiza unas condiciones de vida mínimas, que entrará en vigor en octubre de 2000. En ella se reconoce a todos los coreanos que viven por debajo del umbral de pobreza el derecho a recibir ayuda en concepto de sostenimiento de los ingresos, para que puedan sufragar los gastos de supervivencia, educación y vivienda. Se beneficiarán casi dos millones de personas pobres, cuatro veces más que en la actualidad.

1. Las tasas de pobreza se han calculado utilizando datos sobre el gasto estacionalmente ajustados y un umbral de pobreza nacional equivalente a unos $8 al día (dólares PPA de 1993).
Fuente: Banco Mundial, 1999w, 2000d.

que permita un crecimiento mayor a plazo mediano. Esta diferencia se debe sencillamente al hecho de que las pérdidas de bienestar derivadas de una contracción económica son mayores para los pobres. Además, como éstos viven en condiciones próximas al nivel de subsistencia, su preferencia puede deberse a la aplicación del principio de seguridad (reducir la probabilidad de que el ingreso caiga por debajo de un determinado nivel). También puede ocurrir que los pobres y el resto de la población descuenten el consumo futuro de manera distinta, en cuanto que los primeros valorarían más que los segundos el consumo presente.

Las consecuencias distributivas e intertemporales de las distintas políticas de ajuste son importantes, pero las autoridades pocas veces pueden permitirse el lujo de elegir entre diferentes sistemas de ajuste. En general, la combinación óptima de políticas —para alcanzar el necesario ajuste de la balanza de pagos con el mínimo descenso de la producción— depende de las condiciones iniciales[25]. Cuando una divisa es objeto de ataques especulativos, en muchos casos será necesario una subida repentina de las tasas de interés para rechazar el ataque. Pero cuando un país adopta medidas tempranas de ajuste, es posible que el gobierno tenga más libertad para elegir entre diferentes combinaciones de políticas y, por lo tanto, conseguir un aterrizaje suave. Por desgracia, el análisis macroeconómico no puede ofrecer en su estado actual demasiada orientación para evaluar las consecuencias distributivas e intertemporales de las posibles políticas alternativas; se trata de una esfera en la que habría que realizar un esfuerzo mucho mayor de análisis y de investigación aplicada.

Proteger el gasto destinado a los pobres. La forma en que los gobiernos aumentan los ingresos y recortan el gasto público (no relacionado con la deuda) puede contribuir notablemente a determinar quién va a soportar la carga del ajuste y si los pobres van a estar protegidos o no[26]. Cuando se desea evitar una crisis o responder ante ella mediante un ajuste fiscal que tenga en cuenta la repercusión en los pobres, las autoridades deben evaluar los efectos distributivos de los programas de gasto. Un instrumento útil para ese fin es el examen del gasto público (Recuadro 9.2).

Por norma general, las áreas que son importantes para los pobres —educación básica, atención preventiva de salud, abastecimiento de agua y saneamiento, infraestructura rural— deberán quedar protegidas de los recortes presupuestarios para garantizar unos servicios suficientes. Eso significa garantizar que las escuelas y los puestos de salud de las zonas pobres tengan al menos un mínimo básico de suministros. Las subvenciones generales a los alimentos básicos quizás deban mantenerse a corto plazo —aun cuando los beneficios se filtren también a quienes no los necesitan—, a no ser que puedan sustituirse de manera eficaz con programas orientados a objetivos específicos. Las redes de protección social y los programas de asistencia orientados a los pobres deben protegerse, y quizá ampliarse.

Puede parecer obvio que el Estado debe proteger los gastos que benefician a los pobres y ampliar los sistemas de protección social orientados hacia ellos. Pero en la práctica no siempre ocurre así. Según investigaciones recientes realizadas en países de América Latina, un descenso del 1% en el PIB per cápita hace que el gasto público focalizado disminuya un 2%-3% por persona necesitada[27]. En un estudio sobre el programa argentino Trabajar se comprobó que la eficacia con que llegaba a los pobres se deterioraba fuertemente cuando se recortaba su presupuesto[28].

Puede haber varias razones que expliquen esta orientación "contra los pobres" del ajuste fiscal. Sin orientaciones presupuestarias que guíen la austeridad fiscal, los gobiernos a veces se inclinan por recortes proporcionales para reducir las luchas intestinas burocráticas y facilitar su aprobación por el organismo legislativo. Otra razón puede ser que los gobiernos carecen de los instrumentos para orientar los recursos hacia los pobres —instrumentos difíciles de aplicar en el preciso momento de la crisis. Aun cuando existan estos instrumentos, las fuerzas políticas pueden determinar que los recursos que se destinan a los pobres sufran recortes desproporcionados. En algunos países, el principal obstáculo puede ser la información: los gobiernos carecen a veces de registros fiables de su presupuesto o programas.

¿Qué se puede hacer para contrarrestar esos factores? Una manera de proteger los gastos que benefician a los hogares pobres es que, dentro del proceso de aprobación presupuestaria, el ejecutivo y el legislativo establezcan un orden de importancia entre los programas en curso. Si fuera necesario reducir gastos, el orden de los recortes se establecería en función de la prioridad concedida a cada programa. Podría pedirse a los organismos públicos que evaluaran los programas sociales para ayudar a los responsables de la adopción de políticas a identificar los que son más eficaces en función de los costos para reducir la pobreza y que, por lo mismo, deberían protegerse durante una crisis.

Perú ha adoptado directrices para proteger los programas que benefician a los pobres en el contexto de su legislación sobre la reforma del financiamiento público (Recuadro 9.3). Estas directrices combinan las normas fiscales con medidas para lograr una mayor transparencia fiscal y rendición de cuentas. El programa crea un fondo de estabilización con la obligación de proteger los programas en favor de los pobres. Aunque estos protocolos presupuestarios no puedan clasificarse como programas contra la pobreza, pueden tener importantes efectos en este sentido ya que protegen el gasto destinado a ese fin en momentos de austeridad fiscal.

Si los beneficios destinados a los pobres se recortan por razones vinculadas a la economía política, un tercero —por ejemplo las organizaciones multilaterales de financiamiento— podría defender la causa de los pobres y ayudar a los gobiernos que aplican medidas de austeridad a establecer un método viable de proteger los programas y los gastos que benefician a los pobres. Así ocurrió en cierta forma en varios países durante el decenio de 1990.

Los cambios en el sistema de incentivos implícito en los programas focalizados podrían facilitar también los recortes para los beneficiarios menos necesitados durante los períodos de austeridad. El argumento es el siguiente: muchas veces se dice que, por razones de economía política, algunos de los beneficios de los programas focalizados tienen que "filtrarse" a beneficiarios menos necesitados, para garantizar su apoyo constante a esos programas. Es de suponer que estas mismas fuerzas harán lo posible por limitar las pérdidas de bienestar de estas personas menos necesitadas como consecuencia de los recortes. Una manera de evitar esta imposición de la economía política es concebir programas con bajos beneficios marginales o altos costos marginales para quienes no viven en la pobreza[29].

La evaluación de los diferentes tipos de gasto puede ser difícil cuando los datos son escasos, como ocurre en la

Recuadro 9.2
Exámenes del gasto público para determinar cómo repercuten en los pobres los recortes del gasto público

Los exámenes del gasto público —evaluaciones centradas en la eficiencia y justificación del presupuesto público— podrían ser instrumentos útiles para evaluar los efectos de los programas de ajuste fiscal y de las reformas del sector público en los sistemas de protección y programas sociales. En las crisis generales que dan lugar a recortes del gasto público, estos exámenes podrían ayudar a establecer un mecanismo transparente para racionalizar, asignar, instrumentar y gestionar el gasto público con el fin de proteger a los pobres y garantizar la eficiencia del sector privado.

Los exámenes del gasto público suelen analizar y proyectar los ingresos públicos y determinar la cuantía y composición del gasto, con el fin de determinar la asignación de recursos entre los distintos sectores y dentro de cada uno de ellos. Al planificar las medidas de austeridad fiscal, debería efectuarse un breve examen sobre los sectores que representan el grueso del presupuesto público (agricultura, educación, salud, infraestructura). El examen debería clasificar los gastos en programas sociales, considerando las transacciones entre estos programas y otros gastos no necesarios (como el gasto militar) que podrían reducirse durante una crisis. Este tipo de ajuste es sin duda más eficiente para proteger a los grupos vulnerables y mantener la eficiencia del sector privado que el sistema habitual de recorte uniforme en todos los sectores.

Fuente: Banco Mundial, 1999v.

mayor parte de los países en desarrollo. Los indicadores de eficiencia son prácticamente inexistentes, y la información sobre el gasto efectivo, en oposición a las cantidades presupuestadas, sólo puede conocerse con gran retraso. Normalmente, una evaluación debería aceptar la información disponible y complementarla para determinar si los recursos públicos llegan de hecho a los beneficiarios previstos. La existencia de una dependencia de supervisión social y respuesta temprana, como la establecida en Indonesia durante su reciente crisis, puede ayudar a garantizar una información rápida y fiable para evaluar el gasto en programas sociales concretos[30]. Cuando las encuestas sobre el terreno resultan inviables (por problemas de presupuesto o de tiempo), pueden utilizarse las encuestas recientes de hogares para tratar de determinar una asignación eficiente y racional de los recursos públicos entre los sistemas de protección y programas sociales.

Recuadro 9.3
Protección de los pobres en situaciones de ajuste fiscal: ley del Perú de prudencia y transparencia fiscal

La Ley de Prudencia y Transparencia Fiscal del Perú, aprobada por mayoría abrumadora por el Congreso Nacional en 1999, es un importante paso adelante para garantizar la protección social durante los períodos de ajuste fiscal.

En ella se establecían, en primer lugar, normas fiscales sobre el déficit anual máximo del sector público consolidado, con un máximo del 2% del PIB en 2000, del 1,5% en 2001 y del 1% en adelante (en el sector público consolidado se incluyen el gobierno central y regional, los organismos descentralizados y las empresas públicas nacionales; no se incluyen, en cambio, los gobiernos locales ni sus organismos y empresas). En caso de emergencia nacional, crisis internacional o caída del PIB, el déficit fiscal puede ascender al 2% del PIB. En la ley se fijan también los límites para el aumento del gasto y la deuda públicos. El crecimiento anual máximo del gasto público no financiero es equivalente a la tasa de inflación más 2 puntos porcentuales, lo que significa una reducción futura de la magnitud relativa del sector público.

En segundo lugar, la ley creó el Fondo de Estabilización Fiscal, con tres fuentes de financiamiento: los ingresos superiores a la media recaudados durante los tres años anteriores, tres cuartas partes del producto de futuras privatizaciones, y la mitad de todos los ingresos de concesiones futuras (los ahorros acumulados en el Fondo por encima del 3% del PIB se transferirán al fondo de pensiones o se utilizarán para reducir la deuda pública). Hasta el 40% de los recursos del Fondo pueden utilizarse en un año dado si los ingresos corrientes caen por debajo del promedio recaudado en los tres años anteriores. Los recursos del Fondo pueden utilizarse también en casos de emergencia, como una crisis económica o un desastre natural.

En tercer lugar, en esta ley se dispone que el gasto del Fondo en programas orientados específicamente a la reducción de la pobreza deberá recibir prioridad sobre el de otros programas.

Para aumentar la transparencia fiscal, la ley introdujo un marco fiscal trienal que será elaborado, aprobado y publicado por el gobierno. Finalmente, para mejorar la responsabilidad fiscal, la ley dispone que el Ministro de Finanzas presente al Congreso y publique informes anuales en los que se evalúe la ejecución de los objetivos fiscales del marco trienal.

Fuente: Ruprah 1999.

Establecer redes de seguridad antes de las crisis. Si el problema es la falta de instrumentos para proteger a los pobres, la solución es introducir, cuando las circunstancias sean normales, programas de protección social que puedan actuar como seguro en momentos de dificultad económica. Los sistemas de protección son importantes por varias razones. Pueden desempeñar un papel fundamental para mitigar los efectos de las crisis sobre los pobres y evitar que quienes se encuentran próximos a la pobreza caigan en ella. Según estimaciones de un estudio, si el programa Progresa (véase el Recuadro 5.5 del Capítulo 5) hubiera existido cuando se desató la crisis de México de 1995, el índice del grado de pobreza en las zonas rurales y el índice cuadrado del grado de pobreza (que da mayor ponderación a la pobreza de los más pobres)[31] habrían descendido un 17% y un 23% en el año después de la crisis[32]. Las redes de protección social pueden ayudar también a evitar que se produzcan daños irreversibles al capital humano de los pobres. Pueden contribuir asimismo a una mayor aceptación política de las medidas de estabilización y de las reformas, lo que impediría que las dificultades de distribución de recursos se convirtieran en problemas capaces de paralizar la economía, profundizar la crisis y hasta provocar la caída de los gobiernos. Estudios recientes han revelado que las deficiencias institucionales, incluida la falta de sistemas de protección social, han sido las causantes de muchas crisis en los últimos 25 años[33].

La mayor parte de los países en desarrollo carecen de sistemas eficaces de protección social que eviten a los pobres los posibles daños de las crisis sistémicas en la producción, el empleo y los precios. Cuando estos mecanismos no se han puesto en marcha antes de que ocurra la crisis, las autoridades se ven muchas veces obligadas a improvisar o a echar mano de programas destinados a otros fines y beneficiarios. Las respuestas urgentes ante situaciones de emergencia no suelen basarse en un análisis técnico necesario para identificar los grupos más vulnerables y evaluar la eficacia en función de los costos de las diferentes medidas de protección social. Los programas establecidos y en funcionamiento —aunque sea en pequeña escala— antes de las crisis son más eficaces para proteger a los pobres que las medidas de emergencia improvisadas.

Para que den resultado, las medidas de protección social deben incluir una gran variedad de programas: obras públicas, becas para niños pobres, transferencias en efectivo, transferencias relacionadas con los alimentos, subsidios alimentarios, fondos sociales y exenciones de las cargas correspondientes a servicios de primera necesidad (Capítulo 8). Los programas sociales orientados al desarrollo a largo plazo (por ejemplo, programas focalizados de desarrollo humano como Progresa, de México) pueden desempeñar también una función de protección social durante las contracciones económicas. Para elegir la combinación adecuada de programas de protección social habrá que tener en cuenta las características de la población pobre y vulnerable, el tipo de crisis y la capacidad institucional y administrativa del Estado.

La comunidad internacional puede desempeñar un papel importante ofreciendo asesoramiento sobre políticas, aportando apoyo financiero y ayudando a las autoridades a concebir y financiar sistemas de protección social. Las instituciones financieras internacionales pueden también ayudar a los países a diseñar sistemas de protección social y programas de ajuste fiscal favorables a los pobres y, cuando se trate de países demasiado pobres para financiar un sistema de protección social durante la crisis, pueden ofrecer financiamiento[34].

Reducir la vulnerabilidad a los desastres naturales

La mayor desgracia que hemos sufrido fue el huracán Gilbert;... cuando pasó, lo único que encontramos fue una silla de madera.

—Mujer, Millbank (Jamaica)

El desarrollo económico se ve interrumpido con frecuencia por los desastres naturales (terremotos, sequías, inundaciones, avalanchas, erupciones volcánicas, vendavales o incendios forestales). Como las crisis económicas, los desastres naturales pueden provocar un fuerte aumento de la pobreza y frenar el ritmo del desarrollo humano. Asimismo, igual también que las crisis económicas, perjudican de inmediato a los pobres y disminuyen sus probabilidades de liberarse de la pobreza a la larga.

Los daños provocados en la agricultura y en la infraestructura varían de acuerdo con el tipo e intensidad de los desastres naturales, y lo mismo cabe decir de sus efectos indirectos y secundarios. Las sequías, por ejemplo, pueden producir una fuerte pérdida de cultivos y ganado, y al mismo tiempo dejar prácticamente intacta la infraestructura y la capacidad productiva.

Entre 1988 y 1997, los desastres naturales se cobraron unas 50.000 vidas al año y provocaron daños valorados en más de $60.000 millones anuales[35]. Por muy dramáticas que puedan parecer estas cifras, el costo humano y económico total es todavía mayor. Entre los costos humanos cabe señalar los traumatismos y las discapacidades temporales y permanentes, el desplazamiento temporal y permanente de las personas, la descomposición de las familias y las redes sociales, el aumento de la pobreza y las enfermedades y las secuelas psicológicas. Los costos económicos, basados en buena medida en los efectos físicos directos o pérdidas de capital fijo y de inventario, están también insuficientemente valorados. Muchas repercusiones indirectas y secundarias en la actividad económica —como los cambios en las políticas fiscales, las consecuencias a largo plazo de la reasignación de los recursos de inversión o las pérdidas de capital humano— pasan desapercibidas.

En los 10 últimos años, la incidencia de los desastres naturales ha aumentado[36]. Ello podría deberse en parte a factores sociales, ya que se han multiplicado los asentamientos en zonas peligrosas. Los pobres de las megalópolis —por ejemplo, los de Rio de Janeiro y sus *favelas*— se ven obligados con frecuencia a construir en tierras con fuerte pendiente y marginales, expuestas a avalanchas que matan o dejan sin hogar a miles de personas cada año. Pero hay también factores naturales. El fenómeno El Niño, asociado con inundaciones, sequías y tormentas anómalas, es cada vez de mayor amplitud y más frecuente[37]. Y el calentamiento de la superficie del Atlántico aumenta la frecuencia y gravedad de los huracanes[38]. No obstante, muchas veces se pregunta si no sería más adecuado calificar a muchos de estos desastres como "de origen humano" más que "naturales". Probablemente son ambas cosas.

Efectos de los desastres naturales en los países y las personas pobres

Por desgracia para mí, la tierra donde instalé mi granja se encontraba en una zona pantanosa y cuando llovió toda la finca quedó sumergida bajo el agua y destruida.

–Anciano, Atonsu Bokro (Ghana)

Los países en desarrollo, en particular sus regiones más densamente pobladas, sufren más duramente los efectos de los desastres naturales. Entre 1990 y 1998, el 94% de los 568 grandes desastres naturales del mundo y más del 97% de todas las muertes relacionadas con catástrofes naturales ocurrieron en países en desarrollo (Gráfico 9.1). Sólo en Bangladesh tres tormentas, cuatro inundaciones, un *tsunami* y dos ciclones acabaron con la vida de más de 400.000 personas y provocaron daños a otros 42 millones. En África meridional, en 1991–92, Malawi, Sudáfrica, Zambia y Zimbabwe sufrieron graves sequías[39]. En América Latina y el Caribe los grandes desastres naturales asociados con El Niño, el huracán Mitch, el huracán Georges y el terremoto de Quindio, en Colombia, se cobraron miles de vidas y provocaron daños por valor de miles de millones de dólares entre 1995 y 1998[40]. En 1998 las grandes inundaciones del río Yang tse produjeron una fuerte devastación en China, y en Armenia se registró un terremoto de enormes consecuencias. Otra larga serie de desastres se produjo en 1999: un gran terremoto en Turquía, un ciclón en Orissa (India), inundaciones en Viet Nam central, lluvias torrenciales y aludes de lodo catastróficos en algunas zonas de Venezuela e inundaciones en Mozambique. La lista podría prolongarse.

La pobreza y el retraso del desarrollo multiplican los efectos negativos de los desastres naturales. Los países en desarrollo son especialmente vulnerables, debido a su limitada

Gráfico 9.1
Los países en desarrollo fueron los más perjudicados por los desastres naturales en 1990-98

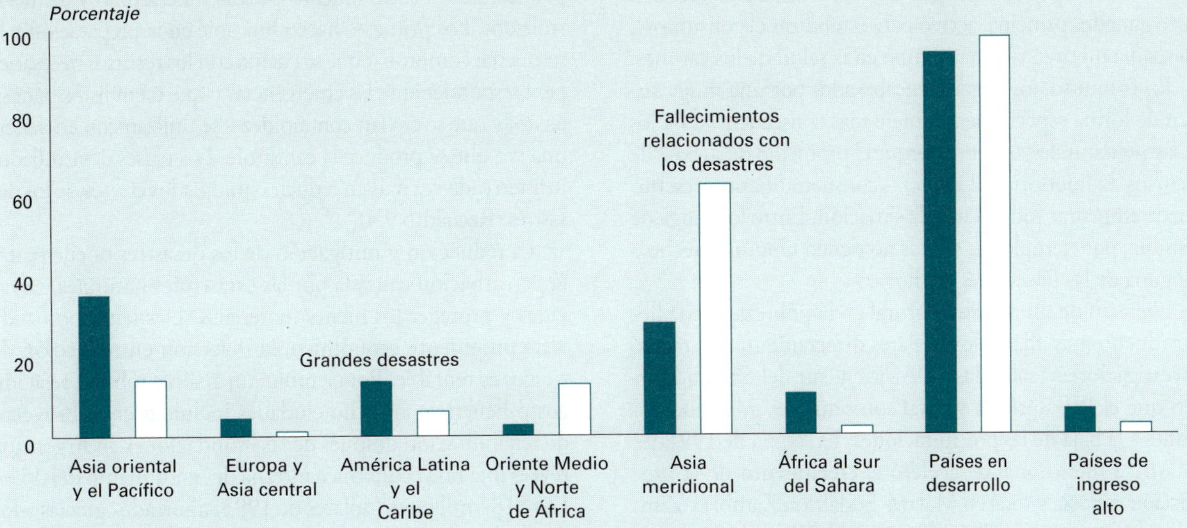

Nota: Se consideran como grandes desastres aquellos que causan más de 50 muertes o afectan a más de 100.000 personas.
Fuente: USAID y OFDA, 1999.

capacidad de impedir y absorber esos efectos. La población de los países de ingreso bajo tiene cuatro veces más probabilidades que la de los de países de ingreso alto de morir como consecuencia de un desastre natural[41]. Los desastres naturales presentan un perfil semejante en Perú y Japón, pero el promedio del número de víctimas anuales es de 2.900 en Perú y sólo 63 en Japón[42]. El costo medio en proporción del PIB es 20 veces superior en los países en desarrollo que en las economías industriales[43].

Las personas y comunidades pobres son con frecuencia las principales víctimas de los desastres naturales, en parte porque no pueden permitirse pagar los precios de las zonas protegidas de los desastres y viven hacinados en viviendas precarias[44]. La incidencia de desastres suele ser más elevada en las comunidades pobres, que son las que mayores probabilidades tienen de encontrarse en áreas vulnerables a las inclemencias meteorológicas o a las actividades sísmicas. Hay testimonios de que la baja calidad de la infraestructura en las comunidades pobres aumenta su vulnerabilidad.

Si bien los desastres naturales provocan daños a todos los que se ven afectados por ellos, las familias pobres se ven especialmente perjudicadas porque los traumatismos, discapacidades y defunciones afectan directamente a su principal activo, el trabajo. Los desastres destruyen también los activos naturales, físicos y sociales de los hogares, y perturban los programas de asistencia social[45]. Las discapacidades de larga duración y la destrucción de los activos pueden sumir a las familias en la pobreza crónica. La malnutrición merma la capacidad de aprendizaje de los niños.

Los pocos estudios que han analizado los efectos de los desastres naturales en la pobreza revelan que los daños en los niveles de vida actuales y futuros pueden ser significativos. En Ecuador, es posible que El Niño haya incrementado más de un 10% la incidencia de la pobreza en las zonas afectadas[46]. En Honduras, el huracán Mitch provocó un descenso estimado del 7% de la producción agrícola en 1998[47]. La pérdida de cosechas fue general, y afectó a una elevada proporción de hogares, estimada entre una cuarta parte y la mitad. Los hogares rurales, que son los que más dependen de la agricultura, fueron los más perjudicados[48].

En la sequía de 1984 en Burkina Faso el ingreso del tercio más pobre de la población rural disminuyó un 50% en la zona saheliana, el agroclima más pobre, y un 7% en la zona sudanesa[49]. Hay también pruebas de que los pobres vendieron el ganado llevados por la desesperación. Como tenían muy pocos animales, estas ventas a precios de saldo pueden haber agotado peligrosamente sus reservas, lo que les habría dejado en una situación muy vulnerable a futuras sequías y otros problemas y quizás les haya hundido para siempre en la extrema pobreza[50].

Los estudios sobre los efectos de la sequía de 1994-95 en Zimbabwe han comprobado que las mujeres y los niños fueron los más afectados. En lo que se refiere a las mujeres, las repercusiones de la sequía en la salud (cuantificadas en función de la masa corporal) fueron temporales. Tras las abundantes lluvias del año siguiente, recuperaron gran parte de la masa corporal perdida. En cambio, en los niños de 12 a 24 meses de edad, es probable que la sequía haya tenido efectos permanentes. Estos niños perdieron un promedio de 1,5-2,0 centímetros de crecimiento lineal a raíz de la sequía. El efecto fue especialmente grave en los niños de hogares con poco ganado, principal activo para estabilizar el consumo[51]. La sequía no tuvo efecto ninguno en la salud de los varones.

En conjunto, los hogares encabezados por una mujer sufren de forma especialmente intensa las consecuencias de los desastres naturales, en parte porque el promedio de su base de recursos es inferior[52]. El derecho consuetudinario o escrito puede empeorar todavía más la situación. Entre los tonga de Zambia, por ejemplo, las viudas no tienen ningún derecho a ninguna de las posesiones del hogar[53].

El efecto de un desastre natural en la pobreza puede llegar mucho más allá de los hogares directamente afectados. Investigaciones realizadas en África al sur del Sahara indican que el PIB agrícola y total son sensibles a las fluctuaciones a la baja de las precipitaciones. La sequía de 1991-92 en África meridional desaceleró el crecimiento de la producción agrícola y total en Malawi, Sudáfrica, Zambia y Zimbabwe[54]. Los efectos de la sequía en el PIB y el tiempo de recuperación dependen en parte de la importancia económica del sector agrícola y de su integración y vinculaciones con la industria. Los efectos indirectos y retardados son más profundos en las economías más integradas. En Senegal y Zimbabwe las consecuencias de la sequía pasaron de la agricultura a las manufacturas[55]. El valor de la producción manufacturera de Zimbabwe disminuyó un 9,5% en 1992, en parte como consecuencia de la sequía de 1991-92, y los ingresos de exportación procedentes de las manufacturas bajaron un 6%[56].

La destrucción de la infraestructura como consecuencia de los desastres naturales catastróficos tiene también consecuencias inmediatas y efectos derivados y a más largo plazo sobre la pobreza. En Asia, por ejemplo, donde se produce el 70% de las inundaciones mundiales, el costo medio anual de las inundaciones en el pasado decenio se ha estimado en $15.000 millones, y las pérdidas de infraestructura representarían el 65%[57].

La necesidad de sustituir la infraestructura dañada en los países castigados por desastres naturales desvía los recursos públicos de los objetivos de desarrollo a largo plazo y consume una parte significativa de los recursos de financiamiento multinacional. En México nada menos que el 30% de los fondos aprobados por el Banco Mundial para mejorar el suministro de agua en las zonas rurales durante el pasado decenio se ha desviado a actividades de rehabilitación después de desastres[58].

Reducción y mitigación del riesgo: aminorar la vulnerabilidad ante los desastres

La experiencia acumulada con los desastres naturales apunta la necesidad urgente de pasar del fatalismo a la prevención, de la respuesta a la preparación, de la movilización de recursos a posteriori a la reducción y transferencia de riesgos antes de los acontecimientos. En este sentido, hay una clara diferencia de planteamiento entre muchos países en desarrollo y los desarrollados. Los primeros hacen hincapié en la preparación y la respuesta: comprobar que se cuenta con los recursos necesarios para responder ante las emergencias y que están listos para su envío, y que se envían con rapidez y se utilizan con eficiencia una vez que se produce la catástrofe. Los países desarrollados insisten cada vez más en reducir o mitigar los efectos de los desastres (Recuadro 9.4).

La reducción y mitigación de los desastres puede paliar la perturbación causada por las catástrofes naturales, salvar vidas y proteger los bienes materiales. Desde un punto de vista puramente económico, la inversión en reducción de riesgos es rentable. Por ejemplo, un análisis sobre la relación costo-beneficio en ocho ciudades incluidas en el Proyecto de rehabilitación después de las inundaciones en Argentina reveló una tasa económica interna de rendimiento del 35%. Los $187 millones (dólares de 1993) ahorrados gracias a los daños evitados tras las inundaciones de 1997 compensaron con creces la inversión de $153 millones. Gracias a la instalación de presas de control de las inundaciones y al mejoramiento del drenaje, el Proyecto de reconstrucción después de las inundaciones de Rio redujo el total de las superficies inundables un 40%, consiguiendo así un coeficiente beneficio-costo de 6,5 en siete subcuencas de los ríos Iguazú y Sarapui[59]. La gestión integrada de riesgos de desastres puede incorporarse a las decisiones sobre inversión en actividades de desarrollo. En Turquía, los donantes y organismos internacionales de financiamiento colaboraron con el gobierno para establecer un nuevo marco de gestión de desastres a raíz de los terremotos de 1999 (Recuadro 9.5).

El reasentamiento —de acuerdo con las necesidades de los pobres— es con frecuencia una estrategia adecuada de reducción del riesgo en las zonas volcánicas o expuestas a inundaciones. Cuando el reasentamiento no es posible o conveniente, una solución alternativa son los programas de mejoramiento de los vecindarios. En estos programas, los residentes de las zonas urbanas de ingreso bajo mejoran sus casas por cuenta propia o con ayuda de la comunidad. Los programas reducen las infracciones del código de edificación capacitando a los trabajadores de la construcción del sector informal en técnicas de mitigación de riesgos y ofreciendo financiamiento para introducir mejoras de bajo costo para que las casas cumplan las normas establecidas. La asistencia internacional, encauzada a través de las ONG locales, ha ayudado con frecuencia a convertir los esfuerzos de reconstrucción de viviendas en oportunidades de bajo costo para mitigar los riesgos en los desastres futuros (Recuadro 9.6). Otras actividades importantes en este sentido son la construcción de obras de drenaje y la reducción del riesgo de inundaciones y aludes de barro.

Recuadro 9.4
La mitigación de los efectos, pieza clave de la gestión de emergencias en los Estados Unidos

La mitigación —el esfuerzo constante por reducir los daños humanos y materiales de los desastres— es la pieza clave de la gestión de emergencias en los Estados Unidos. Supone la adopción de medidas como la ubicación de las casas lejos de las llanuras de inundación, la construcción de puentes que resistan los terremotos, la creación y aplicación de códigos eficaces de edificación para evitar los daños provocados por los huracanes, etcétera.

En los 10 últimos años, la Agencia Federal de Gestión de Emergencias (FEMA) de los Estados Unidos ha gastado $25.000 millones para ayudar a las comunidades en sus labores de reparación y reconstrucción después de los desastres naturales. Otros organismos gubernamentales y compañías de seguro han respondido con miles de millones de dólares adicionales. Además de esto, los costos de las emergencias incluyen también la pérdida de vidas humanas, de empleos y de oportunidades económicas. Una gran emergencia puede reducir el PIB local hasta un 10%.

En 1995, los cuantiosos y crecientes costos de las emergencias impulsaron al FEMA a adoptar una estrategia nacional de mitigación, con un doble objetivo: proteger a las personas y las estructuras frente a los desastres y reducir los costos de las medidas de respuesta y recuperación. El FEMA estima que cada dólar gastado en mitigación permite ahorrar dos en actividades de respuesta y recuperación.

Esta estrategia promueve un planteamiento comunitario para reducir la vulnerabilidad a los riegos naturales, que pueda adoptar las siguientes formas:

- Corregir el riesgo (precipitación artificial durante una sequía).
- Evitar el riesgo (construir presas para controlar el cauce del agua).
- Alejar el riesgo (trasladar a parte de las comunidades lejos de las llanuras de inundación).
- Adaptarse al riesgo (construir edificios a prueba de terremotos).

En febrero de 2000 el FEMA aprobó un proyecto de construcción de comunidades resistentes a las catástrofes, que ofrecerá asesoramiento y asistencia técnica a unas 200 comunidades para lograr ese objetivo. Está basado en tres principios: las acciones preventivas deben decidirse a escala local. La participación del sector privado es fundamental. Los esfuerzos e inversiones a largo plazo en prevención son imprescindibles.

Fuente: Olsson, 2000.

Recuadro 9.5
Mitigación de los riesgos de catástrofes naturales: enseñanzas de los terremotos de 1999 en Turquía

En el verano de 1999 un violento terremoto sacudió el noroeste de Turquía dejando tras de sí más de 17.000 muertos y decenas de miles de heridos, además de arrasar varios centros habitados. Tres meses más tarde se produjo un segundo terremoto, que elevó el número de víctimas y las pérdidas sociales y económicas. La industria y las actividades económicas de las zonas afectadas habían representado hasta entonces más del 35% del PIB del país. Es probable que su destrucción obstaculice el crecimiento nacional durante muchos años.

La comunidad internacional ayudó a Turquía con medidas de socorro y de recuperación inmediata. El Banco Mundial, en asociación con el gobierno turco, el Banco Europeo de Inversiones, el Fondo de Desarrollo Social del Consejo de Europa y otros donantes, coordinó la preparación de un marco para un programa de reconstrucción de $1.700 millones. Una parte fundamental del mismo es un sistema de gestión y respuesta en casos de desastre para evitar pérdidas semejantes en el futuro.

Las leyes sobre desastres y urbanización se revisarán y modificarán, y se reforzará la capacidad de los municipios para regular, planificar y aplicar medidas de desarrollo a prueba de desastres. Se organizarán proyectos piloto en varios municipios para ayudar a los departamentos de planificación y construcción a establecer planes maestros municipales basados en el riesgo, medios para la aplicación eficaz de los códigos de edificación, reglamentos municipales para garantizar que los constructores apliquen los debidos procedimientos para la obtención de licencias, y programas para evaluar los edificios ya construidos.

El programa público de seguro frente a terremotos ampliará sus capacidades de gestión de riesgos catastróficos y transferencia de riesgos. El programa creará un mecanismo de seguro que ofrecerá fondos a los propietarios (todos los que paguen impuestos sobre bienes raíces) que tengan que reparar o sustituir una vivienda destruida o dañada por un terremoto. Garantizará también la solvencia financiera del consorcio de seguros después de los desastres, con exclusión únicamente de los más catastróficos, y reducirá la dependencia financiera del Estado con respecto a los donantes después de los grandes terremotos.

Fuente: Kreimer, 1999.

Algunas iniciativas locales de bajo costo pueden reducir también la vulnerabilidad del ingreso de las comunidades a los desastres naturales. En las zonas rurales, estas iniciativas podrían centrarse en la conservación del medio ambiente y la repoblación forestal. En los hogares expuestos a sequías e inundaciones, pueden ser de utilidad los bancos comunitarios de alimentos. En Burkina Faso, los bancos locales de cereales se introdujeron con el fin de mejorar los servicios de almacenamiento, reducir los precios de los alimentos y estabilizarlos a lo largo del año, en particular durante la temporada de sequía[60]. Las cooperativas agrícolas comunitarias pueden ayudar a los pequeños agricultores a obtener crédito o seguro de las cosechas. Asimismo, varias estrategias pueden ayudar a diversificar las actividades económicas dentro de una comunidad.

La reducción de la vulnerabilidad económica supone también alentar —o imponer— la compra de seguro privado a quienes pueden permitírselo e identificar mecanismos para la transferencia de riesgo, como el reaseguro y los bonos para situaciones catastróficas (Recuadro 9.7). Si bien los mecanismos de transferencia de riesgo pueden cubrir eficientemente gran parte de los costos de reparación y reconstrucción de la infraestructura, liberando así en parte los escasos recursos gubernamentales, quizás no sean fáciles de aplicar en los países pobres. En primer lugar, requieren sistemas de verificación del daño que no puedan ser manipulados fácilmente por quienes (los gobiernos, por ejemplo) percibirían las prestaciones del seguro. Para superar este

Recuadro 9.6
De la reconstrucción a la mitigación de riesgos, con ayuda de una ONG local

En una zona pobre de Perú, destruida en parte por un terremoto en 1990, Cáritas, ONG local, emprendió un programa de reconstrucción que tenía también como objetivo mitigar los riesgos relacionados con los terremotos. Después de consultar a la comunidad, Cáritas decidió construir viviendas de *quincha*, material local capaz de resistir los terremotos. Para ayudar directamente a las familias más necesitadas, como los hogares presididos por una mujer, Cáritas ofreció materiales a cambio de su participación en el trabajo comunal. Un terremoto ocurrido en 1991 demostró las ventajas de la *quincha:* la mayor parte de las casas resistieron el terremoto, que registró una intensidad de 6,2 en la escala de Richter.

Fuente: Schilderman, 1993.

Recuadro 9.7
Mitigar los riesgos con bonos para situaciones catastróficas

Los bonos para situaciones catastróficas representan una alternativa al seguro en los países que carecen de un activo mercado privado de seguros. Estos bonos, que constituyen un mecanismo de transferencia de riesgos antes de los acontecimientos, ofrecen protección financiera frente a las pérdidas catastróficas.

Un ejemplo ilustrativo puede ser el de un gobierno que desea protección frente al riesgo de inundaciones en una de sus plantas de tratamiento de agua durante el año próximo. Los expertos estiman que la probabilidad de inundación es 1 sobre 100, riesgo lo bastante bajo como para inducir a un inversionista institucional a comprar un bono de este tipo, cuyo desembolso está condicionado a los daños provocados por las inundaciones en la planta de tratamiento. Al comienzo del período de riesgo, el inversionista compra el bono a la par. Al final del período, el inversionista pierde todo el principal si la instalación sufre daños. En cambio si no se produce ningún daño, el inversionista recupera el principal más el interés, con una tasa que normalmente es superior a la del mercado, debido al riesgo de pérdida del principal.

El Estado invierte los fondos, que se utilizarán únicamente si se produce una catástrofe, en valores sin riesgo. El costo para el Estado es igual a la diferencia entre la tasa de interés que recibe de estos valores sin riesgo y la tasa de interés que paga a los titulares de los bonos, costo análogo al pago de una prima de seguro. El valor del bono, y el pago de intereses por el Estado, sería más bajo si éste protege la planta de tratamiento del peligro de inundaciones. Por ello, además de actuar como seguro, representa un incentivo a la inversión pública en medidas de mitigación de riesgos.

Un posible problema con estos bonos es la dificultad de verificar los daños. El organismo público que administra la planta de tratamiento podría exagerar los daños para que el titular del bono pague. Una manera de eliminar este riesgo moral es vincular los desembolsos a un índice objetivo (como la altura de la inundación) en vez de a los daños efectivos.

Fuente: Kunreuther, 1999.

problema en las inundaciones, por ejemplo, un país podría establecer un sistema de cuantificación e información de alta calidad. Con ello se facilitarían los contratos de seguros que vinculan el calendario de los pagos a un índice de precipitaciones[61].

Supervivencia después de los desastres naturales

En la fase de emergencia que sigue a un desastre, los esfuerzos deberían concentrarse en suministrar alimentos, agua, cobijo y medicinas. Eso significa que la reparación temporal de servicios de infraestructura como las carreteras y el abastecimiento de agua revisten una importancia trascendental. Las prioridades deben basarse en la magnitud de los daños y en el grado de vulnerabilidad. Los grupos más vulnerables —mujeres, niños y ancianos— necesitan especial atención. Si se consigue la participación de las mujeres en la gestión de los lugares de refugio, se establecen programas sociales de trabajo adaptados a las necesidades de la mujer y se garantiza la equidad entre el hombre y la mujer en la adquisición de viviendas, podría mejorar la recuperación para las mujeres y los hogares presididos por ellas. También es importante la ampliación de los programas de desarrollo en la primera infancia, en particular los de alimentación maternoinfantil. La reconstrucción de escuelas debería revestir la máxima prioridad —para evitar pérdidas de capital humano y, quizá, ofrecer cobijo a las personas desplazadas. Las transferencias en efectivo a las familias pobres reducen la probabilidad de que tengan que sacar a sus hijos de la escuela. Cuando los niños tienen que participar en los esfuerzos de recuperación, las escuelas podrían adoptar calendarios flexibles.

Cuando se produce un desastre natural de alcance general, los gobiernos nacionales y locales deben establecer un plan de gestión macroeconómica para hacer frente a los efectos fiscales y en la cuenta corriente —reducción de los ingresos tributarios y aumento del gasto público, contracción de las exportaciones e incremento de las importaciones. Los fondos para situaciones catastróficas, como el de México, pueden mejorar la capacidad gubernamental de sufragar los costos provocados por los desastres naturales (Recuadro 9.8). Estos fondos deben tratar ante todo de absorber los riesgos catastróficos que no pueden recaer sobre terceros, como los daños que afectan a los campesinos y habitantes de las ciudades que no pueden permitirse un seguro privado y la prestación de asistencia social a las víctimas pobres de las catástrofes.

Cuando se produce un desastre natural, la asistencia internacional orientada a fines específicos puede ayudar a mantener la estabilidad macroeconómica, acelerar la recuperación y proteger a los pobres. Pero para que los países puedan aceptar esa asistencia, las instituciones financieras internacionales deben suavizar algunos de los objetivos del ajuste durante las crisis. En Zambia, en 1992-93 la estricta política de gasto público aplicada en el marco del programa de ajuste restringía la capacidad gubernamental de recau-

Recuadro 9.8
Compartir los costos de las catástrofes: el Fondo Mexicano para Desastres Naturales

Dada su enorme diversidad geográfica y climática, México está expuesto a una gran variedad de desastres naturales: inundaciones, sequías, terremotos, incendios forestales, ciclones tropicales y erupciones volcánicas. Desde 1980, los daños directos de los desastres naturales han sumado un total aproximado de $6.500 millones, y se han cobrado unas 7.000 vidas humanas.

En 1996, para ayudar a reducir la vulnerabilidad del país a los desastres naturales, el gobierno estableció el Fondo para Desastres Naturales (Fonden). Este fondo federal sería el financiador de último recurso para la adquisición del equipo necesario en respuesta a emergencias, las actividades de socorro después de los desastres y la reconstrucción de la infraestructura pública y las zonas protegidas.

En 1998, tras un período de pérdidas particularmente graves como consecuencia de los desastres naturales, el gobierno decidió utilizar el Fonden de forma más estratégica, con el fin de incentivar la utilización del seguro y la mitigación de desastres. Tras amplias consultas con las partes interesadas, en marzo de 1999 el gobierno cambió las directrices operativas de Fonden con los siguientes objetivos:

- Lograr una mayor claridad y transparencia en las normas de decisión sobre el acceso al fondo y en los procesos de evaluación de pérdidas.
- Limitar el riesgo moral alentando una mayor utilización del seguro privado por los beneficiarios del Fonden y establecer fórmulas claras de distribución de costos para financiar las pérdidas cuando caen bajo la responsabilidad del gobierno estatal y municipal.
- Alentar las actividades de mitigación en los programas de reconstrucción financiados por el Fonden y en los programas habituales de inversión de los beneficiarios.
- Refinanciar las actividades de respuesta a los desastres inicialmente financiadas a través de servicios de liquidez para gastos de emergencia con el fin de acelerar la recuperación.

Estos cambios se están formalizando mediante acuerdos voluntarios entre el gobierno federal y los gobiernos de los estados, a través de los cuales se fijan los derechos y responsabilidades de las partes, las normas del Fonden, y las fórmulas convenidas de participación en los gastos para las actividades de socorro y reconstrucción después de los desastres. Los acuerdos darán también lugar al establecimiento de fideicomisos entre el gobierno federal y cada estado. Según las condiciones establecidas en cada fideicomiso, las decisiones de gasto y la contratación de actividades para casos de emergencia serán llevadas a cabo por un comité técnico integrado por representantes del estado y de los municipios, que tendrán en cuenta el asesoramiento de las entidades federales.

Si dan buenos resultados, estas medidas aumentarán la transparencia, rendición de cuentas y eficiencia en el uso de los recursos del Fonden y redistribuirán los costos de los desastres naturales entre el Estado y el sector privado. Con el tiempo, reducirán también la parte de los costos que recae sobre el gobierno federal para mitigar y hacer frente a los desastres.

Fuente: Barham, 2000.

dar financiamiento exterior por falta de recursos de contrapartida en moneda nacional. En consecuencia, no pudieron utilizarse plenamente los fondos internacionales disponibles para el alivio de la sequía[62].

El período de reconstrucción representa una oportunidad de reducir la vulnerabilidad ante los acontecimientos naturales (véase el Recuadro 9.6). Una estrategia fundamental debería ser la asistencia orientada específicamente a las poblaciones locales más afectadas (dando especial prioridad a los pobres) y la consulta con las comunidades y hogares afectados. La inclusión de la población local en las actividades de reconstrucción puede fomentar la capacidad de liderazgo y promover la solidaridad, lo que ayudaría a reducir el trauma psicológico causado por los desastres naturales (Recuadro 9.9)[63].

Los países que tienen fondos de inversión en infraestructura social o rural pueden utilizarlos para encauzar los recursos con eficiencia[64]. Dada su experiencia en la construcción de infraestructura y la prestación de servicios sociales a las comunidades, estos fondos pueden identificar rápidamente las prioridades locales de gasto y contribuir a frenar la corrupción. El Fondo Hondureño de Inversión Social desempeñó este papel después del huracán Mitch. Financió la apertura de varias carreteras secundarias importantes, comenzó la rehabilitación de algunos sistemas de abastecimiento de agua en ciudades de tamaño intermedio y emprendió actividades de saneamiento. El fondo estableció rápidamente una estructura operativa descentralizada y respondió a las acuciantes necesidades de los municipios y comunidades locales. Los procedimientos adoptados inmediatamente después del desastre simplificaron la preparación y autorización de proyectos y agilizaron la contratación y el desembolso de recursos. La estrecha vigilancia de los contratistas privados por los residentes locales del equipo y el empleo de residentes locales en las actividades de limpieza contribuyeron a garantizar una adecuada rendición de cuentas[65].

La experiencia demostró que, para mejorar la capacidad de estos fondos para hacer frente a los desastres, resultaban especialmente valiosas las siguientes medidas: ofrecer recursos financieros suficientes para atender las necesidades del momento, garantizar que los proyectos de inversión no se limiten a la rehabilitación y limpieza e incluyan la expansión de las instalaciones existentes y nuevas construcciones, y la ampliación del mandato del fondo para hacer posible la asistencia social directa a la población vulnerable[66].

En las zonas castigadas por desastres, puede resultar provechoso introducir o ampliar los programas de asistencia vinculada al trabajo en paralelo con operaciones de reconstrucción, que ofrecen medios de vida a una población que ya no puede sustentarse (Capítulo 8). Pueden también ayudar a las personas afectadas por las consecuencias menos visibles de un desastre, como a los pescadores po-

Recuadro 9.9

Intervención de las comunidades en la reconstrucción después de los desastres: enseñanzas del Programa de rehabilitación de urgencia después del terremoto de Maharashtra

El 30 de septiembre de 1993 se produjo en el estado indio de Maharashtra un terremoto que acabó con la vida de 8.000 personas y produjo daños en 230.000 casas de Latur, Osmanabad y otros 11 distritos. Con ayuda del Banco Mundial, el gobierno de Maharashtra creó el Programa de rehabilitación de urgencia después del terremoto, que institucionalizó la participación comunitaria y la consulta formal con todos los beneficiarios en todas las etapas.

El programa dividió las comunidades en dos categorías: las que necesitaban reasentamiento —las 52 aldeas que soportaron el grueso de los daños— y las que requerían obras de reconstrucción, reparación o fortalecimiento. El Instituto Tata de Ciencias Sociales trabajó en las 52 primeras aldeas, que sumaban unas 28.000 familias. La Sociedad para la Promoción de los Centros de Recursos Especializados organizó la participación comunitaria en las 1.500 aldeas —con unas 190.000 familias— en las que se efectuaron obras de reconstrucción o reparación.

Con el tiempo, la población acabó identificándose con el proyecto. Al comprobarse los resultados, la participación comunitaria consiguió mayor aceptación. Los directivos de la unidad de gestión del proyecto, inicialmente escépticos, acabaron reconociendo que la participación comunitaria era un instrumento eficaz para resolver los problemas que se plantean durante la ejecución.

La participación tuvo también un positivo efecto psicológico en las comunidades. Su intervención directa ayudó a la población local a superar el trauma provocado por el terremoto. El gobierno, consciente de ello, inició la reconstrucción en las pequeñas aldeas incluso antes de que comenzara el programa de rehabilitación, haciendo un llamamiento a los donantes, empresas, ONG y organizaciones religiosas para que "adoptaran" aldeas y se encargaran de su reconstrucción. Algunas organizaciones se ocuparon también de temas sociales, como la escolarización de los niños.

La información sobre el programa, sus procesos y mecanismos de recuperación era de fácil acceso, y había un alto grado de sensibilización. El proceso de participación abrió muchos cauces informales de comunicación entre la población y el gobierno, lo que ayudó a reducir la distancia que los separaba. Los beneficiarios aprendieron cuáles eran sus derechos y se esforzaron mucho por hacerlos realidad. Las personas que consideraban que la aldea o la *taluka* (unidad administrativa que integra varias aldeas) no había tenido debidamente en cuenta sus reclamaciones podían demandarlas ante las autoridades de distrito y el gobierno de Mumbai.

Fuente: Vatsa, 1999.

bres de Ecuador y Perú que se hundieron todavía más en la pobreza cuando los peces abandonaron las aguas calentadas por El Niño. En Brasil nororiental, el programa Frente de Trabalho ofreció oportunidades semejantes de empleo en períodos de sequía. Durante la sequía de 1979-84 dio trabajo a tres millones de personas en actividades de construcción y relacionadas con la sequía[67]. Los programas de obras públicas que construyen la infraestructura social o comunitaria o ayudan en las labores de limpieza y reconstrucción pueden ser también una opción valiosa.

• • •

Las grandes crisis —sean reveses económicos o desastres naturales— provocan entre la población pobre grandes sufrimientos y no sólo a corto plazo. Merman su capacidad de liberarse de la pobreza en el futuro, ya que agotan sus recursos humanos y físicos. Especialmente nocivos son los efectos sobre los niños pobres, que pueden sufrir daños irreversibles si una crisis o desastre natural agrava su malnutrición o les obliga a abandonar la escuela. Por ello, toda estrategia de reducción de la pobreza debería incluir como parte integrante medidas para evitar y superar las crisis económicas y los desastres naturales, y para establecer sistemas de protección social, con financiamiento garantizado, que ayuden a los pobres a sobrevivir cuando se produzcan esas desgracias.

Parte V

Intervenciones internacionales

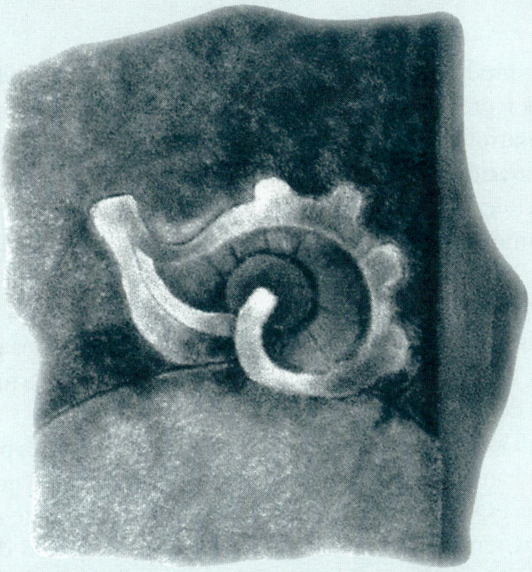

CAPÍTULO 10

Encauzar las fuerzas mundiales en favor de los pobres

De todo este informe se desprende que las políticas e instituciones de alcance nacional y local son elementos clave para ofrecer a los pobres nuevas oportunidades y promover su empoderamiento y seguridad. Pero la vida de la gente pobre se ve afectada además por factores que trascienden las fronteras de sus respectivos países, como el comercio internacional, las corrientes de capital, la asistencia oficial para el desarrollo, los avances tecnológicos, las enfermedades, los conflictos, y muchos otros. Las medidas adoptadas en el plano internacional constituyen por lo tanto un complemento de importancia crucial de las intervenciones nacionales. Estas medidas pueden acelerar el proceso de reducción de la pobreza y contribuir a aminorar la brecha que en materia de ingresos, salud y otros órdenes existe entre los países ricos y pobres.

En este capítulo se analizan cuatro esferas de importancia fundamental para la acción internacional en pro del alivio de la pobreza:

- La ampliación del acceso de los bienes y servicios de las naciones en desarrollo a los mercados de los países ricos.
- La reducción del riesgo de que se produzcan crisis económicas.
- El fomento de la creación de bienes públicos internacionales que beneficien a la población pobre.
- La representación de los países y personas pobres en los foros internacionales.

Otro factor importante para reducir la pobreza es la cooperación en pro del desarrollo —asistencia externa y alivio de la deuda—, tema que se examina en el Capítulo 11. Entre otros factores globales que afectan a los pobres cabe mencionar la migración internacional de la mano de obra, la inestabilidad de los precios de los productos básicos, el recalentamiento de la tierra y la degradación ambiental a nivel global, la promoción de los derechos políticos y humanos, y las ventas internacionales de armamentos y el comercio ilícito de piedras preciosas que provocan o prolongan conflictos bélicos en diversos países. Varias de estas cuestiones se analizaron en el *Informe sobre el desarrollo mundial* del año pasado.

Ampliación del acceso a los mercados de los países de ingreso alto

A primera vista, parece que los países ricos son los que más se benefician con las oportunidades existentes en la economía mundial. Después de todo, durante los últimos 40 años han alcanzado un crecimiento medio más rápido que los países de ingreso bajo. Pero también es cierto que las naciones pobres con una mejor integración en los mercados internacionales han crecido a un ritmo igual o más rápido que los países ricos[1]. Como se explica detalladamente en el Capítulo 3, el comercio internacional puede ser un potente motor para impulsar el crecimiento y promover

Gráfico 10.1
Los países de ingreso alto protegen sus productos manufactureros y agrícolas

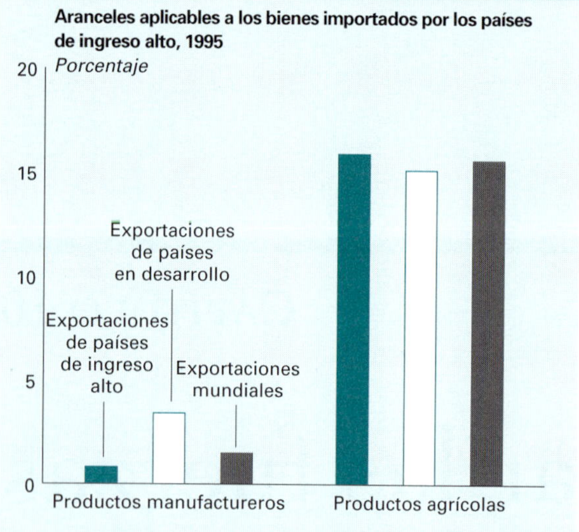

Fuente: Hertel y Martin, 1999a.

la reducción de la pobreza. También se ha alegado que el comercio con los países más ricos puede acelerar el proceso de equiparación[2].

La expansión del acceso a los mercados de los países ricos puede, pues, ayudar mucho a los países pobres a lograr un crecimiento más rápido y contribuir a aliviar la pobreza en el mundo en desarrollo. Esta expansión es particularmente importante en el caso de los productos agrícolas, pues más de dos tercios de la población pobre de los países en desarrollo vive en zonas rurales. Aparte de que los mercados externos constituyen una importante salida para los productos agrícolas de los países en desarrollo —dada la inelasticidad de la demanda de productos alimenticios básicos—, la exportación puede ayudar también a ampliar el empleo en los sectores no agrícolas y estimular toda la economía de las zonas rurales. La exportación de productos agrícolas ha sido un importante factor determinante del crecimiento total de la agricultura[3]. Por esta razón, es inquietante que, mientras que entre 1985 y 1994 el comercio mundial de productos manufacturados aumentó a razón del 5,8% anual, la tasa de crecimiento de los productos agrícolas fue de apenas el 1,8%.

La protección que los países desarrollados siguen proporcionando a sus productos agrícolas, a través no sólo de aranceles y contingentes sino también de la subvención de las exportaciones, es uno de los motivos de este lento crecimiento[4]. Los países de ingreso alto aplican a los productos agrícolas de las naciones en desarrollo, sobre todo a los artículos de primera necesidad como carne, azúcar y productos lácteos, aranceles que son casi cinco veces mayores que los que imponen a los productos manufacturados (Gráfico 10.1). En la Unión Europea los aranceles aplicables a los productos cárnicos llegan hasta un 826%[5]. Estas barreras representan un enorme obstáculo para las naciones en desarrollo que luchan por penetrar en los mercados de exportación. Se ha calculado que los elevados aranceles y otros factores distorsionantes que utilizan los países de ingreso alto, como las subvenciones, provocan pérdidas anuales de $19.800 millones en el nivel de bienestar de los países en desarrollo, cifra que representa alrededor del 40% de la asistencia oficial para el desarrollo encauzada a esos países en 1998[6]. Esto influye muy negativamente en los esfuerzos de desarrollo de los países pobres.

Las reformas comerciales adoptadas por los países pobres no han producido, en general, todos los beneficios que cabría esperar porque no han estado acompañadas de reformas semejantes en las naciones ricas. En el caso de los bienes manufacturados (incluidos los productos alimenticios), que actualmente representan casi tres cuartas partes de las exportaciones de los países en desarrollo, los aranceles a que están sujetos los bienes que exportan estos países a las naciones de ingreso alto son, en promedio, cuatro veces mayores que los aplicados a las exportaciones de las naciones industriales a esos mismos mercados.

Los países de ingreso alto no sólo aplican aranceles más elevados a las manufacturas provenientes de las naciones en desarrollo, sino que además su nivel aumenta según el grado de elaboración. Por ejemplo, en Japón y la Unión Europea los aranceles de los productos alimenticios totalmente elaborados son el doble de los aplicados a los productos en su primera etapa de elaboración. La diferencia es aún mayor en Canadá, donde los tipos arancelarios de los productos alimenticios totalmente elaborados son 12 veces mayores que los aplicados a los productos en su primera etapa de elaboración. Esta progresividad puede ser un desincentivo para la industrialización en los países en desarrollo.

Las barreras comerciales establecidas por los países desarrollados pueden repercutir muy desfavorablemente en los esfuerzos de las naciones pobres para impulsar su crecimiento. La eliminación de los obstáculos políticos que impiden desmantelar esas barreras contribuiría mucho a aliviar la pobreza en el mundo en desarrollo. Según algunas estimaciones, las pérdidas de bienestar que algunos países de ingreso alto experimentan como consecuencia de las distorsiones en sus propias políticas comerciales son considerables, elevándose a $63.000 millones anuales solamente en el caso de los productos agrícolas[7]. Debería ser posible crear mecanismos compensatorios para los grupos de productores relativamente pequeños —pero con gran influencia política— como parte de un acuerdo para rebajar las barreras comerciales. Pero la reducción de esas barreras exigirá sobre todo una firme voluntad política por parte de los dirigentes de los países desarrollados. La reducción del alcance y la escala de la protección que se proporciona a los productos agrícolas, las manufacturas con uso intensivo de mano de obra y los servicios deben recibir atención prioritaria.

Reducción del riesgo de crisis económicas

En el Capítulo 9 se describen detalladamente los efectos devastadores que las crisis económicas sufridas por los países en desarrollo pueden tener en la población pobre. Por esta razón, es esencial crear condiciones propicias para la estabilidad macroeconómica a fin de brindar un mayor grado de seguridad a los grupos pobres y evitar retrocesos en el proceso de reducción de la pobreza.

Los propios países pueden tomar medidas para reducir el riesgo de que surjan crisis macroeconómicas (Capítulo 9). Entre las más importantes están la aplicación de sólidas políticas macroeconómicas y una adecuada normativa y supervisión de las instituciones financieras. Pero incluso los países que adopten las medidas mencionadas pueden verse afectados por el efecto de contagio y por oleadas de pánico o comportamiento gregario en los mercados mundiales de capital. Debe hacerse especial hincapié, por lo tanto, en la búsqueda de la estabilidad económica internacional, en particular del sector financiero.

Los denodados esfuerzos internacionales desplegados durante la crisis asiática para alcanzar la estabilidad perdieron intensidad cuando se atenuó esa crisis. Se ha hecho especial hincapié en la formulación y aplicación de prácticas financieras y normas internacionales de divulgación de datos y para las prácticas en el sector de las finanzas. El objetivo es asegurar que los mercados financieros y el público en general cuenten con datos actualizados y fidedignos en que fundamentar sus decisiones y propiciar el funcionamiento eficaz de las instituciones financieras. En este sentido, el Fondo Monetario Internacional (FMI) ha establecido directrices relativas a la difusión de información financiera, la solidez del sector de las finanzas y la transparencia en los planos fiscal, monetario y financiero. Otros organismos rectores están actuando en las siguientes esferas: bancarrota, gobierno de las empresas, mercado de valores y contabilidad y auditoría.

Pero en otras áreas se ha producido un estancamiento. Por ejemplo, se han logrado pocos progresos en el establecimiento de mecanismos de alerta anticipada que le permitan a la comunidad internacional percatarse de los posibles peligros[8]. Igualmente infructuosos han sido los esfuerzos por formular normas claras para la participación del sector privado en la prevención y solución de crisis, que pueden limitar el riesgo moral, robustecer la disciplina del mercado a través de una mejor evaluación de los riesgos y ofrecer mejores perspectivas tanto a los deudores como a los acreedores en las operaciones de reestructuración de la deuda. Existe el peligro de que la aparente falta de urgencia tras la recuperación registrada en Asia dé lugar a la inacción, a pesar de que la historia revela que existe una verdadera posibilidad de que surjan nuevas crisis.

Es posible que los países en desarrollo, conscientes de la situación, deseen adoptar medidas de salvaguardia a corto plazo para limitar sus riesgos[9]. Esas medidas son de dos tipos: el control de las corrientes de capital y el incremento de la liquidez. Las primeras, que comprenden impuestos a la entrada de capital semejantes a los existentes en Chile, controles cuantitativos de las obligaciones internacionales a corto plazo del sector bancario y restricciones a las salidas de capital, a su vez plantean problemas, como la inobservancia, las dificultades de aplicación y la imposición oportunista. También pueden restringir el acceso de un país al capital que tanto necesita. No obstante, cada tipo de medida de control puede ser eficaz en algunas situaciones para atenuar la inestabilidad de las corrientes de capital, y así ayudar a evitar las crisis.

Un medio de incrementar la liquidez de un país es mantener un alto nivel de reservas. Pero es probable que incluso un volumen considerable de reservas, además de ser costoso para el Estado y de representar una significativa carga fiscal, resulte insuficiente en algunas situaciones. Una alternativa es la imposición de requisitos de liquidez más altos en el sector bancario, medida que de hecho traslada al sector privado la carga que representa el mantenimiento de reservas (y que puede contribuir también a aumentar la seguridad de las instituciones bancarias, con efectos beneficiosos a largo plazo). Otra radica en concertar una línea de crédito contingente con una institución. Tanto la banca privada como el FMI ofrecen este tipo de instrumento, que brinda diversos grados de acceso automático al crédito con tasas de interés determinadas de antemano.

Aun cuando adopten las medidas a corto plazo antes mencionadas, en muchos casos los países no podrán soportar la gran inestabilidad existente en el ámbito internacional. Por esa razón deberá prestarse atención prioritaria a acelerar la introducción en el sistema financiero internacional de reformas que promuevan la estabilidad y aseguren que los países que sufren graves traumas o crisis que afecten a toda su economía dispongan de la liquidez necesaria.

Creación de bienes públicos internacionales que favorezcan a los pobres

Muchos de los problemas de los países requieren soluciones que suponen la creación de bienes públicos internacionales. Una importante característica de los bienes públicos es la dificultad de impedir su consumo gratuito sin contraprestaciones. Esto significa que, si la creación de bienes públicos se dejase en manos del mercado, la oferta sería insuficiente a menos que el Estado interviniese participando en su creación o brindando incentivos (como subvenciones) para ese fin. Los gobiernos vienen interviniendo en este proceso desde hace tiempo, a través del suministro de bienes públicos nacionales en esferas como defensa, infraestructura, orden público y reglamentos y normas.

El problema resulta más complejo en el caso de los bienes públicos internacionales, como las medidas de control de enfermedades transmisibles o las investigaciones para

Recuadro 10.1
El éxito de la lucha contra la oncocercosis en África

Los esfuerzos internacionales de lucha contra la oncocercosis, o ceguera de los ríos, han conseguido uno de los mayores logros en la historia de la cooperación en pro del desarrollo. Esta dolorosa y debilitante enfermedad provocada por una lombriz parasitaria ha sido prácticamente erradicada en los 11 países de África occidental abarcados por el Programa de Lucha contra la Oncocercosis. Antes de la puesta en marcha del programa, en 1974, más de un millón de personas sufrían de oncocercosis, enfermedad que les producía picazón, deformaciones, lesiones oculares y, en el caso de 100.000 personas, pérdida total de la vista. Cuando el programa concluya en 2002, tras 28 años de actividades para eliminar las moscas negras que son portadoras del parásito, se habrá dado protección a 34 millones de personas, se habrá evitado que 600.000 personas pierdan la vista y se habrán ahorrado cinco millones de años de trabajo productivo.

En este programa han participado gobiernos africanos, comunidades locales, organizaciones internacionales, donantes bilaterales, empresas, fundaciones y ONG. La Merck Corporation ha efectuado una aportación de importancia clave al programa, distribuyendo el medicamento Ivermectin a título gratuito.

Si bien el programa ha tenido un enorme éxito, la oncocercosis sigue planteando problemas en los países no incluidos en él. Por esta razón, en 1996 se estableció el Programa Africano de Lucha contra la Oncocercosis, a través del cual las actividades de lucha contra la ceguera de los ríos se extenderán a los 19 países africanos restantes. En este programa colaboran 70 asociados.

Fuente: Banco Mundial (www.worldbank.org/gper).

Gráfico 10.2
La carga del VIH/SIDA está muy concentrada en África al sur del Sahara

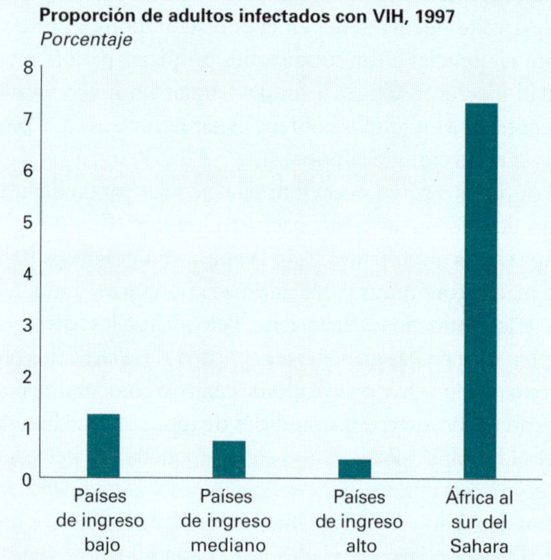

Fuente: Banco Mundial, 2000s.

aumentar los rendimientos en la agricultura. Al igual que sucede a nivel nacional, los incentivos para que los países o el sector privado creen bienes públicos internacionales son escasos o inexistentes. Sin embargo, como no hay un gobierno mundial que contribuya a estimular la creación de estos bienes, los propios países tienen que colaborar para alcanzar esa meta. Actualmente, dado que los problemas internacionales son cada vez más apremiantes, se está prestando especial atención a la forma de lograr esta cooperación[10].

De hecho, gracias a la cooperación internacional se han alcanzado algunos logros notables en la creación y distribución de bienes públicos. La revolución verde, que constituyó uno de los avances más importantes del siglo XX en materia de desarrollo, fue fruto de investigaciones internacionales sobre variedades de alto rendimiento realizadas en institutos establecidos en todo el mundo con la finalidad específica de desarrollar tecnologías para aliviar el problema de la disponibilidad de alimentos a nivel mundial. En fechas más recientes, la cooperación internacional en la campaña contra la ceguera de los ríos en África ha dado resultados sumamente positivos en 11 países pobres (Recuadro 10.1). Otro éxito en esta esfera es el Protocolo de Montreal sobre el agotamiento de la capa de ozono: 165 de las partes en este instrumento han convenido en eliminar totalmente 94 sustancias que agotan la capa de ozono.

No obstante, en el área de la cooperación internacional se ha prestado relativamente poca atención a los bienes públicos internacionales[11]. Y también se han registrado fracasos; por ejemplo, el Protocolo de Kioto sobre los gases de efecto invernadero que contribuyen al recalentamiento de la tierra no se está aplicando activamente[12]. En vista de la posible contribución de algunos bienes públicos a la reducción de la pobreza, debe prestarse más atención a su suministro. Los esfuerzos por controlar las enfermedades infecciosas e incrementar los rendimientos agrícolas —dos bienes públicos internacionales que podrían ayudar mucho a la población pobre— ponen claramente de manifiesto los beneficios que brindan estos bienes, y la dificultad de establecer los incentivos apropiados para su creación. Hay muchos otros ejemplos que podrían citarse en este sentido.

Lucha contra las enfermedades infecciosas

La pandemia del SIDA es un ejemplo de la forma en que la cooperación internacional puede ayudar a combatir las enfermedades infecciosas. Más de 34 millones de personas en todo el mundo sufren del VIH, y más de 18 millones han muerto a consecuencia del SIDA[13]. En general esta epidemia no ha perdido intensidad: 5,4 millones de personas fueron infectadas por el VIH en 1999, y cada día alrededor de otras 15.000 personas se suman a este grupo. El SIDA es incurable, y hasta ahora no se ha encontrado una vacuna para prevenirlo. Más del 90% de los casos ocurren en el mundo en desarrollo, y casi un 70% de ellos en África al sur del Sahara (Gráfico 10.2). A pesar de que la incidencia de SIDA está concentrada en los países en desarrollo, representa un riesgo para todos los países, no sólo a causa de sus efectos en la salud de la población sino también debido a su influencia desestabilizadora en los planos económico y social[14]. Este año los Estados Unidos catalogaron al SIDA como un riesgo para su seguridad nacional.

Si bien un comportamiento orientado a la prevención es un factor clave para controlar esta epidemia, el desarrollo de una vacuna eficaz podría producir enormes beneficios[15]. Pero el progreso en este ámbito ha sido lento. Se han ensayado más de 25 posibles vacunas, pero sólo una de ellas se ha aplicado en gran escala con seres humanos. La lentitud del progreso se debe sobre todo a dos razones. La primera es de índole científica: no se conocen los correlatos de la inmunidad al VIH, y probablemente será necesario ensayar muchos enfoques diferentes en forma paralela, con poca garantía de su eficacia. Ello eleva los costos iniciales y los riesgos para los que invierten en el desarrollo de una vacuna contra el SIDA. La segunda razón es de carácter económico: los inversionistas probablemente estarían dispuestos a correr los riesgos que entrañan las investigaciones en esta esfera si hubiera suficiente demanda, pero hay demasiados pocos incentivos de mercado para invertir en el desarrollo de una vacuna contra el SIDA que sea eficaz y esté al alcance de los habitantes de los países en desarrollo. En África, por ejemplo, se efectúa sólo un 1% de las ventas mundiales de medicamentos.

En consecuencia, el volumen de las inversiones internacionales en actividades de investigación y desarrollo de una vacuna contra el SIDA es muy bajo, de $300 millones a 350$ millones anuales[16]. De esta cifra, se estima que entre $50 millones y $120 millones provienen del sector privado, que cumple una función crucial en la tarea de lograr que las investigaciones se concreten en el desarrollo y distribución de una vacuna. Además, gran parte de las investigaciones se centran en una vacuna que pueda comercializarse en América del Norte y en Europa occidental. Sólo entre $10 millones y $25 millones se destinan anualmente al desarrollo de una vacuna orientada a los subtipos del virus prevalecientes en las naciones en desarrollo y a sus sistemas de salud[17]. En cambio, se gastan más de $2.000 millones anuales en actividades de investigación y desarrollo relacionadas con el tratamiento del SIDA, en su mayor parte en el sector privado, principalmente a causa del mercado que representan los tres millones de personas que sufren de VIH/SIDA en los países industriales.

La situación es similar en el caso de otras enfermedades. La Organización Mundial de la Salud (OMS) estima que apenas el 10% de los $50.000 millones a $60.000 millones que cada año se invierten en el mundo en investigaciones relacionadas con la salud se destinan a enfermedades que afectan al 90% de la población mundial[18]. Los países en desarrollo efectúan sólo alrededor del 8% de los gastos mundiales en actividades de investigación y desarrollo, principalmente porque no cuentan con los recursos necesarios[19]. De los 1.233 nuevos fármacos que se patentaron entre 1975 y 1997, únicamente 13 (un 1%) son para tratar enfermedades tropicales. Este inadecuado nivel de investigaciones y de gastos tiene efectos devastadores: el paludismo, la tuberculosis y el SIDA causan cinco millones de defunciones al año —alrededor del 9% del total registrado en el mundo— en su mayor parte en los países en desarrollo. Es más, aun cuando existan los medicamentos requeridos, los países pueden carecer de los recursos necesarios para adquirirlos. A pesar de que existe una vacuna eficaz contra la hepatitis B, todavía unas 92.000 personas mueren al año como consecuencia de esta enfermedad, y, a través de la cirrosis hepática y el cáncer al hígado, la hepatitis B crónica contribuye a otras 700.000 defunciones[20]. Hay unos 350 millones de enfermos crónicos portadores de la hepatitis B y que pueden transmitir esa enfermedad durante un período de muchos años.

La comunidad internacional podría contribuir a acelerar el progreso en el desarrollo de vacunas de dos formas diferentes. Primero, las organizaciones internacionales y los gobiernos nacionales podrían impulsar las actividades de investigación y desarrollo subvencionando o reduciendo los costos del desarrollo de vacunas y fortaleciendo la capacidad de los países en desarrollo que cuentan con una sólida base científica para que puedan participar como asociados en las investigaciones en esta esfera. Por ejemplo, en 1996 la Fundación Rockefeller lanzó la Iniciativa Internacional para la Vacuna contra el SIDA, actividad sin fines de lucro cuya finalidad es promover las inversiones en este campo y estimular la demanda a nivel mundial. La Iniciativa colabora con entidades públicas y privadas para encauzar apoyo focalizado a actividades de investigación y desarrollo de vacunas basadas en métodos innovadores y en medidas para reducir los obstáculos a la inversión privada. Por su parte, los gobiernos donantes podrían ofrecer desgravaciones o subvenciones para el desarrollo de vacunas apropiadas para los países pobres.

Segundo, la comunidad internacional podría demostrar o asegurar la existencia en los países en desarrollo de un importante mercado futuro para las vacunas. Podría comprometerse a la aplicación cabal de los programas de vacunación infantil con productos ya disponibles en el mercado (en muchos países las tasas de vacunación bajaron en el pasado decenio). A fin de asegurar que en los países pobres haya un mercado de gran envergadura para las vacunas, podría crear un fondo o algún otro mecanismo viable previo a los compromisos para comprar una gran cantidad de dosis de las vacunas de reconocida eficacia y costeables con destino a los países más pobres[21]. Los precios que se establezcan deben cubrir no sólo los costos de producción, sino también parte de los gastos de investigación. Por su lado, los bancos multilaterales de desarrollo además podrían otorgar a los países en desarrollo préstamos contingentes para la compra de vacunas, que se desembolsarían una vez desarrollado el producto correspondiente. También podrían adoptarse medidas semejantes en relación con otros adelantos médicos.

Recuadro 10.2
Investigaciones, maíz y cerdos en las zonas rurales de Guizhou

Cualquiera que tenga dudas acerca del impacto de las investigaciones agrícolas en los ingresos agrícolas y en la seguridad alimentaria de los hogares (y por ende en la pobreza) debe visitar las zonas rurales de Guizhou, la provincia más pobre de China. En las pequeñas explotaciones de esta comarca montañosa y remota, se ha producido un cambio casi milagroso en las vidas de los pobres gracias a la introducción de maíz de alto contenido proteínico.

Hasta hace poco tiempo el ingreso anual en esta región era inferior a $50 per cápita, y durante un período de hasta tres meses al año las familias no tenían casi nada que comer. En 1994 se introdujeron las variedades híbridas en Guizhou. El maíz de alto contenido proteínico produce mayores rendimientos que las variedades convencionales y, lo que es más importante todavía, tiene niveles más altos de dos aminoácidos esenciales para el crecimiento de los niños. Hoy en día la población local tiene una mejor alimentación, y utiliza el excedente de maíz para criar cerdos, lo que contribuye a incrementar su seguridad alimentaria e ingresos disponibles. Además, emplea sus ingresos adicionales para efectuar inversiones encaminadas a elevar los rendimientos, como sistemas de riego.

Las variedades híbridas de maíz, que han transformado las vidas de 25.000 familias en Guizhou, ahora se están adaptando para su cultivo en provincias vecinas.

Fuente: Bale, 1999.

Aumento de los rendimientos agrícolas

Al igual que los adelantos en las investigaciones médicas, los avances en el área de la tecnología agrícola pueden tener profundos efectos en la vida de los pobres (Recuadro 10.2). La revolución verde figura entre los ejemplos más conocidos del empleo de un bien público internacional para promover el desarrollo. Comenzó cuando diversas fundaciones, gobiernos y ONG tomaron la iniciativa de hacer llegar a los agricultores de los países en desarrollo lo que los científicos sabían ya sobre fitogenética y nuevas variedades de cereales de alto rendimiento. Las empresas privadas no se habían interesado mucho en esta actividad debido a la dificultad de obtener rendimientos adecuados de las inversiones en nuevas variedades: los agricultores sólo tendrían que aprovechar las semillas de las plantas originales. Por todo ello, era imprescindible que el sector público tomase medidas complementarias de alcance nacional. Muchos países en desarrollo (como Brasil e India) crearon organizaciones nacionales de investigación agrícola con objeto de obtener variedades modernas de segunda generación mejor adaptadas a sus respectivas condiciones locales. También establecieron servicios de extensión agrícola para divulgar los resultados entre los agricultores y, a su vez, obtener de ellos información sobre las nuevas variedades y técnicas de cultivo.

Estas iniciativas tuvieron un efecto trascendental en la vida de los pobres de las zonas rurales. En África se estima que la adopción de variedades mejoradas de maíz permitió incrementar los rendimientos en un 12%-14%, y en algunas zonas en que las condiciones eran favorables incluso en un 40%[22]. Según una encuesta efectuada en la región meridional de la India, el ingreso medio real de los pequeños agricultores subió un 90% en 1973-94, y el de los campesinos sin tierras —uno de los grupos más pobres de las comunidades agrícolas— un 125%[23]. El aumento de la productividad también estuvo acompañado de precios más bajos. Se ha calculado que, sin las investigaciones agrícolas internacionales realizadas, los precios del trigo habrían subido un 34% más en el período de 1970-95, y los del arroz un 41% más. Asimismo, gracias a la disminución de los precios, hay entre 1,5% y 2% menos niños malnutridos en los países en desarrollo[24].

No obstante los avances mencionados, en los países en desarrollo la tasa de aumento de los rendimientos de los cereales ha descendido constantemente, desde el 2,9% anual en 1967-82 hasta el 1,8% en 1982-94. Dado que se prevé que la demanda de cereales alimentarios en estos países se elevará un 59% en los próximos 25 años, la agricultura sigue encarando un ingente desafío, particularmente para lograr que el incremento de los rendimientos se obtenga sobre una base ecológicamente sostenible[25].

La biotecnología —el uso de organismos vivos para crear o modificar productos destinados a mejorar las especies vegetales y animales— es un tipo de tecnología que podría dar resultados significativos. Mediante la biotecnología pueden identificarse características deseables e incorporarse en variedades vegetales y animales con mucha mayor rapidez y exactitud que a través de la tecnología convencional (un ejemplo de estas características es un mayor valor nutritivo, como el arroz con vitamina A). Es necesario hacer más investigaciones acerca de los posibles beneficios y riesgos del uso de la biotecnología en los países en desarrollo. Pero es probable que la biotecnología, si se emplea con arreglo a políticas apropiadas que, entre otras cosas, comprendan medidas para promover la bioseguridad, pueda constituir un elemento clave para la solución de los problemas de la inseguridad alimentaria y la pobreza[26].

Hasta ahora, sin embargo, la biotecnología no ha tenido mucho impacto en la mayoría de los países en desarrollo. A diferencia de lo sucedido con los avances alcanzados con la revolución verde, gran parte del progreso logrado mediante la biotecnología se ha concentrado en el sector privado. El volumen del financiamiento oficial para investigaciones agrícolas, que cumplió una función de tan crucial importancia en la revolución verde, se ha estancado, e incluso ha disminuido, como consecuencia de la generalizada austeridad fiscal y de una actitud más escéptica respecto de los beneficios sociales de las inversiones en el área de las ciencias (a pesar del alto rendimiento de las investigaciones agrícolas)[27]. Las instituciones privadas poseen ahora la mayor parte de las patentes derivadas de las investigaciones en el campo de la biotecnología, lo que de hecho pone éstas fuera del alcance del público en general (Recuadro 10.3). Debido a que los conocimientos están controlados por intereses privados, el costo de adquisición resulta mucho más alto. La búsqueda de una fórmula que per-

Recuadro 10.3
Casi todas las patentes en el campo de la biotecnología están en manos privadas

Con frecuencia, el sector público cumple una función de vanguardia en las investigaciones biotecnológicas, y después transfiere su control a empresas privadas. Esta tendencia se observa claramente en las patentes vegetales directamente relacionadas con la toxicidad de los microorganismos del *Bacillus thuringiensis* (Bt). Hasta 1987 el titular de la mayor parte de estas patentes era el sector público. Desde entonces, se ha producido un enorme desplazamiento de la propiedad de las patentes vigentes (cuyo número total ha aumentado) hacia el sector privado. Actualmente esas patentes están concentradas en las seis importantes empresas conocidas como las "seis grandes", que proceden activamente a consolidar su posición mundial en las investigaciones sobre biotecnología agrícola, propiedad intelectual y mercados (Dow, Novartis, Aventis, Monsanto, AstraZeneca y DuPont).

La propiedad de las patentes biotecnológicas ha registrado un considerable desplazamiento hacia el sector privado

Patentes de *Bacillus thuringiensis*, por tipo de titular
Porcentaje

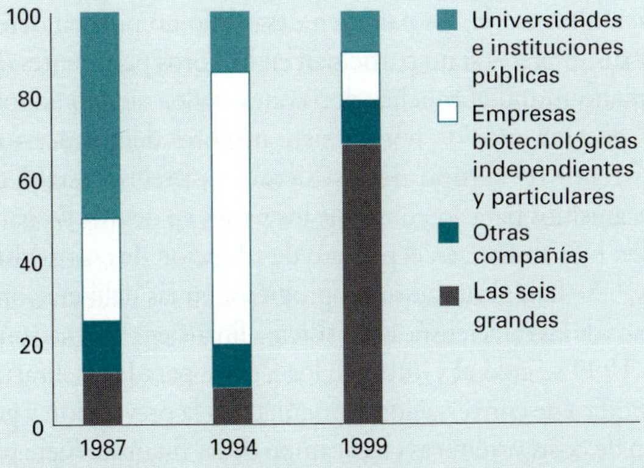

Fuente: De Janvry y otros, 2000.

mita a los países en desarrollo aprovechar los avances alcanzados con las investigaciones en el campo de la biotecnología sigue constituyendo un reto clave para los responsables de las políticas en las áreas de la seguridad alimentaria y la pobreza. Es posible que la solución estribe parcialmente en la forma en que se utilicen los derechos de propiedad intelectual.

Protección de los intereses de los pobres en el régimen de derechos de propiedad intelectual

Los derechos de propiedad intelectual son importantes para fomentar la innovación, particularmente en esferas como la medicina y la agricultura. Si a quienes generan conocimientos no se les reconoce el derecho a su propiedad exclusiva durante un determinado período de tiempo, son menores los incentivos para la innovación. Este fue uno de los argumentos utilizados en relación con las normas plasmadas en el Acuerdo sobre los Aspectos de los Derechos de Propiedad Intelectual relacionados con el Comercio (ADPIC), que se negoció en el marco de la Ronda Uruguay de Negociaciones Comerciales Multilaterales celebrada en 1986-94. Sin embargo, los derechos de propiedad intelectual a veces pueden impedir la distribución de bienes públicos internacionales que podrían ayudar a los países pobres, que casi nunca están en condiciones de pagar los precios que cobran los dueños de las patentes[28].

En la esfera de los derechos de propiedad intelectual, hay tres tendencias particularmente inquietantes para los países en desarrollo. La primera es el hecho de que, en medida creciente, las empresas privadas se están dedicando por su propia cuenta a la investigación básica y a la creación de conocimientos. La segunda es que en todo el mundo la inmensa mayoría de las patentes —el 97%— sigue perteneciendo a las naciones industriales[29]. De las 26.088 solicitudes de patentes presentadas en 1997 bajo los auspicios de la Organización Africana de la Propiedad Intelectual (OAPI), únicamente 31 correspondían a residentes de África. Asimismo, sólo siete de las 25.731 solicitudes registradas ese mismo año por la Organización Regional Africana de la Propiedad Industrial fueron sometidas por residentes de ese continente[30].

La tercera tendencia la constituye la creciente preeminencia de la genética, que les permite a las empresas patentar innovaciones como los productos obtenidos por técnicas de recombinación del ADN, anticuerpos monoclonales y nuevas tecnologías relacionadas con células y tejidos. Ello obliga a preguntarse si un sistema de derechos de propiedad orientado a proteger maquinaria industrial es el más apropiado para abordar en forma equitativa y eficaz las complejas cuestiones planteadas por los organismos manipulados genéticamente[31]. En algunos casos los productores de variedades vegetales protegidas con patentes pueden impedir que los agricultores vuelvan a utilizar las semillas que obtienen de sus cosechas. Además, en los casos en que se redactan en términos amplios, las patentes de procesos biotecnológicos como los instrumentos de investigación pueden impedir las innovaciones en otros campos en que se emplean los mismos procesos.

Ante estas tendencias, los países en desarrollo han propuesto la adopción de medidas para salvaguardar el régimen de derechos de propiedad intelectual. Entre ellas cabe mencionar medidas orientadas a:

- Reconocer los derechos de los agricultores a cultivar variedades tradicionales.
- Prohibir la emisión de patentes para formas de vida o procesos biológicos.
- Conciliar las disposiciones de la Organización Mundial del Comercio (OMC) sobre los derechos de propiedad intelectual con las contenidas en el Convenio Internacional sobre la Diversidad Biológica y en el Compromiso Internacional sobre Recursos Fitogenéticos.
- Asegurar el acceso a medicamentos esenciales a un costo razonable.

La negociación de un nuevo régimen de derechos de propiedad intelectual que estimule la innovación en el sector privado, si bien salvaguardará los intereses de los países pobres y de la población pobre en los beneficios de esas innovaciones, requerirá tiempo y despertará acalorados debates. Al igual que sucede con la creación de todos los demás bienes públicos internacionales, habrá que ofrecer incentivos a la participación de todas las partes interesadas, incluido el sector privado.

Representación de los pobres en los foros mundiales

Las medidas de alcance mundial por lo general se consideran en foros también de ámbito global e internacional, como agrupaciones de países, organizaciones internaciones y conferencias de las Naciones Unidas y otras reuniones similares. Si los países pobres, y en particular la población pobre de esos países, están debidamente representados en esos foros, se tendrán más en cuenta sus necesidades. Para que las relaciones de asociación sean productivas —ya sea que se establezcan con miras a la adopción de normas comunes, la creación de bienes públicos o la consecución de otras metas comunes— es preciso que todos los participantes puedan hacerse escuchar.

Fortalecimiento de la capacidad de los países pobres para defender sus intereses

No todas las relaciones de asociación tienen que ser de alcance universal, ya que no todos los problemas internacionales son de ámbito mundial. Las soluciones para los problemas internacionales —como la ceguera de los ríos o la contaminación de lagos con litoral compartido por dos países— deben ser determinadas principalmente por los países afectados[32]. Si esos países necesitan ayuda, financiera o de otra índole, esa ayuda debe encauzarse al grupo pertinente más pequeño posible, por ejemplo, la Comunidad Económica de los Estados de África Occidental (CEDEAO) en el caso de problemas transnacionales que sólo afecten a sus Estados miembros. Este principio de subsidiariedad puede aplicarse hasta las etapas más altas de la escala geográfica de los bienes públicos internacionales, pero también es preciso reconciliarlo con las economías de escala y de alcance[33].

El principio de subsidiariedad supone el significativo fortalecimiento de las instituciones regionales a fin de que puedan atender los problemas de carácter transnacional. Dada la importancia de que estén estrechamente identificadas con las partes afectadas, las instituciones regionales en muchos casos tendrían más posibilidades de solucionar los problemas que instituciones mundiales como el Banco Mundial y las Naciones Unidas. Además, como la mayoría de las instituciones regionales no cuentan con los amplios conocimientos y experiencia requeridos, también deberían fortalecerse instituciones en sectores específicos para que puedan intervenir en los casos necesarios.

Muchos problemas son de alcance mundial, sin embargo, y la participación de los países en desarrollo en la búsqueda de soluciones para estos problemas es tan importante como en el caso de los de ámbito regional. Como en general es más fácil abordar los problemas mundiales en el marco de instituciones internacionales, a éstas les corresponde tomar la iniciativa en la tarea de difundir la información necesaria, lograr la participación de todas las partes interesadas y fortalecer la capacidad de los países para analizar las cuestiones planteadas y expresar claramente sus posiciones.

Dado que la disponibilidad de conocimientos es esencial para la adopción de decisiones, las organizaciones internacionales deben prestar especial atención a la transparencia en la información y en sus operaciones. Además de divulgar la mayor cantidad de información posible, deben velar por que se haga una evaluación independiente de sus actividades y hacer más hincapié en los aspectos de rendición de cuentas y eficacia. En los últimos años, las organizaciones internacionales han avanzado en este sentido.

Pero aun en los casos en que cuentan con toda la información necesaria, los países en desarrollo no pueden defender sus intereses si no participan en los foros pertinentes. En el plano mundial muchas decisiones siguen siendo adoptadas en gran medida por las siete mayores democracias industriales (el Grupo de los Siete). Es preciso establecer mecanismos para asegurar que los países en desarrollo participen plenamente en el proceso de adopción de esas decisiones[34]. Se han alcanzado más progresos en las deliberaciones acerca de las características del sistema financiero internacional. En 1999 se creó el Grupo de los Veinte para la celebración periódica de conversaciones orientadas a la prevención y gestión de crisis sistémicas en el campo de las finanzas. Siete países en desarrollo (Argentina, Brasil, China, India, México, la República de Corea y Sudáfrica) forman parte de este grupo. Sin embargo, aún no se prevé la representación en este foro de los países más pobres o más pequeños, que, aun cuando no estén todavía lo bastante integrados en la economía global como para plantear riesgos de causar crisis sistémicas, ciertamente pueden verse afectados por ellas. Un modelo mejor para la integración de los países en desarrollo en el proceso de búsqueda de soluciones a los problemas globales lo constituye el Fondo para el Medio Ambiente Mundial (FMAM), cuya finalidad es promover la cooperación internacional en favor de la protección ambiental. La mitad de los miembros del Consejo del FMAM son de países en desarrollo (Recuadro 10.4).

Los países en desarrollo, además de participar en los diversos foros y en la búsqueda de soluciones, necesitan estar en condiciones de defender eficazmente sus propios intereses, y para ello tendrán que incrementar su capacidad. Por ejemplo, los países pobres se encuentran en una posición muy desventajosa en las negociaciones celebradas en el marco de la OMC sobre temas como el trabajo, el medio ambiente y los derechos

Recuadro 10.4

El Fondo para el Medio Ambiente Mundial, un modelo para la participación de los países en desarrollo

El Fondo para el Medio Ambiente Mundial (FMAM) es un mecanismo financiero cuya finalidad es fomentar la cooperación y la acción en favor de la protección del medio ambiente mundial. Mediante donaciones y financiamiento en condiciones concesionarias, el FMAM cubre los gastos adicionales que se producen cuando un proyecto de desarrollo de alcance nacional, regional o mundial también abarca aspectos ecológicos relacionados con la diversidad biológica, el cambio climático, las aguas internacionales y el agotamiento de la capa de ozono de la tierra. El FMAM también facilita financiamiento para actividades orientadas a detener la degradación de las tierras.

El FMAM se creó en 1991 y, tras un período de prueba, fue capitalizado por 34 naciones (incluidos 13 países en desarrollo) que aportaron $2.000 millones durante un cuatrienio. En 1998, 36 países donaron en total $2.750 millones para financiar el FMAM hasta 2002. Su estructura directiva asegura la participación de todas las partes interesadas. La Asamblea del FMAM, en la que están representados los 165 países participantes, se reúne cada tres años para determinar las políticas generales del Fondo. Su Consejo, integrado por representantes de 32 países (16 en desarrollo, 14 desarrollados y dos economías en transición), se reúne cada seis meses para considerar políticas operativas y programas. La Secretaría se encarga de poner en práctica las decisiones de la Asamblea y del Consejo.

Sus tres organismos de ejecución —el Banco Mundial, el Programa de las Naciones Unidas para el Desarrollo y el Programa de las Naciones Unidas para el Medio Ambiente— se ocupan de la preparación de proyectos para su financiamiento por el FMAM y de su puesta en práctica a través de entidades encargadas de esa tarea. Para ello, se asocian con una amplia gama de organizaciones, incluidos organismos gubernamentales, otras organizaciones internacionales, entidades privadas, organizaciones no gubernamentales internacionales, nacionales y locales, y organizaciones de la sociedad civil.

Cada país participante tiene un coordinador político —el punto de contacto con la Secretaría del FMAM y otros países participantes— y también un coordinador de las operaciones, que identifica ideas para proyectos que respondan a las prioridades del país y vela por que las propuestas del FMAM estén en consonancia con dichas prioridades. Estos coordinadores, junto con las 16 ONG regionales que se encargan de las actividades de divulgación y de la coordinación entre ONG nacionales y locales y el FMAM, ayudan a asegurar la intervención directa del país respectivo.

Según una evaluación independiente realizada recientemente, en un corto período de tiempo y con pocos recursos el FMAM ha contribuido de manera eficaz a crear nuevas estructuras y esquemas institucionales y a atraer cofinanciamiento para sus proyectos. También ha influido positivamente en las políticas y programas de los países receptores. Si bien todavía puede mejorarse su actuación, en particular sus actividades orientadas a la plena incorporación de las consideraciones ecológicas en las operaciones, los encargados de la evaluación llegaron a la conclusión de que el FMAM tiene posibilidades de lograr un éxito mucho mayor y que los donantes deben proceder a su fortalecimiento.

Fuente: Porter y otros. 1998.

de propiedad intelectual. ¿A qué se debe esta desventaja? En la OMC las negociaciones constituyen un proceso constante que, según un cálculo, puede entrañar 45 ó más reuniones a la semana. Sin embargo, únicamente dos tercios de los países en desarrollo, incluidos sólo 12 de los 29 países menos adelantados que son miembros de la OMC, tienen oficinas en Ginebra, y en muchos casos esas oficinas están encargadas de la representación del país en cuestión ante otras organizaciones internacionales. Por otra parte, los funcionarios de los países en desarrollo muchas veces carecen de la experiencia y conocimientos necesarios para participar en unos debates comerciales cada vez más técnicos. Se considera que casi un 60% de los países en desarrollo que son miembros de la OMC se encuentran en una situación de desventaja[35].

Un intento de solución es el Marco integrado para la asistencia técnica relacionada con el comercio de los países menos adelantados, cuya finalidad es incrementar la asistencia comercial aportada por los seis organismos internacionales participantes y otras entidades de desarrollo asociadas[36]. A pesar de que 40 países pobres han presentado "evaluaciones de las necesidades", el progreso ha sido lento, y sólo se han emprendido proyectos auspiciados por nuevos donantes en un país (Uganda). Los países en desarrollo se sienten decepcionados ante la pequeña cuantía de las promesas de fondos[37]. A solicitud de los donantes, se está llevando a cabo un examen independiente con el propósito de tratar de subsanar las deficiencias del programa. Si se logra resolver los problemas existentes, el programa podría constituir un modelo para la expansión de la capacidad en otras áreas y ayudar a los países en desarrollo a defender sus intereses más eficazmente.

Establecimiento de redes mundiales de las organizaciones de los pobres

Por lo menos, los de arriba nos escucharán. Antes, nadie nos preguntaba qué pensábamos nosotros.

—*Hombre pobre, Guatemala*

Al igual que en el caso de los países pobres, es esencial que se hagan oír las voces de las organizaciones de los pobres para asegurar que la acción a nivel mundial se oriente a la reducción de la pobreza. Particularmente cuando están vinculadas en coaliciones mundiales que multiplican su eficacia y capacidad, estas organizaciones pueden tener gran influencia en las deliberaciones internacionales. Por ejemplo, una coalición establecida en el marco del movimiento Jubileo 2000 y otros grupos que abogan por la reducción de la deuda han cooperado estrechamente con instituciones financieras internacionales y gobiernos de las naciones industriales para convenir en un esquema de alivio de la deuda más profundo, rápido y amplio para los países pobres muy endeudados (Capítulo 11).

Se precisan soluciones innovadoras para estrechar los vínculos entre las propias personas pobres, y entre éstas y los responsables de la adopción de decisiones a nivel mundial. Lo más importante es que cambie la mentalidad de las instancias de alcance mundial, que tengan plena conciencia de las experiencias de los hombres y mujeres pobres que se verán afectados o beneficiados por las medidas que se adopten en el plano internacional. También reviste importancia crítica la tecnología de la información, que puede ayudar a estructurar redes que permitan hacer llegar las voces de los pobres a los responsables de las decisiones globales. Si cuentan con los medios y la organización apropiados, estas redes pueden ser un poderoso instrumento para estimular la integración de las prioridades y análisis de los pobres en las deliberaciones mundiales.

HomeNet es una de estas redes globales de personas pobres. Fue creada a mediados del decenio de 1990 por sindicatos, organizaciones de base y ONG que colaboran con las personas que trabajan en sus hogares y los vendedores ambulantes en los países desarrollados y en desarrollo para tratar de aliviar el impacto adverso de la globalización en la vida de las mujeres pobres del sector informal. La finalidad de HomeNet era lograr el reconocimiento internacional de los derechos de las personas que trabajan en sus hogares, principio que se incorporó en un convenio elaborado bajo los auspicios de la Organización Internacional del Trabajo (OIT). Este convenio fue ratificado por la OIT en 1996, en parte gracias a la labor de una alianza de investigadores de la Universidad de Harvard y del Fondo de Desarrollo de las Naciones Unidas para la Mujer, que proporcionó a HomeNet datos estadísticos destinados a realzar la visibilidad de la economía informal. En 1997 la alianza de organizaciones de base, investigadores y organismos internacionales concertó la creación de una red global, conocida por su sigla en inglés WIEGO (Las mujeres en el sector informal: globalización y organización), cuya finalidad es fomentar la disponibilidad de mejores datos estadísticos, investigaciones y políticas en apoyo de las mujeres pobres en la economía informal. HomeNet, que cuenta entre sus miembros activos a organizaciones de más de 25 países, publica un boletín que llega a organizaciones de más de 130 países.

El fortalecimiento de este tipo de redes intensificará la voz de la propia población pobre, que tanto necesita hacerse escuchar en el ámbito de la cooperación internacional. Al igual que sucede en el caso de las políticas nacionales, es esencial escuchar la voz de los grupos pobres para que las políticas globales contribuyan a satisfacer sus necesidades.

• • •

Las cuatro esferas de acción que se destacan en este capítulo ponen de relieve la importancia de la cooperación internacional en la lucha contra la pobreza. Gran parte de los problemas más apremiantes que encaran los países en desarrollo —desde las barreras comerciales y las crisis financieras hasta las enfermedades infecciosas— sólo podrán resolverse con la colaboración de las naciones de ingreso alto. En el pasado, sin embargo, la cooperación internacional ha consistido primordialmente en transferencias de los países ricos a los pobres, sobre todo en forma de ayuda. Pero la ayuda no es suficiente: las perspectivas de reducir la pobreza dependen de la modificación de las políticas en los países de ingreso alto y de la adopción universal de medidas basadas en la cooperación. Es necesario reducir las barreras comerciales, afianzar la estabilidad financiera, crear bienes públicos internacionales que beneficien particularmente a los pobres y escuchar a los países pobres y personas pobres en los foros mundiales.

Dada la necesidad de tomar estas medidas internacionales, deberá replantearse la función de la cooperación internacional en la lucha contra la pobreza. Aun cuando se logre incrementar la eficacia de la ayuda, tema que se examina en el próximo capítulo, el progreso contra la pobreza será más lento si no se adoptan las medidas internacionales aquí recomendadas.

Capítulo 11

Reforma de la cooperación para el desarrollo con el fin de combatir la pobreza

La cooperación para el desarrollo está en proceso de reforma. Desde la relación entre el donante y el recipiente hasta la forma en que se suministra la ayuda y el marco para el alivio de la deuda de los países más pobres, muchas de las antiguas formas de asistencia para el desarrollo están comenzando a dejar paso a otras nuevas.

Ello se debe en gran parte al renovado vigor con que la comunidad internacional ha decidido combatir la pobreza. La Cumbre Mundial sobre Desarrollo Social, celebrada en Copenhague en 1995, estableció la meta de erradicar la pobreza en el mundo mediante acciones nacionales decisivas y la cooperación internacional. Los donantes han incluido entre las metas internacionales de desarrollo (véase el Recuadro 2 del Panorama general)[1] la reducción de la pobreza a la mitad entre 1990 y 2005, además de otros objetivos. En la duodécima reposición de los recursos de la Asociación Internacional de Fomento (AIF), en 1998, los donantes reafirmaron su misión de respaldar los programas con el fin de reducir la pobreza y mejorar la calidad de vida de los países miembros más pobres de la AIF[2]. El movimiento Jubileo 2000 contribuyó a introducir en el núcleo mismo de las estrategias de cooperación para el desarrollo orientadas a la reducción de la pobreza la búsqueda de un alivio de la deuda todavía mayor. Por otro lado, los donantes están esforzándose por resolver las diferencias de planteamiento de la reducción de la pobreza a través del Comité de Asistencia para el Desarrollo (CAD) de la OCDE, que prevé que para mediados del 2001 se llegará a un acuerdo sobre las directrices para la reducción de la pobreza con el fin de ayudar a los organismos donantes a adoptar programas más eficaces[3].

Si bien el compromiso de la comunidad internacional por combatir la pobreza se ha intensificado durante el decenio de 1990, la asistencia oficial para el desarrollo disminuyó en esos años. Ello echó por tierra el optimismo de comienzos del decenio, cuando se pensaba que la cooperación para el desarrollo recogería el "dividendo de la paz" gracias a los recortes del gasto militar después de la guerra fría[4]. Es más, después de haber alcanzado un máximo en 1992 (en cifras reales), la asistencia para el desarrollo bajó sistemáticamente a lo largo del decenio, a pesar del fuerte crecimiento económico de los países del CAD, y se recuperó sólo ligeramente en 1998 durante la crisis financiera mundial (Gráfico 11.1). Dieciséis de los 21 países del CAD destinaron una parte menor de su PNB a la asistencia para el desarrollo en 1997-98 que en 1998-92[5]. La distribución regional de esta ayuda se mantuvo constante, en rasgos generales, entre 1987 y 1998, si se excluye un au-

Gráfico 11.1

Las economías de los países donantes crecieron después de 1992, pero su asistencia para el desarrollo disminuyó

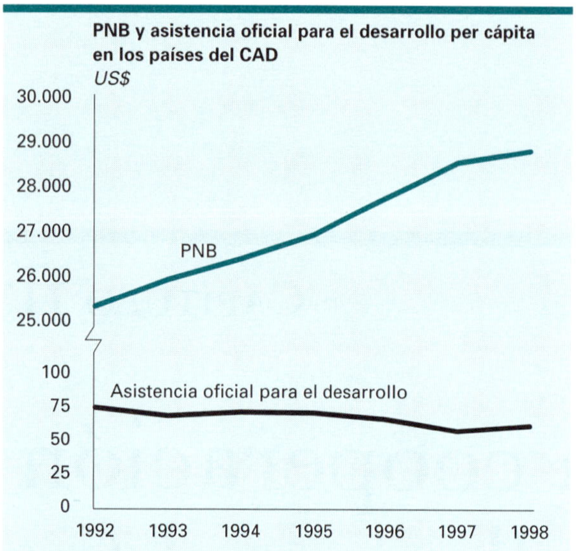

Nota: El PNB se expresa en US$ de 1995, y la asistencia oficial para el desarrollo en US$ de 1998.
Fuente: Estimaciones del personal del Banco Mundial basadas en datos de la OCDE y del Banco Mundial.

Gráfico 11.2

Con excepción de Europa y Asia central, la distribución regional de la asistencia oficial para el desarrollo se mantuvo prácticamente constante...

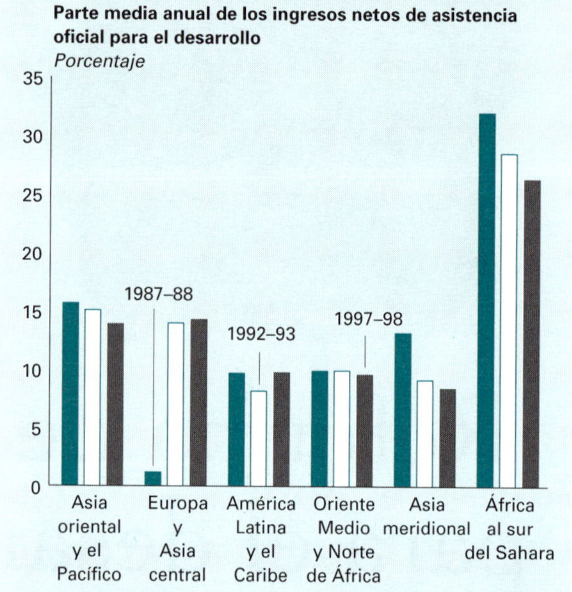

Nota: El total no suma el 100%, debido a que parte de la ayuda no se asigna por países o regiones.
Fuente: Datos del CAD de la OCDE.

mento de la parte correspondiente a Europa y Asia central (Gráfico 11.2). Pero el total de la asistencia para el desarrollo disminuyó en todas las regiones, con excepción de América Latina y el Caribe, después de 1992-93 (Gráfico 11.3). Según estimaciones preliminares, la asistencia oficial para el desarrollo volvió a aumentar en 1999, aproximadamente un 5%, aunque es todavía demasiado temprano para saber si ello representa algo más que una respuesta a la crisis asiática, es decir, indica una inversión real y sostenida, y muy necesaria, de la tendencia descendente de los años noventa.

La contracción de la ayuda ha sido costosa para muchos países. Aunque ha coincidido con una afluencia masiva de capital privado a los países en desarrollo, es muy pequeña la parte de ese capital que llega a los países más pobres. Los flujos netos de capital privado con destino a los países de ingreso bajo y mediano alcanzaron en 1998 un total de $268.000 millones y ahora son muy superiores al volumen de la ayuda en algunos países. En términos generales, los flujos privados a los países en desarrollo aumentaron fuertemente durante el decenio de 1990, en el que pasaron del 43% del total de las corrientes de recursos en 1990 al 88% en 1997, inmediatamente antes de la crisis financiera de Asia oriental. No obstante, las entradas de capital privado se han concentrado en un número relativamente pequeño de países; en el resto, estos flujos han sido escasos o nulos. En 1997, antes de la crisis financiera, los 15 países en desarrollo que recibieron una parte más considerable de los flujos de capital privado a los países en desarrollo acapararon el 83% del total, y unos 140 países y territorios en desarrollo (con unos 1.700 millones de habitantes) tuvieron que repartirse el resto. Sesenta y un países de ingreso bajo, además de China e India, se vieron casi totalmente excluidos[6]. Por ejemplo, el total de los países de África al sur del Sahara recibió en 1998 sólo el 1,2% del total de esos recursos destinados a los países en desarrollo. Se trata precisamente de los países que más necesitan esa ayuda, y han sufrido duramente los efectos de ese descenso.

La reducción de los flujos no obedece a una única razón. Los donantes señalaron inicialmente sus propios déficit fiscales como principal explicación del problema. No obstante, aun cuando estos déficit se redujeron (bajando del 4,3% del PIB en 1993 al 1,3% en 1997), la asistencia oficial para el desarrollo continuó recortándose, disminuyendo un 14% entre 1996 y 1997[7]. Una explicación más probable es que los donantes continúan considerando la cooperación para el desarrollo desde una perspectiva estratégica más que desde el punto de vista de la pobreza, y opinan que otros usos de sus recursos son más importantes desde el punto de vista estratégico. Históricamente, las corrientes de la ayuda han respondido más a intereses políticos y estratégicos que al deseo de reducir la pobreza[8].

Quizás más notable todavía sea el descenso de la ayuda de los defensores tradicionales de la asistencia oficial para el desarrollo. La preeminencia de los intereses geopolíticos no es una novedad[9]. Lo que sí es nuevo es la caída de la ayuda

Gráfico 11.3
... pero los ingresos bajaron después de 1992-93 en todas las regiones menos América Latina y el Caribe

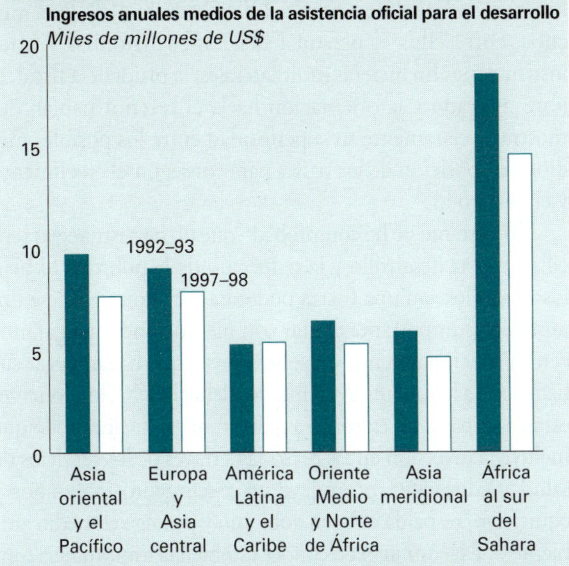

Fuente: Datos del CAD de la OCDE.

compensatoria de los partidarios de la asistencia para el desarrollo por motivos humanitarios. Muchos fueron víctimas de la "fatiga de la ayuda" y demostraron menos entusiasmo en ese sentido en los años noventa que antes.

No todos los países han caído víctimas de esa fatiga —de hecho, las corrientes de ayuda de algunos países llegaron a aumentar—, pero sus síntomas eran muy obvios. Por ejemplo, en los Estados Unidos, una encuesta en profundidad comprobó que una mayoría abrumadora de la población era en principio partidaria de la ayuda exterior, y que sólo el 35% consideraba que debería reducirse su volumen[10]. No obstante, más del 80% de los encuestados estimaban que los despilfarros y la corrupción impedían que la ayuda extranjera llegara a quienes la necesitaban. Este tipo de desencanto público puede haber dificultado a los gobiernos el mantenimiento de la ayuda exterior, y mucho más un posible aumento de la misma. Según esa manera de pensar, si la ayuda no funciona, el dinero podría gastarse mejor de otra manera.

En contraste con esta creciente fatiga de la ayuda, en algunos lugares se observó un fuerte resurgir del apoyo y del activismo en torno a la reducción de la deuda, muy particularmente bajo los auspicios del movimiento Jubileo 2000 de organizaciones religiosas y otros grupos de la sociedad civil. Se movilizaron en torno a la causa de reducción de la deuda de los países pobres, como medio de combatir la pobreza y promover el desarrollo humano. Así pues, hay todavía un fuerte apoyo al suministro de recursos para mejorar las condiciones de vida de los pobres en el mundo en desarrollo, pero también un sentimiento generalizado de desconfianza hacia los mecanismos tradicionales para hacer llegar esos recursos.

¿Funciona realmente la ayuda? ¿Puede funcionar mejor? ¿Cómo contribuye la ayuda en condiciones concesionarias a la reducción de la deuda? El que los países en desarrollo consigan o no las metas internacionales de desarrollo dependerá fundamentalmente de ellos mismos, y de sus propias políticas. Pero la ayuda y el alivio de la deuda pueden representar un apoyo decisivo. Por ello, sigue siendo muy importante buscar la manera de hacerlo con mayor eficacia, y luego, poner todos los medios para hacer lo que sea necesario.

Para dar respuesta a esas preguntas, en este capítulo se esboza la visión de un sistema más adecuado de cooperación para el desarrollo, basado en nuevas ideas y nuevas prácticas. Esta visión incluye un marco reformado para la ayuda centrada en los países y para el alivio de la deuda en favor de los países más pobres, sustentado por una renovada insistencia en el entorno institucional y de políticas y en la prioridad fundamental de la reducción de la pobreza. Los donantes actuarían en asociación con los países, dirigiendo la ayuda y el alivio de la deuda de acuerdo con un marco amplio de reducción de la pobreza (tal como proponen muchos donantes y como se expone en el presente informe), en apoyo de los países que mejor uso pueden hacer de estos recursos en beneficio de los pobres.

El apoyo a unas políticas e instituciones válidas es importante, pero no suficiente. Durante los años noventa hemos aprendido que el proceso es tan importante como la política misma en lo que respecta a la ayuda exterior y a la gestión de una carga de la deuda insostenible. La forma en que los donantes y receptores se interrelacionan influye claramente en la eficacia de la cooperación para el desarrollo. Las relaciones han respondido en general a las preferencias de los países donantes, lo que ha hecho que los países receptores no se hayan identificado demasiado con las actividades financiadas por la ayuda. Al mismo tiempo que se propone un marco amplio de reducción de la pobreza, en este informe se hace hincapié en la importancia de las realidades locales para el desarrollo. El hecho de que las relaciones en el terreno de la ayuda hayan olvidado con demasiada frecuencia las realidades locales, e impedido una mayor identificación, constituye una deficiencia importante. Para que la cooperación en favor del desarrollo consiga combatir con eficacia y eficiencia la pobreza, los donantes deberán:

- Prestar mayor atención a las condiciones locales y a la identificación de los países;
- Suministrar la ayuda con procedimientos que no supongan una diferencia en las subvenciones gubernamentales, en particular mediante una mayor utilización de planteamientos sectoriales y el abandono de las antiguas formas de condicionalidad de la ayuda;
- Respaldar en todo momento entornos institucionales y normativos que favorezcan claramente la reducción de la pobreza, en detrimento de los que olvidan este objetivo.

El presente capítulo comienza examinando la contribución de estos planteamientos a una ayuda más eficaz. Luego se consideran las cuestiones asociadas con el alivio del programa de la deuda de los países pobres.

Una ayuda más eficaz para reducir la pobreza

Estudios recientes confirman lo que las pruebas circunstanciales venían revelando ya desde hace tiempo: los resultados de la ayuda han sido ambivalentes[11]. Los pronósticos iniciales de que la ayuda superaría el problema de financiamiento que impedía avanzar a los países en desarrollo no se han hecho realidad. Si toda la ayuda que se envió a Zambia entre 1961 y 1994 se hubiera dedicado a inversiones productivas, y si la inversión hubiera sido tan importante para el crecimiento como se había pronosticado inicialmente, el ingreso per cápita del país habría sido de más de $20.000 en 1994, en vez de $600[12].

Sin embargo, la ayuda ha conseguido también importantes logros. El Programa de lucha contra la oncocercosis es sólo un ejemplo (véase el Recuadro 10.1). La ayuda fue un factor importante, en diferentes períodos, en el extraordinario éxito de Asia oriental en su lucha contra la pobreza durante los pasados decenios. El rápido progreso de Viet Nam en el decenio de 1990 es otro ejemplo. En otras palabras, la ayuda puede funcionar. El desafío que se presenta a la comunidad internacional es comprender cómo se puede conseguir que funcione sistemáticamente —y, luego, no ahorrar esfuerzos para poner en práctica lo aprendido.

Principales problemas de la ayuda

Las dificultades de la ayuda en la lucha contra la pobreza no se deben únicamente al predominio de los intereses geopolíticos sobre los del desarrollo, que ha orientado con frecuencia la ayuda hacia países cuyas políticas no se centraban en la reducción de la pobreza. La ayuda se ha visto obstaculizada por las frecuentes diferencias en las perspectivas de los donantes acerca de las políticas de desarrollo, aun cuando en los últimos 50 años haya habido casos de consenso relativamente amplio al respecto[13]. Las diferencias entre los donantes han contribuido de manera decisiva a impedir que la ayuda sea plenamente eficaz. Con frecuencia, los donantes no han conseguido coordinar sus esfuerzos, los países no han hecho suyas las iniciativas y se ha recurrido con frecuencia a la condicionalidad, tanto en los proyectos como en el conjunto de la economía.

En los dos primeros decenios que siguieron a la segunda guerra mundial, la industrialización impulsada por el Estado parecía ser la forma más indicada de conseguir el desarrollo; este consenso se rompió en el decenio de 1970 como consecuencia de algunos acontecimientos de alcance mundial, entre ellos el abandono del sistema de tipo de cambio fijo y dos crisis del petróleo que tuvieron efectos devastadores en los países en desarrollo. Se extendió ampliamente la convicción de que la injerencia gubernamental en la economía había impedido que los países en desarrollo se adaptaran a esas crisis. Posteriormente, comenzó a formarse un nuevo consenso, que recibió con el tiempo el nombre de "Consenso de Washington" (véase el Recuadro 4.1 del Capítulo 4) [14]. Para muchos, entre ellos el personal del Banco Mundial y otras instituciones financieras multilaterales, la prudencia fiscal, el libre mercado y la orientación hacia el exterior habían demostrado claramente su superioridad entre los posibles medios a disposición de los países para conseguir el crecimiento y el desarrollo[15].

No obstante, se ha comprobado que no hay estrategias sencillas para el desarrollo y la reducción de la pobreza. Si bien los mercados son una fuerza poderosa para conseguir ese fin, también es importante contar con instituciones que garanticen su funcionamiento sin sobresaltos y que hagan llegar sus beneficios a los pobres. A comienzos del siglo XXI, los donantes están agrupándose en torno a una estrategia de desarrollo que incluye la inversión en las personas a través de los servicios de salud y educación, promueve un crecimiento integrador y equitativo, respalda el buen gobierno y protege el medio ambiente[16]. Esta estrategia reconoce también la importancia fundamental de las condiciones locales, es decir, la necesidad de elegir las políticas de desarrollo en función del contexto.

A pesar de este consenso creciente en torno a un marco general de desarrollo, los donantes y receptores no han podido llegar a un acuerdo sobre las políticas más adecuadas en condiciones concretas. Los donantes se plantean los problemas del desarrollo desde la perspectiva de sus propios mandatos, historia, ideologías y realidades políticas, y muchas veces no ven la realidad de la misma manera que otros donantes o que los países receptores. Incluso en el terreno de la salud y de la educación, considerado esencial por todos los donantes, se debate cuáles son las reformas más indicadas. Como observaba un especialista, hay "una multitud desconcertante de sistemas y experiencias nacionales, cada una de las cuales presenta ventajas y desventajas muy distintas (y que son objeto de enconados debates)" [17]. Por ello, si bien ha terminado ya la época de la fe ciega en el Estado o en el mercado, entre esos extremos hay un sinnúmero de opciones, y el debate acerca de ellas dista mucho de haber concluido.

La falta de consenso sobre las orientaciones generales y los detalles de las políticas y proyectos nacionales y locales ha reducido la eficacia de la asistencia para el desarrollo[18]. Este efecto es especialmente patente en los problemas de identificación, coordinación de los donantes, fungibilidad y condicionalidad, los más importantes en relación con la ayuda durante los años noventa.

Identificación. Como los donantes y receptores muchas veces están en desacuerdo, los donantes han buscado la manera de conseguir que sus recursos se gasten tal como ellos desean. Han administrado sus propios proyectos, han exigido a los países informes detallados sobre los proyectos y han impuesto condiciones, generalmente orientadas hacia las políticas, para la utilización de los fondos. Un importante estudio sobre las relaciones entre donantes y receptores africanos llegó a la conclusión de que "a pesar de algunas mejoras, los donantes tienden todavía a dominar el ciclo de los proyectos y no prestan la debida atención a las preferencias del gobierno o de los beneficiarios de los proyectos"[19]. Como demuestran los testimonios existentes, esos esfuerzos por conseguir que la ayuda se gaste de manera eficaz han producido con frecuencia el efecto contrario, ya que han impedido que el país destinatario haga suyos los proyectos.

Los análisis revelan que la identificación con las iniciativas es un requisito fundamental para una ayuda eficaz[20]. El mayor o menor convencimiento de un país acerca de los beneficios que puede conseguir a través de un proyecto o una reforma condiciona el esfuerzo realizado en favor de esa actividad, los recursos internos aportados y el compromiso con la actividad una vez que se ha marchado el donante, factores todos ellos de gran importancia para el éxito de una empresa. Para prosperar, las reformas y proyectos deben fomentar la identificación de las personas a las que aparentemente está destinada una política o proyecto.

Coordinación con los donantes. Cuando se combinan las diferentes prioridades y condiciones de los distintos donantes (incluidos sus requisitos en materia de presentación de informes y de adquisiciones), se puede crear un entorno inviable para el gobierno destinatario. El mero número de donantes y de sus proyectos puede representar un problema. En un momento, en el Ministerio de Salud de Mozambique había 405 proyectos financiados por donantes. A principios del decenio de 1990 había en Tanzanía 40 donantes y más de 2.000 proyectos. En esa misma época, en Ghana estaban recibiendo ayuda 64 instituciones gubernamentales o cuasigubernamentales diferentes[21]. La coordinación de estos esfuerzos en apoyo de una estrategia de desarrollo coherente, incluso en el plano sectorial, es casi imposible.

Fungibilidad. Los estudios revelan que los fondos de la ayuda asignados a un sector concreto suelen librar para otros fines los recursos estatales que, de lo contrario, se habrían utilizado con ese mismo fin[22]. Ello significa que, al financiar proyectos en sectores específicos, es posible que los donantes de hecho estén contribuyendo a incrementar las asignaciones para actividades que no desean financiar, como los gastos militares. Las repercusiones en la cooperación para el desarrollo pueden ser profundas, y las evaluaciones de los proyectos no reflejarán los verdaderos efectos de la ayuda, ya que es probable que ésta libere recursos para otras actividades[23].

Aun cuando los recursos sean fungibles, el apoyo de los donantes puede tener todavía ciertas repercusiones, desde el diseño de determinadas políticas hasta el desarrollo institucional. Además, en los países que dependen fuertemente de la ayuda, el grupo de donantes podría provocar cambios en la asignación de los recursos públicos, simplemente por el mero volumen de los recursos aportados. En este sentido, podría ser importante la preferencia de los donantes de respaldar los presupuestos para el desarrollo, que puede dar lugar a una salida neta de recursos del presupuesto ordinario, lo que no siempre es bueno para el desarrollo, debido a la importancia del gasto ordinario para mantener los servicios económicos y sociales básicos[24].

Condicionalidad. Los donantes saben que incluso los proyectos debidamente realizados sirven de poco si no van acompañados de un entorno de políticas acertadas[25]. Una escuela bien construida será útil únicamente si en el presupuesto anual se asignan cantidades adecuadas para el personal docente, libros y materiales, y si las condiciones económicas permiten a los niños ir a la escuela. La importancia de unas políticas e instituciones adecuadas para garantizar resultados sostenibles revela que la ayuda debería destinarse más bien a países donde haya un entorno normativo general acertado y se adopten políticas idóneas para la reducción de la pobreza. El hecho es que la relación entre buenas políticas y volumen de la ayuda no ha sido muy firme[26].

Esta conclusión sería comprensible si la ayuda estimulara la reforma de las políticas incitando a los países a reformar sus políticas o ayudándoles a hacerlo. Ésta ha sido la intención de muchos donantes, y es una de las razones (la otra es la fungibilidad) por la que muchos de ellos han reducido la parte de su cartera asignada a proyectos y han incrementado la correspondiente a la ayuda en apoyo de programas y políticas[27]. La mayor parte de esta última forma de ayuda ha estado vinculada a la aplicación de determinadas reformas. No obstante, estudios realizados en el decenio de 1990 han demostrado que no hay una relación sistemática entre condicionalidad y reforma de las políticas, si bien algunos estudios de casos revelan efectos positivos en determinadas circunstancias, sobre todo cuando la condicionalidad redunda en beneficio de los grupos reformistas[28].

La dinámica entre donantes y receptores de la ayuda explica por qué no funciona la condicionalidad. Los destinatarios no consideran que las condiciones sean vinculantes, y la mayor parte de los donantes no se deciden a interrumpir la ayuda cuando no se cumplen las condiciones[29]. En consecuencia, la observancia de las condiciones suele ser escasa, mientras que la tasa de liberación de los tramos de los proyectos continúa siendo elevada[30]. En otras palabras, la ayuda ha continuado llegando a pesar de la persistencia de políticas inadecuadas.

Además de su poca contribución a la reforma de las políticas, las condiciones relacionadas con éstas, combinadas en muchos casos con otras condiciones vinculadas a los proyectos, representan una fuerte carga para los administradores de los países en desarrollo, problema que se ha agudizado a medida que se ha ampliado la condicionalidad. Las condiciones de los préstamos para el ajuste otorgados por el Banco Mundial, que se multiplicaron en el decenio de 1980, continuaron creciendo en el de 1990 al mismo tiempo que se ampliaba el programa de actividades de desarrollo[31].

Como se señala en una evaluación reciente, "desde 1981 el menú de la condicionalidad no ha hecho más que crecer"[32]. El tiempo dedicado por los funcionarios públicos a negociar y supervisar esas condiciones es tiempo que podría haberse empleado más provechosamente analizando los problemas del desarrollo y consiguiendo estrategias para ese fin. Se ha comprobado que la identificación es fundamental para la sostenibilidad de la reforma tanto de proyectos como de políticas, y el hecho de que la prestación de la ayuda la debilite es un inconveniente fundamental de los actuales mecanismos de cooperación para el desarrollo.

Soluciones válidas en contextos diferentes

Si bien las formas dominantes de relación entre donantes y receptores han permitido a aquellos mantener sus propias prioridades, el resultado ha sido en general un sistema fragmentado que echa por tierra sus esfuerzos. El problema que presenta la reforma de la cooperación para el desarrollo internacional es el de poder dar acogida a diferentes perspectivas sobre el desarrollo sin sobrecargar al receptor ni impedir la identificación.

Una posible respuesta sería la estandarización mundial de las estrategias de desarrollo, pero la historia demuestra que esta solución no es aconsejable. El desarrollo está determinado en buena medida por las condiciones locales, en particular las instituciones sociales, la capacidad social, la fragmentación étnica, la desigualdad y la geografía[33]. En algunos estudios, estas variables explican de forma significativa la divergencia de las tasas de crecimiento en los últimos 30 años[34]. En otros, se observa también que conmociones externas, y la capacidad de respuesta ante ellas, pueden influir en el crecimiento tanto como las políticas[35]. Por consiguiente, el diseño de las estrategias de desarrollo debe ser lo bastante flexible como para que pueda adaptarse a las circunstancias internas y externas.

Esta perspectiva comenzó a imponerse en la comunidad del desarrollo en los últimos años noventa y, junto con el reciente interés por conseguir una mayor eficacia, ha impulsado propuestas para resolver los problemas de la ayuda. Destacan por su importancia tres temas: la identificación y asociación, unos mecanismos de prestación de ayuda menos agresiva centrada en el marco general de políticas y de gastos, y la selectividad. En conjunto, constituyen el programa de la comunidad internacional para mejorar la cooperación en pro del desarrollo en el próximo decenio.

Identificación y asociación. Conscientes de la importancia de la identificación y del problema de la coordinación de los donantes, la mayor parte de éstos han asumido la asociación como principio rector en sus relaciones mutuas y en las que mantienen con los gobiernos y con los ciudadanos de los países en desarrollo[36]. La mayoría de los marcos de asociación cuentan con dos partes. La primera es una asociación entre el gobierno destinatario y sus ciudadanos, que comparten la responsabilidad de elaborar su estrategia nacional de desarrollo. Ésta puede adquirir forma mediante un proceso de consulta con intervención del Estado, la sociedad civil y el sector privado. La segunda es una asociación entre el gobierno y los donantes, en que éstos diseñan sus estrategias de asistencia para respaldar la estrategia gubernamental. Desde esta nueva perspectiva, lo importante es saber configurar esta asociación externa, o contrato, de tal manera que ofrezca incentivos para la formulación de estrategias de reducción de la pobreza a largo plazo e impulsadas por los países, al mismo tiempo que refuerce también las asociaciones internas necesarias para la estabilidad social y el desarrollo económico.

Las consultas entre los gobiernos y la sociedad civil, y entre los gobiernos y los donantes, son práctica común en algunos países que están experimentando el Marco Integral de Desarrollo del Banco Mundial, el concepto de asociación de la Unión Europea y otros enfoques semejantes. Las consultas en el contexto del Marco Integral de Desarrollo han resultado provechosas en varios países, como Bolivia, República Dominicana y Ghana, pero han puesto también de manifiesto la necesidad de capacidad y de compromiso gubernamental como ingredientes fundamentales para unas consultas eficaces (Recuadro 11.1).

Este nuevo planteamiento de la cooperación para el desarrollo se ha incorporado en la nueva iniciativa del Banco Mundial y el Fondo Monetario Internacional (FMI) para vincular su ayuda a los países de ingreso bajo a unas estrategias de reducción de la pobreza diseñadas por los propios países, en el marco de los principios del Marco Integrado de Desarrollo (Recuadro 11.2). Los fondos en condiciones concesionarias y el alivio de la deuda ofrecidos por el Banco Mundial y el FMI estarán vinculados a las metas de las estrategias de reducción de la pobreza preparadas por los gobiernos en consulta con organizaciones de la sociedad civil, el sector privado y los donantes. Basadas en una comprensión adecuada de la situación de la pobreza en el país, las estrategias identificarán las acciones que mayor efecto puedan conseguir y establecerán procesos de seguimiento y evaluación. La meta es que estas estrategias, descritas en los documentos de estrategia de lucha contra la pobreza, constituyan la base para la asistencia ofrecida no sólo por el Banco Mundial y el FMI sino por otros organismos de asistencia[37]. Los bancos regionales de desarrollo han emprendido iniciativas semejantes.

Mecanismos menos agresivos de prestación de ayuda centrados en el entorno general de políticas y gastos. Los donantes han utilizado muchos medios para influir en las políticas de los países receptores. Las antiguas formas de condicionalidad de las políticas han tenido con frecuencia resultados decepcionantes, según las circunstancias del país y de la forma en que se utiliza la condicionalidad. Los procesos de examen de las políticas han tenido también limitado éxito. Los exámenes del gasto público, por ejemplo, han evaluado el nivel y composición del gasto de los países e identificado la manera de mejorar la política de gastos y de utilizar los fondos de los

Recuadro 11.1
Aprendizaje sobre el proceso de consulta a través del Marco Integral de Desarrollo

En 1999 el Banco Mundial dio a conocer su Marco Integral de Desarrollo, instrumento para lograr una mayor identificación de los países y una mejor coordinación de los donantes en la cooperación para el desarrollo. El Marco está basado en cuatro principios: identificación de los países con el programa de políticas, asociación con todas las partes interesadas, atención a los problemas sociales y estructurales, así como a las cuestiones macroeconómicas y financieras, y un planteamiento a largo plazo y global incorporado a las consultas nacionales.

Los países elaboran su estrategia nacional en consulta con la sociedad civil y el sector privado; luego, con los donantes, diseñan una matriz en la que se vinculan las metas de desarrollo y sus respectivos agentes. Las actividades de éstos en apoyo de cada una de las metas aparecen enumeradas en la matriz, en la que se observan las posibles lagunas o superposiciones.

Este marco se está aplicando en 13 países y alienta una amplia consulta entre los gobiernos y sus ciudadanos, además de fomentar la asociación con los donantes en el diseño de estrategias generales de desarrollo nacional. Pero los progresos han sido irregulares, debido a las diferentes fechas de comienzo y circunstancias de cada país.

Bolivia comenzó pronto. A finales de 1997, el nuevo gobierno emprendió un análisis de los problemas de desarrollo del país y la preparación de un plan de acción nacional para tratar de resolverlos. Una parte fundamental del mismo fue la consulta nacional con una gran variedad de representantes de la sociedad civil —ONG, sindicatos, organizaciones religiosas, partidos de la oposición y círculos académicos— y el sector privado para examinar los problemas del desarrollo y proponer soluciones. Los resultados de este diálogo nacional se presentaron al gobierno como aportación para el plan de acción nacional.

Todos los debates con los donantes se producen ahora en el contexto del plan de acción nacional. En una reunión del grupo consultivo celebrada en abril de 1998, los donantes comprometieron un 45% más que en 1997. Se ha alentado también a los donantes a que formulen sus estrategias en apoyo del plan de acción nacional. El Banco Mundial revisó recientemente su estrategia de asistencia al país para acomodarla al plan, con el fin de respaldar tres de los cuatro pilares del mismo. El gobierno continúa dirigiendo la coordinación con los donantes y presidió la reunión del grupo consultivo en París, en 1999, en la que presentó su versión del Marco Integral de Desarrollo. Ha acordado también con los donantes los indicadores intermedios para la supervisión de los resultados.

Otros países no han progresado tanto. Las dificultades de algunos ponen de manifiesto los posibles problemas. Por ejemplo, es claro que la identificación del país depende en buena medida de la capacidad nacional. El país debe ser capaz de celebrar amplias consultas con todos los elementos de la sociedad y realizar el complejo análisis necesario para diseñar estrategias nacionales que compaginen las cuestiones macroeconómicas y financieras con los temas sociales, estructurales e institucionales. Actualmente, el país debe ser también capaz de aplicar la estrategia.

Sin esta identificación, y el liderazgo del país, la coordinación de los donantes será difícil. Si bien hay pruebas de que algunos países donantes están acomodando gradualmente sus estrategias a las de los países receptores, el país receptor deberá mostrar una mayor capacidad de liderazgo para acelerar el progreso.

Fuente: Wolfensohn, 1999; Banco Mundial, 1999d y 1999u.

Recuadro 11.2
Nueva estrategia para la reducción de la pobreza

La nueva estrategia para la reducción de la pobreza del Banco Mundial y el Fondo Monetario Internacional trata de vincular el apoyo externo a las estrategias contra la pobreza elaboradas por los propios países y basadas en los resultados. Otro objetivo es aumentar la eficacia de las relaciones del Banco Mundial y el FMI (y las de otros donantes) con los países receptores. Tan importante como la estrategia del país receptor es el proceso previo. Cabe suponer que un diálogo amplio y participativo con los representantes de la sociedad civil y el sector privado contribuirá a los siguientes objetivos:

- Ayudar a las autoridades nacionales a conseguir una mejor comprensión de los obstáculos a la reducción de la pobreza y al crecimiento, y a formular indicadores adecuados de los progresos en la reducción de la pobreza.
- Avanzar hacia una visión común de las metas deseadas de reducción de la pobreza en toda la sociedad.
- Progresar en la formulación de prioridades de acción pública para conseguir los resultados deseados de reducción de la pobreza.
- Alentar el desarrollo de procesos basados en la participación para establecer las metas de reducción de la pobreza y supervisar su aplicación y progresos.

Los resultados se comunicarán periódicamente en los documentos de estrategia de lucha contra la pobreza, que deberán reflejar una estrategia de desarrollo basada en una amplia identificación de las partes interesadas. Las estrategias se basarán en general en ciclos trienales, con informes anuales de situación en los años intermedios, todo ello inmerso en un marco a largo plazo de reducción de la pobreza. Si bien la forma efectiva de la estrategia es algo que deben decidir los países —no hay una solución única—, la mayor parte de las estrategias incluirán los siguientes elementos:

- Metas a largo plazo para los objetivos de reducción de la pobreza, y el marco macroeconómico, estructural e institucional para su consecución (véanse, por ejemplo, las metas de Uganda en el Recuadro 1.7).
- Mecanismos para supervisar y evaluar los progresos hacia los objetivos de reducción de la pobreza, vinculados a intervenciones públicas.
- Una política coherente y un marco institucional que incluya los fundamentos para un crecimiento rápido y sostenido y para la reducción de la pobreza (con inclusión de políticas macroeconómicas, reformas institucionales, estrategias sectoriales y las correspondientes necesidades financieras internas y externas).

Los donantes pueden ayudar ofreciendo asistencia técnica en algunas áreas. La experiencia inicial de África y América Latina revela que los países suelen estar bien preparados para establecer un perfil de pobreza y una estrategia general de reducción de la pobreza, pero no tanto en lo que respecta a la preparación de objetivos cuantificados, el cálculo de los costos de la estrategia y la evaluación de las inevitables soluciones de compromiso cuando los recursos son limitados. Como en otros aspectos de la cooperación para el desarrollo, el país deberá determinar su propia necesidad de asistencia para mantener el protagonismo en este proceso importante.

Fuente: FMI y AIF, 1999; Banco Mundial y FMI, 2000a.

donantes de manera más eficiente (véase el Recuadro 9.2 del Capítulo 9). Pero varios estudios han comprobado que este tipo de intervención resulta ineficaz en muchos casos, debido en buena parte a que los países receptores no han intervenido activamente en los exámenes y, por lo tanto, no han mostrado demasiada inclinación a aplicar las conclusiones[38].

Quizás resulte más sorprendente el hecho de que la observancia por parte de los donantes haya sido también débil. Según una evaluación reciente, los exámenes del gasto público han tenido poca repercusión en las políticas de los países receptores y en las prácticas de financiamiento de los donantes[39]. Por ello, los donantes están buscando nuevos mecanismos de fortalecimiento del entorno normativo que no desincentiven la identificación de los países sino que la favorezcan. Por ejemplo, han comenzado a alentar a los países a participar plenamente en el proceso de examen del gasto público, y están experimentando nuevos instrumentos.

Un nuevo instrumento que ha recibido gran atención es el planteamiento sectorial: el gobierno diseña una estrategia para todo un sector, y los donantes se comprometen a financiar ese sector, no proyectos concretos. Con ello se resuelve el problema de la coordinación con los donantes, haciéndola innecesaria: toda la actividad sectorial es dirigida por el país destinatario, que utiliza sus propios fondos además de los recibidos de los donantes. Este instrumento responde a un entorno normativo más amplio, al mismo tiempo que garantiza la identificación. Aunque el planteamiento es demasiado nuevo para poder presentar un historial, algunas experiencias iniciales son prometedoras (Recuadro 11.3).

Algunos defensores de este concepto han propuesto la aplicación de los principios del enfoque sectorial a toda la cooperación para el desarrollo (Recuadro 11.4). Otros consideran que el financiamiento a través de proyectos continúa siendo aconsejable y está de acuerdo con la nueva mentalidad acerca de la cooperación para el desarrollo en orden a la reducción de la pobreza. El apoyo a los proyectos puede ser eficaz para un desarrollo sectorial basado en los resultados, siempre que se produzca dentro de un marco sectorial que vincule sistemáticamente las inversiones y el desarrollo institucional de las políticas a los resultados de la lucha contra la pobreza (y a indicadores intermediarios para supervisar e interpretar el progreso). La elección del instrumento dependerá de las condiciones normativas e institucionales de cada país (o de cada sector dentro de un país) y de las preferencias de los distintos donantes. Pero habría que hacer especial hincapié en poner el proceso en manos del país y en garantizar que los mecanismos de prestación de ayuda no comprometan su identificación.

Selectividad. Para que la ayuda sea verdaderamente eficaz en la lucha contra la pobreza, debe estar bien orientada. Según estimaciones de un estudio reciente, si toda la ayuda monetaria se asignara en función del nivel de pobreza y de la existencia de políticas e instituciones razonablemente eficaces, incluso el reducido volumen actual de la ayuda podría sacar de la pobreza a 19 millones de personas cada año, casi el doble de los 10 millones que se mencionan en las estimaciones recientes[40].

Gráfico 11.4
La ayuda no llega únicamente a los países pobres

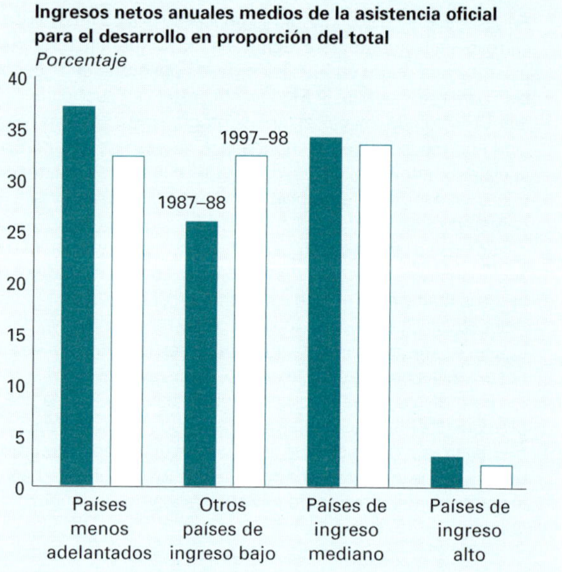

Nota: Países menos adelantados son los 48 países así definidos por las Naciones Unidas en consideración de determinados umbrales del ingreso, la diversificación económica y el desarrollo social.
Fuente: OCDE, CAD, 2000.

En la actualidad, aproximadamente un tercio de la ayuda va a parar a países de ingreso mediano, cuyo PNB medio per cápita es aproximadamente seis veces superior al de los países de ingreso bajo (Gráfico 11.4). Si bien sólo algunos de los grandes donantes destinan una parte mayor de su ayuda a los países de ingreso mediano (la mayor parte de los donantes ayudan sobre todo a los países más pobres), ello significa todavía que la ayuda mundial no está claramente centrada en las áreas donde la incidencia de la pobreza es mayor. La ayuda, y en especial las corrientes de asistencia para el desarrollo en condiciones no concesionarias, pueden contribuir todavía a reducir la pobreza en los países de ingreso mediano, cuando el entorno de políticas es aceptable y los recursos están bien orientados.

Además de la especial atención a la lucha contra la pobreza, los donantes deberían asignar la ayuda teniendo en cuenta el entorno de políticas. Se ha comprobado que la ayuda es eficaz para promover el crecimiento y la reducción de la pobreza en los países pobres con políticas económicas e instituciones válidas –e ineficaz, en ausencia de éstas[41]. Desde la perspectiva de reducción de la pobreza, la ayuda impulsada por intereses políticos y estratégicos más que por las políticas de desarrollo de los países interesados es en buena parte un despilfarro. Se han elaborado varios instru-

Recuadro 11.3
Cooperación para el desarrollo sectorial

Con el fin de resolver los problemas de identificación, coordinación con los donantes y fungibilidad, los donantes están experimentando la puesta en común de sus recursos en apoyo de estrategias sectoriales concebidas y aplicadas por el gobierno receptor. El país, en consulta con las principales partes interesadas, diseña una estrategia sectorial y un marco presupuestario de varios años de duración, y los donantes aportan sus recursos a un fondo central para gastos del sector. Este planteamiento favorece la identificación de los países con las estrategias y programas sectoriales. Además, vincula el gasto sectorial con el marco macroeconómico general. Por otro lado, garantiza también la coordinación de las actividades de donantes y receptores.

Algunos de los beneficios de un programa sectorial se han hecho patentes en el sector de la salud de Zambia. En 1994, el gobierno presentó a los donantes su política y estrategia nacional de salud y, con el fin de garantizar la distribución equitativa de los servicios y la aplicación coherente de la estrategia, les pidió que no ofrecieran financiamiento a provincias o proyectos concretos sino a una institución central, el Ministerio de Salud. Los donantes vacilaron al principio, pero pronto comenzaron a aceptar la propuesta. Una evaluación independiente realizada en 1997 comprobó que "los trabajadores del sector de la salud están más motivados; los dispensarios funcionan; los fondos llegan a los distritos; se ha puesto en marcha un modesto proceso de descentralización, y ha participado oficialmente una parte importante del sector privado".

Este planteamiento garantiza la total identificación del país y elimina los problemas de coordinación de los donantes. Hay una mayor identificación y control nacional, y por ello el uso de los recursos puede ser mucho más eficiente. De todas formas, eso significa también que se van a producir grandes cambios en las relaciones entre donantes y receptores y quizá surjan mayores dificultades en la aplicación. Varios programas sectoriales han fracasado por la insuficiente capacidad institucional del país receptor. Otro problema ha sido la falta de coordinación con el programa macroeconómico. Además, los donantes muchas veces tienen demasiados requisitos y, por lo tanto, demasiados problemas (o demasiado poco interés) en armonizarlos (Harrold and associates, 1995). Además, estos mecanismos impiden a los donantes controlar y supervisar en la forma debida cómo se gastan exactamente los recursos.

Los cambios necesarios implican que será difícil conseguir apoyo para este planteamiento. Los gobiernos receptores deben dar muestras de gran confianza, ya que la aplicación estricta de un planteamiento sectorial significa que los donantes que no participan en los mecanismos de aplicación común no pueden actuar en el sector (es decir, no tienen sus propios proyectos). El resultado puede ser una reducción del financiamiento de los donantes con destino a un sector. Por ello, quizá los gobiernos prefieran programas sectoriales menos estrictos, y decidan autorizar a los donantes que apliquen los proyectos con tal de que encajen en la estrategia sectorial general.

Recuadro 11.4
Fondo común de cooperación para el desarrollo

Hay quienes, considerando el potencial del enfoque sectorial, proponen la ampliación de esta idea a países enteros (Kanbur, Sandler, y Morrison, 1999). Los donantes cederían el control completo al gobierno del país receptor, promoviendo su propia perspectiva sobre la estrategia de desarrollo a través de un diálogo con el país y entre ellos, y no con programas y proyectos específicos. En vez de financiar sus propios proyectos, los donantes otorgarían apoyo al presupuesto central de los países con estrategias acertadas de desarrollo (y con capacidad para aplicarlas).

El país elaboraría primero su propia estrategia, programas y proyectos en consulta con su población y con los donantes. Luego, presentaría sus planes a los donantes, que depositarían recursos incondicionados de financiamiento en un fondo común de asistencia para el desarrollo, que se utilizaría junto con los propios recursos del gobierno para financiar la estrategia de desarrollo. Desaparecería la asignación de recursos a fines específicos. No se permitiría la supervisión ni el control de proyectos y programas concretos por parte de los donantes. Y la ayuda de éstos no iría acompañada de ninguna condición.

El volumen de los fondos aportados por los donantes dependería de su evaluación del entorno normativo del país y, en particular, de la forma en que el país haya llegado a un acuerdo sobre la estrategia y de su capacidad de aplicarla y de supervisar los progresos. De esta manera, el planteamiento del fondo común sería una forma más rigurosa de condicionalidad, ya que los donantes deberían evaluar el entorno normativo general, la dirección y la capacidad de los países. Estas evaluaciones se darían a conocer al país y a los otros donantes durante el diálogo previo a la decisión sobre el financiamiento.

Este enfoque presentaría muchos de los problemas con que se encuentra el planteamiento sectorial, en particular la necesidad de los países receptores de tener tanto la capacidad de aplicar su estrategia como la confianza necesaria para seguir adelante aun sin apoyo de los donantes. Además, los donantes podrían mostrarse reacios a estos fondos comunes de alcance nacional, ya que probablemente significarían una reducción de su propio personal, pues sus organizaciones no se encargarían ya de elaborar y supervisar los proyectos ni de la negociación y seguimiento de las condiciones.

No obstante, igual que el planteamiento sectorial, el fondo común conseguiría la total identificación del país y eliminaría los problemas de coordinación de los donantes. Conservaría, además, dos beneficios importantes del actual planteamiento de la cooperación para el desarrollo:

- La transferencia de conocimientos en los proyectos aplicados por los donantes, importante efecto derivado de la ayuda. Un proyecto de construcción de carreteras, por ejemplo, podría suponer la transferencia a los trabajadores locales de conocimientos de ingeniería o incluso de contabilidad aplicables a los proyectos. Esta transferencia no se perdería con el mecanismo del fondo común. Los países destinatarios seguirían beneficiándose de la transferencia de conocimientos mediante su elección de las compañías y de las condiciones de los contratos.
- El apoyo que la condicionalidad representa para los segmentos reformistas de los gobiernos. El respaldo a los partidarios de la reforma de un país es quizás la única parte eficaz del actual sistema de condicionalidad. Las condiciones impuestas por los donantes pueden reforzar la posición de éstos en los debates nacionales o servir como limitación "autoimpuesta" para los funcionarios públicos. El planteamiento de la condicionalidad en un mecanismo basado en el fondo común sería muy diferente, pero no significaría la renuncia a este beneficio. Los donantes podrían apoyar a los reformistas dando publicidad a los criterios utilizados para evaluar las estrategias del país y ajustar el volumen de su asistencia. Ello constituiría la base para una relación más abierta y sincera entre los donantes y receptores y conservaría los sistemas de la actual condicionalidad al mismo tiempo que eliminaría sus problemas.

Recuadro 11.5
Evaluación de las políticas e instituciones de los países

El Banco Mundial ha formulado un indicador de la validez de las políticas e instituciones, a saber, la evaluación de las políticas e instituciones nacionales, que otorga la misma ponderación a 20 componentes que han evolucionado a medida que se ha ido perfilando este indicador. Cada uno de los componentes es calificado por los especialistas de los países en una escala de 1 a 6 utilizando criterios estándar. Aunque se ha procurado que las calificaciones sean comparables dentro de cada región y entre regiones diferentes, las puntuaciones incluyen inevitablemente un cierto componente opinable. Pero cuando este indicador se ha incluido en los análisis de regresión del crecimiento junto con otras variables de políticas de uso frecuente, ha resultado estadísticamente significativo, cosa que no ha ocurrido con otros indicadores de políticas. En definitiva, parece ser un indicador resumido válido del entorno general de políticas para el desarrollo económico. Los 20 componentes son los siguientes:

Gestión económica
Gestión de la inflación y de la cuenta corriente
Política fiscal
Gestión de la deuda externa
Gestión y sostenibilidad del programa de desarrollo

Políticas estructurales
Política comercial y régimen cambiario
Estabilidad y profundidad del sistema financiero
Eficiencia del sector bancario y movilización de recursos
Entorno competitivo para el sector privado
Mercados de factores y de productos
Políticas e instituciones para la sostenibilidad ambiental

Políticas para la integración social y la equidad
Igualdad de oportunidades económicas
Equidad de la utilización de recursos públicos
Desarrollo de los recursos humanos
Sistemas de protección social
Seguimiento y análisis de la pobreza

Gestión e instituciones del sector público
Derechos de propiedad y gobierno basado en normas
Calidad de la gestión presupuestaria y financiera
Eficiencia de la movilización de ingresos
Eficiencia de los gastos públicos
Transparencia, responsabilidad y corrupción en los servicios públicos

El desarrollo de una base coherente para calificar las políticas económicas y estructurales ha sido relativamente sencillo, pero ha resultado más complicado en el caso de la integración social y de la gestión del sector público. Continúan los estudios para perfeccionar los indicadores y los puntos de referencia.

Fuente: Collier y Dollar, 2000; Banco Mundial, 1999h.

mentos para evaluar el entorno institucional y de políticas en los países receptores, y éstos en general contemplan la gestión macroeconómica, las políticas estructurales, las políticas de integración social (pobreza, diferencia entre sexos) y gestión del sector público (Recuadro 11.5).

La consideración del nivel de pobreza y de la calidad de las políticas debería conseguir una ayuda mucho más eficiente en la lucha contra la pobreza, y hay pruebas de que los donantes comenzaron a hacerlo en el decenio de 1990 [42]. En la reposición de recursos de la AIF de 1998, por ejemplo, los donantes pidieron la asignación de fondos de acuerdo con las políticas de cada país[43].

La aplicación de este criterio selectivo evolucionará probablemente a medida que la comunidad internacional continúe aprendiendo cuáles son los entornos donde la ayuda resulta especialmente eficaz[44]. Algunos expertos insisten en que el nivel de pobreza en un país es más importante para la eficacia de la ayuda que el entorno de políticas, aunque ambos sean de importancia decisiva[45]. Otros consideran que las conmociones externas, como el deterioro de las relaciones de intercambio, la inestabilidad de los precios de exportación y hasta el cambio climático, pueden frenar los esfuerzos de los países en pro del crecimiento y de la reducción de la pobreza (Capítulo 9) [46]. Hay también quienes mantienen que la ayuda puede representar una mayor diferencia en estos países (y, por consiguiente, ser más eficaz) que en aquellos donde no se producen esas crisis[47]. Habrá que continuar delimitando los criterios de la selectividad. La aplicación del principio básico de que la ayuda debe ir allá donde resulte más eficaz para reducir la pobreza será la clave para que la comunidad internacional alcance las metas internacionales de desarrollo.

Dificultades de aplicación y medidas prácticas

Estos tres componentes —identificación y asociación, mecanismos de prestación de la ayuda que sean menos agresivos, y selectividad— representan el marco para una cooperación notablemente mejorada en favor del desarrollo internacional. Pero los progresos en ese sentido no serán fáciles. Cada componente de la cooperación para el desarrollo representa grandes desafíos de aplicación.

Por ejemplo, si bien casi todos están de acuerdo en que la asociación es una buena idea, no hay consenso sobre la forma de ponerla en práctica[48]. Algunos especialistas observan que la identificación es relativa y que el logro del consenso sobre las estrategias es esencialmente un proceso político, que supone las mismas relaciones de poder que excluyen a los pobres de los debates o que los discriminan (como se ve en el Capítulo 6) [49]. Otros dudan que los donantes lleguen realmente a aceptar las consecuencias que la identificación y la asociación pueden tener en sus acciones: una menor injerencia de los donantes en las políticas de los países receptores[50]. Muchas prácticas de los donantes, como la de mantener el control sobre la supervisión de los recursos y la vinculación de la ayuda a requisitos específicos en materia de adquisiciones, van en contra de la idea de asociación[51]. La capacidad del país receptor de diseñar y aplicar estrategias para el desarrollo y su capacidad (y deseo) de celebrar amplias consultas con todos los elementos de la sociedad representan también importantes desafíos.

La combinación de una mayor selectividad y un planteamiento más amplio y menos agresivo en la asistencia para el desarrollo presenta sus propios problemas. Es difícil, y un probable motivo de controversia, determinar cuánto apoyo se debe otorgar a un sector o al presupuesto nacional. Los gastos de algunos países quizás no encajen en el concepto de estrategia "óptima" de reducción de la pobreza, pero los donantes tendrán que evaluar los efectos conseguidos en ese frente por el programa en general, no por cada una de las partidas de gasto.

Un problema más grave es el que se presenta cuando un país no tiene un entorno global de políticas que justifique el apoyo, lo que haría que la ayuda fuera en gran parte ineficaz. ¿Cómo deben comportarse los donantes en esos casos?

En primer lugar, deben comprender que las políticas están impulsadas sobre todo por la economía política interna — y que los donantes no pueden influir demasiado en ellas[52]. Pero los donantes pueden ejercer algo de influencia regulando su intervención en función del compromiso de un país en favor de la reforma. Mientras un país no se comprometa seriamente con ésta, lo mejor que los donantes pueden hacer es ofrecer asistencia técnica y un diálogo sobre políticas, sin demasiado apoyo al presupuesto ni a la balanza de pagos (Recuadro 11.6). Si los donantes otorgan abundante ayuda a pesar de unas políticas desacertadas, es probable que contribuyan a la supervivencia de éstas. Cuando el país se compromete definitivamente con las reformas, los testimonios disponibles revelan que el financiamiento debería intensificarse a medida que mejoran las políticas[53].

Además de este planteamiento más matizado de la influencia en la reforma de las políticas, los donantes pueden abordar los desafíos del nuevo marco de cooperación para el desarrollo adoptando algunas otras medidas:

- *Trasladar el diálogo entre donantes y receptores al país y delegar también la dirección.* Las consultas entre donantes y receptores —grupos de consulta o mesas redondas— se han producido tradicionalmente en los países donantes, bajo la presidencia del Banco Mundial, el Programa de las Naciones Unidas para el Desarrollo u otra institución de donantes. Las reuniones están comenzando a celebrarse ahora en los países destinatarios, bajo la presidencia de sus gobiernos, para fomentar una mayor identificación.
- *Continuar experimentando los planteamientos sectoriales.* La capacidad nacional, y las asociaciones entre donantes y receptores, se pueden desarrollar sector por sector. Si bien muchos países no tendrán todavía durante algún tiempo la capacidad técnica general, la responsabilidad ni la transparencia necesarias para supervisar los fondos en forma satisfactoria para los donantes, es posible que se haya progresado más en algunos sectores que en otros. En los más avanzados podría aplicarse el planteamiento sectorial lo antes posible, teniendo en cuenta las enseñanzas aprendidas tras la aplicación de este concepto[54]. Por otro lado, los donantes deberían continuar mejorando sus propias prácticas, por ejemplo, armonizando entre ellos los procedimientos y los requisitos de presentación de informes, de manera que puedan contribuir eficazmente a estas nuevas relaciones.
- *Reforzar las prácticas de supervisión y evaluación.* Los sistemas de los donantes para supervisar y evaluar las repercusiones de sus propios proyectos no han prestado la debida atención a lo que éstas han representado para la situación real de los pobres[55]. La consideración de este aspecto será todavía más importante (y problemática) cuando se considere un programa de alcance sectorial o

Recuadro 11.6

¿Qué utilidad puede tener la ayuda en los países sin el debido entorno de políticas?

Cuando un país tiene un entorno normativo deficiente y no se advierte ningún movimiento político coherente capaz de cambiar la situación, la ayuda puede tener una función limitada pero eficaz, como demuestran los casos de Ghana, Uganda y Viet Nam. En los períodos anteriores a la reforma (antes de 1983 en Ghana, de 1986 en Uganda y de 1991 en Viet Nam), estos países recibieron muy poca ayuda, probablemente debido al distanciamiento político de sus gobiernos con respecto al occidente. Pero la ayuda fue decisiva para sentar las bases de la reforma de las políticas.

Por ejemplo, cuando Ghana estaba afrontando la crisis macroeconómica de principios de los años ochenta, sus competentes economistas comprobaron que el diálogo sobre políticas con las instituciones financieras internacionales era útil para la elaboración de los planes. Pocos años después, cuando los dirigentes de Uganda estaban tratando de diseñar nuevas políticas, los donantes financiaron útiles viajes de estudio a Ghana. En 1991, el Programa de las Naciones Unidas para el Desarrollo y el Banco Mundial organizaron una reunión para dirigentes vietnamitas con ministros económicos de Indonesia, República de Corea y Malasia, que expusieron algunas de las políticas fundamentales que habían dado buenos resultados en su caso, así como detalles concretos sobre cuestiones relacionadas con la estabilización, la liberalización del comercio, la inversión extranjera y otras políticas económicas.

Cuando los resultados han sido positivos, los dirigentes políticos aprenden de otros países y de sus propios errores. Una asistencia discreta puede contribuir a este tipo de aprendizaje, que generalmente tiene que producirse al propio ritmo del país. Incluso en los países que no han introducido reformas en mucho tiempo, la asistencia técnica puede sentar los cimientos para un mejor conocimiento de las políticas. En Kenya, por ejemplo, los donantes están prestando apoyo al Instituto de Análisis e Investigaciones sobre Políticas con el fin de fomentar la capacidad local de investigación y análisis en ese terreno. Este tipo de desarrollo de la capacidad no va a producir grandes beneficios mientras haya intereses que ofrezcan resistencia a una reforma seria. Pero constituye una base imprescindible para que se ponga en marcha un movimiento político en favor del cambio.

Fuente: Devarajan, Dollar y Jolmgren, 2000: Banco Mundial, 1998b.

nacional. Los donantes deberían alentar la supervisión local por parte de los participantes, para garantizar la identificación con los resultados. Además, los donantes no suelen distinguirse por su capacidad de difundir información e incorporar los conocimientos derivados de las evaluaciones[56]. El intercambio de opiniones y el aprendizaje son fundamentales para conseguir unas estrategias de ayuda fructíferas, y los donantes deben velar por que se conviertan en práctica habitual. En este contexto, los donantes y receptores deberán continuar intensificando sus esfuerzos contra la corrupción, importante obstáculo al desempeño económico que en algunos casos afecta también a los organismos donantes.

- *Acabar con la ayuda vinculada.* En 1998 casi una cuarta parte de la asistencia oficial para el desarrollo fue ayuda condicionada; en otras palabras, los contratos de adquisición sólo podían concertarse con el país donante o un grupo de países. Esta práctica, motivada por el interés político interno, va en contra de los principios mismos del libre mercado que la mayor parte de los donantes están tratando de alentar en los países en desarrollo y da lugar a una utilización ineficiente de la ayuda. Se ha estimado que esta vinculación reduce el valor de la ayuda entre un 15% y un 30%[57]. Habría que acabar con esa práctica lo antes posible, y los contratos deberían adjudicarse a las mejores ofertas[58].
- *Hacer que la asistencia técnica responda a la demanda.* Para poder delegar mayor responsabilidad a los países receptores en lo que respecta al diseño de las estrategias nacionales de desarrollo y la organización de las reuniones de consulta se requerirá un rápido desarrollo de la capacidad. Los países receptores necesitarán también una considerable especialización en auditoría y contabilidad, para que los donantes puedan renunciar a la supervisión y control de los proyectos. Pero la asistencia técnica, que es la opción más lógica para el desarrollo de la capacidad, ha conseguido resultados que, en el mejor de los casos, pueden calificarse como irregulares, sobre todo en los países donde es ya débil. La principal razón es que en muchos casos no ha estado impulsada por la demanda: ha estado más bien vinculada a la ayuda y su objetivo ha sido el desarrollo de la capacidad únicamente en las actividades respaldadas por los donantes[59]. Por el contrario, la asistencia técnica debería incorporarse en una estrategia nacional y plan de gastos, en que el gobierno receptor decidiría qué asistencia necesita y quién la debe suministrar. Es probable que, para ello, los países necesiten apoyo inicial para que aprendan a conseguir asistencia técnica en el mercado.
- *Continuar aprendiendo sobre la manera de trabajar eficazmente con las ONG.* Las relaciones entre donantes y ONG son complejas, y hay mucho margen de mejora[60]. Escasea la información fiable sobre el alcance y eficacia de las relaciones entre donantes y ONG, pero se estima en $5.000 millones la ayuda que se canaliza ahora a través de las ONG, en forma bien de subvenciones a sus actividades o de contratos para realizar las actividades de los donantes (Gráfico 11.5). Parece que las ONG son un cauce eficaz para la ayuda cuando participan desde los primeros momentos del proyecto (en la fase de diseño), cuando se eligen en función de su capacidad y experiencia acreditadas y cuando se las trata como asociadas más que como contratistas[61]. Los efectos a largo plazo de los proyectos de las ONG no se conocen todavía, quizás porque son muy pocos los fondos destinados hasta ahora para financiar su evaluación y supervisar sus esfuerzos[62]. No obstante, cualquiera que sea la calidad de la supervisión, los proyectos de las ONG se encuentran con los mismos problemas de fungibilidad que los de los donantes, y los entornos normativos influyen fuertemente en su eficacia. Los donantes y las ONG deberían continuar mejorando sus relaciones de trabajo y compartir sus prácticas óptimas para conseguir una ayuda más eficaz a largo plazo.
- *Ofrecer un mayor alivio de la deuda.* El alivio de la deuda de los países pobres es fundamental para que la ayuda sea eficaz. Cuando la carga de la deuda es abrumadora, hay menos incentivos para la reforma de políticas y, al mismo tiempo, las negociaciones sobre la deuda y la constante circulación de los nuevos recursos de la ayuda para atender el servicio de una deuda antigua distraen a los funcionarios públicos de las necesidades de sus ciudadanos. Éste es precisamente el tema de la siguiente sección.

Gráfico 11.5

Las ONG encauzaron en 1998 hacia los países en desarrollo unos $10.000 millones, aproximadamente la mitad de los cuales procedían del sector oficial

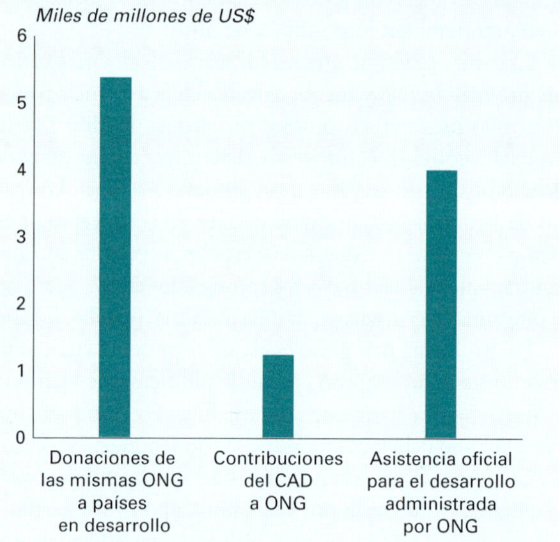

Nota: Estos datos comprenden los fondos utilizados para actividades de desarrollo o de socorro. El monto de la asistencia oficial para el desarrollo administrada por las ONG es una estimación aproximada, ya que muchos donantes no comunican esta información.
Fuente: Datos del CAD de la OCDE.

Gráfico 11.6

A medida que ha disminuido el ingreso per cápita de los países pobres muy endeudados, la deuda ha aumentado —y viceversa

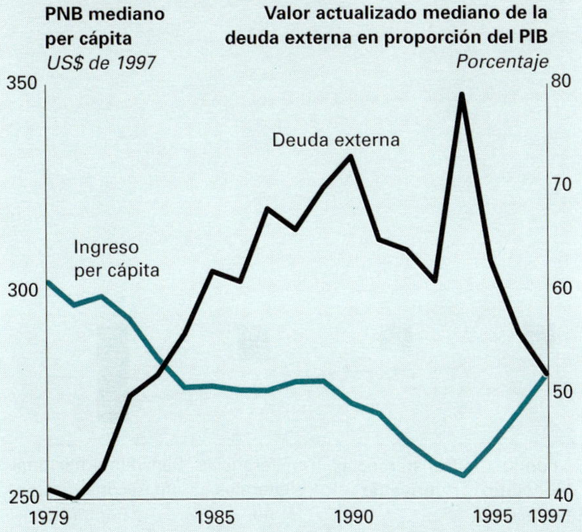

Nota: La asociación observada entre descenso del ingreso y aumento de la deuda no debe considerarse como demostración de que la reducción de la deuda dé lugar automáticamente a un aumento del ingreso. Las políticas gubernamentales son la clave para el crecimiento y la reducción de la pobreza, y unas políticas erróneas pueden provocar al mismo tiempo un aumento de la deuda y una reducción de los ingresos.
Fuente: Easterly, 1999c.

Alivio de la carga de la deuda de los países pobres

La cuestión más destacada en el terreno de la cooperación para el desarrollo a final del siglo XX y comienzos del XXI ha sido el alivio de la deuda para los países más pobres. A lo largo de dos decenios se ha registrado un aumento constante del endeudamiento de un grupo de países pobres conocidos ahora como "países pobres muy endeudados" (Gráfico 11.6). La opinión pública ha tomado mayor conciencia de sus tribulaciones en gran parte como consecuencia de los incansables esfuerzos de las ONG de los países desarrollados y en desarrollo, cuyas campañas en favor de la cancelación de la deuda para el año 2000 han suscitado interés mundial[63]. En las Reuniones Anuales de 1999 del Banco Mundial y del FMI, los países miembros aprobaron un plan reforzado de alivio de la deuda, un reconocimiento de los efectos negativos de la deuda en las políticas de los países y unos marcos generales de gasto (Recuadro 11.7).

Efectos de una carga de la deuda excesiva

Durante el decenio de 1990, muchos países pobres muy endeudados gastaron nada menos que la quinta parte de sus pre-

Recuadro 11.7

Iniciativa reforzada para la reducción de la deuda de los países pobres muy endeudados

La Iniciativa para el alivio de la deuda de los países pobres muy endeudados (PPME) se dio a conocer a finales de 1996. Los dirigentes de los países del Grupo de los Siete, convencidos de que la Iniciativa era insuficiente, ratificaron una Iniciativa reforzada para los PPME en la Cumbre de Colonia (Alemania) de julio de 1999. Ésta fue aprobada por todos los miembros del Banco Mundial y el Fondo Monetario Internacional en septiembre de 1999 como parte integrante de la nueva estrategia de reducción de la pobreza (véase el Recuadro 11.2). La Iniciativa reforzada modificó tanto los requisitos para poder acogerse a las medidas de alivio de la deuda como la cronología de las mismas.

Admisibilidad

Para poder acogerse a la Iniciativa reforzada, un país debe ser muy pobre, tener una carga de la deuda insostenible y aplicar políticas aceptables.

- Por países *pobres* se entiende aquéllos que, por un lado, pueden recibir ayuda en el marco del servicio para el crecimiento y la lucha contra la pobreza, del FMI (nuevo nombre del reformado servicio reforzado de ajuste estructural, SRAE), y, por el otro, sólo pueden recibir financiamiento en condiciones concesionarias del Banco Mundial, a través de la Asociación Internacional de Fomento.
- Por *carga de la deuda insostenible* se entiende un volumen de deuda superior al 150% de las exportaciones en valor neto actualizado después de la plena utilización de los mecanismos tradicionales de alivio de la deuda, o (cuando se trata de países con determinadas características estructurales) un coeficiente deuda–ingreso público de más del 250%.
- *Políticas acertadas* son las políticas macroeconómicas, estructurales y sociales compatibles con la reducción de la pobreza y el crecimiento sostenido.

Estos nuevos criterios suponen que el número de países con probabilidades de acogerse a estas medidas de alivio de la deuda pasa de 26 a 33.

Cronología

La Iniciativa reforzada para los PPME ofrece la posibilidad de alivio provisional para los países después de que superen el punto de decisión, en que el Banco Mundial y el FMI determinan la admisibilidad de un país. Por ello, es posible una reducción de los pagos en concepto de servicio de la deuda incluso antes de que un país alcance el punto de culminación, en que se reduce el volumen de la deuda. En el marco de la Iniciativa anterior, el volumen total de la deuda se reducía únicamente una vez finalizados dos programas completos del SRAE, lo que representaba un mínimo de seis años. Ahora, el punto de culminación se puede adelantar si el desempeño de un país es especialmente satisfactorio. Lo que se pretende es que las medidas de alivio se concentren lo más posible en las fases iniciales.

Es probable que la Iniciativa reforzada para los PPME, combinada con los mecanismos tradicionales de alivio de la deuda, recorte en la mitad el valor neto actualizado de la deuda pública de los 33 países que, probablemente, reunirán los requisitos. Hasta 20 de ellos podrían alcanzar el punto de decisión sobre el alivio de la deuda para el final de 2000, según los progresos conseguidos en la elaboración de sus estrategias de reducción de la pobreza y dependiendo del financiamiento disponible de los donantes.

Fuente: Banco Mundial (www.worldbank.org/hipc).

Gráfico 11.7

Las transferencias en condiciones concesionarias compensan en gran parte las transferencias netas negativas de recursos no concesionarios

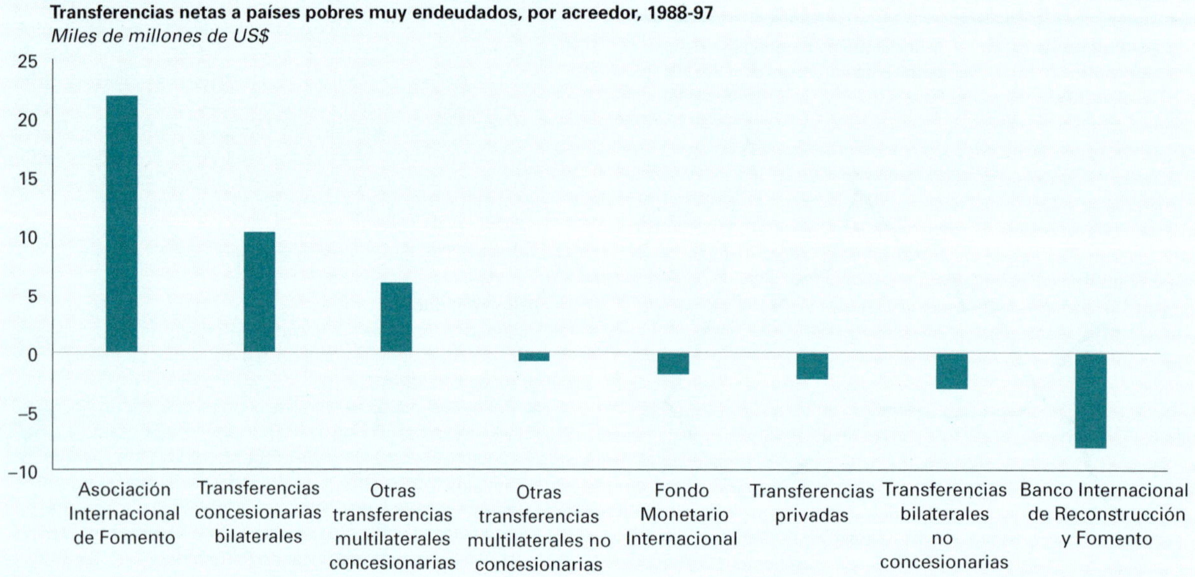

Fuente: Easterly, 1999c.

supuestos anuales en atender el servicio de la deuda; en algunos casos, el gasto fue todavía mucho mayor[64]. Se trata de una proporción mayor que la destinada a programas sociales, por lo que el servicio de la deuda es considerado por muchos como un grave impedimento para los intentos de mejorar las condiciones de vida de los pobres de todo el mundo.

No obstante, algunos han argumentado que el servicio de la deuda no es realmente un problema, ya que los países pobres muy endeudados reciben de los países donantes más dinero del que devuelven. Los pagos efectivos de servicio de la deuda son casi siempre muy inferiores a los previstos debido a que los países no pueden reembolsar todas las cantidades adeudadas. Lo que suele hacerse es reprogramar algunos préstamos y financiar el resto con una combinación de nuevos préstamos y donaciones[65]. En términos generales, si bien las transferencias netas de recursos en condiciones no concesionarias suelen ser negativas, ya que se desalienta firmemente el endeudamiento no concesionario, las transferencias de recursos concesionarios son en general más elevadas (Gráfico 11.7).

No obstante, si su volumen es considerable, la carga de la deuda representa problemas adicionales que pueden mermar el crecimiento de un país y la capacidad de centrar la acción del Estado en las prioridades sociales. El servicio de la deuda se financia en buena parte con unos recursos presupuestarios internos escasos y, por lo tanto, compite con el gasto interno ordinario, al mismo tiempo que la asistencia concesional va a parar a nuevos proyectos de inversión. Como consecuencia de esta combinación, puede ocurrir que haya recursos para nuevos centros de salud y carreteras pero no para formación de enfermeras o mantenimiento vial. Además, muchas donaciones se destinan a actividades controladas por los donantes que no se incluyen en el presupuesto. Éstas presentan todos los problemas de identificación y coordinación que se han mencionado más arriba y pueden contribuir a un mayor deterioro institucional de un Estado insolvente y ya debilitado[66]. Por otro lado, las negociaciones y la supervisión de la deuda acaparan gran parte del tiempo y capacidades, ya escasos, de los funcionarios públicos.

Estas entradas de recursos pueden ser también inestables, lo que dificulta al Estado la gestión del gasto y el mantenimiento de políticas fiscales acertadas[67]. Además, si los flujos de recursos son positivos porque los países tienen que recurrir constantemente a reprogramaciones, donaciones y financiamiento concesionario, su acceso al capital privado continuará siendo muy escaso. Y cuando las deudas no se atienden en su totalidad, el endeudamiento total de los países continuará aumentando, lo que representaría un posible desincentivo para la inversión, ya que los inversionistas pueden temer que los futuros beneficios se vean afectados por problemas macroeconómicos relacionados con la deuda o por la subida de los impuestos para el servicio de la misma[68].

Así pues, cuando se habla del problema de la deuda hay que considerar no sólo la cuestión de los flujos netos sino también la forma en que los flujos brutos y la gestión de la deuda repercuten en la identificación, las políticas y la capacidad. En ese sentido, comparte muchos de los problemas que han limitado la eficacia de la ayuda. El alivio de la deuda puede desempeñar un papel importante, ya que reduciría la carga sobre los presupuestos ordinarios y permitiría a los funcionarios públicos dedicarse a aplicar estrategias de gasto acertadas en vez de a la continua renegociación de la deuda. Esto puede ser de importancia vital para los países que salen de conflictos civiles y de la guerra.

Hay también pruebas de que unas obligaciones elevadas de servicio de la deuda (incluidas las pendientes con las instituciones financieras internacionales) suelen debilitar la relación entre flujos concesionarios y calidad del marco normativo e institucional, y, por lo tanto, la eficacia de la lucha contra la pobreza. La causa podría ser que los donantes traten de evitar el incumplimiento de las obligaciones de reembolso de los préstamos y, a medida que los países se van endeudando, los donantes otorguen nuevos préstamos para proteger los anteriores (entre 1989 y 1997 el alivio de la deuda para los 41 países pobres más endeudados sumó un total de $33.000 millones, y las nuevas actividades de endeudamiento ascendieron a $41.000 millones) [69]. Ello no sólo pone en peligro la capacidad de los donantes de concentrar la ayuda donde sea más eficaz, sino que puede desalentar la reforma en los países con políticas inadecuadas: si, pase lo que pase, pueden contar con medidas de alivio y recursos, el incentivo disminuye[70].

El alivio de la deuda puede mitigar todos estos problemas reduciendo los flujos brutos y, si se estructura debidamente, alentando una estructura de nuevas entradas que sea más eficaz para la reducción de la pobreza.

Una iniciativa mejorada para el alivio de la deuda

Para ser eficaz, el alivio de la deuda debe administrarse de tal manera que aliente la identificación de los países, y utilizar instrumentos que constituyan un incentivo para destinar los recursos a la reducción de la pobreza. Es la misma situación que se plantea en los flujos de ayuda tradicionales, pero en el contexto de una decisión única de reducir la deuda. La repercusión que el alivio de la deuda pueda tener en las transferencias netas a un país depende, naturalmente, de lo que ocurra con los flujos brutos de ayuda, en concreto, de si los recursos para el alivio de la deuda son adicionales o no. Pero aun cuando los recursos no sean totalmente adicionales, el alivio de la deuda puede mitigar las dificultades normativas y presupuestarias para el país receptor, ya que libera recursos del presupuesto ordinario. ¿Cómo se puede garantizar que estos recursos se destinen a la reducción de la pobreza? Se plantean dos desafíos mutuamente relacionados:

- Vincular los recursos del alivio de la deuda a los resultados en la reducción de la pobreza.
- Reforzar la responsabilidad en el uso de los recursos públicos para reducir el desvío hacia otros usos (en especial mediante la corrupción).

Las enseñanzas aprendidas del pasado, en particular las extraídas de las actividades de ayuda antes mencionadas, indican que la mejor manera de abordar ambos retos es aprovechar sus vinculaciones con el entorno general normativo e institucional, en particular en lo que se refiere al uso de los recursos públicos. La experiencia demuestra también que el alivio de la deuda no mejora por sí solo las políticas. Veinte años de gradual crecimiento del alivio de la deuda no han conseguido mejorías en ese sentido en los países pobres muy endeudados[71]. Esa es la razón por la que el alivio de la deuda debe otorgarse en función de la reputación —un historial acreditado de utilización eficaz de los recursos para la reducción de la deuda.

La Iniciativa reforzada para los países pobres muy endeudados (PPME) incorpora estas enseñanzas. Se concederá alivio de la deuda a los países que reúnan las debidas condiciones y dispongan de una estrategia general de reducción de la pobreza y un marco para vincular las acciones públicas a resultados comprobables en ese frente. La estrategia se definirá mediante un proceso de participación en que intervendrán el Estado, el sector privado y la sociedad civil. Este proceso de participación es importante para el diseño de las estrategias, y para conseguir una utilización adecuada de los recursos externos (e internos). El alivio de la deuda se integrará con otras fuentes de financiamiento externo en el marco presupuestario general del país para la reducción de la pobreza, en vez de asignarse para determinados gastos. La meta de la Iniciativa reforzada para los PPME es contribuir directamente a la reducción de la pobreza y evitar que los países que se benefician de esas medidas tengan políticas que les suman de nuevo en una deuda insostenible.

En mayo de 2000 Uganda fue el primer país que recibió ayuda de la deuda en el marco de la Iniciativa reforzada (Recuadro 11.8). La decisión se basó en las siguientes consideraciones: varios años de progreso en la formulación participativa de su estrategia de reducción de la pobreza, resultados positivos en áreas clave (escolarización infantil, reducción de la pobreza de ingreso mediante el crecimiento agrícola y general) y mecanismos para favorecer la rendición de cuentas acerca de los fondos públicos y reducir las filtraciones.

El costo de la Iniciativa reforzada para los PPME se estima en $28.000 millones. Para que el alivio de la deuda sea adicional, el financiamiento debe tener una procedencia distinta de los presupuestos normales de ayuda y de financiamiento concesionario de las instituciones donantes. De acuerdo con los planes actuales, el costo será financiado más o menos en partes iguales por los acreedores bilaterales y multilaterales. Aunque son muchos los donantes que han ratificado la Iniciativa y formulado compromisos políticos de financiamiento, la movilización de recursos ha sido lenta, y algunos donantes no se han comprometido todavía con la Iniciativa. Como un principio básico de ésta es que el alivio de la deuda deberá coordinarse entre todos los acreedores, con una participación amplia y equitativa, este retraso en

Recuadro 11.8
Cómo encaja el alivio de la deuda en una estrategia de reducción de la pobreza: fondo de acción contra la pobreza de Uganda

Un elemento fundamental en la lucha contra la pobreza es mejorar la asignación global de los recursos, incluidos los procedentes del alivio de la deuda, con unos presupuestos más transparentes y orientados a combatir la pobreza. Hay muchas maneras de conseguir este fin, y en Uganda está dando buenos resultados un fondo especial para utilizar los ahorros derivados del alivio de la deuda.

El gobierno decidió crear el Fondo de acción contra la pobreza, como conducto para los ahorros conseguidos gracias al alivio de la deuda previsto en la Iniciativa para los PPME (aproximadamente $37 millones al año; se prevé que la Iniciativa reforzada para los PPME duplicará esa cifra). Los recursos del Fondo están asignados para las prioridades del plan de acción de erradicación de la pobreza adoptado en 1997 para superar la pobreza y mejorar las condiciones sociales. El plan hace hincapié en el mantenimiento de la estabilidad macroeconómica al mismo tiempo que se aumentan los ingresos y se mejora la calidad de vida de los pobres mediante el desarrollo de la infraestructura rural, la promoción de las pequeñas empresas y microempresas, la creación de empleo y la mejora de los servicios de salud y educación. El Fondo de acción contra la pobreza presta especial atención a las escuelas, los caminos rurales, la extensión agraria y el abastecimiento de agua y saneamiento en los distritos. En cuanto a las metas, se han establecido objetivos concretos, como la construcción de 1.000 aulas adicionales en apoyo del programa de educación primaria.

Dos características fundamentales del Fondo de acción contra la pobreza son su integración en el presupuesto general y el esfuerzo del gobierno de Uganda por crear una estructura de gestión transparente y dispuesta a rendir cuentas. Los informes sobre las asignaciones financieras se distribuyen en reuniones trimestrales en las que participan los donantes y las ONG. La Inspección General supervisa la utilización de los fondos en los distritos y en el conjunto del país. Esta condicionalidad autoimpuesta demuestra el firme compromiso del gobierno por combatir la corrupción. Pero es también un intento de calmar las preocupaciones de los acreedores acerca de la capacidad de un país deudor de vincular el alivio de la deuda con la reducción de la pobreza. Se han propuesto varias medidas para mejorar la supervisión, que van desde la inclusión de funcionarios de los distritos en las reuniones trimestrales hasta confiar a las ONG locales la supervisión comunitaria de los gastos del fondo contra la pobreza.

Fuente: UNICEF y Oxfam International, 1999.

la aportación de recursos y en los compromisos representa un grave peligro. Los donantes deben incluir entre sus objetivos prioritarios el de conseguir financiamiento suficiente para la Iniciativa reforzada para los PPME.

• • •

Son muchos los interrogantes todavía pendientes acerca de las medidas de alivio de la deuda y del nuevo marco de cooperación para el desarrollo presentado en este capítulo. A pesar de las dificultades financieras de la Iniciativa reforzada para los PPME, algunos observadores piden un alivio de la deuda todavía más profundo y rápido, argumentando que la deuda considerada como "sostenible" en la Iniciativa reforzada es todavía abrumadora[72]. Otro problema es cómo avanzar rápidamente en ese frente y, al mismo tiempo, dejar tiempo suficiente para que las naciones lleguen a identificarse con la estrategia de reducción de la pobreza. Algunos países dudan acerca de su capacidad de preparar sus propias evaluaciones y estrategias de reducción de la pobreza. Otros se preguntan si los donantes pueden respaldar la formulación y aplicación de estrategias de reducción de la pobreza sin poner en peligro la identificación de los países. Hay también interrogantes pendientes acerca del proceso de participación: cuál es la forma más indicada de consultar a los pobres, de encajar el proceso de consultas en el contexto de los procesos políticos nacionales y de establecer sistemas eficaces de intercambio de opiniones y supervisión. Los países se preguntan también hasta qué punto podrán los donantes reorientar sus procedimientos e intervenciones de acuerdo con las líneas establecidas en sus estrategias de reducción de la pobreza[73]. Todas estas cuestiones reflejan la situación de la cooperación internacional para el desarrollo al comienzo del siglo XXI. La forma en que los países en desarrollo y desarrollados colaboran en la lucha contra la pobreza está sometida a profundos y constantes cambios.

Si bien son muchos todavía los temas pendientes, la dirección adecuada para la comunidad internacional es clara. La asistencia orientada a los países debe hacer mayor hincapié en la asociación entre donantes y países en desarrollo. Deberá utilizar mecanismos menos agresivos de prestación de ayuda y centrados en el entorno general de políticas y gastos. Deberá también dar muestras de mayor selectividad y dirigir la ayuda hacia donde resulte más eficaz. Hay que ofrecer más ayuda y un mayor alivio de la deuda a los países con programas eficaces de reducción de la pobreza. Las evaluaciones de los donantes acerca de estos programas deben inspirarse en el conocimiento de las condiciones de cada país y en el nuevo concepto de reducción de la pobreza presentado en este informe. Finalmente, para aliviar la carga de los países pobres muy endeudados, los países donantes deben financiar la Iniciativa reforzada para los PPME con recursos *adicionales* a sus presupuestos de ayuda.

Nota bibliográfica

En la preparación de este Informe se ha utilizado una gran variedad de documentos del Banco Mundial y numerosas obras de distinta procedencia. Los documentos de antecedentes y las notas han sido preparados por Daron Acemoglu, Michelle Adato, Mary B. Anderson, Michael R. Anderson, Simon Appleton, Gareth Austin, Michael Banton, Pranab Bardhan, Paolo Belli, Timothy Besley, Pilwha Chang, Monique Cohen, Michelle Connolly, Richard C. Crook, Robert A. Dahl, Partha Dasgupta, Shelton Davis, Alain de Janvry, Stefan Dercon, Ann Elwan, Gary S. Fields, Gary Gereffi, Gregory Graff, George Gray-Molina, Lawrence Haddad, John Harriss, Ronald J. Herring, John Hoddinott, Naomi Hossain, Peter P. Houtzager, Rajshri Jayaraman, Noushin Kalati, Marcus Kurtz, Edward E. Leamer, Jennifer Leavy, David Lindauer, Michael Lipton, Frances Lund, Daniel S. Manning, James Manor, Martha Argelia Martinez, Jacob Meerman, Mick Moore, Samuel A. Morley, Kimberly J. Niles, Anthony Oliver-Smith, Jonathan Pattenden, Anan Pawasuthipaisit, Louis Pouliquen, Kameshwar Prasad, James Putzel, Danny Quah, Elisa Reis, James A. Robinson, Francisco Rodriguez, Elisabeth Sadoulet, Sombat Sakuntasathien, Peter K. Schott, Jennefer Sebstad, Saurabh Sinha, Lina Song, Smita Srinivas, Alan Sturla Sverrisson, Robert M. Townsend, Ben Turok, Ashutosh Varshney, Howard White, Laurence Whitehead, L. Alan Winters, Quentin Wodon, Shahin Yaqub y David Zilberman.

Los documentos de antecedentes del Informe pueden consultarse en la Web (www.worldbank.org/poverty/wdrpoverty) o a través de la oficina del Informe sobre el desarrollo mundial. Las opiniones expresadas en esos ducumentos no son necesariamente las del Banco Mundial ni las del presente Informe.

Muchas personas, tanto del Banco Mundial como ajenas a él, han ofrecido asesoramiento y orientación al equipo del Informe. Se recibieron valiosas observaciones y aportaciones de Taoufik Ben Abdallah, Richard Adams, Nisha Agrawal, Sadiq Ahmed, Martha Ainsworth, George Akerlof, Harold Alderman, Titus Alexander, Jock Anderson, Hutton Archer, Anthony Atkinson, Gareth Austin, Robert Ayres, Malcolm Bale, Namrata Bali, Andrew Balls, Abhijit Banerjee, Pranab Bardhan, Christopher Barham, Douglas Barnes, Tamsyn Barton, Ananya Basu, Kaushik Basu, Amie Batson, Anthony Bebbington, Alan Berg, Timothy Besley, Gordon Betcherman, Andre Beteille, Surjit Bhalla, Vinay Bhargava, Ela Bhatt, Mihir R. Bhatt, Hans Binswanger, Nancy Birdsall, Yonas Biryu, Mark Blackden, Rebecca Blank, David Bloom, Zelco Bogetic, Jan Bojo, Rene Bonnel, Ed Bos, César Bouillón, François Bourguignon, Samuel Bowles, Carlos A. Primo Braga, John Briscoe, Penelope Brooks, Stephen Brushett, Robin Burgess, Sara Calvo, Sarah Cambridge, Roy Canagarajah, Gerard Caprio, Teresa Carbo, Guy Carrin, Soniya Carvalho, Robert Chambers, Jacques Charmes, Celine Charveriat, Mirai Chatterjee, Mrinal Datta Chaudhuri, Rodrigo Chaves, Sandeep Chawla, Shaohua Chen, Susan Chen, Kenneth Chomitz, Alberto Chong, Ralph Christy, Mariam Claeson, John Clark, Monique Cohen, Paul Collier, Tim Conway, Giovanni Andrea Cornia, Uri Dadush, Dana Dalrymple, Amit Dar, Koen M. Davidse, Adrian Davis, Gloria Davis, Alain de Janvry, Samantha De Silva, Naa dei Nikoi, Angus Deaton, Klaus Deininger, Lionel Demery, Stephen Denning, Stefan Dercon, Mahendra Dev, Shantayanan Devarajan, Ishac Diwan, David Dollar, Philippe Dongier, Donna Dowsett-Coirolo, Jean Drèze, Jean-Luc Dubois, Steven Durlauf, Chris Dye, Tim Dyson, William Easterly, Judith Edstrom, Dag Ehrenpreis, Lars Ekengren, Ibrahim Elbadawi, David P. Ellerman, Diane Elson, Gunnar Eskeland, Wolfgang Fengler, Marco Ferroni, Deon Filmer, Ben Fine, Ariel Fiszbein, Ann Florini, Emmanuel Forestier, Justin Forsyth, Paul Freeman, Jose Furtado, Andreas Galanakis, Emanuela Galasso, Joaquin Garcia, Michel Garenne, Roberta Gatti, Guido Geissler, Alan Gelb, Paul J. Gertler, Coralie Gevers, Ashraf Ghani, Maitreesh Ghatak, Alan Gilbert, Michael Goldberg, Jeff Goldstein, Fr. Xabier Gorostiaga (y sus colegas de la Asociación de Universidades Confiadas a la Compañía de Jesús en América Latina), Vincent Gouarne, Heather Grady, Peter Grant, Stefanie Grant, Cheryl Gray, Duncan Green, Margaret Grosh, Sumit Guha, Patrick Guillaumont, Sanjeew Gupta, Davidson R. Gwatkin, Lawrence Haddad, Peter Hakim, Gillette Hall, Kristin Hallberg, Jeffrey Hammer, Lucia Hanmer, Nancy Happe, Caroline Harper, Ricardo Hausmann, Yujiro Hayami, John Healey, Gerry Helleiner, Jesko Hentschel, Alicia Herbert, Norman L. Hicks, John Hoddinott, Robert Holzmann, Peter P. Houtzager, Albert D. Howlett, Chia-Hsin Hu, Gregory Ingram, Keiko Itoh, Vijay Jagannathan, Selim Jahan, K. Jankovsky, Mahieu Jarret, Renana Jhabvala, Emmanuel Jimenez, Ian Johnson, Gerd Johnsson, Ben Jones, Christine Jones, Steen Jorgensen, Sonia Kapoor, Dani Kaufmann, Masahiro Kawai, Allen Kelley, Charles Kenny, Michel Kerf, Christine Kessides, Roger V. Key, Anupam Khanna, Stuti Khemani, Tony Killick, Ronald Kim, Elizabeth King, Stephan Klasen, Jeni G. Klugman, Steve Knack, Grzegorz Kolodko, Valerie Kozel, Annette Krauss, Alcira Kreimer, Jean-Louis Lamboray, Jack Langenbrunner, Patricia Laverley, Richard Leete, Arianna Legovini, Danny Leipziger, Brian Levy, Maureen Lewis, Michael Lipton, Jennie Litvack, Laszlo Lovei, James Christopher Lovelace, Landis Mackellar, François Régis Mahieu, Nick Manning, Tamar Manuelyan Atinc, Timothy Marchant, Rachel Marcus, Tiffany Marlowe, Ricardo Martin, Will Martin, Antonio Martín del Campo, Keith Maskus, Andrew Mason, Simon Maxwell, Bill Mayville, Elizabeth McAllister, Milla McLachlan, John Mellor, Jean-Roger Mercier, Tom Merrick, Rick Messick, Dilip Mookherjee, William Momaw, Michael Moore, Mick Moore, Jonathan Morduch, Daniel Morrow, Robert Moulie, Peter Mousley, Ranjana Mukherjee, Joseph Mullen, Rinku Murgai, Edmundo Murrugara, Philip Musgrove, David Nabarro, Mustapha Nabli, Reena Nanavaty, Deepa Narayan, Richard Newfarmer, Juan Pablo Nicolini, Michel Noel, Barbara Nunberg, Veronic Nyhan, Abena D. Oduro, Marcelo Olarreaga, Jonathan Olsson, Azedine Ouerghi, Mead Over, Margaret Owen, Howard Pack, Truman Packard, Sheila Page, Robert Palacios, Ok Pannenborg, Sulekha Patel, Harry Anthony Patrinos, Guillermo Perry, Jean Pesme, Patti Petesch, Guy Pfeffermann, Claire Pierangelo, Jean-Philippe Platteau, Boris Pleskovic, Louis Pouliquen, Alexander Preker, Giovanna Prennushi, William C. Prince, Lant Pritchett, Felicity Proctor, James Putzel, Dagmar Raczynski, Atiqur Rahman, Mamphela Ramphele, James Rauch, Martin Ravallion, Susan Razzaz, Thomas Reardon, Ritva Reinikka, Ana L. Revenga, Carolyn Reynolds, Helena Ribe, Michelle Riboud, Peter Roberts, Richard D. Robinson, Alberto Rodriguez, John Roemer, Halsey Rogers, Andrew Rogerson, Jaime Ros, Jaime Saavedra, Elisabeth Sadoulet, David E. Sahn, Joanne Salop, Susana Sanchez, Todd Sandler, Sven Sandstrom, Filomeno Santa Ana, Justine Sass, David Satterthwaite, Dieter Schelling, Anita Schwarz, Christopher Scott, Jennefer Sebstad, Marcelo Selowsky, Amartya Sen, Elena Serrano, Nemat Shafik, Shekhar Shah, Jim Shea, Geoffrey Shepherd, Lynne D. Sherburne-Benz, John D. Shilling, Paul Bennett Siegel, Hilary Silver, William Silverman, Marcia Simoes, John Sinclair, Saurabh Sinha, Richard Skolnick, Tova Maria Solo, Paul Spray, Lyn Squire, T. N. Srinivasan, Nicholas Stern, David Stiedl, David Stifel, Joseph E. Stiglitz, Kalanidhi Subbarao, Parita Videt Suebsaeng, Eric Valdeman Swanson, Vinaya Swaroop, Simon Szreter, Cecilia Tacoli, Kazuo Takahashi, Vito Tanzi (y el equipo del Departamento de Finanzas Públicas del Fondo Monetario Internacional),

David Tarr, Judith Tendler, Sumeet Thakur, Duncan Thomas, Kirsten Thompson, Robert Thompson, Erik Thorbecke, Mariano Tommasi, Lee Travers, Kerstin Trone, Carrie Tudor, Wendy Tyndale, Zafiris Tzannatos, Christopher Udry, Alberto Valdés, Dominique van de Walle, Julie van Domelen, M. Willem van Eeghen, Wouter van Ginneken, Warren Van Wicklin, Jan Vandemoortele, Krishna Vatsa, Anthony Venables, Mathew A. Verghis, Louis-Charles Viossat, Tara Vishwanath, Milan Vodopivec, Joachim von Amsberg, Jayshree Vyas, Robert Wade, Mike Waghorne, Adam Wagstaff, Michael Walton, Kevin Watkins (y un equipo de Oxfam), Catherine Watt, Richard Webb, L. Alan Winters, Quentin Wodon, Adrian Wood, John Worley, Gustavo Yamada, Jacob Yaron, Shahid Yusuf, Roberto Zagha y Elaine Zuckerman.

El equipo contó con la ayuda de los siguientes participantes en el Programa de pasantías del Centro de Washington: Anju Aggarwal, Waldo Aleriano, Juan Carlos Arandia, Hector Cabrera, Mario de la Cruz, Celeste de la Huerta, Joaquin de la Torre, Alison Drury, Nilima Gulrajani, Tomoko Hagimoto, Daniel Hernández Ruiz, Virginia Iglesias, Mika Iwasaki, Alejandra Lua, Felix Marklein, Nadia Montiel, Mark Schlueter y Neil Thompson.

A pesar de los esfuerzos por ofrecer una enumeración exhaustiva es posible que, por inadvertencia, en la relación anterior se hayan omitido algunos nombres. El equipo pide disculpas a quienes no aparezcan y reitera su agradecimiento a todos los que han contribuido.

Notas finales

Panorama general

Salvo indicación en contrario, todas las citas están tomadas de *La voz de los pobres* (Narayan, Chambers, Shah y Petesch, 2000; Narayan, Patel, Schafft, Rademacher y Koch-Schulte, 2000).

1. Sen, 1999.

2. Este es el relato de una visita de Ravi Kanbur, director del presente informe hasta mayo de 2000.

3. Téngase en cuenta que 1998 es el año más reciente sobre el que se dispone de datos. No obstante, las cifras relativas a 1998 son sólo preliminares.

4. Si bien estas cifras permiten hacerse una idea de las tendencias generales, deben interpretarse con cautela, dados los problemas acerca de los datos que se mencionan en el Capítulo 1 y el hecho de que las cifras sobre 1998 son provisionales, debido al número limitado de estudios disponibles (véase el Recuadro 1.2).

5. Hanmer y Naschold, 1999.

6. Hanmer y Naschold, 1999; McGee, 1999.

7. Puede verse un estudio de la relación entre medio ambiente y crecimiento en el Capítulo 4 de Banco Mundial (2000p).

8. Puede obtenerse mayor información en la base de datos estadísticos del UNICEF, en www.unicef.org/statis.

Capítulo 1

Salvo indicación en contrario, todas las citas de este capítulo están tomadas de *La voz de los pobres* (Narayan, Chambers, Shah y Petesch, 2000; Narayan, Patel, Schafft, Rademacher y Koch-Schulte, 2000).

1. Sen, 1999, página 87.

2. Szekély y colaboradores, de próxima aparición.

3. Haddad y Kanbur, 1990.

4. Ravallion y van de Walle, 1991.

5. La brecha de pobreza es la suma del déficit de ingreso de todos los pobres —la diferencia entre su ingreso y el umbral de pobreza— dividida por la población total. El índice cuadrado es la suma de las diferencias al cuadrado. El índice de la brecha de pobreza es

$$\frac{1}{N}\sum_{i=1}^{Q}\left(\bar{y}-y_i\right)^{\alpha},$$

donde N = población total, $\bar{y}$ = umbral de pobreza, y_i = ingreso del individuo i, Q = población total por debajo del umbral de pobreza, y a = 1. En el índice cuadrado del grado de pobreza, a = 2. Cuando a = 0, la medición es el conocido índice de recuento. Véanse Foster, Greer y Thorbecke (1984) y Foster y Shorrocks (1988).

6. Rowntree, 1901.

7. Banco Mundial, 1999j.

8. Puede verse información más detallada sobre los documentos de estrategia de lucha contra la pobreza en www.worldbank.org/poverty/strategies/index.htm.

9. Mecovi es el Programa para el Mejoramiento de las Encuestas y la Medición de las Condiciones de Vida en América Latina y el Caribe. Véase www.iadb.org/sds/pov.

10. Townsend, 1985.

11. Atkinson y Bourguignon, de próxima aparición; Chen y Ravallion 2000.

12. Banco Mundial, 1999t.

13. Banco Mundial, 2000l.

14. Demery, 1999.

15. Wodon, Ayres, Barenstein, Lee, Peeters, Siaens y Yitzhaki 2000.

16. No obstante, la incidencia de la pobreza urbana en Colombia ha aumentado a ritmo constante desde 1996.

17. Banco Mundial, 2000e.

18. Suryahadi y colaboradores, 1999. Parece que la pobreza ha disminuido desde febrero de 1996 a aproximadamente el tercer trimestre de 1997. Hay varias estimaciones alternativas de la pobreza en Indonesia, que han sido analizadas en detalle en Suryahadi y colaboradores (1999), pero en general los resultados son razonablemente coherentes. El aumento de la tasa de pobreza desde el punto más bajo (agosto-octubre de 1997) a la más alta (septiembre-diciembre de 1998) es de aproximadamente el 164%, que puede considerarse como la repercusión máxima de la crisis en la pobreza. La tasa de pobreza alcanzó un máximo en torno a la segunda mitad de 1998, después de la fuerte subida de los precios del arroz y antes del comienzo de la estabilización de la inflación general.

19. No se dispone de datos sobre la distribución del consumo en 1996 ni en 1998. Por ello, se ha obtenido una estimación del consumo multiplicando todos los ingresos por la parte del consumo privado agregado en el ingreso nacional, sobre la base de los datos de las cuentas nacionales. Los datos efectivos sobre el consumo, disponibles para 1998, indican que los procedimientos de

estimación arrojan índices de recuento que en general son precisos.

20. Banco Mundial, 1999bb.
21. Banco Mundial, 1999t.
22. Demery, 1999.
23. Lustig, 1998.
24. Yao, 1999.
25. Minot, 1998; Jalan y Ravallion, 1999b.
26. Lopez y della Maggiora, de próxima aparición.
27. Bonilla-Chacin y Hammer, 1999.
28. Wagstaff, de próxima aparición b.
29. Wagstaff, de próxima aparición b.
30. Banco Mundial, 1998t.
31. Banco Mundial, 1999t.
32. Filmer y Pritchett, 1998.
33. Filmer, 1999b; Ghana Statistical Service, 1999.
34. Liu, Hsiao y Eggleston, 1999.
35. Vella, 1997.
36. Banco Mundial, de próxima aparición a.
37. Filmer, 1999b.
38. Banco Mundial, 1998t.
39. En China los grupos étnicos minoritarios representan menos del 9% de la población, pero al parecer constituyen aproximadamente el 40% de los que viven todavía en situación de pobreza absoluta (Banco Mundial, 2000e).
40. Psacharopoulos y Patrinos, 1994.
41. Psacharopoulos y Patrinos, 1994.
42. Banco Mundial, 1999s.
43. Gragnolati, 1999.
44. U.S. Census Bureau, 1999.
45. Banco Mundial, 1997g. Una encuesta de 1994 del Consejo Nacional de Investigación Económica Aplicada revela que en la India rural aproximadamente la mitad de los miembros de las castas y las tribus inferiores vivían por debajo del umbral de pobreza y que, si bien estos grupos representan aproximadamente un tercio de los habitantes, son el 43% de la población pobre.
46. Kozel y Parker, 2000; PROBE Team, 1999; Banco Mundial, 1998t, Cuadro 2; Banco Mundial, 1999z, base de datos subnacionales de la India.
47. Drèze y Sen, 1995.
48. Deaton, 2000.
49. Baulch y Hoddinott, de próxima aparición.
50. Al interpretar estos resultados, hay que tener en cuenta que las personas con numerosos episodios de reincidencia en la pobreza pueden ser aquellos cuyo ingreso está permanentemente cerca del umbral de pobreza. En ese caso, muchos de los considerados como pobres provisionales podrían ser en realidad pobres crónicos.
51. Jalan y Ravallion, 1998b, 1999b.
52. Fields, 1999.
53. Falkingham, 1999.
54. Okrasa, 1999.
55. Braithwaite, 1997.
56. Klugman y Braithwaite, 1998.

Capítulo 2

Salvo indicación en contrario, todas las citas de este capítulo están tomadas de *La voz de los pobres* (Narayan, Chambers, Shah y Petesch, 2000; Narayan, Patel, Schafft, Rademacher y Koch-Schulte, 2000).

El material de referencia de este capítulo se cita en los capítulos pertinentes del Informe, en vez de repetirse aquí.

Capítulo 3

Salvo indicación en contrario, todas las citas de este capítulo están tomadas de *La voz de los pobres* (Narayan, Chambers, Shah y Petesch, 2000; Narayan, Patel, Schafft, Rademacher y Koch-Schulte, 2000).

1. Lipton y Ravallion, 1995.
2. Las cifras son en dólares de los Estados Unidos constantes de 1990 ajustados en función de las diferencias de paridad de poder adquisitivo, como se observa en Maddison (1995).
3. Bourguignon y Morrisson, 1999.
4. Sen, 1999.
5. Sobre los efectos del capital humano en el crecimiento, véanse Barro (1997) y Bhargava y colaboradores (2000).
6. Summers, 1993. Se ha suscitado un debate sobre este tema. Véanse Benhabib y Spiegel (1994), donde no se observa ningún efecto del crecimiento del capital humano en el crecimiento de la producción y Krueger y Lindahl (1999), quienes mantienen que la falta de asociación se debe a un error de medición.
7. Véase, por ejemplo, Mankiw, Romer y Weil (1992), que encuentran un efecto sistemáticamente negativo, y algunas veces significativo, del crecimiento demográfico en el crecimiento de la producción, de acuerdo con las previsiones del modelo de Solow. Levine y Renelt (1992) han obtenido pruebas menos claras sobre la solidez de este resultado, mientras que en Kelley y Schmidt (1994) se defiende firmemente la existencia de un efecto negativo. Young (1995) y Bloom y Williamson (1997) aportan pruebas sobre la importancia del cambio demográfico para el crecimiento en Asia oriental.
8. Sobre la apertura y el crecimiento, véanse Sachs y Warner (1995) y Frankel y Romer (1999). Véase un estudio crítico de las pruebas en Rodriguez y Rodrik (1999) y un rechazo de ese examen en Bhagwati y Srinivasan (1999). Sobre la política fiscal y el crecimiento, véase Easterly y Rebelo (1993). Acerca de la inflación y el crecimiento, véanse Bruno y Easterly (1998) y Barro (1997). Sobre el desarrollo financiero y el crecimiento, véase Levine (1997).
9. Véase Burnside y Dollar (de próxima aparición).
10. Sobre los disturbios civiles, las crisis de las relaciones de intercambio y el crecimiento, véase Easterly y colaboradores (1993). Sobre la inestabilidad y el crecimiento, véase Ramey y Ramey (1995). Sobre el lento crecimiento de los interlocutores comerciales, véase Easterly (2000b).
11. Sobre la corrupción y el crecimiento, véase Mauro (1995). Sobre el imperio de la ley y el crecimiento, véase Kaufmann, Kraay y Zoido-Lobaton (1999).
12. Rodrik, 1998.
13. Sobre la fragmentación étnica y el crecimiento, véase Easterly y Levine (1997). Sobre el papel de las instituciones, véase Easterly (2000a).
14. Véase Gallup, Sachs y Mellinger (1999).
15. Ros, 2000.
16. Banco Mundial, 2000p.
17. Banco Mundial, 1997c.
18. Banco Mundial, 1997a.
19. Royaume du Maroc, Ministère de la Prévision Economique et du Plan, Direction de la Statistique, 1999; Banco Mundial, 2000j.

20. Bruno, Ravallion y Squire, 1998; Deininger y Squire, 1996b; Ravallion y Chen, 1997; Dollar y Kraay, 2000.
21. Dollar y Kraay, 2000.
22. Li, Squire y Zou, 1998.
23. Banco Mundial, 1997b.
24. Thorbecke y Jung, 1996.
25. Bourguignon y Morrisson, 1998.
26. Psacharopoulos y Patrinos, 1994.
27. Banerjee y colaboradores, 2000.
28. Birdsall y Londoño, 1997; Deininger, 1999a.
29. Ravallion, 1998.
30. Thomas y Wang, 1998; Klasen, 1999; Dollar y Gatti, 1999.
31. Alesina y Rodrik, 1994; Persson y Tabellini, 1994; Perotti, 1996a; Clarke, 1995; Deininger y Squire, 1998 (con la desigualdad en la posesión de la tierra). Rodriguez (1999) presenta un estudio de los testimonios relativos a distintos países.
32. Li y Zou, 1998; Forbes, de próxima aparición.
33. Banerjee y Duflo, 2000.
34. Banco Mundial, 1993a; Pritchett y Summers, 1996; Filmer y Pritchett, 1999a; WHO, 1999b; van Doorslaer y Wagstaff, 1997; Gwatkin y otros, 2000; Schalick y otros, 2000; Wagstaff, 2000; Wagstaff y Watanabe, 2000; Kakwani, 1993; Jamison y otros, 1996; Kim y Moody, 1992; Anand y Ravallion, 1993.
35. Behrman y Knowles, 1997; Oxfam International, 1999; Filmer y Pritchett, 1999a; Behrman, 1987; Hanushek y Kimko, de próxima aparición; PROBE Team, 1999.
36. Strauss y Thomas, 1998.
37. Lavy y colaboradores, 1996; Thomas, Lavy y Strauss, 1996.
38. Pritchett y Summers, 1996.
39. Barro, 1997; Bhargava y otros, 2000; Hamoudi y Sachs, 1999.
40. Pritchett y Summers, 1996.
41. Sobre la desigualdad del ingreso y la situación media de salud, véanse Rodgers (1979), Flegg (1982), Waldmann (1992) y Filmer y Pritchett (1999a).
42. Anand y Ravallion, 1993; Bidani y Ravallion, 1996.
43. Drèze y Sen, 1995.
44. Filmer y Pritchett, 1999a.

Capítulo 4

Salvo indicación en contrario, todas las citas de este capítulo están tomadas de *La voz de los pobres* (Narayan, Chambers, Shah y Petesch, 2000; Narayan, Patel, Schafft, Rademacher y Koch-Schulte, 2000).

1. Rodrik (2000) presenta pruebas de que los gobiernos democráticamente elegidos tienen mayores probabilidades de emprender reformas.
2. Véase en Collier, Dollar y Stern (2000) un estudio de estas perspectivas cambiantes.
3. Eichengreen (1999), BID (1997) y Tommasi y Velasco (1996) contienen detenidos análisis de lo ocurrido con las reformas.
4. Tommasi y Velasco, 1996.
5. Kornai (2000, páginas 24-25) destaca este punto y advierte del peligro que presentan las evaluaciones basadas en los resultados a corto plazo. "La transformación de la sociedad no es una carrera de caballos. El principal indicador del éxito no es quién pasa primero por la meta. La insistencia excesiva en la velocidad provoca impaciencia, agresividad y arrogancia... La transición del socialismo al capitalismo... es un proceso de ensayo y error... Cada elemento del proceso podría ser muy rápido, bastante rápido o lento. Cada uno tiene su propia velocidad ideal".
6. Así se insiste en Banco Mundial y FMI (2000b).
7. Sobre México, véase Lustig (1998); sobre las economías en transición, véase BERF (1999).
8. Birdsall, Graham y Sabot, 1998.
9. BID, 1997.
10. Lindauer, 1999.
11. Banco Mundial, 1996f.
12. Bajpai y Sachs, 1999.
13. Easterly, 2000b.
14. Berg y Taylor, 2000.
15. Tommasi y Velasco (1996) proponen esta clasificación de las reformas y ofrecen un examen en profundidad de la economía política de la reforma.
16. Dollar y Kraay, 2000; Gallup, Radelet y Warner, 1998. Hay cierto debate sobre las pruebas obtenidas en distintos países acerca del efecto distributivo de la liberalización del comercio. Véase, por ejemplo, Lundberg y Squire (2000).
17. Véanse, por ejemplo, Morley (1999) y Dollar y Kraay (2000).
18. Banco Mundial, 2000l.
19. Haltiwanger y Singh, 1999.
20. De Ferranti y colaboradores, 2000.
21. Esta exposición se basa en buena parte en Meerman (1997).
22. Sarris, 1994; Alderman, 1994.
23. Winters, 1999.
24. La exposición está basada en buena medida en Akiyama y otros (de próxima aparición).
25. Sahn, Dorosh y Younger, 1997.
26. Sahn, Dorosh y Younger, 1997.
27. Banco Mundial, 2000l.
28. Banco Mundial, 2000l.
29. Kemal, 1994.
30. Hanson y Harrison, 1999.
31. Freeman, 1995.
32. Los estudios sobre países son los siguientes: Vélez, Kugler y Bouillón (1999), Colombia; Contreras y colaboradores (2000) y Legovini, Bouillón y Lustig (1999), México; Ruprah y Marcano (1999), Venezuela. Véase también Revenga (1997).
33. Berman y Machin, 2000.
34. Pessino (1997) presenta pruebas sobre la forma en que los reglamentos del mercado de trabajo obstaculizaron el ajuste de este mercado en Argentina en los años noventa.
35. Papageorgiou, Choksi y Michaely, 1995.
36. Haltiwanger y Vodopivec, 1999.
37. CUTS, 1999.
38. Parker, Riopelle y Steel, 1995.
39. Birdsall y de la Torre (2000) presentan un estudio valioso sobre las trabas de la reglamentación en América Latina.
40. Hallberg, 1999.
41. Hallberg, 1999.
42. Asia Foundation y AKATIGA, 1999.
43. SEWA, 1997.
44. Haan, Coad y Lardinois, 1998.
45. Chisari, Estache y Romero, 1999.
46. OIT, 2000.
47. Basu, 1999a.
48. Entre los ejemplos de estos programas figuran Progresa (Programa de Educación, Salud y Alimentación) en México y Bolsa

Escola en Brasil. Tzannatos (1998) demuestra que quizá se necesiten incentivos diferentes para conservar en la escuela a los niños de diferentes edades.

49. En Martin y Maskus (2000) se analizan los argumentos económicos en favor de las normas laborales básicas, con especial insistencia en las repercusiones en el comercio. Aidt, Schlemmer-Schulte y Tzannatos (2000) presentan un estudio detallado de las pruebas empíricas sobre los beneficios del derecho a la afiliación sindical y a la negociación colectiva.

50. Pencavel (1997) estudia los argumentos de quienes opinan que las ventajas conseguidas por los trabajadores afiliados a sindicatos se consiguen a expensas de los trabajadores no afiliados, más que de los beneficios.

51. Cada vez es más claro que resulta contraproducente utilizar sanciones comerciales como mecanismo de observancia internacional para las normas laborales básicas, ya que los costos de dichas sanciones recaen, con demasiada frecuencia, sobre los pobres. Véase en Marcus (2000) un examen de esos argumentos.

52. Sable, O'Rourke y Fung, 2000.

53. Levine, 1997.

54. Bennett, Goldberg y Hunte, 1996.

55. Adams, 1984; Paxton y Cuevas, 1996.

56. Véase von Pischke, Adams y Donald, 1984; Yaron, Benjamin y Piprek (1997); Braverman y Guasch (1993).

57. Véanse Chaves y Gonzalez-Vega (1996) y Yaron (1992), por ejemplo.

58. Morduch, 1999c.

59. Chaves y Sánchez, 2000; Sánchez, 2000.

60. Véanse, por ejemplo, Khandker (1998) y Morduch (1999b).

61. Hulme y Mosley, 1996.

62. Morduch, 1999c.

63. Por ejemplo, el índice de dependencia de las subvenciones, elaborado en Yaron (1992), mide hasta qué punto tendría que elevarse la tasa de interés activa para cubrir todos los costos de explotación en ausencia de subvenciones.

Capítulo 5

Salvo indicación en contrario, todas las citas de este capítulo están tomadas de *La voz de los pobres* (Narayan, Chambers, Shah y Petesch, 2000; Narayan, Patel, Schafft, Rademacher y Koch-Schulte, 2000).

1. Wagstaff, 2000.

2. Ghana Statistical Service, 1999; Filmer, 1999b.

3. Instituto Nacional de Estadística y Censos, 1998.

4. Van de Walle, 2000a.

5. Barnes, van der Plas y Floor, 1997.

6. Levy, 1996. Se encuentran con frecuencia firmes asociaciones entre red vial e indicadores sociales, aunque no es claro en qué sentido se produce la relación de causalidad (van de Walle, 2000b).

7. China recaudó aproximadamente el 5,8% del PIB en ingresos del gobierno central; en la India, la proporción fue del 12,2% (Banco Mundial, 2000s).

8. En Ahmad y Stern (1987) se calcula que los costos adicionales de recaudación de una rupia mediante el impuesto sobre la venta en la India ascienden a 60 paise. Según cálculos de Devarajan, Suthiwart-Narueput y Thierfelder (2000), el costo de recaudación del impuesto de exportación de Camerún es 1,7 veces mayor que el ingreso recaudado.

9. Los niveles de deuda de los 41 países pobres muy endeudados son, en promedio, muy superiores a su PIB, y aproximadamente dos veces superiores al nivel considerado sostenible (van Trotsenburg y MacArthur, 1999).

10. UNICEF y Oxfam International, 1999.

11. Gupta, Schiff y Clements, 1996.

12. En promedio, en 18 países pobres muy endeudados la parte del gasto militar en el PIB bajó en la misma proporción (0,6%) en que creció la parte del gasto en educación y salud (FMI, 1999).

13. El caso de Costa Rica demuestra que unos gastos militares bajos no ponen en peligro la seguridad externa ni interna.

14. No obstante, la experiencia difiere en las distintas regiones. Hubo importantes aumentos del gasto real per cápita en educación y salud en Asia y América Latina y el Caribe. En África al sur del Sahara el gasto per cápita bajó en el caso de la educación y aumentó sólo de forma moderada en el de la salud. En las economías en transición disminuyó fuertemente el gasto en educación y en salud (Gupta, Clements y Tiongson, 1998).

15. Patrinos y Ariasingam, 1997.

16. El análisis de la incidencia de los beneficios es un instrumento comprobado para comprender quién se beneficia del gasto público, pero tiene sus limitaciones. Los beneficios medios, aun cuando se cuantifiquen adecuadamente, quizá no sean una guía fiable sobre el cambio del gasto agregado en un programa dado o sobre los efectos distributivos de una reasignación entre programas. La participación en los programas quizá no sea homogénea, lo que haría que los efectos marginales de la contracción o expansión de un programa presente grandes diferencias con respecto a los efectos medios (Lanjouw y Ravallion, 1999).

17. Van de Walle, 1996.

18. En Croacia, en 1998, más del 90% de la subvención para energía fue a parar a los hogares no necesitados. En Rusia, en 1997, aproximadamente el 74% de la subvención para el agua fue percibida por los consumidores de ingreso mediano y alto. En ambos casos, las subvenciones no sólo no redujeron la desigualdad sino que la recrudecieron (Lovei y colaboradores, 2000).

19. Banco Mundial, 1994e.

20. Lewis, 2000.

21. En algunos casos, el trabajo infantil puede ser no la causa sino el resultado de que los niños sean apartados de la escuela (Oxfam International, 1999).

22. Bredie y Beehary, 1998.

23. Oxfam International, 1999.

24. Azandossessi, 2000; Pouliquen, 1999b.

25. Constance, 1999.

26. Barnes y Halpern, 2000.

27. Barnes, van der Plas y Floor, 1997.

28. En lo que se refiere a la energía, por ejemplo, en el futuro previsible las perspectivas de mejora de los servicios para muchos pobres dependerá de que se encuentren fuentes fuera de la red (Villagran, 2000).

29. Programa de Educación, Salud y Alimentación.

30. Nolan y Turbut, 1995.

31. Gilson, 1998.

32. Nyonator y Kutzin, 1999.

33. Gertler y Hammer, 1997.

34. Banco Mundial, 1996a.

35. Boland y Whittington, 2000.

36. Así ocurre con el abastecimiento de agua en Yakarta (Indonesia) (Boland y Whittington, 2000).

37. Lovei y colaboradores, 2000.

38. Barnes, van der Plas y Floor, 1997.

39. Irwin, 1997.

40. Banco Mundial, 1998t.

41. Gertler y Solon, 1998.

42. Filmer, Hammer y Pritchett, 1998.

43. En Chomitz y colaboradores (1998) se observa que la diferencia de remuneración necesaria para conseguir que el personal médico se traslade a las zonas remotas de Indonesia es varias veces superior a lo que podría considerarse como una cifra realista.

44. Véase www.worldbank.org/html/extdr/hnp/health/ppi/contents.htm.

45. Girishankar, 1999a.

46. Banco Mundial, 1998t; Filmer, Hammer y Pritchett, 1998.

47. Van der Gaag, 1995.

48. Banco Mundial, 1998t.

49. Banco Mundial, 1998t; Bonilla-Chacin y Hammer, 1999.

50. Filmer, Hammer y Pritchett, 1998.

51. La mejora de las comunicaciones tiene efectos positivos en el patrimonio social (Pouliquen, 1999a).

52. Banco Mundial, 1998aa.

53. Izaguirre, 1999. Más de 90 países en desarrollo abrieron su sector de las telecomunicaciones a la participación privada en 1990-98.

54. Osiptel, 1996.

55. Véase información más detallada sobre los telecentros de Senegal en www.idrc.ca/acacia/engine/eng_6.htm y www.sonatel.sn/c-telece.htm.

56. Banco Mundial, 1994e.

57. Ernberg, 1998.

58. Quizá sean necesarias subvenciones en el sector de las telecomunicaciones y en los del abastecimiento de agua y energía (Wellenius, 1997; Barnes y Halpern, 2000).

59. Wellenius, 1997.

60. Wallsten, 1999.

61. Chisari, Estache y Romero, 1999.

62. Ravallion y Wodon, de próxima aparición.

63. Gaynor, 1996.

64. Banco Mundial, 1995b.

65. Gaynor, 1998.

66. King y Özler, 1998.

67. Gaynor, 1996.

68. Gaynor, 1998.

69. Jimenez y Paqueo, 1996.

70. Banco Mundial, 1995b.

71. Banco Mundial, 1995b.

72. Oxfam International, 1999.

73. Jimenez y Sawada, 1998.

74. La incapacidad de Educo de elevar los resultados de las pruebas homologadas de matemáticas y lengua pueden ser consecuencia de la ausencia de incentivos directos para los profesores, padres y asociaciones de padres y profesores (Jimenez y Sawada, 1998).

75. Entre esas preocupaciones figuran las mayores dificultades que se encuentran para aplicar políticas de educación de alcance general, para conseguir unos objetivos nacionales más amplios, para evitar la segregación social y para promover la equidad si las escuelas aceptan alumnos en función de su capacidad de pago (Banco Mundial, 1995b).

76. Pouliquen, 1999b.

77. El proyecto Orangi fue establecido en 1980 por el organizador comunitario Akhter Hameed Khan (Banco Mundial, 1992b). Convencido de la necesidad de buscar un equilibrio entre identificación de los países y rapidez de aplicación, permitió que los procesos de toma de decisiones basada en la participación durasen todo el tiempo necesario.

78. Pouliquen, 1999a.

79. Barwell, 1996.

80. White, 1997.

81. Walker y colaboradores, 1999.

82. Pouliquen, 1999a.

83. Rawlings, Sherburne-Benz y van Domelen, de próxima aparición.

84. Sara y Katz, 1997.

85. Tendler y Freedheim, 1994.

86. Desde 1987 el Banco Mundial ha aprobado financiamiento para unos 100 proyectos de fondos sociales multisectoriales, o semejantes, por un valor total de 3.400$ millones en más de 60 países (Parker y Serrano, de próxima aparición). Muchos otros donantes prestan también apoyo a los fondos sociales.

87. Si bien la elección entre inversiones puede ayudar a garantizar la sostenibilidad, la capacidad ilimitada de elección es rara en los proyectos multisectoriales. No obstante, un enfoque verdaderamente impulsado por la demanda requiere un menú abierto de inversiones.

88. Es difícil conseguir la identificación comunitaria con una infraestructura que va a ser de utilidad a numerosas comunidades. Normalmente, este tipo de infraestructura se administra mejor si se confía al gobierno local o de rango superior (Malmberg Calvo, 1998).

89. Los fondos sociales son mecanismos de financiamiento intersectoriales que se centran en las comunidades pobres pero que encauzan también donaciones a los gobiernos locales y ONG. Inicialmente eran mecanismos de financiamiento de emergencia, pero se han convertido en mecanismos de larga duración para actividades de desarrollo (Capítulo 8). Un error frecuente es suponer que los proyectos de fondos sociales ofrecen una posibilidad abierta de elección. Algunos estudios indican que los menús de proyectos admisibles quizá no sean lo bastante integradores y que los proyectos pueden tener una definición demasiado estrecha (Owen y van Domelen, 1998; Walker y colaboradores, 1999).

90. Pouliquen, 1999a.

91. Owen y van Domelen, 1998.

92. Carvalho, 1999a.

93. En Zimbabwe un estudio demostró que aproximadamente el 35% del ingreso de los hogares rurales procede de bienes ofrecidos gratuitamente por el medio ambiente y que esta proporción aumenta a medida que disminuye el ingreso (Cavendish, 1999).

94. Uphoff, 1998.

95. En 1990, el gobierno de la India envió a los estados una circular en la que recomendaba la adopción de medidas conjuntas de gestión forestal en los bosques estatales. Ya en 1995, 15 estados habían adoptado sus programas, que contaban con la participación de las comunidades locales en la gestión y protección de las tierras boscosas a cambio de los derechos de utilizar determinados productos forestales (Arnold, de próxima aparición).

96. Por ejemplo, dejar que las comunidades rurales sean las propietarias de los bosques y pastizales próximos, mientras que el Estado sería el propietario de las tierras forestales alejadas (Murty, 1994).

97. Arnold, de próxima aparición.

98. Arnold, de próxima aparición.

99. Además, las tasas de crecimiento demográfico muy elevadas pueden reducir los beneficios obtenidos por los miembros hasta el punto de eliminar los incentivos a participar.

100. Uphoff, 1998.

101. Un proyecto forestal en Nepal autorizó a comunidades de usuarios a ocuparse de la gestión forestal, previa aprobación de

los planes correspondientes, y concedió certificados en los que se garantizaba el derecho a largo plazo a los beneficios forestales (Banco Mundial, 1989).

102. La experiencia demuestra también que la participación comunitaria es más elevada cuando unas tecnologías adecuadas permiten un rendimiento suficiente de las actividades. Por ejemplo, las plantaciones para leña con espacio muy reducido entre los árboles, donde las tasas de supervivencia de los árboles son bajas, no parecen suscitar el interés de la comunidad. Por el contrario, la participación comunitaria es elevada cuando los árboles se plantan a una distancia conveniente y las plantaciones permiten un flujo de ingreso anual gracias a los productos no madereros (cultivos intercalados, forrajes o paja para techos, semillas u hojas de valor comercial; Banarjee y colaboradores, 1997).

103. La planificación de sistemas judiciales eficaces, autónomos e íntegros es tan importante como el diseño de los sistemas adecuados de derechos de propiedad (Ostrom, de próxima aparición).

104. Banarjee y colaboradores, 1997.

105. Carney, 1998.

106. Banarjee y colaboradores, 1997.

107. Las mujeres y niños son normalmente los principales recolectores de combustible y forraje para consumo familiar y la venta a los mercados urbanos, por lo que de hecho se convierten en administradores de los bosques. Los productos forestales son especialmente importantes cuando las mujeres y los niños no pueden obtener ingresos suficientes de la agricultura o de un empleo asalariado y existen pocas opciones diferentes (Arnold, de próxima aparición). En tales casos, las actividades relacionadas con el bosque suelen caracterizarse por una mayor concentración de mano de obra y se organizan en torno al hogar (Arnold, 1998).

108. Agarwal, 1997.

109. Agarwal, 1997.

110. Carney, 1998.

111. de Janvry, Gordillo, Platteau y Sadoulet, de próxima aparición.

112. De Janvry, Gordillo, Platteau y Sadoulet, de próxima aparición. Un título seguro de propiedad de la tierra facilita el acceso al crédito que induce prácticas agrícolas más favorables al medio ambiente, sobre todo en las áreas forestales. Constituye también un incentivo para invertir en técnicas que aumentan la productividad y en mejorar la infraestructura local (Hoff, Braverman y Stiglitz, 1993; Schneider, 1995).

113. Deininger y Binswanger, 1999. La seguridad de los derechos de propiedad es también un tema importante para la población pobre de las ciudades.

114. de Janvry, Platteau, Gordillo y Sadoulet, de próxima aparición.

115. Mearns (1999) distingue entre derechos, reclamaciones o intereses individuales según que se puedan avalar jurídicamente de acuerdo con la legislación vigente (legalidad estricta), o la sociedad los considere como legítimos independientemente de su legalidad estricta (legitimidad social) o que se ejerzan en la práctica y por lo tanto se traduzcan en un control efectivo de la tierra (control de hecho).

116. Mearns, 1999. No obstante, Sharma y Drèze (1996) han comprobado que en Palanpur (India), el arrendamiento ha perdido una parte de su influencia igualitaria. A medida que la agricultura utiliza sistemas con mayor concentración de capital, se ha observado una creciente igualdad entre terratenientes y arrendatarios, en parte debido a la exclusión de los campesinos sin tierras de los contratos de arrendamiento y a la mayor presencia de los grandes terratenientes en el mercado del arrendamiento.

117. Parthasarthy, citado por Mearns (1999).

118. De Janvry, Gordillo, Platteau y Sadoulet, de próxima aparición.

119. Platteau y Baland, de próxima aparición.

120. Sadoulet, Murgai y de Janvry, de próxima aparición. Véase el Recuadro 4.4 del Capítulo 4.

121. Mearns, 1999.

122. De Janvry, Gordillo, Platteau y Sadoulet, de próxima aparición.

123. Deininger, 1999b.

124. De Janvry, Gordillo, Platteau y Sadoulet, de próxima aparición.

125. Deininger, de próxima aparición.

126. De Janvry, Gordillo, Platteau y Sadoulet, de próxima aparición.

127. Muchos abastecedores locales tienen servicios en red que logran vender a precios que son inferiores incluso a los de las compañías públicas subvencionadas (Solo, 1998a).

128. El número de contratos de administración, arrendamientos, concesiones y privatizaciones de los servicios de abastecimiento de agua y saneamiento en gran escala pasó de cuatro en 1993 a 29 en 2000. La inversión privada en este sector alcanzó en 1997 un máximo de $8.400 millones (Roger, 1999).

129. La razón principal de este resultado es el buen ajuste entre la dotación institucional, con la aceptación tradicional de la participación privada, y las garantías que ofrece a los inversionistas (Menard y Clarke, 2000).

130. Brook Cowen y Tynan, 1999.

131. El sistema debería cubrir los costos mediante subvenciones cruzadas industriales, pero las tarifas resultantes eran tan elevadas que la mayor parte de las industrias se retiraron. Si bien el servicio sufrió un retroceso en todos los casos, los que más sufrieron fueron los hogares pobres, tanto los que recibían el servicio como el resto (Yepes, 1999).

132. Las reformas de los precios deberían introducirse antes de la transferencia a proveedores privados o de la introducción de programas para aumentar la eficiencia de los servicios públicos (Banco Mundial, de próxima aparición b).

133. Si fuera necesario en los países donde el número de conexiones es reducido, las subvenciones deberían utilizarse para nuevas conexiones, no para el consumo. Cuando las conexiones están generalizadas, como en muchos países de Europa oriental y de la antigua Unión Soviética, puede ser más beneficioso para los pobres la adopción de tarifas por bloques bien concebidas (Lovei y colaboradores, 2000).

134. Brook Cowen, 1997. Las estructuras reguladoras deben ser lo suficientemente rígidas como para ofrecer a los inversionistas y administradores la certeza que necesitan para determinar la rentabilidad a largo plazo y, al mismo tiempo, lo bastante flexibles como para adaptarse a las nuevas situaciones (Savedoff y Spiller, 1999).

135. Si bien se han realizado numerosos esfuerzos de reglamentación para evitar que los servicios públicos abusen de su poder monopolístico, es relativamente poco lo que se ha hecho para reducir este poder (Webb y Ehrhardt, 1998).

136. Brook Cowen y Tynan, 1999.

137. Banco Mundial, 1998o.

Capítulo 6

Salvo indicación en contrario, todas las citas de este capítulo están tomadas de *La voz de los pobres* (Narayan, Chambers, Shah y Petesch, 2000; Narayan, Patel, Schafft, Rademacher y Koch-Schulte, 2000).

1. Skocpol, 1992; Bates, 1989; North, 1990.
2. Banco Mundial, 1997l.
3. Evans y Rauch, 1999.
4. Woo-Cumings, 1999; Evans, 1999; Cheng, Haggard y Kang, 1999.
5. Collier, de próxima aparición.
6. Van Rijckeghem y Weder, 1997; Adams, 1998.
7. Wade, 1985.
8. Grandvoinnet y Tamesis, 2000.
9. Ablo y Reinikka, 1998.
10. Paul, 1998.
11. *Marchés Tropicaux et Méditerranéens*, 1995.
12. IRIS-USAID, 1996.
13. Wei, 1999a, 1999b.
14. Tanzi y Davoodi, 1997; Gupta, Davoodi y Alonso-Terme, 1998; Gray y Kaufmann, 1998.
15. Norton, 1998.
16. Grandvoinnet, 2000.
17. Berkovitz, Pistor y Rischard, 1999; Posner, 1997.
18. Bouderbala y Pascon, 1970.
19. Dakolias, 1996.
20. Dakolias, 1996.
21. Garro, 1999.
22. Banco Mundial, 1999a.
23. Dakolias, 1996.
24. Asia Foundation [www.asiafoundation.org].
25. Mc Clymont y Golub, 2000.
26. Dakolias, 1996.
27. Manning, 1999.
28. Michael Anderson, 1999; Manning, 1999.
29. Yost, 1999.
30. Bardhan, 1997b.
31. Bardhan, 1997b; R. Adams, 1986.
32. Ranis y Stewart, 1994.
33. Tommasi y Weischelbaum, 1999.
34. Ranis y Stewart, 1994.
35. King y Ozler, 1998.
36. Bardhan, 1997b.
37. Brown y Oates, 1987.
38. Hsiao, 1995.
39. EIU, 1999a.
40. Crook y Sverisson, 1999.
41. Fisman y Gatti, 1999; Treisman, 1998.
42. Banco Mundial, 2000l.
43. Foner, 1989.
44. Ravallion, 1999b, de próxima aparición; Litvack y Rondinelli, 1999.
45. Bardhan, 1997b; Bardhan y Mookherjee, 1999; Harriss, 1999; Drèze y Sen, 1995; Burki, Perry y Dillinger, 1999.
46. Blair, 2000.
47. Manor, 1999.
48. Banco Mundial, 1996b.
49. Owen y van Domelen, 1998.
50. Fox, 1995.
51. Adato y colaboradores, 1999.
52. Banco Mundial, 1999b.
53. Bhatt, 2000.
54. Moore y Putzel, 1999.
55. Skocpol, 1992.
56. Moore y Putzel, 1999.
57. Huntington y Nelson, 1976.
58. Uvin, 1995.
59. Paerregaard, 1998.
60. Bebbington, 1996.
61. Riddell y Robinson, 1995.
62. Brown y Ashman, 1996.
63. Bebbington, 1996.
64. Van de Walle, de próxima aparición; Narayan, Chambers, Shah y Petesch, 1999; Narayan, Patel, Schafft, Rademacher y Koch-Schulte, 2000.
65. Das Gupta, Grandvoinnet y Romani, de próxima aparición.
66. Sobre Brazil, véase Tendler (1997); sobre Corea, Whang (1981), y sobre Taiwán (China), Fei, Ranis y Kuo (1979).
67. Coirolo, 2000.
68. Coirolo, 2000.
69. Sen, 1997b.
70. Sen, 1999.
71. Los resultados empíricos que pueden verse en el Gráfico 6.6 deben interpretarse con cautela. Podría ocurrir también que unas tasas más altas de crecimiento den lugar a instituciones de mayor calidad. No obstante, el análisis histórico revela que la creación de algunas instituciones básicas (derechos de propiedad, por ejemplo) es fundamental en el proceso del desarrollo.
72. Por ejemplo, Sah (1991), Bardhan (1997b), Harriss (1999), Varshney (1999a), Niles (1999) y Moore y Putzel (1999).
73. Alesina y Rodrik, 1994; Barro, 1996b; Brunetti, 1997; Campos, 1994; Bardhan, 1999a.
74. Johnson, 1982; Wade, 1991; H. Stein, 1999; Woo-Cumings, 1999.
75. Acemoglu y Robinson, 1999.
76. Dethier, 1999.
77. Rodrik, 1999a.
78. Collier, 1999c; Collier y Gunning, 1999.
79. Sen, 1997b; Besley y Burgess, 2000.
80. Diamond, Linz y Lipset, 1988; Joseph, 1999.
81. Bardhan y Mookherjee, 1999.
82. Li, Steele y Glewwe, 1999. Véase también Castro-Leal y colaboradores (1999).
83. Przeworski y Limongi, 1993; Bratton y van de Walle, 1997; Sah, 1991; Varshney, 1999a.
84. Burki y Perry, 1998.
85. De Waal, 1999.
86. Drèze y Sen, 1995.
87. Joshi y Moore, de próxima aparición.

Capítulo 7

Salvo indicación en contrario, todas las citas de este capítulo están tomadas de *La voz de los pobres* (Narayan, Chambers, Shah y Petesch, 2000; Narayan, Patel, Schafft, Rademacher y Koch-Schulte, 2000).

1. Briggs, 1998; Hirschman, 1984.
2. Banton, 1999.
3. World Faiths Development Dialogue, 2000.
4. Los ejemplos y otros materiales de esta sección están basados en buena parte en Banco Mundial (de próxima aparición a).

5. Das Gupta, 1995, 1999; Goody, 1976, 1990.
6. Banco Mundial, de próxima aparición a.
7. Gray y Kevane, 1996; Deere y Leon, 1997; Agarwal, 1994; Saito, Mekonen y Spurling, 1994.
8. KIHASA y PNUD, 1998; Kim, 1991.
9. Das Gupta y colaboradores, 2000.
10. Banco Mundial, de próxima aparición a.
11. PNUD, 1995.
12. Filmer, 1999b.
13. Quisumbing, 1994; Chi y colaboradores, 1998; Saito y Spurling, 1992.
14. Sen y Drèze, 1989; Coale, 1991; Klasen, 1994.
15. Das Gupta y colaboradores, 1997; Zeng y colaboradores, 1993.
16. Jejeebhoy, 1995.
17. Ren, 1996; Das Gupta, 1995.
18. Hobcraft, 1993; Hill y King, 1995; Klasen, 1999.
19. Joshi y otros, 1999.
20. Thomas, 1990, 1997.
21. Khandker, 1998.
22. Jejeebhoy, 1995.
23. Dollar y Gatti, 1999.
24. Klasen, 1999.
25. Saito, Mekonen y Spurling, 1994; Quisumbing, 1994; Due y Gladwin, 1991.
26. Quisumbing, 1996.
27. Udry y colaboradores, 1995; Udry, 1996.
28. Gopal, 1999.
29. Banco Mundial, de próxima aparición a.
30. Sen, 1999; Singh, 1999.
31. Jones, 1998.
32. Das Gupta y otros, 2000; Agarwal, 1994.
33. Agarwal, 1994; Andors, 1983; Das Gupta y colaboradores, 2000; Davin, 1976, 1995; Uberoi, 1999; Wolf, 1985.
34. Deere y Leon, 1999.
35. Pitt y Khandker, 1998.
36. Besley y Coate, 1995.
37. Khandker, Khalily y Khan, 1996.
38. Rhyne y Holt, 1994.
39. Véase Banco Mundial (de próxima aparición a).
40. Wade, 1987.
41. Psacharopoulos y Patrinos, 1994.
42. No obstante, las trampas espaciales de pobreza pueden ser (y son) mera consecuencia de la interacción de las imperfecciones del mercado de factores con las externalidades. Véase Jalan y Ravallion (1999a).
43. Borjas, 1992.
44. Jones, 1998.
45. Borjas, 1997; Borjas y Sueyoshi, 1997; Turok, 1999.
46. Davey Smith y colaboradores, 1998; Lowell y Wood, 1998; Meerman, 1999.
47. Las pruebas empíricas más convincentes son las procedentes de comunidades urbanas pobres de los Estados Unidos. Véanse, entre otros, Wilson (1996) y Sampson, Morenhoff y Earls (1999).
48. Herbst, 1999.
49. Van Nieuwkoop y Uquillas, 2000.
50. Bardhan, 1997a; Coate y Loury, 1993.
51. La distinción entre los tipos de acción afirmativa aparece claramente descrita en Loury (2000).
52. Coate y Loury, 1993; Steele, 1999.
53. Holzer y Neumark, 1999.
54. Bardhan, 1997a.
55. Horowitz, 1999.
56. Borjas, 1997; Casella y Rauch, 1997.
57. Bates, 1999.
58. Alesina y La Ferrara, 1999.
59. Turton, 1997.
60. Véase Alesina, Baqir y Easterly (1998) en relación con las ciudades de los Estados Unidos.
61. Collier y Garg, 1999.
62. Brockerhoff y Hewett, 1998.
63. Varshney, 1999b.
64. Anderson, 1983.
65. Monnet, 1988.
66. Austin, 1999; Reno, 1998.
67. Gurr y otros, 1993.
68. Véase Chua (1998) sobre el "etnonacionalismo" en Filipinas, Kazajstán, Sudáfrica, Tailandia y Viet Nam.
69. Easterly, 2000a.
70. Collier y Hoeffler, 2000; Woolcock, Pritchett e Isham, 1999.
71. BID, 2000, página 27. De los 26 países de la región, sólo cuatro tienen datos suficientes sobre las poblaciones afrolatinas: Bolivia, Brasil, Guatemala y Perú.
72. Gittell y Vidal, 1998; Narayan, 1999.
73. Fine, 1999.
74. Woolcock, 2000.
75. Kozel y Parker, 2000.
76. Barr, 1998, 1999. Véase también van Dijk y Rabellotti (1997).
77. Fafchamps y Minten, 1999.
78. Grootaert, 1999b; Grootaert y Narayan, 2000; Grootaert, Oh y Swamy, 1999. Véase una exposición general sobre estos estudios en Grootaert (1999a).
79. Narayan y Nyamwaya, 1996.
80. Bebbington y Carroll, 2000.
81. Fernandez, 1994.
82. Singerman, 1995.
83. Tendler, 1997.
84. Uphoff, 1992.
85. Banco Mundial, de próxima aparición c.
86. Fox, 1992; Bebbington, 1999.

Capítulo 8

Salvo indicación en contrario, todas las citas de este capítulo están tomadas de *La voz de los pobres* (Narayan, Chambers, Shah y Petesch, 2000; Narayan, Patel, Schafft, Rademacher y Koch-Schulte, 2000).

1. Deaton, 1997; Townsend, 1995; Udry, 1991.
2. El carácter recurrente de las crisis se conoce también con el nombre de autocorrelación. Deaton (1991) ha presentado un modelo teórico en el que se observan los efectos de las crisis repetidas en el comportamiento de acumulación de existencias de reserva.
3. Algunas fluctuaciones de los ingresos a la baja son previsibles, como la escasez de alimentos antes de la cosecha en las zonas rurales. Si bien esta escasez no es, estrictamente hablando, un riesgo (aunque su magnitud puede resultar incierta), los hogares tratan no obstante de estabilizar el consumo, lo que implica costos. A veces tienen que pedir prestado, construir y llenar un almacén de cereales o recurrir a una red social para solicitar ayuda, actividades que

pueden ser más difíciles para los pobres (Sinha y Lipton, 1999). Los agricultores pobres pueden verse obligados a vender por adelantado sus cosechas a agricultores más adinerados o a intermediarios a precios inferiores a los del mercado (Search, 1999). De la misma manera, el descenso de los ingresos asociados al envejecimiento es también previsible en muchos casos, pero su magnitud quizá no lo sea debido a las incertidumbres de la salud y la esperanza de vida. En este capítulo, cuando se hace referencia a la gestión de riesgos se incluye la gestión de las fluctuaciones previsibles, pues muchos de los instrumentos disponibles para afrontar el riesgo ayudan también a los hogares a suavizar las fluctuaciones previsibles.

4. Townsend, 1994.

5. Rosenzweig y Binswanger, 1993.

6. Dercon, 1999; Kinsey, Burger y Gunning, 1998.

7. Rosenzweig y Binswanger, 1993.

8. Jalan y Ravallion, 1997a.

9. Baulch y Hoddinott, de próxima aparición.

10. Gaiha y Deolalikar, 1993.

11. Maluccio, Haddad y May, 1999; Glewwe y Hall, 1998.

12. Ravallion, 1988.

13. La gravedad de la pobreza se cuantificó aplicando el índice cuadrado del grado de pobreza (Jalan y Ravallion, 1997a).

14. Grootaert, Kanbur y Oh, 1997; Jalan y Ravallion, 1999c; Lokshin y Ravallion, 2000a.

15. Lokshin y Ravallion, 2000a.

16. Dercon y Krishnan, 2000a.

17. Este marco en tres niveles de reducción de riesgo, mitigación del riesgo y medidas de supervivencia se presenta en Holzmann y Jorgensen (2000) y Banco Mundial (2000q). Algunas de las obras sobre el riesgo utilizan una clasificación diferente que distingue sólo entre las estrategias a priori («gestión de riesgos) y a posteriori («supervivencia»). Por gestión de riesgo se entienden todos los esfuerzos realizados para reducir la variabilidad del ingreso (diversificación, migración). La supervivencia consiste en la estabilización del consumo, sea a lo largo del tiempo (endeudamiento, autoseguro, ahorro) o entre distintos hogares (distribución de riesgos, a través del seguro formal o informal). Véase Alderman y Paxson (1992).

18. Los hogares diversifican sus fuentes de ingreso no sólo para hacer frente al riesgo sino también para aumentar los ingresos. Con actividades como los cultivos intercalados y un suministro de mano de obra que varían de acuerdo con las estaciones, los hogares aumentan su ingreso medio y, en algunos casos, pueden reducir también su riesgo (Dercon, 1999).

19. Reardon, 1997.

20. Fafchamps, Udry y Czukas, 1998.

21. Dercon, 1999.

22. Reardon, 1997; Dercon y Krishnan, 1996.

23. Adams, 1995.

24. Adams, 1999.

25. Morduch, 1990.

26. Dercon, 1996.

27. Sinha y Lipton, 1999.

28. El modelo teórico de acumulación de activos y de ahorro cautelar se examina en Deaton (1991) y Dercon (1999).

29. La covarianza entre los valores de los activos y el ingreso no es sólo un problema para los pobres. Como ha demostrado la experiencia reciente de Asia oriental, una crisis económica normalmente coincide con un hundimiento del mercado de valores, lo que limita la utilización de los activos financieros con fines cautelares.

30. Dercon, 1999.

31. Fafchamps, Udry y Czukas, 1998.

32. Dercon, 1998.

33. Lim y Townsend, 1998.

34. Jalan y Ravallion, 1998a.

35. Morduch, 1999a.

36. Dercon, 1999. El grado de equiparación de las utilidades marginales depende de la homogeneidad interna de la red.

37. Las redes más amplias pueden tener dificultades para hacer observar las obligaciones mutuas entre los miembros.

38. Morduch, 1999a.

39. Dercon, 1999; Coate y Ravallion, 1993.

40. Ravallion y Chaudhuri, 1997; Deaton, 1997; Townsend, 1995; McDonald, Schiller y Ueda, 1999.

41. Jalan y Ravallion, 1997a; Townsend, 1994.

42. Véanse, por ejemplo, Kochar (1999) y Jacoby y Skoufias (1997) sobre la India, Moser (1998) sobre Ecuador y Zambia y Dercon (1999) sobre Etiopía.

43. La migración es una estrategia de supervivencia, pero sirve también como medio de diversificación del ingreso y de seguro. Naturalmente, en muchos casos la migración se produce por razones distintas de la gestión de riesgos. El examen detallado de la función de la migración (nacional e internacional) desborda el ámbito de este capítulo.

44. Udry, 1999.

45. Foster, 1995.

46. E. Rose, 1999.

47. Foster, 1995.

48. Behrman, 1988.

49. Behrman y Deolalikar, 1990.

50. E. Rose, 1999.

51. Dercon y Krishnan, 2000b; Behrman y Deolalikar, 1990.

52. Sinha y Lipton, 1999; Lanjouw y Stern, 1991.

53. FAO, 1995. Los efectos del SIDA pueden cambiar el trato habitual de las viudas. En una aldea de Tanzanía las viudas del SIDA ya no se ven despojadas de sus bienes, para que puedan cuidar a los numerosos huérfanos del SIDA y compensar la reducción del suministro de mano de obra masculina (Rugalema, 1999).

54. Alderman y Gertler, 1997.

55. Grootaert, 1998.

56. Jacoby y Skoufias, 1997.

57. Narayan, Chambers, Shah y Petesch, 2000.

58. Foster, 1995.

59. Hoddinott y Kinsey, 1998.

60. Zimmerman y Carter, 1999.

61. Barrett y Carter, 1999; Grootaert y Kanbur, 1995a.

62. Este orden de prioridades se debe a la preocupación por evitar las privaciones y tribulaciones que normalmente acompañan a las crisis, sobre todo para los pobres. Ello no significa que deba eliminarse todo el riesgo, pues ello tendría fuertes efectos negativos en los incentivos. Llevada al extremo, la ausencia de todo riesgo representaría un incentivo para no emprender ninguna actividad, que es precisamente el núcleo del problema del riesgo moral (Devarajan y Hammer, 1997).

63. Esta triple respuesta al riesgo se expone con mayor detalle en Holzmann y Jorgensen (2000).

64. Banco Mundial, 1998t.

65. Zaman, 1999.

66. Banco Mundial, 2000q.
67. Dercon, 1999.
68. Holzmann y Jorgensen, 2000.
69. Cox y Jimenez, 1998.
70. Jensen, 1998.
71. Cox y Jimenez, 1998.
72. Morduch, 1999a.
73. Morduch, 1999a; Jensen, 1998.
74. Dercon, 1999.
75. Deaton, 1991.
76. Morduch, 1999a; Baulch y Hoddinott, de próxima aparición.
77. Dercon, 1999.
78. Dercon, 1999.
79. Sinha y Lipton, 1999.
80. Besley, 1995a; Sebstad y Cohen, 1999.
81. Sinha y Lipton, 1999.
82. Walker y Ryan, 1990.
83. Sinha y Lipton, 1999.
84. En este contexto, riesgo moral significa la posibilidad de que las personas adopten conductas más arriesgadas cuando saben que el riesgo está asegurado. La antiselección de riesgo es la tendencia de los pobres más expuestos a un determinado riesgo a buscar un seguro.
85. Sinha y Lipton, 1999.
86. Holzmann, Packard y Cuesta, 1999.
87. Lund y Srinivas, 1999b.
88. Holzmann, Packard y Cuesta, 1999.
89. Birdsall y Hecht, 1995.
90. Gertler, 2000.
91. Gertler y Gruber, 1997.
92. Prescott y Pradhan, 1999.
93. Gertler, 2000.
94. Gertler, 2000.
95. Banco Mundial, 1998t.
96. La dificultad de cuantificar la incidencia de la discapacidad se debe, en parte, a la poca claridad de la definición. La Organización Mundial de la Salud (OMS, 1980) considera como discapacidad toda restricción o falta (resultante de una deficiencia) de capacidad de realizar una actividad considerada como normal para un ser humano. Obviamente, puede haber opiniones distintas sobre lo que constituye una actividad «normal». Además, muchas encuestas cuantifican las deficiencias, no las discapacidades. Finalmente, desde hace tiempo se debate si una deficiencia corregida constituye o no una discapacidad. A este respecto, véase Elwan (1999).
97. Elwan, 1999.
98. Khan y Durkin, 1995.
99. Andersson, Palha da Sousa y Paredes, 1995.
100. Abu-Habib, 1997; Harris-White, 1996.
101. Andersson, Palha da Sousa y Paredes, 1995.
102. Elwan, 1999.
103. Flanagan, 1999.
104. En comparación, en los países de la OCDE la cobertura de las pensiones es el 85% de la mano de obra (Palacios y Pallares-Miralles, 1999).
105. Palacios y Pallares-Miralles, 1999.
106. Holzmann, Packard y Cuesta, 1999.
107. Banco Mundial, 1994b. En algunas circunstancias, la parte de la contribución definida podría ser también objeto de gestión pública.
108. Holzmann, Packard y Cuesta, 1999.
109. Holzmann, Packard y Cuesta, 1999; James, 2000.
110. James, 2000.
111. Flanagan, 1999.
112. Flanagan, 1999; Grootaert y Braithwaite, 1998; Banco Mundial, de próxima aparición a.
113. Pueden verse detenidos análisis sobre las cuestiones y políticas relacionadas con el trabajo infantil en Grootaert y Kanbur (1995a), Grootaert y Patrinos (1999) y Fallon y Tzannatos (1998). Véase también el Capítulo 4.
114. Banco Mundial, 1995c, 2000q; Dar y Tzannatos, 1999.
115. Banco Mundial, 1995c.
116. Grootaert y Braithwaite, 1998.
117. Banco Mundial, 2000q.
118. Van Ginneken, 1999.
119. Banco Mundial, 2000q.
120. Grootaert y Braithwaite, 1998.
121. Ravallion, 1991; Baulch y Hoddinott, de próxima aparición.
122. Wodon, 2000b.
123. Wodon y Minowa, 2000.
124. Subbarao, 1997.
125. Esta diversidad de objetivos significa que los fondos sociales pueden ser un vehículo para una gran variedad de programas. En ese sentido, difieren de las intervenciones específicas, como las pensiones o el seguro de enfermedad, de que se habla en otro lugar de este capítulo.
126. Jorgensen y van Domelen, 1999; Frigenti, Harth y Huque, 1998; Bigio, 1998.
127. Jorgensen y van Domelen, 1999; Frigenti, Harth y Huque, 1998.
128. Van Domelen y Owen, 1998.
129. Ravallion y Wodon, de próxima aparición.
130. Sebstad y Cohen, 1999; Lipton, 1998.
131. En Sebstad y Cohen (1999) pueden encontrarse numerosas fuentes que documentan estos diferentes usos de los préstamos.
132. Zaman, 1999.
133. Sebstad y Cohen, 1999.
134. Las funciones concretas que corresponden al Estado, los donantes y las ONG en los servicios de microfinanciamiento es un tema abierto. Las experiencias de los distintos países presentan grandes diferencias. Pero los programas aplicados directamente por los gobiernos suelen tener tasas de incumplimiento más elevadas (Morduch, 1999a).
135. Sebstad y Cohen, 1999.
136. Morduch, 1999a, 1999c; Zeller, 1999.
137. Subbarao y otros, 1997.
138. Banco Mundial, 1999n.
139. BID, 2000. Progresa es el Programa de Educación, Salud y Alimentación.
140. Filmer y colaboradores, 1998.

Capítulo 9

Salvo indicación en contrario, todas las citas de este capítulo están tomadas de *La voz de los pobres* (Narayan, Chambers, Shah y Petesch, 2000; Narayan, Patel, Schafft, Rademacher y Koch-Schulte, 2000).

1. Grupo de estudio mixto Secretaría del Commonwealth-Banco Mundial sobre los pequeños Estados, 2000.

2. Banco Mundial, 2000l.

3. Véase, por ejemplo, Lustig (de próxima aparición), Banco Mundial (1999j), Poppele, Sumarto y Pritchett (1999), Reyes y Mandap (1999) y Lokshin y Ravallion (2000b).

4. Las estimaciones sobre Indonesia deben leerse con cautela, ya que las grandes devaluaciones de la rupia hacen difícil una estimación de los precios, sobre todo en las zonas rurales.

5. De Janvry y Sadoulet, 2000a.

6. Véase Lustig (1995).

7. Lokshin y Ravallion, 2000b.

8. Datt y Hoogeveen, 2000.

9. Jacoby y Skoufias, 1997.

10. Véanse, por ejemplo, Jalan y Ravallion (1997a) sobre China, y Gaiha y Deolalikar (1993) sobre la India.

11. Behrman, Duryea y Székely, 1999.

12. Binder, 1999.

13. Véase Eichengreen (1999) y BID (1995).

14. Tommasi, 1999.

15. Morley, 1994. Estas cifras no coinciden con las del Cuadro 9.1 porque están tomadas de distinta fuente.

16. Caprio y Klingebiel, 1996.

17. Lustig, 1998.

18. Estas cuestiones no afectan sólo a los mercados emergentes. Bancos y agentes financieros de países desarrollados se han comportado también de forma irresponsable. En 1998, la Reserva Federal de los Estados Unidos se vio obligada a organizar una operación de rescate de Long-Term Capital Management, fondo de cobertura con sede en Connecticut.

19. De Gregorio, Edwards y Valdés, de próxima aparición.

20. Kiguel, 1999.

21. Dornbusch y Edwards, 1991.

22. Banco Mundial, 1998f, 2000e.

23. Véase, por ejemplo, Bourguignon y Morrisson (1992), Banco Mundial (1991b), Thorbecke (1991), de Janvry, Fargeix y Sadoulet (1991) y Bruno, Ravallion y Squire (1998).

24. Véase el ejemplo presentado en Lustig (2000).

25. Véase, por ejemplo, la exposición de Perry y Lederman (1999).

26. Gupta y colaboradores, 1998.

27. Wodon, Hicks, Ryan y González, 2000; Hicks y Wodon, 2000.

28. Ravallion, 1999c.

29. Ravallion, 1999b, páginas 13-14.

30. Social Monitoring y Early Response Unit (www.smeru.or.id/about.htm).

31. Véase la nota 5 del Capítulo 1.

32. Davis, Handa y Soto, 1999.

33. Rodrik, 1998.

34. Véase, por ejemplo, Banco Mundial (de próxima aparición b).

35. Federación Internacional de Sociedades de la Cruz Roja y de la Media Luna Roja, 1999, Cuadros 5 y 12.

36. Freeman, 1999.

37. Las pautas varían enormemente, incluso dentro de cada región. El Sahel, por ejemplo, ha registrado en 1960-90 un descenso significativo de las precipitaciones medias en comparación con los tres decenios anteriores. Por el contrario, África sudoriental ha conocido un ciclo de 18-20 años de períodos relativamente más secos y más húmedos, y en África oriental no se ha apreciado ningún cambio en las tendencias ni ninguna pauta cíclica (Benson y Clay, 1998).

38. Gray y colaboradores, 1999.

39. Benson y Clay, 1998.

40. USAID, OFDA, 1999. La base de datos que mantiene la Oficina de Asistencia para Casos de Desastre en el Extranjero (OFDA), de la USAID, incluye todas las desgracias naturales declaradas como desastre por el gobierno de los Estados Unidos así como los grandes desastres no declarados que provocan un número considerable de muertes y lesiones e importantes daños en la infraestructura, la producción agrícola y la vivienda.

41. Federación Internacional de Sociedades de la Cruz Roja y de la Media Luna Roja, 1993, página 34.

42. Anderson y Woodrow, 1989.

43. Funaro-Curtis, 1982.

44. Bhatt, 1999b.

45. Benson, 1997a, 1997b, 1997c.

46. Vos, Velasco y de Labastida, 1999.

47. BID, 2000.

48. Morris y colaboradores, 2000.

49. Reardon y Taylor, 1996.

50. La reducción de activos fue también la estrategia de supervivencia adoptada por muchos hogares en Zimbabwe tras la sequía de 1991-92. Los hogares se vieron obligados a vender sus cabras —una forma de ahorro utilizada para pagar la educación secundaria— con el fin de mantener el consumo inmediato (Hicks, 1993).

51. Hoddinott y Kinsey, 1998, 2000; Owens, 2000.

52. Bonitatibus y Cook, 1996.

53. Ainsworth y Over, 1994.

54. Benson y Clay, 1998.

55. Benson y Clay, 1998.

56. Robinson, 1993.

57. Freeman y MacKellar, 1999b. Las grandes destrucciones de los servicios de infraestructura pueden tener un efecto asimétrico en la producción: la pérdida de producción causada por esa destrucción puede ser superior al aumento de la producción causado por la eventual expansión de la infraestructura (Banco Mundial, 1994e).

58. Kreimer, 1999.

59. Banco Mundial, 1999c, 1999e.

60. Anderson y Woodrow, 1989.

61. Por ejemplo, el gobierno de Nicaragua está examinando la posibilidad de establecer un sistema semejante (Banco Mundial, 2000m).

62. Benson y Clay, 1998.

63. Levav, 1999.

64. Véase un análisis sobre los fondos sociales en el Capítulo 8.

65. Davis y Oliver-Smith, 1999.

66. Davis y Oliver-Smith, 1999.

67. Magalhaes y Glantz, 1992.

Capítulo 10

Salvo indicación en contrario, todas las citas de este capítulo están tomadas de *La voz de los pobres* (Narayan, Chambers, Shah y Petesch, 2000; Narayan, Patel, Schafft, Rademacher y Koch-Schulte, 2000).

1. Ades y Glaeser, 1999.

2. Quah, 1999.

3. Scandizzo, 1998.

4. Otra razón es que los países en desarrollo quizá no respondan a las oportunidades comerciales. Ello subraya la importancia

de las reformas normativas e institucionales en los países en desarrollo para crear un marco de incentivos más favorable.

5. Banco Mundial y FMI, 2000b.
6. Anderson, Hoekman y Strutt, 1999.
7. Anderson, Hoekman y Strutt, 1999.
8. Goldstein, Kaminsky y Reinhart, 2000.
9. Banco Mundial, 2000g.
10. Kaul, Grunberg y Stern, 1999a; Kanbur, Sandler y Morrison, 1999.
11. En Cook y Sachs (1999) se estima que menos del 10% de la ayuda se ha destinado a bienes públicos internacionales. Aunque es difícil desglosar los flujos de ayuda de esta manera, ese 10% se calcula teniendo en cuenta qué parte de la ayuda se destina no a los proyectos nacionales sino a los regionales.
12. Véase en Banco Mundial (1999dd) una comparación y un análisis de los Protocolos de Kioto y Montreal.
13. ONUSIDA, 2000.
14. National Intelligence Council, 2000.
15. Los proyectos piloto de prevención y los programas nacionales emprendidos en Brasil, India, Senegal y Tailandia ponen de manifiesto que una mayor utilización de preservativos y la mayor seguridad en el comportamiento sexual y en las inyecciones pueden tener efectos notables.
16. Banco Mundial, 2000a.
17. Estimación de la Iniciativa internacional para una vacuna contra el SIDA.
18. OMS, 1999b.
19. Estos gastos comprenden, entre otros, los de investigación sanitaria.
20. OMS, 1999a.
21. Véase en Sachs, Kremer y Hamoudi (1999) una exposición sobre el posible funcionamiento de un fondo semejante.
22. Byerlee y Heisey, 1996; Smale y Heisey, 1994.
23. Rosenzweig, 1998.
24. Evenson, 2000.
25. Pinstrup-Andersen, Pandya-Lorch y Rosengrant, 1997; de Janvry y colaboradores, 2000.
26. Persley y Doyle, 1999.
27. Alston, Pardey y Smith, 1998.
28. No obstante, los derechos de propiedad intelectual pueden también facilitar la difusión de conocimientos, ya que las solicitudes de patente se publican y algunas veces contienen información valiosa para otros posibles inventores (David, 1993). Además, las patentes desempeñan un papel importante en la creación de mercados para la información y los conocimientos, ya que ofrecen más información a los compradores y vendedores de tecnología (Primo Braga, Fink y Sepulveda, 2000).
29. PNUD, 1999a.
30. Banco Mundial, 2000s.
31. PNUD, 1999a.
32. Breton, 1965; Olson, 1969.
33. Kanbur, Sandler y Morrison, 1999.
34. Véase Woods (1999) y Helleiner (2000a).
35. Blackhurst, 1997a; Ohiorhenuan, 1998; Michalopoulos, 1999.
36. Esta iniciativa fue instituida por la Reunión de Alto Nivel sobre Iniciativas Integradas para el Fomento del Comercio de los Países Menos Adelantados en octubre de 1997. Los organismos participantes son el Fondo Monetario Internacional, el Centro de Comercio Internacional, la Conferencia de las Naciones Unidas sobre Comercio y Desarrollo, el Programa de las Naciones Unidas para el Desarrollo, el Banco Mundial y la Organización Mundial del Comercio.
37. Banco Mundial y FMI, 2000b.

Capítulo 11

1. OCDE, CAD, 1996.
2. AIF, 1998.
3. Ehrenpreis, 1999.
4. Banco Mundial, 1990, página 4.
5. OCDE, CAD, 2000.
6. Los países clasificados por el Banco Mundial en 1997 como países de ingreso bajo eran los que tenían un PNB per cápita de $785 o menos.
7. German y Randel, 1998.
8. Alesina y Dollar, 1998; Alesina y Weder, 1999.
9. Véanse, por ejemplo, Schraeder, Hook y Taylor (1998) y Maizels y Nissanke (1984).
10. Kull, Destler y Ramsay, 1997.
11. Véase Boone (1994) y Banco Mundial (1998b).
12. Easterly, 1999a.
13. Véase en Thorbecke (2000) un examen de la evolución del consenso sobre las estrategias de desarrollo a lo largo del tiempo.
14. Williamson, 1990.
15. Si bien gran parte de los préstamos para fines de ajuste estructural, en especial en el decenio de 1980, hicieron hincapié en esos principios, el grueso de la ayuda, incluida la mayor parte del financiamiento del Banco Mundial, continuó estando concentrada en proyectos tradicionales, sobre todo de infraestructura y desarrollo rural y, cada vez más, en los sectores sociales y el medio ambiente.
16. Véase, por ejemplo, AIF (1998).
17. Nelson, 1999, página 22. Véase también Colclough (1996).
18. Kanbur, Sandler y Morrison, 1999.
19. Van de Walle y Johnston, 1996, página 55.
20. Van de Walle y Johnston, 1996. Véase también Collier (1997).
21. Wuyts, 1996; van de Walle y Johnston, 1996; Aryeetey, 1996.
22. Feyzioglu, Swaroop y Zhu, 1998.
23. Devarajan, Squire y Suthiwart-Narueput, 1997.
24. Devarajan y Swaroop, 1998.
25. Banco Mundial, 1992a; Isham y Kaufmann, 1999.
26. Burnside y Dollar, de próxima aparición; Devarajan, Dollar y Holmgren, 2000.
27. Mosley y Eeckhout, 2000.
28. Alesina y Dollar, 1998. Aunque no puede encontrarse ninguna relación sistemática entre condicionalidad y reforma, un estudio reciente de 10 países llegó a la conclusión de que la condicionalidad puede ser útil al comienzo del proceso de reforma si el gobierno respalda plenamente las reformas (Devarajan, Dollar y Holmgren, 2000). En estos casos, el gobierno utiliza las condiciones como una especie de mecanismo de «autocontrol». No obstante, el problema es que los donantes no han adaptado la condicionalidad a los diferentes entornos. Esta es probablemente la razón por la que no aparece ninguna relación sistemática entre condicionalidad y reforma.
29. Véase Mosley, Harrigan y Toye (1995) y Collier (1997).
30. Véase Banco Mundial (1992a) y Mosley, Harrigan y Toye (1995).
31. Killick, Gunatilaka y Marr, 1998.
32. Mosley y Eeckhout, 2000.

33. Sobre las instituciones sociales, véase Collier y Gunning (1999). Acerca de la capacidad social, véase Temple y Johnson (1998). Sobre la fragmentación étnica, véase Easterly y Levine (1997). Sobre la desigualdad, véanse Bénabou (1996) y Perotti (1996a). Sobre la geografía, véase Bloom y Sachs (1998).

34. Temple, 1999. Es probable que estos factores hayan influido también en la eficacia de la ayuda (véase Hansen y Tarp, 2000).

35. Easterly y colaboradores, 1993; Rodrik, 1998.

36. Véanse, por ejemplo, OCDE, CAD (1996), United Kingdom, Secretary of State for International Development (1997), Grupo de promoción de las asociaciones del Banco Mundial (1998b) y PNUD (1999b).

37. FMI y AIF, 1999.

38. Berg, 2000. Véase también Banco Mundial (1994a) y Datta-Mitra (1997).

39. Banco Mundial, 1998k.

40. Collier y Dollar, 2000.

41. Banco Mundial, 1998b.

42. Dollar, 2000.

43. AIF, 1998. Los fondos de la AIF se asignan utilizando una clasificación del desempeño de los países que combina la evaluación de las políticas e instituciones nacionales (que reciben una ponderación del 80% en la clasificación) con un indicador del desempeño de la cartera de proyectos de la AIF (ponderación del 20%). En los casos de sistemas de gobierno gravemente debilitados, se puede introducir un ajuste a la baja en consideración del hecho de que los criterios de gobierno representan sólo una cuarta parte de la evaluación de las políticas e instituciones nacionales (Banco Mundial, 1999h).

44. Por ejemplo, en Llavador y Roemer (2000) se propone un nuevo marco analítico para la asignación de la ayuda, basado en el concepto de equiparación de oportunidad entre los países receptores para conseguir el crecimiento.

45. Benyon, 1999.

46. Véanse, por ejemplo, Guillaumont, Guillaumont Jeanneney y Brun (1999), Rodrik (1998) y Collier y Gunning (1997).

47. Guillaumont y Chauvet, 1999.

48. OCDE, 1999.

49. Véanse, por ejemplo, Seymour y colaboradores (2000) y Buse (1999).

50. Helleiner, 2000b; Grupo de promoción de las asociaciones del Banco Mundial, 1998a.

51. Sweden, Ministry for Foreign Affairs, 1999.

52. Killick, 1997.

53. Devarajan, Dollar y Holmgren, 2000.

54. Muchas de estas enseñanzas se apuntan en Walt y colaboradores (1999) y en Foster (1999).

55. OCDE, 1999.

56. OCDE, 1999.

57. Jepma, 1991.

58. Chinnock y Collinson, 1999.

59. Berg, 1993; Banco Mundial, 1996e.

60. Van Rooy, 1998.

61. Gibbs, Fumo y Kuby, 1999. Véase también Kruse y colaboradores (1997).

62. Véase Denmark, Ministry of Foreign Affairs (2000).

63. Jubilee 2000 Coalition (www.jubilee2000uk.org).

64. Oxfam International, 1999; Sachs y colaboradores, 1999.

65. Killick, Gunatilaka y Marr, 1998.

66. Sachs y otros, 1999.

67. Véase, por ejemplo, Claessens, Oks y Wijnbergen (1993).

68. Claessens y colaboradores, 1997.

69. Easterly, 1999c. En los nuevos empréstitos no se incluyen las reprogramaciones.

70. Bruno y Easterly, 1996.

71. Easterly, 1999c.

72. Sachs, 2000.

73. Todas las cuestiones mencionadas en este párrafo se plantearon en las amplias consultas celebradas por el Banco Mundial y el Fondo Monetario Internacional para informar y consultar a los asociados acerca de la estrategia para la reducción de la pobreza. Véase Banco Mundial y FMI (2000a).

Documentos de antecedentes

Acemoglu, Daron y James A. Robinson. "On the Political Economy of Institutions and Development."

Adato, Michelle, Timothy Besley, Lawrence Haddad y John Hoddinott. "Participation and Poverty Reduction: Issues, Theory and New Evidence from South Africa."

Anderson, Mary B. "The Impacts of Natural Disasters on the Poor: A Background Note."

Anderson, Michael R. "Access to Justice and Legal Process: Making Legal Institutions Responsive to Poor People in LDCs."

Appleton, Simon y Lina Song. "Income and Human Development at the Household Level: Evidence from Six Countries."

Austin, Gareth. "Background Note on Civil Strife and Poverty in Sub-Saharan Africa."

Banton, Michael. "Discrimination and Poverty."

Bardhan, Pranab. "Political Economy, Governance, and Poverty Reduction."

Centre L.-J. Lebret. "Attacking Poverty."

Chang, Pilwha. "Gender and Violence."

Connolly, Michelle. "The Impact of Removing Licenses and Restrictions to Import Technology on Technological Change."

Crook, Richard C. y Alan Sturla Sverrisson. "To What Extent Can Decentralized Forms of Government Enhance the Development of Pro-poor Policies and Improve Poverty-Alleviation Outcomes?"

Dahl, Robert A. "A Note on Politics, Institutions, Democracy and Equality."

Dasgupta, Partha. "Valuation and Evaluation: Measuring the Quality of Life and Evaluating Policy."

Davis, Shelton y Anthony Oliver-Smith. "Post–Hurricane Mitch Rehabilitation and Reconstruction Mission."

De Janvry, Alain, Gregory Graff, Elisabeth Sadoulet y David Zilberman. "Technological Change in Agriculture and Poverty Reduction."

Dercon, Stefan. "Income Risk, Coping Strategies, and Safety Nets."

Elwan, Ann. "Poverty and Disability."

Fields, Gary S. "Distribution and Development: A Summary of the Evidence for the Developing World."

Gereffi, Gary y Martha Argelia Martinez. "Blue Jeans and Local Linkages: The Blue Jeans Boom in Torreon, Mexico."

Harriss, John. "How Much Difference Does Politics Make? Regime Differences across Indian States and Rural Poverty Reduction."

Herring, Ronald J. "Political Conditions for Agrarian Reform and Poverty Alleviation."

Hossain, Naomi y Mick Moore, con la colaboración de Noushin Kalati, James Manor y Elisa Reis. "Elites, Poverty and Development."

Houtzager, Peter P. y Jonathan Pattenden. "Finding the Shape of the Mountain: When 'the Poor' Set the Agenda."

INADES Formation Tchad. "Synthèse de la consultation de la Banque mondiale sur la pauvreté au Tchad."

Jayaraman, Rajshri. "Kerala and Uttar Pradesh: A Case Study."

Kurtz, Marcus. "The Political Economy of Pro-poor Policies in Chile and Mexico."

Leamer, Edward E. y Peter K. Schott. "Natural Resources as a Source of Latin American Income Inequality."

Lindauer, David. "Labor Market Reform and the Poor."

Lund, Frances y Smita Srinivas. "Learning from Experience: A Framework for Social Protection for Workers in the Informal Economy."

Lustig, Nora. "Crises and the Poor: Socially Responsible Macroeconomics."

Manning, Daniel S. "The Role of Legal Services Organizations in Attacking Poverty."

Meerman, Jacob. "Slow Roads to Equality: A Study of Four Hard-Core Minorities—Issues from the Literature Review."

Moore, Mick y James Putzel. "Politics and Poverty."

Moore, Mick, Jennifer Leavy, Peter P. Houtzager y Howard White. "Polity Qualities: How Governance Affects Poverty."

Morley, Samuel A. "The Impact of Reforms on Equity in Latin America."

Niles, Kimberly J. "Economic Adjustment and Targeted Social Spending: The Role of Political Institutions (Indonesia, Mexico, and Ghana)."

Pawasuthipaisit, Anan, Sombat Sakuntasathien y Robert M. Townsend. "Report to the Ford Foundation: Impact of the Thai Crisis."

Pouliquen, Louis. "Infrastructure and Poverty."

Prasad, Kameshwar, Paolo Belli y Monica Das Gupta. "Links between Poverty, Exclusion, and Health."

Quah, Danny. "6 x 109: Some Dynamics of Global Inequality and Growth."

Rodriguez, Francisco. "Inequality, Economic Growth and Economic Performance."

Sebstad, Jennefer y Monique Cohen. "Microfinance, Risk Management and Poverty."

Sinha, Saurabh y Michael Lipton. "Damaging Fluctuations, Risk and Poverty: A Review."

Turok, Ben. "South Africa: From Exclusion to Integration."

Varshney, Ashutosh. "Democracy and Poverty."

Whitehead, Laurence y George Gray-Molina. "The Long-Term Politics of Pro-poor Policies."

Winters, L. Alan. "Trade, Trade Policy and Poverty: What Are the Links?"

Wodon, Quentin. "Extreme Poverty and Human Rights: Essays on Joseph Wresinski."

Yaqub, Shahin. "How Equitable Is Public Spending on Health and Education?"

Wodon, Quentin. "Extreme Poverty and Human Rights: Essays on Joseph Wresinski."

Yaqub, Shahin. "How Equitable Is Public Spending on Health and Education?"

Bibliografía

Ablo, Emmanuel y Ritva Reinikka. 1998. "Do Budgets Really Matter?" Documento de trabajo sobre investigaciones relativas a políticas de desarrollo 1926. Banco Mundial, Washington, D.C.

Abu-Habib, Lina. 1997. *Gender and Disability: Women's Experiences in the Middle East.* Oxford: Oxfam International.

Acemoglu, Daron y James A. Robinson. 1999. "On the Political Economy of Institutions and Development." Documento de antecedentes para el *Informe sobre el desarrollo mundial 2000/2001.* Massachusetts Institute of Technology, Cambridge, Mass.; University of California at Berkeley, y Banco Mundial, Washington, D.C.

Adams, Dale. 1984. "Mobilizing Household Savings through Rural Financial Markets." En J.D. von Pischke, Dale W. Adams y Gordon Donald, comps., *Rural Financial Markets in Developing Countries: Their Use and Abuse.* Baltimore, Md.: Johns Hopkins University Press.

Adams, Dale W., Douglas Graham y J.D. von Pischke. 1992. "Microenterprise Credit Programmes: Déjà Vu." *World Development* 20(10): 1463-70.

———, comps. 1983. *Limitations of Cheap Credit in Promoting Rural Development.* Instituto de Desarrollo Económico. Washington, D.C.: Banco Mundial.

Adams, Richard. 1986. "Bureaucrats, Peasants, and the Dominant Coalition: An Egyptian Case Study." *Journal of Development Studies* 22: 336-54.

———. 1995. "Fuentes de desigualdad del ingreso y pobreza en las zonas rurales del Pakistán." Informe de investigaciones No. 102. Instituto Internacional de Investigaciones sobre Políticas Alimentarias, Washington, D.C.

———. 1998. "The Political Economy of the Food Subsidy System in Bangladesh." *Journal of Development Studies* 35(10): 66-88.

———. 1999. "Nonfarm Income, Inequality, and Land in Rural Egypt." Documento de trabajo sobre investigaciones relativas a políticas de desarrollo 2178. Banco Mundial, Washington, D.C.

Adato, Michelle, Timothy Besley, Lawrence Haddad y John Hoddinott. 1999. "Participation and Poverty Reduction: Issues, Theory and New Evidence from South Africa." Documento de antecedentes para el *Informe sobre el desarrollo mundial 2000/2001.* Instituto Internacional de Investigaciones sobre Políticas Alimentarias y Banco Mundial, Washington, D.C.

Ades, Alberto y Edward Glaeser. 1999. "Evidence on Growth, Increasing Returns and the Size of the Market." *Quarterly Journal of Economics* 114(3): 1025-46.

Agarwal, Bina. 1994. "Gender and Legal Rights in Agricultural Land in India." *Economic and Political Weekly* 30: A39-56.

———. 1997. "Environmental Action, Gender Equity and Women's Participation." *Development and Change* 28(1): 1-44.

Aghion, Philippe, Eve Caroli y Cecilia García-Peñalosa. 1999. "Inequality and Income Growth: The Perspective of New Growth Theories." *Journal of Economic Literature* 27: 1615-60.

Ahmad, Ehtisham y Nicholas Stern. 1987. "Alternative Sources of Government Revenue: Illustrations from India, 1979-80." En David Newbery y Nicholas Stern, comps., *The Theory of Taxation for Developing Countries.* Nueva York: Oxford University Press.

Aho, Gilbert Sylvain Lariviere y Frederic Martin, comps. 1997. *Manuel d'analyse de la pauvreté: Applications au Bénin.* Quebec City: Université Laval, Université Nationale du Bénin y Programa de las Naciones Unidas para el Desarrollo.

Aidt, Toke, Sabine Schlemmer-Schulte y Zafiris Tzannatos. 2000. "Core Labor Standards and the Freedom of Association." Banco Mundial, Washington, D.C.

AIF (Asociación Internacional de Fomento). 1998. *Aumento de los recursos de la AIF: duodécima reposición - Una alianza para la reducción de la pobreza.* Washington, D.C.: Banco Mundial

———. 2000. "Uganda: Poverty Reduction Strategy Paper and Joint World Bank-IMF Staff Assessment of the PRSP." Banco Mundial, Washington, D.C.

Ainsworth, Martha y Mead Over. 1994. "AIDS and African Development." *World Bank Research Observer* 9(2): 203-40.

Ainsworth, Martha e Innocent Semali. 1998. "Who Is Most Likely to Die of AIDS? Socioeconomic Correlates of Adult Deaths in Kigera Region, Tanzania." En Martha Ainsworth, Lieve Fransen y Mead Over, comps., *Confronting AIDS: Evidence from the Developing World.* Luxemburgo: Comisión Europea.

Ainsworth, Martha, Kathleen Beegle y Andrew Nyamete. 1996. "The Impact of Women's Schooling on Fertility and Contraceptive Use: A Study of Fourteen Sub-Saharan African Countries." *World Bank Economic Review* 10: 85-122.

Akin, John, David K. Guilkey y Hazel E. Denton. 1995. "Quality of Services and Demand for Health Care in Nigeria: A Multinomial Probit Estimation." *Social Science and Medicine* 40(11): 1527-37.

Akiyama, Takamasa, John Baffes, Jonathan Coulter, Donald F. Larson y Panos Varangis. De próxima aparición. "Commodity Market Reform in Africa: Why, How and What." Banco Mundial y Natural Resource Institute, Washington, D.C.

Alderman, Harold. 1994. "Ghana: Adjustment's Star Pupil?" En David Sahn, comp., *Adjusting to Policy Failure in African Economies.* Ithaca, N.Y.: Cornell University Press.

Alderman, Harold y Paul Gertler. 1997. "Family Resources and Gender Differences in Human Capital Investments: The Demand for Children's Medical Care in Pakistan." En Lawrence Haddad, John Hoddinott y Harold Alderman, comps., *Intrahousehold Resource Allocation in Developing Countries: Methods, Models, and Policy.* Baltimore, Md.: Johns Hopkins University Press.

Alderman, Harold y Victor Lavy. 1996. "Household Responses to Public Health Services: Cost and Quality Tradeoffs." *World Bank Research Observer* 11(2): 3-22.

Alderman, Harold y Christina Paxson. 1992. "Do the Poor Insure? A Synthesis of the Literature on Risk and Consumption in Developing Countries." Documento de trabajo sobre investigaciones relativas a políticas de desarrollo 1008. Banco Mundial, Washington, D.C.

Alderman, Harold, Peter Orazem y Elizabeth M. Paterno. 1996. "School Quality, School Cost, and the Public/Private School Choices of Low-Income Households in Pakistan." Impact Evaluation of Education Reforms Paper 2. Banco Mundial, Washington, D.C.

Alderman, Harold, Simon Appleton, Lawrence Haddad, Lina Song y Yisehac Yohannes. 2000. *Reducing Child Malnutrition: How Far*

Does Income Growth Take Us? Washington, D.C.: Banco Mundial.

Alesina, Alberto y David Dollar. 1998. "Who Gives Foreign Aid to Whom and Why?" NBER Working Paper 6612. National Bureau of Economic Research, Cambridge, Mass.

Alesina, Alberto y Eliana La Ferrara. 1999. "Participation in Heterogeneous Communities." NBER Working Paper 7155. National Bureau of Economic Research, Cambridge, Mass.

Alesina, Alberto y Dani Rodrik. 1994. "Distributive Politics and Economic Growth." *Quarterly Journal of Economics* 109: 465-90.

Alesina, Alberto y Beatrice Weder. 1999. "Do Corrupt Governments Receive Less Foreign Aid?" NBER Working Paper 7108. National Bureau of Economic Research, Cambridge, Mass.

Alesina, Alberto, Reza Baqir y William Easterly. 1998. "Public Goods and Ethnic Divisions." Documento de trabajo sobre investigaciones relativas a políticas de desarrollo 2108. Banco Mundial, Washington, D.C.

Alston, Julian M., Philip G. Pardey y Vincent H. Smith. 1998. "Financing Agricultural R&D in Rich Countries: What's Happening and Why." *Australian Journal of Agricultural and Resource Economics* 42(1): 51-82.

Alston, Lee J., Gary D. Libecap y Robert Schneider. 1996. "The Determinants and Impact of Property Rights: Land Titles on the Brazilian Frontier." NBER Working Paper 5405. National Bureau of Economic Research, Cambridge, Mass.

Altieri, Miguel A. y Peter Rosett. 1999. "Ten Reasons Why Biotechnology Will Not Ensure Food Security, Protect the Environment and Reduce Poverty in the Developing World." Documentado presentado en la International Conference on Ensuring Food Security, Protecting the Environment, and Reducing Poverty in Developing Countries: Can Biotechnology Help? Grupo Consultivo sobre Investigaciones Agrícolas Internacionales y Academia de Ciencias de los Estados Unidos, octubre, Washington, D.C.

Altimir, Oscar y Luis Becaria. 1998. "Política macroeconómica y pobreza en América Latina y el Caribe." En Enrique Ganuza, Lance Taylor y Samuel A. Morley, comps., *Efectos de los cambios macroeconómicos y de las reformas sobre la pobreza urbana en la Argentina.* Ciudad de México: Mundi-Prensa.

Amis, Philip. 1994. "Indian Urban Poverty: Labor Markets, Gender, and Shocks." *Journal of International Development* 6(5): 635-43.

Anand, Sudhir y Ravi Kanbur. 1993. "Inequality and Development: A Critique." *Journal of Development Economics* 41: 19-43.

Anand, Sudhir y Martin Ravallion. 1993. "Human Development in Poor Countries: On the Role of Private Incomes and Public Services." *Journal of Economic Perspectives* 7: 133-50.

Anderson, Benedict. 1983. *Imagined Communities: Reflections on the Origin and Spread of Nationalism.* Londres: Verso.

Anderson, Jock R. 1998. "Selected Policy Issues in International Agricultural Research: On Striving for International Public Goods in an Era of Donor Fatigue." *World Development* 26(6): 1149-62.

Anderson, Jock R. y Dana G. Dalrymple. 1999. "World Bank, the Grant Program, and the CGIAR: A Retrospective Review." OED Working Paper Series, No. 1. Banco Mundial, Washington, D.C.

Anderson, Kym. 1999. "Agriculture, Developing Countries, and the WTO Millennium Round." Centre for International Economic Studies Discussion Paper 99/28. University of Adelaide, Australia.

Anderson, Kym, Bernard Hoekman y Anna Strutt. 1999. "Agriculture and the WTO: Next Steps." Documento presentado en la Segunda conferencia anual sobre análisis económico global, Avernaes Conference Centre, 20-22 de junio, Helnaes, Dinamarca.

Anderson, Mary B. 1999. "The Impacts of Natural Disaster on the Poor: A Background Note." Documento de antecedentes para el *Informe sobre el desarrollo mundial 2000/2001.* Cornell University, Ithaca, N.Y., y Banco Mundial, Washington, D.C.

Anderson, Mary B. y Peter Woodrow. 1989. *Rising from the Ashes: Development Strategies in Times of Disaster.* Boulder, Colo.: Westview.

Anderson, Michael R. 1999. "Access to Justice and Legal Process: Making Legal Institutions Responsive to Poor People in LDCs." Documento de antecedentes para el *Informe sobre el desarrollo mundial 2000/2001.* Banco Mundial, Washington, D.C.

Andersson, Neil, Cesar Palha da Sousa y Sergio Paredes. 1995. "Social Cost of Land Mines in Four Countries: Afghanistan, Bosnia, Cambodia, and Mozambique." *British Medical Journal* 311: 718-21.

Andors, Phyllis. 1983. *The Unfinished Liberation of Chinese Women, 1949-1980.* Bloomington: Indiana University Press.

Aoyama, Atsuko. 1999. *Toward a Virtuous Circle: A Nutrition Review of the Middle East and North Africa.* Washington, D.C.: Banco Mundial.

Appleton, Simon y Lina Song. 1999. "Income and Human Development at the Household Level: Evidence from Six Countries." Documento de antecedentes para el *Informe sobre el desarrollo mundial 2000/2001.* University of Bath, Department of Economics and International Development, y Banco Mundial, Washington, D.C.

Appleton, Simon, con la colaboración de Tom Emwanu, Johnson Kagugube y James Muwonge. 1999. "Changes in Poverty in Uganda, 1992-1997." Working Paper 99.22. Oxford University, Centre for the Study of African Economies.

Aristy, Jaime y Andrés Dauhajre. 1998. "Efectos de las políticas macroeconómicas y sociales sobre la pobreza en la República Dominicana." Banco Interamericano de Desarrollo, Departamento de Desarrollo Sostenible, Washington, D.C.

Arnold, Michael J.E. 1998. "Forestry and Sustainable Rural Livelihoods." En Diana Carney, comp., *Sustainable Rural Livelihoods: What Contribution Can We Make? Implementing the Sustainable Rural Livelihoods Approach.* Londres (Reino Unido), Departamento de Desarrollo Internacional.

———. De próxima aparición. "Devolution of Control of Common-Pool Resources to Local Communities: Experiences in Forestry." En Alain de Janvry, Gustavo Gordillo, Jean-Philippe Platteau y Elisabeth Sadoulet, comps., *Access to Land, Rural Poverty and Public Action.* Nueva York: Oxford University Press.

Arrow, Kenneth. 1963. "Uncertainty and the Welfare Economics of Medical Care." *American Economic Review* 53: 941-73.

———. 2000. "Observations on Social Capital." En Partha Dasgupta e Ismail Serageldin, comps., *Social Capital: A Multifaceted Perspective.* Washington, D.C.: Banco Mundial.

Arulpragasam, Jehan y Carlo del Ninno. 1996. "Do Cheap Imports Harm the Poor? Rural-Urban Tradeoffs in Guinea." En David E. Sahn, comp., *Economic Reform and the Poor in Africa.* Oxford: Clarendon.

Aryeetey, Ernest. 1996. "Aid Effectiveness in Ghana." Instituto de Desarrollo de Ultramar, Londres.

Asia Foundation y AKATIGA. 1999. *The Impact of Economic Crisis on Indonesian Small and Medium Enterprises.* Yakarta: Asia Foundation.

Asiimwe, Delius. 1997. "Informal Health Markets and Formal Health Financing Policy in Uganda." London School of Hygiene, Londres, y Makerere Institute of Social Research, Kampala.

Atkinson, Anthony Barnes. 1981. "On Intergenerational Income Mobility in Britain." *Journal of Post-Keynesian Economics* 3: 194-218.

———. 1998. "Equity Issues in a Globalizing World: The Experience of OECD Countries." Documento presentado en la conferencia sobre política económica y equidad, Fondo Monetario Internacional, junio, Washington, D.C.

Atkinson, Anthony Barnes y François Bourguignon. De próxima aparición. "Poverty and Inclusion from a World Perspective." En Pierre-Alain Muet y Joseph E. Stiglitz, comps., *Global Governance, Markets and Equity.* Nueva York: Oxford University Press.

Austin, Gareth. 1999. "Background Note on Civil Strife and Poverty in Sub-Saharan Africa." Documento de antecedentes para el *Informe sobre el desarrollo mundial 2000/2001.* London School of Economics and Political Science y Banco Mundial, Washington, D.C.

Azandossessi, Arsène. 2000. "The struggle for water in urban poor areas of Nouakchott, Mauritania." *WATERfront* 14. Fondo de las Naciones Unidas para la Infancia, Nueva York.

Bajpai, Nirupam y Jeffrey Sachs. 1999. "The Progress of Policy Reform and Variations in Performance at the Sub-National Level in India." Development Discussion Paper 730. Harvard Institute for International Development, Cambridge, Mass.

Bale, Malcolm. 1999. "The Rural Poor: A Thematic Approach." Banco Mundial, Oficina Regional de Asia Oriental y el Pacífico, Washington, D.C.

Bale, Malcolm y Tony Dale. 1998. "Public Sector Reform in New Zealand and Its Relevance to Developing Countries." *World Bank Research Observer* 13(1): 103-21.

Banarjee, Ajit, Gabriel Campbell, María Concepción J. Cruz, Shelton H. Davis y Augusta Molnar. 1997. "Participation in Forest Management and Conservation." Environment Department Paper 49. Banco Mundial, Washington, D.C.

Banco Mundial. 1980. *Informe sobre el desarrollo mundial 1980.* Washington, D.C.: Banco Mundial.

———. 1989. "Nepal Hill Community Forestry." Oficina Regional de Asia Meridional, Washington, D.C.

———. 1990. *Informe sobre el desarrollo mundial 1990: La Pobreza.* Washington, D.C.: Banco Mundial.

———. 1991a. *Jordan: Public Expenditure Review.* Washington, D.C.

———. 1991b. "A Symposium Issue on the Analysis of Poverty and Adjustment." *World Bank Economic Review* 5(2): 177-393.

———. 1991c. *Informe sobre el desarrollo mundial 1991: La tarea acuciante del desarrollo.* Washington, D.C.: Banco Mundial.

———. 1992a. "Effective Implementation: Key to Development Impact." Informe del Grupo de estudio sobre la gestión de la cartera. Washington, D.C.

———. 1992b. 1992. *Informe sobre el desarrollo mundial 1992: desarrollo y medio ambiente.* Washington, D.C.: Banco Mundial.

———. 1993a. "Area Development Projects." Lessons and Practices 3. Departamento de Evaluación de Operaciones, Washington, D.C.

———. 1993b. *The East Asian Miracle: Economic Growth and Public Policy.* Informe del Banco Mundial sobre investigaciones relativas a políticas de desarrollo. Nueva York: Oxford University Press.

———. 1993c. *Uganda: Social Sectors.* Estudio del Banco Mundial sobre países. Washington, D.C.

———. 1993d. *Informe sobre el desarrollo mundial 1993: Invertir en salud.* Washington, D.C.: Banco Mundial.

———. 1994a. *Adjustment in Africa: Reforms, Results, and the Road Ahead.* Nueva York: Oxford University Press.

———. 1994b. Envejecimiento sin crisis. Informe del Banco Mundial sobre investigaciones relativas a políticas de desarrollo. Washington, D.C.: Banco Mundial.

———. 1994c. "Hashemite Kingdom of Jordan: Poverty Assessment." Vol. 1. Report 12675-JO. Washington, D.C.

———. 1994d. "Republic of Turkey-Second Health Project: Essential Health Services and Management Development in Eastern and Southeastern Anatolia." Informe de evaluación inicial preparado por el personal 12765-TU. Washington, D.C.

———. 1994e. *Informe sobre el desarrollo mundial 1994: Infraestructura y desarrollo.* Washington, D.C.: Banco Mundial.

———. 1995a. "Argentina: Argentina's Poor-A Profile." Informe sectorial 13318. Washington, D.C.

———. 1995b. *Prioridades y estrategias para la educación: examen del Banco Mundial.* Washington, D.C.

———. 1995c. *Informe sobre el desarrollo mundial 1995: El mundo del trabajo en una economía integrada.* Washington, D.C.: Banco Mundial.

———. 1996a. "Access to Education and Health Care in Uganda." Departamento de Africa Oriental, Departamento de Lucha contra la Pobreza y Políticas Sociales, Washington, D.C.

———. 1996b. "Democratic and Popular Participation in the Public Field: The Experience of the Participative Budget in Porto Alegre (1989-1995)." Instituto de Desarrollo Económico, Washington, D.C.

———. 1996c. *Mexico: Rural Poverty.* Washington, D.C.

———. 1996d. *Poverty Reduction and the World Bank: Progress and Challenges in the 1990s.* Washington, D.C.

———. 1996e. "Technical Assistance." Lessons and Practices 7. Departamento de Evaluación de Operaciones, Washington, D.C.

———. 1996f. *Informe sobre el desarrollo mundial 1996: De la planificación centralizada a la economía de mercado*. Washington, D.C.: Banco Mundial.

———. 1997a. *Can the Environment Wait? Priorities for East Asia.* Washington, D.C.

———. 1997b. *China 2020: Sharing Rising Incomes.* Washington, D.C.

———. 1997c. *Clear Water, Blue Skies: China's Environment in the New Century.* Washington, D.C.

———. 1997d. *Confronting AIDS: Public Priorities in a Global Epidemic.* Policy Research Report. Nueva York: Oxford University Press. (Edición en español: 1998. *Hacer frente al SIDA: prioridades de la acción pública ante una epidemia mundial.* OPS Publicación

Científica No. 570. Washington, D.C.: Organización Panamericana de la Salud).

———. 1997e. *Expanding the Measure of Wealth: Indicators of Environmentally Sustainable Development.* Serie de monografías y estudios sobre el desarrollo social y ecológicamente sostenible No. 17. Washington, D.C.

———. 1997f. "Health, Nutrition and Population." Sector Strategy Paper. Red sobre desarrollo humano, Washington, D.C.

———. 1997g. *India: Achievements and Challenges in Reducing Poverty.* Estudio del Banco sobre países. Washington, D.C.

———. 1997h. "India: Andhra Pradesh Hazard Mitigation and Emergency Cyclone Recovery Project." Memorando y recomendaciones del Presidente P7100. Washington, D.C.

———. 1997i. "Romania Poverty and Social Policy Report." Oficina Regional de Europa y Asia Central,Washington, D.C.

———. 1997j. *Rural Development: From Vision to Action—A Sector Strategy.* Serie de monografías y estudios sobre el desarrollo social y ecológicamente sostenible, No. 12. Washington, D.C.

———. 1997k. "Social Funds Portfolio Review." Social Funds Thematic Group, Washington, D.C.

———. 1997l. *Informe sobre el desarrollo mundial 1997:El estado en un mundo en transformación* . Washington, D.C.: Banco Mundial.

———. 1998a. "Africa Region Findings: Listening to Farmers—Participatory Assessment of Policy Reform in Zambia's Agricultural Sector." Report 105. Oficina Regional de África, Washington, D.C.

———. 1998b. *Assessing Aid: What Works, What Doesn't, and Why. Informe del Banco Mundial sobre investigaciones relativas a las políticas de desarrollo.* Nueva York: Oxford University Press.

———. 1998c. "Bangladesh Emergency Flood Recovery Project." Report P7264. South Asia Region, Washington, D.C.

———. 1998d. *Bangladesh: From Counting the Poor to Making the Poor Count.* Estudio del Banco Mundial sobre países. Washington, D.C.

———. 1998e. "Cambodia Poverty Assessment." Oficina Regional de Asia Oriental y el Pacífico, Asia oriental y el Pacífico, Dirección Sectorial de Reducción de la Pobreza y Gestión Económica y Dirección Sectorial de Desarrollo Humano, Washington, D.C

———. 1998f. *East Asia: The Road to Recovery.* Washington, D.C.

———. 1998g. *El Salvador Rural Development Study.* Estudio del Banco Mundial sobre países. Washington, D.C.

———. 1998h. *Ethiopia: Social Sector Report.* Estudio del Banco Mundial sobre países. Washington, D.C.

———. 1998i. *Global Economic Prospects and the Developing Countries 1998/1999.* Washington, D.C.

———. 1998j. "Honduras: Hurricane Emergency Project." Memorando y recomendaciones del Presidente P7280. Washington, D.C.

———. 1998k. *The Impact of Public Expenditure Reviews: An Evaluation.* Washington, D.C.

———. 1998l. "Indonesia: Education in Indonesia, from Crisis to Recovery." Education Sector Unit Report 18651-IND. Oficina Regional de Asia Oriental y el Pacífico, Washington, D.C.

———. 1998m. "Nicaragua Basic Education Project." Informe de evaluación inicial preparado por el personal. Oficina Regional de América Latina y el Caribe, Human and Social Development Group, Washington, D.C.

———. 1998n. "Pakistan Public Expenditure Review: Reform Issues and Options." Poverty Reduction and Economic Management Report 18432. Oficina Regional de Asia Oriental y el Pacífico, Washington, D.C.

———. 1998o. "Philippines Local Government Units Urban Water and Sanitation Project." Project Appraisal and Supervision Document. Oficina Regional de Asia Oriental y el Pacífico, Washington, D.C.

———. 1998p. "Philippines Social Expenditure Priorities." Sector Report 18562-PH. Oficina Regional de Asia Oriental y el Pacífico, Washington, D.C.

———. 1998q. "Post-conflict Reconstruction: The Role of the World Bank." Red sobre Desarrollo Social y Ecológicamente Sostenible, Washington, D.C.

———. 1998r. "Rapid Social Assessments, enero-abril de 1998." En *Social Impact of the East Asian Financial Crisis.* Washington, D.C.

———. 1998s. "Recent Experience with Involuntary Resettlement: Overview." Report 17538. Departamento de Evaluación de Operaciones, Washington, D.C.

———. 1998t. "Reducing Poverty in India: Options for More Effective Public Services." Report 17881-IN. Washington, D.C.

———. 1998u. "Road Sector Investment Program—Zambia." Africa Technical Department, Washington, D.C.

———. 1998v. "Rwanda Poverty Note: Rebuilding an Equitable Society—Poverty and Poverty Reduction after the Genocide." World Development Sources Report 17792-RW. Washington, D.C.

———. 1998w. "Security, Poverty Reduction and Sustainable Development Challenges for the New Millennium." Departamento de Desarrollo Social, Washington, D.C.

———. 1998x. *Social Impact of the East Asian Financial Crisis.* Washington, D.C.

———. 1998y. "Thailand Economic Monitor." Departmental Working Paper 18936. Thailand Resident Unit, Bangkok.

———. 1998z. "The World Bank and Climate Change: East Asia." Unidad del Medio Ambiente Mundial, Washington, D.C.

———. 1998aa. *Informe sobre el desarrollo mundial 1998/99: El conocimiento al servicio del desarrollo* . Madrid: Publicado para el Banco Mundial por Ediciones Mundi-Prensa.

———. 1999a. "Access to Justice: The English Experience with Small Claims." PREM Note 40. Poverty Recution and Economic Management Network, Legal Institutions Thematic Group, Washington, D.C.

———. 1999b. "Africa Region." Community Action Program Working Group Notes. Oficina Regional de África, Washington, D.C.

———. 1999c. "Argentina: The Flood Rehabilitation Project." Informe final de ejecución No. 18769. Washington, D.C.

———. 1999d. "Bolivia: Implementing the Comprehensive Development Framework." Report 19326-BO. Bolivia, Paraguay, and Peru Country Management Unit, Washington, D.C.

———. 1999e. "Brazil: Rio Flood Reconstruction and Prevention Project." Informe de evaluación ex post No. 19497. Washington, D.C.

———. 1999f. "Cities without Slums: Action Plan for Moving Slum Upgrading to Scale." División del Desarrollo Urbano, Washington, D.C.
———. 1999g. "Coping with the Crisis in Education and Health." En *Thailand Social Monitor* 2. Washington, D.C.
———. 1999h. "Country Assessments and IDA Allocations." Washington, D.C. [www.worldbank.org/ida/idalloc.htm].
———. 1999i. *Global Development Finance 1999.* Washington, D.C.
———. 1999j. *Global Economic Prospects and the Developing Countries 2000.* Washington, D.C.
———. 1999k. *Greening Industry: New Roles for Communities, Markets, and Governments.* Policy Research Report. New York: Oxford University Press. (Edición en español: 2000. *Armonización de la actividad industrial con el medio ambiente: nuevas funciones de la comunidad, el mercado y el gobierno.* Informe del Banco Mundial sobre investigaciones relativas a políticas de desarrollo. Washington, D.C.: Banco Mundial)
———. 1999l. "Honduras: Country Assistance Strategy." Report 19893-HO. Oficina Regional de América Latina y el Caribe, Washington, D.C.
———. 1999m. *Intensifying Action against HIV/AIDS in Africa: Responding to a Development Crisis.* Washington, D.C.
———. 1999n. "Medidas para hacer frente a las consecuencias sociales de las crisis: prácticas recomendadas en materia de política social." Red sobre desarrollo humano, Washington, D.C.
———. 1999o. "Moldova: Poverty Assessment Technical Papers." Informe No.19846. Oficina Regional de Europa y Asia Central, Washington, D.C.
———. 1999p. *Peru: Improving Health Care for the Poor.* Estudio del Banco Mundial sobre países. Washington, D.C.
———. 1999q. "Poverty Alleviation in Jordan in the 1990s: Lessons for the Future." Report 19869-JO. Oficina Regional de Oriente Medio y Norte de África, Washington, D.C.
———. 1999r. "Poverty and Policy in Latin America and the Caribbean." Oficina del Economista Jefe, América Latina y el Caribe, Programa de estudios regionales, Washington, D.C.
———. 1999s. *Poverty and Social Development in Peru, 1994-1997.* Washington D.C.
———. 1999t. "Poverty Trends and the Voices of the Poor." Red sobre Reducción de la Pobreza y Gestión Económica, Washington, D.C.
———. 1999u. "Progress Report to the World Bank's Executive Board." Washington, D.C.
———. 1999v. "Public Expenditure Reviews: Progress and Potential." PREM Note 20. Red sobre Reducción de la Pobreza y Gestión Económica, Grupo Temático sobre gasto público, Washington, D.C.
———. 1999w. "Republic of Korea: Establishing a New Foundation for Sustained Growth." Washington, D.C.
———. 1999x. "A Review of World Bank Participatory Poverty Assessments." Red sobre Reducción de la Pobreza y Gestión Económica, Washington, D.C.
———. 1999y. "A Strategic View of Urban and Local Government Issues: Implications for the Bank." Departamento de Transporte, Agua y Desarrollo Urbano, Washington, D.C.
———. 1999z. "Sub-national Database of the World's Largest Countries." Sub-national Regional Economics Thematic Group, Washington, D.C.
———. 1999aa. "Turkey: Economic Reforms, Living Standards and Social Welfare Study." Oficina Regional de Europa y Asia Central, Washington, D.C.
———. 1999bb. "Vietnam—Development Report 2000: Attacking Poverty." Country Economic Memorandum. Washington, D.C.
———. 1999cc. *World Development Indicators 1999.* Washington, D.C.
———. 1999dd. *Informe sobre el desarrollo mundial 1999-2000: En el umbral del siglo XXI*. Madrid: Publicado para el Banco Mundial por Ediciones Mundi-Prensa
———. 1999ee. "Zambia: Road Sector Investment Program Supervision Reports." Oficina Regional de África, Washington, D.C.
———. 2000a. "Accelerating an AIDS Vaccine for Developing Countries: Recommendations for the World Bank." Grupo de trabajo para la vacuna contra el SIDA, Washington, D.C.
———. 2000b. *Can Africa Claim the 21st Century?* Washington, D.C.
———. 2000c. "China: Overcoming Rural Poverty." Oficina Regional de Asia Oriental y el Pacífico, Washington, D.C.
———. 2000d. "East Asia and the Pacific Quarterly Brief." Washington, D.C.
———. 2000e. *East Asia: Recovery and Beyond.* Washington, D.C.
———. 2000f. "Ecuador: Crisis, Poverty and Social Services." Washington, D.C.
———. 2000g. *Global Development Finance 2000.* Washington, D.C.
———. 2000h. "Health, Nutrition, Population, and Poverty Country Information Sheets." Departamento de Población, Salud y Nutrición, Washington, D.C.
———. 2000i. "India—Policies to Reduce Poverty and Accelerate Sustainable Development." Informe sectorial. Oficina Regional de Asia Meridional, Washington, D.C.
———. 2000j. "Kingdom of Morocco: Poverty Update." Grupo de Desarrollo Humano Group, Washington, D.C. Borrador. 28 de junio.
———. 2000k. "Maintaining Utility Services for the Poor." Washington, D.C.
———. 2000l. *Making Transition Work for Everyone: Poverty and Inequality in Europe and Central Asia.* Oficina Regional de Europa y Asia Central, Washington, D.C.
———. 2000m. "Nicaragua: Rainfall Risk Management." Project Appraisal Document. Washington, D.C.
———. 2000n. "A Note on Economic Reforms and Performance in Sub-Saharan Africa." Oficina Regional de África, Oficina del Economista Jefe, Washington, D.C.
———. 2000o. "Philippines Poverty Assessment." Oficina Regional de Asia Oriental y el Pacífico, Washington, D.C.
———. 2000p. *The Quality of Growth.* Nueva York: Oxford University Press.
———. 2000q. "Social Protection Sector Strategy: From Safety Net to Trampoline." Red sobre desarrollo humano, Social Protection Team, Washington, D.C.

———. 2000r. "Water, Sanitation and Poverty." Documento de estrategia de lucha contra la pobreza. Washington, D.C.

———. 2000s. *World Development Indicators 2000.* Washington, D.C.

———. De próxima aparición a. *EnGendering Development.* Informe del Banco Mundial sobre investigaciones relativas a las políticas de desarrollo. Nueva York: Oxford University Press.

———. De próxima aparición b. *Poverty Reduction Strategy Sourcebook.* Washington, D.C.

———. De próxima aparición c. *Sourcebook on Community-Driven Development in the Africa Region.* Washington, D.C.

Banco Mundial y FMI (Fondo Monetario Internacional). 2000a. "Informe del Banco Mundial sobre investigaciones relativas a las políticas de desarrollo." Documento presentado para la reunión del Comité Ministerial Conjunto de las Juntas de Gobernadores del Banco y del Fondo para la Transferencia de Recursos Reales a los Países en Desarrollo (Comité para el Desarrollo), Banco Mundial y Fondo Monetario Internacional, 31 de marzo, Washington, D.C.

———. 2000b. "Comercio, desarrollo y reducción de la pobreza." Documento de exposición de problemas preparado para la reunión del Comité Ministerial Conjunto de las Juntas de Gobernadores del Banco y del Fondo para la Transferencia de Recursos Reales a los Países en Desarrollo (Comité para el Desarrollo), Banco Mundial y Fondo Monetario Internacional, 31 de marzo, Washington, D.C.

Banerjee, Abhijit V. y Esther Duflo. 2000. "Inequality and Growth: What Can the Data Say?" Massachusetts Institute of Technology, Department of Economics, Cambridge, Mass.

Banerjee, Abhijit V., Paul Gertler y Maireesh Ghatak. 1998. "Empowerment and Efficiency: The Economics of Agrarian Reform." Massachusetts Institute of Technology Working Paper 98-22. Department of Economics, Cambridge, Mass.

Banerjee, Abhijit V., Dilip Mookherjee, Kaivan Munshi y Debraj Ray. 2000. "Inequality, Control Rights and Rent Seeking: Sugar Cooperatives in Maharashtra." Boston University; Massachusetts Institute of Technology, Cambridge, Mass., e Instituto de Análisis Económico, Barcelona.

Banerji, Arup y Hafez Ghanem. 1997. "Does the Type of Political Regime Matter for Trade and Labor Market Policies?" *World Bank Economic Review* 11(1): 171-94.

Banton, Michael. 1999. "Discrimination and Poverty." Documento de antecedentes para el *Informe sobre el desarrollo mundial 2000/2001.* Cambridge University y Banco Mundial, Washington, D.C.

Bardhan, Pranab. 1997a. "Method in the Madness? A Political-Economy Analysis of the Ethnic Conflicts in Less Developed Countries." *World Development* 25(9): 1381-98.

———. 1997b. *The Role of Governance in Economic Development: A Political Economy Approach.* Centro de Desarrollo de la OCDE. Washington, D.C.: Washington Center Press.

———. 1999a. "Democracy and Development: A Complex Relationship." En Ian Shapiro y Casiano Hacker-Cordón, comps., *Democracy's Values.* Nueva York: Cambridge University Press.

———. 1999b. "Political Economy, Governance and Poverty Reduction." Documento de antecedentes para el *Informe sobre el desarrollo mundial 2000/2001.* University of California (Berkeley), Institute of International Studies, y Banco Mundial, Washington, D.C.

Bardhan, Pranab y Dilip Mookherjee. 1999. "Capture and Governance at Local and National Levels." University of California (Berkeley), Institute of International Studies, y Boston University, Department of Economics.

Bardhan, Pranab y Christopher Udry. 1999. *Development Microeconomics.* Nueva York: Oxford University Press.

Barham, Christopher. 2000. "El Fondo Mexicano para Desastres Naturales (Fonden)." Recuadro para el *Informe sobre el desarrollo mundial 2000/2001.* Banco Mundial, Washington, D.C.

Barnes, Douglas F. y Jonathan Halpern. 2000. "The Role of Energy Subsidies." En Programa de asistencia para la gestión del sector de energía, *Energy and Development Report 2000: Energy Services for the World's Poor.* Washington, D.C.: Banco Mundial.

Barnes, Douglas F., Robert van der Plas y Willem Floor. 1997. "Soluciones al problema de la energía rural en los países en desarrollo." *Finanzas & Desarrollo* 34(2): 11-15.

Barr, Abigail. 1998. "Enterprise Performance and the Functional Diversity of Social Capital." Working Paper Series, No. 98-1. Oxford University, Institute of Economics and Statistics.

———. 1999. "Collective Action and Bilateral Interaction in Ghanaian Entrepreneurial Networks." Oxford University, Centre for the Study of African Economies.

Barraclough, Solon y Daniel Moss. 1999. *Toward Greater Food Security in Central America following Hurricane Mitch.* Boston: Oxfam America.

Barrett, Christopher. 1996. "On Price Risk and the Inverse Farm-Size Productivity Relationship." *Journal of Development Economics* 51(2): 193-215.

———. 1998a. "Food Aid: Is It Development Assistance, Trade Promotion, Both or Neither?" *American Journal of Agricultural Economics* 80(3): 566-71.

———. 1998b. "Immiserized Growth in Liberalized Agriculture." *World Development* 26: 743-53.

———. 1999. "On Vulnerability, Asset Poverty and Subsidiarity." Comments to Ford-Rockefeller Foundation Seminar Series Session, Managing Vulnerability and Shocks within the Agro-Food System, 20 de mayo, Nueva York.

Barrett, Christopher y Michael Carter. 1999. "Can't Get Ahead for Falling Behind: New Directions for Development Policy to Escape Poverty and Relief Traps." Agencia de los Estados Unidos para el Desarrollo Internacional, Washington, D.C.

Barrett, Christopher y Paul Dorosh. 1996. "Farmers' Welfare and Changing Food Prices: Nonparametric Evidence from Rice in Madagascar." *American Journal of Agricultural Economics* 78: 656-69.

Barrett, Scott. 1999. "Montreal versus Kyoto: International Cooperation and the Global Environment." En Inge Kaul, Isabelle Grunberg y Marc Stern, comps., *Global Public Goods: International Cooperation in the 21st Century.* Nueva York: Oxford University Press.

———. De próxima aparición. "A Theory of Full International Cooperation." *Journal of Theoretical Politics.*

Barro, Robert J. 1996a. *Health and Economic Growth.* Washington, D.C.: Organización Panamericana de la Salud.

———. 1996b. "Institutions and Growth: An Introductory Essay." *Journal of Economic Growth* 1(1): 145-48.

———. 1997. *Determinants of Economic Growth: A Cross-Country Empirical Study.* Cambridge, Mass.: MIT Press.

———. 1999. "Inequality, Growth, and Investment." NBER Working Paper No. 7038. National Bureau of Economic Research, Cambridge, Mass.

Barro, Robert J. y Xavier Sala-i-Martin. 1995. *Economic Growth.* Nueva York: McGraw-Hill.

Barros, Ricardo, Rosane Mendonca y Sonia Rocha. 1995. "Brazil: Welfare, Inequality, Poverty, Social Indicators, and Social Programs in the 1980's." En Nora Lustig, comp., *Coping with Austerity.* Washington, D.C.: Brookings Institution.

Barwell, Ian. 1996. "Transport and the Village: Findings from African Village-Level Travel and Transport Surveys and Related Studies." Documento para Discusión del Banco Mundial 344. Departamento Técnico. Oficina Regional de África. Banco Mundial, Washington, D.C.

Basta, Samir S., Alan Berg y Susan Brems. 1986. *Guidelines for Work in Nutrition.* Departamento de Población, Salud y Nutrición. Washington, D.C.: Banco Mundial.

Basu, Alaka Malwade. 1995. "Poverty and AIDS: The Vicious Circle." Division of Nutritional Sciences Working Paper 95.02. Cornell University, Ithaca, N.Y.

Basu, Kaushik. 1998. "Child Labor: Cause, Consequence, and Cure, with Remarks on International Labor Standards." Documento de trabajo sobre investigaciones relativas a políticas de desarrollo 2027. Banco Mundial, Washington, D.C.

———. 1999a. "Child Labor: Cause, Consequence, and Cure, with Remarks on International Labor Standards." *Journal of Economic Literature* 38: 1083-119.

———. 1999b. "International Labor Standards and Child Labor." *Challenge* 42(5): 80-93.

Basu, Kaushik y Pham Hoang Van. 1998. "The Economics of Child Labor." *American Economic Review* 88: 412-27.

Bates, Robert H. 1989. *Beyond the Miracle of the Market: The Political Economy of Agrarian Development in Kenya.* Nueva York: Cambridge University Press.

———. 1997. "Political Institutions and Economic Growth in Africa." Development Discussion Paper 583. Harvard Institute for International Development, Cambridge, Mass.

———. 1999. "Ethnicity, Capital Formation and Conflict." Center for International Development Working Paper 27. Harvard University, Cambridge, Mass.

Batson, Amie y Piers Whitehead. 1999. "HIV/AIDS Vaccines: What Motivates Private Investment in R&D?" AIDS Vaccine Task Force Commissioned Paper. Mercer Management y Banco Mundial, Washington, D.C.

Baudot Sundberg, Barbara y William Moomaw, comps. 1999. *People and Their Planet.* Nueva York: St. Martin's.

Baulch, Bob y John Hoddinott. De próxima aparición. "Economic Mobility and Poverty Dynamics in Developing Countries." *Journal of Development Studies.*

Baum, Warren. 1986. *Partners against Hunger.* Washington, D.C.: Banco Mundial.

Bebbington, Anthony. 1996. "Organizations and Intensification: Campesino Federations, Rural Livelihoods and Agricultural Technology in the Andes and Amazonia." *World Development* 24(7): 1161-78.

———. 1997. "Social Capital and Rural Intensification: Local Organizations and Islands of Sustainability in the Rural Andes." *Geographical Journal* 163(2): 189-97.

———. 1999. "Capitals and Capabilities: A Framework for Analyzing Peasant Viability, Rural Livelihoods and Poverty." *World Development* 27(12): 2021-44.

Bebbington, Anthony y Thomas Carroll. 2000. "Induced Social Capital and Federations of the Rural Poor." Documentode trabajo No. 19. Iniciativa sobre capital social. Departamento de Desarrollo Social, Banco Mundial, Washington, D.C.

Bebbington, Anthony y Thomas Perreault. 1999. "Social Capital, Development and Access to Resources in Highland Ecuador." *Economic Geography* 75(4): 395-418.

Becker, Gary. 1960. "An Economic Analysis of Fertility." En Universities-National Bureau Committee for Economic Research, *Demographic and Economic Change in Developed Countries.* National Bureau of Economic Research Conference Series, No. 11. Princeton, N.J.: Princeton University Press.

Behrman, Jere R. 1987. "Schooling in Developing Countries: Which Countries Are the Over- and Underachievers and What Is the Schooling Impact?" *Economics of Education Review* 6(2): 111-27.

———. 1988. "Intra-Household Allocation of Nutrients in Rural India: Are Boys Favored? Do Parents Exhibit Inequality Aversion?" *Oxford Economic Papers* 40(1): 32-54.

———. 1996. "The Impact of Health and Nutrition on Education." *World Bank Research Observer* 11(1): 23-37.

Behrman, Jere R. y Anil Deolalikar. 1990. "The Intra-Household Demand for Nutrients in Rural South India: Individual Estimates, Fixed Effects and Permanent Income." *Journal of Human Resources* 24(4): 655-96.

Behrman, Jere R. y James C. Knowles. 1997. "How Strongly Is Child Schooling Associated with Household Income?" University of Pennsylvania, Filadelfia, y Abt Associates, Cambridge, Mass.

Behrman, Jere R., Suzanne Duryea y Miguel Székely. 1999. "Aging and Economic Options: Latin America in a World Perspective." Oficina del Economista Jefe, Banco Interamericano de Desarrollo, Washington, D.C.

Bellew, Rosemary T. y Elizabeth M. King. 1993. "Educating Women: Lessons from Experience." En Elizabeth M. King y Anne M. Hill, comps., *Women's Education in Developing Countries: Barriers, Benefits, and Policies.* Baltimore, Md.: Johns Hopkins University Press.

Bénabou, Roland. 1996. "Inequality and Growth." En Ben Bernanke y Julio Rotemberg, comps., *National Bureau of Economic Research Macroeconomics Annual.* Cambridge, Mass.: MIT Press.

Benhabib, Jess y Mark M. Spiegel. 1994. "The Role of Human Capital in Economic Development: Evidence from Aggregate Cross-Country Data." *Journal of Monetary Economics* 34(2): 143-73.

Bennett, Lynn, Mike Goldberg y Pamela Hunte. 1996. "Ownership and Sustainability: Lessons on Group-Based Financial Services from South Asia." *Journal of International Development* 8(2): 271-88.

Benson, Charlotte. 1997a. "The Economic Impact of Natural Disasters in Fiji." Working Paper 97. Instituto de Desarrollo de Ultramar, Londres.

———. 1997b. "The Economic Impact of Natural Disasters in the Philippines." Working Paper 99. Instituto de Desarrollo de Ultramar, Londres.

———. 1997c. "The Economic Impact of Natural Disasters in Vietnam." Working Paper 98. Instituto de Desarrollo de Ultramar, Londres.

Benson, Charlotte y Edward Clay. 1998. *The Impact of Drought on Sub-Saharan African Economies: A Preliminary Examination.* Documento técnico del Banco Mundial. Washington, D.C.

Benyon, Jonathan. 1999. "*Assessing Aid* and the Collier/Dollar Poverty Efficient Aid Allocations: A Critique." U.K. Department for International Development, Londres.

BERF (Banco Europeo de Reconstrucción y Fomento). 1998. *Transition Report 1998: The Financial Sector in Transition.* Londres.

———. 1999. *Transition Report 1999: Ten Years of Transition.* Londres.

Berg, Elliott J. 1993. *Rethinking Technical Cooperation: Reforms for Capacity Building in Africa.* Nueva York: Programa de las Naciones Unidas para el Desarrollo.

———. 2000. "Aid and Failed Reforms: The Case of Public Sector Management." En Finn Tarp, comp., *Foreign Aid and Development: Lessons Learnt and Directions for the Future.* Londres: Routledge.

Berg, Janine y Lance Taylor. 2000. "External Liberalization, Economic Performance, and Social Policy." Center for Economic Policy Analysis Working Paper Series I, Working Paper 12. New School University, Nueva York

Berkovitz, Daniel, Katherina Pistor y Jean-François Rischard. 1999. "Economic Development, Legality and the Transplant Effect." University of Pittsburgh y Max Planck Institute, Rostock, Alemania.

Berman, Eli y Stephen Machin. 2000. "Skilled-Biased Technology Transfer: Evidence of Factor-Biased Technological Change in Developing Countries." Boston University, Department of Economics.

Berry, Sara. 1989. "Social Institutions and Access to Resources." *Africa* 59(1): 41-55.

Bertrand, Marianne, Douglas Miller y Sendhil Mullainathan. 1999. "Public Policy and Extended Families: Evidence from South Africa." Princeton University, Princeton, N.J.

Besley, Timothy. 1995a. "Property Rights and Investment Incentives: Theory and Evidence from Ghana." *Journal of Political Economy* 103(5): 903-37.

———. 1995b. "Savings, Credit and Insurance." En Jere R. Behrman y T.N. Srinivasan, comps., *Handbook of Development Economics.* Amsterdam: Elsevier Science.

Besley, Timothy y Robin Burgess. 1998. "Land Reform, Poverty Reduction and Growth: Evidence from India." New Series, DERP-13. London School of Economics and Political Science.

———. 2000. "Does Media Make Government More Responsive? Theory and Evidence from Indian Famine Relief Policy." Suntory and Toyota International Centres for Economics and Related Disciplines (STICERD), London School of Economics and Political Science.

Besley, Timothy y Stephen Coate. 1995. "Group Lending, Repayment Incentives and Social Collateral." *Journal of Development Economics* 46: 1-18.

Bhagwati, Jagdish y T.N. Srinivasan. 1999. "Outward Orientation and Development: Are the Revisionists Right?" Paper contributed to festschrift in honor of Anne Krueger. [www.columbia.edu/cu/economics/].

Bhalla, Surjit. 2000. "Growth and Poverty in India: Myth and Reality." Oxus Research and Investments, Nueva Delhi.

Bhargava, Alok. 1997. "A Longitudinal Analysis of Infant and Child Mortality Rates in Developing Countries." *Indian Economic Review* 32: 141-53.

Bhargava, Alok, Dean Jamison, Lawrence Lau y Christopher Murray. 2000. "Modelling the Effects of Health on Economic Growth." Organización Mundial de la Salud, Ginebra.

Bhatt, Ela. 1989. "Toward Empowerment." *World Development* 17(7): 1059-65.

———. 2000. "Notes on the Politics of Poverty Reduction." En Gudrun Kochendörfer-Lucius y Boris Pleskovic, comps., *Inclusion, Justice, and Poverty Reduction.* Berlín: Fundación Alemana para el Desarrollo Internacional.

Bhatt, Mihir. 1999a. "Natural Disaster as National Shocks to Poor and Development." Documento presentado en el seminario de verano del *Informe sobre el desarrollo mundial 2000/2001*, Banco Mundial, julio, Washington, D.C.

———. 1999b. "Vulnerability Matters." Documento presentado en el Foro del Decenio Internacional para la Reducción de los Desastres Naturales, Programa de las Naciones Unidas para el Desarrollo, julio, Ginebra.

BID (Banco Interamericano de Desarrollo). 1995. *Progreso económico y social en América Latina, Informe 1995. Hacia una economía menos volátil.* Washington, D.C.

———. 1997. *Tras una década de reformas en América Latina.* Washington, D.C.

———. 2000. *Protección social para la equidad y el crecimiento.* Departamento de Desarrollo Sostenible, Unidad Asesora sobre Pobreza y Desigualdad, Washington, D.C.

———. Diversas ediciones. *Bases de datos económicos y sociales*. Washington, D.C. http://www.iadb.org/int/sta/Spanish/StaWeb/

Bidani, Benu y Hyeok Jong. 1999. "Explaining the Dynamics of Inequality in Thailand: 1981-1996." Banco Mundial, Oficina Regional de Asia Oriental y el Pacífico, Washington, D.C.

Bidani, Benu y Martin Ravallion. 1996. "Decomposing Social Indicators Using Distributional Data." *Journal of Econometrics* 77(1): 125-40.

Bigio, Anthony, comp. 1998. *Social Funds and Reaching the Poor: Experiences and Future Directions.* Washington, D.C.: Banco Mundial, Instituto de Desarrollo Económico.

Binder, Melissa. 1999. "Schooling Indicators during Mexico's Lost Decade." *Economics of Education Review* 18(2): 183-99.

Binswanger, Hans y Shahidur Khandker. 1995. "The Impact of Formal Finance on the Rural Economy of India." *Journal of Development Studies* 32(2): 234-62.

Birdsall, Nancy. De próxima aparición. "New Findings in Economics and Demography: Policy Implications." En Nancy Birdsall, Allen C. Kelley y Steven Sinding, comps., *Population Does Matter: Demography, Growth, and Poverty in the Developing World.* Nueva York: Oxford University Press.

Birdsall, Nancy y Augusto de la Torre. 2000. "Economic Reform in Unequal Latin American Societies." Dotación Carnegie para la Paz Internacional, Diálogo Interamericano, Washington, D.C.

Birdsall, Nancy y Robert Hecht. 1995. "Swimming against the Tide: Strategies for Improving Equity in Health." Documento de trabajo No. 55, Perfeccionamiento de Recursos Humanos y Políticas de Operaciones. Banco Mundial, Washington, D.C.

Birdsall, Nancy y Robert Z. Lawrence. 1999. "Deep Integration and Trade Agreements: Good for Developing Countries?" En Inge Kaul, Isabelle Grunberg y Marc Stern, comps., *Global Public Goods: International Cooperation in the 21st Century.* Nueva

Birdsall, Nancy y Juan Luis Londoño. 1997. "Asset Inequality Matters: An Assessment of the World Bank's Approach to Poverty Reduction." *American Economic Review* 87(2): 32-37.

Birdsall, Nancy, Carol Graham y Richard H. Sabot. 1998. *Beyond Tradeoffs: Market Reform and Equitable Growth in Latin America.* Washington, D.C.: Banco Interamericano de Desarrollo y Brookings Institution.

Birdsall, Nancy, Allen C. Kelley y Steven Sinding, comps. De próxima aparición. *Population Does Matter: Demography, Growth, and Poverty in the Developing World.* Nueva York: Oxford University Press.

Bisat, Amer, R. Barry Johnston y Vasudevan Sundararajan. 1999. "Sequencing Financial Reform and Liberalization in Five Developing Countries." En Barry R. Johnston y Vasudevan Sundararajan, comps., *Sequencing Financial Sector Reforms: Country Experiences and Issues.* Washington, D.C.: Fondo Monetario Internacional.

Blackden, Mark y Chitra Bhanu. 1999. *Gender, Growth and Poverty Reduction: Special Program of Assistance for Africa.* Documento técnico del Banco Mundial 428. Washington, D.C.

Blackhurst, Richard. 1997a. "The Capacity of the WTO to Fill Its Mandate." En Anne Krueger, comp., *The WTO as an International Organization.* Chicago: University of Chicago Press.

———. 1997b. "The WTO and the Global Economy." *World Economy* 20: 527-44.

Blair, Harry. 2000. "Participation and Accountability at the Periphery: Democratic Local Governance in Six Countries." *World Development* 28(1): 21-39.

Blair, Harry y Gary Hansen. 1994. "Weighing in on the Scales of Justice: Strategic Approaches for Donor-Supported Rule of Law Programs." Assessment Report 7. Program and Operations, Agencia de los Estados Unidos para el Desarrollo Internacional, Washington, D.C.

Blanchard, Olivier y Andrei Shleifer. 2000. "Federalism with and without Political Centralization: China versus Russia." NBER Working Paper 7616. National Bureau of Economic Research, Cambridge, Mass.

Bloom, David E. y Jeffrey D. Sachs. 1998. "Geography, Demography, and Economic Growth in Africa." *Brookings Papers on Economic Activity* 2: 207-95.

Bloom, David E. y Jeffrey G. Williamson. 1997. "Demographic Transitions and Economic Miracles in Emerging Asia." NBER Working Paper 6268. National Bureau of Economic Research, Cambridge, Mass.

Bodart, Claude y Jennie L. Litvack. 1993. "User Fees Plus Quality Equals Improved Access to Health Care: Results of a Field Experiment in Cameroon." *Social Science and Medicine* 37(3): 369-83.

Boland, John y Dale Whittington. 2000. "Water Tariff Design in Developing Countries: Disadvantages of Increasing Block Tariffs (IBTs) and Advantages of Uniform Price with Rebate (UPR) Designs." Banco Mundial, Grupo de Investigaciones sobre el Desarrollo, Washington, D.C

Bonilla-Chacin, Maria y Jeffrey S. Hammer. 1999. "Life and Death among the Poorest." Banco Mundial, Grupo de investigaciones sobre el desarrollo, Washington, D.C.

Bonitatibus, Ester y Jonathan Cook. 1996. "Incorporating Gender in Food Security Policies: A Handbook for Policymakers in Commonwealth Africa." Commonwealth Secretariat, Londres.

Boone, Peter. 1994. "The Impact of Foreign Aid on Savings and Growth." London School of Economics and Political Science.

Booth, David, John Milimo, Ginny Bond y Silverio Chimuka. 1995. "Coping with Cost Recovery: A Study of the Social Impact and Responses to Cost Recovery in Basic Services (Health and Education) in Poor Communities in Zambia." Task Force on Poverty Reduction Working Paper 3. Agencia Sueca de Cooperación Internacional para el Desarrollo, Stockholm.

Borjas, George J. 1992. "Ethnic Capital and Intergenerational Mobility." *Quarterly Journal of Economics* 107(1): 123-50.

———. 1997. "To Ghetto or Not to Ghetto: Ethnicity and Residential Segregation." NBER Working Paper 6176. National Bureau of Economic Research, Cambridge, Mass.

Borjas, George J. y Glenn T. Sueyoshi. 1997. "Ethnicity and the Intergenerational Transmission of Welfare Dependency." NBER Working Paper 6175. National Bureau of Economic Research, Cambridge, Mass.

Bouderbala, Negib y Paul Pascon. 1970. "Le droit et le fait dans la société composite." Essai d'introduction au système juridique marocain BESM 117. Rabat.

Bourguignon, François. 1999. "Inclusion, Structural Inequality and Poverty: Interplay of Economic and Social Forces." Banco Mundial, Servicio de Asesoría en Investigaciones, Washington, D.C., y Delta, París.

Bourguignon, François y Satya Chakravarty. 1998. "Multidimensional Measures of Poverty." Delta Working Paper 98-12. París.

Bourguignon, François y Pierre-Andre Chiappori. 1992. "Collective Models of Household Behavior." *European Economic Review* 36(2-3): 355-64.

Bourguignon, François y Christian Morrisson, comps. 1992. *Adjustment and Equity in Developing Countries: A New Approach.* París: Organización de Cooperación y Desarrollo Económicos.

———. 1998. "Inequality and Development: The Role of Dualism." *Journal of Development Economics* 57: 233-57.

———. 1999. "The Size Distribution of Income among World Citizens." Delta and University of Paris, Département et laboratoire d'économie théorique et appliquée, París.

Bourguignon, François, Albert Berry y Christian Morrisson. 1981. *The World Distribution of Incomes between 1950 and 1977.* París: Ecole Normale Supérieure.

Bourguignon, François, Francisco Ferreira y Nora Lustig. 1997. "The Microeconomics of Income Distribution Dynamics in East Asia and Latin America." Propuesta de investigación. Banco Interamericano de Desarrollo y Banco Mundial, Washington, D.C.

Bourguignon, François, Myra Fournier y Marc Gurgand. 1998. "Distribution, Development and Education: Taiwan, 1979-1994."

Banco Mundial, Servicio de Asesoría en Investigaciones, Washington, D.C.

Bourguignon, François, Sylvie Lambert y Akiko Suwa-Eisenmann. 1996. "Distribution of Export Price Risk in a Developing Country." CEPR Discussion Paper 1482. Centre for Economic Policy Research, Londres.

Boyce, James K. 1987. *Agrarian Impasse in Bengal: Agricultural Growth in Bangladesh and West Bengal 1949-1980.* Oxford: Oxford University Press.

Braithwaite, Jeanine D. 1997. "The Old and New Poor in Russia." En Jeni Klugman, comp., *Poverty in Russia: Public Policy and Private Responses.* Instituto de Desarrollo Económico. Washington, D.C.: Banco Mundial.

Brandsma, Judith y Rafika Chaouali. 1998. "Making Microfinance Work in the Middle East and North Africa." Banco Mundial, Grupo de Desarrollo y Financiamiento del Sector Privado, Washington, D.C.

Bratton, Michael y Nicolas van de Walle. 1997. *Democratic Experiments in Africa: Regime Transitions in Comparative Perspective.* Nueva York: Cambridge University Press.

Brautigam, Deborah. 1997. "Substituting for the State: Institutions and Industrial Development in Eastern Nigeria." *World Development* 25(7): 1063-80.

Braverman, Avishay y José-Luis Guasch. 1993. "Administrative Failures in Government Credit Programs." En Karla Hoff, Avishay Braverman y Joseph E. Stiglitz, comps., *The Economics of Rural Organization: Theory, Practice, and Policy.* Nueva York: Oxford University Press.

Bredie, Joseph W.B. y Girindre K. Beehary. 1998. *School Enrollment Decline in Sub-Saharan Africa.* Documentos para discusión del Banco Mundial 395. Washington, D.C.

Brehm, Vicky Mancuso. 2000. "Environment, Advocacy, and Community Participation: MOPAWI in Honduras." *Development in Practice* 10(1): 94-98.

Breton, Albert. 1965. "A Theory of Government Grants." *Canadian Journal of Economics and Political Science* 31: 147-57.

Briggs, Xavier. 1998. "Brown Kids in White Suburbs: Housing Mobility and the Multiple Faces of Social Capital." *Housing Policy Debate* 9(1): 177-221.

Brockerhoff, Martin y Ellen Brennan. 1998. "The Poverty of Cities in Developing Regions." *Population and Development* 24(1): 75-114.

Brockerhoff, Martin y Paul Hewett. 1998. "Ethnicity and Child Mortality in Sub-Saharan Africa." Population Council Working Paper 107. Nueva York

Brook Cowen, Penelope. 1997. "Getting the Private Sector Involved in Water: What to Do in the Poorest of Countries." Viewpoint 103. Banco Mundial, Red sobre finanzas, sector privado e infraestructura, Washington, D.C.

Brook Cowen, Penelope y Nicola Tynan. 1999. "Reaching the Urban Poor with Private Infrastructure." Viewpoint 188. Banco Mundial, Red sobre finanzas, sector privado e infraestructura, Washington, D.C.

Brown, Charles y Wallace Oates. 1987. "Assistance to the Poor in a Federal System." *Journal of Public Economics* 32: 307-30.

Brown, David y Darcy Ashman. 1996. "Participation, Social Capital, and Intersectoral Problem Solving: African and Asian Cases." *World Development* 24(9): 1467-79.

Brunetti, Aymo. 1997. "Political Variables in Cross-Country Analysis." *Journal of Economic Surveys* 11(2): 163-90.

Bruno, Michael y William Easterly. 1996. "Inflation's Children: Tales of Crises That Beget Reforms." NBER Working Paper 5452. National Bureau of Economic Research, Cambridge, Mass.

———. 1998. "Inflation Crises and Long-Run Growth." *Journal of Monetary Economics* 41: 3-26.

Bruno, Michael, Martin Ravallion y Lyn Squire. 1998. "Equity and Growth in Developing Countries: Old and New Perspectives on the Policy Issues." En Vito Tanzi y Ke-young Chu, comps., *Income Distribution and High-Quality Growth.* Cambridge, Mass.: MIT Press.

Budlender, Debbie. 1999. "The South African Women's Budget Initiative." Documento presentado en el «workshop on pro-poor, gender-, and environment-sensitive budgets», Programa de las Naciones Unidas para el Desarrollo en asociación con el Fondo de Desarrollo de las Naciones Unidas para la Mujer y Community Agency for Social Enquiry, 28-30 de junio, Nueva York.

Bunce, Valerie. 1999. "The Political Economy of Post-Socialism." *Slavic Review* 58(4): 756-93.

Burki, Shahid Javed y Guillermo Perry. 1998. *Más allá del Consenso de Washington: la hora de la reforma institucional.* Washington, D.C.: Banco Mundial

Burki, Shahid Javed, Guillermo Perry y William Dillinger. 1999. *Más allá del centro: la descentralización del estado.* Washington, D.C.: Banco Mundial.

Burnside, Craig y David Dollar. De próxima aparición. "Aid, Policies, and Growth." *American Economic Review.*

Burr, Chandler. 2000. "Grameen Village Phone: Its Current Status and Future Prospects." Organización Internacional del Trabajo, Ginebra.

Burt, Ronald. 1992. *Structural Holes: The Social Structure of Competition.* Cambridge, Mass.: Harvard University Press.

Buse, Kent. 1999. "Keeping a Tight Grip on the Reins: Donor Control over Aid Coordination and Management in Bangladesh." *Health Policy and Planning* 14(3): 219-28.

Byerlee, Derek y Paul Heisey. 1996. "Past and Potential Impacts of Maize Research in Sub-Saharan Africa: A Critical Assessment." *Food Policy* 21(3): 255-77.

Caldwell, John. 1986. "Routes to Law Morality in Poor Countries." *Population and Development Review* 12: 171-220.

Caldwell, John, Sally Findley, Pat Caldwell, Gigi Santow, Wendy Cosford, Jennifer Braid y Daphne Broers-Freeman, comps. 1990. "What We Know about Health Transition: The Cultural, Social and Behavioural Determinants of Health." *Health Transition Series* 2(1). Australian National University, National Centre for Epidemiology and Population Health, Canberra.

Campos, Jose Edgardo. 1996. *The Key to the Asian Miracle: Making Shared Growth Credible.* Washington, D.C.: Brookings Institution.

Campos, Nauro. 1994. "Why Does Democracy Foster Economic Development? An Assessment of the Empirical Literature." University of Southern California, Los Angeles.

Cao, Yuanzheng, Yingyi Qian y Barry Weingast. 1998. "From Federalism, Chinese Style, to Privatization, Chinese Style." CEPR Discussion Paper 1838. Centre for Economic Policy Research, Londres.

Caprio, Gerard y Daniela Klingebiel. 1996. "Bank Insolvencies: Cross-Country Experience." Documento de trabajo sobre investigaciones relativas a políticas de desarrollo 1620. Banco Mundial, Washington, D.C.

Carbonnier, Gilles. 1998. *Conflict, Postwar Rebuilding and the Economy: A Critical Review of the Literature.* War-Torn Societies Project Occasional Paper 2. Ginebra: Instituto de Investigación de las Naciones Unidas para el Desarrollo Social.

Cardoso, Eliana. 1992. "Inflation and Poverty." NBER Working Paper 4006. National Bureau of Economic Research, Cambridge, Mass.

Carney, Diana, comp. 1998. *Sustainable Rural Livelihoods: What Contribution Can We Make? Implementing the Sustainable Rural Livelihoods Approach.* Londres: U.K. Department for International Development.

Carter, Michael R. y Rene Salgado. De próxima aparición. "Land Market Liberalization and the Agrarian Question in Latin America." En Alain de Janvry, Gustavo Gordillo, Jean-Philippe Platteau y Elisabeth Sadoulet, comps., *Access to Land, Rural Poverty and Public Action.* Nueva York: Oxford University Press.

Carvalho, Soniya. 1999a. "Social Funds." Documento presentado en el Center for Urban Development Studies, Harvard University, 12 de octubre, Cambridge, Mass.

———. 1999b. "What Are Social Funds Really Telling Us?" Documento presentado en la Conferencia Internacional sobre reducción y evaluación de la pobreza, Banco Mundial, 5-7 de junio, Washington, D.C.

Case, Anne y Angus Deaton. 1998. "Large Cash Transfers to the Elderly in South Africa." *Economic Journal* 108(450): 1330-61.

Casella, Alessandra y James E. Rauch. 1997. "Anonymous Market and Group Ties in International Trade." NBER Working Paper 6186. National Bureau of Economic Research, Cambridge, Mass.

Castro-Leal, Florencia, Julia Dayton, Lionel Demery y Kalpana Mehra. 1999. "Public Social Spending in Africa: Do the Poor Benefit?" *World Bank Research Observer* 14(1): 49-72.

Cavendish, William. 1999. "Empirical Regularities in the Poverty-Environment Relationship of African Rural Households." Working Paper Series, No. WPS/99.21. Oxford University, Centre for the Study of African Economies.

Centre L-J. Lebret. 1999. "Attacking Poverty." Documento de antecedentes para el *Informe sobre el desarrollo mundial 2000/2001.* Banco Mundial, Washington, D.C.

CEPAL (Comisión Económica para América Latina y el Caribe). 1989. "Antecedentes estadísticos de la distribución del ingreso en el Perú, 1961-1982." Serie distribución del ingreso 8. Santiago.

———. 1991. "El perfil de la probeza en América Latina a comienzos de los años 90." Santiago, Chile.

———. 1993. "Antecedentes estadísticos de la distribución del ingreso en los años 80." Serie distribución del ingreso 13. Santiago.

______. 1995. *Alojar el desarrollo. Una tarea para los asentamientos humanos.* Santiago.

______. 1997a. *Panorama social de América Latina 1996.* Santiago.

———. 1997b. *Statistical Yearbook for Latin America and the Caribbean.* Santiago.

______. 1999a. *Indicadores económicos.* Santiago.

______. 1999b. *Social Panorama of Latin America 1998.* Santiago.

______. 1999b. *Panorama social de América Latina 1998.* Santiago.

CFI (Corporación Financiera Internacional) y FIAS (Servicio de Asesoría sobre Inversión Extranjera). 1998. *Inversión extranjera directa.* Experiencias de la CFI 5. Washington, D.C.

CGIAR (Grupo Consultivo sobre Investigaciones Agrícolas Internacionales), System Review Secretariat. 1998. "The International Research Partnership for Food Security and Sustainable Agriculture." Third System Review of the Consultative Group on International Agricultural Research. Washington, D.C.

Chambers, Robert. 1983. *Rural Development: Putting the Last First.* Essex: Longman Scientific and Technical.

———. 1995. "Poverty and Livelihoods: Whose Reality Counts?" Institute for Development Studies Discussion Paper 347. Sussex University, Brighton.

Chang, Pilwha. 1999a. "Gender and Violence." Documento de antecedentes para el *Informe sobre el desarrollo mundial 2000/2001.* Asian Center for Women's Studies, Seúl, y Banco Mundial, Washington, D.C.

———. 1999b. "Impact of Economic and Financial Crisis on Women in South Korea." Asian Center for Women's Studies, Seúl.

Chaves, Rodrigo y Claudio Gonzalez-Vega. 1996. "The Design of Successful Rural Financial Intermediaries: Evidence from Indonesia." *World Development* 24(1): 65-78.

Chaves, Rodrigo y Susana Sánchez. 2000. "Romania: Financial Markets, Credit Constraints and Investment in Rural Areas." Report 19412-RO. Banco Mundial, Dirección subregional de Rumania, Washington, D.C.

Chen, Shaohua y Martin Ravallion. 2000. "How Did the World's Poorest Fare in the 1990s?" Documento de trabajo sobre investigaciones relativas a políticas de desarrollo. Banco Mundial, Washington, D.C.

Cheng, Tun-Jeng, Stephan Haggard y David Kang. 1999. "Institutions and Growth in Korea and Taiwan: The Bureaucracy." En Yilmaz Akyuz, comp., *East Asian Development: New Perspectives.* Londres: Frank Cass.

Chi, Truong, Thi Ngoc, Lisa Leimar Price y Mahabub M. Hossain. 1998. "Impact of IPM Training on the Male and Female Farmers' Knowledge and Pest Control Behavior: A Case Study of Vietnam." Working Paper. Instituto Internacional de Investigaciones sobre el Arroz, Manila.

Chin, Christine B.N. 1997. "Walls of Silence and Late Twentieth-Century Representations of the Foreign Female Domestic Worker: The Case of Filipina and Indonesian Female Servants in Malaysia." *International Migration Review* 31: 353-85.

Ching, Panfila. 1996. "User Fees, Demand for Children's Health Care and Access across Income Groups: The Philippine Case." *Social Science and Medicine* 41(1): 37-46.

Chinnock, Jeffrey y Sarah Collinson. 1999. *Purchasing Power: Aid Untying, Targeted Procurement and Poverty Reduction.* Londres: ActionAid. [www.actionaid.org].

Chisari, Omar, Antonio Estache y Carlos Romero. 1999. "Winners and Losers from the Privatization and Regulation of Utilities: Lessons from a General Equilibrium Model of Argentina." *World Bank Economic Review* 13: 357-78.

Chomitz, Kenneth. 1999. "Environment-Poverty Connections in Tropical Deforestation." Documento presentado en el seminario de verano del *Informe sobre el desarrollo mundial 2000/2001,* Banco Mundial, julio, Washington, D.C.

Chomitz, Kenneth y David Gray. 1996. "Roads, Land Use, and Deforestation: A Spatial Model Applied to Belize." *World Bank Economic Review* 10(3): 487-512.

Chomitz, Kenneth, con la colaboración de Gunawan Setiadi, Azrul Azwar, Nusye Ismail y Wadiyarti. 1998. "What Do Doctors Want? Developing Incentives for Doctors to Serve in Indonesia's Rural and Remote Areas." Documento de trabajo sobre investigaciones relativas a políticas de desarrollo 1888. Banco Mundial, Washington, D.C.

Chong, Alberto y Jesko Hentschel. 1999. "The Benefits of Bundling." Banco Mundial, Poverty Division, Washington, D.C.

Chua, Amy L. 1998. "Markets, Democracy and Ethnicity: Toward a New Paradigm for Law and Development." *Yale Law Journal* 108(1): 1-107.

CIID (Centro Internacional de Investigaciones para el Desarrollo). 1998. Acacia Page. [www.idrc.ca/acacia/engine/eng_6.htm].

Claessens, Stijn, Daniel Oks y Sweder van Wijnbergen. 1993. "Interest Rates, Growth, and External Debt: The Macroeconomic Impact of Mexico's Brady Deal." Documento de trabajo sobre investigaciones relativas a políticas de desarrollo 1147. Banco Mundial, Washington, D.C.

Claessens, Stijn, Enrica Detragiache, Ravi Kanbur y Peter Wickham. 1997. "Highly Indebted Poor Countries' Debt: A Review of the Issues." *Journal of African Economies* 6(2): 231-54.

Clark, Diana y Chang-Tai Hsieh. 1999. "Schooling and Labor Market Impact of the 1968 Nine-Year Education Program in Taiwan." University of California at Berkeley.

Clarke, George R.G. 1995. "More Evidence on Income Distribution and Growth." *Journal of Development Economics* 47: 403-27.

Coale, Ansley. 1991. "Excess Female Mortality and the Balance of the Sexes: An Estimate of the Number of 'Missing Females'." *Population and Development Review* 17: 517-23.

Coate, Stephen y Glenn Loury. 1993. "Will Affirmative Action Policies Eliminate Negative Stereotypes?" *American Economic Review* 83: 1220-40.

Coate, Stephen y Martin Ravallion. 1993. "Reciprocity without Commitment: Characterization and Performance of Informal Insurance Arrangements." *Journal of Development Economics* 40: 1-24.

Cohen, John M. 1995. "Ethnicity, Foreign Aid and Economic Growth in Sub-Saharan Africa: The Case of Kenya." Discussion Paper 520. Harvard Institute for International Development, Cambridge, Mass.

Coirolo, Luis. 2000. Personal communication. Banco Mundial, Oficina Regional de América Latina y el Caribe, Washington, D.C.

Colclough, Christopher. 1996. "Education and the Market: Which Parts of the Neoliberal Solution Are Correct?" *World Development* 24(4): 589-610.

Coleman, Brett E. 1999. "The Impact of Group Lending in Northeast Thailand." *Journal of Development Economics* 60: 105-41.

Coleman, James. 1988. "Social Capital in the Creation of Human Capital." *American Journal of Sociology* 94: S95-120.

———. 1990. *Foundations of Social Theory.* Cambridge, Mass.: Harvard University Press.

Colletta, Nat, Markus Kostner e Ingo Wiederhofer. 1996a. *Case Studies in War-to-Peace Transition: The Demobilization and Reintegration of Ex-Combatants in Ethiopia, Namibia, and Uganda.* Documentos para discusión del Banco Mundial 331. Africa Technical Department Series. Washington, D.C.

———. 1996b. *The Transition from War to Peace in Sub-Saharan Africa.* Washington, D.C.: Banco Mundial.

Collier, Paul. 1997. "The Failure of Conditionality." En Catherine Gwin y Joan Nelson, comps., *Perspectives on Aid and Development.* Policy Essay 22. Washington, D.C.: Consejo de Desarrollo de Ultramar.

———. 1998. "Social Capital and Poverty." Social Capital Initiative Working Paper 4. Banco Mundial, Departamento de Desarrollo Social, Washington, D.C.

———. 1999a. "Ethnicity, Politics, and Economic Performance." Banco Mundial, Grupo de investigaciones sobre el desarrollo, Washington, D.C.

———. 1999b. "On the Economic Consequences of Civil War." *Oxford Economic Papers* 51(1): 168-83.

———. 1999c. "The Political Economy of Ethnicity." En Boris Pleskovic y Joseph E. Stiglitz, comps., *Annual World Bank Conference on Development Economics 1998.* Washington, D.C.: Banco Mundial.

———. 2000. "Implications of Ethnic Diversity." Banco Mundial, Grupo de investigaciones sobre el desarrollo, Washington, D.C.

———. De próxima aparición. "Consensus-Building, Knowledge, and Conditionality." En Boris Pleskovic y Joseph E. Stiglitz, comps., *Annual World Bank Conference on Development Economics 2000.* Washington, D.C.: Banco Mundial.

Collier, Paul y David Dollar. 1999. "Can the World Cut Poverty in Half? How Policy Reform and Effective Aid Can Meet the DAC Targets." Banco Mundial, Grupo de investigaciones sobre el desarrollo, Washington, D.C

———. *2000. "Aid Allocation and Poverty Reduction."* Banco Mundial, Grupo de investigaciones sobre el desarrollo, Washington, D.C

Collier, Paul y Ashish Garg. 1999. "On Kin Groups and Wages in the Ghanaian Labour Market." *Oxford Bulletin of Economics and Statistics* 61: 133-52.

Collier, Paul y Jan Willem Gunning. 1997. *Trade Shocks in Developing Countries: Theory and Evidence.* Oxford: Clarendon.

———. 1999. "Explaining African Economic Performance." *Journal of Economic Literature* 37: 64-111.

Collier, Paul y Anke Hoeffler. 1998. "On the Economic Causes of Civil War." *Oxford Economic Papers* 50: 563-73.

———. 2000. "Greed and Grievance in Civil War." Documento de trabajo sobre investigaciones relativas a políticas de desarrollo 2355. Banco Mundial, Washington, D.C.

Collier, Paul, David Dollar y Nicholas Stern. 2000. "Fifty Years of Development." Documento presentado en la Conferencia anual del Banco Mundial sobre economía del desarrollo en Europa, 26-28 de junio, París.

Colson, Elizabeth. 1999. "Gendering Those Uprooted by Development." En Doreen Marie Indra, comp., *Engendering Forced Migration: Theory and Practice.* Oxford: Berghahn Books.

Conning, Jonathan y Michael Kevane. 1999. "Community-Based Targeting Mechanisms for Social Safety Nets." Williams College, Department of Economics, Williamstown, Mass.

Connolly, Michelle. 1999. "The Impact of Removing Licenses and Restrictions to Import Technology on Technological Change."

Documento de antecedentes para el *Informe sobre el desarrollo mundial 2000/2001.* Banco Mundial, Washington, D.C.

Constance, Paul. 1999. "What Price Water?" *BID América* (julio-agosto): 3-5.

Contreras, Dante, David Bravo, Tomás Rau y Sergio Urzúa. 2000. "Income Distribution in Chile, 1990-1998: Learning from Microeconomic Simulations." Universidad de Chile, Department of Economics, Santiago.

Cook, Lisa D. y Jeffrey Sachs. 1999. "Regional Public Goods in International Assistance." En Inge Kaul, Isabelle Grunberg y Marc Stern, comps., *Global Public Goods: International Cooperation in the 21st Century.* Nueva York: Oxford University Press.

Coppin, Addington y Reed Neil Olsen. 1998. "Earnings and Ethnicity in Trinidad and Tobago." *Journal of Development Studies* 34(3): 116-34.

Cornia, Giovanni Andrea. 1999. "Liberalization, Globalization and Income Distribution." WIDER Working Paper 157. Universidad de las Naciones Unidas, Helsinki.

Cornia, Giovanni Andrea, Richard Jolly y Frances Stewart. 1987. *Adjustment with a Human Face.* Nueva York: Oxford University Press.

Cornia, Giovanni Andre, Richard Jolly y Frances Stewart. 1987. *Ajuste con rostro humano.* Madrid: Publicado para UNICEF por Siglo XXI de España Editores.

Cowell, Frank. 1995. *Measuring Inequality.* Nueva York: Prentice Hall/Harvester Wheatsheaf.

Cox, Donald y Emmanuel Jimenez. 1998. "Risk Sharing and Private Transfers: What about Urban Households?" *Economic Development and Cultural Change* 46(3): 621-37.

Cox, Donald, Emanuela Galasso y Emmanuel Jimenez. 2000. "Inter-Country Comparisons of Private Transfers." Banco Mundial, Grupo de investigaciones sobre el desarrollo, Washington, D.C.

Cox Edwards, Alejandra. 2000. "Pension Projections for Chilean Men and Women: Estimates from Social Security Contributions." Documento de antecedentes para el Informe del Banco Mundial sobre investigaciones relativas a las políticas de desarrollo *EnGendering Development,* de próxima aparición. Banco Mundial, Washington, D.C.

Crook, Richard C. y Alan Sturla Sverrisson. 1999. "To What Extent Can Decentralized Forms of Government Enhance the Development of Pro-poor Policies and Improve Poverty-Alleviation Outcomes?" Documento de antecedentes para el *Informe sobre el desarrollo mundial 2000/2001.* U.K. Department for International Development, Londres, y Banco Mundial, Washington, D.C.

CSIR (Consejo de Investigación Científica e Industrial). 1998. "Knowledge in Development: Multi-Media, Multi-Purpose Community Information Centers as Catalysts for Building Innovative Knowledge-Based Societies." Documento de antecedentes para el *Informe sobre el desarrollo mundial 1998.* Banco Mundial, Washington, D.C.

Currie, Janet y Ann Harrison. 1997. "Sharing the Costs: The Impact of Trade Reform on Capital and Labor in Morocco." *Journal of Labor Economics* 15: 44-71.

CUTS (Consumer Unity and Trust Society). 1999. "Conditions Necessary for the Liberalization of Trade and Investment to Reduce Poverty." Informe final para el U.K. Department for International Development, Londres.

Dahl, Robert A. 1999. "A Note on Politics, Institutions, Democracy and Equality." Documento de antecedentes para el *Informe sobre el desarrollo mundial 2000/2001.* Banco Mundial, Washington, D.C.

Dakolias, Maria. 1997. *El sector judicial en América Latina y el Caribe: elementos de reforma.* Documento técnico del Banco Mundial 319. Washington, D.C.

Daly, Mary, Greg Duncan, George Kaplan y John Lynch. 1998. "Macro-to-Micro Links in the Relation between Income Inequality and Mortality." *Milbank Quarterly* 76(3): 315-39.

Dar, Amit y Zafiris Tzannatos. 1999. "Active Labor Market Policies." Social Protection Discussion Paper 9901. Banco Mundial, Red sobre desarrollo humano, Washington, D.C.

Das Gupta, Monica. 1995. "Lifecourse Perspectives on Women's Autonomy and Health Outcomes." *American Anthropologist* 97(3): 481-91.

———. 1999. "Lifeboat versus Corporate Ethic: Social and Demographic Implications of Stem and Joint Families." *Social Science and Medicine* 49(2): 173-84.

———. 2000. "Social Exclusion and Poverty: Preliminary Thoughts for *World Development Report 2001." En* Gudrun Kochendörfer-Lucius y Boris Pleskovic, comps., *Inclusion, Justice, and Poverty Reduction.* Berlín: German Fundación Alemana para el Desarrollo Internacional.

Das Gupta, Monica y Li Shuzhuo. 1999. "Gender Bias and the Marriage Squeeze in China, South Korea and India, 1920-1990: The Effects of War, Famine and Fertility Decline." *Development and Change* 30(3): 619-52.

Das Gupta, Monica, Helene Grandvoinnet y Mattia Romani. De próxima aparición. "State-Community Synergies in Development: Laying the Basis for Collective Action." Documento de trabajo sobre investigaciones relativas a políticas de desarrollo. Banco Mundial, Washington, D.C.

Das Gupta, Monica, Jiang Zhenghua, Xie Zhenming y Li Bohua. 1997. "The Status of Girls in China." Proceedings of the Symposium of Chinese Scholars on the Demography of China. International Union for the Scientific Study of Population, octubre, Beijing.

Das Gupta, Monica, Sunhwa Lee, Patricia Uberoi, Danning Wang, Lihong Wang y Xiaodan Zhang. 2000. "State Policy and Women's Autonomy in China, South Korea and India, 1950-2000: Lessons from Contrasting Experience." Documento de antecedentes para el Informe del Banco Mundial sobre investigaciones relativas a las políticas de desarrollo *EnGendering Development,* de próxima aparición. Presentado también en la reunión anual de Population Association of America, marzo, Los Ángeles.

Dasgupta, Partha. 1999. "Valuation and Evaluation: Measuring the Quality of Life and Evaluating Policy." Documento de antecedentes para el *Informe sobre el desarrollo mundial 2000/2001.* Cambridge University, y Banco Mundial, Washington, D.C.

Datt, Gaurav. 1998. "Poverty in India and Indian States: An Update." Documento de discusión 47. Instituto Internacional de Investigaciones sobre Políticas Alimentarias, División de Consumo de Alimentos y Nutrición, Washington, D.C.

———. 1999. "Has Poverty in India Declined since the Economic Reforms?" *Economic and Political Weekly* 34(50).

Datt, Gaurav y Hans Hoogeveen. 2000. "El Niño or El Peso? Crisis, Poverty and Income Distribution in the Philippines." Banco

Mundial, Oficina Regional de Asia Oriental y el Pacífico, Washington, D.C.

Datt, Gaurav y Martin Ravallion. 1998. "Farm Productivity and Rural Poverty in India." *Journal of Development Studies* 34: 62-85.

Datta-Mitra, Jayati. 1997. *Fiscal Management in Adjustment Lending.* Washington, D.C.: Banco Mundial.

Davey Smith, George, James D. Neaton, Deborah Wentworth, Rose Stamler y Jeremiah Stamler. 1998. "Mortality Differences between Black and White Men in the USA: Contribution of Income and Other Risk Factors among Men Screened for the MRFIT." *Lancet* 351(9107): 934-36.

David, Paul. 1993. "Intellectual Property Institutions and the Panda's Thumb: Patents, Copyrights, and Trade Secrets in Economic Theory and History." En Mitchel B. Wallerstein, Roberta A. Schoen y Mary E. Mogee, comps., *Global Dimensions of Intellectual Property Rights in Science and Technology.* Washington, D.C.: National Academy Press.

Davin, Delia. 1976. *Womenwork: Women and the Party in Revolutionary China.* Oxford: Clarendon.

———. 1995. "Women, Work and Property in the Chinese Peasant Household of the 1980s." En Diane Elson, comp., *Male Bias in the Development Process.* Nueva York: Manchester University Press.

Davis, Benjamin, Sudhanshu Handa y Humberto Soto. 1999. "Crisis, Poverty, and Long-Term Development: Examining the Mexican Case." Instituto Internacional de Investigaciones sobre Políticas Alimentarias, Washington, D.C.

Davis, Shelton y Anthony Oliver-Smith. 1999. "Post-Hurricane Mitch Rehabilitation and Reconstruction Mission." Nota de antecedentes para el *Informe sobre el desarrollo mundial 2000/2001.* Banco Mundial, Washington, D.C.

De Ferranti, David, Guillermo Perry, Indermit Gill y Luis Servén. 2000. *Securing Our Future in a Global Economy.* Estudios del Banco Mundial sobre América Latina y el Caribe. Washington, D.C.: Banco Mundial.

De Gregorio, José, Sebastian Edwards y Rodrigo Valdés. De próxima aparición. "Controls on Capital Inflows: Do They Work?" *Journal of Development Economics.*

De Haan, Arjan. 1997. "Poverty and Social Exclusion: A Comparison of Debates on Deprivation." Poverty Research Unit Working Paper 2. Sussex University, Brighton.

De Janvry, Alain y Elisabeth Sadoulet. 1999a. "Asset Positions and Income Strategies among Rural Households in Mexico: The Role of Off-farm Activities in Poverty Reduction." University of California at Berkeley, Department of Agricultural and Resource Economics, y Banco Mundial, Grupo de investigaciones sobre el desarrollo, Washington, D.C.

———. 1999b. "Growth, Poverty and Inequality in Latin America: A Causal Analysis, 1970-94." Documento presentado en la Conferencia sobre Protección Social y Pobreza, Banco Interamericano de Desarrollo, febrero, Washington D.C.

———. 1999c. "Rural Poverty and the Design of Effective Rural Development Strategies." University of California at Berkeley, Department of Agricultural and Resource Economics, y Banco Mundial, Grupo de investigaciones sobre el desarrollo, Washington, D.C.

———. 2000a. "Growth, Poverty and Inequality in Latin America: A Causal Analysis, 1970-1994." En Nora Lustig, comp., *Shielding the Poor: Social Protection in the Developing World.* Washington, D.C.: Brookings Institution.

______. 2000b. "Cómo transformar en un buen negocio la inversión en el campesinado pobre: nuevas perspectivas de desarollo rural en América Latina." Documento presentado en el Foro sobre equidad social, Reunión Anual de la Asamblea de Gobernadores del Banco Interamericano de Desarrollo y de la Corporación Interamericana de Inversiones, 24-25 de marzo, Nueva Orleáns.

De Janvry, Alain, Andre Fargeix y Elisabeth Sadoulet. 1991. "Political Economy of Stabilization Programs: Feasibility, Growth and Welfare." *Journal of Policy Modeling* 13: 317-45.

De Janvry, Alain, Gustavo Gordillo, Jean-Philippe Platteau y Elisabeth Sadoulet, comps. De próxima aparición. *Access to Land, Rural Poverty and Public Action.* Nueva York: Oxford University Press.

De Janvry, Alain, Gregory Graff, Elisabeth Sadoulet y David Zilberman. 2000. "Technological Change in Agriculture and Poverty Reduction." Documento de antecedentes para el *Informe sobre el desarrollo mundial 2000/2001.* University of California at Berkeley, Department of Agricultural and Resource Economics, y Banco Mundial, Grupo de investigaciones sobre el desarrollo, Washington, D.C.

De Janvry, Alain, Jean-Philippe Platteau, Gustavo Gordillo y Elisabeth Sadoulet. De próxima aparición. "Access to Land and Land Policy Reforms." En Alain de Janvry, Gustavo Gordillo, Jean-Philippe Platteau y Elisabeth Sadoulet, comps., *Access to Land, Rural Poverty and Public Action.* Nueva York: Oxford University Press.

De Janvry, Alain, Elisabeth Sadoulet, Benjamin Davis y Gustavo Gordillo de Anda. 1996. "*Ejido* Sector Reforms: From Land Reform to Rural Development." En Laura Randall, comp., *Reforming Mexico's Agrarian Reform.* Armonk, N.Y.: M.E. Sharpe.

De la Rocha, Mercedes. 1995. "The Urban Family and Poverty in Latin America." *Latin American Perspectives* 22(2): 12-31.

De Silva, Samantha. 1999. "Community Contracting in Bank-Funded Projects: A Review of Stakeholder Experience." Banco Mundial, Red sobre desarrollo humano, Washington, D.C.

De Soto, Hernando. 1986. *El otro sendero: la revolución informal.* Lima: El Barranco.

———. De próxima aparición. *The Mystery of Capital.*

De Waal, Alex. 1991. "Emergency Food Security in Western Sudan: What Is It For?" En S. Maxwell, comp., *To Cure All Hunger: Food Policy and Food Security in Sudan.* Londres: Intermediate Technology Development Group.

———. 1999. "Democratic Political Processes and the Fight against Famine." University of London, School of Oriental and African Studies, International Africa Institute.

Deaton, Angus. 1991. "Savings and Liquidity Constraints." *Econometrica* 59(5): 1221-48.

———. 1997. *The Analysis of Household Surveys: A Microeconomic Approach.* Baltimore, Md.: Johns Hopkins University Press.

———. 2000. "Enrollment of Children in School in the 42nd (1986-87) and 52nd (1995-96) Rounds of the NSS." Banco Mundial, Washington, D.C.

Deaton, Angus y Alessandro Tarozzi. 1999. "Prices and Poverty in India." Princeton University, Princeton, N.J.

Deere, Carmen Diana y Magdalena Leon. 1997. "Women and Land Rights in the Latin American Neoliberal Counter Reforms."

Women in International Development Working Paper 264. Michigan State University, East Lansing.

———. 1999. "Institutional Reform of Agriculture under Neoliberalism: The Impact of the Women's and Indigenous Movements." Discurso pronunciado en la Conferencia «Land in Latin America: New Context, New Claims, New Concepts», Centro de estudios y documentación latinoamericanos, y Wageningen Agricultural University, 26-27 de mayo, Amsterdam.

———. De próxima aparición. *Gender, Property and Empowerment: Land, State and Market in Latin America.* Pittsburgh: University of Pittsburgh Press.

Deininger, Klaus. 1999a. "Asset Distribution, Inequality, and Growth." Banco Mundial, Grupo de investigaciones sobre el desarrollo,Washington, D.C.

———. 1999b. "Making Negotiated Land Reform Work: Initial Experiences from Brazil, Colombia, and South Africa." Documento de trabajo sobre investigaciones relativas a políticas de desarrollo 2040. Banco Mundial, Washington, D.C.

———. 1999c. "Negotiated Land Reform: Brazil, Colombia, South Africa." Draft. Banco Mundial, Grupo de investigaciones sobre el desarrollo, Washington, D.C.

———. De próxima aparición. "Negotiated Land Reform as One Way of Land Access: Initial Experiences from Colombia, Brazil and South Africa." En Alain de Janvry, Gustavo Gordillo, Jean-Philippe Platteau y Elisabeth Sadoulet, comps., *Access to Land, Rural Poverty and Public Action.* Nueva York: Oxford University Press.

Deininger, Klaus y Hans Binswanger. 1999. "The Evolution of the Banco Mundial's Land Policy." *Banco Mundial Research Observer* 14(2): 247-76.

Deininger, Klaus y Gershon Feder. 1998. "Land Institutions and Land Markets." Documento de trabajo sobre investigaciones relativas a políticas de desarrollo 2014. Banco Mundial, Washington, D.C.

Deininger, Klaus y Bart Minten. 1996. "Poverty, Policies and Deforestation: The Case of Mexico." *Economic Development and Cultural Change* 47: 313-44.

Deininger, Klaus y Pedro Olinto. 2000. "Asset Distribution, Inequality, and Growth." Documento de trabajo sobre investigaciones relativas a políticas de desarrollo 2375. Banco Mundial, Washington, D.C.

Deininger, Klaus y Lyn Squire. 1996a. "Measuring Income Inequality: A New Database." Development Discussion Paper 537. Harvard Institute for International Development, Cambridge, Mass.

———. 1996b. "A New Data Set Measuring Income Inequality." *World Bank Economic Review* 10(3): 565-91.

———. 1998. "New Ways of Looking at Old Issues: Inequality and Growth." *Journal of Development Economics* 57: 259-87.

Delion, Jean. 1999. "Producer Organizations: Donor Partnerships in Project Implementation." Banco Mundial, Oficina Regional de África, Washington, D.C.

Demery, Lionel. 1999. "Poverty Dynamics in Africa: An Update." Banco Mundial, Oficina Regional de África, Unidad de reducción de la pobreza y desarrollo social, Washington, D.C.

Demery, Lionel y Lyn Squire. 1996. "Macroeconomic Adjustment and Poverty in Africa: An Emerging Picture." *World Bank Research Observer* 11: 39-59.

Demirgüç-Kunt, Asli y Enrica Detragiache. 1998. "Financial Liberalization and Financial Fragility." Documento de trabajo sobre investigaciones relativas a políticas de desarrollo 1917. Banco Mundial, Washington, D.C.

Denmark, Ministry of Foreign Affairs. 2000. *Impact Study of Danish NGOs.* Copenhague.

Dercon, Stefan. 1996. "Risk, Crop Choice and Savings: Evidence from Tanzania." *Economic Development and Cultural Change* 44(3): 485-514.

———. 1998. "Wealth, Risk, and Activity Choice: Cattle in Western Tanzania." *Journal of Development Economics* 55: 1-42.

———. 1999. "Income Risk, Coping Strategies and Safety Nets." Documento de antecedentes para el *Informe sobre el desarrollo mundial 2000/2001.* Katholieke Universiteit Leuven; Oxford University, Centre for the Study of African Economies, y Banco Mundial, Washington, D.C.

Dercon, Stefan y Pramila Krishnan. 1996. "Income Portfolios in Rural Ethiopia and Tanzania: Choices and Constraints." *Journal of Development Studies* 32(6): 850-75.

———. 1998. "The Urban Labour Market during Structural Adjustment: Ethiopia 1990-1997." Centre for the Study of African Economies Working Paper Series, No. 98-9. Oxford University.

———. 1999. "Vulnerability, Seasonality and Poverty in Ethiopia." Oxford University, Centre for the Study of African Economies.

———. 2000a. "In Sickness and in Health: Risk Sharing within Households in Rural Ethiopia." *Journal of Political Economy* 108(4).

———. 2000b. "Vulnerability, Seasonality and Poverty in Ethiopia." *Journal of Development Studies.*

Dervis, Kemal, Jaime de Melo y Sherman Robinson. 1982. *General Equilibrium Models for Development Policy.* Nueva York: Cambridge University Press.

Desai, Meghnad. 1991. "Human Development: Concepts and Measurement." *European Economic Review* 35: 350-57.

Deshpande, Ashwini. 2000. "Does Caste Still Define Disparity? A Look at Inequality in Kerala, India." *American Economic Review* 90: 322-25.

Dethier, Jean-Jacques. 1999. "Governance and Economic Performance: A Survey." Discussion Paper on Development Policy 5. Universität Bonn, Zentrum für Entwicklungsforschung.

Devarajan, Shantayanan y Jeffrey Hammer. 1997. "Public Expenditures and Risk Reduction." Banco Mundial, Grupo de investigaciones sobre el desarrollo, Washington, D.C.

———. 1998. "Risk Reduction and Public Spending." Documento de trabajo sobre investigaciones relativas a políticas de desarrollo 1869. Banco Mundial, Grupo de investigaciones sobre el desarrollo, Washington, D.C.

Devarajan, Shantayanan y Vinaya Swaroop. 1998. "The Implications of Foreign Aid Fungibility for Development Assistance." Documento de trabajo sobre investigaciones relativas a políticas de desarrollo 2022. Banco Mundial, Washington, D.C.

Devarajan, Shantayanan, David Dollar y Torgny E. Holmgren, comps. 2000. *Aid and Reform in Africa.* Washington, D.C.: Banco Mundial.

Devarajan, Shantayanan, Lyn Squire y Sethaput Suthiwart-Narueput. 1997. "Beyond Rate of Return: Reorienting Project Analysis." *World Bank Research Observer* 12(1): 35-46.

Devarajan, Shantayanan, Sethaput Suthiwart-Narueput y Karen Thierfelder. 2000. "The Marginal Cost of Taxation in Developing Countries." World Bank, Grupo de investigaciones sobre el desarrollo, Washington, D.C.

Devarajan, Shantayanan, Danyang Xie y Heng-fu Zou. 1998. "Should Public Capital Be Subsidized or Provided?" *Journal of Monetary Economics* 41(2): 319-31.

DFID (U.K. Department for International Development). 1999. *Sustainable Livelihoods Guidance Sheets.* Londres.

Diamond, Larry. 1996. "Is the Third Wave Over?" *Journal of Democracy* 7(3).

Diamond, Larry, Juan J. Linz y Seymour Martin Lipset, comps. 1988. *Democracy in Developing Countries.* Londres: Adamantine.

Diop, François, Abdo Yazbeck y Ricardo Bitran. 1995. "The Impact of Alternative Cost Recovery Schemes on Access and Equity in Niger." *Health Policy and Planning* 10(3): 223-40.

Dollar, David. 2000. "Has Aid Efficiency Improved in the 1990s?" Banco Mundial, Grupo de investigaciones sobre el desarrollo, Washington, D.C.

Dollar, David y Roberta Gatti. 1999. "Gender Inequality, Income and Growth: Are Good Times Good for Women?" Policy Research Report on Gender and Development Working Paper Series, No. 1. Banco Mundial, Washington, D.C.

Dollar, David y Aart Kraay. 2000. "Growth Is Good for the Poor." Banco Mundial, Grupo de investigaciones sobre el desarrollo, Washington, D.C.

Dollar, David, Raymond Fisman y Roberta Gatti. 1999. "Are Women Really the 'Fairer' Sex? Corruption and Women in Government." Policy Research Report on Gender and Development Working Paper Series, No. 4. Banco Mundial, Washington, D.C.

Dornbusch, Rudiger y Sebastian Edwards. 1991. *Macroeconomics of Populism.* Chicago: University of Chicago Press.

Dow, William, Paul Gertler, Robert Shoeni, John Strauss y Duncan Thomas. 1997. "Health Care Prices, Health and Labor Outcomes: Experimental Evidence." Rand, Santa Monica, Calif.

Downing, Thomas. 1996. "Mitigating Social Impoverishment When People Are Involuntarily Displaced." En Christopher McDowell, comp., *Understanding Impoverishment: The Consequences of Development-Induced Displacement.* Oxford: Berghahn Books.

Drèze, Jean. 1999. "Militarism, Development and Democracy." Lecture given at Maharaja Sayajirao University of Baroda, octubre, Baroda, India.

Drèze, Jean y Bhatia Bela. 1998. "For Democracy and Development." Delhi School of Economics, Center of Development Economics, y Cambridge University, Centre of South Asian Studies.

Drèze, Jean y Haris Gazdar. 1997. "Uttar Pradesh: The Burden of Inertia." En Jean Drèze y Amartya Sen, comps., *Indian Development: Selected Regional Perspectives.* Oxford: Oxford University Press.

Drèze, Jean y Amartya Sen. 1995. *India: Economic Development and Social Opportunity.* Nueva Delhi: Oxford University Press.

———. 1999. "Public Action and Social Security: Foundations and Strategy." En Ehtisham Ahmad, Jean Drèze, John Hills y Amartya Sen, comps., *Social Security in Developing Countries.* Nueva York: Oxford University Press.

Drèze, Jean, Peter Lanjouw y Naresh Sharma. 1998. "Economic Development in Palanpur, 1957-93." En Peter Lanjouw y Nicholas Stern, comps., *Economic Development in Palanpur over Five Decades.* Oxford: Clarendon.

Dube, Shyama Charan. 1997. "Ethnicity: Myth, History and Politics." En Arvind M. Shah, Baburao S. Baviskar y E.A. Ramaswamy, comps., *Social Structure and Change.* Vol. 4. Nueva Delhi: Sage.

Due, Jean y Christina Gladwin. 1991. "Impacts of Structural Adjustment Programs on African Women Farmers and Female-Headed Households." *American Journal of Agricultural Economics* 73(5): 1431-39.

Duflo, Esther. 2000a. "Child Health and Household Resources in South Africa: Evidence from the Old Age Pension Program." *American Economic Review* 90(2).

———. 2000b. "Schooling and Labor Market Consequences of School Construction in Indonesia: Evidence from an Unusual Policy Experiment." Massachusetts Institute of Technology, Department of Economics, Cambridge, Mass.

Durlauf, Steven. 1996. "A Theory of Persistent Income Inequality." *Journal of Economic Growth* 1(1): 75-93.

Duryea, Suzanne. 1998. "Children's Advancement through School in Brazil: The Role of Transitory Shocks to Household Income." Banco Interamericano de Desarrollo, Departamento de Investigación, Washington, D.C.

Dushkin, Lelah. 1972. "Scheduled Caste Politics." En Michael Mahar, comp., *The Untouchables in Contemporary India.* Tucson: University of Arizona Press.

Dyson, Tim. 1996. *Population and Food: Global Trends and Future Prospects.* Nueva York: Routledge.

Easterly, William. 1999a. "The Ghost of the Financing Gap: Testing the Growth Model used in the International Financial Institutions." *Journal of Development Economics* 60(2): 423-38.

———. 1999b. "Happy Societies: The Middle-Class Consensus and Economic Development." Documento de trabajo sobre investigaciones relativas a políticas de desarrollo 2346. Banco Mundial, Washington, D.C.

———. 1999c. "How Did Highly Indebted Poor Countries Become Highly Indebted? Reviewing Two Decades of Debt Relief." Documento de trabajo sobre investigaciones relativas a políticas de desarrollo 2225. Banco Mundial, Washington, D.C.

———. 2000a. "Can Institutions Resolve Ethnic Conflict?" Banco Mundial, Grupo de investigaciones sobre el desarrollo, Washington, D.C.

———. 2000b. "The Lost Decades . . . and the Coming Boom? Policies, Shocks, and Developing Countries' Stagnation, 1980-98." Banco Mundial, Grupo de investigaciones sobre el desarrollo, Washington, D.C.

Easterly, William y Stanley Fischer. 1999. "Inflation and the Poor." Documento presentado en la Conferencia anual del Banco Mundial sobre economía del desarrollo, 28-30 de abril, Washington, D.C.

———. 2000. "Inflation and the Poor." Documento de trabajo sobre investigaciones relativas a políticas de desarrollo 2335. Banco Mundial, Washington, D.C.

Easterly, William y Aart Kraay. 1999. "Small States, Small Problems?" Documento de trabajo sobre investigaciones relativas a políticas de desarrollo 2139. Banco Mundial, Washington, D.C.

Easterly, William y Ross Levine. 1997. "Africa's Growth Tragedy: Policies and Ethnic Divisions." *Quarterly Journal of Economics* 62(11): 1203-50.

———. 2000. "It's Not Factor Accumulation: Stylized Facts and Growth Models." Banco Mundial, Grupo de investigaciones sobre el desarrollo, Washington, D.C.

Easterly, William y Sergio Rebelo. 1993. "Fiscal Policy and Economic Growth: An Empirical Investigation." *Journal of Monetary Economics* 32: 417-58.

Easterly, William, Roumeen Islam y Joseph E. Stiglitz. 1999. "Shaken and Stirred: Explaining Growth Volatility." Banco Mundial, Grupo de investigaciones sobre el desarrollo, Washington, D.C.

Easterly, William, Norman Loayza y Peter Montiel. 1997. "Has Latin America's Post-Reform Growth Been Disappointing?" *Journal of International Economics* 43: 287-311.

Easterly, William, Carlos A. Rodríguez y Klaus Schmidt-Hebbel. 1994. *Public Sector Deficits and Macroeconomic Performance.* Nueva York: Oxford University Press.

Easterly, William, Michael Kremer, Lant Pritchett y Lawrence Summers. 1993. "Good Policy or Good Luck? Country Growth Performance and Temporary Shocks." *Journal of Monetary Economics* 32: 459-83.

Eastwood, Robert y Michael Lipton. 1998. "Demographic Transition and Poverty: Effects via Economic Growth, Distribution, Conversion." Sussex University, Department of Economics, Brighton.

———. 1999. "The Impacts of Changes in Human Fertility on Poverty." *Journal of Development Studies* 36(1): 1-30.

Eccles, Stephen y Catherine Gwin. 1999. *Supporting Effective Aid: A Framework for Future Concessional Funding of Multilateral Development Banks.* Policy Essay 23. Washington, D.C.: Consejo de Desarrollo de Ultramar.

Echeverri-Gent, John. 1988. "Guaranteed Employment in an Indian State: The Maharashtra Experience." *Asian Survey* (28): 1294-310.

Economic and Political Weekly Research Foundation. 1998. "Marathwada Earthquake: Efforts at Participatory Rehabilitation and the Role of Community Participation Consultants." Mumbai.

Edwards, Sebastian. 1994. "Trade and Industrial Policy Reform in Latin America." NBER Working Paper 4772. National Bureau of Economic Research, Cambridge, Mass.

———. 1999. "How Effective Are Capital Controls?" NBER Working Paper 7413. National Bureau of Economic Research, Cambridge, Mass.

Ehrenpreis, Dag. 1999. "Development Cooperation in Support of Poverty Reduction." Documento presentado en el taller de investigación sobre la pobreza, Banco Mundial, 6-8 de julio, Washington, D.C.

Eichengreen, Barry. 1999. *Toward a New International Financial Architecture: A Practical Post-Asia Agenda.* Washington, D.C.: Institute for International Economics.

EIU (Economist Intelligence Unit). 1999a. *Business Latin America.* Londres.

———. 1999b. *Country Report on Indonesia.* Londres.

Ekbom, Anders y Jan Bojo. 1999. "Poverty and Environment: Evidence of Links and Integration into the Country Assistance Strategy Process." Environment Group Discussion Paper 4. Banco Mundial, Oficina Regional de África, Washington, D.C.

Ellis, Frank. 1999. "Rural Livelihood Diversity in Developing Countries: Analysis, Policy, Methods." U.K. Department for International Development, Londres.

Elwan, Ann. 1999. "Poverty and Disability." Documento de antecedentes para el *Informe sobre el desarrollo mundial 2000/2001.* Banco Mundial, Washington, D.C.

English, Philip. 1998. "Mauritius: Reigniting the Engines of Growth—A Teaching Case Study." Banco Mundial, Instituto de Desarrollo Económico, Washington, D.C.

Ernberg, Johan. 1998. "Acceso universal en favor del desarrollo rural: De la acción a las estrategias." Documento presentado en el Seminario de la Unión Internacional de Telecomunicaciones sobre Telecentros Comunitarios Polivalentes, 7-9 de diciembre, Budapest.

Escobal, Javier, Jaime Saavedra y Máximo Torero. 1998. "Los activos de los pobres en el Perú." Documento de trabajo 26. Grupo de Análisis para el Desarrollo, Lima.

Esman, Milton y Norman Uphoff. 1984. *Local Organizations: Intermediaries in Rural Development.* Ithaca, N.Y.: Cornell University Press.

Esteban, Joan-Maria y Debraj Ray. 1994. "On the Measurement of Polarization." *Econometrica* 62(4): 819-51.

Estes, Richard. 1988. *Trends in World Social Development: The Social Progress of Nations, 1970-1987.* Nueva York: Praeger.

———. 1996. "Social Development Trends in Asia, 1970-1994: The Challenge of a New Century." *Social Indicators Research* 37(2).

———. 1998. "Trends in World Social Development, 1970-1995: Development Challenges for a New Century." *Journal of Developing Societies* 14(1).

Evans, Peter. 1996. "Government Action, Social Capital and Development: Reviewing the Evidence on Synergy." *World Development* 24(6): 1119-32.

———. 1999. "Transferable Lessons? Reexamining the Institutional Prerequisites of East Asian Economic Policies." En Yilmaz Akyuz, comp., *East Asian Development: New Perspectives.* Londres: Frank Cass.

Evans, Peter y James Rauch. 1999. "Bureaucracy and Growth: A Cross-National Analysis of the Effects of 'Weberian' State Structures on Economic Growth." *American Sociological Review* 64(5): 748-65.

Evenson, Robert. 2000. "Crop Genetic Improvement and Agricultural Development." Grupo Consultivo sobre Investigaciones Agrícolas Internacionales, Washington, D.C.

Fafchamps, Marcel y Bart Minten. 1999. "Social Capital and the Firm: Evidence from Agricultural Trade." Social Capital Initiative Working Paper 17. Banco Mundial, Departamento de Desarrollo Social, Washington, D.C.

Fafchamps, Marcel, Christopher Udry y Katherine Czukas. 1998. "Drought and Saving in West Africa: Are Livestock a Buffer Stock?" *Journal of Development Economics* 55: 273-305.

Fajnzylber, Pablo y Daniel Lederman. 1999. "Economic Reforms and Total Factor Productivity Growth in Latin America and the Caribbean (1950-1995): An Empirical Note." Documento de trabajo sobre investigaciones relativas a políticas de desarrollo 2114. Banco Mundial, Washington, D.C.

Fajnzylber, Pablo, Daniel Lederman y Norman Loayza. 1998. *Determinants of Crime Rates in Latin America and the World: An Empirical Assessment.* Washington, D.C.: Banco Mundial.

———. 1999. *Income Inequality and Violent Crime.* Washington, D.C.: Banco Mundial.

Falkingham, Jane. 1999. "Welfare in Transition: Trends in Poverty and Well-Being in Central Asia." Centre for the Analysis of Social Exclusion Paper 20. London School of Economics and Political Science.

Fallon, Peter y Zafiris Tzannatos. 1998. *Child Labor: Issues and Directions for the World Bank.* Washington, D.C.: Banco Mundial.

FAO (Organización de las Naciones Unidas para la Agricultura y la Alimentación). 1995. *The Effects of HIV/AIDS on Farming Systems in Eastern Africa.* Rome.

Feder, Gershon, Tongroj Onchan, Yangyuth Chalamwong y Chica Hongladarom. 1988. *Land Policies and Farm Productivity in Thailand.* Baltimore, Md.: Johns Hopkins University Press.

Federación Internacional de Sociedades de la Cruz Roja y de la Media Luna Roja. 1993. *World Disaster Report 1993.* Ginebra.

———. 1999. *World Disaster Report 1999.* Ginebra.

Fei, John C.H., Gustav Ranis y Shirley W.Y. Kuo. 1979. *Growth with Equity: The Taiwan Case.* Nueva York: Oxford University Press.

Fernández, Aloysius. 1994. *The Myrada Experience: Alternative Management Systems for Savings and Credit for the Rural Poor.* Bangalore: Myrada.

Fernández-Arias, Eduardo y Peter Montiel. 1997. *Reform and Growth in Latin America: All Pain, No Gain?* Washington, D.C.: Banco Interamericano de Desarrollo.

Ferreira, Francisco y Julia A. Litchfield. 1998. "Education or Inflation? The Roles of Structural Factors and Macroeconomic Instability in Explaining Brazilian Inequality in the 1980s." STICERD Discussion Paper 41. London School of Economics and Political Science, Suntory and Toyota International Centres for Economics and Related Disciplines.

Ferreira, Francisco y Ricardo Paes de Barros. 1999a. "Climbing a Moving Mountain: Explaining the Declining Income Inequality in Brazil from 1976 to 1996." Banco Interamericano de Desarrollo, Washington, D.C.

———. 1999b. "The Slippery Slope: Explaining the Increase in Extreme Poverty in Urban Brazil, 1976-96." Documento de trabajo sobre investigaciones relativas a políticas de desarrollo 2210. Banco Mundial, Washington, D.C.

Ferreira, Francisco, Peter Lanjouw y Marcelo Neri. 2000. "A New Poverty Profile for Brazil Using PPV, PNAD and Census Data." Texto para discussão 418. Pontifícia Universidade Católica do Rio de Janeiro, Departamento de Economia.

Feyisetan, Bamikale y Martha Ainsworth. 1996. "Contraceptive Use and the Quality, Price, and Availability of Family Planning in Nigeria." *World Bank Economic Review* 10: 159-87.

Feyzioglu, Tarhan, Vinaya Swaroop y Min Zhu. 1998. "A Panel Data Analysis of the Fungibility of Foreign Aid." *World Bank Economic Review* 12(1): 29-58.

Fields, Gary S. 1987. "Measuring Inequality Change in an Economy with Income Growth." *Journal of Development Economics* 26: 357-74.

———. 1991. "Growth and Income Distribution." En George Psacharopoulos, comp., *Essays on Poverty, Equity, and Growth.* Nueva York: Pergamon.

———. 1999. "Distribution and Development: A Summary of the Evidence for the Developing World." Documento de antecedentes para el *Informe sobre el desarrollo mundial 2000/2001.* Cornell University, Ithaca, N.Y., y Banco Mundial, Washington, D.C.

Filmer, Deon. 1999a. *Educational Attainment and Enrollment Profiles: A Resource Book Based on an Analysis of Demographic and Health Surveys Data.* Washington, D.C.: Banco Mundial.

———. 1999b. "The Structure of Social Disadvantage in Education: Gender and Wealth." Policy Research Report on Gender and Development Working Paper Series, No. 5. Banco Mundial, Washington, D.C.

Filmer, Deon y Lant Pritchett. 1998. *Educational Enrollment and Attainment in India: Household Wealth, Gender, Village and State Effects.* Washington, D.C.: Banco Mundial.

———. 1999a. "The Effect of Household Wealth on Educational Attainment: Evidence from 35 Countries." *Population and Development Review* 25(1): 85-120.

———. 1999b. "The Impact of Public Spending on Health: Does Money Matter?" *Social Science and Medicine* 49: 1309-23.

Filmer, Deon, Jeffery Hammer y Lant Pritchett. 1998. "Health Policy in Poor Countries: Weak Links in the Chain." Documento de trabajo sobre investigaciones relativas a políticas de desarrollo 1874. Banco Mundial, Washington, D.C.

Filmer, Deon, Elizabeth King y Lant Pritchett. 1999. *Gender Disparity in South Asia: Comparisons between and within Countries.* Washington, D.C.: Banco Mundial.

Filmer, Deon, Haneen Sayed, Boediono, Jiyono, Nanik Suwaryani y Bambang Indriyanto. 1998. "The Impact of Indonesia's Economic Crisis on Basic Education: Findings from a Survey of Schools." Banco Mundial, Grupo de investigaciones sobre el desarrollo, Washington, D.C.

Fine, Ben. 1999. "The Developmental State Is Dead: Long Live Social Capital?" *Development and Change* 30: 1-19.

Fiscella, Kevin y Peter Franks. 1997. "Poverty or Income Inequality as Predictor of Mortality: Longitudinal Cohort Study." *British Medical Journal* 314(7096): 1724-27.

Fisman, Raymond y Roberta Gatti. 1999. "Decentralization and Corruption: Cross-Country and Cross-State Evidence." Banco Mundial, Grupo de investigaciones sobre el desarrollo, Washington, D.C., y Columbia Business School, Nueva York.

Fiszbein, Ariel, George Psacharopoulos, Samuel Morley, Haeduck Lee y Bill Wood. 1993. "La pobreza y la distribucion de los ingresos en America Latina: Historia del decenio de 1980." Latin America and the Caribbean Technical Department Report 27. Banco Mundial, Washington, D.C.

Flanagan, Kerry. 1999. "Aging and Poverty: A Policy for the Elderly Poor." Banco Mundial, Social Protection Department, Washington, D.C.

Flegg, A. 1982. "Inequality of Income, Illiteracy y Medical Care as Determinants of Infant Mortality in Developing Countries." *Population Studies* 36(3): 441-58.

FMI (Fondo Monetario Internacional). 1995. *Estadísticas financieras internacionales.* Washington, D.C.

———. 1999. "Military Spending Continues to Stabilize: Some Countries Increase Social Spending." International Monetary Fund Survey. Washington, D.C.

———. 2000. *Informe del Director Gerente al Comité Monetario y Financiero Internacional sobre los avances en el fortalecimiento de la arquitectura del sistema financiero internacional y la reforma del FMI.* Washington, D.C.

FMI (Fondo Monetario Internacional) y AIF (Asociación Internacional de Fomento). 1999. *Aspectos operativos de los documentos de estrategia de lucha contra la pobreza.* Washington, D.C.: Asociación Internacional de Fomento.

FMI (Fondo Monetario Internacional), OCDE (Organización de Cooperación y Desarrollo Económicos), Naciones Unidas y Banco Mundial. 2000. *2000: Un mundo mejor para todos - Consecución de los objetivos de desarrollo internacional.* Washington, D.C. [www.paris21.org/betterworld/].

FNUAP (Fondo de las Naciones Unidas para Actividades en Materia de Población) y Australian National University. 1998. "South East Asian Populations in Crisis: Challenges to the Implementation of the ICPD Programme of Action." FNUAP, Nueva York.

Foley, Gerald. 1997. "Rural Electrification in Costa Rica: A Case Study." Iniciativa conjunta del Programa de las Naciones Unidas para el Desarrollo y del Programa de asistencia para la gestión del sector de energía del Banco Mundial, Washington, D.C.

Foley, Michael y Bob Edwards. 1999. "Is It Time to Disinvest in Social Capital?" *Journal of Public Policy* 19: 141-73.

Foner, Eric. 1989. *Reconstruction: America's Unfinished Revolution, 1863-1877.* Nueva York: Harper and Row.

Forbes, Kristin. De próxima aparición. "A Reassessment of the Relationship between Inequality and Growth." *American Economic Review.*

Foster, Andrew. 1995. "Prices, Credit Markets and Child Growth in Low-Income Rural Areas." *Economic Journal* 105: 551-70.

Foster, Andrew y Mark Rosenzweig. 1995. "Learning by Doing and Learning from Others: Human Capital and Technical Change in Agriculture." *Journal of Political Economy* 103(6): 1176-209.

Foster, James E. y Anthony Shorrocks. 1988. "Poverty Orderings." *Econometrica* 56(1): 173-77.

Foster, James E., Joel Greer y Erik Thorbecke. 1984. "A Class of Decomposable Poverty Measures." *Econometrica* 52(3): 761-66.

Foster, Mick. 1999. *Lessons of Experience from Sector-Wide Approaches in Health.* Geneva: World Health Organization.

Fox, Jonathan. 1992. "Democratic Rural Development: Leadership Accountability in Regional Peasant Organizations." *Development and Change* 23(2): 1-36.

———. 1995. "Governance and Rural Development in Mexico: State Intervention and Public Accountability." *Journal of Development Studies* 32: 1-30.

———. 1996. "How Does Civil Society Thicken? The Political Construction of Social Capital in Rural Mexico." *World Development* 24(6): 1089-103.

Fox, Jonathan y John Gershman. 1999. "Investing in Social Capital? Comparative Lessons from Ten Banco Mundial Rural Development Projects in Mexico and the Philippines." University of California at Santa Cruz, Department of Latin American and Latino Studies.

Frankel, Jeffrey y David Romer. 1999. "Does Trade Cause Growth?" *American Economic Review* 89: 379-99.

Frankenberg, Elizabeth, Duncan Thomas y Kathleen Beegle. 1999. "The Real Costs of Indonesia's Economic Crisis: Preliminary Findings from the Indonesia Family Life Surveys." Labor and Population Working Paper Series, No. 99-04. Rand, Santa Monica, Calif.

Freeman, Paul. 1999. "The Indivisible Face of Disaster." En Banco Mundial, *Investing in Prevention: A Special Report on Disaster Risk Management.* Washington, D.C.

Freeman, Paul y Landis MacKellar. 1999a. "Economic Impacts of Natural Disasters." Box for *Informe sobre el desarrollo mundial 2000/2001.* Banco Mundial, Washington, D.C.

———. 1999b. "Impact of Natural Disasters on Infrastructure." Box for *Informe sobre el desarrollo mundial 2000/2001.* Banco Mundial, Washington, D.C.

Freeman, Richard. 1995. "Are Your Wages Set in Beijing?" *Journal of Economic Perspectives* 9(3): 15-32.

Frigenti, Laura y Alberto Harth, con la colaboración de Rumana Huque. 1998. "Local Solutions to Regional Problems: The Growth of Social Funds and Public Works and Employment Projects in Sub-Saharan Africa." World Bank, Africa Region, Water and Urban 2 Division and Institutional and Social Policy Division, Washington, D.C.

Fukuyama, Francis. 1992. *El fin de la historia y el último hombre.* Barcelona: Planeta.

———. 1995. *Trust: The Social Virtues and the Creation of Prosperity.* Nueva York: Free Press.

Funaro-Curtis, Rita. 1982. *Natural Disasters and the Development Process: A Discussion of Issues.* Arlington, Va.: Evaluation Technologies.

Gaiha, Raghav y Anil Deolalikar. 1993. "Persistent, Expected and Innate Poverty: Estimates for Semi-arid Rural South India, 1975-1984." *Cambridge Journal of Economics* 17(4): 409-21.

Galanter, Marc. 1972. "The Abolition of Disabilities: Untouchability and the Law." En Michael Mahar, comp., *The Untouchables in Contemporary India.* Tucson: University of Arizona Press.

Galasso, Emanuela y Martin Ravallion. 2000. "Distributional Outcomes of a Decentralized Welfare Program." Documento de trabajo sobre investigaciones relativas a políticas de desarrollo 2316. Banco Mundial, Washington, D.C.

Galeotti, Marzio y Alessandro Lanza. 1999. "Desperately Seeking (Environmental) Kuznets." Working paper. Fondazione Eni Enrico Mattei, Milan.

Gallup, John Luke. 1997. "Ethnicity and Earnings in Malaysia." Discussion Paper 593. Harvard Institute for International Development, Cambridge, Mass.

Gallup, John Luke, Steven Radelet y Andrew Warner. 1998. "Economic Growth and the Income of the Poor." Harvard Institute for International Development, Cambridge, Mass.

Gallup, John Luke, Jeffrey Sachs y Andrew Mellinger. 1999. "Geography and Economic Development." *International Regional Science Review* 22(2): 179-232.

Gardner, L. Bruce. 1995. "Policy Reform in Agriculture: An Assessment of the Results of Eight Countries." University of Maryland, Department of Agricultural and Resource Economics, College Park.

Garro, Alejandro. 1999. "Access to Justice for the Poor in Latin America." En Juan E. Mendez, Guillermo O'Donnell y Paulo Sergio Pinheiro, comps., *The (Un)Rule of Law and the Underprivileged in Latin America.* Notre Dame, Ind.: University of Notre Dame.

Gatti, Roberta. 1999. "Corruption and Trade Tariffs, or a Case for Uniform Tariffs." Documento de trabajo sobre investigaciones relativas a políticas de desarrollo 2216. Banco Mundial, Washington, D.C.

Gaynor, Cathy. 1996. "Decentralization of Primary Education: Implications at School and Community Level—The Case of Nigeria and Tanzania." Banco Mundial, Instituto de Desarrollo Económico, Washington, D.C.

———. 1998. *Decentralization of Education: Teacher Management.* Serie Tendencias del Desarrollo. Washington, D.C.: Banco Mundial.

Gereffi, Gary y Martha Argelia Martinez. 1999. "Blue Jeans and Local Linkages: The Blue Jeans Boom in Torreón, Mexico." Documento de antecedentes para el *Informe sobre el desarrollo mundial 2000/2001*. Banco Mundial, Washington, D.C.

German, Tony y Judith Randel. 1998. "Targeting the End of Absolute Poverty: Trends in Development Cooperation." En Judith Randel y Tony German, comps., *The Reality of Aid, 1998/1999: An Independent Review of Poverty Reduction and Development Assistance*. Londres: Earthscan.

Gertler, Paul. 2000. "Insuring the Economic Costs of Illness." En Nora Lustig, comp., *Shielding the Poor: Social Protection in the Developing World*. Washington, D.C.: Brookings Institution y Banco Interamericano de Desarrollo.

Gertler, Paul y Paul Glewwe. 1989. *The Willingness to Pay for Education in Developing Countries: Evidence from Rural Peru*. Estudio de medición de los niveles de vida. Documento de trabajo No. 54. Washington, D.C.: Banco Mundial.

Gertler, Paul y Jonathan Gruber. 1997. "Insuring Consumption against Illness." NBER Working Paper 6035. National Bureau of Economic Research, Cambridge, Mass.

Gertler, Paul y Jeffrey Hammer. 1997. "Policies for Pricing Publicly Provided Health Services." Documento de trabajo sobre investigaciones relativas a políticas de desarrollo 1762. Banco Mundial, Washington, D.C.

Gertler, Paul y Orville Solon. 1998. "Who Benefits from Social Health Insurance in Low-Income Countries?" University of California at Berkeley, Haas School of Business.

Gertler, Paul y Jacques van der Gaag. 1990. *The Willingness to Pay for Medical Care: Evidence from Two Developing Countries*. Baltimore, Md.: Johns Hopkins University Press.

Ghana Statistical Service. 1999. "Poverty Trends in Ghana in the 1990s." Report prepared by government of Ghana for the tenth consultative group meeting, 23-24 de noviembre, Accra.

Ghatak, Maitreesh. 1999. "Group Lending, Local Information and Peer Selection." *Journal of Development Economics* 60(1): 27-50.

Gibbs, Christopher, Claudia Fumo y Thomas Kuby. 1999. *Nongovernmental Organizations in World Bank-Supported Projects: A Review*. Washington, D.C.: Banco Mundial.

Gilbert, Alan. 1998a. "A Home Is for Ever? Residential Mobility and Home Ownership in Self-Help Settlements." *Environment and Planning* 31(6): 1073-91.

———. 1998b. "Market Efficiency and the Secondary Housing Market in Third World Cities." Report for U.K. Department for International Development. Londres.

Gilbert, Alan, Oscar O. Camacho, Rene Coulomb y Andres Necochea. 1993. *In Search of a Home: Rental and Shared Housing in Latin America*. Tucson: University of Arizona Press.

Gilson, Lucy. 1998. "The Lessons of User Fee Experience in Africa." En Alison Beattie, Jan Doherty, Lucy Gilson, Eyitayo Lambo y Paul Shaw, comps., *Sustainable Health Care Financing in Southern Africa: Papers from an EDI Health Policy Seminar held in Johannesburg, South Africa, June 1996*. Washington, D.C.: Banco Mundial.

Girishankar, Navin. 1999a. "Reforming Institutions for Service Delivery." Documento de trabajo sobre investigaciones relativas a políticas de desarrollo 2039. Banco Mundial, Washington, D.C.

———. 1999b. "Securing the Public Interest under Pluralistic Institutional Design." Banco Mundial, Departamento de Evaluación de Operaciones, Washington, D.C.

Girishankar, Navin y Nicholas P. Manning. 1999. "Toolkit for Assessing Constraints on Frontline Delivery in Decentralized Settings." Banco Mundial, Red sobre Reducción de la Pobreza y Gestión Económica, Washington, D.C.

Gittell, Ross y Avis Vidal. 1998. *Community Organizing: Building Social Capital as a Development Strategy*. Newbury Park, Calif.: Sage.

Glaeser, Edward, David Laibson y Bruce Sacerdote. 2000. "The Economic Approach to Social Capital." NBER Working Paper 7728. National Bureau of Economic Research, Cambridge, Mass.

Glewwe, Paul. 1991. "Investigating the Determinants of Household Welfare in Côte d'Ivoire." *Journal of Development Economics* 35: 307-37.

Glewwe, Paul y Dennis de Tray. 1989. *The Poor in Latin America during Adjustment: A Case Study of Peru*. Estudio de medición de los niveles de vida. Documento de trabajo No. 56. Washington, D.C.: Banco Mundial.

Glewwe, Paul y Gilette Hall. 1998. "Are Some Groups More Vulnerable to Macroeconomic Shocks than Others? Hypothesis Tests Based on Panel Data from Peru." *Journal of Development Economics* 56: 181-206.

Glewwe, Paul, Michele Gragnolati y Hassan Zaman. 2000. "Who Gained from Vietnam's Boom in the 1990s? An Analysis of Poverty and Inequality Trends." Documento de trabajo sobre investigaciones relativas a políticas de desarrollo 2275. Banco Mundial, Washington, D.C.

Gokcekus, Omer, Ranjana Mukherjee y Nick Manning. 2000. "Institutional Arrangements Affect Performance." Banco Mundial, Red sobre Reducción de la Pobreza y Gestión Económica, Washington, D.C.

Goldstein, Anne. 1999. "Thinking Outside Pandora's Box." Documento de antecedentes para el Informe del Banco Mundial sobre investigaciones relativas a las políticas de desarrollo *EnGendering Development*. Banco Mundial, Washington, D.C.

Goldstein, Morris, Graciela Kaminsky y Carmen Reinhart. 2000. *Assessing Financial Vulnerability: An Early Warning System for Emerging Markets*. Washington, D.C.: Institute for International Economics.

Gonzales de Olarte, Efraín y Pilar Gavilano Llosa. 1999. "¿Es la pobreza una causa de violencia doméstica? Respuestas de Lima." En Andrew Morrison y María Loreto Biehl, comps., *El costo del silencio: violencia doméstica en las Américas*. Washington, D.C.: Banco Interamericano de Desarrollo

Goodin, Robert E., Bruce Headey, Ruud Muffels y Henk-Jan Dirven. 1999. *The Real Worlds of Welfare Capitalism*. Cambridge: Cambridge University Press.

Goody, Jack. 1976. *Production and Reproduction: A Comparative Study of the Domestic Domain*. Cambridge: Cambridge University Press.

———. 1990. *The Oriental, the Ancient and the Primitive: Systems of Marriage and the Family in the Pre-industrial Societies of Eurasia*. Cambridge: Cambridge University Press.

Gopal, Gita. 1999. *Gender-Related Legal Reform and Access to Economic Resources in Eastern Africa.* Documento para discusión del Banco Mundial 405. Washington, D.C.

Gragnolati, Michele. 1999. "Children's Growth and Poverty in Rural Guatemala." Documento de trabajo sobre investigaciones relativas a políticas de desarrollo 2193. Banco Mundial, Washington, D.C.

Graham, Carol. 1992. "Politics of Protecting the Poor during Adjustment: Bolivia's Emergency Social Fund." *World Development* 20: 1233-51.

———. 1994. *Safety Nets, Politics, and the Poor: Transitions to Market Economies.* Washington, D.C.: Brookings Institution.

———. 1996. *Gender Issues in Poverty Alleviation: Recent Experiences with Demand-Based Programs in Latin America, Africa and Eastern Europe.* Departamento de Desarrollo y Cooperación Técnica. Ginebra: Oficina Internacional del Trabajo.

Grandin, Barbara y P. Lembuya. 1992. "Amboseli National Park, the Surrounding Group Ranches and Community Conservation." Fundación Africana de la Fauna y Flora Silvestres, Nairobi.

Grandvoinnet, Helene. 2000. "Rule of Law and Poverty Reduction: Some Issues." En Asbjørn Kjønstad y Peter Robson, comps., *Poverty and Law.* Londres: Hart.

Grandvoinnet, Helene y Pauline Tamesis. 2000. "Fighting Corruption: The Case of the Philippines." En Helene Grandvoinnet, Irene Hors y Pauline Tamesis, comps., *Fighting Corruption: Comparative Country Case Studies in Five Developing Countries.* París: Organización de Cooperación y Desarrollo Económicos, Centro de Desarrollo, y Programa de las Naciones Unidas para el Desarrollo.

Granovetter, Mark. 1994. "Business Groups." En Neil Smelser y Richard Swedberg, comps., *The Handbook of Economic Sociology.* Princeton, N.J.: Princeton University Press.

Gray, Cheryl y Daniel Kaufmann. 1998. "Corrupción y desarrollo." *Finanzas & Desarrollo* 35(1): 7-10.

Gray, Leslie, y Michael Kevane. 1996. *Land Tenure Status of African Women.* Washington, D.C.: Banco Mundial.

Gray, William, Christopher Landsea, Paul Mielke, y Kenneth Berry. 1999. "Summary of 1999 Atlantic Tropical Cyclone Activity and Verification of Author's Seasonal Activity Prediction." Colorado State University, Atmospheric Science Faculty, Fort Collins.

Greenland, David J. 1997. "International Agricultural Research and the CGIAR System: Past, Present, and Future." *Journal of International Development* 9: 449-58.

Greenwald, Bruce C. y Joseph E. Stiglitz. 1990. "Asymmetric Information and the New Theory of the Firm: Financial Constraints and Risk Behavior." NBER Working Paper 3359. National Bureau of Economic Research, Cambridge, Mass.

Greif, Avner. 1994. "Cultural Beliefs and the Organization of Society: A Historical and Theoretical Reflection on Collectivist and Individualist Societies." *Journal of Political Economy* 102: 912-50.

Grimard, Franque. 1997. "Household Consumption Smoothing through Ethnic Ties: Evidence from Côte d'Ivoire." *Journal of Development Economics* 53: 391-422.

Grindle, Merilee. 1996. *Challenging the State: Crisis and Innovation in Latin America and Africa.* Nueva York: Cambridge University Press.

———. 1997. *Getting Good Government: Capacity Building in the Public Sectors of Developing Countries.* Cambridge, Mass.: Harvard University Press.

Grootaert, Christiaan. 1997. "Social Capital: The Missing Link?" En Banco Mundial, *Expanding the Measure of Wealth: Indicators of Environmentally Sustainable Development.* Washington, D.C.

———. 1998. "Child Labor in Côte d'Ivoire: Incidence and Determinants." Documento de trabajo sobre investigaciones relativas a políticas de desarrollo 1905. Banco Mundial,Washington, D.C.

———. 1999a. "Does Social Capital Help the Poor? A Synthesis of Findings from the Local Level Institutions Studies in Bolivia, Burkina Faso and Indonesia." Banco Mundial, Departamento de Desarrollo Social, Washington, D.C.

———. 1999b. "Social Capital, Household Welfare and Poverty in Indonesia." Local Level Institutions Working Paper 6. Banco Mundial, Departamento de Desarrollo Social, Washington, D.C.

Grootaert, Christiaan y Jeanine Braithwaite. 1998. "Poverty Correlates and Indicator-Based Targeting in Eastern Europe and the Former Soviet Union." Documento de trabajo sobre investigaciones relativas a políticas de desarrollo 1942. Banco Mundial,Washington, D.C.

Grootaert, Christiaan y Ravi Kanbur. 1995a. "Child Labor: A Review." Documento de trabajo sobre investigaciones relativas a políticas de desarrollo 1454. Banco Mundial, Washington, D.C.

———. 1995b. "The Lucky Few amidst Economic Decline: Distributional Change in Côte d'Ivoire as Seen through Panel Data Sets." *Journal of Development Studies* 31(4): 603-19.

Grootaert, Christiaan y Deepa Narayan. 2000. "Local Institutions, Poverty and Household Welfare in Bolivia." Local Level Institutions Working Paper 9. Banco Mundial, Departamento de Desarrollo Social, Washington, D.C.

Grootaert, Christiaan y Harry Anthony Patrinos, comps. 1999. *The Policy Analysis of Child Labor: A Comparative Study.* Nueva York: St. Martin's.

Grootaert, Christiaan, Ravi Kanbur y Gi-Taik Oh. 1997. "The Dynamics of Welfare Gains and Losses: An African Case Study." *Journal of Development Studies* 33(5): 635-57.

Grootaert, Christiaan, Gi-Taik Oh y Anand Swamy. 1999. "Social Capital and Development Outcomes in Burkina Faso." Local Level Institutions Working Paper 7. Banco Mundial, Departamento de Desarrollo Social, Washington, D.C.

Grosh, Margaret. 1994. *Administering Targeted Social Programs in Latin America: From Platitudes to Practice.* Estudios regionales y sectoriales del Banco Mundial. Washington, D.C.: Banco Mundial.

Grosh, Margaret y Paul Glewwe, comps. 2000. *Designing Household Survey Questionnaires for Developing Countries:Lessons from 15 Years of the Living Standards Measurement Study.* Washington, D.C.: Banco Mundial.

Grupo de estudio mixto Secretaría del Commonwealth/Banco Mundial sobre los pequeños Estados. 2000. "Pequeños Estados: respuesta a los desafíos de la globalización de la economía." Washington, D.C.

Grupo internacional de trabajo sobre la administración de los riesgos relativos a los productos básicos en los países en desarrollo. 1999. "Cómo abordar la inestabilidad del precio de los productos básicos en los países en desarrollo: propuesta basada en técnicas de mercado." Banco Mundial, Washington, D.C.

Guillaumont, Patrick y Lisa Chauvet. 1999. *Aid and Performance: A Reassessment.* Clermant-Ferrand: Clermont-Ferrand. Centre d'Études et de Recherches sur le Développement International.

Guillaumont, Patrick, Sylviane Guillaumont Jeanneney y Jean-François Brun. 1999. "How Instability Lowers African Growth." *Journal of African Economies* 8(1): 87-107.

Gupta, Dipankar, comp. 1991. *Social Stratification.* Nueva Delhi: Oxford University Press.

Gupta, Sanjeev, Hamid Davoodi y Rosa Alonso-Terme. 1998. "Does Corruption Affect Income Inequality and Poverty?" Documento de Trabajo del FMI 98/76. Fondo Monetario Internacional, Washington, D.C.

Gupta, Sanjeev, Jerald Schiff y Benedict Clements. 1996. "Worldwide Military Spending, 1990-95." Documento de Trabajo del FMI 96/64. Fondo Monetario Internacional, Washington, D.C.

———. 1998. "Gasto público en desarrollo humano." Finanzas & Desarrollo 35(3): 10-13.

Gupta, Sanjeev, Calvin McDonald, Christian Schiller, Marijin Verhoeven, Želco Bogetić y G. Schwartz. 1998. "Mitigating the Social Cost of the Economic Crisis and the Reform Programs in Asia." Documento del FMI sobre análisis y evaluación de políticas económicas 98/7. Fondo Monetario Internacional, Washington, D.C.

Gurr, Ted Robert, Barbara Harff, Monty G. Marshall y James R. Scarritt. 1993. *Minorities at Risk: A Global View of Ethnopolitical Conflicts.* Washington, D.C.: Institute of Peace Press.

Gwatkin, Davidson R., Michel Guillot y Patrick Heuveline. 2000. *The Burden of Disease among the Global Poor: Current Situation, Future Trends, and Implications for Strategy.* Washington, D.C.: Banco Mundial.

Gwatkin, Davidson R., Shea Rutstein, Kiersten Johnson, Rohini Pande y Adam Wagstaff. 2000. *Socioeconomic Differences in Health, Nutrition and Population.* Washington, D.C.: Banco Mundial. [www.worldbank.org/poverty/health/data/index.htm].

Haan, Hans Christian, Adrian Coad e Inge Lardinois. 1998. *Municipal Solid Waste Management: Involving Micro and Small Enterprises.* Turín: Oficina Internacional del Trabajo.

Haddad, Lawrence y Ravi Kanbur. 1990. "Are Better-off Households More Unequal or Less Unequal?" Policy Research and External Affairs Working Paper 373. Banco Mundial, Washington, D.C.

Haddad, Lawrence y Thomas Reardon. 1993. "Gender Bias in the Allocation of Resources within Households in Burkina Faso: A Disaggregated Outlay Equivalent Analysis." *Journal of Development Studies* 29(2): 260-76.

Haddad, Lawrence, Marie J. Ruel y James L. Garrett. 1999. "Are Urban Poverty and Undernutrition Growing? Some Newly Assembled Evidence." Documento de discusión, División de Consumo de Alimentos y Nutrición 63. Instituto Internacional de Investigaciones sobre Políticas Alimentarias, Washington, D.C.

Haggard, Stephan. 1998. "Institutions and Growth in Korea and Taiwan: The Bureaucracy." *Journal of Development Studies* 34: 87-111.

Haggard, Stephan y Steven B. Webb. 1993. "What Do We Know about the Political Economy of Economic Policy Reform?" *World Bank Research Observer* 8(2): 143-68.

Haggard, Stephan, Eliza Willis y Christopher da C.B. Garman. 1999. "Politics of Decentralization in Latin America." *Latin American Research Review* 34(1): 7-56.

Hallberg, Kristin. 1999. *Small and Medium-Scale Enterprises: A Framework for Intervention.* Washington, D.C.: Banco Mundial.

Haltiwanger, John y Manisha Singh. 1999. "Cross-Country Evidence on Public Sector Retrenchment." *World Bank Economic Review* 13(1): 23-66.

Haltiwanger, John y Milan Vodopivec. 1999. "Gross Worker and Job Flows in a Transition Economy: An Analysis of Estonia." Documento de trabajo sobre investigaciones relativas a políticas de desarrollo 2082. Banco Mundial, Washington, D.C.

Hammer, Jeffrey. 1997. "Economic Analysis for Health Projects." *World Bank Research Observer* 12(1): 47-72.

Hamoudi, Amar y Jeffrey Sachs. 1999. "Economic Consequences of Health Status: A Review of Evidence." Harvard University, Center for International Development, Cambridge, Mass.

Hanmer, Lucia. 1994. "What Happens to Welfare When User Fees Finance Health Care? The Impact of Gender on Policy Outcomes: Theory and Evidence from Zimbabwe." Institute of Social Studies Working Paper Series, No. 180. La Haya, Países Bajos.

Hanmer, Lucia y Felix Naschold. 1999. "Are the International Development Targets Attainable?" Overseas Development Institute, Portland House, Londres.

Hansen, Henrik y Finn Tarp. 2000. "Aid Effectiveness Disputed." En Finn Tarp, comp., *Foreign Aid and Development: Lessons Learnt and Directions for the Future.* Londres: Routledge.

Hanson, Gordon y Ann Harrison. 1999. "Trade and Wage Inequality in Mexico." *Industrial and Labor Relations Review 52(2): 271-88.*

Hanushek, Eric y Dennis D. Kimko. De próxima aparición. "Schooling, Labor Force Quality and the Growth of Nations." *American Economic Review.*

Haque, Nadeem Ul y Jahangir Aziz. 1997. "The Quality of Governance: 'Second Generation' Civil Service Reform in Africa." *Journal of African Economics* 8(1): 68-106.

Haque, Nadeem Ul y Ali Khan. 1997. "Institutional Development: Skill Transference through a Reversal of 'Human Capital Flight' or Technical Assistance." Documento de Trabajo del FMI 97/89. Fondo Monetario Internacional, Washington, D.C.

Harberger, Arnold. 1998. "A Vision of the Growth Process." *American Economic Review* 88: 1-32.

Harrison, Ann y Gordon Hanson. 1999. "Who Gains from Trade Reform? Some Remaining Puzzles." NBER Working Paper 6915. National Bureau of Economic Research, Cambridge, Mass.

Harriss, John. 1999. "How Much Difference Does Politics Make? Regime Differences across Indian States and Rural Poverty Reduction." London School of Economics and Political Science.

Harriss, John, Janet Hunter y Colin M. Lewis. 1995. *The New Institutional Economics and Third World Development.* Londres: Routledge.

Harris-White, Barbara. 1996. "The Political Economy of Disability and Development, with Special Reference to India." United Nations Research Institute for Social Development Discussion Paper 73. Ginebra.

Harrold, Peter y asociados. 1995. *The Broad Sector Approach to Investment Lending: Sector Investment Programs.* Documento para discusión del Banco Mundial 302. Washington, D.C.

Harvey, Pharis J., Terry Collingsworth y Bama Athreya. 1998. "Developing Effective Mechanisms for Implementing Labor Rights in the Global Economy." *International Labor Rights Fund,* Washington, D.C.

Hashemi, Syed M. y Sidney R. Schuler. 1997. "Sustainable Banking with the Poor: A Case Study of the Grameen Bank." John Snow Inc. Research and Training Institute Working Paper 10. Arlington, Va.

Hausmann, Ricardo y Michael Gavin. 1995. "Overcoming Volatility in Latin America." Seminar Series, 95-34. Fondo Monetario Internacional, Washington, D.C.

Heath, Julia A. 1998. "The Financing and Provisioning of Education and Health Services in Developing Countries: A Review Article." *Economics of Education Review* 17(3): 359-62.

Heggie, Ian G. y Piers Vickers. 1998. *Commercial Management and Financing of Roads*. Documento técnico del Banco Mundial 409. Washington, D.C.

Helleiner, Gerry K. 2000a. "Developing Countries in Global Economic Governance and Negotiation Processes." Documento preparado para el proyecto del Instituto Mundial de Investigaciones de Economía del Desarrollo sobre nuevos cometidos y funciones de las Naciones Unidas y las Instituciones Bretton Woods. University of Toronto, Department of Economics.

———. 2000b. "External Conditionality, Local Ownership y Development." En Jim Freedman, comp., *Transforming Development*. Toronto: University of Toronto Press.

Heller, Patrick. 1996. "Social Capital as a Product of Class Mobilization and State Intervention: Industrial Workers in Kerala, India." *World Development* 24(6): 1055-71.

Hellman, Joel, Geraint Jones, Daniel Kaufmann y Mark Schankerman. 2000. "Measuring Governance, Corruption, and State Capture: How Firms and Bureaucrats Shape the Business Environment in Transition Economies." Documento de trabajo sobre investigaciones relativas a políticas de desarrollo 2312. Instituto del Banco Mundial, Gestión Pública, Reglamentación y Finanzas, y Banco Europeo de Reconstrucción y Fomento, Oficina del Economista Jefe, Washington, D.C.

Hentschel, Jesko y Jesse Bump. 2000. "Urban Income Poverty: Some Cross-Country Comparisons." Banco Mundial, Grupo sobre la Pobreza, Washington, D.C.

Herbst, Jeffrey. 1999. "The Role of Citizenship Laws in Multiethnic Societies: Evidence from Africa." En Richard Joseph, comp., *State, Conflict and Democracy in Africa*. Boulder, Colo.: Lynne Rienner.

Herrera, Javier. 1999. *Dynamique de la pauvreté et de l'inegalité au Perou, 1997-1998*. París: Institute for Resource Development/DIAL.

Herring, Ronald J. 1999. "Political Conditions for Agrarian Reform and Poverty Alleviation." Documento de antecedentes para el *Informe sobre el desarrollo mundial 2000/2001*. Banco Mundial, Washington, D.C.

Herring, Ronald J. y Rex Edwards. 1983. "Guaranteeing Employment to the Rural Poor: Social Functions and Class Interests in Employment Guarantee Schemes in Western India." *World Development* 11: 575-92.

Hertel, Thomas y Will Martin. 1999a. "Developing Country Interests in Liberalizing Manufactures Trade." Purdue University, Agricultural Economics Department, West Lafayette, Ind., y Banco Mundial, Washington, D.C.

———. 1999b. "Would Developing Countries Gain from Inclusion of Manufactures in the WTO Negotiations?" Documento presentado en la Conferencia de la OMC/Banco Mundial sobre Países en Desarrollo en la Ronda del Milenio.

Herzog, Henry W. 1997. "Ethnicity and Job Tenure in a Segmented Labour Market: The Case for New Zealand." *Australian Economic Review* 30(2): 167-84.

Hicks, David. 1993. *An Evaluation of the Zimbabwe Drought Relief Program, 1992-1993: The Roles of Household-Level Response and Decentralized Decision Making*. Harare: Programa Mundial de Alimentos.

Hicks, Norman y Quentin Wodon. 2000. "Economic Shocks, Safety Nets y Fiscal Constraints: Social Protection for the Poor in Latin America." XII Seminario Regional de Politica Fiscal: Compendio de Documentos 2000, Comisión Económica para América Latina y el Caribe, Naciones Unidas, Santiago.

Hill, Anne y Elizabeth King. 1995. "Women's Education and Economic Well-Being." *Feminist Economics* 1(2): 1-26.

Hino, Toshiko. 1993. "Community Participation in 'Programme de restructuration de l'hydraulique villageoise' in Côte d'Ivoire." Banco Mundial, Washington, D.C.

Hirsch, Aaron. 1999. "Report on the Internet Center in Wa, Northern Ghana." Banco Mundial, Washington, D.C.

Hirschman, Albert. 1968. *Journeys toward Progress: Studies of Economic Policy-Making in Latin America*. Nueva York: Greenwood.

———.1986. *Avance en colectividad: experimentos populares en la América Latina*. México: Fondo de Cultura Económica.

Hobcraft, John. 1993. "Women's Education, Child Welfare and Child Survival: A Review of the Evidence." *Health Transition Review* 3: 159-75.

Hoddinott, John y Lawrence Haddad. 1995. "Does Female Income Share Influence Household Expenditures? Evidence from Côte d'Ivoire." *Oxford Bulletin of Economics and Statistics* 57(1): 77-96.

Hoddinott, John y Bill Kinsey. 1998. "Child Growth in the Time of Drought." Instituto Internacional de Investigaciones sobre Políticas Alimentarias, Washington, D.C.

———. 2000. "Adult Health in Time of Drought." Documento de discusión, División de Consumo de Alimentos y Nutrición 79. Instituto Internacional de Investigaciones sobre Políticas Alimentarias, Washington, D.C.

Hoff, Karla, Avishay Braverman y Joseph E. Stiglitz, comps. 1993. *The Economics of Rural Organization: Theory, Practice, and Policy*. Nueva York: Oxford University Press.

Holzer, Harry y David Neumark. 1999. "Assessing Affirmative Action." NBER Working Paper 7323. National Bureau of Economic Research, Cambridge, Mass.

Holzmann, Robert y Steen Lau Jorgensen. 1999. "Social Protection as Social Risk Management: Conceptual Understandings for the Social Protection Sector Strategy Paper." Social Protection Discussion Paper 9904. Banco Mundial, Washington, D.C.

———. 2000. "Social Risk Management: A New Conceptual Framework for Social Protection and Beyond." Social Protection Discussion Paper 0006. Banco Mundial, Red sobre desarrollo humano, Washington, D.C.

Holzmann, Robert, Truman Packard y Jose Cuesta. 1999. "Extending Coverage in Multipillar Pension Systems: Constraints and Hypotheses, Preliminary Evidence and Future Research Agenda." Documento presentado en la Conferencia del Banco Mundial sobre nuevas ideas acerca de la seguridad para los ancianos, 14-15 de septiembre, Washington, D.C.

Hopenhayn, Hugo y Juan Pablo Nicolini. 1999. "Heterogeneity and Optimal Unemployment Insurance." Documento presentado en la Conferencia sobre Protección Social y Pobreza, Banco Interamericano de Desarrollo, febrero, Washington D.C.

Horowitz, Donald. 1999. "Structure and Strategy in Ethnic Conflict: A Few Steps toward Synthesis." En Boris Pleskovic y Joseph E. Stiglitz, comps., *Annual World Bank Conference on Development Economics 1998.* Washington, D.C.: Banco Mundial.

Horton, Sue y Dipak Mazumdar. 1999. "Vulnerable Groups and Labor: The Aftermath of the Asian Financial Crisis." Documento presentado en el Seminario del Banco Mundial y la Organización Internacional del Trabajo sobre crisis económica, empleo y mercados de trabajo en Asia oriental y sudoriental.

Hossain, Mahabub. 1988. "Credit for Alleviation of Rural Poverty: The Grameen Bank of Bangladesh." Informe de investigaciones No. 65. Instituto Internacional de Investigaciones sobre Políticas Alimentarias, Washington, D.C.

Hossain, Naomi y Mick Moore, con la colaboración de Noushin Kalati, James Manor y Elisa Reis. 1999. "Elites, Poverty and Development." Documento de antecedentes para el *Informe sobre el desarrollo mundial 2000/2001.* Banco Mundial, Washington, D.C.

Hotchkiss, David. 1993. "The Role of Quality in the Demand for Health Care in Cebu, Philippines." University of North Carolina, Department of Economics, Chapel Hill.

Houtzager, Peter P. y Jonathan Pattenden. 1999. "Finding the Shape of the Mountain: When 'the Poor' Set the Agenda." Documento de antecedentes para el *Informe sobre el desarrollo mundial 2000/2001.* U.K. Department for International Development, Londres, y Banco Mundial, Washington, D.C.

Hoy, M. y Emmanuel Jimenez. 1997. "The Impact on the Urban Environment of Incomplete Property Rights." Banco Mundial, Grupo de investigaciones sobre el desarrollo, Washington, D.C.

Hsiao, William. 1995. "The Chinese Health Care System: Lessons for Other Nations." *Social Science and Medicine* 41(8): 1047-55.

Hulme, David y Paul Mosley. 1996. *Finance against Poverty.* Nueva York: Routledge.

Humana, Charles. 1992. *World Human Rights Guide.* Nueva York: Oxford University Press.

Humplick, Frannie y Azadeh Moini-Araghi. 1996a. "Decentralized Structures for Providing Roads." Documento de trabajo sobre investigaciones relativas a políticas de desarrollo 1658. Banco Mundial, Washington, D.C.

———. 1996b. "Is There an Optimal Structure for Decentralized Provision of Roads?" Documento de trabajo sobre investigaciones relativas a políticas de desarrollo 1657. Banco Mundial, Washington, D.C.

Huntington, Samuel y Joan Nelson. 1976. *No Easy Choice: Political Participation in Developing Countries.* Cambridge, Mass.: Harvard University Press.

Hutchinson, Paul. De próxima aparición. "Combating Illness." En Ritva Reinikka y Paul Collier, comps., *Uganda's Recovery: The Role of Farms, Firms and Government.* Washington, D.C.: Banco Mundial.

Imber, Mark. 1996. "The Environment and the United Nations." En John Vogler y Mark Imber, comps., *The Environment and International Relations.* Londres: Routledge.

INADES Formation Tchad. 1999. "Synthèse de la consultation de la Banque Mondiale sur la pauvreté au Tchad." Documento de antecedentes para el *Informe sobre el desarrollo mundial 2000/2001.* Banco Mundial, Washington, D.C.

Independent Review Team of Zambia's Health Sector. 1997. *Comprehensive Review of the Zambian Health Reforms. Vol. 1, Main Report.* Ginebra: Organización Mundial de la Salud.

Independent Task Force. 1999. *Safeguarding Prosperity in a Global Financial System: The Future International Financial Architecture.* Patrocinado por el Consejo de Relaciones Exteriores. Washington, D.C.: Institute for International Economics.

INEGI (Instituto Nacional de Estadistíca, Geografía e Informática). 1992. *Encuesta nacional de ingresos y gastos de los hogares 1992.* México, D.F.

———. 1994. *Encuesta nacional de ingresos y gastos de los hogares 1994.* México, D.F.

———. 1996. *Encuesta nacional de ingresos y gastos de los hogares 1996.* México, D.F.

Instituto Internacional para el Medio Ambiente y el Desarrollo. 1992. "Special Issue on Applications of Wealth Ranking." Rapid Rural Appraisal Note 15. Londres.

Instituto Nacional de Estadística y Censos. 1998. *Encuesta de condiciones de vida.* Quito (Ecuador).

Instituto Nacional de Estadística y Censos, Argentina. 1991. "Census." [www.indec.mecon.ar/default.htm].

IRIS (Center for Institutional Reform and the Informal Sector) y USAID (Agencia de los Estados Unidos para el Desarrollo Internacional). 1996. *Governance and the Economy in Africa: Tools for Analysis and Reform of Corruption.* Washington, D.C.: USAID.

Irwin, Timothy. 1997. "Price Structures, Cross-Subsidies and Competition in Infrastructure." Viewpoint 108. Banco Mundial, Red sobre finanzas, sector privado e infraestructura, Washington, D.C.

Isham, Jonathan. 1999. "The Effect of Social Capital on Technology Adoption: Evidence from Rural Tanzania." Documento presentado en la reunión anual de la Asociación Económica Americana, enero, Nueva York.

Isham, Jonathan y Daniel Kaufmann. 1999. "The Forgotten Rationale for Policy Reform: The Productivity of Investment Projects." *Quarterly Journal of Economics* 114(1): 149-84.

Isham, Jonathan, Deepa Narayan y Lant Pritchett. 1995. "Does Participation Improve Performance? Establishing Causality with Subjective Data." *World Bank Economic Review* 9(2): 175-200.

Izaguirre, Ada Karina. 1999. "Private Participation in Telecommunications: Recent Trends." Viewpoint 204. Banco Mundial, Red sobre finanzas, sector privado e infraestructura, Washington, D.C.

Jacoby, Hanan G. y Emmanuel Skoufias. 1997. "Risk, Financial Markets and Human Capital in a Developing Country." *Review of Economic Studies* 64(3): 311-35.

Jalan, Jyotsna y Martin Ravallion. 1997a. "Are the Poor Less Well Insured? Evidence on Vulnerability to Income Risk in Rural China." *Journal of Development Economics* 58: 61-81.

———. 1997b. "Spatial Poverty Traps?" Documento de trabajo sobre investigaciones relativas a políticas de desarrollo 1862. Banco Mundial, Washington, D.C.

———. 1998a. "Behavioral Responses to Risk in Rural China." Documento de trabajo sobre investigaciones relativas a políticas de desarrollo 1978. Banco Mundial, Washington, D.C.

———. 1998b. "Determinants of Transient and Chronic Poverty: Evidence from Rural China." Documento de trabajo sobre investigaciones relativas a políticas de desarrollo 1936. Banco Mundial, Washington, D.C.

———. 1999a. "China's Lagging Poor Areas." *American Economic Review* 89: 301-05.

———. 1999b. *Do Transient and Chronic Poverty in Rural China Share Common Causes?* Washington, D.C.: Banco Mundial.

———. 1999c. "Income Gains to the Poor from Workfare: Estimates for Argentina's Trabajar Program." Documento de trabajo sobre investigaciones relativas a políticas de desarrollo 2149. Banco Mundial, Washington, D.C.

James, Estelle. 2000. "Old-Age Protection for the Uninsured: What Are the Issues?" En Nora Lustig, comp., *Shielding the Poor: Social Protection in the Developing World.* Washington, D.C.: Brookings Institution y Banco Interamericano de Desarrollo.

Jamison, Dean T., Julio Frenk y Felicia Knaul. 1998. "International Collective Action in Health: Objectives, Functions, and Rationale." *Lancet* 351: 514-17.

Jamison, Dean T., Jia Wang, Kenneth Hill y Juan-Luis Londoño. 1996. "Income, Mortality and Fertility Control in Latin America: Country-Level Performance, 1960-90." Banco Mundial, Oficina Regional de América Latina y el Caribe, Washington, D.C.

Jayaraman, Rajshri. 1999. "Kerala and Uttar Pradesh: A Case Study." Documento de antecedentes para el *Informe sobre el desarrollo mundial 2000/2001.* Banco Mundial, Washington, D.C.

Jejeebhoy, Shireen. 1995. *Women's Education, Autonomy, and Reproductive Behavior: Experience from Developing Countries.* Nueva York: Oxford University Press.

Jensen, Robert. 1998. "Public Transfers, Private Transfers, and the 'Crowding Out' Hypothesis: Theory and Evidence from South Africa." John F. Kennedy School of Government Faculty Working Paper R98-08. Harvard University, Cambridge, Mass.

Jepma, Catrinus J. 1991. *The Tying of Aid.* París: Organización de Cooperación y Desarrollo Económicos.

Jha, Prabhat y David Nalor. 1999. *A Fine Balance: Private and Public Health Care in Urban India.* Washington, D.C.: Banco Mundial.

Jimenez, Emmanuel. 1986. "The Public Subsidization of Education and Health in Developing Countries: A Review of Equity and Efficiency." *World Bank Research Observer* 1(1): 111-29.

———. 1987. *Pricing Policy in the Social Sectors.* Baltimore, Md.: Johns Hopkins University Press.

Jimenez, Emmanuel y Marlaine Lockheed. 1995. *Public and Private Secondary Education in Developing Countries: A Comparative Study.* Documento para discusión del Banco Mundial 309. Washington, D.C.

Jimenez, Emmanuel y Vicente Paqueo. 1996. "Do Local Contributions Affect the Efficiency of Public Primary Schools?" *Economics of Education Review* 15(4): 377-86.

Jimenez, Emmanuel y Yasuyuki Sawada. 1998. "Do Community-Managed Schools Work? An Evaluation of El Salvador's Educo Program." Impact Evaluation of Education Reforms Paper 8. Banco Mundial, Grupo de investigaciones sobre el desarrollo, Washington, D.C.

Jodha, Nerpat S. 1986. "Common Property Resources and the Rural Poor in Dry Regions of India." *Economic and Political Weekly* 21(27): 1169-81.

Johansen, Frida. 1993. *Poverty Reduction in East Asia: The Silent Revolution.* Documento para discusión del Banco Mundial 203. Washington, D.C.

Johnson, Chalmers A. 1982. *MITI and the Japanese Miracle: The Growth of Industrial Policy, 1925-1975.* Stanford, Calif.: Stanford University Press.

Johnson, Simon, Daniel Kaufmann y Pablo Zoido-Lobaton. 1998. "Regulatory Discretion and the Unofficial Economy." *American Economic Review* 88(2): 387-92.

Jones, Patricia. 1998. "Skill Formation and Inequality in Poor Countries: How Much Do Ethnic Neighborhoods Matter?" *Journal of African Economies* 7(1): 62-90.

Jorgensen, Steen Lau y Julie van Domelen. 1999. "Helping the Poor Manage Risk Better: The Role of Social Funds." Documento presentado en la Conferencia sobre Protección Social y Pobreza, Banco Interamericano de Desarrollo, febrero, Washington D.C.

Joseph, Richard. 1999. *State, Conflict and Democracy in Africa.* Boulder, Colo.: Lynne Rienner.

Joshi, A. y Mick Moore. De próxima aparición. "Rights, Institutions and Poverty." En Alison L. Booth y Paul Mosley, comps., *The New Poverty Strategies: What Have They Achieved?* Londres: Macmillan.

Joshi, Heather, Elizabeth Cooksey, Richard Wiggins, Andrew McCulloch, Georgia Verropoulou y Lynda Clarke. 1999. "Diverse Family Living Situations and Child Development: Multilevel Analysis Comparing Longitudinal Evidence from Britain and the United States." *International Journal of Law, Policy and the Family* 13(3): 292-314.

Kabeer, Naila y Subrahmanian Ramya. 1996. "Institutions, Relations and Outcomes: Framework and Tools for Gender-Aware Planning." Discussion Paper 357. Institute of Development Studies, Sussex University, Brighton.

Kähkönen, Satu y Louis Pouliquen. 1999. "Institutions and Rural Infrastructure Delivery." Banco Mundial, Department of Regional Economic and Social Policy, Washington, D.C.

Kakwani, Nanak. 1993. "Performance in Living Standards: An International Comparison." *Journal of Development Economics* 41: 307-36.

———. 1999. "Poverty and Inequality during the Economic Crisis in Thailand." Junta nacional de desarrollo económico y social / Banco Asiático de Desarrollo. *Indicators of Well-Being and Policy Analysis* 3(1).

Kakwani, Nanak y Jaroenjit Pothong. 1998. "Impact of Economic Crisis on the Standard of Living in Thailand." Junta nacional de desarrollo económico y social / Banco Asiático de Desarrollo. *Indicators of Well-Being and Policy Analysis* 2(4).

Kakwani, Nanak y Nicholas M. Prescott. 1999. "Impact of Economic Crisis on Poverty and Inequality in Korea." Banco Mundial, Oficina Regional de Asia Oriental y el Pacífico, Dirección Sectorial de Desarrollo Humano, Washington, D.C.

Kalton, Graham. 1983. *Compensating for Missing Survey Data.* Ann Arbor: University of Michigan Press.

Kanbur, Ravi. 1986. "Structural Adjustment, Macroeconomic Adjustment and Poverty: A Methodology for Analysis." CEPR Discussion Paper 132. Centre for Economic Policy Research, Londres.

———. De próxima aparición. "Income Distribution and Development." En Anthony B. Atkinson y François Bourguignon, comps., *Handbook of Income Distribution.* Nueva York: North Holland-Elsevier.

Kanbur, Ravi y Nora Lustig. 1999. "Why Is Inequality Back on the Agenda?" Department of Agricultural, Resource, and Managerial Economics Working Paper 99-14. Cornell University, Ithaca, N.Y.

Kanbur, Ravi y Lyn Squire. 1999. "The Evolution of Thinking about Poverty: Exploring the Interactions." Department of Agricultural, Resource, and Managerial Economics Paper 99-24. Cornell University, Ithaca, N.Y.

Kanbur, Ravi y Todd Sandler, con la colaboración de Kevin M. Morrison. 1999. *The Future of Development Assistance: Common Pools and International Public Goods.* Policy Essay 25. Washington, D.C.: Consejo de Desarrollo de Ultramar.

Katakura, Yoko y Alexander Bakalian. 1998. "PROSANEAR: People, Poverty and Pipes." Programa de Abastecimiento de Agua y Saneamiento Ambiental del PNUD y el Banco Mundial, Washington, D.C.

Katz, Travis y Jennifer Sara. 1998. "Rural Water Supply: Global Study." Programa de Abastecimiento de Agua y Saneamiento Ambiental del PNUD y el Banco Mundial, Washington, D.C.

Kaufmann, Daniel y Shang-jin Wei. 1999. "Does 'Grease Money' Speed Up the Wheels of Commerce?" NBER Working Paper 7093. National Bureau of Economic Research, Cambridge, Mass.

Kaufmann, Daniel, Aart Kraay y Pablo Zoido-Lobaton. 1999. "Governance Matters." Documento de trabajo sobre investigaciones relativas a políticas de desarrollo 2196. Banco Mundial, Washington, D.C.

Kaufmann, Daniel, Pablo Zoido-Lobaton y Young Lee. 2000. "Governance and Anticorruption: Empirical Diagnostic Study for Ecuador." Banco Mundial, Washington, D.C.

Kaul, Inge, Isabelle Grunberg y Marc Stern. 1999a. "Defining Global Public Goods." En Inge Kaul, Isabelle Grunberg y Marc Stern, comps., *Global Public Goods: International Cooperation in the 21st Century.* Nueva York: Oxford University Press.

———, comps. 1999b. *Global Public Goods: International Cooperation in the 21st Century.* Nueva York: Oxford University Press.

Kawachi, Ichiro y Lisa Berkman. 2000. "Social Cohesion, Social Capital and Health." En Lisa Berkman e Ichiro Kawachi, comps., *Social Epidemiology.* Nueva York: Oxford University Press.

Kayani, Rogati y Andrew Dymond. 1997. *Options for Rural Telecommunications Development.* Documento técnico del Banco Mundial 359. Washington, D.C.

KDP (Kecamatan Development Project) Secretariat. 1999. "Kecamatan Development Project: First Annual Report." Gobierno de Indonesia, Equipo Nacional de Coordinación, Yakarta.

Kelley, Allen C. y Robert M. Schmidt. 1994. *Population and Income Change: Recent Evidence.* Documento para discusión del Banco Mundial 249. Washington, D.C.

Kemal, A.R. 1994. "Structural Adjustment, Employment, Income Distribution and Poverty." *Pakistan Development Review* 33: 901-11.

Kennedy, Bruce, Ichiro Kawachi, Roberta Glass y Deborah Prothrow-Stith. 1998. "Income Distribution, Socioeconomic Status, and Self-Rated Health in the United States: Multilevel Analysis." *British Medical Journal* 317: 917-21.

Kenny, Charles. 1999. "Access to Telecommunications and Informatics Is of Great Benefit to the Poor, and This Has to Mean Public Access." Recuadro para el *Informe sobre el desarrollo mundial 2000/2001.* Banco Mundial, Washington, D.C.

Kessides, Christine. 1997. "World Bank Experience with the Provision of Infrastructure Services for the Urban Poor: Preliminary Identification and Review of Best Practices." Banco Mundial, División del Desarrollo Urbano, Washington, D.C.

Khan, Naila y Maureen Durkin. 1995. "Framework: Prevalence." En P. Zinkin y H. McConachie, comps., *Disabled Children and Developing Countries.* Cambridge: Cambridge University Press.

Khandker, Shahidur R. 1998. *Fighting Poverty with Microcredit: Experience in Bangladesh.* Nueva York: Oxford University Press.

Khandker, Shahidur R., Baqui Khalily y Zahed Khan, comps. 1996. *Credit Programs for the Poor: Household and Intrahousehold Impacts and Program Sustainability.* Washington, D.C.: Banco Mundial e Instituto de Bangladesh de Estudios sobre el Desarrollo. and Bangladesh Institute of Development Studies.

Kiguel, Miguel. 1999. "The Argentine Currency Board." Documento de Trabajo 152. Universidad del CEMA, Buenos Aires.

KIHASA (Korea Institute for Health and Social Affairs) y PNUD (Programa de las Naciones Unidas para el Desarrollo). 1998. *Korea: Human Development Report 1998.* Seúl.

Killick, Tony. 1997. "Principals, Agents, and the Failings of Conditionality." *Journal of International Development* 9(4): 483-95.

Killick, Tony, con la colaboración de Rumani Gunatilaka y Ann Marr. 1998. *Aid and the Political Economy of Policy Change.* Londres: Instituto de Desarrollo de Ultramar.

Kim, Elim. 1991. *A Study of the Family Law and Its Reform Movement.* Seúl: Korean Women's Development Institute.

Kim, Jooseop, Harold Alderman y Peter Orazem. 1998. "Can Private Schools Subsidies Increase Schooling for the Poor? The Quetta Urban Fellowship Program." Impact Evaluation of Education Reforms Paper 11. Banco Mundial, Grupo de investigaciones sobre el desarrollo, Washington, D.C.

Kim, Kwangkee y Philip Moody. 1992. "More Resources, Better Health? A Cross-National Perspective." *Social Science and Medicine* 34(8): 837-42.

King, Elizabeth y Peter Orazem. 1999. "Evaluating Education Reforms: Four Cases in Developing Countries." Banco Mundial, Grupo de investigaciones sobre el desarrollo, Washington, D.C.

King, Elizabeth y Berk Ozler. 1998. "What's Decentralization Got to Do with Learning? The Case of Nicaragua's School Autonomy Reform." Impact Evaluation of Education Reforms Paper 9. Banco Mundial, Grupo de investigaciones sobre el desarrollo, Washington, D.C.

Kinsey, Bill, Kees Burger y Jan W. Gunning. 1998. "Coping with Drought in Zimbabwe: Survey Evidence on Responses of Rural Households to Risk." *World Development* 26(1): 89-110.

Klasen, Stephan. 1994. " 'Missing Women' Reconsidered." *World Development* 22(7): 1061-71.

———. 1999. "Does Gender Inequality Reduce Growth and Development? Evidence from Cross-Country Regressions." Policy Research Report on Gender and Development Working Paper Series, No. 7. Banco Mundial, Washington, D.C.

Klees, Rita, Joana Godinho y Mercy Lawson Doe. 1999. "Health, Sanitation, and Hygiene in Rural Water Supply and Sanitation Projects and Other World Bank-Financed Projects." Banco Mundial, Europe and Central Asia Regional Studies Program, Washington, D.C.

Klitgaard, Robert. 1990. *Tropical Gangsters.* Nueva York: Basic Books.

———. 1997. "Cleaning Up and Invigorating the Civil Service." Informe preparado para el Departamento de Evaluación de Operaciones. Banco Mundial, Washington, D.C.

Klugman, Jeni y Jeanine Braithwaite. 1998. "Poverty in Russia during the Transition: An Overview." *World Bank Research Observer* 3(1): 37-58.

Knack, Stephen y Philip Keefer. 1995. "Institutions and Economic Performance: Cross-Country Tests Using Alternative Institutional Measures." *Economics and Politics* 7: 207-27.

———. 1997. "Does Social Capital Have an Economic Payoff? A Cross-Country Investigation." *Quarterly Journal of Economics* 112: 1251-88.

Knack, Stephen y Nick Manning. 2000. "Policy Volatility and Poverty." Banco Mundial, Red sobre Reducción de la Pobreza y Gestión Económica, Washington, D.C.

Kochar, Anjini. 1995. "Explaining Household Vulnerability to Idiosyncratic Income Shocks." *American Economic Association Papers and Proceedings* 85(2): 159-64.

———. 1999. "Smoothing Consumption by Smoothing Income: Hours-of-Work Responses to Idiosyncratic Agricultural Shocks in Rural India." *Review of Economics and Statistics* 81(1): 50-61.

Kohli, Atul. 1987. *The State and Poverty in India: The Politics of Reform.* Nueva York: Cambridge University Press.

Kormendi, Roger y Philip McGuire. 1985. "Macroeconomic Determinants of Growth: Cross-Country Evidence." *Journal of Monetary Economics* 16(2): 141-63.

Kornai, János. 2000. "Ten Years after 'the Road to a Free Economy': The Author's Self-Evaluation." Documento presentado en la Conferencia anual del Banco Mundial sobre economía del desarrollo,18-20 de abril, Washington, D.C.

Kozel, Valerie y Barbara Parker. 2000. "Integrated Approaches to Poverty Assessment in India." En Michael Bamberger, comp., *Integrating Quantitative and Qualitative Research in Development Projects.* Washington, D.C.: Banco Mundial.

Kreimer, Alcira. 1999. "Learning Lessons from the Earthquake in Turkey." Recuadro para el *Informe sobre el desarrollo mundial 2000/2001.* Banco Mundial, Washington, D.C.

Kreimer, Alcira y Edward Echeverria. 1991. "Case Study: Housing Reconstruction in Mexico City." En Alcira Kreimer y Mohan Munasinghe, comps., *Managing Natural Disaster and the Environment: Selected Materials from the Colloquium on the Environment and Natural Disaster Management.* Washington, D.C.: Banco Mundial.

Kreimer, Alcira, Edward Echeverria y Martha Preece. 1991. "Case Study: Reconstruction after North China's Earthquake." En Alcira Kreimer y Mohan Munasinghe, comps., *Managing Natural Disaster and the Environment: Selected Materials from the Colloquium on the Environment and Natural Disaster Management.* Washington, D.C.: Banco Mundial.

Kreimer, Alcira, Margaret Arnold, Christopher Barham, Paul Freeman, Roy Gilbert, Frederick Krimgold, Rodney Lester, John D. Pollner y Tom Vogt. 1999. *Managing Disaster Risk in Mexico: Market Incentives for Mitigation Investment.* Washington, D.C.: Banco Mundial.

Kremer, Michael. 1999. "Purchase Pre-commitments for New Vaccines: Rationale and a Proposed Design." Harvard University, Department of Economics, Cambridge, Mass., y Brookings Institution, Washington, D.C.

Krishna, Anirudh, Norman Uphoff y Milton Esman, comps. 1997. *Reasons for Hope: Instructive Experiences in Rural Development.* West Hartford, Conn.: Kumarian.

Krueger, Alan B. y Michael Lindahl. 1999. "Education for Growth in Sweden and the World." *Swedish Economic Policy Review* 6(2): 289-339.

Krueger, Anne O. 1993. "East Asia: Lessons for Growth Theory." Documento presentado en el cuarto seminario anual de economía de Asia oriental, National Bureau of Economic Research, 17-19 de junio, San Francisco.

Krugman, Paul. 1998. "Saving Asia: It's Time to Get Radical." *Fortune* 138: 75-80.

Kruse, Sten-Erik, Timo Kyllönen, Satu Ojanperä, Roger C. Riddell y Jean Vielajus. 1997. "Searching for Impact and Methods: NGO Evaluation Synthesis Study." Informe preparado para la Organización de Cooperación y Desarrollo Económicos, Grupo de expertos en evaluación del Comité de Asistencia para el Desarrollo, París.

Kull, Steven, I.M. Destler y Clay Ramsay. 1997. "The Foreign Policy Gap: How Policymakers Misread the Public." University of Maryland, Center for International and Security Studies, College Park.

Kunreuther, Howard. 1999. "Incentives for Mitigation Investments and More Effective Risk Management: The Need for Public-Private Partnerships." University of Pennsylvania, Operations and Information Department, Filadelfia.

Kurtz, Marcus. 1999. "The Political Economy of Pro-poor Policies in Chile and Mexico." Documento de antecedentes para el *Informe sobre el desarrollo mundial 2000/2001.* Banco Mundial, Washington, D.C.

Lachaud, Jean-Pierre. 1999. "Pauvreté ménage et genre en Afrique sub-Saharienne: Nouvelles dimensions analytiques." Université Montesquieu-Bordeaux IV, Centre d'Economie du Développement, Bordeaux.

Lago, Ricardo. 1991. "The Illusion of Pursuing Redistribution through Macropolicy: Peru's Heterodox Experience, 1985-1990." En Rudiger Dornbusch y Sebastian Edwards, comps., *Macroeconomics of Populism.* Chicago: University of Chicago Press.

Lal, Deepak, I. Natarajan y Rakesh Mohan. 2000. "Economic Reforms and Poverty Alleviation: A Tale of Two Surveys." University of California at Los Angeles, Department of Economics.

Lamontagne, Jacques. 1999. "National Minority Education in China: A Nationwide Survey across Counties." En Gerard A. Postiglione, comp., *China's National Minority Education: Culture, Schooling and Development.* Londres: Falmer.

Lampietti, Julian, Anthony Kolb, Sumila Gulyani y Vahram Avenessian. 2000. "Pricing Services to Protect the Poor: Lessons from Armenia." Banco Mundial, Oficina Regional de Europa y Asia Central, Washington, D.C.

Lanjouw, Jean Olson. 1997. "Demystifying Poverty Lines." Series on Poverty Reduction. Programa de las Naciones Unidas para el Desarrollo, Nueva York.

Lanjouw, Peter y Martin Ravallion. 1999. "Benefit Incidence and the Timing of Program Capture." *World Bank Economic Review* 13(2): 257-74.

Lanjouw, Peter y Nicholas Stern. 1991. "Poverty in Palanpur." *World Bank Economic Review* 5(1): 23-56.

Larrain, Felipe y Andres Velasco. 1999. "Exchange Rate Policy for Emerging Markets: One Size Does Not Fit All." Harvard University, Department of Economics, Cambridge, Mass.

Lavy, Victor y Jean-Marc Germain. 1994. *Quality and Cost in Health Care Choice in Developing Countries.* Estudio de medición de los niveles de vida. Documento de trabajo No. 105. Washington, D.C.: Banco Mundial.

Lavy, Victor, John Strauss, Duncan Thomas y Philippe de Vreyer. 1996. "Quality of Care, Survival and Health Outcomes in Ghana." *Journal of Health Economics* 15: 333-57.

Leamer, Edward E. y Peter K. Schott. 1999. "Natural Resources as a Source of Latin American Income Inequality." Documento de antecedentes para el *Informe sobre el desarrollo mundial 2000/2001.* Banco Mundial, Washington, D.C.

Legovini, Arianna, César Bouillón y Nora Lustig. 1999. "Can Education Explain Income Inequality Changes in Mexico?" Banco Interamericano de Desarrollo, Washington, D.C.

Lembuya, Peter. 1992. *Amboseli National Park, the Surrounding Group Ranches and Community Conservation.* Nairobi: Fundación Africana de la Fauna y Flora Silvestres.

Lensink, Robert y Howard White. 1998. "Does the Revival of International Private Capital Flows Mean the End of Aid? An Analysis of Developing Countries' Access to Private Capital." *World Development* 26: 1221-34.

Leonard, David. 1987. "Political Realities of African Management." *World Development* 15: 899-910.

Lepkowski, James, Graham Kalton y Daniel Kazprsyk. 1989. "Weighting Adjustments for Partial Non-response in the 1984 SIPP Panel." Documento presentado en la seeción sobre investigación sobre métodos de encuesta, reunión de la American Statistical Association.

Levav, Itzhak. 1999. "The Indivisible Face of Disaster." En Banco Mundial, *Investing in Prevention: A Special Report on Disaster Risk Management.* Washington, D.C.

Levine, Ross. 1997. "Financial Development and Economic Growth: Views and an Agenda." *Journal of Economic Literature* 35(2): 688-726.

Levine, Ross y David Renelt. 1992. "A Sensitivity Analysis of Cross-Country Regressions." *American Economic Review* 84(4): 942-63.

Levison, Deborah, Richard Anker, Shahid Ashraf y Sandya Barge. De próxima aparición. "Is Child Labor Really Necessary in India's Carpet Industry?" En Richard Anker y colaboradores, comps., *Economics of Child Labor in Selected Industries of India.* Nueva Delhi: Hindustan.

Levy, Hernan. 1996. "Morocco Impact Evaluation Report: Socio-Economic Influence of Rural Roads—A Study of Rural Roads Financed under the World Bank's Fourth Highway Project." Banco Mundial, Departamento de Evaluación de Operaciones, Washington, D.C.

Levy, Margaret. 1996. "Social and Unsocial Capital: A Review Essay on Robert Putnam's *Making Democracy Work.*" *Politics and Society* 24(1): 45-55.

Lewis, Maureen. 2000. "Informal Health Payments in Eastern Europe and Central Asia: Issues, Trends, and Policy Implications." Banco Mundial, Oficina Regional de Europa y Asia Central, Washington, D.C.

Lewis, Maureen, Gunnar S. Eskeland y Ximena Traa-Valerezo. De próxima aparición. "Challenging El Salvador's Rural Health Care Strategy." Documento de trabajo sobre investigaciones relativas a políticas de desarrollo 2164. Banco Mundial, Washington, D.C.

Li, Guo, Diane Steele y Paul Glewwe. 1999. "Distribution of Government Education Expenditures in Developing Countries." Banco Mundial, Grupo de investigaciones sobre el desarrollo, Washington, D.C.

Li, Hongyi y Heng-fu Zou. 1998. "Income Inequality Is Not Harmful for Growth: Theory and Evidence." *Review of Development Economics* 2(3): 318-34.

Li, Hongyi, Lyn Squire y Heng-fu Zou. 1998. "Explaining International Inequality and Intertemporal Variations in Income Inequality." *Economic Journal* 108: 26-43.

Liang, Xiaoyan. 1996. "Bangladesh Female Secondary School Assistance Project." Banco Mundial, Departamento de Desarrollo Humano, Washington, D.C.

Lim, Young-Jae y Robert Townsend. 1998. "General Equilibrium Models of Financial Systems: Theory and Measurement in Village Economies." *Review of Economic Dynamics* 1: 59-118.

Lin, Justin Yifu. 1995. "Commentary: Food Policy in China—In Retrospect and Prospect." *IFPRI Report* 17(3). Instituto Internacional de Investigaciones sobre Políticas Alimentarias, Washington, D.C.

Lindauer, David. 1999. "Labor Market Reform and the Poor." Documento de antecedentes para el *Informe sobre el desarrollo mundial 2000/2001.* Banco Mundial, Washington, D.C.; Wellesley College, Wellesley, Mass., y Harvard Institute for International Development, Cambridge, Mass.

Lindauer, David y Barbara Nunberg, comps. 1996. *Rehabilitating Government: Pay and Employment Reform in Africa.* Aldershot: Avebury.

Lipton, Michael. 1977. *Why Poor People Stay Poor: Urban Bias in World Development.* Canberra: Australian National University Press.

———. 1996. *Defining and Measuring Poverty: Conceptual Issues.* Nueva York: Programa de las Naciones Unidas para el Desarrollo.

———. 1998. *Successes in Anti-Poverty.* Ginebra: Oficina Internacional del Trabajo.

Lipton, Michael y Martin Ravallion. 1995. "Poverty and Policy." En Jere R. Behrman y T.N. Srinivasan, comps., *Handbook of Development Economics.* Vol. 3. Amsterdam: North Holland.

Little, Roderick. 1988. "Missing-Data Adjustments in Large Surveys." *Journal of Business and Economic Statistics* 6(3): 287-96.

Litvack, Jennie y Carol Bodart. 1993. "User Fees Plus Quality Equals Improved Access to Health Care: Results of a Field Experiment in Cameroon." *Social Science and Medicine* 37(3): 369-83.

Litvack, Jennie y Dennis A. Rondinelli, comps. 1999. *Market Reform in Vietnam: Building Institutions for Development.* Westport, Conn.: Quorum Books.

Litvack, Jennie y Jessica Seddon, comps. 1999. "Decentralization Briefing Notes." Banco Mundial, Red sobre Reducción de la Pobreza y Gestión Económica, Washington, D.C.

Liu, Yuanli, William C. Hsiao y Karen Eggleston. 1999. "Equity in Health and Health Care: The Chinese Experience." *Social Science and Medicine* 49: 1349-56.

Livi-Bacci, Massimo. 1997. "Population, Constraint, and Adaptation: A Historical Outlook." En Robert Dorfman y Peter Rogers, comps., Science with a Human Face: Festschrift in Honour of Roger Randall Revelle. Cambridge, Mass.: Harvard University Press.

Llavador, Humberto G. y John E. Roemer. 2000. "An Equal-Opportunity Approach to the Allocation of International Aid." Yale University, Department of Political Science, New Haven, Conn.

Lockheed, Marlaine y Qinghua Zhao. 1993. "The Empty Opportunity: Local Control of Secondary Schools and Student Achievement in the Philippines." Documento de trabajo sobre investigaciones relativas a políticas de desarrollo 825. Banco Mundial, Washington, D.C.

Lockheed, Marlaine, Dean T. Jamison y Lawrence Lau. 1980. "Farmer Education and Farm Efficiency: A Survey." *Economic Development and Cultural Change* 29: 37-134.

Lokshin, Michael y Martin Ravallion. 2000a. "Short-Lived Shocks with Long-Lived Impacts? Household Income Dynamics in a Transition Economy." Banco Mundial, Grupo de investigaciones sobre el desarrollo, Washington, D.C.

———. 2000b. "Welfare Impact of Russia's 1998 Financial Crisis and the Response of the Public Safety Net." Banco Mundial, Grupo de investigaciones sobre el desarrollo, Washington, D.C.

Londoño, Juan Luis y Miguel Székely. 1997. *Persistent Poverty and Excess Inequality: Latin America, 1970-1995.* Washington, D.C.: Banco Interamericano de Desarrollo.

Lopez, Ramon y Carla della Maggiora. De próxima aparición. "Rural Poverty in Peru: Stylized Facts and Analytics for Policy." En Ramon Lopez y Alberto Valdes, comps., *Rural Poverty in Latin America: Analytics, New Empirical Evidence and Policy.* Washington, D.C.: Banco Mundial.

Lopez, Ramon y Alberto Valdes. De próxima aparición. "Fighting Rural Poverty in Latin America: New Evidence and Policy." En Ramon Lopez y Alberto Valdes, comps., *Rural Poverty in Latin America: Analytics, New Empirical Evidence and Policy.* Washington, D.C.: Banco Mundial.

Lopez, Ramon, T. Thomas y Vinod Thomas. 1998. "Economic Growth and the Sustainability of Natural Resources." University of Maryland, Department of Agricultural and Resource Economics, College Park.

Lora, Eduardo y Felipe Barrera. 1997. *Una década de reformas estructurales en América Latina: el crecimiento, la productividad y la inversión, ya no son como antes.* Banco Interamericano de Desarrollo, Oficina del Economista Jefe, Washington, D.C.

Loury, Glenn C. 2000. "Social Exclusion and Ethnic Groups: The Challenge to Economics." Discussion Paper Series, No. 106. Boston University, Institute for Economic Development.

Lovei, Laszlo, Eugene Gurenko, Michael Haney, Philip O'Keefe y Maria Shkaratan. 2000. "Maintaining Utility Services for the Poor: Policies and Practices in Central and Eastern Europe and the Former Soviet Union." Banco Mundial, Oficina Regional de Europa y Asia Central, Washington, D.C.

Lowell, Peggy A. y Charles H. Wood. 1998. "Skin Color, Racial Identity and Life Chances in Brazil." *Latin American Perspectives* 25(3): 90-109.

Luckham, Robin. 1999. "Complex Political Emergencies and the State: Failure and the Fate of the State." *Third World Quarterly* 20(1): 27-50.

Lund, Frances y Smita Srinivas. 1999a. "Learning from Experience: A Framework for Social Protection for Workers in the Informal Economy." Documento de antecedentes para el Informe sobre el desarrollo mundial 2000/2001. Banco Mundial, Washington, D.C.

———. 1999b. "Learning from Experience: A Gendered Approach to Social Protection for Workers in the Informal Economy." Background paper for workshop on social protection for women in the informal sector, Organización Internacional del Trabajo, 6-8 de diciembre, Ginebra.

Lundberg, Mattias y Lyn Squire. 2000. "Inequality and Growth: Lessons for Policy." Banco Mundial, Red Mundial para el Desarrollo, Washington, D.C.

Lundberg, Shelley, Robert A. Pollak y Terence J. Wales. 1997. "Do Husbands and Wives Pool Their Resources? Evidence from the United Kingdom Child Benefit." *Journal of Human Resources* 32(3): 463-80.

Lustig, Nora. 1988. "From Structuralism to Neostructuralism: The Search for a Heterodox Paradigm." En Patricio Meller, comp., *The Latin American Development Debate.* Boulder, Colo.: Westview.

———. 1997. "The Safety Nets Which Are Not Safety Nets: Social Investment Funds in Latin America." Documento presentado en la Conferencia sobre gobierno, erradicación de la pobreza y política social del Harvard Institute for International Development y el Programa de las Naciones Unidas para el Desarrollo, noviembre, Cambridge, Mass.

———. 1998. *Mexico: The Remaking of an Economy. 2d ed.* Washington, D.C.: Brookings Institution.

———. De próxima aparición. "Crises and the Poor: Socially Responsible Macroeconomics." *Economia, Journal of the Latin American and Caribbean Economic Association* 1(1).

———, comp. 1995. *Coping with Austerity: Poverty and Inequality in Latin America.* Washington, D.C.: Brookings Institution.

———, comp. De próxima aparición. *Shielding the Poor: Social Protection in the Developing World.* Washington, D.C.: Brookings Institution.

Lustig, Nora y Darryl McLeod. 1997. "Minimum Wages and Poverty in Developing Countries: Some Empirical Evidence." En Sebastian Edwards y Nora Lustig, comps., *Labor Markets in Latin America.* Washington, D.C.: Brookings Institution.

Lustig, Nora, y Miguel Székely. 1997. México: Evolución económica, pobreza y desigualdad. Washington, D.C.: Banco Interamericano de Desarrollo

Maddison, Angus. 1987. "Growth and the Slowdown in Advanced Capitalist Economies: Techniques of Quantitative Assessment." *Journal of Economic Literature* 25(2): 649-98.

———. 1995. "Monitoring the World Economy, 1820-92." Organización de Cooperación y Desarrollo Económicos, Centro de Desarrollo, París.

Magalhaes, Antonio y Michael H. Glantz. 1992. *Socioeconomic Impacts of Climate Variations and Policy Responses in Brazil.* Brasilia: Fundaçao Grupo Esquel Brasil.

Mahar, J. Michael, comp. 1972. *The Untouchables in Contemporary India.* Tucson: University of Arizona Press.

Maizels, Alfred y Machiko K. Nissanke. 1984. "Motivations for Aid to Developing Countries." *World Development* 12: 879-900.

Mallick, Ross. 1998. *Development, Ethnicity and Human Rights in South Asia.* Nueva Delhi: Sage.

Malmberg Calvo, Christina. 1998. *Options for Managing and Financing Rural Transport Infrastructure.* Documento técnico del Banco Mundial 411. Washington, D.C.

Malthus, Thomas. 1990 [1798]. *Ensayo sobre el principio de la población.* Madrid: Ediciones Akal.

Maluccio, John, Lawrence Haddad y Julian May. 1999. "Social Capital and Income Generation in South Africa, 1993-98." Instituto Internacional de Investigaciones sobre Políticas Alimentarias, Washington, D.C.

Mankiw, N. Gregory, David Romer y David N. Weil. 1992. "A Contribution to the Empirics of Economic Growth." 107(2): 407-37.

Manning, Daniel S. 1999. "The Role of Legal Services Organizations in Attacking Poverty." Documento de antecedentes para el *Informe sobre el desarrollo mundial 2000/2001.* Banco Mundial, Washington, D.C.

Manor, James. 1999. *The Political Economy of Democratic Decentralization.* Serie Tendencias del Desarrollo. Washington, D.C.: Banco Mundial.

Marchés Tropicaux et Méditerranéens. 1995. "Une évaluation de la crise des transports en Afrique sub-saharienne." 2612: 2629-31.

Marr, Ana. 1999. "The Poor and Their Money: What Have We Learned?" ODI Poverty Briefing 4. Instituto de Desarrollo de Ultramar, Londres.

Marshall, Adriana. 1998. "State Intervention, the Labor Market, and Inequality in Argentina." En Albert Berry, comp., *Poverty, Economic Reform and Income Distribution in Latin America.* Londres: Lynne Rienner.

Martin, Will y Keith E. Maskus. 2000. "Core Labor Standards and Competitiveness: Implications for Global Trade Policy." Banco Mundial, Grupo de investigaciones sobre el desarrollo, Washington, D.C., y University of Colorado, Boulder.

Maskus, Keith E. 1997. "Should Core Labor Standards Be Imposed through International Trade Policy?" Documento de trabajo sobre investigaciones relativas a políticas de desarrollo 1817. Banco Mundial, Washington, D.C.

———. 1999. "Comments on Core Labor Standards and International Trade Policy." Documento presentado en el simposio del Banco Mundial, 20 de enero, Washington, D.C.

———. 2000. "Regulatory Standards in the WTO: Comparing Intellectual Property Rights with Competition Policy, Environmental Protection, and Core Labor Standards." Working Paper 00-1. Institute for International Economics, Washington, D.C.

Massey, Douglas y Karin Espinosa. 1997. "What's Driving Mexico-U.S. Migration? A Theoretical, Empirical, and Policy Analysis." *American Journal of Sociology* 102(4): 939-99.

Matin, Imran, David Hulme y Stuart Rutherford. 1999. "Financial Services for the Poor and Poorest: Deepening Understanding to Improve Provision." Finance and Development Research Program Working Paper 9. University of Manchester, Institute for Development Policy and Management.

Mauro, Paolo. 1995. "Corruption and Growth." *Quarterly Journal of Economics* 110(3): 681-712.

———. 1998. "Corruption and the Composition of Government Expenditure." *Journal of Public Economics* 69: 263-79.

Maveneke, Taparandava N. 1998. "Local Participation as an Instrument for Natural Resources Management under the Communal Areas Management Programme for Indigenous Resources (CAMPFIRE) in Zimbabwe." Documento presentado en el Seminario internacional sobre gestión comunitaria de los recursos naturales, Banco Mundial, 10-14 de mayo, Washington, D.C.

Mc Clymont, Mary y Stephen Golub, comps. 2000. *Many Roads to Justice: The Law-Related Work of Ford Foundation Grantees around the World.* Washington, D.C.: Ford Foundation.

McCulloch, Andrew y Heather Joshi. 1999. "Child Development and Family Resources: An Exploration of Evidence from the Second Generation of the 1958 British Birth Cohort." Working Paper 99-115. University of Essex, Institute for Social and Economic Research.

McDonald, Calvin, Christian Schiller y Kenichi Ueda. 1999. "Income Distribution, Informal Safety Nets, and Social Expenditures in Uganda." Documento de Trabajo del FMI 99/163. Fondo Monetario Internacional, Washington, D.C.

McGee, Rosemary. 1999. "Meeting the International Development Targets: What Are the Prospects and Key Challenges? Uganda Country Study." Christian Aid, Londres.

McGuire, Paul B., John Conroy y Thapa Ganesh. 1998. *Getting the Framework Right: Policy and Regulation for Microfinance in Asia.* Brisbane: Foundation for Development Cooperation.

McKernan, Signe-Mary. 1996. "The Impact of Micro-Credit Programs on Self-Employment Profits: Do Non-credit Program Aspects Matter?" Brown University, Providence, R.I.

Meade, Donald C. y Carl Liedholm. 1998. "The Dynamics of Micro and Small Enterprises in Developing Countries." *World Development* 26(1): 61-74.

Mearns, Robin. 1999. "Access to Land in Rural India." Documento de trabajo sobre investigaciones relativas a políticas de desarrollo 2123. Banco Mundial, Washington, D.C.

Meerman, Jacob. 1997. *Reforming Agriculture: The World Bank Goes to Market.* Washington, D.C.: Banco Mundial, Departamento de Evaluación de Operaciones.

———. 1999. "Slow Roads to Equality: A Study of Four Hard-Core Minorities—Issues from the Literature Review." Documento de antecedentes para el *Informe sobre el desarrollo mundial 2000/2001.* Banco Mundial, Washington, D.C.

Meier, Gerald M., y Dudley Seers, comp. 1986. *Pioneros del desarrollo.* Madrid: Publicado para el Banco Mundial por Editorial Tecnos.

Mejía, J. Antonio y Rob Vos. 1998. "Un inventario de líneas de pobreza para América Latina y el Caribe: 1985-1997." Documento de trabajo, No. I-4. Banco Interamericano de Desarrollo, Washington, D.C.

Mellor, John W. 1999. "Pro-poor Growth: The Relation between Growth in Agriculture and Poverty Reduction." Abt Associates, Bethesda, Md.

Menard, Claude y George Clarke. 2000. "Reforming Water Supply in Abidjan, Côte d'Ivoire: A Mild Reform in a Turbulent Environment." Banco Mundial, Grupo de investigaciones sobre el desarrollo, Washington, D.C.

Michalopoulos, Constantine. 1999. "Developing Countries' Participation in the World Trade Organization." *World Economy* 22(1): 117-44. 44.

Milanovic, Branko. 1998. *Income, Inequality, and Poverty during the Transition from Planned to Market Economy.* Nueva York: Oxford University Press.

———. 1999. "True World Income Distribution, 1988 and 1993." Documento de trabajo sobre investigaciones relativas a políticas de desarrollo 2244. Banco Mundial, Washington, D.C.

MIMAP (Micro Impacts of Macroeconomic Adjustment Policies). 1999a. "After the Crisis: A Look at the Elementary and Secondary Enrolment in the Philippines." *MIMAP Indicators* 6(2). [www.pins.ph.net/mimap/v620699c.htm].

———. 1999b. "An Analysis of the Social Impact of the Financial Crisis in the Philippines." *MIMAP Research Results* 6(1). [www.pins.ph.net/mimap/v610399a.htm].

———. 1999c. "National Statistics Office (NSO) in MIMAP Database." [www.pins.ph.net/mimap/eindune.htm].

Mingat, Alain y Jee-Peng Tan. 1998. "The Mechanics of Progress in Education: Evidence from Cross-Country Data." Documento de trabajo sobre investigaciones relativas a políticas de desarrollo 2015. Banco Mundial, Washington, D.C.

Ministerio de Economía de Argentina. 1998. *Informe económico* 28. Buenos Aires.

Minot, Nicholas W. 1998. "Generating Disaggregated Poverty Maps: An Application to Vietnam." MSSD Discussion Paper 25. Instituto Internacional de Investigaciones sobre Políticas Alimentarias, Washington, D.C.

MNA Live Database. "Human Development Indicators: Country at a Glance." Banco Mundial, Washington, D.C.

Moctezuma Barragán, Esteban. 1999. Conferencia magistral: Secretario de Desarrollo Social de México, Conferencia sobre Protección Social y Pobreza, Banco Interamericano de Desarrollo, febrero, Washington D.C.

Molinas, Jose R. 1998. "The Impact of Inequality, Gender, External Assistance and Social Capital on Local-Level Cooperation." *World Development* 26(3): 413-31.

Monnet, Jean. 1985. *Memorias.* Madrid: Siglo XXI.

Moock, Peter. 1994. "Education and Agricultural Productivity." *International Encyclopedia of Education* 1. Oxford: Pergamon.

Moomaw, William y Mark Tullis. 1999. "Population, Affluence or Technology? An Empirical Look at National Carbon Dioxide Production." En Barbara Sundberg Baudot y William Moomaw, comps., *People and Their Planet.* Nueva York: St. Martin's.

Moore, Mick y James Putzel. 1999. "Politics and Poverty." Documento de antecedentes para el *Informe sobre el desarrollo mundial 2000/2001.* Sussex University, Brighton; London School of Economics and Political Science, Development Studies Institute, y Banco Mundial, Washington, D.C.

Moore, Mick, Jennifer Leavy, Peter P. Houtzager y Howard White. 1999. "Polity Qualities: How Governance Affects Poverty." Documento de antecedentes para el *Informe sobre el desarrollo mundial 2000/2001.* Banco Mundial, Washington, D.C.

Morduch, Jonathan. 1990. "Risk, Production, and Saving: Theory and Evidence from Indian Households." Harvard University, Department of Economics, Cambridge, Mass.

———. 1999a. "Between the Market and State: Can Informal Insurance Patch the Safety Net?" *World Bank Research Observer* 14(2): 187-207.

———. 1999b. "Does Microfinance Really Help the Poor? Evidence from Flagship Programs in Bangladesh." Princeton University, Department of Economics, Princeton, N.J.

———. 1999c. "The Microfinance Promise." *Journal of Economic Literature* 37(4): 1569-614.

———. 1999d. "The Role of Subsidies in Microfinance: Evidence from the Grameen Bank." *Journal of Development Economics* 60(1): 229-48.

Morley, Samuel A. 1994. *Poverty and Inequality in Latin America: Past Evidence and Future Prospects.* Policy Essay 13. Washington, D.C.: Consejo de Desarrollo de Ultramar.

———. 1999. "Impact of Reforms on Equity in Latin America." Documento de antecedentes para el *Informe sobre el desarrollo mundial 2000/2001.* Banco Mundial, Washington, D.C.

Morley, Samuel y Carola Alvarez. 1992. "Recession and the Growth of Poverty in Argentina." Working Paper 92-W02. Vanderbilt University, Nashville, Tenn.

Morris, David. 1979. *Measuring the Conditions of the World's Poor: The Physical Quality of Life Index.* Oxford: Pergamon.

Morris, Saul, Oscar Neidecker-Gonzales, Calogero Carletto, Marcial Munguia y Quentin Wodon. 2000. "Impact of Hurricane Mitch in the Poorest Communities of Honduras." Instituto Internacional de Investigaciones sobre Políticas Alimentarias, Washington, D.C.

Morrison, Andrew y Maria Beatriz Orlando. 1999. "Social and Economic Costs of Domestic Violence: Chile and Nicaragua." En Andrew Morrison y María Loreto Biehl, comps., *El costo del silencio: violencia doméstica en las Américas.* Washington, D.C.: Banco Interamericano de Desarrollo.

Moser, Caroline. 1998. "The Asset Vulnerability Framework: Reassessing Urban Poverty Reduction Strategies." *World Development* 26(1): 1-19.

Mosley, Paul y Marion J. Eeckhout. 2000. "From Project Aid to Programme Assistance." En Finn Tarp, comp., *Foreign Aid and Development: Lessons Learnt and Directions for the Future.* Londres: Routledge.

Mosley, Paul, Jane Harrigan y John Toye. 1995. *Aid and Power.* Londres: Routledge.

Mukherjee, M. y G.S. Chatterjee. 1974. "On the Validity of NSS Estimates of Consumption Expenditure." En T.N. Srinivasan y P.K. Bardhan, comps., *Poverty and Income Distribution in India.* Calcuta: Indian Statistical Institute.

Murthi, Mamta, Anne-Catherine Guio y Jean Drèze. 1995. "Mortality, Fertility and Gender Bias in India: A District-Level Analysis." Development Economic Research Discussion Paper 61. London School of Economics and Political Science.

Murty, Mamta. 1994. "Management of Common Property Resources: Limits to Voluntary Collective Action." *Environmental and Resource Economics* 4(6).

Musgrove, Philip. 1996. *Public and Private Roles in Health: Theory and Financing Patterns.* Documento para discusión del Banco Mundial 339. Washington, D.C.

Mwabu, Germano, Martha Ainsworth y Andrew Nyamete. 1993. "Quality of Medical Care and Choice of Medical Treatment in

Kenya: An Empirical Analysis." Africa Technical Department Technical Paper 9. Banco Mundial, Washington, D.C.

Narayan, Deepa. 1998. ""Desarrollo rural participativo." En Ernst Lutz, comp., *Agricultura y medio ambiente.* Washington, D.C.: Banco Mundial.

———. 1999. "Bonds and Bridges: Social Capital and Poverty." Documento de trabajo sobre investigaciones relativas a políticas de desarrollo 2167. Banco Mundial, Washington, D.C.

Narayan, Deepa y David Nyamwaya. 1996. "Learning from the Poor: A Participatory Poverty Assessment in Kenya." Environment Department Paper 034. Participation Series. Banco Mundial, Washington, D.C.

Narayan, Deepa y Lant Pritchett. 1999. "Cents and Sociability: Household Income and Social Capital in Rural Tanzania." *Economic Development and Cultural Change* 47(4): 871-97.

Narayan, Deepa y Talat Shah. 1999. "Gender Inequity, Poverty and Social Capital." Banco Mundial, Red sobre Reducción de la Pobreza y Gestión Económica, Washington, D.C.

Narayan, Deepa, Robert Chambers, Meera K. Shah y Patti Petesch. 1999. "Global Synthesis: Consultations with the Poor." Paper presented at Global Synthesis Workshop, Banco Mundial, Poverty Group, 22-23 de septiembre, Washington, D.C.

———. 2000. *Voices of the Poor: Crying Out for Change.* Nueva York: Oxford University Press.

Narayan, Deepa, con la colaboración de Raj Patel, Kai Schafft, Anne Rademacher y Sarah Koch-Schulte. 2000. *La voz de los pobres: ¿Hay alguien que nos escuche?* Ediciones Mundi-Prensa, Madrid-Barcelona-México.

National Intelligence Council. 2000. "The Global Infectious Disease Threat and Its Implications for the United States." National Intelligence Estimate 99-17D. Washington, D.C.

Nelson, Joan. 1999. *Reforming Health and Education: The World Bank, the Inter-American Development Bank, and Complex Institutional Change.* Policy Essay 26. Washington, D.C.: Consejo de Desarrollo de Ultramar.

Nepal, Department of Roads. 1997. "Environmental Management Guidelines." Geo-Environment Unit, Kathmandu.

Newman, John, Steen Jorgensen y Menno Pradhan. 1991. *Workers' Benefits from Bolivia's Emergency Social Fund.* Estudio de medición de los niveles de vida. Documento de trabajo No. 77. Washington, D.C.: Banco Mundial.

Ng, Francis y Sandy Yeats. 1996. "Open Economies Work Better! Did Africa's Protectionist Policies Cause Its Marginalization in World Trade?" Documento de trabajo sobre investigaciones relativas a políticas de desarrollo 1636. Banco Mundial, Washington, D.C.

Nigerian Economic Society. 1997. *Poverty Alleviation in Nigeria. Selected Papers for the 1997 Annual Conference.* Universidad de Ibadan.

Niles, Kimberly J. 1999. "Economic Adjustment and Targeted Social Spending: The Role of Political Institutions (Indonesia, Mexico, and Ghana)." Documento de antecedentes para el *Informe sobre el desarrollo mundial 2000/2001.* U.K. Department for International Development, Londres, y Banco Mundial, Washington, D.C.

Nolan, Brian y Vincent Turbat. 1995. *Cost Recovery in Public Health Services in Sub-Saharan Africa.* Economic Development Institute Technical Materials. Washington, D.C.: Banco Mundial.

North, Douglass. 1990. *Institutions, Institutional Change, and Economic Performance.* Nueva York: Cambridge University Press.

———. 1994. "Economic Performance through Time." *American Economic Review* 84(3): 359-68.

Norton, Seth. 1998. "Poverty, Property Rights and Human Well-Being: A Cross-National Study." *Cato Journal* 18(2): 233-450.

Nyonator, Frank y Joseph Kutzin. 1999. "Health for Some? The Effects of User Fees in the Volta Region of Ghana." *Health Policy and Planning* 14(4): 329-41.

Oates, Wallace E. 1999. "An Essay on Fiscal Federalism." *Journal of Economic Literature* 37: 1120-49.

Ocampo, Jose Antonio y Lance Taylor. 1998. "Trade Liberalization in Developing Economies: Modest Benefits but Problems with Productivity Growth, Macro Prices, and Income Distribution." Center for Economic Policy Analysis Working Paper 8. New School for Social Research, Nueva York.

OCDE (Organización de Cooperación y Desarrollo Económicos). 1996. *Trade, Employment, and Labor Standards: A Study of Core Workers' Rights and International Trade.* París.

———. 1999. *DAC Scoping Study of Donor Poverty Reduction Policies and Practices.* Londres: Overseas Development Institute.

OCDE (Organización de Cooperación y Desarrollo Económicos), CAD (Comité de Asistencia para el Desarrollo). 1996. *Shaping the 21st Century: The Contribution of Development Co-operation.* París.

———. 1997. *DAC Guidelines on Conflict, Peace, and Development Cooperation.* París.

______. 1999. *Directrices del CAD sobre los conflictos, la paz y la cooperación para el desarrollo.* Madrid: Ministerio de Asuntos Exteriores.

———. 1999. *Development Cooperation: Efforts and Policies of the Members of Development Assistance Committee-1998 Report.* París.

———. 2000. "Development Cooperation: 1999 Report." *DAC Journal 2000* 1(1).

Odaka, Konosuke y Juro Teranishi. 1998. *Markets and Government: In Search of Better Coordination.* Tokyo: Maruzen.

Ohiorhenuan, John. 1998. "Capacity Building Implications of Enhanced African Participation in Global Rules-Making and Arrangements." Documento preparado para el proyecto de investigación basada en la colaboración África y el sistema de comercio mundial, African Economic Research Consortium, Nairobi.

OIT (Organización Internacional del Trabajo). 2000 "Normas Internacionales del Trabajo y Derechos Humanos." [www.ilo.org/publich/spanish/standards/norm/index.htm].

Okrasa, Wlodzimierz. 1999. "Who Avoids and Who Escapes from Poverty during the Transition? Evidence from Polish Panel Data, 1993-96." Documento de trabajo sobre investigaciones relativas a políticas de desarrollo 2218. Banco Mundial, Washington, D.C.

Olinto, Pedro, Benjamin Davis y Klaus Deininger. 1999. "Did the Poor Benefit from Land Market Liberalization in Mexico? Panel-Data Evidence of the Impact of the *Ejido* Reforms." Banco Mundial, Grupo de investigaciones sobre el desarrollo e Instituto Internacional de Investigaciones sobre Políticas Alimentarias, Washington, D.C.

Olson, Mancur. 1969. "The Principle of 'Fiscal Equivalence': The Division of Responsibilities among Different Levels of Government." *American Economic Review Papers and Proceedings* 59: 479-87.

———. 1982. *The Rise and Decline of Nations: Economic Growth, Stagflation, and Social Rigidities.* New Haven, Conn.: Yale University Press.

Olsson, Jonathan. 2000. "Mitigation Is the Cornerstone of Emergency Management in the United States." Recuadro para el *Informe sobre el desarrollo mundial 2000/2001.* Banco Mundial, Washington, D.C.

OMS (Organización Mundial de la Salud). 1980. *Clasificación internacional de deficiencias, discapacidades y minusvalías.* Ginebra.

———. 1998. *TB: A Crossroad—WHO Report on the Global Tuberculosis Epidemic 1998.* Ginebra.

———. 1999a. *Removing Obstacles to Healthy Development: WHO Report on Infectious Diseases.* Ginebra.

———. 1999b. *World Health Report 1999: Making a Difference.* Ginebra.

"Openness, Macroeconomic Crisis and Poverty." 1999. Informe del relator sobre un diálogo y consulta acerca del *Informe sobre el desarrollo mundial 2000/2001,* Instituto del Banco Mundial e Instituto de Estudios Internacionales y Estratégicos de Malasia, mayo, Kuala Lumpur.

OPS (Organización Panamericana de la Salud). 1998. *La salud en las Américas, 1998.* Washington, D.C.

Osiptel (Organismo Supervisor de Inversión Privada en Telecomunicaciones). 1996. *La Apertura del mercado de las telecomunicaciones en el Perú.* Lima.

Ostrom, Elinor. 1997. "Investing in Capital, Institutions, and Incentives." En Christopher Clague, comp., *Institutions and Economic Development: Growth and Governance in Less-Developed and Post-Socialist Countries.* Baltimore, Md.: Johns Hopkins University Press.

———. De próxima aparición. "The Puzzle of Counterproductive Property Rights Reforms: A Conceptual Analysis." En Alain de Janvry, Gustavo Gordillo, Jean-Philippe Platteau y Elisabeth Sadoulet, comps., *Access to Land, Rural Poverty and Public Action.* Nueva York: Oxford University Press.

Ostrom, Elinor, L. Schroeder y S. Wynne. 1993. *Institutional Incentives and Sustainable Development: Infrastructure Policies in Perspective.* Boulder, Colo.: Westview.

Over, Mead. 1998. "The Effects of Societal Variables on Urban Rates of HIV Infection in Developing Countries: An Exploratory Analysis." En Martha Ainsworth, Lieve Fransen y Mead Over, comps., *Confronting AIDS: Evidence from the Developing World.* Luxemburgo: Comisión Europea.

Owen, Daniel y Julie van Domelen. 1998. "Getting an Earful: A Review of Beneficiary Assessments of Social Funds." Social Protection Discussion Paper 9816. Banco Mundial, Washington, D.C.

Owens, Trudy. 2000. "The Determinants of Income Growth in Rural Households and the Role of Aid: A Case Study of Zimbabwe." Tesis doctoral. Oxford University.

Oxfam International. 1999. *Education Now: Break the Cycle of Poverty.* Oxford.

Oxford Analytica. 1998a. "Central America: Hurricane Impact." 10 de noviembre. [www.oxfam.com/index.html].

———. 1998b. "Indonesia: Ethnic-Chinese Plight." 15 de julio. [www.oxfam.com/index.html].

———. 1999. "Indonesia: New Management." 25 de octubre. [www.oxfam.com/index.html].

Pack, Howard. 1999. "Poverty-Reducing Policy Reform." Documento presentado en el seminario de verano del *Informe sobre el desarrollo mundial 2000/2001,* Banco Mundial, julio, Washington, D.C.

Paerregaard, Karsten. 1998. "Alleviating Poverty in Latin America: Can Local Organizations Be of Any Help?" Working Paper 9810. Center for Development Research, Copenhagen.

Palacios, Robert y Montserrat Pallares-Miralles. 1999. "International Patterns of Pension Provision." Documento para discusión. Banco Mundial, Departamento de Protección Social, Washington, D.C.

Palley, Thomas. 1999. "The Economic Case for International Labor Standards: Theory and Some Evidence." American Federation of Labor and Congress of Industrial Organizations (AFL-CIO), Washington, D.C.

Pande, Rohini. 1999. "Minority Representation and Policy Choices: The Significance of Legislator Identity." London School of Economics and Political Science.

Papageorgiou, Demetris, Armeane Choksi y Michael Michaely. 1995. "Liberalizing Foreign Trade in Developing Countries: The Lessons of Experience." Banco Mundial, Washington, D.C.

Park, Kyung Ae. 1990. "Women and Revolution in China: The Sources of Constraints on Women's Liberation." *Korea and World Affairs* 14(4).

Parker, Andrew y Rodrigo Serrano. De próxima aparición. *Promoting Good Local Governance through Social Funds and Decentralization.* Washington, D.C.: Banco Mundial.

Parker, Edith A., Amy J. Schulz, Barbara A. Israel y Rose Hollis. 1998. "Detroit's East Side Village Health Worker Partnership: Community-Based Lay Health Advisor Intervention in an Urban Area." *Health Education and Behaviour* 25(1): 24-45.

Parker, Roland, Randall Riopelle y William Steel. 1995. *Small Enterprises Adjusting to Liberalization in Five African Countries.* Documento para discusión del Banco Mundial 271. Washington, D.C.

Parthasarthy, Gupta. 1991. "Lease Market, Poverty Alleviation and Policy Options." *Economic and Political Weekly* 26(13): A31-38.

Patrinos, Harry Anthony y David Ariasingam. 1998. *Descentralización de la educación: financiamiento basado en la demanda.* Tendencias del desarrollo. Washington, D.C.: Banco Mundial.

Patten, Richard y Jay Rosengard. 1991. *Progress with Profits: The Development of Rural Banking in Indonesia.* San Francisco: ICS Press.

Paugam, Serge, comp. 1996. *L'Exclusion l'état des savoirs.* París: Editions La Découverte.

Paul, Samuel. 1998. "Making Voice Work: The Report Card on Bangalore's Public Services." Documento de trabajo sobre investigaciones relativas a políticas de desarrollo 1921. Banco Mundial, Washington, D.C.

Paul, Samuel y M. Shan. 1997. "Corruption in Public Service Delivery." En Sanjivi Guhan y S. Paul, comps., *Corruption in India: Agenda for Action.* Nueva Delhi: New Delhi Press.

Pawasuthipaisit, Anan, Sombat Sakuntasathien y Robert M. Townsend. 1999. "Report to the Ford Foundation: Impact of the Thai Crisis." Documento de antecedentes para el *Informe sobre el desarrollo mundial 2000/2001.* Banco Mundial, Washington, D.C.

Paxton, Julia y Carlos Cuevas. 1999. *Inventario mundial de instituciones de microfinanzas.* Servicios financieros sostenibles para clientelas de bajos ingresos. Washington, D.C.: Banco Mundial

Pearce, David, y colaboradores. 1996. "The Social Costs of Climate Change." En James Bruce, Hoesung Lee y Erik Haites, comps., *Climate Change 1995: Economic and Social Dimensions of Climate Change-Contribution of Working Group III to the Second Assessment Report of the Intergovernmental Panel on Climate Change.* Nueva York: Cambridge University Press.

Pencavel, John. 1997. "The Legal Framework for Collective Bargaining in Developing Countries." En Sebastian Edwards y Nora Lustig, comps., *Labor Markets in Latin America.* Washington, D.C.: Brookings Institution.

Perotti, Roberto. 1992. "Income Distribution: Politics and Growth." *American Economic Review* 82: 311-16.

———. 1993. "Political Equilibrium, Income Distribution, and Growth." *Review of Economic Studies* 60: 755-76.

———. 1996a. "Growth, Income Distribution, and Democracy: What the Data Say." *Journal of Economic Growth* 1: 149-87.

———. 1996b. "Redistribution and Non-consumption Smoothing in an Open Economy." *Review of Economic Studies* 63: 411-33.

Perry, Guillermo y Daniel Lederman. . 2000. *Ajustes después de los ataques especulativos en América Latina y Asia: ¿Historia de dos regiones?* Washington, D.C.: Banco Mundial

Persley, Gabrielle J. y John J. Doyle. 1999. "Biotechnology for Developing-Country Agriculture: Problems and Opportunities—Overview." Focus 2, Brief 1. Instituto Internacional de Investigaciones sobre Políticas Alimentarias, Washington, D.C.

Persson, Torsten y Guido Tabellini. 1994. "Is Inequality Harmful for Growth?" *American Economic Review* 84: 600-21.

Pessino, Carola. 1997. "Argentina: The Labor Market during the Economic Transition." En Sebastian Edwards y Nora Lustig, comps., *Labor Markets in Latin America.* Washington, D.C.: Brookings Institution.

Pfaff, Alexander S.P. 1996. "What Drives Deforestation in the Brazilian Amazon? Evidence from Satellite and Socioeconomic Data." Columbia University, Department of Economics, Nueva York.

Phipps, Shelley A. y Peter S. Burton. 1998. "What's Mine Is Yours? The Influence of Male and Female Incomes on Patterns of Household Expenditure." *Economica* 65: 599-613.

Piketty, Thomas. 1998. "Self-Fulfilling Beliefs about Social Status." *Journal of Public Economics* 70: 115-32.

———. De próxima aparición. "Theories of Persistent Inequality and Intergenerational Mobility." En Anthony B. Atkinson y François Bourguignon, comps., *Handbook of Income Distribution.* Nueva York: North Holland-Elsevier.

Pinstrup-Andersen, Per, Rajul Pandya-Lorch y Mark Rosengrant. 1997. "The World Food Situation: Recent Developments, Emerging Issues, and Long-Term Prospects." Food Policy Report. Instituto Internacional de Investigaciones sobre Políticas Alimentarias, Washington, D.C.

Pitt, Mark y Shahidur Khandker. 1998. "The Impact of Group-Based Credit Programs on Poor Households in Bangladesh: Does the Gender of Participants Matter?" *Journal of Political Economy* 106: 958-96.

Platteau, Jean-Philippe y Jean Marie Baland. De próxima aparición. "Impartible Inheritance versus Equal Division: A Comparative Perspective Centered on Europe and Sub-Saharan Africa." En Alain de Janvry, Gustavo Gordillo, Jean-Philippe Platteau y Elisabeth Sadoulet, comps., *Access to Land, Rural Poverty and Public Action.* Nueva York: Oxford University Press.

Polanyi, Karl. 1989. *La gran transformación.* Madrid: Ediciones Endymion.

Poppele, Jessica, Sudarno Sumarto y Lant Pritchett. 1999. "Social Impacts of the Indonesian Crisis: New Data and Policy Implications." SMERU Report. Unidad de vigilancia social e intervención en casos de emergencia, Yakarta.

Porter, Gareth, Raymond Clémençon, Waafas Ofosu-Amaah y Michael Philips. 1998. *Estudio sobre los resultados globales del FMAM.* Washington, D.C.: Fondo para el Medio Ambiente Mundial.

Portes, Alejandro. 1995. *The Economic Sociology of Immigration: Essays on Networks, Ethnicity and Entrepreneurship.* Nueva York: Russell Sage Foundation.

———. 1998. "Social Capital: Its Origins and Applications in Contemporary Sociology." *Annual Review of Sociology* 24: 1-24.

Portes, Alejandro y Patricia Landolt. 1996. "The Downside of Social Capital." *American Prospect* 26: 18-21, 94.

Portes, Alejandro y Julia Sensenbrenner. 1993. "Embeddedness and Immigration: Notes on the Social Determinants of Economic Action." *American Journal of Sociology* 98(6): 1320-50.

Posner, Daniel. 1999. "Ethnic Fractionalization: How (Not) to Measure It? What Does (and Doesn't) It Explain?" Documento presentado en la reunión anual de la Asociación Americana de Ciencias Políticas, Atlanta.

Posner, Richard. 1997. "Social Norms and the Law: An Economic Approach." *American Economic Review* 87(2): 365-69.

Postel, Sandra. 1999. "Water, Food and Population." En Barbara Sundberg Baudot y William R. Moomaw, comps., *People and Their Planet.* Nueva York: St. Martin's.

Pottebaum, David A. 1999. *Economic and Social Implications of War and Conflict.* Cornell University, Agricultural Economics Department, Ithaca, N.Y.

Pouliquen, Louis Y. 1999a. "Infrastructure and Poverty." Documento de antecedentes para el *Informe sobre el desarrollo mundial 2000/2001.* Banco Mundial, Washington, D.C.

———. 1999b. "Rural Infrastructure from a World Bank Perspective: A Knowledge Management Framework." Banco Mundial, Red sobre Desarrollo Social y Ecológicamente Sostenible, Washington, D.C.

Pradhan, Sanjay. 1996. "Public-Private Partnerships for Service Provision." Documento de antecedentes para *Informe sobre el desarrollo mundial1997.* Banco Mundial, Washington, D.C.

Prakash, S. 1997. "Poverty and Environment Linkages in Mountains and Uplands: Reflections on the 'Poverty Trap'." Collaborative Research in the Economics of the Environment and Development Working Paper Series, No. 12. International Instutute for Environment and Development, Environmental Economics Programme, London; Institute for Environmental Studies, Amsterdamm y Vrije Universiteit, Amsterdam.

Prasad, Kameshwar, Paolo Belli y Monica Das Gupta. 1999. "Links between Poverty, Exclusion, and Health." Documento de antecedentes para el *Informe sobre el desarrollo mundial 2000/2001.* Banco Mundial, Washington, D.C.

Preker, Alexander. 2000. "Partnership: Private Sector Role in Poverty and Health." Recuadro para el *Informe sobre el desarrollo mundial 2000/2001.* Banco Mundial, Washington, D.C.
Preker, Alexander y Richard Feachem. 1996. *Market Mechanisms and the Health Sector in Central and Eastern Europe.* Documento técnico del Banco Mundial 293. Washington, D.C.
Prennushi, Giovanna. 1999. "Nepal: Poverty at the Turn of the Twenty-First Century." South Asia Region Internal Discussion Paper 174. Banco Mundial, Washington, D.C.
Prescott, Nicholas y Menno Pradhan. 1999. "Coping with Catastrophic Health Shocks." Documento presentado en la Conferencia sobre Protección Social y Pobreza, Banco Interamericano de Desarrollo, febrero, Washington D.C.
Preston, Samuel H. y Michael R. Haines. 1991. *Fatal Years: Child Mortality in Late-Nineteenth-Century America.* Princeton, N.J.: Princeton University Press.
Primo Braga, Carlos A., Carsten Fink y Claudia Paz Sepulveda. 2000. *Intellectual Property Rights and Economic Development.* Documento para discusión del Banco Mundial 412. Washington, D.C.
Prince of Wales Business Leaders Forum. 1998. *Building Competitiveness and Communities.* Londres.
Pritchett, Lant. 1996a. "Mind Your P's and Q's: The Cost of Public Investment Is Not the Value of Public Capital." Documento de trabajo sobre investigaciones relativas a políticas de desarrollo 1660. Banco Mundial, Washington, D.C.
———. 1996b. "Where Has All the Education Gone?" Documento de trabajo sobre investigaciones relativas a políticas de desarrollo 1581. Banco Mundial, Washington, D.C.
———. 1997. "Divergence, Big Time." *Journal of Economic Perspectives* 11: 3-17.
Pritchett, Lant y Lawrence Summers. 1994. "Desired Fertility and the Impact of Population Policies." *Population and Development Review* 20(1): 1-55.
———. 1996. "Wealthier Is Healthier." *Journal of Human Resources* 31(4): 841-68.
PROBE Team. 1999. *Public Report on Basic Education in India.* Nueva Delhi: Oxford University Press.
Programa de Apoyo a la Biodiversidad. 1993. *African Biodiversity: Foundation for the Future.* Washington, D.C.
Prunier, Gerard. 1997. *The Rwanda Crisis: History of a Genocide.* Nueva York: Columbia University Press.
Przeworski, Adam y Fernando Limongi. 1993. "Political Regimes and Economic Growth." *Journal of Economic Perspectives* 7: 51-69.
Psacharopoulos, George y Harry Anthony Patrinos. 1994. *Indigenous People and Poverty in Latin America: An Empirical Analysis.* Washington, D.C.: Banco Mundial.
Pulley, Robert V. 1989. *Making the Poor Creditworthy: A Case Study of the Integrated Rural Development Program of India.* Documento para discusión del Banco Mundial 58. Washington, D.C.
Putnam, Robert. 2000. *Bowling Alone: The Collapse and Revival of American Community.* Nueva York: Simon and Schuster.
Putnam, Robert, con la colaboración de Robert Leonardi y Raffaella Nanetti. 1993. *Making Democracy Work: Civic Traditions in Modern Italy.* Princeton, N.J.: Princeton University Press.
Putzel, James. 1997. "Accounting for the 'Dark Side' of Social Capital: Reading Robert Putnam on Democracy." *Journal of International Development* 9(7): 939-49.
Qian, Yingyi y Barry R. Weingast. 1996. "China's Transition to Markets: Market-Preserving Federalism, Chinese Style." *Journal of Policy Reform* 2: 149-85.
Quah, Danny. 1997. "Empirics of Growth and Distribution: Stratification, Polarization, and Convergence Clubs." Centre for Economic Performance Discussion Paper 324. London School of Economics and Political Science.
———. 1999. "6 x 10^9: Some Dynamics of Global Inequality and Growth." Documento de antecedentes para el *Informe sobre el desarrollo mundial 2000/2001.* London School of Economics and Political Science, Suntory and Toyota International Centres for Economics and Related Disciplines, y Banco Mundial, Washington, D.C.
Quisumbing, Agnes R. 1994. "Improving Women's Agricultural Productivity as Farmers and Workers." Departamento de Educación y Políticas Sociales, documento para discusión 37. Banco Mundial, Washington, D.C.
———. 1996. "Male-Female Differences in Agricultural Productivity: Methodological Issues and Empirical Evidence." *World Development* 24: 1579-95.
Quisumbing, Agnes R. y John A. Maluccio. 1999. "Intra-household Allocation and Gender Relations: New Empirical Evidence." Documento de antecedentes para un próximo Informe del Banco Mundial sobre investigaciones relativas a las políticas de desarrollo *EnGendering Development.* Banco Mundial, Washington, D.C.
Ramamurti, R. 1999. "Why Haven't Developing Countries Privatized Deeper and Faster?" *World Development* 27: 137-56.
Ramey, Garey y Valerie A. Ramey. 1995. "Cross-Country Evidence on the Link between Volatility and Growth." *American Economic Review* 85(5): 1138-51.
Ranis, Gustav. 1979. "Appropriate Technology in a Dual Economy: Reflection on Philippine and Taiwanese Experience." En Edward A. Robinson, comp., *Appropriate Technologies for Third World Development.* Nueva York: St. Martin's.
Ranis, Gustav y Frances Stewart. 1994. "Decentralization in Indonesia." *Bulletin of Indonesian Economic Studies* 30(3): 41-72.
Rao, J. Mohan. 1999. "Equity in a Global Public Goods Framework." En Inge Kaul, Isabelle Grunberg y Marc Stern, comps., *Global Public Goods: International Cooperation in the 21st Century.* Nueva York: Oxford University Press.
Rao, Vijayendra. 1998a. "Domestic Violence and Intra-household Resource Allocation in Rural India: An Exercise in Participatory Econometrics." En Maithreyi Krishnaraj, Ratna M. Sudarshan y Abusaleh Shariff, comps., *Gender, Population and Development.* Nueva York: Oxford University Press.
———. 1998b. "Wife-Abuse, Its Causes and Its Impact on Intra-household Resource Allocation in Rural Karnataka: A Participatory Econometric Analysis." En Maithreyi Krishnaraj, Ratna M. Sudarshan y Abusaleh Shariff, comps., *Gender, Population and Development.* Nueva York: Oxford University Press.
Rauch, James y Peter Evans. 1999. "Bureaucratic Structure and Bureaucratic Performance in Developing Countries." Working Paper 99-06. University of California at San Diego, Department of Economics.
Rauch, James y Vitor Trindade. 1999. "Ethnic Chinese Networks in International Trade." NBER Working Paper 7189. National Bureau of Economic Research, Cambridge, Mass.

Ravallion, Martin. 1988. "Expected Poverty under Risk-Induced Welfare Variability." *Economic Journal* 98: 1171-82.

———. 1991. "Reaching the Rural Poor through Public Employment: Arguments, Evidence and Lessons from South Asia." *World Bank Research Observer* 6(2): 153-76.

———. 1992. *Poverty Comparisons: A Guide to Concepts and Methods.* Estudio de medición de los niveles de vida. Documento de trabajo No. 88. Washington, D.C.: Banco Mundial.

———. 1993. *Poverty Comparisons: Fundamentals of Pure and Applied Economics.* Chur, Switzerland: Harwood Academic.

———. 1997a. "Can High-Inequality Developing Countries Escape Absolute Poverty?" *Economics Letters* 56(1): 51-57.

———. 1997b. "Good and Bad Growth: The Human Development Reports." *World Development* 25: 631-38.

———. 1998. "Does Aggregation Hide the Harmful Effects of Inequality on Growth?" *Economics Letters* 61(1): 73-77.

———. 1999a. "Appraising Workfare." *World Bank Research Observer* 14(1): 31-48.

———. 1999b. " Is More Targeting Consistent with Less Spending?" *International Tax and Public Finance* 6(3): 411-19.

———. 1999c. "On Protecting the Poor from Fiscal Contractions." Banco Mundial, Grupo de investigaciones sobre el desarrollo, Washington, D.C., y Université des Sciences Sociales, ARQADE, Toulouse.

———. 2000a. "How Long Before Most of the Poor Live in Urban Areas?" Banco Mundial, Grupo de investigaciones sobre el desarrollo, Washington, D.C.

———. 2000b. "Inequality Convergence." Banco Mundial, Grupo de investigaciones sobre el desarrollo, Washington, D.C.

———. De próxima aparición. "Monitoring Targeting Performance When Decentralized Allocations to the Poor Are Unobserved." *World Bank Economic Review.*

Ravallion, Martin y Shubham Chaudhuri. 1997. "Risk and Insurance in Village India: A Comment." *Econometrica* 65: 171-84.

Ravallion, Martin y Shaohua Chen. 1997. "What Can New Survey Data Tell Us about Recent Changes in Distribution and Poverty?" *World Bank Economic Review* 11(2): 357-82.

Ravallion, Martin y Gaurav Datt. 1996. "How Important to India's Poor Is the Sectoral Composition of Economic Growth?" *World Bank Economic Review* 10(1): 1-25.

———. 1999. "When Is Growth Pro-Poor? Evidence from the Diverse Experiences of India's States." Documento de trabajo sobre investigaciones relativas a políticas de desarrollo 2263. Banco Mundial, Washington, D.C.

Ravallion, Martin y Binayak Sen. 1994. "The Impacts on Rural Poverty of Land-Based Targeting: Further Results for Bangladesh." *World Development* 22(6): 823-38.

Ravallion, Martin y Dominique van de Walle. 1991. "Urban-Rural Cost-of-Living Differentials in a Developing Economy." *Journal of Urban Economics* 29(1): 113-27.

Ravallion, Martin y Quentin Wodon. 1999. "Poor Areas, or Only Poor People?" *Journal of Regional Science* 39: 689-711.

———. 2000. "Does Child Labor Displace Schooling? Evidence on Behavioral Responses to an Enrollment Subsidy." *Economic Journal* 110: 158-75.

———. De próxima aparición. "Banking on the Poor? Branch Placement and Nonfarm Rural Development in Bangladesh." *Review of Development Economics.*

Rawlings, Laura, Lynne Sherburne-Benz y Julie van Domelen. De próxima aparición. "Evaluating Social Fund Performance across Countries." Banco Mundial, Red sobre desarrollo humano, Washington, D.C.

Reardon, Thomas. 1997. "Using Evidence of Household Income Diversification to Inform Study of the Rural Nonfarm Labor Market in Africa." *World Development* 25(5): 735-47.

Reardon, Thomas y J. Edward Taylor. 1996. "Agroclimatic Shock, Income Inequality, and Poverty: Evidence from Burkina Faso." *World Development* 24(5): 901-14.

Reardon, Thomas, Christopher Delgado y Peter Matlon. 1992. "Determinants and Effects of Income Diversification amongst Farm Households in Burkina Faso." *Journal of Development Studies* 28(2): 264-96.

Reardon, Thomas, J. Edward Taylor, Kostas Stamoulis, Peter Lanjouw y Arsenio Balisacan. De próxima aparición. "Effects of Nonfarm Employment on Rural Income Inequality in Developing Countries: An Investment Perspective." *Journal of Agricultural Economics.*

Reinikka, Ritva y Jakob Svensson. 1999. "Confronting Competition: Investment Response and Constraints in Uganda." Documento de trabajo sobre investigaciones relativas a políticas de desarrollo 2242. Banco Mundial, Washington, D.C.

Remenyi, Joe. 1991. *Where Credit Is Due: Income-Generating Programmes for the Poor in Developing Countries.* Londres: Intermediate Technologies.

Ren, X.S. 1996. "Regional Variation in Infant Survival in China." *Social Biology* 43(1-2): 1-19.

Renner, Michael. 1994. "Budgeting for Disarmament: The Costs of War and Peace." Worldwatch Paper 122. Worldwatch Institute, Washington, D.C.

Reno, William. 1998. *Warlord Politics and African States.* Boulder, Colo.: Lynne Rienner.

Revenga, Ana. 1997. "Employment and Wage Effects of Trade Liberalization: The Case of Mexican Manufacturing." *Journal of Labor Economics* 15(3): 20-43.

Reyes, Cecilia y Anne Bernadette E. Mandap. 1999. "The Social Impact of the Regional Financial Crisis in the Philippines." Micro Impact of Macroeconomic and Adjustment Policies Research Paper Series, No. 41. Policy and Development Foundation, Manila.

Rhyne, Elisabeth y Sharon Holt. 1994. *Women in Finance and Enterprise Development.* Washington, D.C.: Banco Mundial.

Riddell, Roger C. y Mark Robinson, con la colaboración de John de Coninck, Ann Muir y Sarah White. 1995. *Non-governmental Organizations and Rural Poverty Alleviation.* Nueva York: Oxford University Press.

Rios-Rull, Jose Victor. 1994. "Population Changes and Capital Accumulation: The Aging of the Baby Boom." University of Pennsylvania, Department of Economics, Filadelfia.

Robbins, Donald J. 1995. "Should Educational Spending Be Redistributed from Higher to Primary Education in LDCs? A Note with Application to Chile." *Revista de Análisis Económico* 10(1): 37-51.

———. 1996. "Evidence on Trade and Wages in the Developing World." Technical Paper 119. Organización de Cooperación y Desarrollo Económicos, París.

Robinson, James A. 1996. "When Is a State Predatory?" University of Southern California, Department of Economics, Los Angeles.

Robinson, Peter. 1993. "Economic Effects of the 1992 Drought on the Manufacturing Sector in Zimbabwe." Instituto de Desarrollo de Ultramar, Londres.

Robinson, Richard y David Stiedl. 2000. "Decentralisation of Road Administration: Review of Experience." U.K. Department for International Development, Londres.

Rodgers, Gerry. 1979. "Income and Inequality as Determinants of Mortality: An International Cross-Section Analysis." *Population Studies* 33: 343-51.

Rodgers, Gerry, Charles G. Gore y Jose B. Figueiredo. 1995. *Social Exclusion: Rhetoric, Reality, Responses.* Ginebra: Instituto Internacional de Estudios Laborales.

Rodriguez, Francisco. 1999. "Inequality, Economic Growth and Economic Performance." Documento de antecedentes para el *Informe sobre el desarrollo mundial 2000/2001.* Banco Mundial, Washington, D.C.

Rodriguez, Francisco y Dani Rodrik. 1999. "Trade Policy and Economic Department of Economics, College Park.

Rodrik, Dani. 1996. "Labor Standards in International Trade: Do They Matter and What Do We Do about Them?" En Robert Z. Lawrence, Dani Rodrik y John Whalley, comps., *Emerging Agenda for Global Trade: High Stakes for Developing Countries.* Policy Essay 20. Washington, D.C.: Overseas Development Council.

———. 1997. "Trade Policy and Economic Performance in Sub-Saharan Africa." Harvard University, John F. Kennedy School of Government, Cambridge, Mass.

———. 1998. "Where Did All the Growth Go? External Shocks, Social Conflicts, and Growth Collapses." NBER Working Paper 6350. National Bureau of Economic Research, Cambridge, Mass.

———. 1999a. "Institutions for High-Quality Growth: What They Are and How to Acquire Them." Documento presentado en la conferencia del Fondo Monetario Internacional sobre las reformas de segunda generación, 8-9 de noviembre, Washington, D.C.

———. 1999b. *The New Global Economy and the Developing Countries: Making Openness Work.* Policy Essay 24. Washington, D.C.: Consejo de Desarrollo de Ultramar.

———. 1999c. "Why Is There So Much Economic Insecurity in Latin America?" NBER Working Paper 6350. National Bureau of Economic Research, Cambridge, Mass.

———. 2000. "Institutions for High-Quality Growth: What They Are and How to Acquire Them." NBER Working Paper 7540. National Bureau of Economic Research, Cambridge, Mass.

Roemer, John E. 1996. *Theories of Distributive Justice.* Cambridge, Mass.: Harvard University Press.

———. 1998. *Equality of Opportunity.* Cambridge, Mass.: Harvard University Press.

Roger, Neil. 1999. "Recent Trends in Private Participation in Infrastructure." Viewpoint 196. Banco Mundial, Red sobre finanzas, sector privado e infraestructura, Washington, D.C.

Ros, Jaime. 2000. *Development Theory and the Economics of Growth.* Ann Arbor: University of Michigan Press.

Rose, Elaina. 1999. "Consumption Smoothing and Excess Female Mortality in Rural India." *Review of Economics and Statistics* 81(1): 41-49.

Rose, Richard. 1995. "Russia as an Hour-Glass Society: A Constitution without Citizens." *European Constitutional Review* 4(3): 34-42.

———. 1999. "Getting Things Done in Anti-modern Society: Social Capital Networks in Russia." Social Capital Initiative Working Paper 6. Banco Mundial, Departamento de Desarrollo Social, Washington, D.C.

Rose-Ackerman, Susan. 1997. "Corruption and Development." En Boris Pleskovic y Joseph E. Stiglitz, comps., *Annual World Bank Conference on Development Economics 1997.* Washington, D.C.: Banco Mundial.

Rosen, George. 1993. *A History of Public Health.* Baltimore, Md.: Johns Hopkins University Press.

Rosenzweig, Mark. 1998. "Social Learning and Economic Growth: Empirical Evidence." Documento de antecedentes para *Informe sobre el desarrollo mundial1998/99.* Banco Mundial, Washington, D.C.

Rosenzweig, Mark y Hans Binswanger. 1993. "Wealth, Weather Risk and the Composition and Profitability of Agricultural Investment." *Economic Journal* 103: 56-78.

Rowntree, Benjamin Seebohm. 1901. *Poverty: A Study of Town Life.* Londres: Macmillan.

Royaume du Maroc, Ministère de la Prévision Economique et du Plan, Direction de la Statistique. 1999. "Enquête nationale sur les niveaux de vie des ménages 1998/99: Rapport de synthése."

Rozelle, Scott. 1996. "Stagnation without Equity: Patterns of Growth and Inequality in China's Rural Economy." *China Journal* 3: 63-91.

Rubin, Donald B. 1987. *Multiple Imputation for Nonresponse in Surveys.* Nueva York: John Wiley & Sons.

Rubio, Mauricio. 1997. "Perverse Social Capital: Some Evidence from Colombia." *Journal of Economic Issues* 31(3): 805-16.

Rugalema, Gabriel. 1999. "Adult Mortality as Entitlement Failure: AIDS and the Crisis of Rural in a Tanzanian Village." Tesis doctoral. Institute of Social Studies, La Haya.

Ruprah, Inder. 1999. "Towards Fiscal Prudence, Transparency and Accountability in Peru: A Proposal." Banco Interamericano de Desarrollo, División 5 Departamento regional de operaciones, Washington, D.C.

Ruprah, Inder y Luis Marcano. 1998. "Poverty Alleviation in Venezuela: Who to Target and How Not to Adjust in a Crisis.", División 5 Departamento regional de operaciones, Washington, D.C.

———. 1999. "Digging a Hole: Income Inequality in Venezuela." Banco Interamericano de Desarrollo, División 5 Departamento regional de operaciones, Washington, D.C.

Rutkowski, Michal. 1999. "Russia's Social Protection Malaise." Social Protection Discussion Paper 9909. Banco Mundial, Washington, D.C.

Sable, Charles, Dara O'Rourke y Archon Fung. 2000. "Ratcheting Labor Standards: Regulation for Continuous Improvement in the Global Workplace." Banco Mundial, Red sobre desarrollo humano, Washington, D.C.

Sachs, Jeffrey. 1999. "Sachs on Development: Helping the World's Poorest." *Economist,* 14-20 August, pp. 17-20.

———. 2000. "Science, the Global Division of Labor, and International Public Policy." Discurso pronunciado en la Conferencia anual del Banco Mundial sobre economía del desarrollo, 18-20 de abril, Washington, D.C.

Sachs, Jeffrey y Andrew Warner. 1995. "Economic Reform and the Process of Global Integration." *Brookings Papers on Economic Activity* 1: 1-117.

Sachs, Jeffrey, Michael Kremer y Amar Hamoudi. 1999. "The Case for a Vaccine Purchase Fund." Center for International Development Policy Paper 1. Harvard University, Cambridge, Mass.

Sachs, Jeffrey, Kwesi Botchwey, Maciej Cuchra y Sara Sievers. 1999. "Implementing Debt Relief for the Highly Indebted Poor Countries." Center for International Development Policy Paper 2. Harvard University, Cambridge, Mass.

Sadoulet, Elisabeth, Rinku Murgai y Alain de Janvry. De próxima aparición. "Access to Land via Land Rental Markets." En Alain de Janvry, Gustavo Gordillo, Jean-Philippe Platteau y Elisabeth Sadoulet, comps., *Access to Land, Rural Poverty and Public Action.* Nueva York: Oxford University Press.

Sah, Raaj K. 1991. "Fallibility in Human Organizations and Political Systems." *Journal of Economic Perspectives* 5(2): 67-88.

Sahn, David E. y David C. Stifel. 1999. "Poverty Comparisons over Time and across Countries in Africa." Working Paper 95. Cornell University, Food and Nutrition Policy Program, Ithaca, N.Y.

Sahn, David E., Paul A. Dorosh y Stephen D. Younger. 1997. *Structural Adjustment Reconsidered.* Nueva York: Cambridge University Press.

Sahn, David E., David C. Stifel y Stephen D. Younger. 1999. "Intertemporal Changes in Welfare: Preliminary Results from Nine African Countries." Cornell University, Departments of Economics and Nutritional Science, Ithaca, N.Y.

Saito, Katrine y Daphne Spurling. 1992. *Developing Agricultural Extension for Women Farmers.* Documento para discusión del Banco Mundial 156. Washington, D.C.

Saito, Katrine, Hailu Mekonen y Daphne Spurling. 1994. *Raising the Productivity of Women Farmers in Sub-Saharan Africa.* Documento para discusión del Banco Mundial 230. Washington, D.C.

Sakurai, Takeshi. 1997. *Crop Production under Drought Risk and Estimation of Demand for Formal Drought Insurance in the Sahel.* Tokyo: Ministry of Agriculture, National Research Institute of Agricultural Economics, Forestry and Fisheries.

Salmen, Lawrence F. 1995. "Participatory Poverty Assessment: Incorporating Poor People's Perspectives into Poverty Assessment Work." Banco Mundial, Departamento del Medio Ambiente, Washington, D.C.

Sampson, Robert, Jeffrey Morenhoff y Felton Earls. 1999. "Beyond Social Capital: Spatial Dynamics of Collective Efficacy for Children." *American Sociological Review* 64(5): 633-60.

Sánchez, Susana. 2000. "Nicaragua Financial Markets." Documento de antecedentes para *Nicaragua Poverty Assessment 2000.* Banco Mundial, Oficina Regional de América Latina y el Caribe, Washington, D.C.

Sandler, Todd. 1997. *Global Challenges: An Approach to Environmental, Political, and Economic Problems.* Nueva York: Cambridge University Press.

———. 1998. "Global and Regional Public Goods: A Prognosis for Collective Action." *Fiscal Studies* 19(3): 221-47.

———. 1999. "Intergenerational Public Goods: Strategies, Efficiency, and Institutions." En Inge Kaul, Isabelle Grunberg y Marc Stern, comps., *Global Public Goods: International Cooperation in the 21st Century.* Nueva York: Oxford University Press.

Sara, Jennifer y Travis Katz. 1997. "Making Rural Water Sustainable: Report on the Impact of Project Rules." Programa de Abastecimiento de Agua y Saneamiento Ambiental del PNUD y el Banco Mundial, Washington, D.C.

Sarris, Alexander. 1994. "Household Welfare during Crisis and Adjustment in Ghana." *Journal of African Economies* 2(2): 195-237.

Satterthwaite, David. 2000. "Urban Upgrading and Water and Sanitation Services in Low-Income Areas." Recuadro para el *Informe sobre el desarrollo mundial 2000/2001.* Banco Mundial, Washington, D.C.

Sauma, Pablo. 1997. "Costa Rica: A Public Approach." En Elaine Zuckerman y Emanuel de Kadt, comps., *The Public-Private Mix in Social Services: Health Care and Education in Chile, Costa Rica and Venezuela.* Washington, D.C.: Banco Interamericano de Desarrollo.

Saunders, Robert J., Jeremy J. Warford y Bjorn Wellenius. 1987. *Las telecomunicaciones y el desarrollo económico.* Madrid: Publicado para el Banco Mundial por Editorial Tecnos.

Savedoff, William y Pablo Spiller. 2000. "Agua perdida: compromisos institucionales para el suministro de servicios públicos sanitarios." Banco Interamericano de Desarrollo, Washington, D.C.

Sawadogo, Kimseyinga. 1997. "La pauvreté au Burkina Faso: Une analyse critique des politiques et des stratégies d'intervention locales." Working Paper 57. Centro Europeo de Gestión de Políticas de Desarrollo, Maastricht.

Scandizzo, Pasquale L. 1998. "Growth, Trade, and Agriculture: An Investigative Survey." FAO Economic and Social Development Paper 143. Organización de las Naciones Unidas para la Agricultura y la Alimentación, Roma.

Schalick, Lisa, Wilbur Hadden, Elsie Pamuk, Vicente Navarro y Gregory Pappas. 2000. "The Widening Gap in Death Rates among Income Groups in the United States from 1967 to 1986." *International Journal of Health Services* 30(1): 13-26.

Schiavo-Campo, Salvatore, Giulio de Tommaso y Amitabha Mukherjee. 1997a. "An International Statistical Survey of Government Employment and Wages." Documento de trabajo sobre investigaciones relativas a políticas de desarrollo 1806. Banco Mundial, Washington, D.C.

———. 1997b. "Government Employment and Pay: A Global and Regional Perspective." Documento de trabajo sobre investigaciones relativas a políticas de desarrollo 1771. Banco Mundial, Washington, D.C.

Schick, Allen. 1998. "Why Most Developing Countries Should Not Try New Zealand's Reforms." *World Bank Research Observer* 13(1): 123-31.

Schieber, George, comp. 1997. *Innovations in Health Care Financing: Proceedings of a World Bank Conference, March 10-11, 1997.* Documento para discusión del Banco Mundial 365. Washington, D.C.

Schieber, George y Akiko Maeda. 1997. "A Curmudgeon's Guide to Financing Health Care in Developing Countries." En George Schieber, comp., *Innovations in Health Care Financing: Proceedings of a World Bank Conference, March 10-11, 1997.* Documento para discusión del Banco Mundial 365. Washington, D.C.

Schiff, Maurice. 1998. "Ethnic Diversity and Economic Reform in Sub-Saharan Africa." *Journal of African Economies* 7(2): 348-62.

Schilderman, Theo. 1993. "Disasters and Development: A Case Study from Peru." *Journal of International Development* 5: 415-23.

Schneider, Robert R. 1995. *Government and the Economy on the Amazon Frontier.* World Bank Environment Paper 11. Washington, D.C.

Schofield, Roger, David Reher y Alain Bideau. 1991. *The Decline of Mortality in Europe.* Oxford: Clarendon.

Schraeder, Peter J., Steven Hook y Bruce Taylor. 1998. "Clarifying the Foreign Aid Puzzle: A Comparison of American, Japanese, French, and Swedish Aid Flows." *World Politics* 50(2): 294-320.

Schuler, Margaret y Sakuntala Kadirgamar-Rajasingham, comps. 1992. *Legal Literacy: A Tool for Women's Empowerment.* Washington, D.C.: OEF International, Women, Law, and Development.

Schultz, T. Paul. 1994. "Human Capital, Family Planning y Their Effects on Population Growth." *American Economic Review* 84(2): 255-60.

———. 1999. "Preliminary Evidence of the Impact of Progresa on School Enrollment from 1997 and 1998." Instituto Internacional de Investigaciones sobre Políticas Alimentarias, Washington, D.C.

Scoones, Ian. 1995. "Investigating Difference: Applications of Wealth Ranking and Household Survey Approaches among Farming Households in Southern Zimbabwe." *Development and Change* 26(1): 67-88.

Search, Leila. 1999. "Tanzania: Report on a Village Immersion." Recuadro para el *Informe sobre el desarrollo mundial 2000/2001.* Banco Mundial, Washington, D.C.

Sebello Mendoza, Meyra y Mark W. Rosegrant. 1995. *Comportamiento de los precios en los mercados de maíz de las Filipinas: repercusiones para la eficiencia de los mercados.* Washington, D.C.: Instituto Internacional de Investigaciones sobre Políticas Alimentarias

Sebstad, Jennefer y Monique Cohen. 1999. "Microfinance, Risk Management and Poverty." Documento de antecedentes para el *Informe sobre el desarrollo mundial 2000/2001.* Agencia de los Estados Unidos para el Desarrollo Internacional y Banco Mundial, Washington, D.C.

Secretaría de Programación Económica y Regional. 1998. *Caracterización y evolución del gasto público social.* Buenos Aires: Ministerio de Economía y Obras y Servicios.

Sell, Susan. 1996. "North-South Environmental Bargaining: Ozone, Climate Change, and Biodiversity." *Global Governance* 2: 97-118.

Sen, Amartya. 1984. "Poor, Relatively Speaking." En Amartya Sen, comp., *Resources, Values and Development.* Nueva York: Basil Blackwell.

———. 1992. "Missing Women." *British Medical Journal* 304(6827): 587-88.

———. 1993. "Capability and Well-Being." En Martha Nussbaum y Amartya Sen, comps., La calidad de vida. México: Fondo de Cultura Económica.

———. 1997a. "Development Thinking at the Beginning of the 21st Century." New Series, DERP-2. London School of Economics and Political Science.

———. 1997b. *Inequality Reexamined.* Cambridge, Mass.: Harvard University Press.

———. 1999. *Development as Freedom.* Nueva York: Knopf.

———. 2000. *Sobre la desigualdad económica.* Barcelona: Editorial Crítica.

Sen, Amartya y Jean Dréze. 1989. *Hunger and Public Action.* Oxford: Clarendon.

Serageldin, Ismail y Christiaan Grootaert. 2000. "Defining Social Capital: An Integrating View." En Partha Dasgupta e Ismail Serageldin, comps., *Social Capital: A Multifaceted Perspective.* Washington, D.C.: Banco Mundial.

Serieux, John E. 1999. "Reducing the Debt of the Poorest: Challenges and Opportunities." North-South Institute, Ottawa.

SEWA (Asociación de Trabajadoras por Cuenta Propia). 1997. *Liberalizing for the Poor.* Ahmedabad.

Seymour, Frances J. y Navroz K. Dubash, con la colaboración de Jake Brunner, François Ekoko, Colin Filer, Hariadi Kartodihardjo y John Mugabe. 2000. *The Right Conditions: The World Bank, Structural Adjustment, and Forest Policy Reform.* Washington, D.C.: Instituto de Recursos Mundiales.

Shah, Anwar. 1999. "Balance, Accountability and Responsiveness: Lessons about Decentralization." Documento de trabajo sobre investigaciones relativas a políticas de desarrollo 2021. Banco Mundial, Washington, D.C.

Shah, Shekhar. 1999. "Coping with Natural Disasters: The 1998 Floods in Bangladesh." Documento presentado en el seminario de verano del *Informe sobre el desarrollo mundial 2000/2001,* Banco Mundial, julio, Washington, D.C.

Sharma, Naresh y Jean Drèze. 1996. "Sharecropping in a North Indian Village." *Journal of Development Studies* 27(2): 277-92.

Shaw, R. Paul y Martha Ainsworth, comps. 1995. *Financing Health Services through User Fees and Insurance: Case Studies from Sub-Saharan Africa.* Documento para discusión del Banco Mundial 294. Washington, D.C.

Shkolnikov, Vladimir, Giovanni Andrea Cornia, David A. Leon y France Mesle. 1998. "Causes of the Russian Mortality Crisis: Evidence and Interpretations." *World Development* 26(11): 1995-2011.

Siegel, Paul y Jeffrey Alwang. 1999. "An Asset-Based Approach to Social Risk Management: A Conceptual Framework." Social Protection Discussion Paper 9926. Banco Mundial, Washington, D.C.

Silver, Hilary. 1994. "Silver, Hilary. 1994. "Exclusión social y solidaridad social: tres paradigmas." *Revista internacional de trabajo.* 133(5-6): 607-662.

Sindzingre, Alice. 2000. "A Comparative Analysis of African and East Asian Corruption." En Arnold J. Heidenheimer y Michael Johnston, comps., *Political Corruption.* Londres: Transaction.

———. De próxima aparición. "Dimensions économiques des réformes de l'état en Afrique sub-saharienne." En Comi Toulabor y Dominique Darbon, comps., *Réforme de l'état: Reconstruction institutionnelle et modes de regulation.* París: Karthala.

Singerman, Diane. 1995. *Avenues of Participation: Family, Politics, and Networks in Urban Quarters of Cairo.* Princeton, N.J.: Princeton University Press.

Singh, Balmiki Prasad. 1999. "Democracy, Ecology and Culture: The Indian Experience." Sardar Patel Memorial Lecture, 31 de octubre, Nueva Delhi.

Sinha, Saurabh y Michael Lipton. 1999. "Damaging Fluctuations, Risk and Poverty: A Review." Documento de antecedentes para el *In-*

forme sobre el desarrollo mundial 2000/2001. Sussex University, Poverty Research Unit, Brighton, y Banco Mundial, Washington, D.C.

Skocpol, Theda. 1992. *Protecting Soldiers and Mothers: The Political Origins of Social Policy in the United States*. Cambridge, Mass.: Harvard University Press.

Skoufias, Emmanuel, Benjamin Davis y Jere R. Behrman. 1999. "An Evaluation of the Selection of Beneficiary Households in the Education, Health, and Nutrition Program (Progresa) of Mexico." Instituto Internacional de Investigaciones sobre Políticas Alimentarias, Washington, D.C.

Smale, Melinda y Paul Heisey. 1994. "Maize Research in Malawi Revisited: An Emerging Success Story?" *Journal of International Development* 6(6): 689-706.

Snodgrass, Donald R. y Richard H. Patten. 1989. "Reform of Rural Credit in Indonesia: Inducing Bureaucracies to Behave Competitively." Development Discussion Paper 315. Harvard Institute for International Development, Cambridge, Mass.

Solo, Tova Maria. 1998a. "Competition in Water and Sanitation: The Role of Small-Scale Entrepreneurs." Viewpoint 165. Banco Mundial, Red sobre finanzas, sector privado e infraestructura, Washington, D.C.

———. 1998b. "Keeping Paraguay's *Aguateros* on Stream." *Wall Street Journal*, 27 de noviembre.

———. 1999. "West African Businesses Pioneer Water and Sanitation Services to the Poor." Recuadro para el *Informe sobre el desarrollo mundial 2000/2001*. Banco Mundial, Washington, D.C.

Solow, Robert. 1956. "A Contribution to the Theory of Economic Growth." *Quarterly Journal of Economics* 70: 65-94.

Soobader, Mah-Jabeen y Felicia LeClere. 1999. "Aggregation and the Measurement of Income Inequality: Effects on Morbidity." *Social Science and Medicine* 48: 733-44.

Spohr, Chris. 2000. "Essays on Household and the Workforce in Taiwan." Massachusetts Institute of Technology, Department of Economics, Cambridge, Mass.

Srinivas, Mysore. 1987. "The Dominant Caste in Rampura." En Mysore Srinivas, comp., *The Dominant Caste and Other Essays*. Nueva Delhi: Oxford University Press.

Srinivasan, T.N. 2000. "Growth, Poverty Reduction, and Inequality." Documento presentado en la Conferencia anual del Banco Mundial sobre economía del desarrollo en Europa, Banco Mundial, 26-28 de junio, París.

Srinivasan, T.N. y Pranab K. Bardhan. 1974. *Poverty and Income Distribution in India*. Calcutta: Statistical Publishing Society.

Steele, Claude M. 1999. "Thin Ice: 'Stereotype Threat' and Black College Students." *Atlantic Monthly* 284(2): 44-54.

Stein, Ernesto. 1999. "Fiscal Discipline and Social Protection: Are They Compatible?" Banco Interamericano de Desarrollo, Research Department, Washington, D.C.

Stein, Howard. 1999. "The Development of the Developmental State in Africa: A Theoretical Enquiry." Documento presentado en la reunión de la Asociación de Estudios Africanos, 11-14 de noviembre, University of Pennsylvania, Filadelfia.

Steward, Fred. 1978. *Technology and Underdevelopment*. Londres: Macmillan.

Stewart, Frances. 1995. "The Social Impacts of Globalization and Marketization." En Üner Kirdar y Leonard Silk, comps., *People: From Impoverishment to Empowerment*. Nueva York: New York University Press.

Stewart, Frances, Frank P. Humphreys y Nick Lea. 1997. "Civil Conflict in Developing Countries over the Last Quarter of a Century: An Empirical Overview of Economic and Social Consequences." *Oxford Development Studies* 25(1): 11-41.

Stiglitz, Joseph E. 1998a. "Gender and Development: The Role of the State." Documento presentado en el taller sobre género y desarrollo, 2 de abril, Banco Mundial, Washington, D.C.

———. 1998b. "The Role of International Financial Institutions in the Current Global Economy." Discurso pronunciado en el Chicago Council on Foreign Relations, febrero, Chicago.

———. 1998c. "Towards a New Paradigm for Development: Strategies, Policies, and Processes." Prebisch Lecture at United Nations Conference on Trade and Development, octubre, Ginebra.

———. 1999. "Quis Custodiet Ipsos Custodes? Corporate Governance Failure in the Transition." Discurso pronunciado en la Conferencia anual del Banco Mundial sobre economía del desarrollo en Europa, Banco Mundial, 21-23 de junio, París.

Stiglitz, Joseph E. y Hirofumi Uzawa. 1969. *Readings in the Modern Theory of Economic Growth*. Cambridge, Mass.: MIT Press.

Stock, Elisabeth y Jan de Veen. 1996. *Expanding Labor-Based Methods for Road Works in Africa*. Documento técnico del Banco Mundial 347. Washington, D.C.

Strauss, John y Duncan Thomas. 1998. "Health, Nutrition, and Economic Development." *Journal of Economic Literature* 36: 766-817.

Streeten, Paul. 1984. "Basic Needs: Some Unsettled Questions." *World Development* 12: 973-82.

Streeten, Paul, Shahid J. Burki, Mahbub ul Haq, Norman Hicks y Frances Stewart. 1981. Streeten, Paul, Shahid J. Burki, Mahbub ul Haq, Norman Hicks, y Frances Stewart. 1986. *Lo primero es lo primero: satisfacer las necesidades humanas básicas en los países en desarrollo*. Madrid: Publicado para el Banco Mundial por Editorial Tecnos.

Subbarao, Kalanidhi. 1997. "Public Works as an Anti-poverty Program: An Overview of Cross-Country Experience." *American Journal of Agricultural Economics* 79: 678-83.

———. 1998. "Namibia's Social Safety Net: Issues and Options for Reform." Documento de trabajo sobre investigaciones relativas a políticas de desarrollo 1996. Banco Mundial, Washington, D.C.

Subbarao, Kalanidhi, Aniruddha Bonnerjee, Jeanine Braithwaite, Soniya Carvalho, Kene Ezemenari, Carol Graham y Alan Thompson. 1997. *Safety Net Programs and Poverty Reduction: Lessons from Cross-Country Experience*. Serie Tendencias del Desarrollo. Washington, D.C.: Banco Mundial.

Summers, Lawrence H. 1992. "Investing in All the People." *Pakistan Development Review* 31: 367-93.

———. 1993. "Foreword." En Elizabeth M. King y M. Anne Hill, comps., *Women's Education in Developing Countries: Barriers, Benefits, and Policies*. Baltimore, Md.: Johns Hopkins University Press.

Summers, Robert y Alan Heston. 1991. "The Penn World Table (Mark 5): An Expanded Set of International Comparisons, 1950-1988." *Quarterly Journal of Economics* 106(2): 327-68.

Suryahadi, Asep, Sudarno Sumarto, Yusuf Suharso y Lant Pritchett. 1999. "The Evolution of Poverty during the Crisis in Indonesia, 1996 to 1999." Banco Mundial, Washington, D.C., y

Unidad de vigilancia social e intervención en casos de emergencia, Yakarta.

Swamy, Anand V., Steve Knack, Young Lee y Omar Azfar. 1999. "Gender and Corruption." University of Maryland, Center on Institutional Reform and the Informal Sector, College Park.

Sweden, Ministry for Foreign Affairs. 1999. "Making Partnerships Work on the Ground." Informe de un seminario, 30-31 de agosto, Ulvsunda Castle, Estocolmo.

Székély, Miguel, Nora Lustig, Jose Antonio Mejia y Martin Cumpa. De próxima aparición. *How Many Poor People in Latin America Are There Really?* Washington, D.C.: Banco Interamericano de Desarrollo.

Szreter, Simon. 1997. "Economic Growth, Disruption, Deprivation, Disease and Death: On the Importance of the Politics of Public Health." *Population and Development Review* 23(4): 693-728.

———. De próxima aparición. "Social Capital, the Economy and Education in Historical Perspective." En Stephen Baron, John Field y Tom Schuller, comps., *Social Capital: Critical Perspectives.* Oxford: Oxford University Press.

Tacoli, Cecilia. 1998. "Rural-Urban Interactions: A Guide to the Literature." *Environment and Urbanization* 10(1): 147-66.

Tanzi, Vito. 1998. "Fundamental Determinants of Inequality and the Role of D.C.

———. 1999. "The Quality of the Public Sector." Documento presentado en la conferencia del Fondo Monetario Internacional sobre las reformas de segunda generación, 8-9 de noviembre, Washington, D.C.

Tanzi, Vito y Hamid Davoodi. 1997. "Corruption, Public Investment, and Growth." Documento de Trabajo del FMI 97/139. Fondo Monetario Internacional, Washington, D.C.

Temple, Jonathan. 1998. "Initial Conditions, Social Capital, and Growth in Africa." *Journal of African Economics* 73(3): 309-47.

———. 1999. "The New Growth Evidence." *Journal of Economic Literature* 37: 112-56.

Temple, Jonathan y Paul A. Johnson. 1998. "Social Capability and Economic Growth." *Quarterly Journal of Economics* 113(3): 965-90.

Tendler, Judith. 1993. *New Lessons from Old Projects: The Workings of Rural Development in Northeast Brazil.* Estudio sobre la evaluación de operaciones. Washington, D.C.: Banco Mundial.

———. 1997. *Good Governance in the Tropics.* Baltimore, Md.: Johns Hopkins University Press.

Tendler, Judith y Sara Freedheim. 1994. "Trust in a Rent-Seeking World: Health and Government Transformed in Northeast Brazil." *World Development* 22(12): 1771-91.

Teranish, Juro. 1996. "Sectoral Resource Transfer, Conflict and Macro-Stability in Economic Development: A Comparative Analysis." En Masahiko Aoki, Hyung-Ki Kim y Masahiro Okuno-Fujiwara, comps., *The Role of Government in East Asian Economic Development: Comparative Institutional Analysis.* Nueva York: Oxford University Press.

Ter-Minassian, Teresa. 1997. *Fiscal Federalism in Theory and Practice.* Washington, D.C.: Fondo Monetario Internacional.

TGNP (Tanzania Gender Networking Programme). 1999. *Budgeting with a Gender Focus.* Dar es Salaam.

Thomas, Duncan. 1990. "Intrahousehold Resource Allocation: An Inferential Approach." *Journal of Human Resources* 25: 635-64.

———. 1997. "Incomes, Expenditures, and Health Outcomes: Evidence on Intrahousehold Resource Allocation." En Lawrence Haddad, John Hoddinott y Harold Alderman, comps., *Intrahousehold Resource Allocation in Developing Countries: Models, Methods, and Policy.* Baltimore, Md.: Johns Hopkins University Press.

———. 1999. "Economic Crisis and Poverty: Evidence from Indonesia." University of California at Los Angeles, Department of Economics.

Thomas, Duncan, Victor Lavy y John Strauss. 1996. "Public Policy and Anthropometric Outcomes in the Côte d'Ivoire." *Journal of Public Economics* 61: 155-92.

Thomas, Vinod y Yan Wang. 1998. "Missing Lessons of East Asia: Openness, Education, and the Environment." Documento presentado en la Conferencia anual del Banco Mundial sobre el desarrollo en América Latina y el Caribe, Banco Mundial, junio, Montevideo.

Thorbecke, Erik. 1985. "The Social Accounting Matrix and Consistency-Type Planning Models." En Graham Pyatt y Jeffrey I. Round, comps., *Social Accounting Matrices: A Basis for Planning.* Washington, D.C.: Banco Mundial.

———. 1991. "Adjustment, Growth and Income Distribution in Indonesia." *World Development* 19(11): 1595-614.

———. 2000. "The Evolution of the Development Doctrine and the Role of Foreign Aid, 1950-2000." En Finn Tarp, comp., *Foreign Aid and Development: Lessons Learnt and Directions for the Future.* Londres: Routledge.

Thorbecke, Erik y Hong-Sang Jung. 1996. "A Multiplier Decomposition Method to Analyze Poverty Alleviation." *Journal of Development Economics* 48: 279-300.

Timmer, C. Peter. 1997. "How Well Do the Poor Connect to the Growth Process?" Consulting Assistance on Economic Reform Discussion Paper 178. Harvard Institute for International Development, Cambridge, Mass.

Timmer, Marcel P. y Adam Szirmai. 1997. "Growth and Divergence in Manufacturing Performance in South and East Asia." Research Memorandum Gd-37. University of Groningen, Groningen Growth and Development Centre.

Tomich, Thomas P. y Meine van Noodwijk, comps. 1998. *Alternatives to Slash-and-Burn in Indonesia: Summary Report and Synthesis of Phase II.* Bogor: International Centre for Research in Agroforestry.

Tommasi, Mariano. 1999. "On High Inflation and the Allocation of Resources." *Journal of Monetary Economics* 44: 401-21.

Tommasi, Mariano y Andrés Velasco. 1996. "Where Are We in the Political Economy of Reform?" *Journal of Policy Reform* 1(2): 187-238.

Tommasi, Mariano y Federico Weischelbaum. 1999. "A Principal-Agent Building Block for the Study of Decentralization and Integration." Harvard University, Cambridge, Mass.

Townsend, Peter. 1979. *Poverty in the United Kingdom: A Survey of Household Resources and Standards of Living.* Londres: Allen Lane.

———. 1985. "Sociological Approach to the Measurement of Poverty: A Rejoinder to Professor Amartya Sen." *Oxford Economic Papers* 37: 659-68.

Townsend, Robert. 1994. "Risk and Insurance in Village India." *Econometrica* 62(3): 539-91.

———. 1995. "Consumption Insurance: An Evaluation of Risk-Bearing Systems in Low-Income Economies." *Journal of Economic Perspectives* 9: 83-102.

Treisman, Daniel. 1998. "The Causes of Corruption: A Cross-National Study." University of California at Los Angeles, Department of Political Science.

Tsui, Kay Yuen. 1995. "Multidimensional Generalizations of the Relative and Absolute Indices: The Atkinson-Kolm-Sen Approach." *Journal of Economic Theory* 67: 251-65.

———. 1997. "Multidimensional Poverty Indices." Chinese University of Hong Kong, Department of Economics.

Tuck, Laura y Kathy Lindert. 1996. *From Universal Food Subsidies to a Self-Targeted Program: A Case Study in Tunisian Reform.* Documento para discusión del Banco Mundial 351. Washington, D.C.

Tummala, Krishna K. 1999. "Policy of Preference: Lessons from India, the United States, and South Africa." *Public Administration Review* 59(6): 495-509.

Turok, Ben. 1999. "South Africa: From Exclusion to Integration." Documento de antecedentes para el *Informe sobre el desarrollo mundial 2000/2001.* Banco Mundial, Washington, D.C.

Turton, David, comp. 1997. *War and Ethnicity: Global Connections and Local Violence.* Rochester, N.Y.: University of Rochester Press.

Tzannatos, Zafiris. 1998. "Child Labor and School Enrollment in Thailand in the 1990s." Social Protection Paper 9818. Banco Mundial, Washington, D.C.

Uberoi, Patricia. 1999. "Gender and State Policies in India, 1950-2000." Banco Mundial, Washington, D.C.

Uddin, Sharif. 1999. "The 'Village Phone': Bringing Universal Service to Rural Areas in Bangladesh." Documento presentado en la primera Conferencia Internacional sobre telecomunicaciones rurales de National Telephone Cooperative Association, noviembre, Washington, D.C.

Udry, Christopher. 1991. "Credit Markets in Northern Nigeria: Credit as Insurance in a Rural Economy." *World Bank Economic Review* 4(3): 251-71.

———. 1996. "Gender, Agricultural Production, and the Theory of the Household." *Journal of Political Economy* 104(5): 1010-46.

———. 1999. "Poverty, Risk and Households." Documento presentado en el seminario de verano del *Informe sobre el desarrollo mundial 2000/2001*, Banco Mundial, julio, Washington, D.C.

Udry, Christopher, John Hoddinott, Harold Alderman y Lawrence Haddad. 1995. "Gender Differentials in Farm Productivity: Implications for Household Efficiency and Agricultural Policy." *Food Policy* 20(5): 407-23.

Naciones Unidas. 1998. *Poverty Reduction Strategies: A Review.* Nueva York.

ONUSIDA (Programa Conjunto de las Naciones Unidas sobre el VIH/SIDA). 1998. *La epidemia de SIDA: situación en diciembre de 1998.* Ginebra

———.*Informe sobre la epidemia mundial de VIH/SIDA.* Ginebra.

PNUD (Programa de las Naciones Unidas para el Desarrollo). 1995. *Informe sobre desarrollo humano 1995.* México: Harla S.A. de C.V.

———.1996. *Informe sobre desarrollo humano 1996.* Madrid: Ediciones Mundi-Prensa.

———.1997. *Informe sobre desarrollo humano 1997.* Madrid: Ediciones Mundi-Prensa.

———.1998. *Superar la pobreza humana.* Nueva York: Naciones Unidas

———.1999a. *Informe sobre desarrollo humano 1999.* Madrid: Ediciones Mundi-Prensa.

———.1999b. *PNUD: Manual de Programación.* Nueva York: Naciones Unidas.

UNESCO (Organización de las Naciones Unidas para la Educación, la Ciencia y la Cultura). *Database.* [unescostat.unesco.org/en/stats/stats0.htm]

Unger, Danny. 1998. *Building Social Capital in Thailand: Fibers, Finance, and Infrastructure.* Nueva York: Cambridge University Press.

UNICEF (Fondo de las Naciones Unidas para la Infancia). 1994. *Children at Work.* East Asia and Pacific Regional Office. Bangkok.

UNICEF (Fondo de las Naciones Unidas para la Infancia) y Oxfam International. 1999. "Debt Relief and Poverty Reduction: Meeting the Challenge." Documento presentado en el seminario de examen de los países pobres muy endeudados, Comisión Económica para Africa de las Naciones Unidas, julio, Addis Ababa. [www.worldbank.org/hipc].

United Kingdom, Secretary of State for International Development. 1997. *Eliminating World Poverty: A Challenge for the 21st Century.* White Paper on International Development. Londres: Her Majesty's Stationery Office.

Uphoff, Norman. 1992. *Learning from Gal Oya: Possibilities for Participatory Development and Post-Newtonian Social Science.* Ithaca, N.Y.: Cornell University Press.

———. 1993. "Grassroots Organizations and NGOs in Rural Development: Opportunities with Diminishing States and Expanding Markets." *World Development* 21(4): 607-22.

———. 1998. "Community-Based Natural Resources Management: Connecting Micro and Macro Processes, and People with Their Environments." Presentado en el Seminario internacional sobre gestión comunitaria de los recursos naturales, Banco Mundial, 10-14 de mayo, Washington, D.C.

USAID (Agencia de los Estados Unidos para el Desarrollo Internacional), OFDA (Office of U.S. Foreign Disaster Assistance). 1999. *International Disaster Database.* Washington, D.C.

U.S. Census Bureau. 1999. *Poverty in the United States 1998.* Washington, D.C.: U.S. Department of Commerce.

Uvin, Peter. 1995. "Fighting Hunger at the Grassroots: Paths to Scaling Up." *World Development* 23: 927-39.

Valdes, Alberto. 1994. "Agricultural Reforms in Chile and New Zealand: A Review." *Journal of Agricultural Economics* 45(2): 189-201.

———. 1999. "A Rural Poverty Profile of the Region." En Ramon Lopez y Alberto Valdes, comps., *Rural Poverty in Latin America: Analytics, New Empirical Evidence and Policy.* Washington, D.C.: Banco Mundial.

van de Walle, Dominique. 1995. "Toward a Synthesis." En Dominique van de Walle y Kimberly Nead, comps., *Public Spending and the Poor: Theory and Evidence.* Baltimore, Md.: Johns Hopkins University Press.

———. 1996. *Infrastructure and Poverty in Vietnam.* Estudio de medición de los niveles de vida. Documento de trabajo No. 121. Washington, D.C.: Banco Mundial.

———. 2000a. "Are Returns to Investment Lower for the Poor? Human and Physical Capital Interactions in Rural Vietnam." Banco Mundial, Grupo de investigaciones sobre el desarrollo, Washington, D.C., y Universidad de Toulouse, Departmento de Economía.

———. 2000b. "Choosing Pro-poor Rural Road Investments." Banco Mundial, Grupo de investigaciones sobre el desarrollo, Washington, D.C.

———. 2000c. "Human Capital and Labor Market Constraints in Developing Countries: A Case Study of Irrigation in Vietnam." Banco Mundial, Grupo de investigaciones sobre el desarrollo, Washington, D.C.

van de Walle, Dominique y Dileni Gunewardena. 2000. "Sources of Ethnic Inequality in Viet Nam." Documento de trabajo sobre investigaciones relativas a políticas de desarrollo 2297. Banco Mundial, Washington, D.C.

van de Walle, Dominique y Kimberly Nead, comps. 1995. *Public Spending and the Poor: Theory and Evidence.* Baltimore, Md.: Johns Hopkins University Press.

van de Walle, Nicolas. De próxima aparición. *The Politics of Permanent Crisis: Managing African Economies, 1979-1999.* Nueva York: Cambridge University Press.

van de Walle, Nicolas y Timothy Johnston. 1996. *Improving Aid to Africa.* Policy Essay 21. Washington, D.C.: Consejo de Desarrollo de Ultramar.

van der Gaag, Jacques. 1995. *Private and Public Initiatives Working Together for Health and Education.* Serie Tendencias del Desarrollo. Washington, D.C.: Banco Mundial.

van Dijk, Meine Pieter y Roberta Rabellotti. 1997. *Enterprise Clusters and Networks in Developing Countries.* Londres: Frank Cass.

van Domelen, Julie y Daniel Owen. 1998. "Getting an Earful: A Review of Beneficiary Assessments of Social Funds." Social Protection Discussion Paper 9816. Banco Mundial, Washington, D.C.

van Doorslaer, Eddy y Adam Wagstaff. 1997. "Income-Related Inequalities in Health: Some International Comparisons." *Journal of Health Economics* 16: 93-112.

van Ginneken, Wouter, comp. 1999. *Social Security for the Excluded Majority.* Ginebra: Oficina Internacional del Trabajo.

van Nieuwkoop, Martien y Jorge E. Uquillas. 2000. "Defining Ethnodevelopment in Operational Terms: Lessons from the Ecuador Indigenous and Afro-Ecuadoran Peoples Development Project." Sustainable Development Working Paper 6. Banco Mundial, Oficina Regional de América Latina y el Caribe, Washington, D.C.

van Rijckeghem, Caroline y Beatrice Weder. 1997. "Corruption and the Rate of Temptation: Do Low Wages in Civil Service Cause Corruption?" Documento de Trabajo del FMI 97/73. Fondo Monetario Internacional, Washington, D.C.

van Rooy, Alison, comp. 1998. *Civil Society and the Aid Industry.* Londres: Earthscan.

van Trotsenburg, Axel y Alan MacArthur. 1999. "La Iniciativa para la reducción de la deuda de los países pobres muy endeudados: alivio de la carga de la deuda para los países pobres." Washington, D.C.: Banco Mundial.

Varian, Hall R. 1990. "Monitoring Agents with Other Agents." *Journal of Institutional and Theoretical Economics* 146: 153-74.

Varma, Keshav. 1999. "City of Ahmedabad Slum Networking Project." Asociación de Trabajadoras por Cuenta Propia, Ahmedabad.

Varshney, Ashutosh. 1999a. "Democracy and Poverty." Documento de antecedentes para el *Informe sobre el desarrollo mundial 2000/2001.* Banco Mundial, Washington, D.C.

———. 1999b. "Mass Politics or Elite Politics? India's Economic Reforms in Comparative Perspective." En Jeffrey Sachs, Ashutosh Varshney y Nirupam Bajpai, comps., *India in the Era of Economic Reforms.* Nueva Delhi: Oxford University Press.

———. 2000. *Ethnic Conflict and Civic Life: Hindus and Muslims in India.* New Haven, Conn.: Yale University Press.

Vatsa, Krishna. 1999. "Community Participation in Postdisaster Reconstruction: Lessons Learned from the Maharashtra Emergency Earthquake Rehabilitation Program." Recuadro para el *Informe sobre el desarrollo mundial 2000/2001.* Banco Mundial, Washington, D.C.

Vélez, Carlos Eduardo, Adriana Kugler y César Bouillón. 1999. "A Microeconomic Decomposition of the Inequality U-turn in Urban Colombia: Labor Market Forces and Beyond." Banco Interamericano de Desarrollo, Unidad Asesora sobre Pobreza y Desigualdad, Washington, D.C.

Vella, Venanzio. 1997. "Health and Nutritional Aspects of Well-Being." En Jeni Klugman, comp., *Poverty in Russia: Public Policy and Private Responses.* Washington, D.C.: Banco Mundial.

Venkataraman, Arjunamurthy y Julia Falconer. 1999. "Rejuvenating India's Decimated Forests through Joint Action: Lessons from Andhra Pradesh." Datos básicos de proyectos. Banco Mundial, Departamento de Desarrollo Rural, Washington, D.C.

Vietnam, General Statistics Office. 1998. *Vietnam Living Standards Survey 1998.* Hanoi.

Villagran, Eduardo. 2000. "Key Drivers of Improved Access: Off-Grid Service." En Programa de asistencia para la gestión del sector de energía , *Energy and Development Report 2000: Energy Services for the World's Poor.* Washington, D.C.: Banco Mundial.

Visaria, Pravin. 2000. "Poverty in India during 1994-98: Alternative Estimates." Institute of Economic Growth, Dehli.

von Pischke, J.D., Dale W. Adams y Gordon Donald, comps. 1984. *Rural Financial Markets in Developing Countries: Their Use and Abuse.* Baltimore, Md.: Johns Hopkins University Press.

Vos, Rob, Margarita Velasco y Edgar de Labastida. 1999. "Economic and Social Effects of El Niño in Ecuador, 1997-1998." Banco Interamericano de Desarrollo, Washington, D.C.

Waddington, Catriona y K.A. Enyimayew. 1989. "Price to Pay: The Impact of User Charges in Asante-Akim District, Ghana." *International Journal of Health Planning and Management* 4(1): 17-47.

———. 1990. "A Price to Pay, Part 2: The Impact of User Charges in the Volta Region of Ghana." *International Journal of Health Planning and Management* 5(4): 287-312.

Wade, Robert. 1985. "The Market for Public Office: Why the Indian State Is Not Better at Development." *World Development* 13(abril): 467-97.

———. 1987. *Village Republics: Economic Conditions for Collective Action in South India.* Nueva York: Cambridge University Press.

———. 1991. *Governing the Market: Economic Theory and the Role of Government in East Asian Industrialization.* Princeton, N.J.: Princeton University Press.

———. 1992. "How to Make Street-Level Bureaucracies Work Better: India and Korea." *International Development Studies Bulletin* 23: 51-54.

Wagstaff, Adam. 1999. *Inequalities in Child Mortality in the Developing World: How Large Are They? How Can They Be Reduced?* Washington, D.C.: Banco Mundial, Red sobre desarrollo humano.

———.2000 "Desigualdades socioeconómicas y mortalidad infantil: comparación de nueve países en desarrollo." *Boletín de la Organización Mundial de la Salud* 78(1).

———. De próxima aparición a. *If the Health of the Poor Matters More: Child Survival Inequealities in Nine Developing Countries.* Washington, D.C.: Banco Mundial, Red sobre desarrollo humano.

———. De próxima aparición b. *Inequalities in Child Health.* Washington, D.C.: Banco Mundial, Red sobre desarrollo humano.

Wagstaff, Adam y Eddy van Doorslaer. 2000. "Income Inequality and Health: What Does the Literature Tell Us?" *Annual Review of Public Health* 21: 543-67.

Wagstaff, Adam y Naoko Watanabe. 2000. "Socioeconomic Inequalities in Child Malnutrition in the Developing World." Banco Mundial, Grupo de Salud, Nutrición y Población, Washington, D.C.

Waldmann, Robert. 1992. "Income Distribution and Infant Mortality." *Quarterly Journal of Economics* 107: 1283-302.

Walker, Ian, Rafael del Cid, Fidel Ordoñez, y Florencia Rodríguez. 1999. "Evaluación Ex-Post del Fondo Hondureño de Inversión Social." Banco Mundial, Washington, D.C.

Walker, Ian, Margarita Velasquez, Francisco Ordonez y Florencia Rodriguez. 1997. "Regulation, Organization and Incentives: The Political Economy of Potable Water Services in Honduras." Documento de trabajo R-314. Banco Interamericano de Desarrollo, Washington, D.C.

Walker, Thomas y James Ryan. 1990. *Village and Household Economies in India's Semi-arid Tropics.* Baltimore, Md.: Johns Hopkins University Press.

Wallsten, Scott J. 1999. "An Empirical Analysis of Competition, Privatization, and Regulation in Africa and Latin America." Documento de trabajo sobre investigaciones relativas a políticas de desarrollo 2136. Banco Mundial, Washington, D.C.

Walt, Gill, Enrico Pavignani, Lucy Gilson y Kent Buse. 1999. "Managing External Resources in the Health Sector: Are There Lessons for SWAps?" *Health Policy and Planning* 14(3): 273-84.

Ward-Batts, Jennifer. 1998. "Modeling Family Expenditures to Test Income Pooling." Documento presentado en las Reuniones de 1998 de la Population Association of America, 2-4 de abril, Chicago.

Waterbury, John. 1973. "Endemic and Planned Corruption in a Monarchical Regime." *World Politics* 25(4): 533-55.

Webb, Michael y David Ehrhardt. 1998. "Improving Water Services through Competition." Banco Mundial, Red sobre finanzas, sector privado e infraestructura, Washington, D.C.

Weber, Eugene J. 1976. *Peasants into Frenchmen: The Modernization of Rural France, 1870-1914.* Stanford, Calif.: Stanford University Press.

Wei, Shang-Jin. 1999a. *Corruption and Poverty: New Evidence.* Washington, D.C.: Banco Mundial.

———. 1999b. "Corruption in Economic Development: Beneficial Grease, Minor Annoyance, or Major Obstacle?" Documento de trabajo sobre investigaciones relativas a políticas de desarrollo 2048. Banco Mundial, Washington, D.C.

Weidenbaum, Murray y Samuel Hughes. 1996. *The Bamboo Network: How Expatriate Chinese Entrepreneurs Are Creating a New Economic Superpower in Asia.* Nueva York: Free Press.

Weiner, David. 1999. "At Seattle, Start the Trade and Labor Dialogue." ODC Viewpoint. Consejo de Desarrollo de Ultramar, Washington, D.C.

Weiner, Myron. 1991. *The Child and the State in India: Child Labor and Education Policy in Comparative Perspective.* Princeton, N.J.: Princeton University Press.

Wellenius, Bjorn. 1997. "Extending Telecommunications Service to Rural Areas: The Chilean Experience." Viewpoint 105. Banco Mundial, Red sobre finanzas, sector privado e infraestructura, Washington, D.C.

Whang, In-Joun. 1981. *Management of Rural Change in Korea.* Seúl: National University Press.

White, Judy. 1997. "Evaluation Synthesis of Rural Water and Sanitation Projects." Evaluation Report EV596. U.K. Department for International Development, Londres.

Whitehead, Laurence y George Gray-Molina. 1999. "The Long-Term Politics of Pro-poor Policies." Documento de antecedentes para el *Informe sobre el desarrollo mundial 2000/2001.* Banco Mundial, Washington, D.C.

Whittington, Dale, Donald T. Lauria y Xinming Mu. 1989. "Paying for Urban Services: A Study of Water Vending and Willingness to Pay for Water in Onitsha, Nigeria." Report INU40. Banco Mundial, Infrastructure and Urban Development Department, Washington, D.C.

Wilkinson, Richard. 1996. *Unhealthy Societies: The Afflictions of Inequality.* Londres: Routledge.

Williamson, John. 1990. *Latin American Adjustment: How Much Has Happened?* Washington, D.C.: Institute for International Economics.

———. 1993. "Democracy and the 'Washington Consensus'." *World Development* 21: 1329-36.

Wilson, William Julius. 1996. *When Work Disappears: The World of the New Urban Poor.* Nueva York: Knopf.

Winters, L. Alan. 1999. "Trade, Trade Policy, and Poverty: What Are the Links?" Documento de antecedentes para el *Informe sobre el desarrollo mundial 2000/2001.* Sussex University, Economics Department, Brighton, y Banco Mundial, Washington, D.C.

Wodon, Quentin. 1997. "Food Energy Intake and Cost of Basic Needs: Measuring Poverty in Bangladesh." *Journal of Development Studies* 34: 66-101.

———. 1999. "Growth, Inequality, and Poverty: A Regional Panel for Bangladesh." Documento de trabajo sobre investigaciones relativas a políticas de desarrollo 2072. Banco Mundial, Washington, D.C.

———. 2000a. "Extreme Poverty and Human Rights: Essays on Joseph Wresinski." Documento de antecedentes para el *Informe sobre el desarrollo mundial 2000/2001.* Banco Mundial, Washington, D.C.

———. 2000b. "Income Mobility and Risk during the Business Cycle." Banco Mundial, Red sobre Reducción de la Pobreza y Gestión Económica, Washington, D.C.

———. 2000c. "Public Works Employment and Workfare Programs: Optimizing the Timing of Benefits for Poverty Reduction." Banco Mundial, Red sobre Reducción de la Pobreza y Gestión Económica, Washington, D.C.

———. De próxima aparición. "Micro Determinants of Consumption, Poverty, Growth, and Inequality in Bangladesh." *Applied Economics.*

Wodon, Quentin y Norman Hicks. 1999. "Protecting the Poor during Crisis through Public Spending? Framework and Application to Argentina and Mexico." Banco Mundial, Red sobre Reducción de la Pobreza y Gestión Económica, Washington, D.C.

Wodon, Quentin y Mari Minowa. 2000. "Training for the Urban Unemployed: A Reevaluation of Mexico's Probecat." Banco Mundial, Red sobre Reducción de la Pobreza y Gestión Económica, Washington, D.C.

Wodon, Quentin, Norman Hicks, Bernadette Ryan y Gabriel Gonzalez. 2000. "Are Governments Pro-poor but Short-Sighted? Targeted and Social Spending for the Poor during Booms and Busts." Banco Mundial, Red sobre Reducción de la Pobreza y Gestión Económica y Oficina Regional de América Latina y el Caribe, Washington, D.C.

Wodon, Quentin, Robert Ayres, Matias Barenstein, Kihoon Lee, Pia Peeters, Corinne Siaens y Shlomo Yitzhaki. 2000. *Poverty and Policy in Latin America and the Caribbean.* Documento técnico del Banco Mundial 467. Washington, D.C.

Wolf, Margery. 1985. *Revolution Postponed: Women in Contemporary China.* Stanford, Calif.: Stanford University Press.

Wolfensohn, James D. 1000 "Propuesta de un Marco Integral de Desarrollo: Documento preliminar para su discusión." Banco Mundial, Oficina del Presidente, Washington, D.C.

Woo-Cumings, Meredith, comp. 1999. *The Developmental State.* Ithaca, N.Y.: Cornell University Press.

Woods, Ngaire. 1999. "Good Governance in International Organizations." *Global Governance* 5: 39-61.

Woolcock, Michael. 1998. "Social Capital and Economic Development: Toward a Theoretical Synthesis and Policy Framework." *Theory and Society* 27(2): 151-208.

———. 1999. "Learning from Failures in Microfinance." *American Journal of Economics and Sociology* 58(1): 17-42.

———. 2000. "Managing Risk, Shocks, and Opportunities in Developing Economies: The Role of Social Capital." En Gustav Ranis, comp., *Dimensions of Development.* New Haven, Conn.: Yale Center Press.

———. De próxima aparición. *Using Social Capital: Getting the Social Relations Right in the Theory and Practice of Economic Development.* Princeton, N.J.: Princeton University Press.

Woolcock, Michael y Deepa Narayan. De próxima aparición. "Social Capital: Implications for Development Theory, Research and Policy." *World Bank Research Observer.*

Woolcock, Michael, Lant Pritchett y Jonathan Isham. 1999. "The Social Foundations of Poor Economic Growth in Resource-Rich Countries." Documento preparado para el proyecto sobre recursos naturales y crecimiento económico del Instituto Mundial de Investigaciones de Economía del Desarrollo, Universidad de las Naciones Unidas, Helsinki.

World Bank Partnerships Group. 1998a. "Partnership for Development: From Vision to Action." Briefing to Board of Executive Directors, septiembre, Washington, D.C.

———. 1998b. "Partnership for Development: Proposed Actions for the World Bank." Documento para discusión. Washington, D.C.

World Faiths Development Dialogue. 1999. "A Different Perspective on Poverty and Development." Observaciones acerca del *Informe sobre el desarrollo mundial 2000/2001.* Londres.

———. 2000. "A New Direction for World Development? Comment on the First Full Version of the *World Development Report 2000/2001.*" Occasional Paper 3. Londres.

Wuyts, Marc. 1996. "Foreign Aid, Structural Adjustment, and Public Management: The Mozambican Experience." *Development and Change* 27(4): 717-49.

Yao, Shujie. 1999. "Economic Growth, Income Inequality and Poverty in China under Economic Reforms." *Journal of Development Studies* 35(6): 104-30.

Yaqub, Shahin. 1999. "How Equitable Is Public Spending on Health and Education?" Documento de antecedentes para el *Informe sobre el desarrollo mundial 2000/2001.* Sussex University, Poverty Research Unit, Brighton, y Banco Mundial, Grupo de investigaciones sobre el desarrollo, Washington, D.C.

Yaron, Jacob. 1992. *Successful Rural Finance Institutions.* Documento para discusión del Banco Mundial 150. Washington, D.C.

Yaron, Jacob, McDonald Benjamin Jr. y Stephanie Charitonenko. 1998. "Promoting Efficient Rural Financial Intermediation." *World Bank Research Observer* 13(2): 147-70.

Yaron, Jacob, McDonald Benjamin Jr., y Gerda Piprek. 1997. *Financiamiento rural: problemas, diseño y prácticas óptimas.* Serie de monografías y estudios sobre el desarrollo social y ecológicamente sostenible No. 14. Washington, D.C.: Banco Mundial.

Yepes, Guillermo. 1999. "Do Cross-Subsidies Help the Poor to Benefit from Water and Wastewater Services? Lessons from Guayaquil." Water Supply and Sanitation Program Working Paper. Programa de las Naciones Unidas para el Desarrollo y Banco Mundial, Washington, D.C.

Yost, Carol. 1999. "Gender and Law: Challenges and Opportunities for Development." Observaciones el seminario del Banco Mundial sobre diferencias entre sexos y legislación, junio, Washington, D.C.

Young, Alwyn. 1995. "The Tyranny of Numbers: Confronting the Statistical Realities of East Asian Growth." *Quarterly Journal of Economics* 110(3): 641-80.

Younger, Stephen. 1996. "Labor Market Consequences of Retrenchment for Civil Servants in Ghana." En David E. Sahn, comp., *Economic Reform and the Poor in Africa.* Oxford: Clarendon.

Zaman, Hassan. 1999. "Assessing the Impact of Microcredit on Poverty and Vulnerability in Bangladesh." Documento de trabajo sobre investigaciones relativas a políticas de desarrollo 2145. Banco Mundial, Washington, D.C.

Zeller, Manfred. 1999. "The Role of Microfinance for Income and Consumption Smoothing." Documento presentado en la Conferencia sobre Protección Social y Pobreza, Banco Interamericano de Desarrollo, 4-5 de febrero, Washington, D.C.

Zeng Yi, Tu Ping, Gu Baochang, Xu Yi, Li Bohua y Li Yongping. 1993. "Causes and Implications of the Recent Increase in the Reported Sex Ratio at Birth in China." *Population and Development Review* 19(2): 283-302.

Zimmerman, Frederic y Michael R. Carter. 1999. "Asset Smoothing, Consumption Smoothing and the Reproduction of Inequality under Risk and Subsistence Constraints." Department of Agricultural and Applied Economics Staff Paper 402. University of Wisconsin, Madison.

Indicadores seleccionados del desarrollo mundial

Cuadros

Introducción a los Indicadores seleccionados del desarrollo mundial

Los Indicadores seleccionados del desarrollo mundial constituyen un conjunto básico de indicadores de uso corriente obtenidos a partir de las bases de datos sobre el desarrollo del Banco Mundial. Se presentan 21 cuadros en los que, como es tradicional, se comparan datos socioeconómicos de más de 130 economías correspondientes al año más reciente sobre el que están disponibles y a otro año anterior. En otro cuadro se presentan los indicadores básicos de 74 economías que tienen una población de menos de 1,5 millones de habitantes o respecto de las cuales se dispone de datos escasos.

Los indicadores que se presentan aquí han sido seleccionados de entre más de 500 indicadores incluidos en *World Development Indicators 2000*. Esa publicación anual ofrece una visión integral del proceso de desarrollo. En su primer capítulo se presenta un informe de los antecedentes y las perspectivas sobre el progreso social y económico en los países en desarrollo, en comparación con siete metas internacionales. En sus cinco secciones principales se muestra la contribución de diversos aspectos: desarrollo del capital humano, sostenibilidad ambiental, resultados macroeconómicos, desarrollo del sector privado y las vinculaciones a nivel mundial que influyen en las condiciones externas para el desarrollo. Por separado se publica una base de datos en CD-ROM que da acceso a más de 1.000 cuadros de datos y 500 indicadores en series cronológicas correspondientes a 223 países y regiones.

Organización de los Indicadores seleccionados del desarrollo mundial

En los Cuadros 1 y 2, *Perspectiva mundial*, se presenta un panorama general de los temas de interés fundamental para el desarrollo, tales como el nivel de riqueza o pobreza de la población de cada economía, el nivel real de bienestar medido según las tasas de malnutrición y de mortalidad infantil, la esperanza de vida de los recién nacidos y el porcentaje de adultos analfabetos.

En los Cuadros 3 a 7, *Población*, se muestra el avance logrado en materia de desarrollo social en los últimos 10 años. Se han incluido datos sobre crecimiento de la población, participación de la población activa y distribución del ingreso. También se presentan medidas del bienestar, como el estado de salud de la población, los índices de pobreza, las tasas de matrícula y rendimiento escolares y las diferencias entre los sexos en cuanto al nivel de instrucción.

En los Cuadros 8 a 10, *Medio ambiente*, se presentan indicadores fundamentales sobre el uso de la tierra y la producción agrícola, la deforestación y las zonas protegidas, los recursos hídricos, el consumo de energía y las emisiones de dióxido de carbono.

En los Cuadros 11 a 15, *Economía*, se presenta información sobre la estructura y el crecimiento de las economías de todo el mundo, con inclusión de estadísticas sobre las finanzas públicas y un resumen de la balanza de pagos.

En los Cuadros 16 a 19, *Estados y mercados*, se analiza la función de los sectores público y privado en la creación de la infraestructura necesaria para el crecimiento económico. En estos cuadros se presenta información sobre la inversión privada, los mercados de valores y las actividades económicas del Estado (con inclusión del gasto militar), tecnología de la información, e investigación y desarrollo.

Los Cuadros 20 y 21, *Integración mundial*, contienen información sobre los flujos comerciales y financieros, incluida la asistencia y el financiamiento a los países en desarrollo.

Dado que la función primordial del Banco Mundial es proporcionar financiamiento y asesoría sobre políticas a los países miembros de ingreso bajo y mediano, los temas que se tratan en los cuadros se refieren fundamentalmente a esas economías. En los casos en que se dispone de información sobre las economías de ingreso alto, ésta se incluye también para fines comparativos. Los lectores pueden remitirse a las publicaciones estadísticas nacionales y a las de la Organización de Cooperación y Desarrollo Económicos (OCDE) y de la Unión Europea, donde encontrarán más información sobre las economías de ingreso alto.

Clasificación de las economías

Al igual que en el texto principal del Informe, el producto nacional bruto (PNB) per cápita es el criterio principal que se utiliza en los Indicadores seleccionados del desarrollo mundial para clasificar las economías y distinguir de manera amplia las etapas de desarrollo económico en que se encuentra cada una de ellas. Las economías se clasifican en tres categorías, según el ingreso. La clasificación utilizada en la presente edición refleja las actuales directrices operacionales del Banco Mundial. Las categorías de economías son las siguientes, atendiendo al nivel del PNB per cápita: de ingreso bajo, $755 o menos en 1999; de ingreso mediano, de $756 a $9.265, y de ingreso alto, $9.266 y más. Asimismo, se ha establecido una subdivisión en $2.995 para distinguir entre las economías de ingreso mediano bajo y las de ingreso mediano alto. También se ha clasificado a las economías por región. La lista de todas las economías de cada grupo de ingresos y cada región (incluidas las que tienen menos de 1,5 millones de habitantes) puede verse en el cuadro de la clasificación de las economías, al final del Informe.

Cada cierto tiempo la clasificación de alguna economía cambia debido a las modificaciones de los valores de las categorías antes señaladas o a variaciones en el PNB per cápita medido para dicha economía. Cuando se producen tales cambios, los agregados correspondientes al período precedente que se basan en esas clasificaciones se vuelven a calcular con el objeto de mantener series cronológicas concordantes. Entre 1999 y 2000 se produjeron cambios en la clasificación de varios países grandes, lo que dio lugar a importantes modificaciones en los agregados de los ingresos y los agregados regionales. Por ejemplo, debido a las rectificaciones que se han hecho a las estimaciones del PNB per cápita de China, esa economía ha sido reclasificada, pasando de la categoría de ingreso bajo a la de ingreso mediano bajo. Además, se han producido los siguientes cambios en la clasificación de las economías: Turquía ha pasado de la categoría de ingreso mediano alto a la de ingreso mediano bajo; Georgia, Ucrania y Uzbekistán han pasado de la categoría de ingreso mediano bajo a la de ingreso bajo; Dominica y Sudáfrica, de la de ingreso mediano bajo a la de ingreso mediano alto, y Honduras, de la de ingreso bajo a la de ingreso mediano bajo.

Fuentes y métodos para la recopilación de los datos

Los datos socioeconómicos y sobre medio ambiente que se presentan aquí se han tomado de varias fuentes: datos primarios recopilados por el Banco Mundial, publicaciones estadísticas de los países miembros, institutos de investigaciones y organismos internacionales como la OCDE, el Fondo Monetario Internacional (FMI) y las Naciones Unidas y sus organismos especializados (véanse las Fuentes de los datos, que aparecen a continuación de las Notas técnicas, donde se presenta una lista completa de dichas fuentes). Si bien en la mayoría de los datos estadísticos que declaran los países e instituciones internacionales se aplican normas internacionales sobre cobertura, definición y clasificación de los datos, inevitablemente existen diferencias en cuanto a la actualidad y confiabilidad debido a los diferentes medios y recursos utilizados en la obtención y recopilación de los datos básicos. En algunos casos en que hay discrepancias entre los datos de distintas fuentes se requiere un examen por parte del personal del Banco Mundial a fin de asegurar que se presenten los más confiables de que se disponga. No se presentan datos en los casos en que se estima que las cifras disponibles son insuficientes como para extraer conclusiones confiables sobre los niveles y las tendencias, o en que éstas no se ajustan lo suficiente a las normas internacionales.

En general, los datos presentados están en consonancia con los que aparecen en *World Development Indicators 2000*, pero se han rectificado y actualizado en la medida en que se ha contado con información más reciente. Las diferencias también pueden reflejar rectificaciones de las series históricas y cambios de metodología. En consecuencia, en las distintas ediciones de las publicaciones del Banco Mundial pueden publicarse datos recopilados en distintas épocas. Se recomienda a los lectores no compilar series de datos de distintas publicaciones ni de diferentes ediciones de una misma publicación. En *World Development Indicators 2000* en CD-ROM se presentan series cronológicas de datos que sí son concordantes.

Todas las cantidades en dólares se dan en dólares corrientes de los Estados Unidos, salvo indicación en contrario. Los métodos empleados para convertir a esa moneda las cifras expresadas en monedas nacionales se describen en las Notas técnicas.

Medidas de resumen

En cada cuadro, las medidas de resumen que figuran en la parte inferior son totales (marcados con la letra *t* si las cifras agregadas incluyen estimaciones de los datos que faltan y de los datos de economías no declarantes, o con la letra *s* para indicar sumas simples de los datos disponibles), promedios ponderados (letra *w*) o medianas (letra *m*) calculados para grupos de economías. Los datos correspondientes a los países que no figuran en los cuadros principales (es decir, los que aparecen en el Cuadro 1a) se han incluido en las medidas de resumen si se dispone de datos, o partiendo del supuesto que han seguido la misma tendencia de los países declarantes. Esta estandarización de la cobertura de los países en cada período indicado permite obtener datos agregados más coherentes. Ahora bien, en los casos en que la información que falta representa un tercio o más de la estimación total, se indica que no hay datos disponibles. En la sección sobre métodos estadísticos de las Notas técnicas se proporciona más información sobre los métodos de agregación. Las ponderaciones utilizadas para construir los agregados se indican en la nota técnica correspondiente a cada cuadro.

Terminología y cobertura de los datos

El término *país* no pretende suponer independencia política, sino que puede referirse a cualquier territorio para el cual las autoridades respectivas notifican estadísticas sociales o económicas por separado. Los datos presentados corresponden a las economías según la manera en que estaban constituidas en 1999, y los datos históricos han sido rectificados para indicar los sistemas políticos que las rigen en la actualidad. En los cuadros aparecen notas en las que se aclaran las excepciones.

El 1 de julio de 1997, China recuperó el ejercicio de su soberanía sobre Hong Kong. El 20 de diciembre de 1999, China recuperó el ejercicio de su soberanía sobre Macao. Los datos correspondientes a China no incluyen a Hong Kong (China); Taiwán (China), ni Macao (China), a menos que se indique lo contrario. Los datos correspondientes a la República Democrática del Congo (que en la lista de países de los cuadros aparece como Congo, Rep. Dem. del) se refieren al ex Zaire. Para mayor claridad, en esta edición también se utiliza el nombre oficial de la República del Congo (que en la lista de países de los cuadros aparece como Congo, Rep. del). En la medida de lo posible se presentan datos por separado de la República Checa y la República Eslovaca, países que surgieron de la ex Checoslovaquia. El 25 de octubre de 1999, la Administración de Transición de las Naciones Unidas para Timor Oriental (UNTAET) asumió la responsabilidad de la administración de Timor Oriental. Los datos correspondientes a Indonesia comprenden a Timor Oriental. Cuando ha sido posible, se presentan datos sobre Eritrea, pero en la mayoría de los casos con anterioridad a 1992, los datos correspondientes a ese país se incluyen en los de Etiopía. Los datos sobre Alemania se refieren a la Alemania unificada, a menos que se indique lo contrario. Los datos sobre Jordania se refieren a la Ribera Oriental solamente, a menos que se indique otra cosa. En 1991, la Unión de Repúblicas Socialistas Soviéticas se dividió en 15 países (Armenia, Azerbaiyán, Belarús, Estonia, la Federación de Rusia, Georgia, Kazajstán, Letonia, Lituania, la República de Moldova, la República Kirguisa, Tayikistán, Turkmenistán, Ucrania y Uzbekistán). En la medida de lo posible, se presentan datos por separado de cada uno de estos países. Los datos correspondientes a la República del Yemen se refieren a ese país a partir de 1990; los datos de años anteriores son datos agregados correspondientes a la ex República Democrática Popular del Yemen y a la ex República Árabe del Yemen, a menos que se indique otra cosa. En diciembre de 1999, el nombre oficial de Venezuela pasó a ser República Bolivariana de Venezuela (que en la lista de países de los cuadros aparece como Venezuela, RB de). En la medida de lo posible, se presentan datos por separado de los países que surgieron de la ex República Federativa Socialista de Yugoslavia: Bosnia y Herzegovina, Croacia, la ex República Yugoslava de Macedonia, Eslovenia y la República Federativa de Yugoslavia. Toda referencia a la República Federativa de Yugoslavia que se haga en los cuadros corresponde a la República Federativa de Yugoslavia (Serbia y Montenegro), a menos que se indique otra cosa.

Notas técnicas

Dado que la calidad de los datos y su comparación entre países a menudo presentan problemas, se recomienda a los lectores consultar las Notas técnicas, el cuadro de clasificación de las economías y las notas al pie de los cuadros. Para obtener una documentación más completa, véase *World Development Indicators 2000*. En la sección titulada Fuentes de los datos que aparece a continuación de las Notas técnicas se consignan las fuentes en las que pueden encontrarse definiciones y descripciones más completas de los conceptos utilizados.

Para obtener más información sobre los Indicadores seleccionados del desarrollo mundial y las demás publicaciones estadísticas del Banco Mundial, los interesados deben dirigirse a:

Information Center, Development Data Group
The World Bank
1818 H Street N.W.
Washington, D.C. 20433
Informaciones: (800) 590-1906 ó (202) 473-7824
Fax: (202) 522-1498
Correo electrónico: info@worldbank.org

World Wide Web: www.worldbank.org/wdi

Los interesados en obtener publicaciones del Banco Mundial pueden hacer sus pedidos por correo electrónico a: books@worldbank.org, o escribiendo a World Bank Publications, a la dirección antes señalada, o llamando al teléfono (202) 473-1155.

El mundo según el ingreso

En este mapa las economías se han clasificado según el PNB per cápita de 1999, estimado por el Banco Mundial. Por falta de espacio, en el mapa no aparecen Samoa Americana (ingreso mediano alto); Fiji, Kiribati, Samoa y Tonga (ingreso mediano bajo); Polinesia francesa (ingreso alto), ni Tuvalu (no se dispone de datos).

Ingreso bajo hasta $755
Ingreso mediano bajo de $756 a 2.995
Ingreso mediano alto de $2.996 a 9.265
Ingreso alto $9.266 o más
No se dispone de datos

Cuadro 1. Tamaño de la economía

País	Población	Superficie	Densidad de población	Producto nacional bruto (PNB)			PNB per cápita			PNB según la PPA[a]		
											Per cápita	
	Millones	Miles de km²	Personas por km²	Miles de millones de dólares	Clasificación	Tasa media de crecimiento anual (%)	Dólares	Clasificación	Tasa media de crecimiento anual (%)	Miles de millones de dólares	Dólares	Clasf.
	1999	1999	1999	1999[b]	1999	1998–99	1999[b]	1999	1998–99	1999	1999	1999
Albania	3	29	123	2,9	134	1,0	870	136	–0,1	9,8	2.892	137
Alemania	82	357	235	2.079,2	3	1,2	25.350	13	1,2	1.837,8	22.404	21
Angola	12	1.247	10	2,7	136	–35,5	220	194	–37,4	7,8[c]	632[c]	199
Arabia Saudita	21	2.150	10	..	..	..	..[i]	59	..	..	..	..
Argelia	30	2.382	13	46,5	52	2,8	1.550	115	1,3	142,3[c]	4.753[c]	101
Argentina	37	2.780	13	277,9	17	–2,9	7.600	55	–4,1	414,1	11.324	56
Armenia	4	30	135	1,9	151	2,7	490	158	2,3	8,4	2.210	150
Australia	19	7.741	2	380,8	15	3,8	20.050	26	2,5	426,4	22.448	20
Austria	8	84	98	210,0	21	2,3	25.970	12	2,2	192,5	23.808	15
Azerbaiyán	8	87	92	4,4	116	6,9	550	152	6,0	18,5	2.322	146
Bangladesh	128	144	981	47,0	50	5,0	370	167	3,3	188,3	1.475	168
Belarús	10	208	49	26,8	61	3,4	2.630	92	3,7	66,5	6.518	79
Bélgica	10	33	312	250,6	19	1,9	24.510	16	1,7	247,4	24.200	13
Benin	6	113	55	2,3	141	5,1	380	165	2,2	5,4	886	189
Bolivia	8	1.099	8	8,2	92	2,2	1.010	132	–0,2	17,8	2.193	151
Botswana	2	582	3	5,1	108	4,7	3.240	84	3,0	9,6	6.032	84
Brasil	168	8.547	20	742,8	8	–2,0	4.420	70	–3,2	1.061,7	6.317	81
Bulgaria	8	111	74	11,3	81	3,0	1.380	121	3,5	40,4	4.914	99
Burkina Faso	11	274	40	2,6	138	5,2	240	190	2,7	9,9[c]	898[c]	187
Burundi	7	28	260	0,8	174	–0,5	120	204	–2,5	3,7[c]	553[c]	204
Camboya	12	181	67	3,0	133	4,5	260	186	2,2	15,1[c]	1.286[c]	176
Camerún	15	475	32	8,5	90	5,0	580	150	2,2	21,2	1.444	169
Canadá	31	9.971	3	591,4	9	3,8	19.320	29	2,8	726,1	23.725	16
Chad	7	1.284	6	1,6	156	–1,5	200	196	–4,1	6,1[c]	816[c]	190
Chile	15	757	20	71,1	43	–1,4	4.740	67	–2,6	125,7	8.370	68
China	1.250	9.597[d]	134	980,2	7	7,2	780	140	6,3	4.112,2	3.291	128
Hong Kong, China	7	1	6.946	161,7 e	24	2,9	23.520e	20	0,1	144,0	20.939	26
Colombia	42	1.139	40	93,6	37	–1,9	2.250	99	–3,6	237,2[c]	5.709[c]	88
Congo, Rep. del	3	342	8	1,9	150	7,7	670	147	4,8	2,6	897	188
Congo, Rep. Dem. del	50	2.345	22	..	..	..	..[f]	..	..	..	..	..
Corea, Rep. de	47	99	475	397,9	13	11,0	8.490	51	10,1	685,7	14.637	49
Costa Rica	4	51	70	9,8	85	1,5	2.740	89	–0,3	20,7[c]	5.770[c]	87
Côte d'Ivoire	15	322	46	10,4	84	2,8	710	146	1,1	22,8	1.546	163
Croacia	4	57	80	20,4	62	–0,3	4.580	69	0,5	30,9	6.915	78
Dinamarca	5	43	125	170,3	23	1,3	32.030	7	1,0	129,1	24.280	12
Ecuador	12	284	45	16,2	72	–12,5	1.310	124	–14,2	32,3	2.605	141
Egipto, Rep. Árabe de	62	1.001	63	87,5	38	5,7	1.400	120	4,0	206,2	3.303	127
El Salvador	6	21	299	11,8	79	2,1	1.900	104	–0,1	25,1[c]	4.048[c]	114
Eritrea	4	118	40	0,8	176	3,7	200	196	0,8	4,0[c]	1.012[c]	183
Eslovenia	2	20	98	19,6	64	3,5	9.890	49	3,5	29,8	15.062	47
España	39	506	79	551,6	10	3,7	14.000	40	3,6	659,3	16.730	41
Estados Unidos	273	9.364	30	8.351,0	1	4,1	30.600	8	3,1	8.350,1	30.600	4
Estonia	1	45	34	5,0	110	1,9	3.480	80	2,4	11,3	7.826	74
Etiopía	63	1.104	63	6,6	100	7,4	100	206	4,8	37,6[c]	599[c]	200
Ex Rep. Yug. de Macedonia	2	26	79	3,4	127	2,9	1.690	109	2,3	8,8	4.339	108
Federación de Rusia	147	17.075	9	332,5	16	1,3	2.270	98	1,6	928,8	6.339	80
Filipinas	77	300	258	78,0	40	3,6	1.020	131	1,4	292,9	3.815	118
Finlandia	5	338	17	122,9	30	3,7	23.780	19	3,5	109,6	21.209	25
Francia	59	552	107	1.427,2[g]	4	2,4	23.480[g]	21	2,0	1.293,8	21.897	24
Georgia	5	70	78	3,4	128	4,0	620	149	3,8	19,7	3.606	122
Ghana	19	239	83	7,4	96	4,8	390	164	2,1	34,0[c]	1.793[c]	157
Grecia	11	132	82	124,0	29	3,3	11.770	45	3,1	153,8	14.595	50
Guatemala	11	109	102	18,4	69	3,2	1.660	110	0,5	39,0[c]	3.517[c]	125
Guinea	7	246	29	3,7	124	3,2	510	155	0,9	12,8	1.761	158
Haití	8	28	283	3,6	125	3,1	460	161	1,0	11,0[c]	1.407[c]	170
Honduras	6	112	57	4,8	112	–1,3	760	141	–3,9	14,3[c]	2.254[c]	148
Hungría	10	93	109	46,8	51	5,3	4.650	68	5,8	105,5	10.479	60
India	998	3.288	336	442,2	11	6,9	450	162	4,9	2.144,1[c]	2.149[c]	153
Indonesia	207	1.905	114	119,5	32	1,9	580	150	0,3	505,0	2.439	143
Irán, Rep. Islámica del	63	1.633	39	110,5	33	2,1	1.760	107	0,5	325,2	5.163	95
Irlanda	4	70	54	71,4	42	8,6	19.160	30	8,0	71,5	19.180	34
Israel	6	21	296	..	..	..	..[h]	..	..	..	..	..
Italia	58	301	196	1.136,0	6	1,0	19.710	28	0,9	1.196,3	20.751	29
Jamaica	3	11	240	6,0	103	0,1	2.330	97	–0,7	8,5	3.276	129
Japón	127	378	336	4.078,9	2	1,0	32.230	6	0,8	3.042,9	24.041	14
Jordania	5	89	53	7,0	97	0,8	1.500	119	–2,0	16,6	3.542	124
Kazajstán	15	2.717	6	18,9	68	0,6	1.230	125	1,6	68,0	4.408	106
Kenya	29	580	52	10,6	83	0,5	360	170	0,1	28,7	975	185
Kuwait	2	18	108	..	..	..	..[h]	..	..	..	..	..
Lesotho	2	30	69	1,2	164	–0,8	550	152	–3,0	4,3	2.058	155
Letonia	2	65	39	6,0	104	0,5	2.470	94	1,3	14,4	5.938	85
Líbano	4	10	418	15,8	75	1,0	3.700	76	–0,4	17,6	4.129	113
Lituania	4	65	57	9,7	86	–4,1	2.620	93	–4,0	22,5	6.093	83
Madagascar	15	587	26	3,7	123	5,5	250	187	2,3	11,5	766	192
Malasia	23	330	69	77,3	41	4,3	3.400	82	1,9	180,8	7.963	72

PERSPECTIVA MUNDIAL

Economía	Población	Superficie	Densidad de población	Producto nacional bruto (PNB)			PNB per cápita			PNB según la PPA[a]		
	Millones 1999	Miles de km² 1999	Personas por km² 1999	Miles de millones de dólares 1999[b]	Clasificación 1999	Tasa media de crecimiento anual (%) 1998–99	Dólares 1999[b]	Clasificación 1999	Tasa media de crecimiento anual (%) 1998–99	Miles de millones de dólares 1999	Per cápita Dólares 1999	Per cápita Clasf. 1999
Malawi	11	118	115	2,0	146	6,9	190	199	4,4	6,3	581	203
Malí	11	1.240	9	2,6	137	5,8	240	190	2,7	7,6	693	196
Marruecos	28	447	63	33,8	57	0,6	1.200	126	–1,0	90,1	3.190	131
Mauritania	3	1.026	3	1,0	169	4,8	380	165	2,0	4,0 c	1.522 c	164
México	97	1.958	51	428,8	12	4,1	4.400	71	2,4	752,0	7.719	75
Mongolia	3	1.567	2	0,9	171	2,7	350	171	1,2	3,9	1.496	166
Mozambique	17	802	22	3,9	119	8,6	230	193	6,6	13,8 c	797 c	191
Myanmar	45	677	68	..	..	..	.. f	..	..	..	..	..
Namibia	2	824	2	3,2	130	3,0	1.890	105	0,6	9,1 c	5.369 c	92
Nepal	23	147	164	5,1	109	4,6	220	194	2,2	28,5	1.219	177
Nicaragua	5	130	41	2,1	143	8,0	430	163	5,3	10,6 c	2.154 c	152
Níger	10	1.267	8	2,0	147	2,3	190	199	–1,1	7,6 c	727 c	194
Nigeria	124	924	136	37,9	54	3,0	310	179	0,5	92,2	744	193
Noruega	4	324	15	146,4	27	0,6	32.880	5	0,1	118,1	26.522	8
Nueva Zelandia	4	271	14	52,7	47	2,7	13.780	41	1,9	63,3	16.566	42
Países Bajos	16	41	466	384,3	14	3,0	24.320	18	2,3	364,3	23.052	17
Pakistán	135	796	175	64,0	44	3,6	470	160	1,2	236,8	1.757	159
Panamá	3	76	38	8,6	89	1,7	3.070	87	0,1	14,1	5.016	98
Papua Nueva Guinea	5	463	10	3,7	122	3,8	800	138	1,6	10,6 c	2.263 c	147
Paraguay	5	407	13	8,5	91	–1,5	1.580	113	–4,1	22,5 c	4.193 c	111
Perú	25	1.285	20	60,3	45	3,4	2.390	95	1,7	110,7	4.387	107
Polonia	39	323	127	153,1	25	3,4	3.960	73	3,3	305,5	7.894	73
Portugal	10	92	109	105,9	34	3,1	10.600	47	2,9	151,3	15.147	45
Reino Unido	59	245	245	1.338,1	5	1,7	22.640	22	1,6	1.234,4	20.883	27
República Árabe Siria	16	185	85	15,2	77	–1,5	970	134	–3,9	43,2	2.761	139
República Centroafricana	4	623	6	1,0	168	3,7	290	181	1,9	4,0 c	1.131 c	180
República Checa	10	79	133	52,0	48	–0,5	5.060	65	–0,3	126,3	12.289	52
República de Moldova	4	34	130	1,6	155	16,5	370	167	17,0	10,1	2.358	144
República Dem. Pop. Lao	5	237	22	1,4	160	4,0	280	184	1,5	8,8	1.726	161
República Dominicana	8	49	174	16,1	74	8,1	1.910	103	6,2	39,1 c	4.653 c	103
República Eslovaca	5	49	112	19,4	66	1,0	3.590	78	0,9	52,9	9.811	64
República Kirguisa	5	199	25	1,4	159	2,6	300	180	1,7	10,5	2.223	149
República Unida de Tanzanía	33	945	37	8,0 j	94	5,6	240 j	190	3,1	15,7	478	205
Rumania	22	238	97	34,2	56	–3,0	1.520	117	–2,8	126,8	5.647	89
Rwanda	8	26	337	2,1	145	7,5	250	187	4,8	..	..	..
Senegal	9	197	48	4,7	113	5,1	510	155	2,3	12,4	1.341	173
Sierra Leona	5	72	69	0,7	179	–8,1	130	203	–9,8	2,0	414	206
Singapur	3	1	5.283	95,4	36	5,6	29.610	9	3,6	87,1	27.024	7
Sri Lanka	19	66	294	15,7	76	3,8	820	137	2,7	58,0	3.056	136
Sudáfrica	42	1.221	34	133,2	28	0,8	3.160	86	–0,9	350,2 c	8.318 c	69
Suecia	9	450	22	221,8	20	3,9	25.040	15	3,8	184,4	20.824	28
Suiza	7	41	180	273,1	18	1,4	38.350	3	1,2	195,7	27.486	6
Tailandia	62	513	121	121,0	31	4,9	1.960	102	4,1	345,4	5.599	90
Tayikistán	6	143	44	1,8	153	3,7	290	181	2,0	6,1	981	184
Togo	5	57	84	1,5	157	2,1	320	176	–0,3	6,1 c	1.346 c	172
Túnez	9	164	61	19,9	63	6,2	2.100	101	4,9	51,8	5.478	91
Turkmenistán	5	488	10	3,2	132	14,9	660	148	13,5	14,8	3.099	134
Turquía	64	775	84	186,3	22	–6,4	2.900	88	–7,8	394,1	6.126	82
Ucrania	50	604	86	37,5	55	–1,2	750	143	–0,4	156,8	3.142	133
Uganda	21	241	108	6,8	99	7,7	320	176	4,8	24,4 c	1.136 c	179
Uruguay	3	177	19	19,5	65	–3,4	5.900	63	–4,1	27,4	8.280	70
Uzbekistán	25	447	59	17,6	70	3,9	720	145	1,5	51,5	2.092	154
Venezuela, Rep. Bol. de	24	912	27	87,0	39	–6,8	3.670	77	–8,6	124,9	5.268	94
Viet Nam	78	332	238	28,2	60	4,2	370	167	2,9	136,1	1.755	160
Yemen, Rep. del	17	528	32	5,9	105	–1,3	350	171	–3,9	11,7	688	197
Zambia	10	753	13	3,2	131	2,6	320	176	0,4	6,8	686	198
Zimbabwe	12	391	31	6,1	102	0,0	520	154	–1,8	29,4	2.470	142
Todo el mundo	**5.975 s**	**133.572 s**	**46 w**	**29.232,1 t**		**2,7 w**	**4.890 w**		**1,3 w**	**38.804,9 t**	**6.490 w**	
De ingreso bajo	2.417	34.227	73	987,6		4,4	410		2,5	4.315,1	1.790	
De ingreso mediano	2.667	67.258	40	5.323,2		2,6	2.000		1,5	13.022,0	4.880	
De ingreso mediano bajo	2.094	44.751	48	2.512,5		3,3	1.200		2,3	8.298,2	3.960	
De ingreso mediano alto	573	22.507	26	2.810,7		2,0	4.900		0,7	4.769,2	8.320	
De ingreso bajo y mediano	5.084	101.487	51	6.310,8		2,9	1.240		1,4	17.323,9	3.410	
África al sur del Sahara	642	24.267	27	320,6		2,0	500		–0,3	929,3	1.450	
América Latina y el Caribe	509	20.461	25	1.954,9		–0,9	3.840		–2,4	3.197,1	6.280	
Asia meridional	1.329	5.140	278	581,1		6,2	440		4,2	2.695,0	2.030	
Asia oriental y el Pacífico	1.837	16.385	115	1.832,6		7,2	1.000		6,0	6.423,8	3.500	
Europa y Asia central	475	24.209	20	1.022,2		0,0	2.150		–0,1	2.654,1	5.580	
Oriente Medio y Norte de África	291	11.024	26	599,3		..	2.060		..	1.337,5	4.600	
De ingreso alto	891	32.087	29	22.921,3		2,6	25.730		2,1	21.763,4	24.430	

Nota: Respecto de la comparabilidad y cobertura de los datos, véanse las Notas técnicas. Las cifras que aparecen en bastardilla corresponden a años distintos de los indicados. Las clasificaciones se basan en 206 economías, incluidas las 74 que figuran en el Cuadro 1a. Véanse las Notas técnicas.

a. Paridad del poder adquisitivo; véanse las Notas técnicas. b. Estimaciones preliminares del Banco Mundial obtenidas según el método del *Atlas* del Banco Mundial. c. Estimación obtenida según el método de regresión; otros datos se han extrapolado de las estimaciones de referencia más recientes del Programa de Comparación Internacional. d. Se incluye a Taiwán, China. e. Los datos del PNB se refieren al PIB. f. Se estima que se sitúa en el nivel de ingreso bajo ($755 o menos). g. Las estimaciones del PNB y el PIB per cápita incluyen los departamentos extraterritoriales de Guyana Francesa, Martinica y Reunión. h. Se estima que se sitúa en el nivel de ingreso alto ($9.266 y más). i. Se estima que se sitúa en el nivel de ingreso mediano alto ($2.996 a $9.265). j. Los datos se refieren únicamente al territorio continental del país.

Cuadro 2. Calidad de vida

País	Aumento del consumo privado per cápita Tasa media de crecimiento anual (%) 1980-98	Aumento del consumo privado per cápita Corregida en función de la distribución	Prevalencia de la malnutrición infantil % de niños menores de 5 años 1992–98[a]	Tasa de mortalidad de menores de 5 años Por cada 1.000 1980	Tasa de mortalidad de menores de 5 años Por cada 1.000 1998	Esperanza de vida al nacer Años 1998 Hombres	Esperanza de vida al nacer Años 1998 Mujeres	Tasa de analfabetismo de adultos % de las personas de 15 años o mayores 1998 Hombres	Tasa de analfabetismo de adultos % de las personas de 15 años o mayores 1998 Mujeres	Población urbana % del total 1980	Población urbana % del total 1999	Acceso a servicios de saneamiento en las zonas urbanas % de la población urbana 1990–96[a]
Albania	..	..	8	57	31	69	75	9	24	34	41	97
Alemania	..	..	..	16	6	74	80	..	..	83	87	..
Angola	–9,5	..	..	261	204	45	48	..	..	21	34	34
Arabia Saudita	..	..	..	85	26	70	74	17	36	66	85	100
Argelia	–2,3	–1,5	13	139	40	69	72	24	46	44	60	..
Argentina	..	..	2	38	22	70	77	3	3	83	90	80
Armenia	..	..	3	..	18	71	78	1	3	66	70	..
Australia	1,7	1,1	0	13	6	76	82	..	..	86	85	..
Austria	2,0	1,5	..	17	6	75	81	..	..	65	65	100
Azerbaiyán	..	..	10	..	21	68	75	..	..	53	57	67
Bangladesh	2,1	1,4	56	211	96	58	59	49	71	14	24	77
Belarús	–2,7	–2,1	..	..	14	63	74	0	1	57	71	..
Bélgica	1,6	1,2	..	15	6	75	81	..	..	95	97	100
Benin	–0,4	..	29	214	140	52	55	46	77	27	42	54
Bolivia	0,1	0,1	8	170	78	60	64	9	22	46	62	77
Botswana	3,0	..	..	94	105	45	47	27	22	15	50	91
Brasil	0,7	0,3	6	80	40	63	71	16	16	66	81	74
Bulgaria	–0,8	–0,5	..	25	15	67	75	1	2	61	69	100
Burkina Faso	0,4	0,2	33	..	210	43	45	68	87	9	18	78
Burundi	–0,9	–0,6	..	193	196	41	44	45	63	4	9	60
Camboya	..	..	..	330	143	52	55	43	80	12	16	..
Camerún	–2,0	..	22	173	150	53	56	20	33	31	48	73
Canadá	1,4	0,9	..	13	7	76	82	..	..	76	77	..
Chad	..	..	39	235	172	47	50	51	69	19	23	74
Chile	4,0	1,7	1	35	12	72	78	4	5	81	85	82
China	7,2	4,3	16	65	36	68	72	9	25	20	32	58
Hong Kong, China	4,8	..	..	..	..	76	82	4	11	92	100	..
Colombia	1,2	0,5	8	58	28	67	73	9	9	64	73	76
Congo, Dem. Rep. del	–4,5	..	34	210	141	49	52	29	53	29	30	23
Congo, Rep. del	0,2	..	..	125	143	46	51	14	29	41	62	15
Corea, Rep. de	6,5	4,4	..	27	11	69	76	1	4	57	81	100
Costa Rica	0,8	0,4	5	29	15	74	79	5	5	43	48	100
Côte d'Ivoire	–2,2	–1,4	24	170	143	46	47	47	64	35	46	59
Croacia	..	..	1	23	10	69	77	1	3	50	57	71
Dinamarca	1,8	1,4	..	10	..	73	78	..	..	84	85	100
Ecuador	–0,2	–0,1	..	101	37	68	73	8	11	47	64	87
Egipto, Rep. Árabe de	2,0	1,4	12	175	59	65	68	35	58	44	45	20
El Salvador	3,0	1,4	11	120	36	67	72	19	25	42	46	78
Eritrea	..	..	44	..	90	49	52	34	62	14	18	12
Eslovenia	..	..	..	18	7	71	79	0	0	48	50	100
España	2,2	1,5	..	16	7	75	82	2	4	73	77	100
Estados Unidos	1,9	1,1	1	15	..	74	80	..	..	74	77	..
Estonia	–1,0	–0,7	..	25	12	64	75	..	..	70	69	..
Etiopía	–0,4	–0,3	48	213	173	42	44	58	70	11	17	..
Ex Rep. Yug. de Macedonia	..	..	..	69	18	70	75	..	..	54	62	68
Federación de Rusia	..	..	3	..	20	61	73	0	1	70	77	..
Filipinas	0,8	0,4	30	81	40	67	71	5	5	38	58	88
Finlandia	1,4	1,1	..	9	5	74	81	..	..	60	67	100
Francia	1,6	1,1	..	13	5	75	82	..	..	73	75	100
Georgia	..	..	..	..	20	69	77	..	..	52	60	..
Ghana	0,2	0,2	27	157	96	58	62	22	40	31	38	53
Grecia	1,9	1,3	..	23	8	75	81	2	5	58	60	100
Guatemala	0,2	0,1	27	..	52	61	67	25	40	37	39	91
Guinea	1,0	0,6	..	299	184	46	47	..	..	19	32	..
Haití	..	..	28	200	116	51	56	50	54	24	35	42
Honduras	–0,1	–0,1	25	103	46	67	72	27	27	35	52	81
Hungría	–0,1	–0,1	..	26	12	66	75	1	1	57	64	100
India	2,7	1,7	..	177	83	62	64	33	57	23	28	46
Indonesia	4,6	2,9	34	125	52	64	67	9	20	22	40	73
Irán, Rep. Islámica del	0,5	..	16	126	33	70	72	18	33	50	61	89
Irlanda	2,9	1,9	..	14	7	73	79	..	..	55	59	100
Israel	3,3	2,1	..	19	8	76	80	2	6	89	91	100
Italia	2,1	1,6	..	17	6	75	82	1	2	67	67	100
Jamaica	1,3	0,8	10	39	24	73	77	18	10	47	56	89
Japón	2,8	2,1	..	11	5	77	84	..	..	76	79	..
Jordania	–1,5	–1,0	5	..	31	69	73	6	17	60	74	..
Kazajstán	..	..	8	..	29	59	70	..	..	54	56	..
Kenya	0,4	0,2	23	115	124	50	52	12	27	16	32	69
Kuwait	..	..	2	35	13	74	80	17	22	90	97	100
Lesotho	0,8	0,4	16	168	144	54	57	29	7	13	27	..
Letonia	..	..	..	26	19	64	76	0	0	68	69	90
Líbano	..	..	3	..	30	68	72	9	21	74	89	100
Lituania	..	..	..	24	12	67	77	0	1	61	68	..
Madagascar	–2,2	–1,2	40	216	146	56	59	28	42	18	29	50
Malasia	2,9	1,5	20	42	12	70	75	9	18	42	57	100

PERSPECTIVA MUNDIAL

País	Aumento del consumo privado per cápita Tasa media de crecimiento anual (%) 1980-98	Corregida en función de la distribución	Prevalencia de la malnutrición infantil % de niños menores de 5 años 1992–98[a]	Tasa de mortalidad de menores de 5 años Por cada 1.000 1980	1998	Esperanza de vida al nacer Años 1998 Hombres	Mujeres	Tasa de analfabetismo de adultos % de las personas de 15 años o mayores 1998 Hombres	Mujeres	Población urbana % del total 1980	1999	Acceso a servicios de saneamiento en las zonas urbanas % de la población urbana 1990–96[a]
Malawi	0,8	..	30	265	229	42	42	27	56	9	24	70
Malí	−1,0	−0,5	27	..	218	49	52	54	69	19	29	58
Marruecos	1,9	1,2	10	152	61	65	69	40	66	41	55	69
Mauritania	0,8	0,5	23	175	140	52	55	48	69	27	56	44
México	0,2	0,1	..	74	35	69	75	7	11	66	74	81
Mongolia	..	..	9	..	60	65	68	28	49	52	63	..
Mozambique	−1,0	−0,6	26	..	213	44	47	42	73	13	39	53
Myanmar	..	..	43	134	118	58	62	11	21	24	27	42
Namibia	−1,4	..	26	114	112	54	55	18	20	23	30	77
Nepal	2,0	1,3	57	180	107	58	58	43	78	7	12	34
Nicaragua	−2,2	−1,1	12	143	42	66	71	34	31	50	56	34
Níger	−2,2	−1,1	50	317	250	44	48	78	93	13	20	71
Nigeria	−4,2	−2,1	39	196	119	52	55	30	48	27	43	61
Noruega	1,6	1,2	..	11	6	76	81	..	..	71	75	100
Nueva Zelandia	0,8	0,4	..	16	7	75	80	..	..	83	86	..
Países Bajos	1,6	1,1	..	11	7	75	81	..	..	88	89	100
Pakistán	2,0	1,4	38	161	120	61	63	42	71	28	36	53
Panamá	2,4	1,2	6	36	25	72	76	8	9	50	56	99
Papua Nueva Guinea	−0,6	−0,3	30	..	76	57	59	29	45	13	17	82
Paraguay	1,7	0,7	..	61	27	68	72	6	9	42	55	20
Perú	−0,4	−0,2	8	126	47	66	71	6	16	65	72	62
Polonia	..	..	..	..	11	69	77	0	0	58	65	100
Portugal	3,1	2,0	..	31	8	72	79	6	11	29	63	100
Reino Unido	2,6	1,6	..	14	7	75	80	..	..	89	89	100
República Árabe Siria	0,9	..	13	73	32	67	72	13	42	47	54	77
República Centroafricana	−0,8	−0,3	23	..	162	43	46	43	68	35	41	..
República Checa	..	..	1	19	6	71	78	..	..	75	75	..
República de Moldova	..	..	..	..	22	63	70	1	2	40	46	96
República Dem. Pop. Lao	..	..	40	200	..	52	55	38	70	13	23	70
República Dominicana	0,0	0,0	6	92	47	69	73	17	17	51	64	76
República Eslovaca	−2,1	−1,7	..	23	10	69	77	..	..	52	57	..
República Kirguisa	..	..	11	..	41	63	71	..	..	38	34	87
República Unida de Tanzanía	0,0	0,0	31	176	136	46	48	17	36	15	32	97
Rumania	0,4	0,3	6	36	25	66	73	1	3	49	56	81
Rwanda	−1,0	−0,7	29	..	205	40	42	29	43	5	6	..
Senegal	−0,6	−0,4	22	..	121	51	54	55	74	36	47	83
Sierra Leona	−3,1	−1,2	..	336	283	36	39	..	..	24	36	17
Singapur	4,8	..	..	13	6	75	79	4	12	100	100	100
Sri Lanka	2,9	1,9	38	48	18	71	76	6	12	22	23	33
Sudáfrica	−0,1	0,0	9	91	83	61	66	15	16	48	52	79
Suecia	0,7	0,5	..	9	5	77	82	..	..	83	83	100
Suiza	0,5	0,3	..	11	5	76	82	..	..	57	68	100
Tailandia	5,1	3,0	..	58	33	70	75	3	7	17	21	98
Tayikistán	..	..	..	..	33	66	71	1	1	34	28	83
Togo	−0,1	..	25	188	144	47	50	28	62	23	33	57
Túnez	1,1	0,7	9	100	32	70	74	21	42	52	65	100
Turkmenistán	..	..	..	..	44	63	70	..	..	47	45	70
Turquía	2,6	1,5	10	133	42	67	72	7	25	44	74	99
Ucrania	..	..	..	..	17	62	73	0	1	62	68	70
Uganda	1,9	1,2	26	180	170	42	41	24	46	9	14	75
Uruguay	2,6	1,5	4	42	19	70	78	3	2	85	91	56
Uzbekistán	5,5	3,7	19	..	29	66	73	7	17	41	37	46
Venezuela, Rep. Bol. de	−0,8	−0,4	5	42	25	70	76	7	9	79	87	64
Viet Nam	..	..	40	105	42	66	71	5	9	19	20	43
Yemen, Rep. del	..	..	46	198	96	55	56	34	77	19	24	40
Zambia	−3,6	−1,8	24	149	192	43	43	16	31	40	40	40
Zimbabwe	0,4	0,2	16	108	125	50	52	8	17	22	35	99
Todo el mundo	**1,3 w**		**30 w**	**123 w**	**75 w**	**65 w**	**69 w**	**18 w**	**32 w**	**40 w**	**46 w**	**.. w**
De ingreso bajo	1,4		..	177	107	59	61	30	49	24	31	56
De ingreso mediano	2,2		14	79	38	67	72	10	20	38	50	..
De ingreso mediano bajo	3,6		15	83	39	67	72	10	23	31	43	59
De ingreso mediano alto	1,5		..	66	35	67	74	9	11	64	76	..
De ingreso bajo y mediano	1,9		..	135	79	63	67	18	33	32	41	..
África al sur del Sahara	−1,2		33	188	151	49	52	32	49	23	34	..
América Latina y el Caribe	0,6		8	78	38	67	73	11	13	65	75	..
Asia meridional	2,6		51	180	89	62	63	35	59	22	28	46
Asia oriental y el Pacífico	5,6		22	82	43	67	71	9	22	22	34	61
Europa y Asia central	..		8	..	26	65	74	2	5	59	67	..
Oriente Medio y Norte de África	..		15	136	55	66	69	26	48	48	58	..
De ingreso alto	2,2		..	*15*	6	75	81	..	..	*75*	*77*	..

Nota: Respecto de la comparabilidad y cobertura de los datos, véanse las Notas técnicas. Las cifras que aparecen en bastardilla corresponden a años distintos de los indicados.
a. Los datos corresponden al año más reciente sobre el cual se dispone de datos en el período indicado.

Cuadro 3. Población y población activa

	Población						Población activa							
	Total Millones		Tasa media de crecimiento anual (%)		Población de 15 a 64 años Millones		Total Millones		Tasa media de crecimiento anual (%)		Porcentaje de mujeres en la poblacióna activa		Niños de 10 a 14 años % del grupo de edades	
País	1980	1999	1980–90	1990–99	1980	1999	1980	1999	1980–90	1990–99	1980	1999	1980	1999
Albania	2,7	3,4	2,1	0,3	2	2	1	2	2,7	0,8	39	41	4	*1*
Alemania	78,3	82,0	0,1	0,4	52	56	38	41	0,6	0,4	40	42	0	*0*
Angola	7,0	12,4	2,7	3,2	4	6	3	6	2,3	3,0	47	46	30	*26*
Arabia Saudita	9,4	21,4	5,2	3,4	5	12	3	7	6,5	3,1	8	15	5	*0*
Argelia	18,7	30,5	2,9	2,2	9	18	5	10	3,7	4,0	21	27	7	*1*
Argentina	28,1	36,6	1,5	1,3	17	23	11	15	1,5	1,9	28	33	8	*3*
Armenia	3,1	3,8	1,4	0,8	2	3	1	2	1,6	1,3	48	48	0	*0*
Australia	14,7	19,0	1,5	1,2	10	13	7	10	2,3	1,4	37	43	0	*0*
Austria	7,6	8,1	0,2	0,5	5	6	3	4	0,4	0,7	41	40	0	*0*
Azerbaiyán	6,2	8,0	1,5	1,2	4	5	3	4	1,0	1,7	48	44	0	*0*
Bangladesh	86,7	127,7	2,4	1,6	44	74	41	66	2,2	3,0	42	42	35	*29*
Belarús	9,6	10,2	0,6	–0,1	6	7	5	5	0,4	–0,1	50	49	0	*0*
Bélgica	9,8	10,2	0,1	0,3	6	7	4	4	0,1	0,8	34	41	0	*0*
Benin	3,5	6,1	3,1	2,8	2	3	2	3	2,5	2,8	47	48	30	*27*
Bolivia	5,4	8,1	2,0	2,4	3	5	2	3	2,6	2,6	33	38	19	*13*
Botswana	0,9	1,6	3,4	2,4	0	1	0	1	3,4	2,4	50	45	26	*15*
Brasil	121,7	168,1	2,0	1,4	70	110	47	79	3,2	2,2	28	35	19	*15*
Bulgaria	8,9	8,2	–0,2	–0,7	6	6	5	4	–0,4	–0,7	45	48	0	*0*
Burkina Faso	7,0	11,0	2,4	2,4	3	6	4	5	1,9	1,9	48	47	71	*47*
Burundi	4,1	6,7	2,8	2,2	2	3	2	4	2,6	2,2	50	49	50	*49*
Camboya	6,8	11,8	2,9	2,8	4	6	4	6	2,6	2,8	55	52	27	*24*
Camerún	8,7	14,7	2,8	2,7	5	8	4	6	2,3	3,0	37	38	34	*24*
Canadá	24,6	30,6	1,2	1,1	17	21	12	17	1,8	1,3	40	46	0	*0*
Chad	4,5	7,5	2,5	2,9	2	3	2	4	2,1	2,9	43	45	42	*37*
Chile	11,1	15,0	1,6	1,5	7	10	4	6	2,7	2,4	26	33	0	*0*
China	981,2	1,249,7	1,5	1,1	586	844	540	750	2,2	1,3	43	45	30	*9*
Hong Kong, China	5,0	6,9	1,2	2,1	3	5	2	4	1,6	2,5	34	37	6	*0*
Colombia	28,4	41,5	2,1	1,9	16	26	9	18	4,0	2,7	26	38	12	*6*
Congo, Rep. del	1,7	2,9	2,9	2,8	1	1	1	1	2,9	2,5	42	43	27	*26*
Congo, Rep. Dem. del	27,0	49,8	3,2	3,2	14	25	12	20	2,8	2,9	45	43	33	*29*
Corea, Rep. de	38,1	46,8	1,2	1,0	24	33	16	24	2,3	2,1	39	41	0	*0*
Costa Rica	2,3	3,6	2,7	2,0	1	2	1	1	3,5	2,6	21	31	10	*5*
Côte d'Ivoire	8,2	14,7	3,5	2,6	4	8	3	6	3,0	3,2	32	33	28	*19*
Croacia	4,6	4,5	0,4	–0,8	3	3	2	2	0,4	–0,8	40	44	0	*0*
Dinamarca	5,1	5,3	0,0	0,4	3	4	3	3	0,8	0,0	44	46	0	*0*
Ecuador	8,0	12,4	2,5	2,1	4	8	3	5	3,4	3,3	20	28	9	*5*
Egipto, Rep. Árabe de	40,9	62,4	2,5	1,9	23	38	14	24	2,5	2,9	27	30	18	*10*
El Salvador	4,6	6,2	1,1	2,1	2	4	2	3	2,2	3,5	27	36	17	*14*
Eritrea	2,4	4,0	2,8	2,7	}	2	1	2	2,6	2,7	47	47	44	*39*
Eslovenia	1,9	2,0	0,5	–0,1	1	1	1	1	0,3	0,3	46	46	0	*0*
España	37,4	39,4	0,4	0,2	23	27	14	17	1,4	0,9	28	37	0	*0*
Estados Unidos	227,2	272,9	0,9	1,0	151	179	109	139	1,3	1,2	41	46	0	*0*
Estonia	1,5	1,4	0,6	–0,9	1	1	1	1	0,4	–0,7	51	49	0	*0*
Etiopía	37,7	62,8	3,1	2,8	20	32	17	27	3,1	1,8	42	41	46	*42*
Ex Rep. Yug. de Macedonia	1,9	2,0	0,1	0,7	1	1	1	1	0,5	1,2	36	42	1	*0*
Federación de Rusia	139,0	146,5	0,6	–0,1	95	101	76	78	0,1	0,1	49	49	0	*0*
Filipinas	48,3	76,8	2,6	2,3	27	46	19	32	2,8	2,8	35	38	14	*6*
Finlandia	4,8	5,2	0,4	0,4	3	3	2	3	0,8	0,0	47	48	0	*0*
Francia	53,9	59,1	0,5	0,5	34	39	24	27	0,5	0,7	40	45	0	*0*
Georgia	5,1	5,5	0,7	0,0	3	4	3	3	0,5	0,0	49	47	0	*0*
Ghana	10,7	18,9	3,3	2,7	6	10	5	9	3,3	2,7	51	51	16	*13*
Grecia	9,6	10,5	0,5	0,4	6	7	4	5	1,0	0,9	28	38	5	*0*
Guatemala	6,8	11,1	2,5	2,6	3	6	2	4	2,8	3,2	22	28	19	*15*
Guinea	4,5	7,2	2,5	2,6	2	4	2	3	2,1	2,1	47	47	41	*32*
Haití	5,4	7,8	1,9	2,1	3	4	3	3	1,5	1,8	45	43	33	*24*
Honduras	3,6	6,3	3,1	2,9	2	3	1	2	3,1	3,8	25	31	14	*8*
Hungría	10,7	10,1	–0,3	–0,3	7	7	5	5	–0,8	0,1	43	45	0	*0*
India	687,3	997,5	2,1	1,8	394	609	302	439	1,7	2,3	34	32	21	*13*
Indonesia	148,3	207,0	1,8	1,7	83	133	58	99	3,0	2,6	35	41	13	*9*
Irán, Rep. Islámica del	39,1	63,0	3,3	1,6	20	38	12	20	3,0	2,4	20	27	14	*3*
Irlanda	3,4	3,7	0,3	0,7	2	2	1	2	0,3	2,1	28	34	1	*0*
Israel	3,9	6,1	1,8	3,0	2	4	1	3	2,4	4,1	34	41	0	*0*
Italia	56,4	57,6	0,1	0,2	36	39	23	26	0,8	0,7	33	38	2	*0*
Jamaica	2,1	2,6	1,2	0,9	1	2	1	1	2,0	1,5	46	46	0	*0*
Japón	116,8	126,6	0,6	0,3	79	87	57	68	1,2	0,7	38	41	0	*0*
Jordania	2,2	4,7	3,7	4,4	1	3	1	1	4,9	5,2	15	24	4	*0*
Kazajstán	14,9	15,4	0,9	–0,6	9	10	7	8	0,9	–0,2	48	47	0	*0*
Kenya	16,6	30,0	3,5	2,7	8	16	8	15	3,7	3,3	46	46	45	*40*
Kuwait	1,4	1,9	4,4	–1,1	1	1	0	1	5,9	–1,6	13	31	0	*0*
Lesotho	1,3	2,1	2,5	2,2	1	1	1	1	2,0	2,5	38	37	28	*21*
Letonia	2,5	2,4	0,5	–1,0	2	2	1	1	0,3	–1,0	51	50	0	*0*
Líbano	3,0	4,3	1,9	1,8	2	3	1	1	2,9	3,1	23	29	5	*0*
Lituania	3,4	3,7	0,9	–0,1	2	2	2	2	0,7	–0,1	50	48	0	*0*
Madagascar	8,9	15,1	2,7	2,9	5	8	4	7	2,3	2,9	45	45	40	*35*
Malasia	13,8	22,7	2,8	2,5	8	14	5	9	3,1	3,0	34	38	8	*3*

POBLACIÓN

País	Población: Total, Millones 1980	Población: Total, Millones 1999	Población: Tasa media de crecimiento anual (%) 1980–90	Población: Tasa media de crecimiento anual (%) 1990–99	Población de 15 a 64 años, Millones 1980	Población de 15 a 64 años, Millones 1999	Población activa: Total, Millones 1980	Población activa: Total, Millones 1999	Población activa: Tasa media de crecimiento anual (%) 1980–90	Población activa: Tasa media de crecimiento anual (%) 1990–99	Porcentaje de mujeres en la poblacióna activa 1980	Porcentaje de mujeres en la poblacióna activa 1999	Niños de 10 a 14 años, % del grupo de edades 1980	Niños de 10 a 14 años, % del grupo de edades 1999
Malawi	6,2	10,8	3,2	2,6	3	6	3	5	3,0	2,4	51	49	45	*33*
Malí	6,6	10,9	2,5	2,8	3	5	3	5	2,3	2,6	47	46	61	*52*
Marruecos	19,4	28,2	2,2	1,8	10	18	7	11	2,4	2,7	34	35	21	*3*
Mauritania	1,6	2,6	2,7	2,8	1	1	1	1	2,0	3,0	45	44	30	*23*
México	67,6	97,4	2,1	1,8	35	60	22	40	3,2	2,9	27	33	9	*6*
Mongolia	1,7	2,6	2,9	1,9	1	2	1	1	2,9	2,8	46	47	4	*2*
Mozambique	12,1	17,3	1,6	2,2	6	9	7	9	1,2	2,0	49	48	39	*33*
Myanmar	33,8	45,0	1,8	1,2	19	30	17	24	1,8	1,6	44	43	28	*24*
Namibia	1,0	1,7	2,7	2,6	1	1	0	1	2,5	2,3	40	41	34	*19*
Nepal	14,5	23,4	2,6	2,4	8	13	7	11	2,2	2,4	39	40	56	*43*
Nicaragua	2,9	4,9	2,7	2,8	1	3	1	2	3,3	4,0	28	35	19	*13*
Níger	5,6	10,5	3,2	3,4	3	5	3	5	3,0	2,9	45	44	48	*44*
Nigeria	71,1	123,9	3,0	2,8	36	66	29	50	2,8	2,8	36	36	29	*25*
Noruega	4,1	4,5	0,4	0,5	3	3	2	2	0,8	1,0	41	46	0	*0*
Nueva Zelandia	3,1	3,8	1,0	1,2	2	2	1	2	2,3	1,6	34	45	0	*0*
Países Bajos	14,2	15,8	0,6	0,6	9	11	6	7	1,9	0,9	32	40	0	*0*
Pakistán	82,7	134,8	2,7	2,5	44	74	29	50	2,9	2,8	23	28	23	*16*
Panamá	2,0	2,8	2,1	1,8	1	2	1	1	3,2	2,6	30	35	6	*3*
Papua Nueva Guinea	3,1	4,7	2,2	2,3	2	3	2	2	2,2	2,3	42	42	28	*18*
Paraguay	3,1	5,4	3,0	2,7	2	3	1	2	2,8	3,3	27	30	15	*7*
Perú	17,3	25,2	2,2	1,7	9	15	5	9	3,1	2,7	24	31	4	*2*
Polonia	35,6	38,7	0,7	0,2	23	26	19	20	0,1	0,6	45	46	0	*0*
Portugal	9,8	10,0	0,1	0,1	6	7	5	5	0,5	0,5	39	44	8	*1*
Reino Unido	56,3	59,1	0,2	0,3	36	39	27	30	0,6	0,3	39	44	0	*0*
República Árabe Siria	8,7	15,7	3,3	2,8	4	9	2	5	3,3	4,0	24	27	14	*4*
República Centroafricana	2,3	3,5	2,4	2,1	1	2	}	}	}	}	}	}	}	*}*
República Checa	10,2	10,3	0,1	–0,1	6	7	5	6	0,3	0,5	47	47	0	*0*
República de Moldova	4,0	4,3	0,9	–0,2	3	3	2	2	0,3	0,0	50	49	3	*0*
República Dem. Pop. Lao	3,2	5,1	2,3	2,6	2	3	}	}	}	}	}	}	31	*26*
República Dominicana	5,7	8,4	2,2	1,9	3	5	2	4	3,0	2,9	25	30	25	*14*
República Kirguisa	3,6	4,7	1,9	0,8	2	3	2	2	1,4	1,4	48	47	0	*0*
República Unida de Tanzanía	18,6	32,9	3,2	2,9	9	17	9	17	3,3	2,6	50	49	43	*38*
República Eslovaca	5,0	5,4	0,6	0,2	3	4	2	3	0,8	0,9	45	48	0	*0*
Rumania	22,2	22,5	0,4	–0,4	14	15	11	11	–0,2	0,1	46	44	0	*0*
Rwanda	5,2	8,3	3,0	2,0	3	4	3	4	3,2	2,4	49	49	43	*41*
Senegal	5,5	9,3	2,8	2,6	3	5	3	4	2,6	2,6	42	43	43	*29*
Sierra Leona	3,2	4,9	2,1	2,4	2	3	1	2	1,6	2,4	36	37	19	*15*
Singapur	2,3	3,2	1,7	1,9	2	2	1	2	2,7	1,7	35	39	2	*0*
Sri Lanka	14,7	19,0	1,4	1,2	9	13	5	8	2,2	2,0	27	36	4	*2*
Sudáfrica	27,6	42,1	2,4	2,0	16	26	10	17	2,7	2,3	35	38	1	*0*
Suecia	8,3	8,9	0,3	0,4	5	6	4	5	0,9	0,4	44	48	0	*0*
Suiza	6,3	7,1	0,6	0,7	4	5	3	4	1,6	0,9	37	40	0	*0*
Tailandia	46,7	61,7	1,7	1,2	26	42	24	37	2,7	1,7	47	46	25	*14*
Tayikistán	4,0	6,2	2,9	1,8	2	3	2	2	2,1	2,7	47	45	0	*0*
Togo	2,6	4,6	2,9	2,9	1	2	1	2	2,5	2,7	39	40	36	*28*
Túnez	6,4	9,5	2,4	1,6	3	6	2	4	2,7	2,8	29	31	6	*0*
Turkmenistán	2,9	4,8	2,5	2,9	2	3	1	2	2,5	3,5	47	46	0	*0*
Turquía	44,5	64,4	2,3	1,5	25	43	19	31	2,6	2,8	36	37	21	*9*
Ucrania	50,0	49,9	0,4	–0,4	33	34	27	25	–0,2	–0,2	50	49	0	*0*
Uganda	12,8	21,5	2,4	3,0	6	11	7	11	2,2	2,6	48	48	49	*44*
Uruguay	2,9	3,3	0,6	0,7	2	2	1	2	1,6	1,2	31	42	4	*1*
Uzbekistán	16,0	24,5	2,5	2,0	9	14	6	10	2,3	2,8	48	47	0	*0*
Venezuela, Rep. Bol. de	15,1	23,7	2,6	2,2	8	15	5	9	3,4	3,0	27	34	4	*0*
Viet Nam	53,7	77,5	2,1	1,8	28	48	26	40	2,7	1,8	48	49	22	*7*
Yemen, Rep. del	8,5	17,0	3,3	4,0	4	8	2	5	3,6	4,7	33	28	26	*19*
Zambia	5,7	9,9	3,0	2,7	3	5	2	4	2,8	2,9	45	45	19	*16*
Zimbabwe	7,0	11,9	3,3	2,2	3	7	3	5	3,5	2,2	44	44	37	*28*
Todo el mundo	**4.430,2 s**	**5.974,7 s**	**1,7 w**	**1,0 w**	**2.595 s**	**3.761 s**	**2.035 s**	**2.892 s**	**1,9 w**	**1,7 w**	**39 w**	**41 w**	**20 w**	**12 w**
De ingreso bajo	1.612,9	2.417,0	2,3	2,0	890	1.417	709	1.085	2,1	2,4	38	38	24	19
De ingreso mediano	2.027,9	2.666,8	1,7	1,2	1.199	1.748	970	1.374	2,1	1,5	40	42	21	7
De ingreso mediano bajo	1.607,9	2.093,7	1,6	1,1	955	1.379	805	1.121	2,0	1,4	42	43	24	7
De ingreso mediano alto	419,9	573,1	1,8	1,4	245	369	165	253	2,4	2,1	33	36	9	6
De ingreso bajo y mediano	3.641,0	5.083,8	1,9	1,6	2.090	3.166	1.679	2.459	2,1	1,9	39	40	23	13
África al sur del Sahara	380,5	642,3	2,9	2,6	195	340	170	282	2,7	2,6	42	42	35	30
América Latina y el Caribe	360,3	509,2	2,0	1,7	201	319	130	219	3,0	2,5	28	35	13	9
Asia meridional	902,6	1.329,3	2,2	1,9	508	797	392	585	1,8	2,5	34	33	23	16
Asia oriental y el Pacífico	1.397,8	1.836,9	1,6	1,3	820	1.220	719	1.038	2,3	1,5	43	45	26	9
Europa y Asia central	425,8	475,3	0,9	0,2	274	318	214	238	0,5	0,6	47	46	3	1
Oriente Medio y Norte de África	174,0	290,9	3,1	2,2	91	171	54	97	3,1	3,1	24	27	14	5
De ingreso alto	789,1	890,9	*0,6*	*0,6*	505	596	357	433	1,1	*0,9*	38	43	0	0

Nota: Respecto de la comparabilidad y cobertura de los datos, véanse las Notas técnicas. Las cifras que aparecen en bastardilla corresponden a años distintos de los indicados.

Cuadro 4. Pobreza

País	Umbrales de pobreza nacionales								Umbrales de pobreza internacionales				
	Año de la encuesta	Población por debajo del umbral de pobreza (%)			Año de la encuesta	Población por debajo del umbral de pobreza (%)			Año de la encuesta	Población que vive con menos de $1 al día[a] (%)	Brecha de pobreza al nivel de $1 al día[a] (%)	Población que vive con menos de $2 al día[a] (%)	Brecha de pobreza al nivel de $2 al día[a] (%)
		Rural	Urbana	Nacional		Rural	Urbana	Nacional					
Albania		..	..	..		..	..	..		..	..	..	..
Alemania		..	..	..		..	..	..		..	..	..	..
Angola		..	..	..		..	..	..		..	..	..	..
Arabia Saudita		..	..	..		..	..	..		..	..	..	..
Argelia	1988	16,6	7,3	12,2	1995	30,3	14,7	22,6	1995	<2	<0,5	15,1	3,6
Argentina	1991	..	..	25,5	1993	..	..	17,6		..	..	..	..
Armenia		..	..	..		..	..	..		..	..	..	..
Australia		..	..	..		..	..	..		..	..	..	..
Austria		..	..	..		..	..	..		..	..	..	..
Azerbaiyán	1995	..	..	68,1		..	..	..		..	..	..	..
Bangladesh	1991-92	46,0	23,3	42,7	1995-96	39,8	14,3	35,6	1996	29,1	5,9	77,8	31,8
Belarús	1995	..	..	22,5		..	..	..	1998	<2	<0,5	<2	0,1
Bélgica		..	..	..		..	..	..		..	..	..	..
Benin	1995	..	..	33,0		..	..	..		..	..	..	..
Bolivia	1993	..	29,3	..	1995	79,1	..	..	1990	11,3	2,2	38,6	13,5
Botswana		..	..	..		..	..	..	1985-86	33,3	12,5	61,4	30,7
Brasil	1990	32,6	13,1	17,4		..	..	..	1997	5,1	1,3	17,4	6,3
Bulgaria		..	..	..	..		..	..	1995	<2	<0,5	7,8	1,6
Burkina Faso		..	..	..	..		..	..	1994	61,2	25,5	85,8	50,9
Burundi	1990	..	..	36,2		..	..	..	..	..	..	..	
Camboya	1993–94	43,1	24,8	39,0	1997	40,1	21,1	36,1	..	..	..	..	
Camerún	1984	32,4	44,4	40,0	..	..	..	..	..	..	..		
Canadá		..	..	..	..	..	..	..	..	..	..		
Chad	1995-96	67,0	63,0	64,0	..	..	..	..	..	..	..		
Chile	1992	..	..	21,6	1994	..	..	20,5	1994	4,2	0,7	20,3	5,9
China	1996	7,9	<2	6,0	1998	4,6	<2	4,6	1998	18,5	4,2	53,7	21,0
Hong Kong, China		..	..	..	..	..	..	..	..	..	..		
Colombia	1991	29,0	7,8	16,9	1992	*31,2*	8,0	17,7	1996	11,0	3,2	28,7	11,6
Congo, Rep. del		..	..	..	..	..	..	..	..	..	..		
Congo, Rep. Dem. del		..	..	..	..	..	..	..	..	..	..		
Corea, Rep. de		..	..	..		..	..	..	1993	<2	<0,5	<2	<0,5
Costa Rica		..	..	..		..	..	..	1996	9,6	3,2	26,3	10,1
Côte d'Ivoire		..	..	..		..	..	..	1995	12,3	2,4	49,4	16,8
Croacia		..	..	..		..	..	..	..	..	..	..	
Dinamarca		..	..	..	..	..	..	..	..	..	..		
Ecuador	1994	47,0	25,0	35,0		..	..	..	1995	20,2	5,8	52,3	21,2
Egipto, Rep. Árabe de	1995-96	23,3	22,5	22,9		..	..	..	1995	3,1	0,3	52,7	11,4
El Salvador	1992	55,7	43,1	48,3		..	..	..	1996	25,3	10,4	51,9	24,7
Eritrea		..	..	..	..	..	..	..	..	..	..		
Eslovenia		..	..	..		..	..	..	1993	<2	<0,5	<2	<0,5
España		..	..	..	..	..	..	..	..	..	..		
Estados Unidos		..	..	..	..	..	..	..	..	..	..		
Estonia	1995	14,7	6,8	8,9		..	..	..	1995	4,9	1,2	17,7	6,0
Etiopía		..	..	..		..	..	..	1995	31,3	8,0	76,4	32,9
Ex Rep. Yug. de Macedonia		..	..	..		..	..	..	..	..	..	..	
Federación de Rusia	1994	..	..	30,9		..	..	..	1998	7,1	1,4	25,1	8,7
Filipinas	1994	53,1	28,0	40,6	1997	51,2	22,5	40,6	..	..	..	..	
Finlandia	..	..	..	..		..	..	..	..	..	..		
Francia	..	..	..	..		..	..	..	..	..	..		
Georgia	1997	9,9	12,1	11,1		..	..	..	..	..	..	..	
Ghana	1992	34,3	26,7	31,4		..	..	..	..	..	..	..	
Grecia	..	..	..	..		..	..	..	..	..	..		
Guatemala	1989	71,9	33,7	57,9		..	..	..	1989	39,8	19,8	64,3	36,6
Guinea	1994	..	..	40,0		..	..	..		..	..	..	..
Haití	1987	..	..	65,0	1995	66,0	..	..		..	..	..	..
Honduras	1992	46,0	56,0	50,0	1993	51,0	57,0	53,0	1996	40,5	17,5	68,8	36,9
Hungría	1989	..	..	1,6	1993	..	..	8,6	1993	<2	<0,5	4,0	0,9
India	1992	43,5	33,7	40,9	1994	36,7	30,5	35,0	1997	44,2	12,0	86,2	41,4
Indonesia	1996	12,3	9,7	11,3	1998	22,0	17,8	20,3	1999	15,2	2,5	66,1	22,6
Irán, Rep. Islámica del		..	..	..		..	..	..		..	..	..	..
Irlanda		..	..	..		..	..	..		..	..	..	..
Israel		..	..	..		..	..	..		..	..	..	..
Italia		..	..	..		..	..	..		..	..	..	..
Jamaica	1992	..	..	34,2		..	..	..	1996	3,2	0,7	25,2	6,9
Japón		..	..	..		..	..	..		..	..	..	..
Jordania	1991	..	..	15,0	1997	..	..	11,7	1997	<2	<0,5	7,4	1,4
Kazajstán	1996	39,0	30,0	34,6		..	..	..	1996	1,5	0,3	15,3	3,9
Kenya	1992	46,4	29,3	42,0		..	..	..	1994	26,5	9,0	62,3	27,5
Kuwait		..	..	..		..	..	..		..	..	..	
Lesotho	1993	53,9	27,8	49,2	..	..	..	1993	43,1	20,3	65,7	38,1	..
Letonia		..	..	..	..	..	..	1998	<2	<0,5	8,3	2,0	
Líbano		..	..	..	..	..	..		..	..	..	..	
Lituania		..	..	..	..	..	..	1996	<2	<0,5	7,8	2,0	
Madagascar	1993-94	77,0	47,0	70,0	..	..	..	1993	60,2	24,5	88,8	51,3	
Malasia	1989	..	..	15,5	..	..	..		..	..	..	..	

POBLACIÓN

País	Umbrales de pobreza nacionales								Umbrales de pobreza internacionales				
	Año de la encuesta	Población por debajo del umbral de pobreza (%)			Año de la encuesta	Población por debajo del umbral de pobreza (%)			Año de la encuesta	Población que vive con menos de $1 al día[a] (%)	Brecha de pobreza al nivel de $1 al día[a] (%)	Población que vive con menos de $2 al día[a] (%)	Brecha de pobreza al nivel de $2 al día[a] (%)
		Rural	Urbana	Nacional		Rural	Urbana	Nacional					
Malawi	1990-91	..	..	54,0	..	..	..		..	..	..	..	
Malí		..	..	..	..	..	..		1994	72,8	37,4	90,6	60,5
Marruecos	1990-91	18,0	7,6	13,1	1998-99	27,2	12,0	19,0	1990-91	<2	<0,5	7,5	1,3
Mauritania	1989-90	..	..	57,0		..	..	..	1995	3,8	1,0	22,1	6,6
México	1988	..	..	10,1		..	..	..	1995	17,9	6,1	42,5	18,1
Mongolia	1995	33,1	38,5	36,3		..	..	..	1995	13,9	3,1	50,0	17,5
Mozambique		..	..	..		..	..	..	1996	37,9	12,0	78,4	36,8
Myanmar		..	..	..		..	..	..	..	..	..	..	
Namibia		..	..	..		..	..	..	1993	34,9	14,0	55,8	30,4
Nepal	1995-96	44,0	23,0	42,0		..	..	..	1995	37,7	9,7	82,5	37,5
Nicaragua	1993	76,1	31,9	50,3		..	..	..	..	..	..	..	
Níger	1989–93	66,0	52,0	63,0		..	..	..	1995	61,4	33,9	85,3	54,8
Nigeria	1985	49,5	31,7	43,0	1992-93	36,4	30,4	34,1	1997	70,2	34,9	90,8	59,0
Noruega		..	..	..		..	..	..	..	..	..	..	
Nueva Zelandia		..	..	..		..	..	..	..	..	..	..	
Países Bajos		..	..	..		..	..	..	..	..	..	..	
Pakistán	1991	36,9	28,0	34,0		..	..	..	1996	31,0	6,2	84,7	35,0
Panamá	1997	64,9	15,3	37,3		..	..	..	1997	10,3	3,2	25,1	10,2
Papua Nueva Guinea	..	..	..	..		..	..	..		..	..	..	
Paraguay	1991	28,5	19,7	21,8		..	..	..	1995	19,4	8,3	38,5	18,8
Perú	1994	67,0	46,1	53,5	1997	64,7	40,4	49,0	1996	15,5	5,4	41,4	17,1
Polonia	1993	..	..	23,8		..	..	..	1993	5,4	4,3	10,5	6,0
Portugal		..	..	..		..	..	..	1994	<2	<0,5	<2	<0,5
Reino Unido		..	..	..		..	..	..		..	..	..	..
República Árabe Siria		..	..	..		..	..	..		..	..	..	..
República Centroafricana		..	..	..		..	..	..	1993	66,6	38,1	84,0	58,4
República Checa		..	..	..		..	..	..	1993	<2	<0,5	<2	<0,5
República de Moldova	1997	26,7	..	23,3		..	..	..	1992	7,3	1,3	31,9	10,2
República Dem. Pop. Lao	1993	53,0	24,0	46,1		..	..	..			..	..	..
República Dominicana	1989	27,4	23,3	24,5	1992	29,8	10,9	20,6	1996	3,2	0,7	16,0	5,0
República Eslovaca		..	..	..		..	..	..	1992	<2	<0,5	<2	<0,5
República Kirguisa	1993	48,1	28,7	40,0	1997	64,5	28,5	51,0	..	..	..	..	
República Unida de Tanzanía	1991	..	..	51,1		..	..	..	1993	19,9	4,8	59,7	23,0
Rumania	1994	27,9	20,4	21,5		..	..	..	1994	2,8	0,8	27,5	6,9
Rwanda	1993	..	..	51,2		..	..	..	1983–85	35,7	7,7	84,6	36,7
Senegal		..	..	..	..	..	..	1995	26,3	7,0	67,8	28,2	
Sierra Leona	1989	76,0	53,0	68,0	..	..	..	1989	57,0	39,5	74,5	51,8	
Singapur		..	..	..	..	..	..				..	..	
Sri Lanka	1985-86	45,5	26,8	40,6	1990-91	38,1	28,4	35,3	1995	6,6	1,0	45,4	13,5
Sudáfrica		..	..	..		..	..	..	1993	11,5	1,8	35,8	13,4
Suecia		..	..	..		..	..	..		..	..	..	..
Suiza		..	..	..		..	..	..		..	..	..	..
Tailandia	1990	..	..	18,0	1992	15,5	10,2	13,1	1998	<2	<0,5	28,2	7,1
Tayikistán		..	..	..		..	..	..		..	..	..	..
Togo	1987-89	..	..	32,3		..	..	..		..	..	..	..
Túnez	1985	29,2	12,0	19,9	1990	21,6	8,9	14,1	1990	<2	<0,5	11,6	2,9
Turkmenistán		..	..	..		..	..	..	1993	20,9	5,7	59,0	23,3
Turquía		..	..	..		..	..	..	1994	2,4	0,5	18,0	5,0
Ucrania	1995	..	..	31,7		..	..	..	1996	<2	<0,5	23,7	4,4
Uganda	1993	..	..	55,0		..	..	..	1992	36,7	11,4	77,2	35,8
Uruguay		..	..	..		..	..	..	1989	<2	<0,5	6,6	1,9
Uzbekistán		..	..	..		..	..	..	1993	3,3	0,5	26,5	7,3
Venezuela, Rep. Bol. de	1989	..	..	31,3		..	..	..	1996	14,7	5,6	36,4	15,7
Viet Nam	1993	57,2	25,9	50,9		..	..	..		..	..	..	..
Yemen, Rep. del	1992	19,2	18,6	19,1		..	..	..	1998	5,1	0,9	35,5	10,1
Zambia	1991	88,0	46,0	68,0	1993	..	..	86,0	1996	72,6	37,7	91,7	61,2
Zimbabwe	1990-91	31,0	10,0	25,5		..	..	..	1990-91	36,0	9,6	64,2	29,4

Nota: Respecto de la comparabilidad y cobertura de los datos, véanse las Notas técnicas. Las cifras que aparecen en bastardilla corresponden a años distintos de los indicados.

Cuadro 5. Distribución del ingreso o del consumo

País	Año de la encuesta	Coeficiente de Gini	Proporción del ingreso o del consumo						
			10% inferior	20% inferior	Segundo 20%	Tercer 20%	Cuarto 20%	20% superior	10% superior
Albania		..	..	..	..	..	..	..	..
Alemania	1994[c,d]	30,0	3,3	8,2	13,2	17,5	22,7	38,5	23,7
Angola		..	..	..	..	..	..	..	..
Arabia Saudita		..	..	..	..	..	..	..	..
Argelia	1995[a,b]	35,3	2,8	7,0	11,6	16,1	22,7	42,6	26,8
Argentina		..	..	..	..	..	..	..	..
Armenia		..	..	..	..	..	..	..	..
Australia	1994[c,d]	35,2	2,0	5,9	12,0	17,2	23,6	41,3	25,4
Austria	1987[c,d]	23,1	4,4	10,4	14,8	18,5	22,9	33,3	19,3
Azerbaiyán		..	..	..	..	..	..	..	..
Bangladesh	1995-96[a,b]	33,6	3,9	8,7	12,0	15,7	20,8	42,8	28,6
Belarús	1998[a,b]	21,7	5,1	11,4	15,2	18,2	21,9	33,3	20,0
Bélgica	1992[c,d]	25,0	3,7	9,5	14,6	18,4	23,0	34,5	20,2
Benin		..	..	..	..	..	..	..	..
Bolivia	1990[c,d]	42,0	2,3	5,6	9,7	14,5	22,0	48,2	31,7
Botswana		..	..	..	..	..	..	..	..
Brasil	1996[c,d]	60,0	0,9	2,5	5,5	10,0	18,3	63,8	47,6
Bulgaria	1995[a,b]	28,3	3,4	8,5	13,8	17,9	22,7	37,0	22,5
Burkina Faso	1994[a,b]	48,2	2,2	5,5	8,7	12,0	18,7	55,0	39,5
Burundi	1992[a,b]	33,3	3,4	7,9	12,1	16,3	22,1	41,6	26,6
Camboya	1997[a,b]	40,4	2,9	6,9	10,7	14,7	20,1	47,6	33,8
Camerún		..	..	..	..	..	..	..	..
Canadá	1994[c,d]	31,5	2,8	7,5	12,9	17,2	23,0	39,3	23,8
Chad		..	..	..	..	..	..	..	..
Chile	1994[c,d]	56,5	1,4	3,5	6,6	10,9	18,1	61,0	46,1
China	1998[c,d]	40,3	2,4	5,9	10,2	15,1	22,2	46,6	30,4
Hong Kong, China		..	..	..	..	..	..	..	..
Colombia	1996[c,d]	57,1	1,1	3,0	6,6	11,1	18,4	60,9	46,1
Congo, Rep. del		..	..	..	..	..	..	..	..
Congo, Rep. Dem. del		..	..	..	..	..	..	..	..
Corea, Rep. de	1993[a,b]	31,6	2,9	7,5	12,9	17,4	22,9	39,3	24,3
Costa Rica	1996[c,d]	47,0	1,3	4,0	8,8	13,7	21,7	51,8	34,7
Côte d'Ivoire	1995[a,b]	36,7	3,1	7,1	11,2	15,6	21,9	44,3	28,8
Croacia	1998[a,b]	26,8	4,0	9,3	13,8	17,8	22,9	36,2	21,6
Dinamarca	1992[c,d]	24,7	3,6	9,6	14,9	18,3	22,7	34,5	20,5
Ecuador	1995[a,b]	43,7	2,2	5,4	9,4	14,2	21,3	49,7	33,8
Egipto, Rep. Árabe de	1995[a,b]	28,9	4,4	9,8	13,2	16,6	21,4	39,0	25,0
El Salvador	1996[c,d]	52,3	1,2	3,4	7,5	12,5	20,2	56,5	40,5
Eritrea		..	..	..	..	..	..	..	..
Eslovenia	1995[c,d]	26,8	3,2	8,4	14,3	18,5	23,4	35,4	20,7
España	1990[c,d]	32,5	2,8	7,5	12,6	17,0	22,6	40,3	25,2
Estados Unidos	1997[c,d]	40,8	1,8	5,2	10,5	15,6	22,4	46,4	30,5
Estonia	1995[c,d]	35,4	2,2	6,2	12,0	17,0	23,1	41,8	26,2
Etiopía	1995[a,b]	40,0	3,0	7,1	10,9	14,5	19,8	47,7	33,7
Ex Rep. Yug. de Macedonia		..	..	..	..	..	..	..	..
Federación de Rusia	1998[a,b]	48,7	1,7	4,4	8,6	13,3	20,1	53,7	38,7
Filipinas	1997[a,b]	46,2	2,3	5,4	8,8	13,2	20,3	52,3	36,6
Finlandia	1991[c,d]	25,6	4,2	10,0	14,2	17,6	22,3	35,8	21,6
Francia	1995[c,d]	32,7	2,8	7,2	12,6	17,2	22,8	40,2	25,1
Georgia		..	..	..	..	..	..	..	..
Ghana	1997[a,b]	32,7	3,6	8,4	12,2	15,8	21,9	41,7	26,1
Grecia	1993[c,d]	32,7	3,0	7,5	12,4	16,9	22,8	40,3	25,3
Guatemala	1989[c,d]	59,6	0,6	2,1	5,8	10,5	18,6	63,0	46,6
Guinea	1994[a,b]	40,3	2,6	6,4	10,4	14,8	21,2	47,2	32,0
Haití		..	..	..	..	..	..	..	..
Honduras	1996[c,d]	53,7	1,2	3,4	7,1	11,7	19,7	58,0	42,1
Hungría	1996[c,d]	30,8	3,9	8,8	12,5	16,6	22,3	39,9	24,8
India	1997[a,b]	37,8	3,5	8,1	11,6	15,0	19,3	46,1	33,5
Indonesia	1996[c,d]	36,5	3,6	8,0	11,3	15,1	20,8	44,9	30,3
Irán, Rep. Islámica del		..	..	..	..	..	..	..	..
Irlanda	1987[c,d]	35,9	2,5	6,7	11,6	16,4	22,4	42,9	27,4
Israel	1992[c,d]	35,5	2,8	6,9	11,4	16,3	22,9	42,5	26,9
Italia	1995[c,d]	27,3	3,5	8,7	14,0	18,1	22,9	36,3	21,8
Jamaica	1996[a,b]	36,4	2,9	7,0	11,5	15,8	21,8	43,9	28,9
Japón	1993[c,d]	24,9	4,8	10,6	14,2	17,6	22,0	35,7	21,7
Jordania	1997[a,b]	36,4	3,3	7,6	11,4	15,5	21,1	44,4	29,8
Kazajstán	1996[a,b]	35,4	2,7	6,7	11,5	16,4	23,1	42,3	26,3
Kenya	1994[a,b]	44,5	1,8	5,0	9,7	14,2	20,9	50,2	34,9
Kuwait		..	..	..	..	..	..	..	..
Lesotho	1986-87[a,b]	56,0	0,9	2,8	6,5	11,2	19,4	60,1	43,4
Letonia	1998[c,d]	32,4	2,9	7,6	12,9	17,1	22,1	40,3	25,9
Líbano		..	..	..	..	..	..	..	..
Lituania	1996[a,b]	32,4	3,1	7,8	12,6	16,8	22,4	40,3	25,6
Madagascar	1993[a,b]	46,0	1,9	5,1	9,4	13,3	20,1	52,1	36,7
Malasia	1995[c,d]	48,5	1,8	4,5	8,3	13,0	20,4	53,8	37,9

POBLACIÓN

País	Año de la encuesta	Coeficiente de Gini	Proporción del ingreso o del consumo: 10% inferior	20% inferior	Segundo 20%	Tercer 20%	Cuarto 20%	20% superior	10% superior
Malawi		..	..	..	..	..	..	..	..
Malí	1994[a,b]	50,5	1,8	4,6	8,0	11,9	19,3	56,2	40,4
Marruecos	1998-99[a,b]	39,5	2,6	6,5	10,6	14,8	21,3	46,6	30,9
Mauritania	1995[a,b]	38,9	2,3	6,2	10,8	15,4	22,0	45,6	29,9
México	1995[c,d]	53,7	1,4	3,6	7,2	11,8	19,2	58,2	42,8
Mongolia	1995[a,b]	33,2	2,9	7,3	12,2	16,6	23,0	40,9	24,5
Mozambique	1996-97[a,b]	39,6	2,5	6,5	10,8	15,1	21,1	46,5	31,7
Myanmar		..	..	..	..	..	..	..	..
Namibia		..	..	..	..	..	..	..	..
Nepal	1995-96[a,b]	36,7	3,2	7,6	11,5	15,1	21,0	44,8	29,8
Nicaragua	1993[a,b]	50,3	1,6	4,2	8,0	12,6	20,0	55,2	39,8
Níger	1995[a,b]	50,5	0,8	2,6	7,1	13,9	23,1	53,3	35,4
Nigeria	1996-97[a,b]	50,6	1,6	4,4	8,2	12,5	19,3	55,7	40,8
Noruega	1995[c,d]	25,8	4,1	9,7	14,3	17,9	22,2	35,8	21,8
Nueva Zelandia	1991[c,d]	43,9	0,3	2,7	10,0	16,3	24,1	46,9	29,8
Países Bajos	1994[c,d]	32,6	2,8	7,3	12,7	17,2	22,8	40,1	25,1
Pakistán	1996-97[a,b]	31,2	4,1	9,5	12,9	16,0	20,5	41,1	27,6
Panamá	1997[a,b]	48,5	1,2	3,6	8,1	13,6	21,9	52,8	35,7
Papua Nueva Guinea	1996[a,b]	50,9	1,7	4,5	7,9	11,9	19,2	56,5	40,5
Paraguay	1995[c,d]	59,1	0,7	2,3	5,9	10,7	18,7	62,4	46,6
Perú	1996[c,d]	46,2	1,6	4,4	9,1	14,1	21,3	51,2	35,4
Polonia	1996[c,d]	32,9	3,0	7,7	12,6	16,7	22,1	40,9	26,3
Portugal	1994-95[c,d]	35,6	3,1	7,3	11,6	15,9	21,8	43,4	28,4
Reino Unido	1991[c,d]	36,1	2,6	6,6	11,5	16,3	22,7	43,0	27,3
República Árabe Siria		..	..	..	..	..	..	..	..
República Centroafricana	1993[a,b]	61,3	0,7	2,0	4,9	9,6	18,5	65,0	47,7
República Checa	1996[c,d]	25,4	4,3	10,3	14,5	17,7	21,7	35,9	22,4
República de Moldova	1992[c,d]	34,4	2,7	6,9	11,9	16,7	23,1	41,5	25,8
República Dem. Pop. Lao	1992[a,b]	30,4	4,2	9,6	12,9	16,3	21,0	40,2	26,4
República Dominicana	1996[c,d]	48,7	1,7	4,3	8,3	13,1	20,6	53,7	37,8
República Eslovaca	1992[c,d]	19,5	5,1	11,9	15,8	18,8	22,2	31,4	18,2
República Kirguisa	1997[c,d]	40,5	2,7	6,3	10,2	14,7	21,4	47,4	31,7
República Unida de Tanzanía	1993[a,b]	38,2	2,8	6,8	11,0	15,1	21,6	45,5	30,1
Rumania	1994[c,d]	28,2	3,7	8,9	13,6	17,6	22,6	37,3	22,7
Rwanda	1983-85[a,b]	28,9	4,2	9,7	13,2	16,5	21,6	39,1	24,2
Senegal	1995[a,b]	41,3	2,6	6,4	10,3	14,5	20,6	48,2	33,5
Sierra Leona	1989[a,b]	62,9	0,5	1,1	2,0	9,8	23,7	63,4	43,6
Singapur		..	..	..	..	..	..	..	..
Sri Lanka	1995[a,b]	34,4	3,5	8,0	11,8	15,8	21,5	42,8	28,0
Sudáfrica	1993-94[a,b]	59,3	1,1	2,9	5,5	9,2	17,7	64,8	45,9
Suecia	1992[c,d]	25,0	3,7	9,6	14,5	18,1	23,2	34,5	20,1
Suiza	1992[c,d]	33,1	2,6	6,9	12,7	17,3	22,9	40,3	25,2
Tailandia	1998[a,b]	41,4	2,8	6,4	9,8	14,2	21,2	48,4	32,4
Tayikistán		..	..	..	..	..	..	..	..
Togo		..	..	..	..	..	..	..	..
Túnez	1990[a,b]	40,2	2,3	5,9	10,4	15,3	22,1	46,3	30,7
Turkmenistán	1998[a,b]	40,8	2,6	6,1	10,2	14,7	21,5	47,5	31,7
Turquía	1994[a,b]	41,5	2,3	5,8	10,2	14,8	21,6	47,7	32,3
Ucrania	1996[a,b]	32,5	3,9	8,6	12,0	16,2	22,0	41,2	26,4
Uganda	1992-93[a,b]	39,2	2,6	6,6	10,9	15,2	21,3	46,1	31,2
Uruguay	1989[c,d]	42,3	2,1	5,4	10,0	14,8	21,5	48,3	32,7
Uzbekistán	1993[c,d]	33,3	3,1	7,4	12,0	16,7	23,0	40,9	25,2
Venezuela, Rep. Bol. de	1996[c,d]	48,8	1,3	3,7	8,4	13,6	21,2	53,1	37,0
Viet Nam	1998[a,b]	36,1	3,6	8,0	11,4	15,2	20,9	44,5	29,9
Yemen, Rep. del	1992[a,b]	39,5	2,3	6,1	10,9	15,3	21,6	46,1	30,8
Zambia	1996[a,b]	49,8	1,6	4,2	8,2	12,8	20,1	54,8	39,2
Zimbabwe	1990-91[a,b]	56,8	1,8	4,0	6,3	10,0	17,4	62,3	46,9

Nota: Respecto de la comparabilidad y cobertura de los datos, véanse las Notas técnicas. Las cifras que aparecen en bastardilla corresponden a años distintos de los indicados. a. Los datos se refieren a la proporción del consumo por percentil de población. b. Datos clasificados según el consumo per cápita. c. Los datos se refieren a la proporción del ingreso por percentil de población. d. Datos clasificados según el ingreso per cápita.

Cuadro 6. Educación

País	Gasto público en educación % del PNB 1980	Gasto público en educación % del PNB 1997	Tasa neta de matrícula[a] % del grupo de edades pertinente: Enseñ. primaria 1980	Enseñ. primaria 1997	Ense. secundaria 1980	Ense. secundaria 1997	Porcentaje de la cohorte que llegó al quinto grado: Niños 1980	Niños 1996	Niñas 1980	Niñas 1996	Años de escolaridad previstos: Niños 1980	Niños 1997	Niñas 1980	Niñas 1997
Albania	..	3,1	..	..	..	..	..	81	..	83	..	..	..	..
Alemania	..	4,8	100	100	82	95	..	..	..	..	..	16	..	16
Angola	..	..	83	35	81	31	..	..	..	..	8	9	7	7
Arabia Saudita	4,1	7,5	49	60	37	59	82	87	86	92	7	10	5	9
Argelia	7,8	5,1	82	96	43	69	90	94	85	95	10	12	7	10
Argentina	2,7	3,5	97	100	59	77	..	..	..	..	..	..	..	..
Armenia	..	2,0	..	..	..	..	..	..	..	..	..	..	..	..
Australia	5,5	5,4	100	100	81	96	..	..	..	..	12	17	12	17
Austria	5,5	5,4	100	100	91	97	..	..	..	..	11	15	11	14
Azerbaiyán	..	3,0	..	..	..	..	..	..	..	..	..	..	..	..
Bangladesh	1,1	2,2	60	75	18	22	18	..	26	..	5	..	3	..
Belarús	..	5,9	..	85	..	..	..	..	..	..	..	..	..	..
Bélgica	6,0	3,1	100	100	96	100	..	..	..	..	14	17	13	17
Benin	..	3,2	53	68	25	28	59	64	62	57	..	..	..	..
Bolivia	4,4	4,9	79	97	34	40	..	..	..	..	..	..	..	..
Botswana	6,0	8,6	76	80	40	89	80	87	84	93	7	12	8	12
Brasil	3,6	5,1	80	97	46	66	..	..	..	..	..	..	..	..
Bulgaria	4,5	3,2	98	98	75	78	..	93	..	90	11	12	11	12
Burkina Faso	2,2	1,5	15	32	5	13	77	74	74	77	2	3	1	2
Burundi	3,4	4,0	20	36	8	17	100	..	96	..	3	5	2	4
Camboya	..	2,9	100	100	15	39	..	51	..	46	..	..	..	..
Camerún	3,8	..	71	62	40	40	70	..	70	..	8	..	6	..
Canadá	6,9	6,9	100	100	84	95	..	..	..	..	15	17	15	17
Chad	..	1,7	26	48	13	18	..	62	..	53	..	..	..	..
Chile	4,6	3,6	93	90	70	85	94	100	97	100	..	13	..	13
China	2,5	2,3	84	100	63	70	..	93	..	94	..	..	..	..
Hong Kong, China	2,4	2,9	98	91	67	69	98	..	99	..	12	12	11	12
Colombia	1,9	4,1	73	89	60	76	36	70	39	76	..	..	..	..
Congo, Rep. del	7,0	6,1	97	78	98	84	81	40	83	78	..	..	..	..
Congo, Rep. Dem. del	2,6	..	71	58	44	37	56	..	59	..	..	7	..	4
Corea, Rep. de	3,7	3,7	100	100	76	100	94	98	94	99	12	15	11	14
Costa Rica	7,8	5,4	89	89	39	40	77	86	82	89	10	..	10	..
Côte d'Ivoire	7,2	5,0	55	58	39	34	86	77	79	71	..	..	..	..
Croacia	..	5,3	100	100	80	72	..	98	..	98	..	11	..	12
Dinamarca	6,7	8,1	96	100	89	95	99	100	99	99	14	15	13	15
Ecuador	5,6	3,5	92	100	66	51	..	84	..	86	..	..	..	..
Egipto, Rep. Árabe de	5,7	4,8	72	95	43	75	92	..	88	..	..	12	..	10
El Salvador	3,9	2,5	70	89	23	36	46	76	48	77	..	10	..	10
Eritrea	..	1,8	..	29	..	38	..	73	..	67	..	5	..	4
Eslovenia	..	5,7	..	95	..	..	..	..	..	..	..	..	..	..
España	2,3	5,0	100	100	79	92	95	..	94	..	13	..	13	..
Estados Unidos	6,7	5,4	90	100	94	96	..	..	..	..	14	16	15	16
Estonia	..	7,2	100	100	100	86	..	96	..	97	..	12	..	13
Etiopía	3,1	4,0	28	35	19	25	50	51	51	50	..	..	..	..
Ex Rep. Yug. de Macedonia	..	5,1	..	95	..	56	..	95	..	95	..	11	..	11
Federación de Rusia	3,5	3,5	92	100	98	88	..	..	..	..	..	..	..	..
Filipinas	1,7	3,4	95	100	72	78	68	..	73	..	11	..	11	..
Finlandia	5,3	7,5	100	100	87	95	..	100	..	100	..	15	..	17
Francia	5,0	6,0	100	100	94	99	..	..	..	..	..	15	..	16
Georgia	..	5,2	93	89	97	76	..	..	..	..	..	11	..	11
Ghana	3,1	4,2	..	..	..	..	..	..	..	..	..	..	..	..
Grecia	2,0	3,1	100	100	75	91	99	..	98	..	13	14	12	14
Guatemala	1,8	1,7	59	74	28	35	..	52	..	47	..	..	..	..
Guinea	..	1,9	30	46	20	15	59	85	41	68	..	..	..	..
Haití	1,5	..	..	..	..	..	33	..	34	..	..	..	..	..
Honduras	3,2	3,6	79	88	44	36	..	..	..	..	..	..	..	..
Hungría	4,7	4,6	95	98	71	97	96	..	97	..	..	13	..	13
India	3,0	3,2	65	77	41	60	..	62	..	55	..	..	..	..
Indonesia	1,7	1,4	89	99	42	56	..	88	..	88	..	10	..	10
Irán, Rep. Islámica del	7,5	4,0	72	90	50	81	..	92	..	89	..	12	..	11
Irlanda	6,3	6,0	100	100	90	100	..	99	..	100	11	14	12	14
Israel	8,2	7,6	..	..	..	..	..	..	..	..	..	..	..	..
Italia	..	4,9	100	100	70	95	99	98	99	99	..	..	..	..
Jamaica	7,0	7,4	98	96	71	70	91	..	91	..	..	11	..	11
Japón	5,8	3,6	100	100	93	100	100	100	100	100	14	..	13	..
Jordania	6,6	6,8	73	68	53	41	100	..	98	..	12	..	12	..
Kazajstán	..	4,4	..	..	..	..	..	..	..	..	..	..	..	..
Kenya	6,8	6,5	91	65	55	61	60	..	62	..	..	..	..	..
Kuwait	2,4	5,0	85	65	81	63	..	..	..	..	12	9	12	9
Lesotho	5,1	8,4	67	69	69	73	50	72	68	87	7	9	10	10
Letonia	3,3	6,3	100	100	90	81	..	..	..	..	..	12	..	13
Líbano	..	2,5	..	76	..	..	..	..	..	..	..	..	..	..
Lituania	..	5,4	..	..	..	81	..	..	..	..	..	..	..	..
Madagascar	4,4	1,9	..	61	..	..	..	49	..	33	..	..	..	..
Malasia	6,0	4,9	92	100	48	64	97	98	97	100	..	..	..	..

POBLACIÓN

País	Gasto público en educación % del PNB		Tasa neta de matrícula[a] % del grupo de edades pertinente: Enseñ. primaria		Ense. secundaria		Porcentaje de la cohorte que llegó al quinto grado: Niños		Niñas		Años de escolaridad previstos: Niños		Niñas	
	1980	1997	1980	1997	1980	1997	1980	1996	1980	1996	1980	1997	1980	1997
Malawi	3,4	*5,4*	43	99	39	73	48	..	40	..	..	..	..	..
Malí	3,7	*2,2*	20	38	10	18	*48*	*92*	*42*	*70*	..	..	..	..
Marruecos	6,1	5,0	62	77	36	38	79	*76*	*78*	*74*	8	..	5	..
Mauritania	..	*5,1*	..	*57*	..	..	..	*61*	..	*68*	..	..	..	..
México	4,7	*4,9*	98	100	67	66	..	*85*	..	*86*	..	..	..	..
Mongolia	..	5,7	100	85	89	56	..	..	..	..	..	*7*	..	*9*
Mozambique	3,1	..	35	40	40	22	..	*52*	..	*39*	5	*4*	4	*3*
Myanmar	1,7	*1,2*	71	99	38	54	..	..	..	..	..	..	..	..
Namibia	*1,5*	9,1	86	91	67	81	..	*76*	..	*82*	..	..	..	..
Nepal	1,8	3,2	66	78	26	55	..	..	..	..	..	..	..	..
Nicaragua	3,4	3,9	71	79	51	51	*40*	*52*	*47*	*57*	..	*9*	..	*9*
Níger	3,2	2,3	22	24	7	9	74	*72*	72	*74*	..	*3*	..	*2*
Nigeria	*6,4*	*0,7*	..	..	..	..	..	..	..	..	..	..	..	..
Noruega	6,5	*7,4*	99	100	84	98	100	*100*	100	*100*	13	*15*	13	*16*
Nueva Zelandia	5,8	*7,3*	100	100	85	93	*97*	..	*97*	..	14	16	13	17
Países Bajos	7,7	*5,1*	100	100	93	100	94	..	98	..	13	*16*	13	*16*
Pakistán	2,1	2,7	..	..	..	..	..	..	..	..	..	..	..	..
Panamá	4,9	5,1	89	90	65	71	74	..	79	..	11	..	12	..
Papua Nueva Guinea	..	..	..	..	..	..	..	..	..	..	..	..	..	..
Paraguay	1,5	4,0	91	96	37	61	59	*77*	58	*80*	..	*10*	..	*10*
Perú	3,1	*2,9*	87	94	80	84	78	..	74	..	11	..	10	..
Polonia	..	*7,5*	99	99	73	87	..	..	..	..	12	*13*	12	*13*
Portugal	3,8	*5,8*	99	100	45	90	..	..	..	..	..	*14*	..	*15*
Reino Unido	5,6	*5,3*	100	100	88	92	..	..	..	..	13	*16*	13	*17*
República Árabe Siria	4,6	3,1	90	95	48	42	93	*93*	88	*94*	11	*10*	8	*9*
República Centroafricana	..	..	57	46	27	19	63	..	50	..	..	..	..	..
República Checa	..	*5,1*	95	100	93	100	..	..	..	..	..	*13*	..	*13*
República de Moldova	3,4	*10,6*	..	..	..	..	..	..	..	..	..	..	..	..
República Dem. Pop. Lao	..	2,1	72	73	53	63	..	*57*	..	*54*	..	..	..	..
República Dominicana	2,2	2,3	99	91	50	79	..	..	..	..	..	*11*	..	*11*
República Eslovaca	..	*5,0*	..	..	..	..	..	..	..	..	..	..	..	..
República Kirguisa	..	*5,3*	100	100	100	78	..	..	..	..	..	..	..	..
República Unida de Tanzanía	..	..	68	48	..	..	89	78	90	84	10	..	7	..
Rumania	3,3	*3,6*	91	100	100	76	..	..	..	..	..	*12*	..	*12*
Rwanda	2,7	..	59	..	..	..	69	..	74	..	..	..	..	..
Senegal	..	*3,7*	37	60	19	20	89	89	82	85	..	..	..	..
Sierra Leona	3,5	..	..	..	..	..	..	..	..	..	..	..	..	..
Singapur	2,8	*3,0*	100	91	66	76	*100*	..	*100*	..	..	..	..	..
Sri Lanka	2,7	*3,4*	96	100	59	76	*92*	..	*91*	..	..	..	..	..
Sudáfrica	..	*7,9*	68	100	62	95	..	*72*	..	*79*	..	*14*	..	*14*
Suecia	9,0	*8,3*	100	100	83	100	98	*97*	99	*97*	12	*14*	13	*15*
Suiza	4,7	*5,4*	100	100	80	84	..	..	..	..	13	*15*	12	*14*
Tailandia	3,4	*4,8*	92	88	25	48	..	..	..	..	..	..	..	..
Tayikistán	..	*2,2*	..	..	..	..	..	..	..	..	..	..	..	..
Togo	5,6	*4,5*	79	82	65	58	59	*79*	45	*60*	..	..	..	..
Túnez	5,4	7,7	83	100	40	74	89	*90*	84	*92*	10	..	7	..
Turkmenistán	..	..	..	..	..	..	..	..	..	..	..	..	..	..
Turquía	2,2	*2,2*	81	100	42	58	..	*93*	..	*96*	..	*11*	..	*9*
Ucrania	5,6	7,3	..	..	..	..	..	..	..	..	..	..	..	..
Uganda	1,3	*2,6*	..	..	..	..	*82*	..	*73*	..	..	..	..	..
Uruguay	2,3	*3,3*	87	94	70	84	..	*97*	..	*99*	..	..	..	..
Uzbekistán	..	*7,7*	..	..	..	..	..	..	..	..	..	..	..	..
Venezuela, Rep. Bol. de	4,4	*5,2*	83	83	24	49	..	*86*	..	*92*	..	*10*	..	*11*
Viet Nam	..	3,0	96	100	47	55	..	..	..	..	..	..	..	..
Yemen, Rep. del	..	7,0	..	..	..	..	..	..	..	..	..	..	..	..
Zambia	4,5	*2,2*	77	72	35	42	88	..	82	..	..	*8*	..	*7*
Zimbabwe	5,3	..	72	93	20	59	*82*	*78*	*76*	*79*	..	..	..	..
Todo el mundo	**3,9 m**	***4,8* m**	**81 w**	**90 w**	**60 w**	**68 w**	**.. w**	**.. w**	**.. w**	**.. w**				
De ingreso bajo	3,4	3,3	66	76	38	51	..	..	..	..				
De ingreso mediano	3,8	4,8	86	97	63	71	..	..	..	..				
De ingreso mediano bajo	3,5	4,8	85	98	64	70	..	92	..	92				
De ingreso mediano alto	4,0	5,0	88	96	59	75	..	..	..	..				
De ingreso bajo y mediano	3,5	4,1	78	89	53	63	..	..	..	..				
África al sur del Sahara	3,8	4,1	..	..	..	..	..	..	..	..				
América Latina y el Caribe	3,8	3,6	85	94	55	66	..	..	..	..				
Asia meridional	2,0	3,1	64	77	38	55	..	62	..	55				
Asia oriental y el Pacífico	2,5	2,9	86	99	59	67	..	93	..	93				
Europa y Asia central	..	5,1	92	100	84	81	..	..	..	..				
Oriente Medio y Norte de África	5,0	5,2	74	87	46	66	88	..	84	..				
De ingreso alto	5,6	*5,4*	97	100	87	96	..	..	..	..				

Nota: Respecto de la comparabilidad y cobertura de los datos, véanse las Notas técnicas. Las cifras que aparecen en bastardilla corresponden a años distintos de los indicados.
a. Las estimaciones y proyecciones de las tasas de matrícula corresponden a una coalición de la UNESCO hecha en 1999.

Cuadro 7. Salud

País	Gasto público en salud % del PIB 1990–98[a]	Acceso a mejor abastecimiento de agua % de la población 1982–85[a]	1990–96[a]	Acceso a servicios de saneamiento % de la población 1982–85[a]	1990–96[a]	Tasa de mortalidad infantil Por cada 1.000 nacidos vivos 1980	1998	Tasa de uso de anticonceptivos % de mujeres de 15 a 49 años 1990–98[a]	Tasa de fecundidad total Nacimientos por mujer 1980	1998	Tasa de mortalidad derivada de la maternidad Por cada 100.000 nacidos vivos 1990–98[a]
Albania	2,7	92	76	..	58	47	25	..	3,6	2,5	..
Alemania	8,3	..	..	..	..	12	5	..	1,4	1,4	8 [d]
Angola	3,9	28	32	18	16	154	124	..	6,9	6,7	..
Arabia Saudita	6,4	91	93	86	86	65	20	..	7,3	5,7	..
Argelia	3,3	..	..	..	..	98	35	51	6,7	3,5	..
Argentina	4,0	55	65	69	75	35	19	..	3,3	2,6	38 [b]
Armenia	3,1	..	..	..	..	26	15	..	2,3	1,3	35 [b]
Australia	5,5	99	99	99	86	11	5	..	1,9	1,8	..
Austria	6,0	99	..	..	100	14	5	..	1,6	1,3	..
Azerbaiyán	1,2	..	..	..	36	30	17	..	3,2	2,0	37 [b]
Bangladesh	1,6	40	84	4	35	132	73	49	6,1	3,1	440 [c]
Belarús	4,9	..	..	..	..	16	11	..	2,0	1,3	22 [d]
Bélgica	6,8	98	..	..	100	12	6	..	1,7	1,6	..
Benin	1,6	14	50	10	20	116	87	16	7,0	5,7	500 [c]
Bolivia	1,1	53	55	36	41	118	60	49	5,5	4,1	390 [c]
Botswana	2,7	..	70	36	55	71	62	..	6,1	4,2	330 [d]
Brasil	3,4	75	72	24	67	70	33	77	3,9	2,3	160 [c]
Bulgaria	3,2	85	..	..	99	20	14	..	2,0	1,1	15 [d]
Burkina Faso	1,2	35	..	9	18	121	104	12	7,5	6,7	..
Burundi	0,6	23	52	..	51	122	118	..	6,8	6,2	..
Camboya	0,6	..	13	..	..	201	102	..	4,7	4,5	..
Camerún	1,0	36	41	36	40	103	77	19	6,4	5,0	430 [c]
Canadá	6,4	100	99	85	95	10	5	..	1,7	1,6	..
Chad	2,4	..	24	14	21	123	99	4	6,9	6,4	830 [c]
Chile	2,4	86	85	67	..	32	10	..	2,8	2,2	23 [b]
China	2,0	..	90	..	21	42	31	85	2,5	1,9	65 [c]
Hong Kong, China	2,1	..	..	..	..	11	3	..	2,0	1,1	..
Colombia	4,9	..	78	68	83	41	23	72	3,9	2,7	80 [b]
Congo, Rep. del	1,8	..	47	..	9	89	90	..	6,3	6,0	..
Congo, Rep. Dem. del	1,2	..	27	..	9	112	90	..	6,6	6,3	..
Corea, Rep. de	2,5	83	83	100	100	26	9	..	2,6	1,6	20 [d]
Costa Rica	6,9	..	92	95	97	19	13	..	3,6	2,6	29 [c]
Côte d'Ivoire	1,4	20	72	17	54	108	88	11	7,4	5,0	600 [c]
Croacia	8,1	..	63	67	61	21	8	..	..	1,5	12 [b]
Dinamarca	6,7	100	..	..	100	8	5	..	1,5	1,8	10 [d]
Ecuador	2,5	58	70	57	64	74	32	57	5,0	2,9	160 [c]
Egipto, República Árabe de	1,8	90	64	..	11	120	49	48	5,1	3,2	170 [c]
El Salvador	2,6	51	55	62	68	84	31	60	4,9	3,3	..
Eritrea	2,9	..	7	..	..	..	61	8	..	5,7	1.000 [c]
Eslovenia	6,8	..	98	80	98	15	5	..	2,1	1,2	11 [d]
España	5,6	99	..	..	100	12	5	..	2,2	1,2	6 [d]
Estados Unidos	6,5	..	..	98	..	13	7	76	1,8	2,0	8 [b]
Estonia	5,1	..	..	..	..	17	9	..	2,0	1,2	50 [d]
Etiopía	1,7	..	27	..	8	155	107	4	6,6	6,4	..
Ex Rep. Yug. de Macedonia	7,8	..	..	..	..	54	16	..	2,5	1,8	11 [b]
Federación de Rusia	4,5	..	..	..	..	22	17	34	1,9	1,2	50 [b]
Filipinas	1,7	65	83	57	77	52	32	47	4,8	3,6	170 [c]
Finlandia	5,7	95	98	100	100	8	4	..	1,6	1,8	6 [d]
Francia	7,1	98	100	..	96	10	5	71	1,9	1,8	10 [d]
Georgia	0,7	..	..	..	..	25	15	..	2,3	1,3	70 [b]
Ghana	1,8	..	56	26	42	94	65	20	6,5	4,8	..
Grecia	5,3	85	..	..	96	18	6	..	2,2	1,3	1 [d]
Guatemala	1,5	58	67	54	67	84	42	32	6,3	4,4	190 [c]
Guinea	1,2	20	62	12	14	185	118	2	6,1	5,4	..
Haití	1,3	..	28	19	24	123	71	18	5,9	4,3	..
Honduras	2,7	50	65	32	65	70	36	50	6,5	4,2	220 [d]
Hungría	4,1	87	..	..	94	23	10	73	1,9	1,3	15 [d]
India	0,6	54	81	8	16	115	70	41	5,0	3,2	410 [c]
Indonesia	0,6	39	62	30	51	90	43	57	4,3	2,7	450 [c]
Irán, Rep. Islámica del	1,7	71	83	65	67	87	26	73	6,7	2,7	37 [c]
Irlanda	4,9	97	..	..	100	11	6	60	3,2	1,9	6 [d]
Israel	7,0	100	99	..	100	16	6	..	3,2	2,7	5 [d]
Italia	5,3	99	..	..	100	15	5	..	1,6	1,2	7 [d]
Jamaica	2,3	96	70	91	74	33	21	65	3,7	2,6	..
Japón	5,9	99	96	99	100	8	4	..	1,8	1,4	8 [d]
Jordania	3,7	89	89	91	95	41	27	50	6,8	4,1	41 [b]
Kazajstán	2,1	..	..	..	..	33	22	59	2,9	2,0	70 [e]
Kenya	2,2	27	53	44	77	75	76	39	7,8	4,6	590 [c]
Kuwait	2,9	100	100	100	100	27	12	..	5,3	2,8	5 [d]
Lesotho	3,7	18	52	12	8	119	93	23	5,5	4,6	..
Letonia	4,0	..	..	..	..	20	15	..	2,0	1,1	45 [d]
Líbano	3,0	92	100	75	100	48	27	..	4,0	2,4	100 [c]
Lituania	7,2	..	..	..	..	20	9	..	2,0	1,4	18 [d]
Madagascar	1,1	31	29	..	15	119	92	19	6,6	5,7	490 [c]
Malasia	1,3	71	89	75	94	30	8	..	4,2	3,1	39 [b]

POBLACIÓN

País	Gasto público en salud % del PIB 1990–98[a]	Acceso a mejor abastecimiento de agua % de la población 1982–85[a]	1990–96[a]	Acceso a servicios de saneamiento % de la población 1982–85[a]	1990–96[a]	Tasa de mortalidad infantil Por cada 1.000 nacidos vivos 1980	1998	Tasa de uso de anticonceptivos % de mujeres de 15 a 49 años 1990–98[a]	Tasa de fecundidad total Nacimientos por mujer 1980	1998	Tasa de mortalidad derivada de la maternidad Por cada 100.000 nacidos vivos 1990–98[a]
Malawi	2,8	32	45	60	53	169	134	22	7,6	6,4	620 [c]
Malí	2,0	..	37	21	31	184	117	7	7,1	6,5	580 [c]
Marruecos	1,3	32	52	50	40	99	49	59	5,4	3,0	230 [c]
Mauritania	1,8	37	64	..	32	120	90	..	6,3	5,4	..
México	2,8	82	83	57	66	51	30	65	4,7	2,8	48 [c]
Mongolia	4,3	..	..	..	..	82	50	..	5,3	2,5	150 [d]
Mozambique	2,1	9	32	10	21	145	134	6	6,5	5,2	..
Myanmar	0,2	27	38	24	41	109	78	..	4,9	3,1	230 [c]
Namibia	3,8	..	57	..	34	90	67	29	5,9	4,8	230 [c]
Nepal	1,3	24	44	1	6	132	77	29	6,1	4,4	540 [c]
Nicaragua	4,4	50	81	27	31	84	36	60	6,3	3,7	150 [b]
Níger	1,3	37	53	9	15	135	118	8	7,4	7,3	590 [c]
Nigeria	0,2	36	39	..	36	99	76	6	6,9	5,3	..
Noruega	6,2	99	100	..	100	8	4	..	1,7	1,8	6 [d]
Nueva Zelandia	5,9	100	..	88	..	13	5	..	2,0	1,9	15 [d]
Países Bajos	6,1	100	100	..	100	9	5	75	1,6	1,6	7 d
Pakistán	0,9	38	60	16	30	127	91	24	7,0	4,9	..
Panamá	6,0	82	84	81	90	32	21	..	3,7	2,6	85 [d]
Papua Nueva Guinea	2,6	..	28	..	22	78	59	26	5,8	4,2	..
Paraguay	2,6	23	39	49	32	50	24	59	5,2	3,9	190 [c]
Perú	2,2	53	80	48	44	81	40	64	4,5	3,1	270 [c]
Polonia	4,2	82	..	..	100	26	10	..	2,3	1,4	8 [d]
Portugal	4,7	66	82	..	100	24	8	..	2,2	1,5	8 [d]
Reino Unido	5,9	100	100	..	100	12	6	..	1,9	1,7	7 [d]
República Árabe Siria	..	71	85	45	56	56	28	40	7,4	3,9	..
República Centroafricana	1,9	..	19	19	46	117	98	14	5,8	4,8	1.100 [c]
República Checa	6,4	100	..	..	..	16	5	69	2,1	1,2	9 [d]
República de Moldova	4,8	..	56	..	50	35	18	74	2,4	1,7	42 [d]
República Dem. Pop. Lao	1,2	..	39	..	24	127	96	25	6,7	5,5	650 [b]
República Dominicana	1,6	49	71	66	78	76	40	64	4,2	2,9	..
República Eslovaca	5,2	..	..	46	51	21	9	..	2,3	1,4	9 [d]
República Kirguisa	2,7	..	81	..	..	43	26	60	4,1	2,8	65 [b]
República Unida de Tanzanía	1,3	52	49	..	86	108	85	18	6,7	5,4	530 [c]
Rumania	2,9	71	62	..	44	29	21	57	2,4	1,3	41 [d]
Rwanda	2,1	..	..	..	..	128	123	21	8,3	6,1	..
Senegal	2,6	44	50	..	58	117	69	13	6,8	5,5	560 [c]
Sierra Leona	1,7	24	34	13	11	190	169	..	6,5	6,0	..
Singapur	1,1	100	100	85	100	12	4	..	1,7	1,5	6 [d]
Sri Lanka	1,4	37	46	..	52	34	16	..	3,5	2,1	60 [d]
Sudáfrica	3,2	..	70	..	46	67	51	69	4,6	2,8	..
Suecia	7,2	100	..	..	100	7	4	..	1,7	1,5	5 [d]
Suiza	7,1	100	100	..	100	9	4	..	1,5	1,5	5 [d]
Tailandia	1,7	66	89	47	96	49	29	72	3,5	1,9	44 [c]
Tayikistán	6,6	..	69	..	62	58	23	..	5,6	3,4	65 [b]
Togo	1,1	35	63	14	26	100	78	24	6,8	5,1	480 [c]
Túnez	3,0	89	99	52	96	69	28	60	5,2	2,2	70 [b]
Turkmenistán	3,5	..	60	..	60	54	33	..	4,9	2,9	110 [b]
Turquía	2,9	69	..	..	94	109	38	..	4,3	2,4	..
Ucrania	4,1	..	55	..	49	17	14	..	2,0	1,3	25 [b]
Uganda	1,8	16	34	13	57	116	101	15	7,2	6,5	510 [c]
Uruguay	1,9	83	89	59	61	37	16	..	2,7	2,4	21 [b]
Uzbekistán	3,3	..	57	..	18	47	22	56	4,8	2,8	21 [b]
Venezuela, Rep. Bol. de	3,0	84	79	45	58	36	21	..	4,2	2,9	65 [c]
Viet Nam	0,4	..	36	..	21	57	34	75	5,0	2,3	160 [c]
Yemen, Rep. del	2,1	..	39	..	19	141	82	21	7,9	6,3	350 [c]
Zambia	2,3	48	43	47	23	90	114	26	7,0	5,5	650 [c]
Zimbabwe	3,1	52	77	26	66	80	73	48	6,4	3,7	400 [d]
Todo el mundo	**2,5 w**	**.. w**	**.. w**	**.. w**	**..w**	**80 w**	**54 w**	**49 w**	**3,7 w**	**2,7 w**	
De ingreso bajo	1,3	..	..	..	24	97	68	24	4,3	3,1	
De ingreso mediano	3,1	..	..	..	..	60	31	53	3,7	2,5	
De ingreso mediano bajo	3,0	..	..	..	..	62	35	53	3,7	2,5	
De ingreso mediano alto	3,3	77	..	51	..	57	26	65	3,7	2,4	
De ingreso bajo y mediano	1,9	..	..	..	29	87	59	48	4,1	2,9	
África al sur del Sahara	1,5	..	..	..	..	115	92	21	6,6	5,4	
América Latina y el Caribe	3,3	72	..	46	..	61	31	59	4,1	2,7	
Asia meridional	0,8	52	77	7	16	119	75	49	5,3	3,4	
Asia oriental y el Pacífico	1,7	..	84	..	29	55	35	52	3,0	2,1	
Europa y Asia central	4,0	..	..	..	..	41	22	67	2,5	1,6	
Oriente Medio y Norte de África	2,4	68	..	..	..	95	45	55	6,2	3,5	
De ingreso alto	6,2	..	..	..	..	12	6	75	1,8	1,7	

Nota: Respecto de la comparabilidad y cobertura de los datos, véanse las Notas técnicas. Las cifras que aparecen en bastardilla corresponden a años distintos de los indicados.
a. Los datos corresponden al año más reciente sobre el cual se dispone datos en el período indicado. b. Estimación oficial. c. La estimación se basa en datos de encuestas. d. Estimación de la Organización Mundial de la Salud y Eurostat. e. Estimación de UNICEF.

Cuadro 8. Uso de la tierra y productividad agrícola

País	Tierras con cultivos permanentes % del territorio		Tierras de regadío % de las tierras de cultivo		Tierras cultivables Hectáreas per cápita		Maquinaria agrícola Tractores por 1.000 trabajadores agrícolas		Productividad agrícola Valor agregado de la agricultura por trabajador agrícola Dólares de 1995		Índice de producción de alimentos 1989–91 = 100	
	1980	1997	1979–81	1995–97	1979–81	1995–97	1979–81	1995–97	1979–81	1996–98	1979–81	1996–98
Albania	4,3	4,6	53,0	48,4	0,22	0,18	15	11	1.219	1.841	..	..
Alemania	1,4	0,7	3,7	3,9	0,15	0,14	624	991	..	22.759	91,2	92,3
Angola	0,4	0,4	2,2	2,1	0,41	0,27	4	3	..	123	91,9	130,0
Arabia Saudita	0,0	0,1	28,9	42,3	0,20	0,19	2	12	2.167	10.742	26,7	78,8
Argelia	0,3	0,2	3,4	6,9	0,37	0,26	27	41	1.411	1.943	67,6	129,4
Argentina	0,8	0,8	5,8	6,3	0,89	0,71	132	190	7.375	9.597	92,0	125,9
Armenia	..	2,3	..	51,5	..	0,13	..	68	..	4.886	..	76,8
Australia	0,0	0,0	3,5	5,1	2,97	2,75	751	700	20.880	30.904	91,3	130,4
Austria	1,2	1,0	0,2	0,3	0,20	0,17	945	1.567	9.761	16.070	92,2	102,3
Azerbaiyán	..	3,0	..	74,9	..	0,21	..	33	..	776	..	60,6
Bangladesh	2,0	2,5	17,1	43,4	0,10	0,06	0	0	212	276	79,2	110,8
Belarús	..	0,7	..	1,8	..	0,60	..	124	..	3.666	..	65,9
Bélgica[a]	0,4	0,5	1,7	3,8	0,08	0,07	917	1.156	18.192	34.929	88,5	113,0
Benin	0,8	1,4	0,3	0,8	0,39	0,26	0	0	311	534	63,5	140,6
Bolivia	0,2	0,2	6,6	4,1	0,35	0,23	4	4	..	..	70,9	134,1
Botswana	0,0	0,0	0,5	0,3	0,44	0,23	9	20	630	666	87,2	98,7
Brasil	1,2	1,4	3,3	4,8	0,32	0,33	31	57	2.047	4.081	69,5	125,7
Bulgaria	3,2	1,8	28,3	18,0	0,43	0,51	66	63	2.754	5.135	105,5	67,8
Burkina Faso	0,1	0,2	0,4	0,7	0,39	0,33	0	0	134	161	62,1	127,8
Burundi	10,1	12,9	0,7	1,3	0,22	0,12	0	0	177	141	80,3	95,8
Camboya	0,4	0,6	5,8	7,1	0,29	0,34	0	0	..	408	48,9	130,6
Camerún	2,2	2,6	0,2	0,3	0,68	0,44	0	0	866	1.054	83,0	120,2
Canadá	0,0	0,0	1,3	1,6	1,86	1,53	824	1.642	..	..	79,8	117,7
Chad	0,0	0,0	0,2	0,6	0,70	0,47	0	0	155	217	90,8	139,1
Chile	0,3	0,4	31,1	54,3	0,34	0,14	43	49	3.174	5.039	71,5	129,6
China	0,4b	1,2b	45,1	37,7	0,10	0,10	2	1	161	307	60,9	153,5
Hong Kong, China	*1,0*	*1,0*	*37,5*	30,2	0,00	0,00	0	0	..	..	97,4	25,9
Colombia	1,4	2,4	7,7	23,7	0,13	0,05	8	6	3.034	3.448	76,0	109,7
Congo, Rep. del	0,1	0,1	0,6	0,5	0,08	0,05	2	1	385	492	81,1	112,1
Congo, Rep. Dem. del	0,4	0,5	0,1	0,1	0,25	0,15	0	0	270	285	71,7	95,9
Corea, Rep. de	1,4	2,0	59,6	60,6	0,05	0,04	1	41	3.800	11.657	77,6	122,2
Costa Rica	4,4	5,5	12,1	24,7	0,12	0,07	22	22	3.160	4.409	73,0	128,6
Côte d'Ivoire	7,2	13,8	1,0	1,0	0,24	0,21	1	1	1.074	1.011	70,8	128,5
Croacia	..	2,2	..	0,2	..	0,27	..	14	..	8.521	..	59,4
Dinamarca	0,3	0,2	14,5	20,5	0,52	0,44	973	1.116	21.321	..	83,2	103,0
Ecuador	3,3	5,2	19,4	8,1	0,20	0,13	6	7	1.206	1.795	77,4	143,6
Egipto, República Árabe de	0,2	0,5	100,0	99,8	0,06	0,05	4	11	721	1.189	68,0	139,7
El Salvador	11,7	12,1	13,7	14,5	0,12	0,10	5	5	1.925	1.679	90,8	111,3
Eritrea	..	0,0	..	7,0	..	0,11	..	0	..	..	..	114,6
Eslovenia	..	2,7	..	0,7	..	0,12	..	3.082	..	26.517	..	100,3
España	9,9	9,7	14,8	18,1	0,42	0,38	200	546	..	13.499	82,1	110,1
Estados Unidos	0,2	0,2	10,8	12,0	0,83	0,67	1.230	1.484	..	39.001	94,5	117,9
Estonia	..	0,4	..	0,3	..	0,77	..	495	..	3.519	..	47,0
Etiopía	..	0,6	..	1,8	..	0,17	..	0	..	..	..	123,7
Ex Rep. Yug. de Macedonia	..	1,9	..	8,7	..	0,31	..	381	..	2.215	..	97,0
Federación de Rusia	..	0,1	..	4,0	..	0,86	..	106	..	2.476	..	64,4
Filipinas	14,8	14,8	14,0	16,3	0,09	0,07	1	1	1.347	1.352	86,0	125,8
Finlandia	..	0,0	..	3,0	0,50	0,42	721	1.147	16.995	28.231	93,5	90,7
Francia	2,5	2,1	4,6	8,5	0,32	0,31	737	1.236	14.956	36.889	93,8	105,4
Georgia	..	4,1	..	43,3	..	0,14	..	29	..	2.120	..	85,2
Ghana	7,5	7,5	0,2	0,2	0,18	0,16	1	1	670	542	68,7	144,1
Grecia	7,9	8,5	24,2	34,5	0,30	0,27	120	277	8.804	..	91,2	99,0
Guatemala	4,4	5,0	5,0	6,6	0,19	0,13	3	2	2.143	2.075	69,7	124,1
Guinea	1,8	2,4	7,9	6,4	0,16	0,13	0	0	..	271	96,3	137,4
Haití	12,5	12,7	7,9	9,9	0,10	0,08	0	0	578	396	101,3	94,4
Honduras	1,8	3,1	4,1	3,6	0,44	0,29	5	7	694	1.018	88,2	113,0
Hungría	3,3	2,5	3,6	4,2	0,47	0,47	59	156	3.390	4.771	90,8	76,3
India	1,8	2,7	22,8	32,4	0,24	0,17	2	6	275	406	68,1	119,9
Indonesia	4,4	7,2	16,2	15,5	0,12	0,09	0	1	610	749	62,8	120,4
Irán, Rep. Islámica del	0,5	1,0	35,5	37,7	0,36	0,29	17	40	2.570	4.089	61,1	144,7
Irlanda	0,0	0,0	..	..	0,33	0,37	606	978	..	..	83,3	106,2
Israel	4,3	4,2	49,3	45,5	0,08	0,06	294	322	..	..	85,4	107,0
Italia	10,0	9,0	19,3	24,9	0,17	0,14	370	913	9.993	20.031	101,4	101,2
Jamaica	9,7	9,2	13,4	12,0	0,06	0,07	9	11	894	1.291	86,0	120,1
Japón	1,6	1,0	62,6	62,8	0,04	0,03	209	637	15.698	31.094	94,0	95,2
Jordania	0,4	1,5	11,0	19,5	0,14	0,06	48	34	1.176	1.431	57,3	152,5
Kazajstán	..	0,1	..	7,2	..	1,95	..	91	..	1.450	..	57,2
Kenya	0,8	0,9	0,9	1,5	0,23	0,14	1	1	262	228	67,7	104,9
Kuwait	..	0,1	..	75,4	0,00	0,00	3	14	..	..	93,2	161,2
Lesotho	..	..	..	..	0,22	0,16	6	6	723	533	90,0	111,1
Letonia	..	0,5	..	1,1	..	0,70	..	312	..	2.505	..	48,1
Líbano	8,9	12,5	28,3	36,0	0,07	0,04	28	100	..	27.409	59,2	138,2
Lituania	..	0,9	..	0,3	..	0,79	..	263	..	3.245	..	69,2
Madagascar	0,9	0,9	21,5	35,0	0,28	0,19	1	1	197	186	84,4	108,7
Malasia	11,6	17,6	6,7	4,5	0,07	0,09	4	23	3.275	6.061	55,4	125,2

MEDIO AMBIENTE

País	Tierras con cultivos permanentes % del territorio		Tierras de regadío % de las tierras de cultivo		Tierras cultivables Hectáreas per cápita		Maquinaria agrícola Tractores por 1.000 trabajadores agrícolas		Productividad agrícola Valor agregado de la agricultura por trabajador agrícola Dólares de 1995		Índice de producción de alimentos 1989–91 = 100	
	1980	1997	1979–81	1995–97	1979–81	1995–97	1979–81	1995–97	1979–81	1996–98	1979–81	1996–98
Malawi	0,9	1,3	1,3	1,6	0,20	0,16	0	0	102	138	91,1	109,7
Malí	0,0	0,0	2,9	2,1	0,31	0,42	0	1	241	271	77,9	114,5
Marruecos	1,1	1,9	15,2	13,1	0,38	0,33	7	10	1.146	1.836	55,9	107,2
Mauritania	0,0	0,0	22,8	9,7	0,14	0,21	1	1	285	433	86,5	104,7
México	0,8	1,1	20,3	22,8	0,34	0,27	16	20	1.882	2.164	83,8	120,2
Mongolia	..	0,0	..	6,4	0,71	0,53	32	21	932	1.151	88,1	88,5
Mozambique	0,3	0,3	2,1	3,4	0,24	0,18	1	1	..	127	100,1	130,9
Myanmar	0,7	0,9	10,4	15,4	0,28	0,22	1	0	..	..	87,7	138,1
Namibia	0,0	0,0	0,6	0,9	0,64	0,52	10	11	862	1.233	107,4	123,5
Nepal	0,2	0,5	22,5	38,2	0,16	0,13	0	0	162	189	65,9	117,2
Nicaragua	1,5	2,4	6,0	3,2	0,39	0,54	6	7	1.620	1.821	117,0	122,7
Níger	0,0	0,0	0,7	1,3	0,62	0,53	0	0	222	195	101,4	127,8
Nigeria	2,8	2,8	0,7	0,7	0,39	0,25	1	2	414	624	57,9	142,5
Noruega	..	..	..	..	0,20	0,22	824	1.276	17.044	32.600	92,1	100,9
Nueva Zelandia	3,7	6,4	5,2	8,7	0,80	0,42	619	437	..	..	90,7	124,6
Países Bajos	0,9	1,0	58,5	61,0	0,06	0,06	561	631	21.663	..	86,5	99,0
Pakistán	0,4	0,7	72,7	80,8	0,24	0,17	5	13	394	626	66,4	136,2
Panamá	1,6	2,1	5,0	4,9	0,22	0,19	27	20	2.122	2.512	85,6	99,6
Papua Nueva Guinea	1,1	1,3	..	..	0,01	0,01	1	1	716	798	86,2	107,8
Paraguay	0,3	0,2	3,4	2,9	0,52	0,44	14	25	2.618	3.448	60,6	120,0
Perú	0,3	0,4	32,8	42,0	0,19	0,15	5	3	1.348	1.663	77,3	140,5
Polonia	1,1	1,2	0,7	0,7	0,41	0,37	112	281	..	1.751	87,9	88,2
Portugal	7,8	8,2	20,1	21,8	0,25	0,22	72	208	..	..	71,9	97,0
Reino Unido	0,3	0,2	2,0	1,7	0,12	0,10	726	883	..	..	92,0	99,7
República Árabe Siria	2,5	4,1	9,6	20,5	0,60	0,33	29	66	..	..	94,2	148,7
República Centroafricana	0,1	0,1	..	..	0,81	0,58	0	0	377	440	79,7	127,9
República Checa	..	3,1	..	0,7	..	0,30	..	164	..	4.677	..	79,7
República de Moldova	..	12,1	..	14,1	..	0,41	..	85	..	1.474	..	53,2
República Dem. Pop. Lao	0,1	0,2	15,4	18,6	0,21	0,17	0	0	..	548	70,8	126,7
República Dominicana	7,2	9,9	11,7	17,2	0,19	0,13	3	4	1.839	2.599	85,2	105,4
República Eslovaca	..	2,6	..	12,5	..	0,28	..	92	..	3.378	..	74,7
República Kirguisa	..	0,4	..	77,3	..	0,29	..	39	..	..	..	102,0
República Unida de Tanzanía	1,0	1,0	3,8	3,8	0,12	0,10	1	1	..	174	76,9	100,0
Rumania	2,9	2,6	21,9	31,3	0,44	0,41	39	84	..	3.101	112,8	95,9
Rwanda	10,3	12,2	0,4	0,3	0,15	0,12	0	0	371	249	89,7	79,1
Senegal	0,0	0,2	2,6	3,1	0,42	0,26	0	0	341	320	74,2	100,4
Sierra Leona	0,7	0,8	4,1	5,3	0,14	0,11	0	0	368	411	84,5	99,5
Singapur	9,8	..	..	..	0,00	0,00	3	18	13.937	41.673	154,3	31,8
Sri Lanka	15,9	15,8	28,3	30,7	0,06	0,05	4	2	649	726	98,3	109,1
Sudáfrica	0,7	0,8	8,4	7,9	0,45	0,38	94	68	2.899	3.958	92,6	100,8
Suecia	..	..	..	..	0,36	0,32	715	958	..	..	100,1	100,8
Suiza	0,5	0,6	6,2	5,8	0,06	0,06	494	627	..	..	95,8	95,8
Tailandia	3,5	6,6	16,4	23,9	0,35	0,28	1	7	634	932	80,4	112,6
Tayikistán	..	0,9	..	79,7	..	0,13	..	38	..	396	..	59,0
Togo	6,6	6,6	0,3	0,3	0,76	0,49	0	0	345	539	77,0	135,9
Túnez	9,7	12,9	4,9	7,6	0,51	0,32	30	39	1.743	2.959	67,6	121,4
Turkmenistán	..	0,1	..	..	..	0,35	..	82	..	..	..	101,7
Turquía	4,1	3,4	9,6	14,7	0,57	0,42	38	58	1.860	1.858	75,8	111,3
Ucrania	..	1,7	..	7,4	..	0,65	..	89	..	1.454	..	52,3
Uganda	8,0	8,8	0,1	0,1	0,32	0,26	0	1	..	345	70,4	107,1
Uruguay	0,3	0,3	5,4	10,7	0,48	0,39	171	173	6.821	9.826	86,9	130,8
Uzbekistán	..	0,9	..	88,3	..	0,19	..	59	..	2.113	..	109,8
Venezuela, Rep. Bol. de	0,9	1,0	3,6	5,7	0,19	0,12	50	59	4.041	5.036	80,3	114,4
Viet Nam	1,9	4,7	24,1	31,0	0,11	0,08	1	4	..	230	63,8	140,5
Yemen, Rep. del	0,2	0,2	19,9	31,3	0,16	0,09	3	2	..	338	75,0	120,7
Zambia	0,0	0,0	0,4	0,9	0,89	0,57	3	2	328	209	74,0	104,5
Zimbabwe	0,3	0,3	3,1	4,7	0,36	0,27	7	7	307	347	81,9	101,9
Todo el mundo	**0,9** w	**1,0** w	**17,8** w	**19,2** w	**0,24** w	**0,24** w	**18** w	**20** w	.. w	.. w	**75,7** w	**130,3** w
De ingreso bajo	1,0	1,4	19,9	25,5	0,22	0,19	..	..	..	..	71,3	124,3
De ingreso mediano	1,0	1,0	23,9	19,4	0,18	0,23	..	..	..	..	71,8	143,8
De ingreso mediano bajo	1,1	0,9	32,1	22,3	0,14	0,21	..	..	..	..	69,8	151,1
De ingreso mediano alto	1,0	1,2	10,1	11,4	0,32	0,29	..	..	..	..	79,1	118,5
De ingreso bajo y mediano	1,0	1,2	21,9	21,9	0,20	0,21	4	8	..	568	71,6	134,7
África al sur del Sahara	0,7	0,9	4,0	4,2	0,32	0,25	3	2	418	379	78,8	124,3
América Latina y el Caribe	1,1	1,3	11,6	13,5	0,32	0,28	25	35	..	..	80,4	123,9
Asia meridional	1,5	2,1	28,7	39,7	0,23	0,16	2	5	265	356	70,4	122,1
Asia oriental y el Pacífico	1,5	2,6	37,0	36,3	0,11	0,11	2	2	..	..	67,0	152,1
Europa y Asia central	3,2	0,4	11,6	10,4	0,14	0,60	..	101	..	2.186	..	..
Oriente Medio y Norte de África	0,4	0,7	25,8	35,5	0,29	0,21	12	25	..	..	70,1	138,0
De ingreso alto	0,5	0,5	9,8	11,2	0,46	0,41	520	906	..	..	93,1	107,5

Nota: Respecto de la comparabilidad y cobertura de los datos, véanse las Notas técnicas. Las cifras que aparecen en bastardilla corresponden a años distintos de los indicados.
a. Se incluye a Luxemburgo. b. Se incluye a Taiwán (China).

Cuadro 9. Consumo de agua, deforestación y zonas protegidas

País	Recursos de agua dulce	Consumo anual de agua dulce					Acceso a mejor abastecimiento de agua		Deforestación anual		Zonas protegidas a nivel nacional	
	Metros cúbicos per cápita 1998	Miles de millones de m3[a]	% del total de recursos[a]	% correspondiente a la agricultura[b]	% correspondiente a la industria[b]	% correspondiente a usos generales[b]	% de la población 1996[c] Urbana	Rural	1990–95 Km²	Variación porcentual anual media	1996 Miles de km²	% de la superficie total
Albania	12.758 [d]	1,4	3,3 d	71	0	29	*97*	*70*	0	0,0	0,8	2,9
Alemania	2.169 [d]	46,3	26,0 [d]	0	86	14	..	..	0	0,0	94,2	27,0
Angola	15.783	0,5	0,3	76 [e]	10 [e]	14 [e]	*69*	*15*	2.370	1,0	81,8	6,6
Arabia Saudita	116	17,0	708,3	90	1	9	..	..	18	0,8	49,6	2,3
Argelia	485 [d]	4,5	31,5 [d]	60 [e]	15 [e]	25 [e]	..	..	234	1,2	58,9	2,5
Argentina	27.865 [d]	28,6	2,8 [d]	75	9	16	71	24	894	0,3	46,6	1,7
Armenia	2.767 [d]	2,9	27,9 [d]	66	4	30	..	..	–84	–2,7	2,1	7,4
Australia	18.772	15,1	4,3	33	2	65	..	..	–170	0,0	563,9	7,3
Austria	10.399 [d]	2,2	2,7 [d]	9	60	31	..	..	0	0,0	23,4	28,3
Azerbaiyán	3.831 [d]	16,5	54,6 [d]	70	25	5	..	..	0	0,0	4,8	5,5
Bangladesh	9.636 [d]	14,6	1,2 [d]	86	2	12	*47*	*85*	88	0,8	1,0	0,8
Belarús	5.665 [d]	2,7	4,7 [d]	35	43	22	..	.. –	688	–1,0	8,6	4,1
Bélgica	1.228 [d]	9,0	72,2 [d]	4	85	11	..	..	..	..	0,8	..
Benin	4.337 [d]	0,2	0,6 [d]	67 [e]	10 [e]	23 [e]	*41*	*53*	596	1,2	7,8	7,1
Bolivia	38.625	1,4	0,4	48	20	32	..	..	5.814	1,2	156,0	14,4
Botswana	9.413 [d]	0,1	0,7 [d]	48 [e]	20 [e]	32 [e]	*100*	*53*	708	0,5	105,0	18,5
Brasil	42.459 [d]	54,9	0,5 [d]	61	18	21	..	..	25.544	0,5	355,5	4,2
Bulgaria	24.663 [d]	13,9	6,8 [d]	22	76	3	..	..	–6	0,0	4,9	4,4
Burkina Faso	1.671	0,4	2,2	81 [e]	0 [e]	19 [e]	..	..	320	0,7	28,6	10,5
Burundi	561	0,1	2,8	64 [e]	0 [e]	36 [e]	..	..	14	0,4	1,4	5,5
Camboya	41.407	0,5	0,1	94	1	5	*20*	*12*	1.638	1,6	28,6	16,2
Camerún	18.737	0,4	0,1	35 [e]	19 [e]	46 [e]	*71*	*24*	1.292	0,6	21,0	4,5
Canadá	92.142	45,1	1,6	9	80	11	..	..	–1.764	–0,1	921,0	10,0
Chad	5.904 [d]	0,2	0,4 [d]	82 [e]	2 [e]	16 [e]	*48*	*17*	942	0,8	114,9	9,1
Chile	32.007	21,4	3,6	84	11	5	..	..	292	0,4	141,3	18,9
China	2.285	525,5	18,6	77	18	5	*93*	*89*	866	0,1	598,1	6,4
Hong Kong, China	..	..	..	..	..	..	..	..	..	..	0,4	40,4
Colombia	26.722	8,9	0,5	37	4	59	*88*	*48*	2.622	0,5	93,6	9,0
Congo, Rep. del	298.963 [d]	0,0	0,0 [d]	11 [e]	27 [e]	62 [e]	*50*	*8*	416	0,2	15,4	4,5
Congo, Rep. Dem. del	21.134	0,4	0,0	23 [e]	16 [e]	61 [e]	..	..	..	..	101,9	4,5
Corea, Rep. de	1.501	23,7	34,0	63	11	26	93	77	130	0,2	6,8	6,9
Costa Rica	27.425	5,8	1,4	80	7	13	..	..	414	3,0	7,0	13,7
Côte d'Ivoire	5.362	0,7	0,9	67 [e]	11 [e]	22 [e]	*59*	*81*	308	0,6	19,9	6,3
Croacia	15.863	0,1	0,1	..	50	50	75	41	0	0,0	3,7	6,6
Dinamarca	2.460 [d]	0,9	9,2 [d]	43	27	30	..	..	0	0,0	13,7	32,3
Ecuador	26.305	17,0	1,8	82	6	12	*82*	*55*	1.890	1,6	119,3	43,1
Egipto, Rep. Árabe de	949 [d]	55,1	94,5 [d]	86 [e]	8 [e]	6 [e]	*82*	*50*	0	0,0	7,9	0,8
El Salvador	3.197	0,7	5,3	46	20	34	*78*	*37*	38	3,3	0,1	0,5
Eritrea	2.269	..	..	..	..	..	..	..	0	0,0	5,0	5,0
Eslovenia	9.334	0,5	2,7	..	50	50	100	97	0	0,0	1,1	5,5
España	2.847 [d]	35,5	31,7 [d]	62	26	12	..	..	0	0,0	42,2	8,4
Estados Unidos	9.168 [d]	447,7	18,1 [d]	27 [e]	65 [e]	8 [e]	..	..	–5.886	–0,3	1.226,7	13,4
Estonia	8.829	0,2	1,3 [d]	5	39	56	..	..	–196	–1,0	5,1	12,1
Etiopía	1.795	2,2	2,0	86 [e]	3 [e]	11 [e]	*90*	*20*	624	0,5	55,2	5,5
Ex Rep. Yug. de Macedonia	3.483	..	..	..	..	..	..	..	2	0,0	1,8	7,1
Federación de Rusia	30.619 [d]	77,1	1,7 [d]	20	62	19	..	..	0	0,0	516,7	3,1
Filipinas	4.393	55,4	9,1	88	4	8	91	81	2.624	3,5	14,5	4,9
Finlandia	21.347	2,4	2,2 [d]	3	85	12	*100*	*85*	166	0,1	18,2	6,0
Francia	3.246 [d]	40,6	21,3 [d]	12	73	15	100	100	–1.608	–1,1	58,8	10,7
Georgia	11.632 [d]	3,5	5,5 [d]	59	20	21	..	..	0	0,0	1,9	2,7
Ghana	2.882 [d]	0,3 f	0,6 [d]	52 [e]	13 [e]	35 [e]	*70*	*49*	1.172	1,3	11,0	4,8
Grecia	6.562 [d]	7,0	10,2 [d]	81	3	16	..	..	–1.408	–2,3	3,1	2,4
Guatemala	11.030	1,2	0,6	74	17	9	97	48	824	2,0	18,2	16,8
Guinea	31.910	0,7	0,3	87 [e]	3 [e]	10 [e]	*61*	*62*	748	1,1	1,6	0,7
Haití	1.468	1,0	0,4	94	1	5	*37*	*23*	8	3,4	0,1	0,4
Honduras	9.258	1,5	2,7	91	5	4	*81*	*53*	1.022	2,3	11,1	9,9
Hungría	11.865 [d]	6,3	5,2 [d]	36	55	9	..	..	–88	–0,5	6,3	6,8
India	1.947 [d]	500,0	26,2 [d]	92	3	5	*85*	*79*	–72	0,0	142,9	4,8
Indonesia	12.625	74,3	0,7	93	1	6	*78*	*54*	10.844	1,0	192,3	10,6
Irán, Rep. Islámica del	1.339	70,0	85,8	92	2	6	..	..	284	1,7	83,0	5,1
Irlanda	14.035 [d]	1,2	2,3 [d]	10	74	16	..	..	–140	–2,7	0,6	0,9
Israel	184 [d]	1,7	155,5 [d]	64 [e]	7 [e]	29 [e]	100	95	0	0,0	3,1	15,0
Italia	2.909 [d]	57,5	34,4 [d]	45	37	18	..	..	–58	–0,1	21,5	7,3
Jamaica	3.250	0,9	3,9	77	7	15	*92*	*48*	158	7,2	0,0	0,0
Japón	3.402	91,4	21,3	64	17	19	..	..	132	0,1	25,5	6,8
Jordania	198 [d]	1,0	51,1 [d]	75	3	22	..	..	12	2,5	3,0	3,4
Kazajstán	7.029 [d]	33,7	30,7 [d]	81	17	2	..	..	–1.928	–1,9	73,4	2,7
Kenya	1.031 [d]	2,1	6,8 [d]	76 [e]	4 [e]	20 [e]	*67*	*49*	34	0,3	35,0	6,1
Kuwait	0	0,5	2.700,0	60	2	37	100	100	0	0,0	0,3	1,7
Lesotho	2.527	0,1	1,0	56 [e]	22 [e]	22 [e]	14	64	0	0,0	0,1	0,3
Letonia	14.455 [d]	0,3	0,8 [d]	13	32	55	92	..	–250	–0,9	7,8	12,6
Líbano	1.140	1,3	26,9	68	4	28	100	100	52	7,8	0,0	0,0
Lituania	6.724 [d]	0,3	1,0 [d]	3	16	81	..	..	–112	–0,6	6,5	10,0
Madagascar	23.094	19,7	5,8	99 [e]	0 [e]	1 [e]	*83*	*10*	1.300	0,8	11,2	1,9
Malasia	21.046	12,7	2,1	76	13	11	100	86	4.002	2,4	14,8	4,5

MEDIO AMBIENTE

País	Recursos de agua dulce. Metros cúbicos per cápita 1998	Consumo anual de agua dulce: Miles de millones de m³[a]	% del total de recursos[a]	% correspondiente a la agricultura[b]	% correspondiente a la industria[b]	% correspondiente a usos generales[b]	Acceso a mejor abastecimiento de agua, % de la población 1996[c]: Urbana	Rural	Deforestación anual 1990-95: Km²	Variación porcentual anual media	Zonas protegidas a nivel nacional 1996: Miles de km²	% de la superficie total
Malawi	1.775 [d]	0,9	5,0 [d]	86 [e]	3 [e]	10 [e]	52	44	546	1,6	10,6	11,3
Malí	9.438	1,4	1,4	97 [e]	1 [e]	2 [e]	*36*	*38*	1.138	1,0	45,3	3,7
Marruecos	1.080	11,1	36,8	92 [e]	3 [e]	5 [e]	*98*	*14*	118	0,3	3,2	0,7
Mauritania	4.508 [d]	16,3	143,0 [d]	92	2	6	87	41	0	0,0	17,5	1,7
México	4.779	77,8	17,0	78	5	17	*91*	*62*	5.080	0,9	71,0	3,7
Mongolia	9.677	0,4	2,2	53	27	20	..	..	0	0,0	161,3	10,3
Mozambique	12.746 [d]	0,6	0,3 [d]	89	2 [e]	9 [e]	*17*	*40*	1.162	0,7	47,8	6,1
Myanmar	23.515	4,0	0,4	90	3	7	*36*	*39*	3.874	1,4	1,7	0,3
Namibia	27.373 [d]	0,3	0,5 [d]	68 [e]	3 [e]	29 [e]	..	..	420	0,3	106,2	12,9
Nepal	9.199	29,0	13,8	99	0	1	..	..	548	1,1	11,1	7,8
Nicaragua	37.467	1,3	0,5	84	2	14	*81*	*27*	1.508	2,5	9,0	7,4
Níger	3.204 [d]	0,5	1,5 [d]	82 [e]	2 [e]	16 [e]	*46*	*55*	0	0,0	96,9	7,6
Nigeria	2.318 [d]	4,0	1,4 [d]	54 [e]	15 [e]	31 [e]	*63*	*26*	1.214	0,9	30,2	3,3
Noruega	88.673 [d]	2,0	0,5 [d]	8	72	20	*100*	*100*	–180	–0,2	93,7	30,5
Nueva Zelandia	86.053	2,0	100,0	44	10	46	..	..	–434	–0,6	63,3	23,6
Países Bajos	5.797 [d]	7,8	8,6	34	61	5	100	100	0	0,0	2,4	7,1
Pakistán	1.938 [d]	155,6	61,0 [d]	97	2	2	*77*	*52*	550	2,9	37,2	4,8
Panamá	52.961	1,6	0,9	70	2	28	99	73	636	2,1	14,2	19,1
Papua Nueva Guinea	177.940	0,1	0,0	49	22	29	*84*	*17*	1.332	0,4	0,1	0,0
Paraguay	61.750	0,4	0,1 [d]	78	7	15	70	6	3.266	2,6	14,0	3,5
Perú	1.641	19,0	15,3	86	7	7	..	..	2.168	0,3	34,6	2,7
Polonia	1.629 [d]	12,1	19,2 [d]	11	76	13	..	..	–120	–0,1	29,1	9,6
Portugal	7.223 [d]	7,3	10,1 [d]	48	37	15	..	..	–240	–0,9	5,9	6,4
Reino Unido	2.489	9,3	6,4	3	77	20	100	100	–128	–0,5	50,6	20,9
República Árabe Siria	2.926	14,4	32,2	94	2	4	92	78	52	2,2	0,0	0,0
República Centroafricana	41.250	0,1	0,0	73 [e]	6 [e]	21 [e]	..	..	1.282	0,4	51,1	8,2
República Checa	1.554	2,5	15,8	2	57	41	..	..	–2	0,0	12,2	15,8
República de Moldova	2.722	3,0	25,3 [d]	26	65	9	98	18	0	0,0	0,4	1,2
República Dem. Pop. Lao	56.638	1,0	0,4	82	10	8	40	39	..	..	0,0	0,0
República Dominicana	2.467	8,3	14,9	89	1	11	74	67	264	1,6	12,2	25,2
República Eslovaca	15.396	1,4	1,7	..	..	..	..	..	–24	–0,1	10,5	21,8
República Kirguisa	10.049	10,1	94,9	94	3	3	93	42	0	0,0	6,9	3,6
República Unida de Tanzanía	2.770 [d]	1,2	1,3 [d]	89 [e]	2 [e]	9 [e]	65	45	3.226	1,0	138,2	15,6
Rumania	9.222 [d]	26,0	12,5 [d]	59	33	8	*69*	*10*	12	0,0	10,7	4,6
Rwanda	798	0,8	12,2	94 [e]	1 [e]	5 [e]	..	44	4	0,2	3,6	14,6
Senegal	4.359 [d]	1,5	3,8 [d]	92 [e]	3 [e]	5 [e]	*82*	*28*	496	0,7	21,8	11,3
Sierra Leona	32.957	0,4	0,2	89 [e]	4 [e]	7 [e]	*58*	*21*	426	3,0	0,8	1,1
Singapur	193	0,2	31,7	4	51	45	100	..	0	0,0	0,0	0,0
Sri Lanka	2.329	9,8	14,6	96	2	2	..	..	202	1,1	8,6	13,3
Sudáfrica	1.208 [d]	13,3	26,6 [d]	72 [e]	11 [e]	17 [e]	..	..	150	0,2	65,8	5,4
Suecia	20.109 [d]	2,7	1,5 [d]	9	55	36	..	..	24	0,0	36,2	8,8
Suiza	7.458 [d]	2,6	4,9 [d]	0	58	42	*100*	*100*	0	0,0	7,1	18,0
Tailandia	6.698 [d]	33,1	8,1 [d]	91	4	5	*94*	*88*	3.294	2,6	70,7	13,8
Tayikistán	13.017	11,9	14,9	92	4	4	*86*	*32*	0	0,0	5,9	4,2
Togo	2.692 [d]	0,1	0,8 [d]	25 [e]	13 [e]	62 [e]	..	..	186	1,4	4,3	7,9
Túnez	439 [d]	2,8	69,0 [d]	86 [e]	2 [e]	13 [e]	..	..	30	0,5	0,4	0,3
Turkmenistán	9.644 [d]	23,8	52,3 [d]	98	1	1	*80*	*5*	0	0,0	19,8	4,2
Turquía	3.213 [d]	35,5	17,4 [d]	73 [e]	11 [e]	16 [e]	..	..	0	0,0	10,7	1,4
Ucrania	2.776 [d]	26,0f	18,6 [d]	30	52	18	*77*	*12*	–54	–0,1	9,0	1,6
Uganda	3.158 [d]	0,2	0,3 [d]	60	8	32	*47*	*32*	592	0,9	19,1	9,6
Uruguay	37.971 [d]	4,2	0,5 [d]	91	3	6	99	..	4	0,0	0,5	0,3
Uzbekistán	5.476 [d]	58,1	63,4 [d]	94	2	4	*72*	*46*	–2.260	–2,7	8,2	2,0
Venezuela, Rep. Bol. de	57.821 [d]	4,1	0,3 [d]	46	10	44	..	..	5.034	1,1	319,8	36,3
Viet Nam	11.647	54,3	6,1	86	10	4	*53*	*32*	1.352	1,4	9,9	3,0
Yemen, Rep. del	254	2,9	71,5	92	1	7	74	14	0	0,0	0,0	0,0
Zambia	12.001 [d]	1,7	1,5 [d]	77 [e]	7 [e]	16 [e]	*64*	*27*	2.644	0,8	63,6	8,6
Zimbabwe	1.711 [d]	1,2	6,1 [d]	79 [e]	7 [e]	14 [e]	*99*	*64*	500	0,6	30,7	7,9
Todo el mundo	**8.354** w	..	..	**70** w	**22** w	**8** w	.. w	.. w	**101.724** s	**0,3** w	**8.543,5** s	**6,6** w
De ingreso bajo	5.538	..	..	87	8	5	..	..	45.130	0,7	1.852,4	5,6
De ingreso mediano	9.333	..	..	74	13	12	..	..	68.288	0,3	3.396,9	5,1
De ingreso mediano bajo	6.227	..	..	75	15	10	*90*	*84*	25.214	0,2	2.095,5	4,8
De ingreso mediano alto	..	..	..	73	10	17	..	..	43.074	0,5	1.301,4	5,9
De ingreso bajo y mediano	8.114	..	..	82	10	7	..	..	113.418	0,4	5.249,3	5,3
África al sur del Sahara	8.441	..	..	87	4	9	..	..	29.378	0,7	1.467,7	6,2
América Latina y el Caribe	27.393	..	..	74	9	18	..	..	57.766	0,6	1.456,3	7,3
Asia meridional	4.088	..	..	93	2	4	*83*	*75*	1.316	0,2	213,0	4,5
Asia oriental y el Pacífico	..	..	..	80	14	6	*89*	*82*	29.956	0,8	1.102,2	6,9
Europa y Asia central	14.341	..	..	63	26	11	..	..	–5.798	–0,1	768,0	3,2
Oriente Medio y Norte de África	1.045	..	..	89	4	6	..	..	800	0,9	242,1	2,2
De ingreso alto	..	..	..	30	59	11	..	..	–11.694	–0,2	3.294,2	10,8

Nota: Respecto de la comparabilidad y cobertura de los datos, véanse las Notas técnicas. Las cifras que aparecen en bastardilla corresponden a años distintos de los indicados.
a. Salvo indicación contraria, los datos corresponden a cualquier año comprendido entre 1980 y 1998. b. Salvo indicación contraria, los porcentajes son estimaciones correspondientes a 1987. c. Los datos corresponden al año más reciente sobre el cual se dispone de datos en el período de 1990-96. d. El total de recursos hídricos incluye los caudales de ríos que nacen en otros países. e. Los datos corresponden a un año distinto de 1987 (véase el cuadro sobre documentación de los datos primarios en *World Development Indicators, 2000)*. f. Los datos corresponden a un año anterior a 1980 (véase el cuadro sobre documentación de los datos primarios en *World Development Indicators, 2000)*.

Cuadro 10. Consumo de energía y emisiones de dióxido de carbono

País	Consumo de energía comercial: Miles de toneladas métricas de equivalente en petróleo		Per cápita: kg de equivalente en petróleo		Per cápita: Tasa media de aumento anual (%)	PIB por unidad de energía utilizada: $ según PPA por kg de equivalente en petróleo		Importaciones netas de energía[a]: % del consumo de energía comercial		Emisiones de dióxido de carbono: Total, Millones de Tm		Per cápita, Tm	
	1990	1997	1990	1997	1990–97	1990	1997	1990	1997	1990	1996	1990	1996
Albania	2.567	1.048	782	317	–10,4	3,4	8,5	8	13	8,4	1,9	2,6	0,6
Alemania	355.732	347.272	4.478	4.231	–0,6	4,3	5,2	48	60	*889,2*	861,2	*11,1*	10,5
Angola	5.617	6.848	609	587	–0,7	3,1	2,6	–414	–505	4,6	5,1	0,5	0,5
Arabia Saudita	63.275	98.449	4.004	4.906	1,7	2,5	2,1	–483	–395	177,1	267,8	11,2	13,8
Argelia	23.959	26.497	958	912	–1,8	4,7	5,3	–332	–374	80,4	94,3	3,2	3,3
Argentina	43.313	61.710	1.332	1.730	3,7	5,6	6,9	–9	–30	109,7	129,9	3,4	3,7
Armenia	7.941	1.804	2.240	476	–23,2	1,5	4,3	98	70	*3,7*	3,7	*1,0*	1,0
Australia	87.155	101.626	5.107	5.484	1,3	3,2	4,0	–80	–96	266,0	306,6	15,6	16,7
Austria	25.699	27.761	3.326	3.439	0,2	5,5	6,7	67	71	57,4	59,3	7,4	7,4
Azerbaiyán	22.841	11.987	3.191	1.529	–10,7	1,5	1,3	11	–17	*47,1*	30,0	*6,4*	3,9
Bangladesh	20.936	24.327	190	197	1,0	5,0	6,8	10	10	15,4	23,0	0,1	0,2
Belarús	43.050	25.142	4.196	2.449	–9,3	1,6	2,4	91	87	*94,3*	61,7	*9,1*	6,0
Bélgica	48.426	57.125	4.858	5.611	1,7	3,8	4,1	74	77	97,4	106,0	9,8	10,4
Benin	1.678	2.182	354	377	1,0	1,9	2,3	–6	13	0,6	0,7	0,1	0,1
Bolivia	2.896	4.254	441	548	2,5	4,0	4,1	–69	–40	5,5	10,1	0,8	1,3
Botswana	..	..	..	..	..	..	..	..	..	2,2	2,1	1,7	1,4
Brasil	136.131	172.030	920	1.051	2,0	5,8	6,5	27	30	202,6	273,4	1,4	1,7
Bulgaria	27.126	20.616	3.111	2.480	–1,2	1,7	1,9	64	52	75,3	55,3	8,6	6,6
Burkina Faso	..	..	..	..	..	..	..	..	..	1,0	1,0	0,1	0,1
Burundi	..	..	..	..	..	..	..	..	..	0,2	0,2	0,0	0,0
Camboya	..	..	..	..	..	..	..	..	..	0,5	0,5	0,0	0,0
Camerún	5.058	5.756	441	413	–0,8	3,5	3,6	–149	–95	1,5	3,5	0,1	0,3
Canadá	209.712	237.983	7.546	7.930	1,0	2,6	3,0	–31	–52	409,6	409,4	14,7	13,8
Chad	..	..	..	..	..	..	..	..	..	0,1	0,1	0,0	0,0
Chile	13.876	23.012	1.059	1.574	5,7	4,5	5,7	46	65	36,3	48,8	2,8	3,4
China	866.666	1.113.050	763	907	2,9	1,8	3,3	–3	1	2.401,7	3.363,5	2,1	2,8
Hong Kong, China	10.455	14.121	1.833	2.172	2,2	8,7	10,6	100	100	26,2	23,1	4,6	3,7
Colombia	26.762	30.481	765	761	0,7	7,4	8,2	–80	–122	55,9	65,3	1,6	1,7
Congo, Rep. del	1.117	1.242	503	459	–1,5	2,0	2,2	–706	–990	2,0	5,0	0,9	1,9
Congo, Rep. Dem. del	11.858	14.539	317	311	–0,2	4,5	2,7	–1	1	4,1	2,3	0,1	0,1
Corea, Rep. de	91.402	176.351	2.132	3.834	8,9	4,0	3,9	76	86	241,2	408,1	5,6	9,0
Costa Rica	2.025	2.663	676	769	2,0	6,8	7,7	49	57	2,9	4,7	1,0	1,4
Côte d'Ivoire	4.596	5.597	395	394	–0,2	3,5	4,0	26	12	9,9	13,1	0,9	0,9
Croacia	..	7.650	..	1.687	9,6	..	4,0	..	48	..	17,5	..	3,9
Dinamarca	18.282	21.107	3.557	3.994	1,8	5,0	6,0	45	4	50,7	56,6	9,9	10,7
Ecuador	6.558	8.513	639	713	1,9	4,1	4,6	–150	–168	16,6	24,5	1,6	2,1
Egipto, Rep. Árabe de	31.895	39.581	608	656	0,8	3,9	4,7	–72	–47	75,4	97,9	1,4	1,7
El Salvador	2.695	4.095	527	691	3,9	5,5	5,9	30	35	2,6	4,0	0,5	0,7
Eritrea	..	..	..	..	..	..	..	..	..	..	..	..	..
Eslovenia	5.250	..	2.627	..	3,6	..	4,4	..	55	..	13,0	..	6,5
España	90.552	107.328	2.332	2.729	2,0	5,3	5,9	62	71	211,7	232,5	5,5	5,9
Estados Unidos	1.925.680	2.162.190	7.720	8.076	0,8	2,9	3,6	14	22	4.824,0	5.301,0	19,3	20,0
Estonia	10.163	5.556	6.469	3.811	–7,4	1,2	2,0	47	32	*21,4*	16,4	*13,8*	11,2
Etiopía	15.208	17.131	297	287	–0,3	1,6	2,1	7	5	3,0	3,4	0,1	0,1
Ex Rep. Yug. de Macedonia	..	..	..	..	..	..	..	..	..	..	12,7	..	6,4
Federación de Rusia	906.433	591.982	6.112	4.019	–6,2	1,6	1,7	–40	–57	*1.954,4*	1.579,5	*13,1*	10,7
Filipinas	28.294	38.251	452	520	2,3	6,8	7,2	44	57	44,3	63,2	0,7	0,9
Finlandia	28.813	33.075	5.779	6.435	1,5	3,0	3,2	59	54	51,1	59,2	10,2	11,5
Francia	227.600	247.534	4.012	4.224	0,6	4,3	5,0	51	48	353,2	361,8	6,2	6,2
Georgia	10.590	2.295	1.940	423	–24,2	4,3	7,9	87	70	15,2	3,0	2,8	0,5
Ghana	5.233	6.896	352	383	1,7	4,0	4,5	16	15	3,5	4,0	0,2	0,2
Grecia	22.056	25.556	2.171	2.435	1,6	5,1	5,7	60	62	72,2	80,6	7,1	7,7
Guatemala	4.377	5.633	500	536	0,9	5,5	6,5	24	21	5,1	6,8	0,6	0,7
Guinea	..	..	..	..	..	..	..	..	..	1,0	1,1	0,2	0,2
Haití	1.585	1.779	245	237	0,2	6,5	5,9	21	27	1,0	1,1	0,2	0,1
Honduras	2.442	3.182	501	532	0,8	4,1	4,7	31	37	2,6	4,0	0,5	0,7
Hungría	28.463	25.311	2.746	2.492	–1,0	3,3	4,0	50	50	64,1	59,5	6,2	5,8
India	359.846	461.032	424	479	1,9	3,3	4,2	7	12	675,3	997,4	0,8	1,1
Indonesia	98.846	138.779	555	693	3,1	3,4	4,5	–69	–60	165,2	245,1	0,9	1,2
Irán, Rep. Islámica del	72.342	108.289	1.330	1.777	3,7	2,9	3,0	–151	–108	212,4	266,7	3,9	4,4
Irlanda	10.463	12.491	2.984	3.412	2,0	3,8	6,0	68	77	29,8	34,9	8,5	9,6
Israel	11.923	17.591	2.559	3.014	2,9	5,1	5,8	96	97	34,6	52,3	7,4	9,2
Italia	153.316	163.315	2.703	2.839	0,5	6,3	7,3	84	82	398,9	403,2	7,0	7,0
Jamaica	3.037	3.963	1.264	1.552	3,6	2,5	2,2	85	85	8,0	10,1	3,3	4,0
Japón	438.797	514.898	3.552	4.084	2,2	5,4	6,0	83	79	1.070,7	1.167,7	8,7	9,3
Jordania	3.445	4.795	1.087	1.081	0,3	2,1	3,3	97	96	..	..	..	..
Kazajstán	106.028	38.418	6.486	2.439	–11,6	1,0	1,8	15	–69	*292,7*	173,8	*17,7*	10,9
Kenya	12.479	14.138	530	494	–1,2	1,8	2,0	18	18	5,8	6,8	0,2	0,2
Kuwait	13.132	16.165	6.180	8.936	12,9	..	..	–409	–618	..	..	..	..
Lesotho	..	..	..	..	..	..	..	..	..	..	..	..	..
Letonia	3.274	4.460	1.226	1.806	–1,1	6,6	3,1	88	63	*13,1*	9,3	*5,0*	3,7
Líbano	2.297	5.244	632	1.265	10,3	3,2	3,3	94	96	9,1	14,2	2,5	3,5
Lituania	17.224	8.806	4.628	2.376	–10,2	..	2,6	72	55	*21,4*	13,8	*5,7*	3,7
Madagascar	..	..	..	..	..	..	..	..	..	0,9	1,2	0,1	0,1
Malasia	23.974	48.473	1.317	2.237	6,4	4,0	4,0	–104	–53	55,3	119,1	3,0	5,6

MEDIO AMBIENTE

País	Consumo de energía comercial: Miles de toneladas métricas de equivalente en petróleo		Per cápita: kg de equivalente en petróleo		Tasa media de aumento anual (%)	PIB por unidad de energía utilizada: $ según PPA por kg de equivalente en petróleo		Importaciones netas de energía[a]: % del consumo de energía comercial		Emisiones de dióxido de carbono: Total, Millones de Tm		Per cápita, Tm	
	1990	1997	1990	1997	1990–97	1990	1997	1990	1997	1990	1996	1990	1996
Malawi	..	..	..	..	..	..	..	..	..	0,6	0,7	0,1	0,1
Malí	..	..	..	..	..	..	..	..	..	0,4	0,5	0,0	0,0
Marruecos	6.745	9.275	281	340	2,9	9,9	9,5	89	88	23,5	27,9	1,0	1,0
Mauritania	..	..	..	..	..	..	..	..	..	2,6	2,9	1,3	1,2
México	124.187	141.520	1.492	1.501	–0,3	4,2	5,1	–57	–58	295,0	348,1	3,5	3,8
Mongolia	..	..	..	..	..	..	..	..	..	10,0	8,9	4,5	3,6
Mozambique	7.318	7.664	517	461	–1,7	1,0	1,6	6	9	1,0	1,0	0,1	0,1
Myanmar	10.787	13.009	266	296	1,6	..	..	–1	6	4,1	7,3	0,1	0,2
Namibia	..	..	..	..	..	..	..	..	..	..	..	..	..
Nepal	5.834	7.160	311	321	0,6	2,8	3,7	3	8	0,6	1,6	0,0	0,1
Nicaragua	2.174	2.573	568	551	–0,8	2,8	3,9	31	41	2,6	2,9	0,7	0,6
Níger	..	..	..	..	..	..	..	..	..	1,0	1,1	0,1	0,1
Nigeria	70.905	88.652	737	753	0,2	1,0	1,1	–112	–115	88,7	83,3	0,9	0,7
Noruega	21.456	24.226	5.059	5.501	1,0	3,6	4,8	–460	–778	47,7	67,0	11,2	15,3
Nueva Zelandia	14.157	16.679	4.120	4.435	0,9	3,4	4,0	14	15	23,6	29,8	6,9	8,0
Países Bajos	66.593	74.910	4.454	4.800	1,1	3,8	4,6	10	13	138,9	155,2	9,3	10,0
Pakistán	43.238	56.818	400	442	1,7	3,3	3,9	21	26	67,9	94,3	0,6	0,8
Panamá	1.535	2.328	640	856	4,0	5,8	6,1	61	65	3,1	6,7	1,3	2,5
Papua Nueva Guinea	..	..	..	..	..	..	..	..	..	2,4	2,4	0,6	0,5
Paraguay	3.097	4.191	734	824	2,1	5,3	5,5	–48	–66	2,3	3,7	0,5	0,7
Perú	11.549	15.127	535	621	2,4	5,3	7,3	–6	19	22,2	26,2	1,0	1,1
Polonia	100.114	105.155	2.626	2.721	0,8	2,1	2,7	1	4	347,6	356,8	9,1	9,2
Portugal	16.419	20.400	1.659	2.051	2,9	6,6	7,1	87	89	42,3	47,9	4,3	4,8
Reino Unido	213.090	227.977	3.702	3.863	0,7	4,4	5,3	2	–18	563,3	557,0	9,8	9,5
República Árabe Siria	11.928	14.642	984	983	–0,3	2,4	3,0	–89	–124	35,8	44,3	3,0	3,1
República Centroafricana	..	..	..	..	..	..	..	..	..	0,2	0,2	0,1	0,1
República Checa	45.020	40.576	4.344	3.938	–0,1	2,8	3,3	13	22	*141,7*	126,7	*13,7*	12,3
República de Moldova	9.959	4.436	2.283	1.029	–11,2	*2,0*	2,1	100	98	*21,8*	12,1	*5,0*	2,8
República Dem. Pop. Lao	..	..	..	..	..	..	..	..	..	0,2	0,3	0,1	0,1
República Dominicana	3.973	5.453	559	673	2,5	5,6	6,6	74	74	9,4	12,9	1,3	1,6
República Eslovaca	21.363	17.216	4.044	3.198	–2,7	2,1	3,0	75	73	*43,0*	39,6	*8,1*	7,4
República Kirguisa	1.875	2.793	427	603	–4,5	8,3	3,8	–27	50	11,8	6,1	2,6	1,3
República Unida de Tanzanía	12.529	14.258	492	455	–1,1	0,9	1,0	6	5	2,3	2,4	0,1	0,1
Rumania	61.117	44.135	2.634	1.957	–2,6	2,3	3,2	35	30	155,1	119,3	6,7	5,3
Rwanda	..	..	..	..	..	..	..	..	..	0,5	0,5	0,1	0,1
Senegal	2.213	2.770	302	315	0,5	3,8	4,1	38	40	2,9	3,1	0,4	0,4
Sierra Leona	..	..	..	..	..	..	..	..	..	0,3	0,4	0,1	0,1
Singapur	13.357	26.878	4.938	8.661	8,4	2,8	2,9	..	100	41,9	65,8	15,5	21,6
Sri Lanka	5.476	7.159	322	386	2,4	6,2	7,6	23	39	3,9	7,1	0,2	0,4
Sudáfrica	91.229	107.220	2.592	2.636	0,3	3,1	3,3	–26	–33	291,1	292,7	8,3	7,3
Suecia	47.747	51.934	5.579	5.869	1,0	3,1	3,5	38	36	48,5	54,1	5,7	6,1
Suiza	24.998	26.218	3.724	3.699	–0,3	6,2	6,9	61	58	42,7	44,2	6,4	6,3
Tailandia	43.706	79.963	786	1.319	8,5	4,9	4,7	39	42	95,7	205,4	1,7	3,4
Tayikistán	3.268	3.384	616	562	–8,0	4,0	1,6	43	63	*21,3*	5,8	*3,8*	1,0
Togo	..	..	..	..	..	..	..	..	..	0,7	0,8	0,2	0,2
Túnez	5.683	6.805	697	738	1,1	5,5	7,2	–7	2	13,3	16,2	1,6	1,8
Turkmenistán	18.923	12.181	5.159	2.615	–6,7	1,1	1,0	–293	–54	*34,2*	34,2	*8,5*	7,4
Turquía	52.498	71.273	935	1.142	2,9	5,0	5,7	51	61	143,8	178,3	2,6	2,9
Ucrania	252.631	150.059	4.868	2.960	–7,5	1,3	1,1	46	46	*631,1*	397,3	*12,1*	7,8
Uganda	..	..	..	..	..	..	..	..	..	0,8	1,0	0,1	0,1
Uruguay	2.233	2.883	719	883	2,2	8,2	9,7	48	62	3,9	5,6	1,3	1,7
Uzbekistán	43.697	42.553	2.130	1.798	–3,1	1,1	1,1	12	–15	*106,5*	95,0	*5,0*	4,1
Venezuela, Rep. Bol. de	40.851	57.530	2.095	2.526	1,3	2,4	2,4	–221	–255	113,6	144,5	5,8	6,5
Viet Nam	24.451	39.306	369	521	4,9	2,7	3,2	–1	–11	22,5	37,6	0,3	0,5
Yemen, Rep. del	2.665	3.355	224	208	–1,8	3,0	3,5	–267	–469	..	..	..	..
Zambia	5.220	5.987	671	634	–1,0	1,1	1,2	8	7	2,4	2,4	0,3	0,3
Zimbabwe	8.934	9.926	917	866	–1,2	2,6	3,1	9	18	16,6	18,4	1,7	1,6
Todo el mundo	**8.608.414 t**	**9.431.190 t**	**1.705 w**	**1.692 w**	**0,0 w**	**.. w**	**.. w**	**.. w**	**.. w**	**16.183,1 t**	**22.690,1 t**	**3,3 w**	**4,0 w**
De ingreso bajo	1.122.683	1.194.696	607	563	–1,2	..	..	–17	*–9*	1.376,8	2.433,8	0,7	1,1
De ingreso mediano	3.297.830	3.523.253	1.397	1.368	–0,2	..	..	–28	*–33*	5.772,8	9.524,1	2,7	3,7
De ingreso mediano bajo	2.426.917	2.384.856	1.302	1.178	–1,2	..	..	–18	*–20*	3.721,6	6.734,6	2,2	3,3
De ingreso mediano alto	870.913	1.138.397	1.753	2.068	2,2	..	..	–63	*–65*	2.051,2	2.789,6	4,3	5,1
De ingreso bajo y mediano	4.420.513	4.717.949	1.049	1.005	–0,6	..	..	–26	*–28*	7.150,8	11.959,5	1,8	2,5
África al sur del Sahara	273.093	323.921	705	695	–0,2	..	..	..	..	465,3	471,7	0,9	0,8
América Latina y el Caribe	457.439	575.389	1.057	1.181	1,4	..	..	–31	*–35*	966,4	1.207,5	2,2	2,5
Asia meridional	435.330	556.496	394	443	1,9	..	..	9	*15*	765,9	1.125,1	0,7	0,9
Asia oriental y el Pacífico	1.188.126	1.647.182	743	942	3,8	..	..	..	..	3.289,6	4.717,5	2,0	2,7
Europa y Asia central	1.799.838	1.240.586	3.966	2.690	–5,6	1,8	2,2	–5	*–13*	924,8	3.448,9	9,1	7,3
Oriente Medio y Norte de África	266.687	374.375	1.134	1.354	2,1	3,3	3,3	–266	*–225*	737,6	987,2	3,3	3,9
De ingreso alto	4.187.901	4.713.241	4.996	5.369	1,1	..	..	23	*24*	9.033,5	10.732,1	11,9	12,3

Nota: Respecto de la comparabilidad y cobertura de los datos, véanse las Notas técnicas. Las cifras que aparecen en bastardilla corresponden a años distintos de los indicados.
a. Un valor negativo indica que el país es exportador neto.

Cuadro 11. Crecimiento de la economía

Tasa media de crecimiento anual (%)

	Producto interior bruto		Deflactor implícito del PIB		Valor agregado de la agricultura		Valor agregado de la industria		Valor agregado de los servicios		Exportaciones de bienes y servicios		Inversión interna bruta
País	1980-90	1990-99	1980-90	1990-99	1980-90	1990-99	1980-90	1990-99	1980-90	1990-99	1980-90	1990-99	1990-99
Albania	1,5	*2,3*	−0,4	*51,5*	1,9	*6,2*	2,1	*−4,6*	−0,4	*5,0*	..	*13,6*	*22,4*
Alemania[b]	2,2	1,5	..	2,0	1,7	0,5	1,2	..	2,9	1,8	..	4,1	0,5
Angola	3,4	0,8	*5,9*	813,8	*0,5*	−3,1	*6,4*	4,2	*1,8*	−3,4	2,2	*8,2*	*12,9*
Arabia Saudita	0,0	1,6	−4,9	1,4	13,4	*0,7*	−2,3	*1,5*	1,3	*2,0*	..	..	..
Argelia	2,7	1,6	8,1	19,0	4,6	3,0	2,3	−0,1	3,6	3,1	4,1	2,2	0,2
Argentina	−0,7	4,9	391,1	6,2	0,7	3,1	−1,3	4,8	0,0	4,8	3,8	8,7	9,1
Armenia	..	−3,1	..	269,5	..	*−0,3*	..	*−9,0*	..	*−6,2*	..	*−21,5*	*−29,5*
Australia	3,4	3,8	7,3	1,6	3,3	*1,1*	2,9	*2,5*	3,8	*4,4*	6,9	*7,9*	*6,1*
Austria	2,2	2,0	3,3	2,3	1,1	*−0,7*	1,9	*1,3*	2,5	*2,2*	4,9	*4,5*	*2,9*
Azerbaiyán	..	−9,0	..	249,5	..	*−0,5*	..	*9,3*	..	*−0,7*	..	*12,6*	*14,7*
Bangladesh	4,3	4,8	9,5	3,9	2,7	2,3	4,9	3,9	5,2	6,3	7,7	13,2	7,0
Belarús	..	*−4,3*	..	*449,9*	..	*−5,4*	..	*−5,6*	..	*−2,4*	..	*−11,1*	*−10,0*
Bélgica	1,9	1,7	4,4	2,2	2,0	*1,7*	2,2	*1,1*	1,9	*1,4*	4,3	*4,2*	*0,3*
Benin	2,5	4,7	1,7	9,4	5,1	5,3	3,4	3,8	0,7	4,4	−2,4	1,9	5,3
Bolivia	−0,2	4,2	327,2	9,4	..	..	..	..	..	..	1,0	4,9	10,1
Botswana	10,3	4,3	13,6	10,0	3,3	0,3	10,2	2,8	11,7	6,3	*10,6*	2,5	−1,3
Brasil	2,7	2,9	284,0	264,3	2,8	3,0	2,0	3,2	3,3	2,7	7,5	4,9	3,1
Bulgaria	3,4	−2,7	1,8	111,8	−2,1	0,3	5,2	−4,4	4,5	−2,3	−3,5	0,3	−0,9
Burkina Faso	3,6	3,8	3,3	6,2	3,1	3,5	3,8	3,9	4,6	3,5	−0,4	0,4	4,8
Burundi	4,4	−2,9	4,4	11,7	3,1	−2,0	4,5	−6,7	5,6	−2,5	3,4	2,4	−12,4
Camboya	..	4,8	..	28,7	..	2,1	..	9,6	..	6,9	..	..	..
Camerún	3,4	1,3	5,6	5,5	2,2	5,3	5,9	−2,0	2,1	0,1	5,9	2,7	0,0
Canadá	3,3	2,3	4,5	1,3	*1,2*	*1,1*	*3,1*	*2,2*	*3,6*	*1,9*	6,3	*8,8*	*2,6*
Chad	6,1	2,3	1,4	7,6	2,3	4,9	8,1	2,2	6,7	0,8	6,5	5,0	4,4
Chile	4,2	7,2	20,7	8,6	5,9	1,3	3,5	6,3	2,9	7,5	6,9	9,7	11,4
China	10,1	10,7	5,9	8,2	5,9	4,3	11,1	14,4	13,5	9,2	19,3	13,0	12,8
Hong Kong, China	6,9	3,9	7,7	5,2	..	..	..	..	..	..	14,4	8,4	6,3
Colombia	3,6	3,3	24,8	20,5	2,9	−2,6	5,0	2,3	3,1	6,3	7,5	5,2	7,5
Congo, Rep. del	3,3	0,9	0,5	7,1	3,4	1,7	5,2	−0,2	2,1	1,5	5,1	4,3	4,7
Congo, Rep. Dem. del	1,6	*−5,1*	62,9	*1.423,1*	2,5	2,9	0,9	*−11,7*	1,3	*−15,2*	9,6	*−5,5*	*−3,5*
Corea, Rep. de	9,4	5,7	6,1	5,8	2,8	2,1	12,0	6,2	8,9	5,8	12,0	15,6	1,6
Costa Rica	3,0	4,1	23,6	16,8	3,1	2,5	2,8	3,7	3,1	4,9	6,1	9,7	3,4
Côte d'Ivoire	0,7	3,7	2,8	8,0	0,3	1,8	4,4	5,9	−0,3	3,9	1,9	4,7	17,6
Croacia	..	*−0,4*	..	*131,2*	..	*−3,3*	..	*−4,8*	..	*1,4*	..	..	..
Dinamarca	2,3	2,8	5,6	1,7	3,1	1,7	2,9	1,9	2,3	1,5	4,3	3,8	4,8
Ecuador	2,0	2,2	36,4	33,7	4,4	2,0	1,2	2,7	1,7	1,9	5,4	4,4	1,1
Egipto, Rep. Árabe de	5,4	4,4	13,7	9,1	2,7	3,1	5,2	4,7	6,6	4,3	5,2	3,1	6,7
El Salvador	0,2	4,9	16,3	8,1	−1,1	0,9	0,1	5,6	0,7	5,6	−3,4	11,7	7,2
Eritrea	..	*5,2*	..	*9,7*	..	..	..	..	..	..	..	*0,5*	..
Eslovenia	..	2,4	..	23,5	..	−0,1	..	2,0	..	3,8	..	−0,5	10,2
España	3,0	2,2	9,3	4,0	..	−2,5	..	..	..	..	5,7	*10,9*	*−0,5*
Estados Unidos	3,0	3,4	4,2	1,8	..	2,5	..	4,9	..	2,1	4,7	9,3	7,0
Estonia	2,2	−1,3	2,3	62,7	..	−3,4	..	−4,5	..	1,4	..	*10,2*	−1,8
Etiopía[a]	*1,1*	4,8	*4,6*	7,4	*0,2*	2,5	*0,4*	6,3	*3,1*	6,7	*2,4*	9,3	13,4
Ex Rep. Yug. de Macedonia	..	1,9	..	13,5	..	3,1	..	−2,1	..	−2,6	..	1,2	6,7
Federación de Rusia	..	−6,1	..	189,6	..	−6,3	..	−9,8	..	−1,8	..	2,3	−13,3
Filipinas	1,0	3,2	14,9	8,4	1,0	1,5	−0,9	3,4	2,8	3,9	3,5	9,6	4,1
Finlandia	3,3	2,5	6,8	1,8	−0,2	*0,2*	3,3	*2,1*	3,7	*0,1*	2,2	*9,6*	*−3,2*
Francia	2,3	1,7	6,0	1,5	2,0	0,5	1,1	*0,6*	3,0	*1,7*	3,7	*4,9*	*−1,6*
Georgia	0,4	−10,3	1,9	513,0	..	2,5	..	3,4	..	*15,4*	..	*9,8*	*51,2*
Ghana	3,0	4,3	42,1	27,2	1,0	3,4	3,3	4,8	5,7	5,0	2,5	10,8	4,2
Grecia	1,8	1,9	18,0	10,1	−0,1	*2,0*	1,3	*−0,5*	2,7	*1,8*	7,2	*3,3*	*1,3*
Guatemala	0,8	4,2	14,6	10,7	1,2	2,7	−0,2	4,1	0,9	4,9	−1,8	6,4	5,0
Guinea	..	4,2	..	6,2	..	4,5	..	4,5	..	3,2	..	4,7	2,4
Haití	−0,2	*−1,7*	7,5	*23,3*	−0,1	*−4,3*	−1,7	*−1,0*	0,9	*−0,3*	1,2	*2,4*	*1,7*
Honduras	2,7	3,2	5,7	19,8	2,7	1,8	3,3	3,6	2,5	3,7	1,1	2,0	6,0
Hungría	1,3	1,0	8,9	20,7	1,7	*−3,2*	0,2	*2,4*	2,1	*0,6*	3,6	8,2	8,4
India	5,8	6,1	8,0	8,6	3,1	3,8	7,0	6,7	6,9	7,7	5,9	11,3	7,4
Indonesia	6,1	4,7	8,5	14,4	3,4	*2,6*	6,9	*7,8*	7,0	*5,4*	2,9	*9,2*	*5,1*
Irán, Rep. Islámica del	1,7	3,4	14,4	26,7	4,5	*3,8*	3,3	*3,7*	−1,0	*5,8*	6,9	0,2	1,4
Irlanda	3,2	7,9	6,6	2,0	..	..	..	..	..	..	9,0	*13,3*	*4,8*
Israel	3,5	5,1	101,1	10,6	..	..	..	..	..	..	5,5	9,1	5,5
Italia	2,4	1,2	10,0	4,1	0,1	*1,1*	2,0	*0,9*	2,8	*1,2*	4,1	*7,2*	*−1,0*
Jamaica	2,0	0,1	18,6	25,8	0,6	2,3	2,4	−0,6	1,8	0,3	5,4	0,1	3,9
Japón	4,0	1,4	1,7	0,1	1,3	*−1,3*	4,2	*1,1*	3,9	*2,3*	4,5	*5,1*	*1,1*
Jordania	2,5	4,8	4,3	3,2	6,8	−4,6	1,7	6,2	2,0	5,5	5,9	7,4	3,4
Kazajstán	..	−5,9	..	255,7	..	*−12,2*	..	*−8,0*	..	*1,2*	..	*4,3*	*−11,7*
Kenya	4,2	2,2	9,1	14,8	3,3	1,4	3,9	1,9	4,9	3,3	4,4	0,4	4,9
Kuwait	*1,3*	..	*−2,8*	..	*14,7*	..	*1,0*	..	*2,1*	..	*−2,3*	..	..
Lesotho	4,6	4,4	12,1	9,6	2,8	2,0	5,5	*6,3*	4,0	*5,2*	4,9	11,3	2,3
Letonia	3,7	−4,8	−0,2	58,8	2,8	−7,6	4,6	−10,0	3,4	1,7	..	*0,7*	*−4,4*
Líbano	..	7,7	..	24,0	..	..	..	..	..	..	..	*15,6*	*18,4*
Lituania	..	−3,9	..	90,4	..	−1,5	..	*−9,9*	..	−0,4	..	*2,9*	*8,8*
Madagascar	1,1	1,7	17,1	20,6	2,5	1,5	0,9	1,9	0,3	1,9	−1,7	3,6	0,9
Malasia	5,3	6,3	1,7	5,0	3,8	1,1	7,2	*9,4*	4,2	7,6	10,9	11,0	6,2

ECONOMÍA

Tasa media de crecimiento anual (%)

País	Producto interior bruto		Deflactor implícito del PIB		Valor agregado de la agricultura		Valor agregado de la industria		Valor agregado de los servicios		Exportaciones de bienes y servicios		Inversión interna bruta
	1980-90	1990-99	1980-90	1990-99	1980-90	1990-99	1980-90	1990-99	1980-90	1990-99	1980-90	1990-99	1990-99
Malawi	2,5	4,0	14,6	33,5	2,0	9,0	2,9	1,7	3,6	0,7	2,5	4,9	−7,5
Malí	0,8	3,6	4,5	8,5	3,3	2,8	4,3	6,4	1,9	2,7	4,8	9,6	−0,8
Marruecos	4,2	2,3	7,1	3,2	6,7	0,0	3,0	3,1	4,2	2,5	5,7	3,0	1,5
Mauritania	1,8	4,1	8,4	6,1	1,7	5,2	4,9	2,8	0,4	4,8	2,1	1,6	6,8
México	1,1	2,7	71,5	19,3	0,8	1,3	1,1	3,6	1,4	2,4	7,0	14,3	3,9
Mongolia	*5,4*	0,7	*−1,6*	66,5	*1,4*	*2,9*	*6,6*	*−1,8*	*5,9*	*0,8*	..	..	..
Mozambique	−0,1	6,3	38,3	36,4	6,6	5,2	−4,5	9,9	9,1	5,5	−6,8	13,4	13,1
Myanmar	0,6	*6,3*	12,2	*25,9*	0,5	*4,9*	0,5	*10,1*	0,8	*6,6*	1,9	7,5	*14,7*
Namibia	1,3	3,4	13,7	9,8	1,9	3,8	−0,6	2,5	2,3	3,4	0,7	4,3	2,5
Nepal	4,6	4,8	11,1	8,6	4,0	2,3	8,7	7,0	3,9	6,0	3,9	14,3	5,7
Nicaragua	−1,9	3,2	422,3	38,8	−2,2	5,4	−2,3	4,1	−1,5	1,1	−3,9	10,3	12,6
Níger	−0,1	2,5	1,9	6,4	1,7	3,3	−1,7	1,9	−0,7	1,9	−2,9	1,7	5,4
Nigeria	1,6	2,4	16,7	34,8	3,3	2,9	−1,1	1,7	3,7	3,1	−0,3	2,5	5,8
Noruega	2,8	3,7	5,6	1,8	−0,2	*4,1*	3,3	*5,5*	2,7	*3,2*	5,2	*6,1*	*5,1*
Nueva Zelandia	1,7	2,9	10,8	1,5	3,8	*2,6*	1,1	*3,5*	1,8	*3,4*	4,0	*5,4*	*8,1*
Países Bajos	2,3	2,7	1,6	2,1	3,4	*3,7*	1,6	*1,2*	2,6	*2,3*	4,5	*4,8*	1,5
Pakistán	6,3	4,0	6,7	10,7	4,3	4,3	7,3	4,9	6,8	4,6	8,4	2,7	2,1
Panamá	0,5	4,2	1,9	2,0	2,5	1,7	−1,3	5,5	0,7	4,2	−0,9	0,0	12,1
Papua Nueva Guinea	1,9	4,0	5,3	7,8	1,8	2,3	1,9	6,9	2,0	2,8	3,3	9,5	6,8
Paraguay	2,5	2,4	24,4	13,7	3,6	2,8	0,3	2,8	3,1	2,0	12,2	5,1	1,5
Perú	−0,3	5,4	231,3	28,7	2,7	5,8	−0,9	6,7	−0,7	4,0	−1,6	9,0	9,0
Polonia	2,2	4,7	53,5	24,5	*−0,4*	0,0	0,3	6,3	2,8	3,8	6,6	10,8	11,9
Portugal	3,1	2,5	18,0	5,3	..	*−0,4*	..	*0,7*	..	*2,2*	8,7	*5,6*	*3,5*
Reino Unido	3,2	2,2	5,7	2,9	..	..	..	..	..	..	3,9	6,0	1,8
República Árabe Siria	1,5	5,7	15,3	8,7	−0,6	..	6,6	..	0,1	..	7,3	4,7	7,9
República Centroafricana	1,4	1,8	7,9	4,9	1,6	3,7	1,4	0,4	1,0	−0,7	−1,2	6,7	−1,7
República Checa	*1,7*	*0,9*	*2,6*	*13,7*	..	*2,6*	..	*−0,1*	..	*1,1*	..	*9,0*	*6,3*
República de Moldova	3,0	−11,5	..	142,5	..	−6,2	..	−11,8	..	*−14,8*	..	*4,8*	*−20,0*
República Dem. Pop. Lao	3,7	6,4	37,6	22,9	3,5	4,6	6,1	11,8	3,3	7,4	..	..	..
República Dominicana	3,1	5,7	21,6	9,8	0,4	3,8	3,6	6,8	3,5	5,7	4,5	7,5	7,4
República Eslovaca	2,0	1,9	1,8	10,8	*1,6*	*−0,2*	2,0	*−4,9*	*0,8*	*8,0*	..	*12,0*	*4,6*
República Kirguisa	..	*−7,4*	..	*157,3*	..	*−1,5*	..	*−15,3*	..	*−8,2*	..	*6,7*	*12,6*
República Unida de Tanzanía[c]	..	3,1	..	23,2	..	3,6	..	2,6	..	2,5	..	9,5	−1,7
Rumania	0,5	−1,2	2,5	105,5	..	−0,5	..	−1,6	..	−1,0	..	6,1	−11,8
Rwanda	2,2	−1,5	4,0	16,3	0,5	−3,9	2,5	2,0	5,5	−1,2	3,4	−6,0	2,1
Senegal	3,1	3,2	6,5	5,2	2,8	1,6	4,3	4,6	2,8	3,4	3,7	2,6	3,1
Sierra Leona	1,2	−4,8	62,8	31,2	3,1	1,6	1,7	−7,1	−2,7	−5,3	0,2	−12,2	−10,3
Singapur	6,7	8,0	1,9	1,6	−6,2	0,4	5,3	7,9	7,6	8,0	..	..	8,5
Sri Lanka	4,0	5,3	11,0	*9,7*	2,2	*1,5*	4,6	*7,4*	4,7	*5,6*	*4,9*	*8,4*	*6,2*
Sudáfrica	1,0	1,9	15,5	10,2	2,9	1,0	0,7	0,9	2,4	2,4	1,9	5,3	3,0
Suecia	2,3	1,5	7,4	2,1	1,5	..	2,8	..	2,2	..	4,3	8,3	−2,2
Suiza	2,0	0,5	3,4	1,5	..	..	..	..	..	..	3,5	2,2	−0,4
Tailandia	7,6	4,7	3,9	4,6	3,9	2,7	9,8	6,7	7,3	5,5	14,1	9,4	−2,9
Tayikistán	..	−9,8	..	*300,0*	..	*−12,2*	..	*−17,2*	..	*−10,7*	..	..	..
Togo	1,7	2,5	4,8	8,3	5,6	4,5	1,1	2,9	−0,3	0,5	0,1	1,5	11,6
Túnez	3,3	4,6	7,4	4,7	2,8	2,1	3,1	4,5	3,5	5,3	5,6	5,1	3,4
Turkmenistán	..	*−3,5*	..	*622,8*	..	..	..	..	..	..	..	..	..
Turquía	5,4	4,1	45,2	77,9	1,3	1,6	7,8	4,8	4,4	4,3	..	11,9	4,6
Ucrania	..	−10,8	..	*440,0*	..	*−5,8*	..	*−15,5*	..	*−3,1*	..	−3,6	*−24,8*
Uganda	*2,9*	7,2	*113,8*	13,7	*2,1*	3,7	5,0	12,7	*2,8*	8,1	*1,8*	16,3	9,9
Uruguay	0,4	3,7	61,3	36,0	0,0	4,3	−0,2	1,7	0,8	4,5	4,3	7,0	8,9
Uzbekistán	..	*−2,0*	..	*356,7*	..	−1,0	..	−5,1	..	−1,1	..	..	..
Venezuela, Rep. Bol. de	1,1	1,7	19,3	47,6	3,0	0,7	1,6	2,6	0,5	0,8	2,8	5,6	2,9
Viet Nam	4,6	8,1	*210,8*	16,8	*4,3*	*4,9*	..	*13,0*	..	*8,6*	..	*27,7*	*25,5*
Yemen, Rep. del	..	3,0	..	26,0	..	5,0	..	7,8	..	−1,8	..	10,2	7,7
Zambia	1,0	1,0	42,2	56,9	3,6	−4,4	0,8	−4,3	−1,5	10,6	−3,4	1,8	11,3
Zimbabwe	3,6	2,4	11,6	23,8	3,1	4,3	3,2	−1,2	3,1	3,6	4,3	11,0	−0,7
Todo el mundo	**3,2** w	**2,5** w			**2,7** w	***1,6*** w	.. w	***3,0*** w	.. w	***2,5*** w	**5,2** w	***6,9*** w	***2,9*** w
De ingreso bajo	4,4	2,4			3,0	2,5	5,4	1,1	5,7	*4,7*	3,3	*5,3*	*−1,4*
De ingreso mediano	3,2	3,5			3,5	2,0	3,6	4,4	3,5	3,6	7,3	8,8	4,0
De ingreso mediano bajo	4,0	3,4			4,0	2,0	6,1	5,2	5,3	3,7	7,6	6,7	3,5
De ingreso mediano alto	2,5	3,6			2,8	1,9	2,3	3,9	2,8	3,6	7,0	10,8	4,4
De ingreso bajo y mediano	3,4	3,3			3,4	2,2	3,8	3,9	3,8	3,7	6,6	8,2	3,0
África al sur del Sahara	1,7	2,4			2,5	2,5	1,2	1,5	2,4	2,5	2,4	4,4	3,6
América Latina y el Caribe	1,7	3,4			2,2	2,0	1,3	3,6	1,8	3,4	5,4	8,7	4,9
Asia meridional	5,7	5,7			3,2	3,7	6,8	6,3	6,6	7,0	6,5	9,6	6,8
Asia oriental y el Pacífico	8,0	7,4			4,4	3,4	9,5	9,8	8,7	6,6	11,1	12,6	7,0
Europa y Asia central	2,4	−2,7			..	*−3,0*	..	*−3,5*	..	*0,5*	..	*4,4*	−7,0
Oriente Medio y Norte de África	2,0	3,0			5,5	2,5	0,3	2,1	2,2	3,5	..	..	..
De ingreso alto	3,1	2,4			..	*0,8*	..	*2,6*	..	*2,2*	5,0	*6,5*	*2,6*

Nota: Respecto de la comparabilidad y cobertura de los datos, véanse las Notas técnicas. Las cifras que aparecen en bastardilla corresponden a años distintos de los indicados.
a. Los datos anteriores a 1990 se refieren a la República Federal de Alemania antes de la unificación. b. Los datos anteriores a 1992 incluyen a Eritrea. c. Los datos corresponden solamente al territorio continental de la República Unida de Tanzanía.

Cuadro 12. Estructura de la producción

	Producto interno bruto Millones de dólares		Valor agregado como % del PIB: Agricultura		Industria		Manufacturas		Servicios	
País	1990	1999	1990	1999	1990	1999	1990	1999	1990	1999
Albania	2.102	*3.058*	37	*54*	47	*25*	..	..	16	*21*
Alemania	*1.719.510*	2.081.202	*1*	*1*	..	..	*29*	*24*	*34*	*36*
Angola	10.260	5.861	18	7	41	70	5	63	41	23
Arabia Saudita	104.670	*128.892*	6	*7*	50	*48*	8	*10*	43	*45*
Argelia	61.902	47.015	14	13	45	54	12	11	41	33
Argentina	141.352	281.942	8	6	36	32	27	22	56	61
Armenia	4.124	1.911	17	*33*	52	*32*	33	*22*	31	*35*
Australia	297.204	389.691	3	..	29	..	15	..	67	..
Austria	159.499	208.949	3	..	32	..	23	..	65	..
Azerbaiyán	9.837	4.457	..	19	..	43	..	6	..	38
Bangladesh	29.855	45.779	28	21	24	27	15	17	48	52
Belarús	34.911	*25.693*	24	*13*	47	*46*	39	*39*	29	*40*
Bélgica	196.134	245.706	2	*1*	30	*28*	21	*18*	68	*71*
Benin	1.845	2.402	36	38	13	14	8	8	51	48
Bolivia	4.868	8.516	15	16	30	31	17	17	54	54
Botswana	3.766	5.996	5	4	56	45	5	5	39	51
Brasil	464.989	760.345	8	9	39	29	*25*	23	53	62
Bulgaria	20.726	12.103	18	18	51	27	..	20	31	55
Burkina Faso	2.765	2.643	32	32	22	27	16	21	45	41
Burundi	1.132	701	56	52	19	17	13	9	25	30
Camboya	1.115	3.117	56	*51*	11	*15*	5	*6*	33	35
Camerún	11.152	8.781	25	44	29	20	15	11	46	36
Canadá	572.673	612.049	3	..	33	..	18	..	64	..
Chad	1.739	1.574	29	38	18	14	14	11	53	48
Chile	30.307	71.092	8	8	39	33	19	16	53	59
China	354.644	991.203	27	17	42	50	33	24	31	33
Hong Kong, China	74.784	158.611	0	*0*	25	*15*	18	*6*	74	*85*
Colombia	46.907	88.596	19	14	31	24	15	12	51	61
Congo, Rep. del	2.799	2.273	13	10	41	48	8	6	46	42
Congo, Rep. Dem. del	9.348	*6.964*	30	*58*	28	*17*	11	..	42	*25*
Corea, Rep. de	252.622	406.940	9	5	43	44	29	32	48	51
Costa Rica	5.713	11.076	16	14	24	22	19	17	60	64
Côte d'Ivoire	10.796	11.223	32	24	23	24	21	20	44	52
Croacia	*13.370*	*21.752*	10	*9*	34	*32*	28	*21*	56	*59*
Dinamarca	133.361	174.363	4	..	27	..	18	..	69	..
Ecuador	10.686	18.712	13	12	38	33	19	22	49	55
Egipto, República Árabe de	43.130	92.413	19	17	29	33	24	27	52	50
El Salvador	4.807	12.229	17	10	26	28	22	22	57	61
Eritrea	*437*	670	*29*	16	*19*	27	*13*	14	*52*	57
Eslovenia	*12.673*	20.653	*6*	*4*	*46*	*39*	*35*	*28*	*49*	*57*
España	491.938	562.245	5	..	35	..	23	..	60	..
Estados Unidos	5.554.100	8.708.870	2	*2*	28	*26*	19	*18*	70	*72*
Estonia	6.760	5.101	17	6	50	27	42	16	34	66
Etiopía[a]	6.842	6.534	49	49	13	7	8	..	38	44
Ex Rep. Yug. de Macedonia	2.635	3.445	14	11	32	28	..	..	54	60
Federación de Rusia	579.068	375.345	17	7	48	34	..	..	35	58
Filipinas	44.331	75.350	22	17	34	31	25	21	44	52
Finlandia	134.806	126.130	6	..	35	..	23	..	58	..
Francia	1.195.438	1.410.262	3	*2*	29	*26*	21	*19*	67	*72*
Georgia	12	4.192	32	22	33	13	24	12	35	65
Ghana	5.886	7.606	45	36	17	25	10	9	38	39
Grecia	82.914	123.934	11	..	22	..	13	..	67	..
Guatemala	7.650	18.016	26	23	20	19	15	13	54	58
Guinea	2.818	3.693	24	23	33	36	5	4	43	41
Haití	2.981	*3.871*	33	*30*	22	*20*	16	*7*	45	*50*
Honduras	3.049	5.342	22	18	26	30	16	18	51	52
Hungría	33.056	48.355	15	6	39	*34*	*23*	*25*	46	*60*
India	322.737	459.765	31	28	27	25	17	16	42	46
Indonesia	114.426	140.964	19	*20*	39	*45*	21	*25*	*41*	*35*
Irán, Rep. Islámica del	120.404	101.073	24	..	29	..	12	..	48	..
Irlanda	45.527	84.861	8	..	..	..	..	..	53	..
Israel	52.490	99.068	..	..	..	..	..	..	..	..
Italia	1.093.947	1.149.958	3	*3*	33	*31*	22	*20*	63	*67*
Jamaica	4.239	6.134	6	8	43	33	20	15	50	59
Japón	2.970.043	4.395.083	3	*2*	41	*37*	28	*24*	56	*61*
Jordania	4.020	7.616	8	2	28	27	15	15	64	71
Kazajstán	40.304	15.594	*27*	10	*45*	30	*9*	23	*29*	60
Kenya	8.533	10.603	29	27	19	17	12	11	52	56
Kuwait	18.428	29.572	1	..	52	..	12	..	47	..
Lesotho	622	874	23	*18*	34	*38*	..	..	43	*44*
Letonia	12.490	6.664	22	5	46	33	34	22	32	63
Líbano	2.838	*17.229*	..	*12*	..	*27*	..	*17*	..	*61*
Lituania	13.264	10.454	27	*10*	31	*33*	21	*19*	42	*57*
Madagascar	3.081	3.733	32	30	14	14	12	11	53	56
Malasia	42.775	74.634	19	14	40	*44*	26	35	41	*43*

ECONOMÍA

País	Producto interno bruto Millones de dólares 1990	1999	Valor agregado como % del PIB: Agricultura 1990	Agricultura 1999	Industria 1990	Industria 1999	Manufacturas 1990	Manufacturas 1999	Servicios 1990	Servicios 1999
Malawi	1.803	1.820	45	38	29	18	19	14	26	45
Malí	2.421	2.714	46	47	16	17	9	4	39	37
Marruecos	25.821	35.238	18	*17*	32	*32*	18	*17*	50	*51*
Mauritania	1.020	959	30	25	29	29	10	10	42	46
México	262.710	474.951	7	5	26	27	19	21	67	68
Mongolia	..	905	15	*33*	41	*28*	..	..	44	*40*
Mozambique	2.512	4.169	37	32	18	24	10	13	44	44
Myanmar	..	..	57	53	11	*9*	8	*6*	32	*38*
Namibia	2.340	3.075	12	13	38	33	14	15	50	55
Nepal	3.628	4.904	52	41	16	22	6	9	32	37
Nicaragua	1.009	2.302	31	26	21	21	17	14	48	53
Níger	2.481	2.067	35	40	16	17	7	6	49	43
Nigeria	28.472	43.286	33	41	41	62	6	*5*	26	–3
Noruega	115.453	145.449	3	*2*	31	*32*	12	*11*	66	*66*
Nueva Zelandia	43.103	53.622	7	..	26	..	18	..	67	..
Países Bajos	283.672	384.766	4	..	29	..	19	..	67	..
Pakistán	40.010	59.880	26	26	25	25	17	17	49	49
Panamá	5.313	9.606	10	8	16	18	10	9	73	74
Papua Nueva Guinea	3.221	3.571	29	21	30	15	9	8	41	64
Paraguay	5.265	8.065	28	26	25	22	17	16	47	52
Perú	32.802	57.318	7	8	38	39	27	24	55	54
Polonia	61.197	154.146	8	4	48	33	..	20	44	63
Portugal	69.132	107.716	6	..	37	..	27	..	57	..
Reino Unido	975.512	1.373.612	2	..	35	..	23	..	63	..
República Árabe Siria	12.309	19.380	29	..	24	..	..	..	48	..
República Centroafricana	1.488	1.053	48	55	20	20	11	9	33	25
República Checa	34.880	56.379	8	4	45	39	..	..	48	57
República de Moldova	10.583	1.092	43	21	33	24	..	18	*24*	55
República Dem. Pop. Lao	865	1.373	61	53	15	22	10	17	24	25
República Dominicana	7.074	17.125	13	11	31	35	18	16	55	54
República Eslovaca	15.485	19.307	7	*4*	59	*32*	..	*23*	33	*64*
República Kirguisa	..	*1.629*	35	*44*	36	*22*	28	*19*	29	*35*
República Unida de Tanzanía[b]	4.220	8.777	48	48	16	14	9	7	36	38
Rumania	38.299	33.750	20	16	50	40	..	30	30	44
Rwanda	2.584	1.956	33	46	25	20	19	12	42	34
Senegal	5.698	4.791	20	18	19	25	13	17	61	57
Sierra Leona	897	669	47	44	20	24	4	4	33	32
Singapur	36.638	84.945	0	0	35	36	27	26	65	64
Sri Lanka	8.032	*15.707*	26	*21*	26	*28*	15	*17*	48	*51*
Sudáfrica	111.997	131.127	5	4	40	32	24	19	55	64
Suecia	229.756	226.388	3	..	34	..	22	..	63	..
Suiza	228.415	260.299	..	..	..	..	..	..	..	..
Tailandia	85.345	123.887	12	13	37	40	27	32	50	*49*
Tayikistán	4.857	*1.778*	27	*6*	34	*30*	..	..	39	*65*
Togo	1.628	1.506	34	43	23	21	10	9	44	36
Túnez	12.291	21.188	16	13	30	28	17	18	54	59
Turkmenistán	6.333	*2.708*	32	*25*	30	*42*	..	*29*	38	*34*
Turquía	150.721	188.374	18	18	30	26	20	16	52	56
Ucrania	91.327	*42.415*	26	*14*	45	*34*	36	*29*	30	*51*
Uganda	4.304	6.349	57	44	11	18	6	9	32	38
Uruguay	8.355	20.211	11	9	32	29	26	19	57	62
Uzbekistán	*23.673*	*16.844*	33	*31*	33	*27*	..	*13*	34	*42*
Venezuela, Rep. Bol. de	48.593	103.918	5	5	50	24	20	12	44	71
Viet Nam	6.472	28.567	37	*26*	23	*33*	19	..	40	*42*
Yemen, Rep. del	4.660	6.769	27	17	30	49	10	11	43	34
Zambia	3.288	3.325	18	17	45	26	32	11	37	57
Zimbabwe	8.784	5.716	16	*19*	33	*24*	23	*17*	50	*56*
Todo el mundo	**21.390.644 t**	**30.211.993 t**	**6 w**	***4* w**	**34 w**	***32* w**	**22 w**	***21* w**	**60 w**	***61* w**
De ingreso bajo	889.723	1.067.242	29	*27*	31	*30*	18	*18*	41	*43*
De ingreso mediano	3.525.445	5.488.604	13	10	39	36	*25*	23	47	55
De ingreso mediano bajo	1.820.097	2.575.942	21	15	39	40	26	23	40	46
De ingreso mediano alto	1.722.041	2.918.403	8	7	39	32	*24*	24	53	61
De ingreso bajo y mediano	4.413.061	6.557.913	16	12	38	35	23	22	46	54
África al sur del Sahara	297.397	332.744	18	18	34	32	17	17	48	50
América Latina y el Caribe	1.146.895	2.055.025	9	8	36	29	*23*	21	56	63
Asia meridional	410.341	595.915	30	28	26	25	17	16	44	47
Asia oriental y el Pacífico	925.765	1.888.729	20	13	40	46	29	28	40	41
Europa y Asia central	1.240.214	1.093.237	17	10	43	32	..	..	40	58
Oriente Medio y Norte de África	402.799	590.253	15	..	38	..	13	..	47	..
De ingreso alto	16.967.888	23.662.676	3	*2*	33	*30*	22	*21*	64	*64*

Nota: Respecto de la comparabilidad y cobertura de los datos, véanse las Notas técnicas. Las cifras que aparecen en bastardilla corresponden a años distintos de los indicados.
a. Los datos anteriores a 1992 incluyen a Eritrea. b. Los datos corresponden solamente al territorio continental de la República Unida de Tanzanía.

Cuadro 13. Estructura de la demanda

	Porcentaje del PIB											
	Consumo privado		Consumo de las administraciones públicas		Inversión interna bruta		Ahorro interno bruto		Exportaciones de bienes y servicios		Balanza de recursos	
País	1990	1999	1990	1999	1990	1999	1990	1999	1990	1999	1990	1999
Albania	61	*96*	19	*10*	29	*16*	21	*–7*	15	*9*	–8	*–23*
Alemania	*57*	*58*	*20*	*19*	*23*	*21*	*23*	*23*	*25*	*27*	*0*	*2*
Angola	36	14	34	38	12	23	30	48	39	84	18	25
Arabia Saudita	40	*41*	31	*32*	20	*21*	30	*26*	46	*36*	10	*5*
Argelia	56	59	16	11	29	27	27	30	23	26	–2	3
Argentina	77	73	3	11	14	18	20	16	10	10	6	–1
Armenia	46	*103*	18	*11*	47	*19*	36	*–14*	35	*19*	–11	*–33*
Australia	61	*62*	17	*17*	21	*22*	21	*21*	17	*21*	0	*–1*
Austria	56	*56*	19	*19*	24	*25*	25	*25*	40	*42*	1	*–1*
Azerbaiyán	..	84	..	11	..	34	..	5	..	29	..	–29
Bangladesh	85	80	4	6	19	20	11	14	6	14	–7	–6
Belarús	45	*60*	26	*19*	27	*26*	29	*20*	46	*62*	2	*–6*
Bélgica	64	*63*	14	*14*	20	*18*	22	*22*	68	*73*	2	*5*
Benin	84	82	11	11	14	18	5	8	22	21	–9	–10
Bolivia	77	73	12	16	13	18	11	11	23	15	–1	–7
Botswana	39	58	24	28	32	20	37	14	55	28	5	–6
Brasil	59	64	19	16	20	21	21	20	8	10	1	–1
Bulgaria	60	76	18	12	26	16	22	12	33	38	–4	–4
Burkina Faso	77	77	15	13	21	27	8	10	13	12	–13	–17
Burundi	95	85	11	14	15	10	–5	1	8	9	–20	–9
Camboya	91	*86*	7	*9*	8	*15*	2	*5*	6	*34*	–7	*–10*
Camerún	67	71	13	10	18	19	21	19	20	24	3	0
Canadá	57	*59*	23	*20*	21	*20*	21	*21*	26	*41*	0	*2*
Chad	*97*	89	10	11	*7*	18	*–6*	0	13	17	–15	–18
Chile	62	68	10	9	25	24	28	23	35	27	3	0
China	50	50	12	8	35	40	38	42	18	22	3	2
Hong Kong, China	57	60	7	10	27	25	36	30	134	132	8	4
Colombia	65	69	11	12	20	17	25	19	20	18	4	2
Congo, Rep. del	62	45	14	10	16	26	24	45	54	79	8	19
Congo, Rep. Dem. del	79	*83*	12	*8*	9	*8*	9	*9*	30	*24*	0	*2*
Corea, Rep. de	53	56	10	10	38	27	37	34	29	42	–1	7
Costa Rica	61	51	18	17	27	28	21	32	35	73	–7	4
Côte d'Ivoire	72	65	17	10	7	19	11	25	32	44	5	6
Croacia	*74*	*60*	*24*	*26*	*10*	*23*	*2*	*14*	*78*	*40*	*–8*	*–9*
Dinamarca	49	*51*	26	*25*	20	*21*	25	*24*	36	*36*	5	*3*
Ecuador	69	70	9	10	17	15	23	20	33	58	5	5
Egipto, República Árabe de	73	77	11	9	29	23	16	14	20	15	–13	–8
El Salvador	89	87	10	11	14	16	1	2	19	25	–13	–14
Eritrea	*98*	72	*33*	48	5	45	*–31*	–20	*20*	17	*–37*	–65
Eslovenia	*55*	*56*	*19*	*21*	*17*	*25*	*26*	*24*	*84*	*57*	*9*	*–1*
España	62	*62*	16	*16*	25	21	22	*22*	17	*28*	–3	*1*
Estados Unidos	67	*68*	18	*15*	17	*19*	15	*17*	10	*12*	–1	*–1*
Estonia	62	64	16	19	30	28	22	17	60	83	–8	–11
Etiopía[a]	74	80	19	15	12	19	7	4	8	14	–5	–14
Ex Rep. Yug. de Macedonia	68	75	17	18	14	23	15	7	48	41	1	–16
Federación de Rusia	49	57	21	14	30	14	30	29	18	48	0	15
Filipinas	72	68	10	16	24	21	18	16	28	56	–6	–5
Finlandia	53	*53*	21	*21*	28	*17*	26	*26*	23	*40*	–2	*9*
Francia	60	*60*	18	*19*	22	*17*	22	*21*	23	*27*	0	*4*
Georgia	65	98	10	8	31	7	25	–6	40	17	–6	–13
Ghana	85	85	9	11	14	22	5	4	17	32	–9	–18
Grecia	73	*73*	15	*15*	23	*20*	11	*12*	17	*16*	–11	*–8*
Guatemala	84	88	7	6	14	16	10	6	21	18	–4	–10
Guinea	70	76	12	7	18	18	18	17	31	23	0	–1
Haití	93	*100*	8	*7*	12	*11*	–1	*–7*	16	*11*	–13	*–18*
Honduras	66	79	14	13	23	26	20	9	36	42	–3	–17
Hungría	61	57	11	15	25	30	28	28	31	55	3	–3
India	67	69	11	11	25	24	22	20	7	11	–3	–3
Indonesia	58	*70*	9	*6*	31	*14*	33	*24*	26	*54*	2	*10*
Irán, Rep. Islámica del	62	65	11	19	29	16	27	16	22	14	–2	0
Irlanda	58	*49*	15	*13*	21	*20*	27	*37*	59	*80*	6	*18*
Israel	56	60	30	30	25	20	14	10	35	36	–11	–10
Italia	61	*62*	18	*16*	21	*18*	21	*22*	20	*27*	0	*4*
Jamaica	62	60	14	21	28	32	24	19	52	52	–4	–13
Japón	58	*60*	9	*10*	32	*29*	33	*30*	11	*11*	1	*1*
Jordania	74	65	25	29	32	27	1	6	62	49	–31	–21
Kazajstán	*52*	68	*18*	17	*32*	15	*30*	15	*74*	43	*–1*	0
Kenya	67	77	19	16	20	15	14	7	26	25	–5	–8
Kuwait	57	50	39	27	18	12	4	22	45	47	–13	10
Lesotho	137	*115*	14	*20*	53	*47*	–51	*–35*	17	*27*	–104	*–82*
Letonia	53	68	9	22	40	20	39	10	48	44	–1	–10
Líbano	140	*98*	25	*15*	18	*28*	–64	*–13*	18	*11*	–82	*–40*
Lituania	57	*63*	19	*25*	33	*24*	24	*12*	52	*47*	–9	*–12*
Madagascar	86	88	8	8	17	12	6	5	17	25	–11	–8
Malasia	50	46	14	8	34	32	36	45	76	124	2	13

ECONOMÍA

País	Porcentaje del PIB: Consumo privado 1990	Consumo privado 1999	Consumo de las administraciones públicas 1990	Consumo de las administraciones públicas 1999	Inversión interna bruta 1990	Inversión interna bruta 1999	Ahorro interno bruto 1990	Ahorro interno bruto 1999	Exportaciones de bienes y servicios 1990	Exportaciones de bienes y servicios 1999	Balanza de recursos 1990	Balanza de recursos 1999
Malawi	75	80	16	12	20	15	10	7	25	30	–10	–8
Malí	80	80	14	12	23	20	6	8	17	22	–17	–12
Marruecos	69	67	15	15	25	23	16	18	19	29	–10	–5
Mauritania	69	73	26	15	20	22	5	12	46	39	–15	–10
México	70	70	8	7	23	24	22	23	19	31	–1	–1
Mongolia	57	*63*	30	*18*	34	*26*	13	*20*	21	*50*	–21	*–6*
Mozambique	101	79	12	10	16	35	–12	11	8	13	–28	–24
Myanmar	89	89	..b	..b	13	*12*	11	*11*	3	*1*	–2	*–1*
Namibia	51	64	31	26	34	20	18	9	52	53	–16	–11
Nepal	83	80	9	10	18	19	8	11	11	22	–11	–9
Nicaragua	59	85	43	14	19	37	–2	1	25	37	–21	–36
Níger	84	83	15	13	8	10	1	4	15	15	–7	–6
Nigeria	56	88	15	12	15	11	29	0	43	17	15	–11
Noruega	49	*48*	21	*20*	23	*25*	30	*32*	41	*41*	7	*7*
Nueva Zelandia	63	*63*	17	*15*	19	*21*	20	*21*	28	*29*	1	*1*
Países Bajos	59	*59*	15	*14*	22	*20*	27	*27*	54	*56*	5	*7*
Pakistán	74	78	15	11	19	15	11	11	16	15	–8	–4
Panamá	60	59	18	16	17	34	21	25	38	34	5	–9
Papua Nueva Guinea	59	48	25	15	24	36	16	37	41	66	–8	1
Paraguay	78	73	5	10	22	19	16	17	23	41	–6	–2
Perú	70	65	8	15	21	22	22	20	12	14	0	–2
Polonia	50	74	19	9	25	28	32	18	28	20	7	–10
Portugal	63	*64*	16	*19*	29	*26*	21	*17*	34	*31*	–7	*–9*
Reino Unido	63	*64*	21	*20*	19	*16*	17	*15*	24	*29*	–3	*0*
República Árabe Siria	70	70	14	11	15	29	16	18	28	29	0	–11
República Centroafricana	86	81	15	12	12	14	–1	7	15	17	–13	–7
República Checa	49	*52*	23	*19*	25	*30*	28	*29*	45	*60*	3	*–1*
República de Moldova	63	92	14	12	25	18	23	–4	49	49	–2	–21
República Dem. Pop. Lao	..	*71*	..	*5*	..	*25*	..	*24*	*11*	*4*	*–13*	*–1*
República Dominicana	80	73	5	10	25	26	15	16	34	32	–10	–10
República Eslovaca	54	*50*	22	*22*	33	*39*	24	*28*	27	*64*	–9	*–11*
República Kirguisa	71	*93*	25	*17*	24	*10*	4	*–11*	29	*37*	–20	*–21*
República Unida de Tanzanía[c]	84	72	17	13	23	18	–1	14	12	20	–23	–4
Rumania	66	81	13	9	30	15	21	10	17	29	–9	–5
Rwanda	84	89	10	13	15	14	6	–1	6	6	–8	–16
Senegal	76	76	15	10	14	21	9	14	25	34	–5	–7
Sierra Leona	82	*93*	10	*13*	9	*5*	8	*–2*	24	14	–1	–8
Singapur	46	39	10	10	37	33	44	52	202	..	7	19
Sri Lanka	76	*71*	10	*10*	22	*25*	14	*19*	30	*36*	–8	*–6*
Sudáfrica	63	63	20	19	12	16	18	18	24	25	6	3
Suecia	51	*53*	27	*26*	21	*14*	22	*21*	30	*44*	0	*7*
Suiza	57	*61*	14	*14*	28	*20*	29	*25*	36	*40*	1	*4*
Tailandia	57	57	9	11	41	21	34	32	34	57	–8	12
Tayikistán	65	..	21	..	23	..	14	..	..	..	–10	..
Togo	71	83	14	12	27	14	15	6	33	32	–12	–8
Túnez	58	63	16	12	32	28	25	24	44	42	–7	–3
Turkmenistán	49	..	23	..	40	..	28	..	..	..	–13	..
Turquía	69	68	11	11	24	24	20	21	13	26	–4	–3
Ucrania	57	*56*	17	*26*	27	*21*	26	*18*	28	*40*	–1	*–3*
Uganda	92	84	8	10	13	17	1	6	7	11	–12	–12
Uruguay	69	78	14	9	11	14	17	13	26	19	6	–1
Uzbekistán	61	*59*	25	*22*	32	*19*	13	*19*	29	*22*	–19	*0*
Venezuela, Rep. Bol. de	62	77	8	6	10	15	29	17	39	21	19	3
Viet Nam	86	*71*	8	*8*	13	*29*	6	*21*	26	*44*	–7	*–7*
Yemen, Rep. del	73	72	18	15	15	21	9	13	15	37	–6	–8
Zambia	64	85	19	10	17	17	17	6	36	29	–1	–11
Zimbabwe	63	*69*	19	*16*	17	*18*	17	*15*	23	*46*	0	*–2*
Todo el mundo	**61 w**	***62* w**	**15 w**	***15* w**	**24 w**	***22* w**	**23 w**	***23* w**	**19 w**	***22* w**	**0 w**	***0* w**
De ingreso bajo	66	*70*	12	*11*	24	*20*	21	*19*	17	*27*	–3	*–1*
De ingreso mediano	59	62	14	12	26	24	27	26	21	28	1	1
De ingreso mediano bajo	57	59	13	11	31	27	30	30	21	32	–1	3
De ingreso mediano alto	60	65	15	12	23	22	25	23	21	25	2	0
De ingreso bajo y mediano	60	63	14	12	26	24	26	25	21	26	0	1
África al sur del Sahara	66	69	18	16	15	17	16	14	27	27	2	–2
América Latina y el Caribe	65	68	13	13	19	21	22	20	14	16	2	–1
Asia meridional	69	71	11	10	23	22	19	19	9	12	–4	–4
Asia oriental y el Pacífico	54	53	11	10	35	33	35	37	26	39	0	5
Europa y Asia central	55	64	18	12	28	20	26	23	23	38	–1	4
Oriente Medio y Norte de África	58	*60*	20	*21*	24	*22*	22	*19*	33	*25*	–2	*–3*
De ingreso alto	62	*62*	16	*15*	23	*21*	23	*22*	19	*22*	0	*1*

Nota: Respecto de la comparabilidad y cobertura de los datos, véanse las Notas técnicas. Las cifras que aparecen en bastardilla corresponden a años distintos de los indicados.
a. Los datos anteriores a 1992 incluyen a Eritrea. b. No se dispone de cifras por separado sobre el consumo de las administraciones públicas; se incluyen en los datos sobre consumo privado. c. Los datos corresponden solamente al territorio continental de la República Unida de Tanzanía.

Cuadro 14. Finanzas del gobierno central

	Porcentaje del PIB										Porcentaje del total de gastos[b]			
	Ingresos tributarios corrientes		Ingresos no tributarios corrientes		Gasto corriente		Gastos de capital		Superávit/ déficit global[a]		Bienes y servicios		Servicios sociales[c]	
País	1990	1998	1990	1998	1990	1998	1990	1998	1990	1998	1990	1998	1990	1998
Albania	..	14,8	..	4,5	..	25,1	..	*4,7*	..	*–8,5*	..	16,5	..	28,8
Alemania	*27,0*	26,6	1,4	5,1	*28,2*	31,6	*1,9*	1,4	*–2,2*	–0,9	32,0	31,8	65,0	*69,8*
Angola	..	..	..	..	..	..	..	..	..	..	..	..	..	..
Arabia Saudita	..	..	..	..	..	..	..	..	..	..	..	..	..	..
Argelia	..	*30,7*	..	*1,5*	..	*21,5*	..	*7,7*	..	*2,9*	..	..	..	..
Argentina	9,4	*12,4*	1,0	*1,2*	10,1	*14,1*	0,5	*1,2*	–0,4	*–1,5*	29,7	*21,4*	57,1	*63,6*
Armenia	..	..	..	..	..	..	..	..	..	..	..	..	..	..
Australia	23,8	22,9	2,1	1,6	22,2	23,3	2,1	1,3	2,1	2,9	27,4	30,6	50,7	66,3
Austria	31,4	*34,8*	3,0	*2,5*	34,8	*37,9*	3,3	*2,6*	–4,5	*–2,7*	24,5	*22,6*	68,4	*68,2*
Azerbaiyán	..	18,2	..	1,1	..	19,8	..	5,3	..	–3,9	..	34,6	..	37,6
Bangladesh	..	..	..	..	..	..	..	..	..	..	..	..	..	..
Belarús	*30,6*	28,7	*0,5*	2,1	*31,7*	27,5	*5,9*	4,7	*–5,1*	–0,9	*36,2*	25,4	*57,2*	43,7
Bélgica	41,5	*43,3*	1,5	*0,7*	45,8	*44,4*	2,3	*2,2*	–5,6	*–2,0*	18,4	*19,1*	..	..
Benin	..	..	..	..	..	..	..	..	..	..	..	..	..	..
Bolivia	8,4	15,1	5,2	2,4	13,9	18,5	2,5	3,4	–1,7	–2,3	63,2	40,0	38,1	51,2
Botswana	27,7	*14,7*	23,4	*29,5*	26,5	*28,5*	7,3	*6,8*	11,3	*8,4*	41,4	*46,8*	33,9	*42,7*
Brasil	19,0	..	3,7	..	46,1	..	0,7	..	–5,8	..	14,7	..	33,0	..
Bulgaria	34,5	27,0	12,6	6,9	53,5	30,5	1,6	3,0	–8,2	2,8	33,5	32,9	30,3	45,0
Burkina Faso	10,1	..	0,8	..	11,6	..	3,4	..	–1,3	..	60,3	..	26,5	..
Burundi	*16,3*	*12,7*	*1,9*	*1,0*	*14,2*	*17,3*	*11,8*	*3,7*	*–3,3*	*–5,5*	*33,0*	*55,2*	*22,3*	*23,0*
Camboya	..	..	..	..	..	..	..	..	..	..	..	..	..	..
Camerún	10,8	..	4,3	..	14,7	..	5,5	..	–5,9	..	51,0	..	30,1	..
Canadá	18,3	..	2,7	..	25,3	..	0,5	..	–4,9	..	21,3	..	47,7	..
Chad	6,1	..	0,5	..	9,5	..	12,3	..	–4,7	..	41,4	..	..	..
Chile	16,3	18,4	4,3	3,6	18,1	18,0	2,3	3,6	0,8	0,4	28,5	28,8	63,9	71,3
China	4,0	5,7	2,4	*0,2*	..	..	..	..	–1,9	–1,5	..	..	2,5	*2,5*
Hong Kong, China	..	..	..	..	..	..	..	..	..	..	..	..	..	..
Colombia	8,8	10,1	2,1	1,4	7,7	12,8	2,2	3,2	3,4	–4,7	25,1	20,4	32,1	45,2
Congo, Rep. del	*14,7*	*6,6*	*7,8*	*22,8*	*34,8*	*33,9*	*0,8*	*4,1*	*–14,1*	*–8,6*	*54,4*	*49,7*	..	..
Congo, Rep. Dem. del	9,4	*4,3*	0,7	*1,0*	15,7	*9,9*	3,1	*0,5*	–6,5	*–0,8*	72,6	*94,5*	*6,1*	*0,5*
Corea, Rep. de	15,9	*17,3*	1,7	*2,7*	13,8	*13,7*	2,4	*3,8*	–0,7	*–1,3*	30,1	*21,6*	27,8	*27,8*
Costa Rica	19,7	*23,1*	3,3	*3,2*	22,7	*27,2*	2,9	*2,9*	–3,1	*–3,8*	55,4	*47,1*	58,7	*59,6*
Côte d'Ivoire	19,9	21,0	2,1	0,6	24,5	17,1	0,0	7,1	–2,9	–1,3	68,8	44,0	38,0	..
Croacia	*31,9*	43,3	*1,1*	2,1	*36,4*	40,8	*1,2*	4,8	*–4,6*	0,6	*53,9*	48,7	*63,8*	63,5
Dinamarca	32,3	..	5,5	..	37,7	..	1,3	..	–0,7	..	20,3	..	50,5	..
Ecuador	17,8	..	0,4	..	11,9	..	2,6	..	3,7	..	41,5	..	32,1	..
Egipto, Rep. Árabe de	16,7	*16,6*	6,2	*9,7*	23,0	*23,3*	4,8	*7,4*	–5,7	*–2,0*	37,2	*40,9*	32,1	*23,6*
El Salvador	..	..	..	..	..	..	..	..	..	..	..	..	..	..
Eritrea	..	..	..	..	..	..	..	..	..	..	..	..	..	..
Eslovenia	..	..	..	..	..	..	..	..	..	..	..	..	..	..
España	28,8	*28,1*	1,6	*2,0*	30,6	*34,2*	3,2	*1,9*	–3,2	*–5,5*	18,7	*15,9*	50,6	*48,3*
Estados Unidos	18,0	20,4	1,5	1,4	21,7	20,4	1,8	0,6	–3,9	0,9	27,4	21,9	43,4	53,8
Estonia	*25,6*	29,9	*0,6*	1,8	*21,9*	30,1	*1,8*	2,8	*0,4*	–0,1	*22,3*	42,9	*48,7*	55,5
Etiopía[d]	12,2	..	5,1	..	24,6	..	4,4	..	–9,8	..	75,3	..	21,6	..
Ex Rep. Yug. de Macedonia	..	..	..	..	..	..	..	..	..	..	..	..	..	..
Federación de Rusia	..	..	..	..	..	..	..	..	..	..	..	..	..	..
Filipinas	14,1	*17,0*	2,1	*2,0*	16,5	*16,3*	3,1	*2,2*	–3,5	*0,1*	42,4	*51,1*	22,5	*26,5*
Finlandia	28,3	*28,1*	2,8	*3,9*	28,7	*34,2*	2,1	*1,1*	0,2	*–2,5*	19,6	*19,0*	60,8	*55,3*
Francia	37,6	39,2	2,8	*2,6*	40,0	*44,6*	2,5	*2,0*	–2,1	*–3,5*	25,7	*23,6*	68,2	..
Georgia	..	4,6	..	1,0	..	8,2	..	0,4	..	–2,5	..	45,5	..	26,1
Ghana	11,4	..	1,0	..	10,7	..	2,5	..	0,2	..	48,2	..	46,4	..
Grecia	26,0	*20,6*	2,3	*2,4*	48,9	*28,4*	4,1	*4,3*	–23,2	*–8,4*	31,5	*29,3*	*32,1*	*35,0*
Guatemala	..	..	..	..	..	..	..	..	..	..	..	..	..	..
Guinea	11,5	10,0	4,6	0,4	10,8	10,0	12,1	5,6	–3,3	–4,1	36,7	34,0	..	..
Haití	..	..	..	..	..	..	..	..	..	..	..	..	..	..
Honduras	..	..	..	..	..	..	..	..	..	..	..	..	..	..
Hungría	44,7	31,4	8,2	4,2	50,2	39,4	1,9	4,0	0,8	–6,1	26,5	16,0	46,5	46,
India	9,9	8,6	2,4	3,0	14,2	12,8	1,8	1,6	–7,5	–5,2	19,2	20,1	8,1	9,2
Indonesia	17,8	15,6	1,0	1,2	10,4	12,2	8,0	5,7	0,4	–2,4	22,9	18,9	13,2	26,2
Irán, Rep. Islámica del	7,2	11,2	10,8	15,3	15,0	17,7	4,9	8,8	–1,8	0,3	53,0	54,5	49,3	41,8
Irlanda	32,8	*31,6*	2,4	*1,6*	36,3	*32,2*	2,8	*3,2*	–2,1	*–0,4*	18,8	*18,1*	55,3	*58,8*
Israel	33,7	35,8	5,7	6,4	47,3	45,1	3,0	3,0	–5,3	–1,2	37,4	33,2	39,2	57,6
Italia	37,3	38,6	1,2	2,9	43,8	42,2	4,0	2,4	–10,3	–3,3	16,5	19,2	..	..
Jamaica	..	..	..	..	..	..	..	..	..	..	..	..	..	..
Japón	13,7	..	0,8	..	13,7	..	2,0	..	–1,6	..	13,6	..	*52,0*	..
Jordania	18,6	*19,8*	7,5	*6,7*	30,1	*28,3*	5,8	*5,7*	–3,5	*–3,3*	54,5	*62,6*	36,6	*44,6*
Kazajstán	..	..	..	..	..	..	..	..	..	..	..	..	..	..
Kenya	20,2	*23,5*	2,2	*3,7*	22,0	*25,6*	5,5	*3,4*	–3,8	*–0,9*	49,7	*44,5*	28,5	*29,6*
Kuwait	1,5	1,5	..	..	45,1	44,0	10,2	6,6	..	..	..	..	..	..
Lesotho	34,7	34,9	4,3	9,8	28,3	40,6	22,8	9,7	–1,0	–3,7	39,2	75,6	34,3	35,7
Letonia	..	28,0	..	3,8	..	30,6	..	2,5	..	0,1	..	29,8	..	58,4
Líbano	..	12,7	..	4,3	..	26,0	..	6,1	..	–15,1	..	29,7	..	19,4
Lituania	*29,3*	25,4	*2,6*	1,3	*23,1*	27,2	*5,9*	3,1	*1,4*	–0,4	*11,7*	54,5	..	60,1
Madagascar	9,4	*8,5*	2,1	*0,2*	9,1	*10,5*	6,9	*6,8*	–0,9	*–1,3*	35,3	*24,6*	22,4	*16,5*
Malasia	19,6	*18,9*	7,5	*4,1*	23,3	*15,2*	7,3	*4,5*	–2,1	*2,9*	42,6	*40,5*	35,6	*42,5*

ECONOMÍA

País	Porcentaje del PIB										Porcentaje del total de gastos[b]			
	Ingresos tributarios corrientes		Ingresos no tributarios corrientes		Gasto corriente		Gastos de capital		Superávit/ déficit global[a]		Bienes y servicios		Servicios sociales[c]	
	1990	1998	1990	1998	1990	1998	1990	1998	1990	1998	1990	1998	1990	1998
Malawi	18,0	..	2,7	..	20,2	..	6,4	..	–1,7	..	54,6	..	22,4	..
Malí	..	..	..	..	..	..	..	..	..	..	..	..	..	..
Marruecos	22,9	..	3,5	..	20,8	..	8,0	..	–2,2	..	47,9	..	27,0	..
Mauritania	..	..	..	..	..	..	..	..	..	..	..	..	..	..
México	13,7	*13,0*	1,6	*1,7*	15,5	*14,3*	2,5	*1,9*	–2,5	*–1,1*	24,7	*23,5*	30,6	*48,1*
Mongolia	*15,6*	13,5	*2,7*	6,0	*18,7*	19,8	*2,9*	3,2	*–6,0*	–10,8	*24,2*	23,6	*24,7*	25,4
Mozambique	..	..	..	..	..	..	..	..	..	..	..	..	..	..
Myanmar	6,2	*4,5*	4,3	*3,3*	11,4	*4,3*	4,6	*4,5*	–5,1	*–0,9*	..	..	35,7	*15,5*
Namibia	27,4	..	4,0	..	28,4	..	5,1	..	–1,2	..	71,7	..	..	..
Nepal	7,0	8,8	1,4	1,8	..	..	..	..	–6,8	–4,7	..	..	24,4	28,9
Nicaragua	29,3	..	4,3	..	68,9	..	3,1	..	–35,6	..	42,6	..	36,2	..
Níger	..	..	..	..	..	..	..	..	..	..	..	..	..	..
Nigeria	..	..	..	..	..	..	..	..	..	..	..	..	..	..
Noruega	32,3	*34,1*	10,2	*9,1*	39,2	*34,1*	2,1	*1,6*	0,5	*0,7*	18,8	*17,3*	44,0	*42,1*
Nueva Zelandia	36,3	32,1	6,2	2,1	43,1	32,5	0,9	0,9	4,0	0,5	22,1	50,9	*69,2*	71,0
Países Bajos	42,8	*42,7*	4,2	*3,0*	48,6	*46,0*	3,0	*1,7*	–4,5	*–1,7*	15,2	*15,4*	64,6	*63,9*
Pakistán	13,3	12,6	5,8	3,3	19,8	18,8	2,6	2,5	–5,4	–6,3	38,7	46,5	..	..
Panamá	17,7	*18,4*	7,9	*7,0*	23,3	*25,0*	0,4	*2,0*	3,0	*0,2*	67,3	*54,9*	66,7	*65,2*
Papua Nueva Guinea	20,1	..	5,2	..	31,0	..	3,7	..	–3,5	..	58,7	..	30,4	..
Paraguay	9,2	..	3,1	..	7,8	..	1,6	..	2,9	..	54,2	..	31,5	..
Perú	9,4	13,7	0,6	2,3	15,1	13,8	1,3	2,6	–6,4	–0,2	30,0	41,8	..	..
Polonia	..	32,8	..	2,9	..	35,7	..	2,0	..	–1,0	..	25,2	..	69,6
Portugal	28,4	*32,1*	4,0	*3,6*	34,3	*35,6*	4,5	*5,2*	–4,6	*–2,1*	38,0	*39,5*	..	..
Reino Unido	33,3	36,3	3,2	2,0	34,2	36,3	3,8	1,5	0,6	0,6	31,1	28,3	52,8	57,5
República Árabe Siria	16,7	*16,4*	5,1	*7,8*	16,0	15,5	5,8	*9,1*	0,3	*–0,2*	..	..	12,6	16,4
República Centroafricana	..	..	..	..	..	..	..	..	..	..	..	..	..	..
República Checa	..	31,6	..	1,1	..	32,0	..	3,0	..	–1,6	..	14,3	..	67,1
República de Moldova	..	..	..	..	..	..	..	..	..	..	..	..	..	..
República Dem. Pop. Lao	..	..	..	..	..	..	..	..	..	..	..	..	..	..
República Dominicana	10,8	*15,5*	1,2	*1,4*	6,5	*11,6*	5,1	*4,3*	0,6	*0,4*	38,9	*43,3*	44,0	*44,2*
República Eslovaca	..	..	..	..	..	..	..	..	..	..	..	..	..	..
República Kirguisa	..	..	..	..	..	..	..	..	..	..	..	..	..	..
República Unida de Tanzanía	..	..	..	..	..	..	..	..	..	..	..	..	..	..
Rumania	30,9	*24,4*	3,5	*2,1*	27,9	*29,1*	5,9	*2,9*	0,9	*–3,9*	25,6	*30,1*	42,9	*49,0*
Rwanda	9,5	..	1,3	..	12,7	..	6,3	..	–5,3	..	52,9	..	..	..
Senegal	..	..	..	..	..	..	..	..	..	..	..	..	..	..
Sierra Leona	3,9	*9,9*	0,2	*0,3*	5,8	*13,0*	0,5	*4,2*	–1,8	*–5,8*	76,2	*39,0*	25,8	..
Singapur	15,4	*16,2*	11,5	*8,4*	16,4	*11,8*	5,1	*5,1*	10,8	*11,8*	49,8	*36,7*	32,2	*23,2*
Sri Lanka	19,0	14,5	2,0	2,7	22,3	19,7	6,1	5,3	–7,8	–8,0	30,2	37,1	27,5	30,0
Sudáfrica	24,3	24,5	2,0	1,7	27,0	28,4	3,1	1,2	–4,1	–2,9	51,9	26,6	..	..
Suecia	38,4	35,8	5,8	4,5	39,8	41,7	1,0	1,1	1,0	–1,6	13,7	14,5	61,8	53,2
Suiza	19,4	*22,0*	*1,4*	*1,7*	*22,1*	*27,0*	*1,2*	*1,0*	*–0,9*	*–1,3*	*29,9*	*29,1*	*66,4*	*72,9*
Tailandia	17,1	14,4	1,5	1,8	11,5	11,7	2,6	6,7	4,6	–3,4	59,2	51,2	32,2	38,3
Tayikistán	..	..	..	..	..	..	..	..	..	..	..	..	..	..
Togo	..	..	..	..	..	..	..	..	..	..	..	..	..	..
Túnez	24,0	*24,8*	6,7	*4,8*	27,0	*25,9*	7,6	*6,7*	–5,4	*–3,1*	31,7	*37,9*	36,9	*46,6*
Turkmenistán	..	..	..	..	..	..	..	..	..	..	..	..	..	..
Turquía	11,6	*19,1*	2,1	*2,8*	15,1	*26,5*	2,3	*3,4*	–3,0	*–8,4*	52,0	*32,8*	26,3	*25,7*
Ucrania	..	..	..	..	..	..	..	..	..	..	..	..	..	..
Uganda	..	..	..	..	..	..	..	..	..	..	..	..	..	..
Uruguay	25,2	30,0	1,3	2,3	24,0	31,6	1,9	1,7	0,4	–0,8	34,6	31,7	61,6	75,8
Uzbekistán	..	..	..	..	..	..	..	..	..	..	..	..	..	..
Venezuela, Rep. Bol. de	18,4	12,8	5,3	4,6	17,4	16,0	3,3	3,8	0,0	–2,8	27,2	23,9	..	..
Viet Nam	..	15,8	..	2,4	..	14,3	..	5,8	..	–1,1	..	..	..	30,5
Yemen, Rep. del	11,2	13,7	8,3	23,1	22,8	31,2	9,6	6,8	–9,1	–2,3	61,9	43,5	21,9	22,4
Zambia	..	..	..	..	..	..	..	..	..	..	..	..	..	..
Zimbabwe	21,7	*26,4*	2,4	*3,0*	24,5	*33,6*	2,8	*2,1*	–5,3	*–5,0*	51,2	*48,5*	..	*55,3*

Nota: Respecto de la comparabilidad y cobertura de los datos, véanse las Notas técnicas. Las cifras que aparecen en bastardilla corresponden a años distintos de los indicados.
a. Incluye las donaciones. b. El total de gastos incluye los préstamos menos las sumas reembolsadas. c. Los datos se refieren a educación, salud, seguridad social, bienestar social, vivienda y servicios comunitarios. d. Los datos anteriores a 1992 incluyen a Eritrea.

Cuadro 15. Balanza de pagos, cuenta corriente y reservas internacionales

	Millones de dólares											
	Bienes y servicios											
	Exportaciones		Importaciones		Ingresos netos		Transferencias corrientes netas		Balanza en cuenta corriente		Reservas internacionales brutas	
País	1990	1998	1990	1998	1990	1998	1990	1998	1990	1998	1990	1999
Albania	354	295	485	941	–2	77	15	504	–118	–65	..	369
Alemania	474.713	623.416	423.497	587.353	20.832	–9.203	–23.745	–30.303	48.303	–3.443	104.547	61.039
Angola	3.992	3.879	3.385	4.546	–765	–1.317	–77	208	–236	–1.776	..	496
Arabia Saudita	47.445	43.551	43.939	44.417	7.979	2.768	–15.637	–15.053	–4.152	–13.150	13.437	16.997
Argelia	13.462	10.809	10.106	9.119	–2.268	–2.332	333	..	1.420	..	2.703	4.526
Argentina	14.800	31.125	6.846	38.573	–4.400	–7.335	998	509	4.552	–14.274	6.222	26.252
Armenia	..	360	..	988	..	60	..	177	..	–390	*1*	319
Australia	49.843	72.027	53.056	78.487	–13.158	–11.474	358	–107	–16.013	–18.042	19.319	21.212
Austria	63.694	95.173	61.580	96.641	–942	–1.227	–6	–1.914	1.166	–4.609	17.228	15.120
Azerbaiyán	392	1.010	*348*	2.425	*0*	–13	*106*	64	*150*	–1.364	*0*	673
Bangladesh	1.903	5.879	4.156	8.049	–122	–100	802	2.017	–1.574	–253	660	1.604
Belarús	*3.661*	7.957	*3.557*	8.964	*–1*	–78	*79*	140	*182*	–945	..	299
Bélgica[a]	138.605	191.640	135.098	180.988	2.316	5.936	–2.197	–4.420	3.627	12.168	23.789	10.937
Benin	364	545	454	771	–25	–17	139	86	24	–157	69	400
Bolivia	977	1.358	1.086	2.201	–249	–162	159	330	–199	–675	511	917
Botswana	2.005	2.316	1.987	2.506	–106	120	69	240	–19	170	3.385	6.299
Brasil	35.170	58.767	28.184	74.415	–11.608	–19.617	799	1.436	–3.823	–33.829	9.200	34.796
Bulgaria	6.950	5.981	8.027	5.989	–758	–284	125	230	–1.710	–62	*670*	3.083
Burkina Faso	349	399	758	783	0	–36	332	187	–77	–233	305	295
Burundi	89	72	318	172	–15	–12	174	59	–69	–53	112	48
Camboya	*314*	815	*507*	1.286	*–21*	–50	*120*	297	*–93*	–224	..	393
Camerún	2.251	2.306	1.931	2.176	–478	–469	–39	105	–196	–235	37	4
Canadá	149.538	248.161	149.118	240.290	–19.388	–19.618	–796	534	–19.764	–11.213	23.530	28.126
Chad	271	326	488	581	–21	–3	192	179	–46	*–132*	132	95
Chile	10.221	18.953	9.166	21.583	–1.737	–1.972	198	463	–485	–4.139	6.784	14.407
China*	57.374	207.584	46.706	165.894	1.055	–16.644	274	4.279	11.997	29.325	34.476	157.728
Hong Kong, China	100.413	208.519	94.084	207.729	0	*904*	..	..	6.329	*–4.987*	24.656	96.236
Colombia	8.679	13.516	6.858	17.531	–2.305	–1.725	1.026	447	542	–5.293	4.453	7.644
Congo, Dem. Rep. del	2.557	*1.446*	2.497	*1.385*	–770	–752	–27	*33*	–738	–658	261	..
Congo, Rep. del	1.488	1.493	1.282	1.539	–460	–168	3	*–20*	–251	*–252*	10	39
Corea, Rep. de	73.295	156.701	76.360	114.446	–87	–5.049	1.149	3.352	–2.003	40.558	14.916	73.987
Costa Rica	1.963	6.876	2.346	6.974	–233	–468	192	105	–424	–460	525	1.460
Côte d'Ivoire	3.172	5.022	3.120	4.095	–988	–695	–164	–438	–1.100	–207	21	632
Croacia	..	8.569	..	10.663	..	–164	..	708	..	–1.551	*167*	3.025
Dinamarca	48.902	62.766	41.415	59.501	–5.708	–3.791	–408	–1.481	1.372	–2.007	11.226	22.287
Ecuador	3.262	5.007	2.365	6.409	–1.364	–1.543	107	776	–360	–2.169	1.009	1.642
Egipto, Rep. Árabe de	9.151	13.502	13.710	21.807	–912	1.140	4.836	4.403	–634	–2.762	3.620	14.484
El Salvador	973	2.741	1.624	4.266	–132	–66	631	1.507	–152	–84	595	2.004
Eritrea	*88*	109	*278*	597	*0*	4	*171*	249	*–19*	–234	..	..
Eslovenia	*7.900*	11.143	*6.930*	11.405	*–38*	146	*46*	112	*978*	–4	*112*	3.168
España	83.595	161.294	100.870	160.165	–3.533	–7.513	2.799	3.249	–18.009	–3.135	57.238	33.115
Estados Unidos	536.058	933.906	615.992	1.098.181	28.431	–12.209	–27.821	–44.075	–79.324	–220.559	173.094	60.500
Estonia	*664*	4.170	*711*	4.715	*–13*	–81	*97*	148	*36*	–478	*198*	853
Etiopía[b]	672	1.037	1.069	1.815	–67	–91	220	349	–244	–520	55	459
Ex Rep. Yug. de Macedonia	..	1.449	..	2.019	..	–45	..	327	..	–288	..	430
Federación de Rusia	*53.883*	87.734	*48.915*	74.078	*–4.500*	*–12.000*	..	–415	*468*	1.241	..	8.457
Filipinas	11.430	36.973	13.967	39.631	–872	3.510	714	435	–2.695	1.287	2.036	13.230
Finlandia	31.180	50.153	33.456	38.705	–3.735	–3.083	–952	–994	–6.962	7.371	10.415	8.207
Francia	285.389	387.123	283.238	342.244	–3.896	4.380	–8.199	–9.097	–9.944	40.161	68.291	39.701
Georgia	..	720	..	1.437	..	117	..	211	..	–389	..	132
Ghana	983	1.989	1.506	2.887	–111	–136	411	684	–223	–350	309	454
Grecia	13.018	*14.863*	19.564	*25.601*	–1.709	*–1.632*	4.718	*7.510*	–3.537	*–4.860*	4.721	18.122
Guatemala	1.568	3.487	1.812	5.047	–196	–184	227	705	–213	–1.039	362	1.189
Guinea	829	804	953	962	–149	–81	70	121	–203	–119	*80*	*122*
Haití	318	479	515	1.021	–18	–12	193	516	–22	–38	10	83
Honduras	1.032	2.387	1.127	2.736	–237	–176	280	367	–51	–158	47	1.258
Hungría	12.035	25.657	11.017	27.101	–1.427	–1.878	787	1.018	379	–2.304	1.185	10.954
India	23.028	47.419	31.485	59.138	–1.757	–3.546	2.069	10.280	–8.145	–4.984	5.637	32.667
Indonesia	29.295	54.850	27.511	43.903	–5.190	–8.189	418	379	–2.988	4.096	8.657	26.445
Irán, Rep. Islámica del	19.741	14.297	22.292	16.189	378	–502	2.500	497	327	–1.897	..	..
Irlanda	26.786	71.749	24.576	61.713	–4.955	–10.718	2.384	1.488	–361	806	5.362	5.346
Israel	17.276	32.021	20.228	36.022	–1.975	–2.984	5.088	6.143	161	–842	6.598	22.605
Italia	219.971	310.121	218.573	270.320	–14.712	–12.318	–3.164	–7.485	–16.479	19.998	88.595	22.425
Jamaica	2.217	3.383	2.390	3.970	–430	–304	291	635	–312	–255	168	555
Japón	323.692	436.456	297.306	363.488	22.492	56.570	–4.800	–8.842	44.078	120.696	87.828	286.916
Jordania	2.511	3.636	3.754	5.200	–215	–138	1.046	1.712	–411	9	1.139	2.629
Kazajstán	*5.758*	6.735	*5.862*	7.716	*–175*	–298	*168*	78	*–111*	–1.201	..	1.479
Kenya	2.228	2.851	2.705	3.695	–418	–173	368	654	–527	–363	236	792
Kuwait	8.268	11.376	7.169	13.197	7.738	5.867	–4.951	–1.520	3.886	2.527	2.929	4.824
Lesotho	100	247	754	918	433	234	286	157	65	–280	72	500
Letonia	*1.090*	3.120	*997*	3.947	*2*	53	*96*	125	*191*	–650	..	840
Líbano	511	1.817	2.836	8.717	622	323	1.818	2.689	115	–3.888	4.210	7.776
Lituania	..	5.071	..	6.348	..	–255	..	235	..	–1.298	*107*	1.195
Madagascar	471	829	809	1.128	–161	–78	234	88	–265	–289	92	171
Malasia	32.665	71.900	31.765	60.200	–1.872	0	102	*–1.094*	–870	*–4.792*	10.659	30.588
* Taiwan, China	74.175	126.946	67.015	124.031	4.361	2.049	–601	–1.527	10.920	3.437	77.653	106.200

ECONOMÍA

País	Millones de dólares											
	Bienes y servicios				Ingresos netos		Transferencias corrientes netas		Balanza en cuenta corriente		Reservas internacionales brutas	
	Exportaciones		Importaciones									
	1990	1998	1990	1998	1990	1998	1990	1998	1990	1998	1990	1999
Malawi	443	563	549	1.076	–80	–97	99	..	–86	..	142	251
Malí	420	637	830	899	–37	–45	225	126	–221	*–178*	198	350
Marruecos	6.239	9.970	7.783	11.358	–988	–1.101	2.336	2.345	–196	–144	2.338	5.689
Mauritania	471	393	520	471	–46	–32	86	187	–10	77	59	224
México	48.805	129.523	51.915	138.441	–8.316	–13.056	3.975	6.014	–7.451	–15.960	10.217	31.782
Mongolia	493	540	1.096	671	–44	0	7	56	–640	–75	*23*	136
Mozambique	229	531	996	1.132	–97	–141	448	313	–415	–429	232	654
Myanmar	641	1.634	1.182	2.789	–61	38	77	515	–526	–602	410	265
Namibia	1.220	1.605	1.584	1.908	37	61	354	403	28	162	*50*	305
Nepal	379	1.108	761	1.646	71	13	60	103	–251	–421	354	843
Nicaragua	392	761	682	1.656	–217	–151	202	..	–305	..	166	510
Níger	533	332	728	479	–54	–24	14	–22	–236	–192	226	39
Nigeria	14.550	9.855	6.909	13.377	–2.738	–2.291	85	1.570	4.988	–4.244	4.129	*6.485*
Noruega	47.078	54.768	38.911	54.440	–2.700	–898	–1.476	–1.591	3.992	–2.161	15.788	20.400
Nueva Zelandia	11.683	16.017	11.699	15.859	–1.576	–3.093	138	338	–1.453	–2.596	4.129	4.455
Países Bajos	160.447	224.762	147.652	200.897	–631	8.905	–2.943	–7.185	9.221	25.585	34.401	10.098
Pakistán	6.217	10.017	9.351	12.819	–966	–2.330	2.748	3.430	–1.352	–1.702	1.046	1.511
Panamá	4.438	8.023	4.193	8.869	–255	–525	219	159	209	–1.212	344	823
Papua Nueva Guinea	1.381	2.091	1.509	1.872	–103	–259	156	87	–76	47	427	205
Paraguay	1.609	3.893	2.094	4.277	260	61	55	58	–171	–265	675	987
Perú	4.120	7.488	4.086	10.494	–1.733	–1.484	316	..	–1.384	..	1.891	8.730
Polonia	19.037	43.387	15.095	52.007	–3.386	–1.178	2.511	2.897	3.067	–6.901	4.674	24.535
Portugal	21.554	34.621	27.146	45.323	–96	–579	5.507	4.031	–181	–7.250	20.579	8.427
Reino Unido	238.568	372.594	263.985	386.529	–818	23.589	–7.624	–10.754	–33.859	–1.100	43.146	29.834
República Árabe Siria	5.030	4.930	2.955	4.788	–401	–606	88	523	1.762	59	..	..
República Centroafricana	220	149	410	255	–22	–20	123	69	–89	–57	123	136
República Checa	..	33.908	..	34.713	..	–994	..	408	..	–1.392	..	12.806
República de Moldova	..	765	..	1.228	..	33	..	83	..	–347	*0*	186
República Dem. Pop. Lao	102	487	212	602	–1	–35	56	74	–55	–77	8	101
República Dominicana	1.832	7.482	2.233	8.917	–249	–887	371	1.986	–280	–336	69	689
República Eslovaca	..	13.012	..	15.346	..	–158	..	366	..	–2.126	..	3.371
República Kirguisa	285	598	400	936	0	–76	..	50	..	–365	..	230
República Unida de Tanzanía	538	1.144	1.474	2.353	–185	–139	562	560	–559	–788	193	775
Rumania	6.380	9.519	9.901	12.798	161	–392	106	753	–3.254	–2.918	1.374	2.690
Rwanda	145	112	359	482	–17	–8	145	236	–86	–143	44	174
Senegal	1.453	1.319	1.840	1.627	–129	–37	153	264	–363	–81	22	404
Sierra Leona	210	75	215	161	–71	–15	7	..	–69	..	5	39
Singapur	67.489	128.706	64.953	113.698	1.006	3.783	–421	–1.177	3.122	17.614	27.748	76.843
Sri Lanka	2.293	5.648	2.965	6.661	–167	–178	541	903	–298	–288	447	1.636
Sudáfrica	27.119	34.526	21.017	32.687	–4.096	–3.029	60	–746	2.065	–1.936	2.583	6.353
Suecia	70.560	103.130	70.490	89.268	–4.473	–5.785	–1.936	–3.438	–6.339	4.639	20.324	15.019
Suiza	96.926	120.542	96.402	108.277	8.746	16.018	–2.329	–3.736	6.941	24.547	61.284	36.321
Tailandia	29.229	65.903	35.870	48.704	–853	–3.566	213	414	–7.281	14.048	14.258	34.063
Tayikistán	..	604	..	731	..	–38	..	57	..	–107	..	..
Togo	663	693	847	823	–32	7	132	..	–84	..	358	122
Túnez	5.203	8.482	6.039	9.131	–455	–857	828	831	–463	–675	867	2.262
Turkmenistán	*1.238*	614	*857*	1.608	*0*	33	*66*	27	*447*	–934	..	1.513
Turquía	21.042	54.541	25.652	55.412	–2.508	–2.985	4.493	5.727	–2.625	1.871	7.626	23.340
Ucrania	..	17.621	..	18.828	..	–871	..	782	..	–1.296	*469*	1.046
Uganda	246	634	676	1.871	–77	–9	78	539	–429	–706	44	763
Uruguay	2.158	4.225	1.659	4.507	–321	–185	8	67	186	–400	1.446	*2.587*
Uzbekistán	..	3.148	..	3.182	..	–61	..	43	..	–52	..	..
Venezuela, Rep. Bol. de	18.806	19.021	9.451	19.870	–774	–1.559	–302	–154	8.279	–2.562	12.733	12.277
Viet Nam	1.913	11.974	1.901	13.507	–412	–689	49	951	–351	–1.271	*429*	*2.002*
Yemen, Rep. del	1.490	1.708	2.170	2.771	–454	–422	1.872	1.256	739	–228	441	*1.010*
Zambia	1.360	1.057	1.897	1.140	–437	–485	380	..	–594	..	201	45
Zimbabwe	2.012	2.535	2.001	2.742	–263	–346	112	..	–140	..	295	268
Todo el mundo	**4.251.942 t**	**6.766.816 t**	**4.257.615 t**	**6.696.346 t**								
De ingreso bajo	130.884	209.252	148.102	243.846								
De ingreso mediano	699.711	1.374.233	666.224	1.356.708								
De ingreso mediano bajo	289.307	634.614	302.617	610.185								
De ingreso mediano alto	409.317	739.691	365.852	746.047								
De ingreso bajo y mediano	829.625	1.583.740	814.842	1.603.017								
África al sur del Sahara	80.330	89.935	74.324	104.277								
América Latina y el Caribe	169.084	335.772	146.919	393.251								
Asia meridional	34.113	70.684	49.041	89.001								
Asia oriental y el Pacífico	239.776	614.457	240.892	497.263								
Europa y Asia central	188.731	340.843	187.584	363.280								
Oriente Medio y Norte de África	134.093	131.866	134.828	154.797								
De ingreso alto	3.418.264	5.183.326	3.430.033	5.096.364								

Nota: Respecto de la comparabilidad y cobertura de los datos, véanse las Notas técnicas. Las cifras que aparecen en bastardilla corresponden a años distintos de los indicados.
a. Se incluye a Luxemburgo. b. Los datos anteriores a 1992 incluyen a Eritrea.

Cuadro 16. Finanzas del sector privado

País	Inversión privada % de la inversión interna bruta en activo fijo		Capitalización de los mercados bursátiles Millones de dólares		Número de empresas nacionales cotizadas en bolsa		Margen de las tasas de interés (tasa de los préstamos menos tasa de depósitos) Puntos porcentuales		Crédito interno suministrado por el sector bancario % del PIB	
	1990	1997	1990	1999	1990	1999	1990	1999	1990	1999
Albania	..	..	..	..	..	..	*2,1*	8,7	..	*47,2*
Alemania	..	..	355.073	1.432.190	413	933	4,5	6,4	*108,5*	*146,9*
Angola	..	..	..	..	..	..	..	7,5	..	–10,4
Arabia Saudita	..	..	*48.213*	60.440	59	73	..	..	14,4	*46,6*
Argelia	..	..	..	..	..	..	..	2,5	74,7	*45,8*
Argentina	67,4	92,6	3.268	83.887	179	129	..	3,0	32,4	34,8
Armenia	..	..	..	25	..	95	..	11,5	*58,7*	*10,8*
Australia	74,2	80,1	107.611	427.683	1.089	1.217	4,5	2,9	103,5	93,7
Austria	..	..	11.476	33.025	97	97	..	3,4	123,0	*132,1*
Azerbaiyán	..	..	..	4	..	2	..	..	57,2	10,6
Bangladesh	50,1	67,2	321	865	134	211	4,0	5,4	24,1	33,4
Belarús	..	..	..	..	..	..	..	27,2	..	*37,4*
Bélgica	..	..	65.449	184.942	182	172	6,9	4,3	70,9	*147,9*
Benin	44,8	59,5	..	..	..	..	9,0	..	22,4	6,6
Bolivia	39,3	59,7	..	116	..	18	18,0	23,1	30,7	66,2
Botswana	..	..	*261*	1.052	*9*	15	1,8	5,2	–46,4	–69,7
Brasil	76,7	80,6	16.354	227.962	581	478	..	..	89,8	50,5
Bulgaria	3,6	42,2	..	706	..	860	*8,9*	9,6	*0,1*	0,0
Burkina Faso	..	..	..	..	..	..	9,0	..	13,7	13,2
Burundi	..	..	..	..	..	..	..	..	23,2	30,7
Camboya	86,0	73,9	..	..	..	..	..	10,2	..	7,4
Camerún	..	..	..	..	..	..	11,0	17,0	31,2	17,7
Canadá	86,3	88,5	241.920	800.914	1.144	3.767	1,3	1,5	85,8	100,9
Chad	..	54,1	..	..	..	..	11,0	17,0	11,5	12,0
Chile	79,5	80,8	13.645	68.228	215	285	8,6	4,1	73,0	68,8
China	33,8	47,5	*2.028*	330.703	*14*	950	0,7	3,6	90,0	130,4
Hong Kong, China	..	..	83.397	609.090	284	695	3,3	4,0	156,3	141,1
Colombia	61,5	55,9	1.416	11.590	80	145	8,8	9,1	30,8	40,5
Congo, Rep. Dem. del	..	..	..	..	..	..	..	..	25,3	..
Congo, Rep. del	..	..	..	..	..	..	11,0	17,0	29,1	19,7
Corea, Rep. de	79,9	73,4	110.594	308.534	669	725	0,0	1,4	57,2	85,2
Costa Rica	78,9	73,2	*475*	2.303	*82*	22	11,4	11,4	29,9	38,3
Côte d'Ivoire	57,9	70,2	549	1.514	23	38	9,0	..	44,5	25,9
Croacia	..	..	..	2.584	2	59	*499,3*	10,6	..	*48,4*
Dinamarca	..	..	39.063	105.293	258	233	6,2	4,7	63,0	57,1
Ecuador	78,3	82,9	*69*	415	*65*	28	–6,0	15,1	17,2	87,0
Egipto, República Árabe de	62,3	68,6	1.765	32.838	573	1.032	7,0	3,7	106,8	96,3
El Salvador	81,5	77,3	..	2.141	..	40	3,2	4,7	32,0	44,4
Eritrea	..	..	..	..	..	..	..	..	..	..
Eslovenia	..	..	..	2.180	*24*	28	*142,0*	5,1	*36,8*	*40,1*
España	..	..	111.404	431.668	427	718	5,4	2,1	110,8	*114,4*
Estados Unidos	84,9	85,8	3.059.434	16.635.114	6.599	7.651	..	..	114,7	170,1
Estonia	..	..	..	1.789	..	25	..	4,5	*65,0*	34,9
Etiopía	..	..	..	..	..	..	3,6	4,2	50,4	51,3
Ex Rep. Yug. de Macedonia	..	..	..	8	..	2	..	9,1	..	19,0
Federación de Rusia	..	..	*244*	72.205	*13*	207	..	26,0	..	35,0
Filipinas	81,8	80,1	5.927	48.105	153	226	4,6	3,6	23,2	64,1
Finlandia	..	..	22.721	349.409	73	147	4,1	3,5	84,3	*57,5*
Francia	..	..	314.384	1.475.457	578	968	6,1	3,7	106,1	*103,1*
Georgia	..	..	..	..	..	..	..	18,8	..	13,1
Ghana	..	..	*76*	916	*13*	22	..	..	13,2	36,8
Grecia	49,8	..	15.228	204.213	145	281	8,1	6,3	73,3	*65,4*
Guatemala	79,9	79,8	..	215	..	5	5,1	11,6	17,4	17,1
Guinea	..	..	..	..	..	..	0,2	..	5,4	*6,8*
Haití	..	..	..	..	..	..	..	15,5	32,9	*24,1*
Honduras	..	..	*40*	*458*	*26*	71	8,3	10,2	40,9	28,5
Hungría	..	..	*505*	16.317	21	66	4,1	3,1	105,5	52,2
India	56,7	70,1	38.567	184.605	2.435	5.863	..	..	50,6	44,9
Indonesia	67,5	77,2	8.081	64.087	125	277	3,3	1,9	45,5	61,1
Irán, Rep. Islámica del	53,6	55,5	*34.282*	21.830	97	295	..	..	62,1	49,4
Irlanda	..	..	..	42.458	..	84	5,0	3,2	57,3	*100,0*
Israel	..	..	3.324	63.820	216	644	12,0	5,0	106,2	*85,3*
Italia	..	..	148.766	728.273	220	241	7,3	4,0	90,1	*93,5*
Jamaica	..	..	911	2.530	44	46	6,6	16,0	34,8	49,1
Japón	79,4	*70,9*	2.917.679	4.546.937	2.071	2.470	3,4	2,0	266,8	142,4
Jordania	..	..	2.001	5.827	105	152	2,2	3,2	110,0	90,1
Kazajstán	..	..	..	2.260	..	17	..	..	..	11,1
Kenya	41,8	56,0	453	1.409	54	57	5,1	12,8	52,9	50,1
Kuwait	..	..	..	18.814	..	76	*0,4*	2,8	*217,6*	*116,8*
Lesotho	..	..	..	..	..	..	7,4	11,6	27,4	–0,2
Letonia	..	..	..	391	..	70	..	9,2	..	18,8
Líbano	..	..	..	1.921	..	13	23,1	7,0	132,6	*134,9*
Lituania	..	..	..	1.138	..	54	..	8,1	..	*13,1*
Madagascar	46,5	46,9	..	..	..	..	5,3	*19,0*	26,2	*15,8*
Malasia	64,5	72,8	48.611	145.445	282	757	1,3	3,2	77,9	160,5

ESTADOS Y MERCADOS

País	**Inversión privada** % de la inversión interna bruta en activo fijo		**Capitalización de los mercados bursátiles** Millones de dólares		**Número de empresas nacionales cotizadas en bolsa**		**Margen de las tasas de interés** (tasa de los préstamos menos tasa de depósitos) Puntos porcentuales		**Crédito interno suministrado por el sector bancario** % del PIB	
	1990	1997	1990	1999	1990	1999	1990	1999	1990	1999
Malawi	51,8	27,7	..	..	..	..	8,9	20,4	17,8	7,3
Malí	..	..	..	..	..	..	9,0	..	13,7	16,1
Marruecos	68,3	67,9	966	13.695	71	55	0,5	*6,2*	43,0	*83,8*
Mauritania	46,2	49,4	..	..	..	..	5,0	..	54,7	0,3
México	76,0	81,4	32.725	154.044	199	188	..	16,3	36,6	29,1
Mongolia	..	..	..	32	..	418	..	17,9	*68,5*	11,6
Mozambique	..	..	..	..	..	..	..	11,8	15,6	6,2
Myanmar	..	..	..	..	..	..	2,1	5,1	32,8	29,1
Namibia	61,7	62,2	*21*	691	3	14	*10,6*	7,7	20,4	53,7
Nepal	..	..	..	418	..	108	2,5	4,0	28,9	41,4
Nicaragua	54,7	62,0	..	..	..	..	12,5	11,9	206,6	144,8
Níger	..	..	..	..	..	..	9,0	..	16,2	9,2
Nigeria	..	..	1.372	2.940	131	194	5,5	*13,1*	23,7	15,4
Noruega	65,8	..	26.130	63.696	112	195	4,6	2,8	67,4	60,8
Nueva Zelandia	74,7	86,8	8.835	28.352	171	114	4,4	3,9	81,6	121,3
Países Bajos	87,3	*86,9*	119.825	695.209	260	344	8,4	0,7	107,4	*131,5*
Pakistán	51,7	58,3	2.850	6.965	487	765	..	..	50,9	47,0
Panamá	86,9	84,0	*226*	3.584	13	31	3,6	3,1	52,7	*93,6*
Papua Nueva Guinea	79,7	79,9	..	..	..	..	6,9	3,4	35,8	31,0
Paraguay	86,7	67,0	..	423	..	55	8,1	10,5	14,9	27,1
Perú	83,1	84,5	812	13.392	294	242	2.335,0	14,5	16,2	24,9
Polonia	41,2	53,4	144	29.577	9	221	462,5	6,3	18,8	36,5
Portugal	..	..	9.201	66.488	181	125	7,8	2,8	71,8	*107,9*
Reino Unido	83,6	*87,0*	848.866	2.933.280	1.701	1.945	2,2	2,7	123,0	*129,1*
República Árabe Siria	..	..	..	..	..	..	..	..	56,6	*28,9*
República Centroafricana	..	..	..	..	..	..	11,0	17,0	12,9	11,7
República Checa	..	..	..	11.796	..	164	..	4,2	..	*65,1*
República de Moldova	..	..	..	38	..	58	..	8,0	*62,8*	30,8
República Dem. Pop. Lao	..	..	..	..	..	..	2,5	18,6	5,1	10,7
República Dominicana	73,1	82,9	..	141	..	6	*15,2*	9,0	31,5	37,0
República Eslovaca	..	..	..	723	..	845	..	6,7	..	*67,5*
República Kirguisa	..	..	..	..	..	..	..	25,3	..	*20,0*
República Unida de Tanzanía	..	..	..	181	..	4	..	22,1	39,2	13,9
Rumania	*9,8*	35,4	..	873	..	5.825	..	..	79,7	18,8
Rwanda	..	..	..	..	..	..	6,3	..	17,1	13,2
Senegal	..	..	..	..	..	..	9,0	..	33,8	22,8
Sierra Leona	..	..	..	..	..	..	12,0	17,3	26,3	50,1
Singapur	..	..	34.308	198.407	150	355	2,7	4,1	62,2	83,7
Sri Lanka	..	..	917	1.584	175	239	–6,4	–4,8	43,1	*31,9*
Sudáfrica	65,6	72,7	137.540	262.478	732	668	2,1	5,8	97,8	73,4
Suecia	79,9	79,7	97.929	373.278	258	277	6,8	3,9	145,5	122,1
Suiza	..	..	160.044	693.127	182	239	–0,9	2,7	179,0	184,1
Tailandia	84,8	65,9	23.896	58.365	214	392	2,2	4,3	91,1	126,0
Tayikistán	..	..	..	..	..	..	..	..	..	..
Togo	..	..	..	..	..	..	9,0	..	21,3	22,2
Túnez	50,5	50,8	533	2.706	13	44	..	..	62,5	69,2
Turkmenistán	..	..	..	..	..	..	..	..	..	*26,6*
Turquía	68,2	77,6	19.065	112.716	110	285	..	..	25,9	*36,6*
Ucrania	..	..	..	1.121	..	125	..	34,3	83,2	*24,3*
Uganda	..	..	..	..	..	..	7,4	12,8	*17,8*	7,6
Uruguay	71,5	72,0	..	168	36	17	76,6	39,0	60,1	43,2
Uzbekistán	..	..	..	119	..	4	..	..	..	..
Venezuela, Rep. Bol. de	34,8	43,6	8.361	7.471	76	87	7,7	10,8	37,4	16,5
Viet Nam	..	..	..	..	..	..	..	*5,3*	*15,9*	*21,9*
Yemen, Rep. del	..	..	..	..	..	..	..	..	62,8	*32,2*
Zambia	..	..	..	291	..	8	9,5	20,1	67,8	*63,5*
Zimbabwe	..	..	2.395	2.514	57	70	2,9	16,9	41,7	32,8
Todo el mundo	**78,1** w	***76,0*** w	**9.398.391** s	**36.030.808** s	**25.424** s	**49.640** s			**125,1** w	**136,4** w
De ingreso bajo	48,1	56,5	54.588	268.082	3.446	8.332			43,7	42,7
De ingreso mediano	72,2	74,8	430.570	2.159.249	4.914	16.560			62,1	80,2
De ingreso mediano bajo	..	..	58.226	751.775	1.833	11.451			*63,4*	92,5
De ingreso mediano alto	73,8	77,9	372.344	1.407.474	3.081	5.109			60,2	60,3
De ingreso bajo y mediano	64,5	66,9	485.158	2.427.331	8.360	24.892			58,4	72,2
África al sur del Sahara	..	..	142.594	275.723	1.011	1.138			55,6	43,2
América Latina y el Caribe	74,3	79,8	78.470	584.985	1.748	1.938			58,7	27,6
Asia meridional	55,9	68,9	42.655	194.475	3.231	7.199			48,3	44,1
Asia oriental y el Pacífico	63,3	56,9	197.109	955.379	1.443	3.754			71,0	112,5
Europa y Asia central	..	..	19.065	265.207	110	9.000			..	33,5
Oriente Medio y Norte de África	..	..	5.265	151.562	817	1.863			54,3	72,2
De ingreso alto	81,9	*79,2*	8.913.233	33.603.476	17.064	24.748			140,1	*139,0*

Nota: Respecto de la comparabilidad y cobertura de los datos, véanse las Notas técnicas. Las cifras que aparecen en bastardilla corresponden a años distintos de los indicados.

Cuadro 17. Función del Estado en la economía

País	Subvenciones y otras transferencias corrientes % del total de gastos		Valor agregado por las empresas estatales % del PIB		Gasto militar % del PIB		Clasificación del riesgo compuesto según la ICRG[a]	Clasificación crediticia de *Institutional investor*[a]	Tasa impositiva marginal máxima[b] Individual		Tasa impositiva marginal máxima[b] De las empresas
	1990	1997	1985–90	1990–97	1992	1997	Marzo de 2000	Marzo de 2000	% 1999	Sobre ingresos superiores a (dólares) 1999	% 1999
Albania	..	45	..	..	4,7	1,4	62,5	12,6	..	..	..
Alemania	58	58	..	..	2,1	1,6	83,3	92,9	53	66.690	30
Angola	..	..	..	..	24,2	20,5	45,0	12,6	..	..	..
Arabia Saudita	..	..	..	..	26,8	14,5	73,0	55,1	0	..	45
Argelia	*27*	*26*	..	..	1,8	3,9	56,8	27,7	..	..	..
Argentina	57	58	2,7	1,3	1,9	1,2	71,0	43,0	35	200.000	35
Armenia	..	..	..	..	*3,5*	3,5	57,5	..	..	..	..
Australia	56	61	..	..	2,5	2,2	83,5	78,3	47	30.579	36
Austria	57	62	..	..	1,0	0,9	82,0	89,4	50	59.590	34
Azerbaiyán	*28*	44	..	..	2,9	1,9	59,3	..	40	3.704	30
Bangladesh	..	..	2,3	2,5	1,3	1,4	62,3	25,5	..	..	..
Belarús	*46*	54	..	..	1,9	1,7	59,3	12,7	..	..	..
Bélgica	56	60	2,8	..	1,8	1,5	80,3	85,6	55	69.993	39
Benin	..	..	..	..	1,3	1,3	..	17,3	..	..	..
Bolivia	16	40	13,4	11,4	2,2	1,9	68,3	31,1	13	..	25
Botswana	25	*31*	5,6	5,5	4,4	5,1	83,5	57,0	30	17.960	15
Brasil	39	..	7,7	7,4	1,1	1,8	64,8	38,5	28	17.881	15
Bulgaria	52	37	..	..	3,3	3,0	70,8	32,5	40	9.403	27
Burkina Faso	11	..	..	..	2,4	2,8	62,8	19,2	..	..	..
Burundi	*10*	11	7,3	..	2,7	6,1	..	9,6	..	..	..
Camboya	..	..	..	..	4,9	4,1	..	..	20	39.915	20
Camerún	13	*13*	18,0	8,5	1,6	3,0	60,5	18,0	60	13.321	39
Canadá	56	*62*	..	..	2,0	1,3	85,5	85,1	29	38.604	38
Chad	3	..	..	..	4,0	2,7	..	12,4	..	..	..
Chile	51	52	14,4	8,3	2,5	3,9	74,5	62,6	45	6.526	15
China	..	..	..	..	2,8	2,2	72,3	56,6	45	12.079	30
Hong Kong, China	..	..	..	..	..	..	79,3	60,8	17	13.583	16
Colombia	42	40	7,0	..	2,4	3,7	57,0	42,6	35	32.221	35
Congo, Rep. del	*20*	5	15,1	..	5,7	4,1	50,5	7,1	50	14.210	45
Congo, Rep. Dem. del	4	1	..	..	3,0	5,0	45,3	8,0	..	..	..
Corea, Rep. de	46	49	10,3	..	3,7	3,4	80,0	58,8	40	66.236	28
Costa Rica	20	*23*	8,1	..	1,4	0,6	76,5	42,7	25	14.185	30
Côte d'Ivoire	30	9	..	..	1,5	1,1	55,3	25,2	10	4.263	35
Croacia	*42*	38	..	..	7,7	6,3	69,8	41,8	35	5.556	..
Dinamarca	61	*64*	..	..	2,0	1,7	86,0	86,3	59	..	32
Ecuador	16	..	10,2	..	3,5	4,0	49,8	19,1	0	..	0
Egipto, República Árabe de	26	15	..	..	3,7	2,8	70,5	45,4	32	14.706	40
El Salvador	..	..	1,8	..	2,1	0,9	76,0	38,3	..	..	..
Eritrea	..	..	..	..	..	7,8	..	..	..	..	..
Eslovenia	..	..	..	..	2,1	1,7	79,8	63,1	..	..	..
España	63	*66*	..	..	1,6	1,5	75,8	80,4	40	77.139	35
Estados Unidos	50	60	..	..	4,8	3,3	80,0	92,9	40	283.150	35
Estonia	*73*	47	..	..	0,5	1,5	74,3	49,4	26	..	26
Etiopía	9	..	..	..	3,7	1,9	57,5	15,9	..	..	..
Ex Rep. Yug. de Macedonia	..	..	..	..	2,2	2,5	..	..	..	..	..
Federación de Rusia	*49*	..	..	..	8,0	5,8	54,8	19,6	35	6.036	35
Filipinas	7	18	2,3	2,2	1,9	1,5	70,8	46,7	33	12.773	33
Finlandia	70	67	..	..	2,2	1,7	88,8	85,6	38	61.164	28
Francia	63	65	11,2	..	3,4	3,0	80,3	91,7	..	..	33
Georgia	..	28	..	..	2,4	1,4	..	11,1	..	..	..
Ghana	20	..	8,5	..	0,8	0,7	57,8	31,0	35	7.102	35
Grecia	41	*22*	11,5	..	4,4	4,6	75,8	62,5	45	56.271	35
Guatemala	..	..	1,9	2,0	1,5	*1,4*	69,8	31,0	25	26.740	28
Guinea	4	..	..	..	1,4	1,5	59,8	14,4	..	..	..
Haití	..	..	..	..	1,5	..	56,3	10,1	..	..	..
Honduras	..	..	5,5	..	1,4	*1,3*	63,0	19,3	..	..	..
Hungría	64	48	..	..	2,1	1,9	74,3	59,2	40	4.566	18
India	43	40	13,4	13,4	2,5	2,8	64,3	45,3	30	3.538	35
Indonesia	21	36	14,5	..	1,4	2,3	50,3	28,3	30	6.623	30
Irán, Rep. Islámica del	22	14	..	..	3,0	3,0	66,3	29,2	54	174.171	54
Irlanda	55	*60*	..	..	1,4	1,2	86,0	84,8	46	14.799	32
Israel	37	48	..	..	11,7	9,7	69,8	57,6	50	57.789	36
Italia	54	58	..	..	2,1	2,0	79,5	82,0	46	81.665	37
Jamaica	..	..	..	..	1,0	0,9	68,8	29,5	25	2.712	33
Japón	54	..	..	..	1,0	1,0	82,0	86,9	50	259.291	35
Jordania	11	9	..	..	8,8	9,0	70,8	38,6	..	..	..
Kazajstán	..	..	..	..	2,9	1,3	64,8	30,2	30	..	30
Kenya	10	*18*	11,6	..	3,0	2,1	56,8	26,6	33	382	33
Kuwait	20	20	..	..	77,0	7,5	80,5	59,8	0	..	0
Lesotho	5	9	..	..	3,6	2,5	..	26,9	..	..	..
Letonia	*59*	61	..	..	1,6	0,9	72,3	43,4	25	..	25
Líbano	*18*	12	..	..	4,0	3,0	58,5	35,0	..	..	..
Lituania	*67*	41	..	..	*0,7*	0,8	71,3	40,8	33	..	29
Madagascar	9	*8*	..	..	1,1	1,5	62,5	..	..	..	..
Malasia	16	24	..	..	3,2	2,2	75,3	54,9	30	39.474	28

ESTADOS Y MERCADOS

País	Subvenciones y otras transferencias corrientes % del total de gastos		Valor agregado por las empresas estatales % del PIB		Gasto militar % del PIB		Clasificación del riesgo compuesto según la ICRG[a]	Clasificación crediticia de *Institutional investor*[a]	Tasa impositiva marginal máxima[b] Individual		Tasa impositiva marginal máxima[b] De las empresas
	1990	1997	1985–90	1990–97	1992	1997	Marzo de 2000	Marzo de 2000	% 1999	Sobre ingresos superiores a (dólares) 1999	% 1999
Malawi	8	..	4,3	..	1,1	1,0	61,3	19,5	38	948	38
Malí	..	..	..	..	2,3	1,7	66,3	17,2	..	..	..
Marruecos	8	*12*	16,8	..	4,5	4,3	72,8	45,6	44	6.445	*35*
Mauritania	..	..	..	..	3,5	2,3	..	..	..	..	..
México	17	51	6,7	4,9	0,5	1,1	70,5	49,8	40	200.000	*35*
Mongolia	*56*	44	..	..	2,6	1,9	64,0	..	..	..	..
Mozambique	..	..	..	..	7,6	2,8	56,3	19,2	20	792	35
Myanmar	..	..	..	..	8,3	*7,6*	58,8	16,9	30	..	30
Namibia	10	..	..	..	2,2	2,7	78,3	39,7	40	16.129	40
Nepal	..	..	..	..	1,0	0,8	..	26,8	..	..	..
Nicaragua	14	*25*	..	..	3,1	1,5	50,3	13,4	*30*	*18.083*	*30*
Níger	..	..	5,1	..	1,3	1,1	62,8	14,6	..	..	..
Nigeria	..	..	..	..	2,6	1,4	53,3	18,3	25	1.395	28
Noruega	69	70	..	..	3,1	2,1	89,3	89,5	..	..	..
Nueva Zelandia	64	38	..	..	1,6	1,3	80,3	75,5	33	18.134	33
Países Bajos	70	72	..	..	2,5	1,9	87,0	92,1	60	56.075	35
Pakistán	20	8	..	..	7,4	5,7	54,3	18,8	..	..	..
Panamá	26	27	7,6	7,3	1,3	1,4	74,0	42,7	30	200.000	30
Papua Nueva Guinea	18	..	..	..	1,5	1,3	62,5	30,9	47	48.251	25
Paraguay	19	..	4,8	4,6	1,8	1,3	63,8	31,7	0	..	30
Perú	24	36	6,4	5,1	1,8	2,1	66,8	38,8	30	47.985	30
Polonia	*61*	62	..	..	2,3	2,3	76,0	58,5	40	15.192	34
Portugal	33	38	15,1	..	2,7	2,4	80,8	79,7	40	36.478	34
Reino Unido	52	58	3,6	2,8	3,8	2,7	85,3	91,1	40	46.589	31
República Árabe Siria	..	..	..	..	9,7	5,6	71,0	23,2	..	..	..
República Centroafricana	..	..	4,1	..	2,0	3,9	..	..	..	..	..
República Checa	*64*	74	..	..	*2,7*	1,9	76,3	59,1	40	36.979	35
República de Moldova	..	..	..	..	*0,5*	1,0	53,3	16,0	..	..	..
República Dem. Pop. Lao	..	..	..	..	9,8	3,4	..	..	40	1.064	..
República Dominicana	13	23	..	..	0,9	1,1	71,8	31,9	25	14.309	25
República Eslovaca	..	..	..	..	*2,2*	2,1	72,3	42,9	42	29.258	40
República Kirguisa	..	..	..	..	*0,7*	1,6	..	17,6	..	..	*30*
República Unida de Tanzanía	..	..	9,0	..	2,2	1,3	59,0	19,1	35	12.335	30
Rumania	57	50	..	..	3,3	2,4	62,5	27,5	45	4.080	38
Rwanda	16	..	..	..	4,4	4,4	..	..	..	..	..
Senegal	..	..	6,9	..	2,8	1,6	62,5	23,2	50	22.469	35
Sierra Leona	1	24	..	..	3,2	5,9	37,5	7,1	..	..	..
Singapur	12	8	..	..	5,2	5,7	89,0	80,4	28	240.964	26
Sri Lanka	23	20	..	..	3,8	5,1	60,3	35,4	35	4.405	35
Sudáfrica	23	49	14,9	..	3,2	1,8	70,5	45,2	45	20.391	30
Suecia	72	71	..	..	2,6	2,5	83,8	83,9	..	..	28
Suiza	*61*	64	..	..	1,8	1,4	88,3	93,8	..	..	*45*
Tailandia	9	7	..	..	2,6	2,3	74,8	48,8	37	108.430	30
Tayikistán	..	..	..	..	0,3	1,7	..	12,9	..	..	..
Togo	..	..	..	..	2,9	2,0	60,0	17,4	..	..	..
Túnez	35	*29*	..	..	2,4	2,0	73,5	49,7	..	..	..
Turkmenistán	..	..	..	..	..	4,6	..	17,1	..	..	..
Turquía	16	29	6,5	5,0	3,8	4,0	54,5	39,0	40	159.898	30
Ucrania	..	..	..	..	1,9	3,7	58,3	18,1	40	5.953	30
Uganda	..	..	..	..	2,4	4,2	63,0	22,9	30	3.578	30
Uruguay	50	62	5,0	..	2,3	1,4	73,3	49,1	..	..	30
Uzbekistán	..	..	..	..	2,7	2,5	..	18,0	45	2.400	33
Venezuela, Rep. Bol. de	37	48	22,3	..	2,6	2,2	64,0	34,9	34	78.500	34
Viet Nam	..	..	..	..	3,4	2,8	67,3	29,1	..	..	32
Yemen, Rep. del	6	35	..	..	9,4	8,1	62,5	..	..	..	..
Zambia	..	..	32,2	..	3,3	1,1	58,8	15,1	30	742	35
Zimbabwe	18	26	8,6	9,2	3,8	3,8	56,0	24,1	50	20.455	35
Todo el mundo	**23 m**	***37* m**			**3,2 w**	**2,5 w**	**68,7 m**	**32,5 m**			
De ingreso bajo	..	..			2,7	2,9	57,8	17,4			
De ingreso mediano	23	40			4,0	2,9	70,5	39,0			
De ingreso mediano bajo	18	*26*			4,2	3,2	67,6	31,7			
De ingreso mediano alto	32	48			3,8	2,8	73,3	49,3			
De ingreso bajo y mediano	..	..			3,8	2,9	62,9	27,7			
África al sur del Sahara	10	..			3,1	2,3	58,9	18,7			
América Latina y el Caribe	24	*31*			1,4	1,8	68,6	36,6			
Asia meridional	23	20			3,1	3,1	61,3	26,1			
Asia oriental y el Pacífico	*19*	..			2,9	2,5	67,3	38,8			
Europa y Asia central	..	46			5,2	4,0	63,7	27,5			
Oriente Medio y Norte de África	11	*14*			14,4	7,0	70,5	36,8			
De ingreso alto	56	60			3,1	2,4	82,0	84,3			

Nota: Respecto de la comparabilidad y cobertura de los datos, véanse las Notas técnicas. Las cifras que aparecen en bastardilla corresponden a años distintos de los indicados.
a. Este material, registrado como propiedad intelectual, se ha reproducido con autorización de las siguientes entidades: PRS Group, 6320 Fly Road, Suite 102, P.O. Box 248, East Syracuse, N.Y. 13057, e *Institutional Investor*, Inc., 488 Madison Avenue, Nueva York, N.Y. 10022. b. Estos datos están tomados de las siguientes publicaciones de PricewaterhouseCoopers: *Individual Taxes: Worldwide Summaries 1999-2000* y de *Corporate Taxes: Worldwide Summaries 1999-2000*, copyright 1999 de PricewaterhouseCoopers, con autorización de John Wiley & Sons, Inc.

Cuadro 18. Energía eléctrica y transporte

País	Energía eléctrica: Consumo per cápita Kilovatios-hora		Energía eléctrica: Pérdidas en la transmisión y distribución % de la producción		Caminos pavimentados % del total		Bienes transportados por carretera Millones de toneladas-km		Bienes transportados por ferrocarril Toneladas-km por millón de dólares del PIB (PPA)		Pasajeros transportados por vía aérea Miles
	1990	1997	1990	1997	1990	1998	1990	1998	1990	1998	1998
Albania	810	851	18	53	..	*30,0*	*1.195*	1.830	67.204	2.029	21
Alemania	5.729	5.626	4	4	99,0	*99,1*	182.800	*301.800*	..	..	49.280
Angola	60	64	25	28	*25,0*	*25,0*	..	..	..	..	553
Arabia Saudita	3.181	4.085	9	8	40,6	*30,1*	..	..	4.324	*3.843*	11.816
Argelia	449	566	14	15	67,0	*68,9*	*14.000*	..	23.449	..	3.382
Argentina	1.123	1.634	17	17	28,5	29,5	..	..	31.570	..	8.447
Armenia	2.545	1.141	16	21	99,2	*100,0*	..	213	419.134	53.150	365
Australia	7.572	8.307	7	6	35,0	*38,7*	..	..	76.786	..	30.186
Austria	5.587	6.051	6	6	100,0	100,0	13.300	*15.700*	86.340	*79.889*	5.872
Azerbaiyán	2.584	1.631	13	23	..	92,3	..	706	..	..	669
Bangladesh	43	76	34	15	*7,2*	*9,5*	..	..	6.543	*5.148*	1.153
Belarús	3.700	2.607	11	15	*95,8*	95,6	..	9.747	1.094.182	469.369	226
Bélgica	5.817	7.055	5	5	*81,2*	80,7	25.000	*36.000*	45.390	32.071	8.748
Benin	37	43	214	76	20,0	*20,0*	..	..	..	..	91
Bolivia	271	391	15	11	4,3	*5,5*	..	..	47.053	..	2.116
Botswana	..	..	..	..	32,0	*23,5*	..	..	..	..	124
Brasil	1.425	1.743	14	17	9,7	*9,3*	..	..	51.486	*31.663*	28.091
Bulgaria	4.046	3.203	11	14	91,6	92,0	13.823	307	303.350	154.935	828
Burkina Faso	..	..	..	..	16,6	*16,0*	..	..	..	..	102
Burundi	..	..	..	..	..	..	..	..	..	..	12
Camboya	..	..	..	..	7,5	*7,5*	..	*1.200*	..	*78.146*	..
Camerún	204	181	13	20	10,5	*12,5*	..	..	37.699	*37.719*	278
Canadá	14.972	15.829	7	4	35,0	*35,3*	54.700	*72.240*	411.103	*440.137*	24.653
Chad	..	..	..	..	0,8	*0,8*	..	..	..	..	98
Chile	1.178	2.011	11	9	13,8	*13,8*	..	..	23.140	*7.959*	5.150
China	471	714	7	8	..	..	..	..	667.164	304.775	53.234
Hong Kong, China	4.178	4.959	11	14	100,0	*100,0*	..	..	..	..	12.254
Colombia	751	885	21	22	11,9	*12,0*	6.227	..	2.113	*1.945*	9.290
Congo, Rep. del	254	197	0	1	9,7	*9,7*	..	..	*189.871*	..	241
Congo, Rep. Dem. del	122	120	13	3	..	..	..	..	32.460	..	..
Corea, Rep. de	2.202	4.847	5	4	71,5	74,5	31.841	*74.504*	37.095	20.362	27.109
Costa Rica	1.111	1.353	8	8	15,3	21,0	2.243	*3.070*	..	..	1.170
Côte d'Ivoire	158	181	18	16	8,7	9,7	..	..	15.674	*19.827*	162
Croacia	2.765	2.429	18	19	..	..	..	..	201.699	60.241	828
Dinamarca	5.650	6.027	6	5	100,0	100,0	13.700	*14.700*	18.759	12.268	5.947
Ecuador	467	611	23	23	13,4	16,8	2.638	*3.753*	..	..	1.919
Egipto, Rep. Árabe de	697	803	12	12	72,0	*78,1*	31.400	*31.500*	21.444	*20.062*	3.895
El Salvador	358	537	16	13	14,4	*19,8*	..	..	..	..	1.694
Eritrea	..	..	..	..	19,4	*21,8*	..	..	..	..	..
Eslovenia	4.875	4.955	6	5	72,0	90,6	3.440	325	*120.357*	92.945	460
España	3.239	3.899	9	9	74,0	*99,0*	10.900	*16.500*	22.227	17.569	31.594
Estados Unidos	10.558	11.822	9	6	58,2	*58,8*	1.073.100	*1.534.430*	358.829	213.751	588.171
Estonia	4.332	3.466	7	16	51,8	22,1	..	3.791	*354.541*	519.698	297
Etiopía	21	21	1	1	15,0	*15,0*	..	..	*2.120*	..	790
Ex Rep. Yug. de Macedonia	..	..	..	..	58,9	*63,8*	*1.708*	*1.210*	*62.004*	47.137	489
Federación de Rusia	5.821	3.981	8	10	74,2	..	..	..	1.726.768	*1.042.132*	15.224
Filipinas	336	432	13	17	..	19,8	..	..	65	4	6.732
Finlandia	11.822	13.689	5	4	61,0	64,0	26.300	*25.400*	97.605	92.017	6.771
Francia	5.321	6.060	7	6	..	100,0	190.500	*237.200*	51.687	43.309	42.232
Georgia	2.711	1.142	18	16	93,8	*93,5*	..	98	272.478	*146.315*	110
Ghana	301	276	1	0	19,6	*24,1*	..	..	6.191	..	210
Grecia	2.802	3.493	8	9	91,7	*91,8*	78.900	*96.200*	5.763	2.196	6.403
Guatemala	242	404	16	13	24,9	*27,6*	..	..	..	..	506
Guinea	..	..	..	..	15,2	*16,5*	..	..	..	..	36
Haití	61	42	31	43	21,9	*24,3*	..	..	..	..	..
Honduras	365	411	20	24	21,1	*20,3*	..	..	..	..	..
Hungría	3.048	2.840	14	13	50,4	43,4	1.836	14	177.696	74.713	1.749
India	254	363	18	18	*47,3*	*45,7*	..	..	199.742	*137.082*	16.521
Indonesia	156	329	15	12	46,0	*46,3*	..	..	9.570	9.125	12.614
Irán, Rep. Islámica del	829	1.163	19	22	..	*50,0*	..	..	44.931	*46.269*	9.200
Irlanda	3.385	4.559	9	8	94,0	*94,1*	5.100	*5.500*	14.784	4.875	10.401
Israel	3.902	5.069	5	9	100,0	100,0	..	..	16.931	9.605	3.699
Italia	3.784	4.315	8	7	100,0	*100,0*	177.900	*207.200*	20.143	18.885	27.463
Jamaica	686	2.170	18	11	64,0	*70,7*	..	..	..	..	1.454
Japón	6.125	7.241	4	4	69,2	*74,9*	274.444	*306.263*	11.356	*7.854*	101.701
Jordania	959	1.196	8	10	100,0	*100,0*	..	..	102.326	*40.974*	1.187
Kazajstán	5.905	2.595	9	15	55,1	86,5	..	4.637	3.964.805	*1.498.375*	566
Kenya	115	127	16	17	12,8	*13,9*	..	..	80.740	*41.917*	1.138
Kuwait	6.875	12.886	9	..	72,9	*80,6*	..	..	..	..	2.241
Lesotho	..	..	..	..	18,0	*17,9*	..	..	..	..	28
Letonia	3.281	1.758	18	29	13,4	38,6	..	4.108	854.603	*788.435*	229
Líbano	369	1.930	7	13	95,0	*95,0*	..	..	..	..	716
Lituania	3.228	1.818	5	11	81,8	91,0	..	5.611	..	346.800	259
Madagascar	..	..	..	..	15,4	*11,6*	..	..	..	..	601
Malasia	1.096	2.352	10	9	70,0	*75,1*	..	..	15.555	*7.339*	13.654

ESTADOS Y MERCADOS

País	Energía eléctrica: Consumo per cápita (Kilovatios-hora) 1990	1997	Energía eléctrica: Pérdidas en la transmisión y distribución (% de la producción) 1990	1997	Caminos pavimentados (% del total) 1990	1998	Bienes transportados por carretera (Millones de toneladas-km) 1990	1998	Bienes transportados por ferrocarril (Toneladas-km por millón de dólares del PIB (PPA)) 1990	1998	Pasajeros transportados por vía aérea (Miles) 1998
Malawi	..	..	..	..	22,0	*19,0*	..	..	15.207	*11.185*	158
Malí	..	..	..	..	10,9	*12,1*	..	..	53.612	*34.053*	91
Marruecos	340	423	9	4	49,1	52,3	2.638	*2.086*	67.356	*49.613*	3.012
Mauritania	..	..	..	..	11,0	*11,3*	..	..	..	..	250
México	1.204	1.459	12	14	35,1	*29,7*	108.884	*154.083*	68.768	62.102	17.717
Mongolia	..	..	..	..	10,2	3,4	1.871	*123*	1.351.705	*653.947*	240
Mozambique	35	47	16	31	16,8	*18,7*	..	*110*	..	..	201
Myanmar	43	57	26	35	10,9	*12,2*	..	..	..	..	333
Namibia	..	..	..	..	10,8	*8,3*	..	..	285.327	*129.941*	214
Nepal	28	39	29	28	37,5	*41,5*	..	..	..	..	754
Nicaragua	284	286	18	26	10,5	*10,1*	..	..	..	..	51
Níger	..	..	..	..	29,0	*7,9*	..	..	..	..	91
Nigeria	77	84	38	32	30,0	*30,9*	..	..	3.359	*4.834*	313
Noruega	22.824	23.499	6	8	69,0	74,5	7.940	*11.838*	..	..	14.292
Nueva Zelandia	8.087	8.380	11	11	57,0	*58,1*	..	..	49.742	*51.977*	8.655
Países Bajos	4.917	5.736	4	4	88,0	90,0	31.800	*45.000*	12.187	*9.938*	18.676
Pakistán	267	333	21	24	54,0	57,0	352	90.268	41.763	*26.278*	5.414
Panamá	883	1.152	24	22	32,0	28,1	..	..	..	..	860
Papua Nueva Guinea	..	..	..	..	3,2	*3,5*	..	..	..	..	1.110
Paraguay	470	759	0	2	8,5	*9,5*	..	..	..	..	222
Perú	491	607	18	16	9,9	12,9	..	..	8.138	*4.757*	2.775
Polonia	2.525	2.451	8	12	61,6	65,6	49.800	69.543	395.542	209.664	2.213
Portugal	2.379	3.206	11	10	..	..	12.200	*13.500*	13.550	13.975	7.023
Reino Unido	4.768	5.241	8	7	100,0	100,0	133.000	*152.500*	17.203	..	61.940
República Árabe Siria	683	776	26	..	*72,0*	*23,1*	..	..	41.508	*26.484*	685
República Centroafricana	..	..	..	..	..	2,7	144	*60*	..	..	91
República Checa	4.649	4.817	7	8	100,0	100,0	..	33.912	..	143.684	1.601
República de Moldova	2.279	1.217	8	27	87,1	*87,3*	..	*780*	..	..	118
República Dem. Pop. Lao	..	..	..	..	24,0	*13,8*	120	..	..	..	124
República Dominicana	437	620	25	28	44,7	*49,4*	..	..	..	..	34
República Eslovaca	4.432	4.243	8	9	98,7	99,0	4.180	4.750	..	224.788	107
República Kirguisa	1.900	1.372	8	34	90,0	*91,1*	..	*350*	..	..	620
República Unida de Tanzanía	51	54	20	14	37,0	4,2	..	..	*77.249*	*71.671*	220
Rumania	2.337	1.704	9	12	*51,0*	67,6	13.800	15.785	345.140	146.252	908
Rwanda	..	..	..	..	9,0	*9,1*	..	..	..	..	..
Senegal	94	107	14	17	27,2	*29,3*	..	..	61.227	*35.183*	121
Sierra Leona	..	..	..	..	10,6	*8,0*	..	..	..	..	0
Singapur	4.792	7.944	3	4	97,1	97,3	..	..	..	..	13.331
Sri Lanka	153	227	17	17	*32,0*	95,0	19	*30*	5.077	*2.035*	1.213
Sudáfrica	3.676	3.800	6	8	29,8	11,8	..	..	362.402	*283.262*	6.480
Suecia	14.061	14.042	6	7	71,0	77,5	26.500	*33.100*	122.858	*99.690*	11.878
Suiza	6.997	6.885	6	6	..	..	10.400	13.250	..	..	14.299
Tailandia	690	1.360	11	9	55,3	*97,5*	..	..	15.903	8.835	15.015
Tayikistán	3.346	2.177	9	12	71,6	*82,7*	..	..	..	..	592
Togo	..	..	..	..	21,2	*31,6*	..	..	..	..	91
Túnez	532	709	11	11	76,1	*78,9*	..	..	52.684	*42.976*	1.859
Turkmenistán	2.293	934	8	11	73,5	*81,2*	..	..	..	..	521
Turquía	801	1.275	12	18	..	28,0	..	152.210	30.183	20.310	9.949
Ucrania	4.308	2.449	7	16	93,7	96,5	..	18.266	1.476.624	987.824	1.066
Uganda	..	..	..	..	..	..	..	..	13.470	4.990	100
Uruguay	1.220	1.710	14	19	74,0	*90,0*	..	..	11.124	*6.290*	557
Uzbekistán	2.383	1.645	9	9	79,0	*87,3*	..	..	..	317.391	1.560
Venezuela, Rep. Bol. de	2.307	2.488	18	21	35,6	*33,6*	..	..	..	*354*	3.737
Viet Nam	94	203	24	18	23,5	*25,1*	..	..	*18.124*	11.367	2.304
Yemen, Rep. del	108	93	12	26	9,1	*8,1*	..	..	..	..	765
Zambia	503	563	11	11	16,6	..	..	..	81.810	57.858	49
Zimbabwe	933	919	6	13	14,0	*47,4*	..	..	215.462	*140.231*	789
Todo el mundo	**1.928 w**	**2.053 w**	**8 w**	**8 w**	**39,0 m**	***43,1* m**					**1.466.869 s**
De ingreso bajo	373	357	13	17	17,4	*18,8*					53.586
De ingreso mediano	1.243	1.340	9	11	50,5	*49,7*					292.223
De ingreso mediano bajo	1.061	1.042	9	11	50,5	*43,7*					153.612
De ingreso mediano alto	1.926	2.434	10	12	50,4	*47,1*					138.611
De ingreso bajo y mediano	860	896	10	12	28,8	*29,5*					345.809
África al Sur del Sahara	446	446	9	10	16,6	*15,0*					16.242
América Latina y el Caribe	1.131	1.402	14	16	21,9	*26,0*					89.378
Asia Meridional	228	324	19	18	37,5	*57,0*					25.390
Asia oriental y el Pacífico	465	771	8	8	23,5	*17,4*					133.490
Europa y Asia central	3.853	2.693	8	12	74,2	86,5					41.165
Oriente Medio y Norte de África	920	1.159	13	13	67,0	*50,2*					40.144
De ingreso alto	7.294	8.238	7	6	86,3	93,9					1.121.061

Nota: Respecto de la comparabilidad y cobertura de los datos, véanse las Notas técnicas. Las cifras que aparecen en bastardilla corresponden a años distintos de los indicados.

Cuadro 19. Communicaciones, información y ciencia y tecnología

País	Por 1.000 habitantes: Diarios 1996	Radios 1997	Televisores[a] 1998	Líneas telefónicas principales[a] 1998	Teléfonos portátiles[a] 1998	Computadoras personales[a] 1998	Hosts de Internet[b] Por cada 10.000 personas Enero de 2000	Científicos e ingenieros dedicados a la I+D Por millón de personas 1987–97[d]	Exportaciones de productos de alta tecnología % de las exportaciones de manufacturas 1998	Número de solicitudes de patentes presentadas[c] 1997: Residentes	No residentes
Albania	36	217	*109*	31	1	..	0,24	..	1	..	26.005
Alemania	311	948	580	567	170	304,7	207,62	2.831	14	62.052	113.543
Angola	11	54	14	6	1	0,8	0,00	..	..	..	..
Arabia Saudita	57	321	*262*	143	31	49,6	1,28	..	*1*	57	1.001
Argelia	38	241	*105*	53	1	*4,2*	0,01	..	1	34	206
Argentina	123	681	*289*	203	78	44,3	38,48	660	5	824	5.035
Armenia	*23*	224	*218*	157	2	4,2	2,11	1.485	*5*	63	25.059
Australia	293	1.376	*639*	512	286	411,6	567,30	3.357	11	8.937	39.274
Austria	296	753	516	491	282	233,4	338,73	1.627	12	2.681	108.543
Azerbaiyán	*27*	23	254	89	8	..	0,16	2.791	..	..	24.308
Bangladesh	9	50	*6*	3	1	..	0,00	52	0	*70*	*156*
Belarús	*174*	296	*314*	241	1	..	0,89	2.248	4	755	25.280
Bélgica	160	793	*510*	500	173	286,0	313,44	2.272	8	1.687	84.958
Benin	2	108	*10*	7	1	*0,9*	0,04	176	..	..	..
Bolivia	55	675	*116*	*69*	27	7,5	1,14	172	*8*	*17*	*106*
Botswana	27	156	*20*	65	15	25,5	13,90	..	..	1	92
Brasil	40	444	*316*	121	47	30,1	26,22	168	9	36	31.947
Bulgaria	257	543	*398*	329	15	..	14,50	1.747	4	400	27.600
Burkina Faso	1	33	*9*	4	0	*0,7*	0,19	17	..	..	..
Burundi	3	71	*4*	3	0	..	0,00	33	..	*1*	*4*
Camboya	2	127	*123*	2	6	*0,9*	0,13	..	..	..	..
Camerún	7	163	*32*	*5*	*0*	..	0,00	..	*2*	..	..
Canadá	159	1.077	*715*	634	176	330,0	540,17	2.719	15	4.192	50.254
Chad	0	242	*1*	1	0	..	0,01	..	..	..	..
Chile	98	354	*232*	205	65	48,2	26,42	445	4	*189*	*1.771*
China	..	333	*272*	70	19	8,9	0,57	454	15	12.786	48.596
Hong Kong, China	792	684	431	558	475	254,2	162,82	..	21	26	2.359
Colombia	46	581	*217*	173	49	27,9	9,59	..	9	*87*	*1.172*
Congo, Rep. del	8	124	*12*	8	1	..	0,01	..	..	..	..
Congo, Rep. Dem. del	3	375	*135*	*0*	*0*	..	0,00	..	..	*2*	*27*
Corea, Rep. de	393	1.033	346	433	302	156,8	60,03	2.193	27	92.798	37.184
Costa Rica	94	271	*387*	172	28	39,1	20,47	532	*13*	..	..
Côte d'Ivoire	17	164	70	12	6	*3,6*	0,42	..	..	..	..
Croacia	115	336	*272*	348	41	111,6	31,65	1.916	8	273	439
Dinamarca	309	1.141	585	660	364	377,4	631,80	3.259	18	2.658	106.403
Ecuador	70	419	*293*	78	25	18,5	1,52	146	4	8	302
Egipto, Rep. Árabe de	40	324	*122*	60	1	9,1	0,73	459	0	*504*	*706*
El Salvador	48	464	*675*	80	18	..	1,54	20	8	*3*	*64*
Eritrea	..	91	14	7	0	..	0,01	..	..	..	..
Eslovenia	199	406	356	375	84	250,9	103,71	2.251	4	285	27.162
España	100	333	*506*	414	179	144,8	105,36	1.305	7	2.856	110.911
Estados Unidos	215	2.146	*847*	661	256	458,6	1.939,97	3.676	33	125.808	110.884
Estonia	174	693	*480*	343	170	34,4	206,81	2.017	*9*	18	26.626
Etiopía	1	195	*5*	3	0	..	0,01	..	..	4[e]	..
Ex Rep. Yug. de Macedonia	21	200	250	*199*	15	..	7,20	1.335	1	66	26.087
Federación de Rusia	105	418	420	197	5	40,6	14,69	3.587	12	15.277	32.943
Filipinas	79	159	*108*	37	22	15,1	1,58	157	71	125	3.440
Finlandia	455	1.496	640	554	572	349,2	1.218,42	2.799	22	4.061	105.376
Francia	218	937	*601*	570	188	207,8	131,47	2.659	23	18.669	93.962
Georgia	..	555	*473*	115	11	..	1,71	..	..	265	26.561
Ghana	14	238	99	8	*1*	*1,6*	0,06	..	..	..	34.103
Grecia	*153*	477	*466*	522	194	51,9	73,84	773	7	53	82.390
Guatemala	33	79	*126*	*41*	10	8,3	1,56	104	7	4	131
Guinea	..	47	*41*	5	3	*2,6*	0,00	..	..	..	..
Haití	3	55	5	*8*	*0*	..	0,00	..	*4*	*3*	*6*
Honduras	55	386	*90*	38	5	7,6	0,18	..	1	*10*	*126*
Hungría	186	689	*437*	336	105	58,9	113,38	1.099	21	774	29.331
India	..	121	*69*	22	1	2,7	0,23	149	5	10.155[e]	..
Indonesia	24	156	136	27	5	8,2	1,00	182	10	..	4.517
Irán, Rep. Islámica del	28	265	157	112	6	*31,9*	0,09	560	..	418[e]	..
Irlanda	150	699	*403*	435	257	271,7	159,17	2.319	45	946	82.484
Israel	290	520	318	471	359	217,2	225,10	..	20	1.796	28.548
Italia	104	878	486	451	355	173,4	114,42	1.318	8	2.574	88.836
Jamaica	62	480	*182*	*166*	*22*	39,4	1,40	..	*0*	..	..
Japón	578	955	*707*	503	374	237,2	208,06	4.909	26	351.487	66.487
Jordania	58	287	52	86	12	*8,7*	1,27	94	..	..	..
Kazajstán	..	384	*231*	104	2	..	2,45	..	9	1.171	24.998
Kenya	9	104	*21*	*9*	*0*	*2,5*	0,20	..	4	25	49.935
Kuwait	374	660	*491*	236	138	104,9	20,50	230	*0*	..	..
Lesotho	8	49	*25*	10	5	..	0,23	..	..	..	49.483
Letonia	247	710	*492*	302	68	..	57,33	1.049	4	163	26.860
Líbano	107	906	*352*	194	157	39,2	10,93	..	..	..	..
Lituania	93	513	*459*	300	72	54,0	34,40	2.028	3	125	26.673
Madagascar	5	192	*21*	3	1	*1,3*	0,22	12	1	..	26.174
Malasia	158	420	*166*	198	99	58,6	25,43	93	54	179	6.272

ESTADOS Y MERCADOS

País	Diarios 1996	Radios 1997	Televisores[a] 1998	Líneas telefónicas principales[a] 1998	Teléfonos portátiles[a] 1998	Computadoras personales[a] 1998	Hosts de Internet[b] Por cada 10.000 personas Enero de 2000	Científicos e ingenieros dedicados a la I+D Por millón de personas 1987–97[d]	Exportaciones de productos de alta tecnología % de las exportaciones de manufacturas 1998	Número de solicitudes de patentes presentadas[c] 1997 Residentes	Número de solicitudes de patentes presentadas[c] 1997 No residentes
	Por 1.000 habitantes										
Malawi	3	249	*2*	3	1	..	0,00	..	..	2	49.932
Malí	1	54	*12*	3	0	*0,7*	0,01	..	..	..	..
Marruecos	26	241	160	54	4	*2,5*	0,33	..	*0*	*90*	*237*
Mauritania	0	151	91	6	0	*5,5*	0,22	..	..	..	..
México	97	325	261	104	35	47,0	40,88	214	19	429	35.503
Mongolia	27	151	*63*	*37*	*1*	*5,4*	0,19	910	*1*	186	26.197
Mozambique	3	40	*5*	4	0	*1,6*	0,09	..	*6*	..	..
Myanmar	10	95	7	5	0	..	0,00	..	..	..	..
Namibia	19	144	*37*	69	12	*18,6*	11,74	..	..	..	..
Nepal	11	38	*6*	8	0	..	0,12	..	..	..	..
Nicaragua	30	285	*190*	31	4	7,8	2,04	..	4	..	..
Níger	0	69	*27*	2	0	*0,2*	0,03	..	..	..	..
Nigeria	24	223	*66*	4	0	*5,7*	0,01	15	..	..	..
Noruega	588	915	*579*	660	474	373,4	899,48	3.664	16	1.518	30.489
Nueva Zelandia	216	990	*508*	479	203	282,1	703,33	1.663	..	1.735	33.402
Países Bajos	306	978	*543*	593	213	317,6	517,03	2.219	30	5.227	85.402
Pakistán	*23*	98	88	19	1	3,9	0,34	72	0	*16*	*782*
Panamá	62	299	*187*	151	29	27,1	4,33	..	0	*31*	*142*
Papua Nueva Guinea	15	97	*24*	*11*	*1*	..	0,70	..	..	..	..
Paraguay	43	182	*101*	55	41	9,6	3,02	..	*2*	..	..
Perú	0	273	*144*	67	30	18,1	3,60	233	3	48	756
Polonia	113	523	413	228	50	43,9	47,26	1.358	3	2.401	30.137
Portugal	75	304	542	413	309	81,3	90,67	1.182	4	92	106.595
Reino Unido	329	1.436	645	557	252	263,0	321,39	2.448	28	26.591	121.618
República Árabe Siria	20	278	*70*	95	0	*1,7*	0,00	30	..	..	..
República Centroafricana	2	83	*5*	3	0	..	0,02	56	*0*	..	..
República Checa	254	803	*447*	364	94	97,3	109,78	1.222	8	601	29.976
República de Moldova	60	740	297	150	2	6,4	2,97	330	7	295	25.030
República Dem. Pop. Lao	4	143	*4*	6	1	*1,1*	0,00	..	..	..	..
República Dominicana	52	178	95	93	31	..	7,89	..	1	..	..
República Eslovaca	185	580	*402*	286	87	65,1	47,96	1.866	3	234	27.973
República Kirguisa	15	112	*45*	76	0	..	5,02	584	*16*	152	24.951
República Unida de Tanzanía	4	279	*21*	4	1	*1,6*	0,06	..	*0*	..	..
Rumania	*300*	319	*233*	162	29	10,2	11,02	1.387	2	1.709	27.346
Rwanda	*0*	102	*0*	2	1	..	0,30	35	..	..	..
Senegal	5	142	*41*	16	2	*11,4*	0,32	3	..	..	..
Sierra Leona	4	253	13	4	0	..	0,15	..	..	..	9.506
Singapur	360	822	348	562	346	458,4	452,25	2.318	59	8.188	29.467
Sri Lanka	29	209	*92*	28	9	*4,1*	0,63	191	..	81	26.322
Sudáfrica	32	317	*125*	115	56	47,4	39,17	1.031	9	..	..
Suecia	445	932	*531*	674	464	361,4	670,83	3.826	20	7.893	107.107
Suiza	337	1.000	*535*	675	235	421,8	429,01	3.006	16	5.814	107.038
Tailandia	63	232	*236*	84	32	21,6	6,46	103	*31*	238	5.205
Tayikistán	20	142	*285*	37	0	..	0,35	666	..	23	24.742
Togo	4	218	18	7	2	6,8	0,26	98	..	..	..
Túnez	31	223	198	81	4	14,7	0,10	125	2	*46*	*128*
Turkmenistán	..	276	201	82	1	..	0,92	..	..	52	24.584
Turquía	111	180	*286*	254	53	23,2	13,92	291	2	233	27.985
Ucrania	54	884	*490*	191	2	13,8	5,39	2.171	..	4.692	28.036
Uganda	2	128	*27*	3	1	*1,5*	0,06	21	..	..	49.760
Uruguay	293	607	*241*	250	60	91,2	76,09	..	2	32	370
Uzbekistán	3	465	*275*	65	1	..	0,08	1.763	..	817	26.490
Venezuela, Rep. Bol. de	206	468	185	117	87	43,0	5,91	209	3	201	2.323
Viet Nam	4	107	*47*	26	2	6,4	0,02	..	..	30	27.410
Yemen, Rep. del	15	64	*29*	*13*	1	*1,2*	0,02	..	..	..	..
Zambia	12	121	137	9	1	..	0,53	..	..	..	96
Zimbabwe	19	93	*30*	*17*	4	*9,0*	1,71	..	*2*	3	21.966
Todo el mundo	**.. w**	**418 w**	***247* w**	**146 w**	**55 w**	**70,6 w**	**120,02 w**	**.. w**	**22 w**	**798.007 s**	**3.602.785 s**
De ingreso bajo	..	157	*76*	23	2	*3,2*	0,37	..	..	16.764	680.497
De ingreso mediano	..	359	*257*	109	31	22,9	9,96	668	18	133.150	784.961
De ingreso mediano bajo	..	322	*250*	90	18	13,6	2,83	763	15	34.272	445.265
De ingreso mediano alto	89	493	*285*	176	76	53,1	35,88	660	20	98.878	339.696
De ingreso bajo y mediano	..	263	*172*	69	17	15,6	5,40	..	17	149.914	1.465.458
África al sur del Sahara	12	198	*52*	14	5	7,5	2,73	..	..	38	392.921
América Latina y el Caribe	71	420	*255*	123	45	33,9	22,33	..	12	1.708	175.004
Asia meridional	..	112	*61*	19	1	2,9	0,22	137	4	10.236	26.322
Asia oriental y el Pacífico	..	302	*228*	70	25	14,1	2,69	492	28	106.342	184.288
Europa y Asia central	102	442	*353*	200	23	34,6	18,87	2.534	8	31.081	685.716
Oriente Medio y Norte de África	33	274	*135*	81	8	9,9	0,55	..	1	509	1.207
De ingreso alto	286	1.286	*661*	567	265	311,2	777,22	3.166	33	648.093	2.137.327

Nota: Respecto de la comparabilidad y cobertura de los datos, véanse las Notas técnicas. Las cifras que aparecen en bastardilla corresponden a años distintos de los indicados.
a. Datos tomados de *Telecommunication Development Report 1999*, publicado por la Unión Internacional de Telecomunicaciones (UIT). Si estos datos han de ser utilizados por terceros, se les ruega que citen a la UIT. b. Los datos provienen de Internet Software Consortium (www.isc.org). c. Otras solicitudes de patentes correspondientes a 1997 fueron las presentadas bajo los auspicios de la African Intellectual Property Organization (por 31 residentes y 26.057 no residentes), la African Regional Industrial Property Organization (por 7 residentes y 25.724 no residentes), la European Patent Office (44.604 por residentes y 53.339 no residentes), y la Euroasian Patent Organization (por 258 residentes y 26.207 no residentes). La información original fue proporcionada por la Organización Mundial de la Propiedad Intelectual (OMPI). La Oficina Internacional de la OMPI no asume ninguna responsabilidad por la transformación de esos datos. d. Los datos corresponden al año más reciente sobre el cual se dispone de datos en el período indicado. e. Total de residentes y no residentes.

Cuadro 20. Comercio internacional

	Exportaciones de mercancías				Exportaciones de servicios comerciales		Importaciones de mercancías				Importaciones de servicios comerciales	
	Millones de dólares		% del total correspondiente a manufacturas		Millones de dólares		Millones de dólares		% del total correspondiente a manufacturas		Millones de dólares	
País	1990	1998	1990	1998	1990	1998	1990	1998	1990	1998	1990	1998
Albania	230	210	..	68	32	83	380	840	..	67	29	119
Alemania	421.100	542.812	*88*	86	51.605	78.903	355.686	470.656	*74*	73	79.214	125.039
Angola	3.910	2.880	0	..	65	*226*	1.578	2.120	..	..	1.288	*1.738*
Arabia Saudita	44.417	39.775	7	88	3.031	*4.421*	24.069	30.013	81	78	12.694	8.678
Argelia	11.330	10.300	3	*3*	479	..	9.715	9.320	68	*62*	1.155	..
Argentina	12.353	26.441	29	35	2.264	4.494	4.076	31.404	78	89	2.876	8.714
Armenia	..	225	..	54	..	118	..	895	..	*39*	..	175
Australia	39.752	55.900	16	29	9.833	15.809	42.032	64.630	80	87	13.388	16.928
Austria	41.265	62.584	88	83	22.755	31.817	49.146	68.028	81	84	14.104	30.035
Azerbaiyán	..	605	..	13	..	320	..	1.075	..	75	..	692
Bangladesh	1.671	3.831	77	91	296	252	3.598	6.974	56	69	554	1.180
Belarús	..	7.015	..	76	..	935	..	8.510	..	57	..	444
Bélgica[a]	117.703	178.811	77	78	24.690	36.076	119.702	166.798	68	78	24.298	34.104
Benin	288	420	..	..	109	*102*	265	671	..	..	113	*170*
Bolivia	926	1.103	5	30	133	238	687	1.983	85	86	291	423
Botswana	1.784	1.948	..	..	183	241	1.946	2.387	..	..	371	517
Brasil	31.414	51.120	52	55	3.706	7.083	22.524	60.730	56	76	6.733	15.743
Bulgaria	5.030	4.300	..	*61*	837	1.766	5.100	4.980	*49*	*50*	600	1.398
Burkina Faso	152	315	..	..	34	..	536	750	..	..	196	..
Burundi	75	65	..	..	7	*3*	231	158	..	..	59	*33*
Camboya	86	320	..	..	*50*	99	164	680	..	..	*64*	185
Camerún	2.002	1.870	9	*8*	369	..	1.400	1.520	78	*67*	1.018	..
Canadá	127.629	214.710	59	66	18.350	30.281	123.244	206.066	81	85	27.479	35.249
Chad	188	270	..	..	23	..	285	255	..	..	223	..
Chile	8.372	14.830	11	17	1.786	4.030	7.678	18.779	75	81	1.983	4.077
China*	62.091	183.809	72	87	5.748	24.040	53.345	140.237	80	81	4.113	28.775
Hong Kong, China	82.390[b]	174.863[b]	95	95	18.128	34.523	84.725b	186.759[b]	85	89	11.018	22.788
Colombia	6.766	10.852	25	32	1.548	1.999	5.590	14.635	77	79	1.683	3.462
Congo, Rep. del	981	1.250	..	..	65	*45*	621	470	..	..	748	*553*
Congo, Rep. Dem. del	999	600	..	..	127	..	887	322	..	..	689	..
Corea, Rep. de	65.016	132.313	94	91	9.155	23.843	69.844	93.282	63	61	10.050	23.523
Costa Rica	1.448	5.511	27	56	583	1.315	1.990	6.230	66	86	540	1.168
Côte d'Ivoire	3.072	4.575	..	..	385	451	2.097	2.991	..	56	1.375	1.314
Croacia	..	4.541	..	76	..	3.964	..	8.384	..	75	..	1.889
Dinamarca	36.870	48.173	60	65	12.731	14.830	33.333	46.086	73	77	10.106	15.460
Ecuador	2.714	4.203	2	10	508	757	1.861	5.576	84	76	601	1.178
Egipto, Rep. Árabe de	2.585	3.130	42	44	4.813	7.832	9.216	16.166	56	59	3.327	5.886
El Salvador	582	1.263	38	47	301	277	1.263	3.112	63	68	296	539
Eritrea	..	..	..	..	..	..	..	..	..	..	..	..
Eslovenia	..	9.048	..	90	..	2.045	..	10.110	..	80	..	1.520
España	55.642	109.037	75	78	27.649	48.729	87.715	132.789	71	76	15.197	27.495
Estados Unidos	393.592	682.497	74	82	132.184	239.957	516.987	942.645	73	81	97.940	165.827
Estonia	..	3.240	..	*66*	..	1.476	..	4.785	..	*71*	..	814
Etiopía	..	561	..	..	261	348	1.081	1.450	..	..	348	405
Ex Rep. Yug. de Macedonia	..	..	..	72	..	130	..	..	..	47	..	297
Federación de Rusia	..	74.200	..	28	..	12.937	..	59.100	..	44	..	16.127
Filipinas	8.068	29.414	38	90	2.897	7.465	13.041	31.496	53	80	1.721	10.087
Finlandia	26.571	43.145	83	86	4.562	6.703	27.001	32.338	76	77	7.432	7.679
Francia	216.588	305.362	77	80	66.274	84.627	234.436	289.421	74	80	50.455	65.420
Georgia	..	190	..	..	..	278	..	1.055	..	..	..	335
Ghana	897	1.700	*8*	..	79	162	1.205	1.850	*70*	..	226	433
Grecia	8.105	10.765	54	54	6.514	*9.224*	19.777	28.754	70	73	2.756	*4.196*
Guatemala	1.163	2.582	24	33	313	581	1.649	4.651	69	77	363	759
Guinea	671	800	..	..	91	66	723	1.090	..	..	243	274
Haití	160	175	85	*84*	43	178	332	797	..	..	71	370
Honduras	831	1.575	9	17	121	361	935	2.500	71	74	213	396
Hungría	10.000	22.995	63	82	2.677	4.870	10.340	25.705	70	84	2.264	3.941
India	17.975	33.626	71	74	4.609	11.067	23.642	42.742	51	55	5.943	14.192
Indonesia	25.675	48.847	35	45	2.488	4.340	21.837	27.337	77	69	5.898	11.744
Irán, Rep. Islámica del	16.870	13.100	..	..	343	902	15.716	12.500	..	..	3.703	2.392
Irlanda	23.743	64.380	70	84	3.286	6.586	20.669	44.526	76	81	5.145	20.005
Israel	12.080	22.993	87	92	4.546	8.980	16.793	29.342	77	82	4.825	9.626
Italia	170.304	242.348	88	89	48.579	66.621	181.968	215.576	64	72	46.602	62.887
Jamaica	1.135	1.312	69	*70*	976	1.727	1.859	2.997	61	*65*	667	1.233
Japón	287.581	387.927	96	94	41.384	61.795	235.368	280.484	44	58	84.281	110.705
Jordania	1.064	1.800	51	*42*	1.430	1.810	2.600	3.836	51	*58*	1.118	1.588
Kazajstán	..	5.340	..	23	..	897	..	4.240	..	70	..	1.128
Kenya	1.031	2.008	29	24	774	638	2.125	3.197	66	64	598	603
Kuwait	7.042	9.554	6	*14*	1.054	1.496	3.972	8.619	79	*81*	2.805	4.243
Lesotho	59	194	..	..	34	46	672	863	..	..	48	50
Letonia	..	1.810	..	58	*290*	1.035	..	3.190	..	74	*120*	717
Líbano	494	662	..	..	..	..	2.529	7.070	..	..	..	..
Lituania	..	3.710	..	61	..	1.096	..	5.795	..	69	..	816
Madagascar	319	243	14	*28*	129	264	571	514	69	*61*	172	326
Malasia	29.416	73.305	54	79	3.769	11.296	29.258	58.326	82	85	5.394	13.230
* Taiwan, China	67.142	110.518	93	*93*	6.937	16.660	54.831	104.946	69	*73*	13.923	23.240

INTEGRACIÓN MUNDIAL

País	Exportaciones de mercancías: Millones de dólares 1990	1998	Exportaciones de mercancías: % del total correspondiente a manufacturas 1990	1998	Exportaciones de servicios comerciales, Millones de dólares 1990	1998	Importaciones de mercancías: Millones de dólares 1990	1998	Importaciones de mercancías: % del total correspondiente a manufacturas 1990	1998	Importaciones de servicios comerciales, Millones de dólares 1990	1998
Malawi	417	528	5	..	37	..	581	637	78	..	268	..
Malí	359	556	2	..	71	*62*	619	750	53	..	352	*324*
Marruecos	4.265	7.266	52	*49*	1.871	2.558	6.800	10.276	61	*58*	940	1.414
Mauritania	469	448	..	..	14	24	387	319	..	..	126	130
México	40.711	117.500	43	85	7.222	11.937	43.548	130.811	75	85	10.063	12.621
Mongolia	660	370	..	*10*	48	75	924	472	..	*65*	155	142
Mozambique	126	210	..	*17*	103	286	878	910	..	*62*	206	396
Myanmar	325	1.065	*10*	..	93	529	270	2.666	*81*	..	72	429
Namibia	1.085	1.460	..	..	106	315	1.163	1.680	..	..	341	449
Nepal	210	474	83	90	166	433	686	1.245	67	42	159	189
Nicaragua	330	573	8	8	34	151	638	1.492	59	69	73	264
Níger	282	298	..	..	22	..	388	377	..	..	209	..
Nigeria	13.670	9.729	*1*	2	965	884	5.627	10.002	*67*	75	1.901	4.054
Noruega	34.047	39.645	33	30	12.452	13.953	27.231	36.193	82	83	12.247	15.211
Nueva Zelandia	9.488	12.071	23	32	2.415	3.651	9.501	12.495	81	81	3.251	4.508
Países Bajos	131.775	201.001	59	70	29.621	51.706	126.098	187.357	71	77	28.995	46.506
Pakistán	5.589	8.594	79	84	1.240	*1.473*	7.546	9.415	54	55	1.897	*2.468*
Panamá	340	784	21	17	907	1.563	1.539	3.350	70	78	666	1.129
Papua Nueva Guinea	1.144	1.772	10	..	198	318	1.193	1.232	73	..	393	794
Paraguay	959	1.021	10	*15*	404	469	1.352	3.200	77	*69*	361	535
Perú	3.230	5.735	18	24	715	1.653	3.470	9.840	61	73	1.071	2.191
Polonia	14.320	28.230	59	77	3.200	10.890	11.570	47.055	63	80	2.847	6.559
Portugal	16.417	24.177	80	87	5.054	8.512	25.263	36.912	71	77	3.772	6.708
Reino Unido	185.172	272.832	79	85	53.172	99.097	222.977	315.145	75	82	44.608	78.219
República Árabe Siria	4.212	2.890	36	*10*	740	1.551	2.400	3.895	62	*69*	702	1.297
República Centroafricana	120	160	..	*43*	17	..	154	280	..	*61*	166	..
República Checa	*12.170*	26.350	..	88	..	7.366	*12.880*	28.790	..	82	..	5.665
República de Moldova	..	635	..	25	..	117	..	1.025	..	57	..	191
República Dem. Pop. Lao	78	370	..	..	11	116	201	553	..	..	25	92
República Dominicana	735	795	*78*	8	1.086	2.421	2.062	4.716	..	..	435	1.300
República Eslovaca	..	10.775	..	84	..	2.275	..	13.005	..	77	..	2.272
República Kirguisa	..	515	..	*38*	..	58	..	840	..	*48*	..	177
República Unida de Tanzanía	415	676	..	*10*	131	534	1.027	1.453	..	*66*	288	885
Rumania	4.960	8.300	73	81	610	1.192	7.600	11.835	39	73	787	1.838
Rwanda	110	60	..	..	31	31	288	285	..	..	96	115
Senegal	761	965	23	..	356	329	1.219	1.407	51	..	368	*389*
Sierra Leona	138	7	..	..	45	..	149	95	..	..	67	..
Singapur	52.752 b	109.895 b	72	86	12.719	18.243	60.899 b	101.496 b	73	84	8.575	17.884
Sri Lanka	1.983	4.735	54	..	425	888	2.685	5.917	65	..	620	1.325
Sudáfrica	23.549	26.362	22	54	3.442	5.109	18.399	29.242	77	70	4.096	5.278
Suecia	57.540	84.705	83	82	13.453	17.675	54.264	68.177	79	81	16.959	21.620
Suiza	63.784	78.876	94	93	18.232	25.795	69.681	80.094	84	85	11.086	15.273
Tailandia	23.070	54.456	63	74	6.292	13.074	33.379	42.971	75	78	6.160	11.874
Tayikistán	..	600	..	..	..	..	..	770	..	..	..	..
Togo	268	230	9	..	114	..	581	623	67	..	217	..
Túnez	3.526	5.750	69	82	1.575	2.662	5.542	8.338	72	79	682	1.153
Turkmenistán	..	920	..	..	..	*269*	..	980	..	81	..	*669*
Turquía	12.959	26.974	68	77	7.882	23.161	22.302	45.921	61	76	2.794	9.441
Ucrania	..	12.635	..	..	..	3.922	..	14.675	..	..	..	2.545
Uganda	147	501	..	..	*21*	*165*	213	1.414	..	..	195	*693*
Uruguay	1.693	2.769	39	39	460	1.382	1.343	3.808	69	79	363	866
Uzbekistán	..	2.390	..	..	..	..	..	2.750	..	..	..	..
Venezuela, Rep. Bol. de	17.497	17.193	10	19	1.121	1.297	7.335	15.727	77	82	2.390	4.824
Viet Nam	2.404	9.361	..	..	182	*2.530*	2.752	11.494	..	..	126	*3.153*
Yemen, Rep. del	692	1.496	*1*	..	82	166	1.571	2.167	*31*	..	493	510
Zambia	1.309	740	..	..	94	..	1.220	700	..	..	370	..
Zimbabwe	1.726	2.111	31	*32*	253	..	1.847	2.772	73	77	460	..
Todo el mundo	**3.328.357 t**	**5.253.926 t**	**72 w**	**79 w**	**754.507 s**	**1.279.291 s**	**3.408.529 t**	**5.383.645 t**	**71 w**	**77 w**	**783.538 s**	**1.266.754 s**
De ingreso bajo	110.592	165.177	*48*	*52*	16.955	31.453	118.035	177.252	*64*	*63*	30.934	57.435
De ingreso mediano	613.527	1.124.846	54	71	104.602	236.330	572.952	1.147.658	70	74	131.347	243.647
De ingreso mediano bajo	281.205	499.085	59	66	57.873	122.664	297.148	508.531	70	73	63.395	116.077
De ingreso mediano alto	332.321	625.765	51	74	46.729	113.666	275.891	639.025	70	76	67.952	127.570
De ingreso bajo y mediano	724.243	1.290.207	54	69	121.557	267.783	692.669	1.327.018	70	74	162.281	301.082
África al Sur del Sahara	66.763	70.732	*20*	*36*	9.547	13.397	56.115	81.867	..	71	19.649	25.874
América Latina y el Caribe	141.932	272.768	34	49	26.660	49.114	120.241	336.683	69	80	33.386	64.007
Asia Meridional	27.790	51.606	71	*77*	6.838	12.970	39.339	67.217	54	*56*	9.317	19.272
Asia oriental y el Pacífico	220.817	537.290	68	81	31.420	88.106	230.492	413.466	73	75	34.539	104.151
Europa y Asia central	140.625	248.210	..	57	31.466	79.758	143.083	300.176	..	67	37.865	59.067
Oriente Medio y Norte de África	126.139	109.391	17	*19*	15.626	24.438	101.726	125.552	69	*69*	27.525	28.711
De ingreso alto	2.604.220	3.963.915	77	82	632.950	1.011.508	2.717.343	4.058.694	71	78	621.257	965.672

Nota: Respecto de la comparabilidad y cobertura de los datos, véanse las Notas técnicas. Las cifras que aparecen en bastardilla corresponden a años distintos de los indicados.
a. Se incluye a Luxemburgo. b. Se incluyen las reexportaciones.

Cuadro 21. Flujos financieros y de asistencia

País	Flujos netos de capital privado Millones de dólares		Inversión extranjera directa Millones de dólares		Deuda externa Total Millones de dólares		Deuda externa Valor actualizado % del PNB	Asistencia oficial para el desarrollo Dólares per cápita		Asistencia oficial para el desarrollo % del PNB	
	1990	1998	1990	1998	1990	1998	1998	1990	1998	1990	1998
Albania	31	42	0	45	349	821	20	3	73	0,5	7,8
Alemania	..	..	2.532	18.712	..	..	..	..	..	..	..
Angola	235	40	–335	360	8.594	12.173	279	29	28	3,3	8,1
Arabia Saudita	..	..	..	..	..	..	..	3	1	0,0	0,0
Argelia	–424	–1.321	0	5	27.877	30.665	66	10	13	0,4	0,9
Argentina	–203	18.899	1.836	6.150	62.730	144.050	52	5	2	0,1	0,0
Armenia	0	232	0	232	0	800	29	1	36	*0,1*	7,1
Australia	..	..	7.465	6.165	..	..	..	..	..	..	..
Austria	..	..	653	6.034	..	..	..	..	..	..	..
Azerbaiyán	..	1.081	..	1.023	..	693	13	*1*	11	*0,1*	2,2
Bangladesh	70	288	3	308	12.769	16.376	22	19	10	6,9	2,7
Belarús	..	122	..	149	..	1.120	4	*18*	3	*0,5*	0,1
Bélgica	..	..	..	..	..	..	..	..	..	..	..
Benin	1	34	1	34	1.292	1.647	46 [a]	57	35	14,8	9,2
Bolivia	3	860	27	872	4.275	6.078	59 [a]	83	79	11,8	7,5
Botswana	77	91	95	95	563	548	10	115	68	4,0	2,3
Brasil	562	54.385	989	31.913	119.877	232.004	29	1	2	0,0	0,0
Bulgaria	–42	498	4	401	10.890	9.907	78	2	28	0,1	1,9
Burkina Faso	0	0	0	0	834	1.399	32 [a]	37	37	12,0	15,5
Burundi	–5	2	1	1	907	1.119	72	48	12	23,6	8,8
Camboya	0	118	0	121	1.854	2.210	62	5	29	3,7	11,9
Camerún	–125	1	–113	50	6.679	9.829	98	39	30	4,2	5,0
Canadá	..	..	7.581	16.515	..	..	..	..	..	..	..
Chad	–1	16	0	16	524	1.091	38	55	23	18,1	10,0
Chile	2.098	9.252	590	4.638	19.227	36.302	50	8	7	0,4	0,1
China	8.107	42.676	3.487	43.751	55.301	154.599	15	2	2	0,6	0,3
Hong Kong, China	..	..	..	..	..	..	..	7	1	0,1	0,0
Colombia	345	3.630	500	3.038	17.222	33.263	32	3	4	0,2	0,2
Congo, Rep. del	–100	4	0	4	4.953	5.119	280	98	23	9,4	3,9
Congo, Rep. Dem. del	–24	1	–12	1	10.270	12.929	196	24	3	10,5	2,0
Corea, Rep. de	1.056	7.644	788	5.415	34.986	139.097	43	1	–1	0,0	0,0
Costa Rica	23	800	163	559	3.756	3.971	37	76	8	4,2	0,3
Côte d'Ivoire	57	181	48	435	17.251	14.852	122 [a]	59	55	7,5	7,6
Croacia	..	1.666	..	873	..	8.297	31	..	9	..	0,2
Dinamarca	..	..	1.132	6.373	..	..	..	..	..	..	..
Ecuador	183	584	126	831	12.109	15.140	75	16	14	1,6	0,9
Egipto, Rep. Árabe de	698	1.385	734	1.076	32.947	31.964	29	104	31	12,9	2,3
El Salvador	8	242	2	12	2.148	3.633	27	68	30	7,4	1,5
Eritrea	..	0	..	0	..	149	11	..	41	..	19,7
Eslovenia	..	..	..	165	..	..	..	..	20	..	0,2
España	..	..	13.984	11.392	..	..	..	..	..	..	..
Estados Unidos	..	..	48.954	193.373	..	..	..	..	..	..	..
Estonia	*104*	714	*82*	581	*58*	782	13	*10*	62	*0,3*	1,8
Etiopía	–45	6	12	4	8.634	10.352	135	20	11	15,0	10,0
Ex Rep. Yug. de Macedonia	..	190	..	118	..	2.392	66	..	46	..	2,8
Federación de Rusia	5.562	19.346	..	2.764	59.797	183.601	62	2	7	..	0,4
Filipinas	639	2.587	530	1.713	30.580	47.817	66	20	8	2,9	0,9
Finlandia	..	..	812	12.029	..	..	..	..	..	..	..
Francia	..	..	13.183	27.998	..	..	..	..	..	..	..
Georgia	21	57	..	50	79	1.674	36	..	30	..	4,6
Ghana	–5	42	15	56	3.881	6.884	55a	38	38	9,7	9,6
Grecia	..	..	1.005	984	..	..	..	4	..	0,0	..
Guatemala	44	621	48	673	3.080	4.565	23	23	22	2,7	1,2
Guinea	–1	–9	18	1	2.476	3.546	69	51	51	11,0	9,8
Haití	8	11	8	11	889	1.048	16	26	53	5,7	10,5
Honduras	77	193	44	84	3.724	5.002	64	92	52	16,2	6,3
Hungría	–308	4.683	0	1.936	21.277	28.580	64	6	21	0,2	0,5
India	1.873	6.151	162	2.635	83.717	98.232	20	2	2	0,4	0,4
Indonesia	3.235	–3.759	1.093	–356	69.872	150.875	169	10	6	1,6	1,5
Irán, Rep. Islámica del	–392	588	–362	24	9.021	14.391	12	2	3	0,1	0,1
Irlanda	..	..	627	2.920	..	..	..	..	..	..	..
Israel	..	..	129	1.850	..	..	..	294	179	2,7	0,9
Italia	..	..	6.411	2.635	..	..	..	..	..	..	..
Jamaica	92	586	138	369	4.671	3.995	61	113	7	7,1	0,3
Japón	..	..	1.777	3.268	..	..	..	..	..	..	..
Jordania	254	207	38	310	8.177	8.485	110	280	89	23,3	5,7
Kazajstán	*117*	1.983	*100*	1.158	*35*	5.714	25	*7*	13	*0,4*	1,0
Kenya	122	–57	57	11	7.058	7.010	45	50	16	14,7	4,2
Kuwait	..	..	..	59	..	..	..	3	3	0,0	0,0
Lesotho	17	281	17	265	396	692	42	82	32	13,8	5,7
Letonia	*43*	366	*29*	357	*65*	756	12	*1*	40	*0,0*	1,6
Líbano	12	1.740	6	200	1.779	6.725	41	71	56	7,5	1,5
Lituania	*–3*	983	..	926	*56*	1.950	17	*1*	34	..	1,2
Madagascar	7	15	22	16	3.701	4.394	89	34	34	13,6	13,5
Malasia	769	8.295	2.333	5.000	15.328	44.773	69	26	9	1,1	0,3

INTEGRACIÓN MUNDIAL

País	Flujos netos de capital privado Millones de dólares		Inversión extranjera directa Millones de dólares		Deuda externa Total Millones de dólares		Deuda externa Valor actualizado % del PNB	Asistencia oficial para el desarrollo Dólares per cápita		Asistencia oficial para el desarrollo % del PNB	
	1990	1998	1990	1998	1990	1998	1998	1990	1998	1990	1998
Malawi	2	24	0	1	1.558	2.444	77a	59	41	28,6	24,4
Malí	–8	17	–7	17	2.467	3.202	84a	57	33	20,0	13,5
Marruecos	341	965	165	322	24.458	20.687	54	44	19	4,2	1,5
Mauritania	6	3	7	5	2.096	2.589	148	117	68	22,0	17,8
México	8.253	23.188	2.634	10.238	104.431	159.959	39	2	0	0,1	0,0
Mongolia	*28*	7	*2*	19	*350*	739	49	*6*	79	..	20,6
Mozambique	35	209	9	213	4.653	8.208	74 [a]	71	61	42,4	28,2
Myanmar	153	153	161	70	4.695	5.680	..	4	1	..	..
Namibia	..	..	..	..	..	..	..	90	108	5,1	5,8
Nepal	–8	–1	6	12	1.640	2.646	31	23	18	11,5	8,3
Nicaragua	21	171	0	184	10.708	5.968	262a	87	117	33,7	28,1
Níger	9	–23	–1	1	1.726	1.659	55a	51	29	16,4	14,4
Nigeria	467	1.028	588	1.051	33.440	30.315	74	3	2	1,0	0,5
Noruega	..	..	1.003	3.597	..	..	..	..	..	..	..
Nueva Zelandia	..	..	1.735	2.657	..	..	..	..	..	..	..
Países Bajos	..	..	12.352	33.346	..	..	..	..	..	..	..
Pakistán	182	806	244	500	20.663	32.229	41	10	8	2,9	1,6
Panamá	127	1.459	132	1.206	6.679	6.689	78	41	8	2,0	0,3
Papua Nueva Guinea	204	230	155	110	2.594	2.692	69	107	78	13,3	10,4
Paraguay	67	236	76	256	2.104	2.305	25	13	15	1,1	0,9
Perú	59	2.724	41	1.930	20.067	32.397	55	19	20	1,3	0,8
Polonia	71	9.653	89	6.365	49.366	47.708	28	35	23	2,4	0,6
Portugal	..	..	2.610	1.783	..	..	..	..	..	..	..
Reino Unido	..	..	32.518	67.481	..	..	..	..	..	..	..
República Árabe Siria	18	76	71	80	17.068	22.435	136	56	10	5,9	1,0
República Centroafricana	0	5	1	5	699	921	55	85	34	17,1	11,6
República Checa	876	3.331	207	2.554	6.383	25.301	45	1	43	0,0	0,8
República de Moldova	..	62	..	85	*39*	1.035	58	*2*	8	*0,3*	2,0
República Dem. Pop. Lao	6	46	6	46	1.768	2.437	92	37	57	17,3	23,0
República Dominicana	130	771	133	691	4.372	4.451	28	14	15	1,5	0,8
República Eslovaca	278	1.480	0	562	2.008	9.893	45	1	29	0,0	0,8
República Kirguisa	..	108	..	109	*4*	1.148	53	*1*	46	..	13,8
República Unida de Tanzanía	4	157	0	172	6.438	7.603	71 [b]	46	31	29,3	12,5
Rumania	4	1.826	0	2.031	1.140	9.513	23	10	16	0,6	0,9
Rwanda	6	7	8	7	712	1.226	34	42	43	11,3	17,3
Senegal	42	24	57	40	3.732	3.861	58	112	56	14,9	10,8
Sierra Leona	36	5	32	5	1.151	1.243	126	15	22	7,9	16,2
Singapur	..	..	5.575	7.218	..	..	..	–1	1	0,0	0,0
Sri Lanka	54	325	43	193	5.863	8.526	41	43	26	9,3	3,2
Sudáfrica	..	783	..	550	..	24.712	18	..	12	..	0,4
Suecia	..	..	1.982	19.413	..	..	..	..	..	..	..
Suiza	..	..	4.961	5.488	..	..	..	..	..	..	..
Tailandia	4.399	7.825	2.444	6.941	28.165	86.172	79	14	11	0,9	0,6
Tayikistán	..	–3	..	18	10	1.070	49	2	17	0,4	5,9
Togo	0	0	0	0	1.275	1.448	68	74	29	16,3	8,6
Túnez	–122	694	76	650	7.691	11.078	56	48	16	3,3	0,8
Turkmenistán	..	473	..	130	..	2.266	78	1	4	0,1	0,6
Turquía	1.782	1.641	684	940	49.424	102.074	49	22	0	0,8	0,0
Ucrania	*369*	2.087	..	743	*551*	12.718	30	6	8	0,3	0,9
Uganda	16	198	0	200	2.583	3.935	35 [a]	41	23	15,8	7,0
Uruguay	–192	496	0	164	4.415	7.600	36	17	7	0,7	0,1
Uzbekistán	*40*	592	*40*	200	*60*	3.162	17	*0*	6	*0,0*	0,8
Venezuela, Rep. Bol. de	–126	6.866	451	4.435	33.170	37.003	40	4	2	0,2	0,0
Viet Nam	16	832	16	1.200	23.270	22.359	76	3	15	2,4	4,3
Yemen, Rep. del	30	–210	–131	–210	6.345	4.138	56	34	19	8,8	5,5
Zambia	194	40	203	72	6.916	6.865	181	62	36	16,0	11,4
Zimbabwe	85	–217	–12	76	3.247	4.716	69	35	24	4,0	4,7
Todo el mundo	**.. s**	**.. s**	**193.382 s**	**619.258 s**	**.. s**	**.. s**		***13* w**	**9 w**	**.. w**	***0,6* w**
De ingreso bajo	6.648	12.231	2.201	10.674	418.922	579.545		9	7	2,6	1,3
De ingreso mediano	35.959	255.469	21.929	160.267	1.041.421 [c]	1.956.501c [c]		18	12	0,7	0,4
De ingreso mediano bajo	..	..	..	..	..	..		24	16	1,2	1,0
De ingreso mediano alto	..	..	..	..	..	..		10	6	*0,4*	..
De ingreso bajo y mediano	42.606	267.700	24.130	170.942	1.460.343 [c]	2.536.046 [c]		11	8	1,2	0,7
África al sur del Sahara	1.283	3.452	834	4.364	176.873	230.132		36	21	9,9	4,1
América Latina y el Caribe	12.412	126.854	8.188	69.323	475.867	786.019		11	9	0,4	0,2
Asia meridional	2.174	7.581	464	3.659	129.899	163.775		5	4	1,5	0,9
Asia oriental y el Pacífico	18.720	67.249	11.135	64.162	274.071	667.522		*4*	4	..	0,5
Europa y Asia central	7.649	53.342	1.051	24.350	220.428	480.539		*13*	14	*0,6*	0,6
Oriente Medio y Norte de África	369	9.223	2.458	5.054	183.205	208.059		42	18	2,1	1,0
De ingreso alto	..	..	169.252	448.316	..	..	..	..	..	..	..

Nota: Respecto de la comparabilidad y cobertura de los datos, véanse las Notas técnicas. Las cifras que aparecen en bastardilla corresponden a años distintos de los indicados.
a. Los datos están tomados de análisis de la sostenibilidad de la deuda efectuados como parte de la Iniciativa para la reducción de la deuda de los países pobres muy endeudados (PPME). Las estimaciones del valor actualizado corresponden solamente a deuda pública y con garantía pública. b. Los datos corresponden solamente al territorio continental de la República Unida de Tanzanía. c. Se incluyen los datos correspondientes a Gibraltar no incluidos en otros cuadros.

Cuadro 1a. Indicadores básicos de otras economías

País	Población Miles de habitantes 1999	Superficie Miles de km² 1999	Densidad de población Habitantes por km² 1999	Producto nacional bruto (PNB) Millones de dólares 1999[b]	Producto nacional bruto (PNB) Tasa media de crecimiento anual (%) 1998-99	PNB per cápita Dólares 1999[b]	PNB per cápita Tasa media de crecimiento anual (%) 1998–99	PNB según la PPA[a] Millones de dólares 1999	PNB según la PPA[a] Per cápita (dólares) 1999	Esperanza de vida al nacer Años 1998	Analfabetismo de adultos % de las personas de 15 años o más 1998	Emisiones de dióxido de carbono Miles de toneladas 1996
Afganistán	25.869	652,1	40	..	..	..[c]	..	..	..	46	65	1.176
Andorra	*65*	0,5	*144*	..	..	..[e]	..	..	..	..	..	..
Antigua y Barbuda	67	0,4	153	..	..	..[d]	..	..	..	75	..	322
Antillas Neerlandesas	215	0,8	268	..	..	..[e]	..	..	..	76	4	6.430
Aruba	*94*	0,2	495	..	..	..[e]	..	..	..	..	..	1.517
Bahamas	298	13,9	30	..	..	..[e]	..	..	..	74	5	1.707
Bahrein	665	0,7	963	..	..	..[d]	..	..	..	73	14	10.578
Barbados	267	0,4	620	..	..	..[d]	..	..	..	76	..	835
Belice	247	23,0	11	673	4,7	2.730	1,1	1.109	4.492	75	7	355
Bermuda	64	0,1	1.280	..	..	..[e]	..	..	..	..	..	462
Bhután	782	47,0	17	399	6,0	510	2,9	1.169[f]	1.496[f]	61	..	260
Bosnia y Herzegovina	3.881	51,1	76	..	6,1	..[g]	3,0	..	..	73	..	3.111
Brunei	322	5,8	61	..	..	..[e]	..	..	..	76	9	5.071
Cabo Verde	429	4,0	106	569	8,3	1.330	5,1	1.499[f]	3.497[f]	68	27	121
Chipre	760	9,3	82	9.086	4,2	11.960	3,3	13.977[f]	18.395[f]	78	3	5.379
Comoras	544	2,2	244	189	–1,4	350	–3,8	740[f]	1.360[f]	60	42	55
Corea, Rep. Dem. de	23.414	120,5	194	..	..	..[c]	..	..	..	63	..	254.326
Cuba	11.150	110,9	102	..	..	..[g]	..	..	..	76	4	31.170
Djibouti	648	23,2	28	511	..	790	..	..	..	50	38	366
Dominica	73	0,8	97	231	–0,1	3.170	–0,1	352	4.825	76	..	81
Emiratos Árabes Unidos	2.815	83,6	34	..	..	..[e]	..	..	..	75	25	81.843
Fiji	801	18,3	44	1.771	7,8	2.210	6,4	3.634	4.536	73	8	762
Gabón	1.208	267,7	5	4.043	–3,9	3.350	–6,2	6.435	5.325	53	..	3.690
Gambia	1.251	11,3	125	430	5,2	340	2,2	1.867[f]	1.492[f]	53	65	216
Granada	97	0,3	285	335	7,5	3.450	6,6	567	5.847	72	..	161
Groenlandia	56	341,7	0	..	..	..[e]	..	..	..	68	..	509
Grupo Norte de las Islas Marianas	*68*	0,5	143	..	..	..[e]	..	..	..	..	..	..
Guam	151	0,6	275	..	..	..[e]	..	..	..	77	..	4.078
Guinea-Bissau	1.185	36,1	42	195	4,9	160	2,8	705[f]	595[f]	44	63	231
Guinea Ecuatorial	443	28,1	16	516	8,5	1.170	5,7	..	..	50	19	143
Guyana	856	215,0	4	653	3,0	760	2,2	2.774[f]	3.242[f]	64	2	953
Iraq	22.797	438,3	52	..	..	..[g]	..	..	..	59	46	91.387
Isla de Man	76	0,6	129	..	..	..[d]	..	..	..	..	..	..
Islandia	277	103,0	3	8.109	6,0	29.280	4,9	7.280	26.283	79	..	2.195
Islas Anglonormandas	149	0,3	480	..	..	..[e]	..	..	..	79	..	..
Islas Caimán	36	0,3	138	..	..	..[e]	..	..	..	..	..	282
Islas Feroé	*44*	1,4	*31*	..	..	..[e]	..	..	..	..	..	630
Islas Marshall	64	0,2	353	100	0,5	1.560	–2,6	..	..	..	..	..
Islas Salomón	429	28,9	15	320	–0,4	750	–3,4	836[f]	1.949[f]	71	..	161
Islas Vírgenes (EE.UU.)	120	0,3	352	..	..	..[e]	..	..	..	77	..	12.912
Kiribati	88	0,7	121	81	–16,5	910	–18,7	282[f]	3.186[f]	61	..	22
Liberia	3.044	111,4	32	..	..	..[c]	..	..	..	47	49	326
Libia	5.419	1.759,5	3	..	..	..[d]	..	..	..	70	22	40.579
Liechtenstein	*32*	0,2	*200*	..	..	..[e]	..	..	..	..	..	..
Luxemburgo	432	2,6	167	19.285	5,1	44.640	3,8	16.523	38.247	77	..	8.281
Macao, China	469	0,0	23.450	..	..	..[e]	..	..	..	78	..	1.407
Maldivas	278	0,3	925	322	7,2	1.160	3,3	984[f]	3.545[f]	67	4	297
Malta	379	0,3	1.184	3.492	3,5	9.210	2,9	5.710[f]	15.066[f]	77	9	1.751
Mauricio	1.170	2,0	576	4.203	4,9	3.590	4,0	10.123	8.652	71	16	1.744
Mayotte	*128*	0,4	*341*	..	..	..[d]	..	..	..	..	..	..
Micronesia, Estados Fed. de	116	0,7	165	210	0,3	1.810	–1,9	..	..	67	..	..
Mónaco	32	0,0	*16.410*	..	..	..[e]	..	..	..	..	..	..
Nueva Caledonia	213	18,6	12	..	..	..[e]	..	..	..	73	..	1.751
Omán	2.348	212,5	11	..	..	..[d]	..	..	..	73	31	15.143
Palau	*19*	0,5	*40*	..	..	..[d]	..	..	..	71	..	245
Polinesia Francesa	231	4,0	63	..	..	..[e]	..	..	..	72	..	561
Puerto Rico	3.890	9,0	439	..	..	..[d]	..	..	..	76	7	15.806
Qatar	757	11,0	69	..	..	..[e]	..	..	..	74	20	29.121
Ribera Occidental y Gaza	2.839	6,2	446	4.559	5,2	1.610	1,3	..	..	71	..	..
Saint Kitts y Nevis	41	0,4	114	262	2,1	6.420	2,0	401	9.801	70	..	103
Samoa	170	2,8	60	181	1,0	1.060	0,5	666[f]	3.915[f]	69	20	132
Samoa Americana	63	0,2	317	..	..	..[d]	..	..	..	..	..	282
San Vicente y las Granadinas	114	0,4	293	307	4,0	2.700	3,2	532	4.667	73	..	125
Santa Lucía	154	0,6	253	581	3,1	3.770	1,5	775	5.022	72	..	191
Santo Tomé y Príncipe	145	1,0	151	40	5,2	270	2,9	193[f]	1.335[f]	64	..	77
Seychelles	80	0,5	177	520	–3,0	6.540	–4,1	826[f]	10.381[f]	72	..	169
Somalia	9.388	637,7	15	..	..	..[c]	..	..	..	48	..	15
Sudán	28.993	2.505,8	12	9.435	6,0	330	3,6	37.641[f]	1.298[f]	55	44	3.473
Suriname	413	163,3	3	..	..	..[g]	..	..	..	70	..	2.099
Swazilandia	1.018	17,4	59	1.379	2,0	1.360	–0,9	4.274	4.200	56	22	341
Tonga	100	0,8	138	172	2,2	1.720	1,2	427[f]	4.281[f]	71	..	117
Trinidad y Tabago	1.293	5,1	252	5.661	4,5	4.390	3,9	9.388	7.262	73	7	22.237
Vanuatu	189	12,2	16	221	–2,0	1.170	–5,2	525[f]	2.771[f]	65	..	62
Yugoslavia, Rep. Fed. (Serbia/Mont.)	10.616	102,2	104	..	..	..[g]	..	..	..	72	..	36.197

Nota: Las cifras que aparecen en bastardilla corresponden a años distintos de los indicados.

a. Paridad del poder adquisitivo; véanse las Notas técnicas. b. Calculado con el método del *Atlas* del Banco Mundial. c. Se estima que se sitúa en el nivel de ingreso bajo (hasta $755). d. Se estima que se sitúa en el nivel de ingreso mediano alto ($2.996 a $9.265). e. Se estima que se sitúa en el nivel de ingreso alto (de $9.266 o más). f. Estimación obtenida con el método de regresión; otros datos se han extrapolado de las estimaciones de referencia más recientes del Programa de Comparación Internacional. g. Se estima que se sitúa en el nivel de ingreso mediano bajo (de $756 a $2.995).

Notas técnicas

En estas notas técnicas se analizan las fuentes y los métodos empleados en la recopilación de los 149 indicadores incluidos en la presente edición de los Indicadores seleccionados del desarrollo mundial. En las notas se ha seguido el orden de aparición de los indicadores en el cuadro respectivo.

Fuentes de los datos

Los datos que se publican en los Indicadores seleccionados del desarrollo mundial se han tomado de *World Development Indicators 2000*. No obstante, cuando ha sido posible se han incorporado las correcciones notificadas desde el cierre de esa edición. Además, en el Cuadro 1 se han incluido las estimaciones de la población y el PNB per cápita de 1999 notificadas recientemente.

El Banco Mundial recurre a diversas fuentes para obtener los datos estadísticos que publica en *World Development Indicators*. La institución recibe directamente los datos sobre la deuda externa de los países miembros en desarrollo a través del Sistema de notificación de la deuda. Los demás datos se obtienen fundamentalmente de las Naciones Unidas y sus organismos especializados, del Fondo Monetario Internacional (FMI), y de los informes suministrados por los países al Banco Mundial. También se utilizan estimaciones del personal del Banco a fin de que los datos estén más actualizados y sean más coherentes. Las estimaciones relativas a las cuentas nacionales de la mayoría de los países se obtienen de los gobiernos de los países miembros a través de las misiones económicas del Banco Mundial. En algunos casos, el personal de la institución las ajusta a fin de que guarden armonía con las definiciones y los conceptos internacionales. La mayoría de los datos sociales de fuentes nacionales se han tomado de archivos administrativos ordinarios, encuestas especiales o averiguaciones sobre censos periódicos. En la sección titulada Fuentes de los datos, que aparece a continuación de las Notas técnicas, se presenta una lista de las principales fuentes internacionales utilizadas (y de las fuentes indicadas en las Notas técnicas).

Coherencia y confiabilidad de los datos

A pesar de que se han desplegado grandes esfuerzos para uniformar los datos, no se puede garantizar que éstos sean completamente comparables y los indicadores se deben interpretar con cautela. Hay muchos factores que influyen en la disponibilidad, comparabilidad y confiabilidad de los datos: los sistemas estadísticos de muchos países en desarrollo todavía adolecen de deficiencias, y los métodos estadísticos, la cobertura, los procedimientos y las definiciones varían ampliamente. Además, las comparaciones entre distintos países y períodos de tiempo plantean complejos problemas técnicos y conceptuales que no pueden resolverse en forma inequívoca. Por tal motivo, si bien los datos se han tomado de las fuentes que se consideran más autorizadas, deberían interpretarse únicamente como reveladores de tendencias y de las principales diferencias existentes entre las economías, más que como mediciones cuantitativas exactas de esas diferencias. Por otra parte, los organismos nacionales de estadística suelen rectificar sus datos históricos, sobre todo los de los años más recientes. En consecuencia, en las diferentes ediciones de las publicaciones del Banco Mundial pueden presentarse datos recopilados en distintos años. Se recomienda a los lectores no compilar datos de distintas ediciones. En *World Development Indicators 2000* en CD-ROM se presentan series cronológicas de datos que sí son concordantes.

Relaciones y tasas de crecimiento

Para facilitar la consulta, en los cuadros normalmente se presentan las relaciones y tasas de crecimiento, y no los valores simples en que éstas se basan. Los valores en su forma original se pueden ver en *World Development Indicators 2000* en CD-ROM. Las tasas de crecimiento se han calculado utilizando el método de regresión de los mínimos cuadrados, a menos que se indique otra cosa (véase la sección sobre métodos estadísticos que aparece más adelante). Como en este método se toman en cuenta todas las observaciones disponibles de los períodos, las tasas de crecimiento resultantes reflejan tendencias generales que no se ven influidas indebidamente por valores extraordinarios. A fin de excluir los efectos de la inflación, para el cálculo de las tasas de crecimiento se han utilizado indicadores económicos en precios constantes. Los datos que aparecen en bastardilla se refieren a un año o período distinto del indicado en el encabezamiento de la columna, hasta dos años antes o después en el caso de los indicadores económicos, y hasta tres años en el de los indicadores sociales, que suelen compilarse con menor regularidad y cambiar menos en períodos cortos.

Series de datos en precios constantes

El crecimiento de una economía se mide por el incremento del valor agregado que producen las personas y las empresas que operan en ella. En consecuencia, para medir el crecimiento real se requieren estimaciones del PIB y sus componentes en precios constantes. El Banco Mundial recopila series de datos sobre las cuentas nacionales en precios constantes expresados en unidades de la moneda nacional y registrados en el año de base original correspondiente al país. Para obtener series comparables de datos en precios constantes, el Banco reajusta el PIB y el valor agregado por origen industrial en relación con un año de referencia común, actualmente el año 1995. Este proceso provoca una discrepancia entre el PIB reajustado y la suma de los componentes reajustados. Dado que la distribución de esta discrepancia produciría distorsiones en la tasa de crecimiento, la discrepancia se ha dejado sin distribuir.

Medidas de resumen

Las medidas de resumen correspondientes a regiones o grupos de ingreso, que aparecen al final de la mayoría de los cuadros, se han calculado mediante un simple proceso de adición en los casos en que se expresan en niveles. Las relaciones y tasas de crecimiento globales generalmente se han calculado como promedios ponderados. Las medidas de resumen correspondientes a los indicadores sociales se han ponderado según la población o subgrupos de población, salvo en el caso de la mortalidad infantil, en que se han ponderado según el número de nacimientos. Véanse más detalles en las notas sobre indicadores específicos.

En el caso de las medidas de resumen que abarcan muchos años, el cálculo se basa en un grupo uniforme de países de manera que la composición del conjunto no produzca cambios con el transcurso del tiempo. Se compilan medidas de grupo sólo si los datos disponibles para un año dado representan por lo menos dos tercios del grupo total, de acuerdo con la definición adoptada para 1995, el año de referencia. Siempre que se observe este criterio, se supone que los países respecto de los cuales no se dispone de datos han tenido un comportamiento semejante al de aquellos sobre los que se dispone de estimaciones. Los lectores deberían tener presente que las medidas de resumen son estimaciones de cifras agregadas representativas de cada rubro, y que no es posible hacer deducciones significativas acerca de la actuación de los países tomando como punto de partida los indicadores correspondientes al grupo pertinente. Además, el proceso de ponderación puede dar lugar a discrepancias entre los totales de los subgrupos y los totales globales.

Cuadro 1. Tamaño de la economía

Los datos sobre **población** se basan en la definición de facto de este concepto, según la cual se incluye a todos los residentes, sin tener en cuenta su condición jurídica o nacionalidad. Sin embargo, los refugiados que no están radicados permanentemente en el país que los asila en general se consideran parte de la población de su país de origen. Los indicadores que se presentan son estimaciones de mediados del año (véase la nota técnica del Cuadro 3).

La **superficie** es la superficie total de un país, con inclusión de la superficie bajo las masas de agua interiores y las vías navegables costeras.

La **densidad de población** es la población a mediados del año dividida por la superficie terrestre. La superficie terrestre es la superficie total de un país, sin incluir la superficie bajo las masas de agua interiores y las vías navegables costeras. La densidad se calcula usando los datos sobre la superficie terrestre más recientes que se encuentren disponibles.

El **producto nacional bruto (PNB)** es el indicador más general del ingreso nacional y mide el valor total agregado proveniente de fuentes internas y externas que se atribuyen a los residentes del país. El PNB comprende el producto interno bruto (PIB) más las entradas netas de ingreso primario proveniente de fuentes no residentes. Los datos se han convertido de moneda nacional a dólares corrientes de los Estados Unidos utilizando el método del *Atlas* del Banco Mundial. Este método emplea el promedio de los tipos de cambio de tres años a fin de atenuar los efectos de las fluctuaciones cambiarias transitorias. (Para mayores detalles sobre el método del *Atlas*, véase la sección sobre métodos estadísticos). La **tasa media de crecimiento anual del PNB** se ha calculado a partir del PNB en precios constantes en unidades de la moneda nacional.

El **PNB per cápita** es el PNB dividido por la población a mediados del año, y se ha convertido a dólares corrientes de los Estados Unidos utilizando el método del *Atlas*. El Banco Mundial emplea el PNB per cápita en dólares de los Estados Unidos para clasificar a los países con fines analíticos y determinar su elegibilidad para obtener préstamos. La **tasa media de crecimiento anual del PNB per cápita** se ha calculado a partir del PNB per cápita en precios constantes en unidades de la moneda nacional.

Debido a que los tipos de cambio nominales no siempre reflejan las diferencias internacionales de los precios relativos, en el Cuadro 1 también se presenta el PNB convertido a dólares internacionales mediante el uso de los tipos de cambio de la paridad del poder adquisitivo (PPA). El **PNB según la PPA** es el PNB convertido a dólares internacionales al tipo de cambio de la PPA. Al aplicar la PPA, un dólar internacional tiene el mismo poder adquisitivo respecto al PNB de un país dado que un dólar de los Estados Unidos respecto al PNB estadounidense. Los tipos de cambio de la PPA permiten hacer una comparación uniforme de los niveles de precios reales entre países, tal como los índices de precios tradicionales permiten comparar los valores reales a través del tiempo. Los factores de conversión basados en la PPA utilizados aquí se han calculado a partir de la serie más reciente de encuestas sobre precios llevada a cabo por el Programa de Comparación Internacional, proyecto conjunto del Banco Mundial y de las comisiones económicas regionales de las Naciones Unidas. Esta serie de encuestas, que finalizó en 1996 y abarcó 118 países, se basa en 1993 como año de referencia. Las estimaciones correspondientes a países que no están incluidos en la encuesta se han obtenido mediante modelos estadísticos, utilizando los datos disponibles.

Las clasificaciones se basan en 206 economías e incluyen a las 74 economías que tienen una población de menos de 1,5 millones de habitantes o respecto de las cuales se dispone de datos escasos, que figuran en el Cuadro 1a. Para clasificar a muchas de esas 74 economías, en las estimaciones se han utilizado márgenes para el PNB y el PNB per cápita; tal es el caso de Liechtenstein, que se sitúa en el segundo lugar en el PNB per cápita.

Cuadro 2. Calidad de vida

El **aumento del consumo privado per cápita** es la tasa anual media de variación del consumo privado dividida por la población de mediados de año. (Véase la definición de consumo privado en la nota técnica del Cuadro 13). La tasa de crecimiento corregida para tener en cuenta la distribución es 1 menos el coeficiente de Gini (véase la nota técnica del Cuadro 5) multiplicado por la tasa de crecimiento anual del consumo privado. En general, el aumento del consumo privado per cápita va unido a una reducción de la pobreza, pero es posible que cuando la distribución del ingreso o del consumo es muy desigual los pobres no se beneficien de dicho aumento. La relación entre la tasa de reducción de la pobreza y la distribución del ingreso o del consumo, medida por un índice como el coeficiente de Gini, es complicada, pero en Ravallion y Chen (1997) se concluye que la tasa de reducción de la pobreza es, en promedio, proporcional a la tasa de crecimiento del consumo privado corregida para tener en cuenta la distribución.

La **prevalencia de la malnutrición infantil** es el porcentaje de niños menores de cinco años cuyo peso para la edad está más de dos desviaciones estándar por debajo de la mediana de la población de referencia; esta población se basa en niños de los Estados Unidos, que se consideran bien nutridos. El peso para la edad es un indicador compuesto del peso para la estatura (emaciación) y de la estatura para la edad (retraso del crecimiento). Las estimaciones de la malnutrición infantil provienen de la Organización Mundial de la Salud.

La **tasa de mortalidad de menores de 5 años** es la probabilidad de que un niño nacido en el año indicado muera antes de cumplir cinco años de edad, si está sujeto a las tasas actuales de mortalidad por edades. La probabilidad se expresa como tasa por 1.000.

La **esperanza de vida al nacer** indica el número de años que un recién nacido viviría si las pautas de mortalidad prevalecientes en el momento de su nacimiento permanecieran iguales durante toda su vida.

Los datos sobre la mortalidad por edades específicas, por ejemplo, la tasa de mortalidad infantil y la tasa de mortalidad en la niñez, junto con la esperanza de vida al nacer, probablemente constituyan los mejores indicadores generales de la situación actual de la salud en una comunidad, y a menudo se citan como medidas globales del bienestar o la calidad de vida de una población. Las principales fuentes de datos sobre mortalidad son los sistemas de registro civil y las estimaciones directas o indirectas basadas en encuestas por muestreo o censos. Debido a que los registros civiles con sistemas de inscripción de datos vitales relativamente completos son muy poco comunes, las estimaciones deben obtenerse a partir de encuestas por muestreo o calcularse mediante la aplicación de técnicas de estimación indirecta a los datos de los registros, censos o encuestas. Para las estimaciones indirectas se utilizan tablas de mortalidad que pueden ser inapropiadas para la población de que se trate. La esperanza de vida al nacer y las tasas de mortalidad por edades específicas generalmente son estimaciones basadas en los censos o las encuestas más recientes de que se dispone; véase el cuadro sobre documentación de los datos primarios en *World Development Indicators 2000*.

La **tasa de analfabetismo de adultos** es la proporción de la población de 15 años o más que no puede leer ni escribir, con la debida comprensión, un relato breve y sencillo sobre su vida cotidiana. La definición que se emplea aquí se basa en el concepto de alfabetismo funcional, es decir, la capacidad de una persona para leer y escribir eficazmente en el contexto de la sociedad en que vive. Para medir el alfabetismo según esa definición se necesitan mediciones censales o de encuestas por muestreo en condiciones controladas. En la práctica, en muchos países el número de adultos analfabetos se estima a partir de datos proporcionados por la propia población o de estimaciones del término de la instrucción escolar. Debido a estas diferencias de metodología, las comparaciones entre países —e incluso a lo largo del tiempo en un mismo país— deberían hacerse con cautela.

La **población urbana** es la proporción de la población que vive en zonas definidas como urbanas por cada país.

El **acceso a servicios de saneamiento en las zonas urbanas** es el porcentaje de la población urbana que cuenta con conexión al sistema de alcantarillado público o con sistemas domiciliarios, como letrinas de pozo o de sifón, fosas sépticas, retretes públicos u otras instalaciones de este tipo.

Cuadro 3. Población y población activa

La **población total** incluye a todos los residentes, prescindiendo de su condición jurídica o nacionalidad, con excepción de los refugiados que no están radicados permanentemente en el país que los asila, que en general se consideran parte de la población de su país de origen. Los indicadores que se presentan son estimaciones de mediados del año. Las estimaciones de la población por lo general se obtienen a partir de los censos nacionales. Las estimaciones intercensales son interpolaciones o extrapolaciones basadas en modelos demográficos. Los errores y recuentos incompletos se producen incluso en los países de ingreso alto; en los países en desarrollo esos errores pueden ser de gran magnitud, debido a las limitaciones del transporte, las comunicaciones y los recursos que se necesitan para llevar a cabo censos completos. Además, las posibilidades de comparación internacional de los indicadores de población están limitadas por las diferencias en cuanto a conceptos, definiciones, procedimientos de recolección de datos y métodos de estimación empleados por las oficinas nacionales de estadística y otras entidades que recogen datos sobre población. Los datos que figuran en el Cuadro 3 han sido suministrados por las oficinas de estadística de los países o por la División de Población de las Naciones Unidas.

La **tasa media de crecimiento anual de la población** es la tasa exponencial de variación en el período indicado (véase la sección sobre métodos estadísticos).

La **población de 15 a 64 años** es una medida comúnmente aceptada del número de personas potencialmente activas en la economía. Sin embargo, en muchos países en desarrollo los niños menores de 15 años trabajan a tiempo parcial o en régimen de jornada completa, y en algunos países de ingreso alto muchos trabajadores aplazan su jubilación hasta después de los 65 años.

La **población activa total** comprende a las personas que se ajustan a la definición de población económicamente activa de la Organización Internacional del Trabajo (OIT), es decir, todas las personas que proporcionan mano de obra para la producción de bienes y servicios durante un período determinado. Incluye tanto a las personas empleadas como a los desocupados. Las prácticas en los distintos países varían, pero en general la población activa incluye a los miembros de las fuerzas armadas y a las personas que buscan trabajo por primera vez, pero no incluye a las amas de casa ni a otras personas que se ocupan del cuidado de otros sin recibir remuneración, ni a los trabajadores del sector informal. Los datos sobre la población activa son compilados por la OIT a partir de censos o de encuestas sobre la población activa. A pesar de los esfuerzos de la OIT para fomentar el uso de normas internacionales, los datos sobre la población activa no son totalmente comparables debido a diferencias entre los países, y a veces dentro de un mismo país, en cuanto a las definiciones y los métodos de recolección, clasificación y tabulación de los datos. Las estimaciones de la población activa que figuran en el Cuadro 3 fueron calculadas aplicando a las estimaciones de la población efectuadas por el Banco Mundial las tasas de actividad de la base de datos de la OIT, a fin de crear series de datos que estén en consonancia con esas estimaciones. A veces este procedimiento da por resultado estimaciones que difieren ligeramente de las publicadas en el *Anuario de Estadísticas del Trabajo* de la OIT.

La **tasa media de crecimiento anual de la población activa** se ha calculado utilizando el método de los puntos extremos para obtener el crecimiento exponencial (véase la sección sobre métodos estadísticos).

El **porcentaje de mujeres en la población activa** muestra la medida en que las mujeres son económicamente activas. Las estimaciones están tomadas de la base de datos de la OIT. Estas estimaciones no son susceptibles de comparación internacional debido a que en numerosos países son muchas las mujeres que ayudan en las granjas o en otras empresas familiares sin recibir remuneración, y los países emplean distintos criterios para determinar la medida en que esas trabajadoras han de incluirse en la población activa.

Los **niños de 10 a 14 años en la población activa** representan el porcentaje de niños de ese grupo de edades en la población activa. Es difícil obtener estimaciones confiables respecto a los niños que trabajan. En muchos países el trabajo de menores es ilegal u oficialmente se presume que no existe, y por consiguiente no se informa sobre éste ni se incluye en las encuestas o en los datos oficiales. Los datos también pueden ser incompletos, porque no tienen en cuenta a los niños que participan en actividades agrícolas o domésticas con sus familias.

Cuadro 4. Pobreza

El **año de la encuesta** es el año en que se recogieron los datos básicos.

La **población rural por debajo del umbral de pobreza nacional** es el porcentaje de la población rural que se sitúa por debajo del umbral de pobreza rural determinado por las autoridades nacionales. La **población urbana por debajo del umbral de pobreza nacional** es el porcentaje de la población urbana que se sitúa por debajo del umbral de pobreza urbana determinado por las autoridades nacionales. El **total de la población por debajo del umbral de pobreza nacional** es el porcentaje de la población total que se sitúa por debajo del umbral de pobreza nacional. Las estimaciones nacionales se basan en estimaciones de subgrupos ponderadas en función de la población a partir de encuestas sobre los hogares.

La **población que vive con menos de $1 al día** y la **población que vive con menos de $2 al día** son los porcentajes de la población que subsisten con esos niveles de consumo o de ingreso a precios de 1993, ajustados en función de la paridad del poder adquisitivo.

La **brecha de pobreza al nivel de $1 al día** y la **brecha de pobreza al nivel de $2 al día** se han calculado como el déficit medio con respecto al umbral de pobreza (es decir, quienes no son pobres registran un déficit igual a cero), expresado como porcentaje del umbral de pobreza. Esta medida refleja tanto la profundidad como la prevalencia de la pobreza.

La comparación internacional de los datos sobre la pobreza presenta problemas conceptuales y prácticos. Los países definen la pobreza de distintas maneras, y una comparación coherente entre países sobre la base de la misma definición puede resultar difícil. El poder adquisitivo en los umbrales de pobreza nacionales tiende a ser mayor en los países ricos, donde las normas que se aplican son más generosas, que en los países pobres.

Mediante los umbrales de pobreza internacionales se intenta mantener constante el valor real del umbral de pobreza entre los países. Para el *Informe sobre el desarrollo mundial 1990: La pobreza* se escogió la norma de $1 al día, medida en precios internacionales de 1985 y ajustada a la moneda nacional utilizando factores de conversión basados en la PPA, porque es típica de los umbrales de pobreza en los países de ingreso bajo. Para el Informe de este año, la norma se ha actualizado a $1,08 al día, medida en precios internacionales de 1993. Se emplearon factores de conversión basados en la PPA porque en éstos se tienen en cuenta los precios nacionales de los bienes y servicios que no se comercian internacionalmente. Sin embargo, estos factores no se crearon para efectuar comparaciones internacionales de la pobreza sino para comparar agregados en las cuentas nacionales. En consecuencia, no hay ninguna seguridad de que un umbral de pobreza internacional mida el mismo grado de necesidad o privación en distintos países.

Pueden surgir problemas al comparar las medidas de la pobreza dentro de los países y entre países. Por ejemplo, el costo de los alimentos básicos —y el costo de la vida en general— son típicamente más altos en las zonas urbanas que en las zonas rurales. Por consiguiente, el valor nominal del umbral de pobreza urbana debería ser más alto que el del umbral de pobreza rural. Con todo, la diferencia entre los umbrales de pobreza urbana y rural que se da en la práctica no siempre refleja la diferencia del costo de la vida. En algunos países, el umbral de pobreza urbana que se usa comúnmente tiene un valor real más alto —lo cual significa que permite que la gente pobre compre más productos básicos para consumo— que el umbral de pobreza rural. A veces la diferencia ha sido de una magnitud suficiente para implicar que la incidencia de la pobreza es mayor en las zonas urbanas que en las rurales, aunque cuando se hacen ajustes solamente en concepto de las diferencias en el costo de la vida se observa lo contrario.

En la medición del nivel de vida de los hogares surgen otros problemas. Uno de ellos es el de la elección entre el ingreso y el consumo como indicador del bienestar. El ingreso por lo general es más difícil de medir con exactitud, y el consumo corresponde mejor a la idea del nivel de vida que el ingreso, el cual puede variar con el tiempo aun cuando el nivel de vida no cambie. Sin embargo, no siempre se dispone de datos sobre el consumo, y cuando esos datos no existen no hay más alternativa que usar el ingreso. Éstos no son los únicos problemas. Es posible que los cuestionarios de las encuestas de los hogares difieran mucho entre sí, por ejemplo, con respecto al número de categorías de bienes de consumo que se identifiquen en ellos. La calidad de las encuestas varía, e inclusive puede ocurrir que encuestas semejantes no sean estrictamente comparables.

Las comparaciones entre países con distintos niveles de desarrollo también pueden presentar un problema, debido a la diferencia de la importancia relativa del consumo de bienes no comerciales. En la medida del gasto total en consumo se debería incluir el valor de mercado local de todo consumo en especie (incluido el de bienes producidos por los hogares, que es particularmente importante en las economías rurales subdesarrolladas). Asimismo, se deberían incluir en el ingreso las utilidades imputadas a la producción de bienes no comerciales. Esto no siempre se hace, aunque hoy día esas omisiones constituyen un problema mucho menor que en las encuestas realizadas antes de los años ochenta. En la actualidad, la mayoría de los datos de las encuestas incluyen la valoración del consumo o del ingreso proveniente de la producción propia. Sin embargo, el método de valoración varía: por ejemplo, en algunas encuestas se usa el precio del mercado más próximo, en tanto que en otras se usa el precio de venta medio en la explotación agrícola.

En la medida de lo posible se ha usado el consumo como indicador del bienestar para decidir quiénes son pobres. Los indicadores internacionales de la pobreza que figuran en el Cuadro 4 se basan en las estimaciones del consumo basadas en la PPA más recientes en precios de 1993 procedentes del Banco Mundial. En los casos en que sólo se cuenta con información sobre el ingreso de los hogares, el ingreso medio se ha ajustado para que concuerde con una estimación del consumo medio obtenida a partir de datos de encuestas (si se dispone de ella) o con una estimación efectuada con datos sobre el consumo tomados de las cuentas nacionales. No obstante, este procedimiento permite ajustar solamente la media; no se puede corregir la diferencia entre el consumo y el ingreso de las curvas de Lorenz (de distribución del ingreso).

Las curvas empíricas de Lorenz se han ponderado en función del número de integrantes de los hogares, de modo que se basan en percentiles de la población y no de los hogares. En todos los casos las medidas de la pobreza se han calculado a partir de datos primarios (tabulaciones o datos sobre los hogares) más bien que de estimaciones existentes. Las estimaciones obtenidas a partir de tabulaciones exigen un método de interpolación: el método escogido es el de las curvas de Lorenz con formas funcionales flexibles, que en el pasado han demostrado ser confiables.

Cuadro 5. Distribución del ingreso o del consumo

El **año de la encuesta** es el año en que se recogieron los datos básicos.

El **coeficiente de Gini** mide el grado en que la distribución del ingreso (o, en algunos casos, los gastos de consumo) entre las personas o los hogares de un país se desvía de una distribución perfectamente equitativa. El coeficiente de Gini mide el área situada entre la curva de Lorenz (ésta se describe en la nota técnica del Cuadro 4) y una línea hipotética de igualdad absoluta, y se expresa como porcentaje del área máxima comprendida bajo dicha línea. En consecuencia, un coeficiente de Gini igual a cero significaría igualdad absoluta, y un índice de 100 significaría una situación de absoluta desigualdad.

La **proporción del ingreso o del consumo** es la parte que corresponde a deciles o quintiles de la población clasificada según el ingreso o el consumo. Es posible que las proporciones por quintiles no sumen 100 debido al redondeo de las cifras.

Los datos sobre el ingreso o el consumo de las personas o los hogares proceden de encuestas de hogares que son representativas a nivel nacional. Los datos que figuran en el cuadro corresponden a diversos años entre 1985 y 1999. En las notas al pie que se refieren al año de la encuesta se señala si las clasificaciones se basan en el ingreso o el consumo. Las distribuciones están basadas en percentiles de la población y no de los hogares. Cuando se ha contado con ellos, se han utilizado los datos originales de las encuestas de hogares para calcular directamente las proporciones del ingreso o el consumo por quintiles. De lo contrario, dichas proporciones se han estimado a partir de los mejores conjuntos de datos disponibles.

Los indicadores de la distribución se han ajustado en función del número de integrantes de los hogares, lo que permite obtener una medida más concordante del ingreso o el consumo per cápita. No se han hecho ajustes con respecto a las diferencias geográficas en cuanto al costo de la vida dentro de cada país porque, por lo general, no se dispone de los datos necesarios para realizar tales cálculos. Para obtener más información sobre el método de cálculo para las economías de ingreso bajo y mediano, véase Ravallion y Chen (1996).

Los indicadores de la distribución no son estrictamente comparables entre países debido a las diferencias en los métodos y en el tipo de datos que se recopilan en las encuestas de hogares en que se basan dichos indicadores. Estos problemas han ido disminuyendo a medida que se perfeccionan y uniforman los métodos empleados en las encuestas, pero todavía es imposible lograr una comparabilidad absoluta. La distribución del ingreso y el coeficiente de Gini de los países de ingreso alto se han calculado directamente a partir de la base de datos del Luxembourg Income Study, utilizando un método que está en consonancia con el que se ha aplicado a los países en desarrollo.

Deberían tenerse en cuenta las siguientes causas de la falta de comparabilidad de los datos. En primer lugar, las encuestas pueden diferir en muchos aspectos, como el uso del ingreso o el gasto de consumo como indicador del nivel de vida. Típicamente la distribución del ingreso es más desigual que la del consumo. Además, las definiciones del ingreso que se emplean en las encuestas normalmente difieren mucho de la definición económica del ingreso (el nivel máximo de consumo que permite mantener inalterada la capacidad productiva). Por lo general el consumo es un indicador mucho mejor del bienestar, sobre todo en los países en desarrollo. En segundo lugar, los hogares difieren en cuanto al número de integrantes y al grado en que el ingreso es compartido entre éstos. Las personas difieren en cuanto a la edad y a las necesidades de consumo. Es posible que las diferencias entre los países con respecto a estos elementos produzcan un sesgo en las comparaciones de la distribución.

Cuadro 6. Educación

El **gasto público en educación** es el porcentaje del PNB destinado a la educación pública, más las subvenciones a la educación privada en los niveles primario, secundario y terciario. Puede excluir el gasto en escuelas religiosas, que desempeñan un papel importante en muchos países en desarrollo. Los datos correspondientes a algunos países y algunos años se refieren solamente al gasto del ministerio de educación del gobierno central, y por lo tanto no incluyen el gasto en educación de otros ministerios y departamentos del gobierno central, de las autoridades locales y otras entidades.

La **tasa neta de matrícula** es la razón entre el número de niños oficialmente en edad escolar (según la definición del sistema educativo) matriculados en escuelas y la población oficialmente en edad escolar. Los datos sobre matrícula se basan en encuestas anuales, realizadas generalmente al comienzo del año escolar. No reflejan las tasas reales de asistencia o de deserción escolar registradas durante el año escolar. Los problemas que afectan a las comparaciones de los datos sobre matrícula entre países se deben a información errónea, inadvertida o deliberada, sobre las edades, y a errores de las estimaciones de la población en edad escolar. Los perfiles por edad obtenidos a partir de los censos o los sistemas de registro de datos vitales, que constituyen las fuentes primarias de datos sobre la población en edad escolar, suelen adolecer de subnumeración, sobre todo en el caso de los niños pequeños.

El **porcentaje de la cohorte que llegó al quinto grado** es la proporción de niños matriculados en el primer grado de la escuela primaria que llegaron al quinto grado. Debido a que no se dispone de datos que permitan seguir la trayectoria de cada alumno, para estimar el número total de alumnos que pasan de un grado al siguiente se usan datos sobre matrícula y repetición por grado correspondientes a dos años consecutivos. En este procedimiento, denominado método de la cohorte reconstituida, se adoptan tres supuestos simplificadores: que los alumnos que abandonan la escuela lo hacen para siempre; que las tasas de promoción, repetición y deserción se mantienen constantes durante todo el período en que la cohorte está matriculada, y que se aplican las mismas tasas a todos los alumnos matriculados en un grado dado, prescindiendo de que hayan repetido un grado anteriormente o no.

El número de **años de escolaridad previstos** es el promedio de los años de educación formal que se prevé que reciba un niño, con inclusión de la educación universitaria y los años de repetición de cursos. Este indicador también se puede interpretar como un indicador del total de recursos educativos, medidos en años de instrucción, que necesitará un niño o una niña durante su "vida" escolar.

Los datos sobre educación son compilados por la Organización de las Naciones Unidas para la Educación, la Ciencia y la Cultura (UNESCO) a partir de las respuestas oficiales a encuestas y de informes suministrados por las autoridades educativas de cada país. Debido a que la cobertura, las definiciones y los métodos de recolección de datos varían de un país a otro y dentro de un mismo país con el transcurso del tiempo, los datos sobre educación deberían interpretarse con cautela.

Cuadro 7. Salud

El **gasto público en salud** comprende los gastos ordinarios y de capital financiados con fondos del presupuesto del gobierno (central y local), los empréstitos externos y donaciones (incluidas las de organismos internacionales y organizaciones no gubernamentales), y los fondos sociales (u obligatorios) de seguro de salud. Debido a que pocos países en desarrollo llevan cuentas nacionales de salud, la compilación de estimaciones del gasto en salud pública se complica en los países en que los gobiernos estatales, provinciales y locales participan en el financiamiento de los servicios de salud. Esos datos no se notifican regularmente y, cuando sí se comunican, a menudo son de mala calidad. Los datos sobre gasto en salud que se presentan en el Cuadro 7 son el fruto de un esfuerzo por recopilar toda la información disponible sobre gastos en salud de los presupuestos de los gobiernos nacionales y locales, cuentas nacionales, encuestas de hogares, publicaciones sobre seguros, donantes internacionales y tabulaciones existentes.

El **acceso a mejor abastecimiento de agua** es el porcentaje de habitantes que cuenta con acceso aceptable de agua en cantidad suficiente (incluida el agua superficial tratada o el agua sin tratar pero no contaminada, como la procedente de manantiales, pozos excavados protegidos o que reúnen condiciones higiénicas). En las zonas urbanas, el abastecimiento de agua puede provenir de una fuente o toma de agua pública ubicada a no más de 200 metros de las viviendas. En las zonas rurales, tener acceso al agua significa que los integrantes del hogar no se ven obligados a destinar una parte excesiva del día al acarreo de agua. La cantidad "adecuada" de agua es la que se necesita para atender necesidades metabólicas, higiénicas y domésticas, y es generalmente de alrededor de 20 litros diarios por persona.

La población con **acceso a servicios de saneamiento** se refiere al porcentaje de la población que cuenta con instalaciones de eliminación de excretas que permiten evitar el contacto de las personas, animales e insectos con tales desechos. Las instalaciones adecuadas van desde las letrinas de pozo sencillas pero protegidas hasta los retretes con descarga de agua conectados a una red de alcantarillado. Para ser eficaces, todas las instalaciones deben ser construidas y mantenidas debidamente.

La **tasa de mortalidad infantil** refleja el número de niños que mueren antes de cumplir un año de edad por cada 1.000 nacidos vivos en un año dado (véanse los comentarios sobre las tasas de mortalidad por edades que aparecen en la nota técnica del Cuadro 2).

La **tasa de uso de anticonceptivos** es el porcentaje de las mujeres que utilizan algún método anticonceptivo, o cuyas parejas sexuales usan algún método de esa índole. El uso de métodos anticonceptivos se suele medir solamente para las mujeres casadas de 15 a 49 años de edad. En el uso de anticonceptivos se incluyen todos los métodos, es decir, los métodos tradicionales ineficaces y los métodos modernos sumamente efectivos. Las mujeres solteras a menudo se excluyen de las encuestas, y esto puede introducir un sesgo en la estimación. Los datos provienen principalmente de encuestas demográficas y de salud, y de encuestas sobre el uso de anticonceptivos.

La **tasa de fecundidad total** representa el número de hijos que tendría una mujer si viviera hasta el final de su período de procreación y tuviera hijos de acuerdo con las tasas prevalecientes de fecundidad específica por edades. Los datos provienen de sistemas de registro de datos vitales o, cuando éstos no existen, de censos y encuestas por muestreo. Las estimaciones de las tasas se consideran confiables, siempre que los censos o las encuestas sean bastante recientes. Tal como sucede con otros datos demográficos, la comparabilidad internacional se ve afectada por las diferencias en las definiciones, en la recolección de datos y en los métodos empleados para las estimaciones.

La **tasa de mortalidad derivada de la maternidad** se refiere al número de defunciones de mujeres que ocurren durante el embarazo o el parto por cada 100.000 nacidos vivos. En las encuestas de hogares, como las encuestas demográficas y de salud se intenta medir la mortalidad derivada de la maternidad mediante preguntas a los encuestados acerca de la supervivencia de sus hermanas. La principal desventaja de este método es que las estimaciones de la mortalidad materna que se obtienen a partir de esos datos corresponden a aproximadamente 12 años antes del momento de la encuesta, y, en consecuencia, son inadecuadas para hacer un seguimiento de los cambios ocurridos más recientemente o para determinar el impacto de las intervenciones. Además, la medición de la mortalidad derivada de la maternidad es susceptible de muchos tipos de errores. Incluso en los países de ingreso alto que cuentan con un sistema de registro civil se ha comprobado que los errores en la clasificación de las defunciones derivadas de la maternidad han provocado graves subestimaciones. Los datos que aparecen en el cuadro son estimaciones oficiales basadas en encuestas nacionales o derivadas de registros comunitarios y hospitalarios oficiales. Algunos sólo indican los nacimientos ocurridos en hospitales y otros establecimientos de salud. En algunos casos, se excluyen los pequeños hospitales privados y rurales, y a veces se incluyen hasta establecimientos locales rudimentarios. Por lo tanto, la cobertura no siempre es completa y las comparaciones entre países deberían hacerse con suma cautela.

Cuadro 8. Uso de la tierra y productividad agrícola

Las **tierras con cultivos permanentes** son aquellas destinadas a cultivos que ocupan la tierra por períodos prolongados y que no necesitan ser replantados después de cada cosecha, pero no incluyen las plantaciones de árboles para leña o madera. Las **tierras de regadío** se refieren a zonas intencionalmente dotadas de agua, incluidas las tierras regadas por medio de inundaciones controladas. Las **tierras cultivables** son las tierras definidas por la Organización de las Naciones Unidas para la Agricultura y la Alimentación (FAO) como tierras destinadas a cultivos temporales (las superficies destinadas al doble cultivo se cuentan sólo una vez), las praderas temporales que se siegan o se destinan al pastoreo, la tierra utilizada para huertas comerciales o familiares, y la tierra temporalmente en barbecho. No se incluyen las tierras abandonadas después de establecer cultivos migratorios.

Las posibilidades de comparación de datos sobre el uso de la tierra arable entre diferentes países están limitadas por diferencias en las definiciones, en los métodos estadísticos y en la calidad de los datos recogidos. Por ejemplo, es posible que los países definan el uso de la tierra de distintas maneras. La FAO, principal recopiladora de este tipo de datos, a menudo ajusta las definiciones de las categorías del uso de la tierra y a veces rectifica los datos anteriores. Dado que los datos sobre el uso de la tierra reflejan los cambios en los procedimientos utilizados para declararlos, así como los cambios efectivos en el destino que se da a la tierra, las tendencias aparentes deberían interpretarse con cautela.

La **maquinaria agrícola** se refiere a los tractores sobre ruedas y de oruga (sin incluir los motocultores) utilizados en la agricultura al cierre del año calendario indicado o durante el primer trimestre del año siguiente. La **productividad agrícola** se refiere al valor agregado de la agricultura por trabajador agrícola y se expresa en dólares de los Estados Unidos constantes de 1995. El valor agregado de la agricultura incluye el proveniente de la silvicultura y la pesca. Por consiguiente, las interpretaciones de la productividad de la tierra deberían efectuarse con cautela. Con el objeto de atenuar las fluctuaciones anuales de la actividad agrícola, en los indicadores se ha calculado el promedio correspondiente a tres años.

El **índice de producción de alimentos** comprende los cultivos alimentarios que se consideran comestibles y contienen nutrientes. Se excluyen el café y el té, porque aunque son comestibles no tienen ningún valor nutritivo. El índice de producción de alimentos es preparado por la FAO, que obtiene datos de informes oficiales y semioficiales sobre rendimientos de los cultivos, superficies bajo cultivo y número de cabezas de ganado. En los casos en que no hay datos disponibles la FAO hace estimaciones. El índice se calcula usando la fórmula de Laspeyres: las cantidades producidas de cada producto básico se ponderan según los precios internacionales medios en el período de base y se suman para cada año. Es posible que el índice de la FAO difiera del de otras fuentes debido a diferencias en la cobertura, ponderaciones, conceptos, períodos, métodos de cálculo y uso de los precios internacionales.

Cuadro 9. Consumo de agua, deforestación y zonas protegidas

Los **recursos de agua dulce** son todos los recursos renovables, que comprenden los caudales de los ríos y las aguas subterráneas resultantes de las precipitaciones dentro del país, y los caudales de ríos que nacen en otros países. Los recursos de agua dulce per cápita se han calculado utilizando las estimaciones de población del Banco Mundial.

Los datos sobre los recursos de agua dulce se basan en estimaciones del escurrimiento hacia los ríos y la recarga de las aguas subterráneas. Estas estimaciones se basan en distintas fuentes y se refieren a diferentes años, de modo que las comparaciones entre países deberían hacerse con cautela. Dado que se recolectan en forma intermitente, es posible que los datos oculten variaciones significativas de los recursos hídricos renovables de un año a otro. Estos promedios anuales también ocultan grandes variaciones estacionales e interanuales de la disponibilidad de agua dentro de los países. Los datos correspondientes a países pequeños y a países situados en zonas áridas y semiáridas son menos confiables que los que se presentan para países grandes y con más precipitaciones.

El **consumo anual de agua dulce** se refiere al uso total del agua, sin contabilizar las pérdidas por evaporación en los embalses. También incluye el agua de las plantas de desalación en los países en que éstas representan una fuente importante de agua. Salvo que se indique otra cosa, los datos sobre el consumo de agua corresponden a un solo año entre 1980 y 1998. Se recomienda proceder con cautela al comparar los datos sobre el consumo anual de agua dulce, pues éstos están sujetos a variación en cuanto a los métodos de recopilación y estimación. La utilización puede exceder del 100% de los suministros renovables en los casos en que la extracción de agua de los acuíferos no renovables o en las plantas de desalación es considerable, o en que hay una considerable reutilización del agua. El consumo de agua para fines agrícolas e industriales comprende la totalidad del agua utilizada para riego y ganadería y para fines industriales directos (incluida el agua usada en la refrigeración de centrales termoeléctricas). El consumo para usos generales comprende el agua potable, la de uso o suministro municipal, y la usada en servicios públicos, establecimientos comerciales y hogares. En el caso de la mayoría de los países, los datos sobre el consumo por sectores se han estimado para el período de 1987-95.

El **acceso a mejor abastecimiento de agua** se refiere al porcentaje de la población que cuenta con acceso aceptable a agua en cantidad suficiente (incluida el agua superficial tratada o el agua sin tratar pero no contaminada, como la procedente de manantiales, pozos excavados protegidos o que reúnen condiciones higiénicas; véase el Cuadro 7). La información sobre el acceso al agua potable, aunque se usa en forma generalizada, es extremadamente subjetiva y el significado de expresiones como "aceptable" puede variar mucho de un país a otro. Es posible que el agua tratada no sea apta para beber, incluso en los países de ingreso alto. Aunque normalmente se considera que tener acceso a un mejor abastecimiento de agua y estar conectado a una red pública de abastecimiento son una misma cosa, en esta afirmación no se tienen en cuenta las variaciones de calidad y de costo (definidos en sentido amplio) del servicio una vez hecha la conexión. Por lo tanto, las comparaciones entre países deben efectuarse con cautela. Los cambios que se observan dentro de un mismo país con el transcurso del tiempo pueden ser consecuencia de modificaciones de las definiciones o de las medidas.

La **deforestación anual** se refiere a la conversión permanente de las tierras forestales (tierras con árboles naturales o con árboles plantados), para otros usos, como agricultura migratoria, agricultura permanente, ganadería, asentamientos humanos y desarrollo de infraestructura. Las zonas deforestadas no comprenden los bosques explotados pero destinados a su regeneración, ni las zonas degradadas debido a la recolección de leña, a las precipitaciones ácidas o a los incendios. Los números negativos indican un aumento de la superficie cubierta de bosques.

Las estimaciones de la superficie cubierta de bosques se han derivado de la publicación titulada *Situación de los bosques del mundo 1999*, de la FAO, que provee información sobre la cubierta forestal en 1995 y estimaciones revisadas de la cubierta forestal en 1990. Los datos sobre la cubierta forestal de los países en desarrollo están basados en evaluaciones de los países preparadas en distintas épocas, y para los fines de su notificación tuvieron que ser adaptados a los años de referencia de 1990 y 1995. Este ajuste se efectuó mediante un modelo de deforestación diseñado para correlacionar las variaciones ocurridas en la cubierta forestal a través del tiempo con ciertas variables conexas, entre ellas los cambios y la densidad de la población, la cubierta forestal inicial y la zona ecológica de la superficie boscosa considerada.

Son **zonas protegidas a nivel nacional** las extensiones total o parcialmente protegidas de por lo menos 1.000 hectáreas que corresponden a parques nacionales, monumentos naturales, reservas de la naturaleza, refugios de especies silvestres, paisajes terrestres y marinos protegidos, o reservas para fines científicos a las cuales el público tiene acceso limitado. El indicador se ha calculado como porcentaje de la superficie total. En el caso de los países pequeños cuyas zonas protegidas pueden ser inferiores a 1.000 hectáreas, este límite se traducirá en una subestimación de la extensión y del número de zonas protegidas. Los datos no incluyen lugares protegidos en virtud de leyes locales y provinciales.

Los datos sobre las zonas protegidas son compilados, a partir de diversas fuentes, por el Centro Mundial de Vigilancia de la Conservación, organización conjunta del Programa de las Naciones Unidas para el Medio Ambiente, el Fondo Mundial para la Naturaleza, y la Unión Mundial para la Conservación. Debido a diferencias en las definiciones y sistemas de notificación, las posibilidades de efectuar comparaciones entre países son limitadas. Estos problemas se complican por el hecho de que los datos disponibles corresponden a períodos distintos. No obstante, la designación de ciertas tierras como zonas protegidas no significa necesariamente que estén protegidas en la práctica.

Cuadro 10. Consumo de energía y emisiones de dióxido de carbono

El **consumo de energía comercial** es la medida del consumo aparente, que es igual a la producción autóctona más las importaciones y las variaciones de las existencias, menos las exportaciones y los combustibles proporcionados a embarcaciones y aeronaves dedicados al transporte internacional. El Organismo Internacional de Energía (OIE) y la División de Estadística de las Naciones Unidas (UNSD) compilan datos sobre energía. Los datos del OIE correspondientes a países que no son miembros de la Organización de Cooperación y Desarrollo Económicos (OCDE) se basan en datos nacionales sobre energía que se han ajustado para que coincidan con los cuestionarios anuales que llenan los países miembros de la OCDE. Los datos de la UNSD se compilan principalmente a partir de las respuestas a cuestionarios enviados a los gobiernos de los países, y se complementan con datos de publicaciones estadísticas oficiales nacionales y datos provenientes de organizaciones intergubernamentales. Cuando no dispone de datos oficiales, la UNSD basa sus estimaciones en la literatura profesional y comercial. La diversidad de las fuentes limita las posibilidades de comparación de los datos entre países.

El consumo de energía comercial se refiere al consumo nacional de energía primaria antes de su transformación en otros combustibles para consumo final (como electricidad y productos derivados del petróleo refinado). Incluye la energía derivada de combustibles renovables y de desechos. Todas las formas de energía comercial —energía primaria y electricidad primaria— se han convertido a su equivalente en petróleo. Para convertir la electricidad nuclear a equivalentes en petróleo se supone una eficiencia térmica teórica del 33%, y en el caso de la energía hidroeléctrica se supone una eficiencia del 100%.

El **PIB por unidad de energía utilizada** es el PIB por kilogramo de equivalente en petróleo de energía comercial utilizada, basado en la PPA. El PIB basado en la PPA es el producto interno bruto convertido a dólares internacionales mediante el uso de los tipos de cambio de la paridad del poder adquisitivo. Un dólar internacional tiene el mismo poder adquisitivo que el dólar de los Estados Unidos tiene en ese país.

Las **importaciones netas de energía** se calculan como el consumo menos la producción de energía, ambas medidas en equivalentes en petróleo. Un valor negativo indica que el país es un exportador neto de energía.

Las **emisiones de dióxido de carbono** se refieren a las emisiones causadas por la quema de combustibles fósiles y la fabricación de cemento. Éstas incluyen el dióxido de carbono proveniente del consumo de combustibles sólidos, líquidos y gaseosos, y de la quema de gases sobrantes en antorcha.

El Carbon Dioxide Information Analysis Center (CDIAC), patrocinado por el Departamento de Energía de los Estados Unidos, calcula las emisiones antropogénicas anuales de dióxido de carbono. Los cálculos se basan en datos sobre el consumo de combustibles fósiles tomados del conjunto de datos sobre la energía en el mundo que mantiene la UNSD, y en datos sobre la fabricación de cemento en el mundo tomados del conjunto de datos sobre la fabricación de cemento que mantiene la Bureau of Mines de los Estados Unidos. Cada año el CDIAC vuelve a calcular toda la serie cronológica, desde 1950 hasta el presente, e incorpora en su base de datos sus comprobaciones más recientes y las últimas rectificaciones. En las estimaciones no se incluyen los combustibles suministrados a embarcaciones y aeronaves dedicados al transporte internacional, debido a que es difícil distribuirlos entre los países que se benefician de ese transporte.

Cuadro 11. Crecimiento de la economía

El **producto interno bruto** es la suma del valor bruto agregado, a precios de comprador, por todos los productores residentes en el país, más los impuestos, menos las subvenciones que no se incluyen en el valor de los productos. Se ha calculado sin efectuar deducciones para tener en cuenta la depreciación de los bienes fabricados o el agotamiento y la degradación de los recursos naturales. El valor agregado es la producción neta de un sector después de sumar todos los productos y restar los insumos intermedios. El origen industrial del valor agregado se basa en la Clasificación Industrial Internacional Uniforme de todas las actividades económicas (CIIU), Serie M, No. 4, Rev. 3.

El **deflactor implícito del PIB** refleja las variaciones de los precios en todas las categorías de demanda final, como consumo del gobierno, formación de capital y comercio internacional, así como en el componente principal, el consumo privado final. Se calcula como el coeficiente entre el PIB a precios corrientes y el PIB a precios constantes. El deflactor del PIB también se puede calcular explícitamente como un índice de precios de Paasche, en el cual las ponderaciones son las cantidades de producción del período corriente.

El **valor agregado de la agricultura** corresponde a los Capítulos 1 a 5 de la CIIU e incluye la silvicultura y la pesca. El **valor agregado de la industria** comprende los siguientes sectores: minería (Capítulos 10 a 14 de la CIIU), manufacturas (15 a 37), construcción (45), y electricidad, gas y abastecimiento de agua (40 y 41). El **valor agregado de los servicios** corresponde a los Capítulos 50 a 99 de la CIIU.

Las **exportaciones de bienes y servicios** representan el valor de todos los bienes y servicios prestados a otros países del mundo. Se incluye el valor de las mercancías, fletes, seguros, viajes, transporte y otros servicios, tales como comunicaciones y servicios financieros. No se incluyen los ingresos de los factores ni de la propiedad (anteriormente denominados servicios atribuibles a los factores), tales como la renta de inversiones, los intereses y la renta del trabajo. Tampoco se han incluido los pagos por transferencias.

La **inversión interna bruta** comprende los desembolsos en concepto de adiciones a los activos fijos de la economía más los cambios netos en el nivel de los inventarios. Las adiciones a los activos fijos incluyen los mejoramientos de terrenos (cercas, zanjas, drenes, etc.); adquisiciones de planta, maquinaria y equipo, y la construcción de edificios, caminos, ferrocarriles y obras afines, incluidos los edificios comerciales e industriales, oficinas, escuelas, hospitales y viviendas residenciales privadas. Los inventarios son las existencias de bienes que mantienen las empresas para hacer frente a fluctuaciones temporales o inesperadas de la producción o las ventas.

Las tasas de crecimiento son promedios anuales calculados usando datos a precios constantes en moneda nacional. Las tasas de crecimiento correspondientes a los grupos de países por región y por nivel de ingresos se han calculado después de convertir las monedas nacionales a dólares de los Estados Unidos al tipo de cambio oficial medio declarado por el Fondo Monetario Internacional (FMI) para el año indicado o bien, ocasionalmente, utilizando otro factor de conversión determinado por el Grupo de gestión de datos sobre el desarrollo del Banco Mundial. En la sección sobre métodos estadísticos se describen otros factores de conversión y métodos para calcular las tasas de crecimiento. Para mayor información sobre el cálculo del PIB y sus componentes sectoriales, véase la nota técnica del Cuadro 12.

Cuadro 12. Estructura de la producción

El **producto interno bruto** representa la suma del valor agregado por todos los productores de la economía (véase la nota técnica del Cuadro 11, donde se presenta una definición más detallada de este concepto, así como definiciones del **valor agregado de la agricultura, la industria, las manufacturas** y **los servicios**). Desde 1968 el Sistema de Cuentas Nacionales de las Naciones Unidas ha solicitado que las estimaciones del PIB por origen industrial se valoren a los precios al productor (incluidos los impuestos sobre los factores de producción, pero excluidos los impuestos indirectos sobre el producto final). No obstante, algunos países declaran esos datos a precios básicos —es decir, los precios a los cuales se efectúan las ventas finales (incluidos los impuestos indirectos)— y esto puede afectar a las estimaciones de la distribución de la producción. El PIB total que se indica en este cuadro está medido a precios al comprador. Los componentes del PIB se miden a precios básicos o a precios al productor.

Entre las dificultades con que tropiezan los compiladores de las cuentas nacionales figura la magnitud de la actividad económica informal o secundaria que no se declara. En los países en desarrollo una gran proporción de la producción agrícola no se intercambia (porque se consume en el hogar) o no se intercambia por dinero. También es posible que las transacciones financieras no se registren. Por ello, a menudo hay que estimar la producción agrícola indirectamente, usando una combinación de métodos que comprenden estimaciones de los insumos, rendimientos y superficies bajo cultivo.

La producción de la industria idealmente debería medirse mediante censos y encuestas regulares de las empresas. Pero en la mayoría de los países en desarrollo esas encuestas son infrecuentes y pierden actualidad rápidamente, de modo que muchos resultados deben ser extrapolados. La unidad de muestreo que se escoja, que puede ser la empresa (en cuyo caso las respuestas se pueden basar en los registros financieros) o el establecimiento (en cuyo caso las unidades de producción se pueden registrar separadamente), también influye en la calidad de los datos. Además, una gran parte de la producción industrial está organizada no en forma de empresas sino de operaciones no constituidas en sociedad o administradas por su dueño, que las encuestas orientadas hacia el sector formal no captan. Aun en el caso de las grandes industrias, en las cuales es más probable que se efectúen encuestas regulares, la evasión de los impuestos sobre las ventas y de otro tipo arroja una estimación más baja del valor agregado. Estos problemas se agudizan a medida que los países pasan del control estatal de la industria a la empresa privada, porque se crean nuevas firmas y un número creciente de empresas establecidas no declaran datos. De acuerdo con el Sistema de Cuentas Nacionales, la producción debería incluir todas estas actividades no declaradas, así como el valor de las actividades ilegales y otras operaciones sin registrar, informales o de pequeña escala. Los datos sobre estas actividades deben recolectarse por medio de técnicas distintas de las encuestas tradicionales.

En los sectores dominados por grandes organizaciones y empresas, los datos sobre producción, empleo y salarios por lo general se pueden obtener fácilmente y son bastante fidedignos. En cambio, en el sector de los servicios las numerosas personas que trabajan por cuenta propia y las empresas unipersonales a veces son difíciles de ubicar, y los propietarios tienen pocos incentivos para responder a las encuestas, y mucho menos para declarar la totalidad de sus ingresos. Estos problemas se ven agravados por las numerosas formas de actividad económica que no se declaran, incluido el trabajo de las mujeres y niños por el cual reciben una remuneración escasa o nula. Para un examen más detallado de los problemas encontrados al usar los datos de las cuentas nacionales, véanse Srinivasan (1994) y Heston (1994).

Cuadro 13. Estructura de la demanda

El **consumo privado** es el valor de mercado de todos los bienes y servicios, incluidos los productos duraderos (tales como automóviles, máquinas lavadoras y computadoras personales) comprados o recibidos como ingreso en especie por los hogares e instituciones sin fines de lucro. No incluye las compras de viviendas, pero sí la renta imputada de las viviendas ocupadas por sus propietarios. En la práctica, puede incluir cualquier discrepancia estadística en el uso de recursos en relación con el suministro de recursos.

El consumo privado a menudo se estima como un residuo, mediante el procedimiento de restar del PIB todos los demás gastos conocidos. Es posible que el agregado resultante contenga discrepancias bastante grandes. Cuando el consumo privado se calcula separadamente, las encuestas de los hogares en las cuales se basa una parte importante de las estimaciones suelen ser estudios de un año de cobertura limitada. En consecuencia, las estimaciones pierden actualidad rápidamente y deben complementarse con procedimientos de cálculo estadístico basados en precios y cantidades. El problema se complica por el hecho de que en muchos países en desarrollo la distinción entre gastos en efectivo para asuntos personales y para el hogar puede ser poco clara.

El **consumo de las administraciones públicas** incluye todos los gastos corrientes para la adquisición de bienes y servicios (incluidos los salarios y sueldos) en todos los niveles de gobierno, pero no comprende a la mayoría de las empresas públicas. También comprende la mayor parte del gasto en defensa y seguridad nacional, parte del cual se considera ahora como inversión en el Sistema de Cuentas Nacionales 1993.

La **inversión interna bruta** comprende los desembolsos en concepto de adiciones a los activos fijos de la economía, más los cambios netos en el nivel de los inventarios. Para la definición de activos fijos e inventarios, véase la nota técnica del Cuadro 11. Conforme a las directrices del Sistema de Cuentas Nacionales 1993, la inversión interna bruta también comprende los gastos de capital en establecimientos de defensa que pueden ser usados por el público en general, como las escuelas, los hospitales y ciertos tipos de viviendas privadas para uso familiar. Todos los demás gastos en defensa se consideran como gasto corriente.

Los datos sobre inversión se pueden estimar a partir de encuestas directas de las empresas y de registros administrativos, o se pueden basar en el método del flujo de productos básicos, usando datos provenientes del comercio y la construcción. La calidad de los datos sobre inversión pública en activos fijos depende de la calidad de los sistemas de contabilidad del gobierno, que tienden a ser deficientes en los países en desarrollo. Las medidas de la inversión privada en activos fijos —en particular los gastos de capital de las empresas pequeñas no constituidas en sociedad— generalmente son muy poco confiables.

Las estimaciones de los cambios de inventarios son a menudo incompletas, pero suelen incluir las actividades o productos básicos más importantes. En algunos países estas estimaciones se derivan en forma de un residuo compuesto junto con el consumo privado agregado. De acuerdo con las convenciones de las cuentas nacionales, se deberían hacer ajustes para tener en cuenta la apreciación de los inventarios debido a las variaciones de los precios, pero esto no siempre se hace. En las economías en que la inflación es elevada este elemento puede ser considerable.

El **ahorro interno bruto** es la diferencia entre el PIB y el consumo total.

Las **exportaciones de bienes y servicios** representan el valor de todos los bienes y servicios (incluidos los fletes, el transporte, los viajes y otros servicios, como las comunicaciones, los seguros y los servicios financieros) prestados al resto del mundo. Los datos sobre exportaciones e importaciones se han compilado a partir de declaraciones de aduana y de los datos de la balanza de pagos proporcionados por los bancos centrales. Los datos sobre exportaciones e importaciones desde el punto de vista de los pagos constituyen registros razonablemente confiables de las transacciones transnacionales, pero es posible que no se adhieran estrictamente a las definiciones apropiadas de valoración y oportunidad de la contabilidad de la balanza de pagos o, lo que es aún más importante, no concuerden con el criterio del cambio de propiedad. (En la contabilidad tradicional de la balanza de pagos, al registrar una transacción se considera que ésta se produce en el momento en que un bien o servicio cambia de propietario o de manos). Esta cuestión ha cobrado mayor importancia al aumentar la globalización de los negocios. Ni los datos de las aduanas ni los datos de la balanza de pagos captan las transacciones ilegales que ocurren en muchos países. Es posible que los bienes transportados por viajeros de un país a otro en el marco de un comercio de ida y vuelta lícito pero no declarado distorsionen aún más las estadísticas del comercio.

La **balanza de recursos** es la diferencia entre las exportaciones y las importaciones de bienes y servicios.

Cuadro 14. Finanzas del gobierno central

Los **ingresos tributarios corrientes** abarcan las entradas por concepto de pagos obligatorios, sin contrapartida y no reembolsables percibidos por el gobierno central para fines públicos. Comprenden los intereses cobrados por los impuestos en mora y las multas cobradas por falta de pago o pago tardío de los impuestos, y se presentan deducidos los reembolsos y otras transacciones correctivas.

Los **ingresos no tributarios corrientes** comprenden las entradas con contrapartida, no reembolsables para fines públicos, como las multas, los cargos administrativos o los ingresos procedentes de propiedades del gobierno, y los ingresos corrientes voluntarios, sin contrapartida, no reembolsables distintos de los provenientes de fuentes gubernamentales. No se incluyen en esta categoría el importe de donaciones recibidas ni de empréstitos, los reembolsos de préstamos concedidos anteriormente, las ventas de bienes de capital fijo o de existencias, de tierras o de activos intangibles; tampoco se incluyen los donativos para fines de capital provenientes de fuentes no gubernamentales. Los ingresos tributarios y no tributarios, en conjunto, constituyen el ingreso corriente del gobierno.

El **gasto corriente** comprende pagos con contrapartida distintos de los correspondientes a bienes de capital, o a bienes o servicios que hayan de usarse en la producción de bienes de capital. También incluye los pagos sin contrapartida para distintas finalidades, excepto permitir que quienes los reciban adquieran bienes de capital, compensar a quienes los reciban por daños o la destrucción de bienes de capital, o aumentar el capital financiero de quienes los reciban. El gasto corriente no incluye los préstamos otorgados por el gobierno o los reembolsos recibidos por éste, ni la adquisición de acciones por parte del gobierno por razones de política pública.

Los **gastos de capital** son los gastos no militares para la adquisición de bienes de capital fijo, tierras, activos intangibles, y existencias estratégicas y de emergencia. También se incluyen las transferencias de capital sin contrapartida para la adquisición de bienes de capital o para incrementar el capital financiero de quienes las reciben.

El **superávit/déficit global** se define como los ingresos corrientes y de capital y las donaciones oficiales recibidas, menos el total de gastos y préstamos menos las sumas reembolsadas.

El **gasto en bienes y servicios** comprende todos los pagos efectuados por el gobierno en concepto de bienes y servicios, incluidos los salarios y sueldos.

El **gasto en servicios sociales** comprende el gasto en salud, educación, vivienda, asistencia social, seguridad social y servicios comunitarios. También incluye las indemnizaciones a los enfermos y a las personas temporalmente discapacitadas por la pérdida de ingresos; los pagos a los ancianos, a los discapacitados en forma permanente y a los desempleados; las asignaciones familiares, de maternidad y por hijos a cargo, y el costo de los servicios de asistencia social, como el cuidado de los ancianos, los discapacitados y los niños. Se incluyen indistintamente en esta categoría muchos gastos relacionados con la protección del medio ambiente, como las actividades de reducción de la contaminación, abastecimiento de agua, saneamiento y recolección de basura.

Los datos sobre ingresos y gastos de los gobiernos son recolectados por el FMI por medio de cuestionarios distribuidos a los países miembros, y por la OCDE. En general, la definición de gobierno excluye a las empresas públicas no financieras y a las instituciones públicas financieras (como el banco central). Pese a los esfuerzos del FMI por sistematizar y uniformar la recolección de datos sobre las finanzas públicas, las estadísticas sobre estas últimas a menudo son incompletas, inoportunas, e imposibles de comparar. La deficiencia de la cobertura estadística impide presentar datos subnacionales, razón por la cual las comparaciones entre países podrían inducir a error.

El total del gasto del gobierno central, en la forma en que se presenta en *Government Finance Statistics Yearbook*, del FMI, es una medida más limitada del consumo de las administraciones públicas que la que se indica en las cuentas nacionales, debido a que excluye el gasto en consumo por los gobiernos estatales y los gobiernos locales. Por otra parte, el concepto de gasto del gobierno central que aplica el FMI es más amplio que la definición de las cuentas nacionales, pues incluye la inversión interna bruta del gobierno y los pagos de transferencias.

La expresión finanzas del gobierno central puede referirse a cualquiera de estos dos conceptos contables: cuentas consolidadas o presupuestarias. En la mayoría de los países, los datos relativos a las finanzas del gobierno central se han consolidado en una sola cuenta, pero en otros se dispone únicamente de cuentas presupuestarias. Los países que declaran datos presupuestarios se indican en el cuadro sobre la documentación de los datos primarios en *World Development Indicators 2000*. Debido a que en las cuentas presupuestarias no siempre se incluyen todas las unidades del gobierno central, el panorama global de sus actividades suele quedar incompleto. El hecho de que no se incluyan las operaciones cuasifiscales del banco central es una cuestión fundamental. Las pérdidas del banco central derivadas de operaciones monetarias y el financiamiento subvencionado pueden producir considerables déficit cuasifiscales. Esos déficit también pueden producirse como resultado de las operaciones de otros intermediarios financieros, como las instituciones públicas de financiamiento para el desarrollo. En los datos también faltan los pasivos contingentes del gobierno en concepto de fondos de pensiones y planes de seguros financiados con aportaciones.

Cuadro 15. Balanza de pagos, cuenta corriente y reservas internacionales

Las **exportaciones de bienes y servicios** e **importaciones de bienes y servicios** comprenden, en conjunto, todas las transacciones entre residentes de un país y el resto del mundo en que se produce un cambio de propiedad de mercancías generales, bienes enviados para su elaboración y reparación, oro no monetario y servicios.

Los **ingresos netos** se refieren a la remuneración percibida por los trabajadores en un país distinto del cual son residentes por concepto de trabajos realizados para un residente de ese país y pagados por él, y a la renta de inversiones (ingresos y pagos correspondientes a inversiones directas, inversiones de cartera y otras inversiones, e ingresos derivados de activos de reserva). Los ingresos provenientes del uso de activos intangibles se registran bajo servicios comerciales.

Las **transferencias corrientes netas** consisten en transacciones en las cuales los residentes de un país proveen o reciben bienes, servicios, ingresos o bienes financieros sin exigir algo a cambio. Todas las transferencias que no se consideran de capital son transferencias corrientes.

La **balanza en cuenta corriente** es la suma de las exportaciones netas de bienes y servicios, del ingreso y de las transferencias corrientes.

Las **reservas internacionales brutas** comprenden las tenencias de oro monetario, los derechos especiales de giro, las posiciones de reservas de los países miembros del FMI mantenidas por el Fondo y las tenencias de divisas bajo el control de las autoridades monetarias. La porción en oro de estas reservas se ha valorado a los precios de fin de año en Londres ($385,00 por onza en 1990 y $290,25 por onza en 1999).

La balanza de pagos está dividida en dos grupos de cuentas. En la cuenta corriente se registran las transacciones de bienes y servicios, los ingresos y las transferencias corrientes. En la cuenta de capital y financiera se registran las transferencias de capital; la adquisición o enajenación de activos no financieros, no producidos (como las patentes), y las transacciones de activos y pasivos financieros. Las reservas internacionales brutas se registran en un tercer conjunto de cuentas, la posición de inversión internacional, en el cual se registra el total de activos y pasivos.

La balanza de pagos es un sistema de contabilidad por partida doble en el cual se indican todos los flujos de bienes y servicios que entran y salen de una economía; todas las transferencias que son la contrapartida de recursos reales o títulos de crédito suministrados a o por el resto del mundo sin exigir algo a cambio, como las donaciones, y todos los cambios de los títulos de crédito de residentes contra no residentes, y de los pasivos de residentes frente a no residentes derivados de transacciones económicas. Todas las transacciones se registran dos veces: una vez como crédito y una vez como débito. En principio el saldo neto debería ser cero, pero en la práctica es frecuente que las cuentas no cuadren. En esos casos se incluye en la cuenta de capital y financiera una partida compensadora titulada errores y omisiones netos.

Es posible que se produzcan discrepancias en la balanza de pagos debido a que no hay una fuente de datos única para ésta. Tampoco hay manera de asegurar que los datos provenientes de distintas fuentes sean totalmente concordantes. Entre las fuentes de datos se cuentan las aduanas, las cuentas monetarias del sistema bancario, los registros de la deuda externa, la información proporcionada por las empresas, las encuestas realizadas para estimar las transacciones de servicios, y los registros de divisas. Las diferencias de los métodos de registro —por ejemplo, el momento en que se registran las transacciones, las definiciones de residencia y propiedad, y el tipo de cambio usado para valorar las transacciones— contribuyen a los errores y omisiones netos. Además, es posible que el contrabando y otras transacciones ilegales o cuasilegales no se registren o se registren erróneamente.

Los conceptos y definiciones empleados en los datos del Cuadro 15 están basados en la quinta edición del *Manual de Balanza de Pagos* del FMI. En esa edición se redefinen como transferencias de capital algunas transacciones que anteriormente se incluían en la cuenta corriente, como la condonación de deudas, las transferencias de capital de los emigrantes y la asistencia externa para adquirir bienes de capital. Por consiguiente, la cuenta corriente de la balanza de pagos refleja ahora con mayor exactitud las transferencias corrientes netas, además de las transacciones de bienes, servicios (anteriormente servicios no atribuibles a los factores) e ingresos (anteriormente ingreso de los factores). Muchos países todavía mantienen sistemas de recolección de datos que se ajustan a los conceptos y definiciones de la cuarta edición. Cuando es necesario, el FMI convierte los datos declarados conforme a sistemas anteriores de modo que se ajusten a la quinta edición (véase el cuadro sobre documentación de los datos primarios en *World Development Indicators 2000)*. Los valores están expresados en dólares de los Estados Unidos a los tipos de cambio de mercado.

Cuadro 16. Finanzas del sector privado

La **inversión privada** abarca los gastos brutos del sector privado (incluidos los organismos privados sin fines de lucro) en concepto de adiciones a sus activos fijos internos. Cuando no se dispone de estimaciones directas de la inversión interna bruta en activos fijos del sector privado, ésta se calcula como la diferencia entre la inversión interna bruta total y la inversión pública consolidada. No se hace ninguna deducción por concepto de depreciación de los activos. La inversión privada a menudo se calcula como la diferencia entre dos cantidades estimadas —la inversión interna en activo fijo y la inversión pública consolidada— y por esta razón puede resultar subvalorada o sobrevalorada y estar sujeta a errores a través del tiempo.

La **capitalización de los mercados bursátiles** (denominada también valor de mercado) es la suma de las capitalizaciones de mercado de todas las firmas cotizadas en las bolsas de valores nacionales. La capitalización de mercado de cada empresa es el precio de su acción al final del año multiplicado por el número de acciones en circulación. La capitalización de mercado, presentada como una medida para determinar el nivel de desarrollo del mercado bursátil de un país, puede no ser estrictamente comparable entre países debido a deficiencias conceptuales y estadísticas, como la declaración de datos inexactos y la aplicación de normas de contabilidad diferentes.

El **número de empresas nacionales cotizadas en bolsa** se refiere a las compañías constituidas en sociedad en el país cuyas acciones se cotizaban en las bolsas de valores nacionales al final del año indicado. No se incluyen las compañías de inversión, los fondos comunes de inversiones y otras modalidades de inversión colectiva. Los datos sobre la capitalización de los mercados bursátiles y sobre las empresas nacionales cotizadas en bolsa están tomados de *Emerging Stock Markets Factbook 2000*, de Standard & Poor's.

El **margen de las tasas de interés** (conocido también como margen de intermediación) es la diferencia entre la tasa de interés cobrada por los bancos por sus préstamos al sector privado a corto y a mediano plazo, y la tasa de interés ofrecida por los bancos a los clientes residentes por sus depósitos a la vista, a plazo o de ahorro. Las tasas de interés deberían reflejar la reacción de las instituciones financieras ante la competencia y los incentivos de precios. Sin embargo, el margen de las tasas de interés puede no ser una medida confiable de la eficiencia del sistema bancario en la medida en que la información sobre las tasas de interés sea inexacta, los bancos no supervisen a todos los gerentes de bancos, o el gobierno fije las tasas de los depósitos y los préstamos.

El **crédito interno suministrado por el sector bancario** comprende todo el crédito otorgado a diversos sectores sobre una base bruta, con excepción del crédito concedido al gobierno central, que es neto. El sector bancario incluye a las autoridades monetarias, los bancos de depósito y otras instituciones bancarias respecto de las cuales se dispone de datos (incluidas las instituciones que no aceptan depósitos transferibles pero contraen pasivos tales como depósitos a plazo y de ahorro). Otros ejemplos de instituciones bancarias son las instituciones de ahorro y préstamos hipotecarios, y las sociedades de crédito inmobiliario.

En general, los indicadores declarados en el Cuadro 16 no captan las actividades del sector informal, que siguen constituyendo una importante fuente de financiamiento en los países en desarrollo.

Cuadro 17. Función del Estado en la economía

Las **subvenciones y otras transferencias corrientes** comprenden todas las transferencias sin contrapartida, no reembolsables en cuenta corriente a empresas públicas y privadas, y el costo que significa para el público cubrir los déficit de operación en efectivo de las empresas adscritas por ventas al público.

El **valor agregado por las empresas estatales** se calcula como los ingresos provenientes de las ventas menos el costo de los insumos intermedios, o como la suma de su superávit (saldo) de operación y los pagos de salarios. Las empresas estatales son entidades económicas de propiedad del Estado o controladas por éste que generan la mayor parte de sus ingresos mediante la venta de bienes y servicios. Esta definición comprende tanto las empresas comerciales administradas directamente por un departamento gubernamental como aquellas en que el Estado posee una mayoría de las acciones sea directa o indirectamente, a través de otras empresas estatales. También comprende las empresas en que el Estado posee una minoría de las acciones y la distribución de las acciones restantes le da a éste un control efectivo. No incluye las actividades del sector público —educación, servicios de salud y construcción y mantenimiento de carreteras— que se financian por otros medios, generalmente con ingresos generales del gobierno. Las empresas financieras, debido a que suelen ser de índole distinta, se han excluido de los datos.

El **gasto militar**, en el caso de los países de la Organización del Tratado del Atlántico Norte (OTAN), se basa en la definición de la OTAN, que incluye los gastos relacionados con asuntos militares del ministerio de defensa (reclutamiento, instrucción, construcción, y compra de bienes y equipos militares) y de otros ministerios. Se excluyen los gastos de tipo civil del ministerio de defensa. La asistencia militar se incluye en el gasto del país donante. Las compras de equipo militar a crédito se incluyen en el momento en que se contrae la deuda, y no en el momento del pago. Los datos correspondientes a países que no son miembros de la OTAN generalmente cubren los gastos del ministerio de defensa; se excluyen los gastos relacionados con el orden público y la seguridad, los cuales se clasifican separadamente.

Las definiciones de gasto militar difieren según incluyan o no a la defensa civil; las fuerzas de reserva y auxiliares; la policía y las fuerzas paramilitares; las fuerzas de propósito doble, como la policía militar y civil; las donaciones militares en especie; las pensiones del personal militar, y las aportaciones a la seguridad social pagadas por un sector del gobierno a otro. Es posible que en los datos oficiales del gobierno se omitan algunos gastos militares, se oculte el financiamiento a través de cuentas extrapresupuestarias o el uso de ingresos en divisas sin registrar, o no se incluya la asistencia militar o las importaciones secretas de equipo militar. Es más probable que se declare el gasto corriente que el gasto de capital. En algunos casos se puede obtener una estimación más exacta del gasto militar sumando el valor de las importaciones estimadas de armamentos y los gastos militares nominales. Por otra parte, con este método es posible que se subdeclare o sobredeclare el gasto en un año determinado, porque el pago del armamento puede no coincidir con su entrega.

Los datos sobre el gasto militar que figuran en el Cuadro 17 provienen de la Bureau of Arms Control del Departamento de Estado de los Estados Unidos. El *Government Finance Statistics Yearbook* del FMI es una fuente primordial de datos sobre el gasto en defensa. En esa publicación se usa una definición congruente del concepto de gasto en defensa basada en la definición de la OTAN y en la clasificación de las Naciones Unidas de las funciones de las administraciones públicas. El FMI verifica los datos sobre gasto en defensa para cerciorarse de que, a grandes rasgos, estén en consonancia con otros datos macroeconómicos notificados, pero no siempre logra verificar que sean exactos y estén completos. Además, en la cobertura de los países influyen las demoras en declarar datos o el hecho de que algunos no se declaren. Por consiguiente, la mayoría de los investigadores complementan los datos del FMI con evaluaciones efectuadas por otras organizaciones como, la Bureau of Arms Control, el Instituto Internacional de Estocolmo para la Investigación de la Paz, y el Instituto Internacional de Estudios Estratégicos. Sin embargo, estos organismos se basan en gran medida en los datos declarados por los gobiernos, en estimaciones de inteligencia confidenciales de calidad variable, en fuentes que no revelan o no pueden revelar, y en las publicaciones de unos y otros.

La **clasificación del riesgo compuesto según la ICRG** es un índice global sobre el riesgo de inversión en los países tomado de *International Country Risk Guide* (ICRG) del PRS Group. El índice se basa en 22 componentes del riesgo. El PRS Group recoge información sobre cada componente, agrupa estos componentes en tres categorías principales (políticos, financieros y económicos) y convierte la información en una sola evaluación numérica del riesgo, de 0 a 100. Las clasificaciones inferiores a 50 indican un riesgo muy alto y las superiores a 80, un riesgo muy bajo. Las clasificaciones se actualizan cada mes.

Según la **clasificación crediticia de *Institutional Investor*,** la probabilidad de incumplimiento de pago de un país se cataloga en una escala de 0 a 100. Un número alto indica una probabilidad baja de incumplimiento. Las clasificaciones crediticias de países de *Institutional Investor* se basan en información que suministran los principales bancos internacionales. Las respuestas están ponderadas según una fórmula en que se da más importancia a las respuestas de los bancos con la mayor cantidad de préstamos pendientes en todo el mundo y los sistemas más refinados de análisis de los países. Las clasificaciones se actualizan cada seis meses.

La clasificación del riesgo puede ser muy subjetiva, como resultado de percepciones externas que no siempre captan la situación real de un país. Pero estas percepciones subjetivas son la realidad que afrontan los rectores de las políticas dentro del ambiente que crean para las entradas de recursos extranjeros privados. Los países que no tienen una clasificación crediticia favorable en los organismos de clasificación típicamente no atraen flujos de capital privado registrados. Las clasificaciones crediticias aquí presentadas no están respaldadas por el Banco Mundial, pero se incluyen porque son útiles desde el punto de vista analítico.

La **tasa impositiva marginal máxima** es la tasa más alta que se indica en la escala de tasas impositivas que se aplican a la renta imponible de las personas y a las utilidades de las empresas. En el cuadro también se presenta el límite del ingreso por encima del cual se aplica a las personas la tasa impositiva marginal máxima.

Los sistemas de recaudación de impuestos a menudo son complejos y contienen numerosas excepciones, exenciones, multas y otros incentivos que influyen en la incidencia de la tributación y, por consiguiente, en las decisiones de los trabajadores, administradores, empresarios, inversionistas y consumidores. Un factor que quizás influya considerablemente en los inversionistas nacionales y extranjeros es la progresividad del sistema tributario, que se refleja en la tasa impositiva marginal máxima sobre el ingreso de las personas y las utilidades de las empresas. En el caso de las personas, las tasas impositivas marginales generalmente se refieren al ingreso proveniente del empleo. En algunos países la tasa impositiva marginal máxima es también la tasa básica o uniforme, y es posible que se apliquen otros recargos tributarios, deducciones, etcétera.

Cuadro 18. Energía eléctrica y transporte

Los datos sobre **consumo de energía eléctrica per cápita** miden la producción de las centrales eléctricas y las centrales de cogeneración, menos las pérdidas en la transmisión, distribución y transformación y la electricidad destinada al uso de las propias centrales termoeléctricas. Las **pérdidas en la transmisión y distribución** son las pérdidas en la transmisión entre las fuentes de abastecimiento y los puntos de distribución, y en la distribución a los consumidores, e incluyen el hurto.

El Organismo Internacional de Energía recolecta los datos sobre producción y consumo de energía eléctrica, que obtiene de los organismos nacionales de energía, y los adapta a las definiciones internacionales, por ejemplo, para tener en cuenta el autoabastecimiento de establecimientos que, además de sus actividades principales, generan total o parcialmente la electricidad que necesitan para su propio uso. En algunos países la electricidad producida por los hogares y las pequeñas empresas debido a que están ubicadas en lugares remotos o a que no se puede confiar en el servicio público de electricidad es considerable, y es posible que en esos casos los ajustes no reflejen debidamente la producción real.

Se deducen el consumo propio de las centrales eléctricas y las pérdidas en la transmisión, pero el consumo de energía eléctrica comprende el de las centrales auxiliares, las pérdidas que ocurren en los transformadores que se consideran parte de esas centrales, y la electricidad producida por instalaciones de bombeo. Cuando se dispone de datos al respecto, el consumo comprende la electricidad generada por todas las fuentes primarias de energía: carbón, petróleo y gas, energía nuclear, hidroeléctrica, geotérmica, eólica, oceánica (olas y mareas), y la producida por medio de combustibles renovables. Ni los datos sobre producción ni los relativos al consumo captan la falta de seguridad del suministro, como la frecuencia de los apagones, las interrupciones por averías y los factores de carga.

Los **caminos pavimentados** son los que han sido recubiertos con piedra machacada (macadán) y un aglutinante hidrocarbonado o sustancias bituminadas, con hormigón, o con guijarros, como porcentaje de todos los caminos del país medidos en longitud. Los **bienes transportados por carretera** representan el volumen de bienes transportados por vehículos que circulan por caminos, medido en millones de toneladas métricas multiplicado por los kilómetros recorridos. Los **bienes transportados por ferrocarril** representan el tonelaje de los bienes transportados multiplicado por los kilómetros recorridos, por millón de dólares de PIB medido según la PPA. Los datos sobre **pasajeros transportados por vía aérea** comprenden los pasajeros de rutas nacionales e internacionales.

Los datos sobre la mayoría de los sectores del transporte no son comparables entre países debido a que —a diferencia de lo que sucede con las estadísticas demográficas, las cuentas del ingreso nacional y los datos sobre el comercio internacional—, la recolección de datos sobre la infraestructura no se ha "internacionalizado". Los datos sobre caminos son recolectados por la Federación Internacional de Carreteras (IRF) y los datos sobre transporte aéreo son recolectados por la Organización de Aviación Civil Internacional (OACI). Las asociaciones nacionales de vialidad constituyen la principal fuente de datos de la IRF; en los países en que dichas asociaciones no existen o no responden cuando se les solicitan datos, se recurre a otros organismos, como las direcciones de vialidad, los ministerios de transporte o de obras públicas, o las oficinas centrales de estadística. En consecuencia, la calidad de los datos compilados es variable.

Cuadro 19. Comunicaciones, información y ciencia y tecnología

Los datos sobre **diarios** representan el número de ejemplares distribuidos de periódicos publicados por lo menos cuatro veces por semana, por 1.000 personas. Los datos sobre **radios** representan el número estimado de receptores de radio usados para transmisiones al público en general, por 1.000 personas. Los datos sobre estos dos indicadores están tomados de encuestas estadísticas realizadas por la UNESCO. Las definiciones, clasificaciones y métodos que emplean algunos países no coinciden exactamente con los de la UNESCO. Por ejemplo, con respecto a la circulación de los diarios algunos países declaran el número de ejemplares impresos y no el número de ejemplares distribuidos. Además, muchos países cobran derechos de licencia a las radios, para ayudar a financiar las transmisiones públicas, lo cual induce a los dueños a no declarar que éstas son de su propiedad. Debido a estos y otros problemas de la recolección de datos, las estimaciones del número de diarios y radios varían considerablemente en cuanto a fiabilidad y deberían interpretarse con cautela.

Los datos sobre **televisores** se refieren al número estimado de unidades en uso, por 1.000 personas. Los países suministran los datos sobre televisores a la Unión Internacional de Telecomunicaciones (UIT) mediante cuestionarios anuales que ésta envía a las autoridades nacionales encargadas de las transmisiones y a las asociaciones del ramo. En algunos países se exige el registro de los televisores. Dado que los hogares no siempre declaran algunos o todos sus televisores, es posible que el número de unidades con licencia sea inferior al número verdadero.

Los datos sobre **líneas telefónicas principales** se refieren a todas las líneas telefónicas que conectan el equipo de un cliente a la red pública de conmutación, por 1.000 personas. Los datos sobre **teléfonos portátiles** se refieren a los usuarios de teléfonos portátiles abonados a un servicio público automático de telefonía móvil que emplea tecnología celular y provee acceso a la red pública de conmutación, por 1.000 personas. La UIT recolecta los datos sobre líneas telefónicas principales y teléfonos portátiles mediante cuestionarios anuales que envía a las autoridades encargadas de las telecomunicaciones y a compañías que trabajan en ese campo. Los datos se complementan con informes anuales y anuarios estadísticos de los ministerios, organismos reguladores, empresarios y asociaciones relacionados con las telecomunicaciones.

Los datos sobre **computadoras personales** se refieren al número estimado de computadoras independientes diseñadas para uso individual, por 1.000 personas. Para las estimaciones anuales del número de computadoras personales la UIT se basa en un cuestionario anual, que complementa con otras fuentes. En muchos países las grandes computadoras se usan extensamente, y miles de usuarios se pueden conectar a una sola; en esos casos, el número de computadoras personales indica un uso total de computadoras inferior al real.

Los ***hosts* de Internet** son las computadoras conectadas directamente a la red mundial de sistemas interconectados; muchos usuarios de computadoras pueden acceder a Internet por intermedio de un solo *host*. Los *hosts* se asignan a los países sobre la base del código nacional del *host*, pero dicho código no indica necesariamente que el *host* está ubicado físicamente en ese país. Todos los *hosts* que carecen de código nacional de identificación se han asignado a los Estados Unidos. El Internet Software Consortium cambió los métodos utilizados en su encuesta sobre dominios en Internet a partir de julio de 1998. Se estima que la nueva encuesta es más confiable y evita el problema de las omisiones que se plantea cuando las organizaciones restringen la descarga de datos contenidos en sus dominios. No obstante, aún persisten algunos problemas de medición, de manera que el número de *hosts* de Internet que se indica para cada país es solamente aproximado.

Los **científicos e ingenieros dedicados a la investigación y desarrollo** representan el número de personas capacitadas para trabajar en cualquier rama de las ciencias que se dedican a actividades profesionales de investigación y desarrollo (incluidos los funcionarios administrativos), por un millón de personas. La mayoría de estos trabajos requieren haber terminado la educación terciaria.

La UNESCO obtiene de sus Estados miembros datos sobre los científicos e ingenieros y sobre el gasto en investigación y desarrollo, principalmente por medio de respuestas oficiales a los cuestionarios y encuestas especiales de la UNESCO y también de informes y publicaciones oficiales, y los complementa con información proveniente de otras fuentes nacionales e internacionales. La UNESCO informa sobre el número de científicos e ingenieros o sobre el número de personas económicamente activas calificadas para serlo. Los datos sobre el número de científicos e ingenieros generalmente provienen de los censos y están menos actualizados que los recuentos de la población económicamente activa. La UNESCO complementa estos datos con estimaciones del número de científicos e ingenieros calificados mediante el recuento del número de personas que han completado su educación hasta las categorías 6 y 7 de la Clasificación Internacional Normalizada de la Educación (CINE). En los datos sobre los científicos e ingenieros, que normalmente se basan en personal en su equivalente a tiempo completo, no se pueden tener en cuenta las grandes variaciones de la calidad de la capacitación y educación.

Los datos sobre **exportaciones de productos de alta tecnología** se refieren a productos con gran intensidad de trabajo de investigación y desarrollo. Éstos comprenden productos de alta tecnología en el ámbito aeroespacial, computadoras, productos farmacéuticos, instrumentos científicos y maquinaria eléctrica.

La metodología empleada para determinar las exportaciones de productos de alta tecnología de un país fue creada por la OCDE, en colaboración con Eurostat (Oficina de Estadística de las Comunidades Europeas). Denominado "enfoque de productos" para distinguirlo del "enfoque sectorial", este método se basa en el cálculo de la intensidad de las actividades de investigación y desarrollo (gasto en investigación y desarrollo dividido por el total de ventas) para un grupo de productos de seis países (Alemania, Estados Unidos, Italia, Japón, Países Bajos y Suecia). Dado que algunos sectores industriales que se caracterizan por producir pocos productos de alta tecnología pueden también producir muchos productos de escasa tecnología, el enfoque de productos resulta más adecuado que el enfoque sectorial a la hora de analizar el comercio internacional. Para elaborar una lista de productos manufacturados de alta tecnología (sin incluir servicios), se calculó la intensidad de las actividades de investigación y desarrollo de los productos clasificados al nivel de tres dígitos de la Clasificación Uniforme para el Comercio Internacional (CUCI), Serie M, No. 34, Rev. 3. La lista definitiva se determinó al nivel de cuatro y cinco dígitos. Dado que a ese nivel no se disponía de datos sobre investigación y desarrollo, la selección definitiva se basó en los datos sobre patentes y en la opinión de expertos. En esta metodología sólo se toma en cuenta la intensidad de las actividades de investigación y desarrollo. También son importantes otras características de la alta tecnología, como los conocimientos técnicos, el personal científico y técnico, y la tecnología comprendida en las patentes; si se consideraran estas características, la lista sería diferente (véase Hatzichronoglou, 1997).

Las **solicitudes de patentes presentadas** corresponden al número de documentos emitidos por una oficina del gobierno en los cuales se describe una invención y se crea una situación legal en virtud de la cual la invención patentada normalmente sólo puede ser explotada (fabricada, usada, vendida, importada) por el titular de la patente o con su autorización. La protección de las invenciones tiene un límite de tiempo (por lo general 20 años a contar de la fecha en que se presenta la solicitud de otorgamiento de la patente). La información sobre solicitudes de patentes presentadas se indica separadamente para los residentes y para los no residentes de cada país. Los datos sobre patentes provienen de la Organización Mundial de la Propiedad Intelectual, la cual estima que al final de 1996 había alrededor de 3,8 millones de patentes en vigor en todo el mundo.

Cuadro 20. Comercio internacional

Las **exportaciones de mercancías** indican el valor f.o.b. (libre a bordo) en dólares de los Estados Unidos de los bienes suministrados al resto del mundo. Las **importaciones de mercancías** indican el valor c.i.f. (costo más seguro y flete) en dólares de los Estados Unidos de los bienes comprados al resto del mundo. Los datos sobre las **exportaciones e importaciones de manufacturas** se refieren a las secciones 5 (productos químicos), 6 (manufacturas básicas), 7 (maquinaria) y 8 (artículos manufacturados diversos), excluido el Capítulo 68 (metales no ferrosos) y el grupo 891 (armas y municiones) de la Clasificación Uniforme para el Comercio Internacional (CUCI). Los **servicios comerciales** comprenden todo el comercio de servicios, con inclusión del transporte, las comunicaciones y los servicios empresariales, pero no incluyen los servicios de la administración pública, que comprenden los servicios relacionados con los sectores públicos (tales como los gastos en embajadas y consulados) y con las organizaciones regionales e internacionales.

Los datos sobre exportación e importación de mercancías provienen de los informes de las aduanas y pueden no ajustarse del todo a los conceptos y definiciones que aparecen en la quinta edición del *Manual de Balanza de Pagos* del FMI. El valor de las exportaciones se registra al costo de los bienes entregados en la frontera del país exportador para su embarque, es decir, el valor f.o.b. Muchos países recopilan y declaran datos sobre el comercio en dólares de los Estados Unidos. Cuando los países declaran datos en moneda nacional, el valor se convierte al tipo de cambio medio oficial del período indicado. El valor de las importaciones generalmente se registra como el costo de los bienes en el momento en que son adquiridos por el importador más el costo del transporte y seguro hasta la frontera del país importador, es decir, el valor c.i.f. Los datos sobre las importaciones de bienes se han derivado de las mismas fuentes que los datos sobre las exportaciones. En principio, las exportaciones e importaciones mundiales deberían ser idénticas. Asimismo, las exportaciones de una economía deberían ser iguales a la suma de las importaciones de esa economía efectuadas por el resto del mundo. Sin embargo, debido a diferencias en cuanto al momento del registro y a las definiciones se producen discrepancias en los valores declarados a todos los niveles.

Los datos que figuran en el Cuadro 20 han sido compilados por la Organización Mundial del Comercio (OMC). Los datos sobre comercio de mercancías están tomados de la publicación del FMI titulada *Estadísticas financieras internacionales–Anuario*, y se han complementado con datos de la base de datos Commodity Trade (COMTRADE), que mantiene la División de Estadística de las Naciones Unidas, y de publicaciones nacionales en el caso de los países que no declaran información al FMI. Los datos sobre comercio de manufacturas provienen de la base de datos COMTRADE. En los casos en que no se disponía de datos de la OMC, el personal del Banco Mundial ha estimado las proporciones de manufacturas a partir de la información más reciente disponible en la base de datos COMTRADE. Cuando se dispone de datos sobre el comercio de mercancías, la OMC los da a conocer sobre la base del sistema general de comercio, que incluye los bienes importados para su reexportación. Dos economías cuyos niveles de reexportación son elevados, a saber, Hong Kong (China) y Singapur, se señalan con una nota en el cuadro. No se incluyen los bienes transportados a través de un país que se encuentren en tránsito hacia otro. Los datos sobre intercambio de servicios comerciales están tomados de la base de datos sobre la balanza de pagos del FMI, y se han complementado con datos de publicaciones nacionales en el caso de los países que no declaran datos al Fondo.

Cuadro 21. Flujos financieros y de asistencia

Los **flujos netos de capital privado** son los flujos de deuda privada y de recursos no consistentes en deuda. Los flujos de deuda privada incluyen los préstamos de bancos comerciales, bonos, y otros tipos de crédito privado. Los flujos privados de recursos no consistentes en deuda son la inversión extranjera directa y las inversiones de capital de cartera. La **inversión extranjera directa** consiste en las entradas netas de inversiones destinadas a adquirir una participación duradera (10% o más de las acciones con derecho a voto) en la gestión de una empresa que funciona en un país distinto de aquel del inversionista. Es la suma de los flujos de capital accionario, reinversión de ingresos, otros flujos de capital de largo plazo y flujos de capital de corto plazo que figuran en la balanza de pagos.

Los datos sobre inversión extranjera directa se basan en datos de la balanza de pagos declarados por el FMI, y se han complementado con datos sobre la inversión extranjera directa neta declarada por la OCDE y por fuentes nacionales oficiales. La definición de inversión extranjera directa aceptada internacionalmente es la que figura en la quinta edición del *Manual de la Balanza de Pagos* del FMI. La OCDE también ha publicado una definición, luego de consultar al FMI, a Eurostat y a las Naciones Unidas. Debido a la multiplicidad de fuentes y diferencias en las definiciones y los métodos de declaración, es posible que exista más de una estimación de la inversión extranjera directa de un país y que los datos no sean comparables entre países.

Los datos sobre la inversión extranjera directa no ofrecen un panorama completo de la inversión internacional en un país. Los datos sobre inversión extranjera directa que figuran en la balanza de pagos no incluyen el capital movilizado en los países receptores, que en algunos países en desarrollo ha pasado a ser una fuente importante de financiamiento para proyectos de inversión. También existe una conciencia cada vez mayor de que los datos sobre la inversión extranjera directa son limitados debido a que captan solamente los flujos de inversión transnacionales que entrañan una participación accionaria y omiten las transacciones transnacionales no accionarias, como los flujos de bienes y servicios dentro de una misma firma. Para un examen detallado de cuestiones relativas a los datos, véase la publicación del Banco Mundial titulada *World Debt Tables 1993-94* (volumen 1, Capítulo 3).

La **deuda externa total** es la deuda contraída con no residentes reembolsable en divisas, bienes o servicios. Es la suma de la deuda pública, con garantía pública, y privada a largo plazo sin garantía, el uso del crédito del FMI y la deuda a corto plazo. La deuda a corto plazo incluye toda la deuda con un vencimiento original de un año o menos y los intereses en mora sobre la deuda a largo plazo. El **valor actualizado de la deuda externa** es la suma de la deuda externa a corto plazo más la suma actualizada del total de pagos por concepto de servicio de la deuda externa pública, con garantía pública y privada a largo plazo sin garantía durante la vida de los préstamos existentes.

El Banco Mundial reúne datos sobre la deuda externa de los países de ingreso bajo y mediano mediante su Sistema de notificación de la deuda. El personal del Banco Mundial calcula el endeudamiento de los países en desarrollo por medio de informes de préstamos individuales, presentados por esos países sobre la deuda a largo plazo pública y con garantía pública, además de información sobre la deuda a corto plazo recolectada por los países u obtenida de los acreedores a través de los sistemas de notificación del Banco de Pagos Internacionales y la OCDE. Estos datos se han complementado con información sobre los préstamos y créditos de importantes bancos multilaterales, estados de préstamos de organismos prestamistas oficiales de los principales países acreedores, y estimaciones de los economistas a cargo de países en el Banco Mundial y el FMI. Además, algunos países proveen datos sobre la deuda privada sin garantía. En 1996, 34 países declararon su deuda privada sin garantía al Banco Mundial, y se hicieron estimaciones para otros 28 países respecto de los cuales se sabía que tenían un volumen considerable de deuda privada.

El valor actualizado de la deuda externa representa una medida de las obligaciones futuras por concepto de servicio de la deuda que se puede comparar con indicadores como el PNB. Se calcula actualizando el servicio de la deuda (interés más amortización) correspondiente a la deuda externa a largo plazo durante la vida de los préstamos existentes. La deuda a corto plazo se incluye a su valor nominal. Los datos sobre la deuda se presentan en dólares de los Estados Unidos convertidos a los tipos de cambio oficiales. La tasa de actualización que se aplica a la deuda a largo plazo está determinada por la moneda de reembolso del préstamo y se basa en las tasas de interés comerciales de referencia de la OCDE. Los préstamos del Banco Internacional de Reconstrucción y Fomento y los créditos de la Asociación Internacional de Fomento, así como las obligaciones ante el FMI, se actualizan usando una tasa de referencia para los derechos especiales de giro. Cuando la tasa de actualización es más alta que la tasa de interés del préstamo, el valor actualizado es inferior a la suma nominal de las obligaciones futuras por concepto de servicio de la deuda.

La **asistencia oficial para el desarrollo** (AOD) comprende los desembolsos de préstamos en condiciones concesionarias (deducidos los reembolsos de principal) y las donaciones otorgados por organismos oficiales de los países miembros del Comité de Asistencia para el Desarrollo (CAD), instituciones multilaterales y algunos países árabes para promover el desarrollo económico y el bienestar en países receptores clasificados por el CAD como en desarrollo. Los préstamos con un elemento de donación superior al 25% se incluyen en la AOD, al igual que la cooperación y asistencia técnicas. También se incluyen los flujos de asistencia (deducidos los reembolsos) de los donantes oficiales a los países en transición de Europa oriental y la ex Unión Soviética, y a ciertos países y territorios en desarrollo de ingreso más elevado, según lo determine el CAD. A veces estos flujos se denominan ayuda oficial y se proveen en términos y condiciones semejantes a los de la AOD. Los datos sobre la asistencia como proporción del PNB se calculan usando los valores en dólares de los Estados Unidos convertidos a los tipos de cambio oficiales.

Los datos comprenden los préstamos y donaciones bilaterales de los países del CAD, las organizaciones multilaterales y algunos países árabes. No reflejan la asistencia otorgada por los países receptores a otros países en desarrollo. Como resultado, algunos países que son donantes netos (como Arabia Saudita) figuran en el cuadro como receptores de asistencia.

En los datos no se hace ninguna distinción entre los diferentes tipos de asistencia (ayuda para programas, para proyectos, o ayuda alimentaria; asistencia en situaciones de emergencia; asistencia para mantenimiento de la paz, o cooperación técnica), cada uno de los cuales puede surtir un efecto muy diferente en la economía. Los gastos en cooperación técnica no siempre benefician directamente al país receptor, en la medida en que cubran gastos incurridos fuera del país por concepto de sueldos y prestaciones de expertos técnicos y gastos generales de las firmas que proveen servicios técnicos.

Los datos sobre la asistencia que figuran en el Cuadro 21, por estar basados en información suministrada por los donantes, no concuerdan con la información registrada por los receptores en la balanza de pagos, en la cual frecuentemente no se incluye la totalidad o parte de la asistencia técnica, en particular los pagos a extranjeros efectuados directamente por el donante. Asimismo, es posible que la asistencia en forma de donaciones en especie no siempre se registre en los datos sobre el comercio o en la balanza de pagos. Aunque las estimaciones de la AOD en las estadísticas de la balanza de pagos deben excluir la asistencia puramente militar, la distinción a veces no es clara. Generalmente prevalece la definición usada por el país de origen.

Métodos estadísticos

En esta sección se describe la forma de calcular la tasa de crecimiento según el método de los mínimos cuadrados, la tasa de crecimiento exponencial (puntos extremos), el coeficiente de Gini, así como el método empleado en el *Atlas* del Banco Mundial para calcular el factor de conversión utilizado al estimar el PNB y el PNB per cápita en dólares de los Estados Unidos.

Tasa de crecimiento obtenida según el método de los mínimos cuadrados

Las tasas de crecimiento obtenidas según el método de los mínimos cuadrados se utilizan cuando se cuenta con una serie cronológica suficientemente larga para hacer cálculos confiables. No se ha calculado la tasa de crecimiento en los casos en que faltaba más de la mitad de las observaciones de un período.

La tasa de crecimiento r se ha estimado ajustando una línea de tendencia de regresión lineal a los valores logarítmicos anuales de la variable en el período pertinente. La ecuación de regresión adopta la forma siguiente:

$$\text{logn } X_t = a + bt,$$

que equivale a la transformación logarítmica de la ecuación de la tasa de crecimiento geométrico:

$$X_t = X_0 (1 + r)^t.$$

En esta ecuación, *X* es la variable, *t* es el tiempo y $a = \text{logn } X_0$ y $b = \text{logn } (1 + r)$ son los parámetros que se han de estimar. Si b^* es la estimación de mínimos cuadrados de *b*, la tasa media de crecimiento anual *r* se obtiene mediante $[\exp(b^*) - 1]$ y se multiplica por 100 para expresarla en términos porcentuales.

La tasa de crecimiento calculada es una tasa media que representa las observaciones disponibles durante el período. No coincide necesariamente con la tasa de crecimiento real entre dos períodos dados.

Tasa de crecimiento exponencial

En el caso de determinados datos demográficos, especialmente la población activa y la población, la tasa de crecimiento entre dos puntos en el tiempo se ha calculado aplicando la fórmula siguiente:

$$r = \text{logn}(p_n/p_1)/n,$$

donde p_n y p_1 son la última y la primera observaciones del período, respectivamente, *n* es el número de años comprendidos en el período, y logn es el operador del logaritmo natural. Esta tasa de crecimiento se basa en un modelo de crecimiento exponencial continuo entre dos puntos en el tiempo. No tiene en cuenta los valores intermedios de la serie. Tampoco corresponde a la tasa de variación anual medida en un intervalo de un año, que se obtiene con la fórmula $(p_n - p_{n-1})/p_{n-1}$.

El coeficiente de Gini

El coeficiente de Gini establece el grado en que la distribución del ingreso (o, en algunos casos, del gasto de consumo) entre las personas o los hogares de un país se desvía de una distribución en una situación de igualdad perfecta. La curva de Lorenz indica los puntos correspondientes a los porcentajes acumulados del ingreso total recibido con respecto al porcentaje acumulado de los receptores, partiendo de la persona u hogar más pobre. El coeficiente de Gini mide el área situada entre la curva de Lorenz y una línea hipotética de igualdad absoluta, expresada como porcentaje del área máxima comprendida bajo dicha línea. En consecuencia, un coeficiente de Gini igual a cero significa igualdad absoluta, y un coeficiente de 100 significa una situación de desigualdad absoluta.

El Banco Mundial utiliza un programa de análisis numérico, POVCAL, para estimar los valores del coeficiente de Gini; véase Chen, Datt y Ravallion (1993).

El método del Atlas del Banco Mundial

Para calcular el PNB y el PNB per cápita en dólares de los Estados Unidos con ciertos fines operacionales, el Banco Mundial utiliza un tipo de cambio sintético denominado comúnmente factor de conversión del *Atlas*. El propósito de dicho factor es atenuar el impacto de las fluctuaciones cambiarias en la comparación de los ingresos nacionales entre países.

El factor de conversión que se usa en el *Atlas* para cualquier año dado es el promedio del tipo de cambio de un país (u otro factor de conversión) de ese año y los tipos de cambio de los dos años precedentes, ajustados para tomar en cuenta las diferencias en las tasas de inflación entre ese país y los países del Grupo de los Cinco (Alemania, Estados Unidos, Francia, Japón y Reino Unido). La tasa de inflación de un país se mide por la variación de su deflactor del PNB.

La tasa de inflación de los países del Grupo de los Cinco, que representa la inflación internacional, se mide por la variación del deflactor del DEG. (Los derechos especiales de giro, o DEG, son la unidad de cuenta del FMI). El deflactor del DEG se calcula como el promedio ponderado de los deflactores del PIB de los países del Grupo de los Cinco en DEG; las ponderaciones se determinan por la cantidad de cada moneda nacional que corresponde a una unidad de DEG. Las ponderaciones varían con el tiempo porque la composición del DEG y los tipos de cambio relativos de cada moneda también cambian. El deflactor del DEG se calcula primero en DEG y luego se convierte a dólares de los Estados Unidos aplicando el factor de conversión de DEG a dólares utilizado en el *Atlas*. Posteriormente el factor de conversión del *Atlas* se aplica al PNB del país, y el PNB resultante en dólares de los Estados Unidos se divide por la población a mediados del año más reciente de los tres para obtener el PNB per cápita.

En los casos en que se considera que los tipos de cambio oficiales para un período no son confiables o representativos, en la fórmula del *Atlas* se ha empleado una estimación alternativa del tipo de cambio (véase más adelante).

Las fórmulas siguientes describen el cálculo del factor de conversión del *Atlas* para el año *t*:

$$e_t^* = \frac{1}{3}\left[e_{t-2}\left(\frac{p_t}{p_{t-2}} \Big/ \frac{p_t^{S\$}}{p_{t-2}^{S\$}} \right) + e_{t-1}\left(\frac{p_t}{p_{t-1}} \Big/ \frac{p_t^{S\$}}{p_{t-1}^{S\$}} \right) + e_t \right]$$

y el cálculo del PNB per cápita en dólares de los Estados Unidos para el año *t*:

$$Y_t^{\$} = (Y_t/N_t)/e_t^*,$$

en las cuales e_t^* es el factor de conversión del *Atlas* (moneda nacional con respecto al dólar de los Estados Unidos) para el año *t*, e_t es el tipo de cambio medio anual (moneda nacional por dólar de los Estados Unidos) para el año *t*, p_t es el deflactor del PNB para el año *t*, $p_t^{S\$}$ es el deflactor del DEG en dólares estadounidenses para el año *t*, $Y_t^{\$}$ es el PNB según el método del *Atlas* en dólares estadounidenses en el año *t*, Y_t es el PNB corriente (moneda nacional) para el año *t*, y N_t es la población de mediados del año *t*.

Otros factores de conversión

El Banco Mundial determina sistemáticamente la medida en que los tipos de cambio oficiales son apropiados como factores de conversión. Cuando se considera que el tipo de cambio oficial difiere por un margen demasiado grande del tipo que efectivamente se usa en las transacciones internas de monedas y productos comerciados extranjeros, se emplea un factor de conversión distinto. Tal es el caso para un pequeño número de países (véase el cuadro sobre la documentación de los datos primarios en *World Development Indicators 2000*). En el método del *Atlas* y en otros casos en los Indicadores seleccionados del desarrollo mundial se usan otros factores de conversión, como los basados en un solo año.

Fuentes de los datos

Ahmad, Sultan. 1992. "Regression Estimates of Per Capita GDP Based on Purchasing Power Parities." Documento de trabajo sobre investigaciones relativas a políticas de desarrollo No. 956. Banco Mundial, Departamento de Economía Internacional, Washington, D.C.

———. 1994. "Improving Inter-Spatial and Inter-Temporal Comparability of National Accounts." Journal of Development Economics 4:53–75.

Ball, Nicole. 1984. "Measuring Third World Security Expenditure: A Research Note." World Development 12(2): 157–64.

Banco Mundial. 1993a. Purchasing Power of Currencies: Comparing National Incomes Using ICP Data. Washington, D.C.

———. 1993b. World Debt Tables 1993–94. Vol. 1. Washington, D.C.

———. 2000a. Global Development Finance 2000. Washington, D.C.

———. 2000b. World Development Indicators 2000. Washington, D.C.

CFI (Corporación Financiera Internacional). 1999. Trends in Private Investment in Developing Countries 1999.Washington, D.C.

Chen, Shaohua, Gaurav Datt y Martin Ravallion. 1993. "Is Poverty Increasing in the Developing World?" Documento de trabajo sobre investigaciones relativas a políticas de desarrollo. Banco Mundial, Washington, D.C.

Consejo de Europa. Diversas ediciones. Recent Demographic Developments in Europe and North America. Estrasburgo: Council of Europe Press.

Eurostat (Oficina Estadística de las Comunidades Europeas). 1999. EU Transport in Figures. Luxemburgo.

———. Diversas ediciones. Estadísticas demográficas. Luxemburgo

———. Diversas ediciones. Statistical Yearbook. Luxemburgo.

FAO (Organización de las Naciones Unidas para la Agricultura y la Alimentación). 1999. Situación de los Bosques del Mundo. Roma.

———. Diversas ediciones. Anuario FAO de la producción. Colección FAO: Estadísticas. Roma.

FMI (Fondo Monetario Internacional). 1987. Manual de estadísticas de las finanzas públicas. Washington, D.C.

———. 1993. Manual de balanza de pagos. Quinta edición. Washington, D.C.

———. Diversas ediciones. Direction of Trade Statistics Yearbook. Washington, D.C.

———. Diversas ediciones. Government Finance Statistics Yearbook. Washington, D.C.

———. Diversas ediciones. Estadísticas financieras internacionales – Anuario. Washington, D.C.

Hatzichronoglou, Thomas. 1997. "Revision of the High-Technology Sector and Product Classification." STI Working Paper 1997/2. Organización de Cooperación y Desarrollo Económicos (OCDE), Directorate for Science, Technology, and Industry. París.

Heston, Alan. 1994. "A Brief Review of Some Problems in Using National Accounts Data in Level of Output Comparisons and Growth Studies." Journal of Development Economics 44: 29–52.

Institutional Investor. 2000. Marzo. Nueva York.

Instituto de Recursos Mundiales en colaboración con el PNUMA (Programa de las Naciones Unidas para el Medio Ambiente) y el PNUD (Programa de las Naciones Unidas para el Desarrollo). Diversas ediciones. World Resources: A Guide to the Global Environment. Nueva York, N.Y.: Oxford University Press.

Internet Software Consortium. 2000. Internet Domain Survey. Enero. [www.isc.org].

IRF (Federación Internacional de Carreteras). 1999. World Road Statistics 1999. Ginebra.

Naciones Unidas. 1970. Un sistema de cuentas nacionales. Estudios de métodos, Serie F, No. 2, Rev. 3. Nueva York.

———. 1999a. World Population Prospects: The 1998 Revision. Nueva York.

———. 1999b. World Urbanization Prospects: The 1998 Revision. Nueva York.

———. Diversas ediciones. Monthly Bulletin of Statistics. División de Estadística. Nueva York.

———. Diversas ediciones. Energy Statistics Yearbook. División de Estadística. Nueva York.

———. Diversas ediciones. Cuentas de la renta (del ingreso) nacional. División de Estadística. Nueva York.

———. Diversas ediciones. Population and Vital Statistics Report. División de Estadística. Nueva York.

———. Diversas ediciones. Statistical Yearbook. División de Estadística. Nueva York.

———. Diversas ediciones. Update on the Nutrition Situation. Comité Administrativo de Coordinación, Subcomité de Nutrición. Ginebra.

OACI (Organización de Aviación Civil Internacional). 1999. Estadísticas mundiales de aviación civil: 1998. Anuario Estadístico de la OACI. 23a. edición. Montreal.

OCDE (Organización de Cooperación y Desarrollo Económicos). Diversas ediciones. Geographical Distribution of Financial Flows to Aid Recipients: Disbursements, Commitments, Country Indicators. París.

———. Diversas ediciones. National Accounts. Vol. 1, Main Aggregates. París.

———. Diversas ediciones. National Accounts. Vol. 2, Detailed Tables. París.

OCDE (Organización de Cooperación y Desarrollo Económicos), CAD (Comité de Asistencia para el Desarrollo). Diversas ediciones. Development Co-operation. París.

OIE (Organismo Internacional de Energía). Diversas ediciones. Energy Balances of OECD Countries. París

———. Diversas ediciones. Energy Statistics and Balances of Non-OECD Countries. París.

———. Diversas ediciones. Energy Statistics of OECD Countries. París.

OIT (Organización Internacional del Trabajo). 1999. Key Indicators of the Labour Market. Ginebra.

———. Diversas ediciones. Anuario de Estadísticas del Trabajo. Ginebra.

OMC (Organización Mundial del Comercio). Diversas ediciones. Informe Anual. Ginebra.

OMS (Organización Mundial de la Salud). 1997. Coverage of Maternity Care. Ginebra.

———. Diversas ediciones. World Health Report. Ginebra.

———. Diversas ediciones. World Health Statistics Annual. Ginebra.

ONUDI (Organización de las Naciones Unidas para el Desarrollo Industrial). Diversas ediciones. International Yearbook of Industrial Statistics. Viena.

Organización Mundial de la Propiedad Intelectual. 1999. Industrial Property Statistics. Publication A. Ginebra.

Price WaterhouseCoopers. 1999a. Corporate Taxes: Worldwide Summaries 1999-2000. Nueva York.

———. 1999b. Individual Taxes: Worldwide Summaries 1999-2000. Nueva York.

PRS Group. 2000. International Country Risk Guide. Marzo. East Syracuse, N.Y.

Ravallion, Martin y Shaohua Chen. 1996. "What Can New Survey Data Tell Us about Recent Changes in Living Standards in Developing and Transitional Economies?" Documento de trabajo sobre investigaciones relativas a políticas de desarrollo No. 1694, Banco Mundial. Washington, D.C.

———. 1997. "Can High-Inequality Developing Countries Escape Absolute Poverty?" Economic Letters 56: 51–57.

Srinivasan, T. N. 1994. "Database for Development Analysis: An Overview." Journal of Development Economics 44(1): 3–28.

Standard & Poor's. 2000. Emerging Stock Markets Factbook 2000. Nueva York.

UIT (Unión Internacional de Telecomunicaciones). 1999. Informe sobre el desarrollo mundial de las telecomunicaciones 1999: Acesso Universal. Ginebra.

UNCTAD (Conferencia de las Naciones Unidas sobre Comercio y Desarrollo). Diversas ediciones. Handbook of International Trade and Development Statistics. Ginebra.

UNESCO (Organización de las Naciones Unidas para la Educación, la Ciencia y la Cultura). 1999a. Anuario estadístico. París.

———. 1999b. World Education Report. París.

UNICEF (Fondo de las Naciones Unidas para la Infancia). Diversas ediciones. Estado Mundial de la Infancia. Nueva York. UNICEF.

U.S. Department of State, Bureau of Arms Control. 1999. World Military Expenditures and Arms Transfers 1998. Washington, D.C.

Clasificación de las economías según su ingreso y región a la que pertenecen, 2000

		África al sur del Sahara		Asia		Europa y Asia central		Oriente Medio y Norte de África		
Grupo según el ingreso	**Subgrupo**	**África oriental y meridional**	**África occidental**	**Asia oriental y el Pacífico**	**Asia meridional**	**Europa oriental y Asia central**	**Resto de Europa**	**Oriente Medio**	**Norte de África**	**Américas**
Ingreso bajo		Angola Burundi Comoros Congo, Rep. Dem. del Eritrea Etiopía Kenya Lesotho Madagascar Malawi Mozambique Rep. Unida de Tanzanía Rwanda Somalia Sudán Uganda Zambia Zimbabwe	Benin Burkina Faso Camerún Chad Congo, Rep. del Côte d'Ivoire Gambia, The Ghana Guinea Guinea-Bissau Liberia Malí Mauritania Níger Nigeria República Centroafricana Santo Tomé y Príncipe Senegal Sierra Leona Togo	Camboya Corea, Rep. Dem. de Indonesia Islas Salomón Mongolia Myanmar Rep. Dem. Pop. Lao Viet Nam	Afganistán Bangladesh Bhután India Nepal Pakistán	Armenia Azerbayán Georgia República de Moldova República Kirguisa Tayikistán Turkmenistán Ucrania Uzbekistán		Yemen, Rep. del		Haití Nicaragua
Ingreso medio	Bajo	Namibia Swazilandia	Cabo Verde Guinea Ecuatorial	China Fiji Filipinas Islas Marshall Micronesia, Estados Federados de Papua Nueva Guinea Samoa Tailandia Tonga Vanuatu	Maldivas Sri Lanka	Albania Belarús Bosnia y Herzegovina Bulgaria Ex Rep. Yug. de Macedonia[a] Federación de Rusia Kazajstán Letonia Lituania Rumania Yugoslavia, Rep. Federativa de[b]	Turquía	Irán, Rep. Islámica del Iraq Jordania República Árabe Siria Ribera occidental y Gaza	Argelia Djibouti Egipto, Rep. Árabe de Marruecos Túnez	Belice Bolivia Colombia Costa Rica Cuba Ecuador El Salvador Guatemala Guyana Honduras Jamaica Paraguay Perú República Dominicana San Vicente y las Granadinas Suriname
	Alto	Botswana Mauricio Mayotte Seychelles Sudáfrica	Gabón	Corea, Rep. de Malasia Palau Samoa Americana		Croacia Estonia Hungría Polonia República Checa República Eslovaca	Isla de Man	Arabia Saudita Bahrein Líbano Omán	Libia Malta	Antigua y Barbuda Argentina Barbados Brasil Chile Dominica Granada México Panamá Puerto Rico Saint Kitts y Nevis Santa Lucía Trinidad y Tabago Uruguay Venezuela, Rep. Bol. de
Subtotal	157	25	23	23	8	26	2	10	7	33

		África al sur del Sahara		Asia		Europa oriental y Asia central		Oriente Medio y Norte de África		
Grupo según el ingreso	**Subgrupo**	**África oriental y meridional**	**África occidental**	**Asia oriental y el Pacífico**	**Asia meridional**	**Europa oriental y Asia central**	**Resto de Europa**	**Oriente Medio**	**Norte de África**	**Américas**
Ingreso alto	OCDE			Australia Japón Nueva Zelandia			Alemania Austria Bélgica Dinamarca España Francia[c] Grecia Irlanda Islandia Italia Luxemburgo Noruega Países Bajos Portugal Reino Unido Suecia Suiza			Canadá Estados Unidos
	No OCDE			Brunei Grupo Norte de las Islas Marianas Guam Hong Kong, China[d] Macao, China[e] Nueva Caledonia Polinesia Francesa Singapur Taiwán, (China)		Eslovenia	Andorra Chipre Groenlandia Islas Anglo-normandas Islas Feroé Liechtenstein Mónaco	Emiratos Árabes Unidos Israel Kuwait Qatar		Antillas Neerlandensas Aruba Bahamas Bermuda Islas Caimán Islas Vírgenes (EE.UU.)
Total	157	25	23	35	8	27	27	14	7	41

a. Ex-República Yugoslava de Macedonia. b. República Federativa de Yugoslavia (Serbia/Montenegro). c. Los departamentos franceses de ultramar Guayana Francesa, Guadalupe, Martinica y Reunión se incluyen en Francia. d. El 1 de julio de 1997 China recuperó su soberanía sobre Hong-Kong. e. El 20 de diciembre de 1999, China recuperó su soberanía sobre Macao.
Fuente: Datos del Banco Mundial.

A los fines analíticos y de operaciones, el principal criterio que aplica el Banco Mundial para la clasificación de las economías es el producto nacional bruto (PNB) per cápita. Cada economía se incluye en una de las siguientes categorías: de ingreso bajo, de ingreso mediano (subdividida en ingreso mediano bajo e ingreso mediano alto) y de ingreso alto. También se utilizan otras agrupaciones analíticas, según la región geográfica y el nivel de la deuda externa de cada economía.

A veces se usa la expresión «países en desarrollo» para referirse a las economías de ingreso bajo e ingreso mediano. Sin embargo, con ello no se pretende dar a entender que todas las economías incluidas en este grupo tienen el mismo grado de desarrollo o que otras otras economías han llegado a una etapa más avanzada o final de ese proceso. La clasificación de las economías según el nivel de ingreso no indica necesariamente su grado de desarrollo.

En este cuadro se clasifica a todos los países miembros del Banco Mundial con poblaciones de más de 30.000 habitantes. Las economías se dividen según el PNB per cápita correspondiente a 1999 calculado según el método del *Atlas* del Banco Mundial. Los grupos son: de ingreso bajo, hasta $755; de ingreso mediano bajo, entre $756 y $2.995; de ingreso alto, entre $2.996 y $9.265, y de ingreso alto, $9.266 o más.

Distribuidores de publicaciones del Banco Mundial

Los precios y las condiciones de crédito no son iguales en todos los países. Por favor, antes de formular un pedido, consulte al distribuidor local.

ALEMANIA
UNO-VERLAG
Am Hofgarten 10
D-53113 Bonn
Tel: (49 228) 949020
Fax: (49 228) 949 0222
Correo electrónico: unoverlag@aol.com
URL: www.uno-verlag.de

ARGENTINA
World Publications SA
Av. Córdoba 1877
1120 Buenos Aires
Tel: (54 11) 4815 8156
Fax: (54 11) 4815 8156
Correo electrónico: wpbooks@infovia.com.ar

AUSTRALIA, ISLAS SALOMÓN, PAPUA NUEVA GUINEA, FIJI, VANUATU Y SAMOA
D.A. Information Services
648 Whitehorse Road
Mitcham 3132
Victoria, Australia
Tel: (61 3) 9210 7777
Fax: (61 3) 9210 7788
Correo electrónico: service@dadirect.com.au
URL: www.dadirect.com.au

AUSTRIA
Gerold and Co.
Weihburggasse 26
A-1010 Wien
Tel: (43 1) 512 47310
Fax: (43 1) 512 473129
Correo electrónico: buch@gerold.telecom.at

BANGLADESH
Micro Industries Development Assistance Society (MIDAS)
House 5, Road 16
Dhanmondi R/Area
Dhaka 1209
Tel: (880 2) 326427
Fax: (880 2) 811188
Correo electrónico: midas@fsbd.net

BÉLGICA
Jean de Lannoy
Av. du Roi 202
1060 Bruselas
Tel: (32 2) 538 5169
Fax: (32 2) 538 0841
Correo electrónico: jean.de.lannoy@infoboard.be
URL: www.jean-de-lannoy.be

BOSNIA Y HERZEGOVINA
Book Trading Company "Sahinpasic"
Marsala Tita 29/II
71000 Sarajevo
Tel: (387 33) 21 05 20
Fax: (387 33) 66 88 56
Correo electrónico: tajib@btcsahinpasic.com
URL: www.btcsahinpasic.com

BRASIL
Publicacões Tecnicas Internacionais Ltda.
Rua Peixoto Gomide, 209
Bela Vista
01409-901 São Paulo, SP
Tel: (55 11) 259 6644
Fax: (55 11) 258 6990
Correo electrónico: webmaster@pti.com.br
URL: www.pti.com.br

CANADÁ
Renouf Publishing Co. Ltd.
5369 Canotek Road
Ottawa, Ontario K1J 9J3
Tel: (613) 745-2665
Fax: (613) 745-7660
Correo electrónico: order.dept@renoufbooks.com
URL: www.renoufbooks.com

CHINA
Chinese Corporation for Promotion and Humanities
15, Ding Hui Dong Li, Kun Lan Hotal
Haidian District 100036
Beijing
Tel: (86 10) 88117711
Fax: (86 10) 88129871
Correo electrónico: wangjiang99@yahoo.com

China Book Import Centre
P.O. Box 2825
Beijing

China Financial & Economic Publishing House
8, Da Fo Si Dong Jie
Beijing
Tel: (86 10) 6401 7365
Fax: (86 10) 6401 7365

CHIPRE
Center for Applied Research
6, Diogenes Street, Engomi
P.O. Box 2006
Nicosia
Tel: (357 2) 59 0730
Fax: (357 2) 66 2051
Correo electrónico: ttzitzim@sting.cycollege.ac.cy

COLOMBIA
Infoenlace Ltda./An IHS Group Company
Calle 72 No. 13-23 - Piso 3
Edificio Nueva Granada
P.O. Box (A.A) 34270
Santafé de Bogotá, D.C.
Tel: (57 1) 260 9474 - 260 9480
Fax: (57 1) 248 0808
Correo electrónico: infoenlace@andinet.com

COREA, REPÚBLICA DE
Eulyoo Publishing Co., Ltd.
46-1, Susong-Dong
Jongro-Gu
Seúl
Tel: (82 2) 734 3515
Fax: (82 2) 732 9154
Correo electrónico: eulyoo@chollian.net

Dayang Books Trading Co.
International Division
954-22, Bangbae-Dong, Socho-ku
Seúl
Tel: (82 2) 582 3588
Fax: (82 2) 521 8827
Correo electrónico: dico3@chollian.net

CÔTE D'IVOIRE
Centre d'Edition et de Diffusion Africaines (CEDA)
04 B.P. 541
Abidján 04
Tel: (225) 24 6510
Fax: (225) 25 0567
Correo electrónico: info@ceda-ci.com
URL: www.ceda-ci.com

DINAMARCA
Samfundslitteratur
Solbjerg Plads, 3
DK-2000 Frederiksberg C
Tel: (45 38) 153 870
Fax: (45 38) 153 856
Correo electrónico: ck@sl.cbs.dk
URL: www.sl.cbs.dk

ECUADOR
Libri Mundi - Librería Internacional
Juan León Mera 851
P.O. Box 17-01-3029
Quito
Tel: (593 2) 521606
Fax: (593 2) 504209
Correo electrónico: librimu1@librimundi.com.ec

CODEU
Ruiz de Castilla 763, Edif. Expocolor
Primer piso, Of. #2
Quito
Tel: (593 2) 507-383
Fax: (593 2) 507-383
Correo electrónico: codeu@impsat.net.ec

EGIPTO, REPÚBLICA ÁRABE DE
Al Ahram Distribution Agency
Al Galaa Street
El Cairo
Tel: (20 2) 578 60 83
Fax: (20 2) 575 93 88

MERIC (Middle East Readers Information Center)
2 Bahrat Aly St.
Building «D» 1st Floor, Apt. 24
Cairo
Tel: (20 2) 341 3824
Fax: (20 2) 3419355
Correo electrónico: order@meric-co.com
URL: www.meobserver.com.eg

Sólo para suscripciones y publicaciones en francés:
Middle East Observer
41, Sherif Street
11111 Cairo
Tel.: (20 2) 392 6919
Fax: (20-2) 393 9732
Correo electrónico: inquiry@meobserver.com
URL: www.meobserver.com

ESLOVENIA
Gospodarski vestnik Publishing Group
Dunajska cesta 5
1000 Liubliana
Tel: (386 61) 133 83 47
Fax: (386 61) 133 80 30
Correo electrónico: repansekj@gvestnik.si
URL: www.gvestnik.si/EUROPA/index.htm

ESPAÑA
Mundi-Prensa Libros, S.A.
Castelló 37
28001 Madrid
Tel: (34) 91 436 37 00
Fax: (34) 91 575 39 98
Correo electrónico: libreria@mundiprensa.es
URL: www.mundiprensa.com

Mundi-Prensa Barcelona
Consell de Cent No. 391
08009 Barcelona
Tel: (34) 93 488 3492
Fax: (34) 93 487 7659
Correo electrónico: barcelona@mundiprensa.es

FEDERACIÓN RUSA
Izdatelstvo << Ves Mir >>
Moscú 101831
Tel: (7 95) 917 8749
Fax: (7 95) 917 9259
Correo electrónico: ozimarin@glasnet.ru
URL: www.vesmir.tsx.org

FILIPINAS
International Booksource Center, Inc.
1127-A Antipolo St.
Barangay, Venezuela
Makati City
Tel: (63 2) 896 6501
Fax: (63 2) 896 6497

FINLANDIA
Akateeminen Kirjakauppa
P.O. Box 128 (Keskuskatu 1)
FIN-00101 Helsinki
Tel: (358 9) 121 4385
Fax: (358 9) 121 4450
Correo electrónico: akatilaus@akateeminen.com
URL: www.akateeminen.com

FRANCIA
Editions Eska; DJB/Offlib
12, rue du Quatre-Septembre
75002 París
Tel: (33 1) 42 86 58 88
Fax: (33 1) 42 60 45 35
Correo electrónico: offilib@offilib.fr
URL: www.offilib.fr

GHANA
Epp Books Services
Post Office Box 44
TUC
Accra
Tel: (233 21) 778843
Fax: (233 21) 779099
Correo electrónico: epp@africaonline.com.gh

GRECIA
Papasotiriou S.A.,
International Technical Bookstore
35, Stournara Str.
106 82 Atenas
Tel: (30 1) 364 1826
Fax: (30 1) 364 8254
Correo electrónico: pap4@ioa.forthnet.gr
URL: www.papasotiriou.gr

HAITÍ
Culture Diffusion
Mr. Yves Clément Jumelle
5, Rue Capois
C.P. 257
Puerto Príncipe
Tel: (509) 23 9260
Fax: (509) 23 4858

HONG KONG (CHINA), MACAU
Asia 2000 Ltd.
Sales & Circulation Department
302 Seabird House
22-28 Wyndham Street, Central
Hong Kong, China
Tel: (852) 2530 1409
Fax: (852) 2526 1107
Correo electrónico: sales@asia2000.com.hk
URL: www.asia2000.com.hk

HUNGRÍA
Euro Info Service
Hungexpo Europa Haz (Pf. 44)
H-1441 Budapest
Tel: (36 1) 264 8270 - 264 8271
Fax: (36 1) 264 8275
Correo electrónico: euroinfo@euroinfo.hu
URL: www.euroinfo.hu

INDIA
Allied Publishers Ltd.
751 Mount Road
Madrás 600 002
Tel: (91 44) 852 3938
Fax: (91 44) 852 0649
Correo electrónico: allied.mds@smb.sprintrpg.ems.vsnl.net.in

INDONESIA
Pt. Indira Limited
Jalan Borobudur 20
PO Box 181
Yakarta 10320
Tel: (62 21) 390 4290
Fax: (62 21) 390 4289

PF Book
J1. dr. Setia Budhi No. 274
Bandung 40143
Tel: (62 22) 211 149
Fax: (62 22) 212 840
Correo electrónico:
pfbook@bandung.wasantara.net.id

IRÁN
Ketab Sara Co. Publishers
P.O. Box 15745-733
Teherán 15117
Tel: (98 21) 871 6104
Fax: (98 21) 871 2479
Correo electrónico: ketab-sara@neda.net.ir

Kowkab Publishers
P.O. Box 19575-511
Teherán
Tel: (98 21) 258 3723
Fax: (98 21) 258 3723
Correo electrónico: kowkabpub@tavana.net

ISRAEL
Yozmot Literature Ltd.
P.O. Box 56055
3 Yohanan Hasandlar St.
Tel Aviv 61560
Tel: (972 3) 5285 397
Fax: (972 3) 5285 397

ITALIA
Licosa Libreria Commissionaria Sansoni S.P.A.
Via Duca di Calabria 1/1
50125 Florencia
Tel: (39 55) 648 31
Fax: (39 55) 641 257
Correo electrónico: licosa@ftbcc.it
URL: www.ftbcc.it/licosa

JAMAICA
Ian Randle Publishers Ltd
206 Old Hope Road
Kingston 6
Tel: (876) 927 2085
Fax: (876) 977 0243
Correo electrónico: irpl@colis.com

JAPÓN
Eastern Book Service (EBS)
3-13 Hongo 3-chome, Bunkyo-ku
Tokyo 113
Tel: (81 3) 3818 0861
Fax: (81 3) 3818 0864
Correo electrónico: orders@svt-ebs.co.jp
URL: www.svt-ebs.co.jp

KENYA
Legacy Books
Loita House
P.O. Box 68077
Nairobi
Tel: (254 2) 330 853
Fax: (254 2) 330 854
Correo electrónico: legacy@form-net.com

Africa Book Service (E.A.) Ltd.
Mr. Talat Lone
Quaran House, Mfangano Street
P.O. Box 45245
Nairobi
Tel: (254 2) 223 641
Fax: (254 2) 330 272

LÍBANO
Librairie du Liban
P.O. Box 11-9232
Beirut
Tel: (961 9) 217 944
Fax: (961 9) 217 434
Correo electrónico: hsageh@cyberia.net.lb
URL: www.librairie-du-liban.com.lb

MALASIA
University of Malaya Cooperative Bookshop, Limited
P.O. Box 1127, Jalan Pantai Baru
59700 Kuala Lumpur
Tel: (60 3) 756 5000
Fax: (60 3) 755 4424
Correo electrónico: umkoop@tm.net.my

MARRUECOS
Librarie Internationale
70, Rue T'ssole
P. O. Box 302
Rabat (Soussi) MA 10001
Tel.: (212 7) 75 01 83
Fax: (212 7) 75 86 61

MÉXICO
INFOTEC
Av. San Fernando No. 37
Col. Toriello Guerra
14050 México, D.F.
Tel: (52 5) 624 2800
Fax: (52 5) 624 2822
Correo electrónico: infotec@rtn.net.mx
URL: www.rtn.net.mx

Mundi-Prensa México, S.A. de C.V.
c/Río Pánuco, 141 - Colonia Cuauhtémoc
06500 México, DF
Tel: (52 5) 533 56 58
Fax: (52 5) 514 67 99
Correo electrónico: resavbp@data.net.mx

NEPAL
Everest Media International Services (P.) Ltd.
GPO Box 5443
Katmandú
Tel: (977 1) 416 026
Fax: (977 1) 250 176
Correo electrónico: emispltd@wlink.com.np

NIGERIA
University Press Plc
Three Crowns Building Jericho
Private Mail Bag 5095
Ibadán
Tel: (234 22) 411356
Fax: (234 22) 412056
Correo electrónico: unipress@skannet.com

NUEVA ZELANDIA
EBSCO NZ Ltd.
Private Mail Bag 99914
New Market
Auckland
Tel: (64 9) 524 8119
Fax: (64 9) 524 8067
Correo electrónico: WGent%ess-nz.ebsco@iss.ebsco.com

Oasis Official
P.O. Box 3627
Wellington
Tel: (64 4) 4991551
Fax: (64 4) 499 1972
Correo electrónico: oasis@actix.gen.nz
URL: www.oasisbooks.co.nz

PÁISES BAJOS
De Lindeboom/Internationale Publikaties b.v.
M.A. de Ruyterstraat 20A
7482 BZ Haaksbergen
Tel: (31 53) 574 0004
Fax: (31 53) 572 9296
Correo electrónico: books@delindeboom.com
URL: www.delindeboom.com

PAKISTÁN
Oxford University Press
5 Bangalore Town, Sharae Faisal
P.O. Box 13033
Karachi 75350
Tel: (92 21) 446307; 449032; 440532
Fax: (92 21) 4547640;449032
Correo electrónico: ouppak@theoffice.net
URL: www.oup.com.pk

Pak Book Corporation
Aziz Chambers 21
Queen's Road
Lahore
Tel: (92 42) 636 3222; 636 0885
Fax: (92 42) 636 2328
Correo electrónico: pbc@brain.net.pk

Mirza Book Agency
65, Shahrah-e-Quaid-e-Azam
Lahore 54000
Tel: (92 42) 7353601
Fax: (92 42) 576 3714
Correo electrónico: merchant@brain.net.pk

PERÚ
Editorial Desarrollo SA
Apartado 3824
Ica 242, OF. 106
Lima 1
Tel: (51 14) 285 380
Fax: (51 14) 286 628

POLONIA
International Publishing Service
Ul. Piekna 31/37
00 677 Varsovia
Tel: (48 2) 628 6089
Fax: (48 2) 621 7255
Correo electrónico: books%ips@ikp.atm.com.pl
URL: www.ips.com.pl

PORTUGAL
Livraria Portugal
Apartado 2681
Rua Do Carmo 70-74
1200 Lisboa
Tel: (351 1) 347 4982
Fax: (351 1) 347 0264

REINO UNIDO
Microinfo Ltd.
P.O. Box 3, Omega Park
Alton
Hampshire GU34 2 PG
Tel: (44 1420) 86 848
Fax: (44 1420) 89 889
Correo electrónico: wbank@microinfo.co.uk
URL: www.microinfo.co.uk

The Stationery Office
51 Nine Elms Lane
Londres SW8 5DR
Tel: (44 171) 873-8372
Fax: (44 171) 873-8242
Correo electrónico: chris.allen@theso.co.uk
URL: www.the-sationery-office.co.uk/ai/

REPÚBLICA CHECA
Management Press, NT
Publishing, s.r.o.
Nam, W. Churchilla 2
130 59 Praga 3
Tel: (420 2) 2446-2232, 2446 2254
Fax: (420 2) 2446 2242
Correo electrónico: pmgmtpress@mgmtpress.cz
URL: www.mgmtpress.cz

USIS, NIS Prodejna
Havelkova 22
130 00 Praga 3
Tel.: (42 2) 2423 1486
Fax: (42 2) 2423 1114
Correo electrónico: posta@usiscr.cz
URL: www.usiscr.cz

REPÚBLICA ESLOVACA
Slovart, G.T.G. Ltd.
Krupinská, 4
P.O. Box 152
852 99 Bratislava 5
Tel.: (42 7) 8339 471; 472; 473
Fax: (42 7) 839 485
Correo electrónico: gtg@internet.sk

RUMANIA
Compani De Librarii Bucuresti s.a.
Str. Lipscani nr. 26, sector 3
Bucarest
Tel: (40 1) 313 9645
Fax: (40 1) 312 4000

SENEGAL
Librairie Clairafrique
2, Rue El Hadj Mbaya Gueye
Place de l'Independance
B. P. 2005
Dakar
Tel.: (221) 822 21 69
Fax: (221) 821 84 09

SINGAPUR, TAIWÁN, CHINA, MYANMAR, BRUNEI
Hemisphere Publishing Services
Golden Wheel Building
41 Kallang Pudding Road, #04-03
Singapur 349316
Tel: (65) 741 5166
Fax: (65) 742 9356
Correo electrónico: info@hemisphere.com.sg

SRI LANKA, MALDIVAS
Lake House Bookshop
P.O. Box 244
100, Sir Chittampalam Gardiner Mawatha
Colombo 2 Sri Lanka
Tel: (94 1) 32 104
Fax: (94 1) 432 104
Correo electrónico: LHL@sri.lanka.net

SUDÁFRICA, BOTSWANA
Para pedidos de una publicación:
Oxford University Press Southern Africa
P.O. Box 12119
N1 City 7463
Ciudad del Cabo
Tel: (27 21) 595 4400
Fax: (27 21) 595 4430
Correo electrónico: oxford@oup.co.za

Para solicitar suscripciones:
International Subscription Service
P.O. Box 41095
Craighall
Johannesburgo 2024
Tel: (27 11) 880 1448
Fax: (27 11) 880 6248
Correo electrónico: iss@is.co.za

SUECIA
Sólo para suscripciones:
Wennergren-Williams Informations Service AB
P.O. Box 1305
S-171 25 Solna
Tel: (46 8) 705 9750
Fax: (46 8) 27 0071
Correo electrónico: mail@wwi.se

SUIZA
Librarie Payot S.A.
Service Institutionnel
Côtes-de-Montbenon 30
1002 Lausana
Tel: (41 21) 341 3229
Fax: (41 21) 341 3235
Correo electrónico: institutionnel@payot-libraire.ch

ADECO Van Diermen Editions Techniques
Ch. de Lacuez 41
CH-1807 Blonay
Tel: (41 21) 943 2673
Fax: (41 21) 943 3605

TAILANDIA
Centrac International Ltd.
ATTN: Central Books Distribution Co., Ltd.
Sinnrat Bldg. 13th Floor
3388/42-45 Rama 4 Rd. Klong-Teoy
Bangkok 10110
Tel: (66 2) 367-5030-41 X178
Fax: (66 2) 3675049

TANZANIA
TEPUSA
The Network of Technical Publications in Africa
P. O. Box 22638
Dar es Salaam
Tel.: (255 51) 114 876
Fax: (255 51) 112 434
Correo electrónico: tepusa@intafrica.com

TRINIDAD Y TABAGO, Y EL CARIBE
Systematics Studies Ltd.
St. Augustine Shopping Center
Eastern Main Road
St. Augustine
Trinidad y Tabago, Antillas
Tel: (868) 645 8466
Fax: (868) 645 8467
Correo electrónico: tobe@trinidad.net

UCRANIA
LIBRA Publishing House
Ms. Sophia Ghemborovskaya
53/80 Saksahanskoho Str.
252033, Kiev 33
Tel: (7 44) 227 62 77
Fax: (7 44) 227 62 77

UGANDA
Gustro Limited
P.O. Box 9997
Madhvani Building
Plot 16/4, Jinja Road
Kampala
Tel: (256 41) 251467
Fax: (256 41) 251468
Correo electrónico: gus@swiftuganda.com

VENEZUELA
Tecni-Ciencia Libros, S.A.
Sr. Luis Fernando Ramírez, Director
Centro Ciudad Comercial Tamanaco
Nivel C-2
Caracas
Tel: (58 2) 959 5547
Fax: (58 2) 959 5636
Correo electrónico: lfrg001@ibm.net

VIETNAM
FAHASA (The Book Distribution Co. of Hochiminh City)
246 Le Thanh Ton Street
District 1
Hochiminh City
Tel. (84 8) 829 7638, 822 5446
Fax: (84 8) 822 5795
Correo electrónico: fahasa-sg@hcm.vnn.vn
URL: www.tlnet.com.vn/fahasa

ZAMBIA
University Bookshop, University of Zambia
Great East Road Campus
P.O. Box 32379
Lusaka
Tel: (260 1) 252576
Fax: (260 1) 253952
Correo electrónico: hunene@admin.unza.zm

ZIMBABWE
Academic and Baobab Books (Pvt.) Ltd.
4 Conald Road
Graniteside
P.O. Box 567
Harare
Tel: (263 4) 755 035
Fax: (263 4) 759 052
Correo electrónico: Academic@Africaonline.Co.Zw

LIBRERIAS DISPOSITARIAS

COREA, REP. DE
Sejong Books, Inc.
81-4 Neung-dong
Kwangjing-ku
Seoul, 143-180
Tel. (82 2) 498 0300
Fax: (82 2) 3409 0321
Correo electrónico: danielchoi@sejongbooks.com
URL: http: www.sejongbooks.com

CHINA
China National Publications
Import & Export Corporation
16 Gongti East Road
Post Code 100020
Beijing

EMIRATOS ARABES
AL Rawdha Bookshop
P. O. Box 5027
Sharjah
Tel.: (971 6) 734 687
Fax: (971 6) 384 473
Correo electrónico: alrawdha@hotmail.com

HUNGRÍA
Foundation for Maket Economy
112 Pf 249
1519 Budapest
Tel.: (36 1) 204 2951; 2948
Fax: (36 1) 204 2953
Correo electrónico: jpargazd@hungary.net

INDIA
Bookwell
Head Office: 2/72, Nirankari Colony
Delhi - 110009
Tel.: (91 11) 725 1283
Sales Office: 24/4800, Ansari
Road, Darya Ganj
New Delhi - 110002
Tel.: (91 11) 326 8786 - 325 7264
Fax: (91 11) 328 1315
Correo electrónico: bkwell@nde.vsnl.net.in

JORDANIA
Global Development Forum (GDF)
P.O. Box 941488
Amman 11194
Tel. (962 6) 465 6123
Fax: (962 6) 465 6123
Correo electrónico: gdf@index.com.jo

MALASIA
MDC Publishers Printers SDN
BHD
MDC Building
2718, Jalan Permata Empat
Tama Permata, Ulu Kelang
53300 Kuala Lumpur
Tel.: (60 3) 408 6600
Fax: (60 3) 408 1506
Correo electrónico: mdcpp@2mws.com.my
URL: www.2mws.com.mt/mdc

NEPAL
Bazaar International
28 Sanchaya Kosh Building
GPO Box 2480, Tridevi Marg
Kathmandu
Tel.: (977 1) 255 125
Fax: (977 1) 229 437
Correo electrónico: bazaar@mos.com.np

NIGERIA
Mosuro Booksellers
5 Oluware Obasa Street (Near Awolowo Ave.)
P. O. Box 30201
Ibadan
Tel. (234 2) 810-2560
Fax: (234 2) 810 2042
Correo electrónico: Kmosuro@linkserve.com.ng

POLONIA
A.B.E. Marketing
Ul. Grybowska 37A
00-855 Warsaw
Tel.: (48 22) 654 06 75
Fax: (48-22) 682 22 33; 682 17 24
Correo electrónico: abe@ikp.atm.com.pl

TURQUÍA
Dünya Infotel, A. S.
«Globus» Dünya Basinevi
100, Yil Mahallesi
34440 Bagcilar-Istanbul
Tel.: (90 212) 629 08 08
Fax: (90 212) 629 46 89; 629 46 27
Correo electrónico: dunya@dunya-gazete.com.tr
URL: http: www.dunya.com

URUGUAY
Librería Técnica Uruguaya
Colonia 1543, Piso 7, Of. 702
Casilla de Correo, 1518
Montevideo 11000, Uruguay
Tel. (598 2) 490072
Fax: (598 2) 41 34 48
Correo electrónico: ltu@cs.com.uy